Dictionnaire

THEMATIQUE

Visuel

Jean-Claude Corbeil

Dictionnaire
THÉMATIQUE
Visuel

QUÉBEC/AMÉRIQUE

Données de catalogage avant publication (Canada)

Vedette principale au titre

Dictionnaire thématique visuel

Comprend des index

2-89037-290-1

1. Français (Langue) — Dictionnaires. 2. Dictionnaires illustrés français.
I. Corbeil, Jean-Claude, 1932–

PC2625.D52 1986   443   C86-096224-5

Dépôt légal :
3e trimestre 1986

ISBN 2-89037-290-1

IMPRIMÉ AU CANADA

DIRECTION ÉDITORIALE

Jacques Fortin
éditeur

Jean-Claude Corbeil
directeur

Ariane Archambault
directrice adjointe

RECHERCHE ET RÉDACTION

Edith Girard
René Saint-Pierre
Christiane Vachon
Marielle Hébert
Ann Céro

CONCEPTION GRAPHIQUE

Sylvie Lévesque
Francine Giroux
Emmanuelle Rousseau

CORRECTION-RÉVISION

Jean-Pierre Fournier
Philip Stratford
Michel Veyron
Diane Martin
Ann Céro
Guy Connolly

REMERCIEMENTS

Pour la préparation du Dictionnaire thématique visuel, nous avons bénéficié de la collaboration de nombreux organismes, sociétés et entreprises. Nous avons également bénéficié des avis judicieux de nombreux collègues, traducteurs, terminologues ou spécialistes d'un domaine.

En guise de remerciement, nous citons ci-après les noms des personnes et sociétés que nous avons consultées plus particulièrement.

Air Canada — **Aéro-feu Ltée** — Marie Archambault — **Archambault Musique** — ASEA Inc. — **Pierre Auger** — Automobile Renault Canada Ltée — **Banque de terminologie du Gouvernement canadien** — Anne-Marie Baudouin — **Alain Beaulieu** — Nycole Bélanger — **Bell Canada** — Sylvie Bergeron — **Laurent Bérubé** — Irman Bolduc — **Bombardier Inc.** — Christian Boulter — **François-Xavier Bourgeois** — Rachel Boutin-Quesnel — **Claude Bruson** — Carmen Boyer-Carignan — **Bureau des traductions : Secrétariat d'État du Canada** — Hélène Cajolet-Laganière — **Camco Inc.** — Canadian Coleman Supply Inc. — **Canadien National** — Canadien Pacifique — **François Caron Inc.** — Centre de Tissage Leclerc Inc. — **CKAC Radio** — CNCP Télécommunications — **Compagnie Générale Électrique du Canada Ltée** — Compagnie Minière Québec Cartier — **Compagnie Pétrolière Impériale Ltée** — Control Data Canada Ltée — **Johanne Cousineau** — Robert de Grandpré — **Marie-Eva de Villers** — Pauline Daigneault — **Pierre Dallaire** — Jane Dalley — **Miguelle Dubé** — Atelier Lise Dubois — **Robert Dubuc** — Capitaine Régent Duchesneau — **Charles Dupont** — Céline Dupré — **Eaton** — Énergie Atomique du Canada Ltée — **Fédération québécoise de badminton** — Fédération québécoise de canot-camping — **Fédération québécoise de handball olympique** — Fédération québécoise de la montagne — **Fédération québécoise de ski nautique** — Fédération québécoise de soccer football — **Fédération québécoise des sports aériens Inc.** — Fédération québécoise de tennis — **Fédération de tennis de table du Québec** — Ford du Canada Ltée — **Lisa Gallante** — General Motors du Canada Ltée — **Louise Genest-Côté** — Michel Giguère — **Céline Grégoire** — G.T.E. Sylvania Canada Ltée — **René Guibord** — Gulf Canada Ltée — **Monique Héroux** — Hewitt Equipment Ltée — **Hippodrome Blue Bonnets Inc.** — Honeywell Ltée — **Hydro-Québec** — IBM Canada Ltée — **Impériale Ltée Compagnie Pétrolière** — Institut de recherche d'Hydro-Québec (IREQ) — **Institut de Tourisme et d'Hôtellerie du Québec** — Institut Teccart Inc. — **Jardin Botanique de Montréal** — Robert Jolicœur — **Johnson & Johnson Inc.** — Viviane Julien — **Michel Juteau** — Nada Kerpan — **Richard Kromp** — La Baie d'Hudson Compagnie de — **Pierre Laberge** — Pierre Lacombe — **Ginette Laliberté** — Claire Lamy — **Marc Leclerc** — J.-Roger Leclerc — **Marylène Le Deuff** — Maison Casavant — **Michel Mainville** — Marie Mathieu-Brisebois — **Pierrette Martin** — Charles Mayer — **Lisette Ménard-Lépine** — Ministère de la Défense nationale — **Alain Morissette** — Nissan — **Office de la langue française du Québec** — Organisation de l'Aviation civile internationale — **J. Pascal Inc.** — Petro Canada Inc. — **Jean-Marc Picard** — Pierre Pilon — **Planétarium Dow** — Yves Poirier — **Madeleine Portugais-Dumont** — Normand Prieur — **Produits Shell Canada Ltée** — Sylvie Provost — **R.C.A. Inc.** — Jocelyne Robillard — **Chantal Robinson** — Louis-Jean Rousseau — **Michel Roy** — Robert Schetagne — **Shell Canada** — Smith-Corona Division de SCM (Canada) Ltée — **Société canadienne d'hypothèques et de logement** — Société d'énergie de la Baie James — **Société Radio-Canada** — Société de transport de la Communauté Urbaine de Montréal — **Guy Tardif** — Téléglobe Canada — **Via Rail Canada Inc.** — Gigi Vidal — **Thérèse Villa** — Volvo Canada Ltée — **Wild Leitz Canada Ltée** — Xerox Canada Inc. — **Yamaha Canada Musique Ltée.**

TABLE DES MATIÈRES

PRÉFACE 15

INTRODUCTION................................ 17

MODE DE CONSULTATION DU
DICTIONNAIRE THÉMATIQUE VISUEL 23

ASTRONOMIE.................................... 25
Coordonnées terrestres 27
Coordonnées célestes 27
Cycle des saisons 27
Planètes du système solaire 28
Symboles des planètes 28
Soleil 29
Structure interne du Soleil, éclipse du Soleil
Lune 30
Relief lunaire, éclipse de Lune, phases de la Lune
Galaxie : classification de Hubble 31
Comète. 31
Constellations de l'hémisphère boréal 32
Constellations de l'hémisphère austral....... 33
Observatoire astronomique 34
Planétarium................................... 35
Planétaire 35

GÉOGRAPHIE................................... 37
Structure de la Terre.......................... 39
Coupe de l'atmosphère terrestre 39
Conquête de l'espace......................... 39
Coupe de la croûte terrestre.................. 40
Configuration des continents................. 41
Fond de l'océan.............................. 42
Vague.. 43
Configuration du littoral 43
Nuages et symboles météorologiques 44
Volcan....................................... 45
Séisme. 45
Montagne. 46
Grotte 46
Désert 47
Glacier 48

États de l'eau................................. 49
Classification des cristaux de neige, types de précipitations
Cycle de l'eau 50
Climats du monde............................ 51
Symboles météorologiques................... 52
Météores, fronts, nébulosité, vent
Météorologie 54
Carte météorologique, disposition des informations d'une station, parc météorologique
Instruments de mesure météorologique 56
Pluviomètre à lecture directe, héliographe
Satellite météorologique 57

RÈGNE VÉGÉTAL 59
Structure d'une plante 61
Racine, tige, feuille, bord d'une feuille, types de feuilles, feuilles simples, feuilles composées
Structure d'un arbre.......................... 63
Arbre, coupe transversale du tronc, souche
Structure d'une fleur 64
Modes d'inflorescence
Champignons 65
Structure d'un champignon, champignons comestibles, champignon vénéneux, champignon mortel
Fruits charnus : baies 66
Coupe d'une baie : raisin, principales variétés de baies
Fruits charnus complexes..................... 66
Coupe d'une fraise, coupe d'une mûre sauvage ou d'une framboise
Fruits charnus à noyau 67
Coupe d'un fruit à noyau : pêche, principales variétés de fruits à noyau
Fruits charnus à pépins 68
Coupe d'un fruit à pépins : pomme, principales variétés de fruits à pépins
Fruits charnus : agrumes..................... 69
Coupe d'un agrume : orange, principales variétés d'agrumes
Fruits secs : noix 70
Coupe d'une noisette, coupe d'une noix, principales variétés de noix
Fruits secs divers 71
Coupe d'un follicule : anis étoilé, coupe d'une gousse : pois, coupe d'une silique : moutarde,

Table des matières

coupe d'une capsule : pavot, coupe d'un grain de blé
Fruits tropicaux 72
Principaux fruits tropicaux
Légumes 73
Légumes-fruits, légumes-fleurs, légumes-feuilles, coupe d'un bulbe, légumes-bulbes, légumes-tubercules, légumes-racines, légumes-tiges, légumes-graines

RÈGNE ANIMAL 79
Cervidés.. 81
Bois de cerf, principaux cervidés
Types de mâchoires............................... 82
Mâchoire de carnivore : léopard, mâchoire de rongeur : castor, mâchoire d'herbivore : cheval
Cheval... 83
Morphologie, squelette, sabot, face plantaire du sabot, fer à cheval
Chat... 86
Tête, patte antérieure, griffe rétractée, griffe abaissée
Oiseau... 87
Morphologie, aile, penne, principaux types de becs, principaux types de pattes, œuf
Poisson.. 90
Morphologie, branchies, anatomie
Papillon 92
Chenille, chrysalide, papillon
Coquille univalve 93
Coquille bivalve 93
Valve gauche, vue dorsale
Mollusque... 94
Huître, principaux types de mollusques comestibles
Crustacé 95
Homard, principaux crustacés comestibles
Gastéropode 96
Escargot, principaux gastéropodes comestibles
Batraciens 97
Grenouille, métamorphose de la grenouille, squelette du membre postérieur
Abeille.. 98
Ouvrière, reine, faux bourdon, pattes postérieures de l'ouvrière, ruche, coupe d'un rayon de miel
Chauve-souris.................................... 100
Reptile... 101
Tête de serpent venimeux, tortue

ÊTRE HUMAIN 103
Cellule... 105
Cellule végétale, cellule animale
Corps humain 106
Face antérieure, face postérieure
Organes génitaux masculins.................... 108
Coupe sagittale, spermatozoïde
Organes génitaux féminins 109
Coupe sagittale, vue antérieure
Sein, coupe sagittale........................... 109
Muscles 110
Face antérieure, face postérieure
Squelette... 112
Vue antérieure, vue postérieure

Ostéologie du crâne............................ 114
Face latérale, face antérieure, face supérieure, face inférieure
Dents 115
Coupe d'une molaire, denture humaine
Circulation sanguine........................... 116
Schéma général de la circulation, cœur, principales veines et artères
Appareil respiratoire 118
Poumons
Appareil digestif 119
Appareil urinaire 120
Système nerveux 121
Système nerveux périphérique, système nerveux central, axe médullaire d'une vertèbre lombaire
Organes des sens : vue........................ 123
Œil, globe oculaire
Organes des sens : ouïe...................... 124
Oreille externe, oreille moyenne et interne
Organes des sens : odorat 125
Partie externe du nez, fosses nasales, sens de l'odorat et du goût
Organes des sens : goût...................... 126
Bouche, dos de la langue
Organes des sens : toucher.................. 127
Peau, influx nerveux
Neurone.. 127
Peau... 128
Ongle.. 129
Poil.. 129
Liens de parenté 130

NOURRITURE.................................. 133
Fines herbes.................................... 135
Pâtes alimentaires 136
Pain.. 138
Veau... 139
Coupe nord-américaine, coupe parisienne
Bœuf 140
Coupe nord-américaine, coupe parisienne
Porc.. 142
Coupe nord-américaine, coupe parisienne
Agneau 143
Coupe nord-américaine, coupe parisienne
Fromages nord-américains 144
Fromages français.............................. 144
Desserts... 146

FERME... 149
Bâtiments.. 151
Machinerie agricole 152

ARCHITECTURE................................. 157
Maisons traditionnelles 159
Styles d'architecture 160
Ordre dorique, ordre ionique, ordre corinthien, base d'une colonne
Temple grec 161
Plan du temple
Arcs.. 162
Arc en plein cintre, types d'arcs
Maison romaine................................. 163

Cathédrale gothique 164
   Cathédrale, plan, façade, voûte
Fortification à la Vauban 166
Château fort................................. 167
Centre-ville 168
Salle de spectacle 169
   Salle, coulisses, coupe transversale de la scène
Ascenseur 171
Escalier mécanique 172
Maisons de ville............................. 173

MAISON 175
Extérieur d'une maison 177
Lecture de plans 178
   Plan du terrain, rez-de-chaussée, étage
Pièces de la maison 179
   Rez-de-chaussée, étage, sous-sol
Structure de la maison....................... 180
   Charpente du toit, types de toits, charpente,
   fondations
Matériaux de construction 183
Parquet..................................... 186
   Parquet sur ossature de bois, parquet sur chape
   de ciment, arrangements des parquets
Escalier..................................... 187
Porte....................................... 188
   Porte extérieure, types de portes
Fenêtre 189
   Structure, types de fenêtres
Chauffage................................... 190
   Cheminée à foyer ouvert, poêle à bois, serviteur,
   porte-bûches, chenêts, installation à air chaud
   pulsé, cheminée, installation à eau chaude, corps
   de chauffe, plinthe chauffante, chaudière, pompe
   à chaleur en deux éléments, générateur d'air
   chaud électrique, brûleur à mazout
Climatisation 196
   Climatiseur de fenêtre, ventilateur de plafond,
   déshumidificateur

AMEUBLEMENT DE LA MAISON.............. 197
Table 199
   Table à abattants, principaux types de tables
Fauteuil 200
   Parties, principaux types de fauteuils
Sièges 202
Chaise...................................... 203
   Parties, entrejambes, types de chaises
Lit 204
   Parties, literie
Meubles de rangement 205
Parures de fenêtre........................... 207
   Rideau, barre, tringle, store à enroulement auto-
   matique, store à enroulement manuel, persiennes,
   store vénitien
Luminaires.................................. 210
Verres 212
Vaisselle.................................... 213
Couvert..................................... 214
   Couteau, principaux types de couteaux, four-
   chette, principaux types de fourchettes, cuiller,
   principaux types de cuillers

Ustensiles de cuisine........................ 217
   Couteau de cuisine, types de couteaux de cui-
   sine, ustensiles pour passer et égoutter, usten-
   siles pour broyer et râper, jeu d'ustensiles, usten-
   siles pour ouvrir, ustensiles pour mesurer, usten-
   siles pour la pâtisserie, ustensiles divers
Batterie de cuisine.......................... 222
Cafetières 224
Appareils électroménagers.................... 225
   Mélangeur, batteur sur socle, batteur à main,
   mélangeur à main, fouets, robot de cuisine,
   sorbetière, centrifugeuse, presse-agrumes, four à
   micro-ondes, gaufrier-gril, grille-pain, gril élec-
   trique, cuisinière électrique, réfrigérateur sans
   givre, lave-linge, sécheuse, lave-vaisselle, fer à
   vapeur, ouvre-boîtes, bouilloire, aspirateur-
   traîneau, accessoires de l'aspirateur

JARDINAGE 235
Jardin d'agrément 237
Outillage 238
Scie à chaîne 243

BRICOLAGE.............................. 245
Menuiserie : outils.......................... 247
   Marteau, maillet, rabot, tournevis, clés, pince,
   étau, serre-joint, vilebrequin, perceuse à main,
   toupie, perceuse à colonne, perceuse électrique,
   plateau de sciage, scie à métaux, scie égoïne,
   scie circulaire
Menuiserie : fixations 254
   Clou, vis, boulon, écrou, rondelle
Menuiserie 255
   Planche, placage, panneau, contreplaqué
Serrure 256
   Serrure à mortaiser, barillet, serrure tubulaire
Plomberie.................................. 257
   Plomberie sanitaire, toilette, salle de bains, évier,
   robinet, branchement, chauffe-eau électrique,
   raccords mécaniques, raccords, adapteurs, outils
   pour plomberie, fosse septique, pompe de pui-
   sard
Peinture d'entretien 268
   Échelles et escabeaux, pistolet à peinture, pin-
   ceau, grattoir, rouleau
Soudage 271
   Fer à souder, pistolet à souder, chalumeau bra-
   seur, soudage oxyacétylénique, soudage à l'arc,
   chalumeau soudeur, chalumeau coupeur, sou-
   dage bout à bout, régulateur de pression, équipe-
   ment de protection
Électricité 274
   Lampe à incandescence, lampe à vapeur de
   mercure, tube fluorescent, accessoires, outils
   d'électricien, tableau de distribution

VÊTEMENTS.............................. 279
Vêtements d'hommes 281
   Trench-coat, imperméable, canadienne, corvette,
   parka, macfarlane, pardessus, paletot, gilet, ves-
   ton croisé, veste droite, pantalon, bretelles, cein-
   ture, chemise, col, cravate, ascot, nœud papillon,
   gilet de laine, pulls, chaussette, sous-vêtements,
   coiffures
Gant 289

Table des matières

Vêtements de femmes 290
Manteaux, robes, jupes, poches, chemisiers, manches, vestes et pulls, types de cols, décolletés, encolures, pantalons, vêtements de nuit, bas, sous-vêtements, coiffures

Vêtements d'enfants......................... 305
Tenue de baptême, barboteuse de croissance, cape de bain, dormeuse de croissance, dormeuse-couverture, collant fantaisie, culotte plastique, couche, camisole, bavoir, salopette, grenouillère, nid d'ange, dormeuse, tout-en-un, polojama, combinaison de gymnastique, chasuble, Eton, esquimau

Chaussures....................................... 308
Parties d'une chaussure, principaux types de chaussures, accessoires de chaussure

Costumes... 311
Torero, ballerine, scaphandre moderne, clown

PARURE... 313
Bijouterie 315
Variété de bijoux, bracelets, breloques, bagues, colliers, tailles des pierres, taille d'un diamant

Lunettes 318
Face, branche, plaquette, principaux types de lunettes

Coiffure 320
Types de cheveux, éléments de la coiffure, perruque et postiche

Maquillage...................................... 322
Trousse à maquillage, produits de maquillage, accessoires de maquillage

OBJETS PERSONNELS 325
Rasoirs 327
Ciseaux 328
Peignes... 328
Brosses à cheveux............................... 328
Brosse à dents 329
Combiné bucco-dentaire....................... 329
Sèche-cheveux................................... 330
Miroir lumineux 330
Casque sèche-cheveux 330
Fer à friser 331
Brosse à friser 331
Trousse de mise en plis........................ 331
Trousse de manucure........................... 332
Accessoires de manucure...................... 333
Accessoires de coiffure........................ 333
Articles du fumeur.............................. 334
Parapluie 336
Bagages 337
Sacs à main...................................... 338
Articles de maroquinerie 340

COMMUNICATIONS 343
Écritures des peuples 345
Alphabet Braille................................. 346
Alphabet des sourds-muets.................... 347
Signes de ponctuation.......................... 347
Signes diacritiques............................. 347
Alphabet phonétique international........... 348
Lettre type 349

Corrections typographiques 350
Instruments d'écriture 352
Photographie.................................... 353
Appareil à visée reflex mono-objectif, appareils photographiques, objectif et accessoires, polaroïd, pellicules, appareil-éclair, posemètre photo-électrique, cellule à visée reflex, éclairage de studio, accessoires photographiques, accessoires de studio, laboratoire photographique, agrandisseur, projecteur diascope, écran de projection

Chaîne stéréo 363
Composantes d'un système, enceinte acoustique, casque d'écoute, amplificateur, platine tourne-disque, disque, platine de magnétophone

Magnétoscope 367
Cinématographie................................ 368
Caméra sonore, projecteur sonore, caméra vidéo, microphone dynamique

Télégraphe 370
Schéma de fonctionnement, récepteur, émetteur, code morse

Télex : téléimprimeur 371
Téléphone 372
Poste téléphonique, récepteur, microphone, types de postes téléphoniques, répondeur téléphonique

Télévision 374
Studio et régies, plateau, régie de production, téléviseur, (tube-image)

Satellites de télécommunications 378
Satellite Hermès, exemples de satellites, trajectoire d'un satellite, réseau de télécommunications

TRANSPORT 381
Transport routier............................. 383
Automobile 383
Carrosserie, types de carrosseries, phare, arrière d'une familiale, essuie-glace, tableau de bord, instruments de bord, porte, direction, sièges

Station-service.................................. 387
Distributeur d'essence

Semi-remorque 388
Tracteur

Moteurs 390
Moteur diesel, moteur à turbocompression, moteur à essence

Batterie d'accumulateurs....................... 392
Radiateur 392
Bougie d'allumage............................... 392
Système d'échappement 392
Pneus... 393
Freins... 393
Motoneige 394
Motocyclette 395
Bicyclette 397
Coupe d'une rue 399
Coupe d'une route 399
Ponts fixes....................................... 400
Ponts mobiles 403

Transport ferroviaire......................... 404
Locomotive diesel-électrique 404
Wagon couvert................................... 405
Types de wagons................................. 406

Table des matières

Types de voitures............................. 407
Voiture-coach, voiture-lit, voiture-restaurant
Voie ferrée 408
Passage à niveau 409
Gare 410
Gare de triage.............................. 411
Conteneur 411
Hall de gare................................ 412
Quai de gare................................ 413

Transport par métro 414
Station de métro 414
Chemin de fer métropolitain 415
Rame de métro, intérieur d'une voiture, bogie et voie

Transport maritime 416
Quatre-mâts barque.......................... 416
Mâture et gréement, voilure
Types de voiles............................. 418
Types de gréements......................... 418
Paquebot................................... 419
Transbordeur............................... 420
Porte-conteneurs............................ 420
Aéroglisseur................................ 421
Hydroptère................................. 422
Bathyscaphe 423
Sous-marin 424
Frégate 425
Écluse 426
Port maritime............................... 427
Appareils de navigation..................... 428
Sondeur à éclats, sextant, compas magnétique liquide
Signalisation maritime....................... 430
Bouées, phare, lanterne de phare, système latéral de balisage
Ancre 433
Ancre de marine, types d'ancres

Transport aérien 434
Avion long-courrier 434
Aile....................................... 435
Voilure.................................... 435
Empennage................................ 435
Turboréacteur.............................. 436
Poste de pilotage 437
Aéroport 438
Équipements aéroportuaires
Aérogare des passagers...................... 440
Hélicoptère................................ 441

Transport spatial 442
Fusée 442
Navette spatiale............................ 443
Navette spatiale au décollage, navette spatiale en orbite
Scaphandre spatial.......................... 444

FOURNITURES ET ÉQUIPEMENT DE BUREAU 445
Articles de bureau........................... 447
Mobilier de bureau 451
Machine à écrire............................ 452

Micro-ordinateur............................ 454
Fonctions d'un système, configuration d'un système, clavier, périphériques, (imprimante matricielle, coupleur acoustique, manche à balai), salle de l'ordinateur

MUSIQUE 459
Notation musicale 461
Instruments à cordes........................ 463
Famille du violon, violon, archet, harpe
Instruments à clavier 465
Piano droit, mécanique du piano droit
Orgue...................................... 467
Production du son, console, mécanisme de l'orgue, tuyaux d'orgue
Instruments à vent.......................... 469
Famille des bois, (saxophone, anches), famille des cuivres, (trompette)
Instruments à percussion 471
Instruments traditionnels..................... 473
Groupes instrumentaux 476
Accessoires de musique...................... 478
Orchestre symphonique 479
Instruments électriques et électroniques 480
Guitare électrique, synthétiseur

LOISIRS DE CRÉATION....................... 483
Couture 485
Machine à coudre, (bloc-tension, pied presseur, aiguille), accessoires de couture, attaches, fermeture à glissière, structure du tissu, tissus de soutien, patron
Tricot 490
Machine à tricoter, (bloc-tension, fonture, chariot, aiguille à clapet)
Dentelle aux fuseaux......................... 492
Broderie.................................... 493
Métier à broder, catégories de points
Tissage.................................... 494
Métier de basse lisse, métier de haute lisse, accessoires de tissage, schéma de principe du tissage, armatures
Reliure d'art 498
Gravure en creux 501
Gravure en relief 502
Matériel, presse à taille douce
Lithographie................................ 503
Matériel, presse lithographique
Impression................................. 504
Schéma de l'impression en relief, schéma de l'impression en creux, schéma de l'impression à plat
Poterie.................................... 505
Tour à pied, outils, cuisson
Vitrail 507

SPORTS 509
Sports d'équipe 511
Baseball................................... 511
Terrain, receveur, joueur, bâton, gant
Football 513
Terrain de football canadien, terrain de football américain, mêlée au football américain, mêlée

11

Table des matières

au football canadien, équipement de protection, uniforme, ballon de football

Rugby 517
Terrain, équipe, ballon

Football européen 518
Terrain, ballon

Hockey sur glace 519
Patinoire, gardien de but, hockeyeur, bâton de joueur, bâton de gardien de but, rondelle

Basket-ball 521
Terrain, panier

Volley-ball 522
Terrain, ballon

Tennis 523
Terrain, joueurs de tennis, raquette de tennis

Hand-ball 525
Terrain, ballon

Squash 526
Terrain international de simples, raquette de squash

Racquetball 527
Terrain à quatre murs, raquette de racquetball

Badminton 528
Terrain, volant

Tennis de table 529
Table

Curling 530
Terrain

Sports nautiques 531

Water-polo 531
Surface de jeu, but

Natation 532
Compétition de natation, position de départ, types de nages

Plongeon 534
Plongeoir, positions de départ, groupes de plongeons

Plongée sous-marine 536

Planche à voile 537

Dériveur 538
Allures, accastillage

Ski nautique 540

Sports aériens 541

Parachutisme 541
Parachute, chute libre

Vol à voile 542
Planeur, cabine de pilotage

Vol libre 543
Aile volante

Sports d'hiver 544

Ski 544
Station de ski

Ski alpin 545
Skieur alpin, chaussure de ski, fixation de sécurité

Ski de fond 547
Skieur de fond, ski de fond

Patinage 548
Patin de figure, patin de hockey, patin de course, patin à roulettes

Raquette 549
Raquette algonquine, types de raquettes

Bobsleigh 550

Luge 550

Sports équestres 551

Équitation 551
Vêtements et équipement, obstacles, parcours d'obstacles, bride, selle

Course sous harnais 554
Ambleur sous harnais, programme de courses, estrade et piste

Sports athlétiques 556

Athlétisme 556
Stade, stade (suite), lancers

Gymnastique 559
Engins masculins, engins féminins, trampoline

Haltérophilie 561

Sports de combat 562

Escrime 562
Piste, escrimeur, parties de l'arme, armes, positions

Judo 564
Tapis, prises, costume de judo

Boxe 565
Ring

Sports de loisir 566

Pêche 566
Canne à mouche, canne à lancer, moulinet à lancer, moulinet à tambour fixe, hameçon, flotteur, leurres, accessoires de pêche

Billard 568
Matériel de billard, billard pool et billard français, billard anglais et snooker

Golf 571
Parcours, trou, types de bâtons de golf, accessoires de golf

Alpinisme 574
Matériel et équipement, alpiniste

Jeu de quilles 576

Jeux de société 577

Échecs 577
Pièces, échiquier, notation descriptive

Jacquet 578

Cartes 578

Dés 579

Dominos 579

Mah-jong 579

Table de roulette 580
Roulette, tableau des mises

Machine à sous 581

Camping 582

Tentes 582
Tentes familiales, tente canadienne, principaux types de tentes

Sacs de couchage 584

Lit-matelas et accessoires 584

Accessoires au propane 585

Popote 585

Ustensiles de campeur 585

Table des matières

Outils 586
Nœuds 587
APPAREILS DE MESURE........................ 589
Mesure du temps 591
Montre mécanique, montre à diapason, sablier, cadran solaire, mécanisme de l'horloge à poids, horloge de parquet
Mesure de la masse 594
Balance romaine, balance à fléau, peson, balance de Roberval, balance de précision, balance automatique, pèse-personne, balance électronique
Mesure de la température 597
Thermomètre bimétallique, thermomètre médical, thermostat d'ambiance
Mesure de la pression........................... 598
Baromètre anéroïde, sphygmomanomètre
Mètre à ruban 599
Podomètre....................................... 599
Micromètre....................................... 599
Théodolite 600
Wattheuremètre.................................. 601
Sismographe horizontal 602
Sismographe vertical........................... 602
APPAREILS DE VISION........................ 603
Microscope binoculaire........................ 605
Microscope électronique 606
Jumelles à prismes 607
Lunette de visée 607
Télescope.. 608
Lunette astronomique 609
Radar 610
Lentilles 611
Lentilles convergentes, lentilles divergentes
Boussole magnétique........................... 611
SANTÉ 613
Trousse d'urgence, seringues
Aides à la marche............................... 616
Béquilles, cannes
Fauteuil roulant 617
ÉNERGIES 619
Mine de charbon................................ 621
Carrière en entonnoir, carrière exploitée en chassant, exploitation minière, mine souterraine, carreau de mine, marteau pneumatique, marteau perforateur à poussoir pneumatique
Pétrole... 626
Appareil de forage, pompe à balancier, pompage au gaz, arbre de Noël, forage en mer, plateforme de production, pipeline, pétrolier, wagonciterne, semi-remorque citerne, camion-citerne, réservoir à toit flottant, réservoir à toit fixe, raffinerie, produits de la raffinerie, traitement des sables bitumineux
Électricité....................................... 637
Complexe hydroélectrique, coupe d'un barrage en remblai, coupe d'un barrage en béton, principaux types de barrages, étapes de production de l'énergie électrique, coupe d'une centrale hydroélectrique, turbo-alternateur, coupe d'une turbine hydraulique, pylône, branchement aérien, usine marémotrice

Énergie nucléaire............................... 647
Centrale nucléaire CANDU, réacteur CANDU, réacteur nucléaire, grappe de combustible, schéma de fonctionnement d'une centrale nucléaire, séquence de manipulation du combustible, salle de commande, production d'électricité par énergie nucléaire, cycle du combustible nucléaire
Énergie solaire.................................. 654
Four solaire, centrale solaire à tour, maison solaire, photopile, capteurs solaires
Moulin à vent 657
Moulin tour, moulin pivot
Éolienne... 658
Éolienne à axe horizontal, éolienne à axe vertical, production d'électricité par éolienne

MACHINERIE LOURDE......................... 659
Pelle à benne traînante 661
Voiture de pompiers............................ 662
Échelle pivotante automatique, fourgon-pompe
Bouteur.. 664
Chargeuse-pelleteuse........................... 665
Niveleuse 666
Pelle hydraulique............................... 667
Décapeuse....................................... 668
Camion-benne................................... 668
Manutention..................................... 669
Grue, chariot motorisé, chariot élévateur, engins de manutention

ARMES 673
Armes de l'âge de pierre....................... 675
Guerrier africain 675
Légionnaire romain 675
Armure 676
Arcs et arbalète 677
Épées.. 678
Baïonnettes...................................... 679
Principaux types de baïonnettes, monture d'une baïonnette à poignée
Canon du XVIIe siècle......................... 680
Bouche à feu, tube, projectiles, accessoires de mise à feu
Arquebuse 682
Platine à silex, chargement
Grenade à main 682
Mortier 683
Mortier contemporain, mortier du XVIIe siècle
Pistolet-mitrailleur.............................. 683
Obusier moderne 684
Fusil automatique 685
Bazooka.. 686
Canon sans recul............................... 686
Mitrailleuse...................................... 687
Fusil-mitrailleur................................. 687
Armes de chasse................................ 688
Carabine, fusil, cartouche
Pistolet 689
Revolver.. 689
Char d'assaut.................................... 690
Avion de combat................................ 691

13

Table des matières

Missiles. 692
Structure d'un missile, système de commande, principaux types de missiles
SYMBOLES 693
Héraldique. 695
Éléments d'un drapeau, écu, exemples de symboles, formes de drapeau
Signes du zodiaque 698
Symboles d'affichage 699
Éléments visuels des symboles, signaux routiers

internationaux, symboles d'usage courant, entretien des tissus
Symboles scientifiques usuels. 709
INDEX GÉNÉRAL 711
INDEX THÉMATIQUES 745
INDEX SPÉCIALISÉS 783
BIBLIOGRAPHIE SÉLECTIVE 798
SOMMAIRE 799

PRÉFACE

Il existe sur le marché de nombreux dictionnaires dont les noms surgissent spontanément à l'esprit et dont les mérites sont incontestables. Pourquoi un nouveau dictionnaire ?

D'abord, on observe dans toutes les langues une pauvreté d'ouvrages dans lesquels on peut trouver, en toute confiance, la terminologie contemporaine des multiples objets, appareils, machines, instruments ou outils qui meublent la vie quotidienne. En outre, au Canada — pays bilingue — et particulièrement au Québec, la recherche terminologique est par nécessité un secteur d'activité fébrile et nos chercheurs ont acquis depuis longtemps une renommée mondiale. Les gouvernements ont créé des organismes spécialisés ; les universités ont formé des terminologues, des linguistes et des traducteurs compétents et efficaces ; et les grandes sociétés industrielles et commerciales ont participé à l'œuvre collective en instituant leurs propres services de terminologie et de traduction.

Dans ce contexte, il était normal et logique que les Éditions Québec/ Amérique se lancent dans cette grande aventure que constitue la réalisation d'un dictionnaire. Pendant quatre ans, terminologues, linguistes, chercheurs, documentalistes, traducteurs et illustrateurs, sous la direction de l'éminent terminologue et linguiste Jean-Claude Corbeil, ont mis au point cet outil simple et précis. Ils répondaient ainsi à un besoin de l'ère de l'informatique, caractérisée par une explosion de vocables techniques, pour laquelle aucun dictionnaire n'avait été particulièrement conçu.

La présentation originale du DICTIONNAIRE THÉMATIQUE VISUEL, son contenu sélectif, sa simplicité, ses illustrations didactiques et son caractère moderne en font un ouvrage de référence d'accès facile, sans équivalent sur le marché. Il convient à quiconque se soucie d'employer le mot juste pour désigner tout objet de la vie courante. Il permettra à l'utilisateur d'enrichir son vocabulaire et de communiquer plus efficacement avec son entourage.

C'est avec fierté que nous invitons nos lecteurs à découvrir ce dictionnaire dont ils feront bientôt, nous en sommes persuadés, leur premier aide-mémoire.

Jacques Fortin
éditeur
Éditions Québec/Amérique

INTRODUCTION

OBJET DU DICTIONNAIRE

À l'origine de ce dictionnaire, nous nous étions fixé deux objectifs :

a) Répertorier les notions et les termes utiles, voire indispensables, dans une société industrialisée, post-industrialisée ou en voie d'industrialisation, pour désigner les multiples objets de la vie quotidienne et que toute personne doit connaître pour acheter un produit ou discuter d'une réparation, lire un journal ou une revue, comprendre un mode d'emploi, etc. ;

b) Visualiser ces notions par une représentation graphique, c'est-à-dire faire jouer à l'image le rôle de la définition écrite dans un dictionnaire ordinaire.

Une contrainte découle du second objectif : les notions sélectionnées doivent être susceptibles de représentation graphique. Il était donc virtuellement impossible de retenir les substantifs abstraits, les adjectifs et les verbes, même s'ils font partie du vocabulaire spécialisé. Les terminologies n'ont pas encore réglé le problème que posent les verbes et les adjectifs.

Après divers essais et consultations, nous avons opté pour le graphisme technique comme mode de représentation des objets. Il permet de faire ressortir les traits essentiels de la notion, de purger l'image de tout ce qui est accessoire ou accidentel, comme les faits de mode dans le vêtement. L'image apparaît plus simple, plus dépouillée, mais elle y gagne en clarté conceptuelle, constituant ainsi une meilleure définition.

Pour réaliser ce double objectif, nous avons réuni une équipe de terminologues et une équipe d'illustrateurs travaillant sous une même direction scientifique.

DESTINATAIRE DU DICTIONNAIRE

Le DICTIONNAIRE THÉMATIQUE VISUEL est donc destiné à une personne qui participe, d'une manière ou d'une autre, à la civilisation contemporaine industrialisée et qui doit, en conséquence, disposer d'un éventail de termes techniques dans des domaines nombreux et très différents les uns des autres, sans être cependant un spécialiste de l'un ou de l'autre.

Le profil de cet utilisateur type a guidé le choix des notions et des termes de chaque catégorie. Nous avons privilégié le vocabulaire de l'honnête homme plutôt que celui du spécialiste.

Toutefois, on notera des niveaux de spécialisation variables d'un domaine à l'autre, ce qui provient de la familiarisation plus ou moins grande avec un sujet, ou encore des contraintes mêmes de la spécialité. Ainsi, le vocabulaire du vêtement ou de l'électricité nous est plus familier que celui de l'énergie nucléaire. Ou encore : pour décrire l'anatomie du corps humain, nous ne pouvons que respecter et reproduire la terminologie médicale, mais pour décrire la structure d'un fruit, nous pouvons mettre côte à côte les termes techniques et usuels. Le degré de familiarité avec un sujet varie avec chaque lecteur et avec la popularité du sujet. Le meilleur exemple est sans doute la diffusion du vocabulaire de l'informatique qu'a entraînée l'usage généralisé du micro-ordinateur.

Bref, nous avons voulu refléter le vocabulaire spécialisé d'usage courant dans chaque domaine, en respectant les contraintes inhérentes à chacun.

Introduction

SPÉCIFICITÉ DU DICTIONNAIRE

Il est nécessaire de situer le DICTIONNAIRE THÉMATIQUE VISUEL par rapport aux autres ouvrages de lexicographie.

Les ouvrages traditionnels

Les ouvrages de lexicographie se rangent dans quatre grandes catégories :

a) les dictionnaires de langue

Ils sont constitués fondamentalement de deux grandes parties.

D'une part, la nomenclature, c'est-à-dire l'ensemble des mots qui sont l'objet d'un commentaire lexicographique et qui forment la macro-structure du dictionnaire. Pour plus de commodité, les entrées sont classées par ordre alphabétique. En général, on y trouve les mots de la langue commune contemporaine ; des mots appartenant à des états anciens de la langue dont la connaissance facilite la compréhension de l'histoire d'une civilisation, souvent transmise par des textes ; et quelques mots techniques dont l'usage est suffisamment répandu.

D'autre part, un commentaire lexicographique sous forme d'article, dont la micro-structure varie d'une tradition lexicographique à l'autre. Généralement, l'article comprend : la catégorie grammaticale du mot ; le genre (s'il y a lieu) ; la prononciation notée en alphabet phonétique international ; l'étymologie du mot ; la définition des différents sens du mot, classés le plus souvent par ordre chronologique ; et des indications sur les niveaux de langue (familier, populaire, vulgaire), selon une typologie encore aujourd'hui plutôt impressionniste.

b) les dictionnaires encyclopédiques

Au dictionnaire de langue, ces dictionnaires ajoutent des développements sur la nature, le fonctionnement ou l'histoire des choses pour en permettre la compréhension à un profane de bonne culture générale ou à un spécialiste voulant vérifier la portée d'un mot. Ils font une place beaucoup plus grande aux termes techniques, suivant de près l'état des sciences et des techniques. En général, l'image y joue un rôle important, en illustration du texte. Les dictionnaires encyclopédiques sont plus ou moins volumineux, selon l'étendue de la nomenclature, l'importance des commentaires et la place accordée aux noms propres.

c) les encyclopédies

Contrairement à ceux de la catégorie précédente, ces ouvrages ne traitent pas la langue. Ils sont consacrés à la description scientifique, technique, parfois économique, historique et géographique des choses. La structure de la nomenclature peut varier, tous les classements étant légitimes ; alphabétique, notionnel, chronologique, par spécialité, etc. Le nombre de ces ouvrages est pratiquement illimité, comme l'est la fragmentation de la civilisation en catégories multiples. Il faut cependant distinguer entre l'encyclopédie universelle et l'encyclopédie spécialisée.

d) les lexiques ou vocabulaires spécialisés

Le plus souvent, ces ouvrages répondent à des besoins particuliers, suscités par l'évolution des sciences et des techniques ou le souci d'efficacité de la communication. Ici, tout peut varier : la méthode de confection des lexiques, la relation des auteurs avec la spécialité, l'étendue de la nomenclature, le nombre de langues traitées et la manière d'établir les équivalences d'une langue à l'autre, par simple traduction ou par comparaison entre terminologies unilingues. La lexicographie spécialisée est aujourd'hui un champ d'activité intense. Les ouvrages se multiplient dans tous les secteurs et dans toutes les langues qu'on juge utile de croiser.

Caractère spécifique du dictionnaire

Le DICTIONNAIRE THÉMATIQUE VISUEL n'est pas une encyclopédie, pour au moins deux raisons : il ne décrit pas les choses, il les nomme ; il évite aussi l'énumération des objets de

même classe. Par exemple, il ne recense pas toutes les variétés d'arbres mais s'arrête sur un représentant typique de la catégorie pour en examiner la structure et chacune des parties.

Il est encore moins un dictionnaire de langue puisqu'il ne comporte aucune définition écrite et n'inclut que des substantifs, rarement des adjectifs mais beaucoup de termes complexes, comme il arrive habituellement en terminologie.

Il n'est pas non plus une somme de vocabulaires spécialisés puisqu'il évite les termes connus des seuls spécialistes au profit des termes d'usage général, au risque de passer pour simpliste aux yeux des connaisseurs de domaines particuliers.

Le DICTIONNAIRE THÉMATIQUE VISUEL est le premier dictionnaire fondamental d'orientation terminologique, réunissant en un seul corps d'ouvrage les milliers de mots plus ou moins techniques d'usage courant dans notre société où les sciences, les techniques et leurs produits font partie de l'univers quotidien.

MÉTHODE DE TRAVAIL

Nous avons élaboré ce dictionnaire d'après la méthodologie de recherche terminologique systématique et comparée, mise au point au Québec au début des années 1970 et aujourd'hui largement répandue dans tout le Canada, en Amérique du Sud, en Afrique du Nord et en Afrique subsaharienne.

Nous avons travaillé simultanément en français et en anglais, langues de pays industrialisés, largement diffusées de par le monde. L'abondance de la documentation dans chacune des deux langues, la complémentarité des approches et des spécialités et le contraste des deux formes d'intuition et d'expression des mêmes réalités garantissent la qualité de l'inventaire des notions et des termes. Nous nous proposons d'employer la même procédure pour d'autres langues, notamment l'arabe et l'espagnol.

La méthodologie de la recherche terminologique systématique comporte plusieurs étapes qui s'enchaînent dans un ordre logique. Le cheminement s'applique à chaque langue, la comparaison n'intervenant qu'à la fin du processus, au moment de la constitution des dossiers terminologiques. Ainsi évite-t-on les pièges de la traduction mot à mot.

Voici une description succincte de chacune des étapes.

Délimitation de l'ouvrage

Il faut d'abord délimiter soigneusement la taille et le contenu de l'ouvrage projeté en fonction de ses objectifs et du public-cible.

Nous avons d'abord fixé les thèmes qu'il nous apparaissait nécessaire de traiter dans le DICTIONNAIRE THÉMATIQUE VISUEL, puis nous avons divisé chacun d'eux en domaines et sous-domaines en prenant soin de rester fidèles à l'idée de départ et de ne pas verser dans l'encyclopédisme ou l'hyperspécialité. Nous avons ainsi établi une table des matières provisoire, structure de base du dictionnaire, qui nous a servi de guide au cours des étapes subséquentes et que nous avons perfectionnée en cours de route. La table des matières du Dictionnaire est l'aboutissement de ce processus.

D'autre part, par la publication d'une maquette du futur dictionnaire, nous avons pu soumettre le plan du contenu et le style graphique des illustrations à l'attention et aux commentaires de collègues, tant éditeurs que lexicographes ou terminologues. Grâce à ces avis, le projet s'est précisé et nous sommes passés à la phase de la réalisation.

Recherche documentaire

Conformément au plan de l'ouvrage, nous avons d'abord recueilli la documentation pertinente à chaque sujet et susceptible de nous fournir l'information requise sur les mots et les notions. La recherche documentaire a porté aussi bien sur des textes anglais et français.

Introduction

Voici, dans l'ordre inverse du crédit que nous leur accordions, la liste des sources de documentation que nous avons utilisées :

— Les articles ou ouvrages rédigés en français ou en anglais par des spécialistes du sujet, au niveau de spécialisation convenable. Leurs traductions vers l'autre langue peuvent être très révélatrices de l'usage du vocabulaire, quoiqu'il faille les utiliser avec circonspection.

— Les documents techniques, tels les normes de l'International Standard Organization (ISO), de l'American Standard Organization (ASO) et de l'Association française de normalisation (AFNOR), les modes d'emploi des produits, les analyses comparées de produits, la documentation technique fournie par les fabricants, les publications officielles des gouvernements, etc.

— Les catalogues, les textes commerciaux, la publicité dans les revues spécialisées et les grands quotidiens.

— Les encyclopédies ou dictionnaires encyclopédiques, et les dictionnaires de langue.

— Les vocabulaires ou dictionnaires spécialisés unilingues, bilingues français-anglais ou multilingues, dont il faut apprécier soigneusement la qualité et la fiabilité.

— Les dictionnaires de langue bilingues français-anglais.

Au total, quatre à cinq mille références. La bibliographie sélective qui figure dans le dictionnaire n'inclut que les sources documentaires d'orientation générale et non pas les sources spécialisées.

Dépouillement des documents

Pour chaque sujet, le terminologue doit parcourir la documentation, à la recherche des notions spécifiques et des mots qui les expriment, d'un auteur à l'autre et d'un document à l'autre. Ainsi se dessine progressivement la structure notionnelle du sujet : l'uniformité de la désignation de la même notion d'une source à l'autre ou, au contraire, la concurrence de plusieurs termes pour désigner la même réalité. Dans ce cas, le terminologue poursuit sa recherche jusqu'à ce qu'il se soit formé une opinion bien documentée sur chacun des termes concurrents. Il note tout, avec références à l'appui.

Puisque le dictionnaire est visuel, chaque terminologue s'est préoccupé à ce stade de trouver et de sélectionner des modes de représentation graphique de chaque ensemble cohérent de notions, proposant une ou plusieurs illustrations selon les sujets. Les illustrateurs se sont inspirés de ces suggestions pour concevoir et réaliser les pages du dictionnaire.

Constitution des dossiers terminologiques

Le dépouillement de la documentation permet de réunir tous les éléments d'un dossier terminologique.

À chaque notion, identifiée et définie par l'illustration, est relié le terme le plus fréquemment utilisé pour la désigner par les meilleurs auteurs ou dans les sources le plus dignes de confiance. Lorsque plusieurs termes sont en concurrence, l'un d'eux est sélectionné après discussion et accord entre le terminologue et le directeur scientifique.

Certains dossiers terminologiques, généralement dans des domaines spécialisés où le terminologue est plus sujet à erreur, ont été soumis à des spécialistes.

Visualisation graphique

Le dossier terminologique, accompagné d'une proposition de représentation graphique, a ensuite été confié à l'équipe d'illustrateurs en vue de la conception et de la réalisation de la page définitive.

Chaque terminologue a revu les planches correspondant à ses dossiers afin de vérifier l'exactitude de la représentation visuelle et du lien entre la notion et le terme, et procéder à une première correction orthographique.

Révision générale des planches

Les terminologues ont travaillé sujet par sujet en suivant le plan, mais pas nécessairement dans l'ordre.

À la fin du processus, nous avons procédé à deux vérifications de l'ensemble du dictionnaire. D'abord, nous avons confié à trois réviseurs de chaque langue le soin de relire tout l'ouvrage en s'attachant surtout à l'orthographe, mais aussi à la terminologie. À l'aide de leurs commentaires, nous avons ensuite uniformisé certaines graphies et revu toutes les apparitions de chaque mot et de chaque notion pour donner au dictionnaire le plus de cohérence possible.

Nous conservons en archives toute la documentation et tous les dossiers terminologiques qui ont servi à la réalisation du dictionnaire.

PROBLÈMES PARTICULIERS

Le lecteur qui consultera le DICTIONNAIRE THÉMATIQUE VISUEL voudra savoir comment nous avons réglé certains problèmes dont il ne manquera pas de prendre connaissance.

Terme usuel et terme technique

Il arrive que deux termes, l'un appartenant à la langue commune et l'autre à la langue spécialisée, désignent la même notion. Par exemple, on appelle habituellement *gorge* la partie antérieure du cou de l'oiseau que les ornithologues appellent *menton*. Ou, pour être exact dans le cas des balances, il faudrait parler d'instruments de mesure de la *masse* plutôt que du *poids* comme on dit spontanément en langue commune. Ou encore, l'évolution de la technique entraîne celle des termes. Ainsi, on appelle aujourd'hui *scie à chaîne* ce qu'on désignait du nom de *tronçonneuse* il n'y a pas si longtemps parce que l'engin sert exclusivement en forêt à couper les troncs d'arbre en tronçons.

En général, nous avons préféré le terme technique au terme commun.

Français du Québec et français de France

Chaque communauté linguistique peut désigner d'une manière différente la même réalité au même niveau d'usage. Ainsi, en France, on appelle *bonnet* et *tringle chemin de fer* ce qu'on appelle *tuque* et *tringle à coulisse* au Québec.

Dans le vocabulaire technique, ces cas sont moins fréquents que dans le vocabulaire général.

Lorsque cela s'est produit et que nous avons jugé utile ou indispensable de noter les deux usages, nous avons mis les deux termes côte à côte, séparés par un point et virgule, et imprimé en italique le terme utilisé en France.

Variante terminologique

Au cours de la recherche, nous avons relevé de nombreux exemples de variantes terminologiques, c'est-à-dire de désignation d'une notion par des termes différents.

D'une manière pragmatique, les choses se présentent de la manière suivante :

— Il peut arriver qu'un terme ne soit utilisé que par un auteur ou ne trouve qu'une attestation dans la documentation. Nous avons alors retenu le terme concurrent le plus fréquent.

— Les termes techniques se présentent souvent sous forme composée, avec ou sans trait d'union ou préposition. Cette caractéristique entraîne au moins deux types de variantes terminologiques :

    a) Le terme technique composé peut se réduire par l'abandon d'un ou de plusieurs de ses éléments, surtout si le contexte est très significatif. À la limite, le terme réduit devient la désignation habituelle de la notion. L'exemple le plus connu et le plus remarquable est la réduction de *chemin de fer métropolitain* à *métro*. Dans ces cas,

Introduction

        nous avons retenu la forme composée lorsqu'elle est couramment utilisée, laissant à l'utilisateur le soin de la réduire selon le contexte.

b) L'un des éléments du mot composé peut lui-même avoir des formes équivalentes. Il s'agit le plus souvent de synonymie en langue commune. Par exemple, le mot *vitre* dans l'expression *vitre d'observation* peut être remplacé par *fenêtre* ou *hublot*, donnant *fenêtre d'observation* et *hublot d'observation*. Ou encore, un substantif devient adjectif comme dans *jumelles à prismes* et *jumelles prismatiques*. Nous avons alors retenu la forme la plus fréquente.

— Enfin, la variante peut provenir de l'évolution du langage, sans incidence terminologique, autorisant le maintien du terme le plus répandu. Il en est ainsi de *trompe de Fallope* et *trompe utérine* et de *lunette de tir* et *lunette de visée*. Nous avons alors privilégié la forme la plus fréquente ou la plus connue du public-cible.

Sentiment terminologique

Cela nous amène à un commentaire sur l'état du sentiment terminologique par rapport au sentiment lexicographique.

Les dictionnaires de langue ont une longue histoire. Ce sont des ouvrages de référence familiers, connus et utilisés depuis l'école, avec une tradition établie, connue et acceptée de tous. Nous savons comment sont classés et traités les mots désignant la même chose. En cas de variante, nous savons comment interpréter le dictionnaire et comment utiliser les renseignements qu'il nous donne... ou ne nous donne pas !

Les dictionnaires terminologiques sont ou bien très récents ou bien destinés à un public spécialisé. Il n'existe pas de vraie tradition guidant leur conception et leur réalisation. Si le spécialiste sait interpréter un dictionnaire de sa spécialité parce que la terminologie lui est familière, il n'en est pas de même pour le profane. Les variantes le laissent perplexe. Enfin, les dictionnaires de langue ont jusqu'à un certain point discipliné l'usage du vocabulaire usuel chez leurs usagers alors que les vocabulaires de spécialités sont d'autant plus marqués par la concurrence des termes qu'ils appartiennent à des spécialités nouvelles.

L'évaluation d'un ouvrage comme le DICTIONNAIRE THÉMATIQUE VISUEL doit tenir compte de cet aspect des sciences du vocabulaire.

Variantes orthographiques

En français, les variantes orthographiques ne suscitent guère d'ennuis. Tout au plus pourrait-on signaler l'embarras dans lequel plonge l'emploi du trait d'union dans des cas comme *écran-témoin* (avec), *crochet commutateur* (sans), *bouton-pression* (avec), *pied presseur* (sans). Nous nous sommes alors conformés à l'usage le mieux attesté en nous efforçant d'être aussi systématiques et constants que possible. En cas de doute, nous avons conservé l'orthographe la plus fréquente.

Jean-Claude CORBEIL

POUR UN DICTIONNAIRE *NOUVEAU*
UN *NOUVEAU* MODE DE CONSULTATION

Le DICTIONNAIRE THÉMATIQUE VISUEL comprend trois grandes sections :

    — la TABLE DES MATIÈRES
    — les ILLUSTRATIONS, supports des MOTS
    — les INDEX
        — général
        — thématiques
        — spécialisés

Vous pouvez procéder à la recherche :

À partir du SENS	À partir du MOT
Si vous voulez savoir comment désigner un objet :	Si vous voulez savoir à quel objet correspond un mot :
• Cherchez dans la table des matières le thème qui correspond à votre question	• Cherchez le mot dans l'index général ou dans les index thématiques ou spécialisés, selon la catégorie à laquelle le mot appartient
• Vous trouverez le ou les renvois aux illustrations pertinentes	• Vous trouverez le ou les renvois aux illustrations pertinentes
• Repérez dans les illustrations l'objet et le mot qui le désigne	• Repérez dans les illustrations l'objet que désigne le mot

ASTRONOMIE

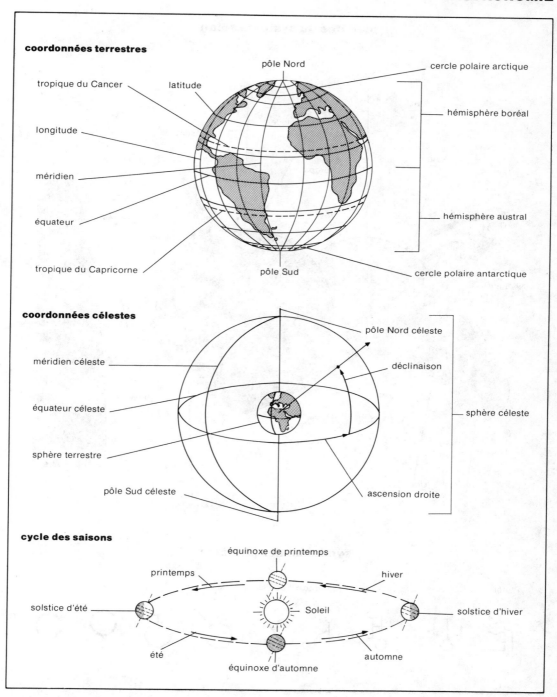

coordonnées terrestres

pôle Nord

cercle polaire arctique

tropique du Cancer

latitude

hémisphère boréal

longitude

méridien

équateur

hémisphère austral

tropique du Capricorne

pôle Sud

cercle polaire antarctique

coordonnées célestes

pôle Nord céleste

méridien céleste

déclinaison

équateur céleste

sphère céleste

sphère terrestre

pôle Sud céleste

ascension droite

cycle des saisons

équinoxe de printemps

printemps

hiver

solstice d'été

Soleil

solstice d'hiver

été

automne

équinoxe d'automne

ASTRONOMIE

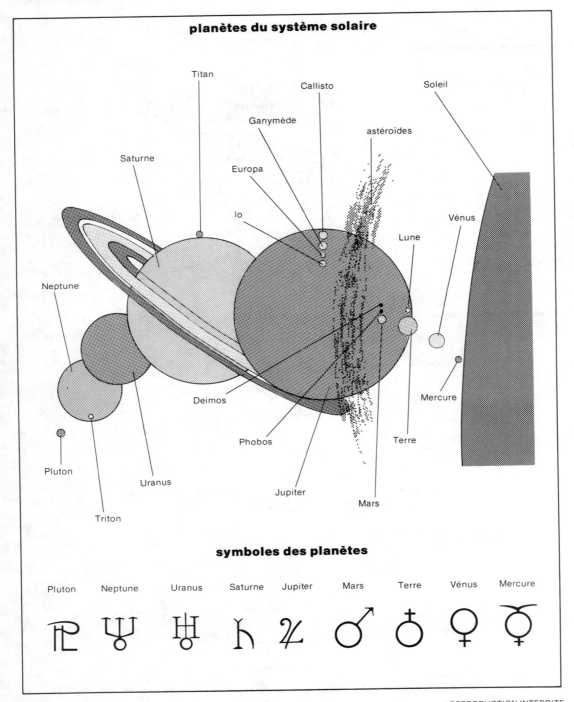

planètes du système solaire

Titan · Callisto · Soleil · Ganymède · astéroïdes · Saturne · Europa · Vénus · Io · Lune · Neptune · Deimos · Mercure · Pluton · Phobos · Terre · Triton · Uranus · Jupiter · Mars

symboles des planètes

Pluton	Neptune	Uranus	Saturne	Jupiter	Mars	Terre	Vénus	Mercure

Soleil

structure interne du Soleil

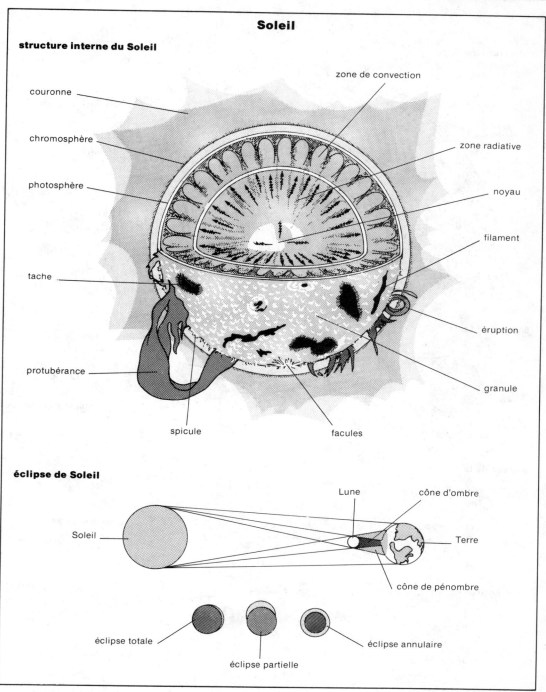

couronne

chromosphère

photosphère

tache

protubérance

spicule

facules

zone de convection

zone radiative

noyau

filament

éruption

granule

éclipse de Soleil

Lune

cône d'ombre

Soleil

Terre

cône de pénombre

éclipse totale

éclipse partielle

éclipse annulaire

ASTRONOMIE

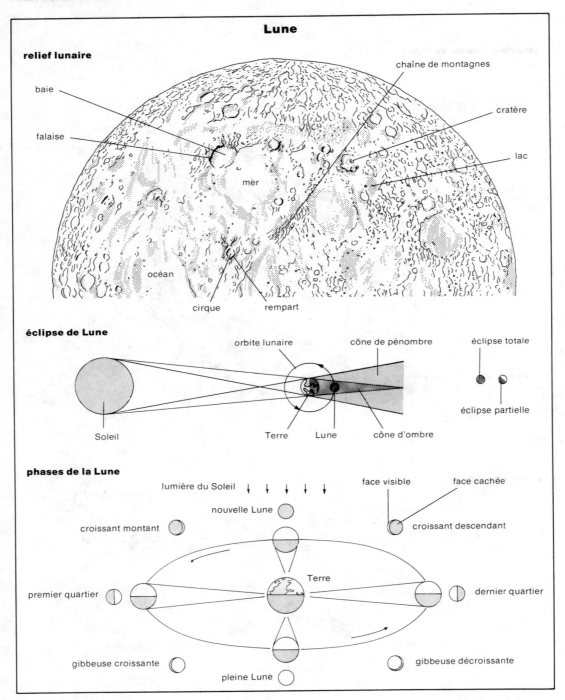

Lune

relief lunaire

- chaîne de montagnes
- baie
- cratère
- falaise
- lac
- mèr
- océan
- cirque
- rempart

éclipse de Lune

- orbite lunaire
- cône de pénombre
- éclipse totale
- éclipse partielle
- Soleil
- Terre
- Lune
- cône d'ombre

phases de la Lune

- lumière du Soleil
- face visible
- face cachée
- nouvelle Lune
- croissant montant
- croissant descendant
- premier quartier
- Terre
- dernier quartier
- gibbeuse croissante
- gibbeuse décroissante
- pleine Lune

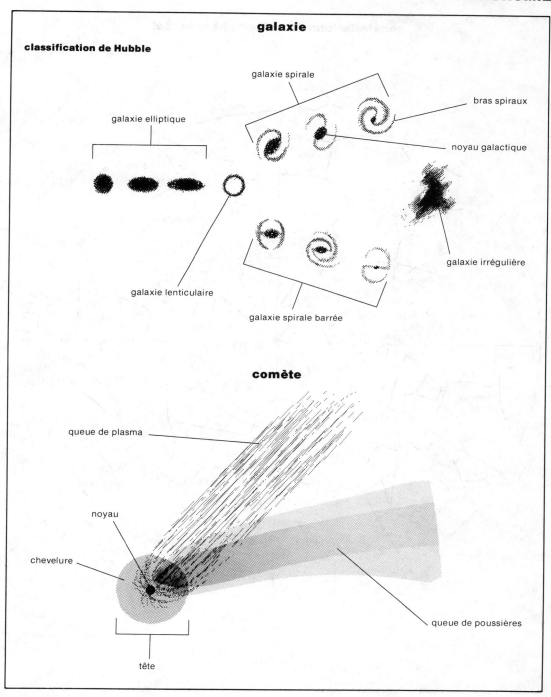

galaxie

classification de Hubble

galaxie spirale

bras spiraux

galaxie elliptique

noyau galactique

galaxie lenticulaire

galaxie irrégulière

galaxie spirale barrée

comète

queue de plasma

noyau

chevelure

queue de poussières

tête

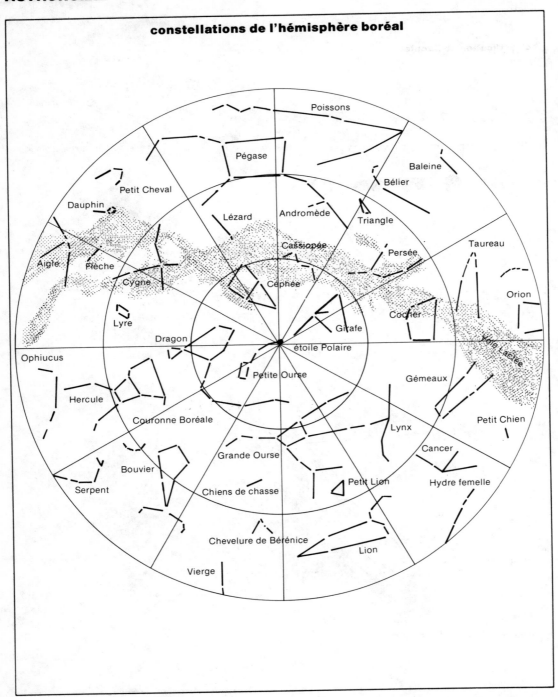

constellations de l'hémisphère boréal

constellations de l'hémisphère austral

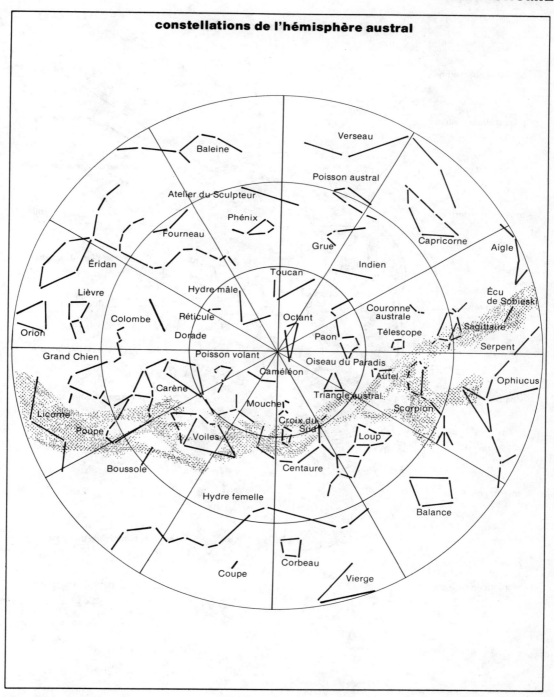

observatoire astronomique

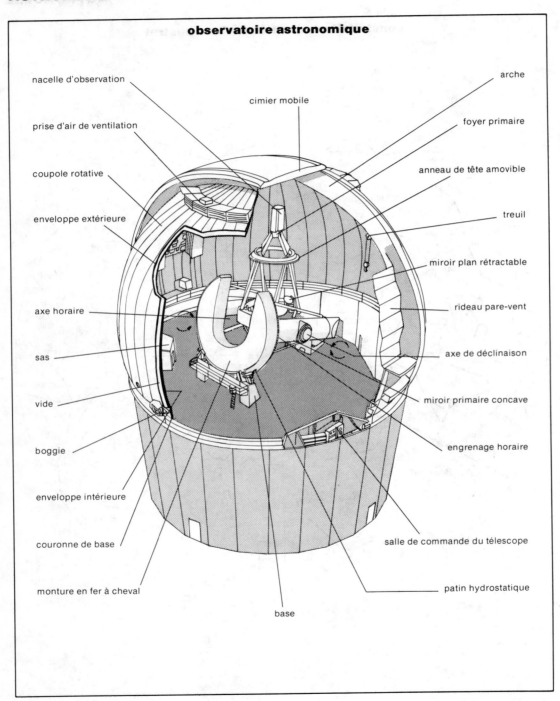

nacelle d'observation

cimier mobile

arche

prise d'air de ventilation

foyer primaire

coupole rotative

anneau de tête amovible

enveloppe extérieure

treuil

miroir plan rétractable

axe horaire

rideau pare-vent

sas

axe de déclinaison

vide

miroir primaire concave

boggie

engrenage horaire

enveloppe intérieure

couronne de base

salle de commande du télescope

monture en fer à cheval

patin hydrostatique

base

planétarium

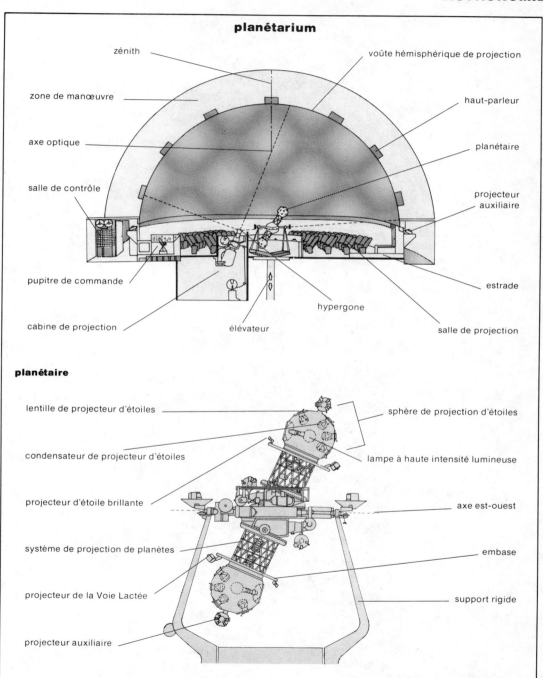

zénith

voûte hémisphérique de projection

zone de manœuvre

haut-parleur

axe optique

planétaire

salle de contrôle

projecteur auxiliaire

pupitre de commande

estrade

cabine de projection

hypergone

élévateur

salle de projection

planétaire

lentille de projecteur d'étoiles

sphère de projection d'étoiles

condensateur de projecteur d'étoiles

lampe à haute intensité lumineuse

projecteur d'étoile brillante

axe est-ouest

système de projection de planètes

embase

projecteur de la Voie Lactée

support rigide

projecteur auxiliaire

GÉOGRAPHIE

structure de la Terre

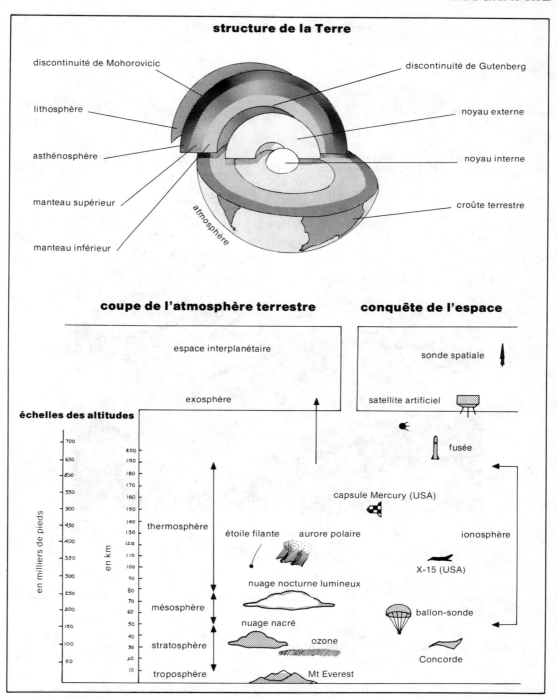

discontinuité de Mohorovicic

lithosphère

asthénosphère

manteau supérieur

manteau inférieur

discontinuité de Gutenberg

noyau externe

noyau interne

croûte terrestre

atmosphère

coupe de l'atmosphère terrestre

conquête de l'espace

espace interplanétaire

sonde spatiale

exosphère

satellite artificiel

échelles des altitudes

fusée

700
650
600
550
500
450
400
350
300
250
200
150
100
50

en milliers de pieds

200
190
180
170
160
150
140
130
120
110
100
90
80
70
60
50
40
30
20
10

en km

capsule Mercury (USA)

thermosphère

étoile filante   aurore polaire

ionosphère

X-15 (USA)

nuage nocturne lumineux

mésosphère

ballon-sonde

nuage nacré

stratosphère

ozone

Concorde

troposphère

Mt Everest

coupe de la croûte terrestre

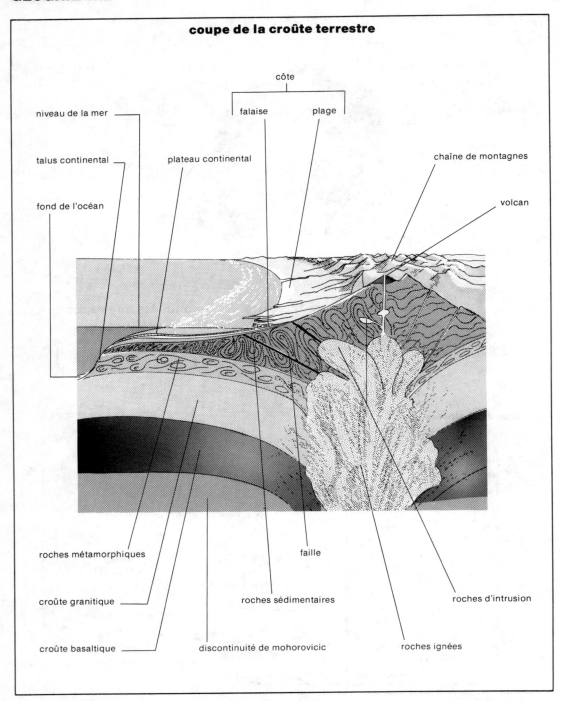

niveau de la mer

talus continental

fond de l'océan

plateau continental

côte

falaise

plage

chaîne de montagnes

volcan

roches métamorphiques

faille

roches d'intrusion

croûte granitique

roches sédimentaires

croûte basaltique

discontinuité de mohorovicic

roches ignées

configuration des continents

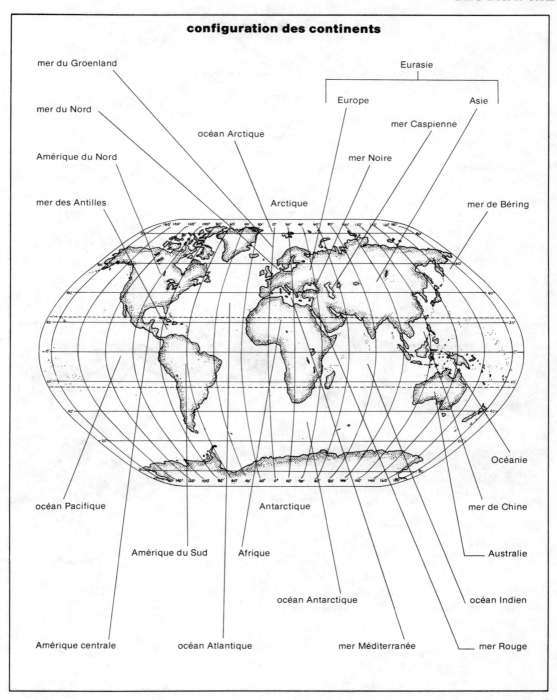

mer du Groenland

mer du Nord

Amérique du Nord

mer des Antilles

océan Arctique

Arctique

Eurasie

Europe

Asie

mer Caspienne

mer Noire

mer de Béring

océan Pacifique

Antarctique

mer de Chine

Amérique du Sud

Afrique

Australie

océan Antarctique

océan Indien

Amérique centrale

océan Atlantique

mer Méditerranée

mer Rouge

Océanie

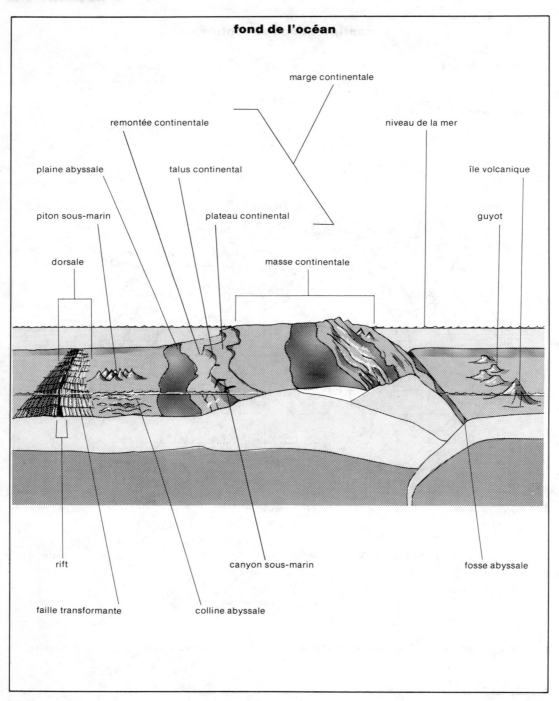

fond de l'océan

marge continentale

remontée continentale

niveau de la mer

plaine abyssale

talus continental

île volcanique

piton sous-marin

plateau continental

guyot

dorsale

masse continentale

rift

canyon sous-marin

fosse abyssale

faille transformante

colline abyssale

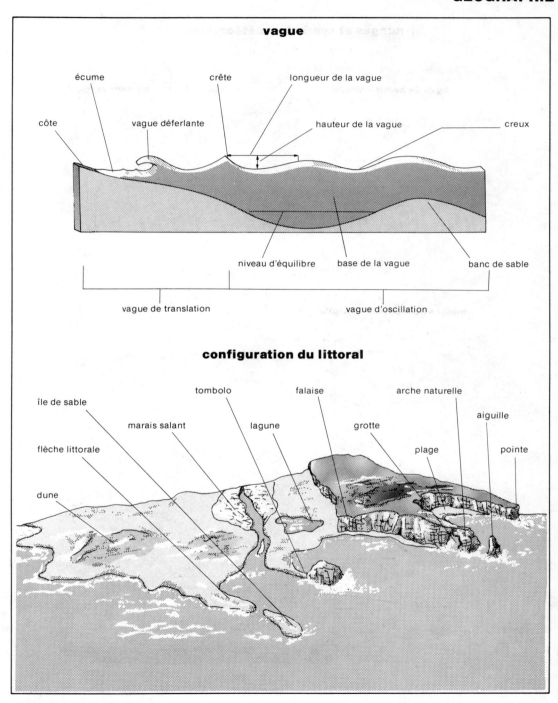

vague

écume

crête

longueur de la vague

côte

vague déferlante

hauteur de la vague

creux

niveau d'équilibre

base de la vague

banc de sable

vague de translation

vague d'oscillation

configuration du littoral

île de sable

tombolo

falaise

arche naturelle

marais salant

lagune

grotte

aiguille

flèche littorale

plage

pointe

dune

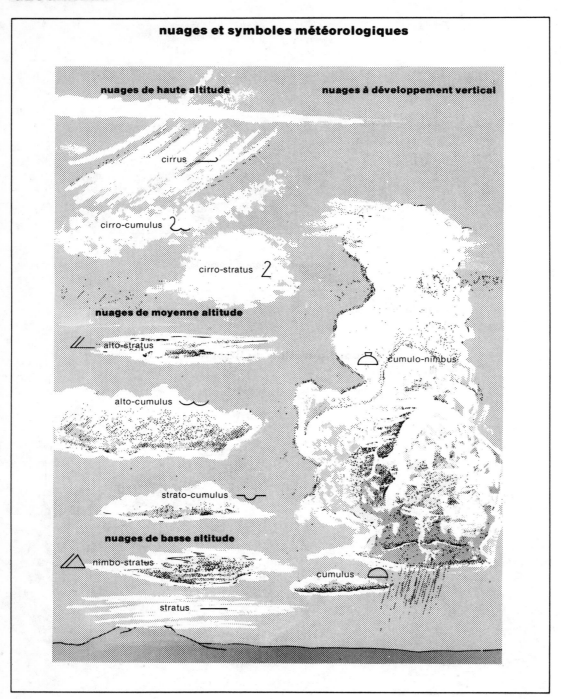

nuages et symboles météorologiques

nuages de haute altitude

nuages à développement vertical

cirrus

cirro-cumulus

cirro-stratus

nuages de moyenne altitude

alto-stratus

cumulo-nimbus

alto-cumulus

strato-cumulus

nuages de basse altitude

nimbo-stratus

cumulus

stratus

volcan

volcan en éruption

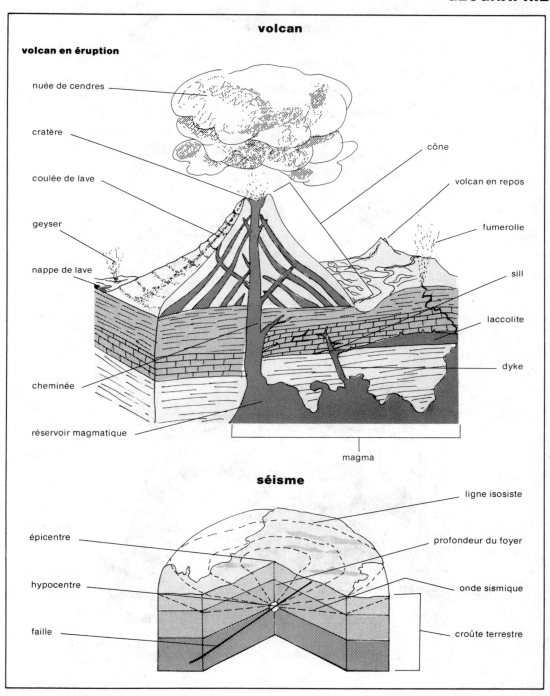

- nuée de cendres
- cratère
- coulée de lave
- geyser
- nappe de lave
- cheminée
- réservoir magmatique
- cône
- volcan en repos
- fumerolle
- sill
- laccolite
- dyke

magma

séisme

- ligne isosiste
- épicentre
- hypocentre
- faille
- profondeur du foyer
- onde sismique
- croûte terrestre

GÉOGRAPHIE

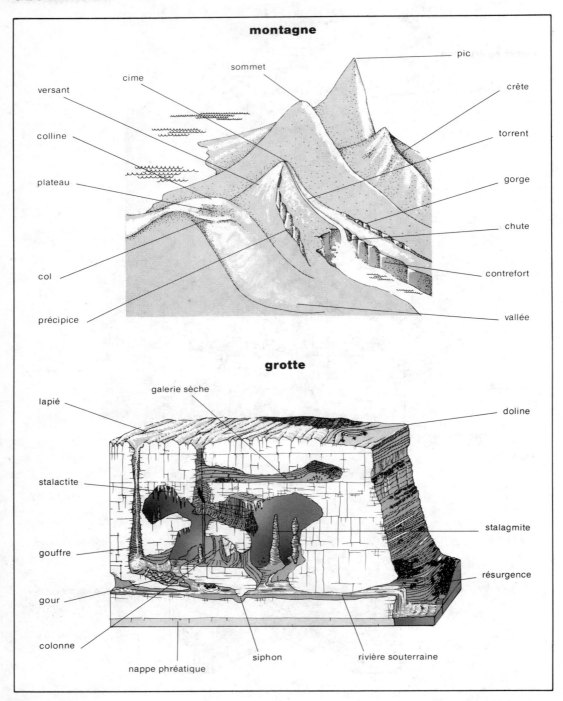

montagne

pic

cime

sommet

versant

crête

colline

torrent

plateau

gorge

chute

col

contrefort

précipice

vallée

grotte

lapié

galerie sèche

doline

stalactite

stalagmite

gouffre

résurgence

gour

colonne

nappe phréatique

siphon

rivière souterraine

désert

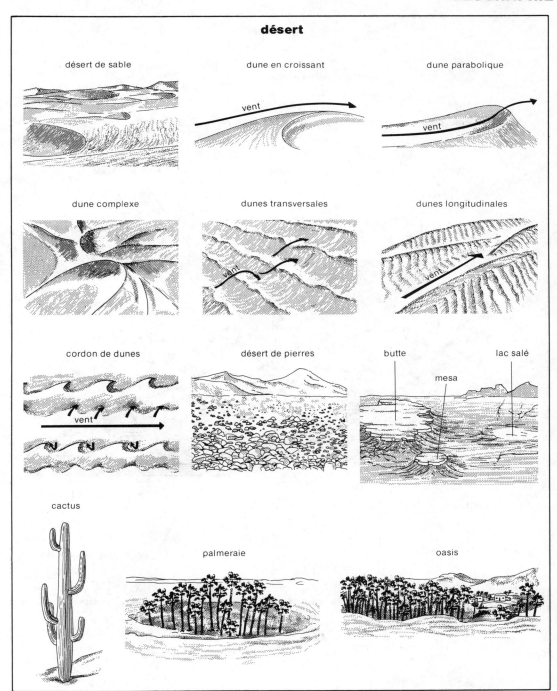

désert de sable

dune en croissant

vent

dune parabolique

vent

dune complexe

dunes transversales

vent

dunes longitudinales

vent

cordon de dunes

vent

désert de pierres

butte

mesa

lac salé

cactus

palmeraie

oasis

glacier

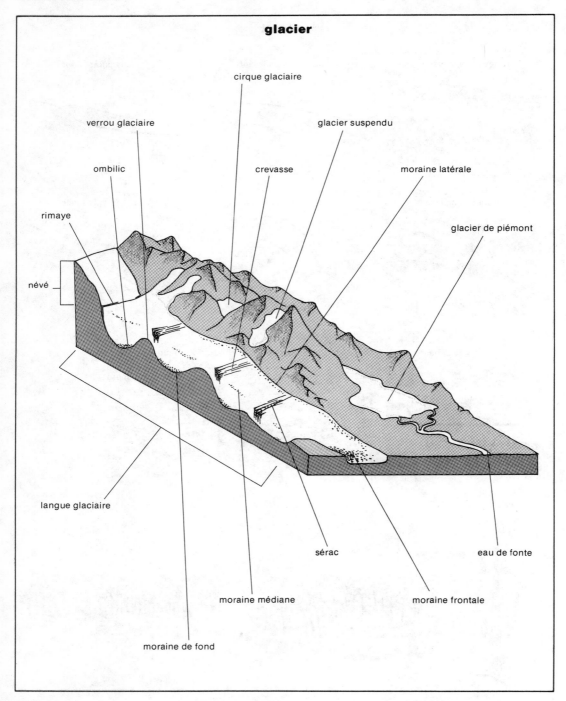

cirque glaciaire

verrou glaciaire

glacier suspendu

ombilic

crevasse

moraine latérale

rimaye

glacier de piémont

névé

langue glaciaire

sérac

eau de fonte

moraine médiane

moraine frontale

moraine de fond

états de l'eau

classification des cristaux de neige

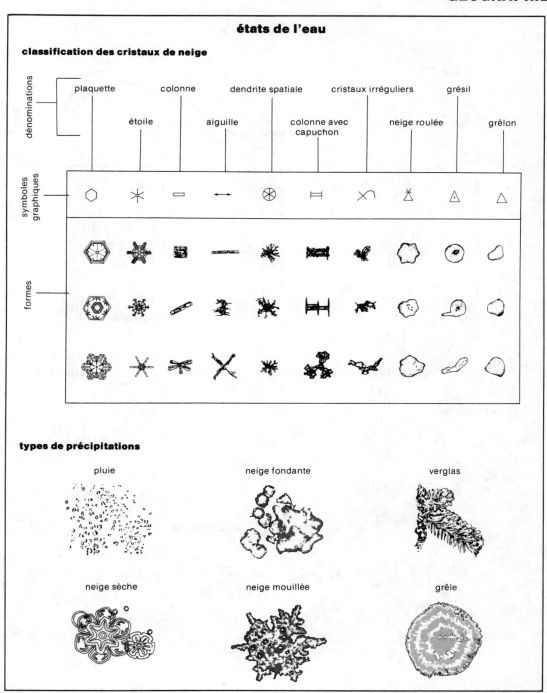

dénominations

plaquette — colonne — dendrite spatiale — cristaux irréguliers — grésil

étoile — aiguille — colonne avec capuchon — neige roulée — grêlon

symboles graphiques

formes

types de précipitations

pluie   neige fondante   verglas

neige sèche   neige mouillée   grêle

GÉOGRAPHIE

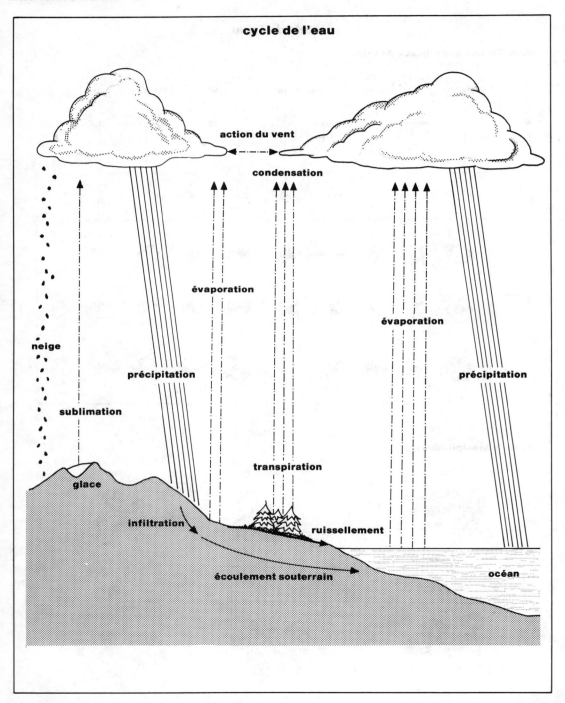

cycle de l'eau

action du vent

condensation

évaporation

évaporation

neige

précipitation

précipitation

sublimation

glace

transpiration

infiltration

ruissellement

écoulement souterrain

océan

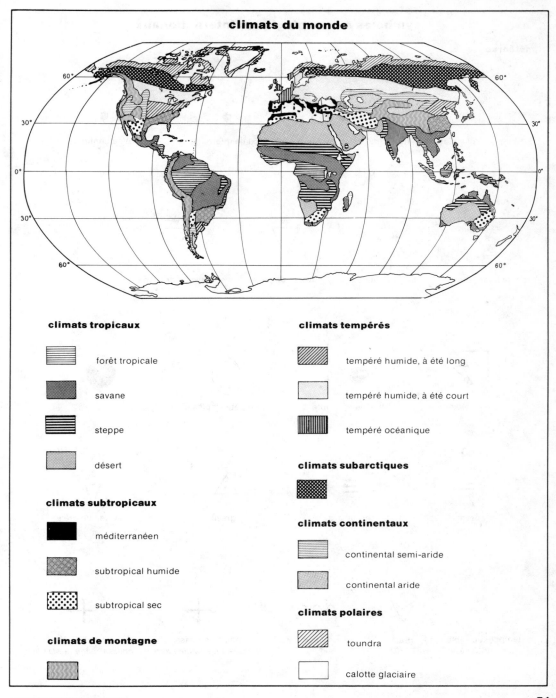

climats du monde

climats tropicaux

- forêt tropicale
- savane
- steppe
- désert

climats subtropicaux

- méditerranéen
- subtropical humide
- subtropical sec

climats de montagne

climats tempérés

- tempéré humide, à été long
- tempéré humide, à été court
- tempéré océanique

climats subarctiques

climats continentaux

- continental semi-aride
- continental aride

climats polaires

- toundra
- calotte glaciaire

symboles météorologiques internationaux

météores

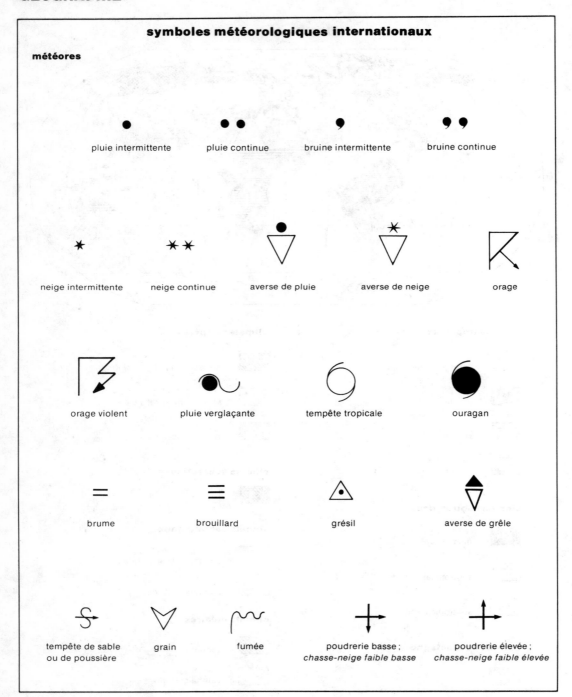

pluie intermittente   pluie continue   bruine intermittente   bruine continue

neige intermittente   neige continue   averse de pluie   averse de neige   orage

orage violent   pluie verglaçante   tempête tropicale   ouragan

brume   brouillard   grésil   averse de grêle

tempête de sable ou de poussière   grain   fumée   poudrerie basse ; *chasse-neige faible basse*   poudrerie élevée ; *chasse-neige faible élevée*

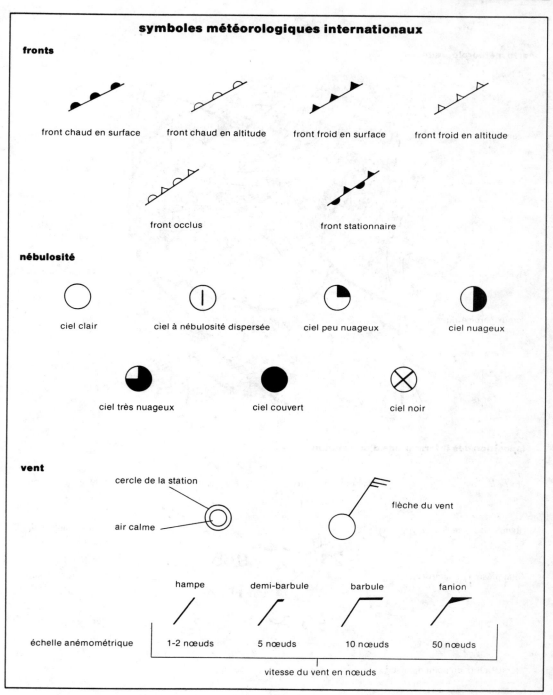

symboles météorologiques internationaux

fronts

front chaud en surface   front chaud en altitude   front froid en surface   front froid en altitude

front occlus   front stationnaire

nébulosité

ciel clair   ciel à nébulosité dispersée   ciel peu nuageux   ciel nuageux

ciel très nuageux   ciel couvert   ciel noir

vent

cercle de la station

air calme

flèche du vent

hampe   demi-barbule   barbule   fanion

échelle anémométrique   1-2 nœuds   5 nœuds   10 nœuds   50 nœuds

vitesse du vent en nœuds

GÉOGRAPHIE

météorologie

carte météorologique

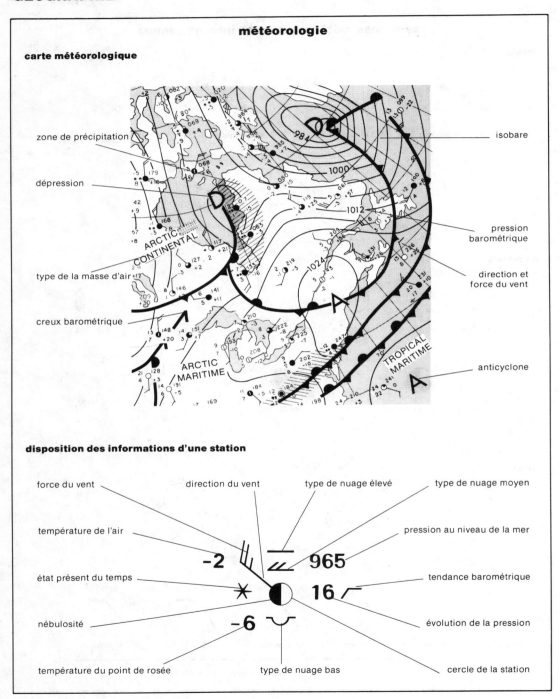

zone de précipitation

dépression

type de la masse d'air

creux barométrique

isobare

pression barométrique

direction et force du vent

anticyclone

ARCTIC CONTINENTAL

ARCTIC MARITIME

TROPICAL MARITIME

disposition des informations d'une station

force du vent

direction du vent

type de nuage élevé

type de nuage moyen

température de l'air

pression au niveau de la mer

état présent du temps

tendance barométrique

nébulosité

évolution de la pression

température du point de rosée

type de nuage bas

cercle de la station

-2

965

16

-6

météorologie

parc météorologique

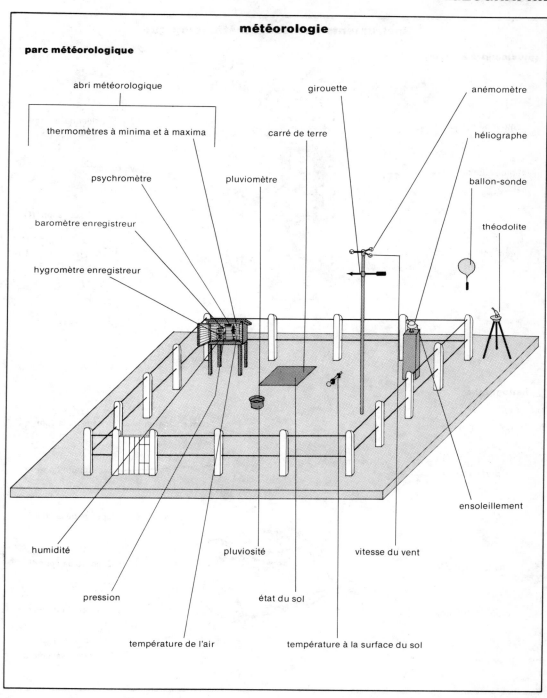

abri météorologique

girouette

anémomètre

thermomètres à minima et à maxima

carré de terre

héliographe

psychromètre

pluviomètre

ballon-sonde

baromètre enregistreur

théodolite

hygromètre enregistreur

ensoleillement

humidité

pluviosité

vitesse du vent

pression

état du sol

température de l'air

température à la surface du sol

GÉOGRAPHIE

instruments de mesure météorologique

pluviomètre à lecture directe

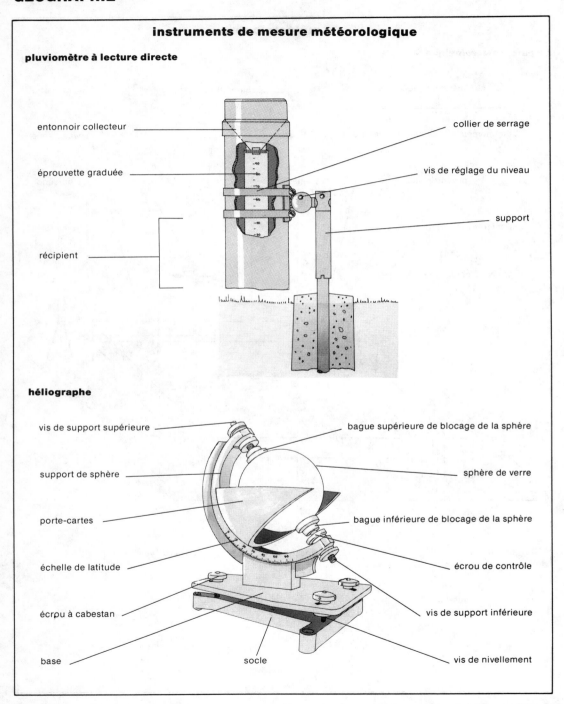

entonnoir collecteur

éprouvette graduée

récipient

collier de serrage

vis de réglage du niveau

support

héliographe

vis de support supérieure

support de sphère

porte-cartes

échelle de latitude

écrou à cabestan

base

socle

bague supérieure de blocage de la sphère

sphère de verre

bague inférieure de blocage de la sphère

écrou de contrôle

vis de support inférieure

vis de nivellement

satellite météorologique NIMBUS III

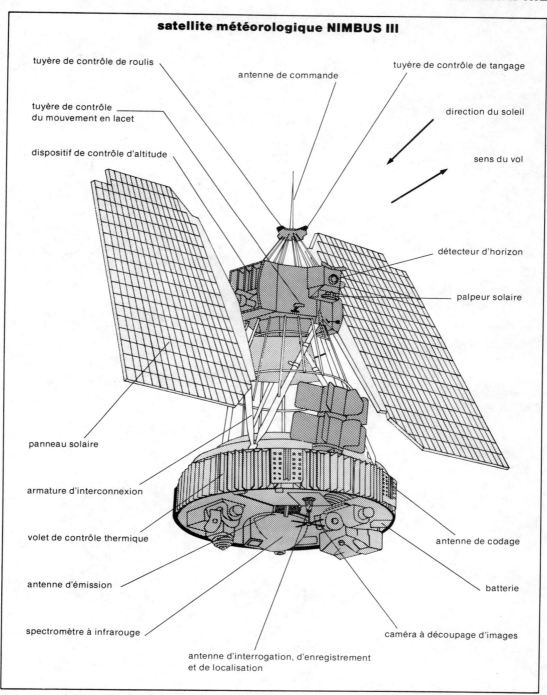

tuyère de contrôle de roulis

antenne de commande

tuyère de contrôle de tangage

tuyère de contrôle du mouvement en lacet

direction du soleil

dispositif de contrôle d'altitude

sens du vol

détecteur d'horizon

palpeur solaire

panneau solaire

armature d'interconnexion

volet de contrôle thermique

antenne de codage

antenne d'émission

batterie

spectromètre à infrarouge

caméra à découpage d'images

antenne d'interrogation, d'enregistrement et de localisation

RÈGNE VÉGÉTAL

structure d'une plante

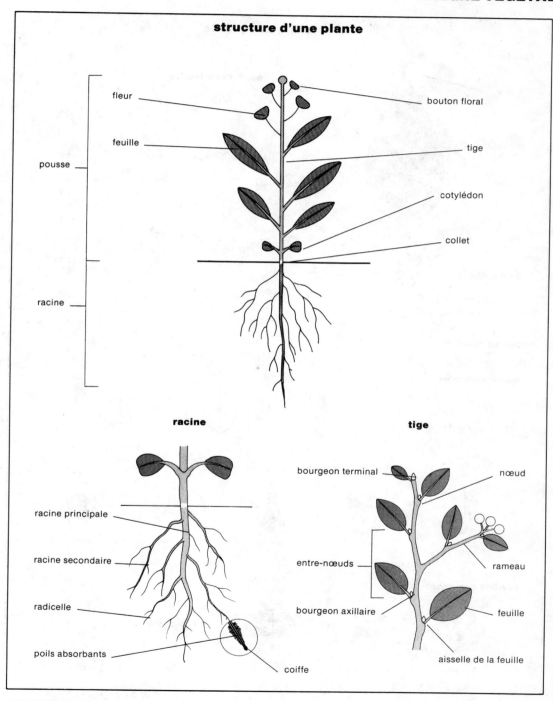

racine

tige

RÈGNE VÉGÉTAL

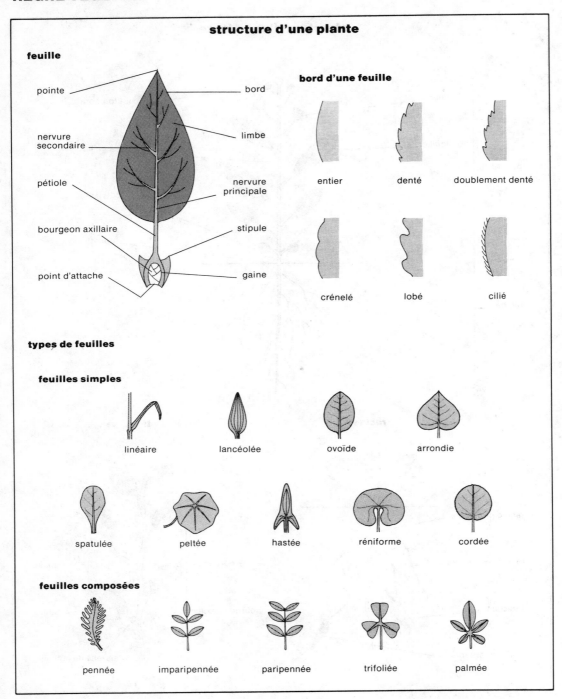

structure d'une plante

feuille

- pointe
- bord
- nervure secondaire
- limbe
- pétiole
- nervure principale
- bourgeon axillaire
- stipule
- point d'attache
- gaine

bord d'une feuille

entier   denté   doublement denté

crénelé   lobé   cilié

types de feuilles

feuilles simples

linéaire   lancéolée   ovoïde   arrondie

spatulée   peltée   hastée   réniforme   cordée

feuilles composées

pennée   imparipennée   paripennée   trifoliée   palmée

structure d'un arbre

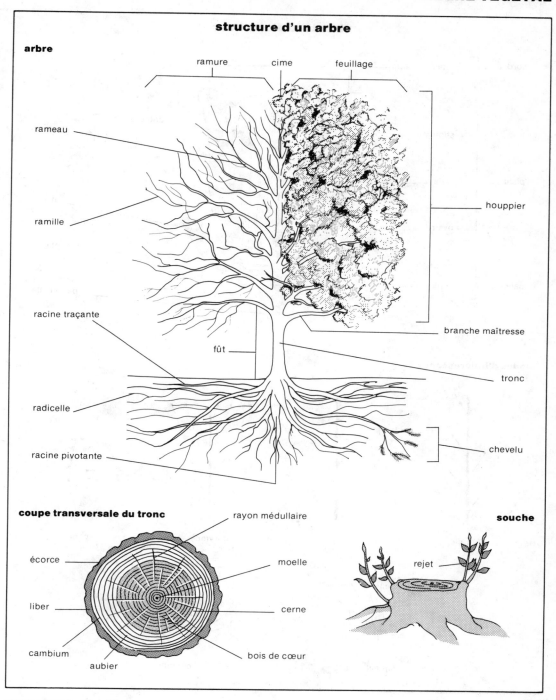

arbre

ramure · cime · feuillage

rameau

ramille

houppier

racine traçante

fût

branche maîtresse

tronc

radicelle

chevelu

racine pivotante

coupe transversale du tronc

rayon médullaire

écorce

moelle

liber

cerne

cambium

aubier

bois de cœur

souche

rejet

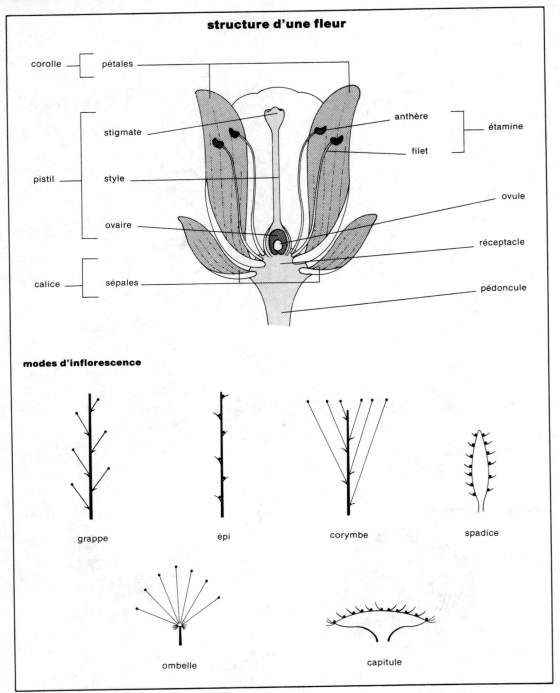

structure d'une fleur

corolle — pétales

anthère — étamine
filet

stigmate

pistil — style

ovule

ovaire

réceptacle

calice — sépales

pédoncule

modes d'inflorescence

grappe   épi   corymbe   spadice

ombelle   capitule

champignons

structure d'un champignon

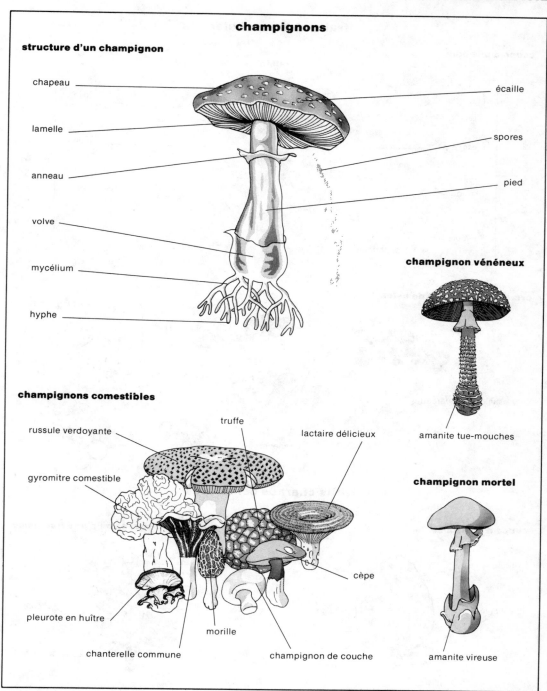

chapeau

lamelle

anneau

volve

mycélium

hyphe

écaille

spores

pied

champignon vénéneux

amanite tue-mouches

champignons comestibles

russule verdoyante

truffe

lactaire délicieux

gyromitre comestible

champignon mortel

cèpe

pleurote en huître

morille

chanterelle commune

champignon de couche

amanite vireuse

RÈGNE VÉGÉTAL

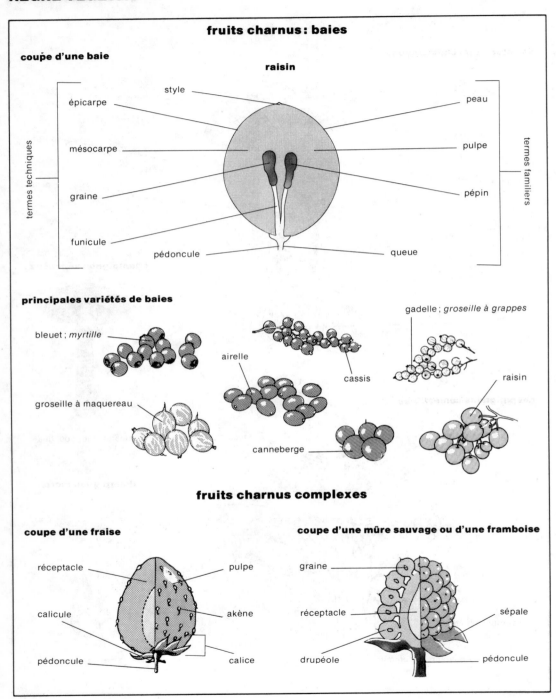

fruits charnus : baies

coupe d'une baie

raisin

termes techniques

style
épicarpe — peau
mésocarpe — pulpe
graine — pépin
funicule
pédoncule — queue

termes familiers

principales variétés de baies

gadelle ; *groseille à grappes*

bleuet ; *myrtille*

airelle

cassis

groseille à maquereau

canneberge

raisin

fruits charnus complexes

coupe d'une fraise

réceptacle — pulpe
calicule — akène
pédoncule — calice

coupe d'une mûre sauvage ou d'une framboise

graine
réceptacle — sépale
drupéole — pédoncule

fruits charnus à noyau

coupe d'un fruit à noyau

pêche

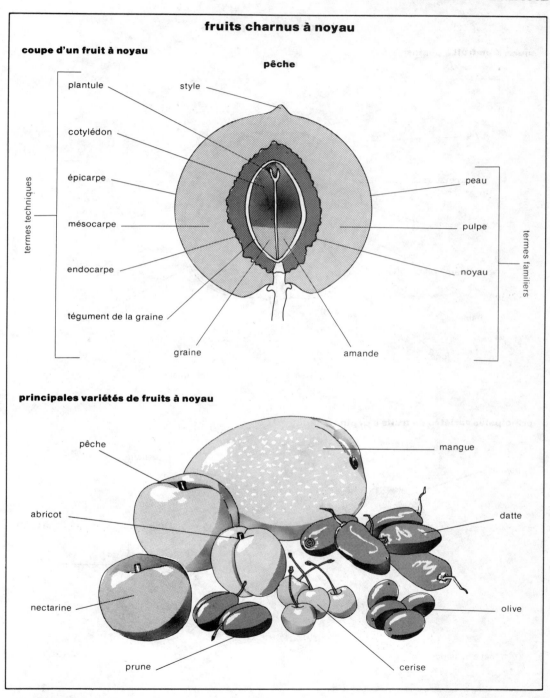

termes techniques

plantule
cotylédon
épicarpe
mésocarpe
endocarpe
tégument de la graine

style

peau
pulpe
noyau

termes familiers

graine

amande

principales variétés de fruits à noyau

pêche

abricot

nectarine

mangue

datte

olive

prune

cerise

fruits charnus à pépins

coupe d'un fruit à pépins

pomme

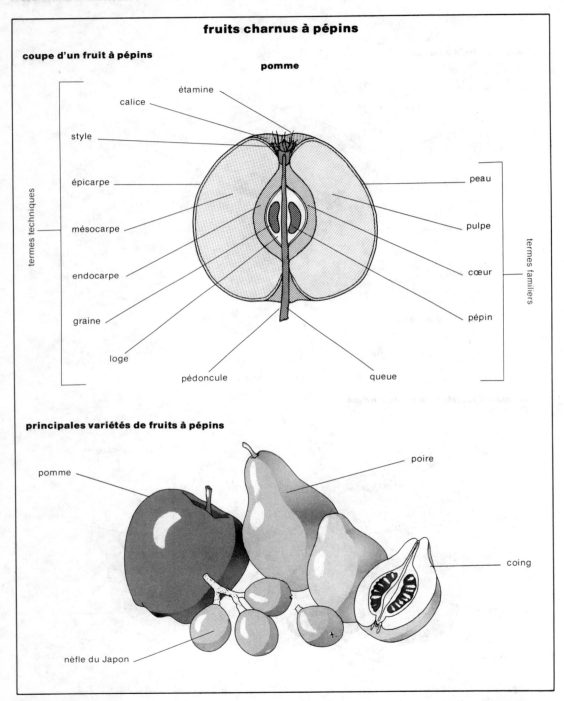

termes techniques

- étamine
- calice
- style
- épicarpe
- mésocarpe
- endocarpe
- graine
- loge
- pédoncule

termes familiers

- peau
- pulpe
- cœur
- pépin
- queue

principales variétés de fruits à pépins

poire

pomme

coing

nèfle du Japon

fruits charnus : agrumes

coupe d'un agrume

orange

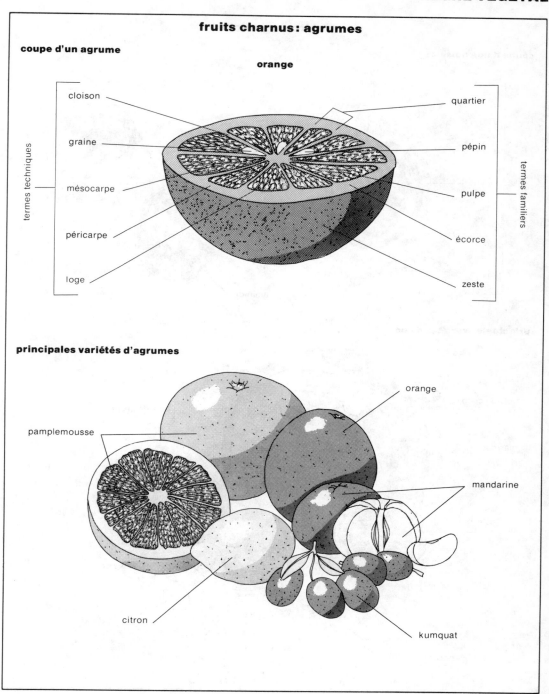

termes techniques

- cloison
- graine
- mésocarpe
- péricarpe
- loge

termes familiers

- quartier
- pépin
- pulpe
- écorce
- zeste

principales variétés d'agrumes

- pamplemousse
- orange
- mandarine
- citron
- kumquat

RÈGNE VÉGÉTAL

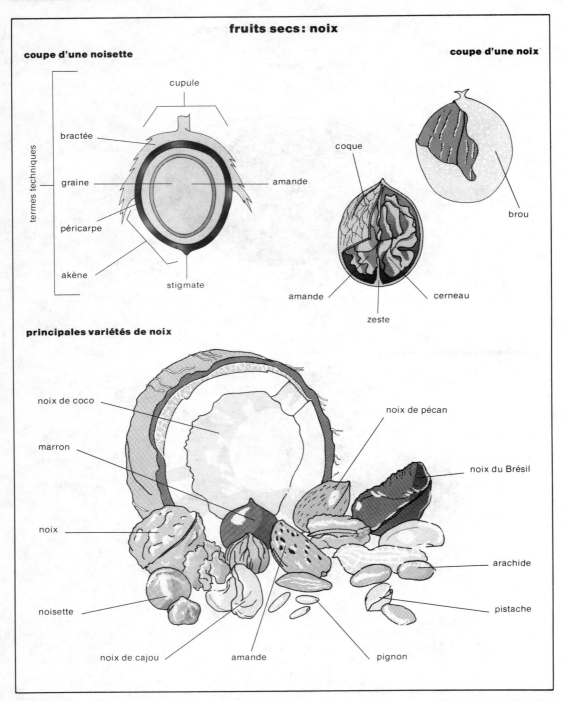

fruits secs : noix

coupe d'une noisette

coupe d'une noix

termes techniques

cupule

bractée

graine

amande

péricarpe

akène

stigmate

coque

amande

zeste

cerneau

brou

principales variétés de noix

noix de coco

marron

noix

noisette

noix de cajou

amande

pignon

noix de pécan

noix du Brésil

arachide

pistache

fruits secs divers

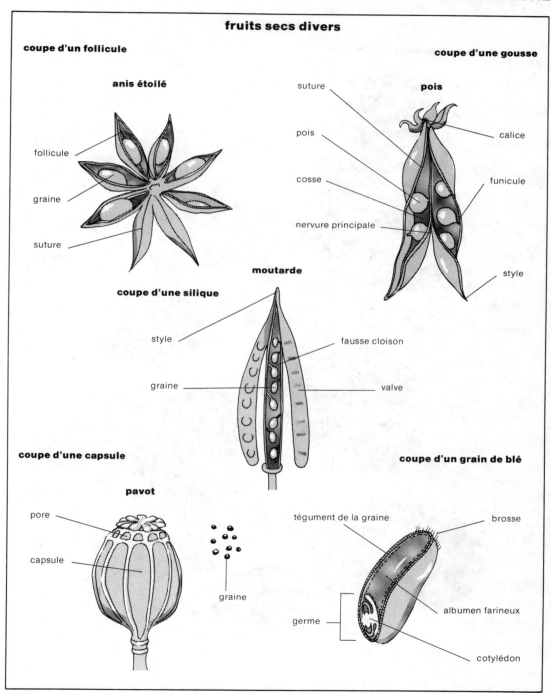

coupe d'un follicule

anis étoilé

- follicule
- graine
- suture

coupe d'une gousse

pois

- suture
- pois
- cosse
- nervure principale
- calice
- funicule
- style

moutarde

coupe d'une silique

- style
- graine
- fausse cloison
- valve

coupe d'une capsule

pavot

- pore
- capsule
- graine

coupe d'un grain de blé

- tégument de la graine
- brosse
- albumen farineux
- germe
- cotylédon

RÈGNE VÉGÉTAL

fruits tropicaux

principaux fruits tropicaux

ananas

banane

papaye

grenade

figue de Barbarie

chérimole

goyave

kaki

avocat

litchi

kiwi

légumes

légumes-fruits

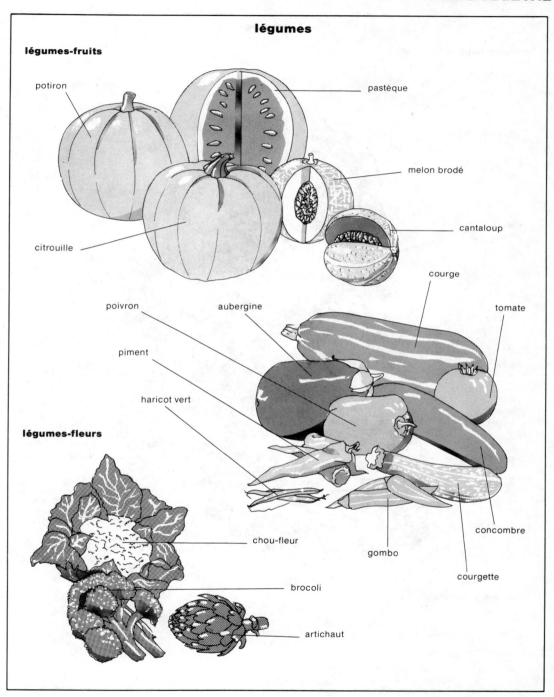

potiron

pastèque

melon brodé

cantaloup

citrouille

courge

poivron

aubergine

tomate

piment

haricot vert

légumes-fleurs

chou-fleur

concombre

gombo

courgette

brocoli

artichaut

RÈGNE VÉGÉTAL

légumes

légumes-feuilles

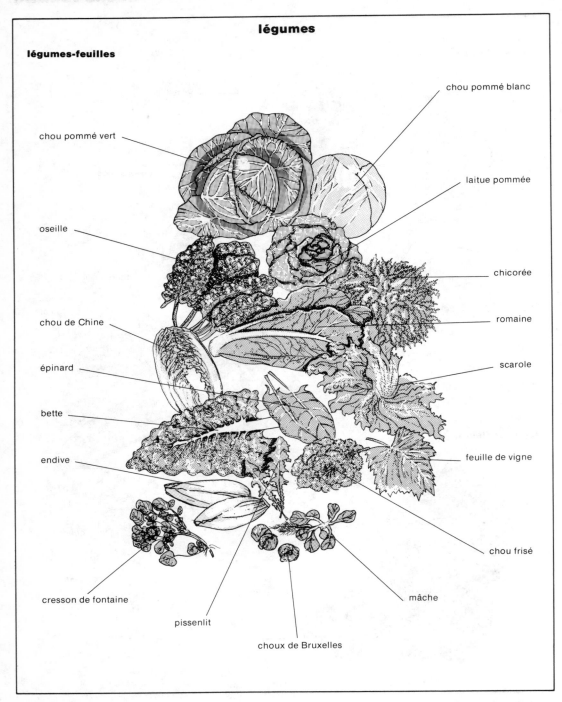

chou pommé blanc

chou pommé vert

laitue pommée

oseille

chicorée

chou de Chine

romaine

épinard

scarole

bette

endive

feuille de vigne

chou frisé

cresson de fontaine

mâche

pissenlit

choux de Bruxelles

légumes

coupe d'un bulbe

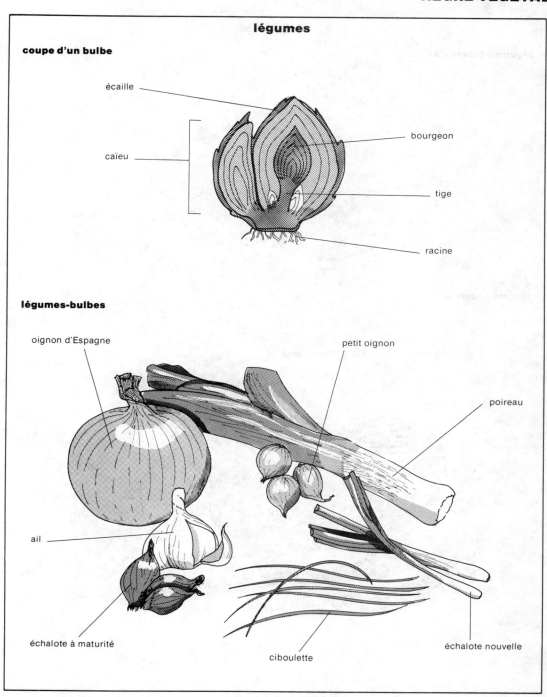

écaille

bourgeon

caïeu

tige

racine

légumes-bulbes

oignon d'Espagne

petit oignon

poireau

ail

échalote à maturité

ciboulette

échalote nouvelle

RÈGNE VÉGÉTAL

légumes

légumes-tubercules

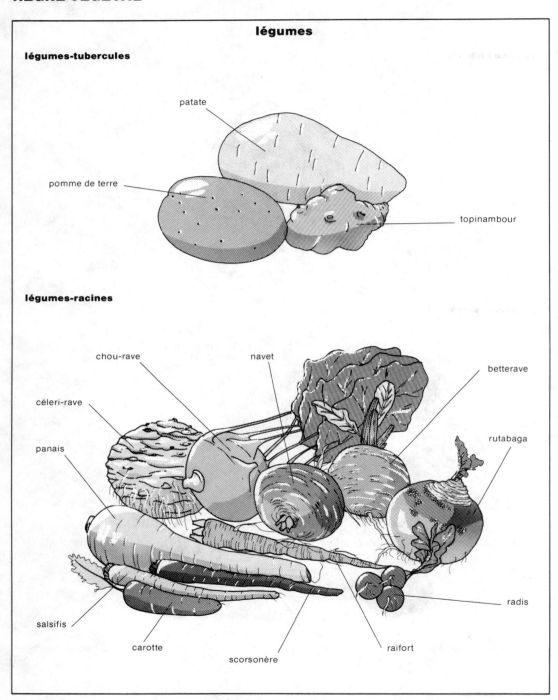

patate

pomme de terre

topinambour

légumes-racines

chou-rave

céleri-rave

navet

betterave

panais

rutabaga

salsifis

carotte

scorsonère

raifort

radis

légumes

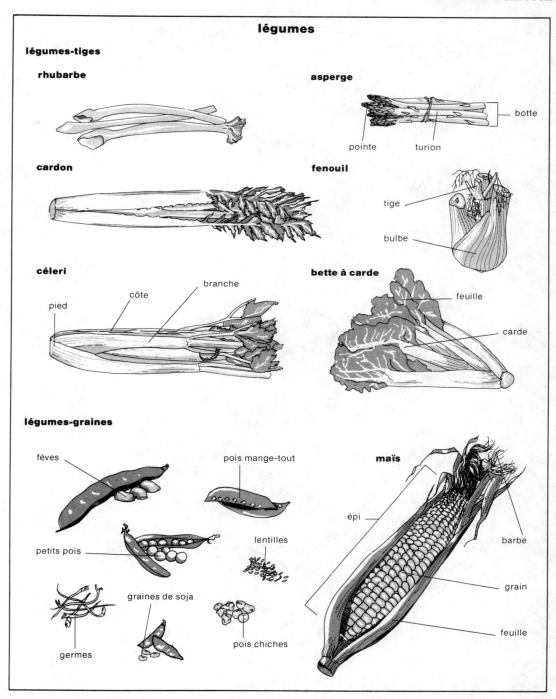

légumes-tiges

rhubarbe

asperge

botte

pointe
turion

cardon

fenouil

tige

bulbe

céleri

bette à carde

branche

côte

pied

feuille

carde

légumes-graines

fèves

pois mange-tout

maïs

petits pois

lentilles

épi

barbe

germes

graines de soja

pois chiches

grain

feuille

RÈGNE ANIMAL

cervidés

bois de cerf

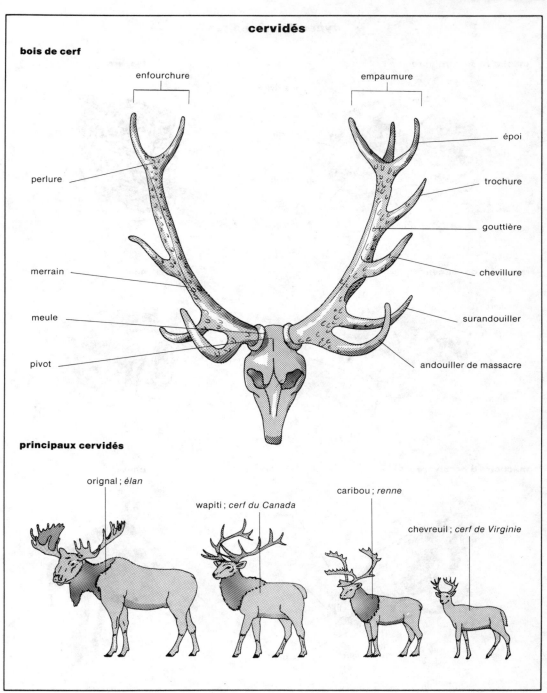

enfourchure

empaumure

époi

perlure

trochure

gouttière

merrain

chevillure

meule

surandouiller

pivot

andouiller de massacre

principaux cervidés

orignal ; *élan*

wapiti ; *cerf du Canada*

caribou ; *renne*

chevreuil ; *cerf de Virginie*

RÈGNE ANIMAL

types de mâchoires

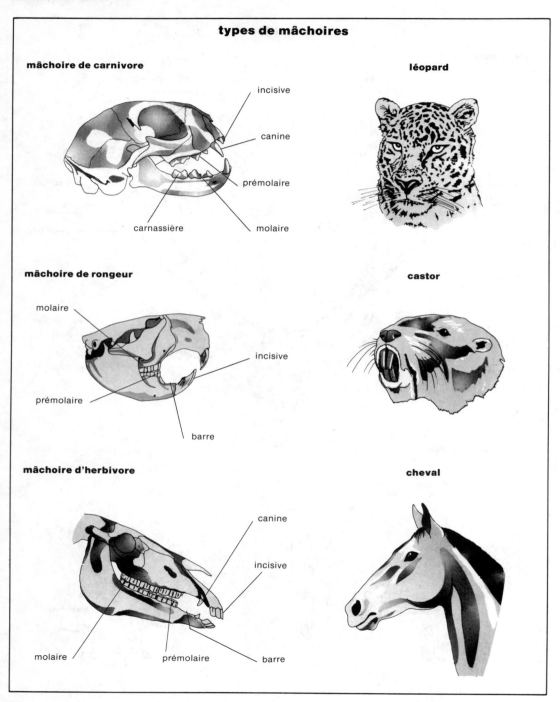

mâchoire de carnivore

léopard

incisive

canine

prémolaire

carnassière

molaire

mâchoire de rongeur

castor

molaire

incisive

prémolaire

barre

mâchoire d'herbivore

cheval

canine

incisive

molaire

prémolaire

barre

cheval

morphologie

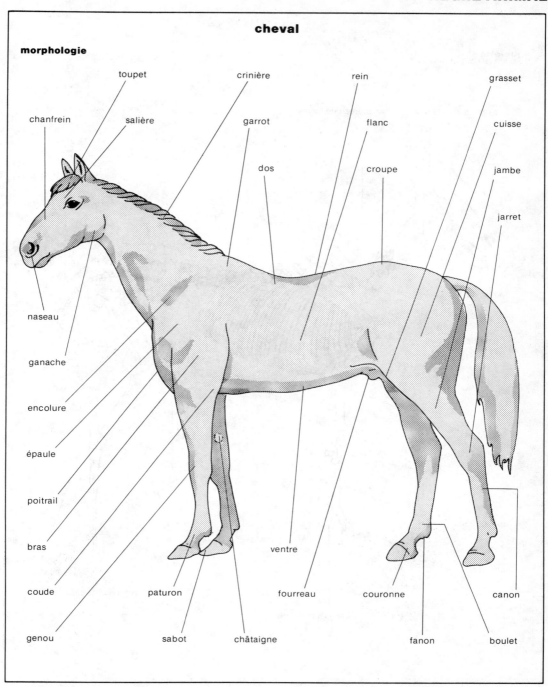

toupet

crinière

rein

grasset

chanfrein

salière

garrot

flanc

cuisse

dos

croupe

jambe

jarret

naseau

ganache

encolure

épaule

poitrail

bras

coude

paturon

ventre

fourreau

couronne

canon

genou

sabot

châtaigne

fanon

boulet

cheval

squelette

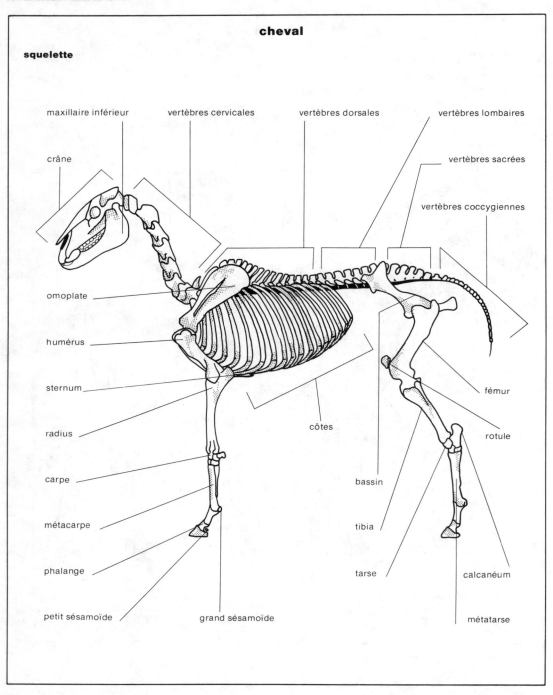

maxillaire inférieur

vertèbres cervicales

vertèbres dorsales

vertèbres lombaires

crâne

vertèbres sacrées

vertèbres coccygiennes

omoplate

humérus

fémur

sternum

radius

côtes

rotule

carpe

bassin

métacarpe

tibia

phalange

tarse

calcanéum

petit sésamoïde

grand sésamoïde

métatarse

84

cheval

sabot

face plantaire du sabot

fer à cheval

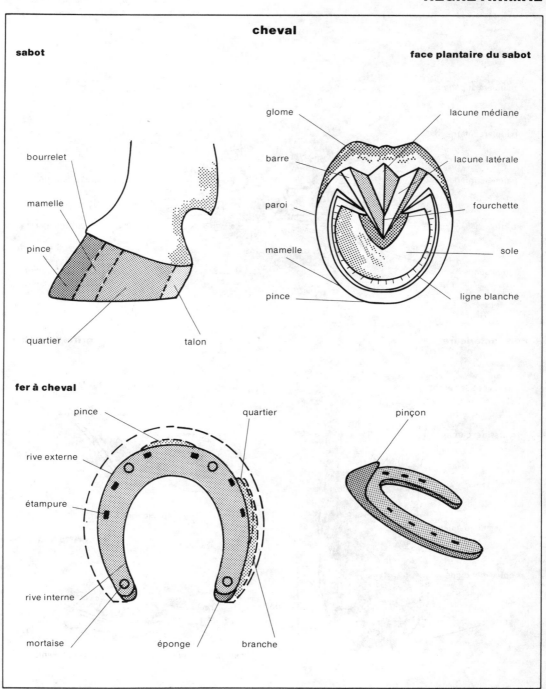

bourrelet

mamelle

pince

quartier

talon

glome

barre

paroi

mamelle

pince

lacune médiane

lacune latérale

fourchette

sole

ligne blanche

pince

quartier

rive externe

étampure

rive interne

mortaise

éponge

branche

pinçon

RÈGNE ANIMAL

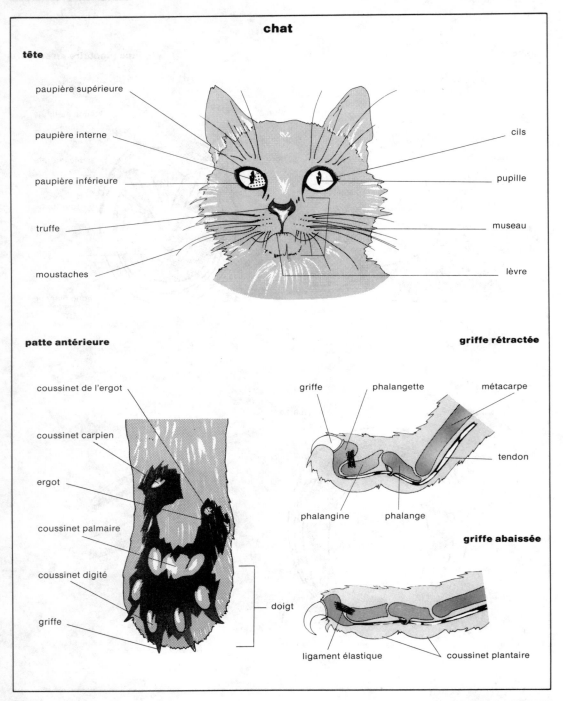

chat

tête

paupière supérieure

paupière interne

paupière inférieure

truffe

moustaches

cils

pupille

museau

lèvre

patte antérieure

coussinet de l'ergot

coussinet carpien

ergot

coussinet palmaire

coussinet digité

griffe

doigt

griffe rétractée

griffe

phalangette

métacarpe

tendon

phalangine

phalange

griffe abaissée

ligament élastique

coussinet plantaire

oiseau

morphologie

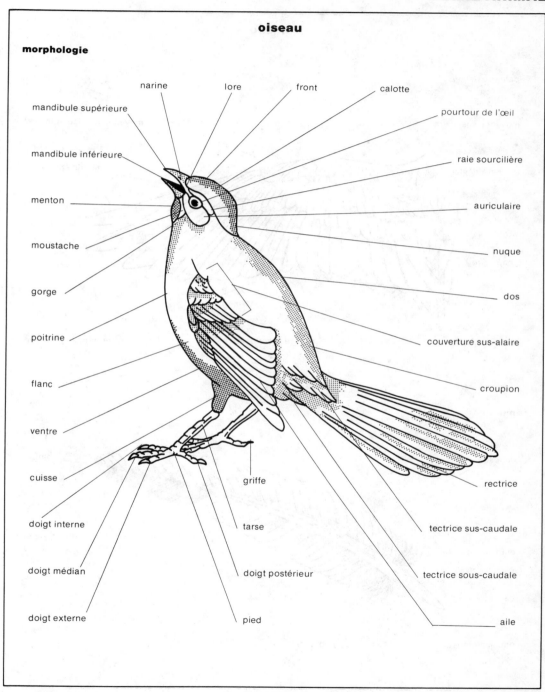

narine

lore

front

calotte

mandibule supérieure

pourtour de l'œil

mandibule inférieure

raie sourcilière

menton

auriculaire

moustache

nuque

gorge

dos

poitrine

couverture sus-alaire

flanc

croupion

ventre

cuisse

rectrice

griffe

doigt interne

tectrice sus-caudale

tarse

doigt médian

doigt postérieur

tectrice sous-caudale

doigt externe

pied

aile

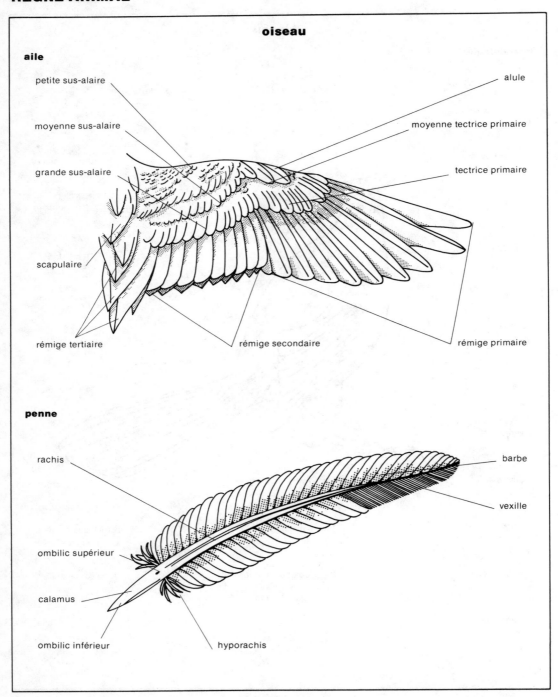

oiseau

aile

petite sus-alaire

moyenne sus-alaire

grande sus-alaire

scapulaire

rémige tertiaire

rémige secondaire

alule

moyenne tectrice primaire

tectrice primaire

rémige primaire

penne

rachis

ombilic supérieur

calamus

ombilic inférieur

hyporachis

barbe

vexille

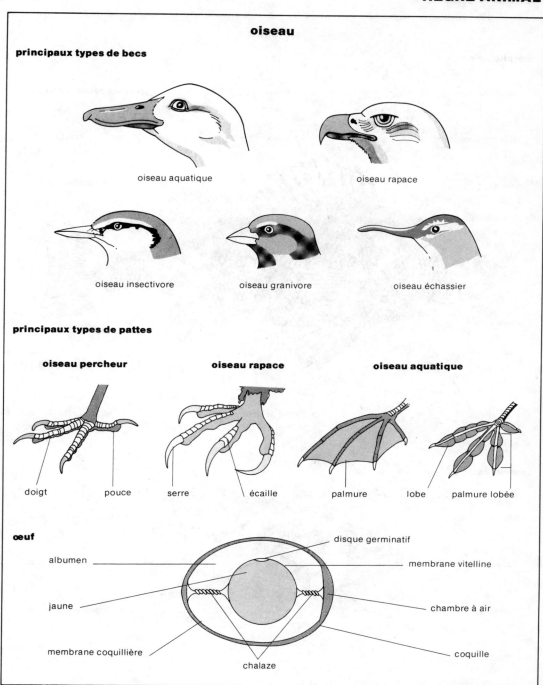

oiseau

principaux types de becs

oiseau aquatique

oiseau rapace

oiseau insectivore

oiseau granivore

oiseau échassier

principaux types de pattes

oiseau percheur

oiseau rapace

oiseau aquatique

doigt

pouce

serre

écaille

palmure

lobe

palmure lobée

œuf

disque germinatif

albumen

membrane vitelline

jaune

chambre à air

membrane coquillière

coquille

chalaze

RÈGNE ANIMAL

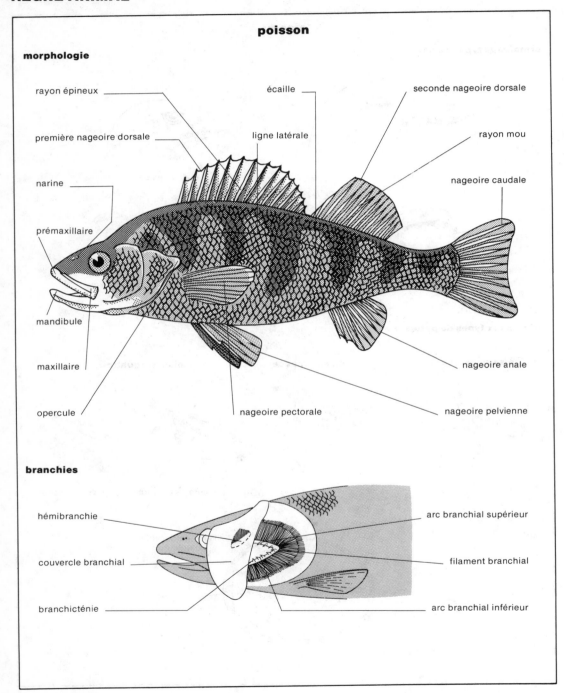

poisson

morphologie

rayon épineux

écaille

seconde nageoire dorsale

première nageoire dorsale

ligne latérale

rayon mou

narine

nageoire caudale

prémaxillaire

mandibule

maxillaire

nageoire anale

opercule

nageoire pectorale

nageoire pelvienne

branchies

hémibranchie

arc branchial supérieur

couvercle branchial

filament branchial

branchicténie

arc branchial inférieur

poisson

anatomie

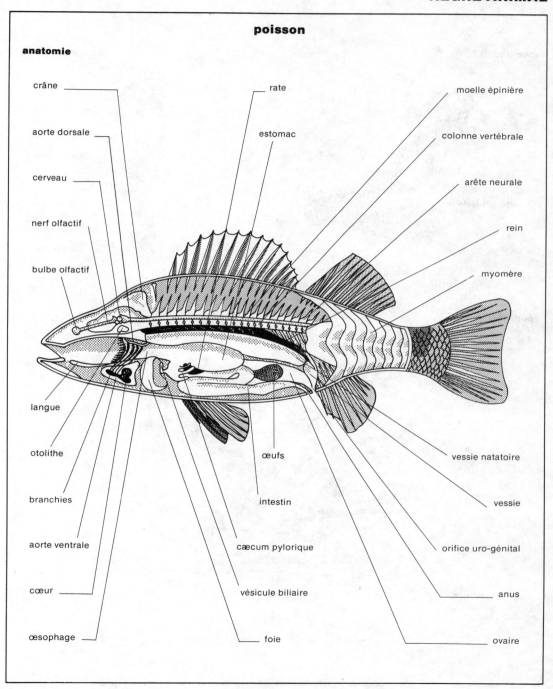

crâne

rate

moelle épinière

aorte dorsale

estomac

colonne vertébrale

cerveau

arête neurale

nerf olfactif

rein

bulbe olfactif

myomère

langue

otolithe

œufs

vessie natatoire

branchies

intestin

vessie

aorte ventrale

cæcum pylorique

orifice uro-génital

cœur

vésicule biliaire

anus

œsophage

foie

ovaire

RÈGNE ANIMAL

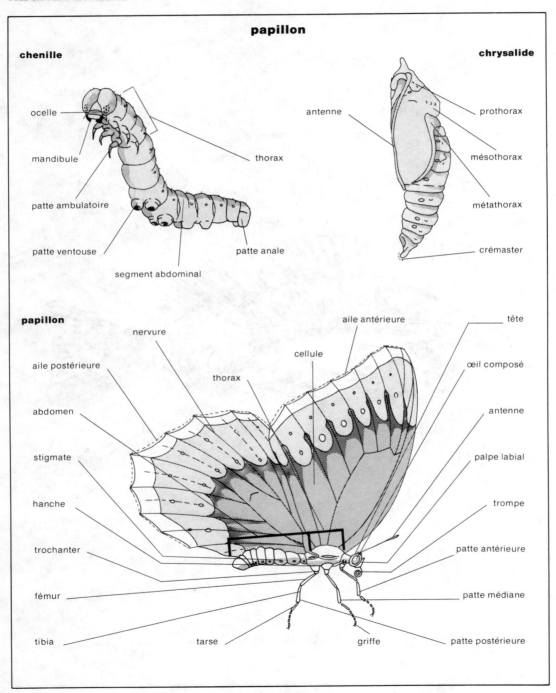

papillon

chenille

ocelle

mandibule

patte ambulatoire

patte ventouse

segment abdominal

patte anale

thorax

chrysalide

antenne

prothorax

mésothorax

métathorax

crémaster

papillon

nervure

cellule

thorax

aile antérieure

tête

aile postérieure

abdomen

stigmate

hanche

trochanter

fémur

tibia

tarse

griffe

œil composé

antenne

palpe labial

trompe

patte antérieure

patte médiane

patte postérieure

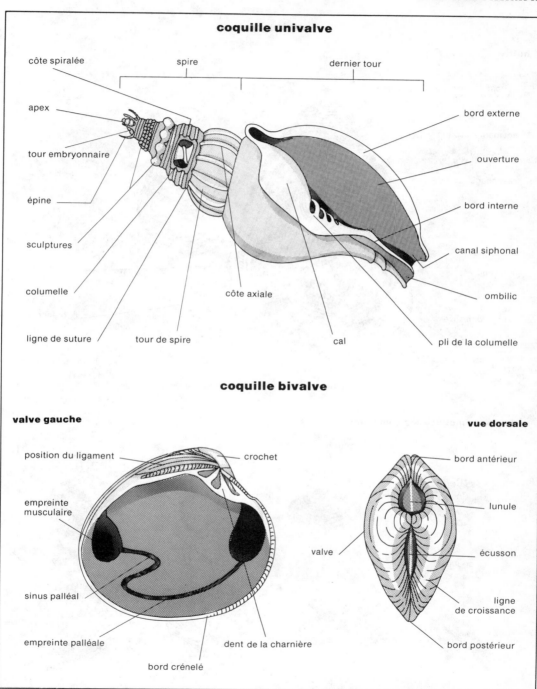

coquille univalve

côte spiralée

spire

dernier tour

apex

bord externe

tour embryonnaire

ouverture

épine

bord interne

sculptures

canal siphonal

columelle

côte axiale

ombilic

ligne de suture

tour de spire

cal

pli de la columelle

coquille bivalve

valve gauche

vue dorsale

position du ligament

crochet

bord antérieur

empreinte musculaire

lunule

valve

sinus palléal

écusson

empreinte palléale

ligne de croissance

bord crénelé

dent de la charnière

bord postérieur

RÈGNE ANIMAL

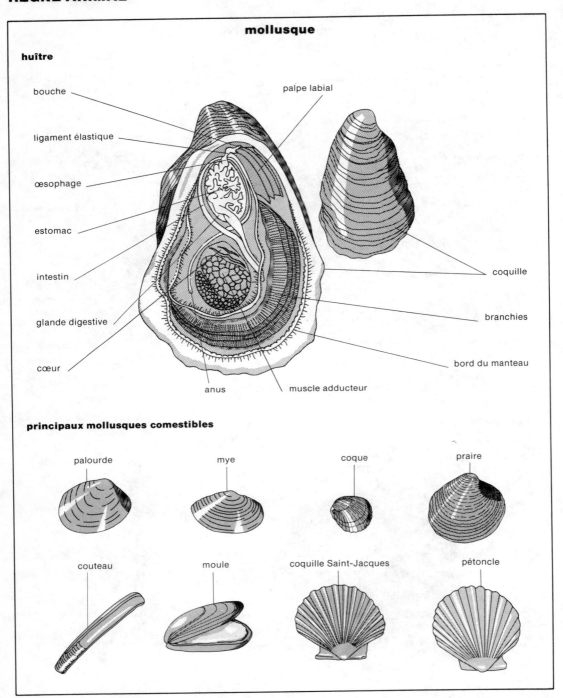

mollusque

huître

bouche

palpe labial

ligament élastique

œsophage

estomac

intestin

glande digestive

cœur

anus

muscle adducteur

coquille

branchies

bord du manteau

principaux mollusques comestibles

palourde

mye

coque

praire

couteau

moule

coquille Saint-Jacques

pétoncle

crustacé

homard

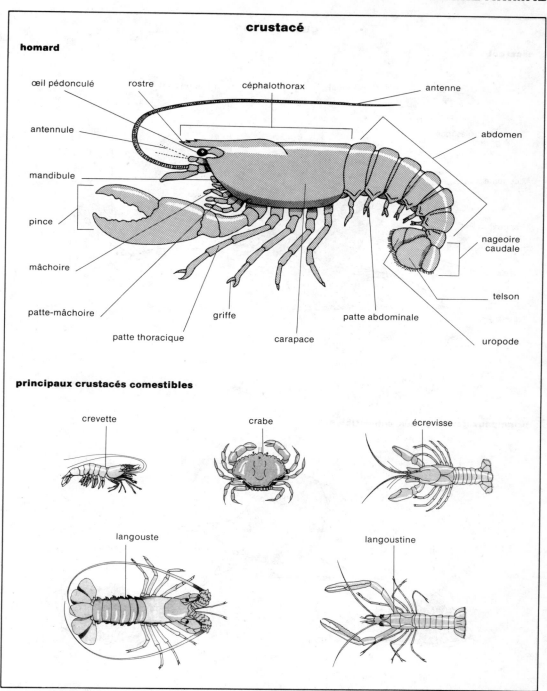

œil pédonculé   rostre   céphalothorax   antenne

antennule

abdomen

mandibule

pince

nageoire caudale

mâchoire

telson

patte-mâchoire   griffe   patte abdominale

patte thoracique   carapace   uropode

principaux crustacés comestibles

crevette   crabe   écrevisse

langouste   langoustine

RÈGNE ANIMAL

gastéropode

escargot

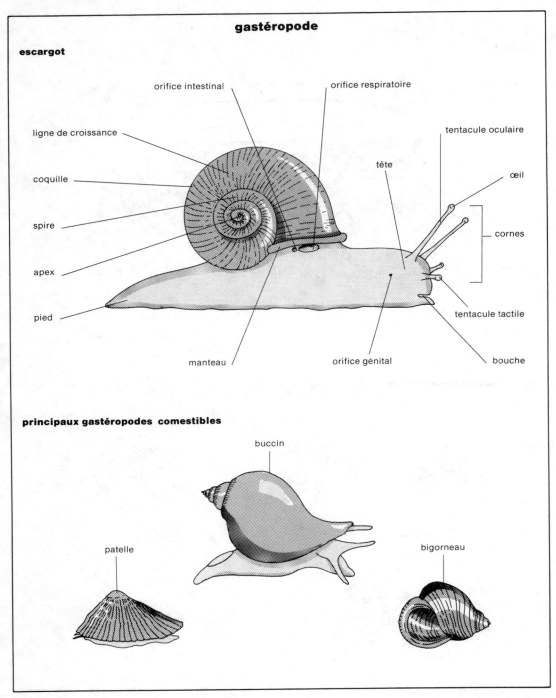

orifice intestinal

orifice respiratoire

ligne de croissance

tentacule oculaire

coquille

tête

œil

spire

cornes

apex

pied

tentacule tactile

manteau

orifice génital

bouche

principaux gastéropodes comestibles

buccin

patelle

bigorneau

batraciens

grenouille

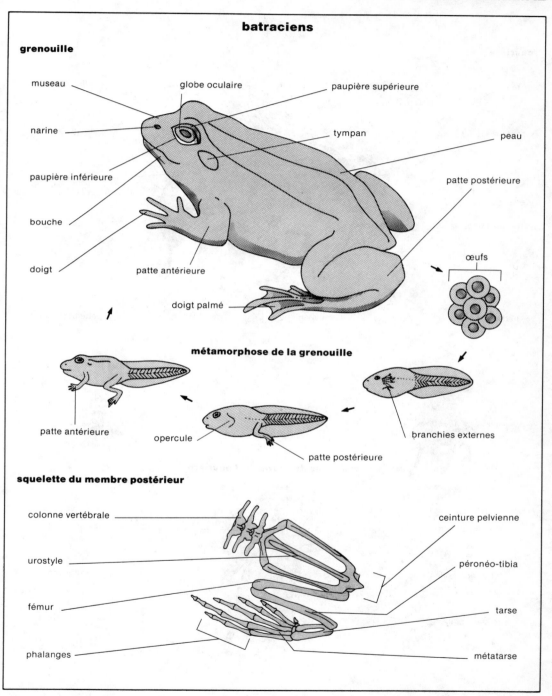

museau

globe oculaire

paupière supérieure

narine

tympan

peau

paupière inférieure

patte postérieure

bouche

œufs

doigt

patte antérieure

doigt palmé

métamorphose de la grenouille

patte antérieure

opercule

patte postérieure

branchies externes

squelette du membre postérieur

colonne vertébrale

ceinture pelvienne

urostyle

péronéo-tibia

fémur

tarse

phalanges

métatarse

RÈGNE ANIMAL

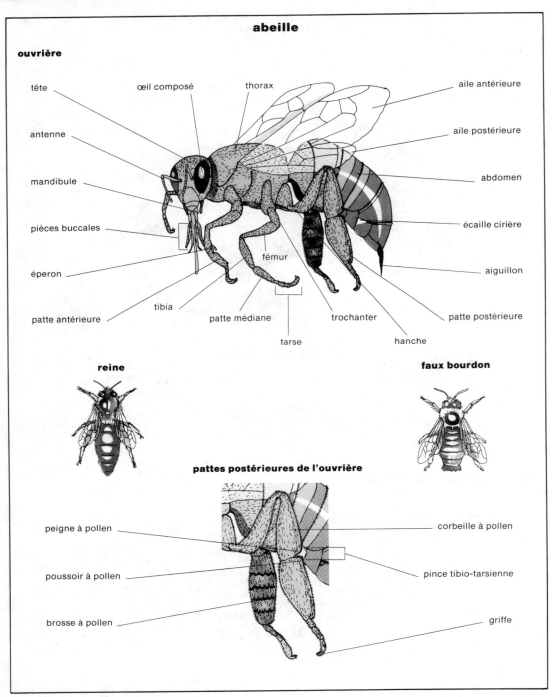

abeille

ouvrière

tête

œil composé

thorax

aile antérieure

antenne

aile postérieure

mandibule

abdomen

pièces buccales

écaille cirière

éperon

aiguillon

fémur

patte antérieure

tibia

patte médiane

trochanter

patte postérieure

tarse

hanche

reine

faux bourdon

pattes postérieures de l'ouvrière

peigne à pollen

corbeille à pollen

poussoir à pollen

pince tibio-tarsienne

brosse à pollen

griffe

98

abeille

ruche

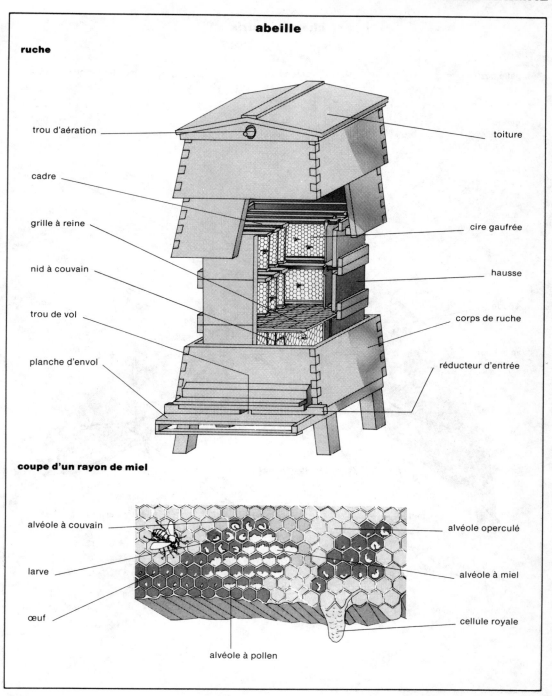

trou d'aération

toiture

cadre

cire gaufrée

grille à reine

nid à couvain

hausse

trou de vol

corps de ruche

planche d'envol

réducteur d'entrée

coupe d'un rayon de miel

alvéole à couvain

alvéole operculé

larve

alvéole à miel

œuf

cellule royale

alvéole à pollen

chauve-souris

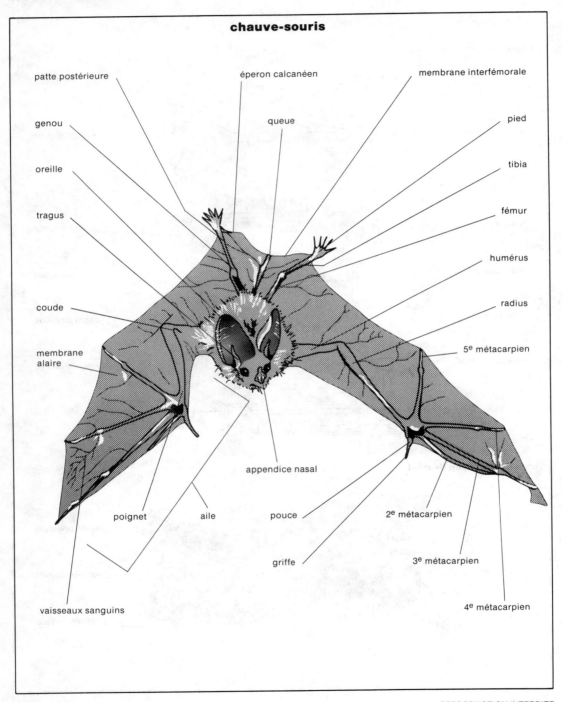

patte postérieure

éperon calcanéen

membrane interfémorale

genou

queue

pied

oreille

tibia

tragus

fémur

humérus

coude

radius

membrane alaire

5e métacarpien

appendice nasal

poignet

aile

pouce

2e métacarpien

griffe

3e métacarpien

vaisseaux sanguins

4e métacarpien

reptile

tête de serpent venimeux

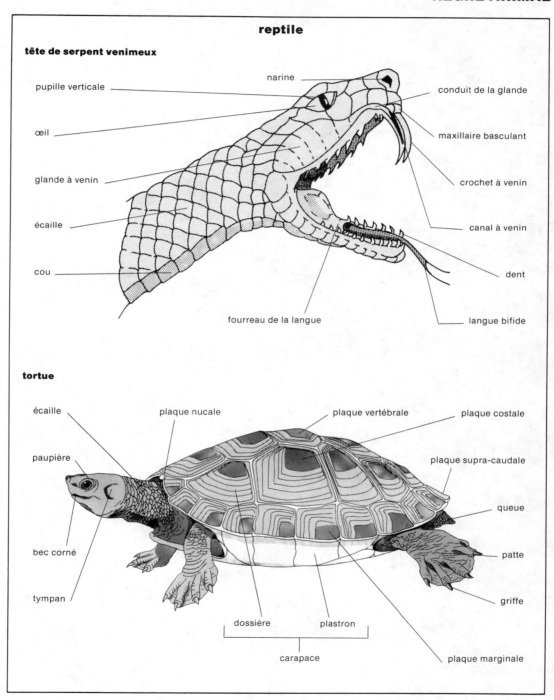

pupille verticale

narine

conduit de la glande

œil

maxillaire basculant

glande à venin

crochet à venin

écaille

canal à venin

cou

dent

fourreau de la langue

langue bifide

tortue

écaille

plaque nucale

plaque vertébrale

plaque costale

paupière

plaque supra-caudale

queue

bec corné

patte

tympan

griffe

dossière

plastron

plaque marginale

carapace

ÊTRE HUMAIN

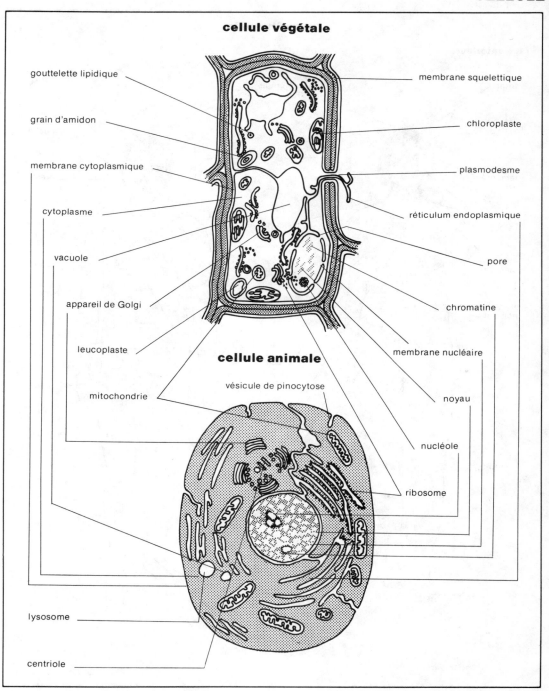

cellule végétale

gouttelette lipidique — membrane squelettique

grain d'amidon — chloroplaste

membrane cytoplasmique — plasmodesme

cytoplasme — réticulum endoplasmique

vacuole — pore

appareil de Golgi — chromatine

leucoplaste — membrane nucléaire

cellule animale

mitochondrie — vésicule de pinocytose — noyau

nucléole

ribosome

lysosome

centriole

corps humain

face antérieure

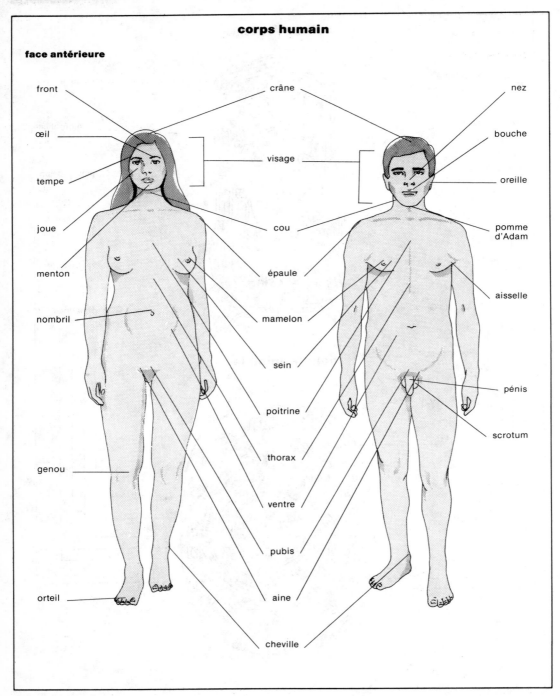

front
œil
tempe
joue
menton
nombril
genou
orteil

crâne
visage
cou
épaule
mamelon
sein
poitrine
thorax
ventre
pubis
aine
cheville

nez
bouche
oreille
pomme
d'Adam
aisselle
pénis
scrotum

corps humain

face postérieure

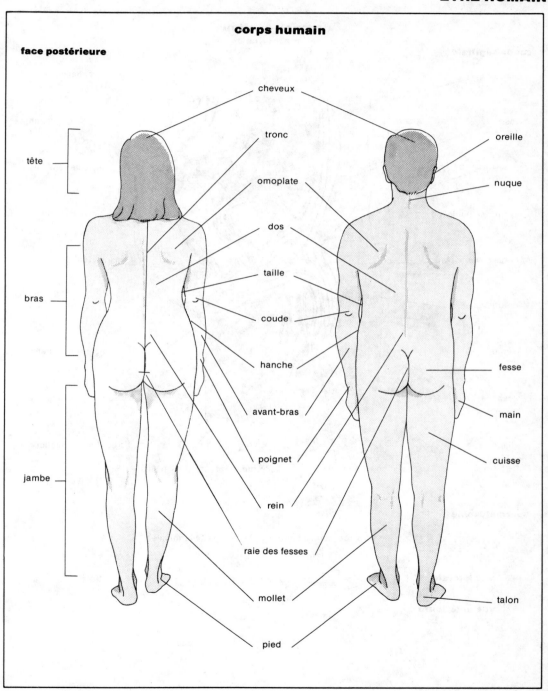

cheveux

tronc

omoplate

dos

taille

coude

hanche

avant-bras

poignet

rein

raie des fesses

mollet

pied

tête

bras

jambe

oreille

nuque

fesse

main

cuisse

talon

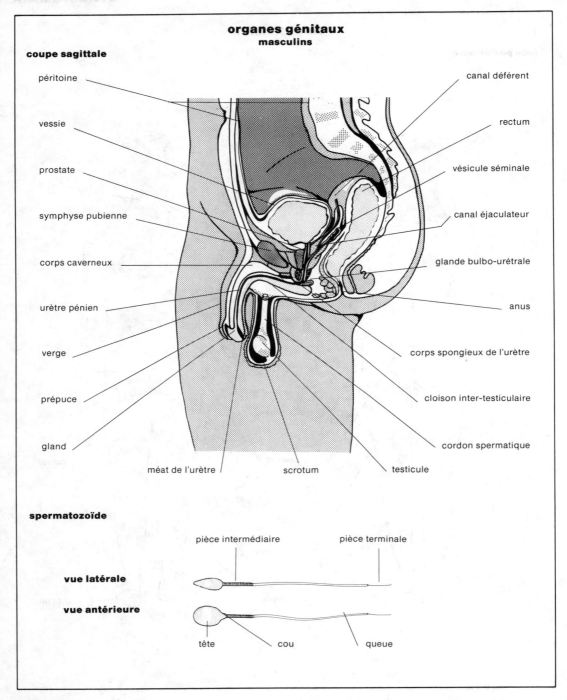

organes génitaux
masculins

coupe sagittale

péritoine

vessie

prostate

symphyse pubienne

corps caverneux

urètre pénien

verge

prépuce

gland

méat de l'urètre

scrotum

canal déférent

rectum

vésicule séminale

canal éjaculateur

glande bulbo-urétrale

anus

corps spongieux de l'urètre

cloison inter-testiculaire

cordon spermatique

testicule

spermatozoïde

pièce intermédiaire

pièce terminale

vue latérale

vue antérieure

tête

cou

queue

organes génitaux
féminins

coupe sagittale

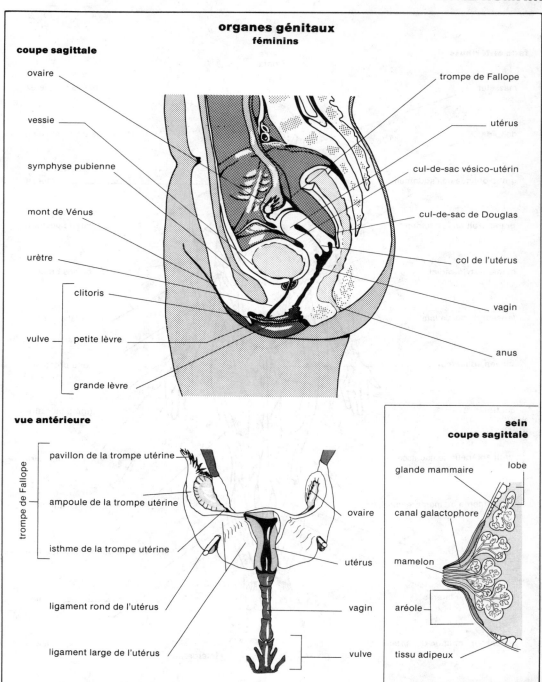

- ovaire
- vessie
- symphyse pubienne
- mont de Vénus
- urètre
- clitoris
- vulve
  - petite lèvre
  - grande lèvre
- trompe de Fallope
- utérus
- cul-de-sac vésico-utérin
- cul-de-sac de Douglas
- col de l'utérus
- vagin
- anus

vue antérieure

- trompe de Fallope
  - pavillon de la trompe utérine
  - ampoule de la trompe utérine
  - isthme de la trompe utérine
- ligament rond de l'utérus
- ligament large de l'utérus
- ovaire
- utérus
- vagin
- vulve

sein
coupe sagittale

- glande mammaire
- lobe
- canal galactophore
- mamelon
- aréole
- tissu adipeux

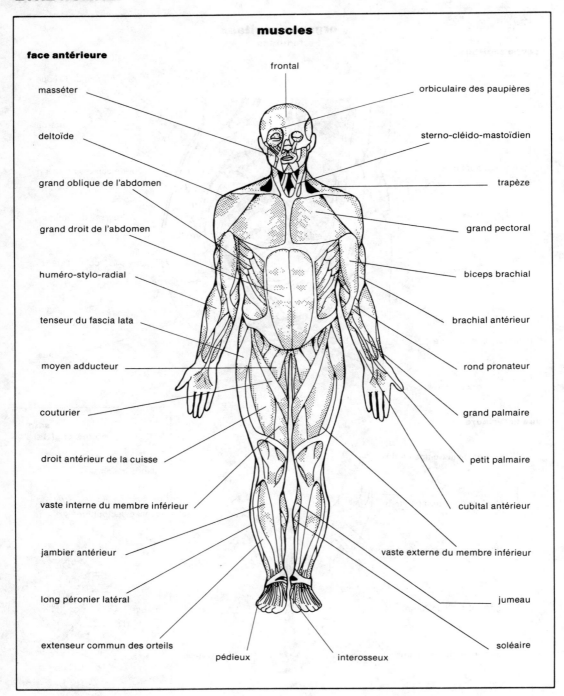

muscles

face antérieure

masséter

deltoïde

grand oblique de l'abdomen

grand droit de l'abdomen

huméro-stylo-radial

tenseur du fascia lata

moyen adducteur

couturier

droit antérieur de la cuisse

vaste interne du membre inférieur

jambier antérieur

long péronier latéral

extenseur commun des orteils

frontal

orbiculaire des paupières

sterno-cléido-mastoïdien

trapèze

grand pectoral

biceps brachial

brachial antérieur

rond pronateur

grand palmaire

petit palmaire

cubital antérieur

vaste externe du membre inférieur

jumeau

soléaire

pédieux

interosseux

muscles

face postérieure

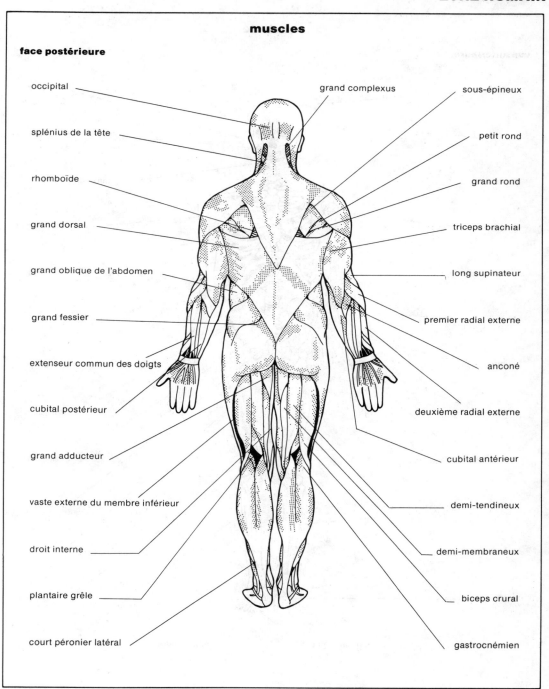

occipital

splénius de la tête

rhomboïde

grand dorsal

grand oblique de l'abdomen

grand fessier

extenseur commun des doigts

cubital postérieur

grand adducteur

vaste externe du membre inférieur

droit interne

plantaire grêle

court péronier latéral

grand complexus

sous-épineux

petit rond

grand rond

triceps brachial

long supinateur

premier radial externe

anconé

deuxième radial externe

cubital antérieur

demi-tendineux

demi-membraneux

biceps crural

gastrocnémien

squelette

vue antérieure

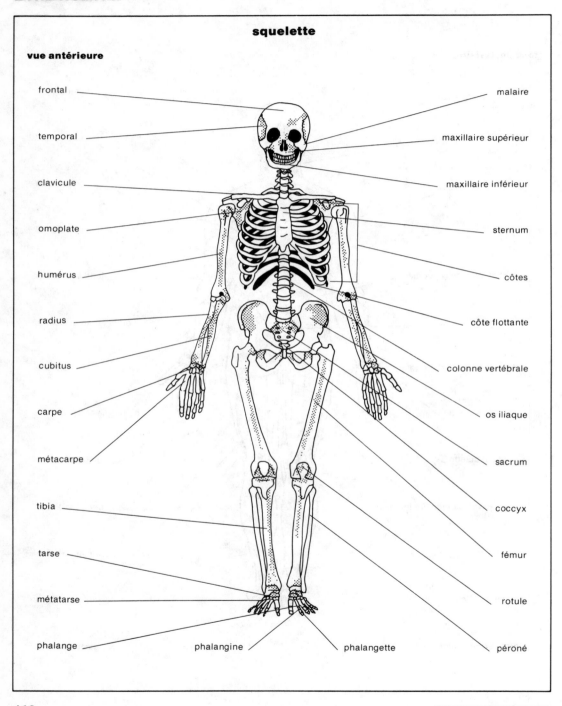

frontal

temporal

clavicule

omoplate

humérus

radius

cubitus

carpe

métacarpe

tibia

tarse

métatarse

phalange

malaire

maxillaire supérieur

maxillaire inférieur

sternum

côtes

côte flottante

colonne vertébrale

os iliaque

sacrum

coccyx

fémur

rotule

péroné

phalangine

phalangette

squelette

vue postérieure

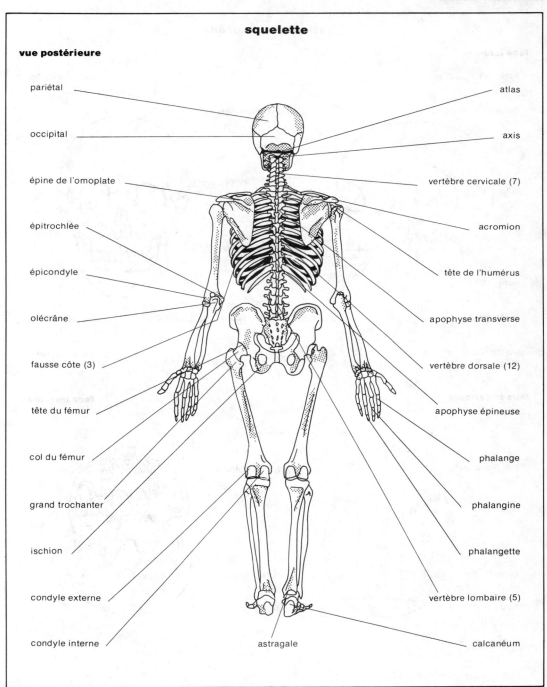

pariétal

occipital

épine de l'omoplate

épitrochlée

épicondyle

olécrâne

fausse côte (3)

tête du fémur

col du fémur

grand trochanter

ischion

condyle externe

condyle interne

atlas

axis

vertèbre cervicale (7)

acromion

tête de l'humérus

apophyse transverse

vertèbre dorsale (12)

apophyse épineuse

phalange

phalangine

phalangette

vertèbre lombaire (5)

astragale

calcanéum

ÊTRE HUMAIN

ostéologie du crâne

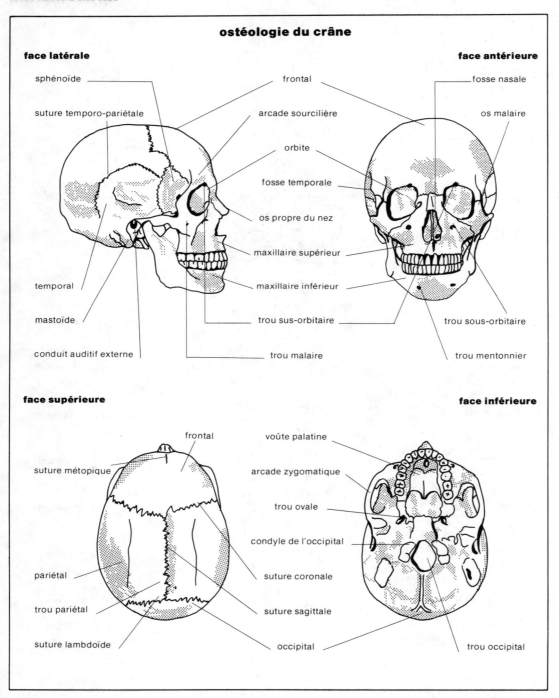

face latérale

- sphénoïde
- suture temporo-pariétale
- temporal
- mastoïde
- conduit auditif externe

- frontal
- arcade sourcilière
- orbite
- fosse temporale
- os propre du nez
- maxillaire supérieur
- maxillaire inférieur
- trou sus-orbitaire
- trou malaire

face antérieure

- fosse nasale
- os malaire
- trou sous-orbitaire
- trou mentonnier

face supérieure

- suture métopique
- pariétal
- trou pariétal
- suture lambdoïde

- frontal
- voûte palatine
- arcade zygomatique
- trou ovale
- condyle de l'occipital
- suture coronale
- suture sagittale
- occipital

face inférieure

- trou occipital

114

dents

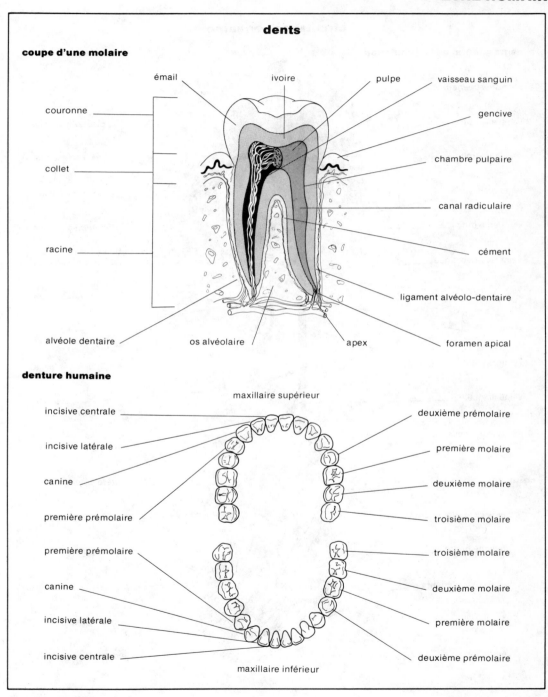

coupe d'une molaire

émail — ivoire — pulpe — vaisseau sanguin

couronne

gencive

collet

chambre pulpaire

canal radiculaire

racine

cément

ligament alvéolo-dentaire

alvéole dentaire — os alvéolaire — apex — foramen apical

denture humaine

maxillaire supérieur

incisive centrale — deuxième prémolaire

incisive latérale — première molaire

canine — deuxième molaire

première prémolaire — troisième molaire

première prémolaire — troisième molaire

canine — deuxième molaire

incisive latérale — première molaire

incisive centrale — deuxième prémolaire

maxillaire inférieur

circulation sanguine

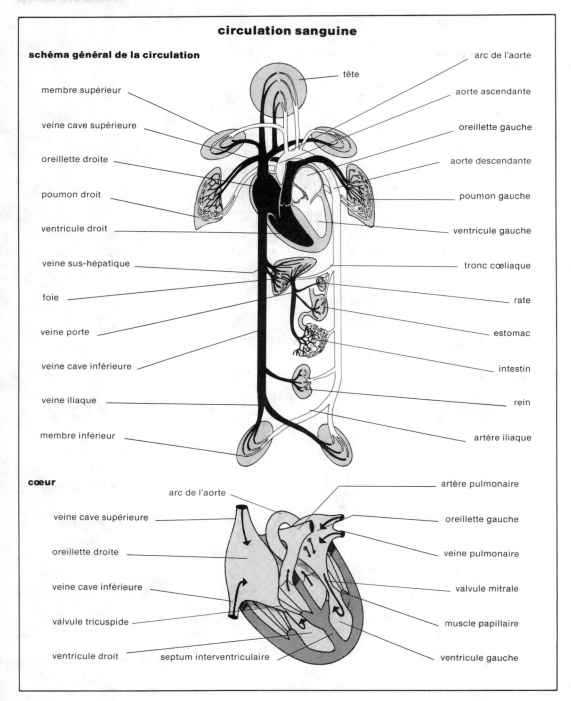

schéma général de la circulation

- membre supérieur
- veine cave supérieure
- oreillette droite
- poumon droit
- ventricule droit
- veine sus-hépatique
- foie
- veine porte
- veine cave inférieure
- veine iliaque
- membre inférieur

- tête
- arc de l'aorte
- aorte ascendante
- oreillette gauche
- aorte descendante
- poumon gauche
- ventricule gauche
- tronc cœliaque
- rate
- estomac
- intestin
- rein
- artère iliaque

cœur

- arc de l'aorte
- veine cave supérieure
- oreillette droite
- veine cave inférieure
- valvule tricuspide
- ventricule droit
- septum interventriculaire

- artère pulmonaire
- oreillette gauche
- veine pulmonaire
- valvule mitrale
- muscle papillaire
- ventricule gauche

circulation sanguine

principales veines et artères

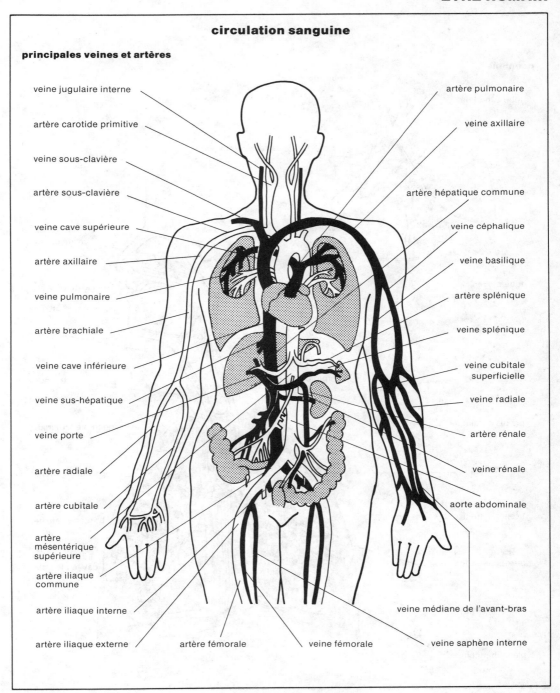

veine jugulaire interne

artère carotide primitive

veine sous-clavière

artère sous-clavière

veine cave supérieure

artère axillaire

veine pulmonaire

artère brachiale

veine cave inférieure

veine sus-hépatique

veine porte

artère radiale

artère cubitale

artère mésentérique supérieure

artère iliaque commune

artère iliaque interne

artère iliaque externe

artère fémorale

veine fémorale

artère pulmonaire

veine axillaire

artère hépatique commune

veine céphalique

veine basilique

artère splénique

veine splénique

veine cubitale superficielle

veine radiale

artère rénale

veine rénale

aorte abdominale

veine médiane de l'avant-bras

veine saphène interne

appareil respiratoire

poumons

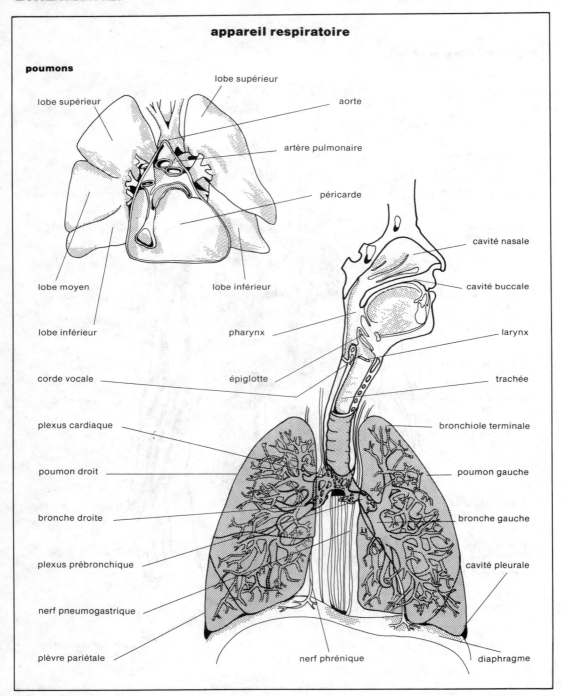

lobe supérieur

lobe supérieur

aorte

artère pulmonaire

péricarde

cavité nasale

cavité buccale

lobe moyen

lobe inférieur

lobe inférieur

pharynx

larynx

corde vocale

épiglotte

trachée

plexus cardiaque

bronchiole terminale

poumon droit

poumon gauche

bronche droite

bronche gauche

plexus prébronchique

cavité pleurale

nerf pneumogastrique

plèvre pariétale

nerf phrénique

diaphragme

appareil digestif

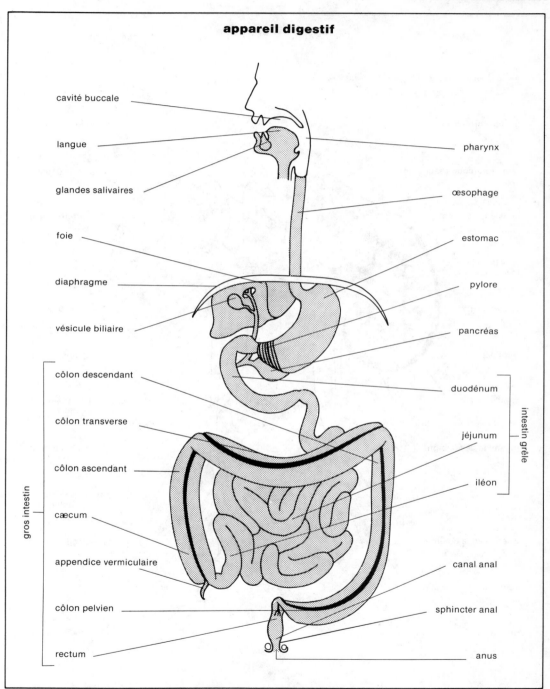

cavité buccale

langue — pharynx

glandes salivaires — œsophage

foie — estomac

diaphragme — pylore

vésicule biliaire — pancréas

côlon descendant — duodénum

côlon transverse — jéjunum

côlon ascendant — iléon

intestin grêle

cæcum

appendice vermiculaire — canal anal

côlon pelvien — sphincter anal

rectum — anus

gros intestin

appareil urinaire

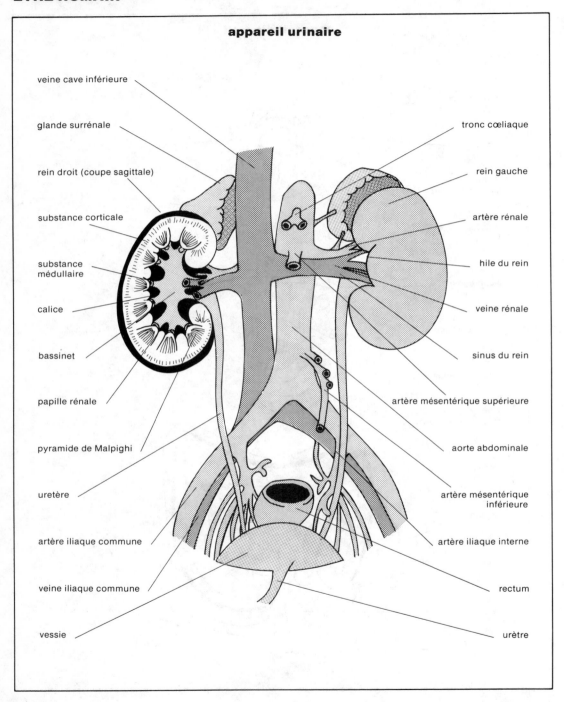

veine cave inférieure

glande surrénale

rein droit (coupe sagittale)

substance corticale

substance médullaire

calice

bassinet

papille rénale

pyramide de Malpighi

uretère

artère iliaque commune

veine iliaque commune

vessie

tronc cœliaque

rein gauche

artère rénale

hile du rein

veine rénale

sinus du rein

artère mésentérique supérieure

aorte abdominale

artère mésentérique inférieure

artère iliaque interne

rectum

urètre

système nerveux

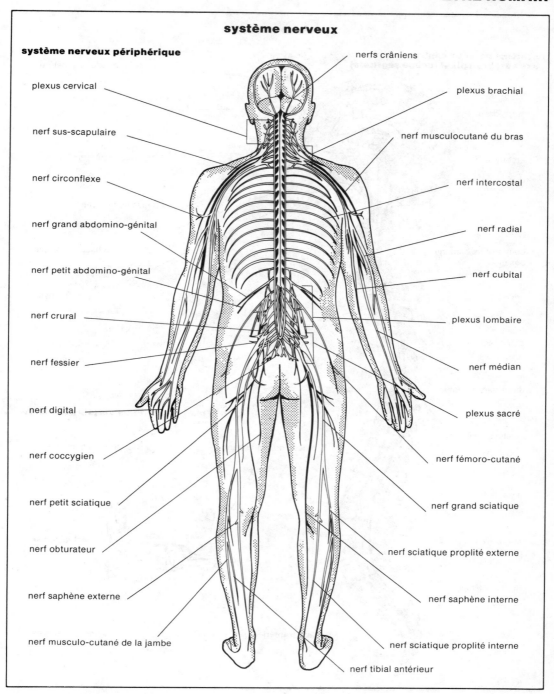

système nerveux périphérique

nerfs crâniens

plexus cervical

plexus brachial

nerf sus-scapulaire

nerf musculocutané du bras

nerf circonflexe

nerf intercostal

nerf grand abdomino-génital

nerf radial

nerf petit abdomino-génital

nerf cubital

nerf crural

plexus lombaire

nerf fessier

nerf médian

nerf digital

plexus sacré

nerf coccygien

nerf fémoro-cutané

nerf petit sciatique

nerf grand sciatique

nerf obturateur

nerf sciatique proplité externe

nerf saphène externe

nerf saphène interne

nerf musculo-cutané de la jambe

nerf sciatique proplité interne

nerf tibial antérieur

système nerveux

système nerveux central
axe cérébro-spinal (coupe sagittale)

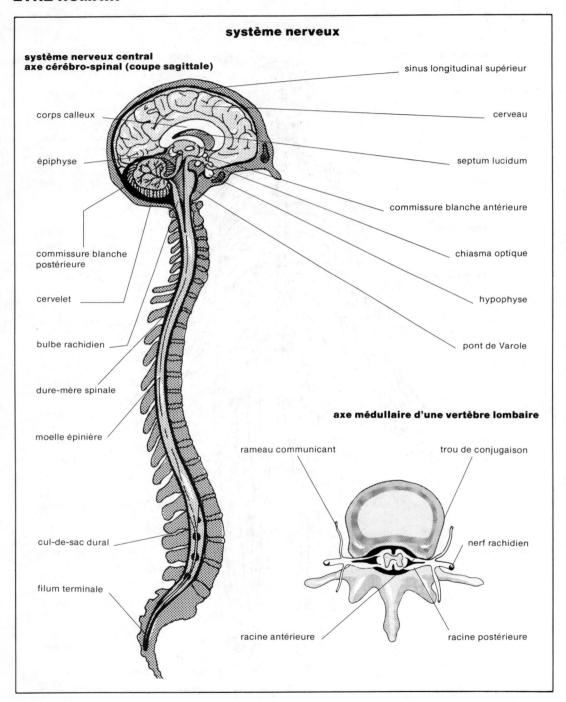

- corps calleux
- épiphyse
- commissure blanche postérieure
- cervelet
- bulbe rachidien
- dure-mère spinale
- moelle épinière
- cul-de-sac dural
- filum terminale

- sinus longitudinal supérieur
- cerveau
- septum lucidum
- commissure blanche antérieure
- chiasma optique
- hypophyse
- pont de Varole

axe médullaire d'une vertèbre lombaire

- rameau communicant
- trou de conjugaison
- nerf rachidien
- racine antérieure
- racine postérieure

organes des sens: vue

œil

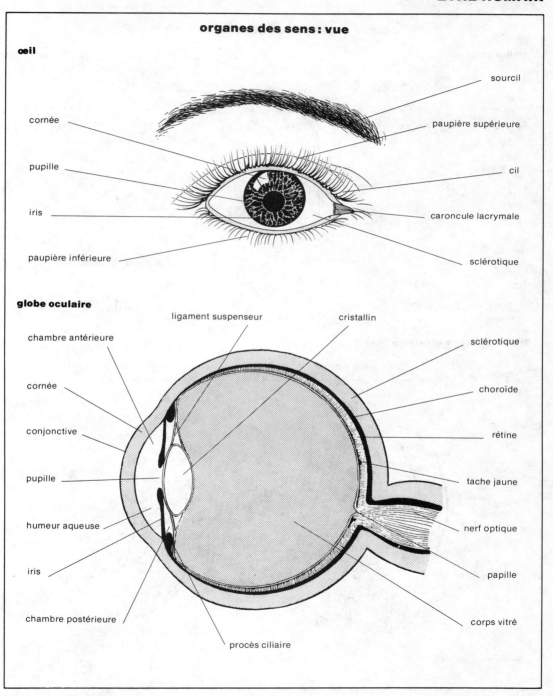

cornée

pupille

iris

paupière inférieure

sourcil

paupière supérieure

cil

caroncule lacrymale

sclérotique

globe oculaire

ligament suspenseur

cristallin

chambre antérieure

cornée

conjonctive

pupille

humeur aqueuse

iris

chambre postérieure

procès ciliaire

sclérotique

choroïde

rétine

tache jaune

nerf optique

papille

corps vitré

organes des sens : ouïe

oreille externe

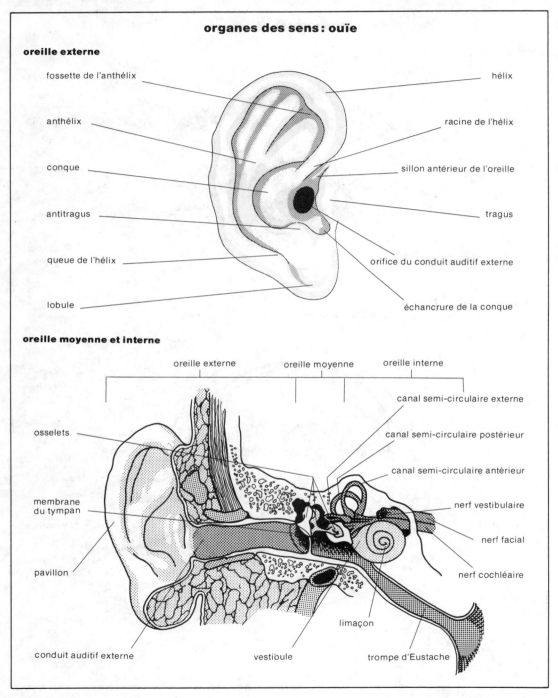

fossette de l'anthélix

hélix

anthélix

racine de l'hélix

conque

sillon antérieur de l'oreille

antitragus

tragus

queue de l'hélix

orifice du conduit auditif externe

lobule

échancrure de la conque

oreille moyenne et interne

oreille externe

oreille moyenne

oreille interne

canal semi-circulaire externe

osselets

canal semi-circulaire postérieur

canal semi-circulaire antérieur

membrane du tympan

nerf vestibulaire

nerf facial

nerf cochléaire

pavillon

conduit auditif externe

vestibule

limaçon

trompe d'Eustache

organes des sens : odorat

partie externe du nez

fosses nasales

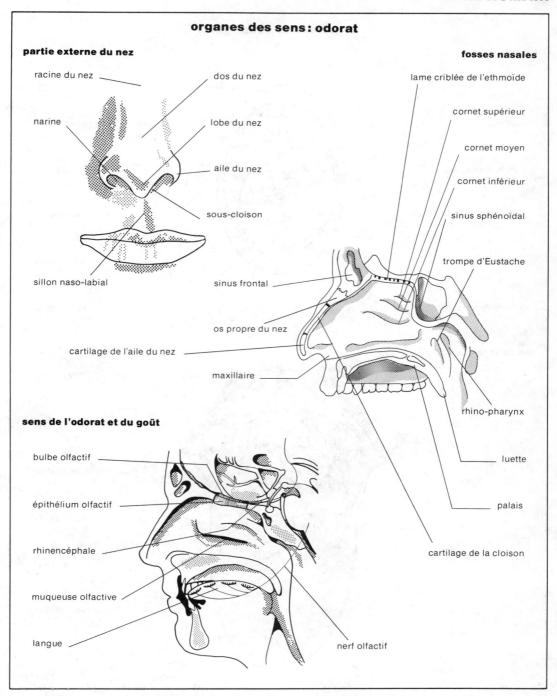

racine du nez

dos du nez

lame criblée de l'ethmoïde

narine

lobe du nez

cornet supérieur

cornet moyen

aile du nez

cornet inférieur

sous-cloison

sinus sphénoïdal

trompe d'Eustache

sillon naso-labial

sinus frontal

os propre du nez

cartilage de l'aile du nez

maxillaire

rhino-pharynx

sens de l'odorat et du goût

luette

bulbe olfactif

palais

épithélium olfactif

rhinencéphale

cartilage de la cloison

muqueuse olfactive

langue

nerf olfactif

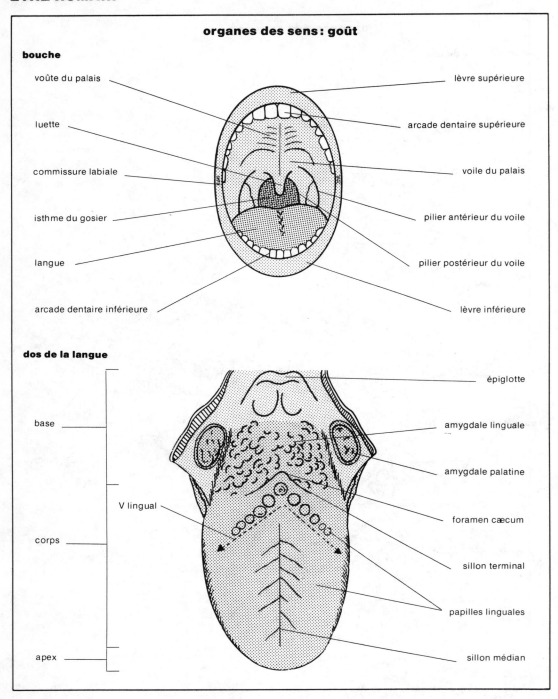

organes des sens : goût

bouche

voûte du palais

luette

commissure labiale

isthme du gosier

langue

arcade dentaire inférieure

lèvre supérieure

arcade dentaire supérieure

voile du palais

pilier antérieur du voile

pilier postérieur du voile

lèvre inférieure

dos de la langue

base

corps

apex

V lingual

épiglotte

amygdale linguale

amygdale palatine

foramen cæcum

sillon terminal

papilles linguales

sillon médian

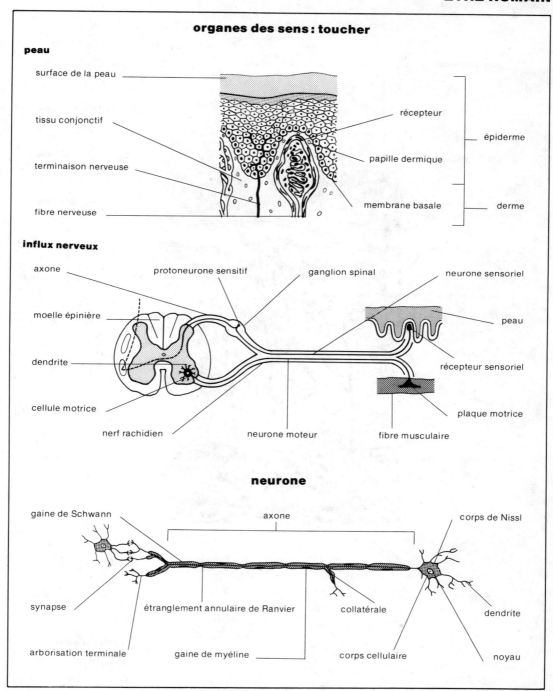

organes des sens : toucher

peau

- surface de la peau
- tissu conjonctif
- terminaison nerveuse
- fibre nerveuse
- récepteur
- papille dermique
- membrane basale
- épiderme
- derme

influx nerveux

- axone
- protoneurone sensitif
- ganglion spinal
- neurone sensoriel
- moelle épinière
- peau
- dendrite
- récepteur sensoriel
- cellule motrice
- nerf rachidien
- neurone moteur
- fibre musculaire
- plaque motrice

neurone

- gaine de Schwann
- axone
- corps de Nissl
- synapse
- étranglement annulaire de Ranvier
- collatérale
- dendrite
- arborisation terminale
- gaine de myéline
- corps cellulaire
- noyau

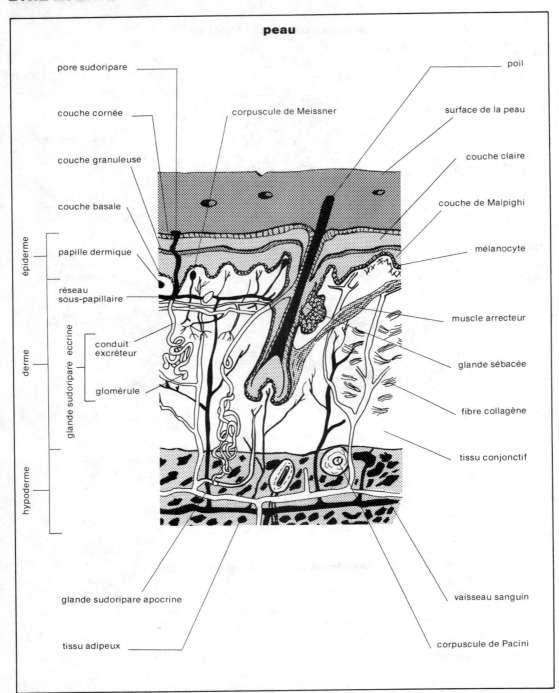

peau

pore sudoripare

couche cornée

corpuscule de Meissner

poil

surface de la peau

couche claire

couche granuleuse

couche de Malpighi

couche basale

épiderme

papille dermique

mélanocyte

réseau
sous-papillaire

muscle arrecteur

glande sudoripare eccrine

conduit
excréteur

glande sébacée

derme

glomérule

fibre collagène

tissu conjonctif

hypoderme

glande sudoripare apocrine

vaisseau sanguin

tissu adipeux

corpuscule de Pacini

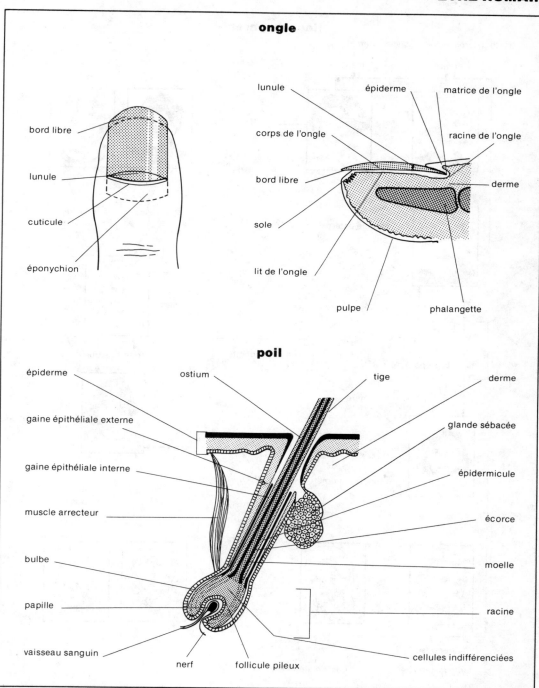

ongle

bord libre
lunule
cuticule
éponychion

lunule
corps de l'ongle
bord libre
sole
lit de l'ongle
pulpe

épiderme
matrice de l'ongle
racine de l'ongle
derme
phalangette

poil

épiderme
gaine épithéliale externe
gaine épithéliale interne
muscle arrecteur
bulbe
papille
vaisseau sanguin
nerf
follicule pileux

ostium
tige

derme
glande sébacée
épidermicule
écorce
moelle
racine
cellules indifférenciées

liens de parenté

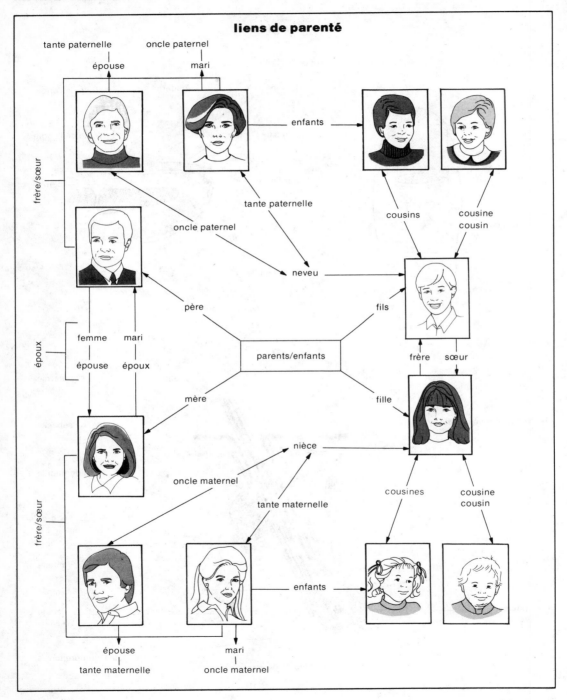

liens de parenté

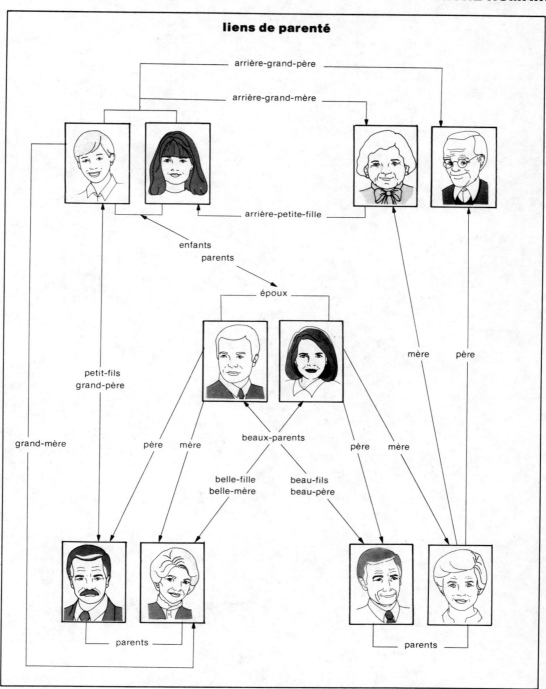

NOURRITURE

fines herbes

basilic

estragon

cerfeuil

persil

marjolaine

origan

sauge

romarin

sarriette

thym

laurier

aneth

menthe

livèche

hysope

bourrache

NOURRITURE

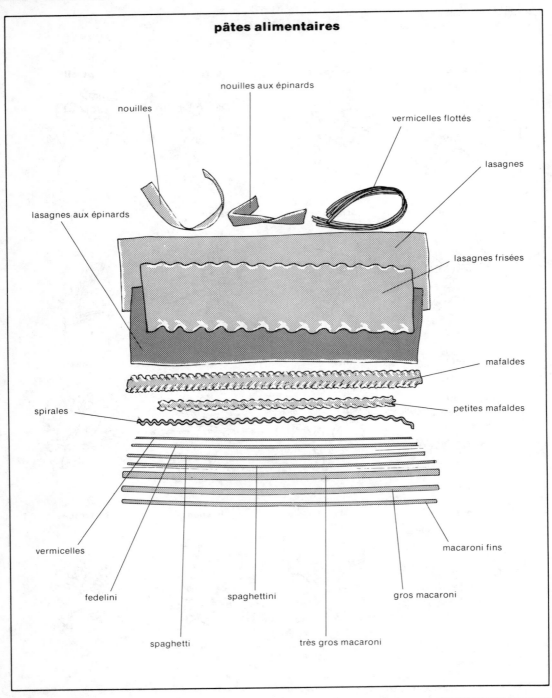

pâtes alimentaires

nouilles aux épinards

nouilles

vermicelles flottés

lasagnes

lasagnes aux épinards

lasagnes frisées

mafaldes

spirales

petites mafaldes

vermicelles

macaroni fins

fedelini

spaghettini

gros macaroni

spaghetti

très gros macaroni

pâtes alimentaires

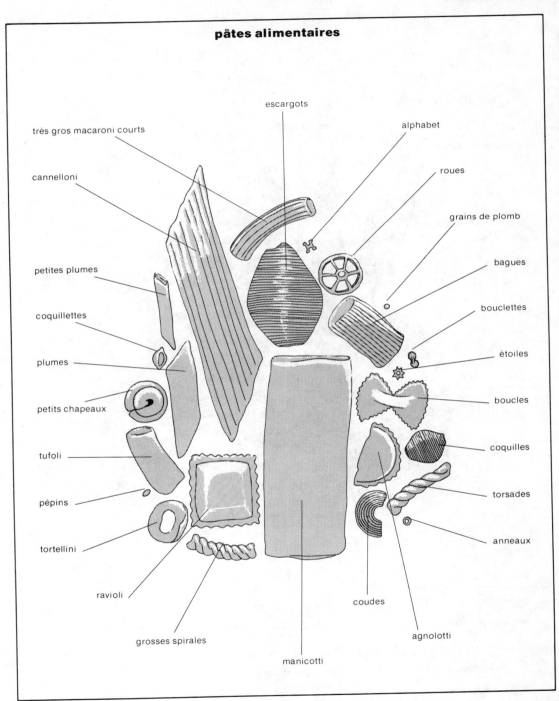

escargots

alphabet

très gros macaroni courts

roues

cannelloni

grains de plomb

bagues

petites plumes

bouclettes

coquillettes

étoiles

plumes

boucles

petits chapeaux

coquilles

tufoli

torsades

pépins

anneaux

tortellini

ravioli

grosses spirales

coudes

agnolotti

manicotti

pain

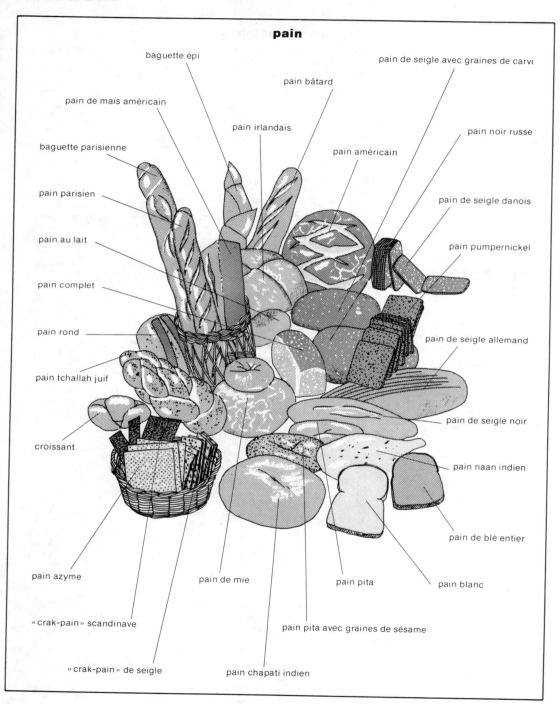

baguette épi

pain de seigle avec graines de carvi

pain bâtard

pain de maïs américain

pain irlandais

pain noir russe

baguette parisienne

pain américain

pain parisien

pain de seigle danois

pain au lait

pain pumpernickel

pain complet

pain rond

pain de seigle allemand

pain tchallah juif

pain de seigle noir

croissant

pain naan indien

pain de blé entier

pain azyme

pain de mie

pain pita

pain blanc

« crak-pain » scandinave

pain pita avec graines de sésame

« crak-pain » de seigle

pain chapati indien

veau

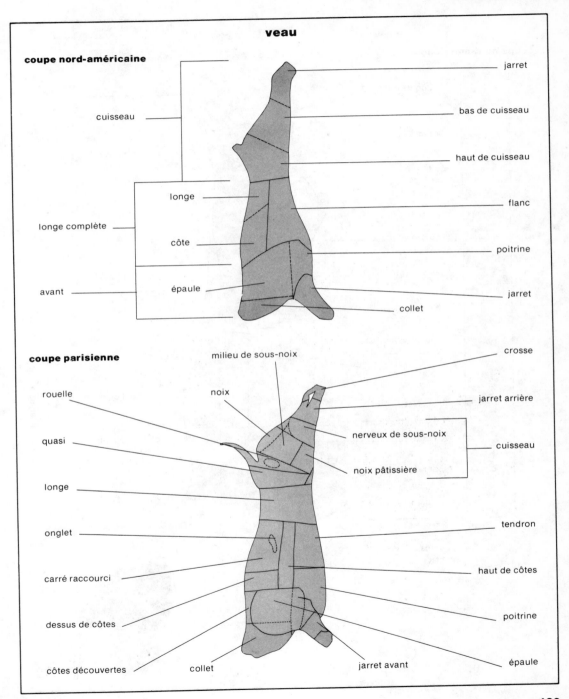

coupe nord-américaine

- jarret
- bas de cuisseau
- haut de cuisseau
- cuisseau
- longe
- flanc
- longe complète
- côte
- poitrine
- avant
- épaule
- jarret
- collet

coupe parisienne

- milieu de sous-noix
- crosse
- rouelle
- noix
- jarret arrière
- quasi
- nerveux de sous-noix
- cuisseau
- longe
- noix pâtissière
- onglet
- tendron
- carré raccourci
- haut de côtes
- dessus de côtes
- poitrine
- côtes découvertes
- collet
- jarret avant
- épaule

NOURRITURE

boeuf

coupe nord-américaine

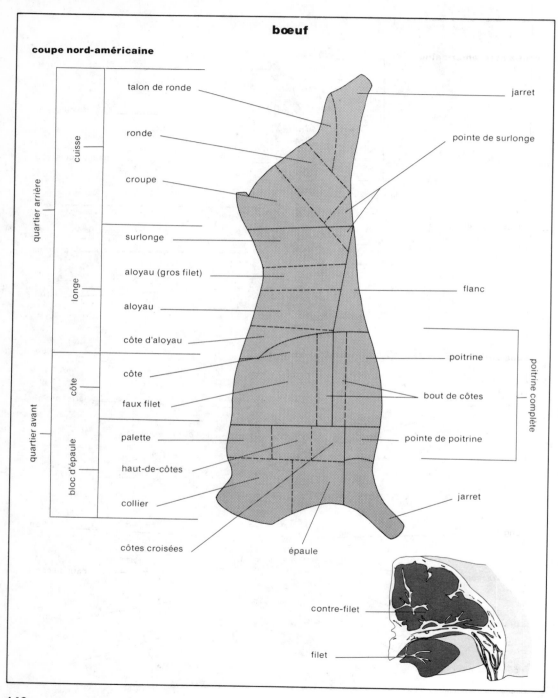

quartier arrière

cuisse

talon de ronde

ronde

croupe

longe

surlonge

aloyau (gros filet)

aloyau

côte d'aloyau

côte

côte

faux filet

quartier avant

bloc d'épaule

palette

haut-de-côtes

collier

côtes croisées

épaule

jarret

pointe de surlonge

flanc

poitrine

bout de côtes

pointe de poitrine

poitrine complète

jarret

contre-filet

filet

bœuf

coupe nord-américaine

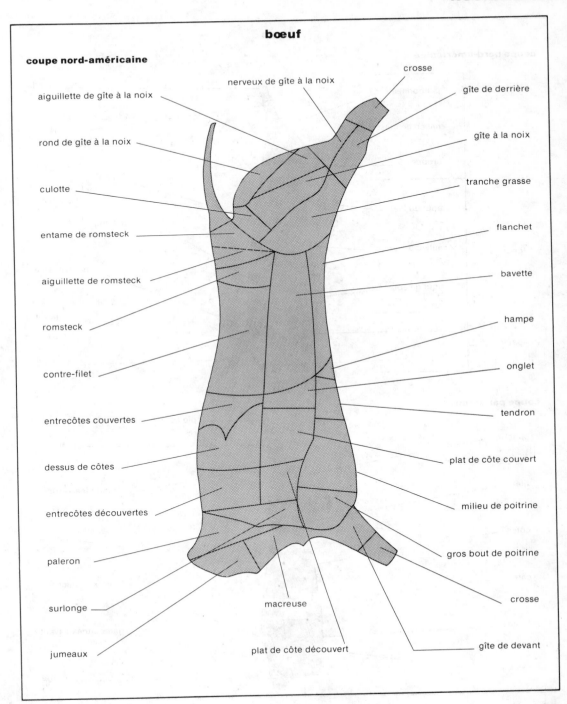

crosse

nerveux de gîte à la noix

gîte de derrière

aiguillette de gîte à la noix

gîte à la noix

rond de gîte à la noix

tranche grasse

culotte

flanchet

entame de romsteck

bavette

aiguillette de romsteck

hampe

romsteck

onglet

contre-filet

tendron

entrecôtes couvertes

plat de côte couvert

dessus de côtes

milieu de poitrine

entrecôtes découvertes

gros bout de poitrine

paleron

crosse

surlonge

macreuse

jumeaux

plat de côte découvert

gîte de devant

NOURRITURE

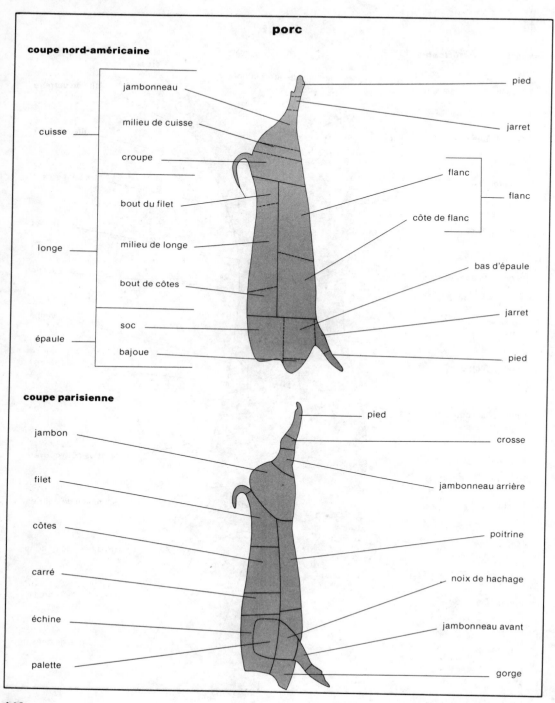

porc

coupe nord-américaine

pied
jambonneau
jarret
milieu de cuisse
cuisse
croupe
flanc
flanc
bout du filet
côte de flanc
longe
milieu de longe
bout de côtes
bas d'épaule
jarret
soc
épaule
pied
bajoue

coupe parisienne

pied
jambon
crosse
filet
jambonneau arrière
côtes
poitrine
carré
noix de hachage
échine
jambonneau avant
palette
gorge

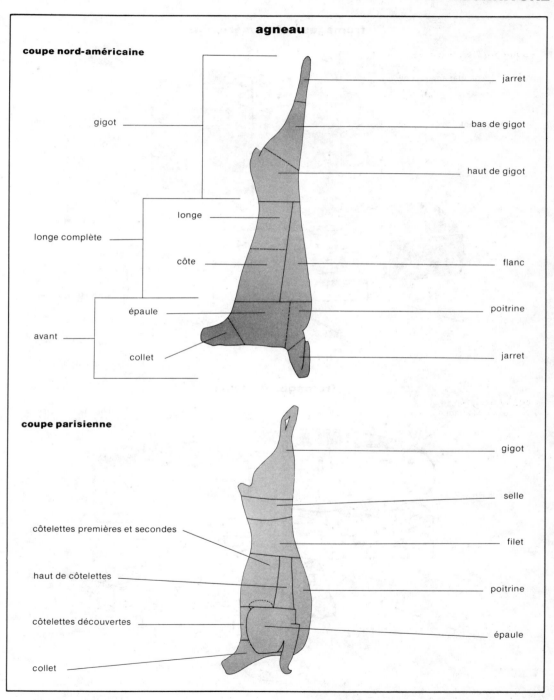

agneau

coupe nord-américaine

jarret

gigot

bas de gigot

haut de gigot

longe

longe complète

côte

flanc

épaule

poitrine

avant

collet

jarret

coupe parisienne

gigot

selle

côtelettes premières et secondes

filet

haut de côtelettes

poitrine

côtelettes découvertes

épaule

collet

NOURRITURE

fromages nord-américains

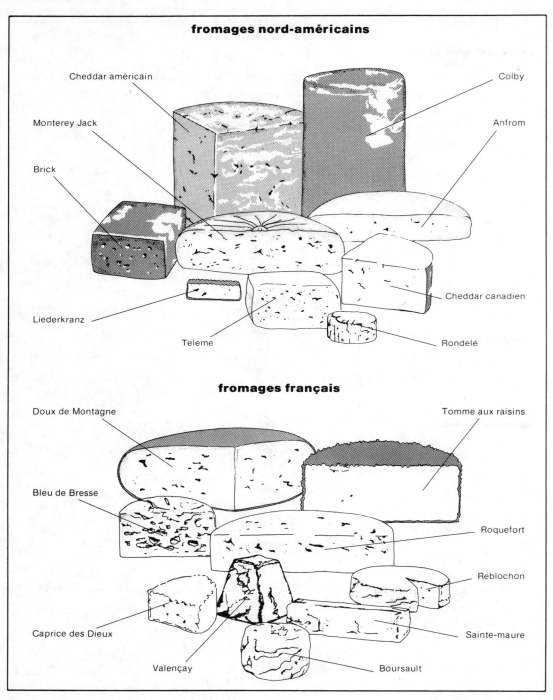

Cheddar américain

Colby

Monterey Jack

Anfrom

Brick

Liederkranz

Cheddar canadien

Teleme

Rondelé

fromages français

Doux de Montagne

Tomme aux raisins

Bleu de Bresse

Roquefort

Reblochon

Caprice des Dieux

Sainte-maure

Valençay

Boursault

fromages français

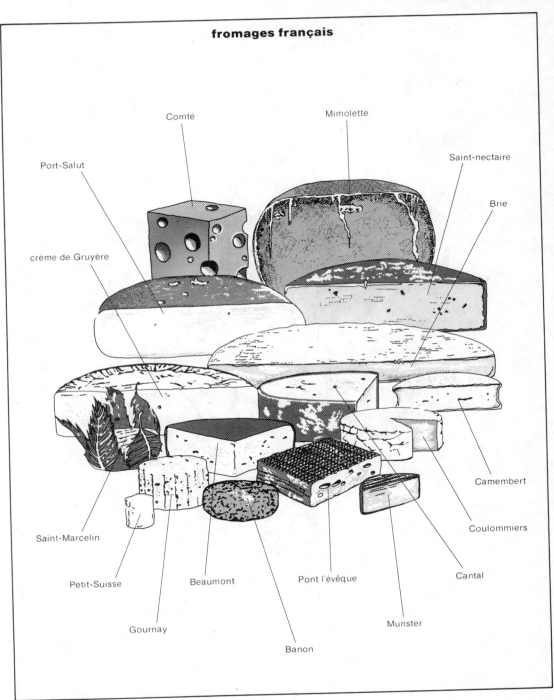

Comté

Mimolette

Saint-nectaire

Port-Salut

Brie

crème de Gruyère

Camembert

Coulommiers

Saint-Marcelin

Cantal

Petit-Suisse

Beaumont

Pont l'évêque

Munster

Gournay

Banon

desserts

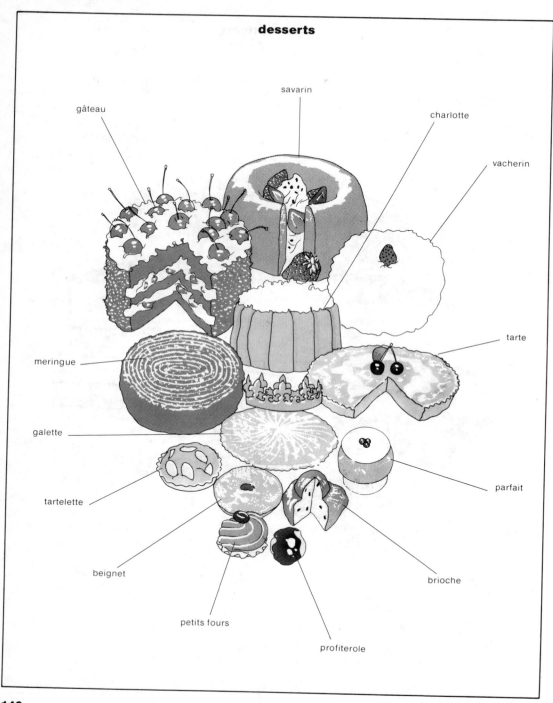

savarin

charlotte

vacherin

gâteau

meringue

tarte

galette

parfait

tartelette

beignet

brioche

petits fours

profiterole

desserts

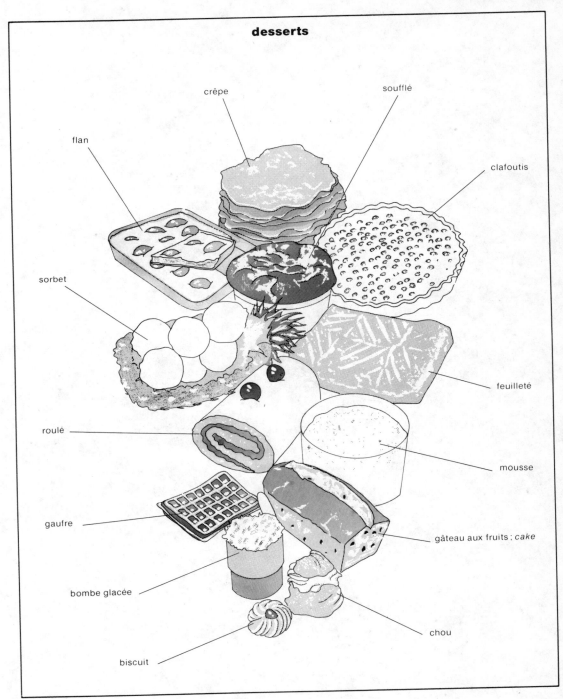

crêpe

soufflé

flan

clafoutis

sorbet

feuilleté

roulé

mousse

gaufre

gâteau aux fruits ; *cake*

bombe glacée

chou

biscuit

FERME

bâtiments

maison à cour ouverte

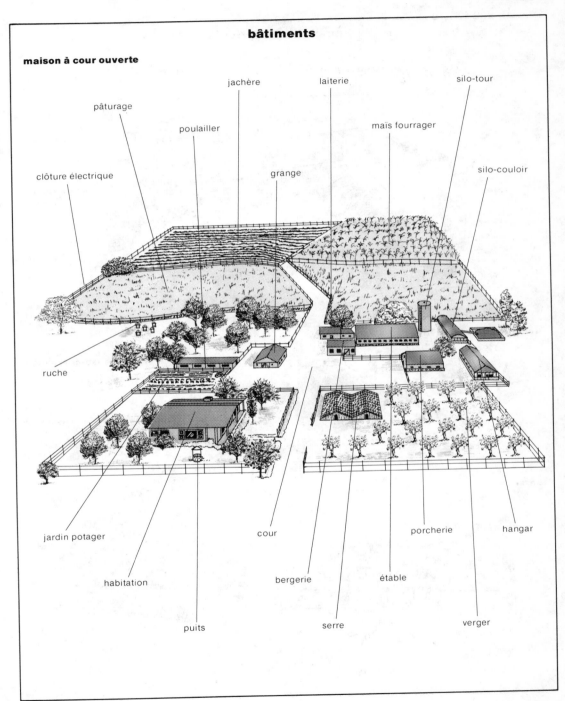

clôture électrique
pâturage
poulailler
jachère
laiterie
silo-tour
maïs fourrager
grange
silo-couloir
ruche
jardin potager
habitation
cour
bergerie
étable
porcherie
hangar
puits
serre
verger

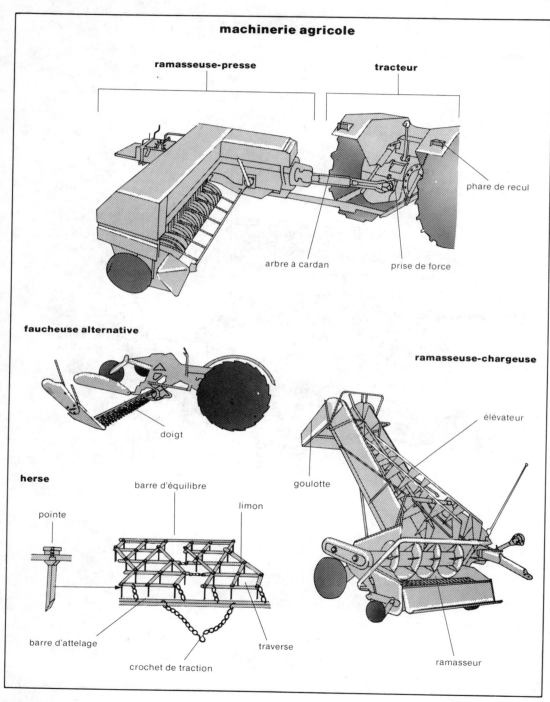

machinerie agricole

ramasseuse-presse

tracteur

phare de recul

arbre à cardan

prise de force

faucheuse alternative

ramasseuse-chargeuse

élévateur

doigt

goulotte

herse

barre d'équilibre

limon

pointe

barre d'attelage

crochet de traction

traverse

ramasseur

machinerie agricole

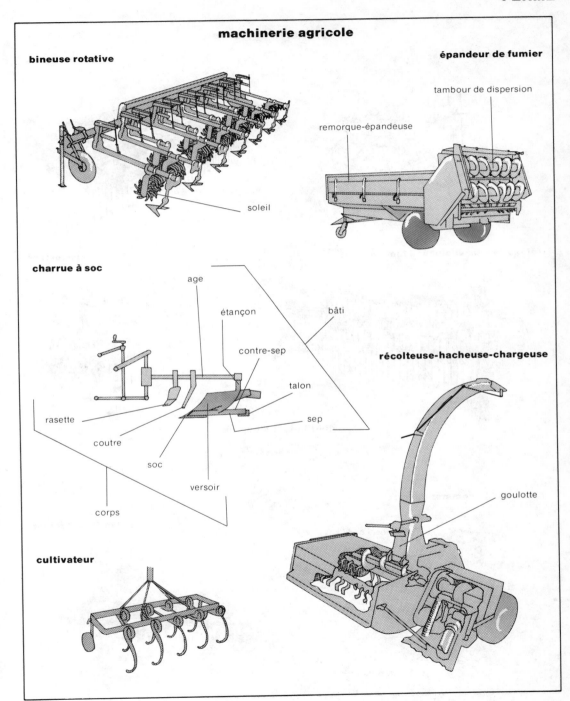

bineuse rotative

soleil

épandeur de fumier

tambour de dispersion

remorque-épandeuse

charrue à soc

age

étançon

bâti

contre-sep

talon

rasette

sep

coutre

soc

versoir

corps

récolteuse-hacheuse-chargeuse

goulotte

cultivateur

machinerie agricole

éparpilleur de fumier

semoir en lignes

trémie

tambour à dents

râteau-faneur-adaineur à tambour

tambour

sous-soleuse

distributeur d'engrais

dent

planteuse de pommes de terre

chaîne à godets

pulvériseur tandem

trémie

disque butteur

machine agricole

moissonneuse-batteuse

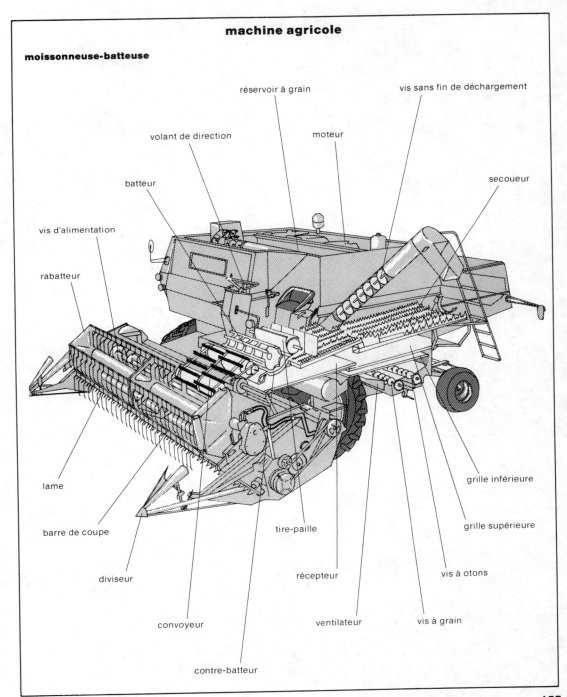

réservoir à grain

vis sans fin de déchargement

volant de direction

moteur

batteur

secoueur

vis d'alimentation

rabatteur

lame

grille inférieure

grille supérieure

barre de coupe

tire-paille

diviseur

vis à otons

récepteur

convoyeur

ventilateur

vis à grain

contre-batteur

ARCHITECTURE

maisons traditionnelles

case

wigwam

hutte

igloo

yourte

tipi

isba

ARCHITECTURE

styles d'architecture

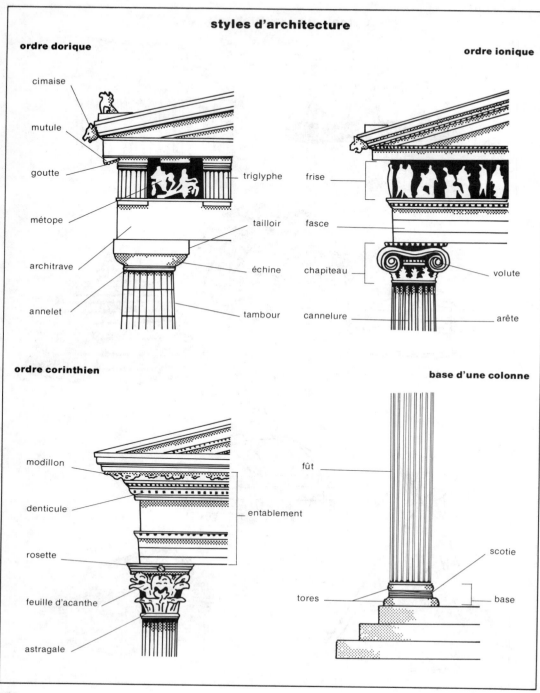

ordre dorique

cimaise

mutule

goutte

triglyphe

métope

tailloir

architrave

échine

annelet

tambour

ordre ionique

frise

fasce

chapiteau

volute

cannelure

arête

ordre corinthien

modillon

denticule

entablement

rosette

feuille d'acanthe

astragale

base d'une colonne

fût

scotie

tores

base

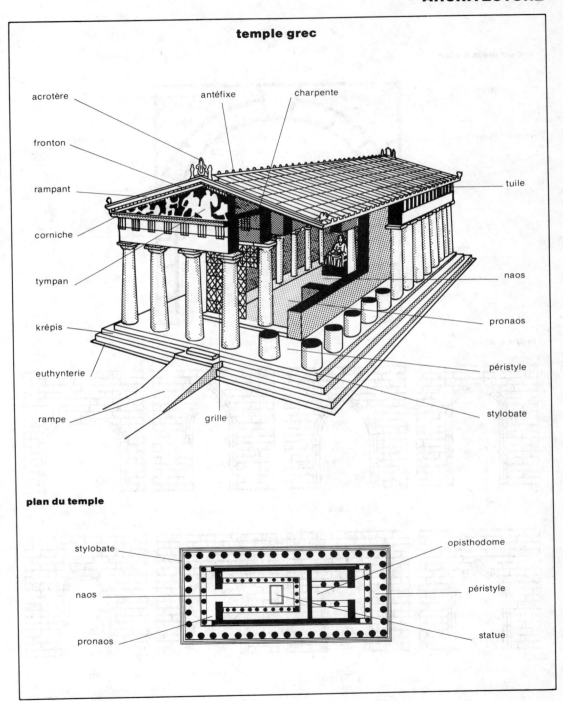

temple grec

acrotère

antéfixe

charpente

fronton

rampant

tuile

corniche

tympan

naos

krépis

pronaos

euthynterie

péristyle

rampe

grille

stylobate

plan du temple

stylobate

opisthodome

naos

péristyle

pronaos

statue

ARCHITECTURE

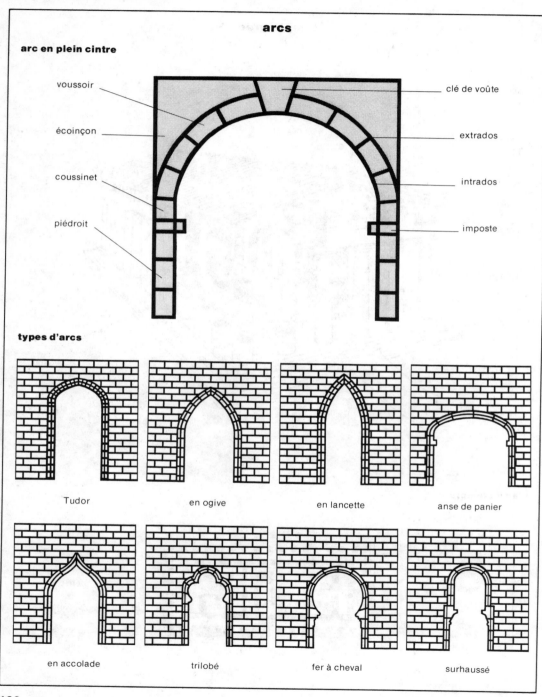

arcs

arc en plein cintre

voussoir

écoinçon

coussinet

piédroit

clé de voûte

extrados

intrados

imposte

types d'arcs

Tudor

en ogive

en lancette

anse de panier

en accolade

trilobé

fer à cheval

surhaussé

maison romaine

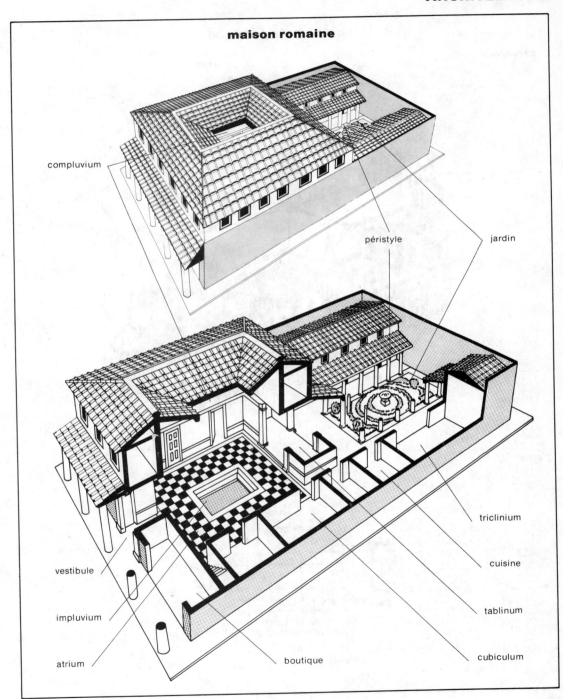

compluvium

péristyle

jardin

triclinium

cuisine

tablinum

cubiculum

vestibule

impluvium

atrium

boutique

ARCHITECTURE

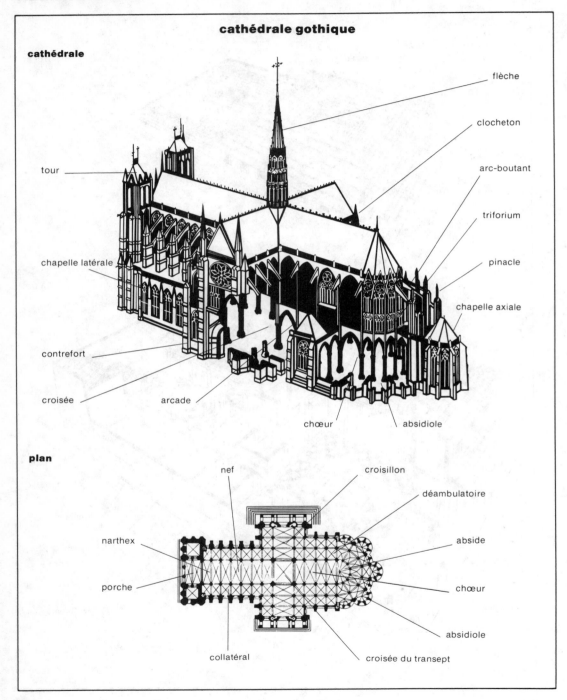

cathédrale gothique

cathédrale

flèche

clocheton

arc-boutant

triforium

pinacle

tour

chapelle latérale

chapelle axiale

contrefort

croisée

arcade

chœur

absidiole

plan

nef

croisillon

déambulatoire

narthex

abside

porche

chœur

absidiole

collatéral

croisée du transept

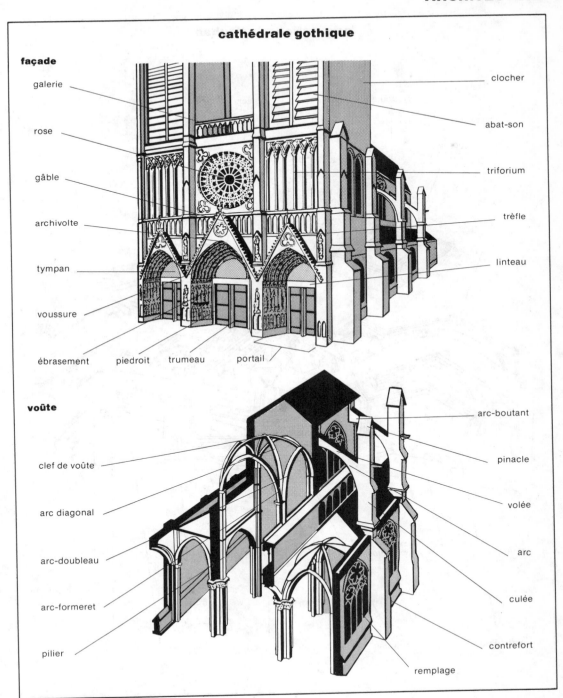

cathédrale gothique

façade

galerie

rose

gâble

archivolte

tympan

voussure

ébrasement — piedroit — trumeau — portail

clocher

abat-son

triforium

trèfle

linteau

voûte

clef de voûte

arc diagonal

arc-doubleau

arc-formeret

pilier

arc-boutant

pinacle

volée

arc

culée

contrefort

remplage

ARCHITECTURE

fortification à la Vauban

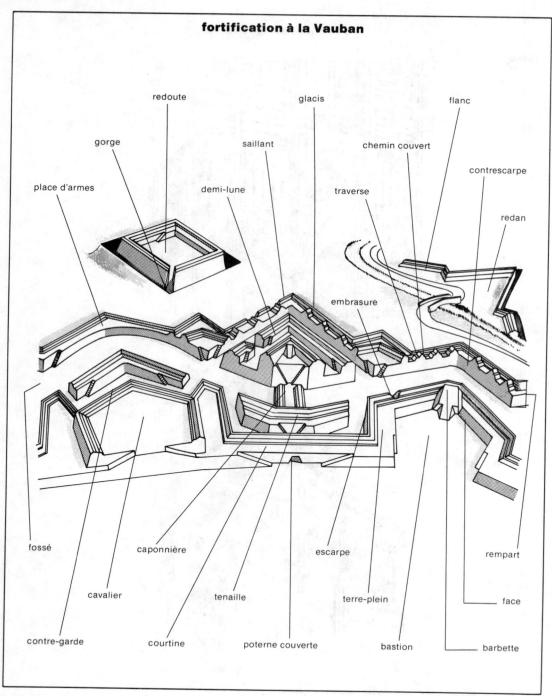

redoute

glacis

flanc

gorge

saillant

chemin couvert

place d'armes

demi-lune

traverse

contrescarpe

redan

embrasure

fossé

caponnière

escarpe

rempart

cavalier

tenaille

terre-plein

face

contre-garde

courtine

poterne couverte

bastion

barbette

château fort

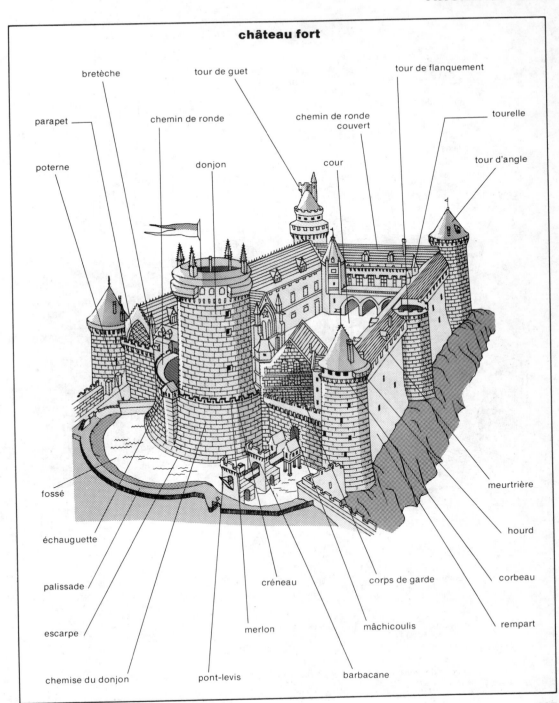

bretèche

tour de guet

tour de flanquement

parapet

chemin de ronde

chemin de ronde couvert

tourelle

poterne

donjon

cour

tour d'angle

fossé

meurtrière

échauguette

hourd

palissade

corbeau

créneau

corps de garde

escarpe

merlon

mâchicoulis

rempart

chemise du donjon

pont-levis

barbacane

ARCHITECTURE

centre-ville

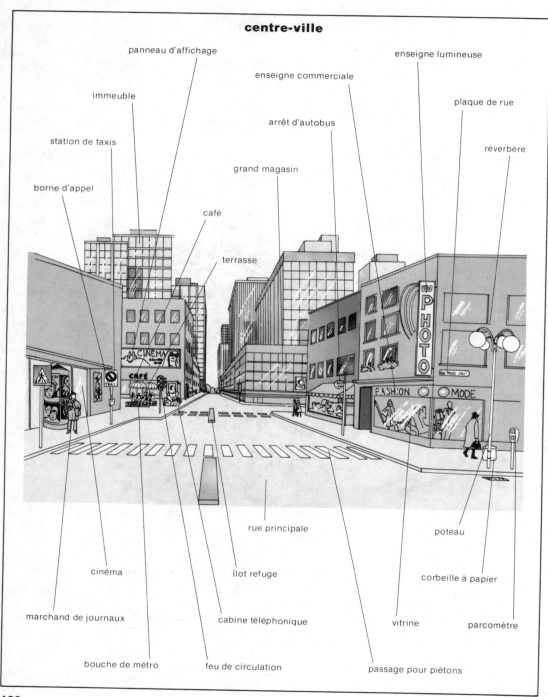

panneau d'affichage

enseigne lumineuse

enseigne commerciale

immeuble

plaque de rue

arrêt d'autobus

station de taxis

réverbère

grand magasin

borne d'appel

café

terrasse

rue principale

poteau

cinéma

îlot refuge

corbeille à papier

marchand de journaux

cabine téléphonique

vitrine

parcomètre

bouche de métro

feu de circulation

passage pour piétons

salle de spectacle

salle

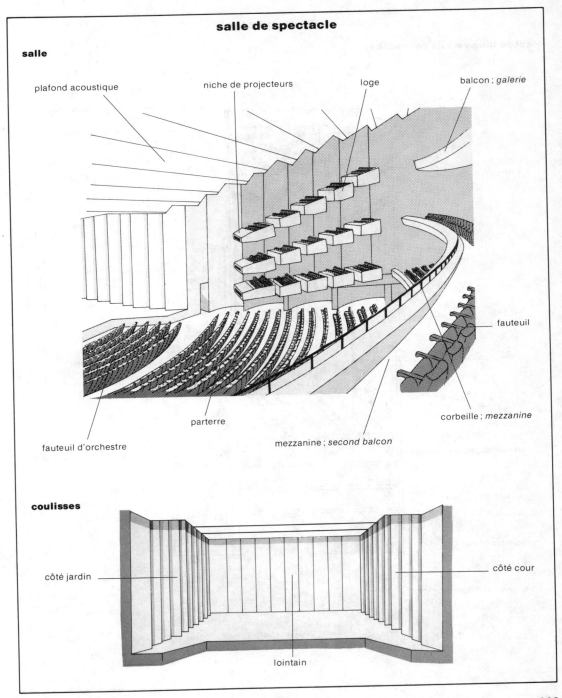

plafond acoustique

niche de projecteurs

loge

balcon ; *galerie*

fauteuil

corbeille ; *mezzanine*

parterre

mezzanine ; *second balcon*

fauteuil d'orchestre

coulisses

côté jardin

côté cour

lointain

ARCHITECTURE

salle de spectacle

coupe transversale de la scène

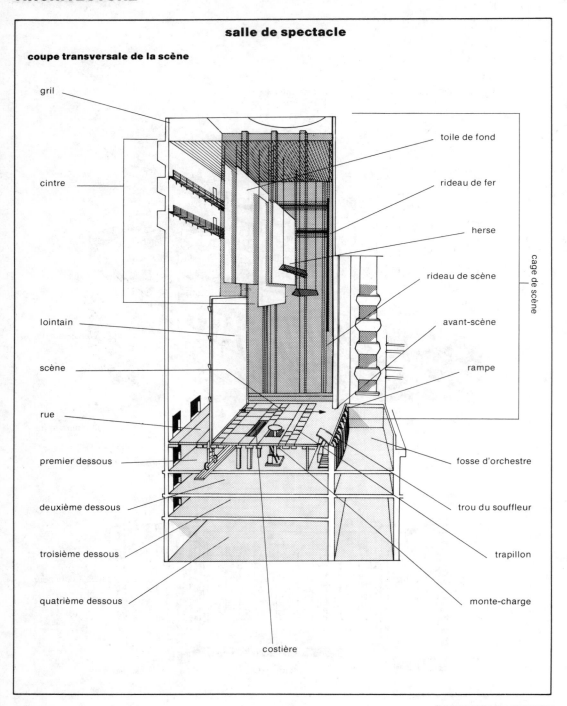

gril

cintre

lointain

scène

rue

premier dessous

deuxième dessous

troisième dessous

quatrième dessous

toile de fond

rideau de fer

herse

rideau de scène

avant-scène

rampe

cage de scène

fosse d'orchestre

trou du souffleur

trapillon

monte-charge

costière

ascenseur

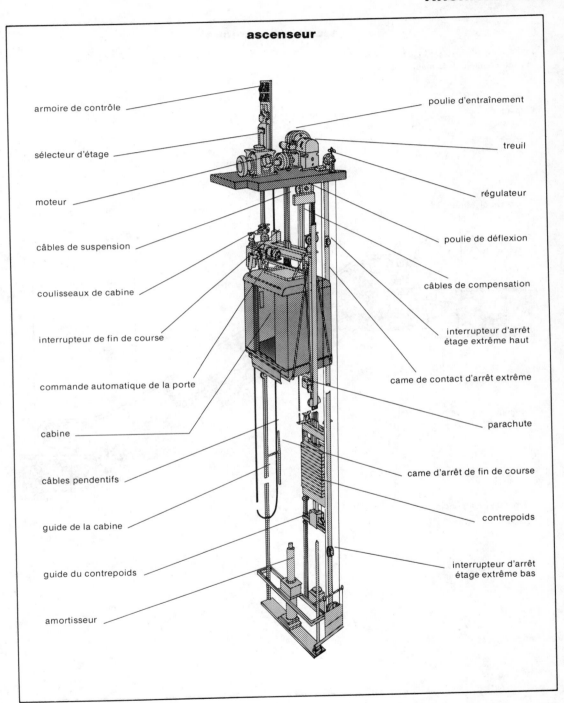

armoire de contrôle

poulie d'entraînement

sélecteur d'étage

treuil

moteur

régulateur

câbles de suspension

poulie de déflexion

coulisseaux de cabine

câbles de compensation

interrupteur de fin de course

interrupteur d'arrêt étage extrême haut

commande automatique de la porte

came de contact d'arrêt extrême

cabine

parachute

câbles pendentifs

came d'arrêt de fin de course

guide de la cabine

contrepoids

guide du contrepoids

interrupteur d'arrêt étage extrême bas

amortisseur

ARCHITECTURE

escalier mécanique

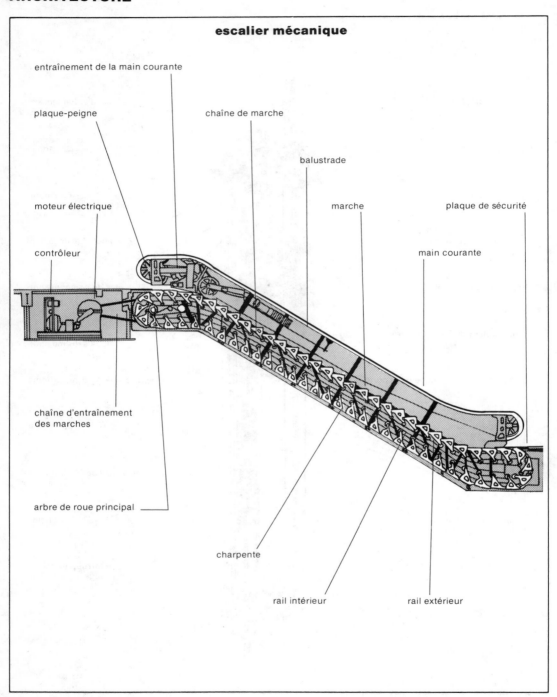

entraînement de la main courante

plaque-peigne

chaîne de marche

balustrade

moteur électrique

marche

plaque de sécurité

contrôleur

main courante

chaîne d'entraînement des marches

arbre de roue principal

charpente

rail intérieur

rail extérieur

maisons de ville

maison individuelle

maison individuelle jumelée

duplex

triplex

quadriplex

triplex jumelé

maison en rangée

cottage ; *villa*

tour d'habitation

maison en copropriété

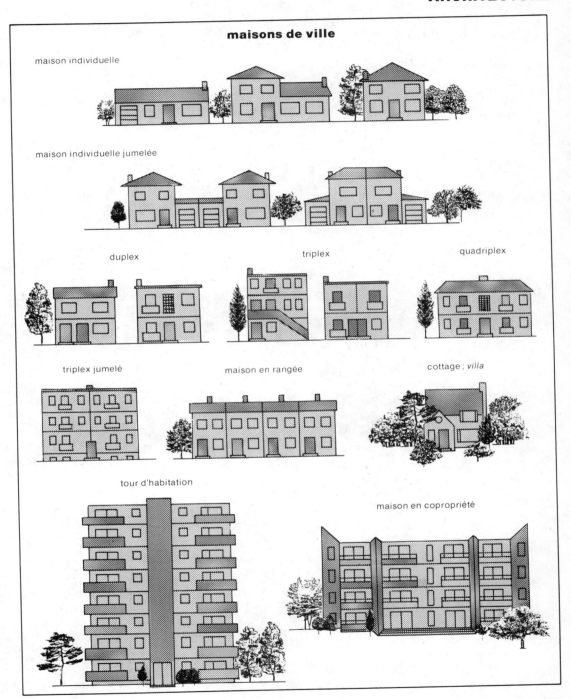

MAISON

extérieur d'une maison

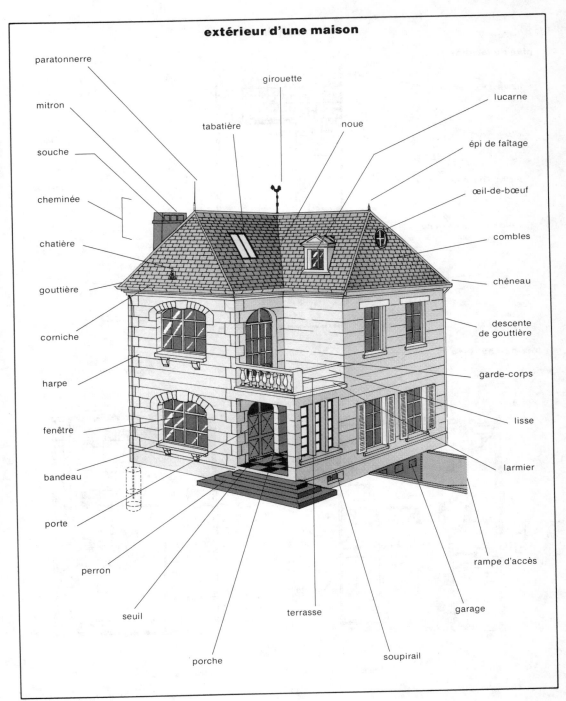

paratonnerre

mitron

souche

cheminée

chatière

gouttière

corniche

harpe

fenêtre

bandeau

porte

girouette

tabatière

noue

lucarne

épi de faîtage

œil-de-bœuf

combles

chéneau

descente
de gouttière

garde-corps

lisse

larmier

perron

seuil

porche

terrasse

soupirail

rampe d'accès

garage

MAISON

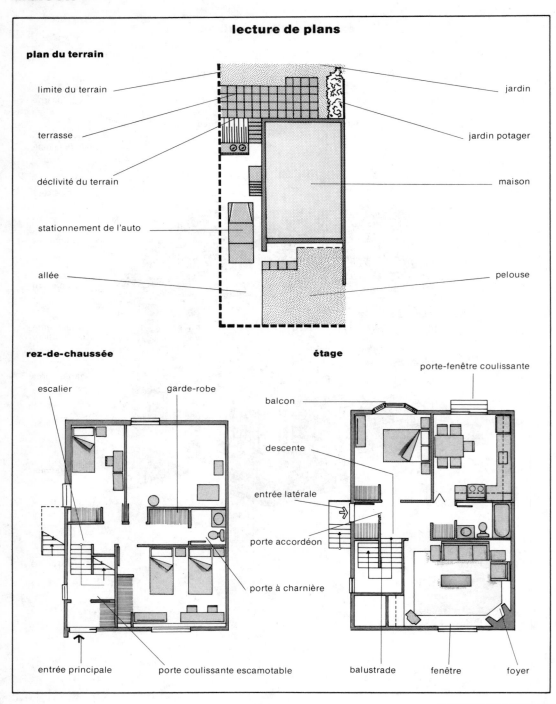

lecture de plans

plan du terrain

limite du terrain

jardin

terrasse

jardin potager

déclivité du terrain

maison

stationnement de l'auto

allée

pelouse

rez-de-chaussée

escalier

garde-robe

étage

porte-fenêtre coulissante

balcon

descente

entrée latérale

porte accordéon

porte à charnière

entrée principale

porte coulissante escamotable

balustrade

fenêtre

foyer

pièces de la maison

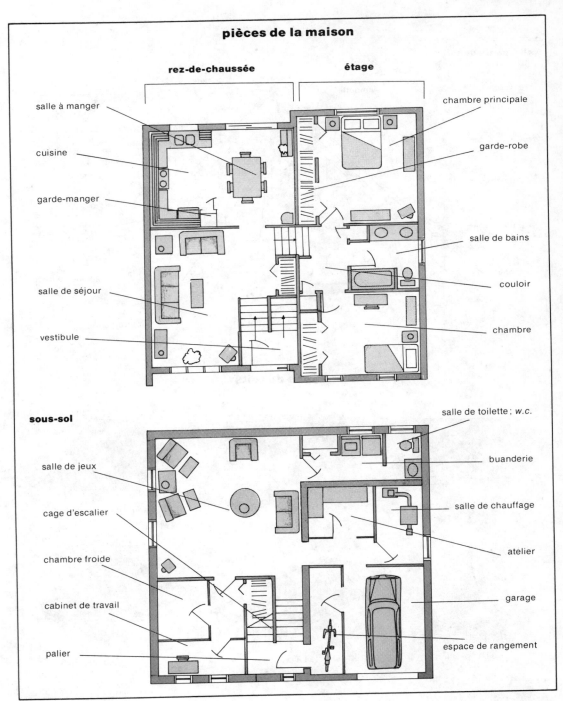

rez-de-chaussée

étage

salle à manger

chambre principale

cuisine

garde-robe

garde-manger

salle de bains

couloir

salle de séjour

chambre

vestibule

sous-sol

salle de toilette ; *w.c.*

salle de jeux

buanderie

cage d'escalier

salle de chauffage

chambre froide

atelier

cabinet de travail

garage

palier

espace de rangement

MAISON

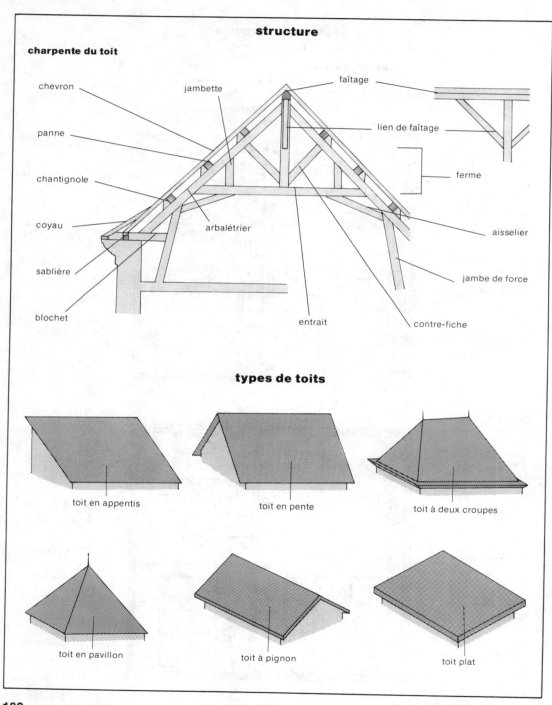

charpente du toit

chevron

jambette

faîtage

lien de faîtage

panne

ferme

chantignole

coyau

arbalétrier

aisselier

sablière

jambe de force

blochet

entrait

contre-fiche

types de toits

toit en appentis

toit en pente

toit à deux croupes

toit en pavillon

toit à pignon

toit plat

types de toits

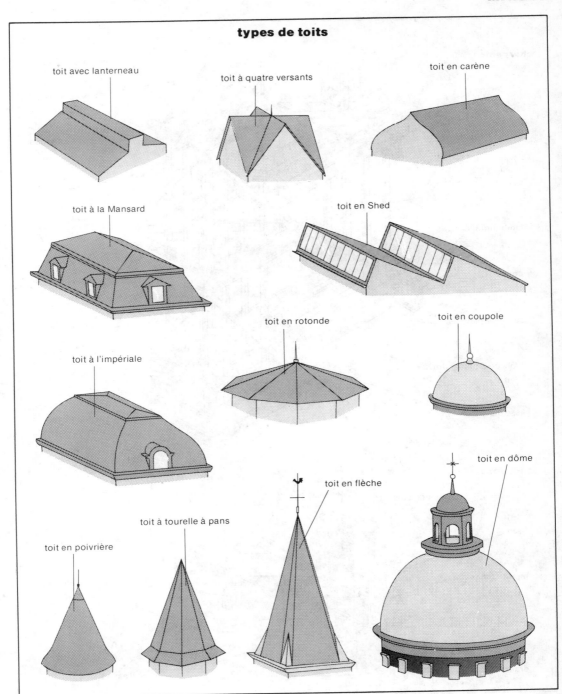

toit avec lanterneau

toit à quatre versants

toit en carène

toit à la Mansard

toit en Shed

toit à l'impériale

toit en rotonde

toit en coupole

toit à tourelle à pans

toit en flèche

toit en dôme

toit en poivrière

MAISON

structure

charpente

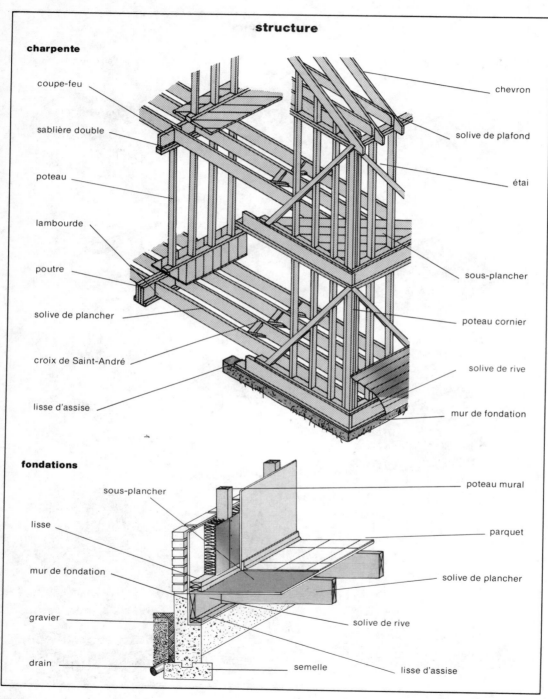

- coupe-feu
- chevron
- sablière double
- solive de plafond
- poteau
- étai
- lambourde
- poutre
- sous-plancher
- solive de plancher
- poteau cornier
- croix de Saint-André
- solive de rive
- lisse d'assise
- mur de fondation

fondations

- sous-plancher
- poteau mural
- lisse
- parquet
- mur de fondation
- solive de plancher
- gravier
- solive de rive
- drain
- semelle
- lisse d'assise

matériaux de construction

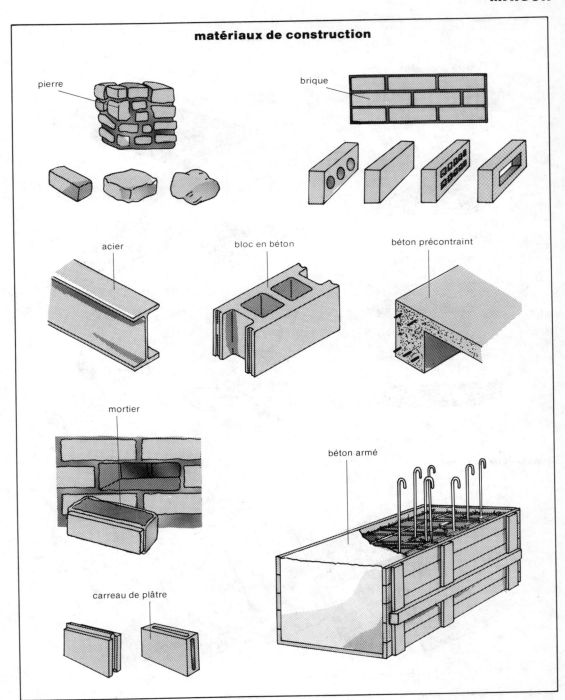

pierre

brique

acier

bloc en béton

béton précontraint

mortier

béton armé

carreau de plâtre

matériaux de construction

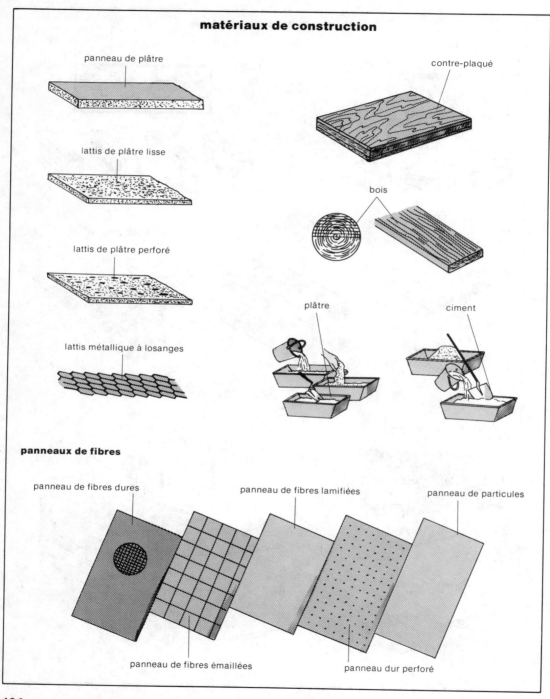

panneau de plâtre

contre-plaqué

lattis de plâtre lisse

bois

lattis de plâtre perforé

plâtre

ciment

lattis métallique à losanges

panneaux de fibres

panneau de fibres dures

panneau de fibres lamifiées

panneau de particules

panneau de fibres émaillées

panneau dur perforé

matériaux de construction

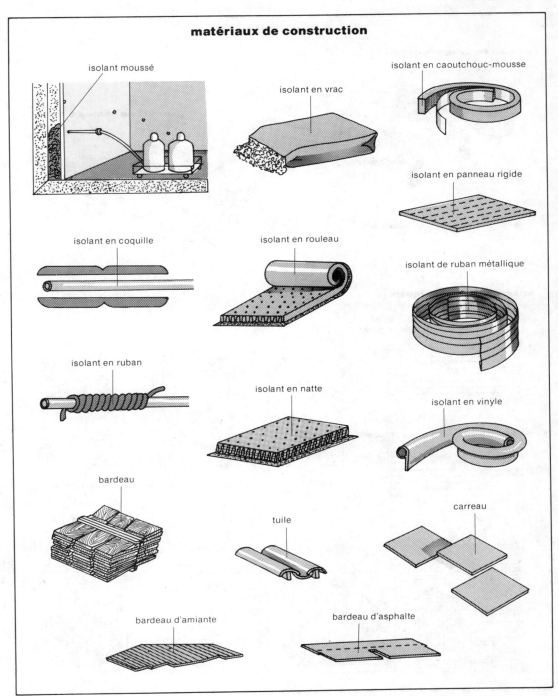

isolant moussé

isolant en vrac

isolant en caoutchouc-mousse

isolant en panneau rigide

isolant en coquille

isolant en rouleau

isolant de ruban métallique

isolant en ruban

isolant en natte

isolant en vinyle

bardeau

tuile

carreau

bardeau d'amiante

bardeau d'asphalte

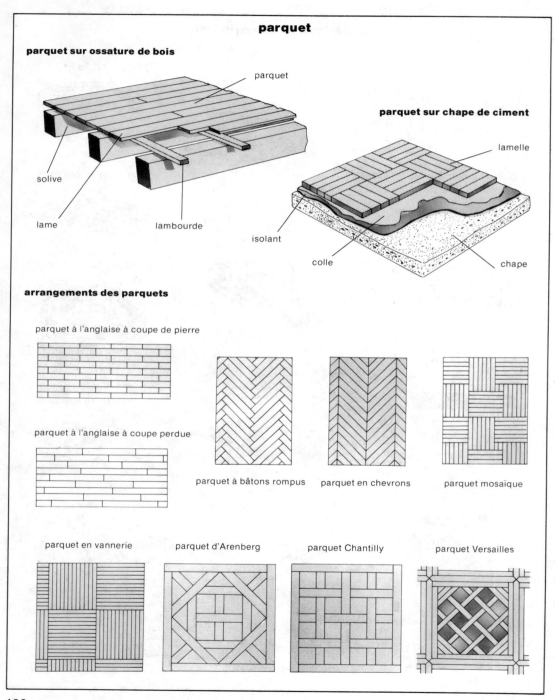

parquet

parquet sur ossature de bois

parquet

parquet sur chape de ciment

lamelle

solive

isolant

colle

chape

lame

lambourde

arrangements des parquets

parquet à l'anglaise à coupe de pierre

parquet à l'anglaise à coupe perdue

parquet à bâtons rompus

parquet en chevrons

parquet mosaïque

parquet en vannerie

parquet d'Arenberg

parquet Chantilly

parquet Versailles

escalier

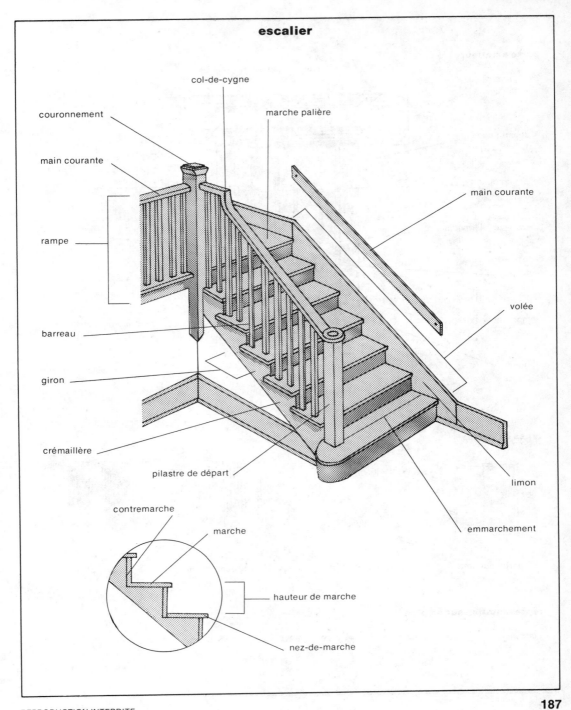

col-de-cygne

couronnement

marche palière

main courante

main courante

rampe

volée

barreau

giron

crémaillère

pilastre de départ

limon

emmarchement

contremarche

marche

hauteur de marche

nez-de-marche

MAISON

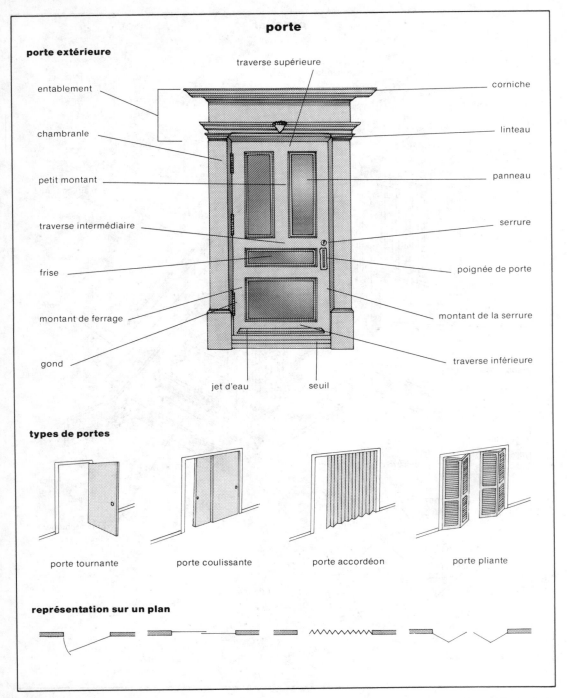

porte

porte extérieure

traverse supérieure

entablement

chambranle

petit montant

traverse intermédiaire

frise

montant de ferrage

gond

jet d'eau   seuil

corniche

linteau

panneau

serrure

poignée de porte

montant de la serrure

traverse inférieure

types de portes

porte tournante   porte coulissante   porte accordéon   porte pliante

représentation sur un plan

fenêtre

structure

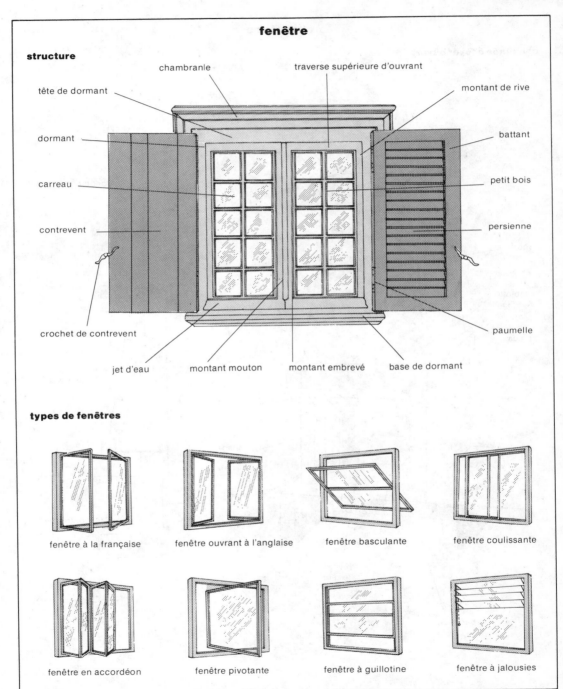

chambranle

traverse supérieure d'ouvrant

tête de dormant

montant de rive

dormant

battant

carreau

petit bois

contrevent

persienne

crochet de contrevent

paumelle

jet d'eau

montant mouton

montant embrevé

base de dormant

types de fenêtres

fenêtre à la française

fenêtre ouvrant à l'anglaise

fenêtre basculante

fenêtre coulissante

fenêtre en accordéon

fenêtre pivotante

fenêtre à guillotine

fenêtre à jalousies

chauffage

cheminée à foyer ouvert

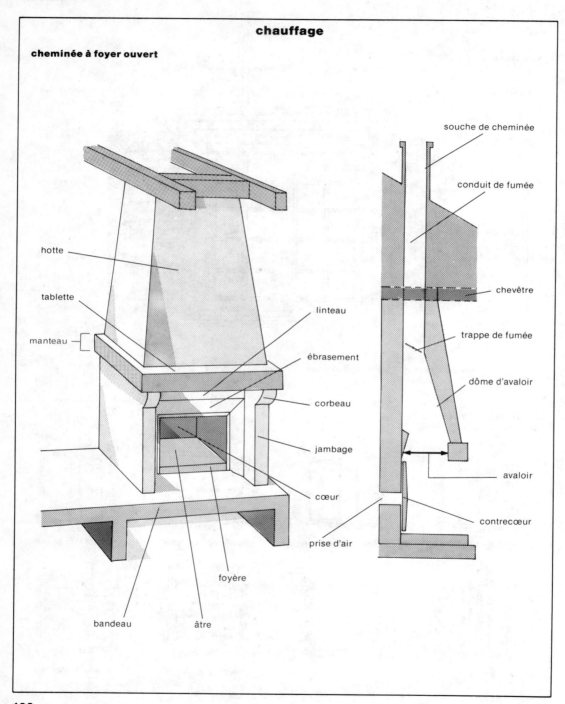

- hotte
- tablette
- manteau
- linteau
- ébrasement
- corbeau
- jambage
- cœur
- foyère
- bandeau
- âtre
- souche de cheminée
- conduit de fumée
- chevêtre
- trappe de fumée
- dôme d'avaloir
- avaloir
- contrecœur
- prise d'air

chauffage

poêle à bois

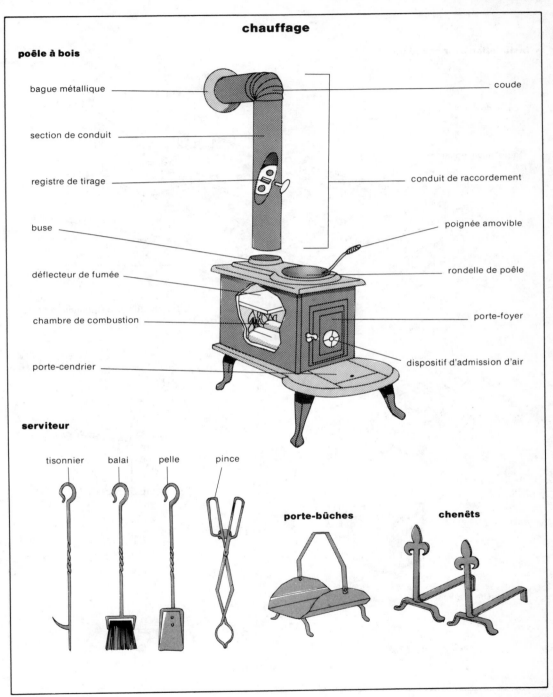

bague métallique

coude

section de conduit

registre de tirage

conduit de raccordement

buse

poignée amovible

déflecteur de fumée

rondelle de poêle

chambre de combustion

porte-foyer

porte-cendrier

dispositif d'admission d'air

serviteur

tisonnier   balai   pelle   pince

porte-bûches   **chenêts**

191

chauffage

installation à air chaud pulsé

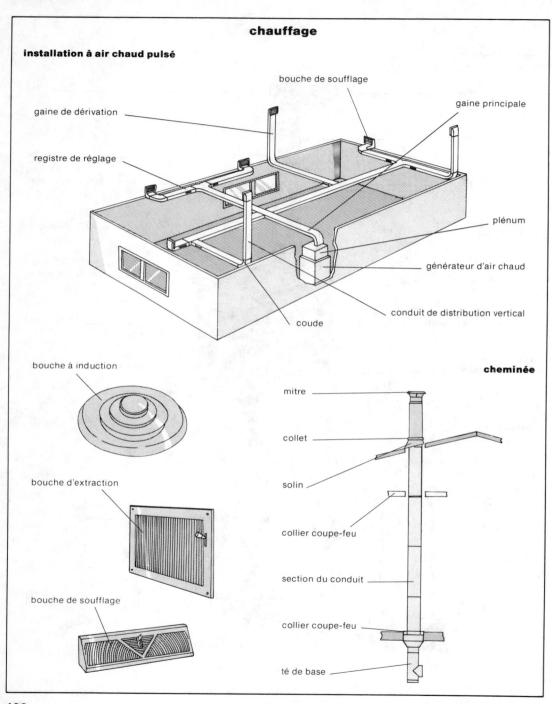

bouche de soufflage

gaine de dérivation

gaine principale

registre de réglage

plénum

générateur d'air chaud

conduit de distribution vertical

coude

bouche à induction

cheminée

mitre

collet

bouche d'extraction

solin

collier coupe-feu

section du conduit

bouche de soufflage

collier coupe-feu

té de base

chauffage

installation à eau chaude

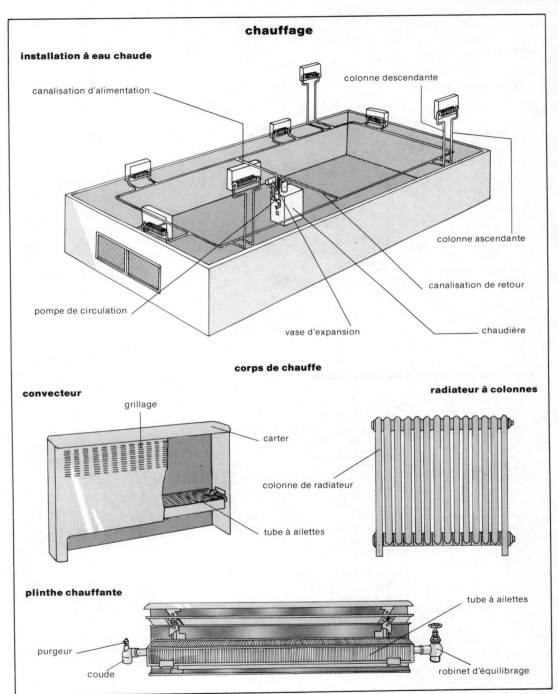

canalisation d'alimentation

colonne descendante

colonne ascendante

canalisation de retour

pompe de circulation

vase d'expansion

chaudière

corps de chauffe

convecteur

grillage

carter

colonne de radiateur

tube à ailettes

radiateur à colonnes

plinthe chauffante

purgeur

coude

tube à ailettes

robinet d'équilibrage

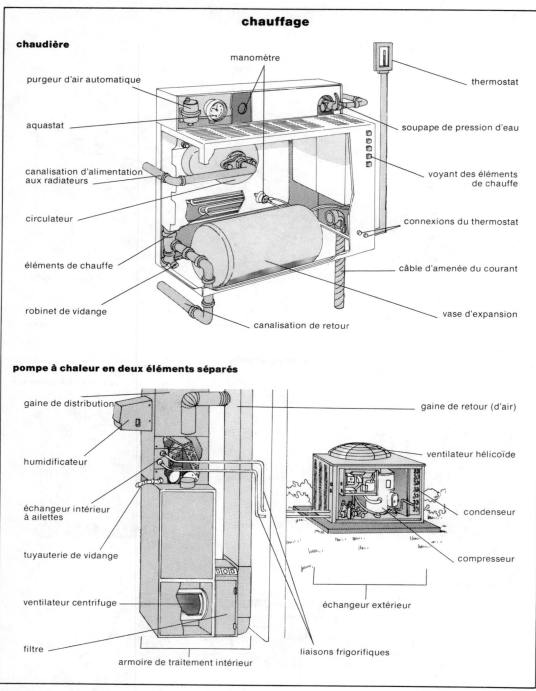

chauffage

chaudière

- manomètre
- purgeur d'air automatique
- thermostat
- aquastat
- soupape de pression d'eau
- canalisation d'alimentation aux radiateurs
- voyant des éléments de chauffe
- circulateur
- connexions du thermostat
- éléments de chauffe
- câble d'amenée du courant
- robinet de vidange
- vase d'expansion
- canalisation de retour

pompe à chaleur en deux éléments séparés

- gaine de distribution
- gaine de retour (d'air)
- humidificateur
- ventilateur hélicoïde
- échangeur intérieur à ailettes
- condenseur
- tuyauterie de vidange
- compresseur
- ventilateur centrifuge
- échangeur extérieur
- filtre
- liaisons frigorifiques
- armoire de traitement intérieur

chauffage

générateur d'air chaud électrique

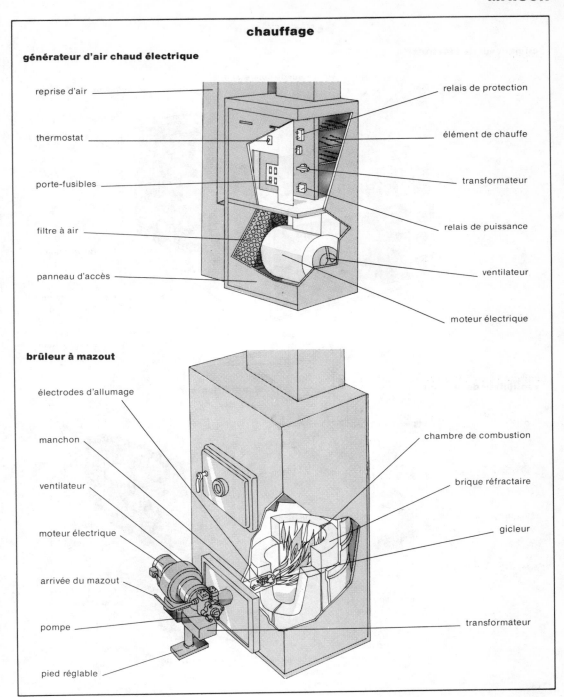

reprise d'air

thermostat

porte-fusibles

filtre à air

panneau d'accès

relais de protection

élément de chauffe

transformateur

relais de puissance

ventilateur

moteur électrique

brûleur à mazout

électrodes d'allumage

manchon

ventilateur

moteur électrique

arrivée du mazout

pompe

pied réglable

chambre de combustion

brique réfractaire

gicleur

transformateur

climatisation

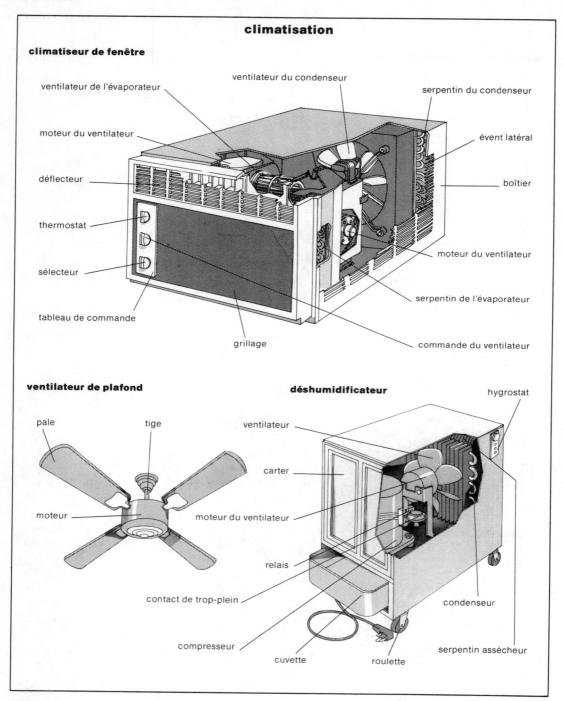

climatiseur de fenêtre

ventilateur de l'évaporateur

ventilateur du condenseur

serpentin du condenseur

moteur du ventilateur

évent latéral

déflecteur

boîtier

thermostat

sélecteur

moteur du ventilateur

serpentin de l'évaporateur

tableau de commande

grillage

commande du ventilateur

ventilateur de plafond

déshumidificateur

hygrostat

pale

tige

ventilateur

carter

moteur

moteur du ventilateur

relais

contact de trop-plein

condenseur

compresseur

cuvette

roulette

serpentin assécheur

AMEUBLEMENT DE LA MAISON

table

table à abattants

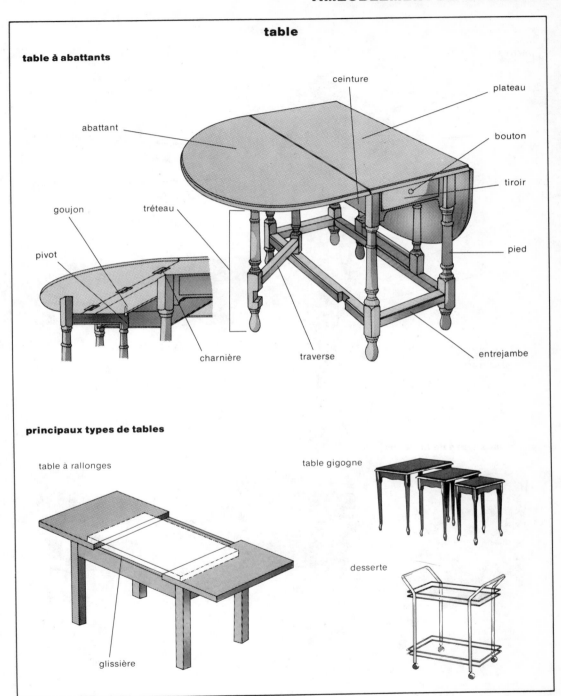

ceinture

plateau

abattant

bouton

tiroir

goujon

tréteau

pivot

pied

charnière

traverse

entrejambe

principaux types de tables

table à rallonges

table gigogne

desserte

glissière

AMEUBLEMENT DE LA MAISON

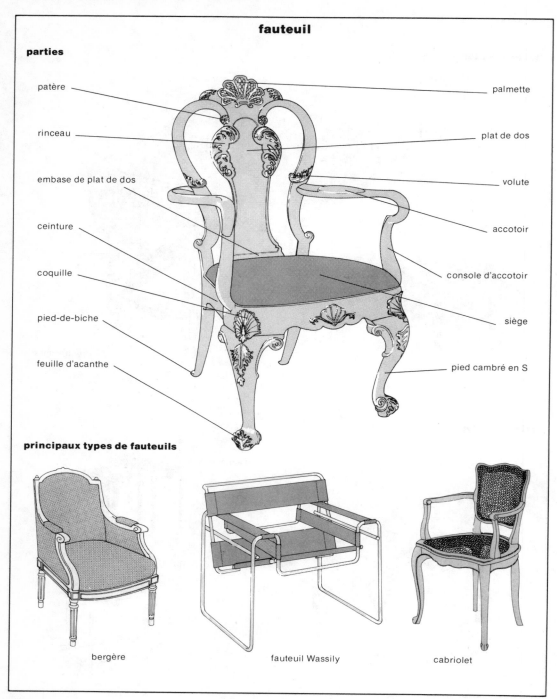

fauteuil

parties

patère

rinceau

embase de plat de dos

ceinture

coquille

pied-de-biche

feuille d'acanthe

palmette

plat de dos

volute

accotoir

console d'accotoir

siège

pied cambré en S

principaux types de fauteuils

bergère

fauteuil Wassily

cabriolet

fauteuils

principaux types de fauteuils

récamier

canapé

causeuse

fauteuil metteur en scène

fauteuil club

canapé capitonné

berceuse

méridienne

AMEUBLEMENT DE LA MAISON

sièges

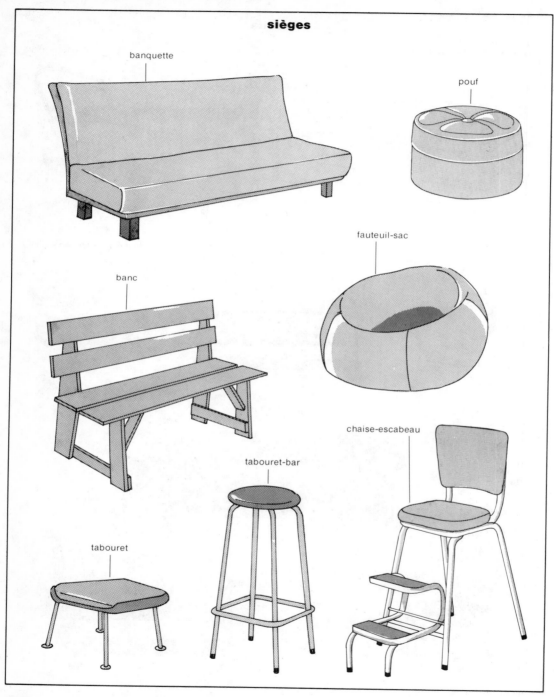

banquette

pouf

banc

fauteuil-sac

chaise-escabeau

tabouret-bar

tabouret

chaise

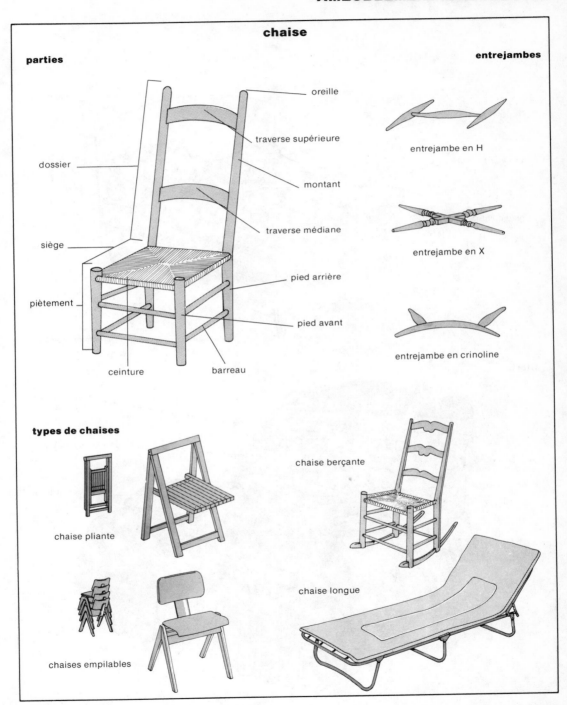

parties

oreille

traverse supérieure

dossier

montant

traverse médiane

siège

pied arrière

piètement

pied avant

ceinture   barreau

entrejambes

entrejambe en H

entrejambe en X

entrejambe en crinoline

types de chaises

chaise pliante

chaises empilables

chaise berçante

chaise longue

AMEUBLEMENT DE LA MAISON

lit

parties

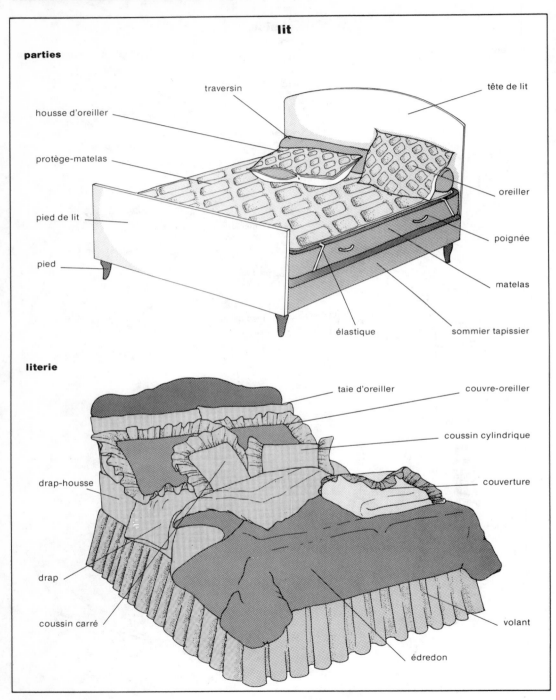

traversin

tête de lit

housse d'oreiller

protège-matelas

oreiller

pied de lit

poignée

pied

matelas

élastique

sommier tapissier

literie

taie d'oreiller

couvre-oreiller

coussin cylindrique

drap-housse

couverture

drap

coussin carré

volant

édredon

meubles de rangement

armoire

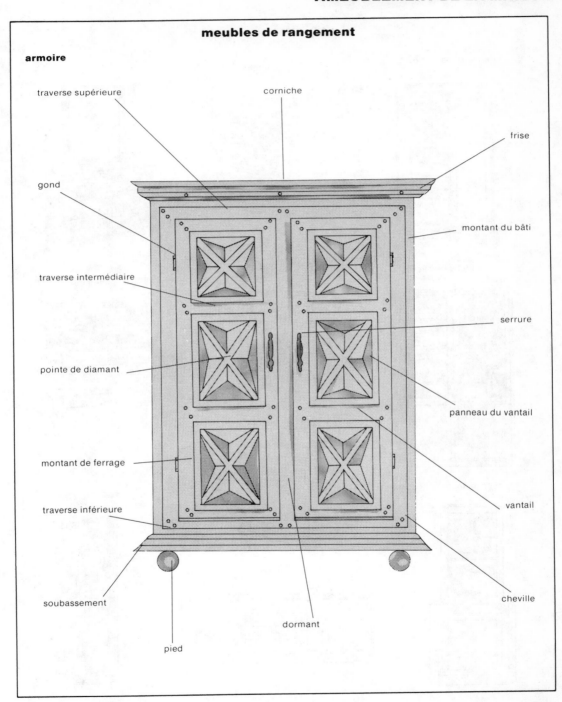

traverse supérieure

corniche

frise

gond

montant du bâti

traverse intermédiaire

serrure

pointe de diamant

panneau du vantail

montant de ferrage

traverse inférieure

vantail

soubassement

cheville

dormant

pied

AMEUBLEMENT DE LA MAISON

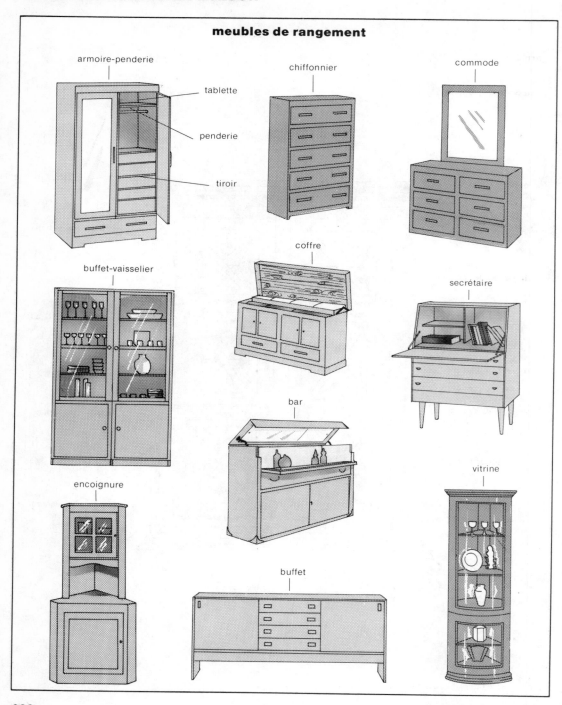

meubles de rangement

armoire-penderie

tablette

penderie

tiroir

chiffonnier

commode

buffet-vaisselier

coffre

secrétaire

bar

encoignure

vitrine

buffet

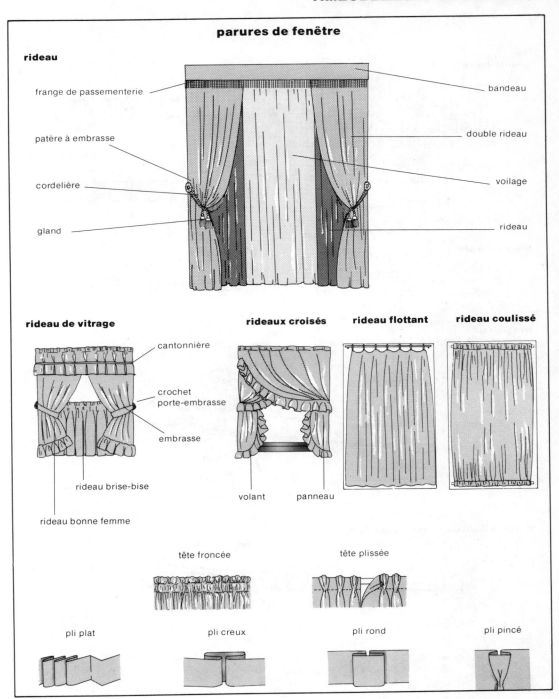

parures de fenêtre

rideau

frange de passementerie

patère à embrasse

cordelière

gland

bandeau

double rideau

voilage

rideau

rideau de vitrage

cantonnière

crochet porte-embrasse

embrasse

rideau brise-bise

rideau bonne femme

rideaux croisés

volant   panneau

rideau flottant

rideau coulissé

tête froncée

tête plissée

pli plat

pli creux

pli rond

pli pincé

AMEUBLEMENT DE LA MAISON

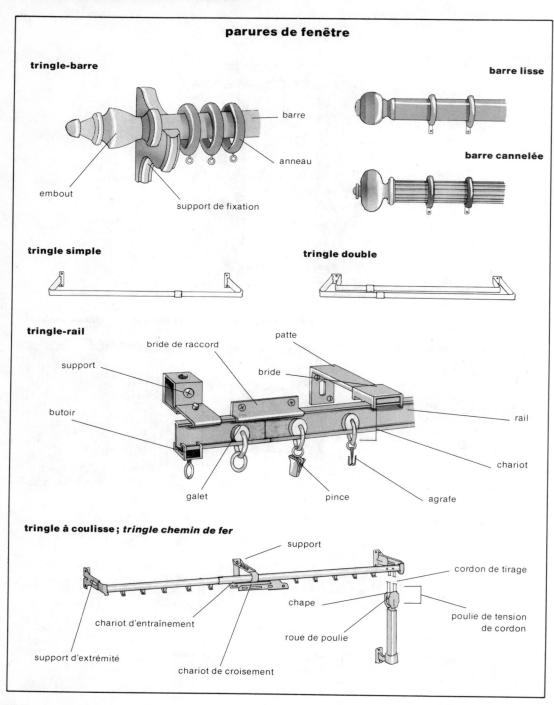

parures de fenêtre

tringle-barre

barre

anneau

embout

support de fixation

barre lisse

barre cannelée

tringle simple

tringle double

tringle-rail

bride de raccord

patte

support

bride

butoir

rail

chariot

galet

pince

agrafe

tringle à coulisse; *tringle chemin de fer*

support

cordon de tirage

chape

poulie de tension de cordon

chariot d'entraînement

roue de poulie

support d'extrémité

chariot de croisement

parures de fenêtre

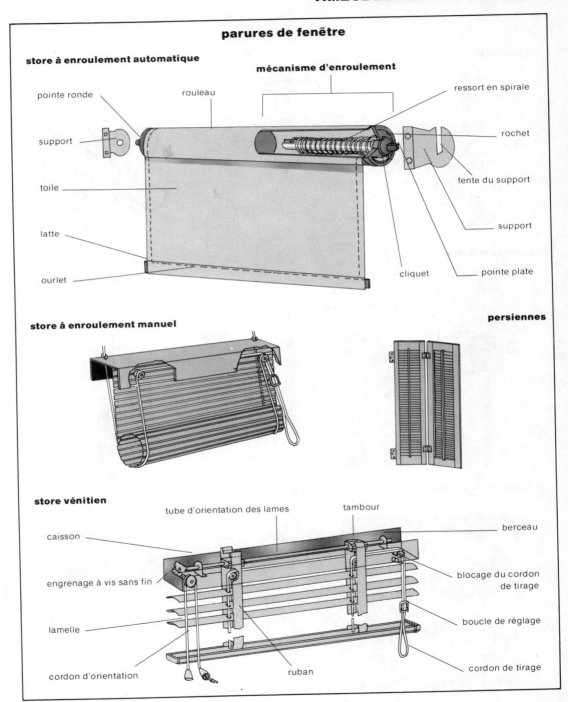

store à enroulement automatique

mécanisme d'enroulement

pointe ronde

rouleau

ressort en spirale

support

rochet

toile

fente du support

latte

support

ourlet

cliquet

pointe plate

store à enroulement manuel

persiennes

store vénitien

tube d'orientation des lames

tambour

caisson

berceau

engrenage à vis sans fin

blocage du cordon
de tirage

lamelle

boucle de réglage

cordon d'orientation

ruban

cordon de tirage

AMEUBLEMENT DE LA MAISON

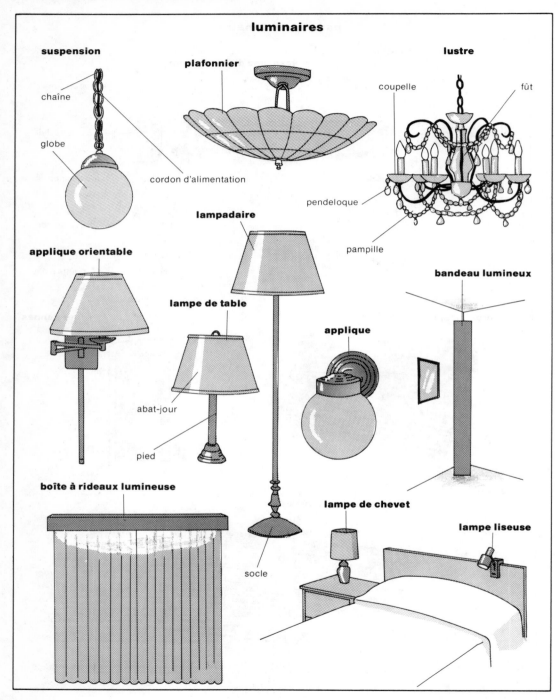

luminaires

suspension

chaîne

globe

cordon d'alimentation

plafonnier

lustre

coupelle

fût

pendeloque

pampille

applique orientable

lampadaire

lampe de table

abat-jour

pied

applique

bandeau lumineux

boîte à rideaux lumineuse

socle

lampe de chevet

lampe liseuse

luminaires

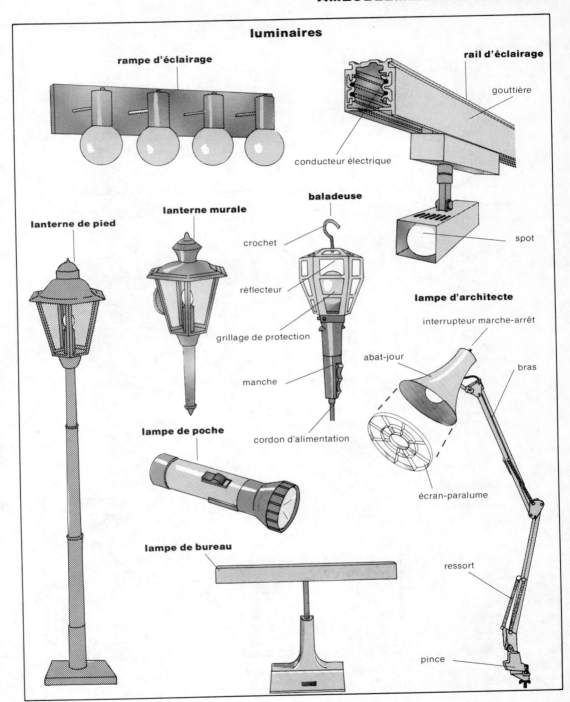

rampe d'éclairage

rail d'éclairage

gouttière

conducteur électrique

spot

baladeuse

lanterne de pied

lanterne murale

crochet

réflecteur

lampe d'architecte

interrupteur marche-arrêt

abat-jour

bras

grillage de protection

manche

lampe de poche

cordon d'alimentation

écran-paralume

lampe de bureau

ressort

pince

verres

flûte à champagne

coupe à champagne

verre à bordeaux

verre à bourgogne

verre à vin blanc

verre à vin d'Alsace

verre à eau

verre à cocktail

verre à porto

verre à cognac

verre à liqueur

verre à whisky

verre à gin

chope à bière

carafe

vaisselle

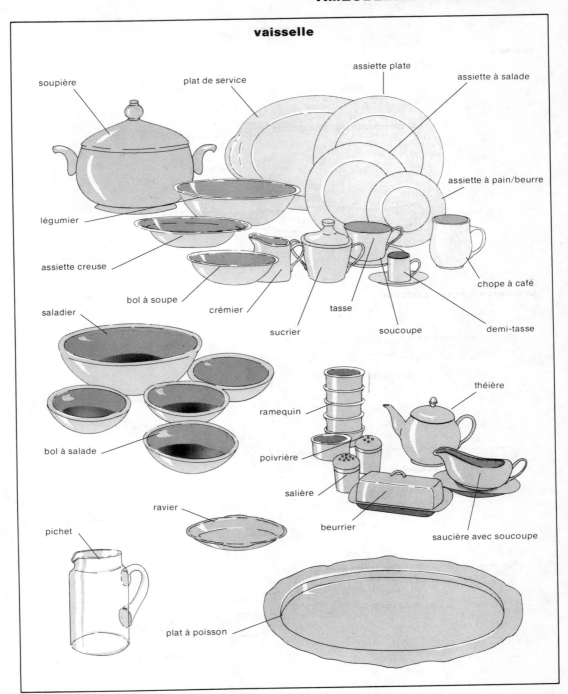

soupière

plat de service

assiette plate

assiette à salade

assiette à pain/beurre

légumier

assiette creuse

bol à soupe

crémier

tasse

chope à café

saladier

sucrier

soucoupe

demi-tasse

ramequin

théière

bol à salade

poivrière

salière

ravier

beurrier

saucière avec soucoupe

pichet

plat à poisson

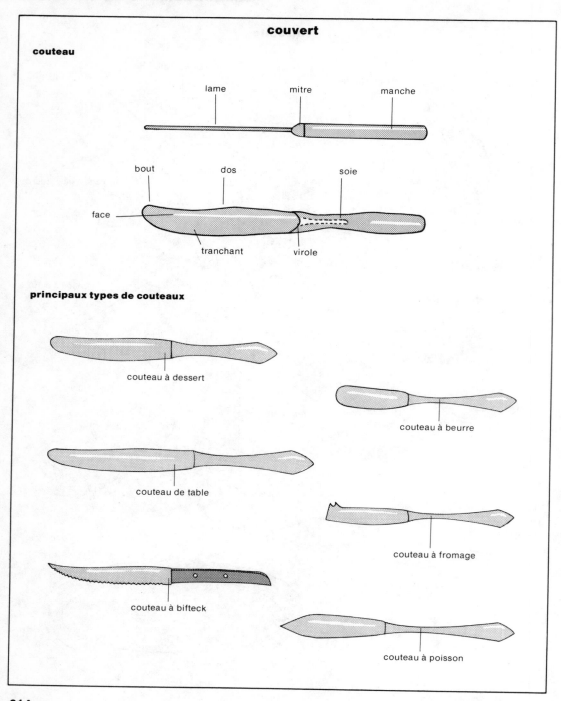

couvert

couteau

lame · mitre · manche

bout · dos · soie

face · tranchant · virole

principaux types de couteaux

couteau à dessert

couteau à beurre

couteau de table

couteau à fromage

couteau à bifteck

couteau à poisson

couvert

fourchette

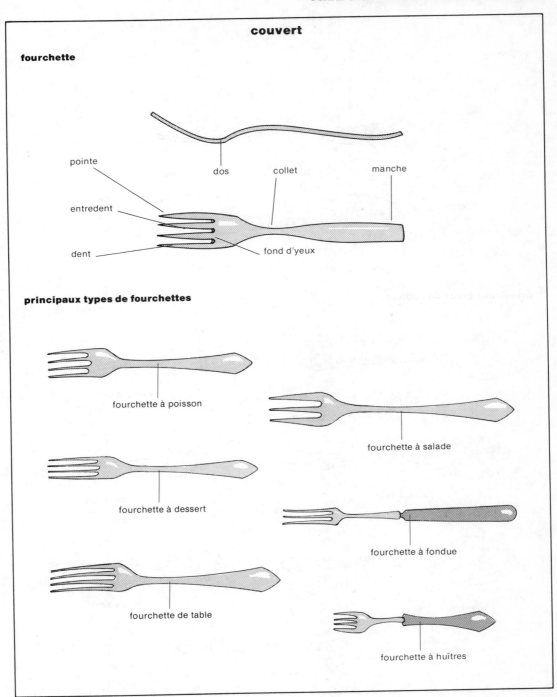

pointe

entredent

dent

dos   collet   manche

fond d'yeux

principaux types de fourchettes

fourchette à poisson

fourchette à salade

fourchette à dessert

fourchette à fondue

fourchette de table

fourchette à huîtres

AMEUBLEMENT DE LA MAISON

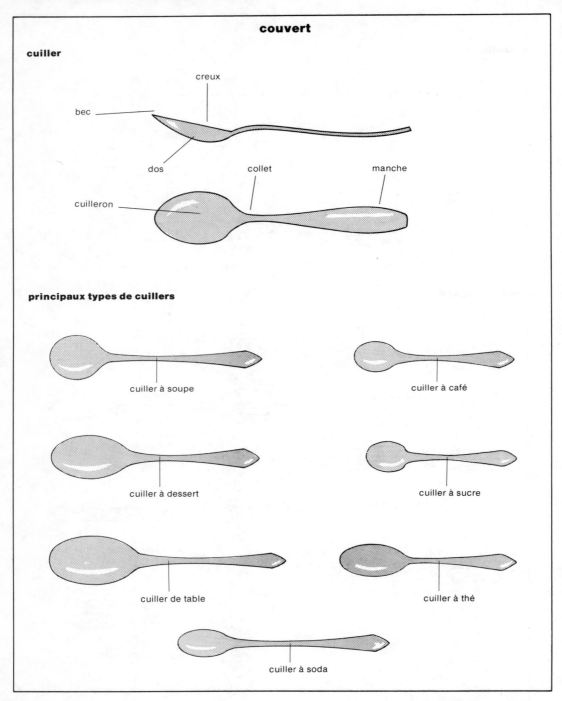

couvert

cuiller

creux

bec

dos

collet

manche

cuilleron

principaux types de cuillers

cuiller à soupe

cuiller à café

cuiller à dessert

cuiller à sucre

cuiller de table

cuiller à thé

cuiller à soda

ustensiles de cuisine

coteau de cuisine

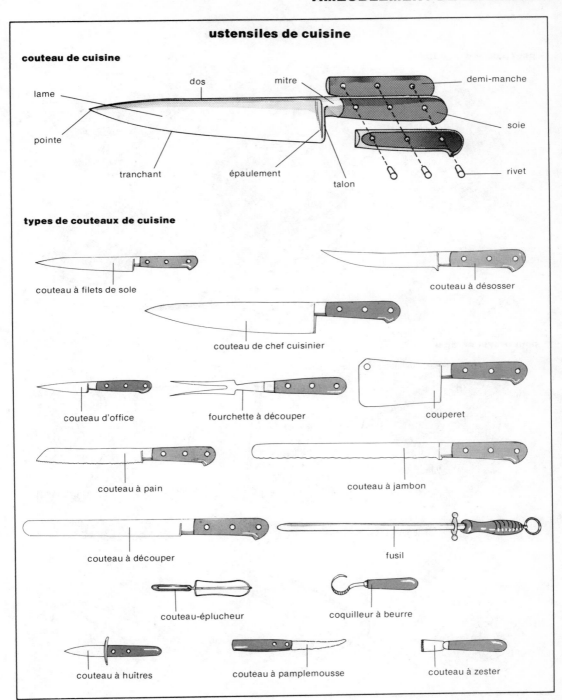

dos

mitre

demi-manche

lame

pointe

soie

tranchant

épaulement

talon

rivet

types de couteaux de cuisine

couteau à filets de sole

couteau à désosser

couteau de chef cuisinier

couteau d'office

fourchette à découper

couperet

couteau à pain

couteau à jambon

couteau à découper

fusil

couteau-éplucheur

coquilleur à beurre

couteau à huîtres

couteau à pamplemousse

couteau à zester

AMEUBLEMENT DE LA MAISON

ustensiles de cuisine

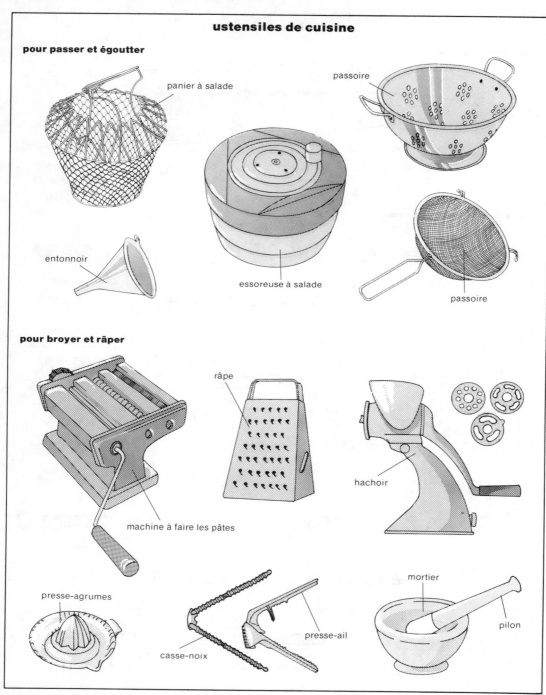

pour passer et égoutter

panier à salade

passoire

entonnoir

essoreuse à salade

passoire

pour broyer et râper

râpe

machine à faire les pâtes

hachoir

presse-agrumes

casse-noix

presse-ail

mortier

pilon

ustensiles de cuisine

jeu d'ustensiles

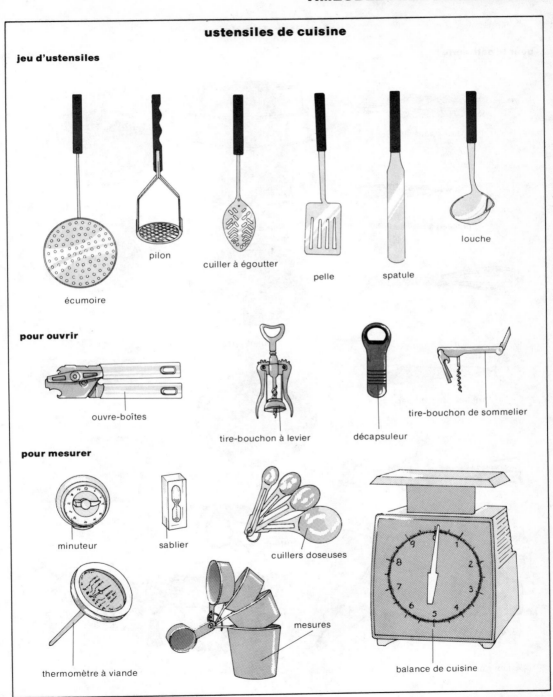

écumoire

pilon

cuiller à égoutter

pelle

spatule

louche

pour ouvrir

ouvre-boîtes

tire-bouchon à levier

décapsuleur

tire-bouchon de sommelier

pour mesurer

minuteur

sablier

cuillers doseuses

thermomètre à viande

mesures

balance de cuisine

AMEUBLEMENT DE LA MAISON

ustensiles de cuisine

pour la pâtisserie

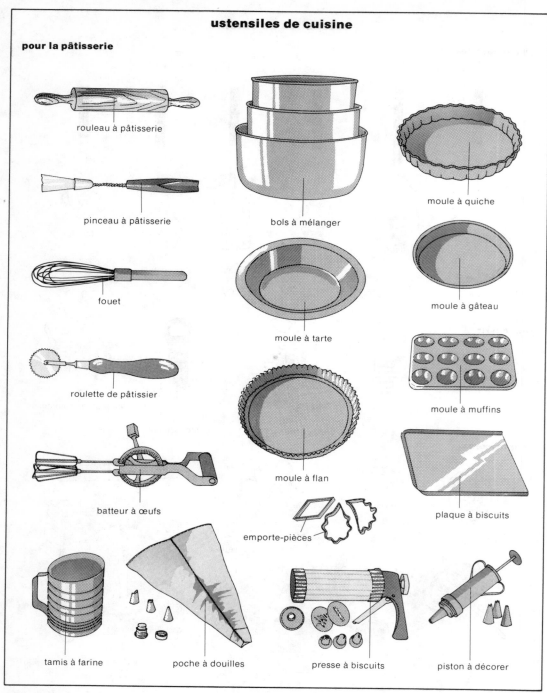

rouleau à pâtisserie

pinceau à pâtisserie

fouet

roulette de pâtissier

batteur à œufs

bols à mélanger

moule à tarte

moule à flan

emporte-pièces

moule à quiche

moule à gâteau

moule à muffins

plaque à biscuits

tamis à farine

poche à douilles

presse à biscuits

piston à décorer

ustensiles de cuisine

ustensiles divers

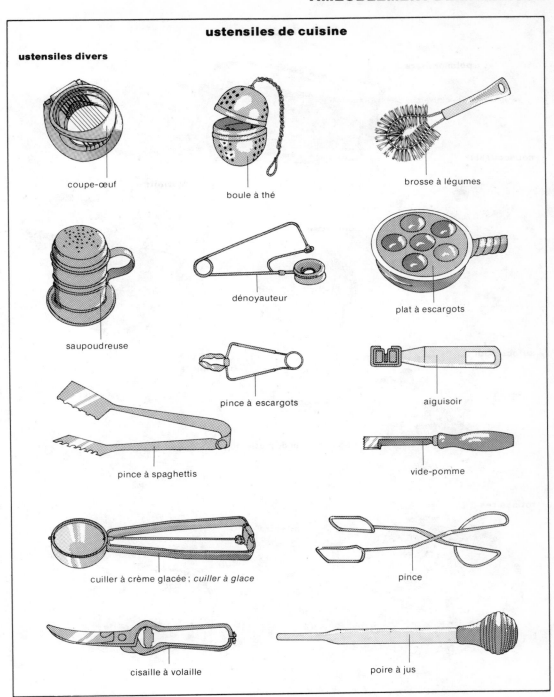

coupe-œuf

boule à thé

brosse à légumes

saupoudreuse

dénoyauteur

plat à escargots

pince à escargots

aiguisoir

pince à spaghettis

vide-pomme

cuiller à crème glacée ; *cuiller à glace*

pince

cisaille à volaille

poire à jus

AMEUBLEMENT DE LA MAISON

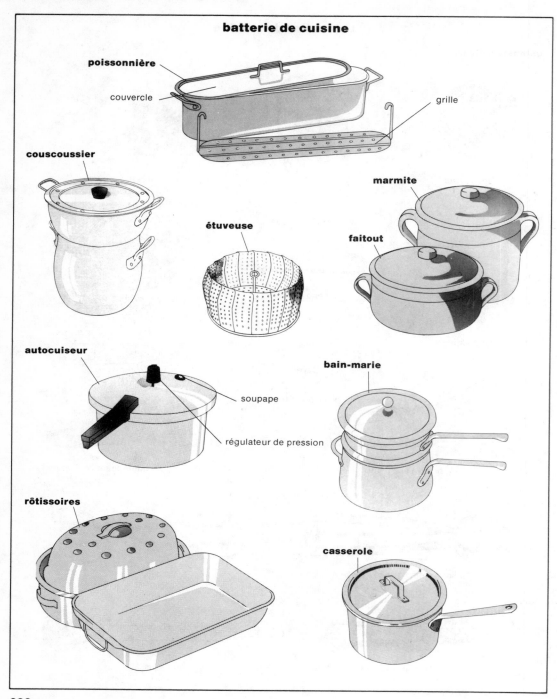

batterie de cuisine

poissonnière

couvercle

grille

couscoussier

marmite

étuveuse

faitout

autocuiseur

soupape

régulateur de pression

bain-marie

rôtissoires

casserole

batterie de cuisine

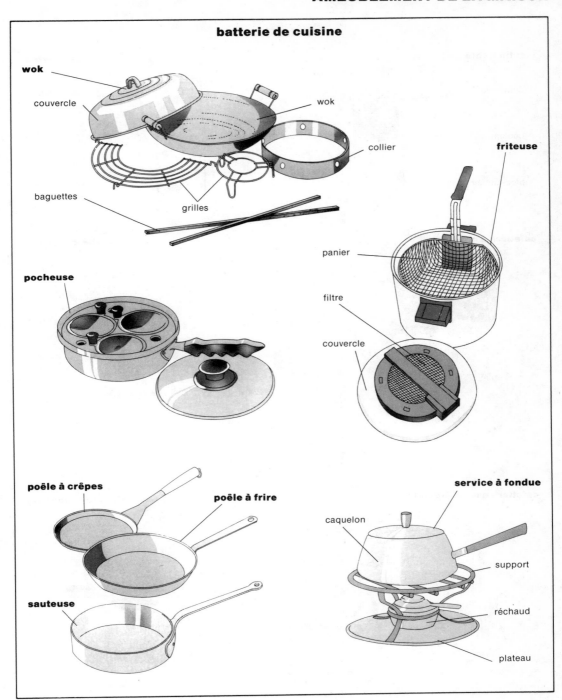

wok

couvercle

wok

collier

baguettes

grilles

friteuse

panier

filtre

couvercle

pocheuse

poêle à crêpes

poêle à frire

sauteuse

service à fondue

caquelon

support

réchaud

plateau

AMEUBLEMENT DE LA MAISON

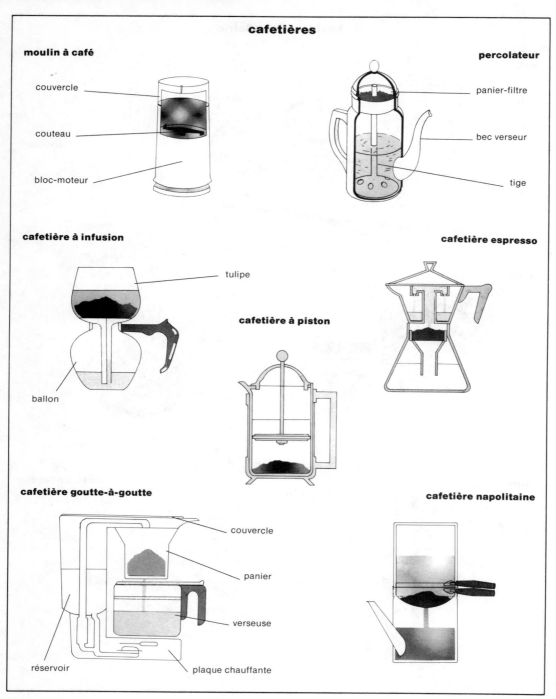

cafetières

moulin à café

couvercle

couteau

bloc-moteur

percolateur

panier-filtre

bec verseur

tige

cafetière à infusion

tulipe

ballon

cafetière espresso

cafetière à piston

cafetière goutte-à-goutte

couvercle

panier

verseuse

réservoir

plaque chauffante

cafetière napolitaine

appareils électroménagers

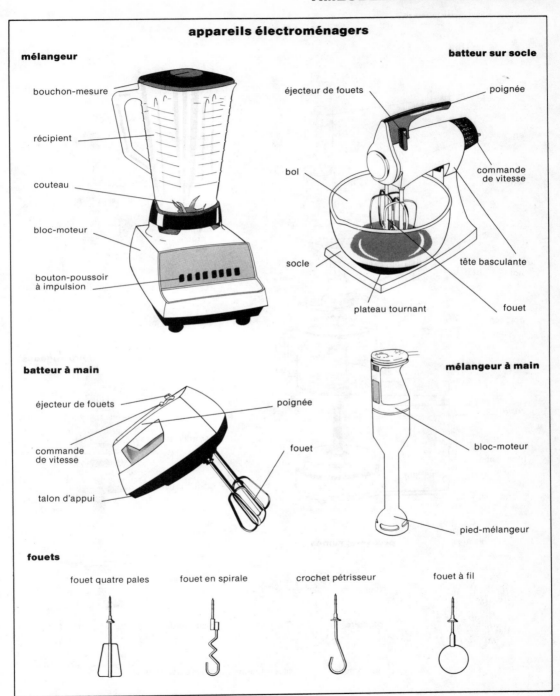

mélangeur

bouchon-mesure

récipient

couteau

bloc-moteur

bouton-poussoir
à impulsion

batteur sur socle

éjecteur de fouets

poignée

bol

commande
de vitesse

socle

tête basculante

plateau tournant

fouet

batteur à main

éjecteur de fouets

poignée

commande
de vitesse

fouet

talon d'appui

mélangeur à main

bloc-moteur

pied-mélangeur

fouets

fouet quatre pales

fouet en spirale

crochet pétrisseur

fouet à fil

AMEUBLEMENT DE LA MAISON

appareils électroménagers

robot de cuisine

sorbetière

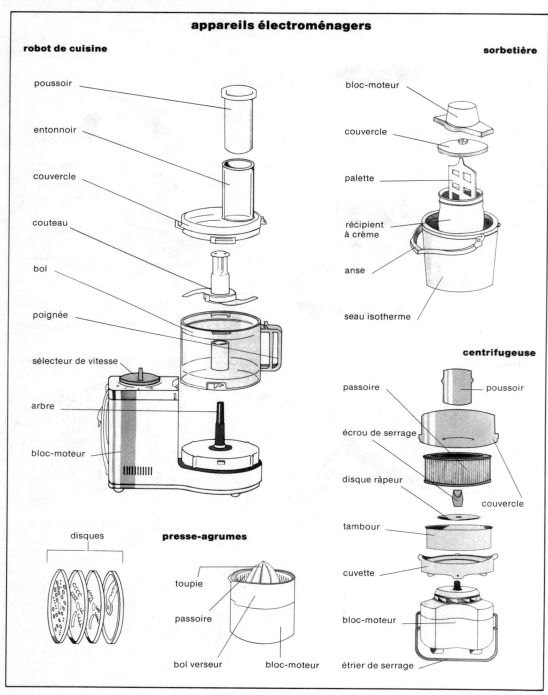

poussoir

entonnoir

couvercle

couteau

bol

poignée

sélecteur de vitesse

arbre

bloc-moteur

bloc-moteur

couvercle

palette

récipient à crème

anse

seau isotherme

centrifugeuse

passoire

poussoir

écrou de serrage

disque râpeur

couvercle

tambour

cuvette

bloc-moteur

étrier de serrage

disques

presse-agrumes

toupie

passoire

bol verseur

bloc-moteur

appareils électroménagers

four à micro-ondes

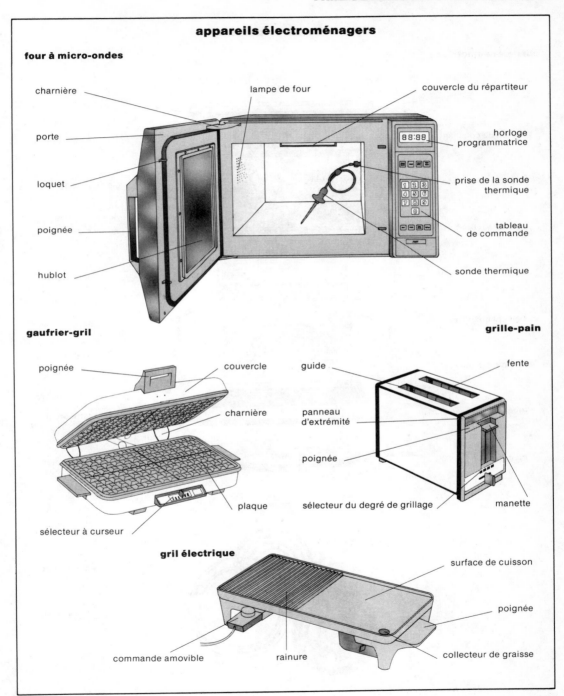

charnière

lampe de four

couvercle du répartiteur

porte

horloge programmatrice

loquet

prise de la sonde thermique

poignée

tableau de commande

hublot

sonde thermique

gaufrier-gril

poignée

couvercle

charnière

plaque

sélecteur à curseur

grille-pain

guide

fente

panneau d'extrémité

poignée

sélecteur du degré de grillage

manette

gril électrique

surface de cuisson

poignée

commande amovible

rainure

collecteur de graisse

AMEUBLEMENT DE LA MAISON

appareils électroménagers

cuisinière électrique

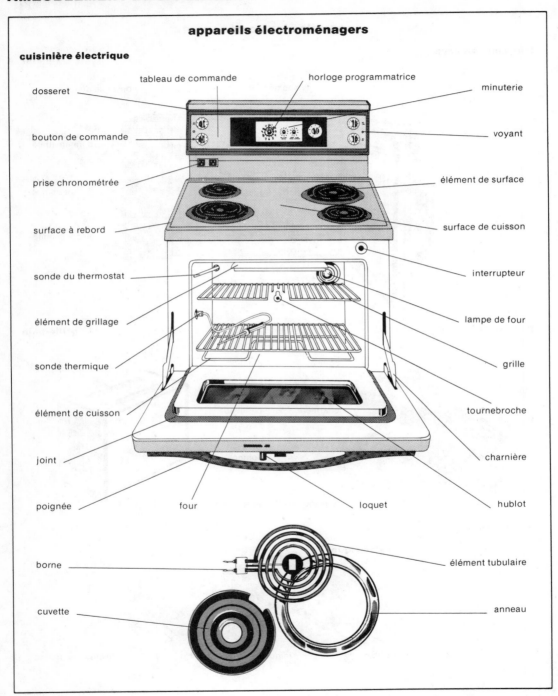

dosseret

tableau de commande

horloge programmatrice

minuterie

bouton de commande

voyant

prise chronométrée

élément de surface

surface à rebord

surface de cuisson

sonde du thermostat

interrupteur

élément de grillage

lampe de four

sonde thermique

grille

élément de cuisson

tournebroche

joint

charnière

poignée

four

loquet

hublot

borne

élément tubulaire

cuvette

anneau

appareils électroménagers

réfrigérateur sans givre

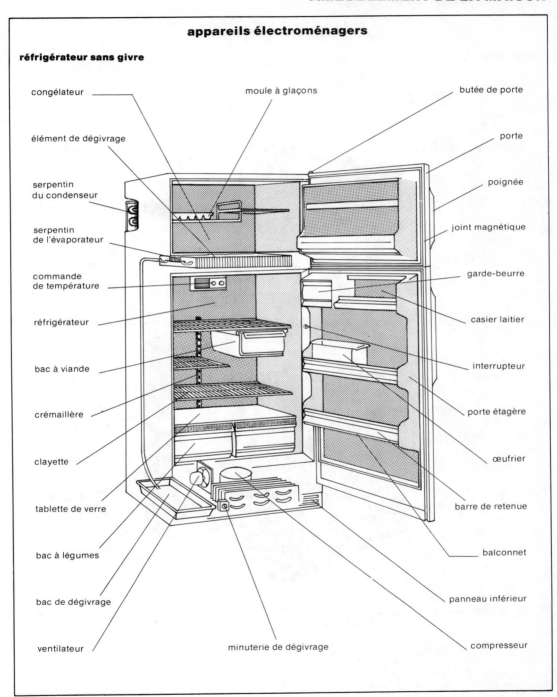

congélateur

moule à glaçons

butée de porte

élément de dégivrage

porte

serpentin du condenseur

poignée

serpentin de l'évaporateur

joint magnétique

commande de température

garde-beurre

réfrigérateur

casier laitier

bac à viande

interrupteur

crémaillère

porte étagère

clayette

œufrier

tablette de verre

barre de retenue

bac à légumes

balconnet

bac de dégivrage

panneau inférieur

ventilateur

minuterie de dégivrage

compresseur

AMEUBLEMENT DE LA MAISON

appareils électroménagers

lave-linge

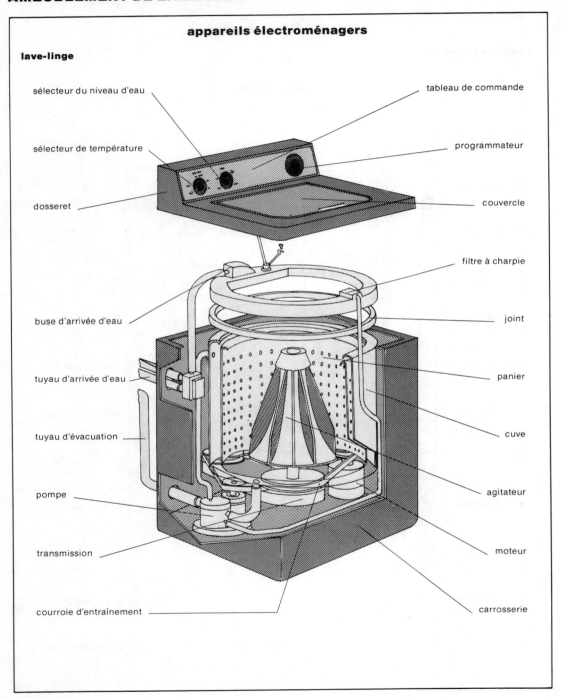

sélecteur du niveau d'eau

tableau de commande

sélecteur de température

programmateur

dosseret

couvercle

filtre à charpie

buse d'arrivée d'eau

joint

tuyau d'arrivée d'eau

panier

tuyau d'évacuation

cuve

pompe

agitateur

transmission

moteur

courroie d'entraînement

carrosserie

appareils électroménagers

sécheuse

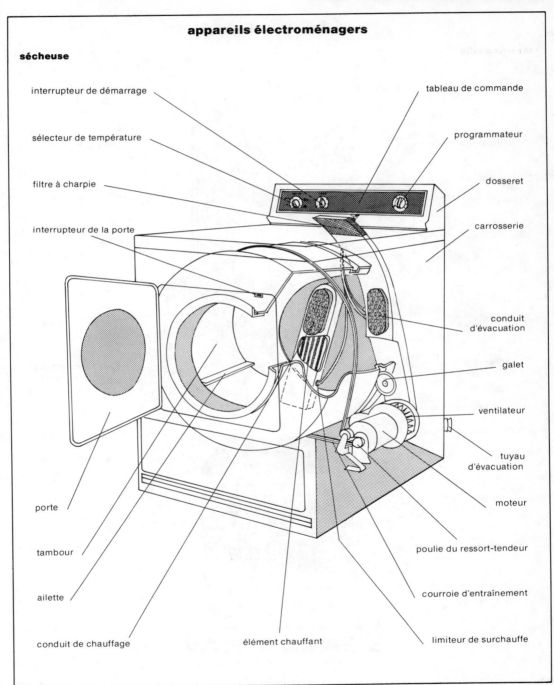

interrupteur de démarrage

sélecteur de température

filtre à charpie

interrupteur de la porte

tableau de commande

programmateur

dosseret

carrosserie

conduit d'évacuation

galet

ventilateur

tuyau d'évacuation

moteur

poulie du ressort-tendeur

courroie d'entraînement

limiteur de surchauffe

porte

tambour

ailette

conduit de chauffage

élément chauffant

AMEUBLEMENT DE LA MAISON

appareils électroménagers

lave-vaisselle

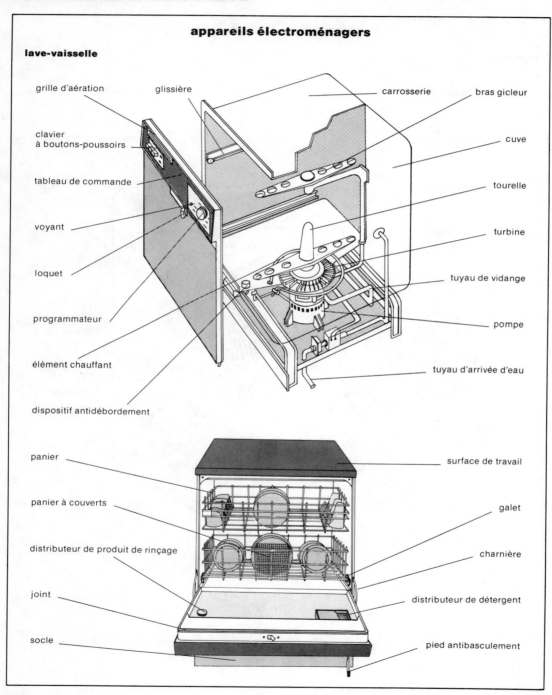

grille d'aération

glissière

carrosserie

bras gicleur

clavier à boutons-poussoirs

cuve

tableau de commande

tourelle

voyant

turbine

loquet

tuyau de vidange

programmateur

pompe

élément chauffant

tuyau d'arrivée d'eau

dispositif antidébordement

panier

surface de travail

panier à couverts

galet

distributeur de produit de rinçage

charnière

joint

distributeur de détergent

socle

pied antibasculement

appareils électroménagers

fer à vapeur

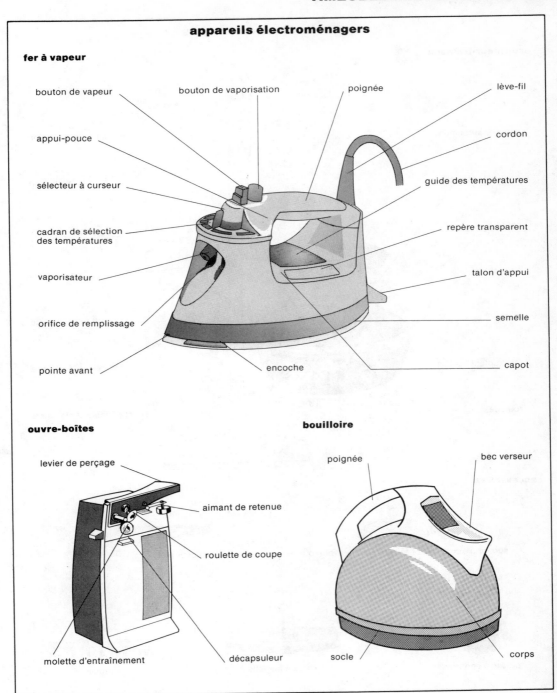

bouton de vapeur

bouton de vaporisation

poignée

lève-fil

appui-pouce

cordon

sélecteur à curseur

guide des températures

cadran de sélection des températures

repère transparent

vaporisateur

talon d'appui

orifice de remplissage

semelle

pointe avant

encoche

capot

ouvre-boîtes

levier de perçage

aimant de retenue

roulette de coupe

molette d'entraînement

décapsuleur

bouilloire

poignée

bec verseur

socle

corps

AMEUBLEMENT DE LA MAISON

appareils électroménagers

aspirateur-traîneau

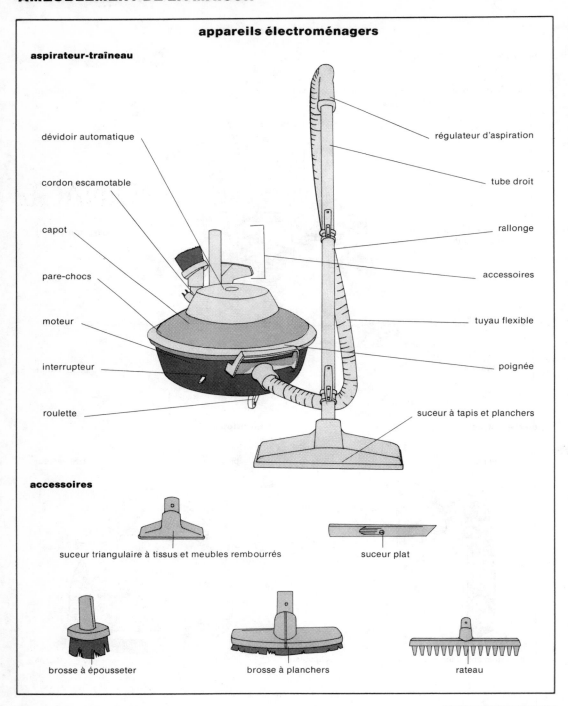

dévidoir automatique

cordon escamotable

capot

pare-chocs

moteur

interrupteur

roulette

régulateur d'aspiration

tube droit

rallonge

accessoires

tuyau flexible

poignée

suceur à tapis et planchers

accessoires

suceur triangulaire à tissus et meubles rembourrés

suceur plat

brosse à épousseter

brosse à planchers

rateau

JARDINAGE

jardin d'agrément

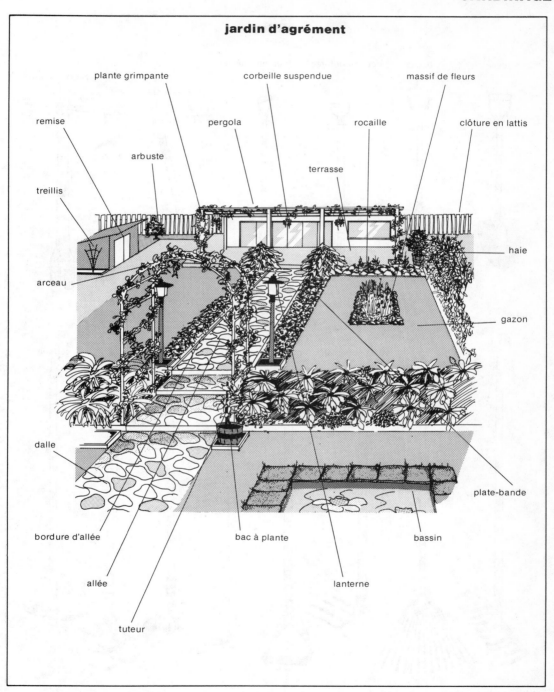

plante grimpante

corbeille suspendue

massif de fleurs

remise

pergola

rocaille

clôture en lattis

arbuste

terrasse

treillis

haie

arceau

gazon

dalle

plate-bande

bordure d'allée

bac à plante

bassin

allée

lanterne

tuteur

JARDINAGE

outillage

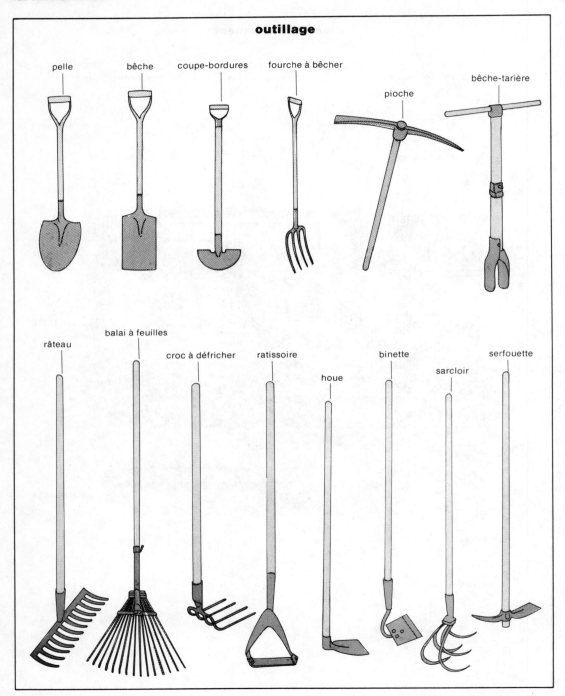

pelle

bêche

coupe-bordures

fourche à bêcher

pioche

bêche-tarière

râteau

balai à feuilles

croc à défricher

ratissoire

houe

binette

sarcloir

serfouette

outillage

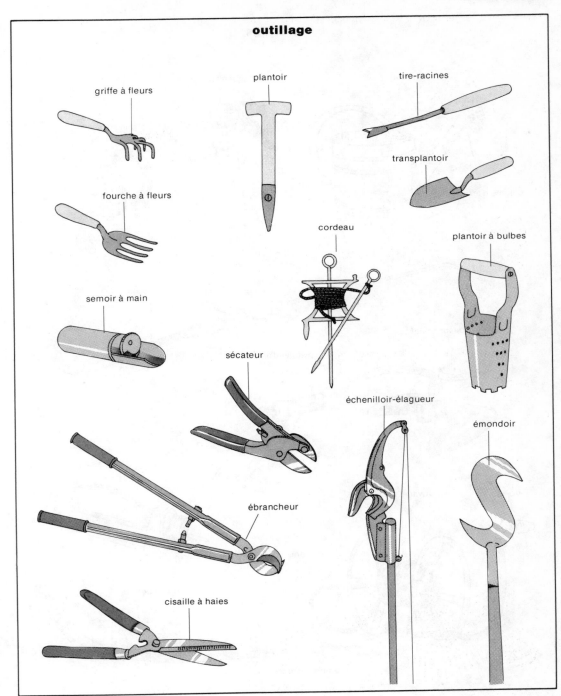

griffe à fleurs

plantoir

tire-racines

transplantoir

fourche à fleurs

cordeau

plantoir à bulbes

semoir à main

sécateur

échenilloir-élagueur

émondoir

ébrancheur

cisaille à haies

JARDINAGE

outillage

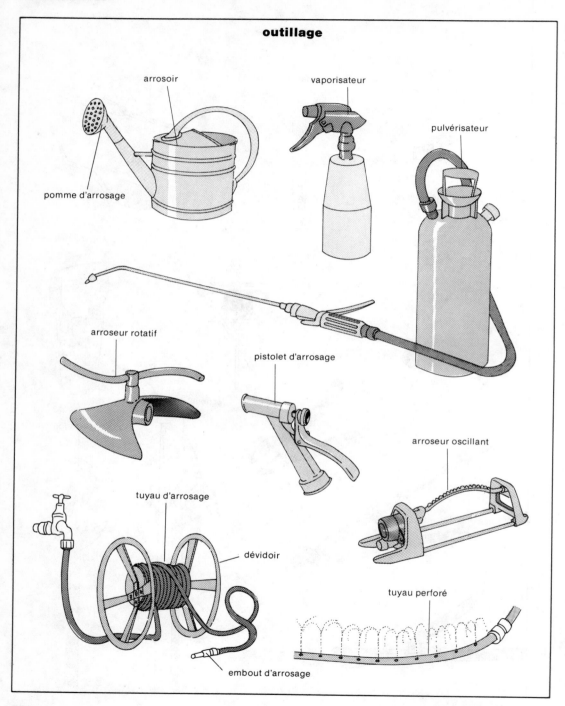

arrosoir

vaporisateur

pulvérisateur

pomme d'arrosage

arroseur rotatif

pistolet d'arrosage

arroseur oscillant

tuyau d'arrosage

dévidoir

tuyau perforé

embout d'arrosage

outillage

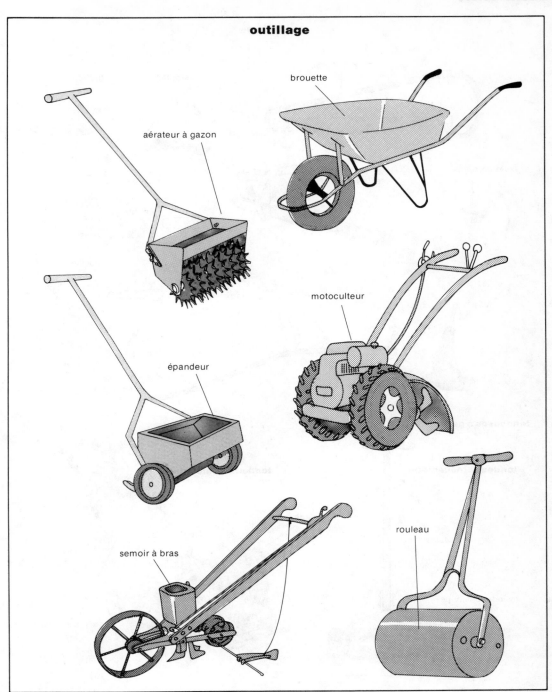

brouette

aérateur à gazon

motoculteur

épandeur

rouleau

semoir à bras

JARDINAGE

outillage

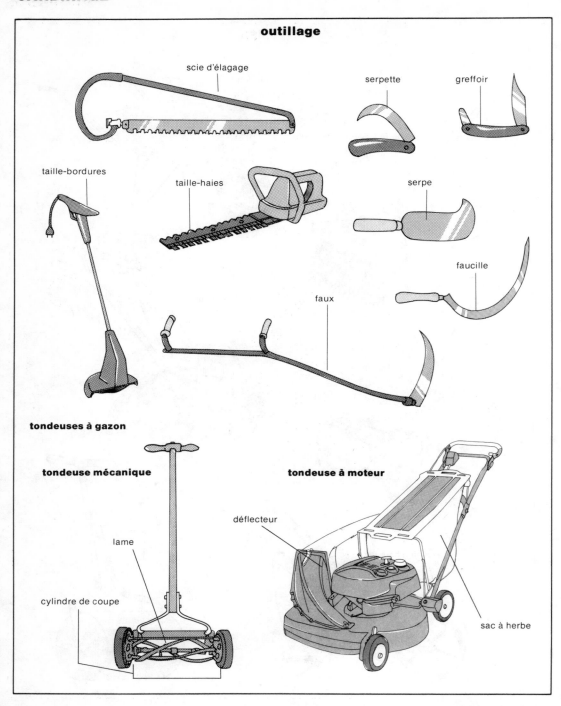

scie d'élagage

serpette

greffoir

taille-bordures

taille-haies

serpe

faucille

faux

tondeuses à gazon

tondeuse mécanique

tondeuse à moteur

déflecteur

lame

cylindre de coupe

sac à herbe

scie à chaîne

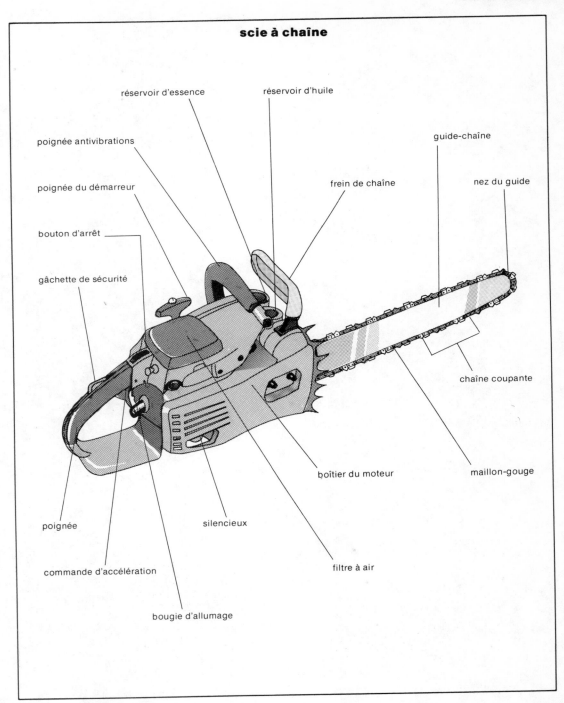

réservoir d'essence

réservoir d'huile

poignée antivibrations

guide-chaîne

poignée du démarreur

frein de chaîne

nez du guide

bouton d'arrêt

gâchette de sécurité

chaîne coupante

boîtier du moteur

maillon-gouge

poignée

silencieux

commande d'accélération

filtre à air

bougie d'allumage

BRICOLAGE

menuiserie: outils

marteau de menuisier

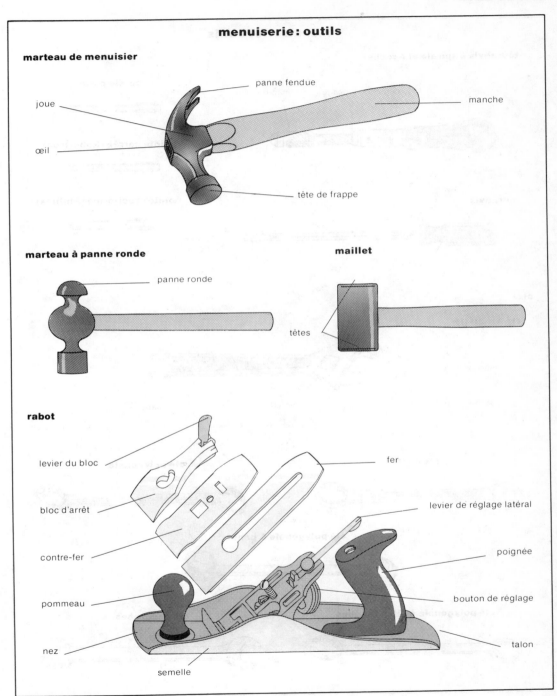

joue

œil

panne fendue

manche

tête de frappe

marteau à panne ronde

panne ronde

maillet

têtes

rabot

levier du bloc

bloc d'arrêt

contre-fer

pommeau

nez

semelle

fer

levier de réglage latéral

poignée

bouton de réglage

talon

BRICOLAGE

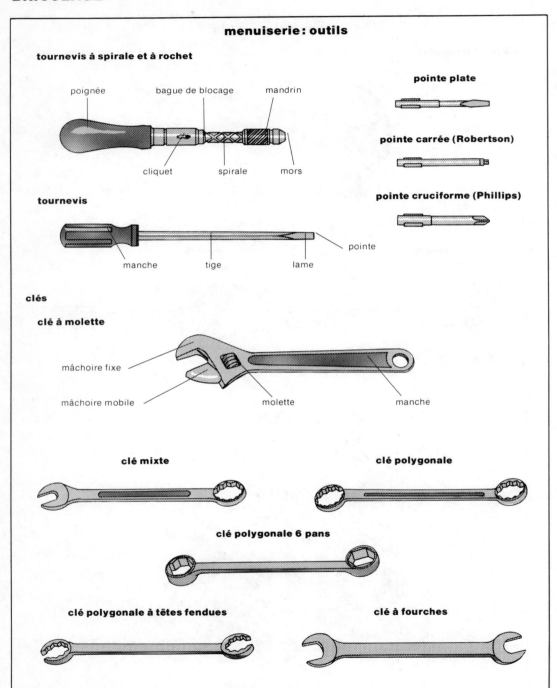

menuiserie : outils

tournevis à spirale et à rochet

poignée   bague de blocage   mandrin

cliquet   spirale   mors

pointe plate

pointe carrée (Robertson)

pointe cruciforme (Phillips)

tournevis

pointe

manche   tige   lame

clés

clé à molette

mâchoire fixe

mâchoire mobile   molette   manche

clé mixte   **clé polygonale**

clé polygonale 6 pans

clé polygonale à têtes fendues   **clé à fourches**

menuiserie: outils

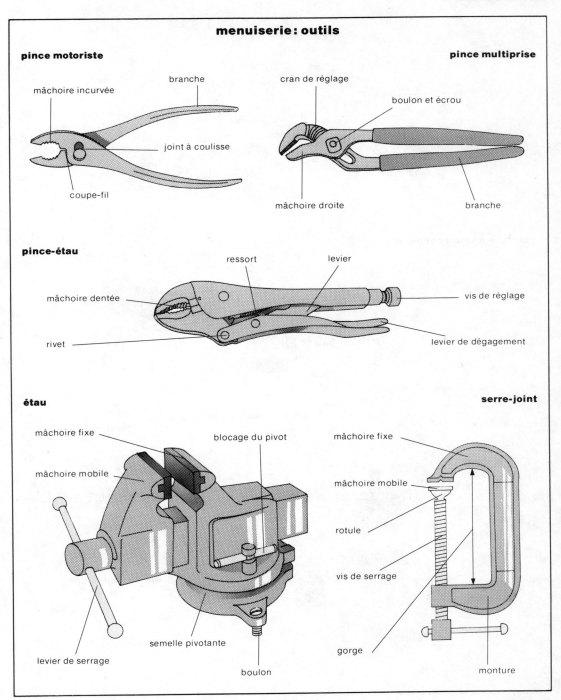

pince motoriste

mâchoire incurvée

branche

joint à coulisse

coupe-fil

pince multiprise

cran de réglage

boulon et écrou

mâchoire droite

branche

pince-étau

ressort

levier

mâchoire dentée

vis de réglage

rivet

levier de dégagement

étau

mâchoire fixe

blocage du pivot

mâchoire mobile

levier de serrage

semelle pivotante

boulon

serre-joint

mâchoire fixe

mâchoire mobile

rotule

vis de serrage

gorge

monture

BRICOLAGE

menuiserie : outils

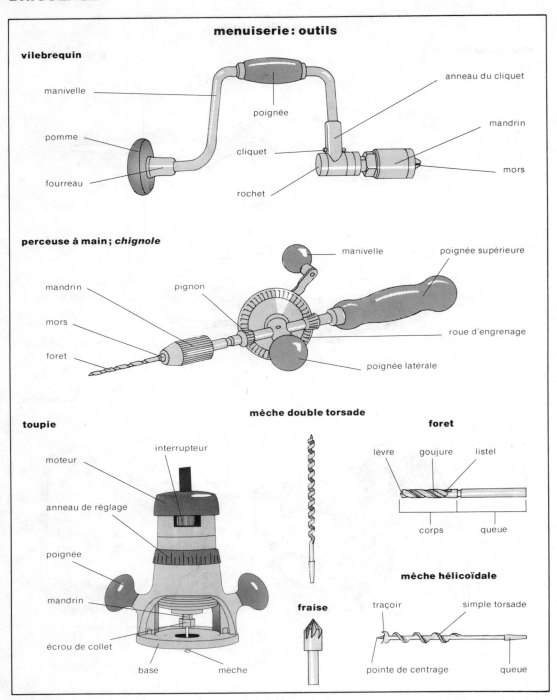

vilebrequin

manivelle

poignée

anneau du cliquet

mandrin

pomme

cliquet

mors

fourreau

rochet

perceuse à main ; *chignole*

manivelle

poignée supérieure

mandrin

pignon

mors

roue d'engrenage

foret

poignée latérale

toupie

mèche double torsade

foret

interrupteur

lèvre

goujure

listel

moteur

anneau de réglage

corps

queue

poignée

mèche hélicoïdale

mandrin

traçoir

simple torsade

fraise

écrou de collet

base

mèche

pointe de centrage

queue

menuiserie: outils

perceuse à colonne

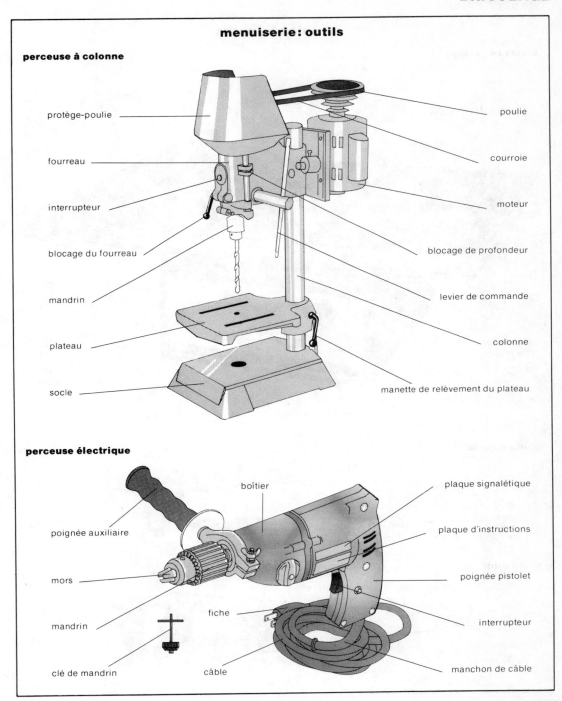

protège-poulie

fourreau

interrupteur

blocage du fourreau

mandrin

plateau

socle

poulie

courroie

moteur

blocage de profondeur

levier de commande

colonne

manette de relèvement du plateau

perceuse électrique

boîtier

poignée auxiliaire

mors

mandrin

clé de mandrin

fiche

câble

plaque signalétique

plaque d'instructions

poignée pistolet

interrupteur

manchon de câble

BRICOLAGE

menuiserie: outils

plateau de sciage

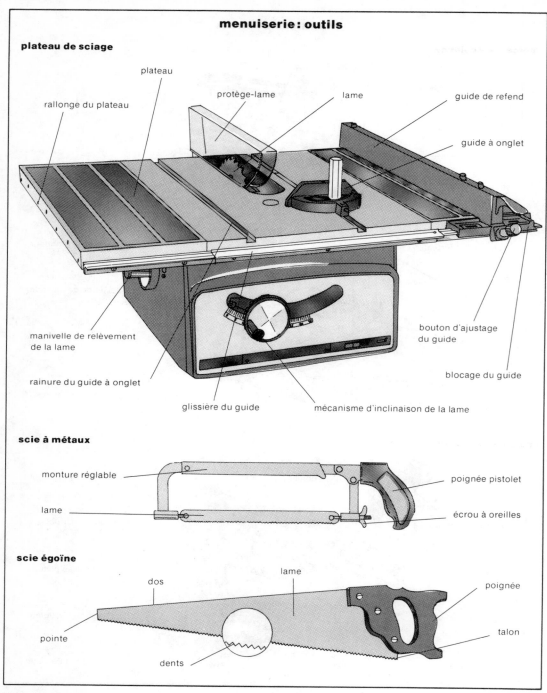

plateau

rallonge du plateau

protège-lame

lame

guide de refend

guide à onglet

manivelle de relèvement de la lame

bouton d'ajustage du guide

rainure du guide à onglet

blocage du guide

glissière du guide

mécanisme d'inclinaison de la lame

scie à métaux

monture réglable

poignée pistolet

lame

écrou à oreilles

scie égoïne

dos

lame

poignée

pointe

talon

dents

menuiserie : outils

scie circulaire

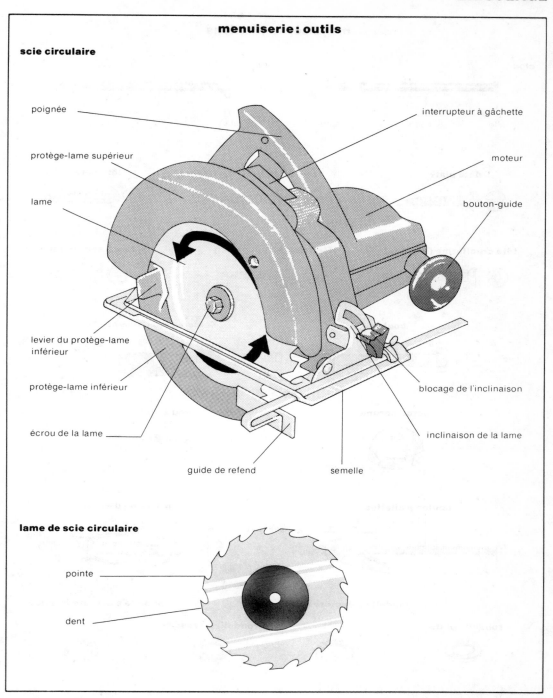

poignée

interrupteur à gâchette

protège-lame supérieur

moteur

lame

bouton-guide

levier du protège-lame inférieur

blocage de l'inclinaison

protège-lame inférieur

inclinaison de la lame

écrou de la lame

guide de refend

semelle

lame de scie circulaire

pointe

dent

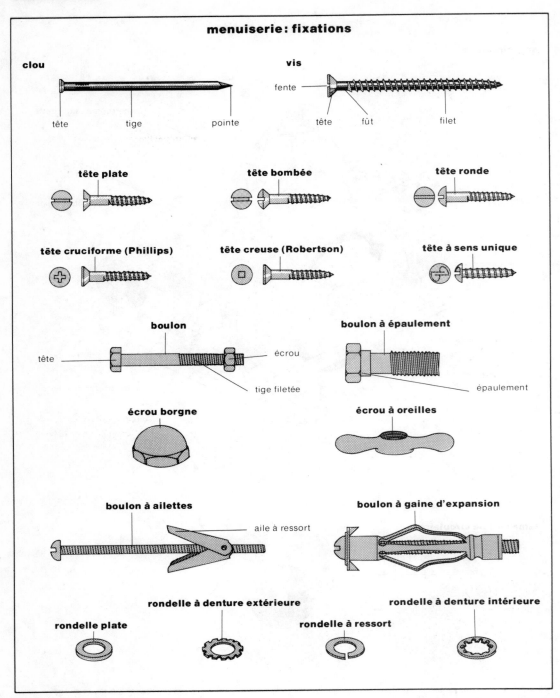

menuiserie: fixations

clou

tête   tige   pointe

vis

fente

tête   fût   filet

tête plate

tête bombée

tête ronde

tête cruciforme (Phillips)

tête creuse (Robertson)

tête à sens unique

boulon

tête   écrou

tige filetée

boulon à épaulement

épaulement

écrou borgne

écrou à oreilles

boulon à ailettes

aile à ressort

boulon à gaine d'expansion

rondelle plate

rondelle à denture extérieure

rondelle à ressort

rondelle à denture intérieure

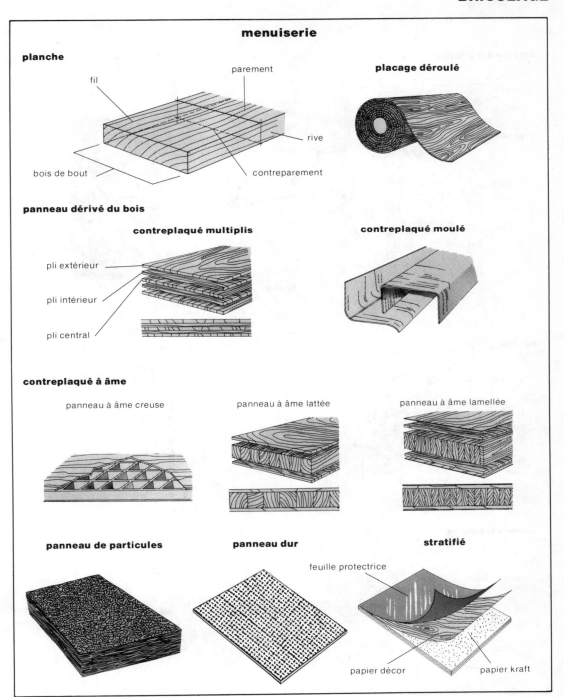

menuiserie

planche

fil

parement

placage déroulé

rive

bois de bout

contreparement

panneau dérivé du bois

contreplaqué multiplis

contreplaqué moulé

pli extérieur

pli intérieur

pli central

contreplaqué à âme

panneau à âme creuse

panneau à âme lattée

panneau à âme lamellée

panneau de particules

panneau dur

stratifié

feuille protectrice

papier décor

papier kraft

BRICOLAGE

serrure

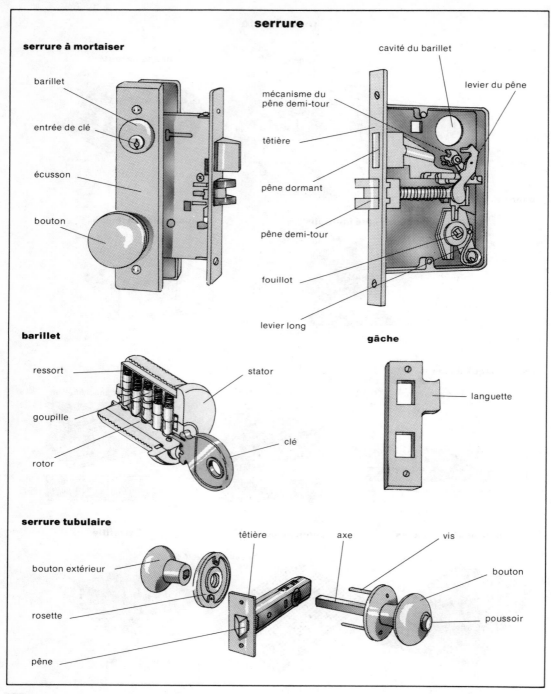

serrure à mortaiser

barillet

entrée de clé

écusson

bouton

cavité du barillet

levier du pêne

mécanisme du pêne demi-tour

têtière

pêne dormant

pêne demi-tour

fouillot

levier long

barillet

ressort

goupille

rotor

stator

clé

gâche

languette

serrure tubulaire

bouton extérieur

rosette

pêne

têtière

axe

vis

bouton

poussoir

plomberie

plomberie sanitaire

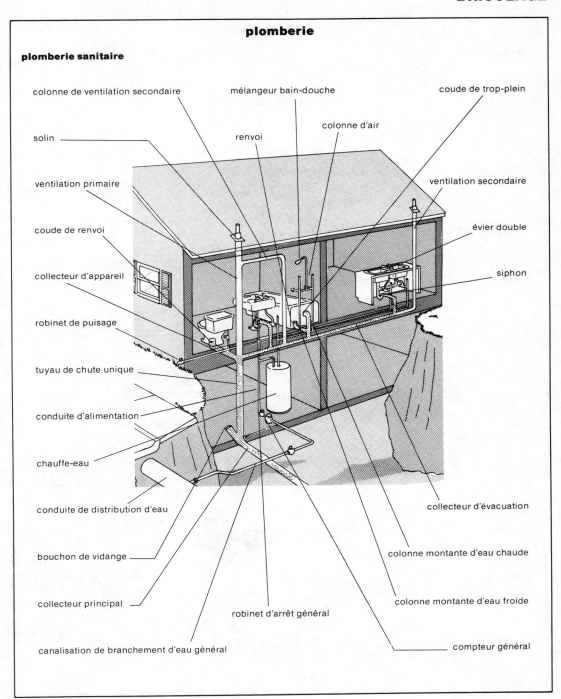

colonne de ventilation secondaire

mélangeur bain-douche

coude de trop-plein

solin

renvoi

colonne d'air

ventilation primaire

ventilation secondaire

coude de renvoi

évier double

collecteur d'appareil

siphon

robinet de puisage

tuyau de chute unique

conduite d'alimentation

chauffe-eau

conduite de distribution d'eau

collecteur d'évacuation

bouchon de vidange

colonne montante d'eau chaude

collecteur principal

colonne montante d'eau froide

robinet d'arrêt général

canalisation de branchement d'eau général

compteur général

BRICOLAGE

plomberie

toilette ; *w.c.*

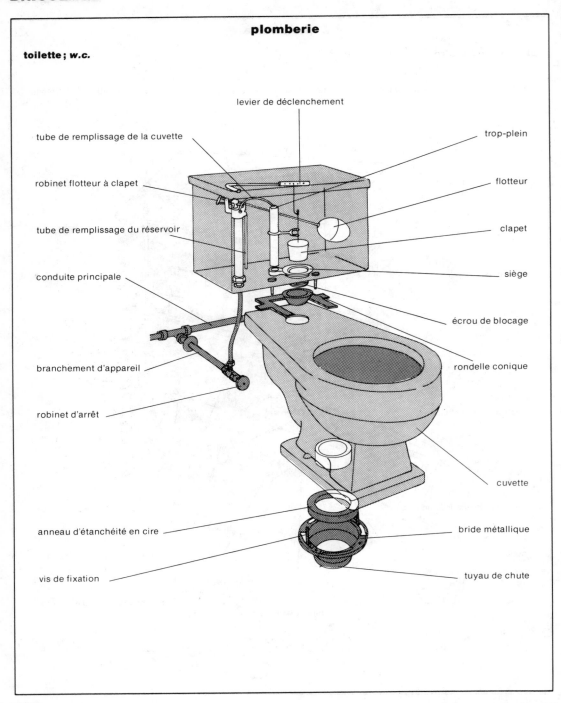

levier de déclenchement

tube de remplissage de la cuvette

trop-plein

robinet flotteur à clapet

flotteur

tube de remplissage du réservoir

clapet

conduite principale

siège

écrou de blocage

branchement d'appareil

rondelle conique

robinet d'arrêt

cuvette

anneau d'étanchéité en cire

bride métallique

vis de fixation

tuyau de chute

plomberie

salle de bains

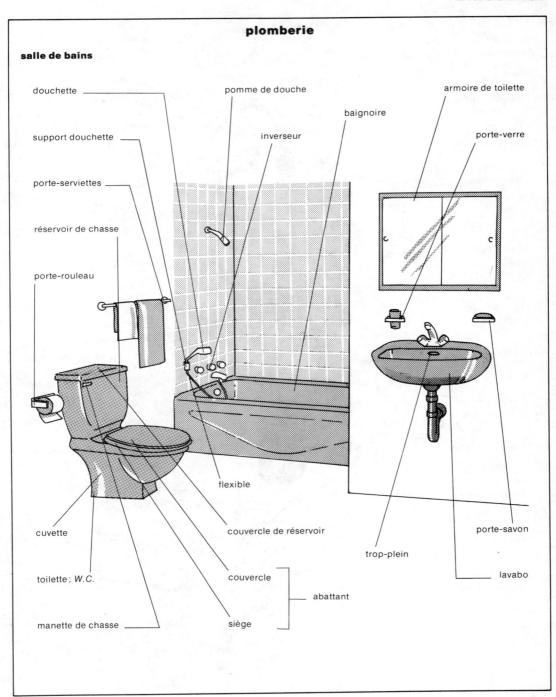

douchette

pomme de douche

armoire de toilette

baignoire

support douchette

inverseur

porte-verre

porte-serviettes

réservoir de chasse

porte-rouleau

flexible

cuvette

couvercle de réservoir

porte-savon

trop-plein

toilette; *W.C.*

couvercle

lavabo

abattant

manette de chasse

siège

plomberie

évier

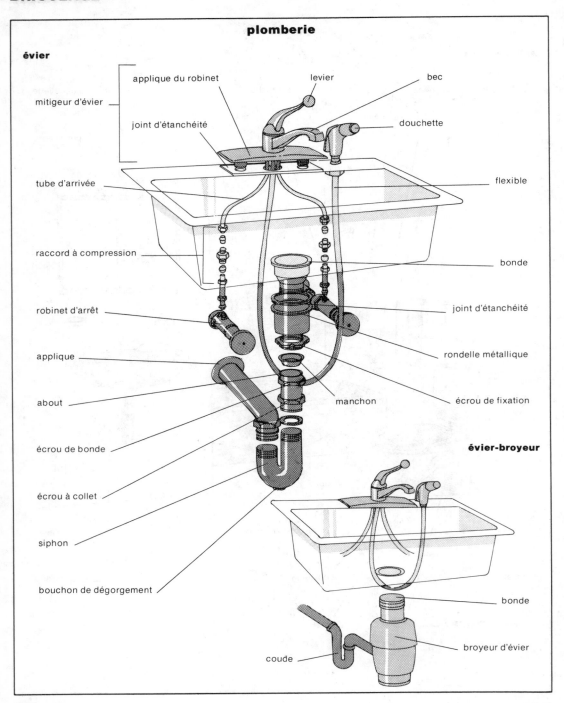

applique du robinet

levier

bec

mitigeur d'évier

joint d'étanchéité

douchette

tube d'arrivée

flexible

raccord à compression

bonde

robinet d'arrêt

joint d'étanchéité

applique

rondelle métallique

about

manchon

écrou de fixation

écrou de bonde

évier-broyeur

écrou à collet

siphon

bonde

bouchon de dégorgement

broyeur d'évier

coude

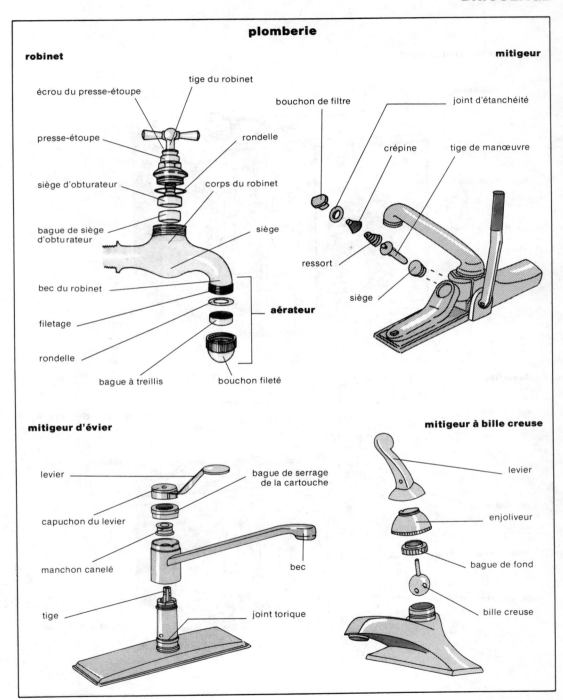

plomberie

robinet

écrou du presse-étoupe

tige du robinet

presse-étoupe

rondelle

siège d'obturateur

corps du robinet

bague de siège d'obturateur

siège

bec du robinet

filetage

aérateur

rondelle

bague à treillis

bouchon fileté

mitigeur

bouchon de filtre

joint d'étanchéité

crépine

tige de manœuvre

ressort

siège

mitigeur d'évier

levier

bague de serrage de la cartouche

capuchon du levier

manchon canelé

bec

tige

joint torique

mitigeur à bille creuse

levier

enjoliveur

bague de fond

bille creuse

BRICOLAGE

plomberie

exemples de branchement

lave-vaisselle

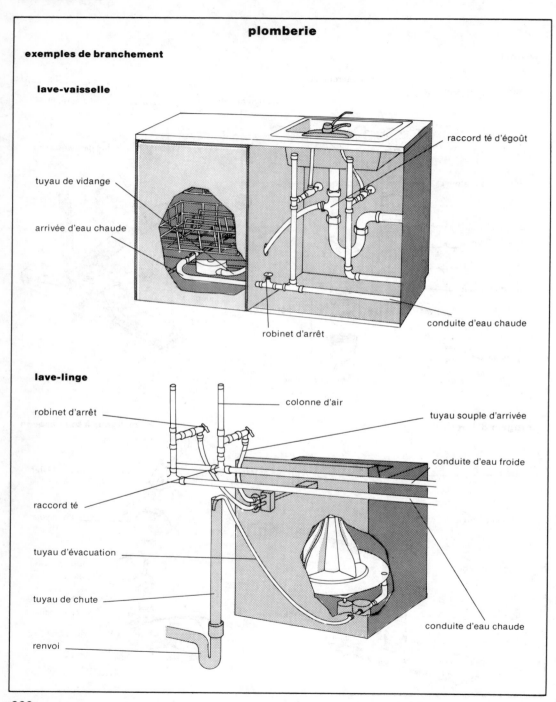

raccord té d'égoût

tuyau de vidange

arrivée d'eau chaude

conduite d'eau chaude

robinet d'arrêt

lave-linge

colonne d'air

robinet d'arrêt

tuyau souple d'arrivée

conduite d'eau froide

raccord té

tuyau d'évacuation

tuyau de chute

conduite d'eau chaude

renvoi

plomberie

chauffe-eau électrique

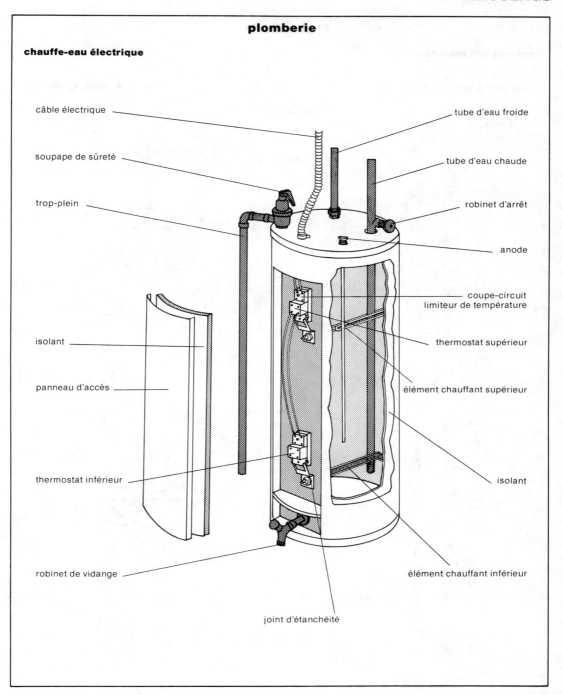

câble électrique

tube d'eau froide

soupape de sûreté

tube d'eau chaude

trop-plein

robinet d'arrêt

anode

coupe-circuit
limiteur de température

thermostat supérieur

isolant

élément chauffant supérieur

panneau d'accès

isolant

thermostat inférieur

robinet de vidange

élément chauffant inférieur

joint d'étanchéité

BRICOLAGE

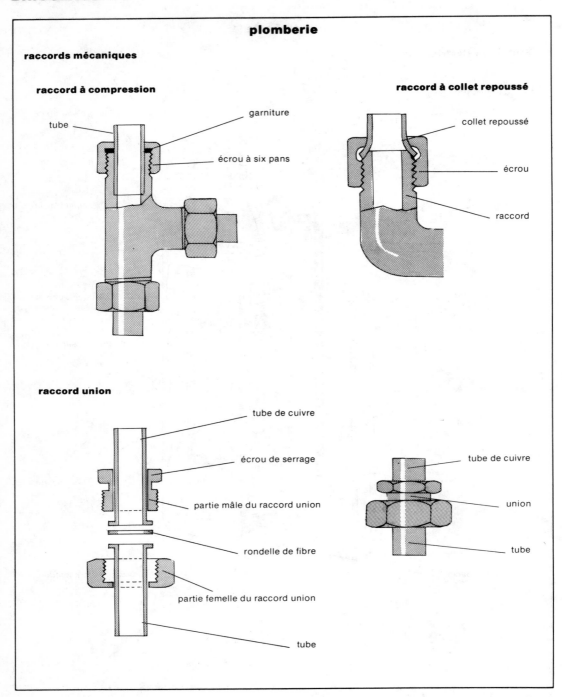

plomberie

raccords mécaniques

raccord à compression

tube

garniture

écrou à six pans

raccord à collet repoussé

collet repoussé

écrou

raccord

raccord union

tube de cuivre

écrou de serrage

partie mâle du raccord union

rondelle de fibre

partie femelle du raccord union

tube

tube de cuivre

union

tube

plomberie

raccords

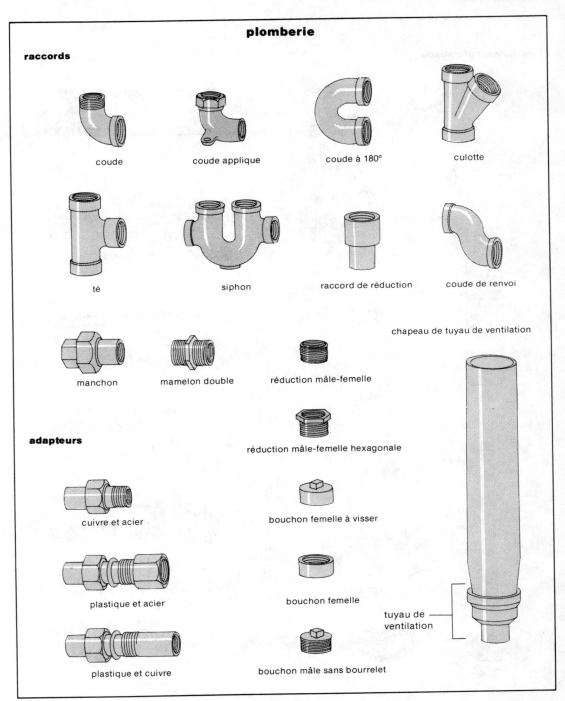

coude

coude applique

coude à 180°

culotte

té

siphon

raccord de réduction

coude de renvoi

manchon

mamelon double

réduction mâle-femelle

réduction mâle-femelle hexagonale

adapteurs

cuivre et acier

plastique et acier

plastique et cuivre

bouchon femelle à visser

bouchon femelle

bouchon mâle sans bourrelet

chapeau de tuyau de ventilation

tuyau de ventilation

BRICOLAGE

plomberie

outils pour plomberie

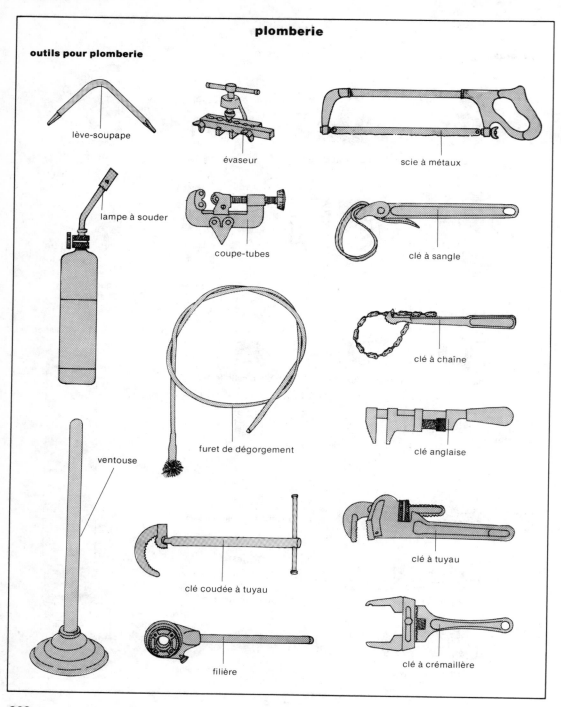

lève-soupape

évaseur

scie à métaux

lampe à souder

coupe-tubes

clé à sangle

clé à chaîne

furet de dégorgement

clé anglaise

ventouse

clé coudée à tuyau

clé à tuyau

filière

clé à crémaillère

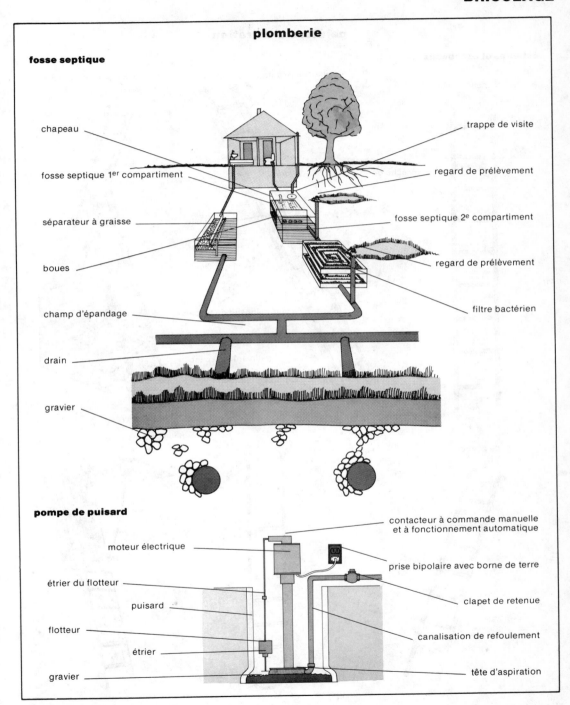

plomberie

fosse septique

chapeau

fosse septique 1er compartiment

séparateur à graisse

boues

champ d'épandage

drain

gravier

trappe de visite

regard de prélèvement

fosse septique 2e compartiment

regard de prélèvement

filtre bactérien

pompe de puisard

moteur électrique

étrier du flotteur

puisard

flotteur

étrier

gravier

contacteur à commande manuelle
et à fonctionnement automatique

prise bipolaire avec borne de terre

clapet de retenue

canalisation de refoulement

tête d'aspiration

BRICOLAGE

peinture d'entretien

échelles et escabeaux

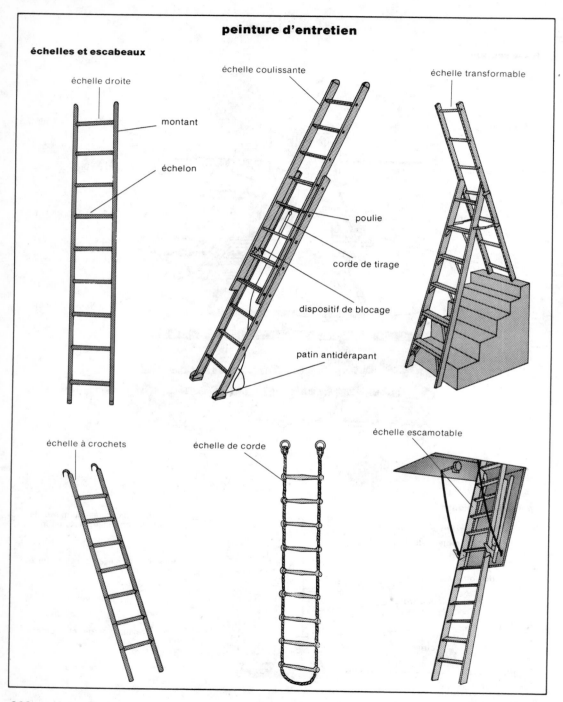

échelle droite

montant

échelon

échelle coulissante

poulie

corde de tirage

dispositif de blocage

patin antidérapant

échelle transformable

échelle à crochets

échelle de corde

échelle escamotable

peinture d'entretien

échelles et escabeaux

échelle roulante

échelle fruitière

échelle d'échafaudage

escabeau

plateau à outils

marche

escabeau plate-forme

garde-corps

tabouret-escabeau

plate-forme

tablette

entretoise

piètement

BRICOLAGE

peinture d'entretien

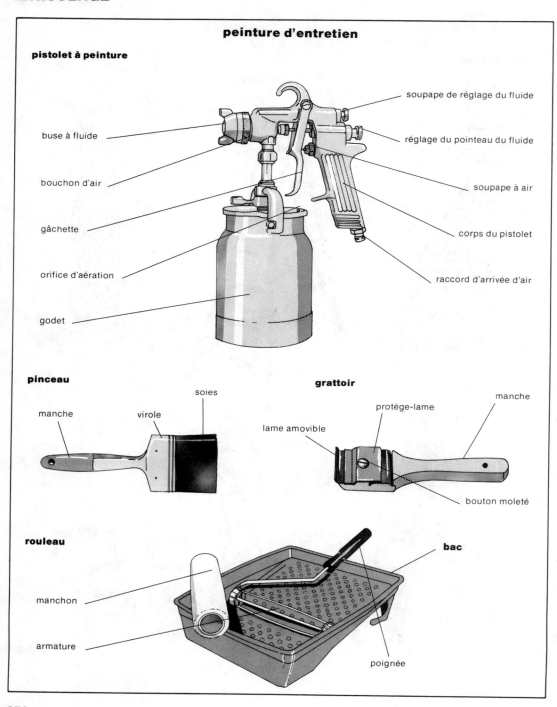

pistolet à peinture

soupape de réglage du fluide

réglage du pointeau du fluide

buse à fluide

bouchon d'air

soupape à air

gâchette

corps du pistolet

orifice d'aération

raccord d'arrivée d'air

godet

pinceau

soies

manche

virole

grattoir

manche

protège-lame

lame amovible

bouton moleté

rouleau

bac

manchon

armature

poignée

soudage

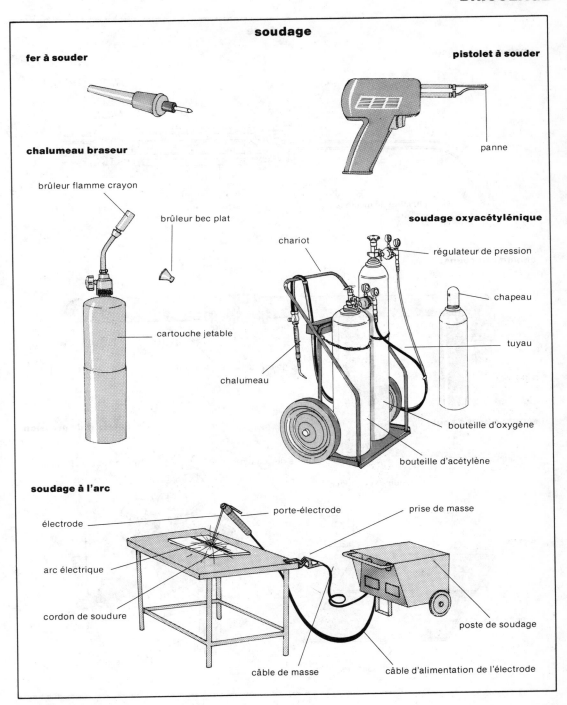

fer à souder

pistolet à souder

panne

chalumeau braseur

brûleur flamme crayon

brûleur bec plat

soudage oxyacétylénique

chariot

régulateur de pression

chapeau

cartouche jetable

tuyau

chalumeau

bouteille d'oxygène

bouteille d'acétylène

soudage à l'arc

porte-électrode

prise de masse

électrode

arc électrique

cordon de soudure

poste de soudage

câble de masse

câble d'alimentation de l'électrode

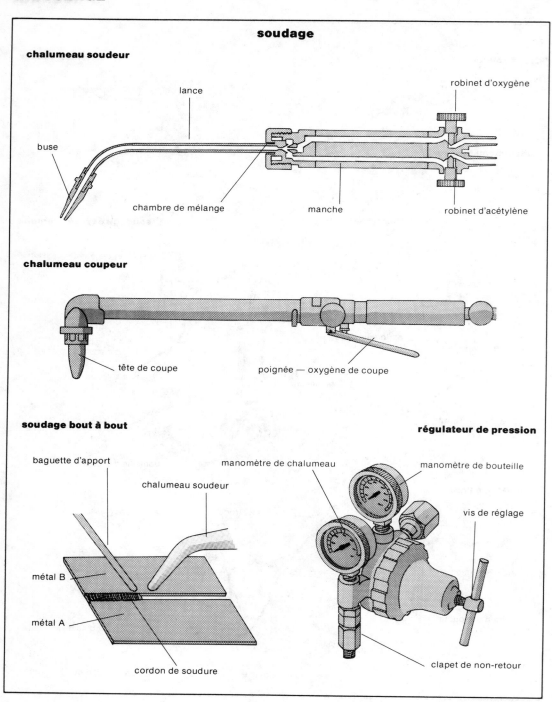

soudage

chalumeau soudeur

lance

robinet d'oxygène

buse

chambre de mélange

manche

robinet d'acétylène

chalumeau coupeur

tête de coupe

poignée — oxygène de coupe

soudage bout à bout

régulateur de pression

baguette d'apport

manomètre de chalumeau

manomètre de bouteille

chalumeau soudeur

vis de réglage

métal B

métal A

cordon de soudure

clapet de non-retour

soudage

équipement de protection

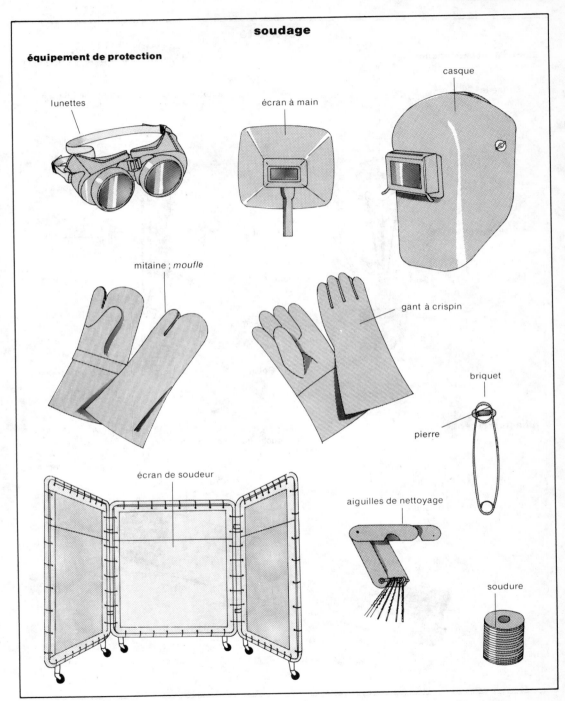

lunettes

écran à main

casque

mitaine ; *moufle*

gant à crispin

briquet

pierre

écran de soudeur

aiguilles de nettoyage

soudure

BRICOLAGE

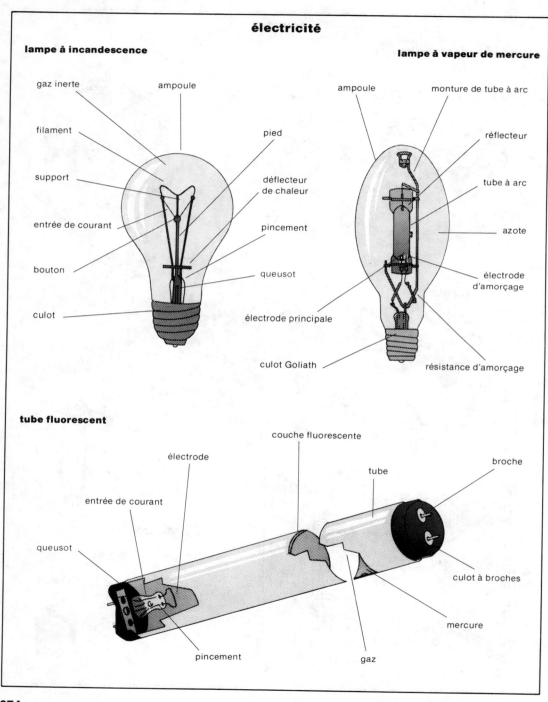

électricité

lampe à incandescence

- gaz inerte
- ampoule
- filament
- pied
- support
- déflecteur de chaleur
- entrée de courant
- pincement
- bouton
- queusot
- culot
- électrode principale
- culot Goliath

lampe à vapeur de mercure

- ampoule
- monture de tube à arc
- réflecteur
- tube à arc
- azote
- électrode d'amorçage
- résistance d'amorçage

tube fluorescent

- couche fluorescente
- électrode
- broche
- tube
- entrée de courant
- queusot
- culot à broches
- pincement
- gaz
- mercure

électricité

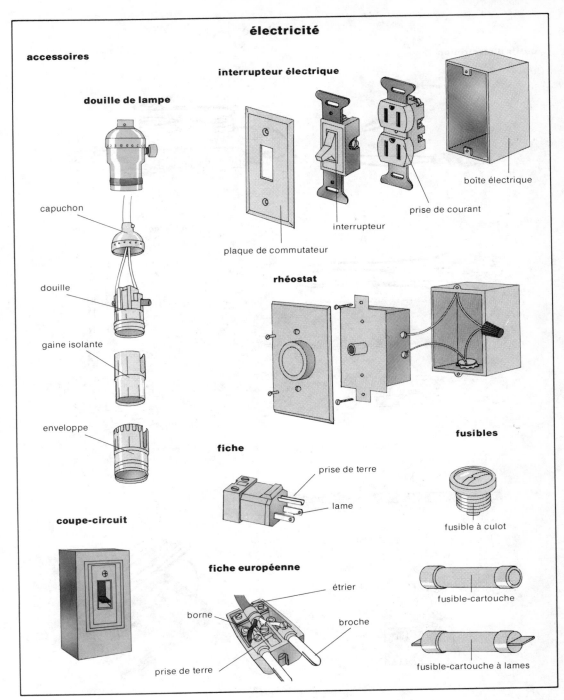

accessoires

douille de lampe

capuchon

douille

gaine isolante

enveloppe

coupe-circuit

interrupteur électrique

plaque de commutateur

interrupteur

prise de courant

boîte électrique

rhéostat

fiche

prise de terre

lame

fiche européenne

étrier

borne

broche

prise de terre

fusibles

fusible à culot

fusible-cartouche

fusible-cartouche à lames

BRICOLAGE

électricité

outils d'électricien

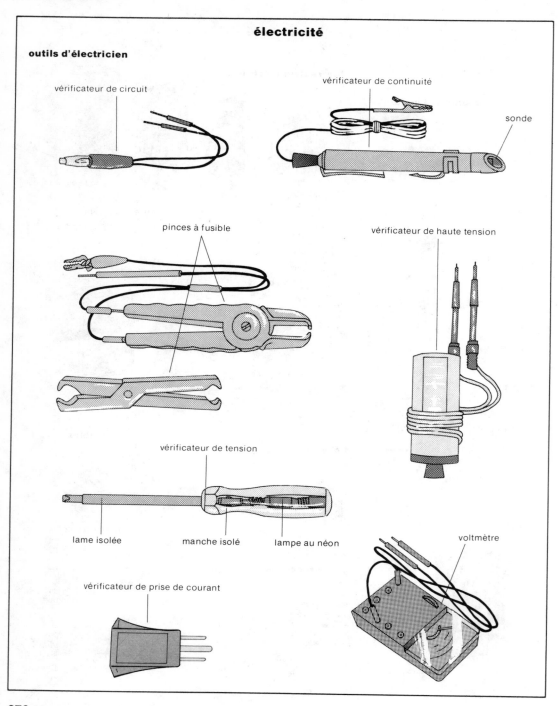

vérificateur de circuit

vérificateur de continuité

sonde

pinces à fusible

vérificateur de haute tension

vérificateur de tension

lame isolée

manche isolé

lampe au néon

voltmètre

vérificateur de prise de courant

276

électricité

outils d'électricien

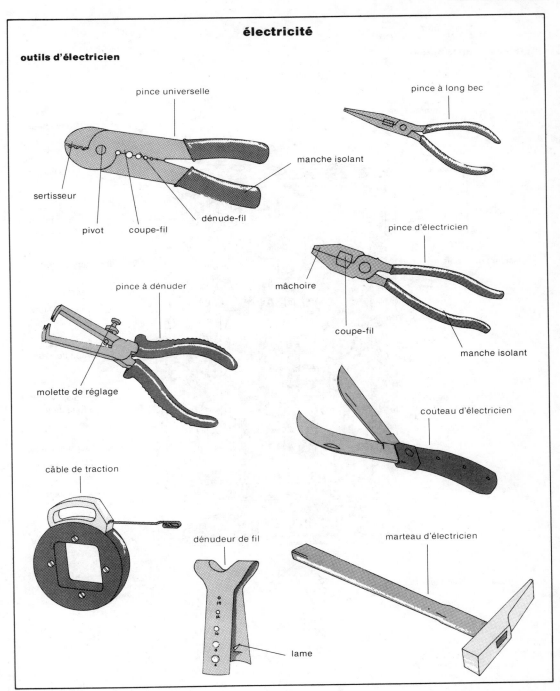

pince universelle

pince à long bec

manche isolant

sertisseur

dénude-fil

pivot

coupe-fil

pince d'électricien

pince à dénuder

mâchoire

coupe-fil

manche isolant

molette de réglage

couteau d'électricien

câble de traction

dénudeur de fil

marteau d'électricien

lame

BRICOLAGE

électricité

tableau de distribution

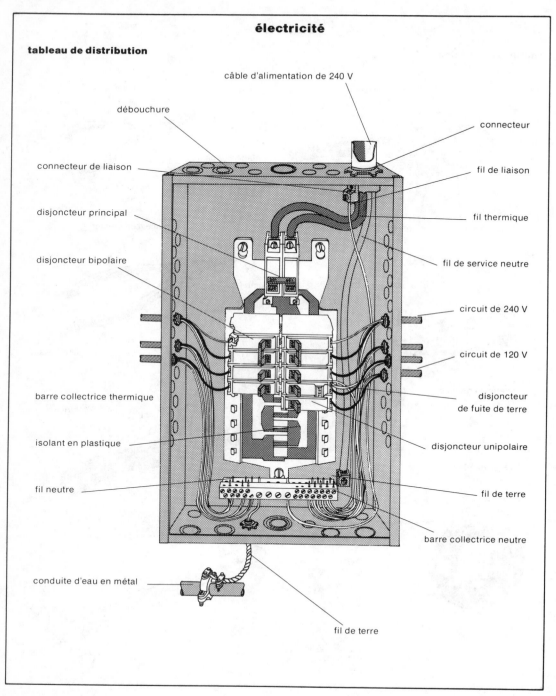

câble d'alimentation de 240 V

débouchure

connecteur

connecteur de liaison

fil de liaison

disjoncteur principal

fil thermique

disjoncteur bipolaire

fil de service neutre

circuit de 240 V

circuit de 120 V

barre collectrice thermique

disjoncteur de fuite de terre

isolant en plastique

disjoncteur unipolaire

fil neutre

fil de terre

barre collectrice neutre

conduite d'eau en métal

fil de terre

VÊTEMENTS

vêtements d'hommes

trench-coat

imperméable

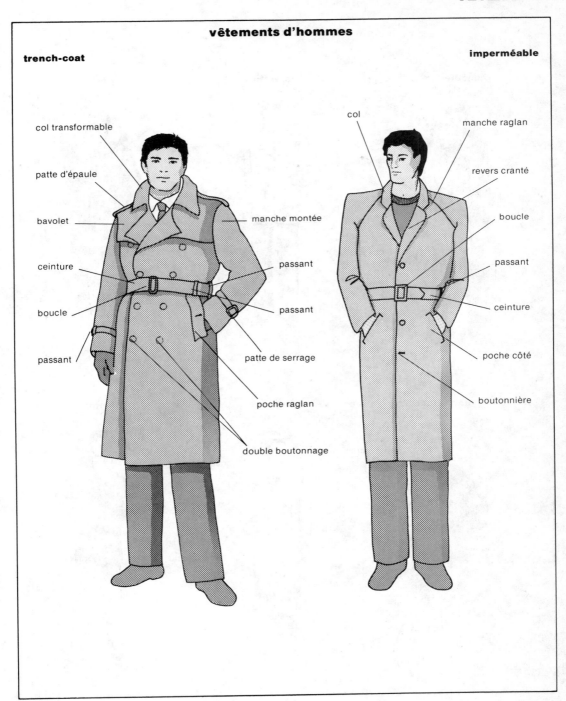

col transformable

patte d'épaule

bavolet

ceinture

boucle

passant

manche montée

passant

passant

patte de serrage

poche raglan

double boutonnage

col

manche raglan

revers cranté

boucle

passant

ceinture

poche côté

boutonnière

VÊTEMENTS

vêtements d'hommes

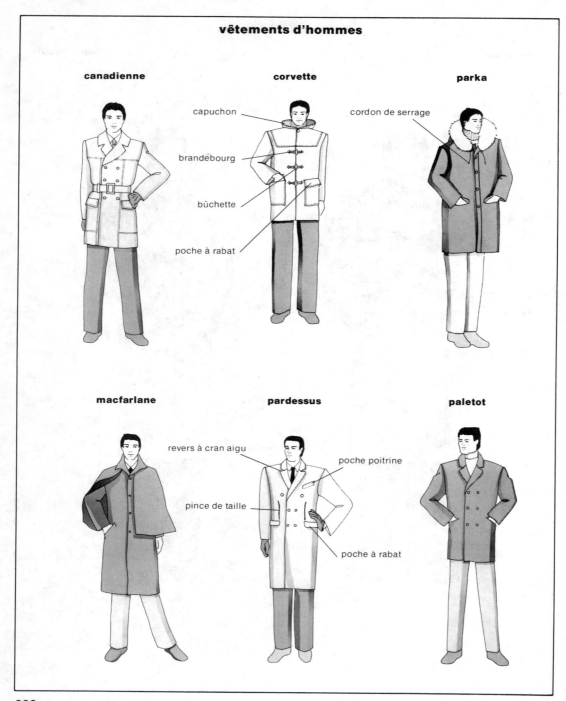

canadienne

corvette

capuchon

brandebourg

bûchette

poche à rabat

parka

cordon de serrage

macfarlane

pardessus

revers à cran aigu

pince de taille

poche poitrine

poche à rabat

paletot

vêtements d'hommes

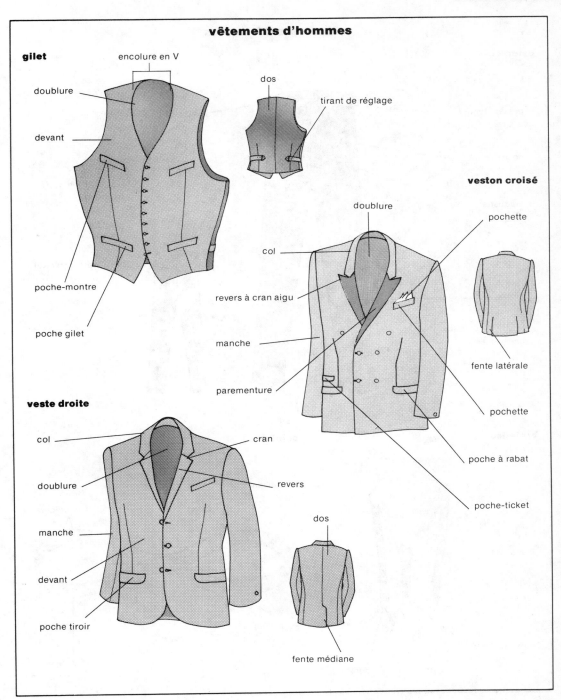

gilet

encolure en V

doublure

devant

dos

tirant de réglage

poche-montre

poche gilet

veston croisé

doublure

pochette

col

revers à cran aigu

manche

paramenture

fente latérale

pochette

poche à rabat

poche-ticket

veste droite

col

cran

doublure

revers

manche

devant

dos

poche tiroir

fente médiane

VÊTEMENTS

vêtements d'hommes

pantalon

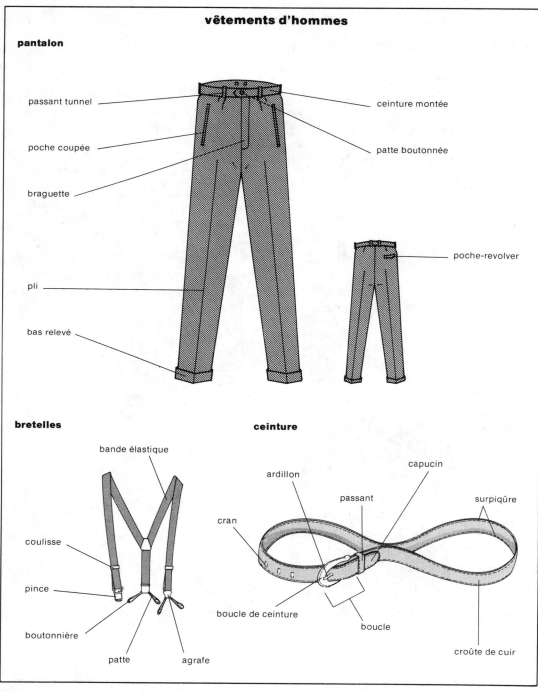

passant tunnel

poche coupée

braguette

pli

bas relevé

ceinture montée

patte boutonnée

poche-revolver

bretelles

bande élastique

coulisse

pince

boutonnière

patte

agrafe

ceinture

ardillon

capucin

passant

surpiqûre

cran

boucle de ceinture

boucle

croûte de cuir

vêtements d'hommes

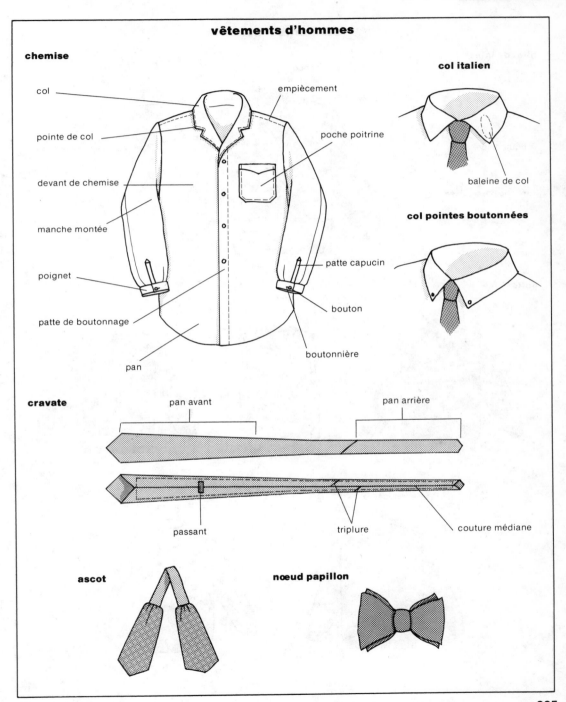

chemise

col
pointe de col
devant de chemise
manche montée
poignet
patte de boutonnage
pan
empiècement
poche poitrine
patte capucin
bouton
boutonnière

col italien
baleine de col

col pointes boutonnées

cravate
pan avant
pan arrière
passant
triplure
couture médiane

ascot

nœud papillon

VÊTEMENTS

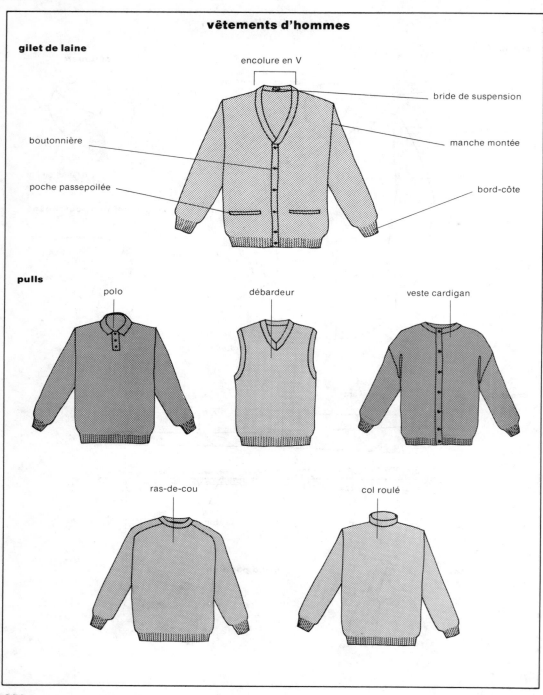

vêtements d'hommes

gilet de laine

encolure en V

bride de suspension

boutonnière

manche montée

poche passepoilée

bord-côte

pulls

polo

débardeur

veste cardigan

ras-de-cou

col roulé

vêtements d'hommes

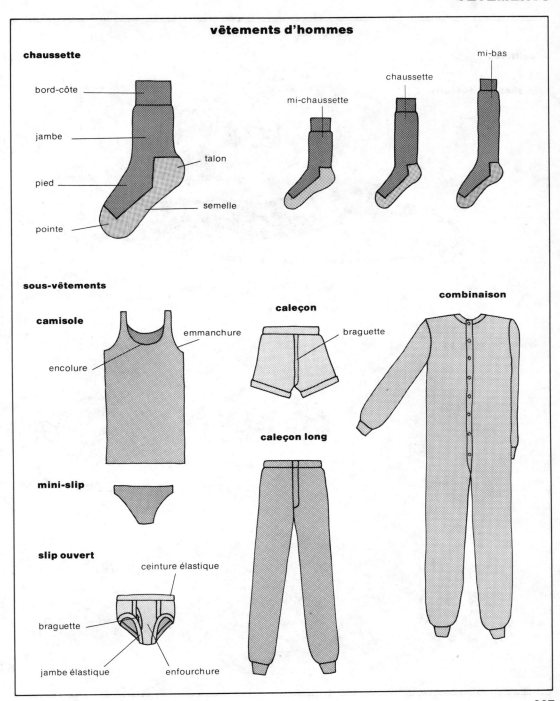

chaussette

bord-côte

jambe

pied

pointe

talon

semelle

mi-chaussette

chaussette

mi-bas

sous-vêtements

camisole

emmanchure

encolure

mini-slip

slip ouvert

ceinture élastique

braguette

jambe élastique

enfourchure

caleçon

braguette

caleçon long

combinaison

VÊTEMENTS

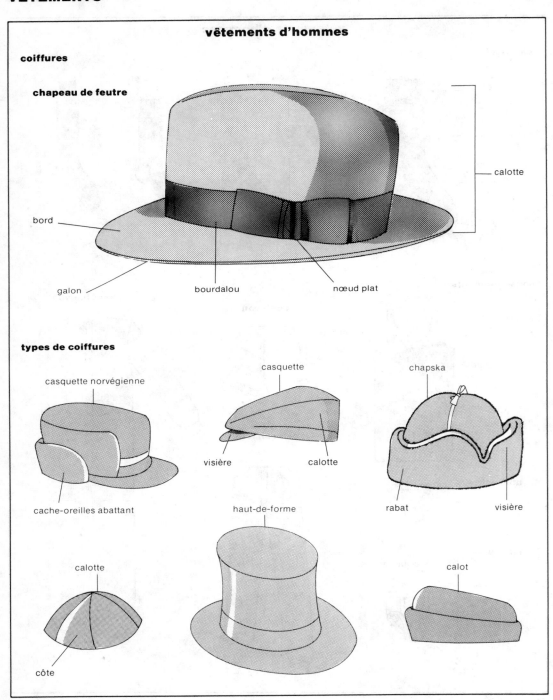

vêtements d'hommes

coiffures

chapeau de feutre

calotte

bord

galon

bourdalou

nœud plat

types de coiffures

casquette norvégienne

casquette

chapska

visière

calotte

cache-oreilles abattant

rabat

visière

calotte

haut-de-forme

calot

côte

gant

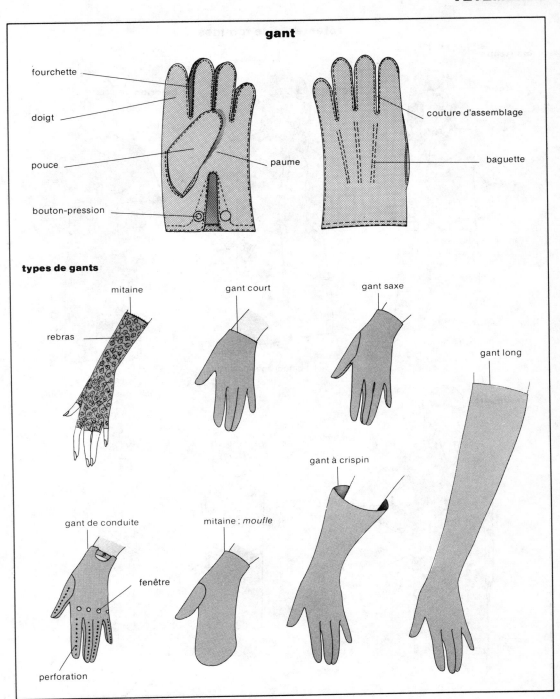

fourchette

doigt

pouce

bouton-pression

couture d'assemblage

baguette

paume

types de gants

mitaine

rebras

gant court

gant saxe

gant long

gant de conduite

fenêtre

perforation

mitaine ; *moufle*

gant à crispin

VÊTEMENTS

vêtements de femmes

manteaux

paletot

poche plaquée à revers

raglan

manche raglan

poche raglan

boutonnage sous patte

pèlerine

pèlerine

poche prise dans une couture

redingote

découpe bretelle

poche plaquée

martingale

vêtements de femmes

manteaux

cape

patte de boutonnage

passe-bras

col tailleur

caban

revers cranté

poche repose-bras

fausse poche

double boutonnage

poncho

blouson long

blouson court

bord-côte

ceinture montée

VÊTEMENTS

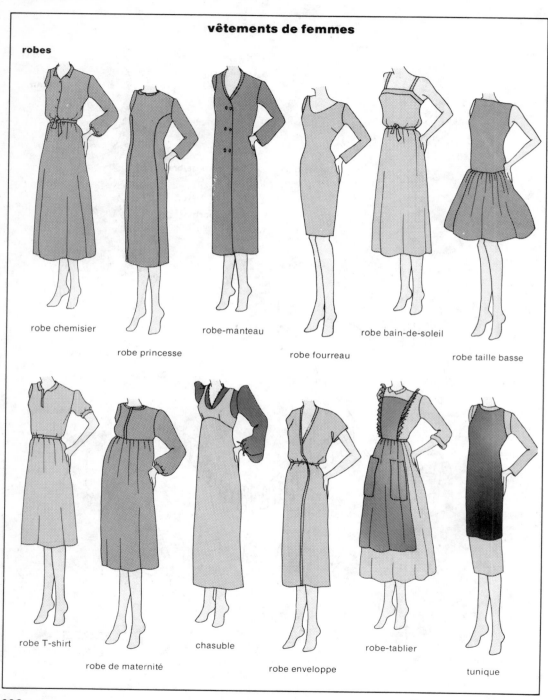

vêtements de femmes

robes

robe chemisier

robe princesse

robe-manteau

robe fourreau

robe bain-de-soleil

robe taille basse

robe T-shirt

robe de maternité

chasuble

robe enveloppe

robe-tablier

tunique

vêtements de femmes

jupes

jupe droite

jupe fourreau

jupe portefeuille

jupe froncée

kilt

jupe à volants étagés

jupe à lés

jupe à empiècement

paréo

jupe-culotte

VÊTEMENTS

vêtements de femmes

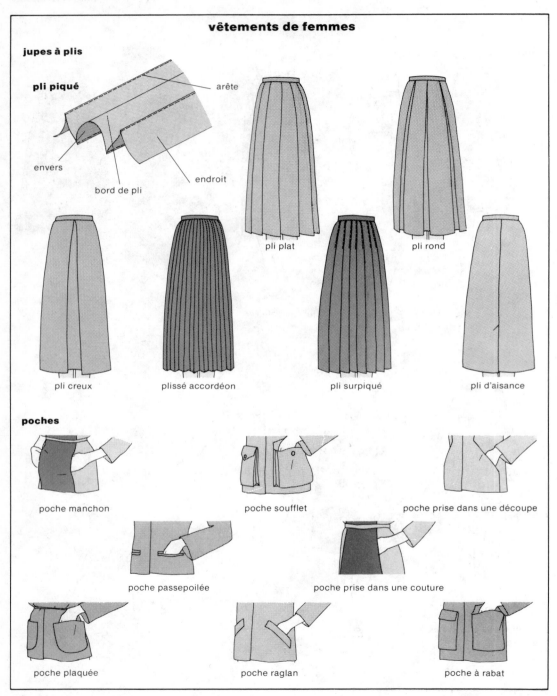

jupes à plis

pli piqué

arête

envers

bord de pli

endroit

pli plat

pli rond

pli creux

plissé accordéon

pli surpiqué

pli d'aisance

poches

poche manchon

poche soufflet

poche prise dans une découpe

poche passepoilée

poche prise dans une couture

poche plaquée

poche raglan

poche à rabat

vêtements de femmes

chemisiers

classique

tunique

marinière

tablier-blouse

empiècement

fronce

polo

patte polo

poche poitrine

cache-cœur

casaque

liquette

pied de col

col chemisier

manche chemisier

pan

corsage-culotte

patte d'entrejambe

VÊTEMENTS

vêtements de femmes

manches

manche montée

manche tailleur

manche à même

manche kimono

emmanchure

poignet droit

manche chemisier

manche bouffante

manche trois-quarts

emmanchure américaine

manche raglan

bracelet

manche ballon

mancheron

manche pagode

manche chauve-souris

manche marteau

manche gigot

poignet mousquetaire

patte capucin

vêtements de femmes

vestes et pulls

veste de laine

cardigan

pull

tandem

col roulé

débardeur

ras du cou

poche soufflet

saharienne

blazer

gilet

poche gilet

boléro

spencer

VÊTEMENTS

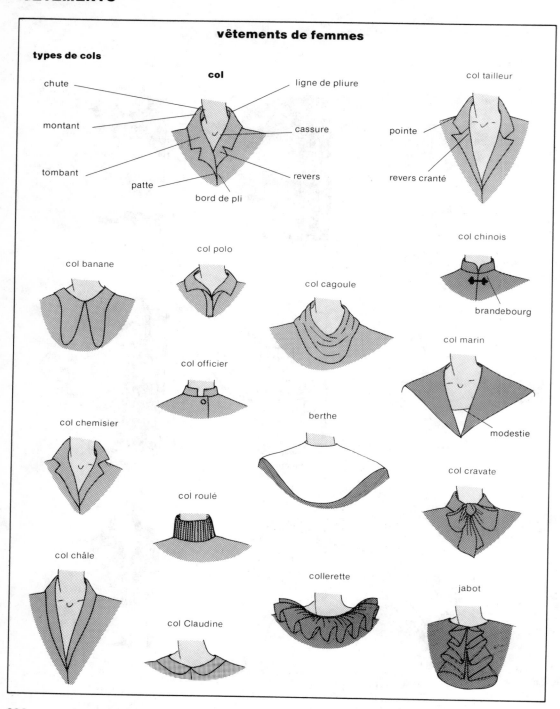

vêtements de femmes

types de cols

col

chute

ligne de pliure

montant

cassure

tombant

revers

patte

bord de pli

col tailleur

pointe

revers cranté

col banane

col polo

col cagoule

col chinois

brandebourg

col officier

col marin

modestie

col chemisier

berthe

col cravate

col roulé

col châle

collerette

jabot

col Claudine

vêtements de femmes

décolletés

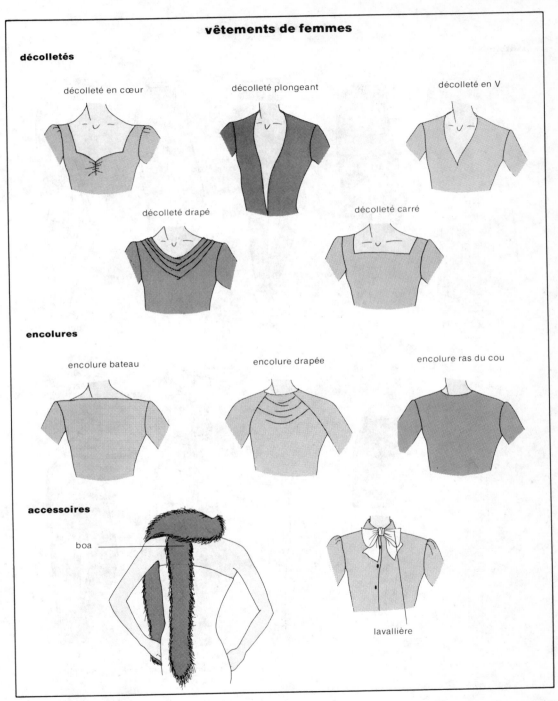

décolleté en cœur

décolleté plongeant

décolleté en V

décolleté drapé

décolleté carré

encolures

encolure bateau

encolure drapée

encolure ras du cou

accessoires

boa

lavallière

VÊTEMENTS

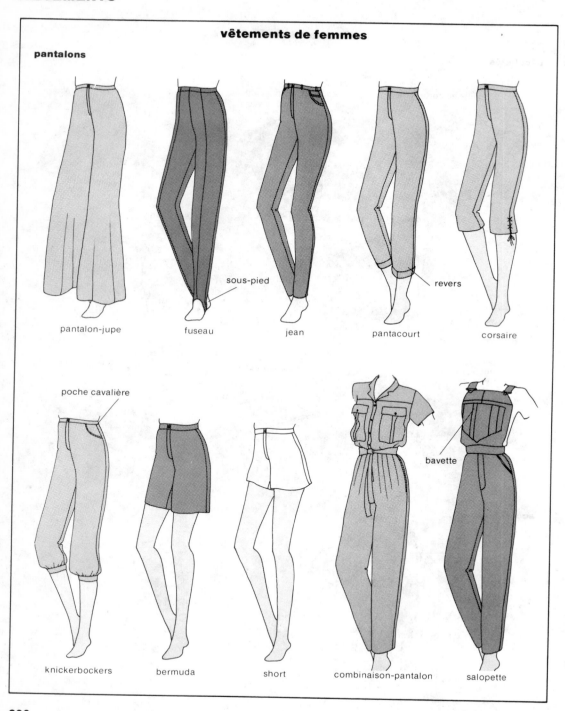

vêtements de femmes

pantalons

pantalon-jupe

fuseau

sous-pied

jean

pantacourt

revers

corsaire

poche cavalière

knickerbockers

bermuda

short

combinaison-pantalon

bavette

salopette

vêtements de femmes

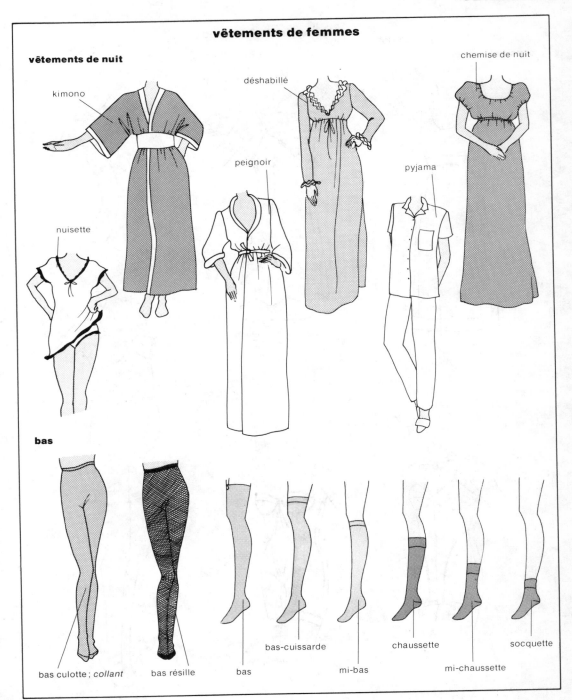

vêtements de nuit

kimono

déshabillé

chemise de nuit

peignoir

pyjama

nuisette

bas

bas culotte ; *collant*

bas résille

bas

bas-cuissarde

mi-bas

chaussette

mi-chaussette

socquette

VÊTEMENTS

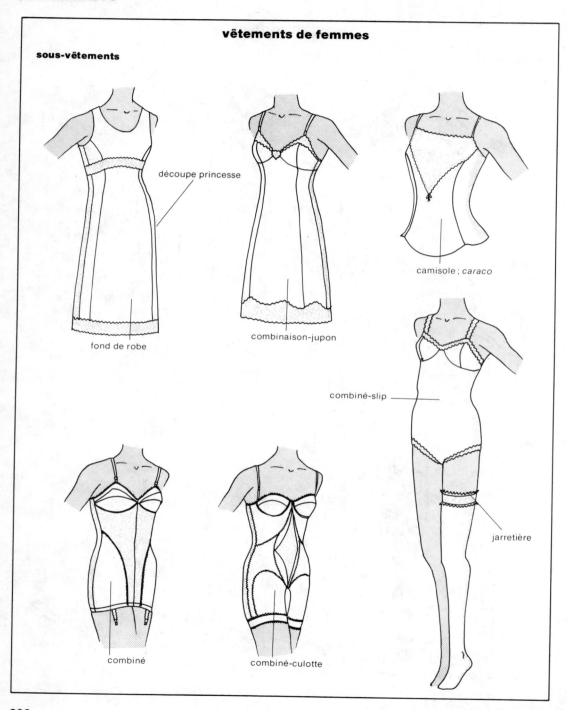

vêtements de femmes

sous-vêtements

découpe princesse

fond de robe

combinaison-jupon

camisole ; *caraco*

combiné-slip

jarretière

combiné

combiné-culotte

vêtements de femmes

sous-vêtements

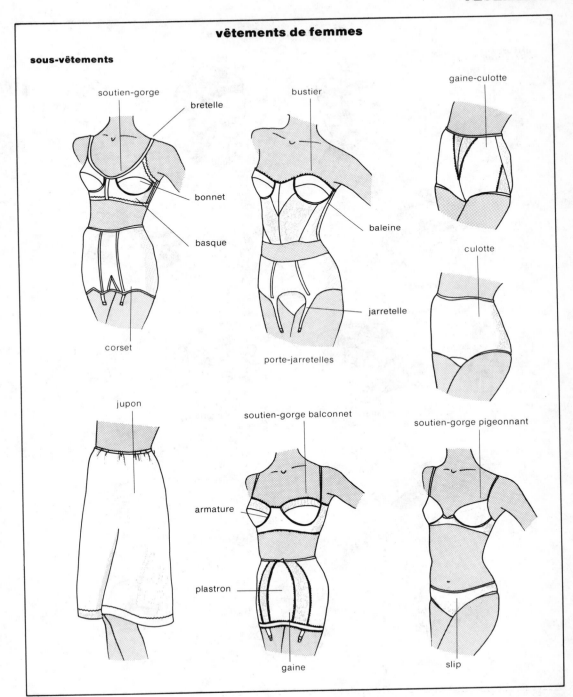

soutien-gorge

bretelle

bonnet

basque

corset

bustier

baleine

jarretelle

porte-jarretelles

gaine-culotte

culotte

jupon

soutien-gorge balconnet

armature

plastron

gaine

soutien-gorge pigeonnant

slip

VÊTEMENTS

vêtements de femmes

coiffures

cagoule

passe-montagne

tuque

marmotte

pompon

tour de tête

tourmaline

bride

suroît

calotte

bord

bob

toque

voilette

tambourin

charlotte

turban

canotier

capeline

feutre

bonnet

béret

cloche

vêtements d'enfants

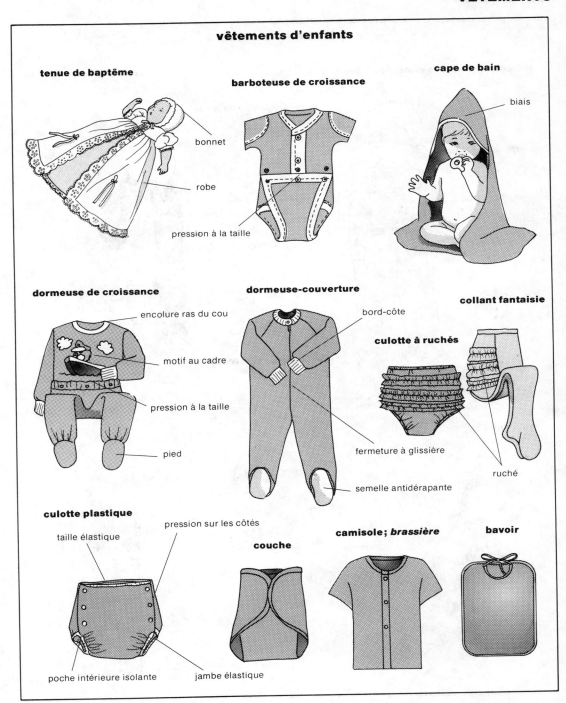

tenue de baptême

bonnet

robe

pression à la taille

barboteuse de croissance

cape de bain

biais

dormeuse de croissance

encolure ras du cou

motif au cadre

pression à la taille

pied

dormeuse-couverture

bord-côte

fermeture à glissière

semelle antidérapante

collant fantaisie

culotte à ruchés

ruché

culotte plastique

taille élastique

pression sur les côtés

poche intérieure isolante

jambe élastique

couche

camisole; *brassière*

bavoir

VÊTEMENTS

vêtements d'enfants

salopette à bretelles croisées au dos

salopette à dos montant

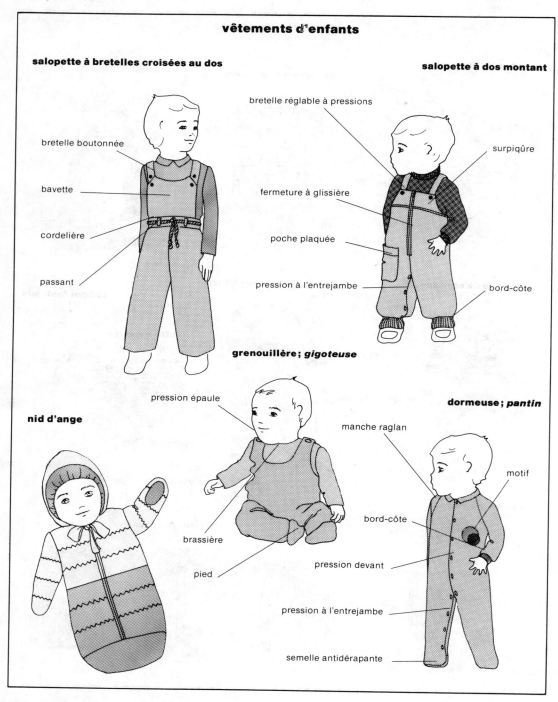

bretelle réglable à pressions

bretelle boutonnée

surpiqûre

bavette

fermeture à glissière

cordelière

poche plaquée

passant

pression à l'entrejambe

bord-côte

grenouillère; *gigoteuse*

pression épaule

dormeuse; *pantin*

nid d'ange

manche raglan

bord-côte

motif

brassière

pression devant

pied

pression à l'entrejambe

semelle antidérapante

vêtements d'enfants

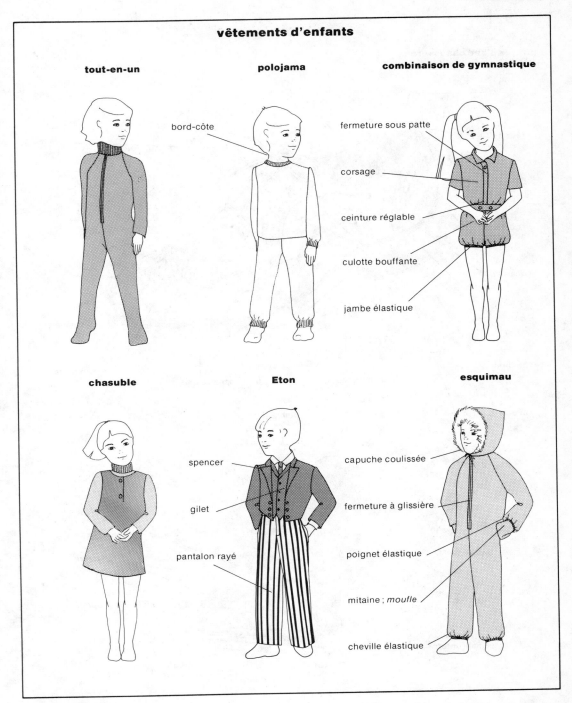

tout-en-un

polojama

bord-côte

combinaison de gymnastique

fermeture sous patte

corsage

ceinture réglable

culotte bouffante

jambe élastique

chasuble

Eton

spencer

gilet

pantalon rayé

esquimau

capuche coulissée

fermeture à glissière

poignet élastique

mitaine ; *moufle*

cheville élastique

VÊTEMENTS

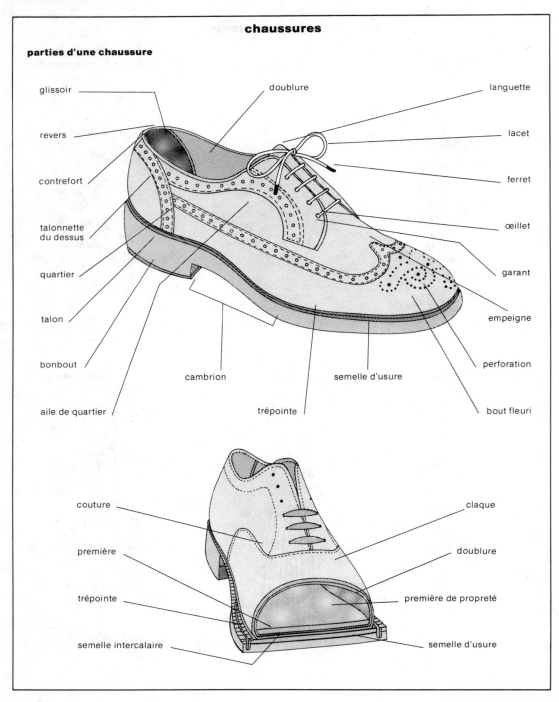

chaussures

parties d'une chaussure

glissoir

doublure

languette

revers

lacet

contrefort

ferret

talonnette
du dessus

œillet

quartier

garant

talon

empeigne

bonbout

perforation

aile de quartier

cambrion

semelle d'usure

trépointe

bout fleuri

couture

claque

première

doublure

trépointe

première de propreté

semelle intercalaire

semelle d'usure

chaussures

principaux types de chaussures

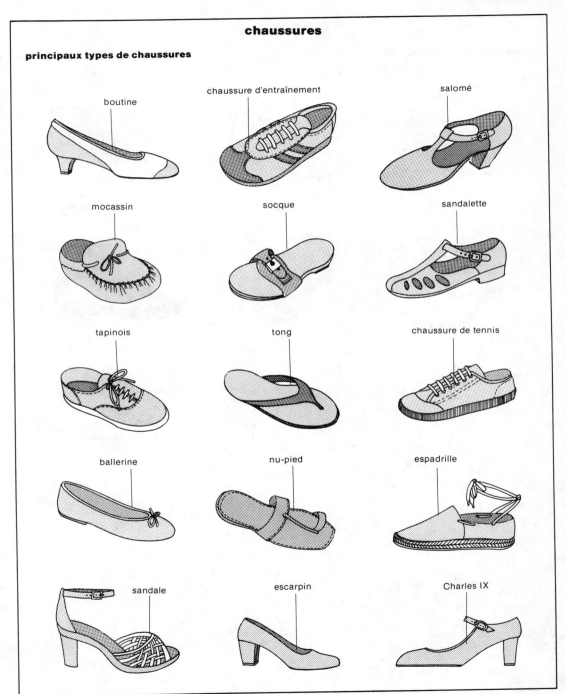

boutine

chaussure d'entraînement

salomé

mocassin

socque

sandalette

tapinois

tong

chaussure de tennis

ballerine

nu-pied

espadrille

sandale

escarpin

Charles IX

VÊTEMENTS

chaussures

principaux types de chaussures

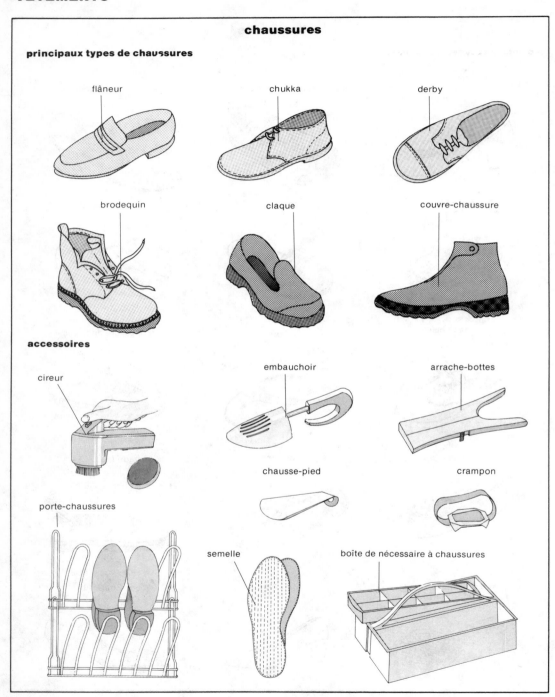

flâneur

chukka

derby

brodequin

claque

couvre-chaussure

accessoires

cireur

embauchoir

arrache-bottes

chausse-pied

crampon

porte-chaussures

semelle

boîte de nécessaire à chaussures

costumes

torero

ballerine

- chemise
- montera
- cravate étroite
- petite queue
- gilet
- épaulette
- ceinture
- veste
- brandebourg
- cape
- culotte
- pompon
- bas rose
- escarpin
- collant
- tutu
- cordelette
- ruban
- semelle
- pointe
- chausson de danse

VÊTEMENTS

costumes

scaphandre moderne

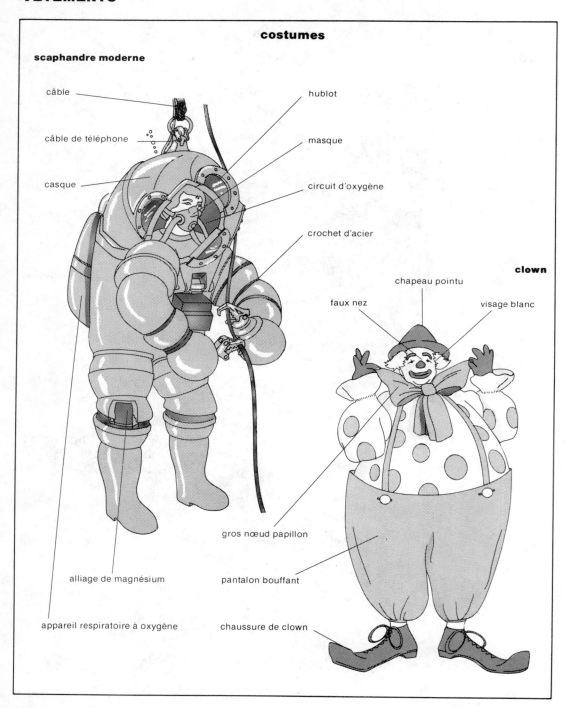

câble

câble de téléphone

casque

hublot

masque

circuit d'oxygène

crochet d'acier

clown

chapeau pointu

faux nez

visage blanc

gros nœud papillon

pantalon bouffant

alliage de magnésium

appareil respiratoire à oxygène

chaussure de clown

PARURE

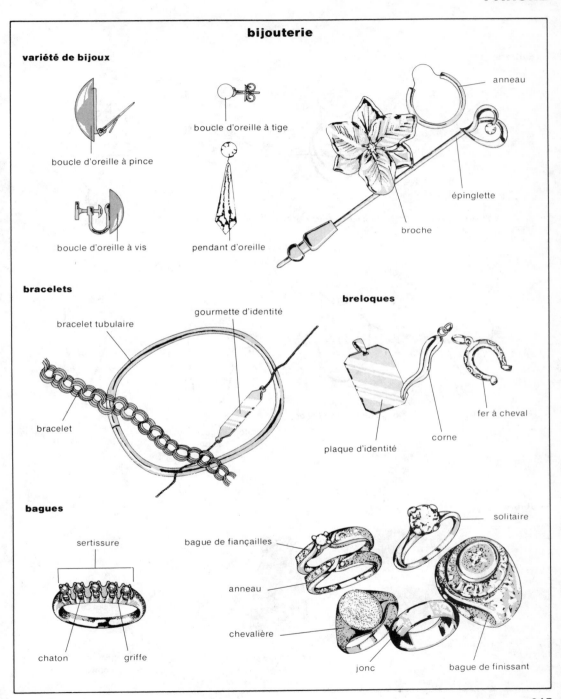

bijouterie

variété de bijoux

boucle d'oreille à pince

boucle d'oreille à tige

boucle d'oreille à vis

pendant d'oreille

anneau

épinglette

broche

bracelets

bracelet tubulaire

gourmette d'identité

bracelet

breloques

plaque d'identité

corne

fer à cheval

bagues

sertissure

chaton

griffe

bague de fiançailles

anneau

chevalière

solitaire

jonc

bague de finissant

PARURE

bijouterie

colliers

collier-de-chien

collier de soirée

ras-le-cou

lavalière

médaillon

collier de perle,
longueur matinée (22 po)

sautoir longueur opéra
(30 po)

sautoir (45 po)

divers

tige pour col

épingle à cravate

pince à cravate

bijouterie

tailles des pierres

taille brillant | taille huit facettes | taille en rose | taille en escalier | taille en ciseaux

taille émeraude | taille en table | taille cabochon | taille ovale | taille baguette

taille française | taille en poire | taille marquise | taille en goutte

taille d'un diamant

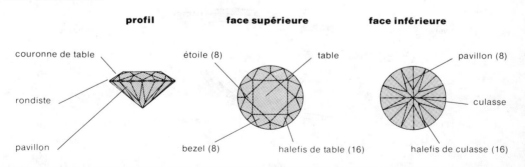

profil | **face supérieure** | **face inférieure**

couronne de table | étoile (8) | table | pavillon (8)

rondiste | | | culasse

pavillon | bezel (8) | halefis de table (16) | halefis de culasse (16)

PARURE

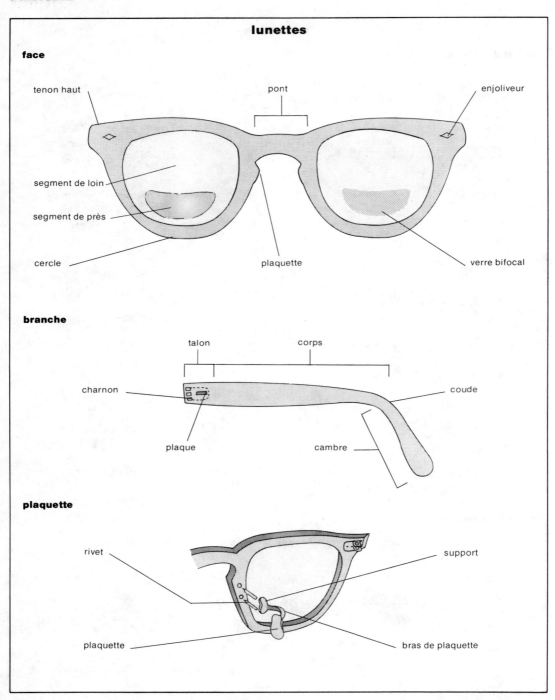

lunettes

face

tenon haut

pont

enjoliveur

segment de loin

segment de près

cercle

plaquette

verre bifocal

branche

talon

corps

charnon

coude

plaque

cambre

plaquette

rivet

support

plaquette

bras de plaquette

lunettes

principaux types de lunettes

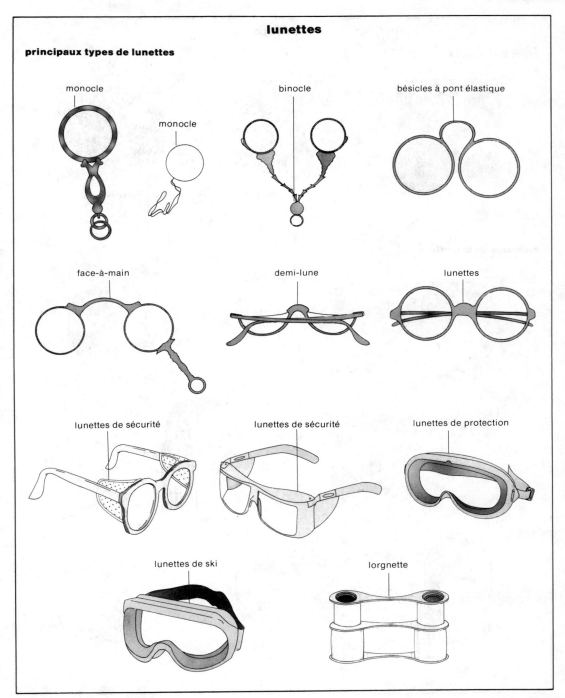

monocle

monocle

binocle

bésicles à pont élastique

face-à-main

demi-lune

lunettes

lunettes de sécurité

lunettes de sécurité

lunettes de protection

lunettes de ski

lorgnette

PARURE

coiffure

types de cheveux

cheveux raides

cheveux ondulés

cheveux frisés

éléments de la coiffure

chignon

coiffure bouffante

petit page

boudin

tresses

nattes

queue de cheval

vagues

320

coiffure

éléments de la coiffure

permanente bouclée

permanente frisée

coiffure à la Pompadour

torsade

frange

coiffure à la Ninon

coupe en brosse

coupe à la Beatle

coiffure à la Pompadour

afro

perruque et postiche

perruque

postiches

toupet

chignon

PARURE

maquillage

trousse à maquillage

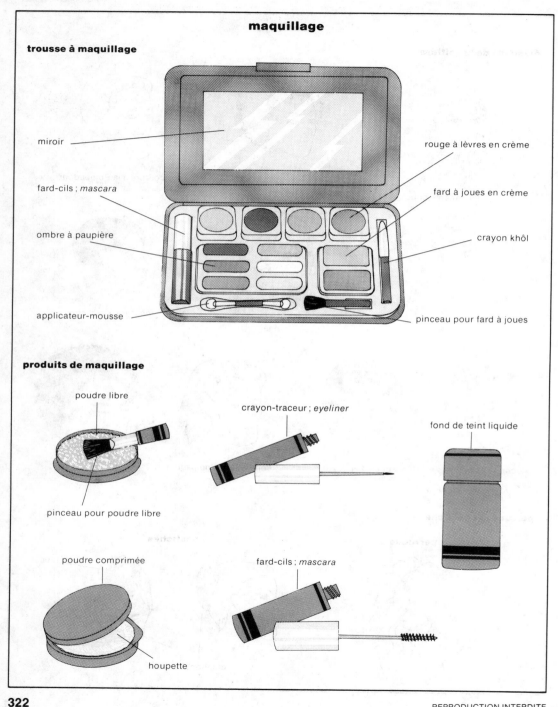

miroir

fard-cils ; *mascara*

ombre à paupière

applicateur-mousse

rouge à lèvres en crème

fard à joues en crème

crayon khôl

pinceau pour fard à joues

produits de maquillage

poudre libre

pinceau pour poudre libre

crayon-traceur ; *eyeliner*

fond de teint liquide

poudre comprimée

fard-cils ; *mascara*

houpette

maquillage

produits de maquillage

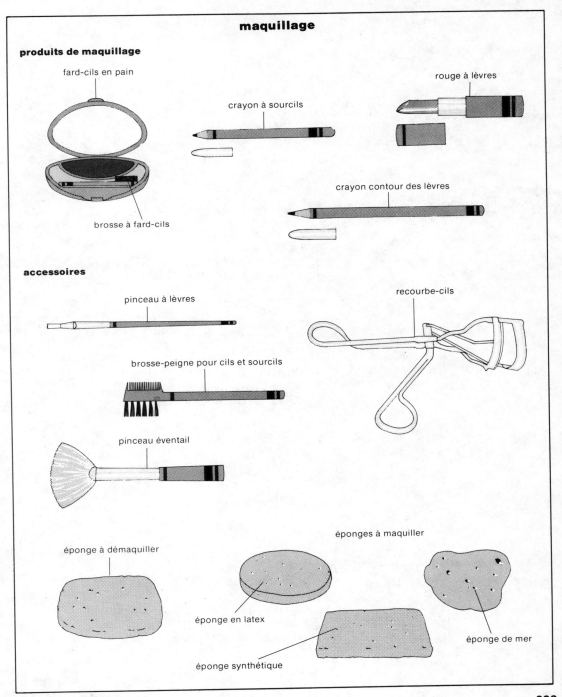

fard-cils en pain

crayon à sourcils

rouge à lèvres

brosse à fard-cils

crayon contour des lèvres

accessoires

pinceau à lèvres

recourbe-cils

brosse-peigne pour cils et sourcils

pinceau éventail

éponges à maquiller

éponge à démaquiller

éponge en latex

éponge synthétique

éponge de mer

maquillage

OBJETS PERSONNELS

rasoirs

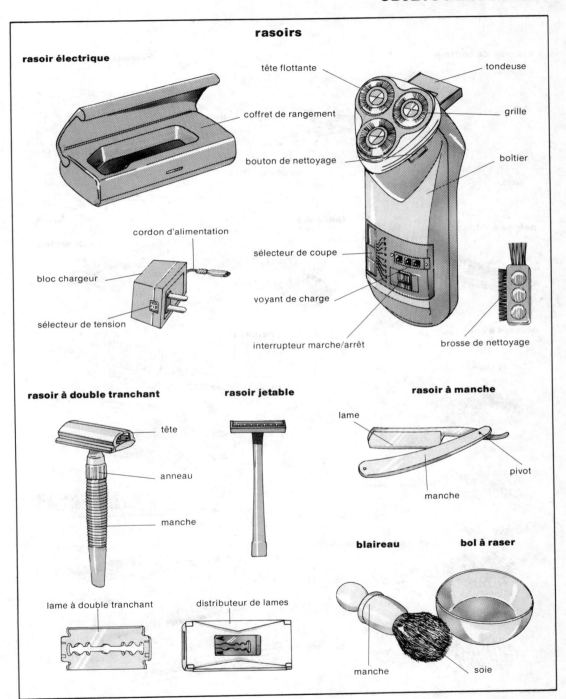

rasoir électrique

tête flottante

tondeuse

coffret de rangement

grille

boîtier

bouton de nettoyage

cordon d'alimentation

sélecteur de coupe

bloc chargeur

voyant de charge

sélecteur de tension

brosse de nettoyage

interrupteur marche/arrêt

rasoir à double tranchant

rasoir jetable

rasoir à manche

lame

tête

anneau

pivot

manche

manche

blaireau

bol à raser

lame à double tranchant

distributeur de lames

manche

soie

OBJETS PERSONNELS

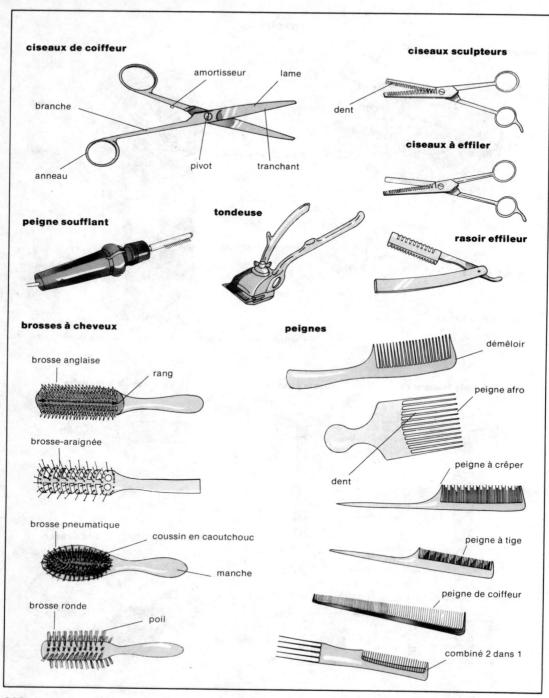

ciseaux de coiffeur

amortisseur

lame

branche

anneau

pivot

tranchant

ciseaux sculpteurs

dent

ciseaux à effiler

peigne soufflant

tondeuse

rasoir effileur

brosses à cheveux

brosse anglaise

rang

brosse-araignée

brosse pneumatique

coussin en caoutchouc

manche

brosse ronde

poil

peignes

démêloir

peigne afro

dent

peigne à crêper

peigne à tige

peigne de coiffeur

combiné 2 dans 1

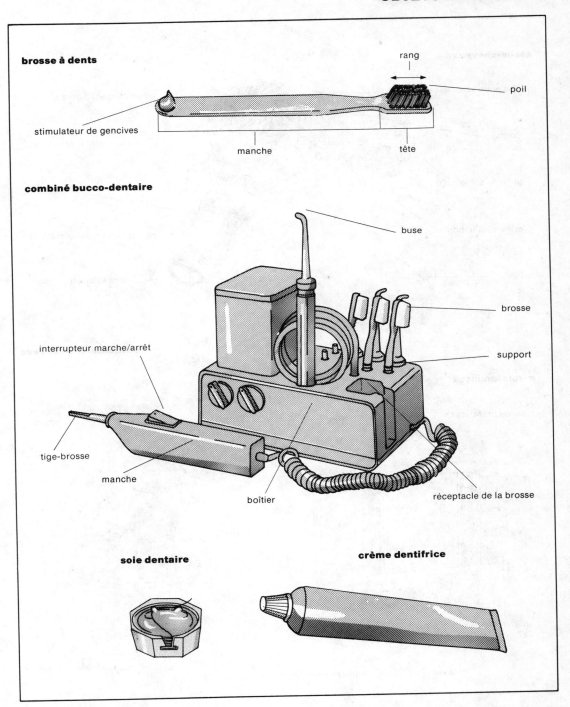

brosse à dents

rang

poil

stimulateur de gencives

manche

tête

combiné bucco-dentaire

buse

brosse

support

interrupteur marche/arrêt

tige-brosse

manche

boîtier

réceptacle de la brosse

soie dentaire

crème dentifrice

OBJETS PERSONNELS

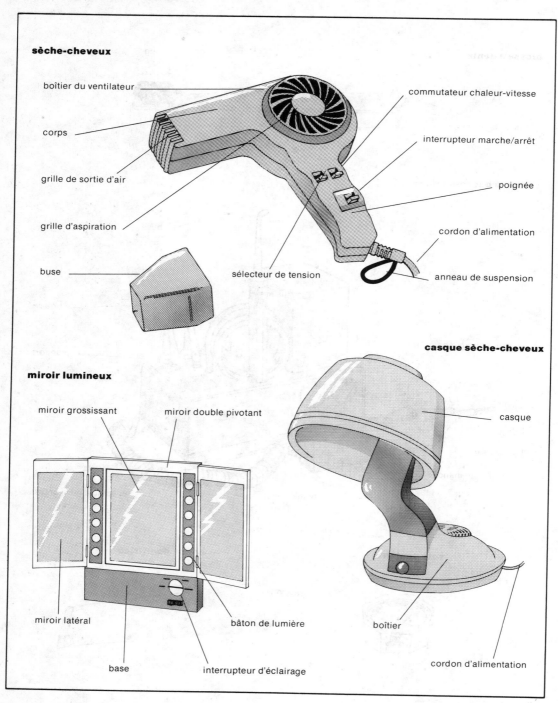

sèche-cheveux

boîtier du ventilateur

corps

grille de sortie d'air

grille d'aspiration

buse

sélecteur de tension

commutateur chaleur-vitesse

interrupteur marche/arrêt

poignée

cordon d'alimentation

anneau de suspension

casque sèche-cheveux

miroir lumineux

miroir grossissant

miroir double pivotant

casque

miroir latéral

bâton de lumière

boîtier

base

interrupteur d'éclairage

cordon d'alimentation

OBJETS PERSONNELS

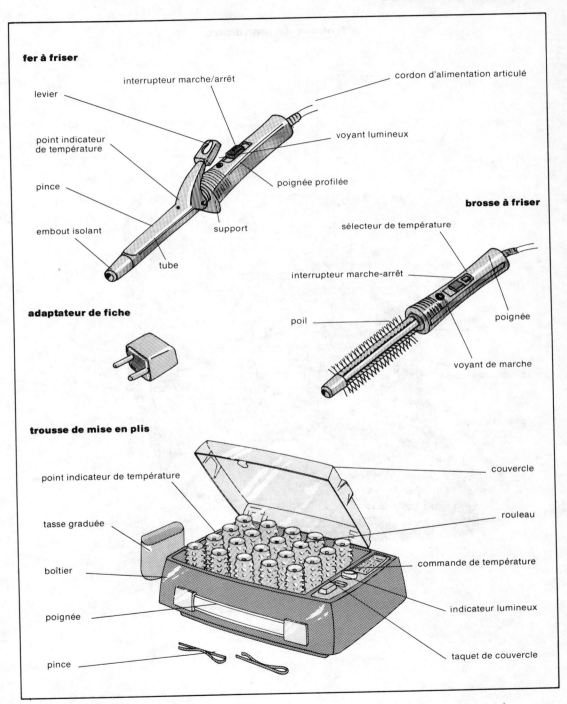

fer à friser

interrupteur marche/arrêt

levier

point indicateur de température

pince

embout isolant

tube

support

cordon d'alimentation articulé

voyant lumineux

poignée profilée

adaptateur de fiche

brosse à friser

sélecteur de température

interrupteur marche-arrêt

poil

poignée

voyant de marche

trousse de mise en plis

point indicateur de température

tasse graduée

boîtier

poignée

pince

couvercle

rouleau

commande de température

indicateur lumineux

taquet de couvercle

OBJETS PERSONNELS

trousse de manucure

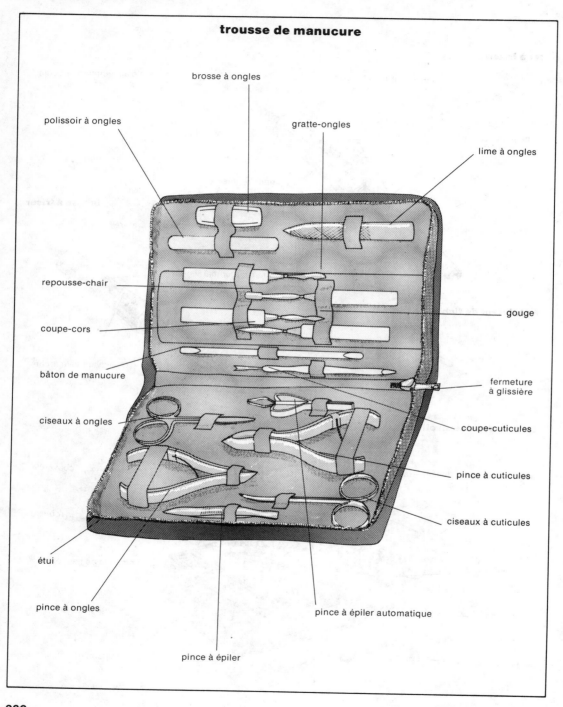

brosse à ongles

polissoir à ongles

gratte-ongles

lime à ongles

repousse-chair

gouge

coupe-cors

bâton de manucure

fermeture à glissière

ciseaux à ongles

coupe-cuticules

pince à cuticules

ciseaux à cuticules

étui

pince à ongles

pince à épiler automatique

pince à épiler

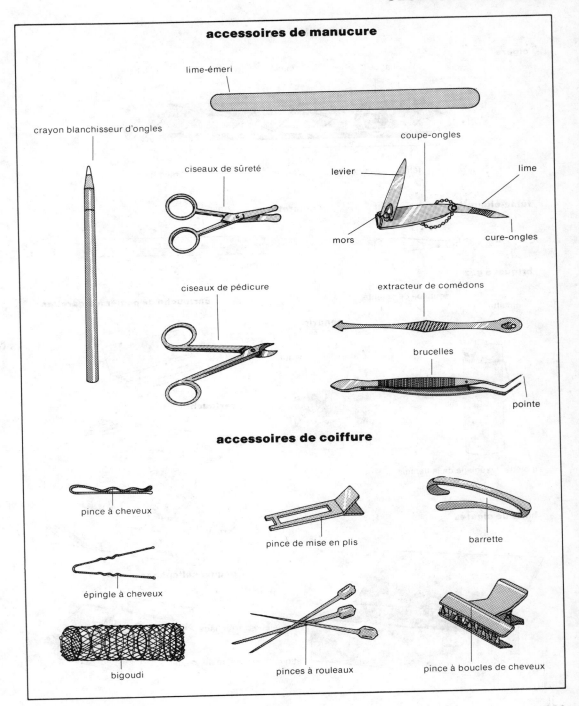

accessoires de manucure

lime-émeri

crayon blanchisseur d'ongles

coupe-ongles

ciseaux de sûreté

levier

lime

mors

cure-ongles

ciseaux de pédicure

extracteur de comédons

brucelles

pointe

accessoires de coiffure

pince à cheveux

pince de mise en plis

barrette

épingle à cheveux

bigoudi

pinces à rouleaux

pince à boucles de cheveux

OBJETS PERSONNELS

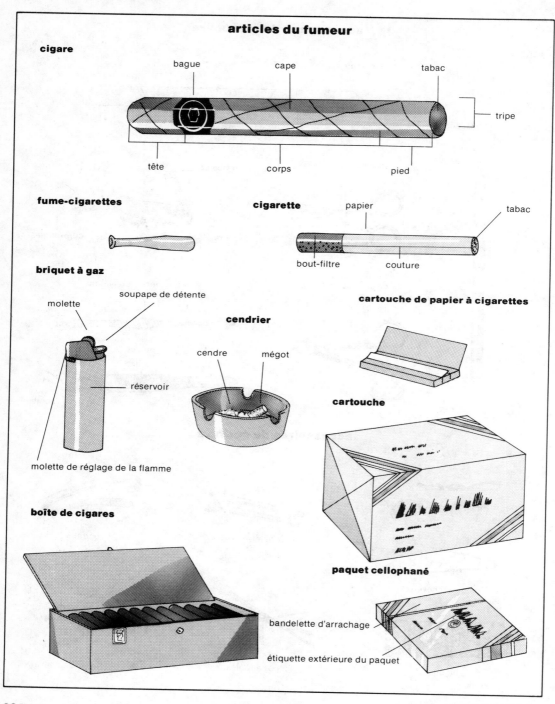

articles du fumeur

cigare

bague — cape — tabac

tripe

tête — corps — pied

fume-cigarettes

cigarette

papier — tabac

bout-filtre — couture

briquet à gaz

molette — soupape de détente

cartouche de papier à cigarettes

cendrier

cendre — mégot

réservoir

cartouche

molette de réglage de la flamme

boîte de cigares

paquet cellophané

bandelette d'arrachage

étiquette extérieure du paquet

articles du fumeur

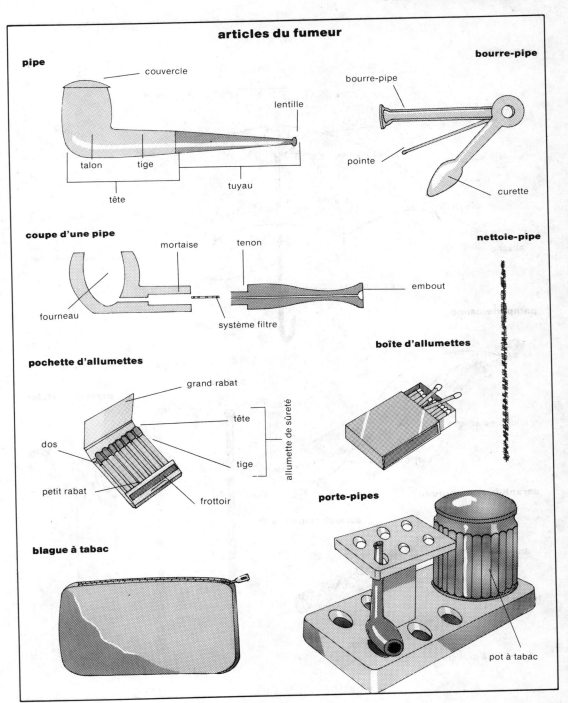

pipe

couvercle

lentille

talon

tige

tête

tuyau

bourre-pipe

bourre-pipe

pointe

curette

coupe d'une pipe

mortaise

tenon

embout

fourneau

système filtre

nettoie-pipe

pochette d'allumettes

grand rabat

tête

allumette de sûreté

dos

tige

petit rabat

frottoir

boîte d'allumettes

blague à tabac

porte-pipes

pot à tabac

OBJETS PERSONNELS

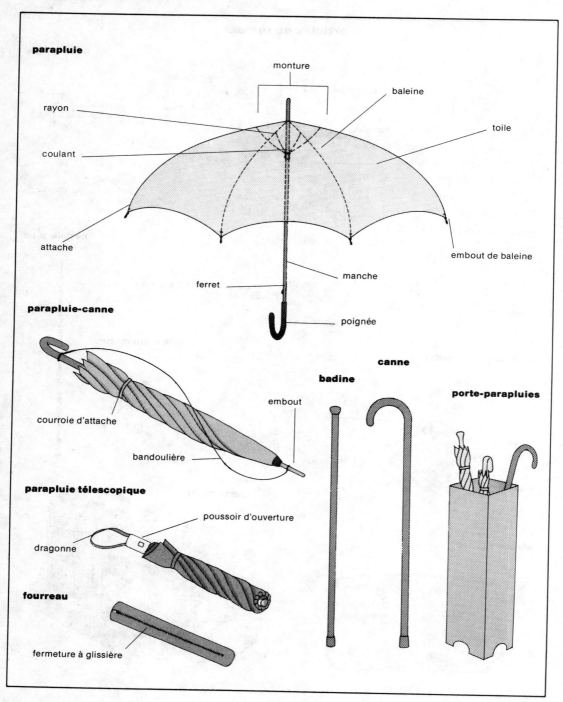

parapluie

monture

baleine

rayon

toile

coulant

attache

embout de baleine

ferret

manche

poignée

parapluie-canne

courroie d'attache

bandoulière

embout

canne

badine

porte-parapluies

parapluie télescopique

poussoir d'ouverture

dragonne

fourreau

fermeture à glissière

bagages

malle

plateau

moraillon

cadenas

poignée

ferrure

valise pullman

dragonne

porte-adresse

cadre

valise fin de semaine

garniture

housse à vêtements

crochet

panneau de séparation

coque

roulette

poche intérieure

courroie de valise

serrure

sangle serre-vêtements

fermeture à glissière

mallette de toilette

sac fourre-tout

porte-bagages

poignée

miroir

bandoulière

armature

poche extérieure

sac rond

sac de vol

trousse de toilette

plateau

charnière

béquille

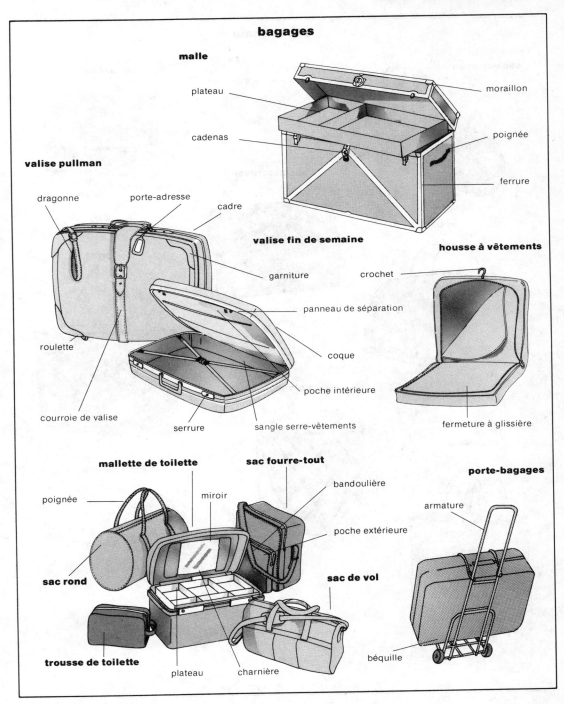

OBJETS PERSONNELS

sacs à main

sac polochon

fermeture à glissière

sac pochette

bouton-pression

sac accordéon

sac boîte

poche

sac fourre-tout

doublure

sac de plage

sac cabas

sac à provisions

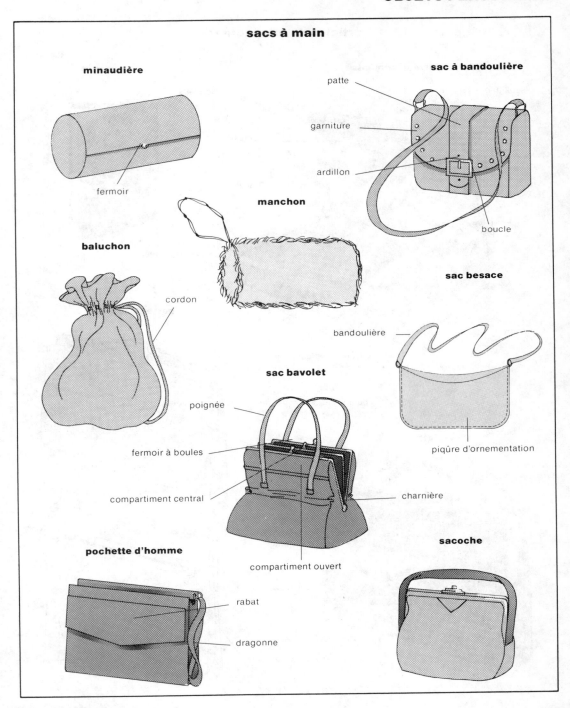

sacs à main

minaudière

fermoir

sac à bandoulière

patte

garniture

ardillon

boucle

manchon

baluchon

cordon

sac besace

bandoulière

piqûre d'ornementation

sac bavolet

poignée

fermoir à boules

compartiment central

charnière

compartiment ouvert

pochette d'homme

rabat

dragonne

sacoche

OBJETS PERSONNELS

articles de maroquinerie

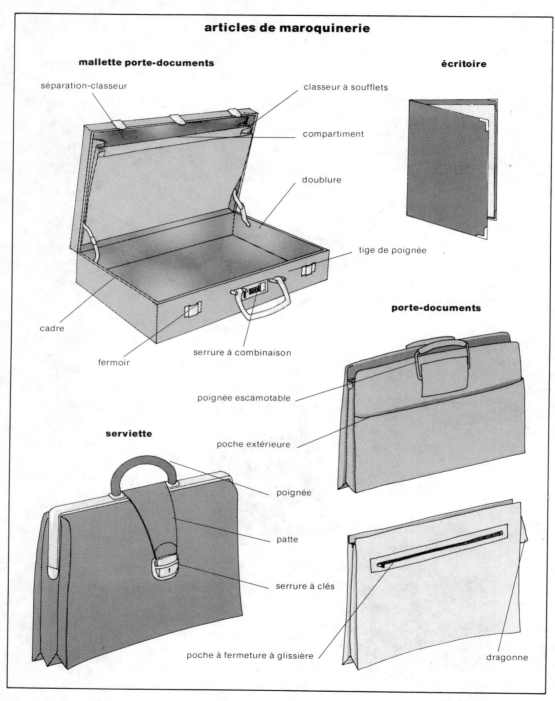

mallette porte-documents

séparation-classeur

classeur à soufflets

compartiment

doublure

tige de poignée

cadre

serrure à combinaison

fermoir

écritoire

porte-documents

poignée escamotable

poche extérieure

serviette

poignée

patte

serrure à clés

poche à fermeture à glissière

dragonne

articles de maroquinerie

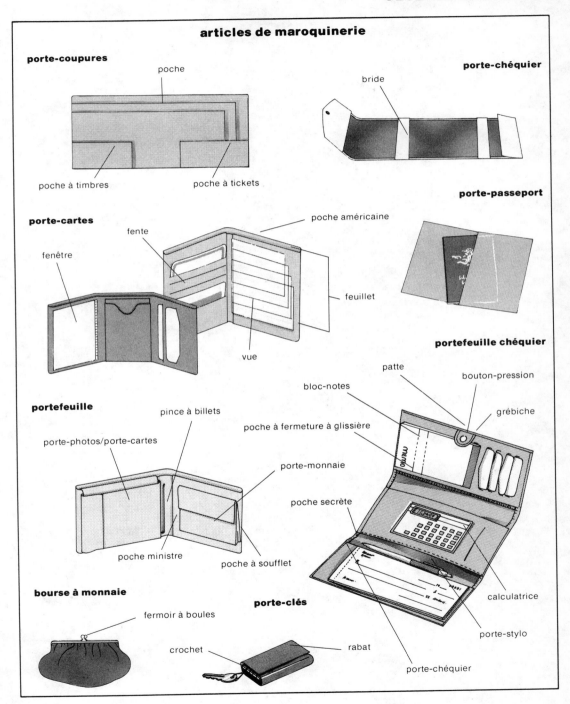

porte-coupures

poche

poche à timbres

poche à tickets

porte-chéquier

bride

porte-passeport

porte-cartes

fente

fenêtre

poche américaine

feuillet

vue

portefeuille chéquier

patte

bloc-notes

bouton-pression

grébiche

portefeuille

pince à billets

porte-photos/porte-cartes

poche à fermeture à glissière

porte-monnaie

poche secrète

poche ministre

poche à soufflet

calculatrice

bourse à monnaie

fermoir à boules

porte-clés

crochet

rabat

porte-stylo

porte-chéquier

COMMUNICATIONS

écritures des peuples

Merry Christmas
Happy New Year

anglais

Joyeux Noël
Bonne année

français

クリスマス
おめでとう

謹賀新年

japonais

God
Jul
Godt
Nytt Ar

norvégien

Vrolijk Kerstfeest
en een
Gelukkig Nieuwjaar

hollandais

Feliz
Navidad
Próspero
Año Nuevo

espagnol

С Рождеством
С новым годом

russe

חג שמח
ושנה טובה

hébreu

عيد شما بارك
كريسمس بارك

iranien

BUON
NATALE
FELICE
ANNO NUOVO

italien

Glædelig Jul
og
Godt Nytaar

danois

Hyvaa Joulua Ja
Onnellista
Uutta Vuotta

finlandais

ΚΑΛΑ ΧΡΙΣΤΟΥΓΕΝΝΑ
ΚΑΙ ΕΥΤΥΧΙΣΜΕΝΟΣ Ο
ΚΑΙΝΟΥΡΓΙΟΣ ΧΡΟΝΟΣ

grec

CHÚC MỪNG GIÁNG SINH
CUNG CHÚC TÂN XUÂN

vietnamien

God Jul
och
Gott Nytt
Ar

suédois

عام سعيد
وكل عام وانتم بخير

arabe

नव वर्ष की शुभकामनाएँ

hindi

ՇՆՈՐՀԱՎՈՐ
ՆՈՐ ՏԱՐԻ

arménien

SĂRBĂTORI FERICITE
și
LA MULȚI ANI

roumain

ХРИСТОС
РОДИВСЯ
ШАСЛИВОГО
НОВОГО РОКУ

ukrainien

FELIZ NATAL
PROSPERO ANO NOVO

portugais

Fröhliche Weihnachten
und alles Gute
zum Neuen Jahr

allemand

සුබ නත්තලක් වේවා
සුබ අලුත් අවුරුද්දක් වේවා

cingalais

Wesołych Świąt
i
Szczęśliwego
Nowego Roku

polonais

聖誕快樂
新年愉快

chinois

Nadolig Llawen
Blwyddyn Newydd
Dda

gallois

KELLEMES KARÁCSONYi
ÜNNEPEKE
BOLDOG ÚJÉVET

hongrois

ᐊᓂᒍᕌᕈ ᐊᓂᒍᕌᕈ
ᐊᓂᒍᕌᕈ ᐅᑯᐊ ᐅᐱᒌ

inuktitut

COMMUNICATIONS

alphabet Braille

lettres

a b c d e f g h i j k l m

n o p q r s t u v w x y z

chiffres

numérique 1 2 3 4 5 6 7 8 9 0

signes mathématiques

: :: + − × / = > < √

signes de ponctuation

, ; : . ! ( ) « * » ?

, — majuscule

signes propres à la langue française

ì ò ou § æ ç é à è ù

â ê î ô û ë ï ü œ

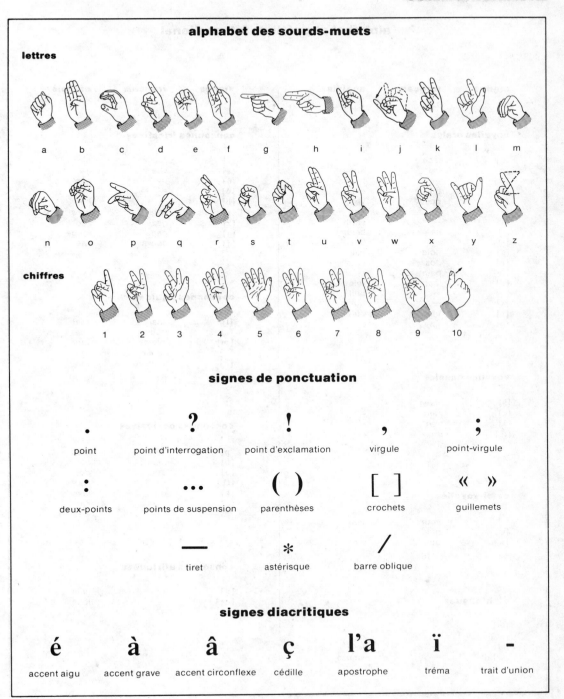

alphabet des sourds-muets

lettres

a b c d e f g h i j k l m

n o p q r s t u v w x y z

chiffres

1 2 3 4 5 6 7 8 9 10

signes de ponctuation

.
point

?
point d'interrogation

!
point d'exclamation

,
virgule

;
point-virgule

:
deux-points

...
points de suspension

( )
parenthèses

[ ]
crochets

« »
guillemets

—
tiret

*
astérisque

/
barre oblique

signes diacritiques

é
accent aigu

à
accent grave

â
accent circonflexe

ç
cédille

l'a
apostrophe

ï
tréma

-
trait d'union

COMMUNICATIONS

alphabet phonétique international

signes	français	anglais
voyelles orales		
[a]	lac	—
[ɑ]	mât	arm
[æ]	—	back
[e]	thé	elite
[ɛ]	poète	yet
[ə]	—	ago
[ɜ]	—	earth
[i]	île	beet
[ɪ]	—	bit
[ɔ]	note	ball
[o]	dos	note
[œ]	peur	—
[u]	loup	rule
[ʊ]	—	bull
[ʌ]	—	but
[y]	mur	cure
[ɸ]	feu	—

signes	français	anglais
voyelles nasales		
[ã]	blanc	—
[ɛ̃]	pain	—
[ɔ̃]	bon	—
[œ̃]	brun	—

signes	français	anglais
semi-voyelles		
[j]	yeux	you
[ɥ]	nuit	—
[w]	oui	we

signes	français	anglais
diphtongues		
[aɪ]	—	my
[aʊ]	—	how
[ɔɪ]	—	toy
[ju]	—	amuse

signes	français	anglais
consonnes fricatives		
[f]	fou	life
[v]	vite	live
[θ]	—	thin
[ð]	—	then
[h]	—	hot
[s]	hélas	pass
[z]	gaz	zoo
[ʒ]	page	rouge
[ʃ]	cheval	she

signes	français	anglais
consonnes liquides		
[l]	mal	real
[r]	rude	rue
[m]	blême	him
[n]	fanal	in
[ɲ]	agneau	rang

signes	français	anglais
consonnes occlusives		
[p]	pas	mop
[b]	beau	bat
[d]	dur	do
[t]	tu	two
[k]	que	lake
[g]	gare	bag

signes	français	anglais
consonnes affriquées		
[tʃ]	—	chin
[dʒ]	—	joke

lettre type

modèle canadien

en-tête   lieu et date

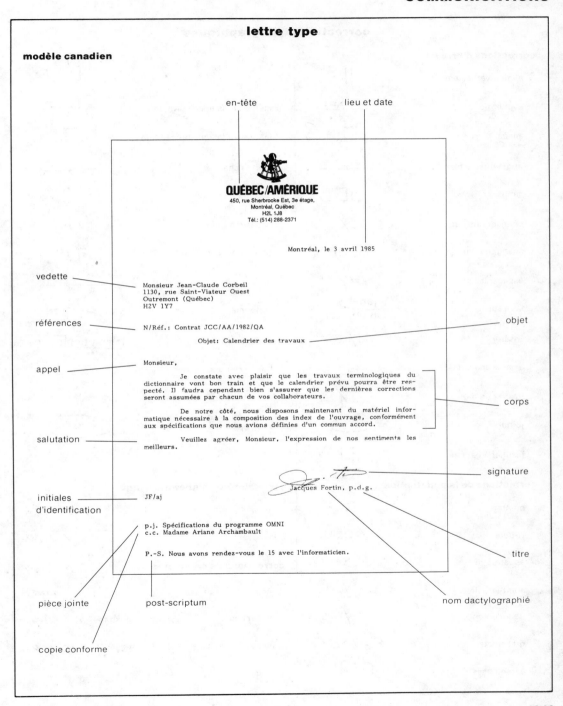

QUÉBEC/AMÉRIQUE
450, rue Sherbrooke Est, 3e étage,
Montréal, Québec
H2L 1J8
Tél.: (514) 288-2371

Montréal, le 3 avril 1985

vedette

Monsieur Jean-Claude Corbeil
1130, rue Saint-Viateur Ouest
Outremont (Québec)
H2V 1Y7

références

N/Réf.: Contrat JCC/AA/1982/QA   objet

Objet: Calendrier des travaux

appel

Monsieur,

    Je constate avec plaisir que les travaux terminologiques du dictionnaire vont bon train et que le calendrier prévu pourra être respecté. Il faudra cependant bien s'assurer que les dernières corrections seront assumées par chacun de vos collaborateurs.   corps

    De notre côté, nous disposons maintenant du matériel informatique nécessaire à la composition des index de l'ouvrage, conformément aux spécifications que nous avions définies d'un commun accord.

salutation

    Veuillez agréer, Monsieur, l'expression de nos sentiments les meilleurs.

signature

Jacques Fortin, p.d.g.

initiales
d'identification

JF/aj

p.j. Spécifications du programme OMNI
c.c. Madame Ariane Archambault

P.-S. Nous avons rendez-vous le 15 avec l'informaticien.   titre

pièce jointe   post-scriptum   nom dactylographié

copie conforme

COMMUNICATIONS

corrections typographiques

corrections d'erreurs

aligner verticalement	‖	justifier à droite	
aligner horizontalement	≡	mettre sur la ligne suivante	à
alinéa	⊏	mettre sur la ligne précédente	la
augmenter le blanc	—⫽—	ne rien changer	bon
centrer	]⊏	pousser à gauche	[
changer une lettre	a/	pousser à droite	]
changer un mot	/demi/	rapprocher sans joindre	↕/
espacer les mots	#/	réduire le blanc	→
faire suivre	à jouer. On pourrait	supprimer	↻
insérer	⋏	transposer deux mots	la solution bonne
insérer une lettre	u ⋏	transposer deux lignes	⇄
insérer un mot	la ⋏	transposer deux lettres	ʋɘg
joindre	⌣	voir copie	v. copie
justifier à gauche	�		

corrections de la ponctuation

point	⊙
virgule	⌃
apostrophe	⌄
point-virgule	;/
trait d'union	—/
guillemets	⌄⌄/⌄⌄
parenthèses	⊂/⊃

corrections de signes diacritiques

indice	⟋₂⟍ a^2
exposant	⟍²⟋ h_2O

corrections de caractères

en bas de casse	bdc	en romain	rom.
en capitales	cap	en gras	gr.
en petites capitales	p.c.	en léger	léger
en italique	ital.		

corrections typographiques

indication de caractères

italiques	liberté	*liberté*
gras	liberté	**liberté**
petites capitales	liberté	LIBERTÉ
grandes capitales	liberté	LIBERTÉ
capitales italiques	liberté	*LIBERTÉ*
capitales en gras	liberté	**LIBERTÉ**
capitales ital. gras	liberté	***LIBERTÉ***
grandes capitales et petites capitales	ARTHUR RIMBAUD	ARTHUR RIMBAUD

Alchimie du verbe

J'inventais la couleur des voyelles. A noir, E blanc, I rouge, O bleu, U vert. - Je réglais la forme et le mouvement de chaque consonne et, avec des rythmes instinctifs, je me flattais d'inventer un verbe poétique accessible, un jour ou l'autre, à tous les sens. Je réservais la traduction. D'abord ce fut une étude. J'écrivais des silences, des nuits, je notais l'inexprimable. Je fixais des vertiges.

Arthur Rimbaud
extraits de Une saison en enfer

instruments d'écriture

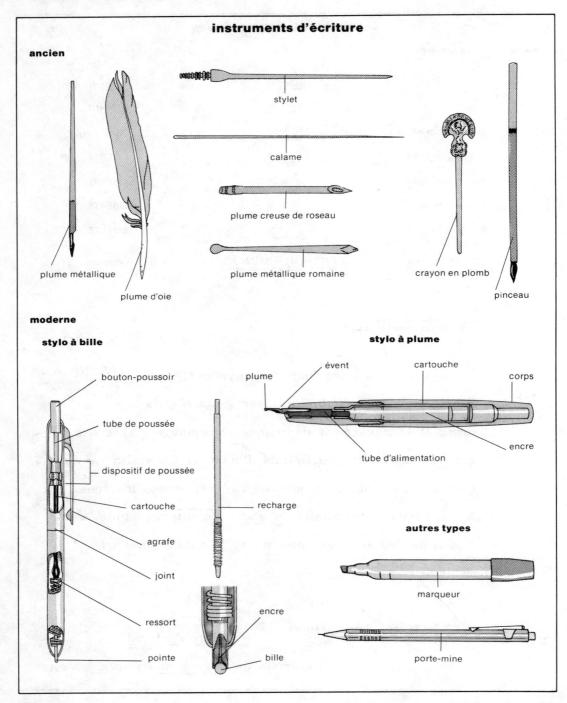

ancien

stylet

calame

plume creuse de roseau

plume métallique

plume d'oie

plume métallique romaine

crayon en plomb

pinceau

moderne

stylo à bille

bouton-poussoir

tube de poussée

dispositif de poussée

cartouche

agrafe

joint

ressort

pointe

recharge

encre

bille

stylo à plume

plume

évent

cartouche

corps

encre

tube d'alimentation

autres types

marqueur

porte-mine

photographie

appareil à visée reflex mono-objectif

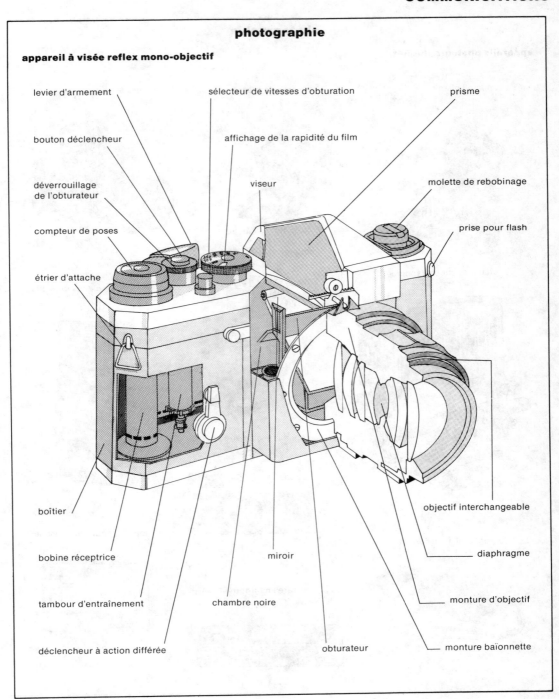

levier d'armement

bouton déclencheur

déverrouillage de l'obturateur

compteur de poses

étrier d'attache

sélecteur de vitesses d'obturation

affichage de la rapidité du film

viseur

prisme

molette de rebobinage

prise pour flash

boîtier

bobine réceptrice

tambour d'entraînement

déclencheur à action différée

miroir

chambre noire

obturateur

objectif interchangeable

diaphragme

monture d'objectif

monture baïonnette

photographie

appareils photographiques

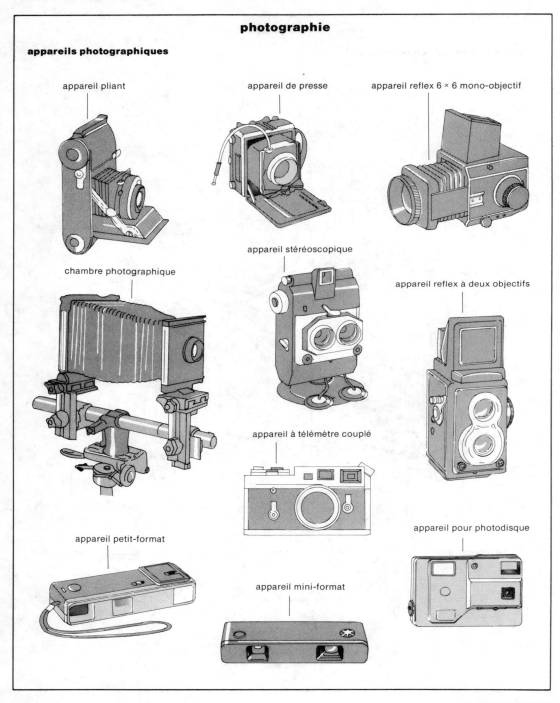

appareil pliant

appareil de presse

appareil reflex 6 × 6 mono-objectif

chambre photographique

appareil stéréoscopique

appareil reflex à deux objectifs

appareil à télémètre couplé

appareil petit-format

appareil mini-format

appareil pour photodisque

photographie

objectif et accessoires

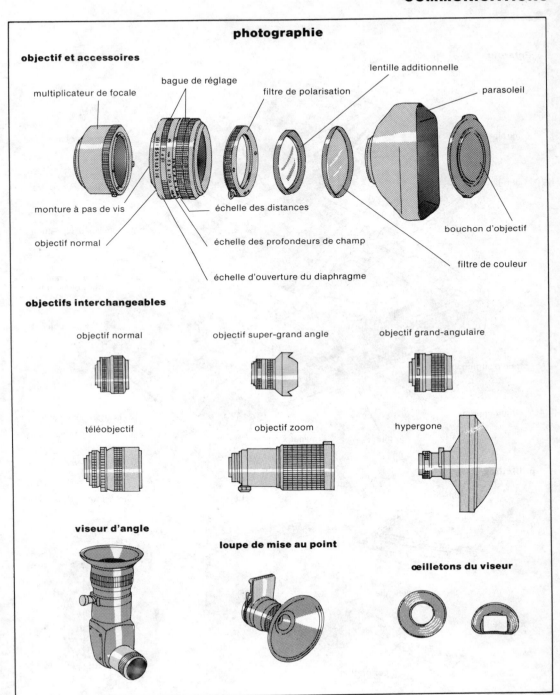

multiplicateur de focale

bague de réglage

filtre de polarisation

lentille additionnelle

parasoleil

monture à pas de vis

échelle des distances

objectif normal

échelle des profondeurs de champ

bouchon d'objectif

échelle d'ouverture du diaphragme

filtre de couleur

objectifs interchangeables

objectif normal

objectif super-grand angle

objectif grand-angulaire

téléobjectif

objectif zoom

hypergone

viseur d'angle

loupe de mise au point

œilletons du viseur

photographie

Polaroïd

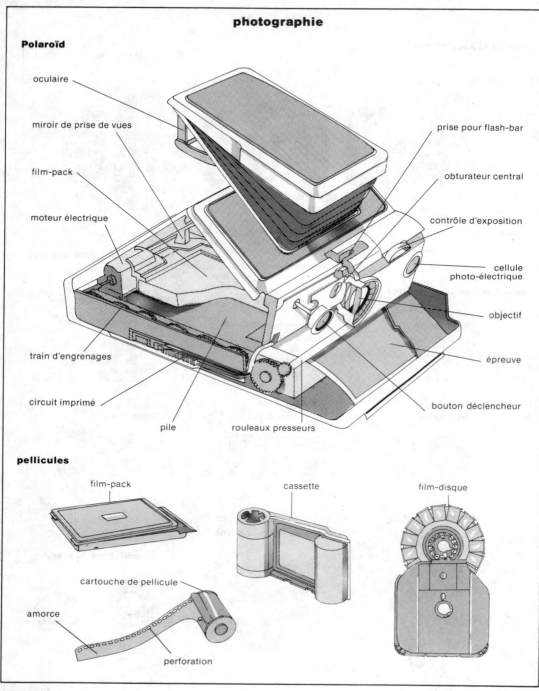

oculaire

miroir de prise de vues

film-pack

moteur électrique

train d'engrenages

circuit imprimé

pile

rouleaux presseurs

prise pour flash-bar

obturateur central

contrôle d'exposition

cellule photo-électrique

objectif

épreuve

bouton déclencheur

pellicules

film-pack

cassette

film-disque

cartouche de pellicule

amorce

perforation

photographie

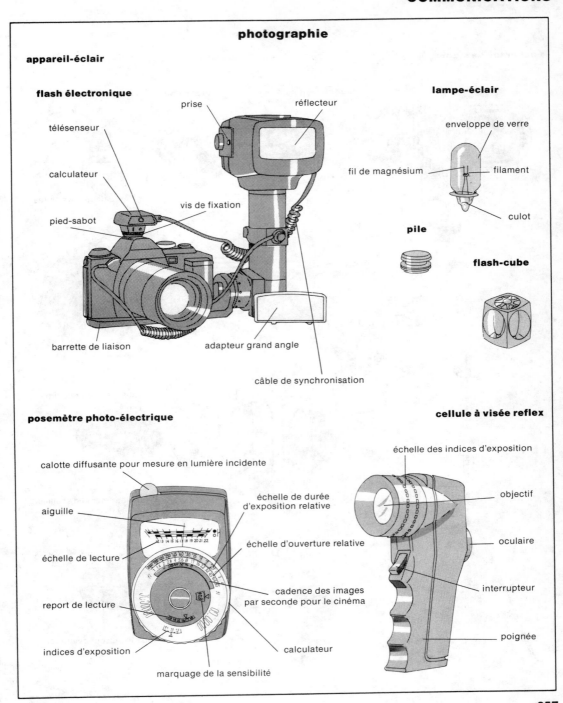

appareil-éclair

flash électronique

prise

réflecteur

télésenseur

calculateur

vis de fixation

pied-sabot

barrette de liaison

adapteur grand angle

câble de synchronisation

lampe-éclair

enveloppe de verre

fil de magnésium

filament

culot

pile

flash-cube

posemètre photo-électrique

calotte diffusante pour mesure en lumière incidente

aiguille

échelle de durée d'exposition relative

échelle de lecture

échelle d'ouverture relative

report de lecture

cadence des images par seconde pour le cinéma

indices d'exposition

marquage de la sensibilité

calculateur

cellule à visée reflex

échelle des indices d'exposition

objectif

oculaire

interrupteur

poignée

photographie

éclairage de studio

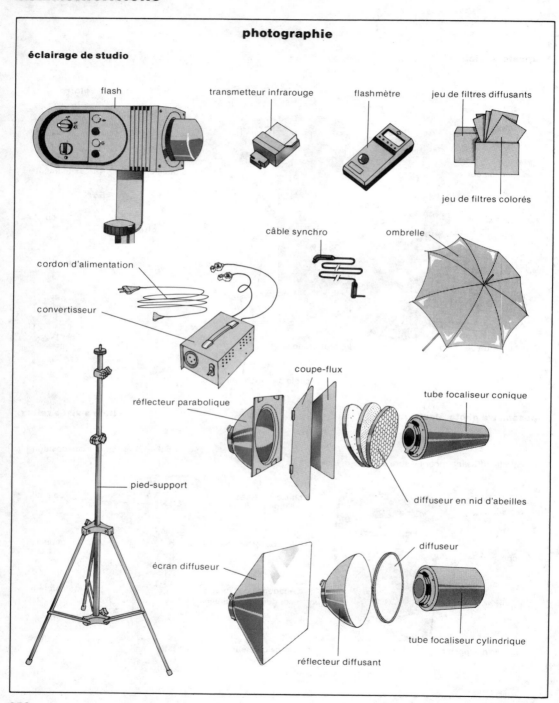

flash

transmetteur infrarouge

flashmètre

jeu de filtres diffusants

jeu de filtres colorés

câble synchro

ombrelle

cordon d'alimentation

convertisseur

coupe-flux

réflecteur parabolique

tube focaliseur conique

pied-support

diffuseur en nid d'abeilles

diffuseur

écran diffuseur

réflecteur diffusant

tube focaliseur cylindrique

photographie

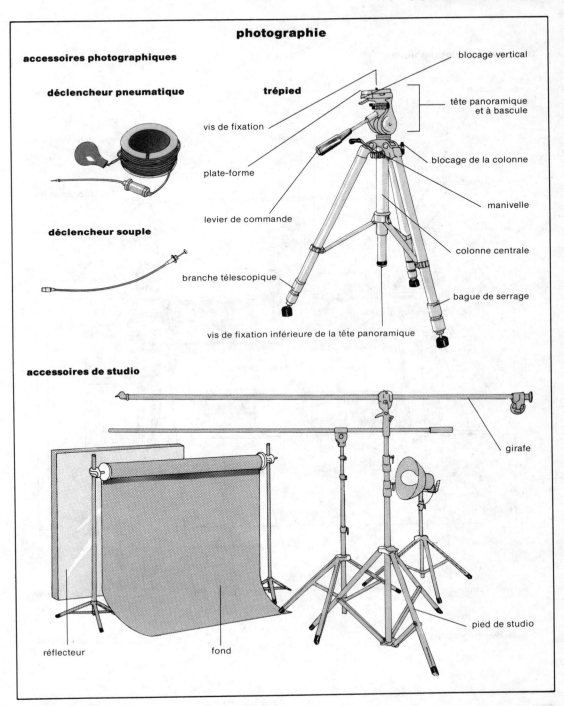

accessoires photographiques

déclencheur pneumatique

trépied

blocage vertical

tête panoramique et à bascule

vis de fixation

plate-forme

blocage de la colonne

manivelle

levier de commande

déclencheur souple

colonne centrale

branche télescopique

bague de serrage

vis de fixation inférieure de la tête panoramique

accessoires de studio

girafe

pied de studio

réflecteur

fond

COMMUNICATIONS

photographie

laboratoire photographique

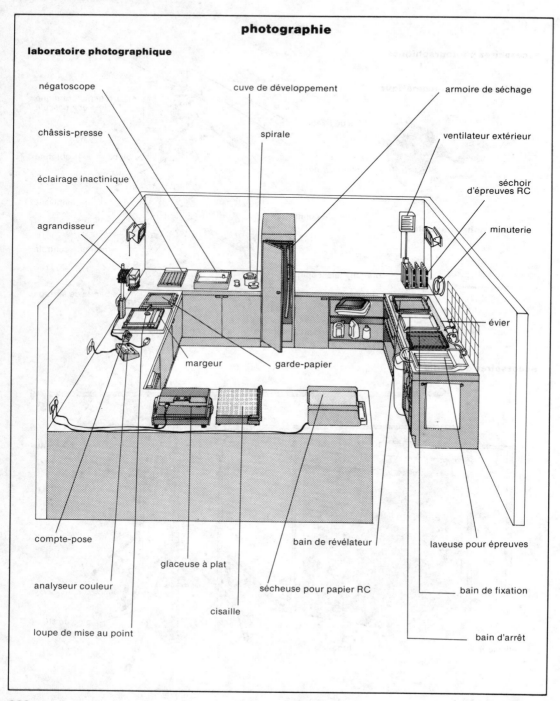

négatoscope

cuve de développement

armoire de séchage

châssis-presse

spirale

ventilateur extérieur

éclairage inactinique

séchoir d'épreuves RC

agrandisseur

minuterie

évier

margeur

garde-papier

compte-pose

bain de révélateur

laveuse pour épreuves

glaceuse à plat

analyseur couleur

sécheuse pour papier RC

bain de fixation

cisaille

loupe de mise au point

bain d'arrêt

photographie

agrandisseur

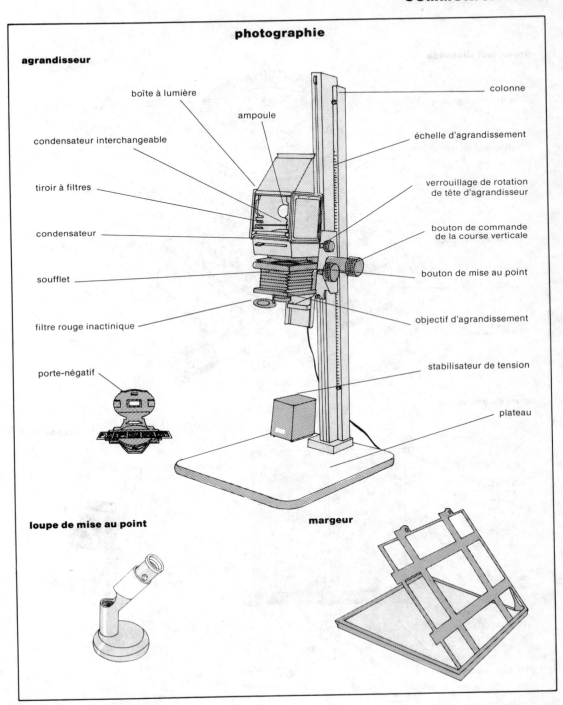

boîte à lumière

ampoule

colonne

échelle d'agrandissement

condensateur interchangeable

verrouillage de rotation de tête d'agrandisseur

tiroir à filtres

bouton de commande de la course verticale

condensateur

bouton de mise au point

soufflet

objectif d'agrandissement

filtre rouge inactinique

stabilisateur de tension

porte-négatif

plateau

loupe de mise au point

margeur

COMMUNICATIONS

photographie

projecteur diascope

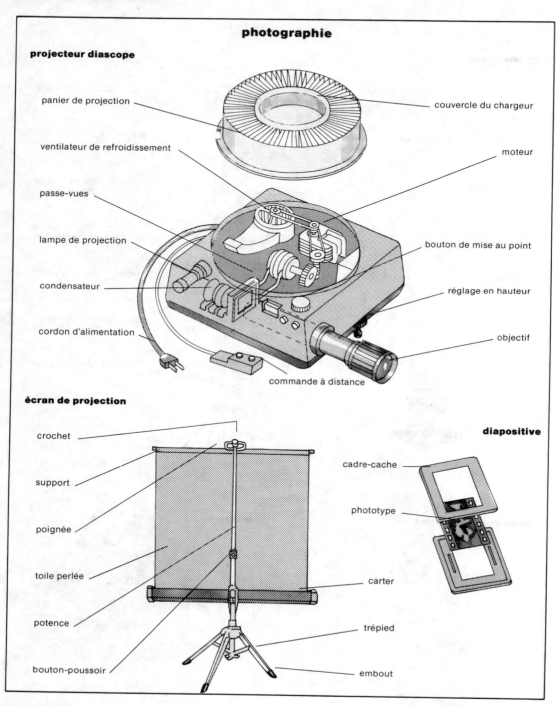

panier de projection

couvercle du chargeur

ventilateur de refroidissement

moteur

passe-vues

lampe de projection

bouton de mise au point

condensateur

réglage en hauteur

cordon d'alimentation

objectif

commande à distance

écran de projection

crochet

diapositive

cadre-cache

support

phototype

poignée

toile perlée

carter

potence

trépied

bouton-poussoir

embout

chaîne stéréo

composantes d'un système

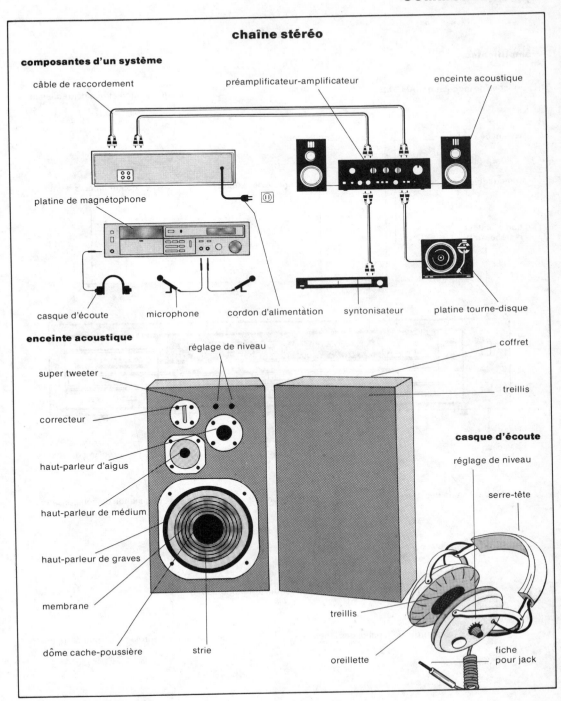

câble de raccordement

préamplificateur-amplificateur

enceinte acoustique

platine de magnétophone

casque d'écoute

microphone

cordon d'alimentation

syntonisateur

platine tourne-disque

enceinte acoustique

réglage de niveau

coffret

super tweeter

treillis

correcteur

casque d'écoute

réglage de niveau

haut-parleur d'aigus

serre-tête

haut-parleur de médium

haut-parleur de graves

membrane

treillis

dôme cache-poussière

strie

oreillette

fiche pour jack

COMMUNICATIONS

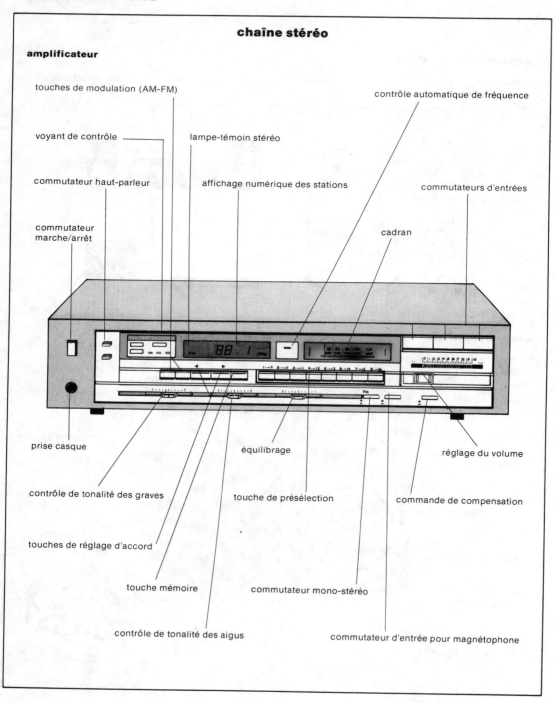

chaîne stéréo

amplificateur

touches de modulation (AM-FM)

contrôle automatique de fréquence

voyant de contrôle

lampe-témoin stéréo

commutateur haut-parleur

affichage numérique des stations

commutateurs d'entrées

commutateur marche/arrêt

cadran

prise casque

équilibrage

réglage du volume

contrôle de tonalité des graves

touche de présélection

commande de compensation

touches de réglage d'accord

touche mémoire

commutateur mono-stéréo

contrôle de tonalité des aigus

commutateur d'entrée pour magnétophone

chaîne stéréo

platine tourne-disque

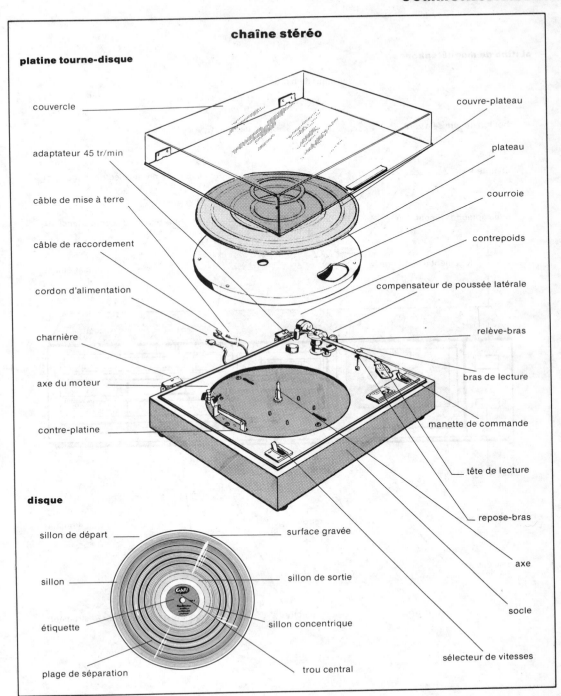

couvercle

couvre-plateau

adaptateur 45 tr/min

plateau

câble de mise à terre

courroie

câble de raccordement

contrepoids

cordon d'alimentation

compensateur de poussée latérale

charnière

relève-bras

axe du moteur

bras de lecture

contre-platine

manette de commande

tête de lecture

disque

repose-bras

sillon de départ

surface gravée

axe

sillon

sillon de sortie

étiquette

sillon concentrique

socle

plage de séparation

trou central

sélecteur de vitesses

COMMUNICATIONS

chaîne stéréo

platine de magnétophone

sélecteur de bandes

bouton de remise à zéro

indicateur de type de bande

compteur

indicateur de niveau électroluminescent

interrupteur d'alimentation

interrupteur d'accord silencieux

logement de cassette

enregistrement

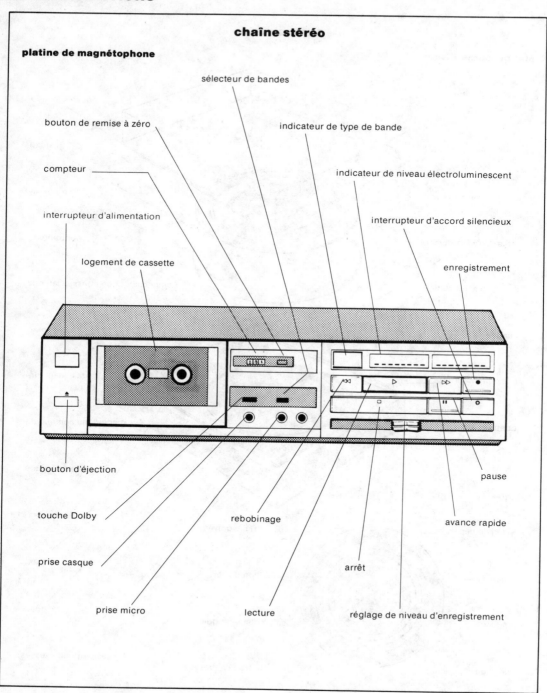

bouton d'éjection

pause

touche Dolby

rebobinage

avance rapide

prise casque

arrêt

prise micro

lecture

réglage de niveau d'enregistrement

magnétoscope

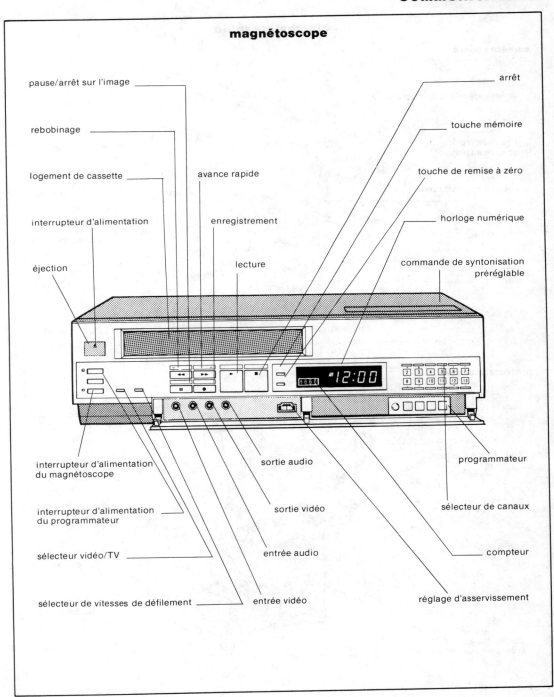

pause/arrêt sur l'image

arrêt

rebobinage

touche mémoire

logement de cassette

avance rapide

touche de remise à zéro

interrupteur d'alimentation

enregistrement

horloge numérique

éjection

lecture

commande de syntonisation
préréglable

interrupteur d'alimentation
du magnétoscope

sortie audio

programmateur

interrupteur d'alimentation
du programmateur

sortie vidéo

sélecteur de canaux

sélecteur vidéo/TV

entrée audio

compteur

sélecteur de vitesses de défilement

entrée vidéo

réglage d'asservissement

cinématographie

caméra sonore

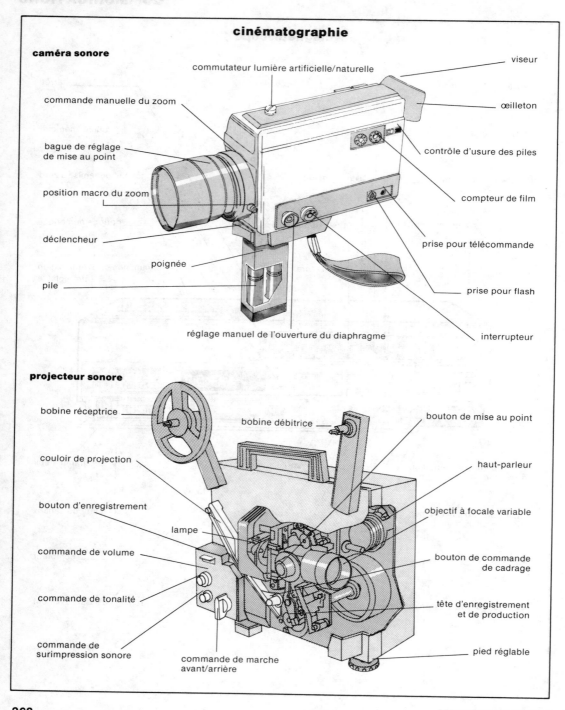

commutateur lumière artificielle/naturelle

viseur

commande manuelle du zoom

œilleton

bague de réglage
de mise au point

contrôle d'usure des piles

position macro du zoom

compteur de film

déclencheur

prise pour télécommande

poignée

pile

prise pour flash

réglage manuel de l'ouverture du diaphragme

interrupteur

projecteur sonore

bobine réceptrice

bobine débitrice

bouton de mise au point

couloir de projection

haut-parleur

bouton d'enregistrement

objectif à focale variable

lampe

commande de volume

bouton de commande
de cadrage

commande de tonalité

tête d'enregistrement
et de production

commande de
surimpression sonore

commande de marche
avant/arrière

pied réglable

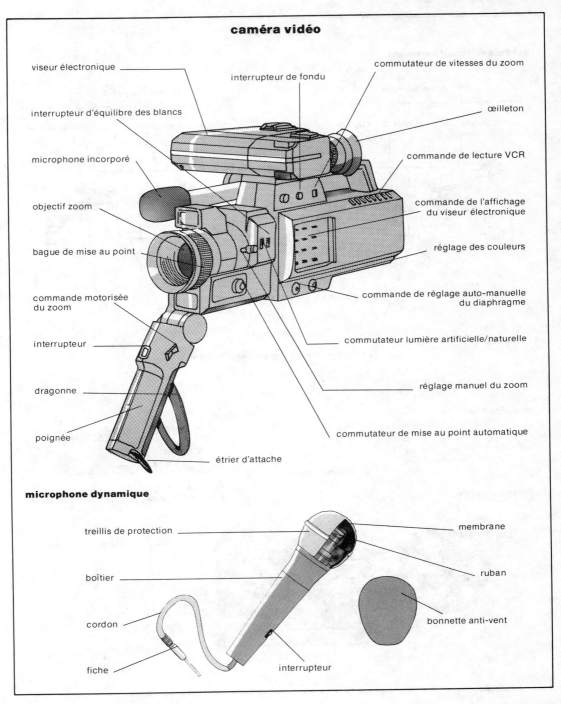

caméra vidéo

viseur électronique

interrupteur de fondu

commutateur de vitesses du zoom

interrupteur d'équilibre des blancs

œilleton

microphone incorporé

commande de lecture VCR

objectif zoom

commande de l'affichage du viseur électronique

bague de mise au point

réglage des couleurs

commande motorisée du zoom

commande de réglage auto-manuelle du diaphragme

interrupteur

commutateur lumière artificielle/naturelle

dragonne

réglage manuel du zoom

poignée

commutateur de mise au point automatique

étrier d'attache

microphone dynamique

treillis de protection

membrane

boîtier

ruban

cordon

bonnette anti-vent

fiche

interrupteur

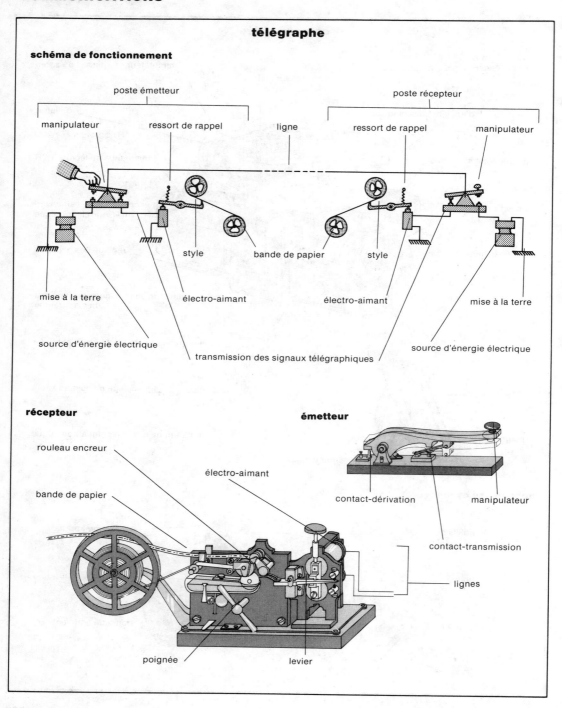

télégraphe

schéma de fonctionnement

poste émetteur

poste récepteur

manipulateur — ressort de rappel — ligne — ressort de rappel — manipulateur

style — bande de papier — style

mise à la terre — électro-aimant — électro-aimant — mise à la terre

source d'énergie électrique — source d'énergie électrique

transmission des signaux télégraphiques

récepteur

émetteur

rouleau encreur

électro-aimant

bande de papier

contact-dérivation — manipulateur

contact-transmission

lignes

poignée — levier

télégraphe

code morse

alphabet

A •■
B ■•••
C ■•■•
D ■••
E •
F ••■•
G ■■•
H ••••
I ••
J •■■■
K ■•■
L •■••
M ■■
N ■•
O ■■■
P •■■•
Q ■■•■
R •■•
S •••
T ■
U ••■

V •••■
W •■■
X ■••■
Y ■•■■
Z ■■••

chiffres

1 •■■■■
2 ••■■■
3 •••■■
4 ••••■
5 •••••
6 ■••••
7 ■■•••
8 ■■■••
9 ■■■■•
0 ■■■■■

signes de ponctuation

point (.) •■•■•■
virgule (,) ■■••■■
point d'interrogation (?) ••■■••
deux points (:) ■■■•••
point-virgule (;) ■•■•■•
trait d'union (-) ■••••■
barre de fraction (/) ■••■•
guillemets (") •■••■•

trait ■

point •

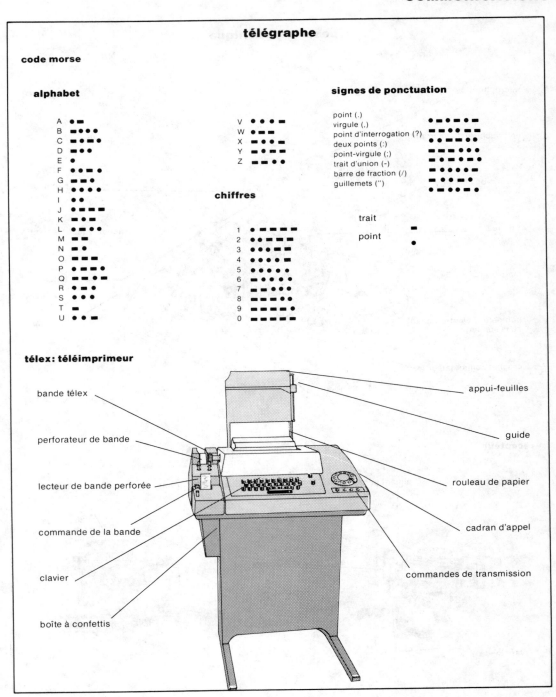

télex: téléimprimeur

bande télex

perforateur de bande

lecteur de bande perforée

commande de la bande

clavier

boîte à confettis

appui-feuilles

guide

rouleau de papier

cadran d'appel

commandes de transmission

poste téléphonique

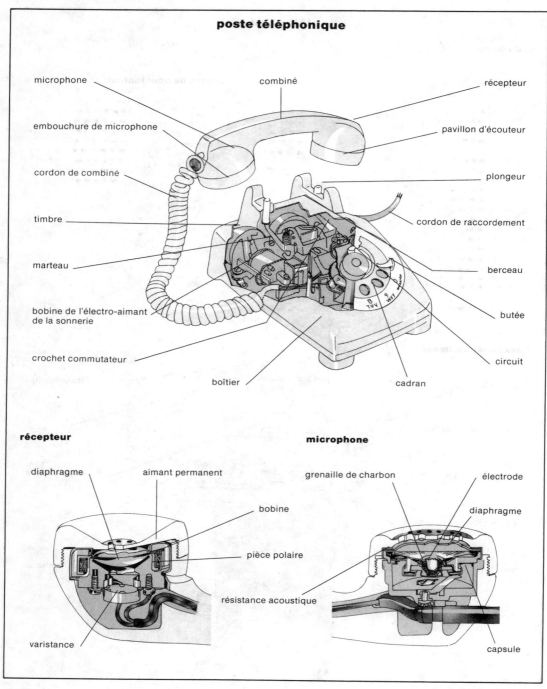

microphone

combiné

récepteur

embouchure de microphone

pavillon d'écouteur

cordon de combiné

plongeur

timbre

cordon de raccordement

marteau

berceau

bobine de l'électro-aimant de la sonnerie

butée

crochet commutateur

circuit

boîtier

cadran

récepteur

diaphragme

aimant permanent

bobine

pièce polaire

résistance acoustique

varistance

microphone

grenaille de charbon

électrode

diaphragme

capsule

types de postes téléphoniques

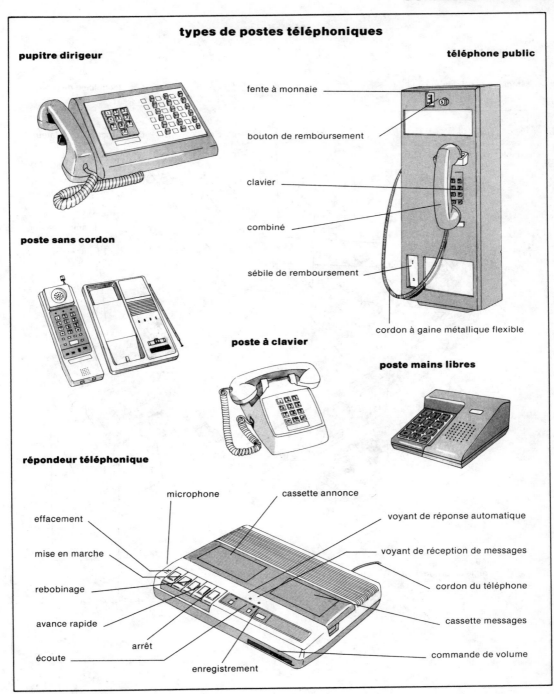

pupitre dirigeur

téléphone public

fente à monnaie

bouton de remboursement

clavier

combiné

sébile de remboursement

cordon à gaine métallique flexible

poste sans cordon

poste à clavier

poste mains libres

répondeur téléphonique

microphone

cassette annonce

effacement

voyant de réponse automatique

mise en marche

voyant de réception de messages

rebobinage

cordon du téléphone

avance rapide

cassette messages

arrêt

écoute

commande de volume

enregistrement

COMMUNICATIONS

télévision

studio et régies

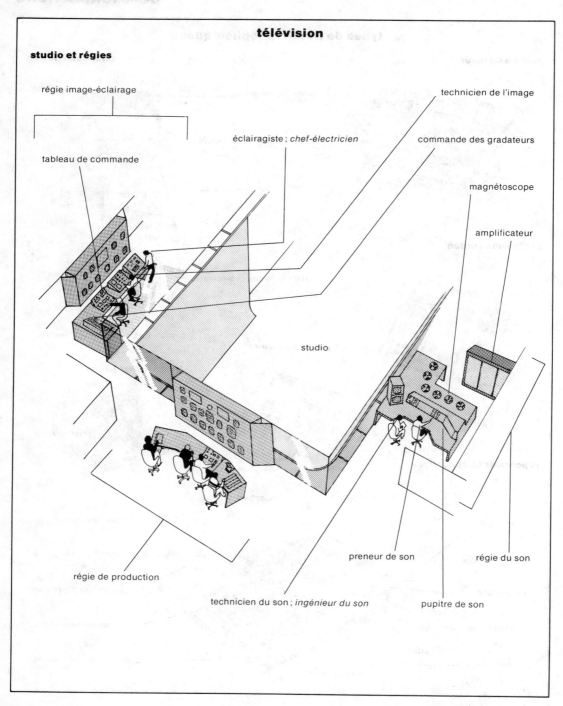

régie image-éclairage

technicien de l'image

éclairagiste ; *chef-électricien*

commande des gradateurs

tableau de commande

magnétoscope

amplificateur

studio

régie de production

preneur de son

régie du son

technicien du son ; *ingénieur du son*

pupitre de son

télévision

plateau

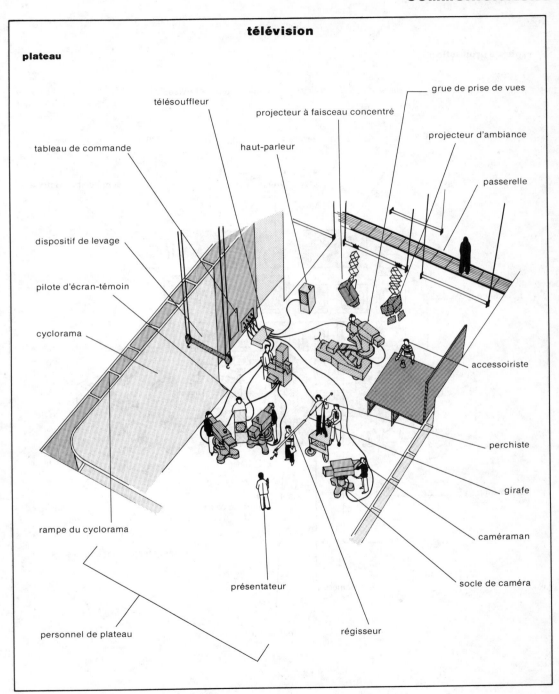

grue de prise de vues

télésouffleur

projecteur à faisceau concentré

projecteur d'ambiance

tableau de commande

haut-parleur

passerelle

dispositif de levage

pilote d'écran-témoin

cyclorama

accessoiriste

perchiste

girafe

rampe du cyclorama

caméraman

socle de caméra

présentateur

régisseur

personnel de plateau

COMMUNICATIONS

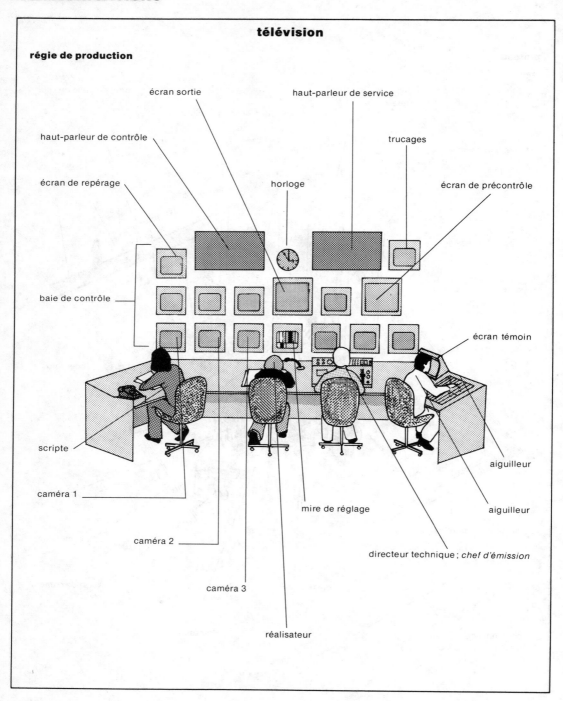

télévision

régie de production

écran sortie

haut-parleur de service

haut-parleur de contrôle

trucages

écran de repérage

horloge

écran de précontrôle

baie de contrôle

écran témoin

scripte

aiguilleur

caméra 1

aiguilleur

caméra 2

mire de réglage

directeur technique ; *chef d'émission*

caméra 3

réalisateur

télévision

téléviseur

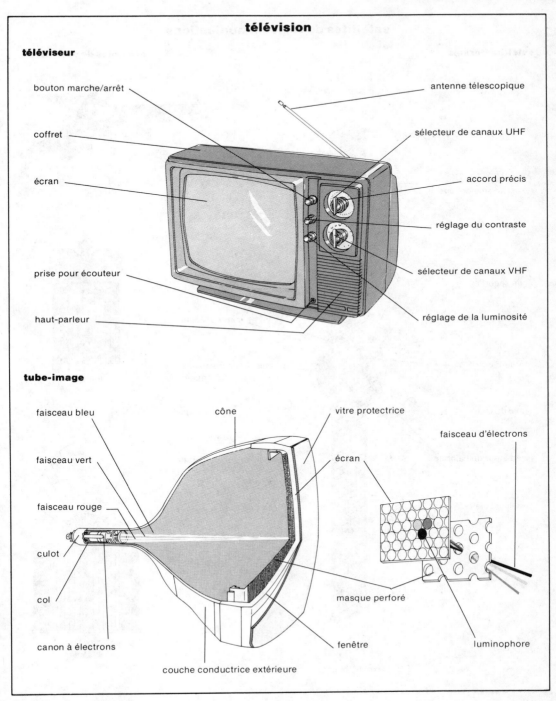

bouton marche/arrêt

coffret

écran

prise pour écouteur

haut-parleur

antenne télescopique

sélecteur de canaux UHF

accord précis

réglage du contraste

sélecteur de canaux VHF

réglage de la luminosité

tube-image

faisceau bleu

faisceau vert

faisceau rouge

culot

col

canon à électrons

cône

couche conductrice extérieure

vitre protectrice

écran

fenêtre

masque perforé

faisceau d'électrons

luminophore

COMMUNICATIONS

satellites de télécommunications

satellite Hermès

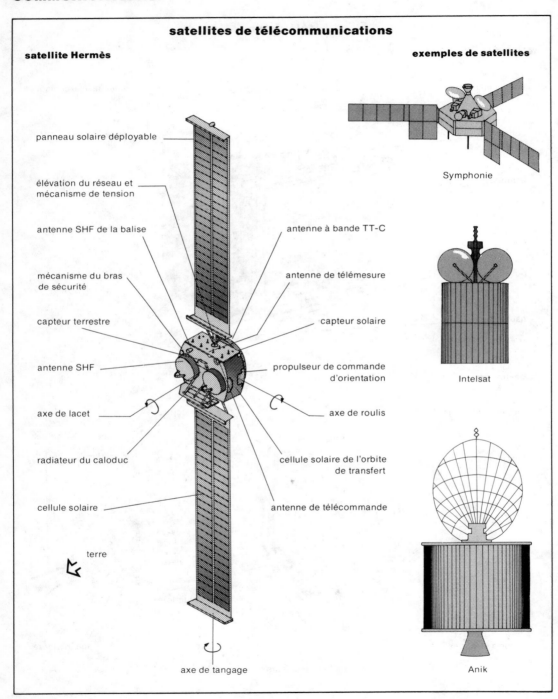

panneau solaire déployable

élévation du réseau et
mécanisme de tension

antenne SHF de la balise

mécanisme du bras
de sécurité

capteur terrestre

antenne SHF

axe de lacet

radiateur du caloduc

cellule solaire

terre

axe de tangage

exemples de satellites

Symphonie

antenne à bande TT-C

antenne de télémesure

capteur solaire

propulseur de commande
d'orientation

axe de roulis

cellule solaire de l'orbite
de transfert

antenne de télécommande

Intelsat

Anik

satellites de télécommunications

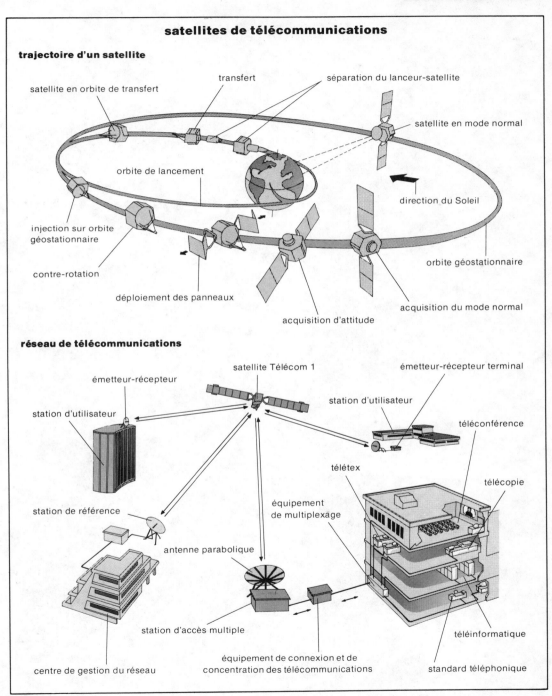

trajectoire d'un satellite

- satellite en orbite de transfert
- transfert
- séparation du lanceur-satellite
- satellite en mode normal
- orbite de lancement
- direction du Soleil
- injection sur orbite géostationnaire
- contre-rotation
- déploiement des panneaux
- acquisition d'attitude
- orbite géostationnaire
- acquisition du mode normal

réseau de télécommunications

- émetteur-récepteur
- satellite Télécom 1
- émetteur-récepteur terminal
- station d'utilisateur
- station d'utilisateur
- téléconférence
- télétex
- télécopie
- station de référence
- équipement de multiplexage
- antenne parabolique
- téléinformatique
- station d'accès multiple
- centre de gestion du réseau
- équipement de connexion et de concentration des télécommunications
- standard téléphonique

TRANSPORT

automobile

vue avant

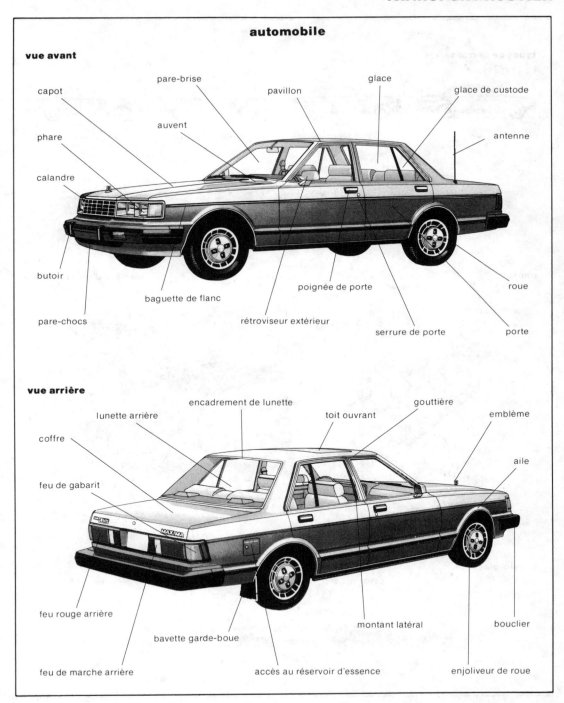

capot

pare-brise

pavillon

glace

glace de custode

phare

auvent

antenne

calandre

butoir

baguette de flanc

poignée de porte

rétroviseur extérieur

serrure de porte

roue

pare-chocs

porte

vue arrière

encadrement de lunette

gouttière

lunette arrière

toit ouvrant

emblème

coffre

aile

feu de gabarit

feu rouge arrière

bavette garde-boue

montant latéral

bouclier

feu de marche arrière

accès au réservoir d'essence

enjoliveur de roue

TRANSPORT ROUTIER

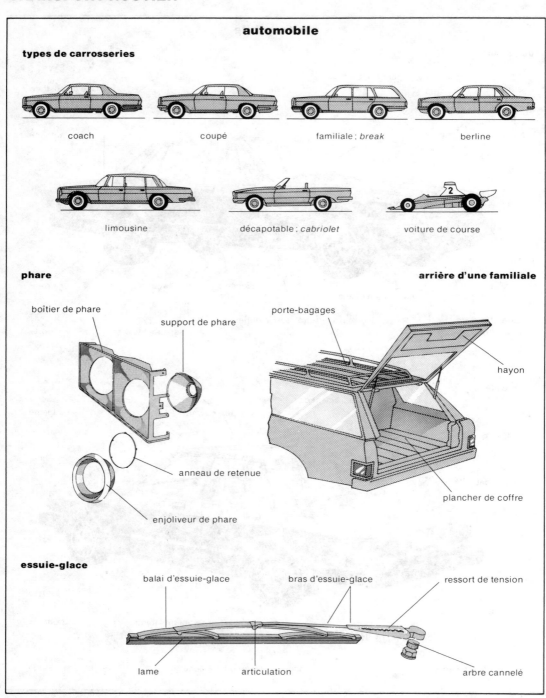

automobile

types de carrosseries

coach

coupé

familiale ; *break*

berline

limousine

décapotable ; *cabriolet*

voiture de course

phare

boîtier de phare

support de phare

anneau de retenue

enjoliveur de phare

arrière d'une familiale

porte-bagages

hayon

plancher de coffre

essuie-glace

balai d'essuie-glace

bras d'essuie-glace

ressort de tension

lame

articulation

arbre cannelé

automobile

tableau de bord

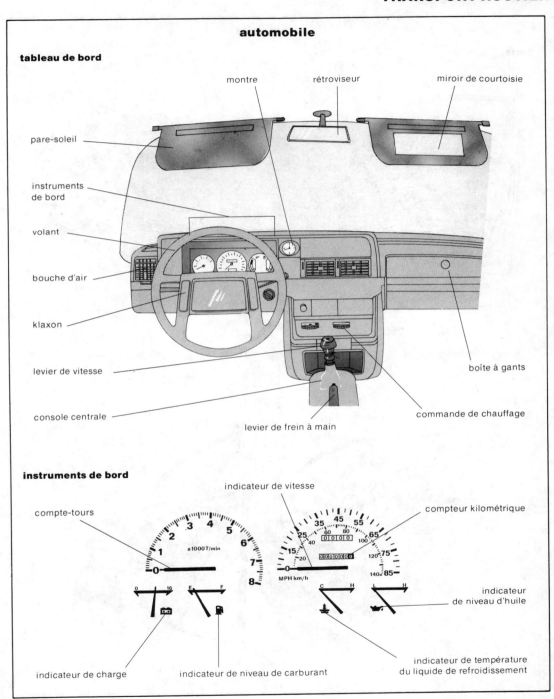

montre

rétroviseur

miroir de courtoisie

pare-soleil

instruments
de bord

volant

bouche d'air

klaxon

levier de vitesse

console centrale

levier de frein à main

boîte à gants

commande de chauffage

instruments de bord

indicateur de vitesse

compte-tours

compteur kilométrique

a1000 T/min

MPH km/h

indicateur
de niveau d'huile

indicateur de charge

indicateur de niveau de carburant

indicateur de température
du liquide de refroidissement

TRANSPORT ROUTIER

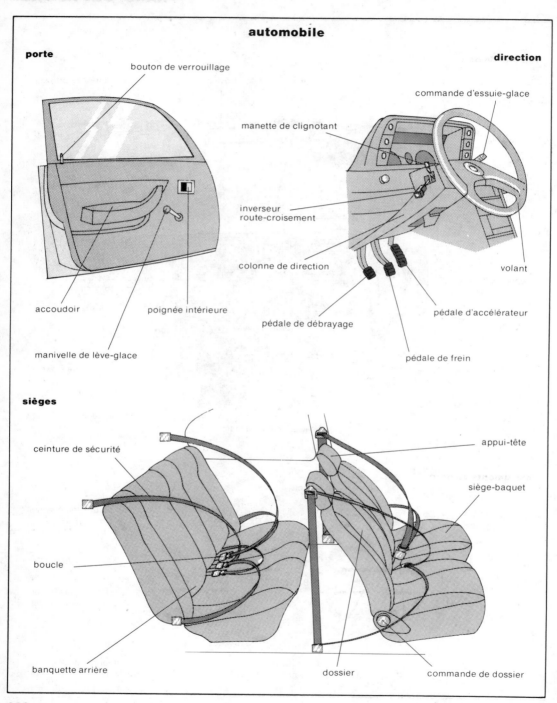

automobile

porte

bouton de verrouillage

accoudoir

poignée intérieure

manivelle de lève-glace

direction

commande d'essuie-glace

manette de clignotant

inverseur route-croisement

colonne de direction

volant

pédale d'accélérateur

pédale de débrayage

pédale de frein

sièges

ceinture de sécurité

boucle

banquette arrière

appui-tête

siège-baquet

dossier

commande de dossier

station-service

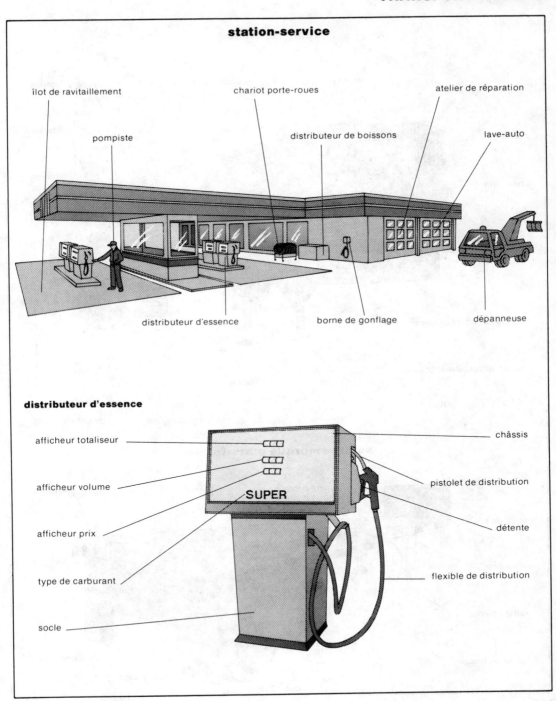

îlot de ravitaillement

chariot porte-roues

atelier de réparation

pompiste

distributeur de boissons

lave-auto

distributeur d'essence

borne de gonflage

dépanneuse

distributeur d'essence

afficheur totaliseur

châssis

afficheur volume

pistolet de distribution

afficheur prix

détente

type de carburant

flexible de distribution

socle

SUPER

387

TRANSPORT ROUTIER

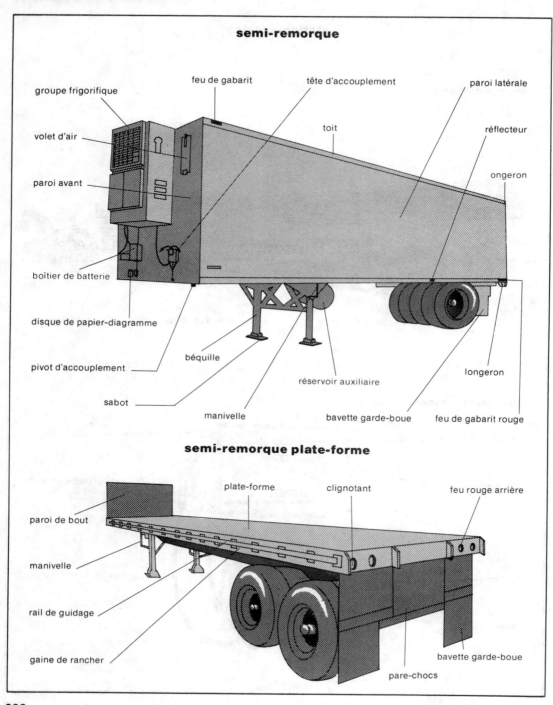

semi-remorque

groupe frigorifique

feu de gabarit

tête d'accouplement

paroi latérale

volet d'air

toit

réflecteur

paroi avant

ongeron

boîtier de batterie

disque de papier-diagramme

pivot d'accouplement

béquille

longeron

sabot

réservoir auxiliaire

manivelle

bavette garde-boue

feu de gabarit rouge

semi-remorque plate-forme

plate-forme

clignotant

feu rouge arrière

paroi de bout

manivelle

rail de guidage

gaine de rancher

pare-chocs

bavette garde-boue

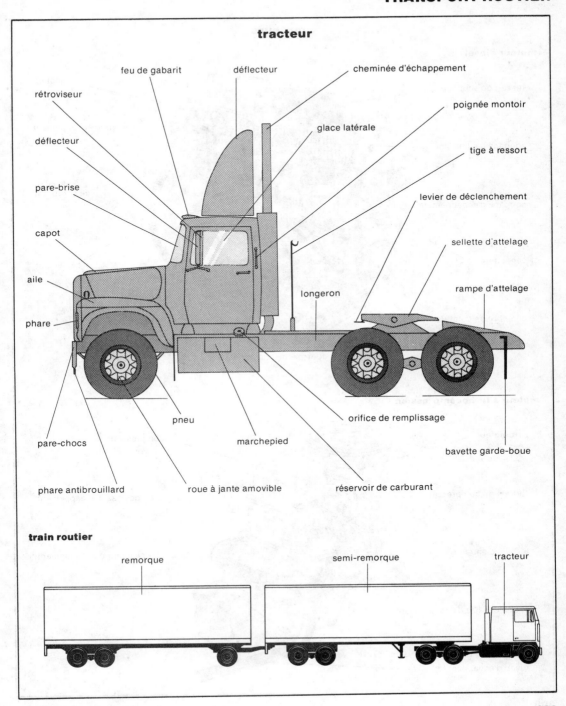

tracteur

feu de gabarit
déflecteur
cheminée d'échappement
rétroviseur
poignée montoir
déflecteur
glace latérale
tige à ressort
pare-brise
levier de déclenchement
capot
sellette d'attelage
aile
longeron
rampe d'attelage
phare
pneu
orifice de remplissage
pare-chocs
marchepied
bavette garde-boue
phare antibrouillard
roue à jante amovible
réservoir de carburant

train routier

remorque
semi-remorque
tracteur

TRANSPORT ROUTIER

moteurs

moteur diesel

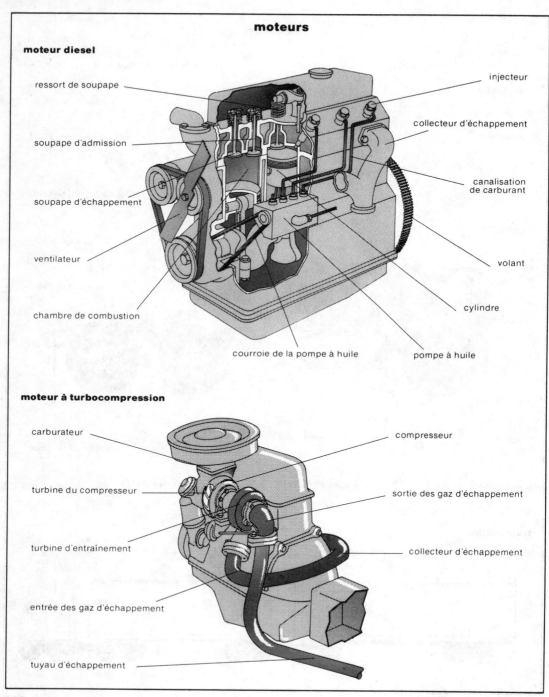

ressort de soupape

injecteur

collecteur d'échappement

soupape d'admission

canalisation de carburant

soupape d'échappement

ventilateur

volant

cylindre

chambre de combustion

courroie de la pompe à huile

pompe à huile

moteur à turbocompression

carburateur

compresseur

turbine du compresseur

sortie des gaz d'échappement

turbine d'entraînement

collecteur d'échappement

entrée des gaz d'échappement

tuyau d'échappement

moteur

moteur à essence

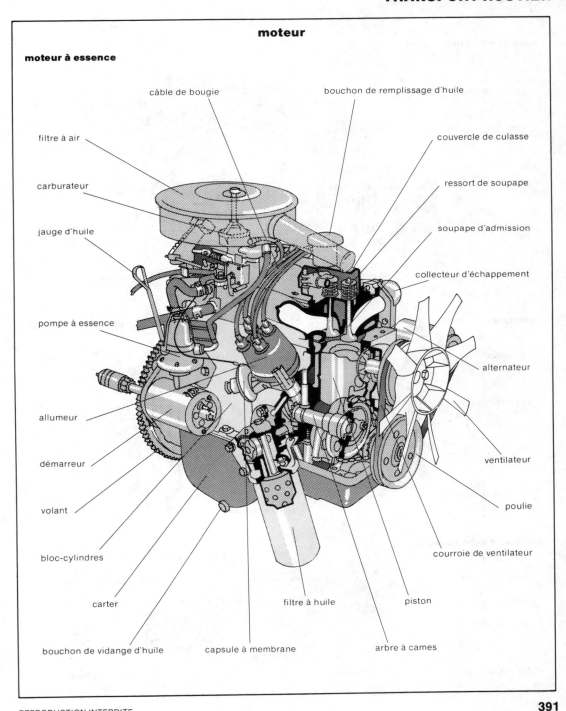

câble de bougie

bouchon de remplissage d'huile

filtre à air

couvercle de culasse

carburateur

ressort de soupape

jauge d'huile

soupape d'admission

collecteur d'échappement

pompe à essence

alternateur

allumeur

ventilateur

démarreur

poulie

volant

courroie de ventilateur

bloc-cylindres

carter

filtre à huile

piston

bouchon de vidange d'huile

capsule à membrane

arbre à cames

TRANSPORT ROUTIER

batterie d'accumulateurs

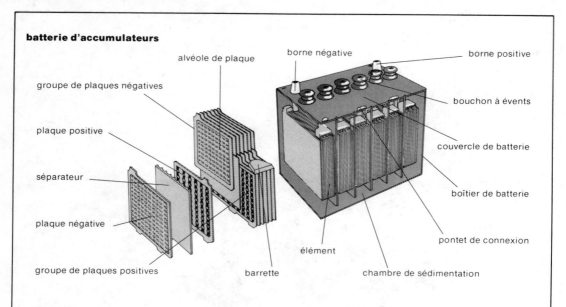

alvéole de plaque

borne négative

borne positive

groupe de plaques négatives

bouchon à évents

plaque positive

couvercle de batterie

séparateur

boîtier de batterie

plaque négative

pontet de connexion

groupe de plaques positives

barrette

élément

chambre de sédimentation

radiateur

bouchon de radiateur

borne

bougie d'allumage

ventilateur

durite de radiateur

isolateur

cannelure

radiateur

culot

écrou hexagonal

pompe à eau

électrode centrale

joint de bougie

courroie de ventilateur

électrode de masse

écartement des électrodes

système d'échappement

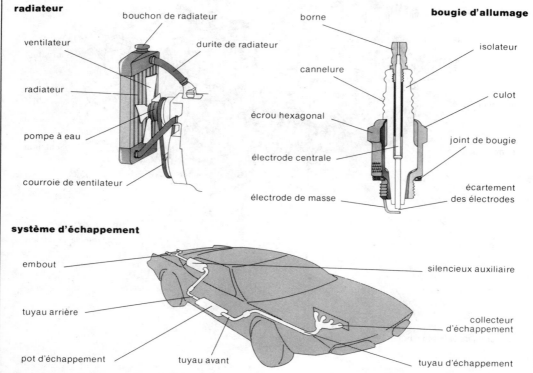

embout

silencieux auxiliaire

tuyau arrière

collecteur d'échappement

pot d'échappement

tuyau avant

tuyau d'échappement

pneus

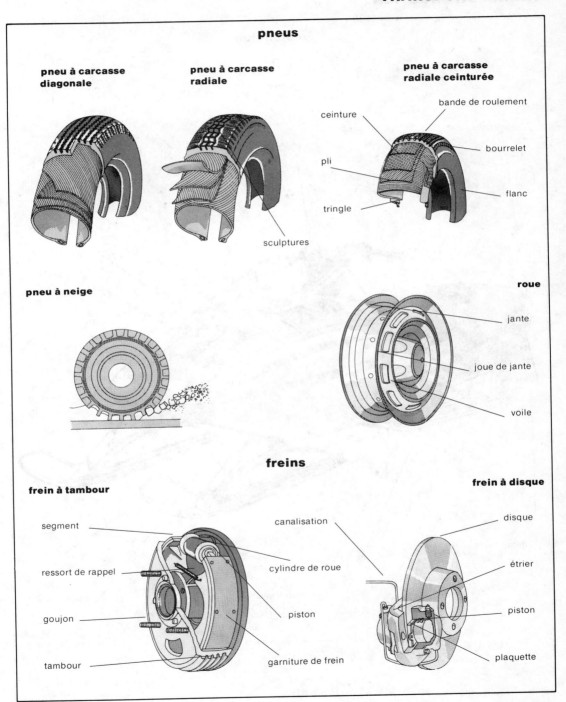

pneu à carcasse diagonale

pneu à carcasse radiale

pneu à carcasse radiale ceinturée

bande de roulement

ceinture

bourrelet

pli

flanc

tringle

sculptures

pneu à neige

roue

jante

joue de jante

voile

freins

frein à tambour

frein à disque

segment

canalisation

disque

ressort de rappel

cylindre de roue

étrier

goujon

piston

piston

tambour

garniture de frein

plaquette

motoneige

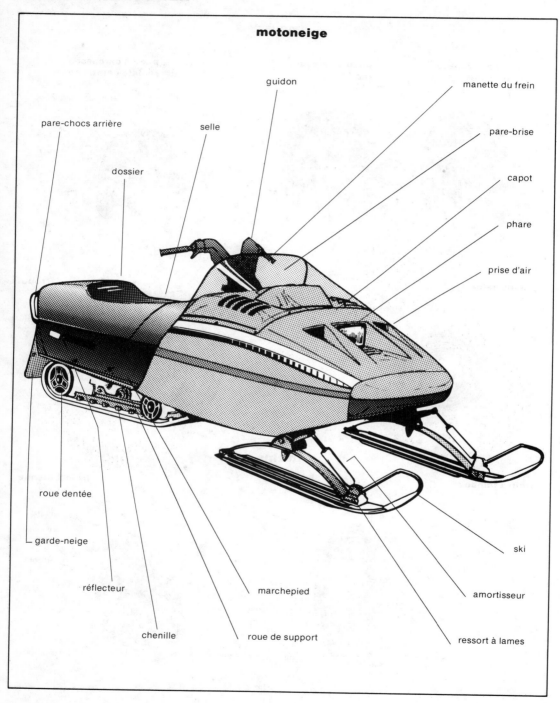

guidon

manette du frein

pare-chocs arrière

selle

pare-brise

dossier

capot

phare

prise d'air

roue dentée

garde-neige

ski

réflecteur

amortisseur

marchepied

chenille

roue de support

ressort à lames

motocyclette

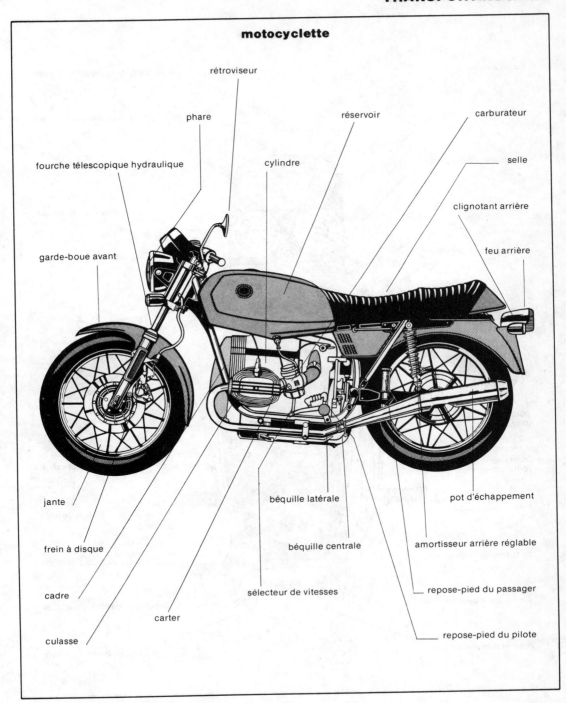

rétroviseur

phare

réservoir

carburateur

fourche télescopique hydraulique

cylindre

selle

clignotant arrière

feu arrière

garde-boue avant

jante

béquille latérale

pot d'échappement

frein à disque

béquille centrale

amortisseur arrière réglable

cadre

repose-pied du passager

carter

sélecteur de vitesses

culasse

repose-pied du pilote

motocyclette

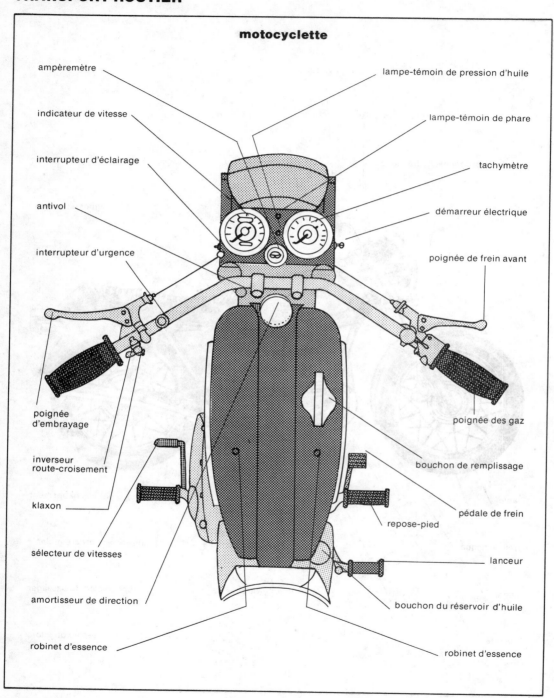

ampèremètre

indicateur de vitesse

interrupteur d'éclairage

antivol

interrupteur d'urgence

poignée
d'embrayage

inverseur
route-croisement

klaxon

sélecteur de vitesses

amortisseur de direction

robinet d'essence

lampe-témoin de pression d'huile

lampe-témoin de phare

tachymètre

démarreur électrique

poignée de frein avant

poignée des gaz

bouchon de remplissage

pédale de frein

repose-pied

lanceur

bouchon du réservoir d'huile

robinet d'essence

bicyclette

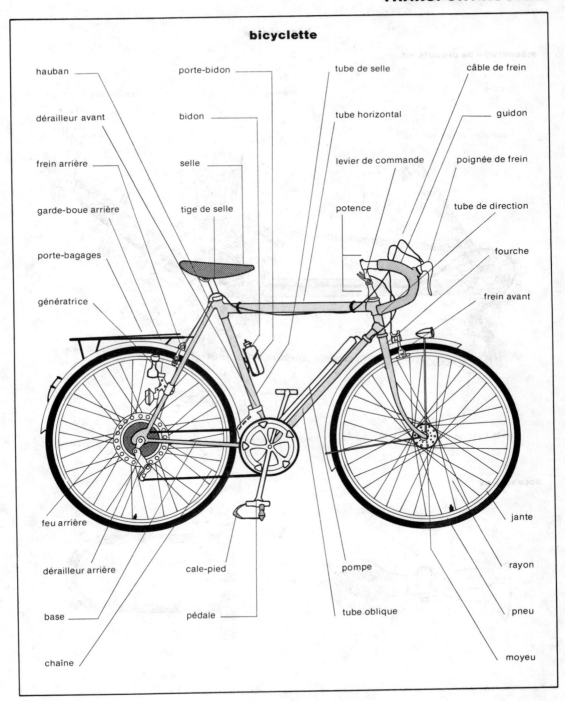

hauban

porte-bidon

tube de selle

câble de frein

dérailleur avant

bidon

tube horizontal

guidon

frein arrière

selle

levier de commande

poignée de frein

garde-boue arrière

tige de selle

potence

tube de direction

porte-bagages

fourche

génératrice

frein avant

feu arrière

jante

dérailleur arrière

cale-pied

pompe

rayon

base

pédale

tube oblique

pneu

chaîne

moyeu

bicyclette

mécanisme de propulsion

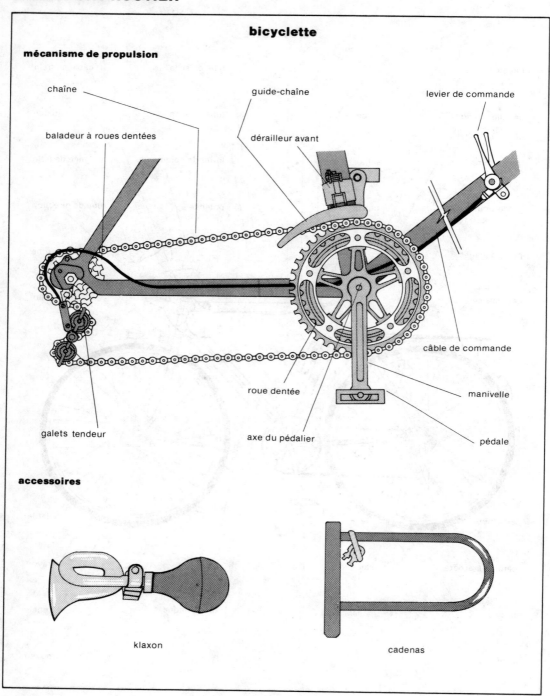

chaîne

guide-chaîne

levier de commande

baladeur à roues dentées

dérailleur avant

câble de commande

manivelle

roue dentée

galets tendeur

axe du pédalier

pédale

accessoires

klaxon

cadenas

coupe d'une rue

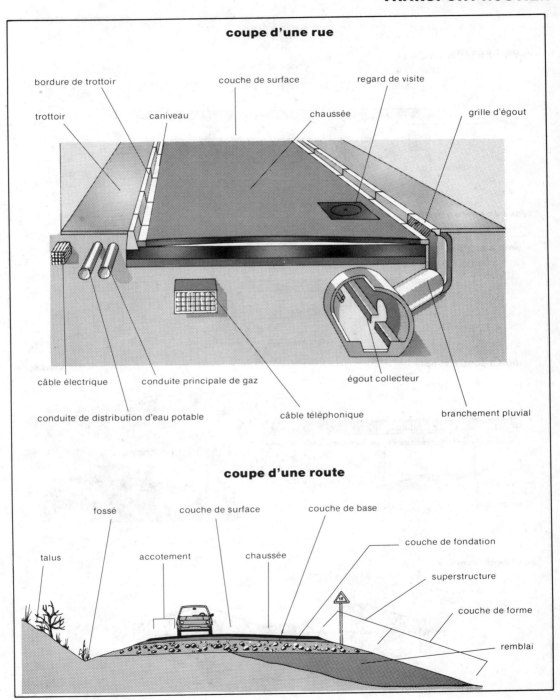

bordure de trottoir

couche de surface

regard de visite

trottoir

caniveau

chaussée

grille d'égout

câble électrique

conduite principale de gaz

égout collecteur

conduite de distribution d'eau potable

câble téléphonique

branchement pluvial

coupe d'une route

fossé

couche de surface

couche de base

talus

accotement

chaussée

couche de fondation

superstructure

couche de forme

remblai

TRANSPORT ROUTIER

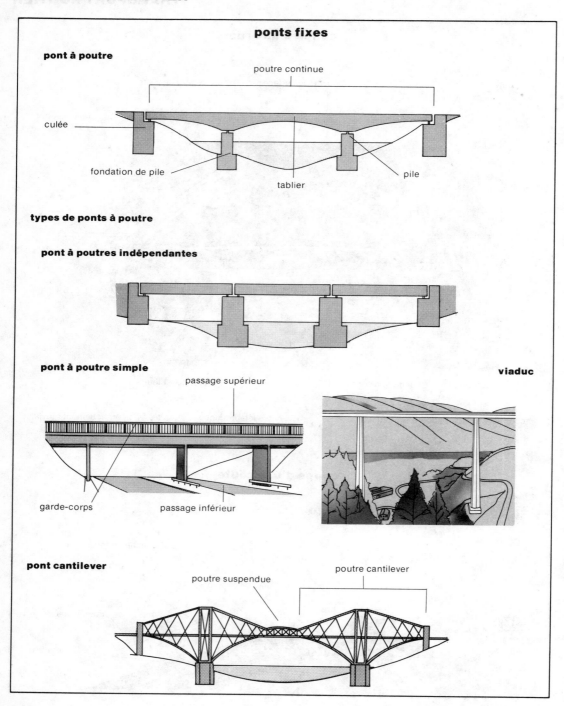

ponts fixes

pont à poutre

poutre continue

culée

fondation de pile

tablier

pile

types de ponts à poutre

pont à poutres indépendantes

pont à poutre simple

passage supérieur

viaduc

garde-corps

passage inférieur

pont cantilever

poutre suspendue

poutre cantilever

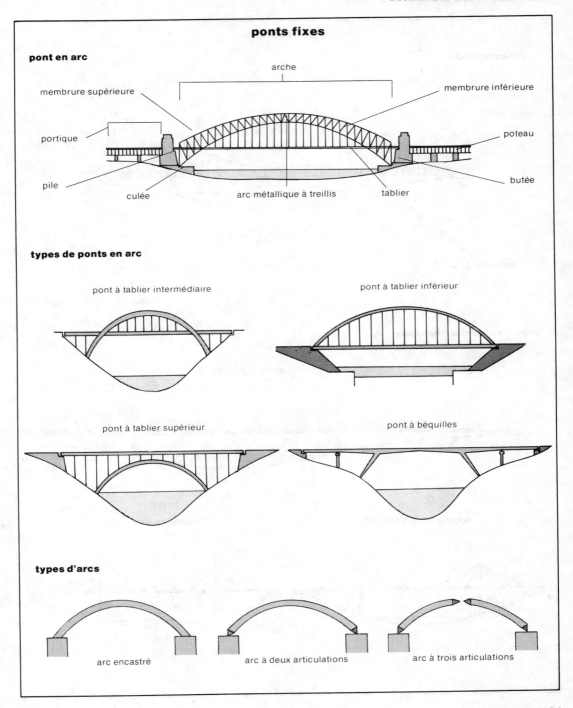

ponts fixes

pont en arc

- arche
- membrure supérieure
- membrure inférieure
- portique
- poteau
- pile
- culée
- arc métallique à treillis
- tablier
- butée

types de ponts en arc

pont à tablier intermédiaire

pont à tablier inférieur

pont à tablier supérieur

pont à béquilles

types d'arcs

arc encastré

arc à deux articulations

arc à trois articulations

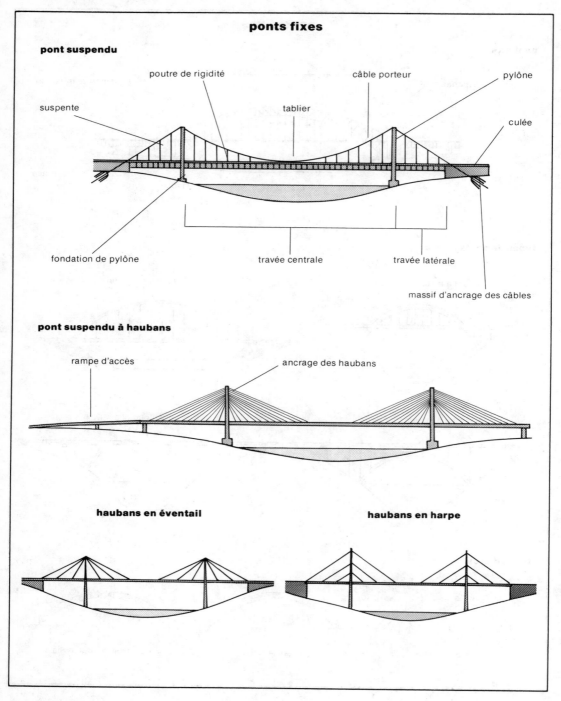

ponts fixes

pont suspendu

poutre de rigidité

câble porteur

pylône

suspente

tablier

culée

fondation de pylône

travée centrale

travée latérale

massif d'ancrage des câbles

pont suspendu à haubans

rampe d'accès

ancrage des haubans

haubans en éventail

haubans en harpe

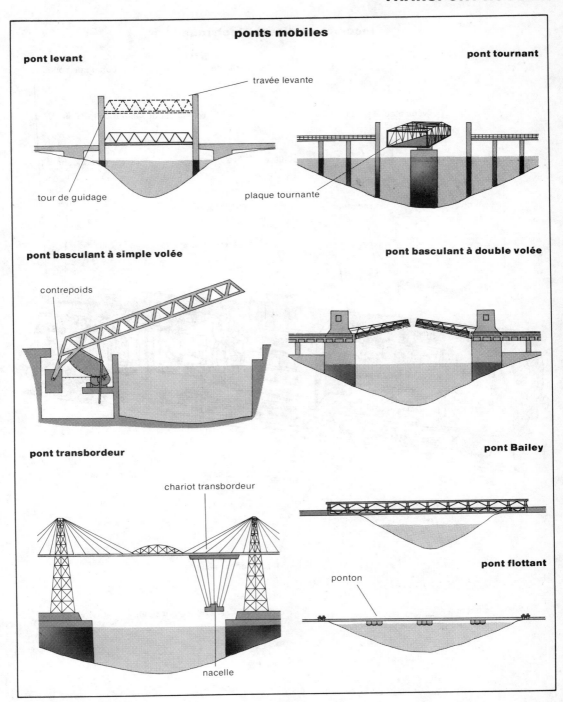

ponts mobiles

pont levant

travée levante

tour de guidage

pont tournant

plaque tournante

pont basculant à simple volée

contrepoids

pont basculant à double volée

pont transbordeur

chariot transbordeur

nacelle

pont Bailey

pont flottant

ponton

locomotive diesel-électrique

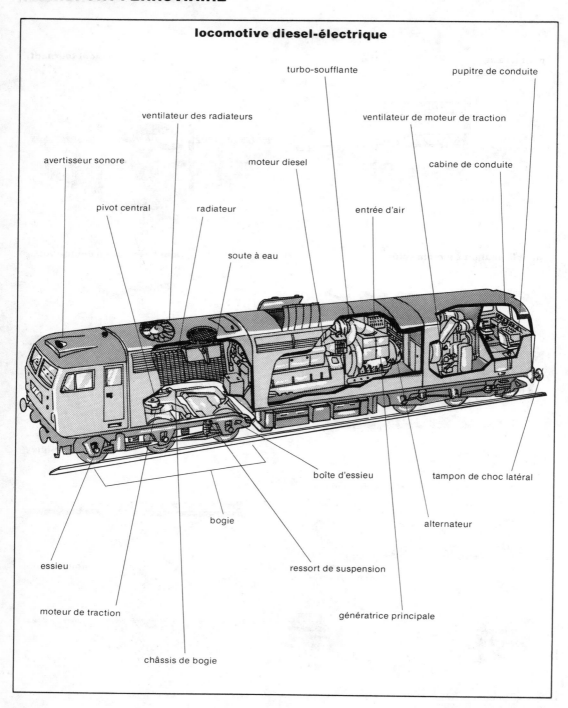

turbo-soufflante

pupitre de conduite

ventilateur des radiateurs

ventilateur de moteur de traction

avertisseur sonore

moteur diesel

cabine de conduite

pivot central

radiateur

entrée d'air

soute à eau

boîte d'essieu

tampon de choc latéral

bogie

alternateur

essieu

ressort de suspension

moteur de traction

génératrice principale

châssis de bogie

wagon couvert

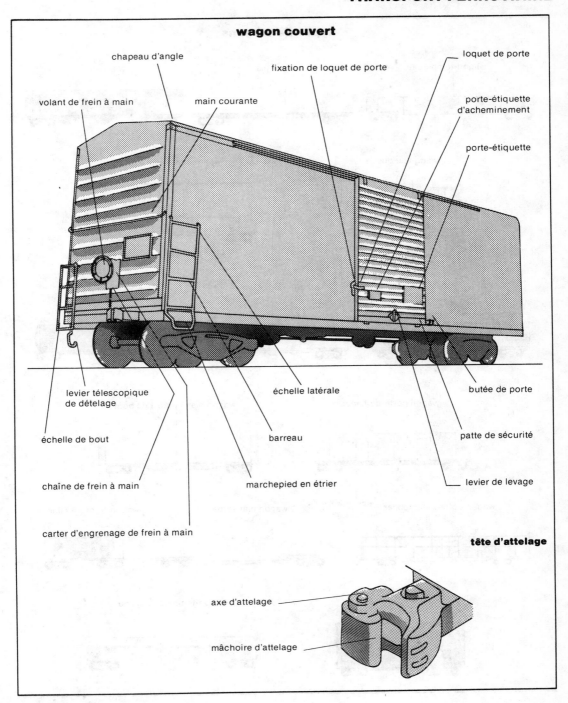

chapeau d'angle

fixation de loquet de porte

loquet de porte

volant de frein à main

porte-étiquette
d'acheminement

main courante

porte-étiquette

levier télescopique
de dételage

échelle latérale

butée de porte

échelle de bout

patte de sécurité

chaîne de frein à main

barreau

marchepied en étrier

levier de levage

carter d'engrenage de frein à main

tête d'attelage

axe d'attelage

mâchoire d'attelage

TRANSPORT FERROVIAIRE

types de wagons

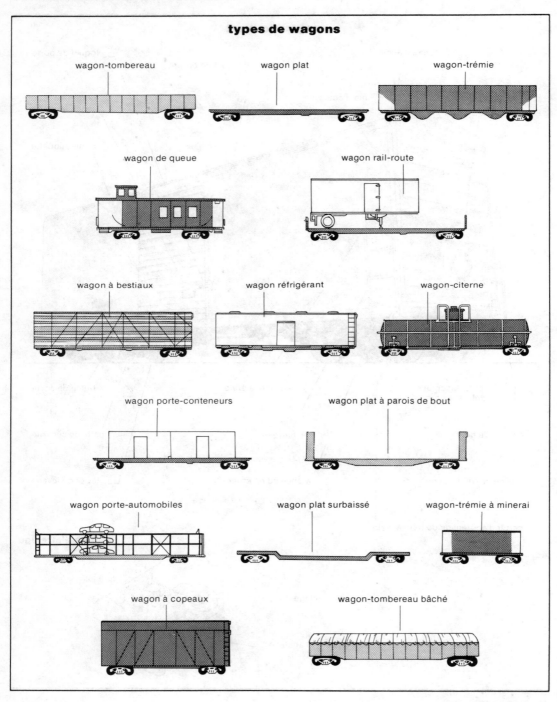

wagon-tombereau

wagon plat

wagon-trémie

wagon de queue

wagon rail-route

wagon à bestiaux

wagon réfrigérant

wagon-citerne

wagon porte-conteneurs

wagon plat à parois de bout

wagon porte-automobiles

wagon plat surbaissé

wagon-trémie à minerai

wagon à copeaux

wagon-tombereau bâché

types de voitures

voiture-coach

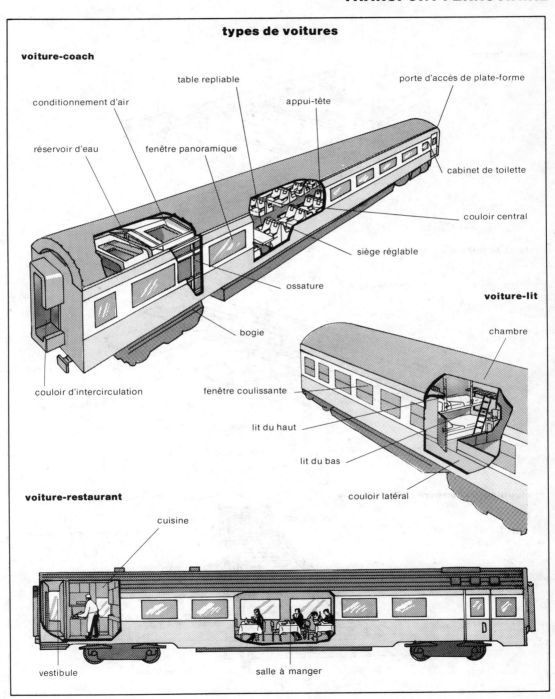

conditionnement d'air

table repliable

appui-tête

porte d'accès de plate-forme

réservoir d'eau

fenêtre panoramique

cabinet de toilette

couloir central

siège réglable

ossature

voiture-lit

chambre

bogie

couloir d'intercirculation

fenêtre coulissante

lit du haut

lit du bas

couloir latéral

voiture-restaurant

cuisine

vestibule

salle à manger

TRANSPORT FERROVIAIRE

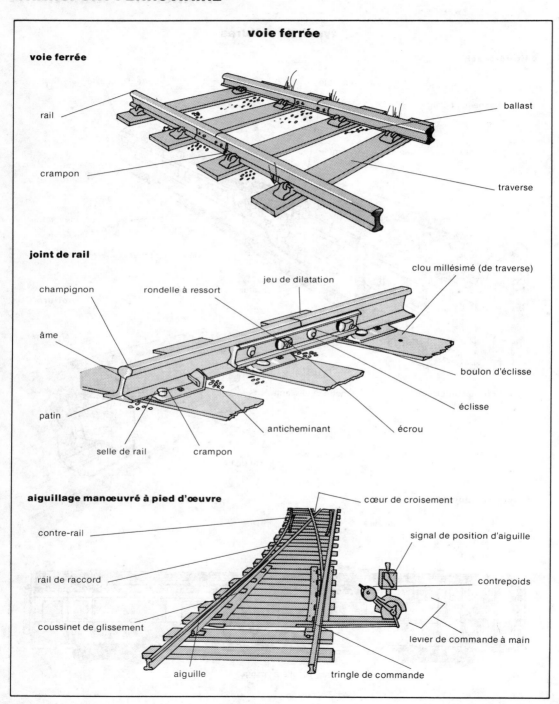

voie ferrée

voie ferrée

rail

ballast

crampon

traverse

joint de rail

champignon

rondelle à ressort

jeu de dilatation

clou millésimé (de traverse)

âme

boulon d'éclisse

patin

éclisse

anticheminant

écrou

selle de rail

crampon

aiguillage manœuvré à pied d'œuvre

cœur de croisement

contre-rail

signal de position d'aiguille

rail de raccord

contrepoids

coussinet de glissement

levier de commande à main

aiguille

tringle de commande

voie ferrée

aiguillage manœuvré à distance

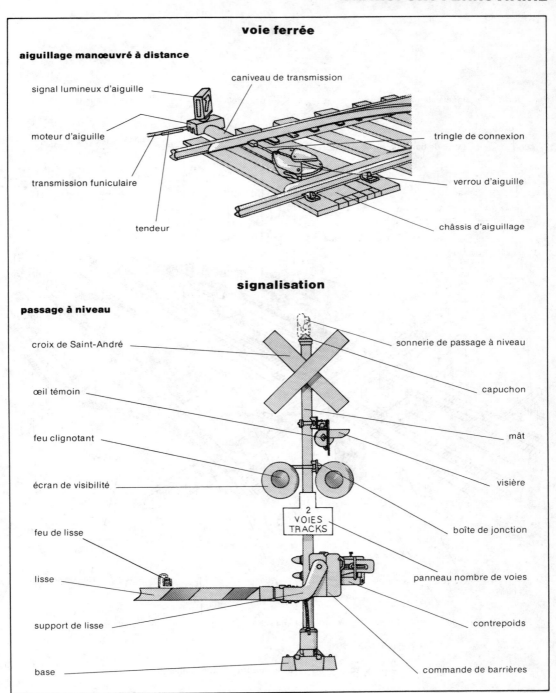

signal lumineux d'aiguille

caniveau de transmission

moteur d'aiguille

tringle de connexion

transmission funiculaire

verrou d'aiguille

tendeur

châssis d'aiguillage

signalisation

passage à niveau

croix de Saint-André

sonnerie de passage à niveau

œil témoin

capuchon

feu clignotant

mât

écran de visibilité

visière

2
VOIES
TRACKS

boîte de jonction

feu de lisse

lisse

panneau nombre de voies

support de lisse

contrepoids

base

commande de barrières

TRANSPORT FERROVIAIRE

gare

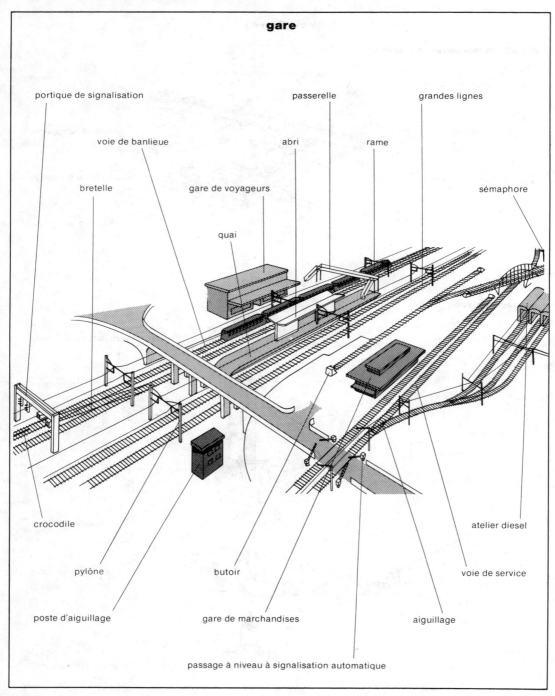

portique de signalisation

voie de banlieue

passerelle

grandes lignes

abri

rame

bretelle

gare de voyageurs

sémaphore

quai

crocodile

atelier diesel

pylône

butoir

voie de service

poste d'aiguillage

gare de marchandises

aiguillage

passage à niveau à signalisation automatique

conteneur

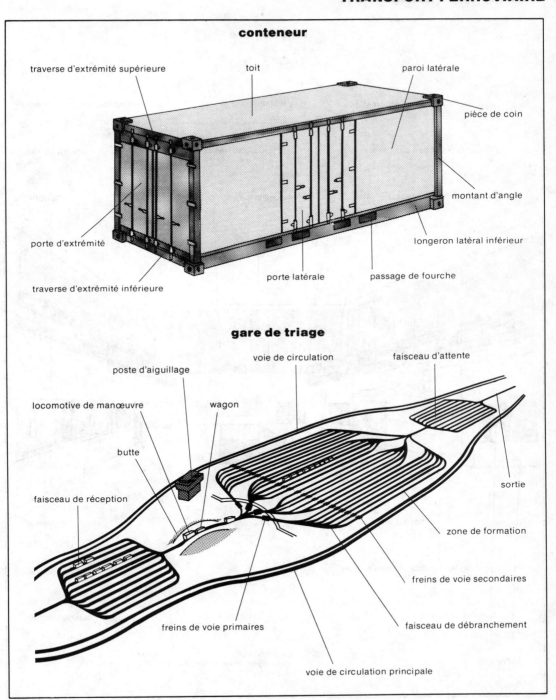

traverse d'extrémité supérieure

toit

paroi latérale

pièce de coin

montant d'angle

porte d'extrémité

longeron latéral inférieur

traverse d'extrémité inférieure

porte latérale

passage de fourche

gare de triage

voie de circulation

faisceau d'attente

poste d'aiguillage

wagon

locomotive de manœuvre

butte

sortie

faisceau de réception

zone de formation

freins de voie secondaires

freins de voie primaires

faisceau de débranchement

voie de circulation principale

TRANSPORT FERROVIAIRE

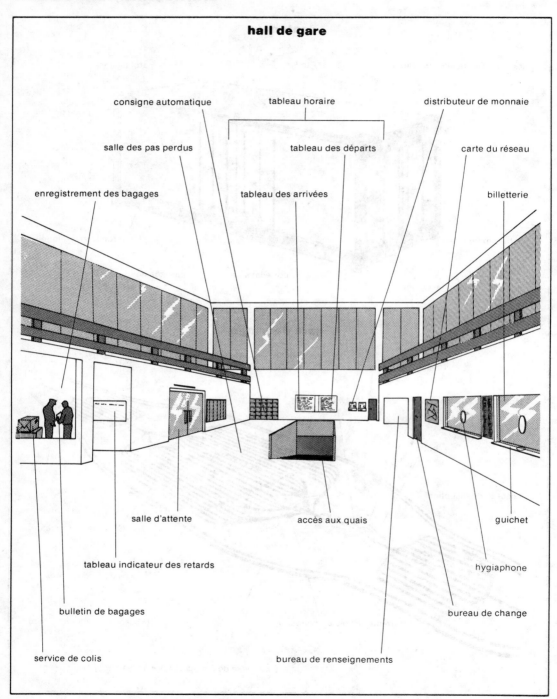

hall de gare

consigne automatique

tableau horaire

distributeur de monnaie

salle des pas perdus

tableau des départs

carte du réseau

enregistrement des bagages

tableau des arrivées

billetterie

salle d'attente

accès aux quais

guichet

tableau indicateur des retards

hygiaphone

bulletin de bagages

bureau de change

service de colis

bureau de renseignements

quai de gare

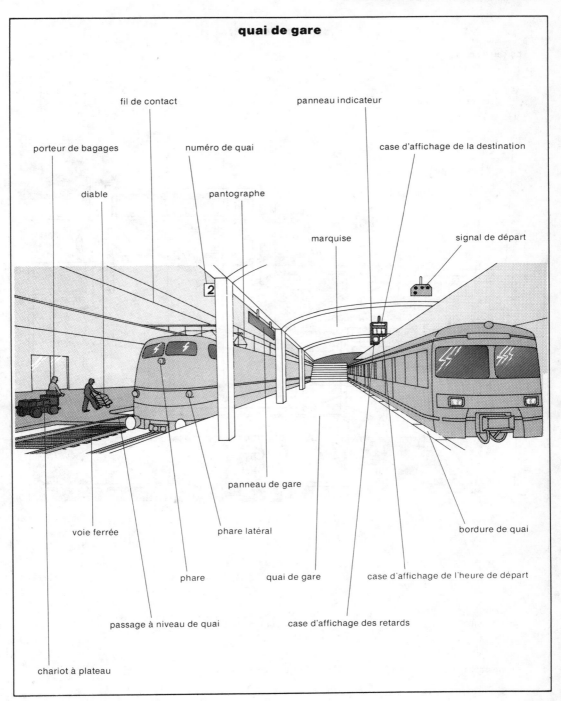

fil de contact

panneau indicateur

porteur de bagages

numéro de quai

case d'affichage de la destination

diable

pantographe

marquise

signal de départ

2

panneau de gare

voie ferrée

phare latéral

bordure de quai

phare

quai de gare

case d'affichage de l'heure de départ

passage à niveau de quai

case d'affichage des retards

chariot à plateau

TRANSPORT PAR MÉTRO

station de métro

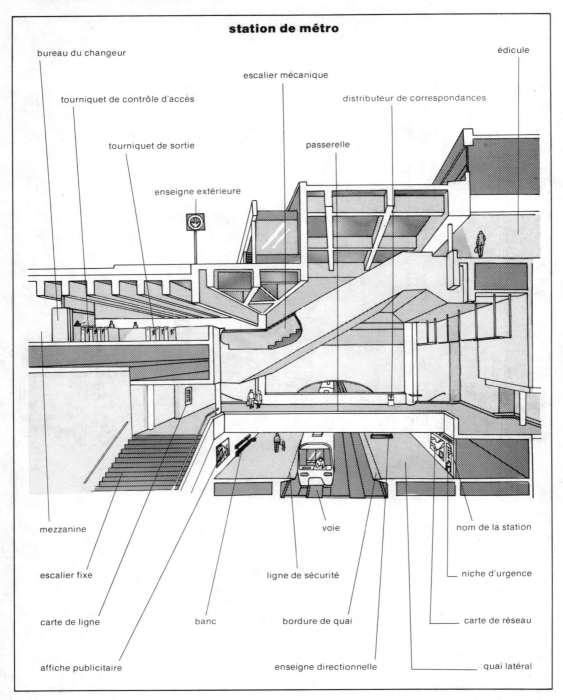

bureau du changeur

tourniquet de contrôle d'accès

tourniquet de sortie

enseigne extérieure

escalier mécanique

distributeur de correspondances

passerelle

édicule

mezzanine

voie

nom de la station

escalier fixe

ligne de sécurité

niche d'urgence

carte de ligne

banc

bordure de quai

carte de réseau

affiche publicitaire

enseigne directionnelle

quai latéral

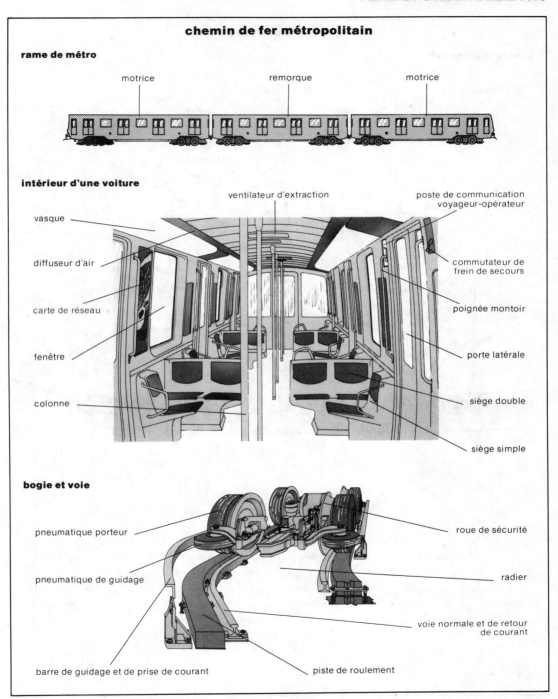

chemin de fer métropolitain

rame de métro

motrice   remorque   motrice

intérieur d'une voiture

ventilateur d'extraction

poste de communication voyageur-opérateur

vasque

diffuseur d'air

carte de réseau

fenêtre

colonne

commutateur de frein de secours

poignée montoir

porte latérale

siège double

siège simple

bogie et voie

pneumatique porteur

pneumatique de guidage

roue de sécurité

radier

voie normale et de retour de courant

barre de guidage et de prise de courant

piste de roulement

quatre-mâts barque

mâture et gréement

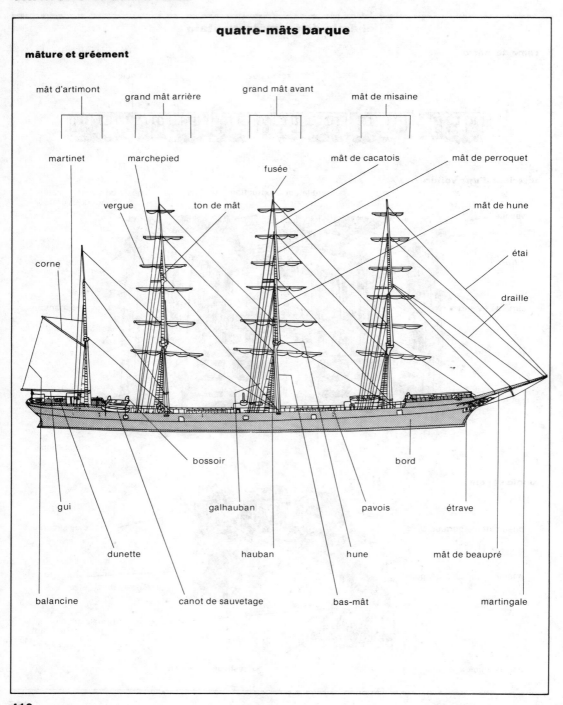

mât d'artimont

grand mât arrière

grand mât avant

mât de misaine

martinet

marchepied

mât de cacatois

mât de perroquet

fusée

vergue

ton de mât

mât de hune

étai

corne

draille

gui

bossoir

bord

galhauban

pavois

étrave

dunette

hauban

hune

mât de beaupré

balancine

canot de sauvetage

bas-mât

martingale

quatre-mâts barque

voilure

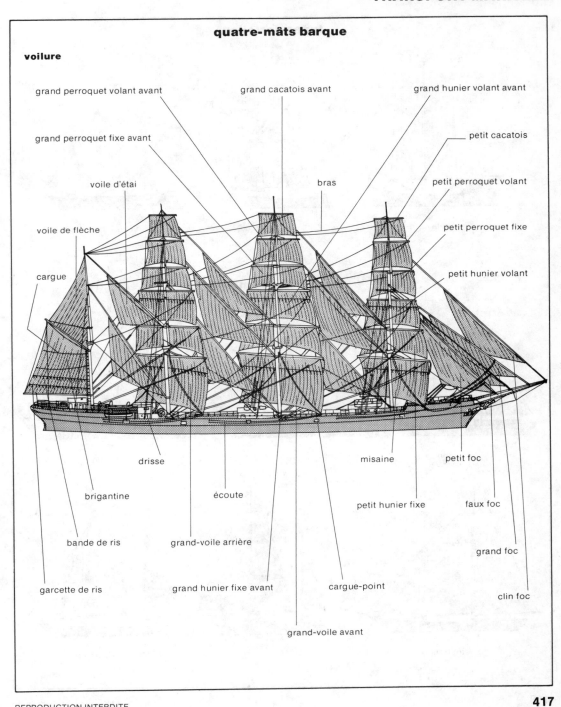

grand perroquet volant avant

grand cacatois avant

grand hunier volant avant

grand perroquet fixe avant

petit cacatois

voile d'étai

bras

petit perroquet volant

voile de flèche

petit perroquet fixe

cargue

petit hunier volant

drisse

misaine

petit foc

brigantine

écoute

petit hunier fixe

faux foc

bande de ris

grand-voile arrière

grand foc

garcette de ris

grand hunier fixe avant

cargue-point

clin foc

grand-voile avant

TRANSPORT MARITIME

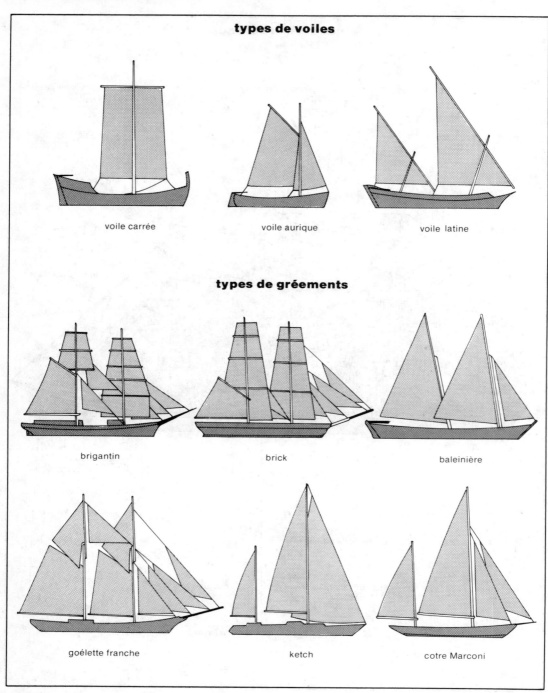

types de voiles

voile carrée

voile aurique

voile latine

types de gréements

brigantin

brick

baleinière

goélette franche

ketch

cotre Marconi

paquebot

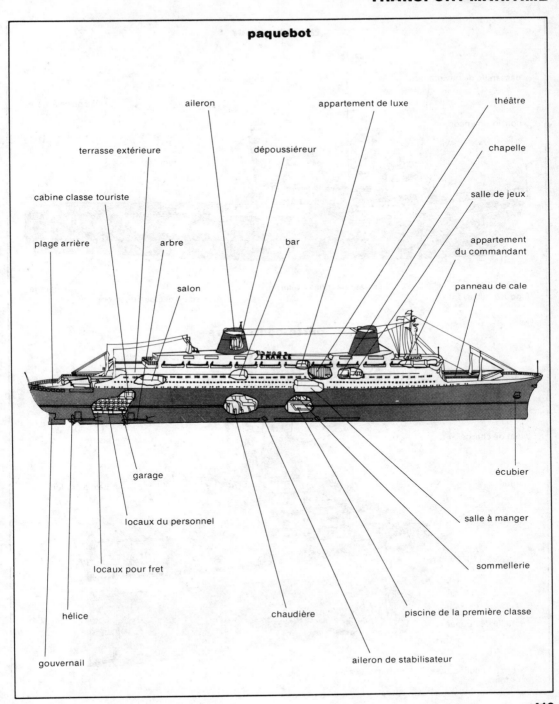

aileron

appartement de luxe

théâtre

terrasse extérieure

dépoussiéreur

chapelle

cabine classe touriste

salle de jeux

plage arrière

arbre

bar

appartement du commandant

salon

panneau de cale

garage

écubier

locaux du personnel

salle à manger

locaux pour fret

sommellerie

hélice

chaudière

piscine de la première classe

gouvernail

aileron de stabilisateur

TRANSPORT MARITIME

transbordeur

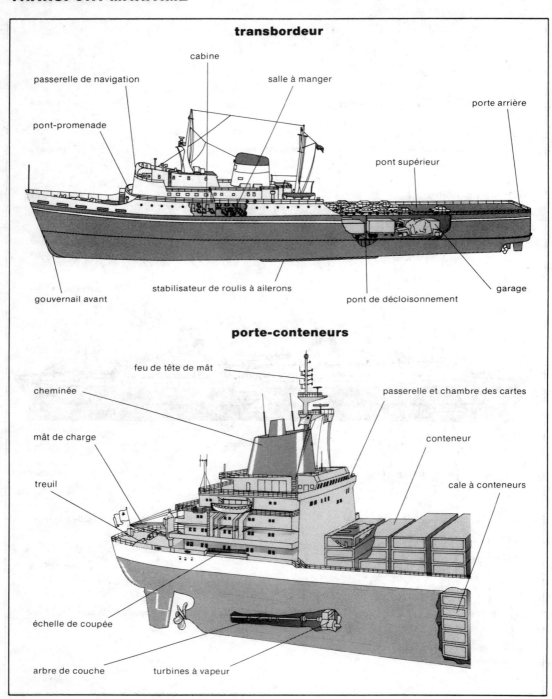

cabine

passerelle de navigation

salle à manger

porte arrière

pont-promenade

pont supérieur

gouvernail avant

stabilisateur de roulis à ailerons

pont de décloisonnement

garage

porte-conteneurs

feu de tête de mât

cheminée

passerelle et chambre des cartes

mât de charge

conteneur

treuil

cale à conteneurs

échelle de coupée

arbre de couche

turbines à vapeur

aéroglisseur

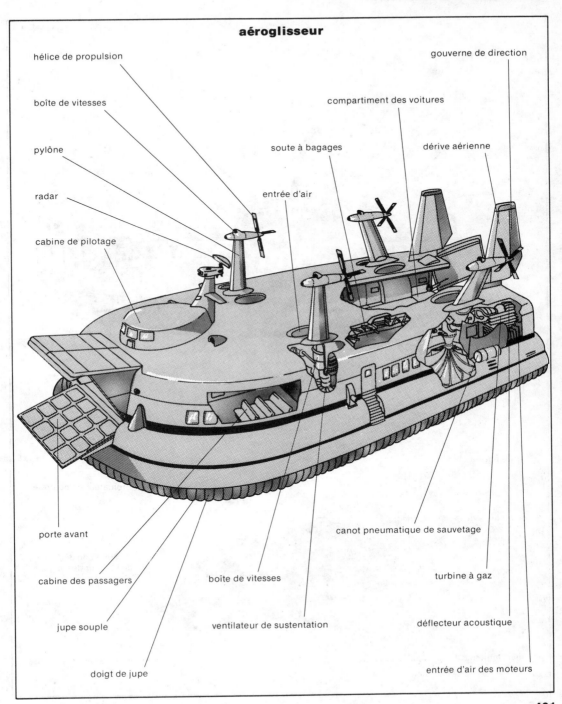

hélice de propulsion

gouverne de direction

boîte de vitesses

compartiment des voitures

pylône

soute à bagages

dérive aérienne

radar

entrée d'air

cabine de pilotage

porte avant

canot pneumatique de sauvetage

cabine des passagers

boîte de vitesses

turbine à gaz

jupe souple

déflecteur acoustique

ventilateur de sustentation

doigt de jupe

entrée d'air des moteurs

hydroptère

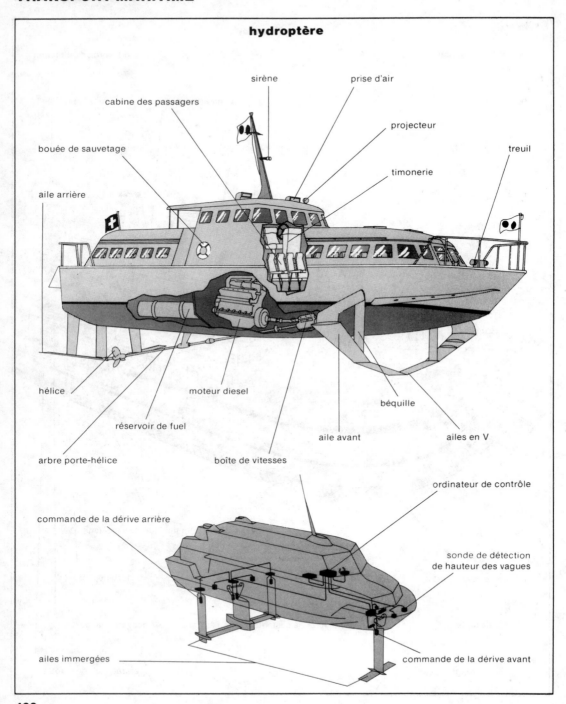

sirène

prise d'air

cabine des passagers

projecteur

bouée de sauvetage

treuil

timonerie

aile arrière

hélice

moteur diesel

béquille

réservoir de fuel

aile avant

ailes en V

arbre porte-hélice

boîte de vitesses

ordinateur de contrôle

commande de la dérive arrière

sonde de détection
de hauteur des vagues

ailes immergées

commande de la dérive avant

bathyscaphe

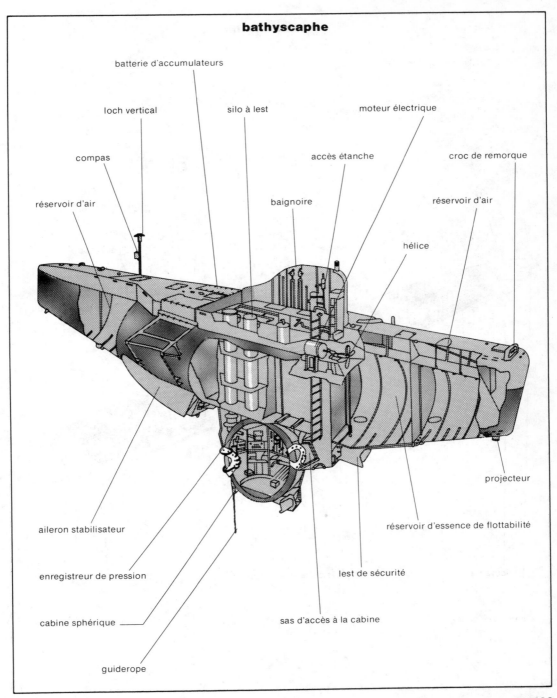

batterie d'accumulateurs

loch vertical

silo à lest

moteur électrique

compas

accès étanche

croc de remorque

réservoir d'air

baignoire

réservoir d'air

hélice

aileron stabilisateur

projecteur

enregistreur de pression

réservoir d'essence de flottabilité

cabine sphérique

lest de sécurité

sas d'accès à la cabine

guiderope

sous-marin

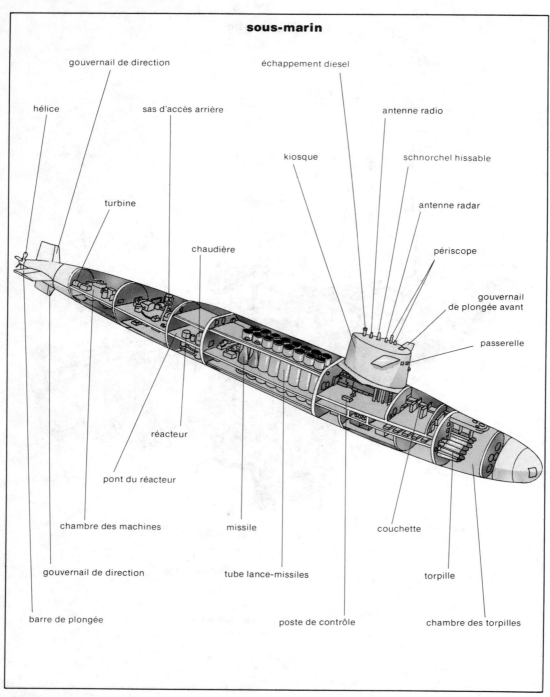

gouvernail de direction

échappement diesel

hélice

sas d'accès arrière

antenne radio

kiosque

schnorchel hissable

turbine

antenne radar

chaudière

périscope

gouvernail de plongée avant

passerelle

réacteur

pont du réacteur

chambre des machines

missile

couchette

gouvernail de direction

tube lance-missiles

torpille

barre de plongée

poste de contrôle

chambre des torpilles

frégate

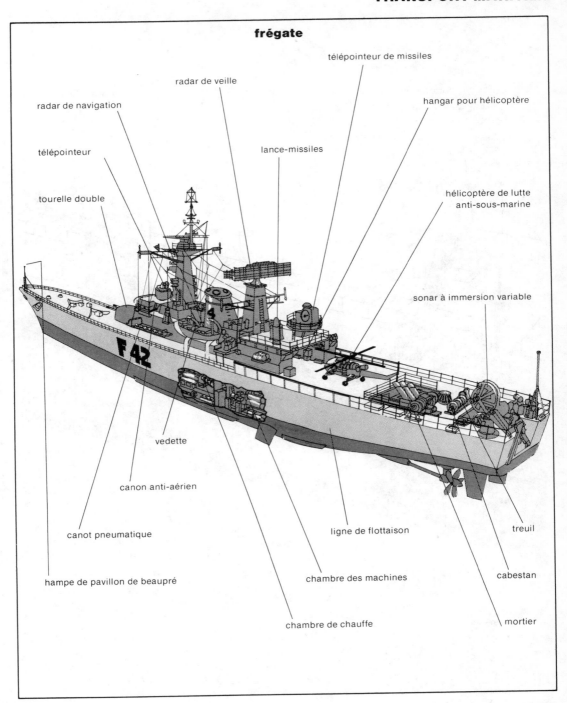

télépointeur de missiles

radar de veille

hangar pour hélicoptère

radar de navigation

lance-missiles

télépointeur

hélicoptère de lutte anti-sous-marine

tourelle double

sonar à immersion variable

F 42

vedette

canon anti-aérien

canot pneumatique

ligne de flottaison

treuil

hampe de pavillon de beaupré

chambre des machines

cabestan

chambre de chauffe

mortier

écluse

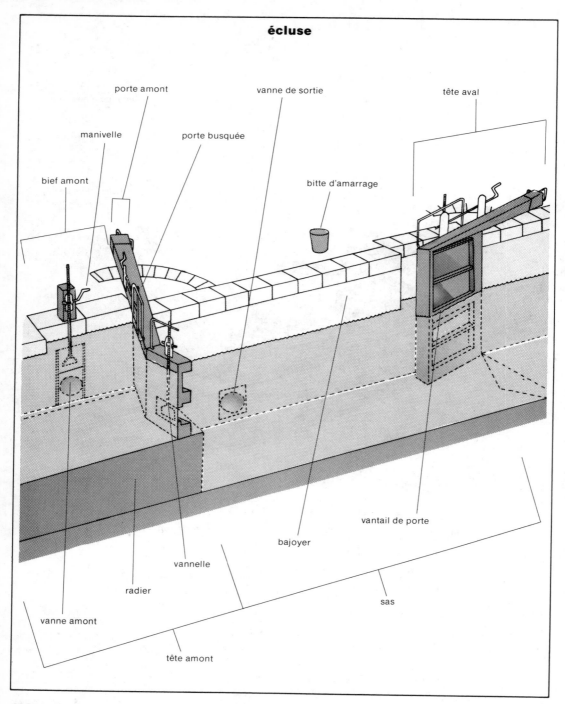

porte amont

vanne de sortie

tête aval

manivelle

porte busquée

bief amont

bitte d'amarrage

vantail de porte

bajoyer

vannelle

radier

sas

vanne amont

tête amont

port maritime

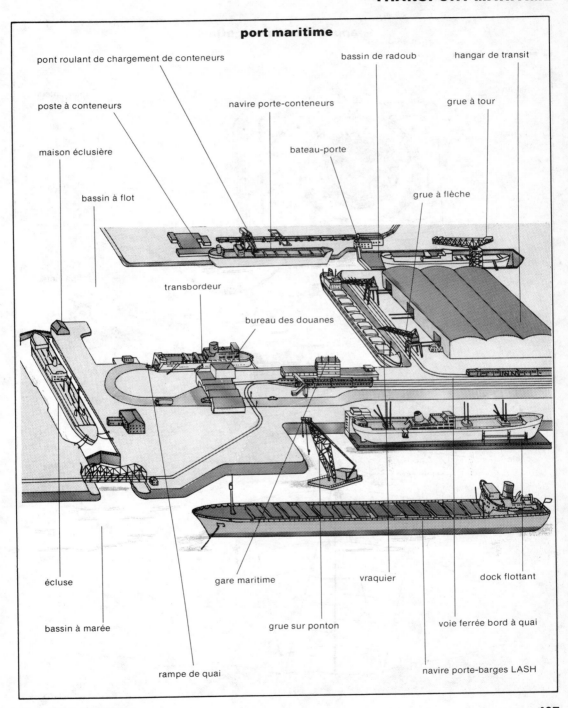

pont roulant de chargement de conteneurs

bassin de radoub

hangar de transit

poste à conteneurs

navire porte-conteneurs

grue à tour

maison éclusière

bateau-porte

bassin à flot

grue à flèche

transbordeur

bureau des douanes

écluse

gare maritime

vraquier

dock flottant

bassin à marée

grue sur ponton

voie ferrée bord à quai

rampe de quai

navire porte-barges LASH

appareils de navigation

sondeur à éclats

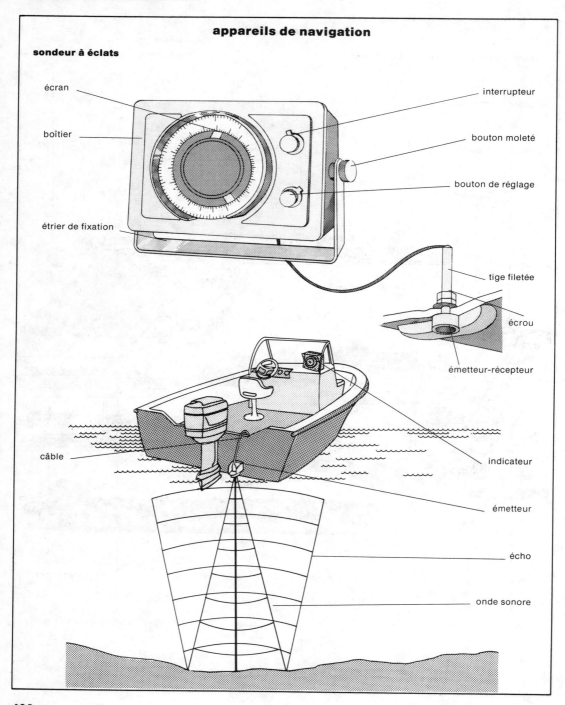

écran

interrupteur

boîtier

bouton moleté

bouton de réglage

étrier de fixation

tige filetée

écrou

émetteur-récepteur

câble

indicateur

émetteur

écho

onde sonore

appareils de navigation

sextant

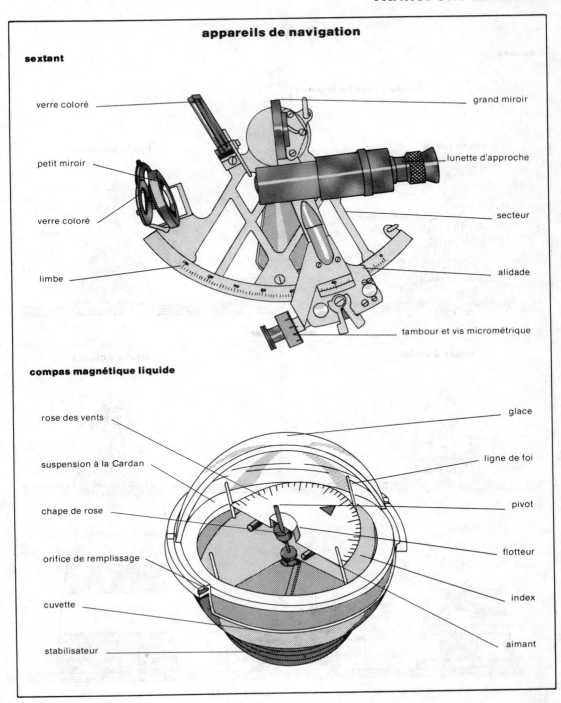

verre coloré

grand miroir

petit miroir

lunette d'approche

verre coloré

secteur

limbe

alidade

tambour et vis micrométrique

compas magnétique liquide

rose des vents

glace

suspension à la Cardan

ligne de foi

chape de rose

pivot

orifice de remplissage

flotteur

cuvette

index

stabilisateur

aimant

TRANSPORT MARITIME

signalisation maritime

bouées

bouée à plan focal élevé

bouée tonne

bouée conique

feu

voyant

superstructure

corps

corps

bouée Espar

bouée à sifflet

bouée à cloche

damier

bandes verticales

bandes horizontales

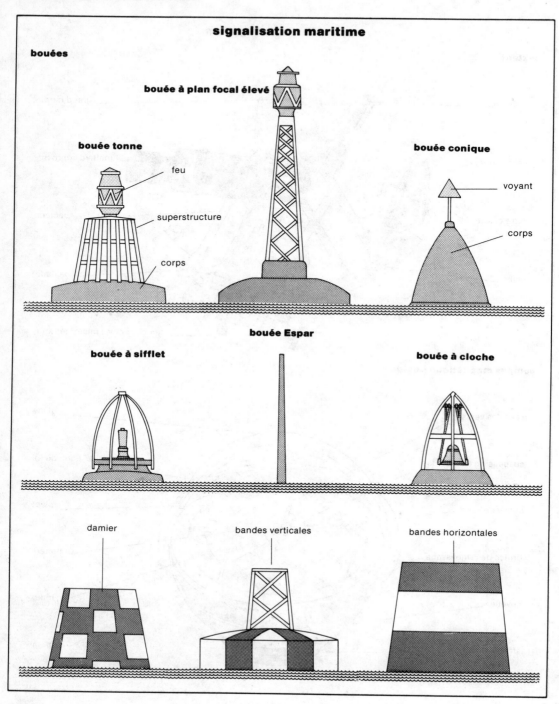

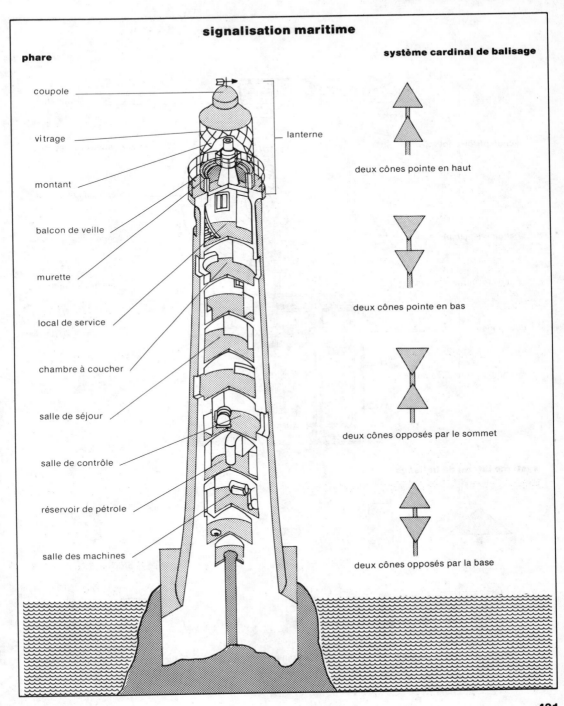

signalisation maritime

phare

système cardinal de balisage

coupole

vitrage

montant

balcon de veille

murette

local de service

chambre à coucher

salle de séjour

salle de contrôle

réservoir de pétrole

salle des machines

lanterne

deux cônes pointe en haut

deux cônes pointe en bas

deux cônes opposés par le sommet

deux cônes opposés par la base

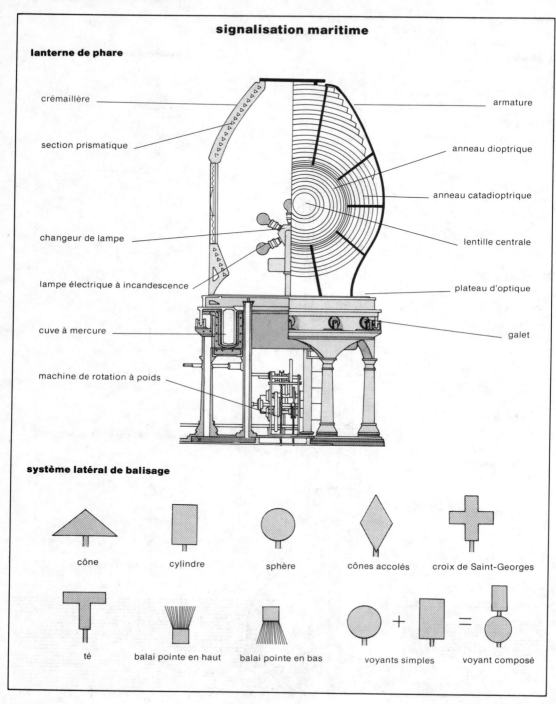

signalisation maritime

lanterne de phare

crémaillère

armature

section prismatique

anneau dioptrique

anneau catadioptrique

changeur de lampe

lentille centrale

lampe électrique à incandescence

plateau d'optique

cuve à mercure

galet

machine de rotation à poids

système latéral de balisage

cône

cylindre

sphère

cônes accolés

croix de Saint-Georges

té

balai pointe en haut

balai pointe en bas

voyants simples

voyant composé

ancre

ancre de marine

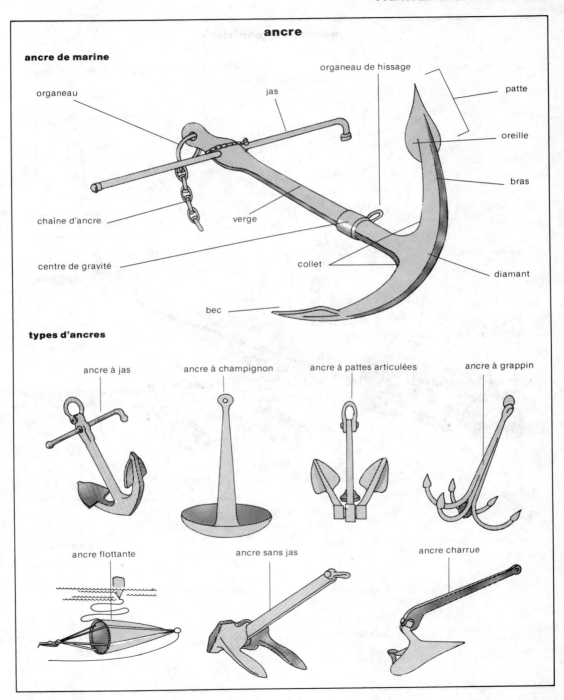

organeau de hissage

patte

organeau

jas

oreille

bras

chaîne d'ancre

verge

centre de gravité

collet

diamant

bec

types d'ancres

ancre à jas

ancre à champignon

ancre à pattes articulées

ancre à grappin

ancre flottante

ancre sans jas

ancre charrue

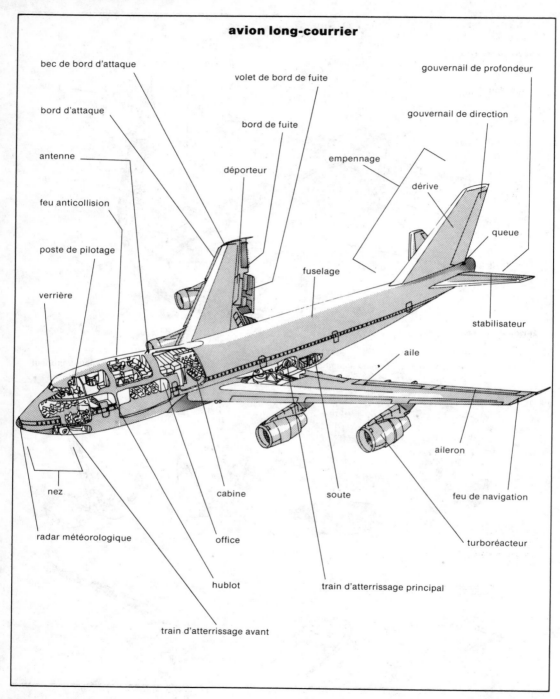

avion long-courrier

bec de bord d'attaque

volet de bord de fuite

gouvernail de profondeur

bord d'attaque

gouvernail de direction

bord de fuite

antenne

empennage

déporteur

dérive

feu anticollision

queue

poste de pilotage

fuselage

verrière

stabilisateur

aile

nez

cabine

soute

aileron

feu de navigation

radar météorologique

office

turboréacteur

hublot

train d'atterrissage principal

train d'atterrissage avant

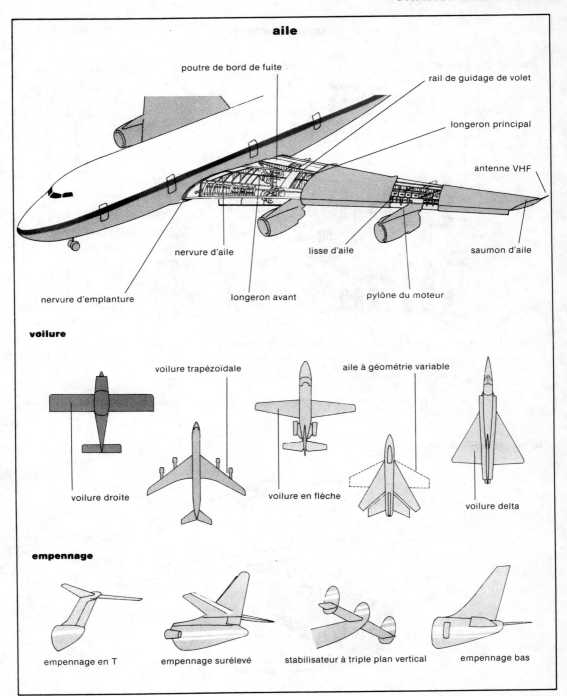

aile

poutre de bord de fuite

rail de guidage de volet

longeron principal

antenne VHF

nervure d'aile

lisse d'aile

saumon d'aile

nervure d'emplanture

longeron avant

pylône du moteur

voilure

voilure trapézoïdale

aile à géométrie variable

voilure droite

voilure en flèche

voilure delta

empennage

empennage en T

empennage surélevé

stabilisateur à triple plan vertical

empennage bas

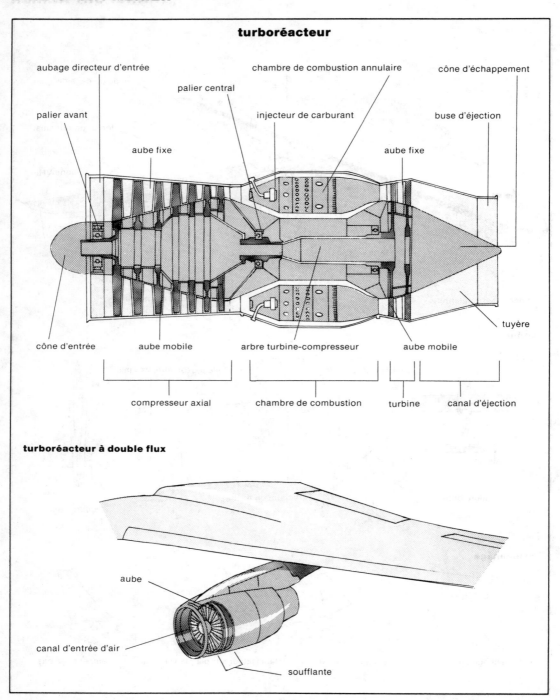

turboréacteur

aubage directeur d'entrée

chambre de combustion annulaire

cône d'échappement

palier central

palier avant

injecteur de carburant

buse d'éjection

aube fixe

aube fixe

cône d'entrée

aube mobile

arbre turbine-compresseur

aube mobile

tuyère

compresseur axial

chambre de combustion

turbine

canal d'éjection

turboréacteur à double flux

aube

canal d'entrée d'air

soufflante

poste de pilotage

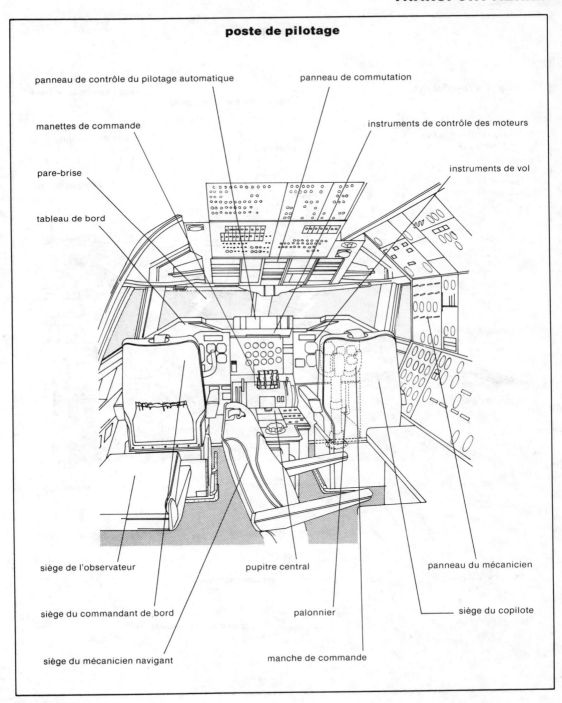

panneau de contrôle du pilotage automatique

panneau de commutation

manettes de commande

instruments de contrôle des moteurs

pare-brise

instruments de vol

tableau de bord

siège de l'observateur

pupitre central

panneau du mécanicien

siège du commandant de bord

palonnier

siège du copilote

siège du mécanicien navigant

manche de commande

TRANSPORT AÉRIEN

aéroport

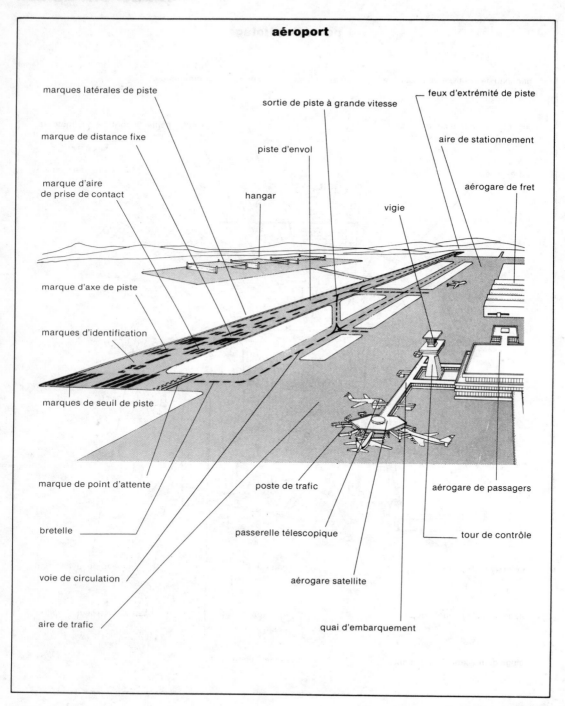

marques latérales de piste

marque de distance fixe

marque d'aire
de prise de contact

marque d'axe de piste

marques d'identification

marques de seuil de piste

sortie de piste à grande vitesse

piste d'envol

hangar

vigie

feux d'extrémité de piste

aire de stationnement

aérogare de fret

marque de point d'attente

bretelle

voie de circulation

aire de trafic

poste de trafic

passerelle télescopique

aérogare satellite

quai d'embarquement

aérogare de passagers

tour de contrôle

aéroport

équipements aéroportuaires

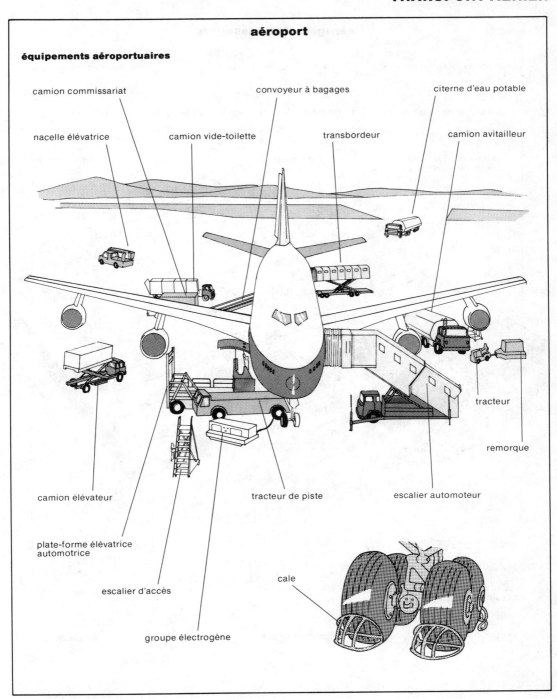

camion commissariat

convoyeur à bagages

citerne d'eau potable

nacelle élévatrice

camion vide-toilette

transbordeur

camion avitailleur

tracteur

remorque

camion élévateur

tracteur de piste

escalier automoteur

plate-forme élévatrice automotrice

escalier d'accès

cale

groupe électrogène

TRANSPORT AÉRIEN

aérogare des passagers

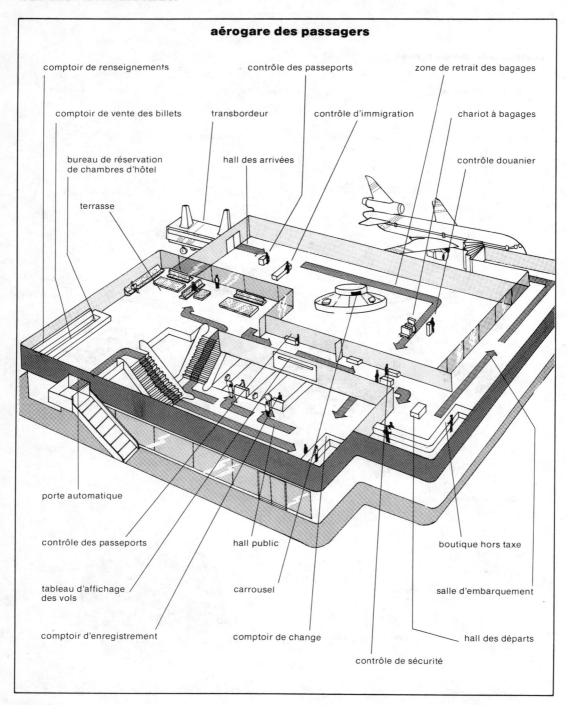

comptoir de renseignements

contrôle des passeports

zone de retrait des bagages

comptoir de vente des billets

transbordeur

contrôle d'immigration

chariot à bagages

bureau de réservation
de chambres d'hôtel

hall des arrivées

contrôle douanier

terrasse

porte automatique

contrôle des passeports

hall public

boutique hors taxe

tableau d'affichage
des vols

carrousel

salle d'embarquement

comptoir d'enregistrement

comptoir de change

hall des départs

contrôle de sécurité

hélicoptère

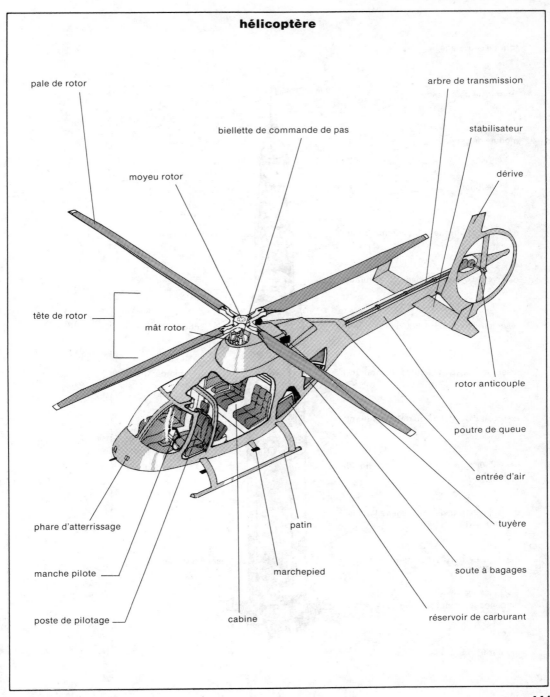

pale de rotor

arbre de transmission

biellette de commande de pas

stabilisateur

moyeu rotor

dérive

tête de rotor

mât rotor

rotor anticouple

poutre de queue

entrée d'air

phare d'atterrissage

patin

tuyère

manche pilote

marchepied

soute à bagages

poste de pilotage

cabine

réservoir de carburant

TRANSPORT SPATIAL

fusée

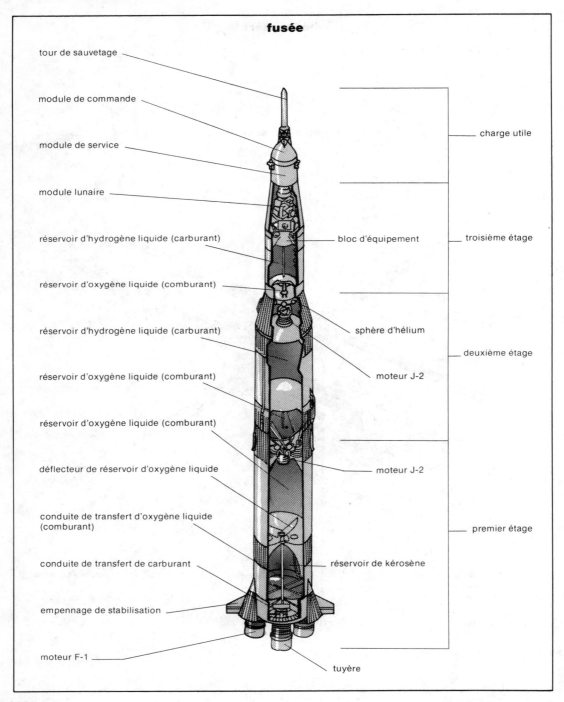

tour de sauvetage

module de commande

module de service

module lunaire

réservoir d'hydrogène liquide (carburant)

réservoir d'oxygène liquide (comburant)

réservoir d'hydrogène liquide (carburant)

réservoir d'oxygène liquide (comburant)

réservoir d'oxygène liquide (comburant)

déflecteur de réservoir d'oxygène liquide

conduite de transfert d'oxygène liquide (comburant)

conduite de transfert de carburant

empennage de stabilisation

moteur F-1

charge utile

troisième étage

deuxième étage

premier étage

bloc d'équipement

sphère d'hélium

moteur J-2

moteur J-2

réservoir de kérosène

tuyère

navette spatiale

navette spatiale au décollage

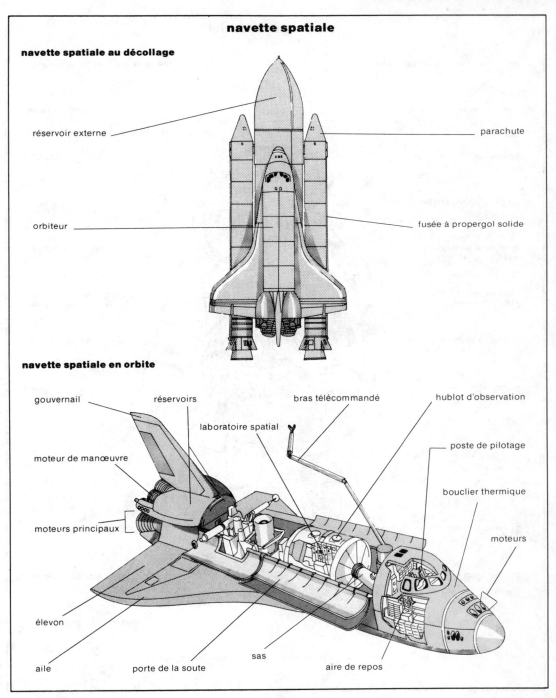

réservoir externe

parachute

orbiteur

fusée à propergol solide

navette spatiale en orbite

gouvernail

réservoirs

bras télécommandé

hublot d'observation

laboratoire spatial

moteur de manœuvre

poste de pilotage

bouclier thermique

moteurs principaux

moteurs

élevon

aile

porte de la soute

sas

aire de repos

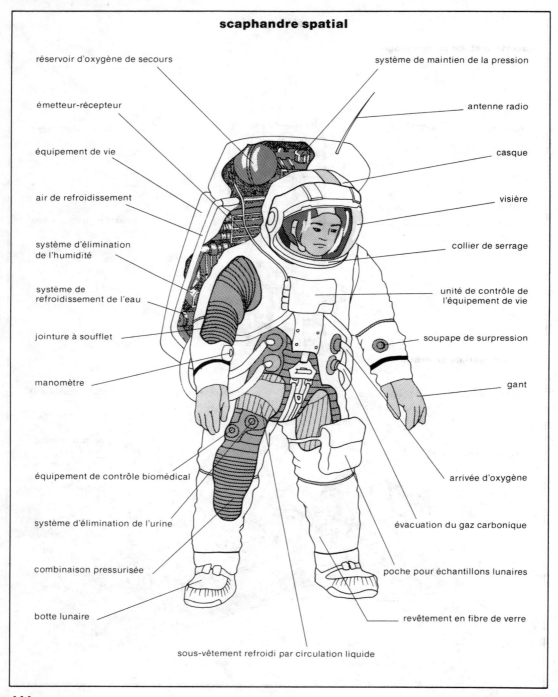

scaphandre spatial

réservoir d'oxygène de secours

émetteur-récepteur

équipement de vie

air de refroidissement

système d'élimination
de l'humidité

système de
refroidissement de l'eau

jointure à soufflet

manomètre

équipement de contrôle biomédical

système d'élimination de l'urine

combinaison pressurisée

botte lunaire

système de maintien de la pression

antenne radio

casque

visière

collier de serrage

unité de contrôle de
l'équipement de vie

soupape de surpression

gant

arrivée d'oxygène

évacuation du gaz carbonique

poche pour échantillons lunaires

revêtement en fibre de verre

sous-vêtement refroidi par circulation liquide

FOURNITURES ET ÉQUIPEMENT DE BUREAU

articles de bureau

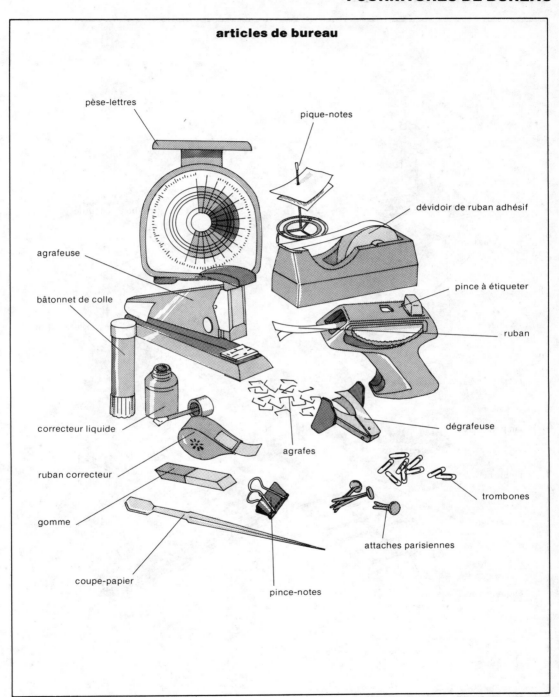

pèse-lettres

pique-notes

dévidoir de ruban adhésif

agrafeuse

pince à étiqueter

bâtonnet de colle

ruban

correcteur liquide

dégrafeuse

agrafes

ruban correcteur

trombones

gomme

attaches parisiennes

coupe-papier

pince-notes

FOURNITURES DE BUREAU

articles de bureau

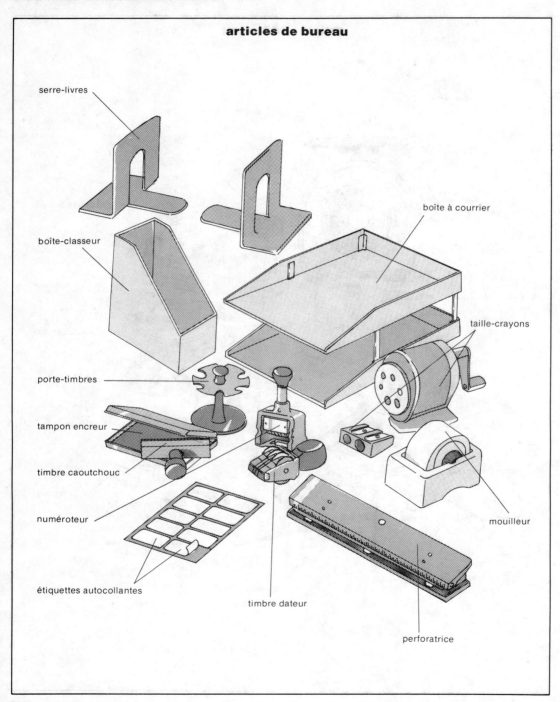

serre-livres

boîte à courrier

boîte-classeur

taille-crayons

porte-timbres

tampon encreur

timbre caoutchouc

numéroteur

mouilleur

étiquettes autocollantes

timbre dateur

perforatrice

articles de bureau

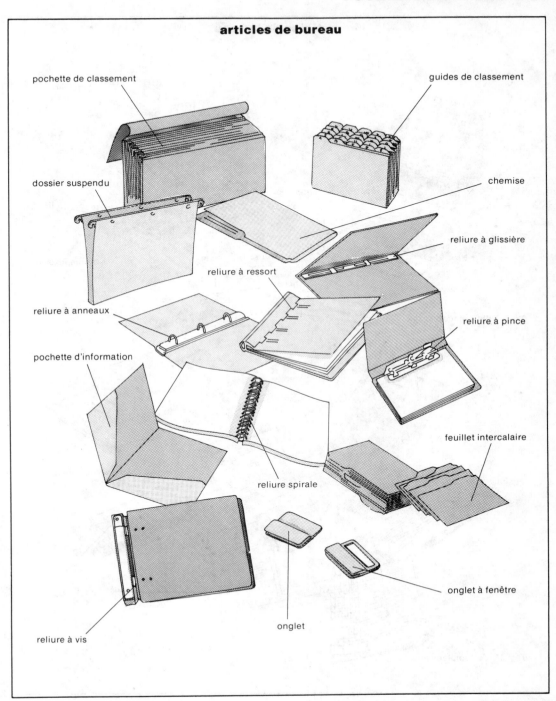

pochette de classement

guides de classement

dossier suspendu

chemise

reliure à glissière

reliure à ressort

reliure à anneaux

reliure à pince

pochette d'information

feuillet intercalaire

reliure spirale

onglet à fenêtre

reliure à vis

onglet

FOURNITURES DE BUREAU

articles de bureau

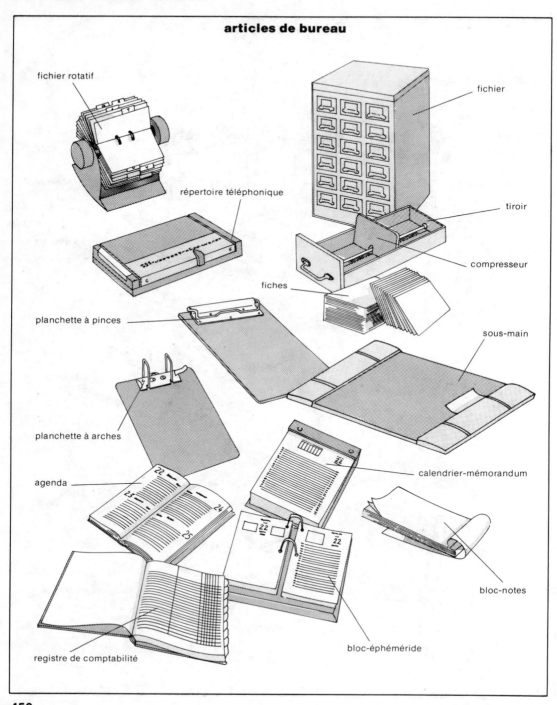

fichier rotatif

fichier

répertoire téléphonique

tiroir

compresseur

fiches

planchette à pinces

sous-main

planchette à arches

calendrier-mémorandum

agenda

bloc-notes

registre de comptabilité

bloc-éphéméride

mobilier de bureau

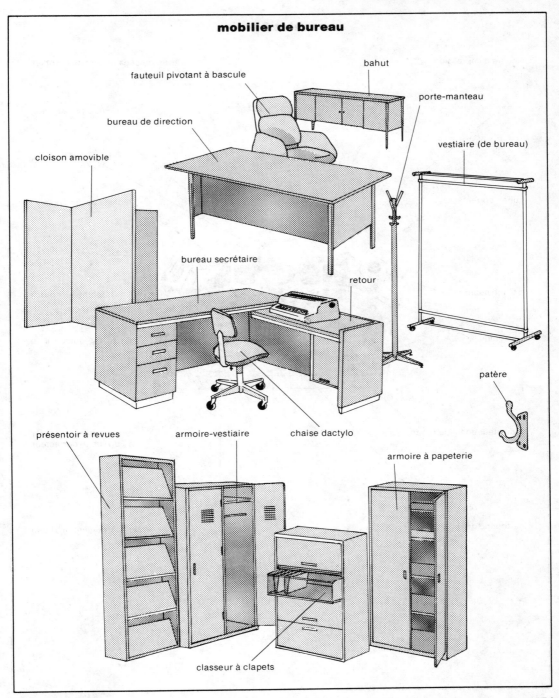

bahut

fauteuil pivotant à bascule

porte-manteau

bureau de direction

vestiaire (de bureau)

cloison amovible

bureau secrétaire

retour

patère

présentoir à revues

armoire-vestiaire

chaise dactylo

armoire à papeterie

classeur à clapets

451

FOURNITURES DE BUREAU

machine à écrire

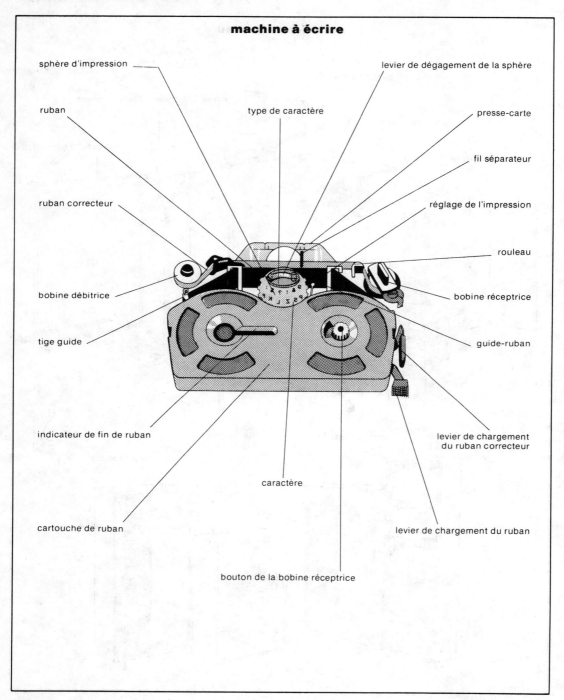

sphère d'impression

levier de dégagement de la sphère

ruban

type de caractère

presse-carte

fil séparateur

ruban correcteur

réglage de l'impression

rouleau

bobine débitrice

bobine réceptrice

tige guide

guide-ruban

indicateur de fin de ruban

levier de chargement du ruban correcteur

caractère

cartouche de ruban

levier de chargement du ruban

bouton de la bobine réceptrice

452

machine à écrire

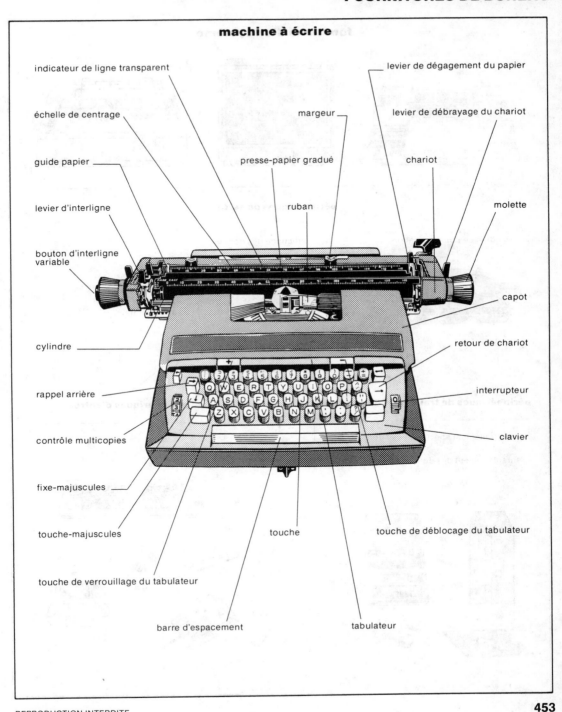

indicateur de ligne transparent

levier de dégagement du papier

échelle de centrage

margeur

levier de débrayage du chariot

guide papier

presse-papier gradué

chariot

levier d'interligne

molette

ruban

bouton d'interligne variable

cylindre

capot

rappel arrière

retour de chariot

interrupteur

contrôle multicopies

clavier

fixe-majuscules

touche-majuscules

touche

touche de déblocage du tabulateur

touche de verrouillage du tabulateur

barre d'espacement

tabulateur

MICRO-ORDINATEUR

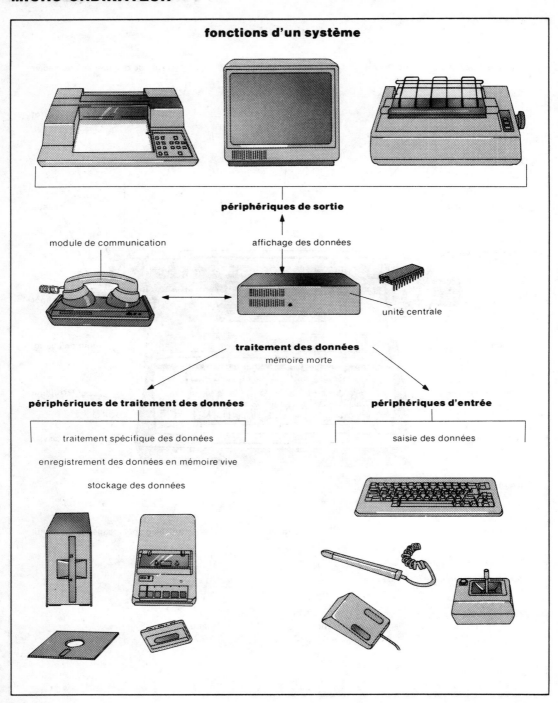

fonctions d'un système

périphériques de sortie

module de communication

affichage des données

unité centrale

traitement des données
mémoire morte

périphériques de traitement des données

traitement spécifique des données

enregistrement des données en mémoire vive

stockage des données

périphériques d'entrée

saisie des données

configuration d'un système

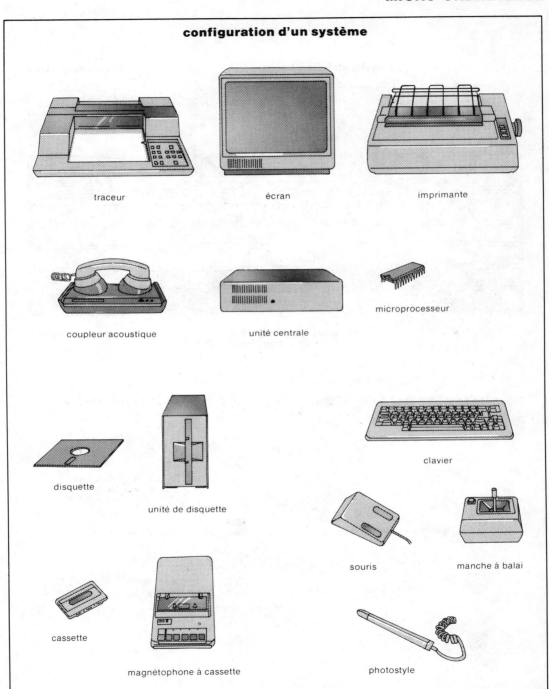

traceur   écran   imprimante

coupleur acoustique   unité centrale   microprocesseur

disquette

unité de disquette

clavier

souris   manche à balai

cassette

magnétophone à cassette   photostyle

MICRO-ORDINATEUR

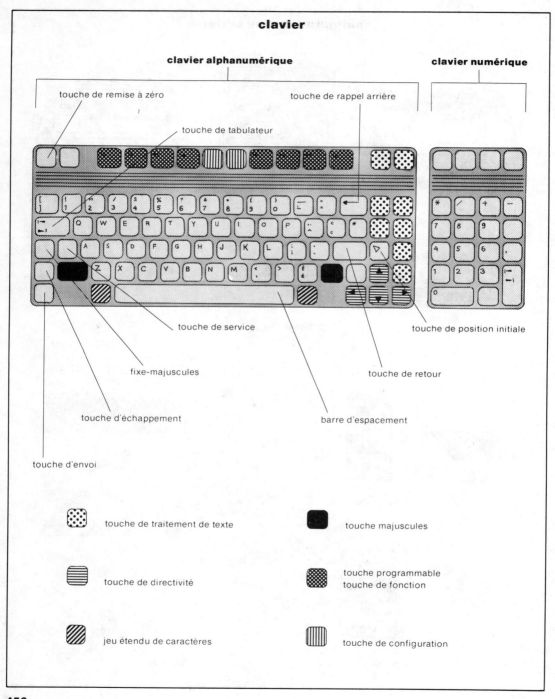

clavier

clavier alphanumérique

clavier numérique

touche de remise à zéro

touche de rappel arrière

touche de tabulateur

touche de service

touche de position initiale

fixe-majuscules

touche de retour

touche d'échappement

barre d'espacement

touche d'envoi

⣿ touche de traitement de texte

■ touche majuscules

≡ touche de directivité

▦ touche programmable
touche de fonction

▨ jeu étendu de caractères

▥ touche de configuration

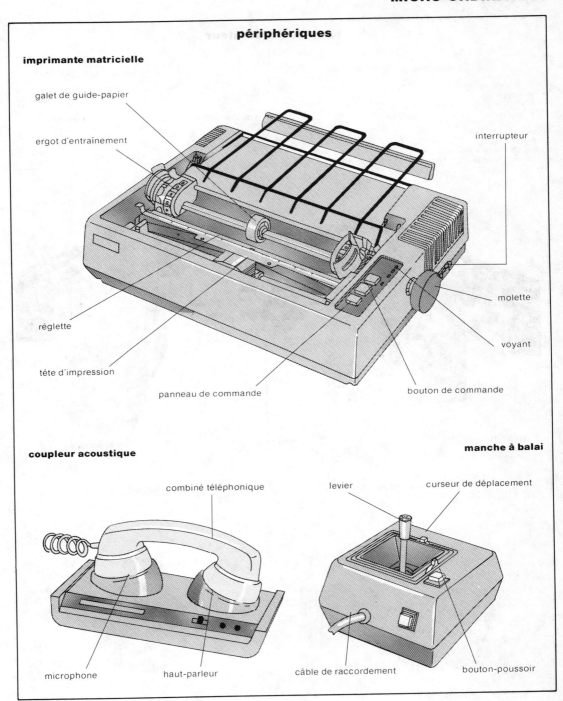

périphériques

imprimante matricielle

galet de guide-papier

ergot d'entraînement

interrupteur

réglette

molette

tête d'impression

voyant

panneau de commande

bouton de commande

coupleur acoustique

manche à balai

combiné téléphonique

levier

curseur de déplacement

microphone

haut-parleur

câble de raccordement

bouton-poussoir

ORDINATEUR

salle de l'ordinateur

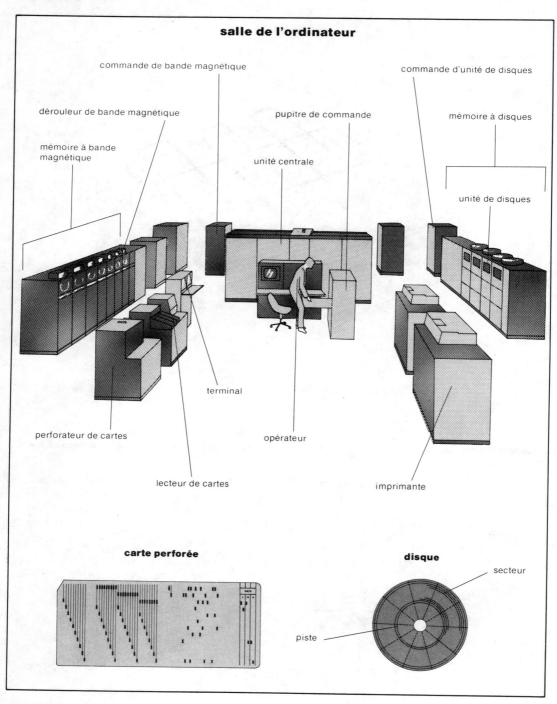

commande de bande magnétique

dérouleur de bande magnétique

commande d'unité de disques

mémoire à bande magnétique

pupitre de commande

mémoire à disques

unité centrale

unité de disques

terminal

perforateur de cartes

opérateur

lecteur de cartes

imprimante

carte perforée

disque

secteur

piste

MUSIQUE

notation musicale

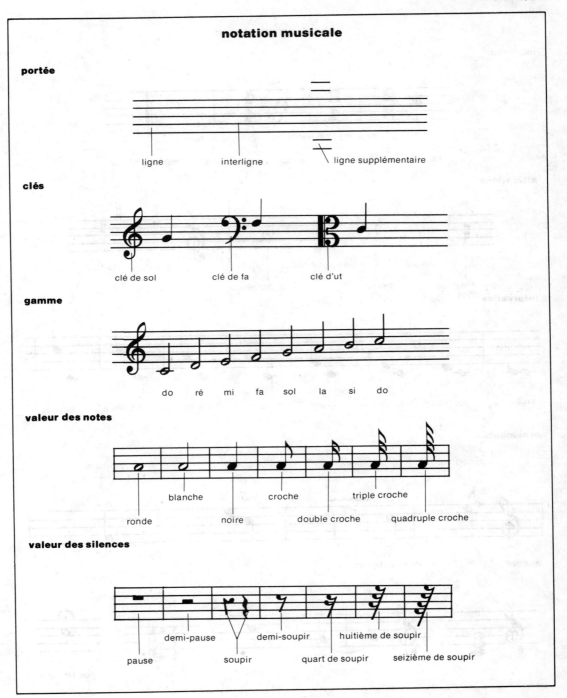

portée

ligne · interligne · ligne supplémentaire

clés

clé de sol · clé de fa · clé d'ut

gamme

do · ré · mi · fa · sol · la · si · do

valeur des notes

ronde · blanche · noire · croche · double croche · triple croche · quadruple croche

valeur des silences

pause · demi-pause · soupir · demi-soupir · quart de soupir · huitième de soupir · seizième de soupir

MUSIQUE

notation musicale

mesures

mesure à trois temps

mesure à deux temps   mesure à quatre temps   barre de mesure   barre de reprise

altérations

bémol   double dièse

dièse   bécarre   double bémol   armature de la clé

intervalles

unisson   seconde   tierce   quarte   quinte   sixte   septième   octave

ornements

appoggiature   trille   gruppetto   mordant

accord   **autres signes**

liaison   accent   arpège   point d'orgue

instruments à cordes

famille du violon

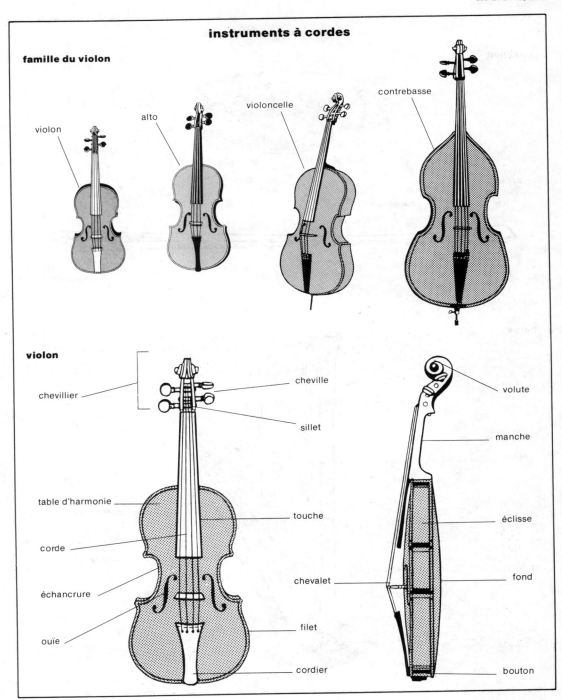

violon

alto

violoncelle

contrebasse

violon

chevillier

cheville

sillet

table d'harmonie

touche

corde

échancrure

ouïe

filet

cordier

volute

manche

éclisse

fond

chevalet

bouton

MUSIQUE

instruments à cordes

violon

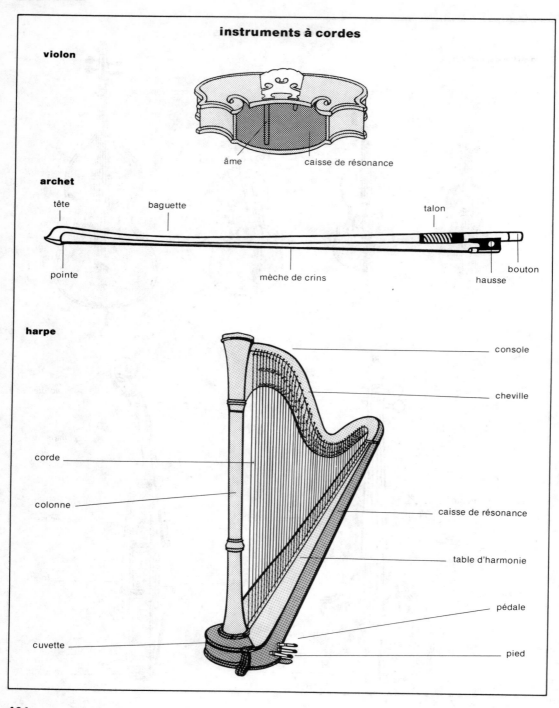

âme

caisse de résonance

archet

tête

baguette

talon

pointe

mèche de crins

bouton

hausse

harpe

console

cheville

corde

colonne

caisse de résonance

table d'harmonie

pédale

cuvette

pied

instruments à clavier

piano droit

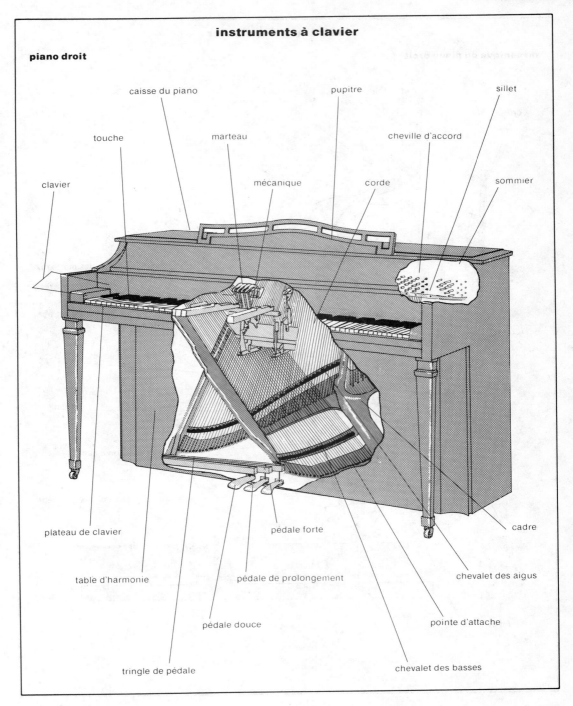

caisse du piano

pupitre

sillet

touche

marteau

cheville d'accord

clavier

mécanique

corde

sommier

plateau de clavier

pédale forte

cadre

table d'harmonie

pédale de prolongement

chevalet des aigus

pédale douce

pointe d'attache

tringle de pédale

chevalet des basses

instruments à clavier

mécanique du piano droit

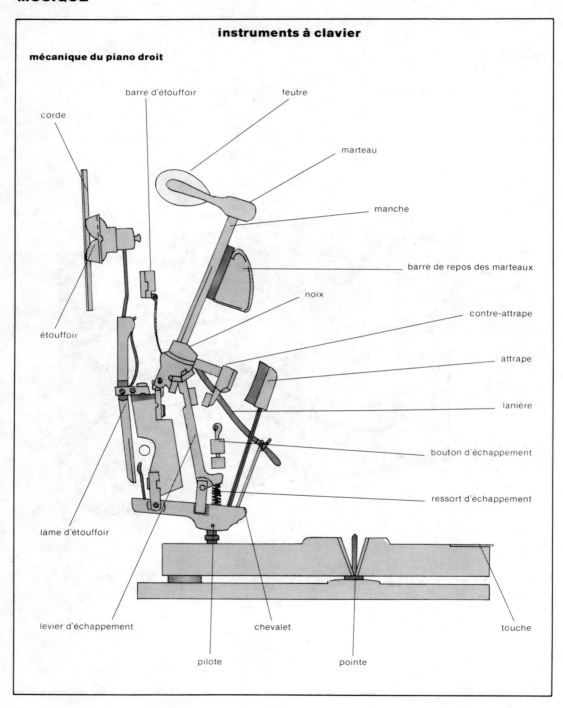

corde

barre d'étouffoir

feutre

marteau

manche

barre de repos des marteaux

noix

contre-attrape

attrape

lanière

bouton d'échappement

ressort d'échappement

étouffoir

lame d'étouffoir

levier d'échappement

chevalet

touche

pilote

pointe

orgue

production du son

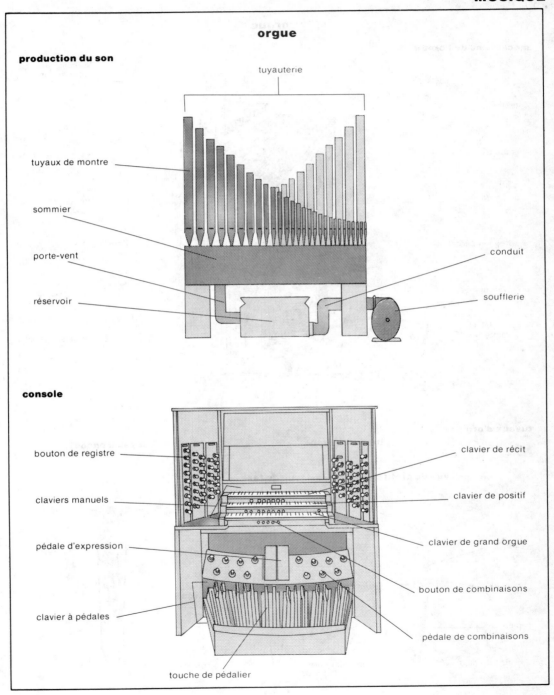

tuyauterie

tuyaux de montre

sommier

porte-vent

conduit

réservoir

soufflerie

console

bouton de registre

clavier de récit

claviers manuels

clavier de positif

pédale d'expression

clavier de grand orgue

bouton de combinaisons

clavier à pédales

pédale de combinaisons

touche de pédalier

MUSIQUE

orgue

mécanisme de l'orgue

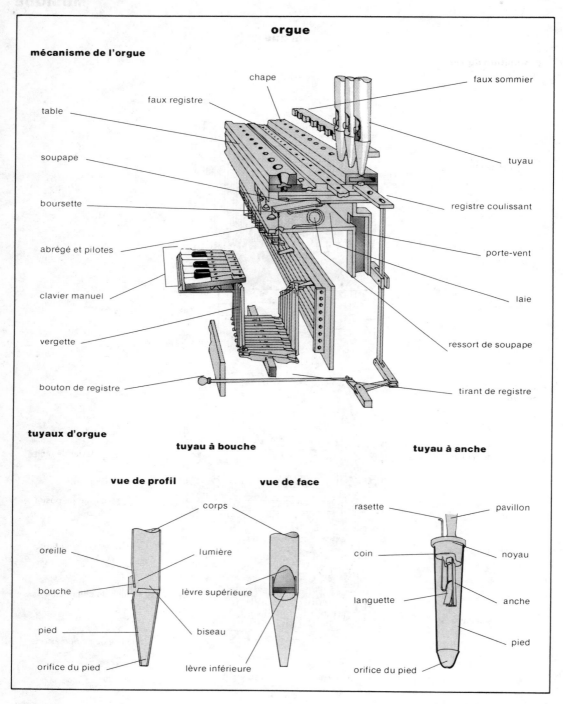

chape

faux registre

faux sommier

table

tuyau

soupape

registre coulissant

boursette

abrégé et pilotes

porte-vent

clavier manuel

laie

vergette

ressort de soupape

bouton de registre

tirant de registre

tuyaux d'orgue

tuyau à bouche

vue de profil   **vue de face**

corps

oreille

lumière

bouche

lèvre supérieure

pied

biseau

orifice du pied

lèvre inférieure

tuyau à anche

rasette

pavillon

coin

noyau

languette

anche

pied

orifice du pied

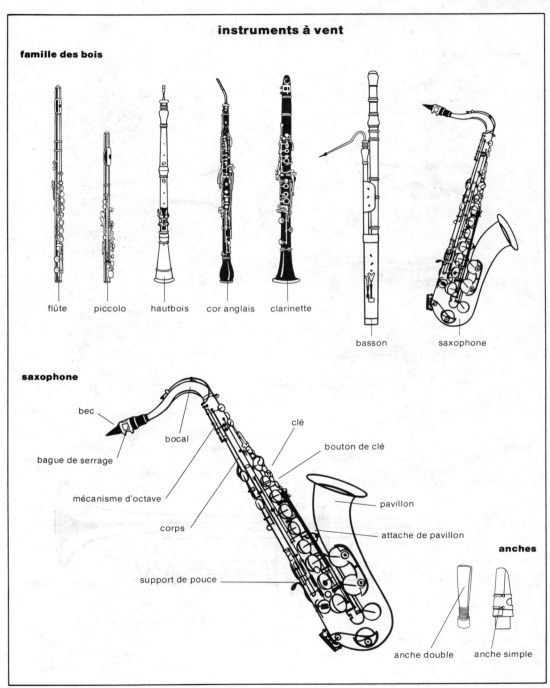

instruments à vent

famille des bois

flûte   piccolo   hautbois   cor anglais   clarinette

basson   saxophone

saxophone

bec

bocal

bague de serrage

mécanisme d'octave

corps

support de pouce

clé

bouton de clé

pavillon

attache de pavillon

anches

anche double   anche simple

instruments à vent

famille des cuivres

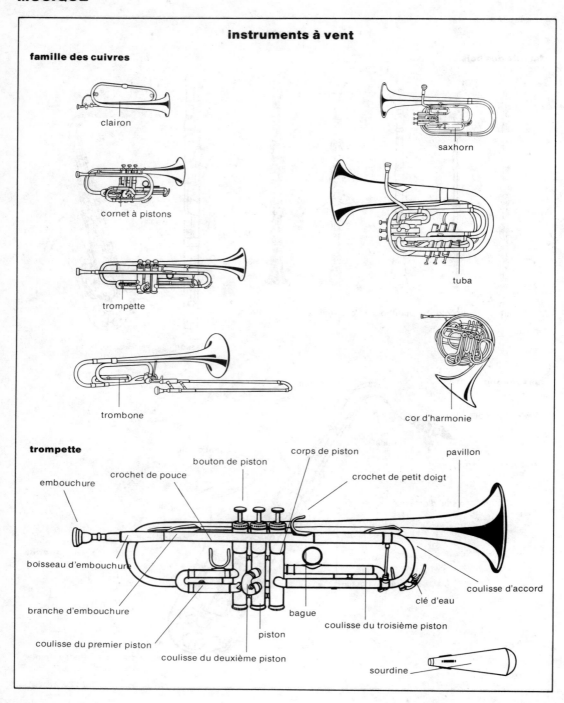

clairon

saxhorn

cornet à pistons

tuba

trompette

trombone

cor d'harmonie

trompette

bouton de piston

corps de piston

pavillon

crochet de pouce

crochet de petit doigt

embouchure

boisseau d'embouchure

coulisse d'accord

branche d'embouchure

clé d'eau

bague

coulisse du premier piston

coulisse du troisième piston

piston

coulisse du deuxième piston

sourdine

instruments à percussion

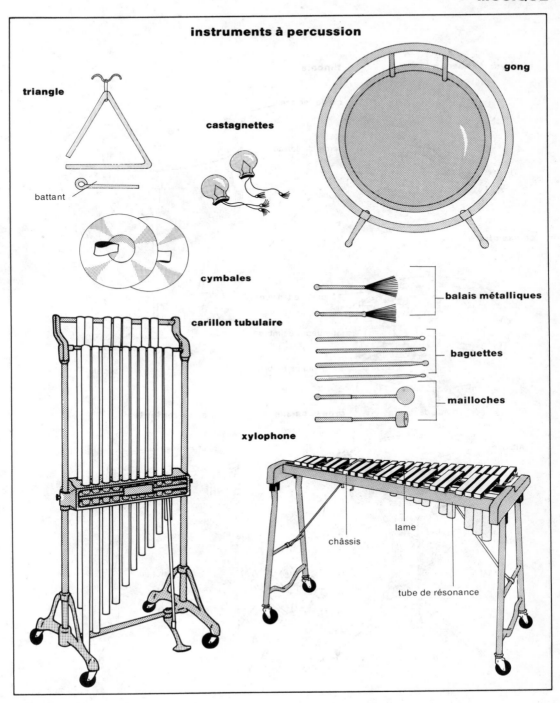

triangle

battant

castagnettes

gong

cymbales

carillon tubulaire

balais métalliques

baguettes

mailloches

xylophone

châssis

lame

tube de résonance

MUSIQUE

instruments à percussion

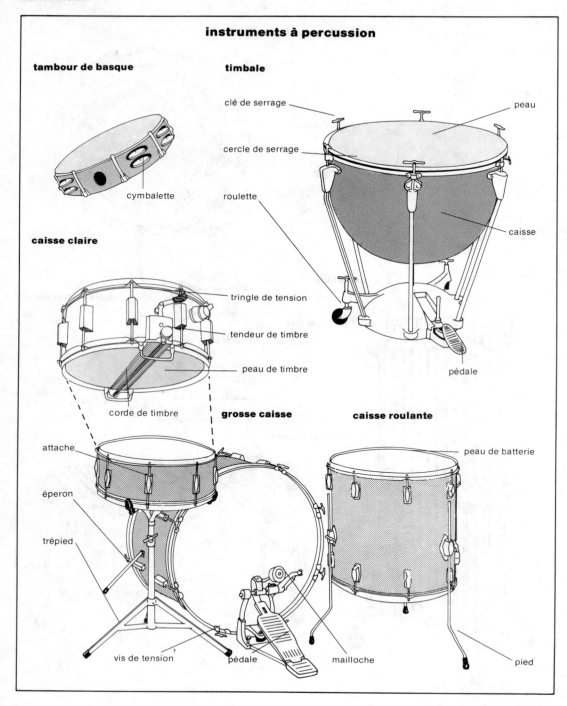

tambour de basque

cymbalette

caisse claire

tringle de tension

tendeur de timbre

peau de timbre

corde de timbre

attache

éperon

trépied

vis de tension

timbale

clé de serrage

cercle de serrage

roulette

peau

caisse

pédale

grosse caisse

pédale

mailloche

caisse roulante

peau de batterie

pied

instruments traditionnels

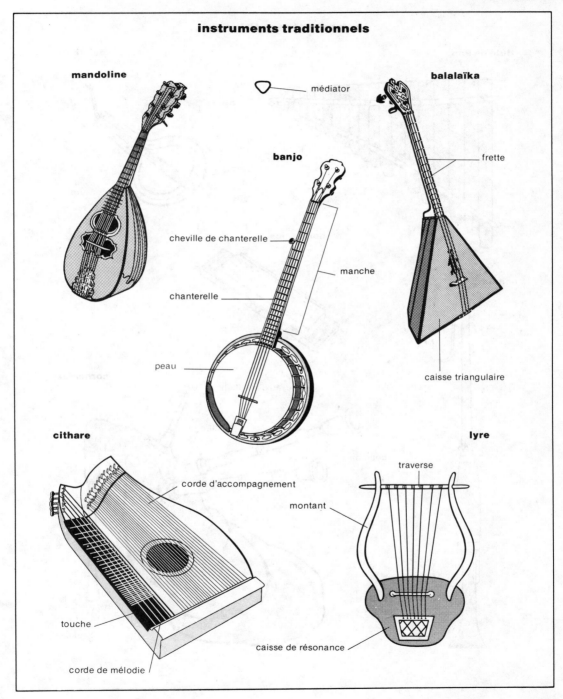

mandoline

médiator

balalaïka

banjo

frette

cheville de chanterelle

manche

chanterelle

peau

caisse triangulaire

cithare

lyre

corde d'accompagnement

traverse

montant

touche

corde de mélodie

caisse de résonance

MUSIQUE

instruments traditionnels

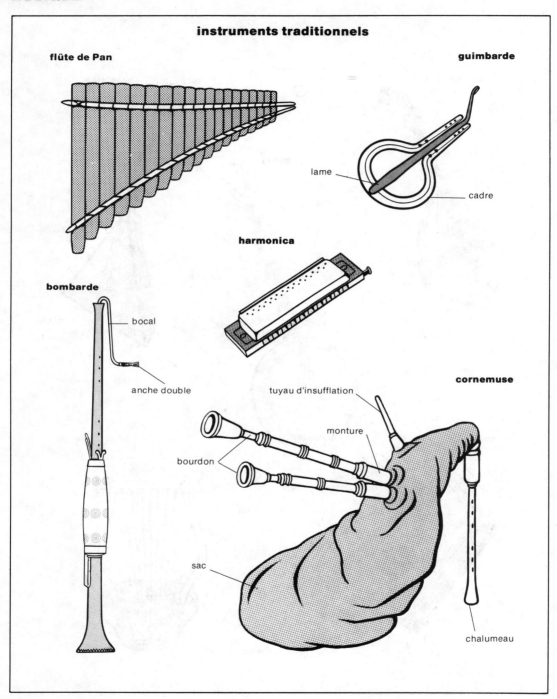

flûte de Pan

guimbarde

lame

cadre

harmonica

bombarde

bocal

anche double

cornemuse

tuyau d'insufflation

monture

bourdon

sac

chalumeau

instruments traditionnels

orgue de Barbarie

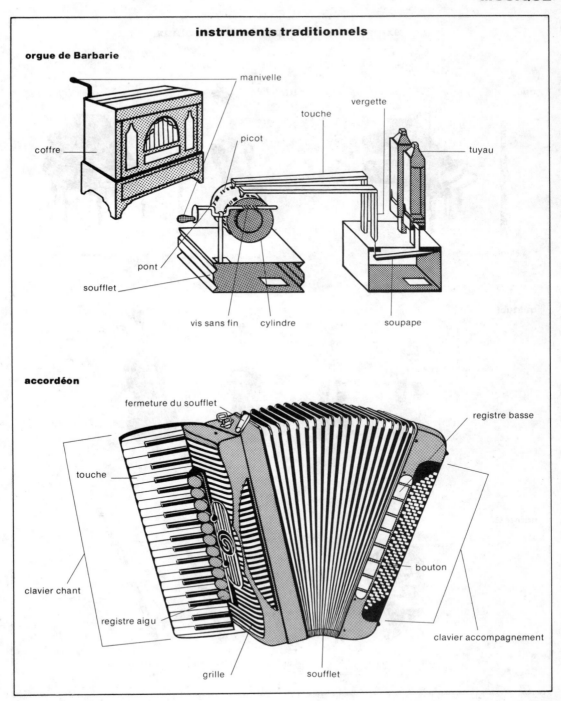

accordéon

MUSIQUE

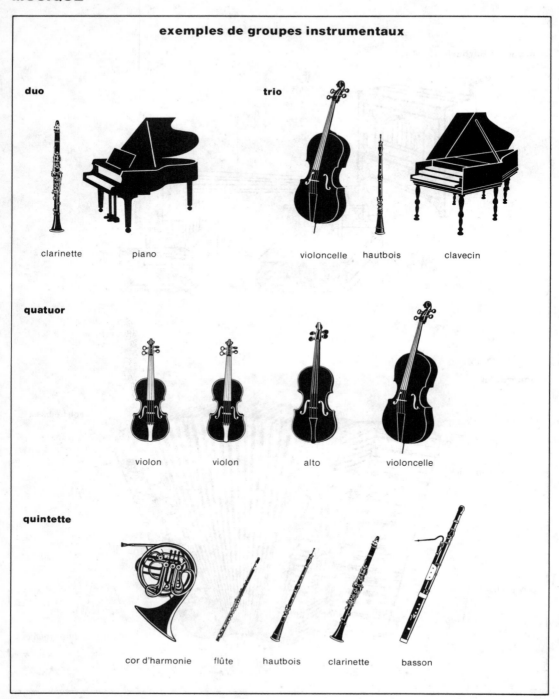

exemples de groupes instrumentaux

duo

clarinette · piano

trio

violoncelle · hautbois · clavecin

quatuor

violon · violon · alto · violoncelle

quintette

cor d'harmonie · flûte · hautbois · clarinette · basson

exemples de groupes instrumentaux

sextuor

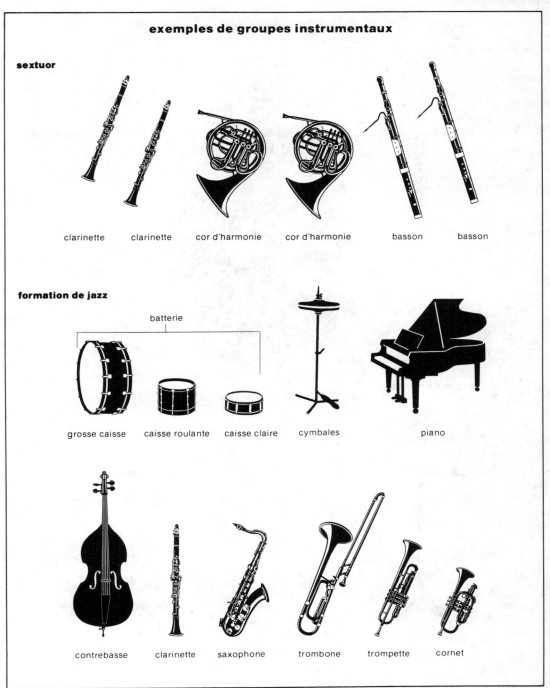

clarinette   clarinette   cor d'harmonie   cor d'harmonie   basson   basson

formation de jazz

batterie

grosse caisse   caisse roulante   caisse claire   cymbales   piano

contrebasse   clarinette   saxophone   trombone   trompette   cornet

MUSIQUE

accessoires

métronome

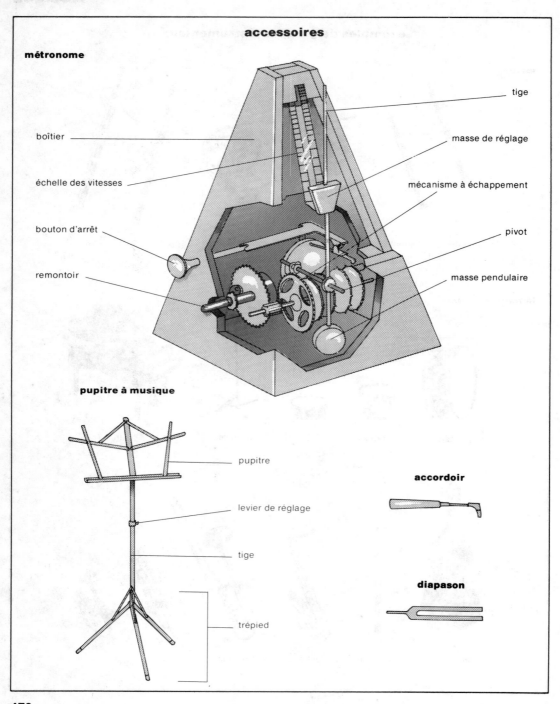

tige

boîtier

masse de réglage

échelle des vitesses

mécanisme à échappement

bouton d'arrêt

pivot

remontoir

masse pendulaire

pupitre à musique

pupitre

accordoir

levier de réglage

tige

diapason

trépied

orchestre symphonique

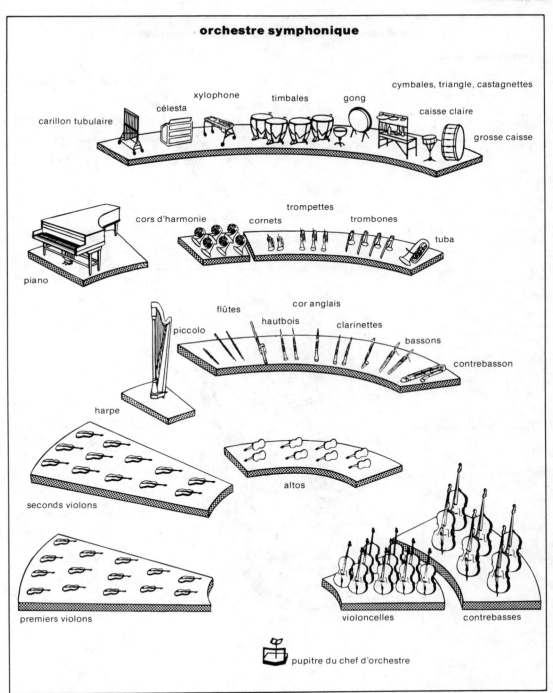

carillon tubulaire · célesta · xylophone · timbales · gong · cymbales, triangle, castagnettes · caisse claire · grosse caisse

piano · cors d'harmonie · cornets · trompettes · trombones · tuba

harpe · piccolo · flûtes · hautbois · cor anglais · clarinettes · bassons · contrebasson

seconds violons · altos

premiers violons · violoncelles · contrebasses

pupitre du chef d'orchestre

MUSIQUE

instruments électriques et électroniques

guitare électrique

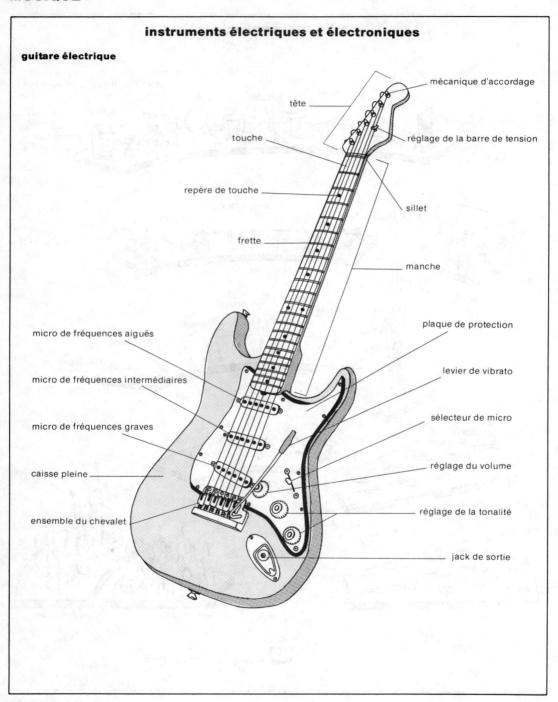

mécanique d'accordage

tête

touche

réglage de la barre de tension

repère de touche

sillet

frette

manche

micro de fréquences aiguës

plaque de protection

micro de fréquences intermédiaires

levier de vibrato

micro de fréquences graves

sélecteur de micro

caisse pleine

réglage du volume

ensemble du chevalet

réglage de la tonalité

jack de sortie

instruments électriques et électroniques

synthétiseur

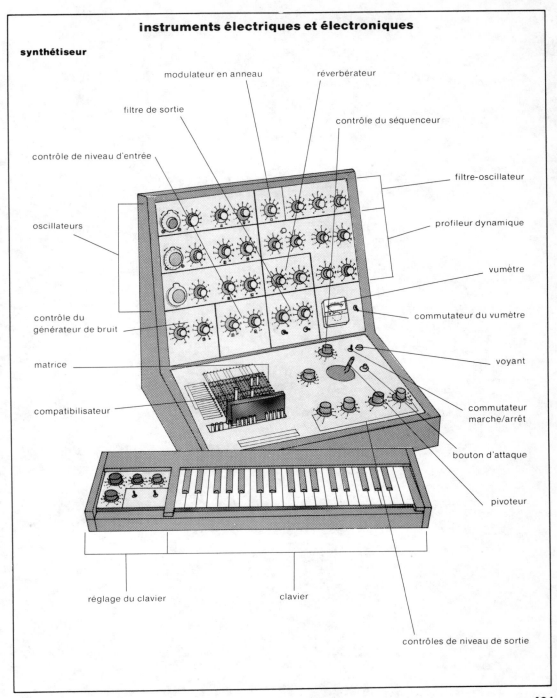

modulateur en anneau

réverbérateur

filtre de sortie

contrôle du séquenceur

contrôle de niveau d'entrée

filtre-oscillateur

oscillateurs

profileur dynamique

vumètre

contrôle du générateur de bruit

commutateur du vumètre

matrice

voyant

compatibilisateur

commutateur marche/arrêt

bouton d'attaque

pivoteur

réglage du clavier

clavier

contrôles de niveau de sortie

LOISIRS DE CRÉATION

LOISIRE DÉCRÉATION.

couture

machine à coudre

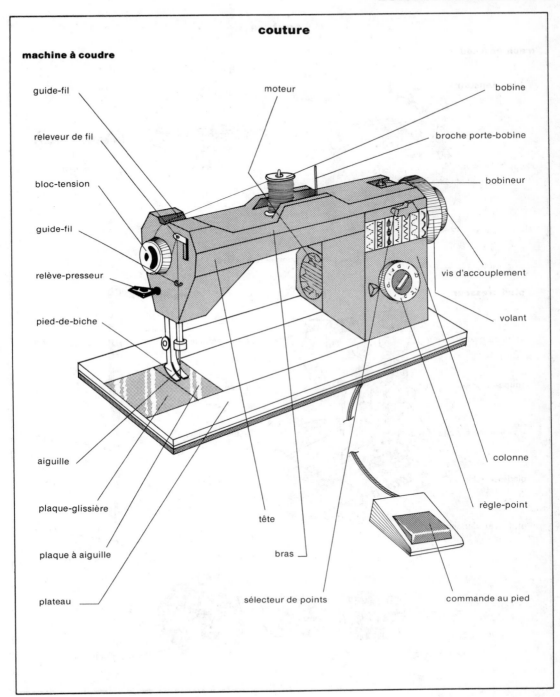

guide-fil

releveur de fil

bloc-tension

guide-fil

relève-presseur

pied-de-biche

moteur

bobine

broche porte-bobine

bobineur

vis d'accouplement

volant

aiguille

plaque-glissière

plaque à aiguille

plateau

tête

bras

sélecteur de points

colonne

règle-point

commande au pied

LOISIRS DE CRÉATION

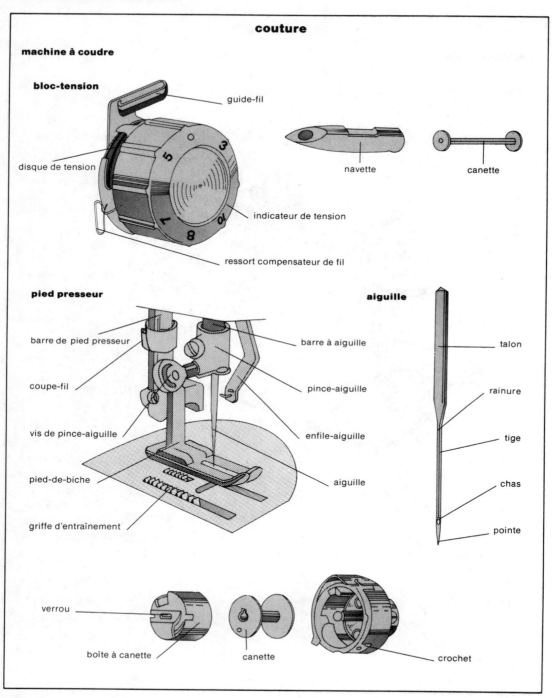

couture

machine à coudre

bloc-tension

guide-fil

disque de tension

indicateur de tension

ressort compensateur de fil

navette

canette

pied presseur

barre de pied presseur

coupe-fil

vis de pince-aiguille

pied-de-biche

griffe d'entraînement

barre à aiguille

pince-aiguille

enfile-aiguille

aiguille

aiguille

talon

rainure

tige

chas

pointe

verrou

boîte à canette

canette

crochet

486

couture

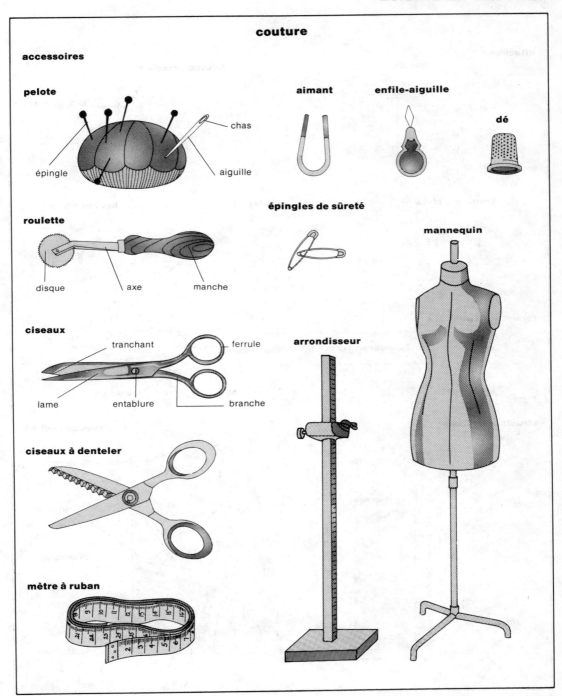

accessoires

pelote

chas

épingle

aiguille

aimant

enfile-aiguille

dé

roulette

disque

axe

manche

épingles de sûreté

mannequin

ciseaux

tranchant

ferrule

arrondisseur

lame

entablure

branche

ciseaux à denteler

mètre à ruban

LOISIRS DE CRÉATION

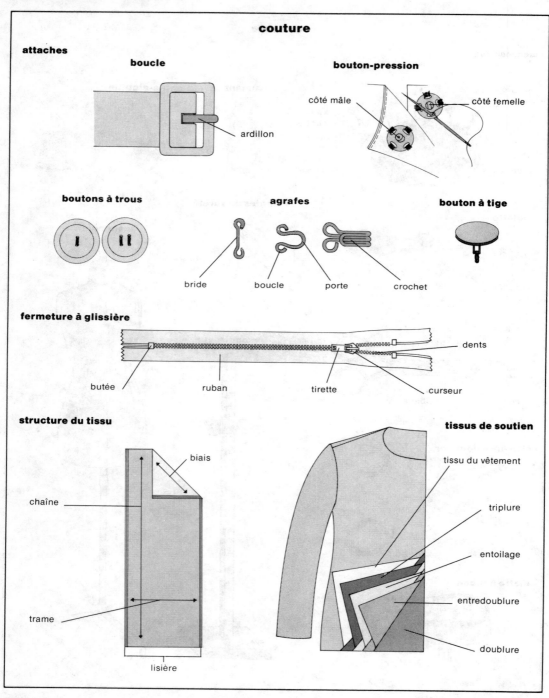

couture

attaches

boucle

ardillon

bouton-pression

côté mâle

côté femelle

boutons à trous

agrafes

bouton à tige

bride

boucle

porte

crochet

fermeture à glissière

dents

butée

ruban

tirette

curseur

structure du tissu

biais

chaîne

trame

lisière

tissus de soutien

tissu du vêtement

triplure

entoilage

entredoublure

doublure

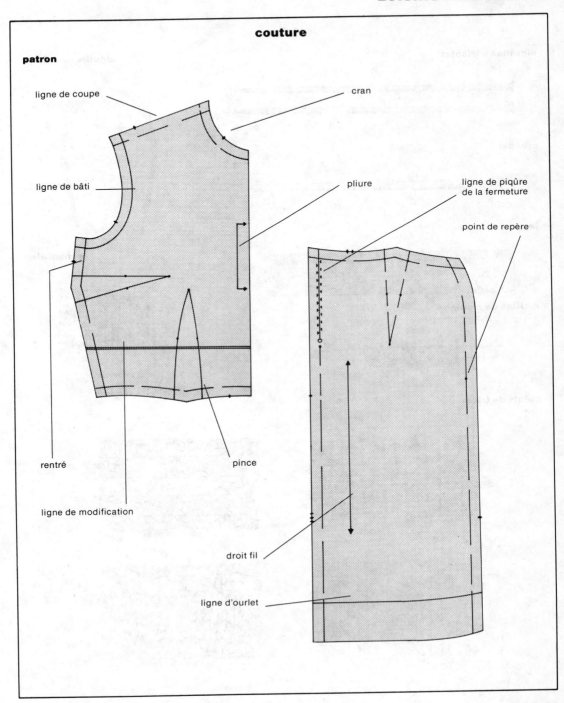

couture

patron

ligne de coupe

cran

ligne de bâti

pliure

ligne de piqûre
de la fermeture

point de repère

rentré

pince

ligne de modification

droit fil

ligne d'ourlet

LOISIRS DE CRÉATION

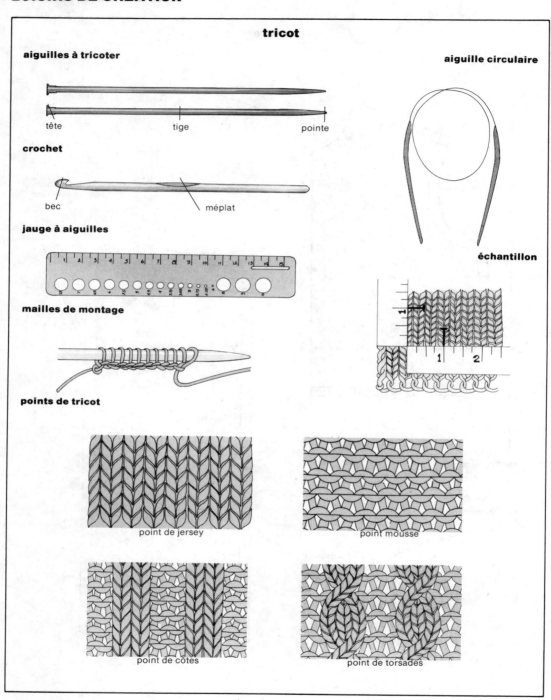

tricot

aiguilles à tricoter

tête   tige   pointe

crochet

bec   méplat

jauge à aiguilles

mailles de montage

points de tricot

aiguille circulaire

échantillon

point de jersey

point mousse

point de côtes

point de torsades

machine à tricoter

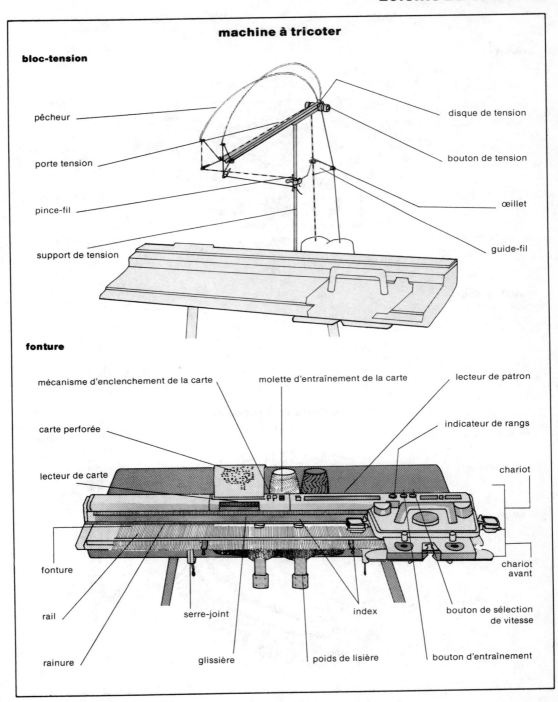

bloc-tension

pêcheur

porte tension

pince-fil

support de tension

disque de tension

bouton de tension

œillet

guide-fil

fonture

mécanisme d'enclenchement de la carte

molette d'entraînement de la carte

lecteur de patron

carte perforée

indicateur de rangs

lecteur de carte

chariot

fonture

chariot avant

rail

serre-joint

index

bouton de sélection de vitesse

rainure

glissière

poids de lisière

bouton d'entraînement

LOISIRS DE CRÉATION

machine à tricoter

chariot

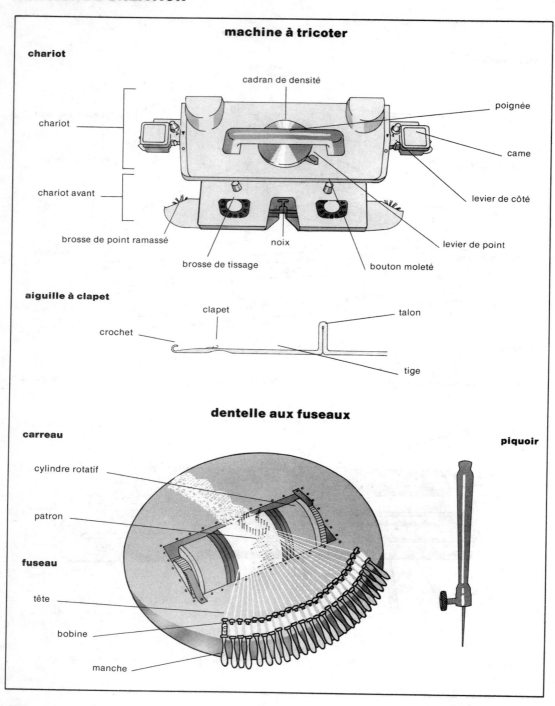

cadran de densité

poignée

came

chariot

levier de côté

chariot avant

levier de point

brosse de point ramassé

noix

brosse de tissage

bouton moleté

aiguille à clapet

clapet

talon

crochet

tige

dentelle aux fuseaux

carreau

piquoir

cylindre rotatif

patron

fuseau

tête

bobine

manche

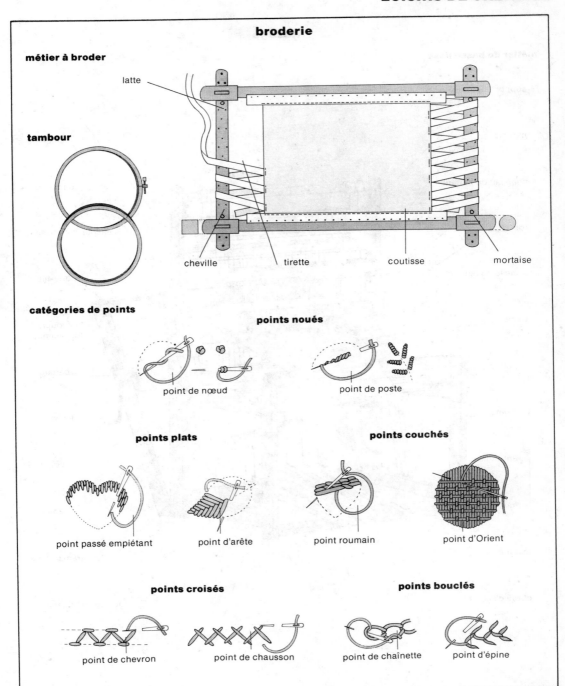

broderie

métier à broder

latte

tambour

cheville   tirette   coutisse   mortaise

catégories de points

points noués

point de nœud   point de poste

points plats   **points couchés**

point passé empiétant   point d'arête   point roumain   point d'Orient

points croisés   **points bouclés**

point de chevron   point de chausson   point de chaînette   point d'épine

tissage

métier de basse lisse

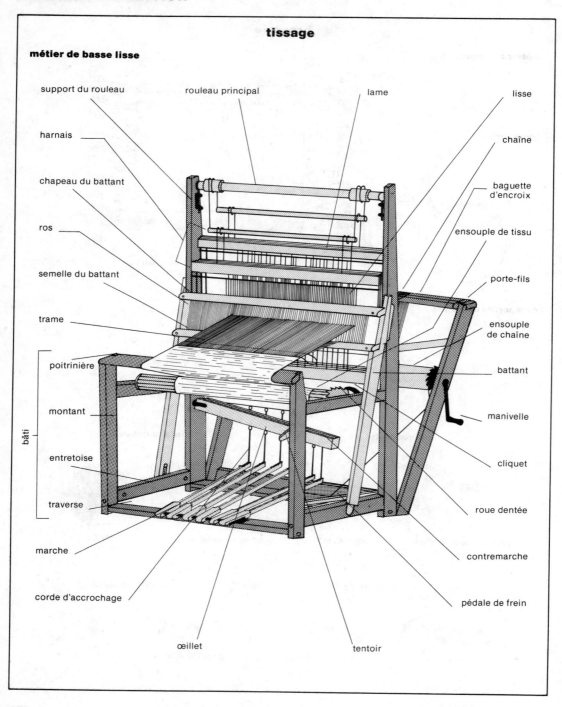

support du rouleau

rouleau principal

lame

lisse

harnais

chaîne

chapeau du battant

baguette d'encroix

ros

ensouple de tissu

semelle du battant

porte-fils

trame

ensouple de chaîne

poitrinière

battant

bâti

montant

manivelle

entretoise

cliquet

traverse

roue dentée

marche

contremarche

corde d'accrochage

pédale de frein

œillet

tentoir

tissage

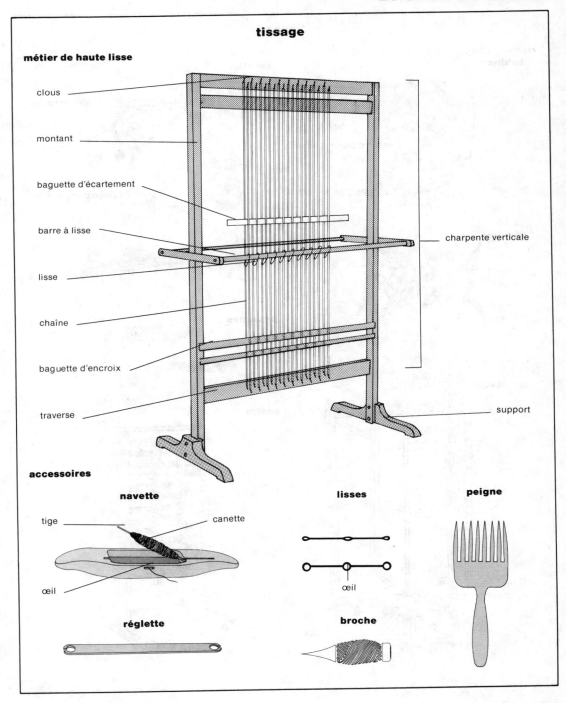

métier de haute lisse

- clous
- montant
- baguette d'écartement
- barre à lisse
- lisse
- chaîne
- baguette d'encroix
- traverse
- charpente verticale
- support

accessoires

navette

- tige
- canette
- œil

lisses

- œil

peigne

réglette

broche

LOISIRS DE CRÉATION

tissage

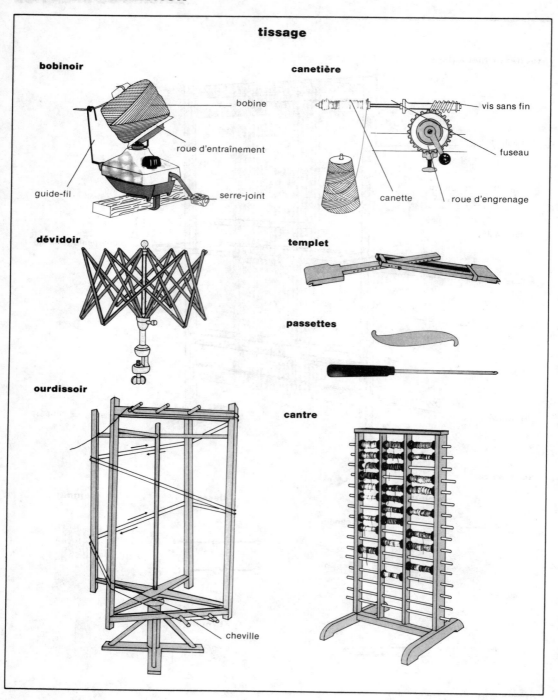

bobinoir

bobine

roue d'entraînement

guide-fil

serre-joint

canetière

vis sans fin

fuseau

canette

roue d'engrenage

dévidoir

templet

passettes

ourdissoir

cheville

cantre

496

tissage

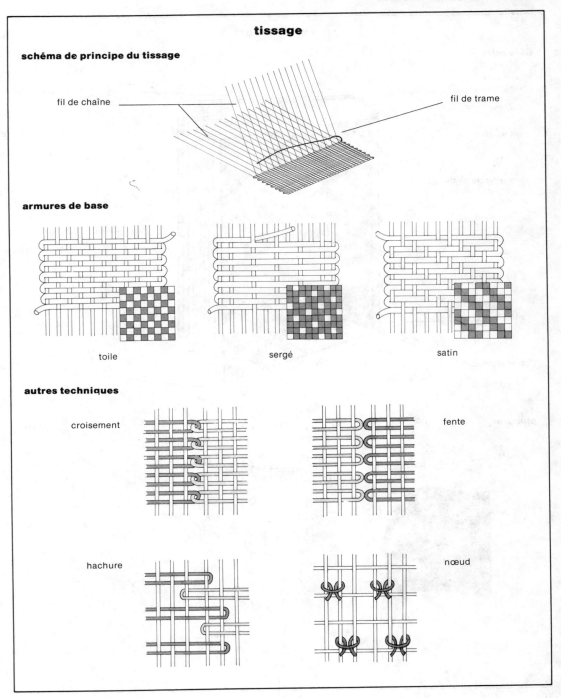

schéma de principe du tissage

fil de chaîne

fil de trame

armures de base

toile

sergé

satin

autres techniques

croisement

fente

hachure

nœud

LOISIRS DE CRÉATION

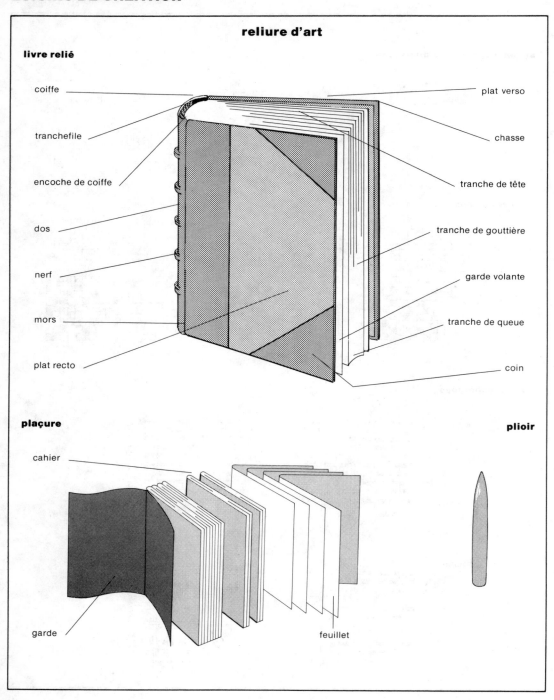

reliure d'art

livre relié

coiffe

tranchefile

encoche de coiffe

dos

nerf

mors

plat recto

plat verso

chasse

tranche de tête

tranche de gouttière

garde volante

tranche de queue

coin

plaçure

cahier

garde

feuillet

plioir

reliure d'art

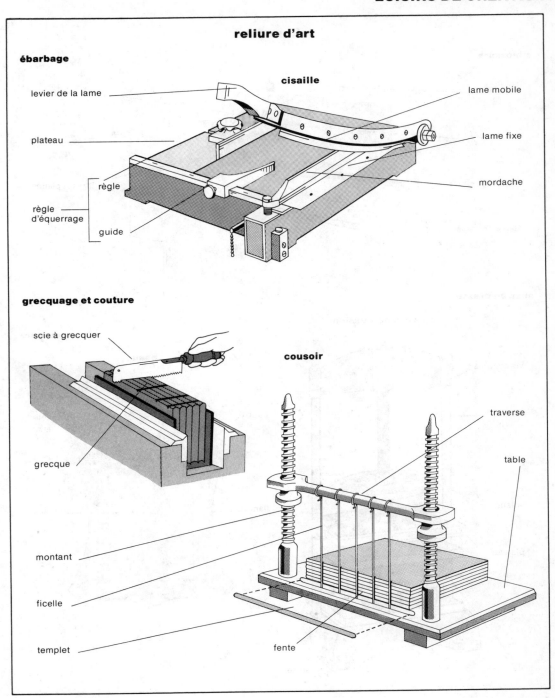

ébarbage

cisaille

levier de la lame

lame mobile

plateau

lame fixe

règle

règle
d'équerrage

guide

mordache

grecquage et couture

scie à grecquer

cousoir

traverse

table

grecque

montant

ficelle

templet

fente

LOISIRS DE CRÉATION

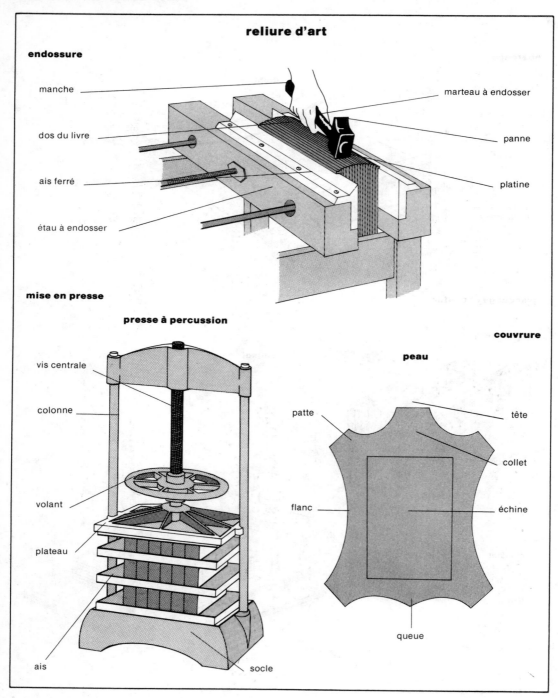

reliure d'art

endossure

manche

dos du livre

ais ferré

étau à endosser

marteau à endosser

panne

platine

mise en presse

presse à percussion

vis centrale

colonne

volant

plateau

ais

socle

couvrure

peau

patte

flanc

tête

collet

échine

queue

gravure en creux

matériel

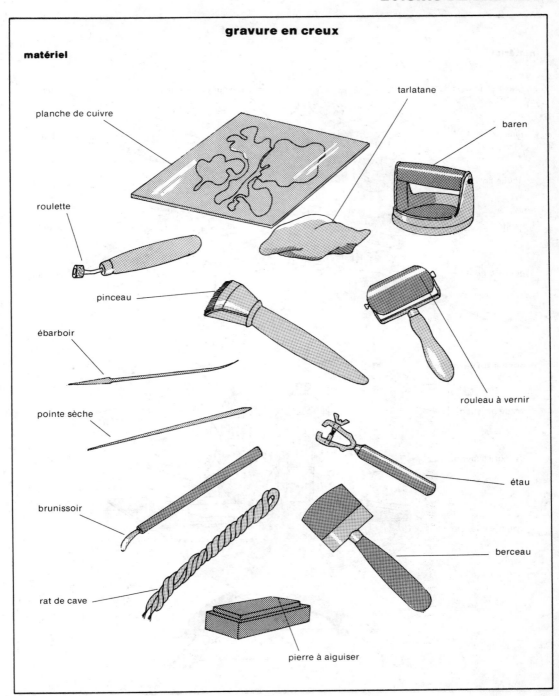

tarlatane

baren

planche de cuivre

roulette

pinceau

ébarboir

pointe sèche

brunissoir

rat de cave

rouleau à vernir

étau

berceau

pierre à aiguiser

LOISIRS DE CRÉATION

gravure en relief

matériel

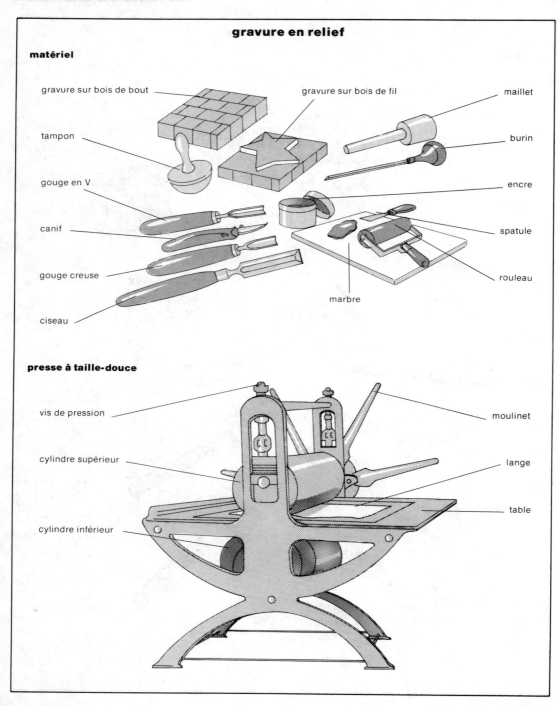

gravure sur bois de bout

gravure sur bois de fil

maillet

tampon

burin

gouge en V

encre

canif

spatule

gouge creuse

rouleau

ciseau

marbre

presse à taille-douce

vis de pression

moulinet

cylindre supérieur

lange

table

cylindre inférieur

lithographie

matériel

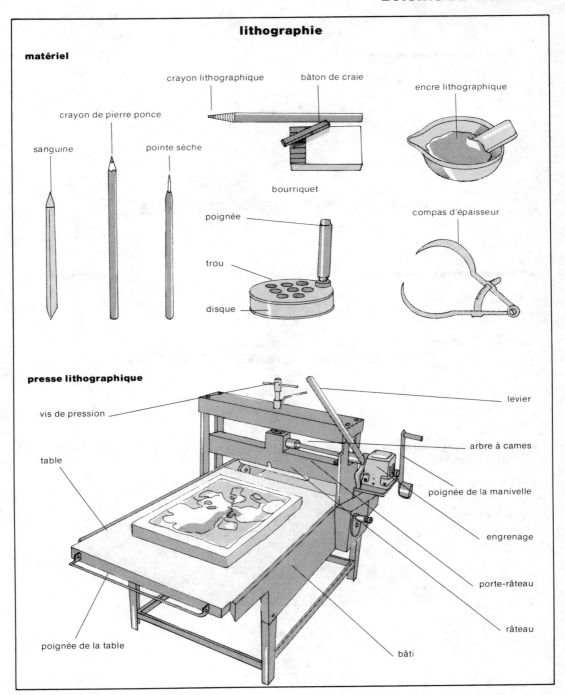

crayon lithographique

bâton de craie

encre lithographique

crayon de pierre ponce

pointe sèche

sanguine

bourriquet

poignée

compas d'épaisseur

trou

disque

presse lithographique

vis de pression

levier

arbre à cames

table

poignée de la manivelle

engrenage

porte-râteau

râteau

poignée de la table

bâti

LOISIRS DE CRÉATION

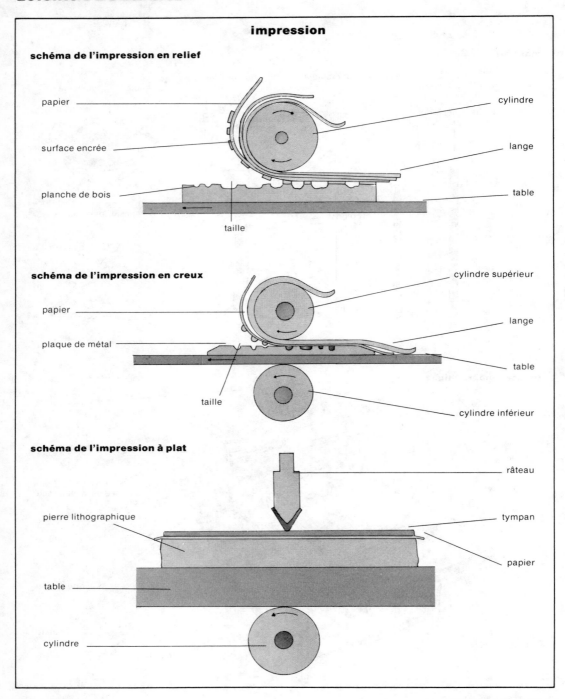

impression

schéma de l'impression en relief

papier — cylindre

surface encrée — lange

planche de bois — table

taille

schéma de l'impression en creux

papier — cylindre supérieur

plaque de métal — lange

table

taille

cylindre inférieur

schéma de l'impression à plat

râteau

pierre lithographique — tympan

papier

table

cylindre

poterie

tour à pied

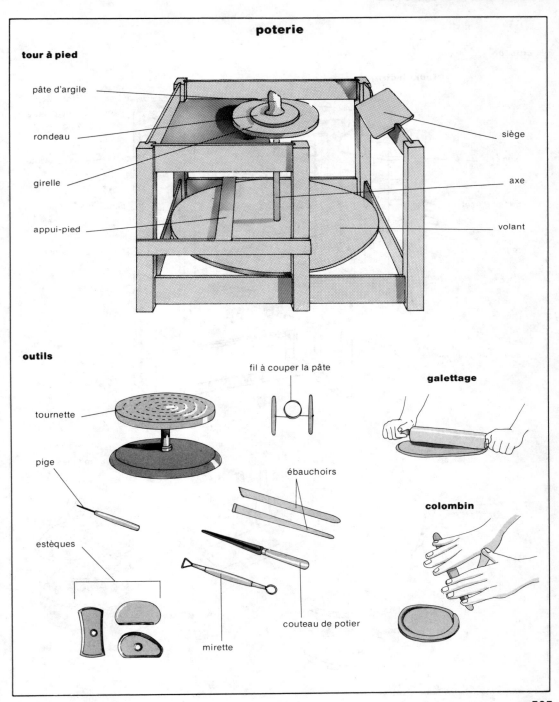

pâte d'argile

rondeau

siège

girelle

axe

appui-pied

volant

outils

tournette

fil à couper la pâte

galettage

pige

ébauchoirs

colombin

estèques

mirette

couteau de potier

LOISIRS DE CRÉATION

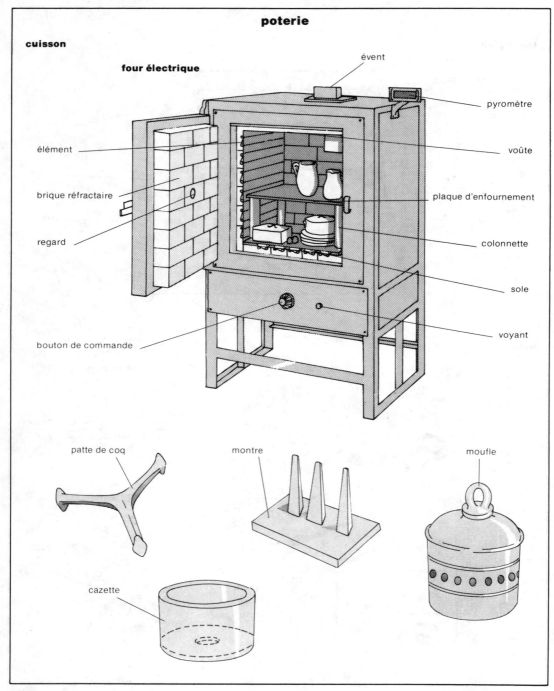

poterie

cuisson

four électrique

évent

pyromètre

élément

voûte

brique réfractaire

plaque d'enfournement

regard

colonnette

sole

voyant

bouton de commande

patte de coq

montre

moufle

cazette

vitrail

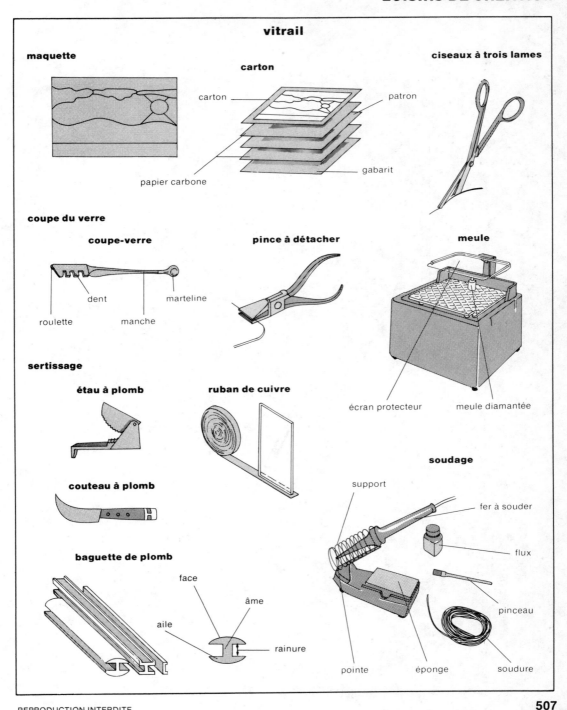

maquette

carton

carton

patron

papier carbone

gabarit

ciseaux à trois lames

coupe du verre

coupe-verre

dent

martel ine

roulette

manche

pince à détacher

meule

écran protecteur

meule diamantée

sertissage

étau à plomb

ruban de cuivre

couteau à plomb

soudage

support

fer à souder

flux

pinceau

baguette de plomb

face

âme

aile

rainure

pointe

éponge

soudure

SPORTS

baseball

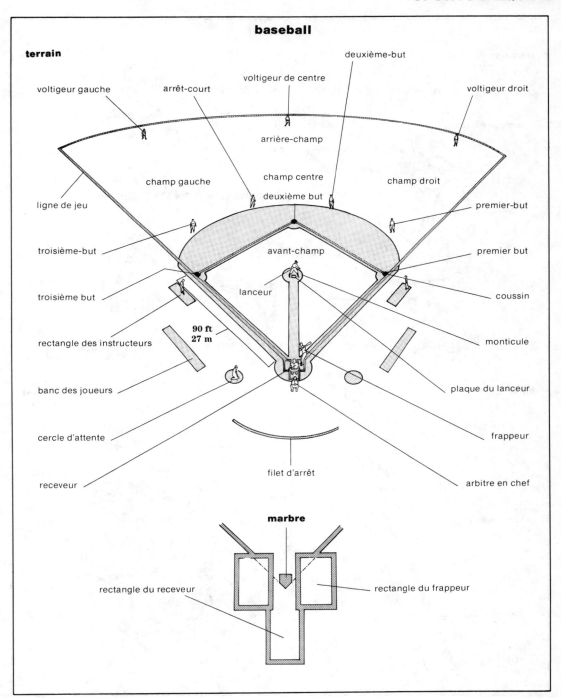

terrain

voltigeur gauche

arrêt-court

voltigeur de centre

deuxième-but

voltigeur droit

arrière-champ

champ gauche

champ centre

champ droit

ligne de jeu

deuxième but

premier-but

troisième-but

avant-champ

premier but

troisième but

lanceur

coussin

rectangle des instructeurs

90 ft
27 m

monticule

banc des joueurs

plaque du lanceur

cercle d'attente

frappeur

receveur

filet d'arrêt

arbitre en chef

marbre

rectangle du receveur

rectangle du frappeur

SPORTS D'ÉQUIPE

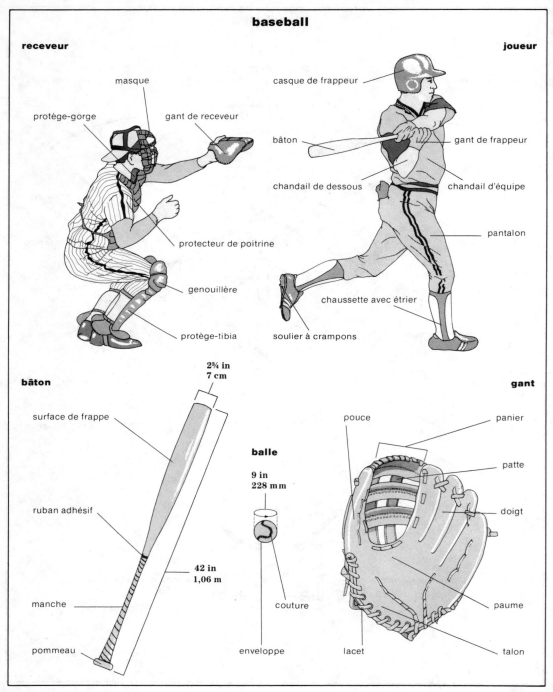

baseball

receveur

masque

protège-gorge

gant de receveur

protecteur de poitrine

genouillère

protège-tibia

joueur

casque de frappeur

bâton

gant de frappeur

chandail de dessous

chandail d'équipe

pantalon

chaussette avec étrier

soulier à crampons

bâton

surface de frappe

ruban adhésif

manche

pommeau

2¾ in
7 cm

42 in
1,06 m

balle

9 in
228 mm

couture

enveloppe

gant

pouce

panier

patte

doigt

paume

talon

lacet

512

football

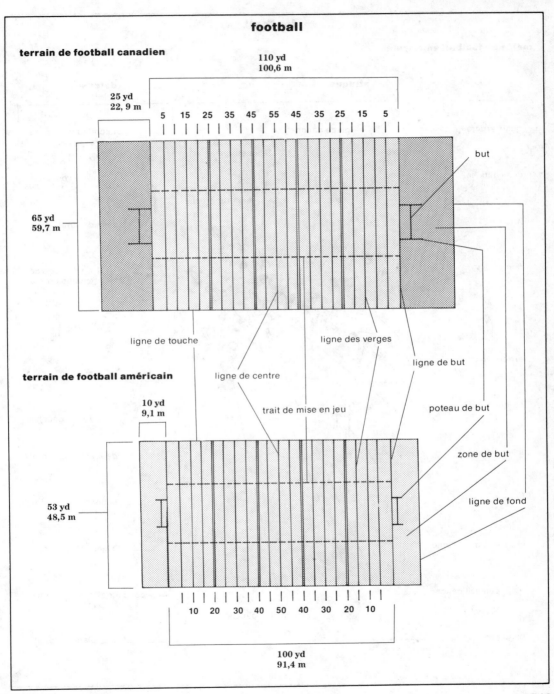

terrain de football canadien

110 yd
100,6 m

25 yd
22, 9 m

5 15 25 35 45 55 45 35 25 15 5

but

65 yd
59,7 m

ligne de touche

ligne des verges

ligne de but

terrain de football américain

ligne de centre

poteau de but

10 yd
9,1 m

trait de mise en jeu

zone de but

53 yd
48,5 m

ligne de fond

10 20 30 40 50 40 30 20 10

100 yd
91,4 m

513

SPORTS D'ÉQUIPE

football

mêlée au football américain

attaque

défense

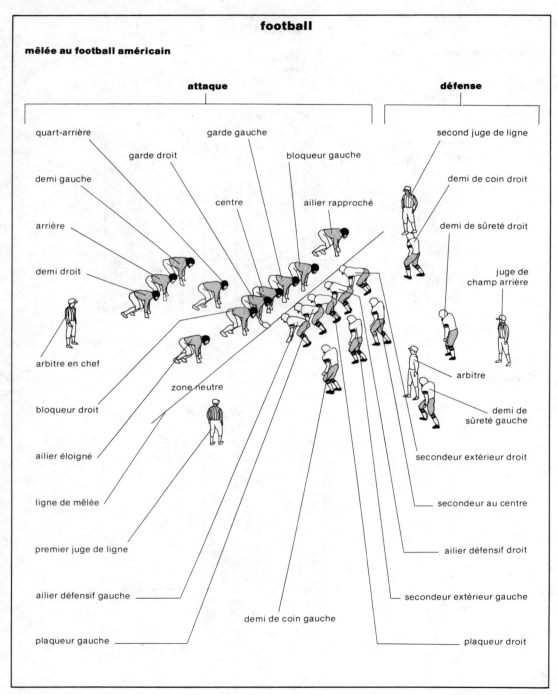

quart-arrière

garde droit

demi gauche

garde gauche

bloqueur gauche

arrière

centre

ailier rapproché

demi droit

arbitre en chef

bloqueur droit

zone neutre

ailier éloigné

ligne de mêlée

premier juge de ligne

ailier défensif gauche

plaqueur gauche

demi de coin gauche

second juge de ligne

demi de coin droit

demi de sûreté droit

juge de
champ arrière

arbitre

demi de
sûreté gauche

secondeur extérieur droit

secondeur au centre

ailier défensif droit

secondeur extérieur gauche

plaqueur droit

football

mêlée au football canadien

attaque

défense

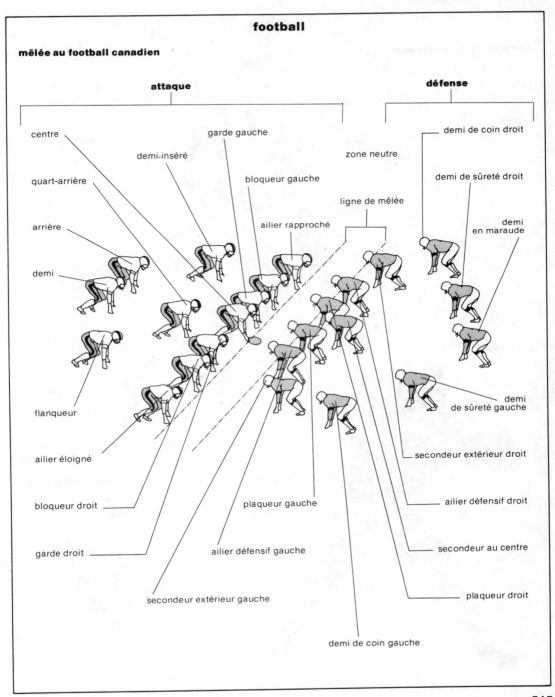

centre

garde gauche

demi-inséré

quart-arrière

bloqueur gauche

zone neutre

demi de coin droit

demi de sûreté droit

arrière

ailier rapproché

ligne de mêlée

demi
en maraude

demi

flanqueur

demi
de sûreté gauche

ailier éloigné

secondeur extérieur droit

bloqueur droit

plaqueur gauche

ailier défensif droit

garde droit

ailier défensif gauche

secondeur au centre

secondeur extérieur gauche

plaqueur droit

demi de coin gauche

SPORTS D'ÉQUIPE

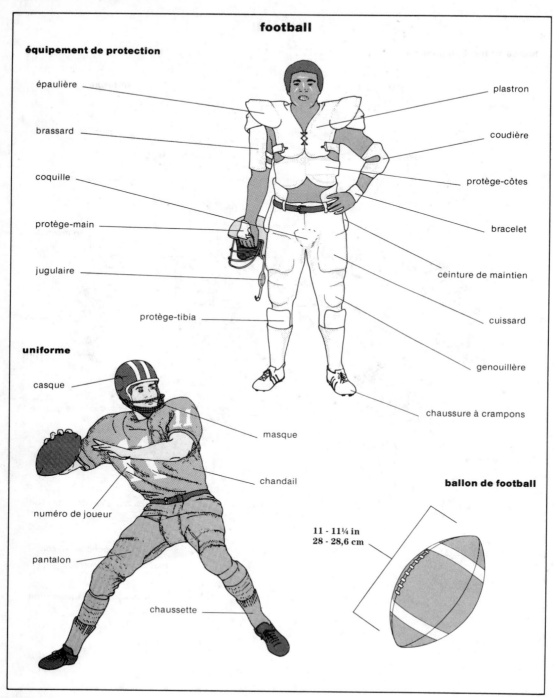

football

équipement de protection

épaulière

brassard

coquille

protège-main

jugulaire

protège-tibia

plastron

coudière

protège-côtes

bracelet

ceinture de maintien

cuissard

genouillère

chaussure à crampons

uniforme

casque

masque

chandail

numéro de joueur

pantalon

chaussette

ballon de football

11 - 11¼ in
28 - 28,6 cm

rugby

terrain

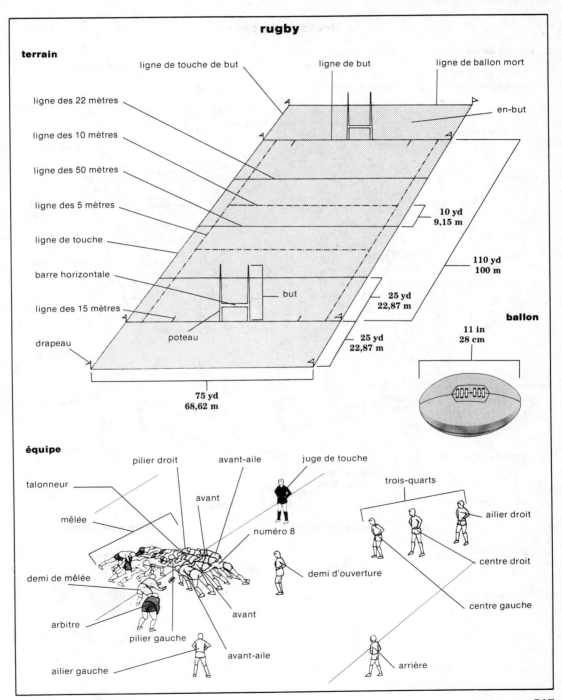

ligne de touche de but

ligne de but

ligne de ballon mort

en-but

ligne des 22 mètres

ligne des 10 mètres

ligne des 50 mètres

ligne des 5 mètres

ligne de touche

barre horizontale

but

ligne des 15 mètres

poteau

drapeau

10 yd
9,15 m

110 yd
100 m

25 yd
22,87 m

25 yd
22,87 m

75 yd
68,62 m

ballon

11 in
28 cm

équipe

pilier droit

avant-aile

juge de touche

talonneur

avant

trois-quarts

mêlée

numéro 8

ailier droit

demi d'ouverture

centre droit

demi de mêlée

centre gauche

arbitre

avant

pilier gauche

avant-aile

ailier gauche

arrière

football européen

terrain de jeu

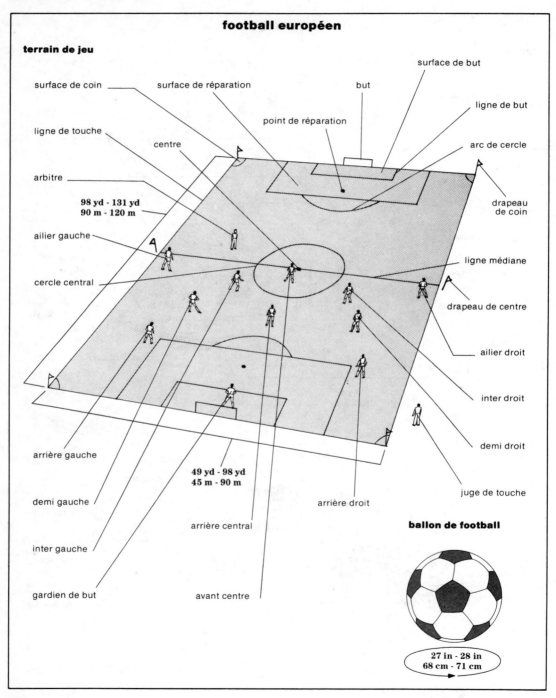

surface de but

surface de coin

surface de réparation

but

ligne de but

ligne de touche

point de réparation

arc de cercle

centre

arbitre

drapeau
de coin

**98 yd - 131 yd
90 m - 120 m**

ailier gauche

ligne médiane

cercle central

drapeau de centre

ailier droit

inter droit

demi droit

arrière gauche

juge de touche

**49 yd - 98 yd
45 m - 90 m**

demi gauche

arrière droit

arrière central

ballon de football

inter gauche

gardien de but

avant centre

**27 in - 28 in
68 cm - 71 cm**

hockey sur glace

patinoire

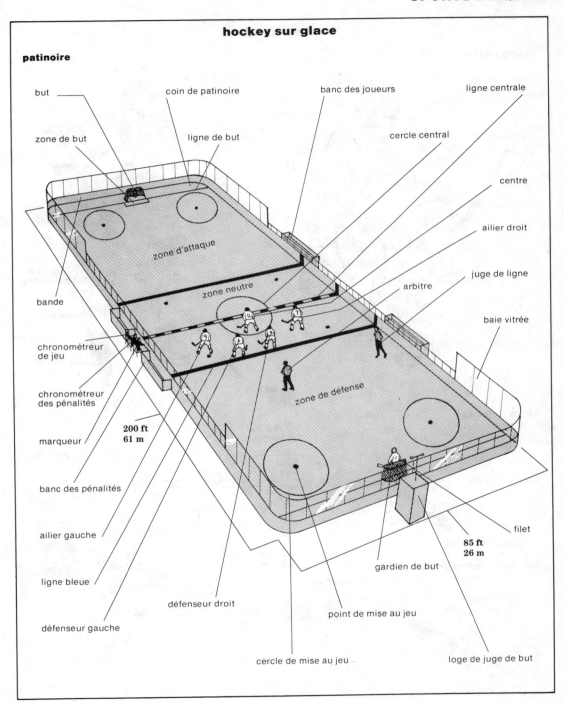

but

coin de patinoire

banc des joueurs

ligne centrale

zone de but

ligne de but

cercle central

centre

ailier droit

juge de ligne

arbitre

baie vitrée

bande

zone d'attaque

zone neutre

chronométreur de jeu

chronométreur des pénalités

zone de défense

marqueur

200 ft 61 m

banc des pénalités

ailier gauche

filet

ligne bleue

85 ft 26 m

défenseur droit

gardien de but

défenseur gauche

point de mise au jeu

cercle de mise au jeu

loge de juge de but

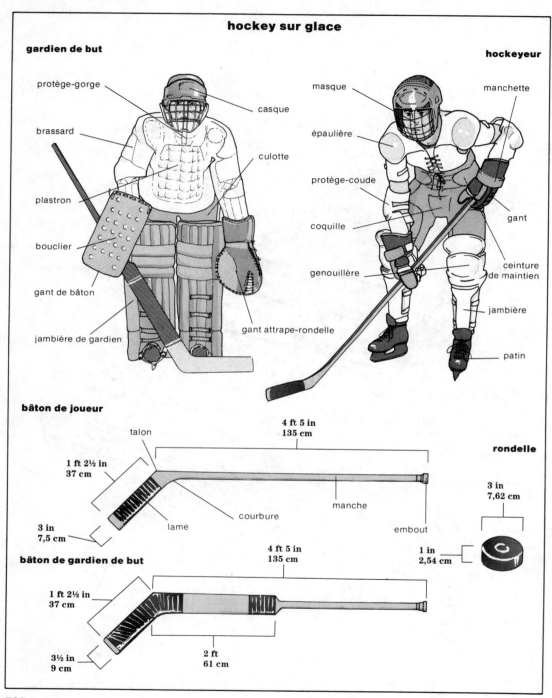

hockey sur glace

gardien de but

protège-gorge

casque

brassard

culotte

plastron

bouclier

gant de bâton

jambière de gardien

gant attrape-rondelle

hockeyeur

masque

manchette

épaulière

protège-coude

coquille

gant

genouillère

ceinture de maintien

jambière

patin

bâton de joueur

talon

4 ft 5 in
135 cm

rondelle

1 ft 2½ in
37 cm

3 in
7,62 cm

courbure

manche

3 in
7,5 cm

lame

embout

1 in
2,54 cm

bâton de gardien de but

4 ft 5 in
135 cm

1 ft 2½ in
37 cm

3½ in
9 cm

2 ft
61 cm

520

basket-ball

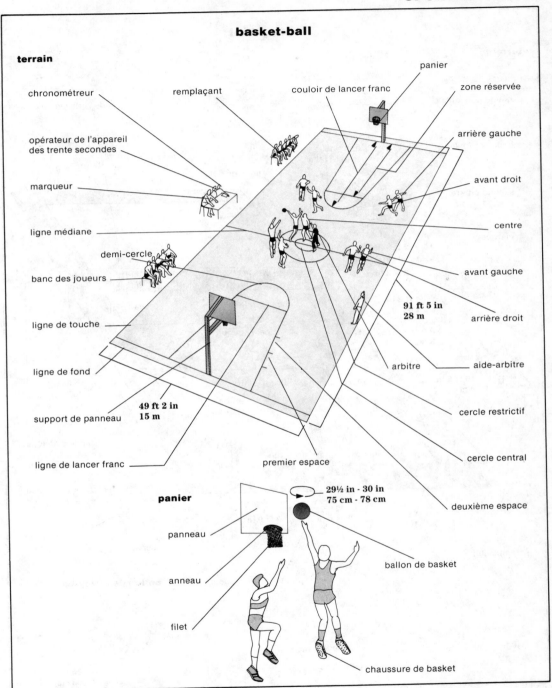

terrain

chronométreur

remplaçant

couloir de lancer franc

panier

zone réservée

opérateur de l'appareil des trente secondes

arrière gauche

marqueur

avant droit

ligne médiane

centre

demi-cercle

banc des joueurs

avant gauche

ligne de touche

91 ft 5 in
28 m

arrière droit

ligne de fond

arbitre

aide-arbitre

support de panneau

49 ft 2 in
15 m

cercle restrictif

ligne de lancer franc

premier espace

cercle central

panier

29½ in - 30 in
75 cm - 78 cm

deuxième espace

panneau

ballon de basket

anneau

filet

chaussure de basket

SPORTS D'ÉQUIPE

volley-ball

terrain

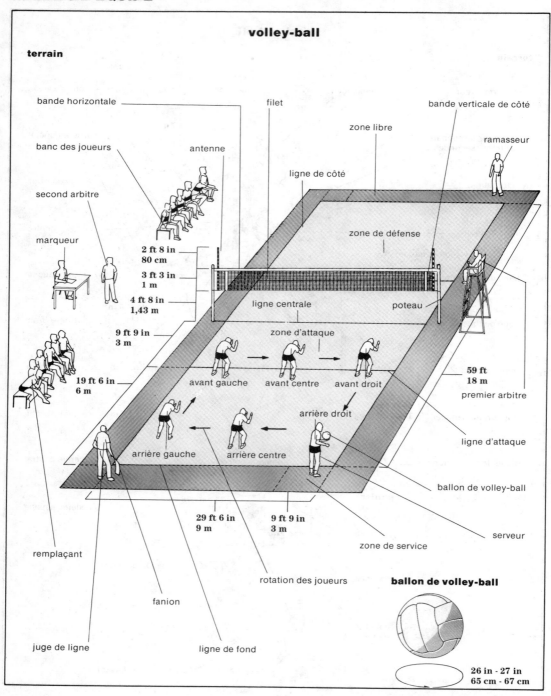

bande horizontale

banc des joueurs

antenne

second arbitre

marqueur

2 ft 8 in
80 cm

3 ft 3 in
1 m

4 ft 8 in
1,43 m

9 ft 9 in
3 m

19 ft 6 in
6 m

filet

ligne de côté

zone libre

bande verticale de côté

ramasseur

zone de défense

ligne centrale

poteau

zone d'attaque

avant gauche

avant centre

avant droit

59 ft
18 m

premier arbitre

ligne d'attaque

arrière droit

arrière gauche

arrière centre

ballon de volley-ball

29 ft 6 in
9 m

9 ft 9 in
3 m

zone de service

serveur

remplaçant

rotation des joueurs

fanion

juge de ligne

ligne de fond

ballon de volley-ball

26 in - 27 in
65 cm - 67 cm

tennis

terrain

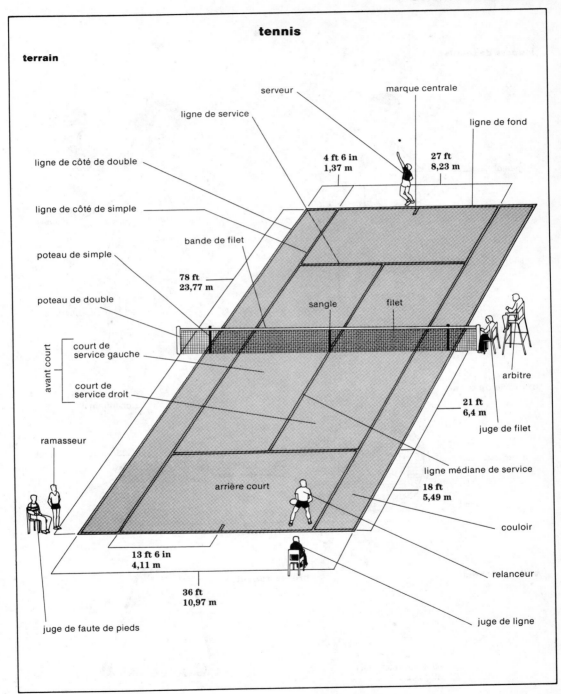

serveur

marque centrale

ligne de service

ligne de fond

ligne de côté de double

4 ft 6 in
1,37 m

27 ft
8,23 m

ligne de côté de simple

bande de filet

poteau de simple

78 ft
23,77 m

sangle

filet

poteau de double

arbitre

avant court

court de service gauche

court de service droit

21 ft
6,4 m

juge de filet

ramasseur

ligne médiane de service

arrière court

18 ft
5,49 m

couloir

13 ft 6 in
4,11 m

relanceur

36 ft
10,97 m

juge de ligne

juge de faute de pieds

tennis

joueurs de tennis

serre-tête

maillot

serre-poignet

short

chemise

jupette

chaussure de tennis

chaussette

raquette de tennis

épaule

cœur

dessus

chanfrein

cadre

méplat

fond

talon

poignée

tête

manche

balle de tennis

63,5 mm - 66,7 mm
2½ in - 2⅝ in

presse-raquette

hand-ball

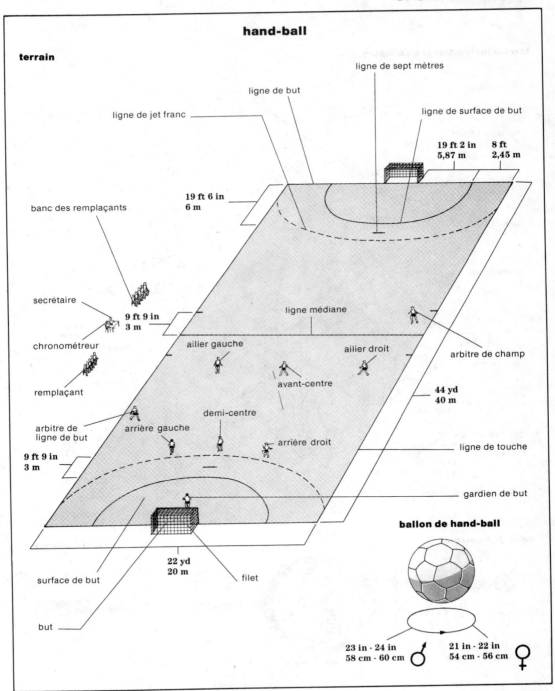

terrain

ligne de sept mètres

ligne de but

ligne de surface de but

ligne de jet franc

19 ft 2 in
5,87 m

8 ft
2,45 m

19 ft 6 in
6 m

banc des remplaçants

secrétaire

9 ft 9 in
3 m

chronométreur

ligne médiane

ailier gauche

ailier droit

arbitre de champ

avant-centre

remplaçant

44 yd
40 m

demi-centre

arbitre de
ligne de but

arrière gauche

9 ft 9 in
3 m

arrière droit

ligne de touche

gardien de but

ballon de hand-ball

22 yd
20 m

surface de but

filet

but

23 in - 24 in
58 cm - 60 cm ♂

21 in - 22 in
54 cm - 56 cm ♀

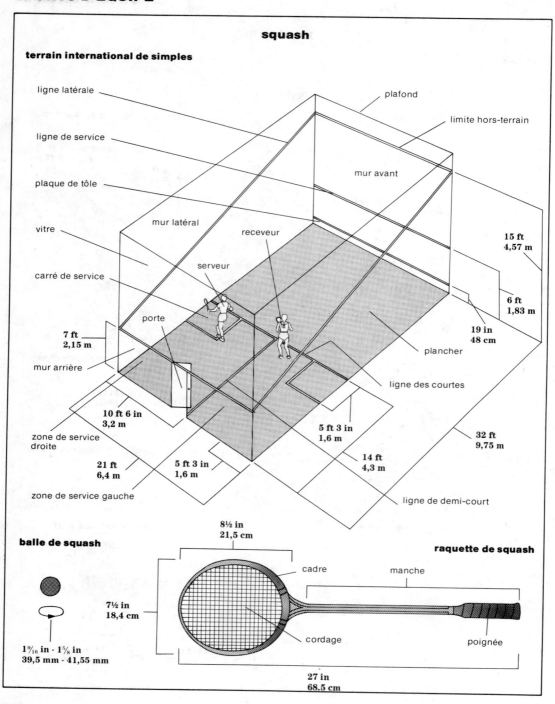

squash

terrain international de simples

ligne latérale

plafond

limite hors-terrain

ligne de service

mur avant

plaque de tôle

mur latéral

vitre

receveur

serveur

15 ft 4,57 m

carré de service

6 ft 1,83 m

7 ft 2,15 m

porte

19 in 48 cm

plancher

mur arrière

ligne des courtes

10 ft 6 in 3,2 m

zone de service droite

5 ft 3 in 1,6 m

32 ft 9,75 m

21 ft 6,4 m

5 ft 3 in 1,6 m

14 ft 4,3 m

zone de service gauche

ligne de demi-court

balle de squash

8½ in 21,5 cm

cadre

manche

raquette de squash

7½ in 18,4 cm

cordage

poignée

1⁹⁄₁₆ in - 1⅝ in 39,5 mm - 41,55 mm

27 in 68.5 cm

racquetball

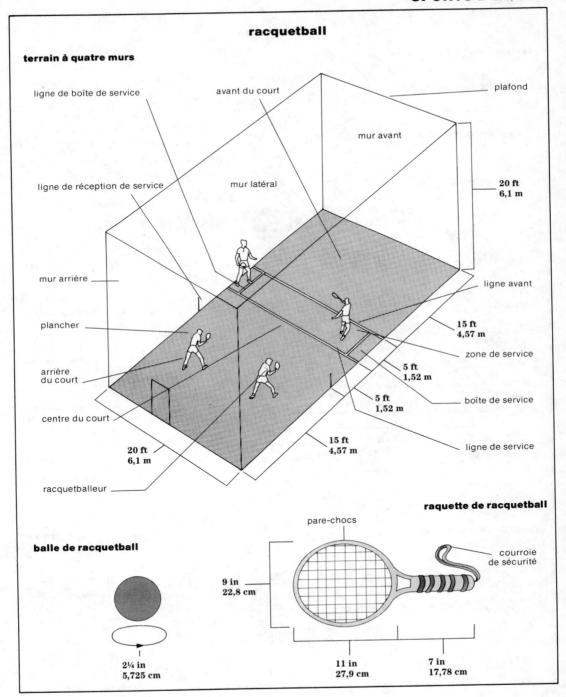

terrain à quatre murs

ligne de boîte de service

avant du court

plafond

mur avant

ligne de réception de service

mur latéral

20 ft
6,1 m

mur arrière

ligne avant

plancher

15 ft
4,57 m

zone de service

arrière
du court

5 ft
1,52 m

boîte de service

5 ft
1,52 m

centre du court

ligne de service

20 ft
6,1 m

15 ft
4,57 m

racquetballeur

raquette de racquetball

pare-chocs

balle de racquetball

courroie
de sécurité

9 in
22,8 cm

2¼ in
5,725 cm

11 in
27,9 cm

7 in
17,78 cm

SPORTS D'ÉQUIPE

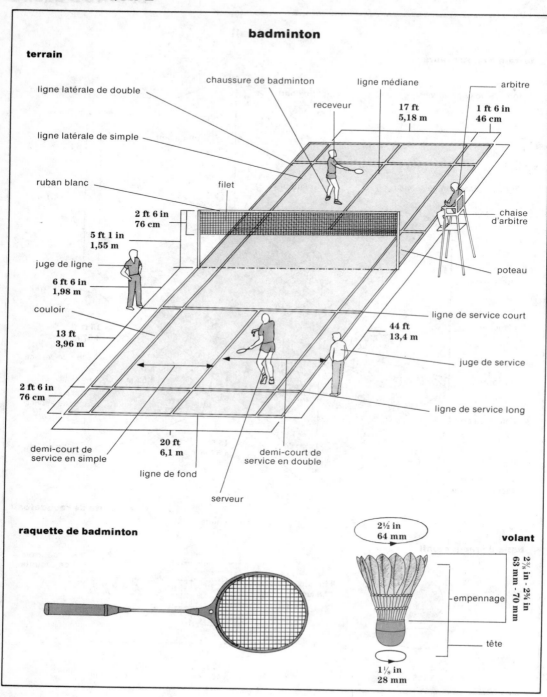

badminton

terrain

ligne latérale de double

chaussure de badminton

ligne médiane

arbitre

receveur

**17 ft
5,18 m**

**1 ft 6 in
46 cm**

ligne latérale de simple

ruban blanc

filet

**2 ft 6 in
76 cm**

**5 ft 1 in
1,55 m**

chaise
d'arbitre

juge de ligne

**6 ft 6 in
1,98 m**

poteau

couloir

ligne de service court

**13 ft
3,96 m**

**44 ft
13,4 m**

juge de service

**2 ft 6 in
76 cm**

ligne de service long

demi-court de
service en simple

**20 ft
6,1 m**

demi-court de
service en double

ligne de fond

serveur

raquette de badminton

**2½ in
64 mm**

volant

**2⅜ in - 2¾ in
63 mm - 70 mm**

empennage

tête

**1⅛ in
28 mm**

tennis de table

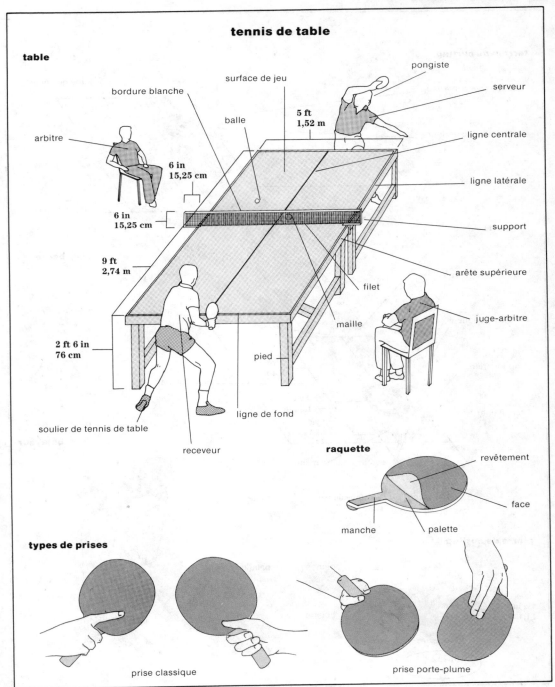

table

pongiste

serveur

surface de jeu

bordure blanche

balle

5 ft
1,52 m

arbitre

ligne centrale

6 in
15,25 cm

ligne latérale

6 in
15,25 cm

support

9 ft
2,74 m

arête supérieure

filet

juge-arbitre

2 ft 6 in
76 cm

maille

pied

ligne de fond

soulier de tennis de table

receveur

raquette

revêtement

face

manche

palette

types de prises

prise classique

prise porte-plume

SPORTS D'ÉQUIPE

curling

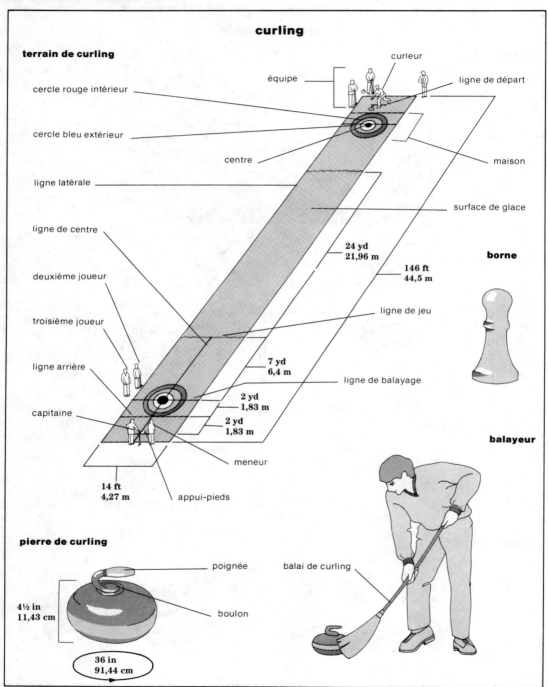

terrain de curling

cercle rouge intérieur

cercle bleu extérieur

centre

ligne latérale

ligne de centre

deuxième joueur

troisième joueur

ligne arrière

capitaine

équipe

curleur

ligne de départ

maison

surface de glace

24 yd
21,96 m

146 ft
44,5 m

ligne de jeu

7 yd
6,4 m

ligne de balayage

2 yd
1,83 m

2 yd
1,83 m

14 ft
4,27 m

meneur

appui-pieds

borne

balayeur

pierre de curling

poignée

boulon

4½ in
11,43 cm

36 in
91,44 cm

balai de curling

water-polo

surface de jeu

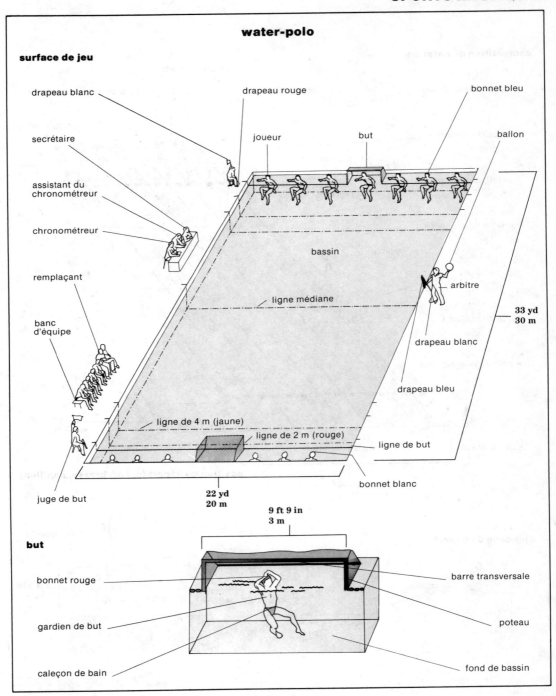

drapeau blanc

secrétaire

assistant du
chronométreur

chronométreur

remplaçant

banc
d'équipe

juge de but

drapeau rouge

joueur

bonnet bleu

but

ballon

bassin

ligne médiane

arbitre

33 yd
30 m

drapeau blanc

drapeau bleu

ligne de 4 m (jaune)

ligne de 2 m (rouge)

ligne de but

bonnet blanc

22 yd
20 m

9 ft 9 in
3 m

but

bonnet rouge

gardien de but

caleçon de bain

barre transversale

poteau

fond de bassin

SPORTS NAUTIQUES

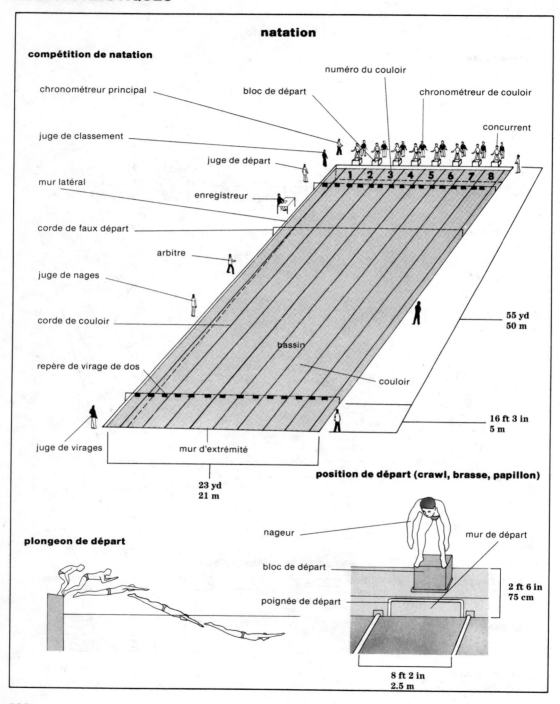

natation

compétition de natation

numéro du couloir

chronométreur principal

bloc de départ

chronométreur de couloir

juge de classement

concurrent

juge de départ

mur latéral

enregistreur

corde de faux départ

arbitre

juge de nages

corde de couloir

bassin

repère de virage de dos

couloir

55 yd
50 m

16 ft 3 in
5 m

juge de virages

mur d'extrémité

23 yd
21 m

position de départ (crawl, brasse, papillon)

nageur

mur de départ

plongeon de départ

bloc de départ

poignée de départ

2 ft 6 in
75 cm

8 ft 2 in
2.5 m

types de nages

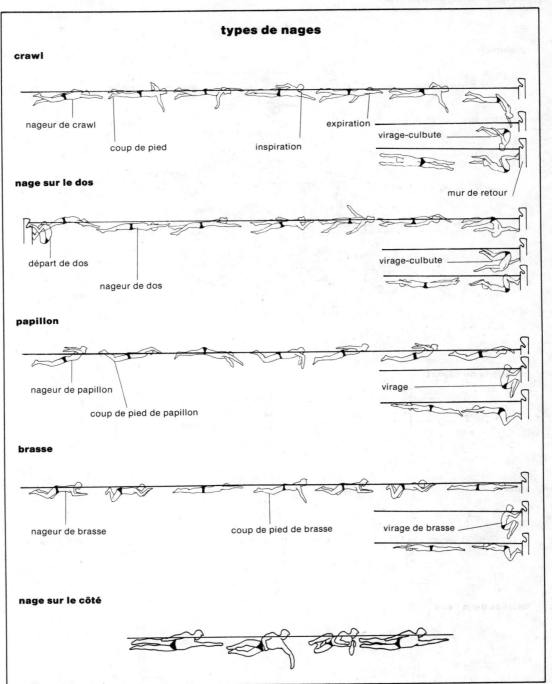

crawl

nageur de crawl

coup de pied

inspiration

expiration

virage-culbute

mur de retour

nage sur le dos

départ de dos

nageur de dos

virage-culbute

papillon

nageur de papillon

coup de pied de papillon

virage

brasse

nageur de brasse

coup de pied de brasse

virage de brasse

nage sur le côté

SPORTS NAUTIQUES

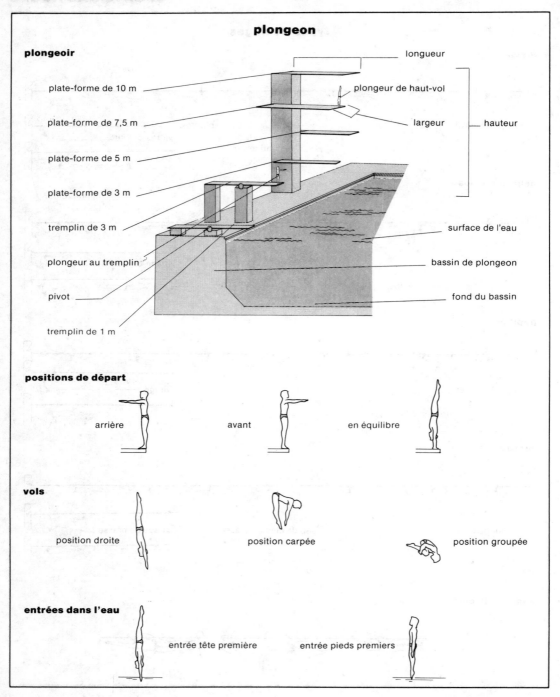

plongeon

plongeoir

longueur

plate-forme de 10 m

plongeur de haut-vol

plate-forme de 7,5 m

largeur

hauteur

plate-forme de 5 m

plate-forme de 3 m

tremplin de 3 m

surface de l'eau

plongeur au tremplin

bassin de plongeon

pivot

fond du bassin

tremplin de 1 m

positions de départ

arrière

avant

en équilibre

vols

position droite

position carpée

position groupée

entrées dans l'eau

entrée tête première

entrée pieds premiers

groupes de plongeons

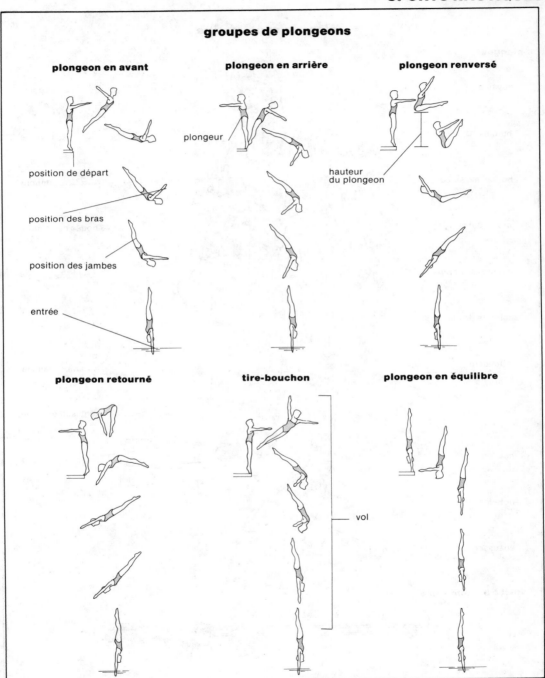

plongeon en avant

plongeon en arrière

plongeon renversé

plongeur

position de départ

position des bras

position des jambes

entrée

hauteur
du plongeon

plongeon retourné

tire-bouchon

plongeon en équilibre

vol

SPORTS NAUTIQUES

plongée sous-marine

plongeur

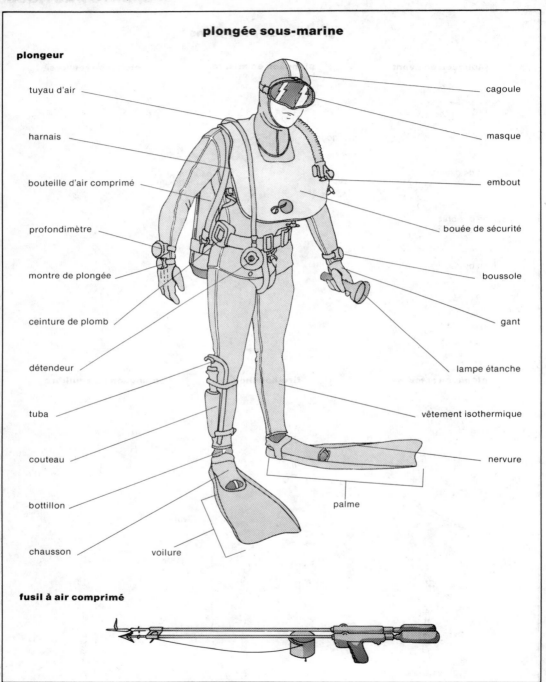

tuyau d'air

harnais

bouteille d'air comprimé

profondimètre

montre de plongée

ceinture de plomb

détendeur

tuba

couteau

bottillon

chausson

cagoule

masque

embout

bouée de sécurité

boussole

gant

lampe étanche

vêtement isothermique

nervure

palme

voilure

fusil à air comprimé

planche à voile

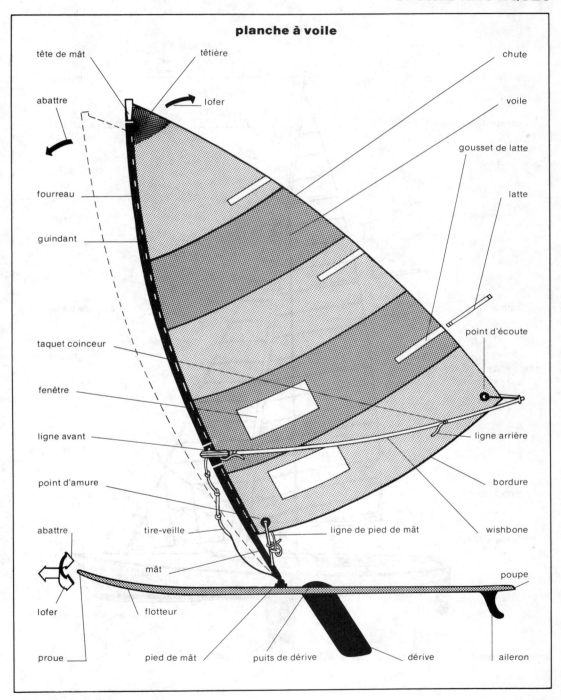

tête de mât

têtière

chute

abattre

lofer

voile

fourreau

gousset de latte

guindant

latte

taquet coinceur

point d'écoute

fenêtre

ligne avant

ligne arrière

point d'amure

bordure

abattre

tire-veille

ligne de pied de mât

wishbone

mât

poupe

lofer

flotteur

proue

pied de mât

puits de dérive

dérive

aileron

dériveur

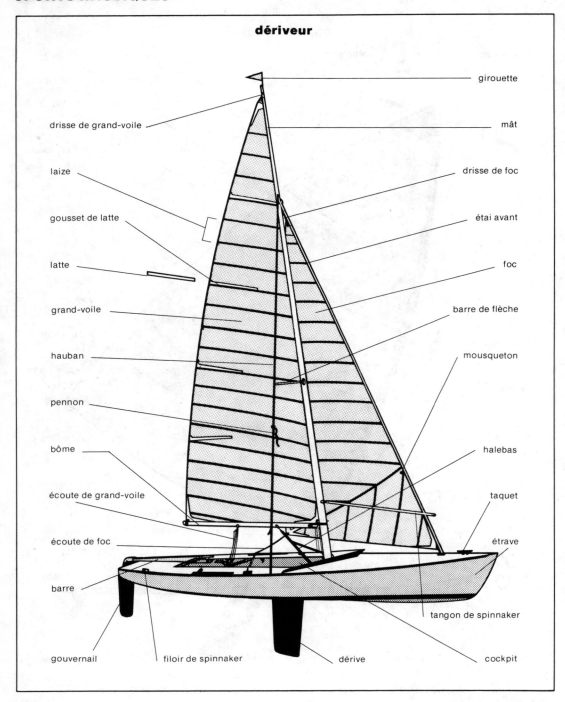

- girouette
- mât
- drisse de grand-voile
- laize
- drisse de foc
- gousset de latte
- étai avant
- latte
- foc
- grand-voile
- barre de flèche
- hauban
- mousqueton
- pennon
- bôme
- halebas
- écoute de grand-voile
- taquet
- écoute de foc
- étrave
- barre
- tangon de spinnaker
- gouvernail
- filoir de spinnaker
- dérive
- cockpit

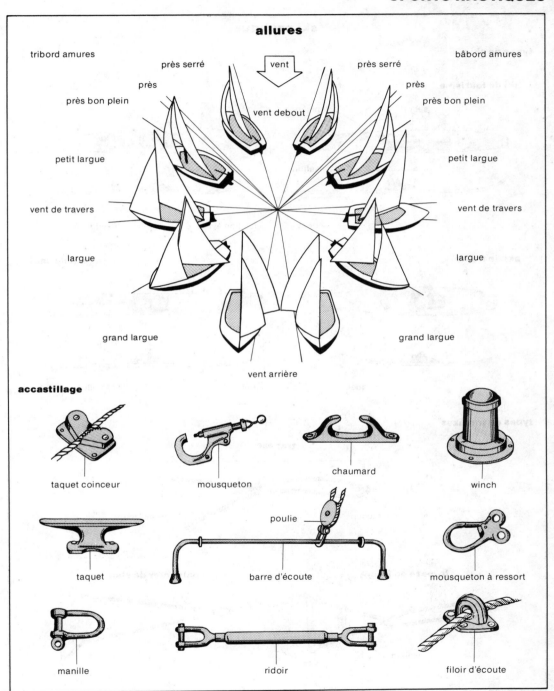

allures

tribord amures

bâbord amures

près serré

près serré

vent

près

près

près bon plein

près bon plein

vent debout

petit largue

petit largue

vent de travers

vent de travers

largue

largue

grand largue

grand largue

vent arrière

accastillage

taquet coinceur

mousqueton

chaumard

winch

poulie

taquet

barre d'écoute

mousqueton à ressort

manille

ridoir

filoir d'écoute

SPORTS NAUTIQUES

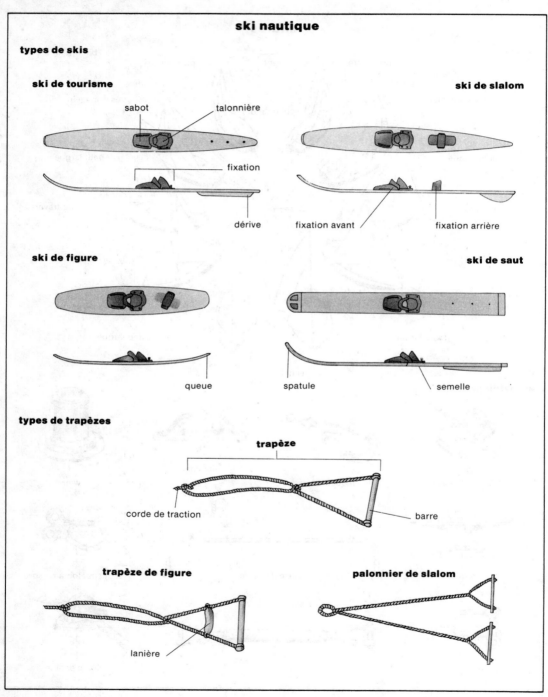

ski nautique

types de skis

ski de tourisme

sabot

talonnière

fixation

dérive

ski de slalom

fixation avant

fixation arrière

ski de figure

queue

ski de saut

spatule

semelle

types de trapèzes

trapèze

corde de traction

barre

trapèze de figure

lanière

palonnier de slalom

parachutisme

parachute

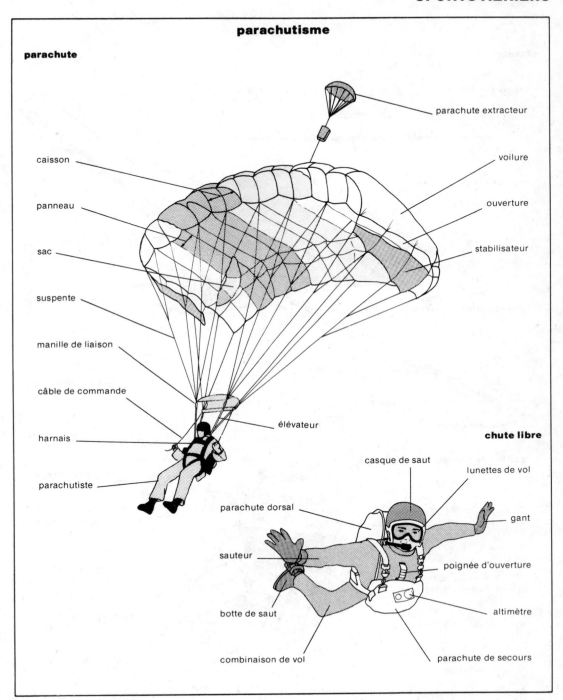

parachute extracteur

caisson

voilure

panneau

ouverture

sac

stabilisateur

suspente

manille de liaison

câble de commande

élévateur

chute libre

harnais

casque de saut

lunettes de vol

parachutiste

parachute dorsal

gant

sauteur

poignée d'ouverture

botte de saut

altimètre

combinaison de vol

parachute de secours

SPORTS AÉRIENS

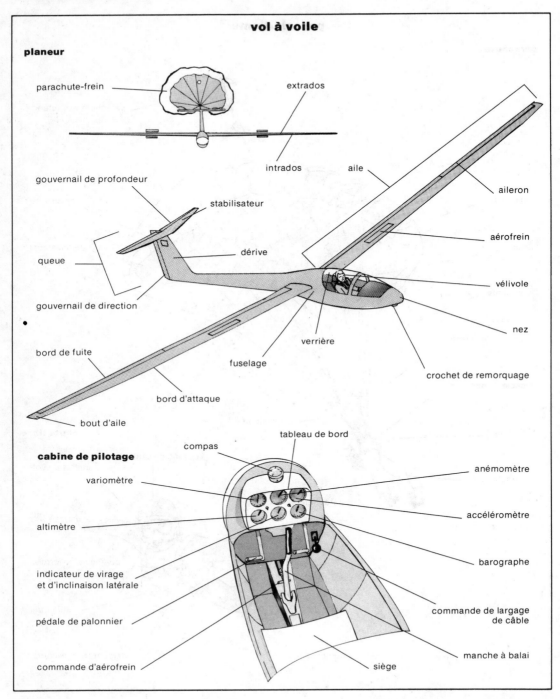

vol à voile

planeur

parachute-frein

extrados

intrados

aile

aileron

aérofrein

vélivole

nez

gouvernail de profondeur

stabilisateur

dérive

queue

gouvernail de direction

bord de fuite

verrière

fuselage

crochet de remorquage

bord d'attaque

bout d'aile

cabine de pilotage

compas

tableau de bord

anémomètre

variomètre

accéléromètre

altimètre

barographe

indicateur de virage
et d'inclinaison latérale

pédale de palonnier

commande de largage
de câble

manche à balai

commande d'aérofrein

siège

542

vol libre

aile volante

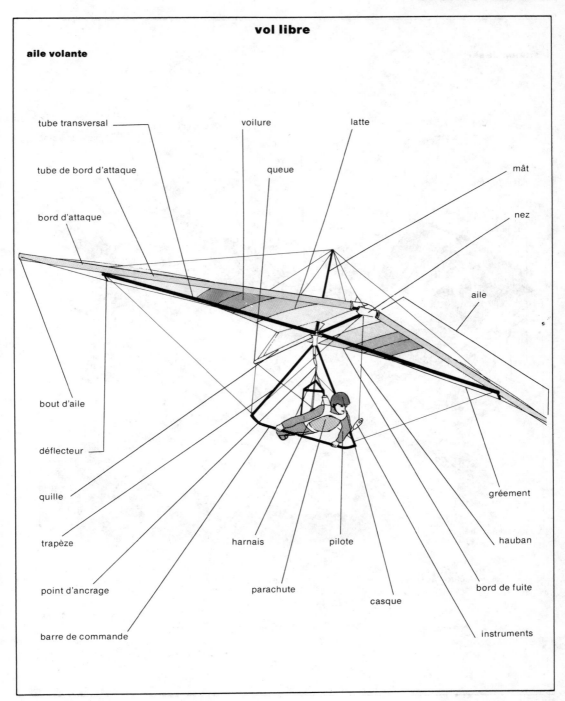

tube transversal

tube de bord d'attaque

bord d'attaque

voilure

queue

latte

mât

nez

aile

bout d'aile

déflecteur

quille

gréement

trapèze

harnais

pilote

hauban

point d'ancrage

parachute

bord de fuite

casque

barre de commande

instruments

SPORTS D'HIVER

ski

station de ski

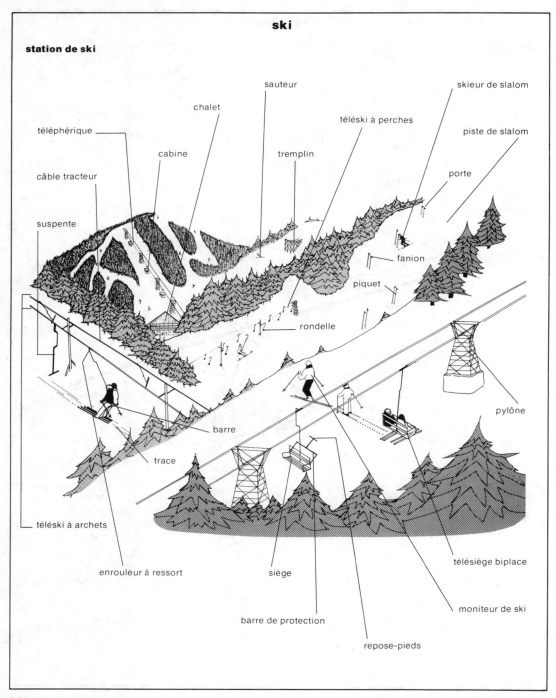

téléphérique

câble tracteur

suspente

cabine

chalet

sauteur

tremplin

téléski à perches

skieur de slalom

piste de slalom

porte

fanion

piquet

rondelle

barre

trace

téléski à archets

enrouleur à ressort

siège

barre de protection

repose-pieds

pylône

télésiège biplace

moniteur de ski

ski alpin

skieur alpin

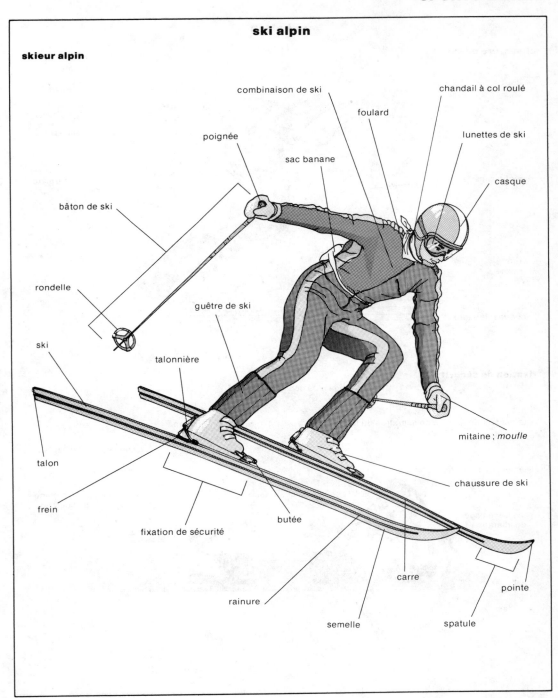

combinaison de ski

chandail à col roulé

foulard

poignée

lunettes de ski

sac banane

casque

bâton de ski

rondelle

guêtre de ski

ski

talonnière

talon

mitaine ; *moufle*

frein

chaussure de ski

fixation de sécurité

butée

carre

pointe

rainure

semelle

spatule

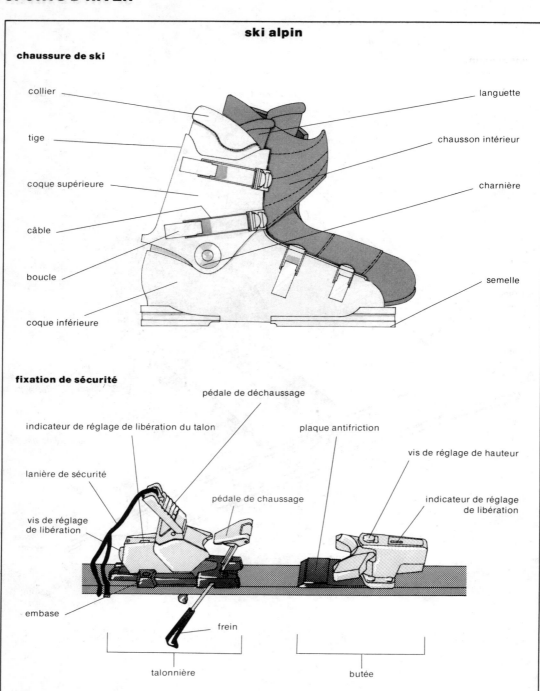

ski alpin

chaussure de ski

collier

tige

coque supérieure

câble

boucle

coque inférieure

languette

chausson intérieur

charnière

semelle

fixation de sécurité

pédale de déchaussage

indicateur de réglage de libération du talon

plaque antifriction

vis de réglage de hauteur

lanière de sécurité

pédale de chaussage

vis de réglage de libération

indicateur de réglage de libération

embase

frein

talonnière

butée

ski de fond

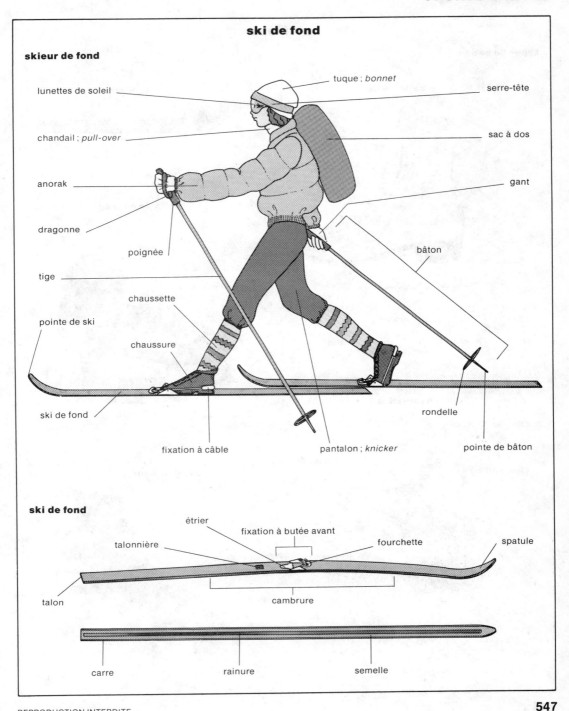

skieur de fond

lunettes de soleil

tuque ; *bonnet*

serre-tête

chandail ; *pull-over*

sac à dos

anorak

gant

dragonne

poignée

bâton

tige

chaussette

pointe de ski

chaussure

ski de fond

rondelle

fixation à câble

pantalon ; *knicker*

pointe de bâton

ski de fond

étrier

fixation à butée avant

talonnière

fourchette

spatule

talon

cambrure

carre

rainure

semelle

patinage

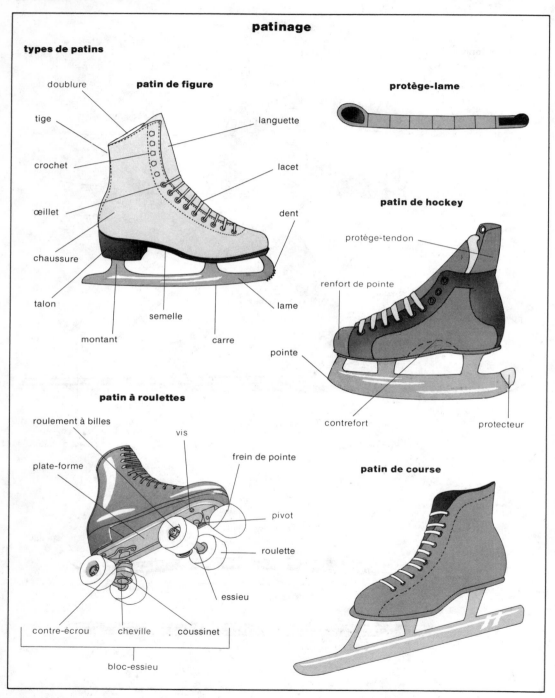

types de patins

patin de figure

doublure

tige

crochet

œillet

chaussure

talon

montant

semelle

carre

languette

lacet

dent

lame

protège-lame

patin de hockey

protège-tendon

renfort de pointe

pointe

contrefort

protecteur

patin à roulettes

roulement à billes

plate-forme

vis

frein de pointe

pivot

roulette

essieu

contre-écrou

cheville

coussinet

bloc-essieu

patin de course

raquette

raquette algonquine

raquetteur

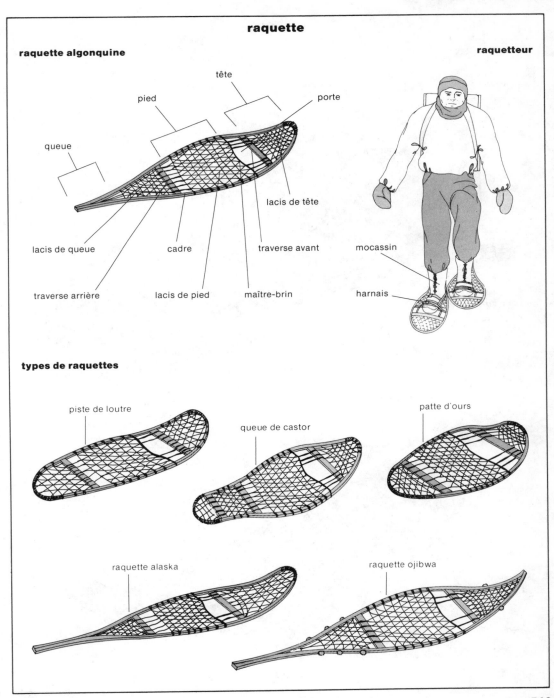

tête

pied

porte

queue

lacis de tête

lacis de queue

cadre

traverse avant

mocassin

traverse arrière

lacis de pied

maître-brin

harnais

types de raquettes

piste de loutre

queue de castor

patte d'ours

raquette alaska

raquette ojibwa

549

bobsleigh

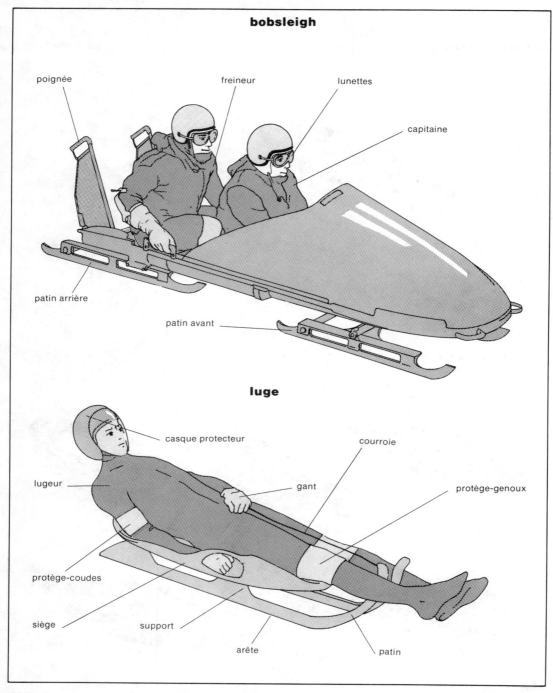

poignée

freineur

lunettes

capitaine

patin arrière

patin avant

luge

casque protecteur

courroie

lugeur

gant

protège-genoux

protège-coudes

siège

support

arête

patin

équitation

vêtements et équipement

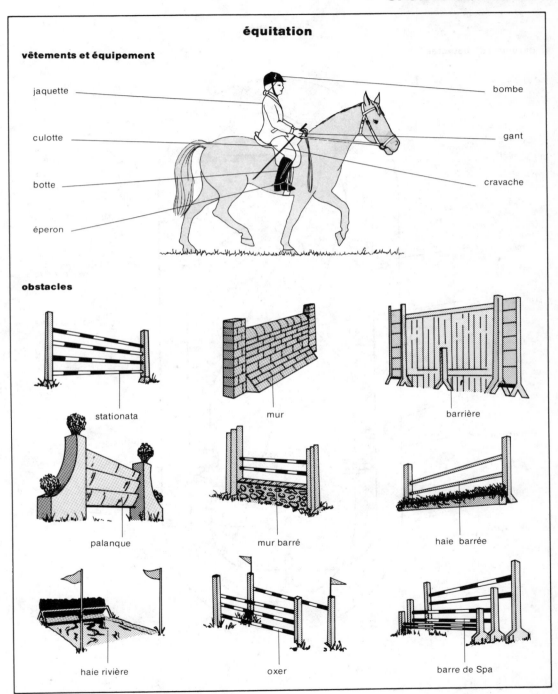

jaquette — bombe

culotte — gant

botte — cravache

éperon

obstacles

stationata

mur

barrière

palanque

mur barré

haie barrée

haie rivière

oxer

barre de Spa

SPORTS ÉQUESTRES

équitation

parcours d'obstacles

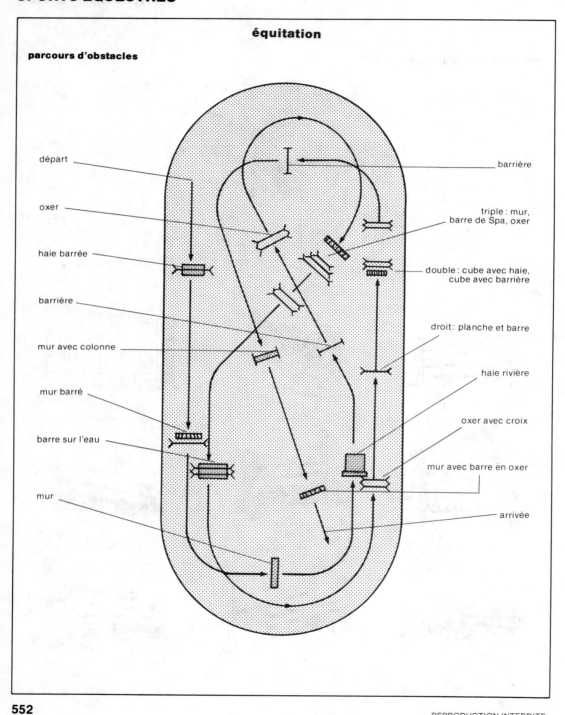

départ

oxer

haie barrée

barrière

mur avec colonne

mur barré

barre sur l'eau

mur

barrière

triple : mur, barre de Spa, oxer

double : cube avec haie, cube avec barrière

droit : planche et barre

haie rivière

oxer avec croix

mur avec barre en oxer

arrivée

équitation

bride

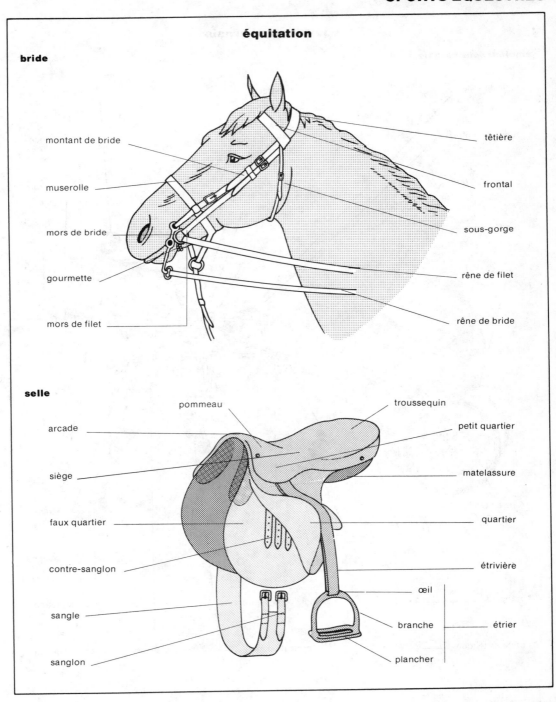

montant de bride

muserolle

mors de bride

gourmette

mors de filet

têtière

frontal

sous-gorge

rêne de filet

rêne de bride

selle

pommeau

trousssequin

arcade

siège

faux quartier

contre-sanglon

sangle

sanglon

petit quartier

matelassure

quartier

étrivière

œil

branche

plancher

étrier

SPORTS ÉQUESTRES

course sous harnais

ambleur sous harnais

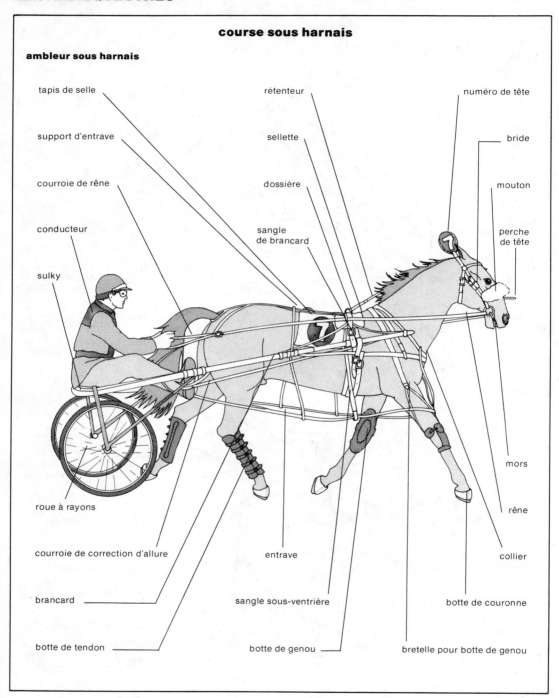

tapis de selle

support d'entrave

courroie de rêne

conducteur

sulky

roue à rayons

courroie de correction d'allure

brancard

botte de tendon

rétenteur

sellette

dossière

sangle de brancard

entrave

sangle sous-ventrière

botte de genou

numéro de tête

bride

mouton

perche de tête

mors

rêne

collier

botte de couronne

bretelle pour botte de genou

course sous harnais

programme de courses

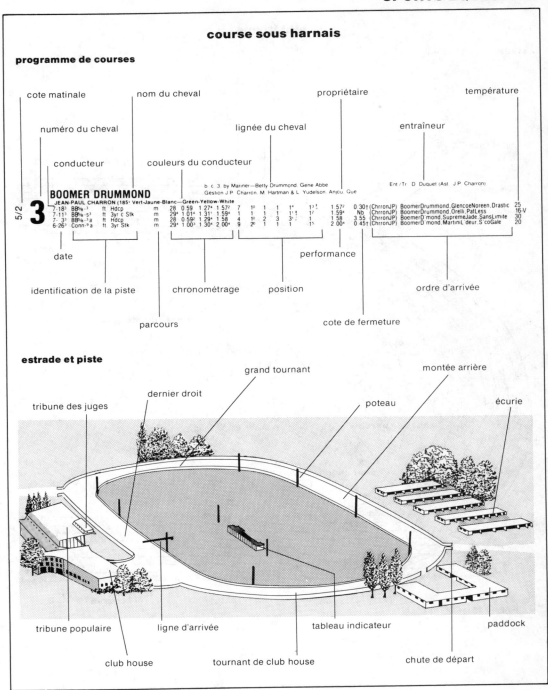

cote matinale · nom du cheval · propriétaire · température

numéro du cheval · lignée du cheval · entraîneur

conducteur · couleurs du conducteur

b. c. 3. by Mariner—Betty Drummond. Gene Abbe
Gestion J P. Charron, M. Hartman & L. Yudelson. Anjou. Que

Ent / Tr D. Duquet (Ast J P. Charron)

BOOMER DRUMMOND
JEAN-PAUL CHARRON (185¹ Vert-Jaune-Blanc—Green-Yellow-White)

5/2 · 3

date · performance

identification de la piste · chronométrage · position · ordre d'arrivée

parcours · cote de fermeture

estrade et piste

grand tournant · montée arrière

dernier droit · poteau · écurie

tribune des juges

tribune populaire · ligne d'arrivée · tableau indicateur · paddock

club house · tournant de club house · chute de départ

SPORTS ATHLÉTIQUES

athlétisme

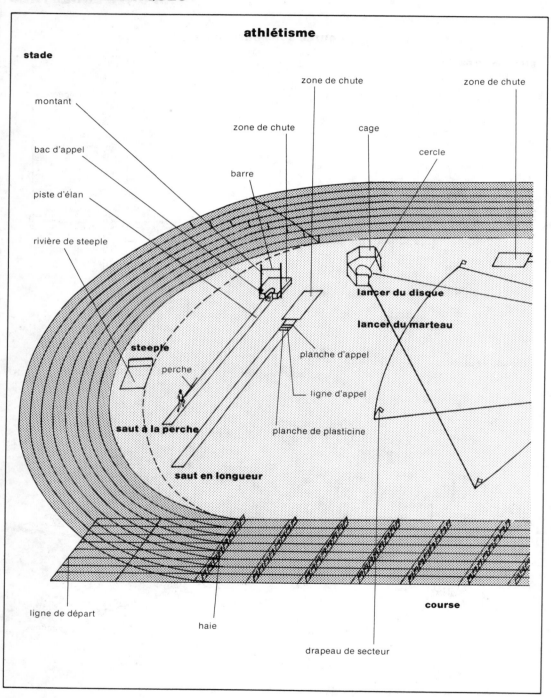

stade

zone de chute

zone de chute

montant

zone de chute

cage

bac d'appel

cercle

barre

piste d'élan

rivière de steeple

lancer du disque

lancer du marteau

steeple

perche

planche d'appel

ligne d'appel

saut à la perche

planche de plasticine

saut en longueur

ligne de départ

course

haie

drapeau de secteur

athlétisme

stade

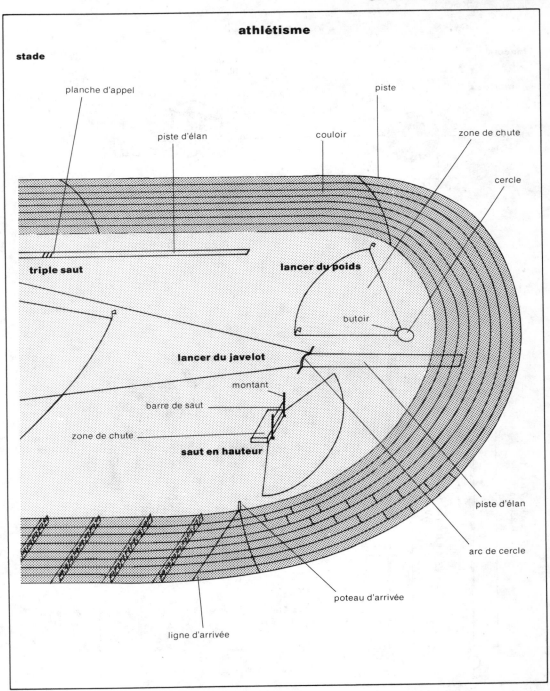

planche d'appel

piste d'élan

piste

couloir

zone de chute

cercle

triple saut

lancer du poids

butoir

lancer du javelot

montant

barre de saut

zone de chute

saut en hauteur

piste d'élan

arc de cercle

poteau d'arrivée

ligne d'arrivée

SPORTS ATHLÉTIQUES

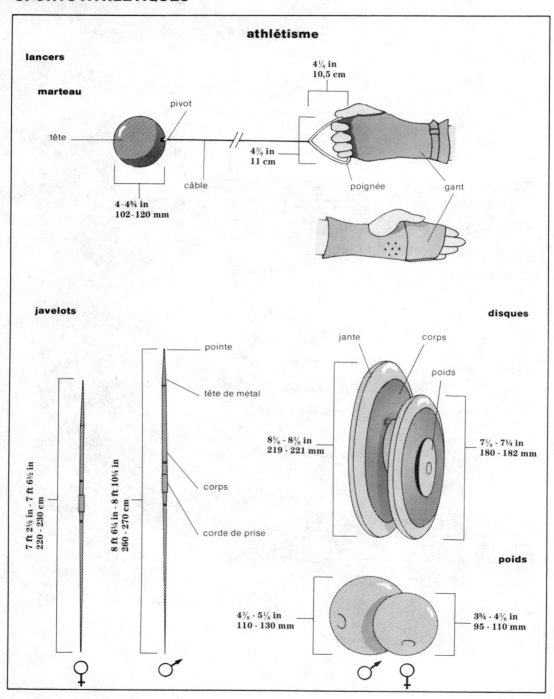

athlétisme

lancers

marteau

pivot

tête

câble

4 - 4¾ in
102 - 120 mm

4⅛ in
10,5 cm

4⅜ in
11 cm

poignée

gant

javelots

pointe

tête de métal

corps

corde de prise

7 ft 2½ in - 7 ft 6½ in
220 - 230 cm

8 ft 6¼ in - 8 ft 10¼ in
260 - 270 cm

disques

jante

corps

poids

8⅝ - 8⅜ in
219 - 221 mm

7⅛ - 7¼ in
180 - 182 mm

poids

4⅜ - 5⅛ in
110 - 130 mm

3¾ - 4⅜ in
95 - 110 mm

gymnastique

engins masculins

anneaux

cheval d'arçons

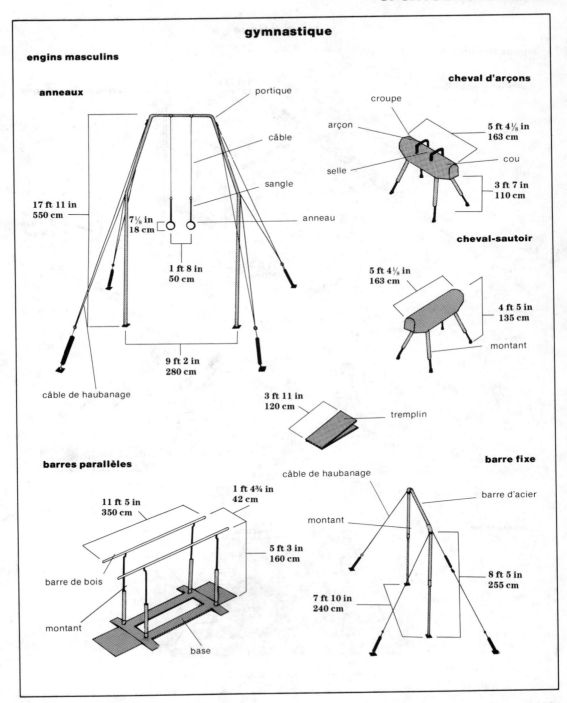

- portique
- câble
- sangle
- anneau

croupe

arçon

5 ft 4⅛ in
163 cm

selle

cou

3 ft 7 in
110 cm

17 ft 11 in
550 cm

7⅛ in
18 cm

1 ft 8 in
50 cm

cheval-sautoir

5 ft 4⅛ in
163 cm

4 ft 5 in
135 cm

montant

9 ft 2 in
280 cm

câble de haubanage

3 ft 11 in
120 cm

tremplin

barres parallèles

barre fixe

11 ft 5 in
350 cm

1 ft 4¾ in
42 cm

câble de haubanage

barre d'acier

montant

5 ft 3 in
160 cm

barre de bois

montant

base

8 ft 5 in
255 cm

7 ft 10 in
240 cm

SPORTS ATHLÉTIQUES

gymnastique

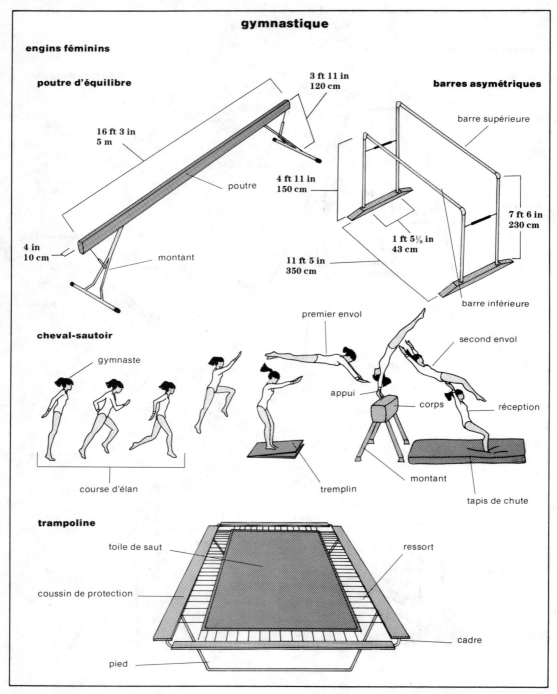

engins féminins

poutre d'équilibre

3 ft 11 in
120 cm

16 ft 3 in
5 m

poutre

4 in
10 cm

montant

barres asymétriques

barre supérieure

4 ft 11 in
150 cm

7 ft 6 in
230 cm

1 ft 5⅛ in
43 cm

11 ft 5 in
350 cm

barre inférieure

cheval-sautoir

gymnaste

premier envol

second envol

appui

corps

réception

course d'élan

tremplin

montant

tapis de chute

trampoline

toile de saut

ressort

coussin de protection

cadre

pied

haltérophilie

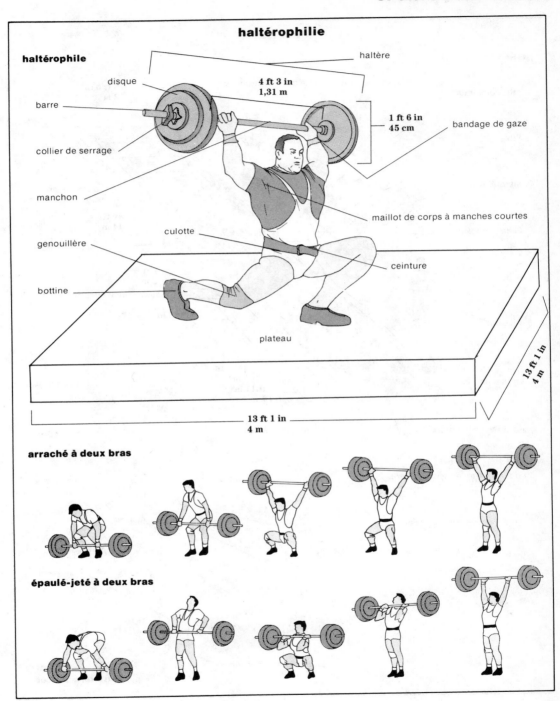

haltérophile

disque

barre

collier de serrage

manchon

haltère

4 ft 3 in
1,31 m

1 ft 6 in
45 cm

bandage de gaze

maillot de corps à manches courtes

culotte

genouillère

ceinture

bottine

plateau

13 ft 1 in
4 m

13 ft 1 in
4 m

arraché à deux bras

épaulé-jeté à deux bras

SPORTS DE COMBAT

escrime

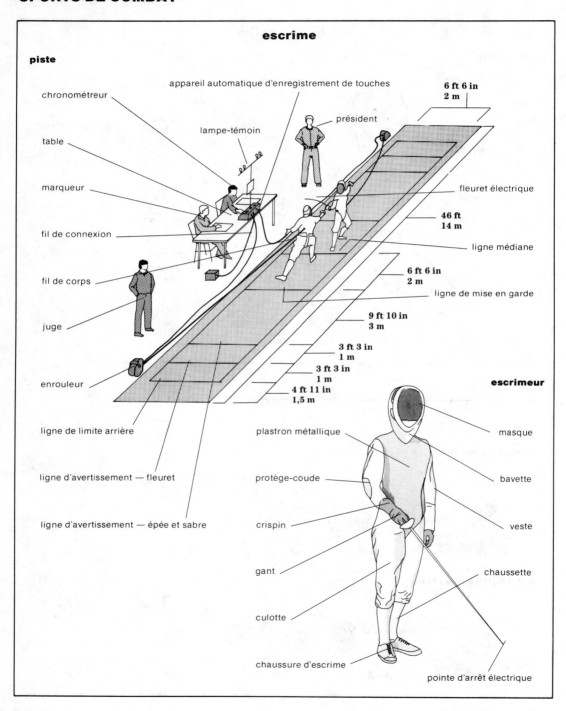

piste

chronométreur

appareil automatique d'enregistrement de touches

6 ft 6 in
2 m

président

lampe-témoin

table

marqueur

fleuret électrique

fil de connexion

46 ft
14 m

ligne médiane

fil de corps

6 ft 6 in
2 m

ligne de mise en garde

juge

9 ft 10 in
3 m

3 ft 3 in
1 m

3 ft 3 in
1 m

enrouleur

escrimeur

4 ft 11 in
1,5 m

ligne de limite arrière

plastron métallique

masque

protège-coude

bavette

ligne d'avertissement — fleuret

crispin

veste

ligne d'avertissement — épée et sabre

gant

chaussette

culotte

chaussure d'escrime

pointe d'arrêt électrique

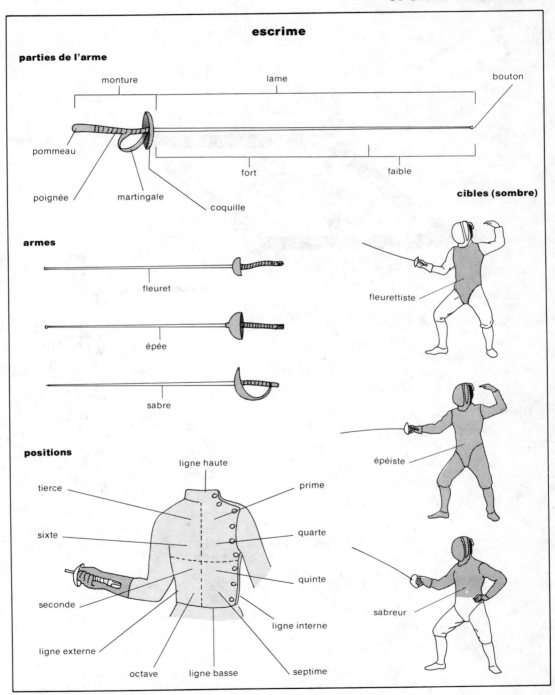

escrime

parties de l'arme

monture

lame

bouton

pommeau

poignée

martingale

coquille

fort

faible

cibles (sombre)

armes

fleuret

fleurettiste

épée

épéiste

sabre

sabreur

positions

ligne haute

tierce

prime

sixte

quarte

quinte

seconde

ligne interne

ligne externe

octave

ligne basse

septime

SPORTS DE COMBAT

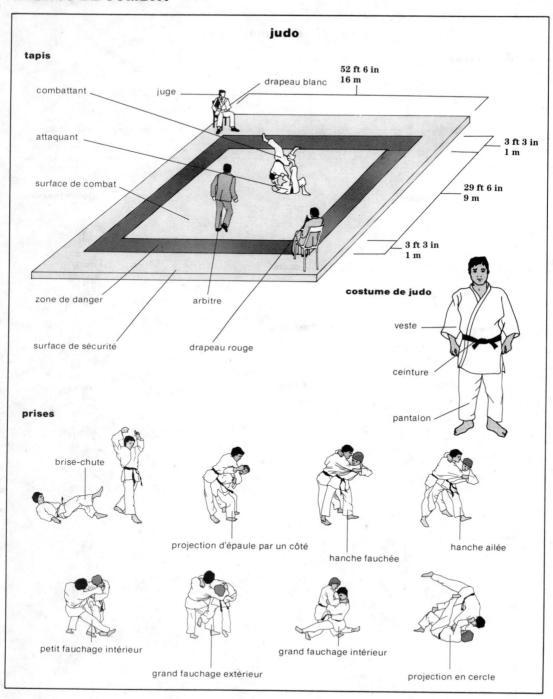

judo

tapis

combattant

juge

drapeau blanc

52 ft 6 in
16 m

attaquant

3 ft 3 in
1 m

surface de combat

29 ft 6 in
9 m

3 ft 3 in
1 m

zone de danger

arbitre

costume de judo

surface de sécurité

drapeau rouge

veste

ceinture

pantalon

prises

brise-chute

projection d'épaule par un côté

hanche fauchée

hanche ailée

petit fauchage intérieur

grand fauchage extérieur

grand fauchage intérieur

projection en cercle

564

boxe

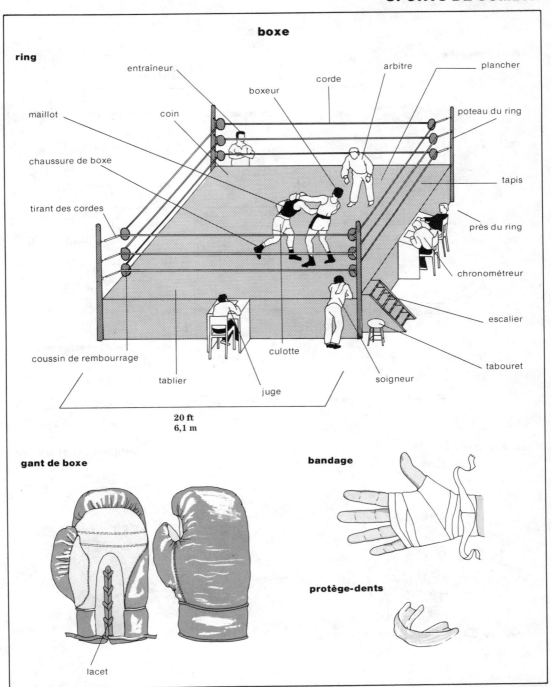

ring

entraîneur

boxeur

corde

arbitre

plancher

maillot

coin

poteau du ring

chaussure de boxe

tapis

tirant des cordes

près du ring

chronométreur

escalier

coussin de rembourrage

culotte

tabouret

tablier

juge

soigneur

20 ft
6,1 m

gant de boxe

bandage

protège-dents

lacet

SPORTS DE LOISIR

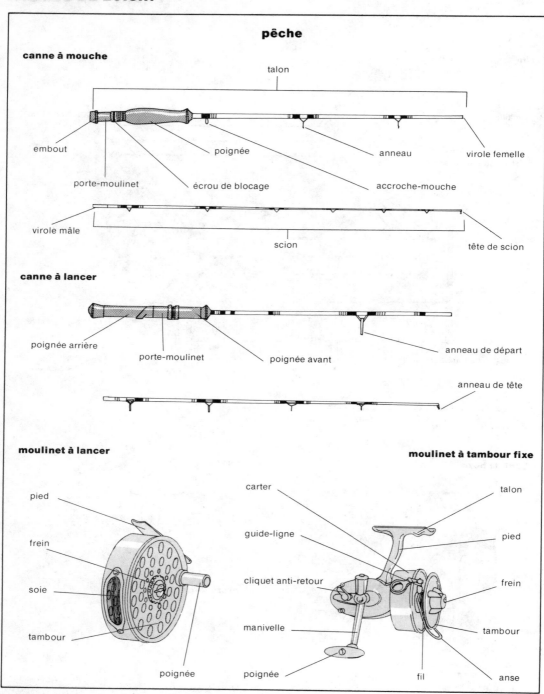

pêche

canne à mouche

talon

embout

poignée

anneau

virole femelle

porte-moulinet

écrou de blocage

accroche-mouche

virole mâle

scion

tête de scion

canne à lancer

poignée arrière

porte-moulinet

poignée avant

anneau de départ

anneau de tête

moulinet à lancer

pied

frein

soie

tambour

poignée

moulinet à tambour fixe

carter

talon

guide-ligne

pied

cliquet anti-retour

frein

manivelle

tambour

poignée

fil

anse

566

pêche

hameçon

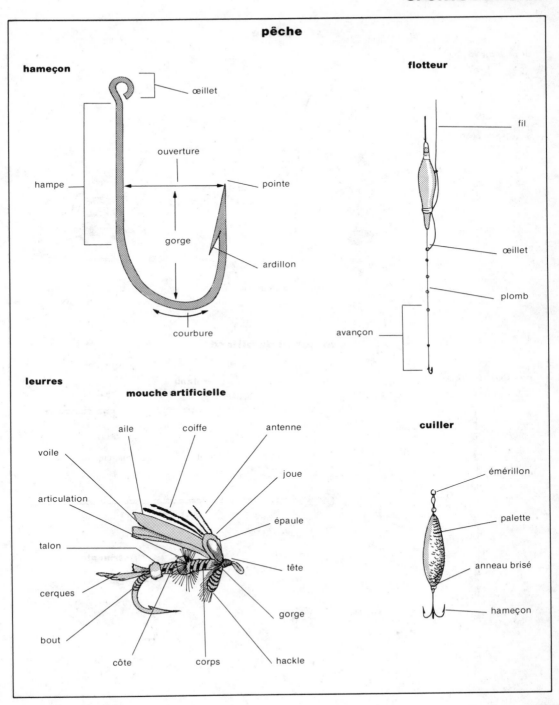

œillet

ouverture

hampe

pointe

gorge

ardillon

courbure

flotteur

fil

œillet

plomb

avançon

leurres

mouche artificielle

aile

coiffe

antenne

voile

joue

articulation

épaule

talon

tête

cerques

gorge

bout

côte

corps

hackle

cuiller

émérillon

palette

anneau brisé

hameçon

SPORTS DE LOISIR

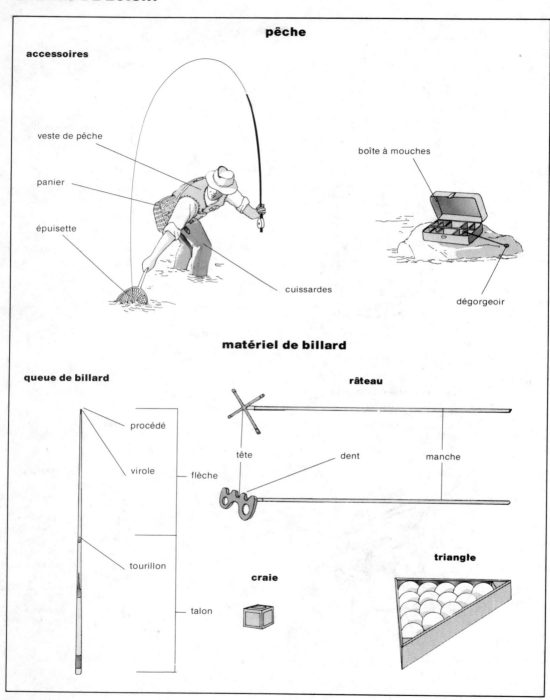

pêche

accessoires

veste de pêche

panier

épuisette

boîte à mouches

cuissardes

dégorgeoir

matériel de billard

queue de billard

procédé

virole

flèche

tourillon

talon

râteau

tête

dent

manche

craie

triangle

billard pool et billard français

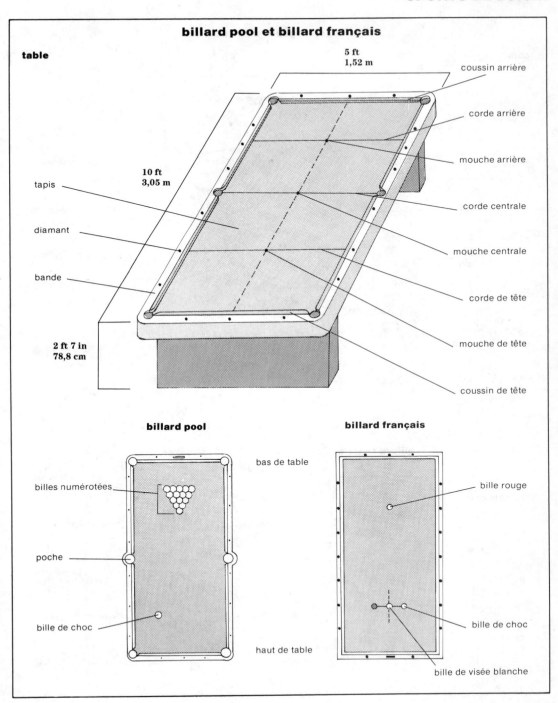

table

5 ft
1,52 m

coussin arrière

corde arrière

mouche arrière

10 ft
3,05 m

corde centrale

tapis

mouche centrale

diamant

corde de tête

bande

mouche de tête

2 ft 7 in
78,8 cm

coussin de tête

billard pool

billard français

bas de table

billes numérotées

bille rouge

poche

bille de choc

bille de choc

haut de table

bille de visée blanche

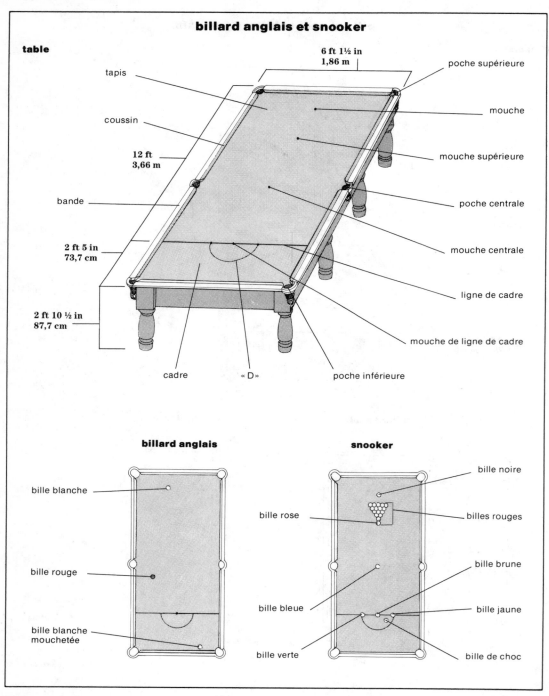

billard anglais et snooker

table

tapis

coussin

12 ft
3,66 m

bande

2 ft 5 in
73,7 cm

2 ft 10 ½ in
87,7 cm

6 ft 1½ in
1,86 m

poche supérieure

mouche

mouche supérieure

poche centrale

mouche centrale

ligne de cadre

mouche de ligne de cadre

cadre

« D »

poche inférieure

billard anglais

bille blanche

bille rouge

bille blanche
mouchetée

snooker

bille noire

bille rose

billes rouges

bille brune

bille bleue

bille jaune

bille verte

bille de choc

golf

parcours

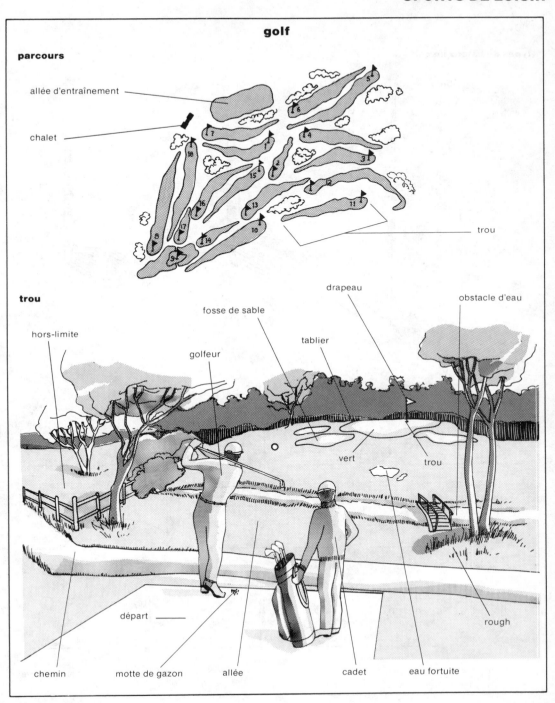

allée d'entraînement

chalet

trou

trou

drapeau

fosse de sable

obstacle d'eau

tablier

hors-limite

golfeur

vert

trou

rough

départ

chemin

motte de gazon

allée

cadet

eau fortuite

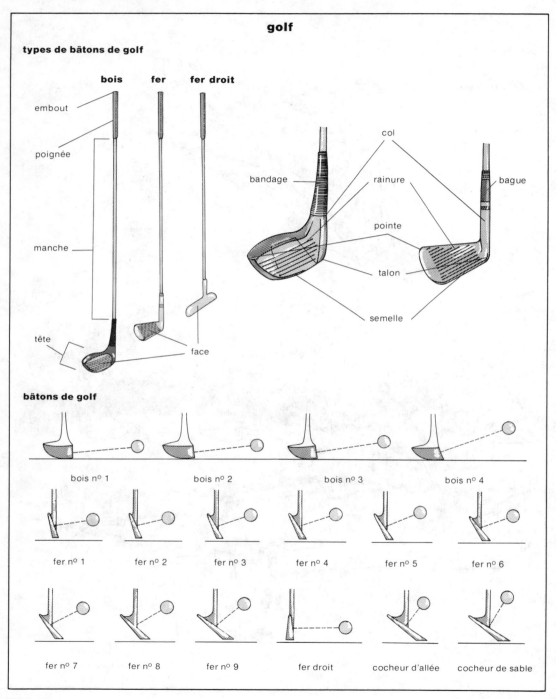

golf

types de bâtons de golf

bois   fer   fer droit

embout

poignée

bandage

manche

col

rainure

bague

pointe

talon

semelle

tête

face

bâtons de golf

bois nº 1   bois nº 2   bois nº 3   bois nº 4

fer nº 1   fer nº 2   fer nº 3   fer nº 4   fer nº 5   fer nº 6

fer nº 7   fer nº 8   fer nº 9   fer droit   cocheur d'allée   cocheur de sable

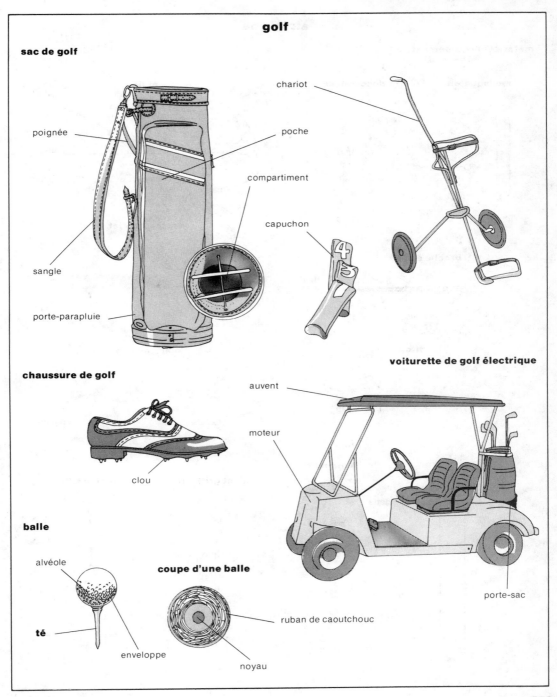

golf

sac de golf

chariot

poignée

poche

compartiment

capuchon

sangle

porte-parapluie

voiturette de golf électrique

chaussure de golf

auvent

moteur

clou

balle

alvéole

coupe d'une balle

porte-sac

té

ruban de caoutchouc

enveloppe

noyau

alpinisme

matériel et équipement

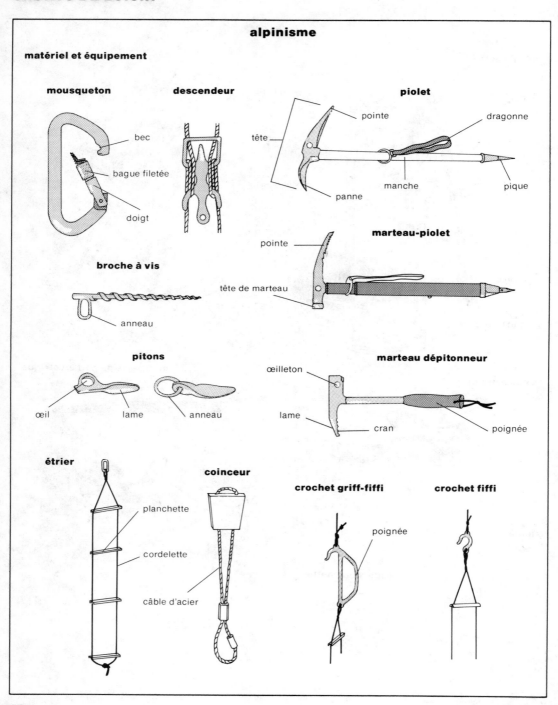

mousqueton
- bec
- bague filetée
- doigt

descendeur

piolet
- pointe
- dragonne
- tête
- manche
- pique
- panne

marteau-piolet
- pointe
- tête de marteau

broche à vis
- anneau

pitons
- œil
- lame
- anneau

marteau dépitonneur
- œilleton
- lame
- cran
- poignée

étrier
- planchette
- cordelette
- câble d'acier

coinceur

crochet griff-fiffi
- poignée

crochet fiffi

alpinisme

alpiniste

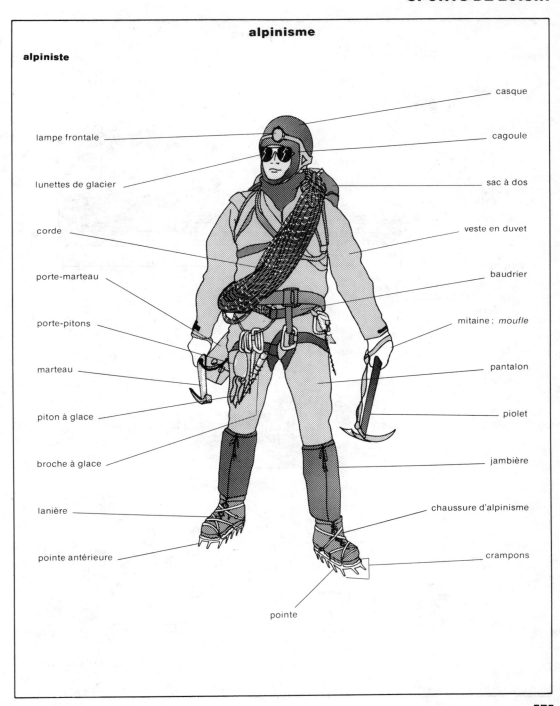

casque

lampe frontale

cagoule

lunettes de glacier

sac à dos

corde

veste en duvet

porte-marteau

baudrier

porte-pitons

mitaine ; *moufle*

marteau

pantalon

piton à glace

piolet

broche à glace

jambière

lanière

chaussure d'alpinisme

pointe antérieure

crampons

pointe

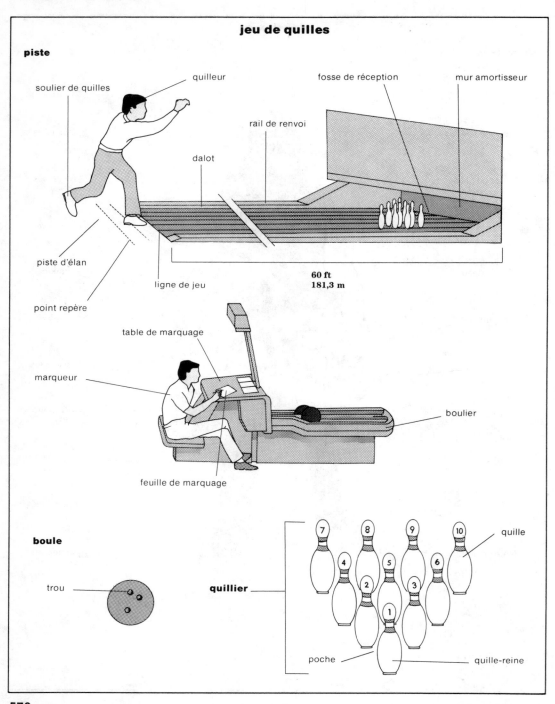

jeu de quilles

piste

soulier de quilles — quilleur — fosse de réception — mur amortisseur

rail de renvoi

dalot

piste d'élan

ligne de jeu

point repère

60 ft
181,3 m

table de marquage

marqueur

boulier

feuille de marquage

boule

trou

quillier — 7 8 9 10 — quille

4 5 6

2 3

1

poche — quille-reine

échecs

pièces

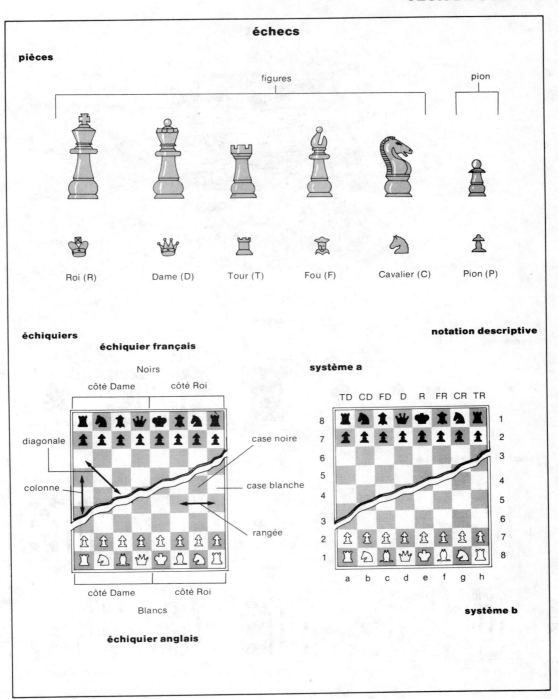

figures

pion

Roi (R) Dame (D) Tour (T) Fou (F) Cavalier (C) Pion (P)

échiquiers

échiquier français

Noirs

côté Dame   côté Roi

diagonale

colonne

case noire

case blanche

rangée

côté Dame   côté Roi

Blancs

échiquier anglais

notation descriptive

système a

TD CD FD D R FR CR TR

a b c d e f g h

système b

577

JEUX DE SOCIÉTÉ

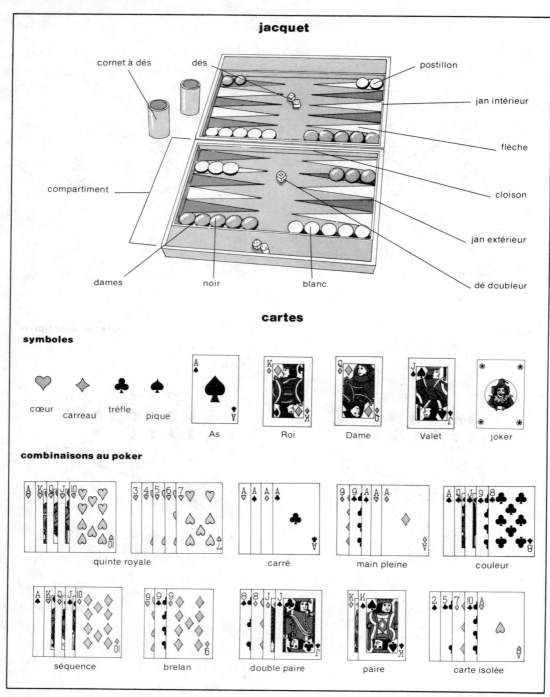

jacquet

cornet à dés
dés
postillon
jan intérieur
flèche
cloison
jan extérieur
dé doubleur
compartiment
dames
noir
blanc

cartes

symboles

cœur carreau trèfle pique

As Roi Dame Valet joker

combinaisons au poker

quinte royale carré main pleine couleur

séquence brelan double paire paire carte isolée

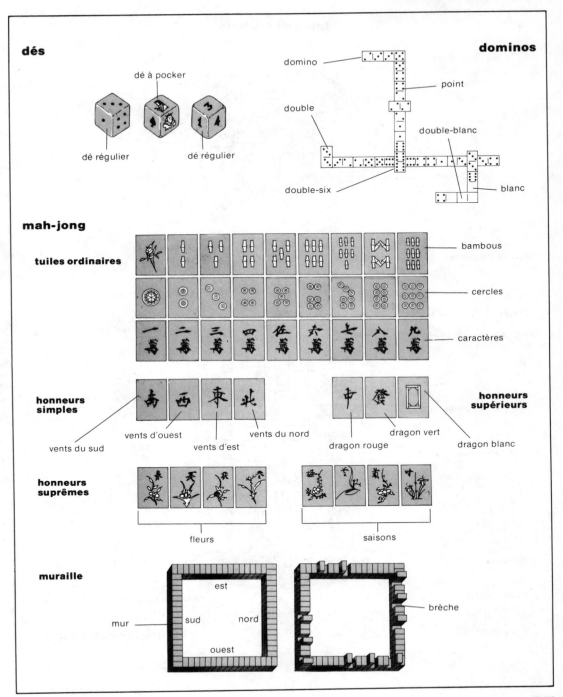

dés

dé à pocker

dé régulier

dé régulier

dominos

domino

point

double

double-blanc

double-six

blanc

mah-jong

tuiles ordinaires

bambous

cercles

caractères

honneurs simples

honneurs supérieurs

vents du sud

vents d'ouest

vents d'est

vents du nord

dragon rouge

dragon vert

dragon blanc

honneurs suprêmes

fleurs

saisons

muraille

mur

est

sud

nord

ouest

brèche

JEUX DE SOCIÉTÉ

table de roulette

roulette

tableau des mises

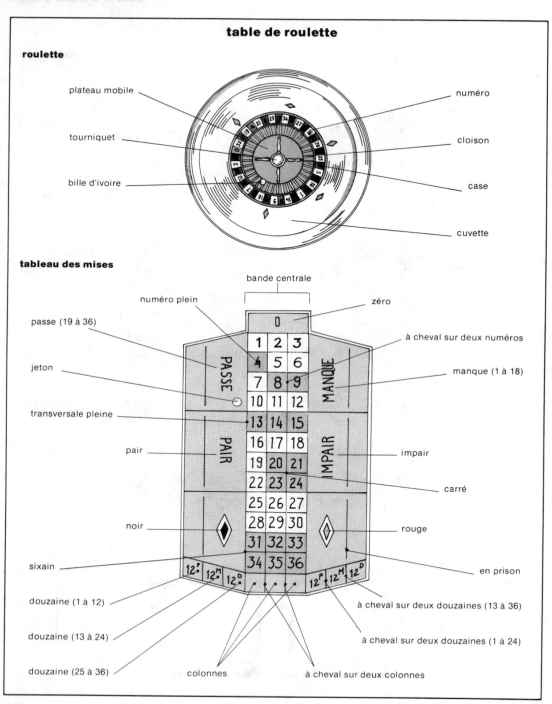

- plateau mobile
- numéro
- tourniquet
- cloison
- bille d'ivoire
- case
- cuvette

- bande centrale
- numéro plein
- zéro
- passe (19 à 36)
- à cheval sur deux numéros
- jeton
- manque (1 à 18)
- transversale pleine
- pair
- impair
- carré
- noir
- rouge
- sixain
- en prison
- douzaine (1 à 12)
- à cheval sur deux douzaines (13 à 36)
- douzaine (13 à 24)
- à cheval sur deux douzaines (1 à 24)
- douzaine (25 à 36)
- colonnes
- à cheval sur deux colonnes

PASSE — MANQUE — PAIR — IMPAIR

0
1 2 3
4 5 6
7 8 9
10 11 12
13 14 15
16 17 18
19 20 21
22 23 24
25 26 27
28 29 30
31 32 33
34 35 36

12P 12M 12D   12P 12M 12D

580

table de roulette

tableau des mises

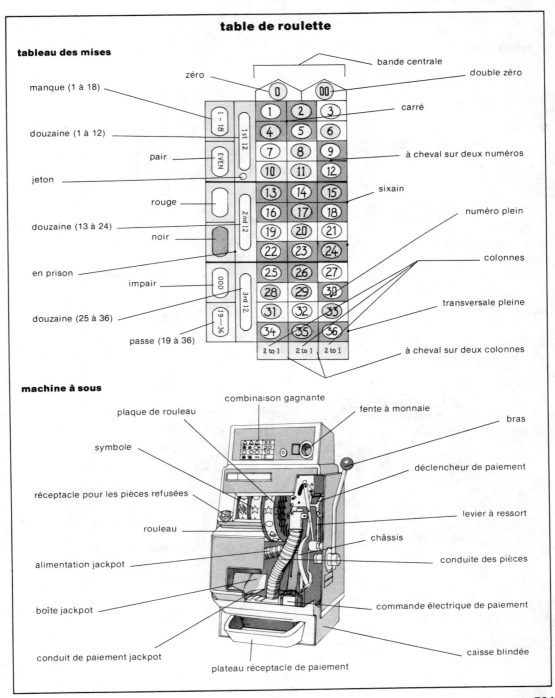

zéro

bande centrale

double zéro

manque (1 à 18)

douzaine (1 à 12)

carré

pair

à cheval sur deux numéros

jeton

sixain

rouge

numéro plein

douzaine (13 à 24)

noir

colonnes

en prison

impair

transversale pleine

douzaine (25 à 36)

passe (19 à 36)

à cheval sur deux colonnes

machine à sous

combinaison gagnante

plaque de rouleau

fente à monnaie

bras

symbole

déclencheur de paiement

réceptacle pour les pièces refusées

levier à ressort

rouleau

châssis

alimentation jackpot

conduite des pièces

boîte jackpot

commande électrique de paiement

conduit de paiement jackpot

caisse blindée

plateau réceptacle de paiement

CAMPING

tentes

tentes familiales

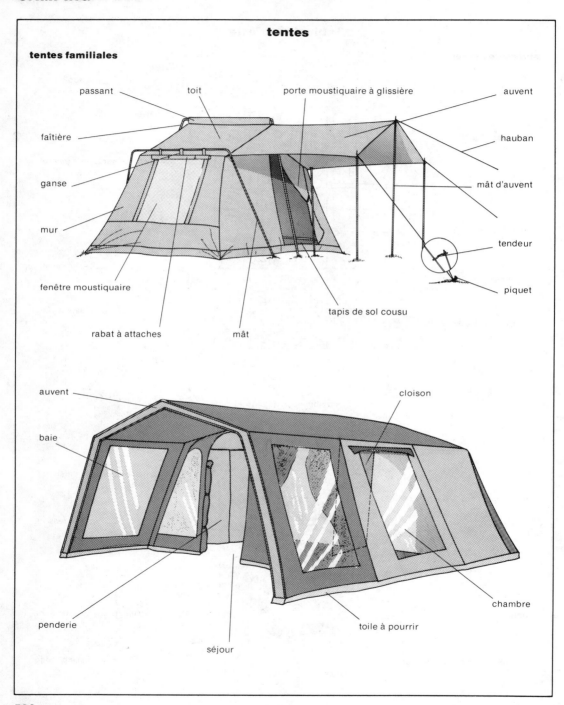

passant   toit   porte moustiquaire à glissière   auvent

faîtière   hauban

ganse   mât d'auvent

mur

tendeur

fenêtre moustiquaire   piquet

tapis de sol cousu

rabat à attaches   mât

auvent   cloison

baie

chambre

penderie

toile à pourrir

séjour

tentes

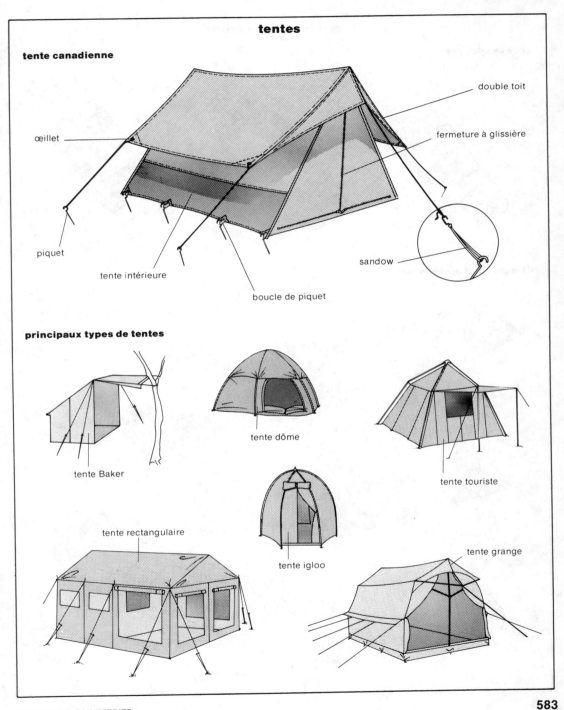

tente canadienne

double toit

œillet

fermeture à glissière

piquet

sandow

tente intérieure

boucle de piquet

principaux types de tentes

tente Baker

tente dôme

tente touriste

tente rectangulaire

tente igloo

tente grange

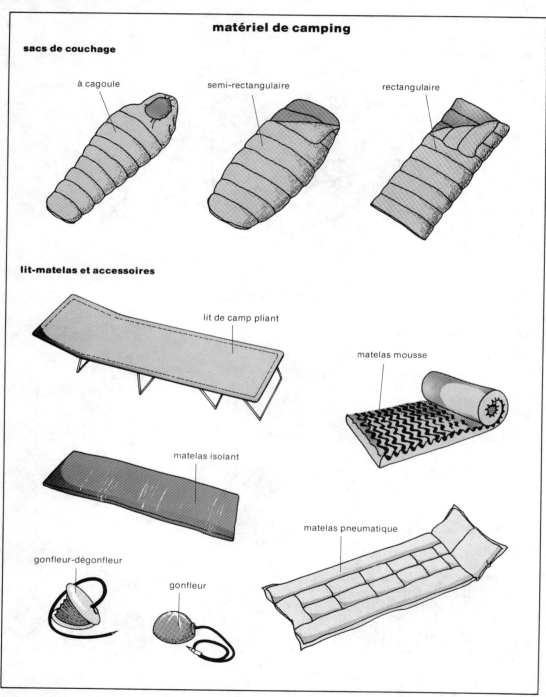

matériel de camping

sacs de couchage

à cagoule

semi-rectangulaire

rectangulaire

lit-matelas et accessoires

lit de camp pliant

matelas mousse

matelas isolant

matelas pneumatique

gonfleur-dégonfleur

gonfleur

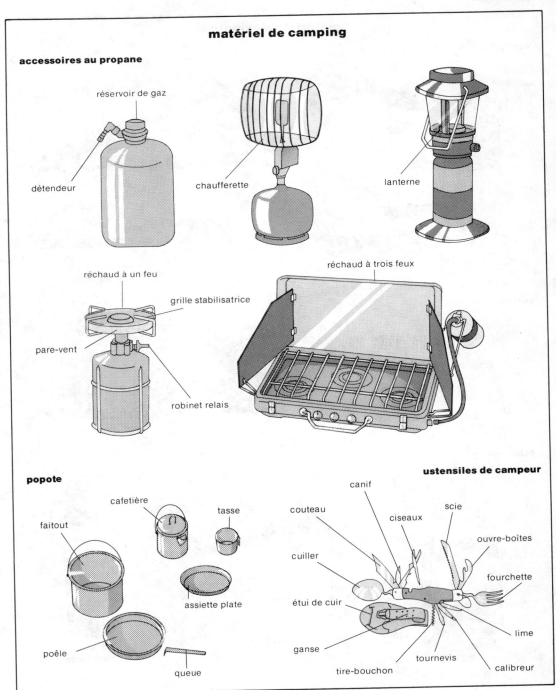

matériel de camping

accessoires au propane

réservoir de gaz

détendeur

chaufferette

lanterne

réchaud à un feu

grille stabilisatrice

pare-vent

robinet relais

réchaud à trois feux

popote

cafetière

faitout

tasse

assiette plate

poêle

queue

ustensiles de campeur

canif

couteau

ciseaux

scie

ouvre-boîtes

cuiller

fourchette

étui de cuir

lime

ganse

tournevis

calibreur

tire-bouchon

CAMPING

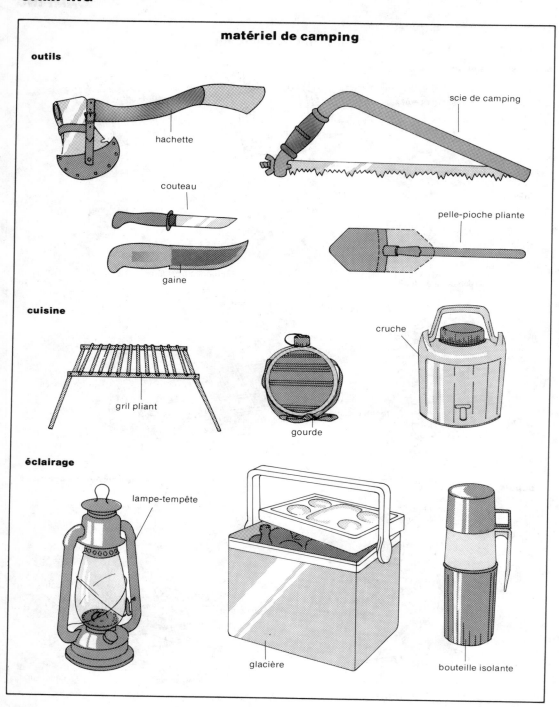

matériel de camping

outils

hachette

scie de camping

couteau

gaine

pelle-pioche pliante

cuisine

gril pliant

gourde

cruche

éclairage

lampe-tempête

glacière

bouteille isolante

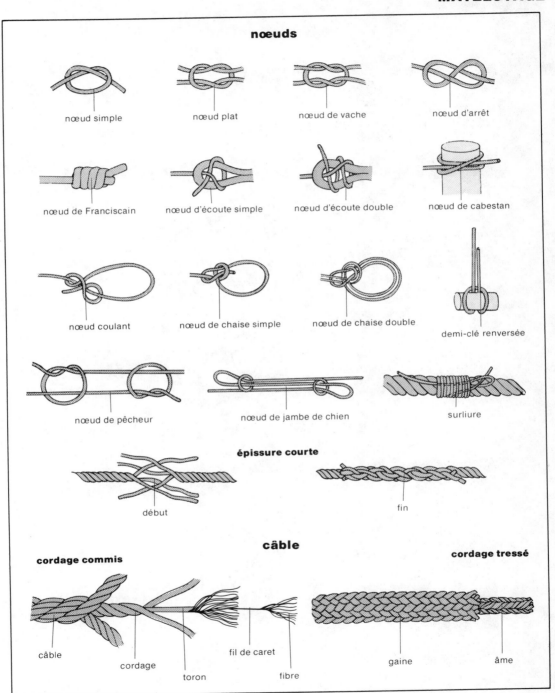

nœuds

nœud simple

nœud plat

nœud de vache

nœud d'arrêt

nœud de Franciscain

nœud d'écoute simple

nœud d'écoute double

nœud de cabestan

nœud coulant

nœud de chaise simple

nœud de chaise double

demi-clé renversée

nœud de pêcheur

nœud de jambe de chien

surliure

épissure courte

début

fin

câble

cordage commis

cordage tressé

câble

cordage

toron

fil de caret

fibre

gaine

âme

APPAREILS DE MESURE

mesure du temps

montre mécanique

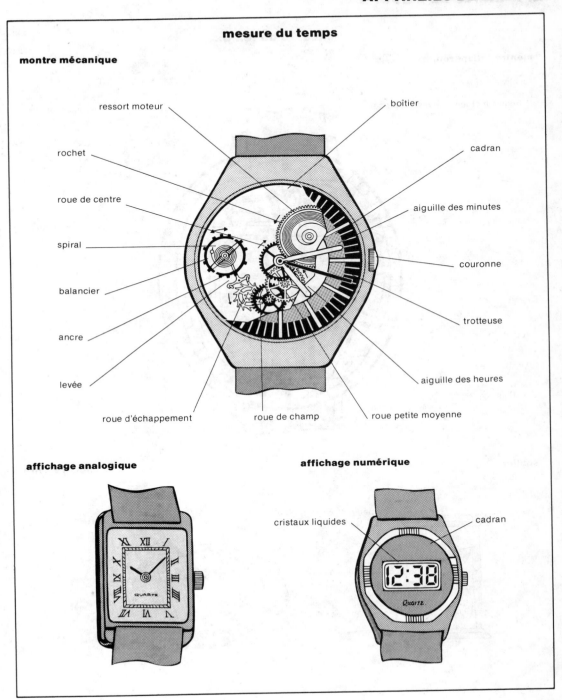

ressort moteur

boîtier

rochet

cadran

roue de centre

aiguille des minutes

spiral

couronne

balancier

ancre

trotteuse

levée

aiguille des heures

roue d'échappement   roue de champ   roue petite moyenne

affichage analogique

affichage numérique

cristaux liquides   cadran

APPAREILS DE MESURE

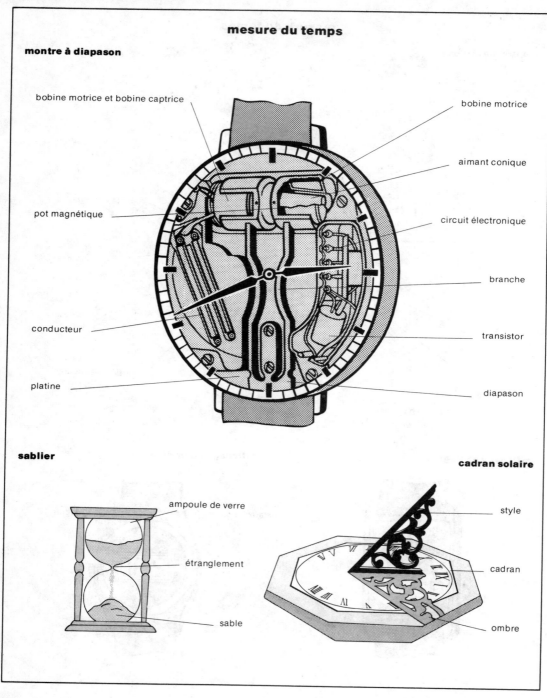

mesure du temps

montre à diapason

bobine motrice et bobine captrice

bobine motrice

aimant conique

pot magnétique

circuit électronique

branche

conducteur

transistor

platine

diapason

sablier

cadran solaire

ampoule de verre

style

étranglement

cadran

sable

ombre

mesure du temps

mécanisme de l'horloge à poids

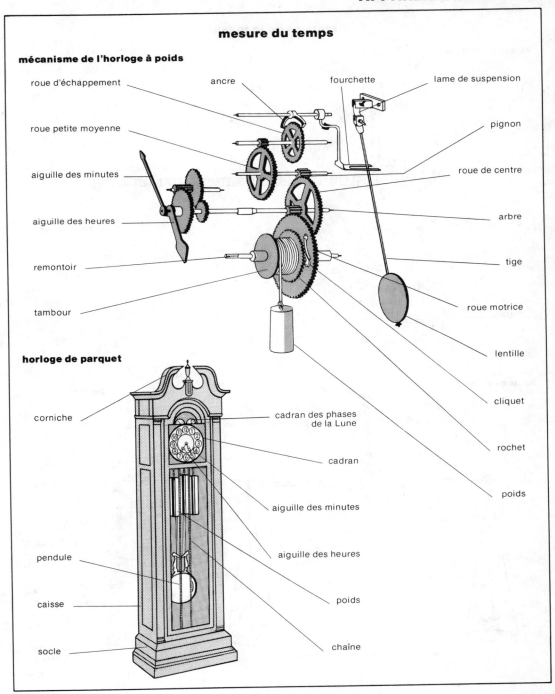

roue d'échappement

ancre

fourchette

lame de suspension

roue petite moyenne

pignon

aiguille des minutes

roue de centre

aiguille des heures

arbre

remontoir

tige

tambour

roue motrice

lentille

cliquet

rochet

poids

horloge de parquet

corniche

cadran des phases de la Lune

cadran

aiguille des minutes

aiguille des heures

pendule

poids

caisse

socle

chaîne

APPAREILS DE MESURE

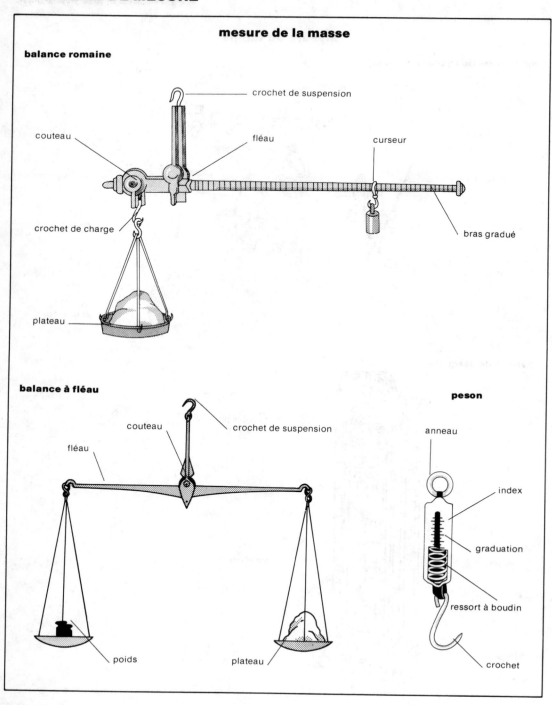

mesure de la masse

balance romaine

crochet de suspension

couteau

fléau

curseur

crochet de charge

bras gradué

plateau

balance à fléau

peson

couteau

crochet de suspension

anneau

fléau

index

graduation

ressort à boudin

poids

plateau

crochet

mesure de la masse

balance de Roberval

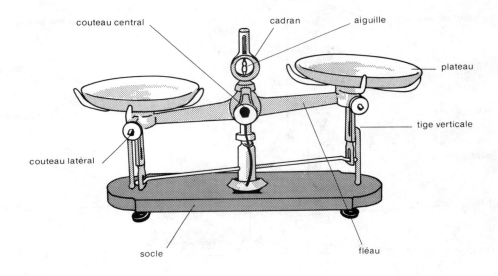

couteau central · cadran · aiguille · plateau · tige verticale · couteau latéral · socle · fléau

balance de précision

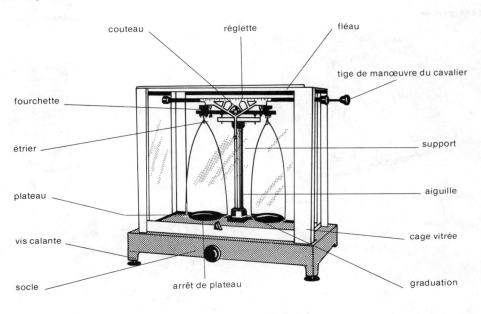

couteau · réglette · fléau · tige de manœuvre du cavalier · fourchette · étrier · support · plateau · aiguille · vis calante · cage vitrée · socle · arrêt de plateau · graduation

APPAREILS DE MESURE

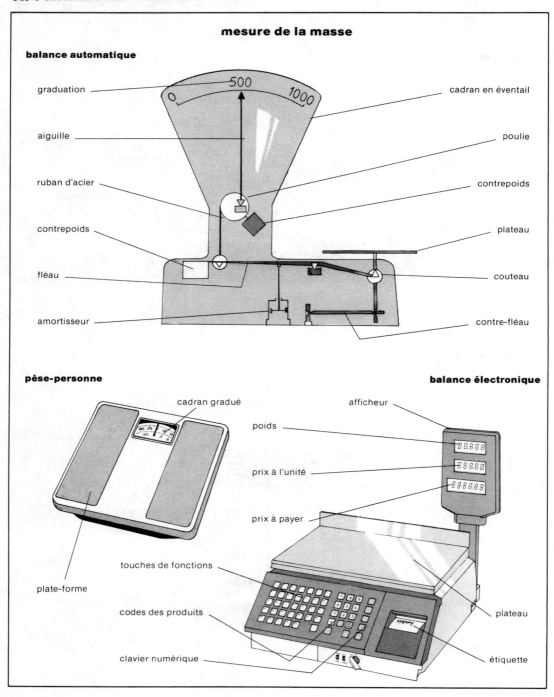

mesure de la masse

balance automatique

graduation

aiguille

ruban d'acier

contrepoids

fléau

amortisseur

500

0

1000

cadran en éventail

poulie

contrepoids

plateau

couteau

contre-fléau

pèse-personne

cadran gradué

plate-forme

balance électronique

afficheur

poids

prix à l'unité

prix à payer

touches de fonctions

codes des produits

clavier numérique

plateau

étiquette

mesure de la température

thermomètre bimétallique

thermomètre médical

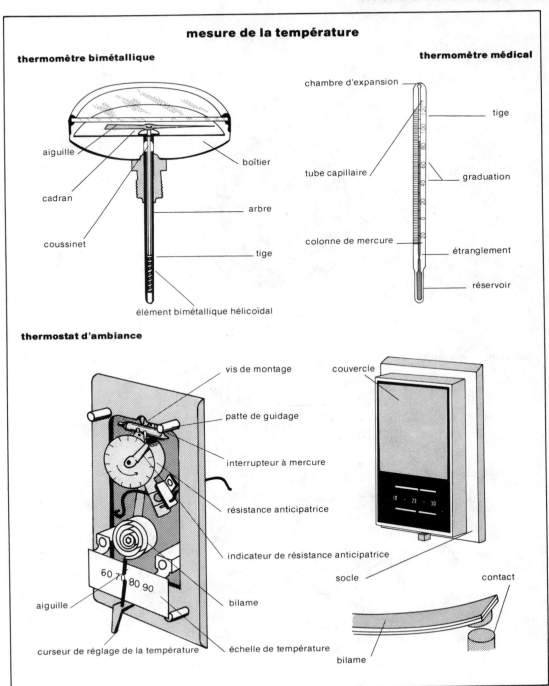

thermomètre bimétallique

- aiguille
- boîtier
- cadran
- arbre
- coussinet
- tige
- élément bimétallique hélicoïdal

thermomètre médical

- chambre d'expansion
- tige
- tube capillaire
- graduation
- colonne de mercure
- étranglement
- réservoir

thermostat d'ambiance

- vis de montage
- couvercle
- patte de guidage
- interrupteur à mercure
- résistance anticipatrice
- indicateur de résistance anticipatrice
- socle
- contact
- aiguille
- bilame
- 60 70 80 90
- curseur de réglage de la température
- échelle de température
- bilame

APPAREILS DE MESURE

mesure de la pression

baromètre anéroïde

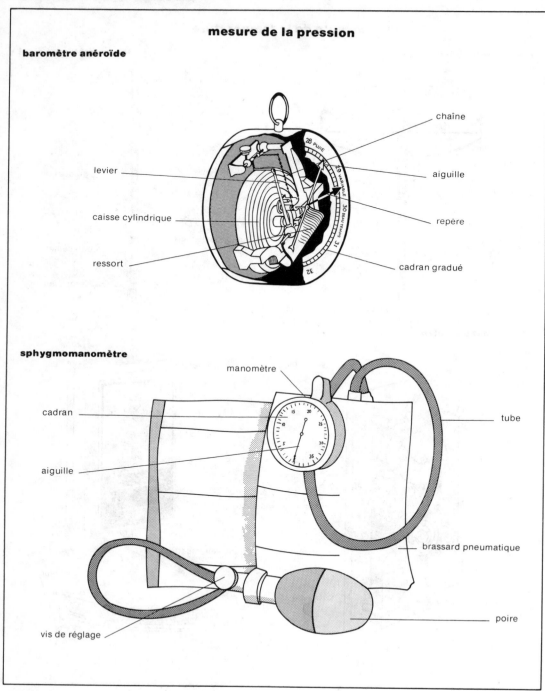

chaîne

aiguille

levier

repère

caisse cylindrique

ressort

cadran gradué

sphygmomanomètre

manomètre

cadran

tube

aiguille

brassard pneumatique

vis de réglage

poire

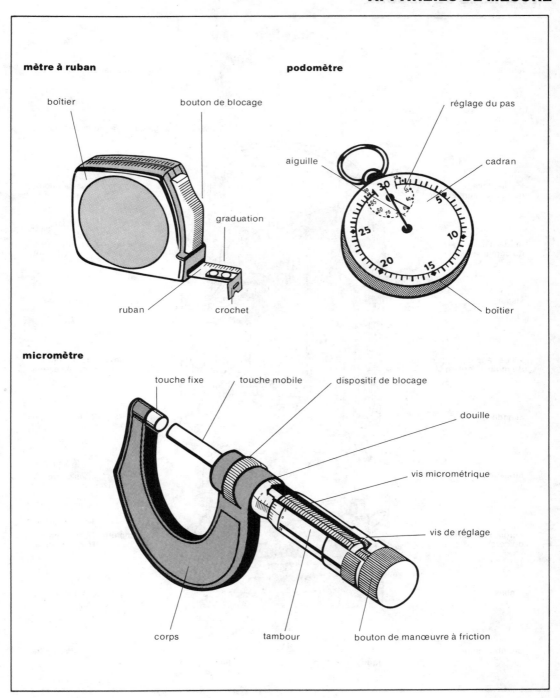

mètre à ruban

boîtier

bouton de blocage

graduation

ruban

crochet

podomètre

réglage du pas

aiguille

cadran

boîtier

micromètre

touche fixe

touche mobile

dispositif de blocage

douille

vis micrométrique

vis de réglage

corps

tambour

bouton de manœuvre à friction

APPAREILS DE MESURE

théodolite

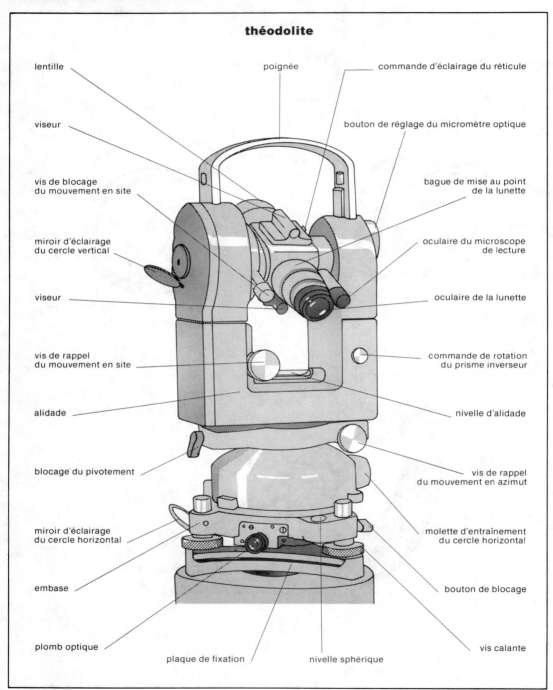

lentille

poignée

commande d'éclairage du réticule

viseur

bouton de réglage du micromètre optique

vis de blocage du mouvement en site

bague de mise au point de la lunette

miroir d'éclairage du cercle vertical

oculaire du microscope de lecture

viseur

oculaire de la lunette

vis de rappel du mouvement en site

commande de rotation du prisme inverseur

alidade

nivelle d'alidade

blocage du pivotement

vis de rappel du mouvement en azimut

miroir d'éclairage du cercle horizontal

molette d'entraînement du cercle horizontal

embase

bouton de blocage

plomb optique

vis calante

plaque de fixation

nivelle sphérique

wattheuremètre

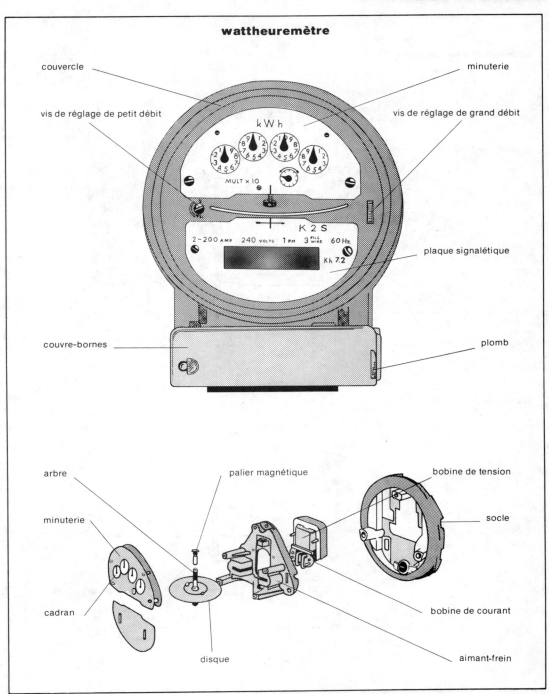

couvercle

minuterie

vis de réglage de petit débit

vis de réglage de grand débit

kWh

MULT x 10

K 2 S

2 - 200 AMP   240 VOLTS   1 PM   3 FILS WIRE   60 Hz

Kh 7.2

plaque signalétique

couvre-bornes

plomb

arbre

palier magnétique

bobine de tension

minuterie

socle

cadran

bobine de courant

disque

aimant-frein

APPAREILS DE MESURE

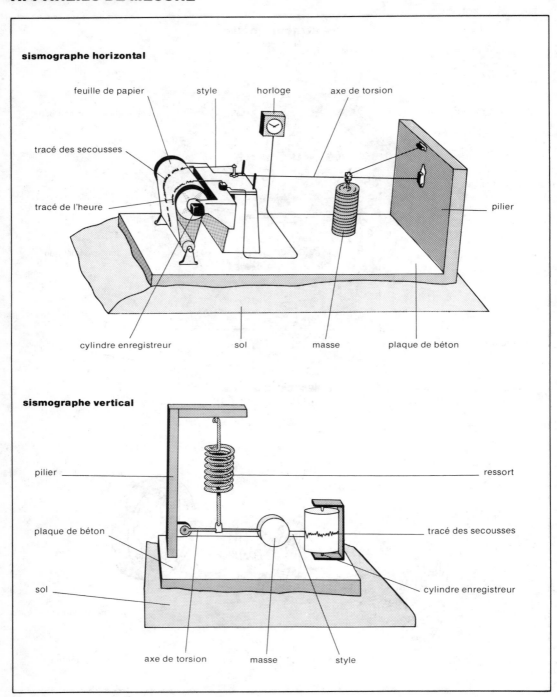

sismographe horizontal

feuille de papier — style — horloge — axe de torsion

tracé des secousses

tracé de l'heure

pilier

cylindre enregistreur — sol — masse — plaque de béton

sismographe vertical

pilier — ressort

plaque de béton — tracé des secousses

sol — cylindre enregistreur

axe de torsion — masse — style

APPAREILS DE VISION

microscope binoculaire

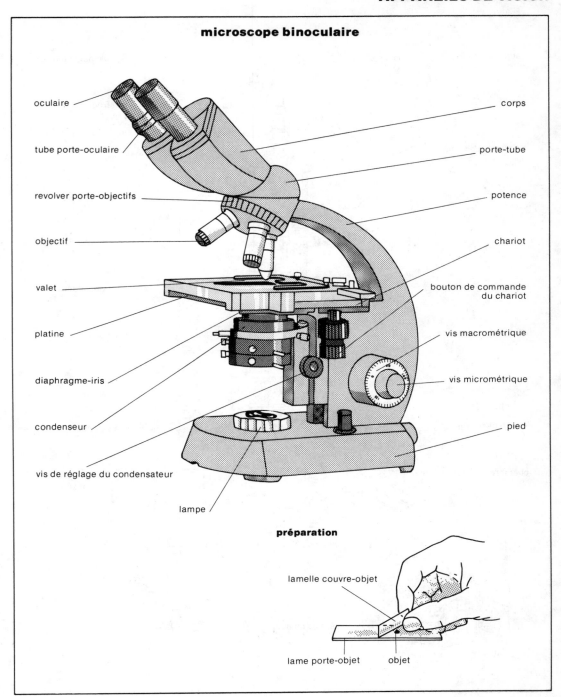

oculaire

tube porte-oculaire

revolver porte-objectifs

objectif

valet

platine

diaphragme-iris

condenseur

vis de réglage du condensateur

lampe

corps

porte-tube

potence

chariot

bouton de commande du chariot

vis macrométrique

vis micrométrique

pied

préparation

lamelle couvre-objet

lame porte-objet

objet

APPAREILS DE VISION

microscope électronique

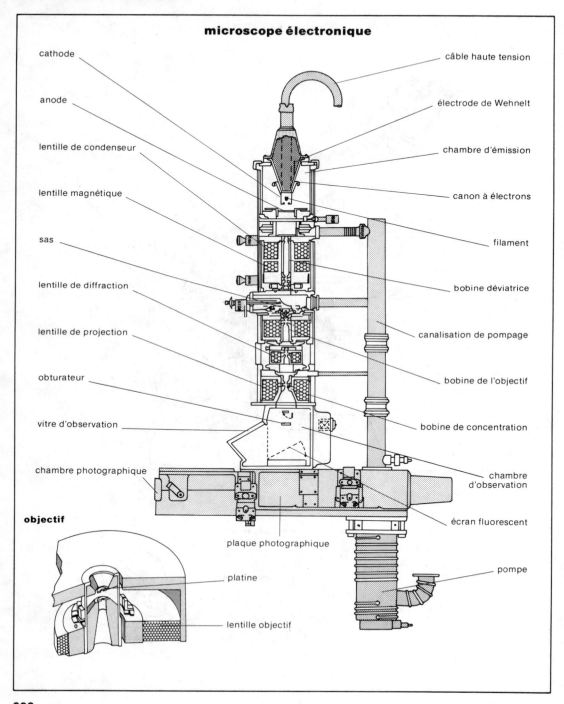

cathode

anode

lentille de condenseur

lentille magnétique

sas

lentille de diffraction

lentille de projection

obturateur

vitre d'observation

chambre photographique

objectif

câble haute tension

électrode de Wehnelt

chambre d'émission

canon à électrons

filament

bobine déviatrice

canalisation de pompage

bobine de l'objectif

bobine de concentration

chambre d'observation

écran fluorescent

plaque photographique

platine

lentille objectif

pompe

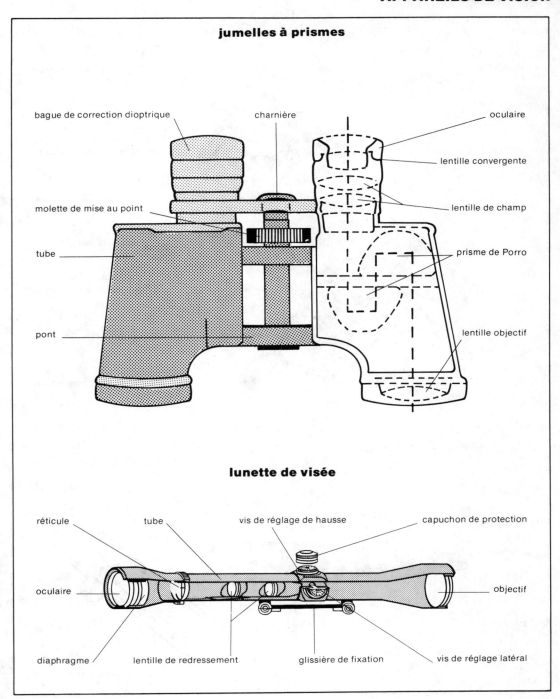

jumelles à prismes

bague de correction dioptrique

charnière

oculaire

lentille convergente

molette de mise au point

lentille de champ

tube

prisme de Porro

pont

lentille objectif

lunette de visée

réticule

tube

vis de réglage de hausse

capuchon de protection

oculaire

objectif

diaphragme

lentille de redressement

glissière de fixation

vis de réglage latéral

APPAREILS DE VISION

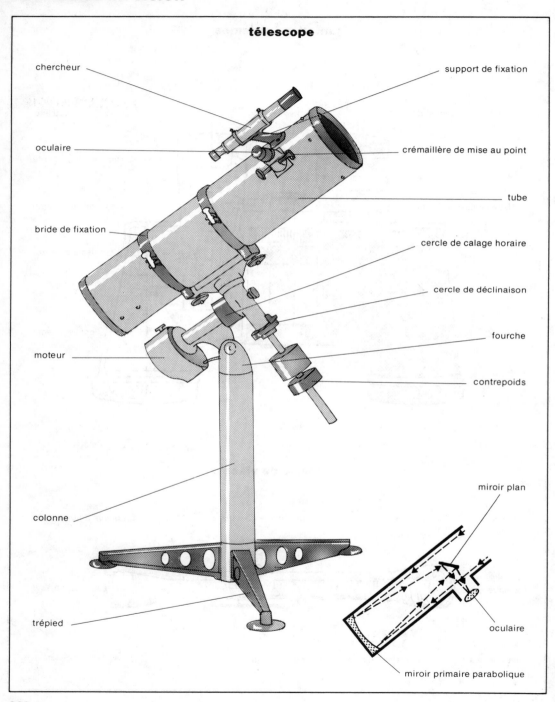

télescope

chercheur

support de fixation

oculaire

crémaillère de mise au point

tube

bride de fixation

cercle de calage horaire

cercle de déclinaison

fourche

moteur

contrepoids

colonne

miroir plan

oculaire

trépied

miroir primaire parabolique

lunette astronomique

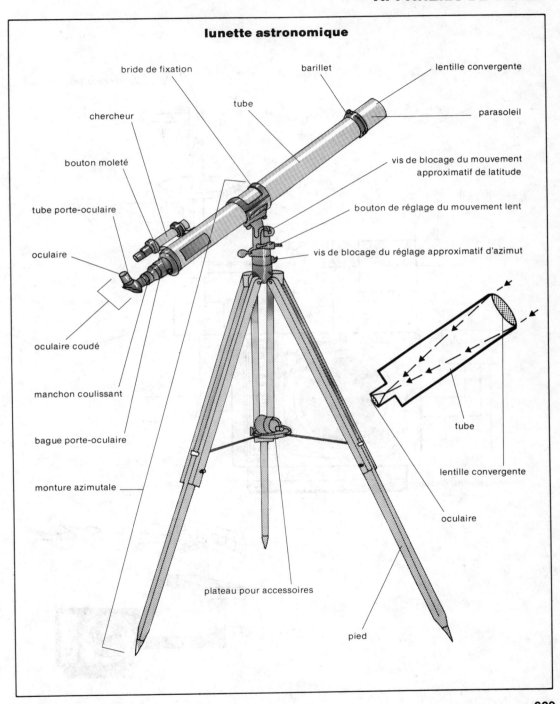

bride de fixation

barillet

lentille convergente

tube

parasoleil

chercheur

bouton moleté

vis de blocage du mouvement approximatif de latitude

tube porte-oculaire

bouton de réglage du mouvement lent

oculaire

vis de blocage du réglage approximatif d'azimut

oculaire coudé

manchon coulissant

bague porte-oculaire

tube

monture azimutale

lentille convergente

oculaire

plateau pour accessoires

pied

APPAREILS DE DÉTECTION

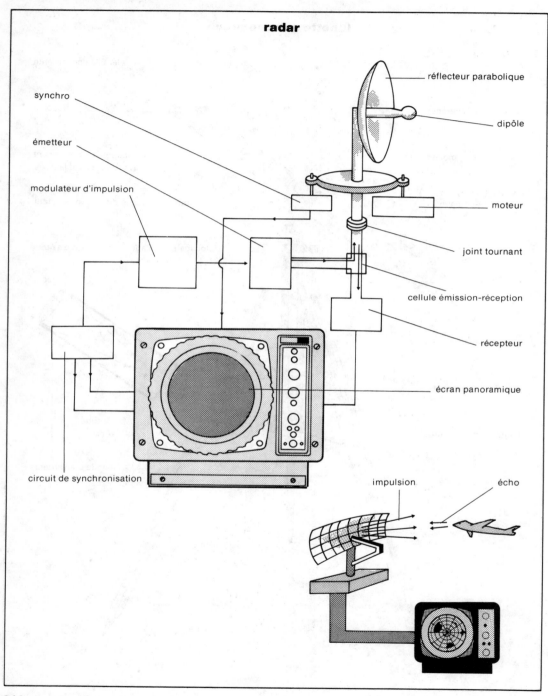

radar

réflecteur parabolique

dipôle

synchro

émetteur

moteur

modulateur d'impulsion

joint tournant

cellule émission-réception

récepteur

écran panoramique

circuit de synchronisation

impulsion

écho

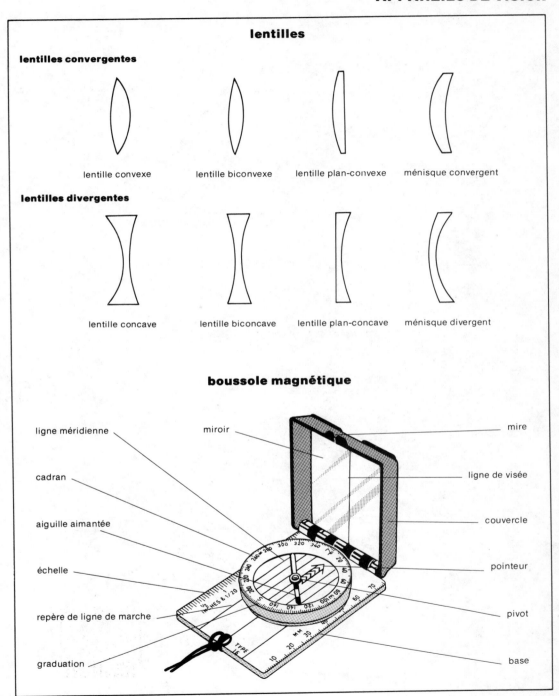

lentilles

lentilles convergentes

lentille convexe   lentille biconvexe   lentille plan-convexe   ménisque convergent

lentilles divergentes

lentille concave   lentille biconcave   lentille plan-concave   ménisque divergent

boussole magnétique

ligne méridienne

cadran

aiguille aimantée

échelle

repère de ligne de marche

graduation

miroir

mire

ligne de visée

couvercle

pointeur

pivot

base

SANTÉ

trousse d'urgence

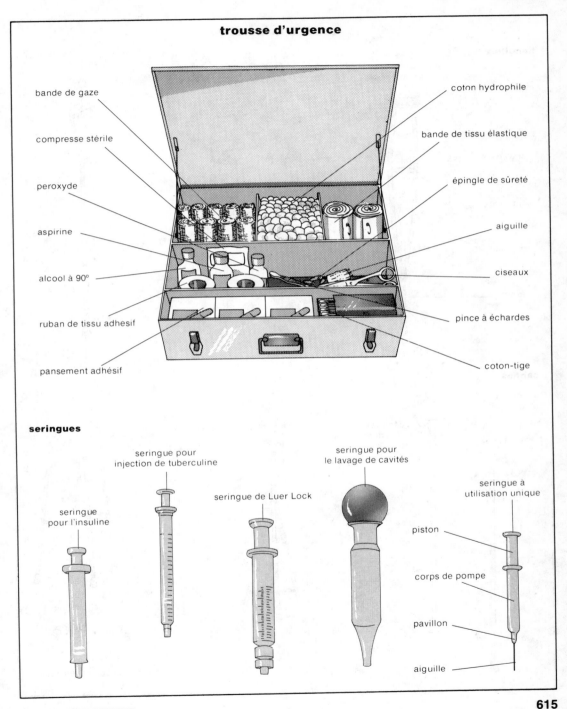

bande de gaze

compresse stérile

peroxyde

aspirine

alcool à 90°

ruban de tissu adhésif

pansement adhésif

coton hydrophile

bande de tissu élastique

épingle de sûreté

aiguille

ciseaux

pince à échardes

coton-tige

seringues

seringue pour
injection de tuberculine

seringue de Luer Lock

seringue pour
le lavage de cavités

seringue à
utilisation unique

seringue
pour l'insuline

piston

corps de pompe

pavillon

aiguille

SANTÉ

aides à la marche

béquilles

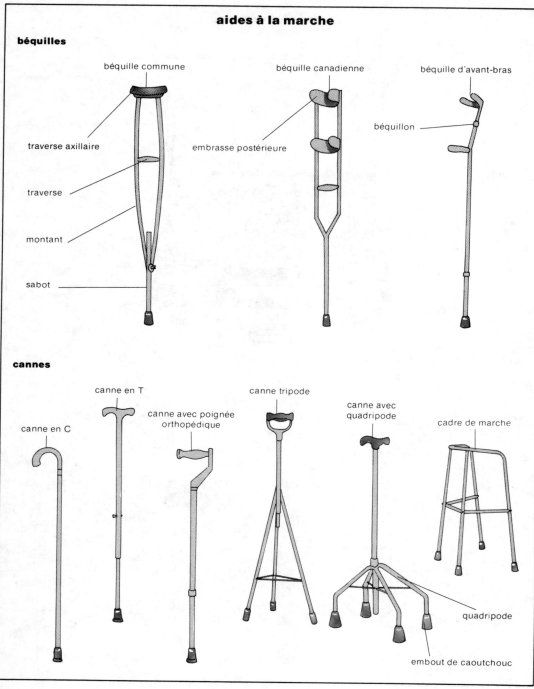

béquille commune

béquille canadienne

béquille d'avant-bras

traverse axillaire

embrasse postérieure

béquillon

traverse

montant

sabot

cannes

canne en T

canne avec poignée orthopédique

canne tripode

canne avec quadripode

cadre de marche

canne en C

quadripode

embout de caoutchouc

fauteuil roulant

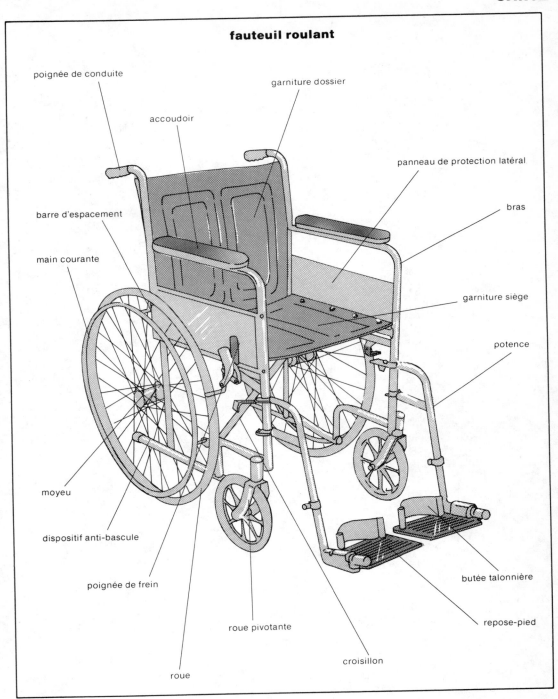

poignée de conduite

garniture dossier

accoudoir

panneau de protection latéral

barre d'espacement

bras

main courante

garniture siège

potence

moyeu

dispositif anti-bascule

poignée de frein

butée talonnière

roue pivotante

repose-pied

roue

croisillon

ÉNERGIES

mine de charbon

carrière en entonnoir

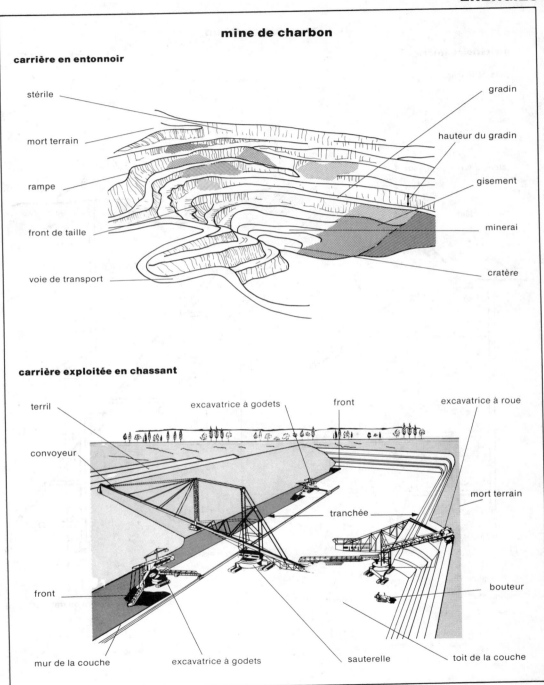

stérile

mort terrain

rampe

front de taille

voie de transport

gradin

hauteur du gradin

gisement

minerai

cratère

carrière exploitée en chassant

terril

convoyeur

excavatrice à godets

front

excavatrice à roue

mort terrain

tranchée

bouteur

front

mur de la couche

excavatrice à godets

sauterelle

toit de la couche

ÉNERGIES

mine de charbon

exploitation minière

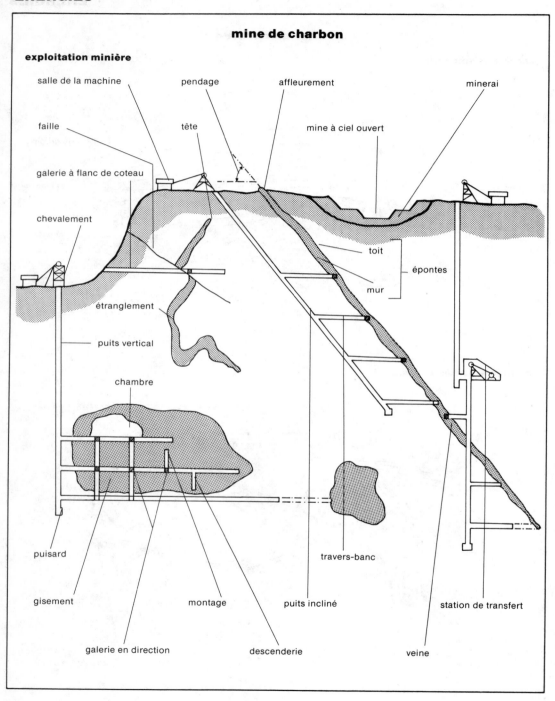

salle de la machine

pendage

affleurement

minerai

faille

tête

mine à ciel ouvert

galerie à flanc de coteau

chevalement

toit

épontes

mur

étranglement

puits vertical

chambre

puisard

travers-banc

gisement

montage

puits incliné

station de transfert

galerie en direction

descenderie

veine

mine de charbon

mine souterraine

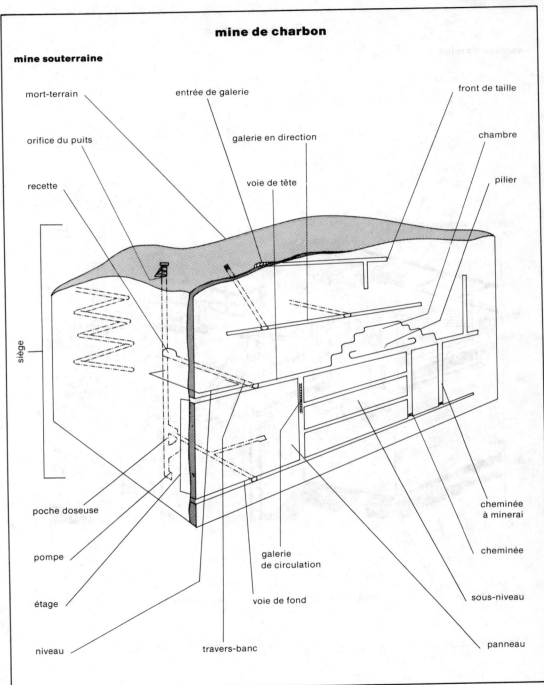

mort-terrain

entrée de galerie

front de taille

orifice du puits

galerie en direction

chambre

recette

voie de tête

pilier

siège

poche doseuse

pompe

galerie
de circulation

cheminée
à minerai

cheminée

étage

voie de fond

sous-niveau

niveau

travers-banc

panneau

mine de charbon

carreau de mine

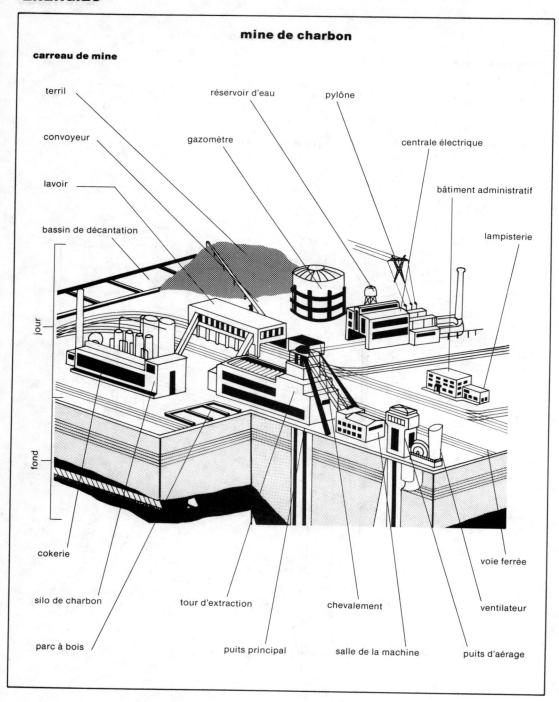

terril

réservoir d'eau

pylône

convoyeur

gazomètre

centrale électrique

lavoir

bâtiment administratif

bassin de décantation

lampisterie

jour

fond

cokerie

voie ferrée

silo de charbon

tour d'extraction

chevalement

ventilateur

parc à bois

puits principal

salle de la machine

puits d'aérage

mine de charbon

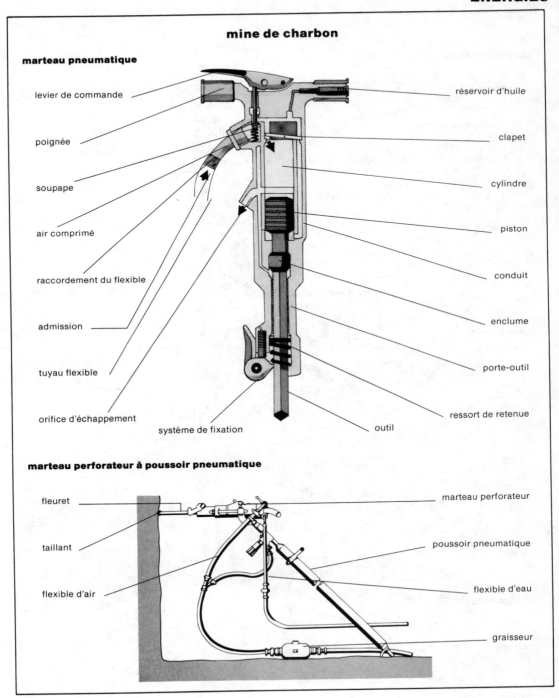

marteau pneumatique

levier de commande

poignée

soupape

air comprimé

raccordement du flexible

admission

tuyau flexible

orifice d'échappement

système de fixation

réservoir d'huile

clapet

cylindre

piston

conduit

enclume

porte-outil

ressort de retenue

outil

marteau perforateur à poussoir pneumatique

fleuret

taillant

flexible d'air

marteau perforateur

poussoir pneumatique

flexible d'eau

graisseur

ÉNERGIES

pétrole

appareil de forage

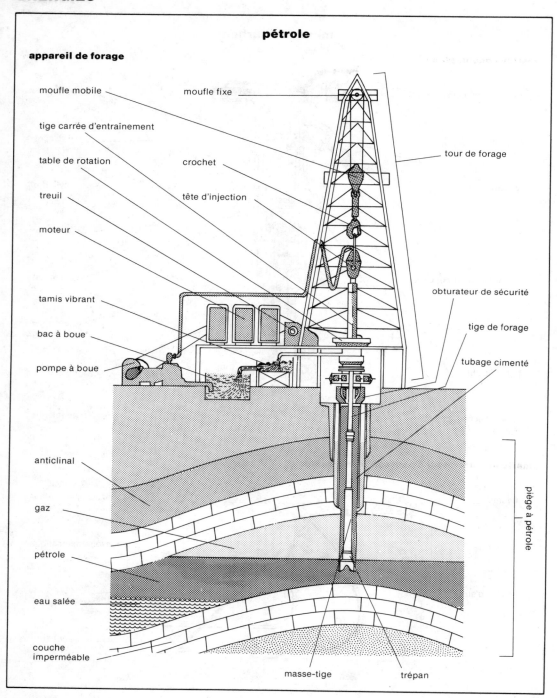

moufle mobile

moufle fixe

tige carrée d'entraînement

table de rotation

crochet

tour de forage

treuil

tête d'injection

moteur

tamis vibrant

bac à boue

obturateur de sécurité

pompe à boue

tige de forage

tubage cimenté

anticlinal

piège à pétrole

gaz

pétrole

eau salée

couche imperméable

masse-tige

trépan

pétrole

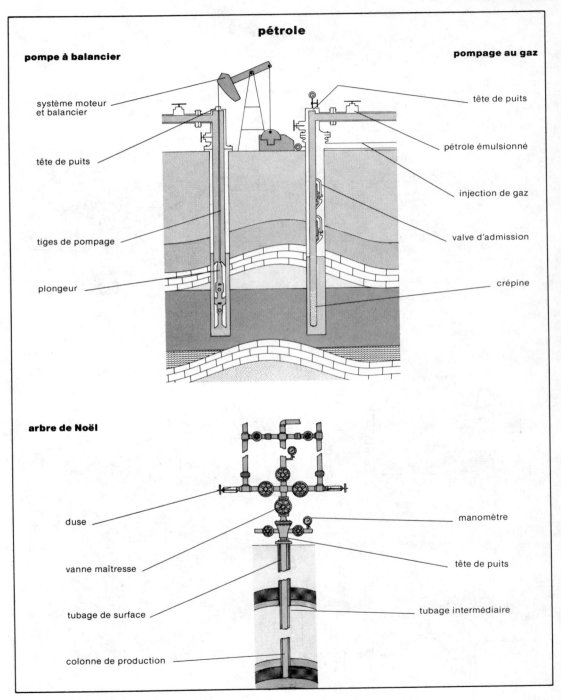

pompe à balancier

- système moteur et balancier
- tête de puits
- tiges de pompage
- plongeur

pompage au gaz

- tête de puits
- pétrole émulsionné
- injection de gaz
- valve d'admission
- crépine

arbre de Noël

- duse
- vanne maîtresse
- tubage de surface
- colonne de production
- manomètre
- tête de puits
- tubage intermédiaire

pétrole

forage en mer

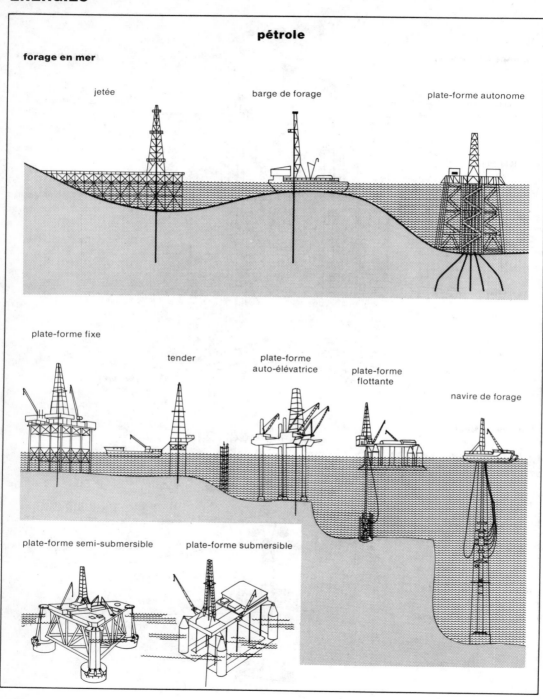

jetée

barge de forage

plate-forme autonome

plate-forme fixe

tender

plate-forme
auto-élévatrice

plate-forme
flottante

navire de forage

plate-forme semi-submersible

plate-forme submersible

pétrole

plate-forme de production

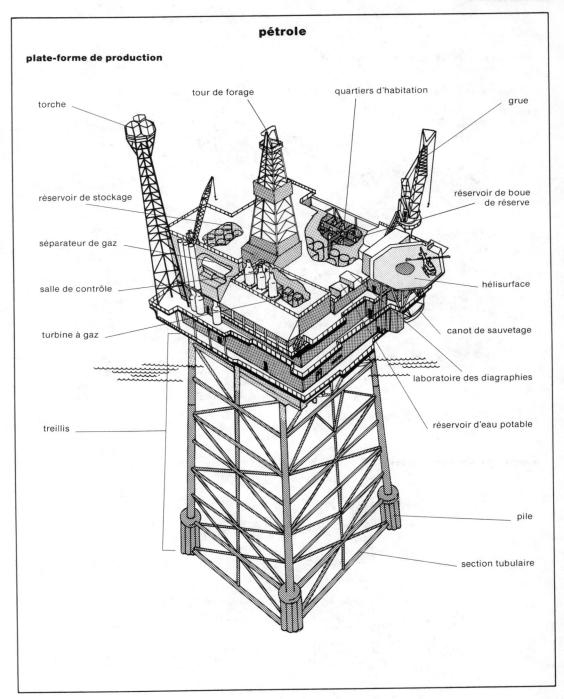

torche

tour de forage

quartiers d'habitation

grue

réservoir de stockage

réservoir de boue de réserve

séparateur de gaz

salle de contrôle

hélisurface

turbine à gaz

canot de sauvetage

laboratoire des diagraphies

treillis

réservoir d'eau potable

pile

section tubulaire

ÉNERGIES

pétrole

pipeline pour le transport du pétrole brut

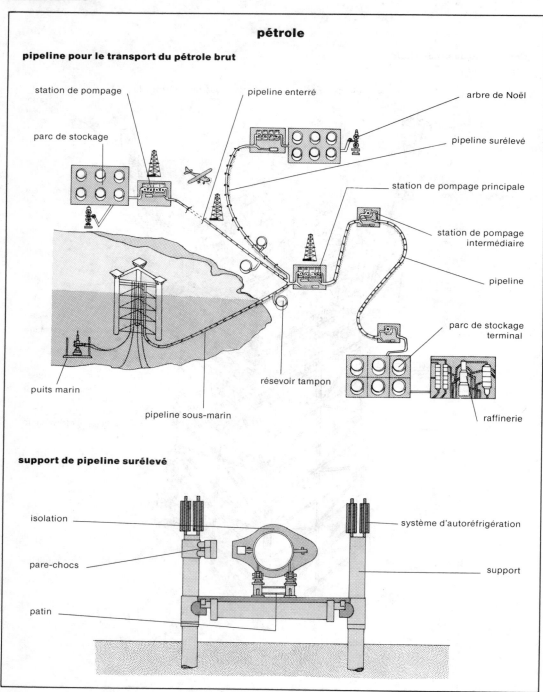

station de pompage

parc de stockage

pipeline enterré

arbre de Noël

pipeline surélevé

station de pompage principale

station de pompage intermédiaire

pipeline

parc de stockage terminal

raffinerie

puits marin

pipeline sous-marin

réservoir tampon

support de pipeline surélevé

isolation

pare-chocs

patin

système d'autoréfrigération

support

pétrole

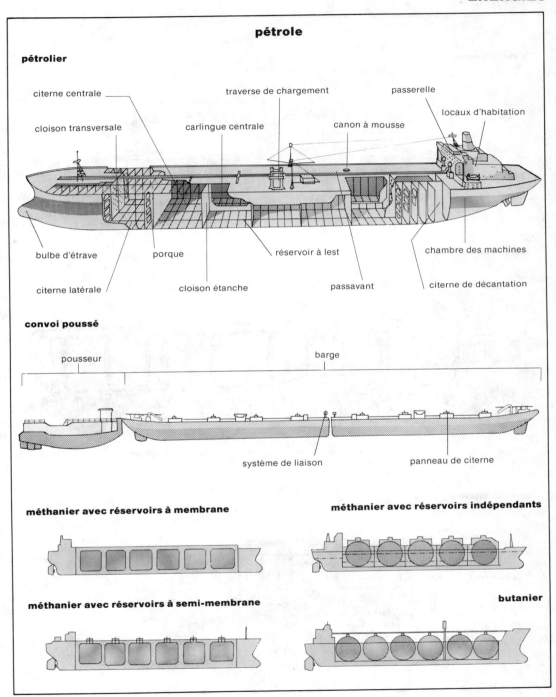

pétrolier

citerne centrale

traverse de chargement

passerelle

locaux d'habitation

cloison transversale

carlingue centrale

canon à mousse

bulbe d'étrave

porque

réservoir à lest

chambre des machines

citerne latérale

cloison étanche

passavant

citerne de décantation

convoi poussé

pousseur

barge

système de liaison

panneau de citerne

méthanier avec réservoirs à membrane

méthanier avec réservoirs indépendants

méthanier avec réservoirs à semi-membrane

butanier

ÉNERGIES

pétrole

wagon-citerne

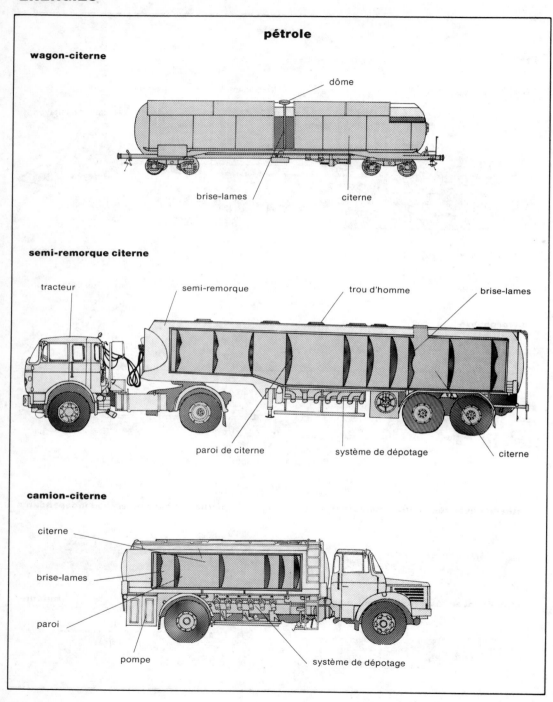

dôme

brise-lames

citerne

semi-remorque citerne

tracteur

semi-remorque

trou d'homme

brise-lames

paroi de citerne

système de dépotage

citerne

camion-citerne

citerne

brise-lames

paroi

pompe

système de dépotage

pétrole

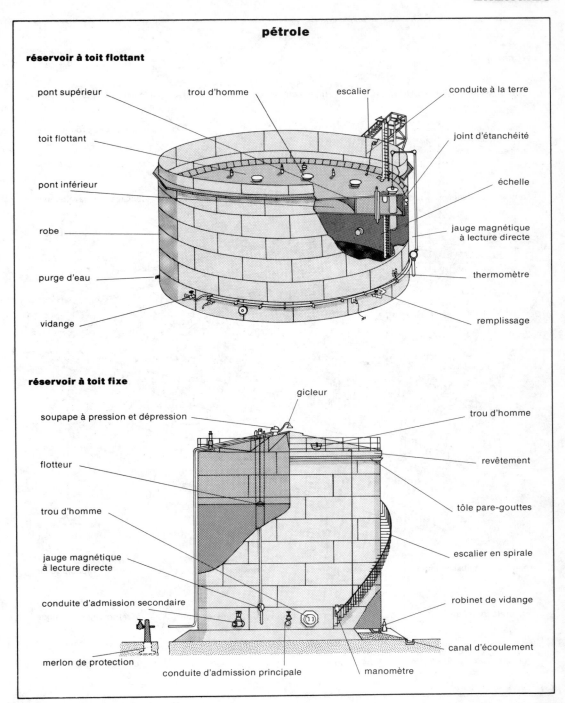

réservoir à toit flottant

pont supérieur

trou d'homme

escalier

conduite à la terre

toit flottant

joint d'étanchéité

pont inférieur

échelle

robe

jauge magnétique à lecture directe

purge d'eau

thermomètre

vidange

remplissage

réservoir à toit fixe

gicleur

soupape à pression et dépression

trou d'homme

flotteur

revêtement

trou d'homme

tôle pare-gouttes

jauge magnétique à lecture directe

escalier en spirale

conduite d'admission secondaire

robinet de vidange

merlon de protection

canal d'écoulement

conduite d'admission principale

manomètre

ÉNERGIES

pétrole

raffinerie

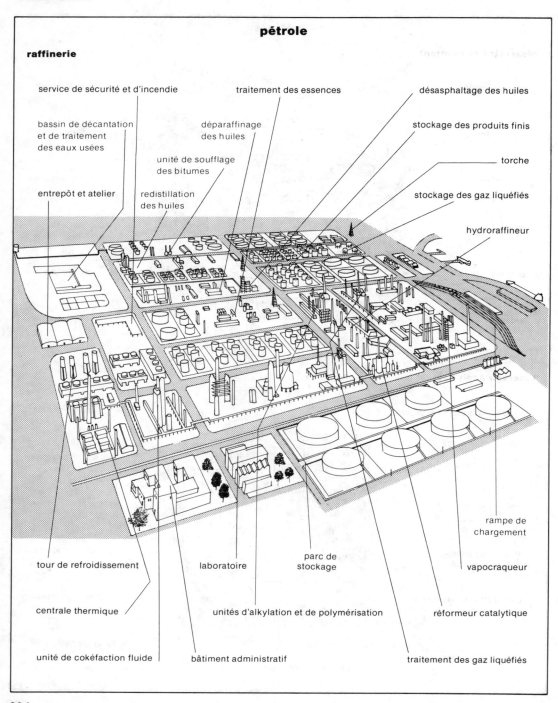

service de sécurité et d'incendie

traitement des essences

désasphaltage des huiles

bassin de décantation
et de traitement
des eaux usées

déparaffinage
des huiles

stockage des produits finis

unité de soufflage
des bitumes

torche

entrepôt et atelier

redistillation
des huiles

stockage des gaz liquéfiés

hydroraffineur

tour de refroidissement

laboratoire

parc de
stockage

rampe de
chargement

vapocraqueur

centrale thermique

unités d'alkylation et de polymérisation

réformeur catalytique

unité de cokéfaction fluide

bâtiment administratif

traitement des gaz liquéfiés

pétrole

produits de la raffinerie

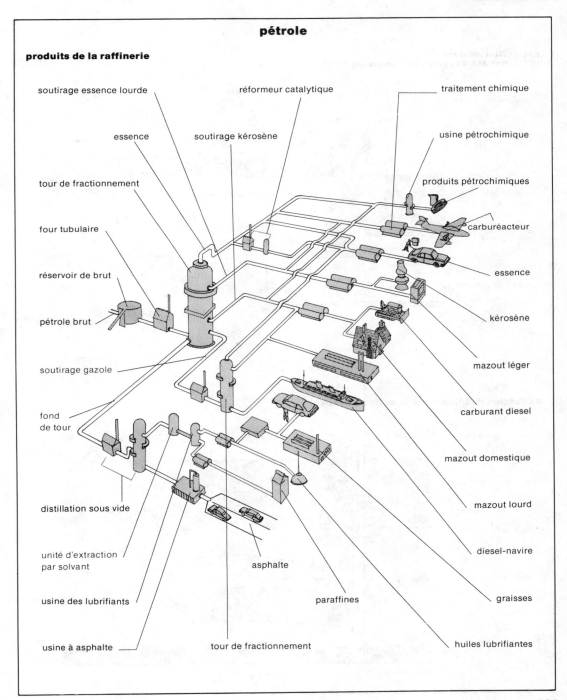

soutirage essence lourde

réformeur catalytique

traitement chimique

essence

soutirage kérosène

usine pétrochimique

tour de fractionnement

produits pétrochimiques

four tubulaire

carburéacteur

réservoir de brut

essence

pétrole brut

kérosène

soutirage gazole

mazout léger

fond de tour

carburant diesel

distillation sous vide

mazout domestique

unité d'extraction par solvant

mazout lourd

usine des lubrifiants

asphalte

diesel-navire

usine à asphalte

tour de fractionnement

paraffines

graisses

huiles lubrifiantes

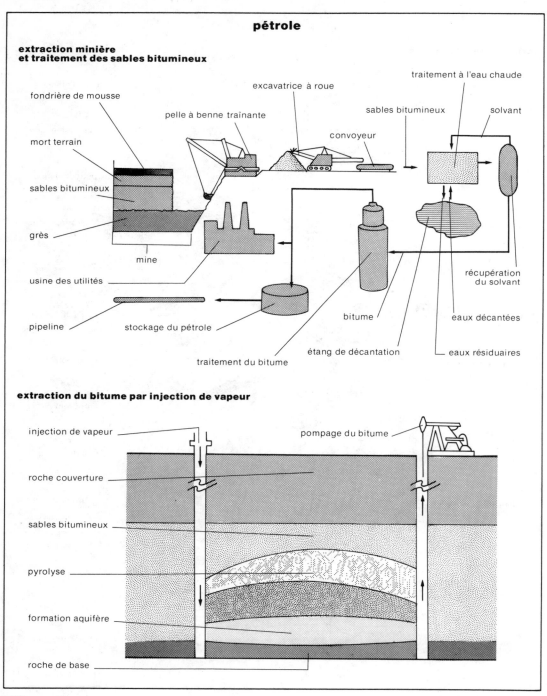

pétrole

**extraction minière
et traitement des sables bitumineux**

- traitement à l'eau chaude
- excavatrice à roue
- fondrière de mousse
- sables bitumineux
- solvant
- pelle à benne traînante
- convoyeur
- mort terrain
- sables bitumineux
- grès
- mine
- récupération du solvant
- usine des utilités
- bitume
- eaux décantées
- pipeline
- stockage du pétrole
- étang de décantation
- eaux résiduaires
- traitement du bitume

extraction du bitume par injection de vapeur

- injection de vapeur
- pompage du bitume
- roche couverture
- sables bitumineux
- pyrolyse
- formation aquifère
- roche de base

électricité

complexe hydroélectrique

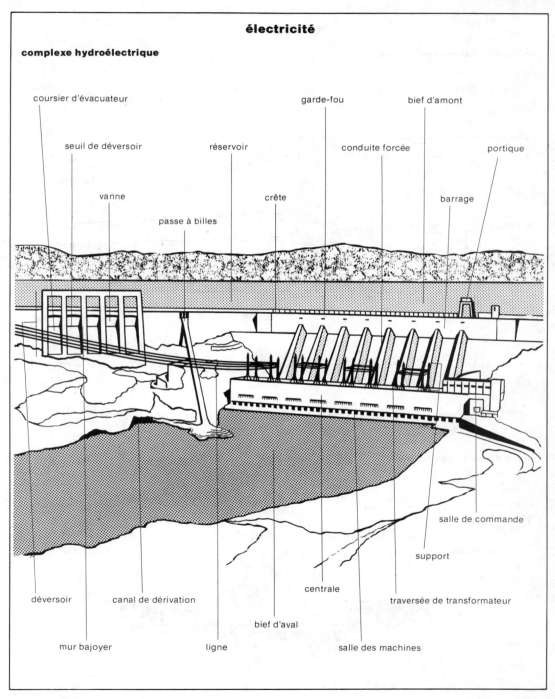

coursier d'évacuateur

garde-fou

bief d'amont

seuil de déversoir

réservoir

conduite forcée

portique

vanne

crête

barrage

passe à billes

salle de commande

support

déversoir

canal de dérivation

centrale

traversée de transformateur

bief d'aval

mur bajoyer

ligne

salle des machines

ÉNERGIES

coupe d'un barrage en remblai

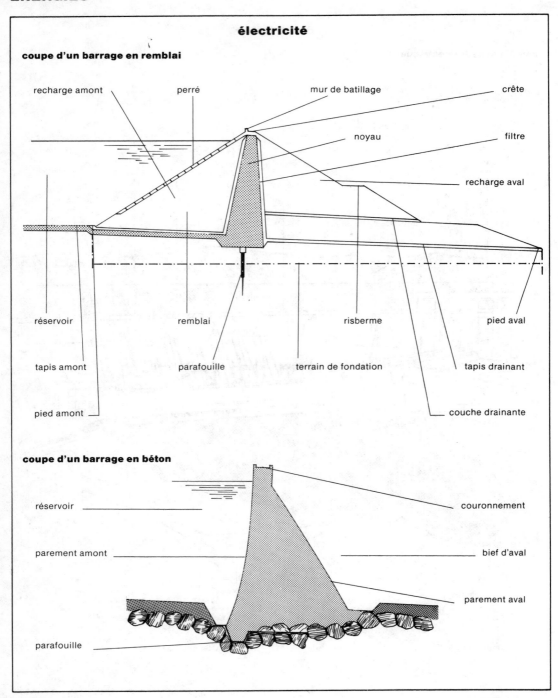

recharge amont — perré — mur de batillage — crête

noyau — filtre

recharge aval

réservoir — remblai — risberme — pied aval

tapis amont — parafouille — terrain de fondation — tapis drainant

pied amont — couche drainante

coupe d'un barrage en béton

réservoir — couronnement

parement amont — bief d'aval

parement aval

parafouille

électricité

principaux types de barrages

barrage en remblai

coupe d'un barrage en remblai

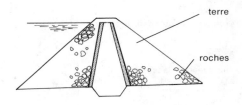

terre

roches

barrage-poids

coupe d'un barrage-poids

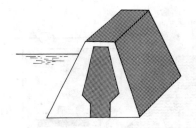

barrage-voûte

coupe d'un barrage-voûte

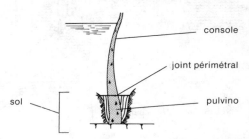

console

joint périmétral

sol

pulvino

barrage à contreforts

coupe d'un barrage à contreforts

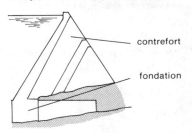

contrefort

fondation

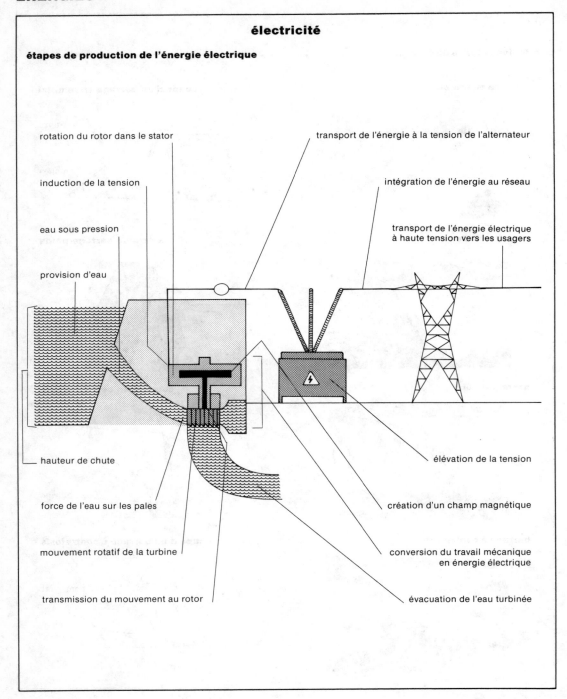

électricité

étapes de production de l'énergie électrique

rotation du rotor dans le stator

transport de l'énergie à la tension de l'alternateur

induction de la tension

intégration de l'énergie au réseau

eau sous pression

transport de l'énergie électrique
à haute tension vers les usagers

provision d'eau

hauteur de chute

élévation de la tension

force de l'eau sur les pales

création d'un champ magnétique

mouvement rotatif de la turbine

conversion du travail mécanique
en énergie électrique

transmission du mouvement au rotor

évacuation de l'eau turbinée

électricité

coupe d'une centrale hydroélectrique

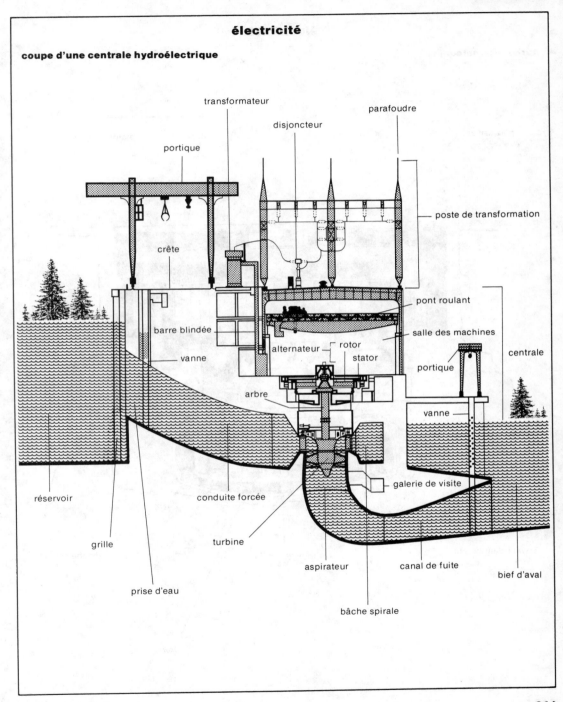

transformateur

disjoncteur

parafoudre

portique

crête

poste de transformation

pont roulant

barre blindée

salle des machines

alternateur — rotor

vanne

stator

centrale

arbre

portique

vanne

réservoir

galerie de visite

conduite forcée

grille

turbine

aspirateur

canal de fuite

bief d'aval

prise d'eau

bâche spirale

ÉNERGIES

électricité

turbo-alternateur

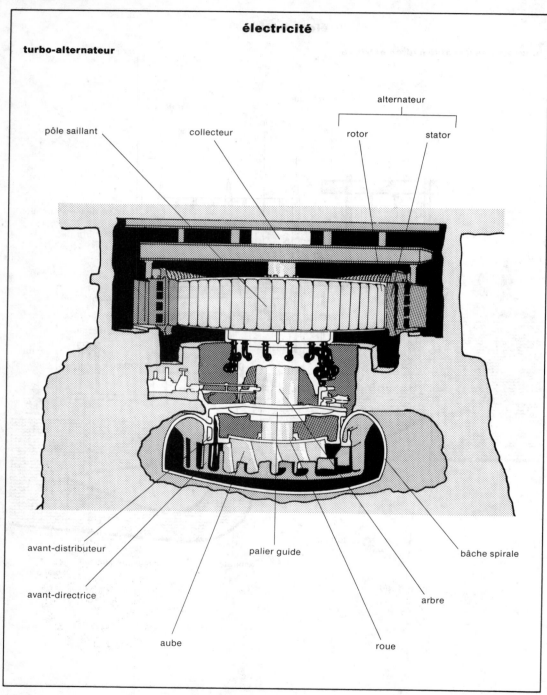

électricité

coupe d'une turbine hydraulique

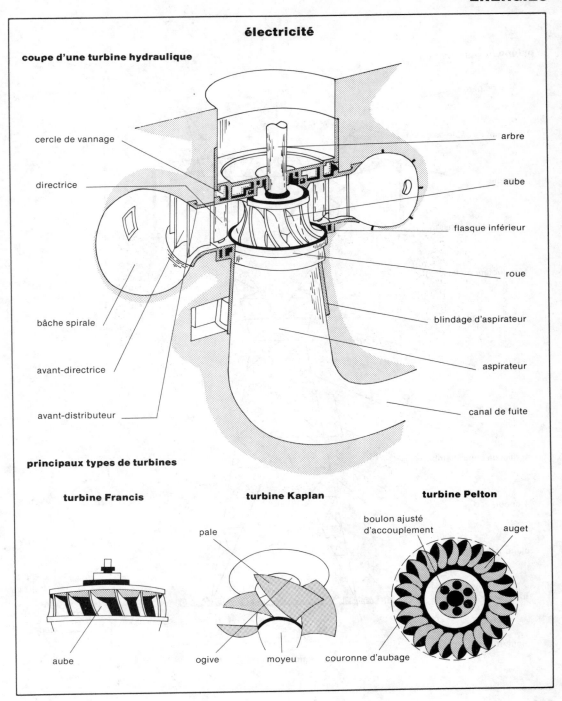

cercle de vannage

directrice

bâche spirale

avant-directrice

avant-distributeur

arbre

aube

flasque inférieur

roue

blindage d'aspirateur

aspirateur

canal de fuite

principaux types de turbines

turbine Francis

aube

turbine Kaplan

pale

ogive

moyeu

turbine Pelton

boulon ajusté
d'accouplement

auget

couronne d'aubage

ÉNERGIES

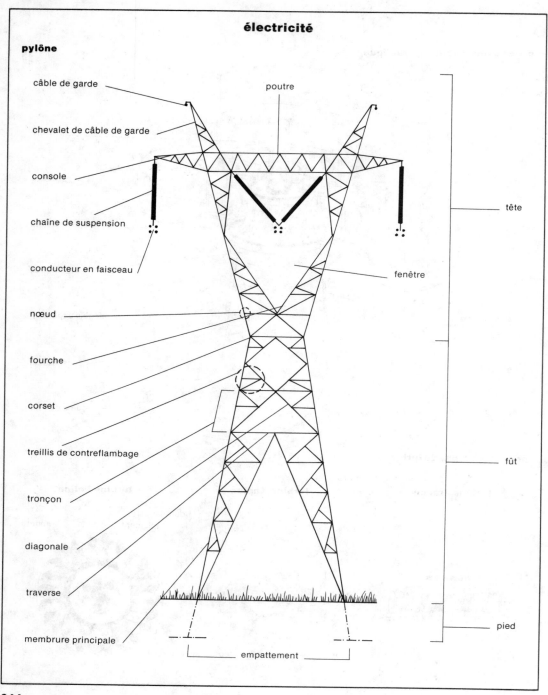

électricité

pylône

câble de garde

chevalet de câble de garde

console

chaîne de suspension

conducteur en faisceau

nœud

fourche

corset

treillis de contreflambage

tronçon

diagonale

traverse

membrure principale

poutre

fenêtre

empattement

tête

fût

pied

électricité

branchement aérien

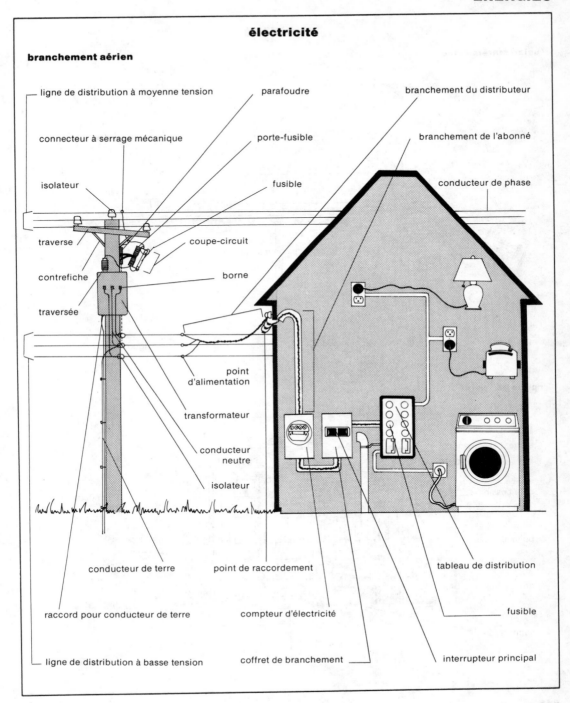

ligne de distribution à moyenne tension

parafoudre

branchement du distributeur

connecteur à serrage mécanique

porte-fusible

branchement de l'abonné

isolateur

fusible

conducteur de phase

traverse

coupe-circuit

contrefiche

borne

traversée

point d'alimentation

transformateur

conducteur neutre

isolateur

conducteur de terre

point de raccordement

tableau de distribution

raccord pour conducteur de terre

compteur d'électricité

fusible

ligne de distribution à basse tension

coffret de branchement

interrupteur principal

ÉNERGIES

électricité

usine marémotrice

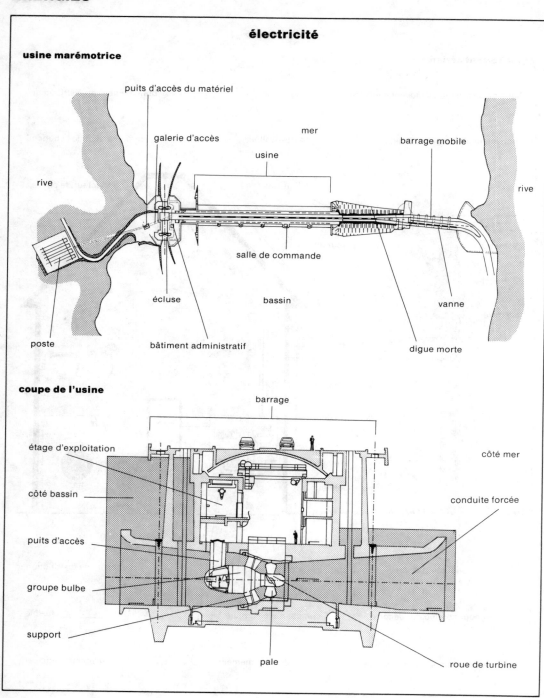

puits d'accès du matériel

galerie d'accès

mer

usine

barrage mobile

rive

rive

salle de commande

écluse

bassin

vanne

poste

bâtiment administratif

digue morte

coupe de l'usine

barrage

étage d'exploitation

côté mer

côté bassin

conduite forcée

puits d'accès

groupe bulbe

support

pale

roue de turbine

énergie nucléaire

centrale nucléaire CANDU

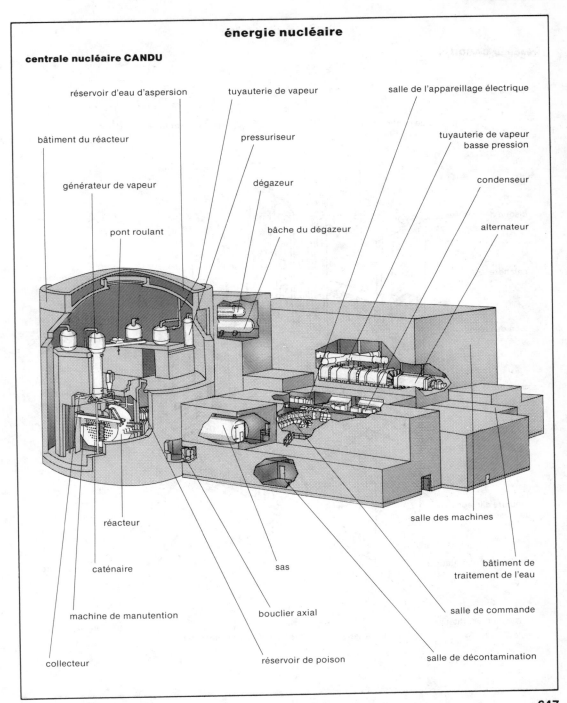

réservoir d'eau d'aspersion

tuyauterie de vapeur

salle de l'appareillage électrique

bâtiment du réacteur

pressuriseur

tuyauterie de vapeur basse pression

générateur de vapeur

dégazeur

condenseur

pont roulant

bâche du dégazeur

alternateur

réacteur

salle des machines

caténaire

sas

bâtiment de traitement de l'eau

machine de manutention

bouclier axial

salle de commande

collecteur

réservoir de poison

salle de décontamination

énergie nucléaire

réacteur CANDU

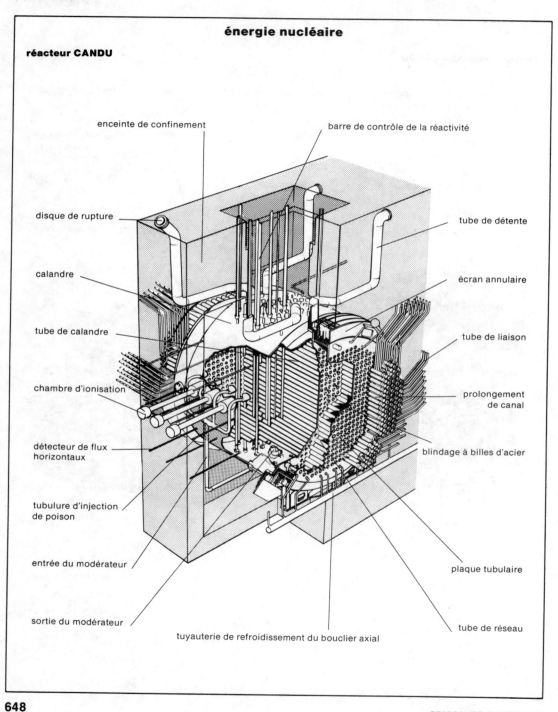

enceinte de confinement

barre de contrôle de la réactivité

disque de rupture

tube de détente

calandre

écran annulaire

tube de calandre

tube de liaison

chambre d'ionisation

prolongement de canal

détecteur de flux horizontaux

blindage à billes d'acier

tubulure d'injection de poison

entrée du modérateur

plaque tubulaire

sortie du modérateur

tuyauterie de refroidissement du bouclier axial

tube de réseau

énergie nucléaire

réacteur nucléaire

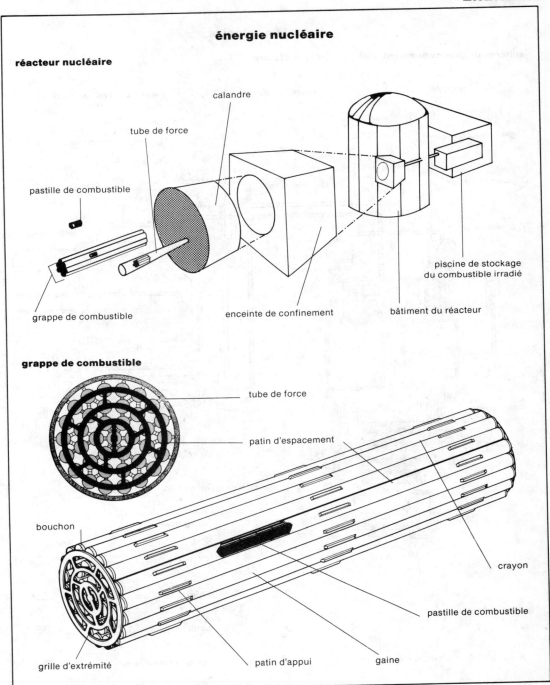

calandre

tube de force

pastille de combustible

piscine de stockage du combustible irradié

grappe de combustible

enceinte de confinement

bâtiment du réacteur

grappe de combustible

tube de force

patin d'espacement

bouchon

crayon

pastille de combustible

grille d'extrémité

patin d'appui

gaine

énergie nucléaire

schéma de fonctionnement d'une centrale nucléaire

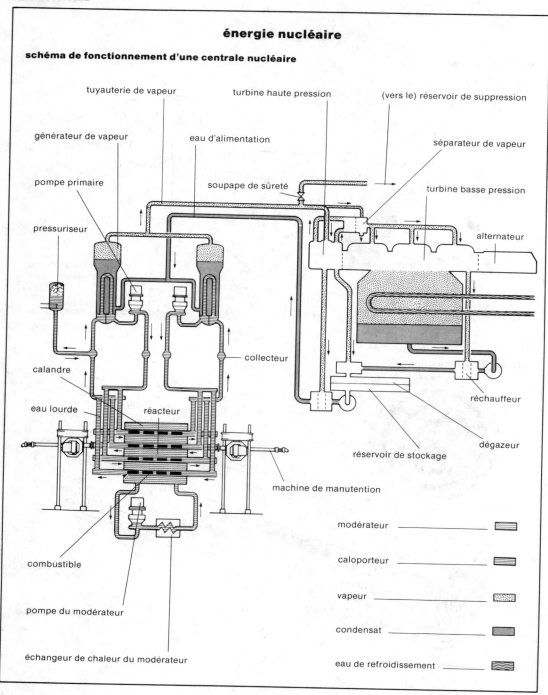

tuyauterie de vapeur

turbine haute pression

(vers le) réservoir de suppression

générateur de vapeur

eau d'alimentation

séparateur de vapeur

pompe primaire

soupape de sûreté

turbine basse pression

pressuriseur

alternateur

collecteur

calandre

eau lourde

réacteur

réchauffeur

dégazeur

réservoir de stockage

machine de manutention

combustible

pompe du modérateur

échangeur de chaleur du modérateur

modérateur

caloporteur

vapeur

condensat

eau de refroidissement

énergie nucléaire

séquence de manipulation du combustible

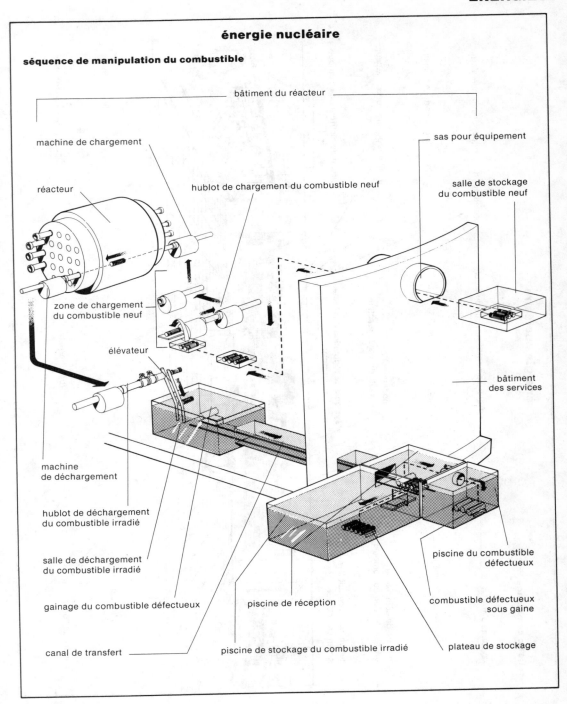

bâtiment du réacteur

machine de chargement

réacteur

hublot de chargement du combustible neuf

sas pour équipement

salle de stockage
du combustible neuf

zone de chargement
du combustible neuf

élévateur

bâtiment
des services

machine
de déchargement

hublot de déchargement
du combustible irradié

salle de déchargement
du combustible irradié

piscine du combustible
défectueux

gainage du combustible défectueux

piscine de réception

combustible défectueux
sous gaine

canal de transfert

piscine de stockage du combustible irradié

plateau de stockage

énergie nucléaire

salle de commande

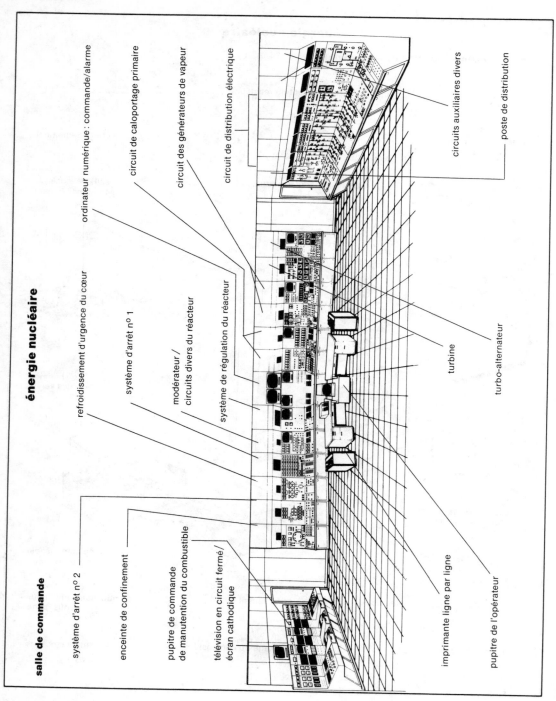

ordinateur numérique : commande/alarme

circuit de caloportage primaire

circuit des générateurs de vapeur

circuit de distribution électrique

refroidissement d'urgence du cœur

système d'arrêt n° 1

modérateur /
circuits divers du réacteur

système de régulation du réacteur

système d'arrêt n° 2

enceinte de confinement

pupitre de commande
de manutention du combustible

télévision en circuit fermé /
écran cathodique

circuits auxiliaires divers

poste de distribution

turbine

turbo-alternateur

imprimante ligne par ligne

pupitre de l'opérateur

652

énergie nucléaire

production d'électricité par énergie nucléaire

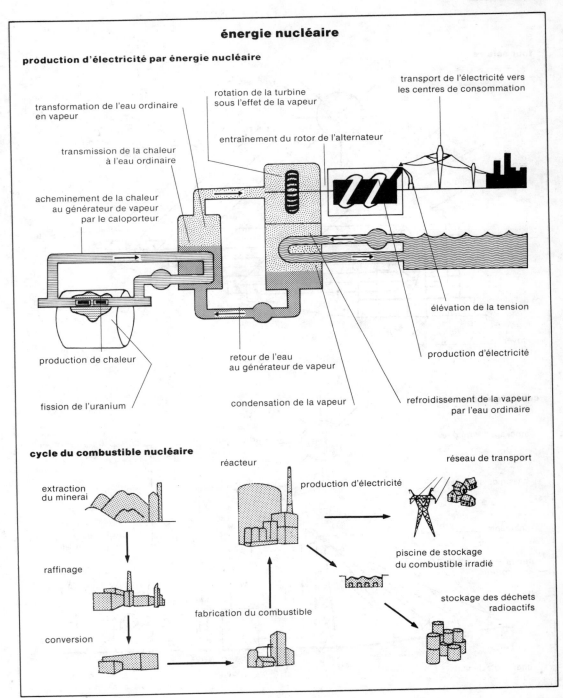

transformation de l'eau ordinaire en vapeur

rotation de la turbine sous l'effet de la vapeur

transport de l'électricité vers les centres de consommation

transmission de la chaleur à l'eau ordinaire

entraînement du rotor de l'alternateur

acheminement de la chaleur au générateur de vapeur par le caloporteur

élévation de la tension

production de chaleur

retour de l'eau au générateur de vapeur

production d'électricité

fission de l'uranium

condensation de la vapeur

refroidissement de la vapeur par l'eau ordinaire

cycle du combustible nucléaire

réacteur

réseau de transport

extraction du minerai

production d'électricité

raffinage

piscine de stockage du combustible irradié

stockage des déchets radioactifs

fabrication du combustible

conversion

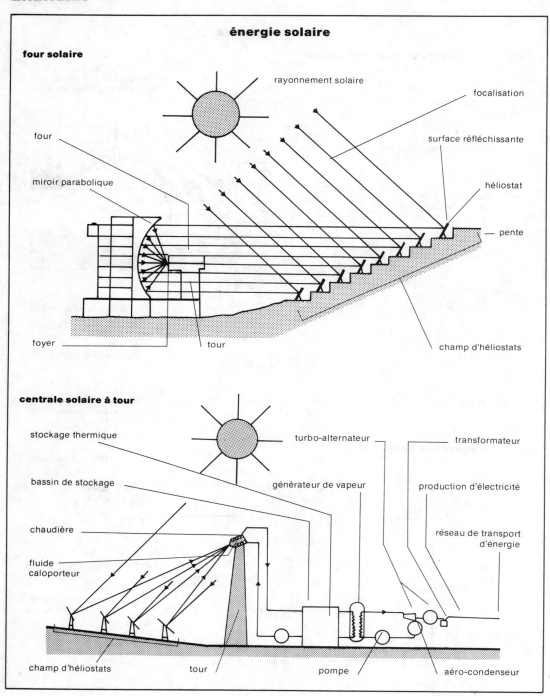

énergie solaire

four solaire

rayonnement solaire

focalisation

surface réfléchissante

four

héliostat

miroir parabolique

pente

foyer

tour

champ d'héliostats

centrale solaire à tour

stockage thermique

turbo-alternateur

transformateur

bassin de stockage

générateur de vapeur

production d'électricité

chaudière

réseau de transport d'énergie

fluide caloporteur

champ d'héliostats

tour

pompe

aéro-condenseur

énergie solaire

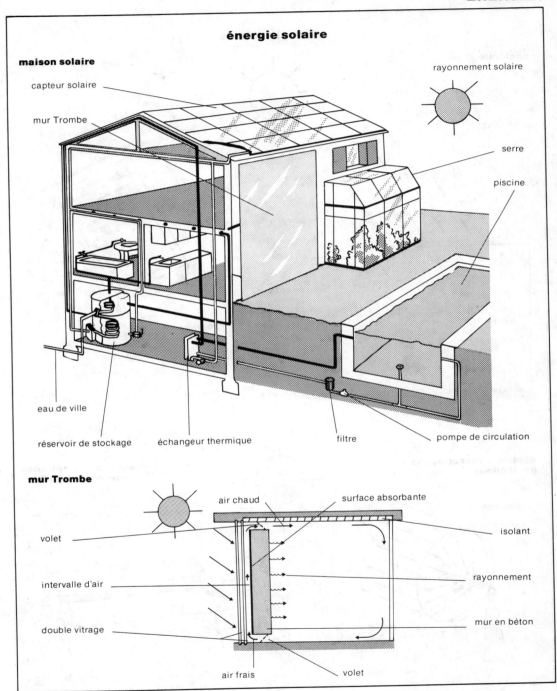

maison solaire

capteur solaire

mur Trombe

rayonnement solaire

serre

piscine

eau de ville

réservoir de stockage

échangeur thermique

filtre

pompe de circulation

mur Trombe

air chaud

surface absorbante

isolant

volet

rayonnement

intervalle d'air

double vitrage

mur en béton

air frais

volet

655

ÉNERGIES

énergie solaire

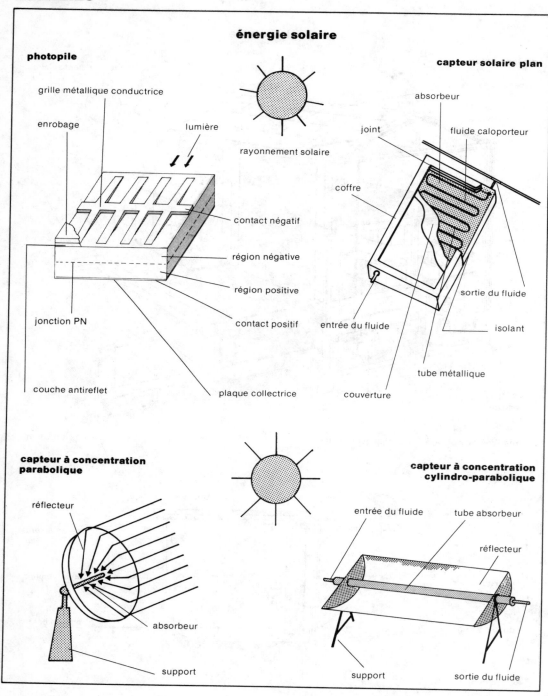

photopile

- grille métallique conductrice
- enrobage
- lumière
- rayonnement solaire
- contact négatif
- région négative
- région positive
- jonction PN
- contact positif
- couche antireflet
- plaque collectrice

capteur solaire plan

- absorbeur
- joint
- fluide caloporteur
- coffre
- sortie du fluide
- entrée du fluide
- isolant
- tube métallique
- couverture

capteur à concentration parabolique

- réflecteur
- absorbeur
- support

capteur à concentration cylindro-parabolique

- entrée du fluide
- tube absorbeur
- réflecteur
- support
- sortie du fluide

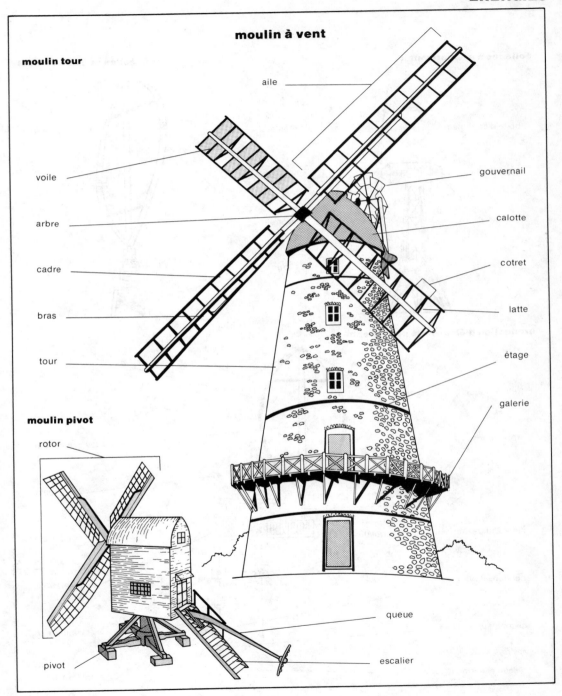

moulin à vent

moulin tour

aile

voile

arbre

cadre

bras

tour

moulin pivot

rotor

pivot

gouvernail

calotte

cotret

latte

étage

galerie

queue

escalier

ÉNERGIES

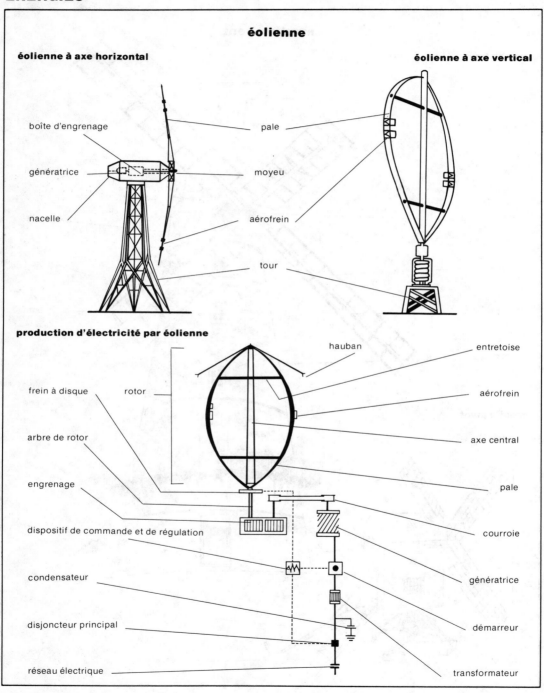

éolienne

éolienne à axe horizontal

boîte d'engrenage

génératrice

nacelle

pale

moyeu

aérofrein

tour

éolienne à axe vertical

production d'électricité par éolienne

frein à disque

arbre de rotor

engrenage

dispositif de commande et de régulation

condensateur

disjoncteur principal

réseau électrique

rotor

hauban

entretoise

aérofrein

axe central

pale

courroie

génératrice

démarreur

transformateur

MACHINERIE LOURDE

pelle à benne traînante

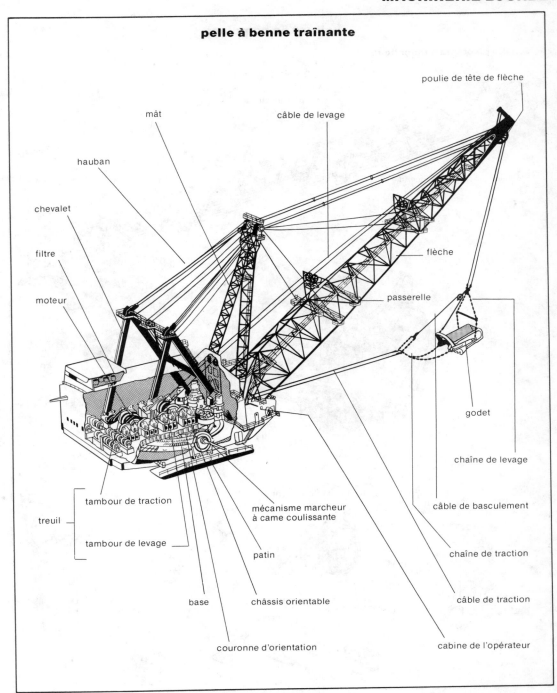

poulie de tête de flèche

mât

câble de levage

hauban

chevalet

filtre

moteur

flèche

passerelle

godet

chaîne de levage

tambour de traction

mécanisme marcheur
à came coulissante

câble de basculement

treuil

chaîne de traction

tambour de levage

patin

base

châssis orientable

câble de traction

couronne d'orientation

cabine de l'opérateur

MACHINERIE LOURDE

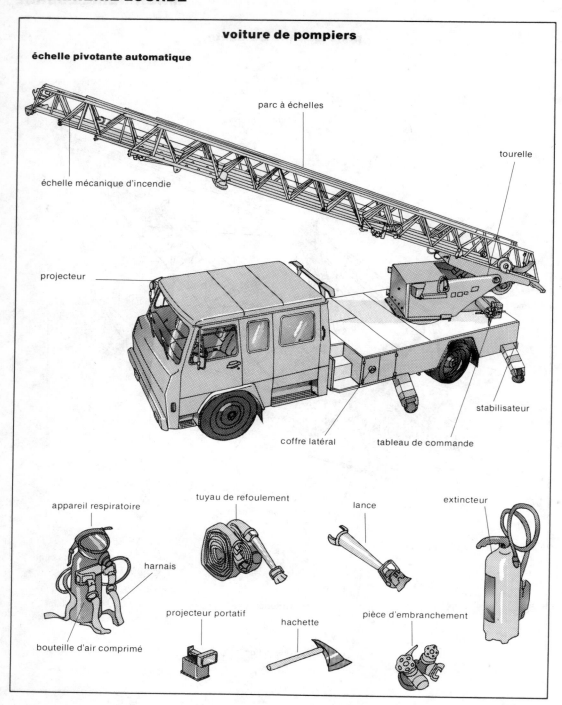

voiture de pompiers

échelle pivotante automatique

parc à échelles

tourelle

échelle mécanique d'incendie

projecteur

stabilisateur

coffre latéral

tableau de commande

appareil respiratoire

tuyau de refoulement

lance

extincteur

harnais

bouteille d'air comprimé

projecteur portatif

hachette

pièce d'embranchement

voiture de pompiers

fourgon-pompe

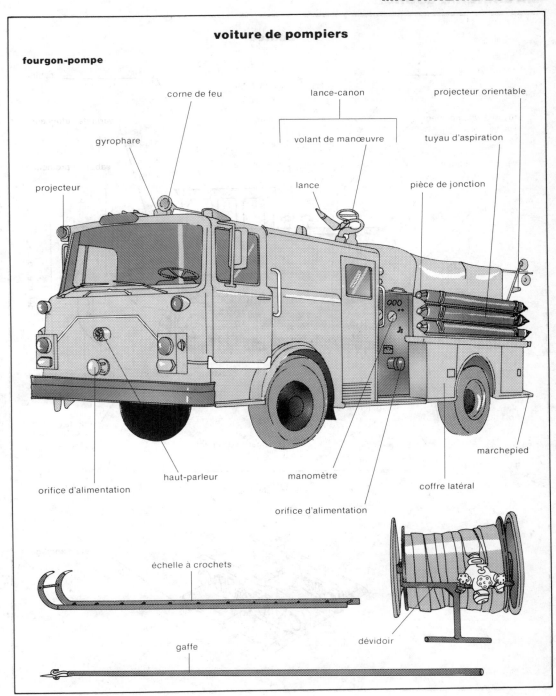

corne de feu

lance-canon

projecteur orientable

gyrophare

volant de manœuvre

tuyau d'aspiration

projecteur

lance

pièce de jonction

marchepied

orifice d'alimentation

haut-parleur

manomètre

coffre latéral

orifice d'alimentation

échelle à crochets

gaffe

dévidoir

MACHINERIE LOURDE

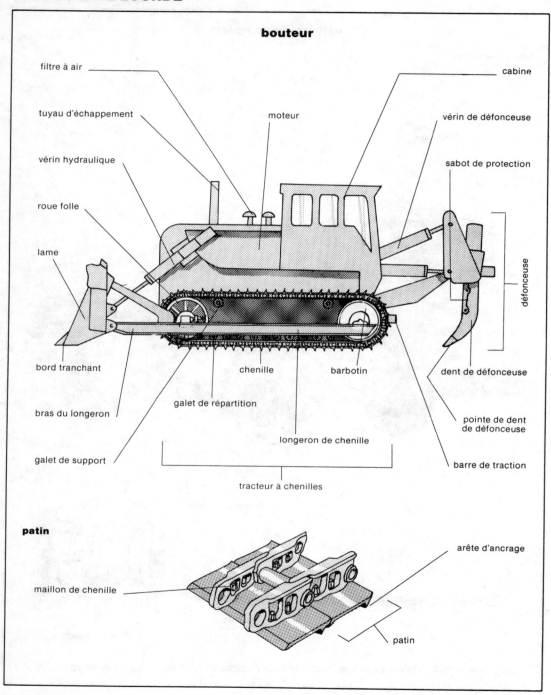

bouteur

filtre à air

tuyau d'échappement

vérin hydraulique

roue folle

lame

bord tranchant

bras du longeron

galet de support

moteur

cabine

vérin de défonceuse

sabot de protection

défonceuse

chenille

barbotin

dent de défonceuse

galet de répartition

pointe de dent de défonceuse

longeron de chenille

barre de traction

tracteur à chenilles

patin

maillon de chenille

arête d'ancrage

patin

chargeuse-pelleteuse

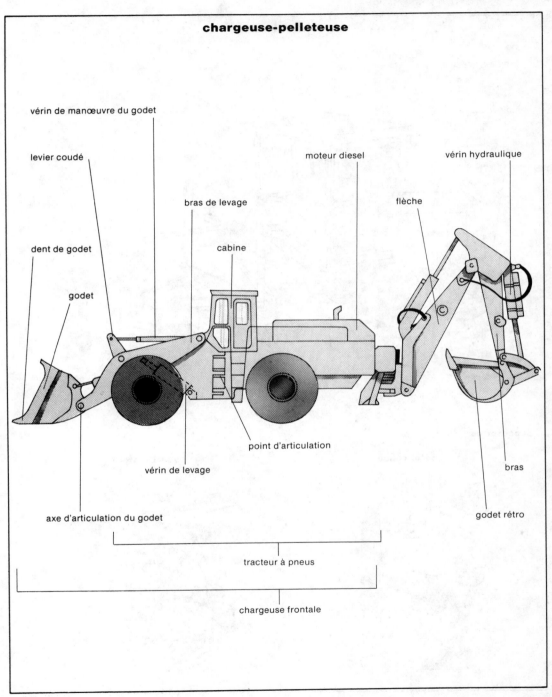

vérin de manœuvre du godet

levier coudé

moteur diesel

vérin hydraulique

bras de levage

flèche

dent de godet

cabine

godet

point d'articulation

vérin de levage

bras

axe d'articulation du godet

godet rétro

tracteur à pneus

chargeuse frontale

MACHINERIE LOURDE

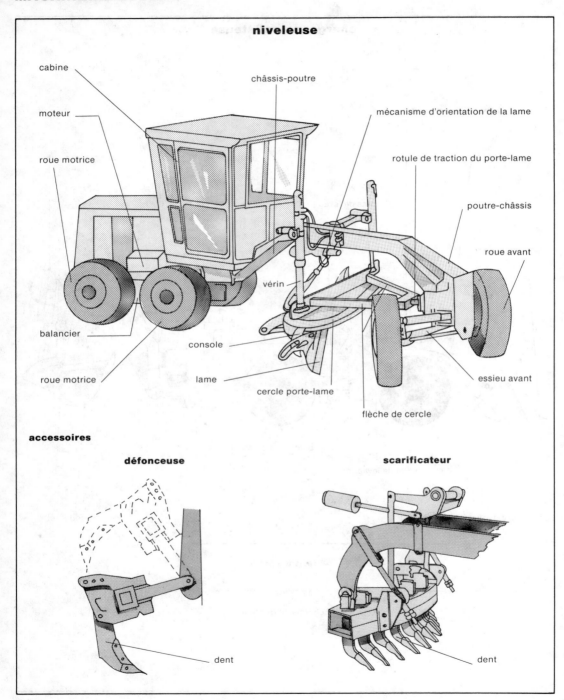

niveleuse

cabine

châssis-poutre

moteur

mécanisme d'orientation de la lame

roue motrice

rotule de traction du porte-lame

poutre-châssis

roue avant

vérin

balancier

console

essieu avant

roue motrice

lame

cercle porte-lame

flèche de cercle

accessoires

défonceuse

scarificateur

dent

dent

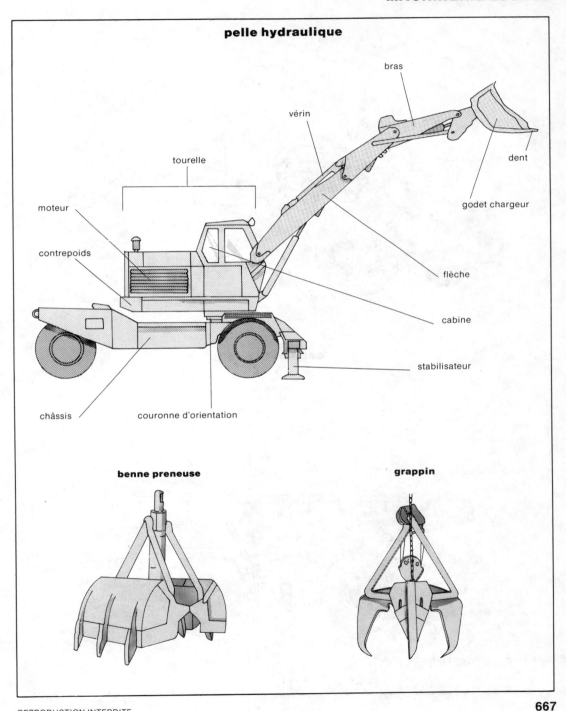

pelle hydraulique

bras

vérin

tourelle

dent

moteur

godet chargeur

contrepoids

flèche

cabine

stabilisateur

châssis

couronne d'orientation

benne preneuse

grappin

MACHINERIE LOURDE

décapeuse

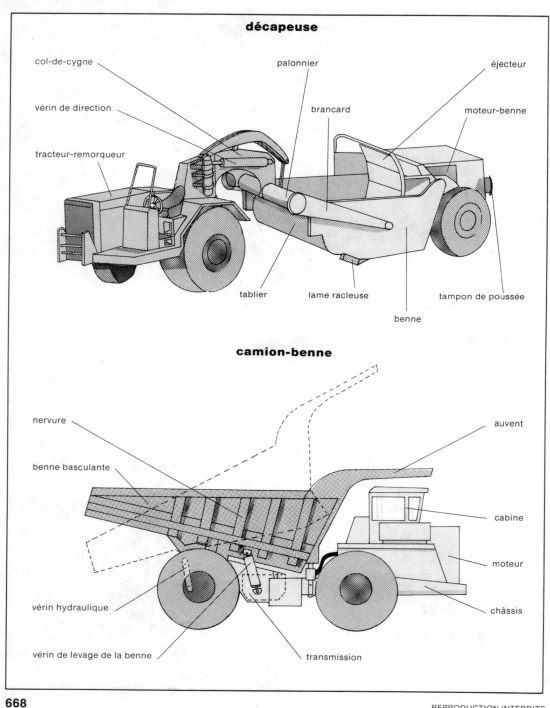

col-de-cygne

palonnier

éjecteur

vérin de direction

brancard

moteur-benne

tracteur-remorqueur

tablier

lame racleuse

tampon de poussée

benne

camion-benne

nervure

auvent

benne basculante

cabine

moteur

vérin hydraulique

châssis

vérin de levage de la benne

transmission

grue

grue à tour

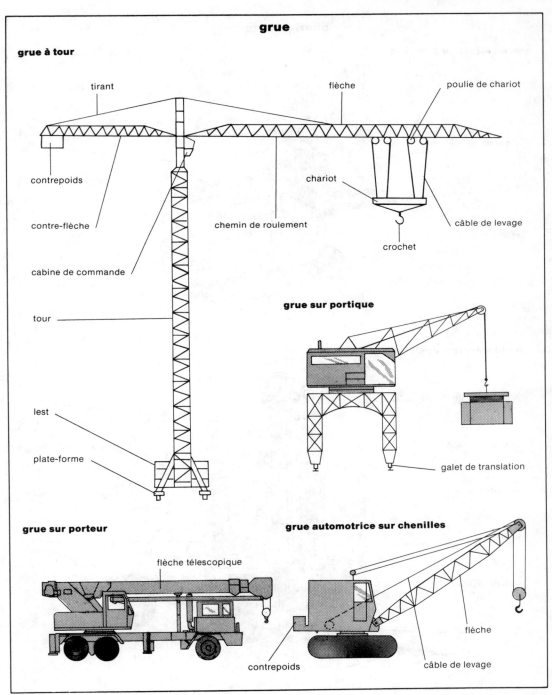

tirant

flèche

poulie de chariot

contrepoids

chariot

contre-flèche

chemin de roulement

câble de levage

crochet

cabine de commande

tour

grue sur portique

lest

plate-forme

galet de translation

grue sur porteur

flèche télescopique

grue automotrice sur chenilles

flèche

contrepoids

câble de levage

MANUTENTION

chariot motorisé

chariot élévateur à fourche

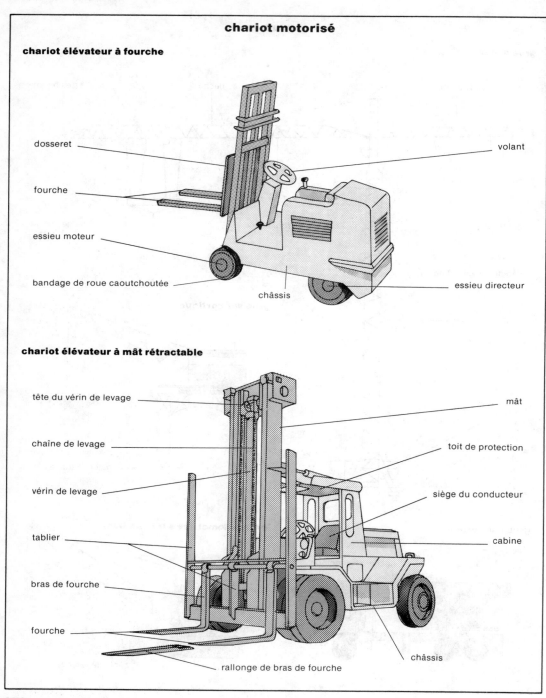

dosseret

fourche

essieu moteur

bandage de roue caoutchoutée

châssis

volant

essieu directeur

chariot élévateur à mât rétractable

tête du vérin de levage

chaîne de levage

vérin de levage

tablier

bras de fourche

fourche

rallonge de bras de fourche

mât

toit de protection

siège du conducteur

cabine

châssis

engins de manutention

diable

chariot à plateau

chariot élévateur à bras

transpalette à bras

palettes

palette à double face

palette à simple face

plancher supérieur

entretoise

plancher supérieur

plancher inférieur

entrée

plancher

support

palette à ailes

palette-caisse

paroi

ARMES

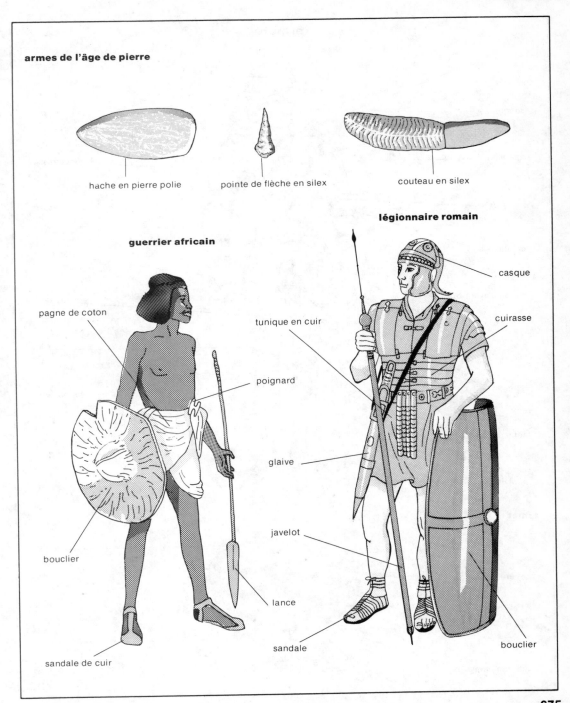

armes de l'âge de pierre

hache en pierre polie

pointe de flèche en silex

couteau en silex

légionnaire romain

guerrier africain

casque

pagne de coton

tunique en cuir

cuirasse

poignard

glaive

bouclier

javelot

lance

bouclier

sandale

sandale de cuir

ARMES

armure

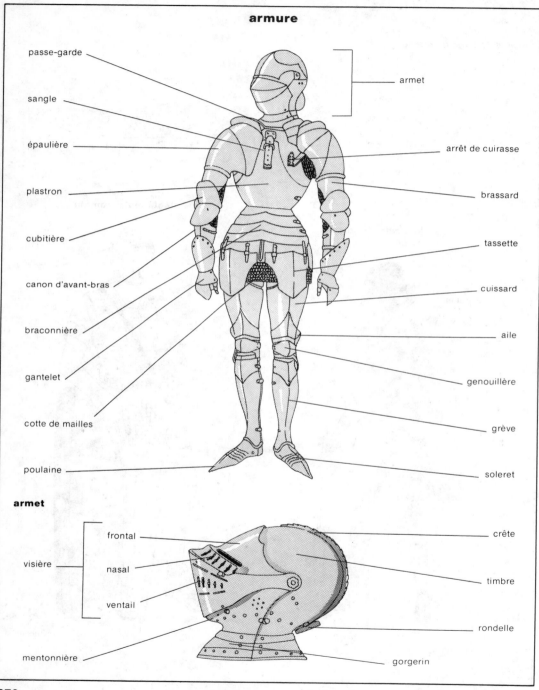

passe-garde

sangle

épaulière

plastron

cubitière

canon d'avant-bras

braconnière

gantelet

cotte de mailles

poulaine

armet

arrêt de cuirasse

brassard

tassette

cuissard

aile

genouillère

grève

soleret

armet

frontal

nasal

ventail

visière

mentonnière

crête

timbre

rondelle

gorgerin

arcs et arbalète

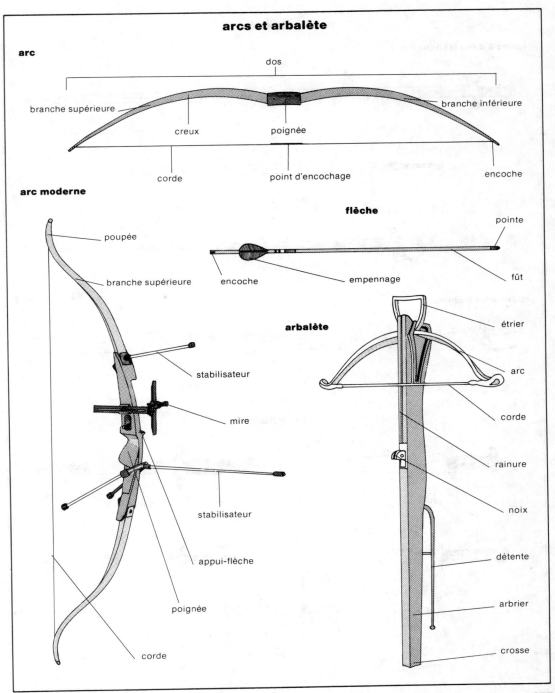

arc

dos

branche supérieure

creux

poignée

branche inférieure

corde

point d'encochage

encoche

arc moderne

poupée

branche supérieure

flèche

pointe

encoche

empennage

fût

stabilisateur

mire

arbalète

étrier

arc

corde

rainure

stabilisateur

noix

appui-flèche

détente

poignée

arbrier

corde

crosse

ARMES

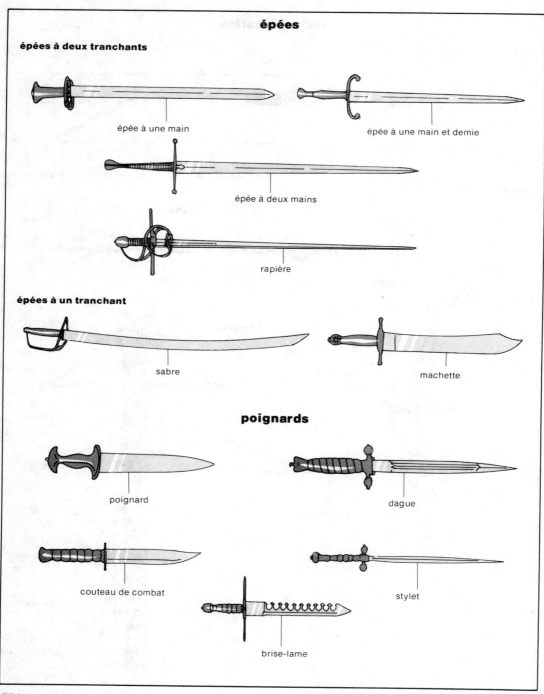

épées

épées à deux tranchants

épée à une main

épée à une main et demie

épée à deux mains

rapière

épées à un tranchant

sabre

machette

poignards

poignard

dague

couteau de combat

stylet

brise-lame

baïonnettes

principaux types de baïonnettes

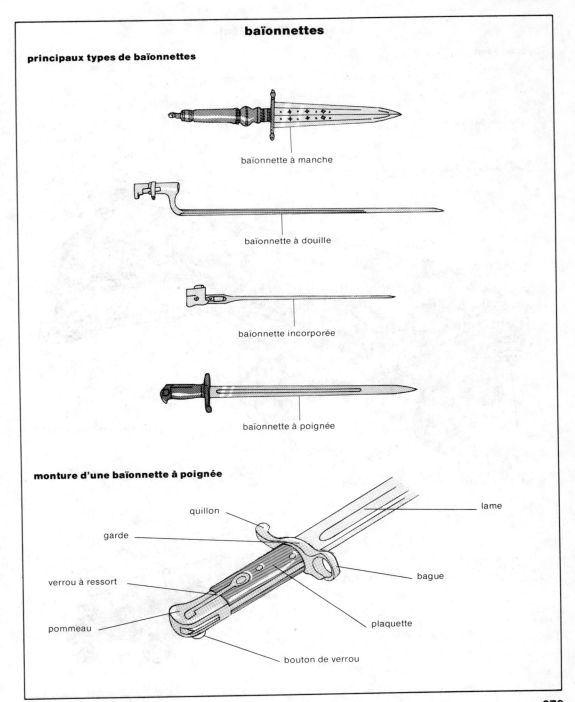

baïonnette à manche

baïonnette à douille

baïonnette incorporée

baïonnette à poignée

monture d'une baïonnette à poignée

quillon

garde

lame

verrou à ressort

bague

pommeau

plaquette

bouton de verrou

canon du XVIIᵉ siècle

bouche à feu

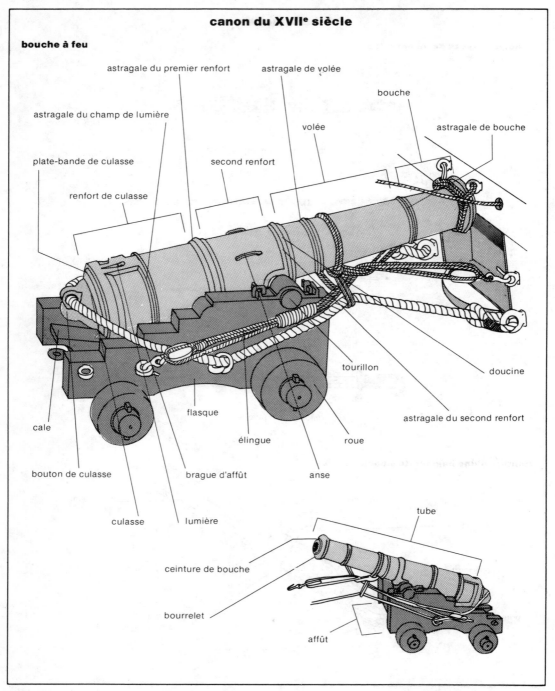

astragale du premier renfort

astragale de volée

bouche

astragale du champ de lumière

volée

astragale de bouche

plate-bande de culasse

second renfort

renfort de culasse

tourillon

doucine

astragale du second renfort

cale

flasque

roue

bouton de culasse

élingue

culasse

brague d'affût

anse

lumière

tube

ceinture de bouche

bourrelet

affût

canon du XVIIᵉ siècle

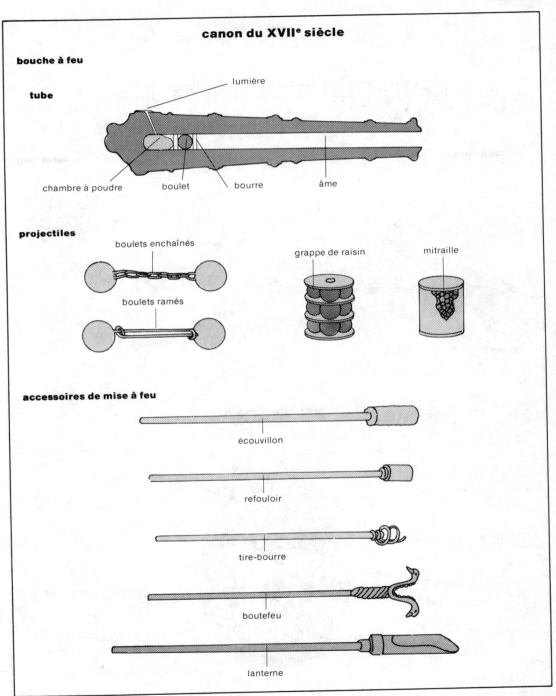

bouche à feu

tube

lumière

chambre à poudre — boulet — bourre — âme

projectiles

boulets enchaînés

grappe de raisin

mitraille

boulets ramés

accessoires de mise à feu

écouvillon

refouloir

tire-bourre

boutefeu

lanterne

ARMES

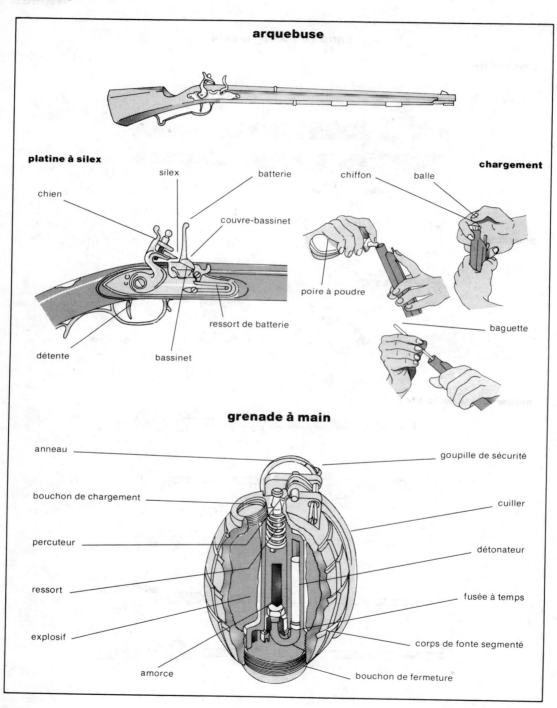

arquebuse

platine à silex

chien

silex

batterie

couvre-bassinet

détente

bassinet

ressort de batterie

chargement

chiffon

balle

poire à poudre

baguette

grenade à main

anneau

goupille de sécurité

bouchon de chargement

cuiller

percuteur

détonateur

ressort

explosif

fusée à temps

corps de fonte segmenté

amorce

bouchon de fermeture

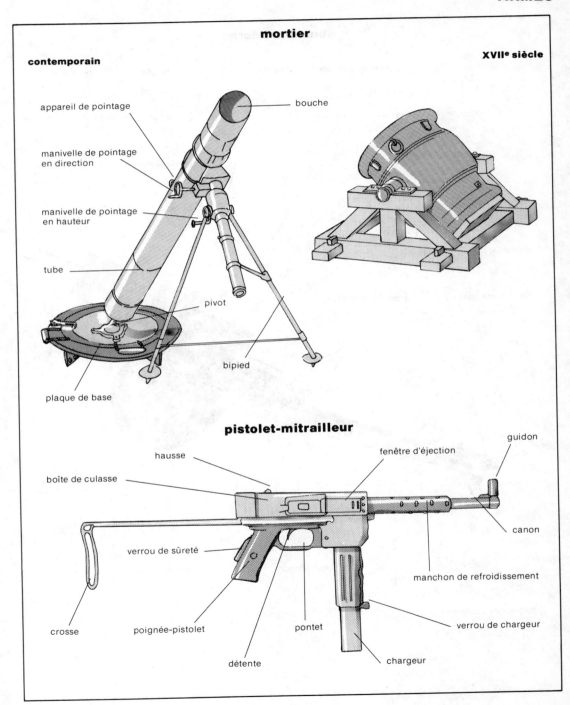

mortier

contemporain

XVIIe siècle

appareil de pointage

bouche

manivelle de pointage
en direction

manivelle de pointage
en hauteur

tube

pivot

bipied

plaque de base

pistolet-mitrailleur

hausse

fenêtre d'éjection

guidon

boîte de culasse

canon

verrou de sûreté

manchon de refroidissement

crosse

poignée-pistolet

pontet

verrou de chargeur

détente

chargeur

obusier moderne

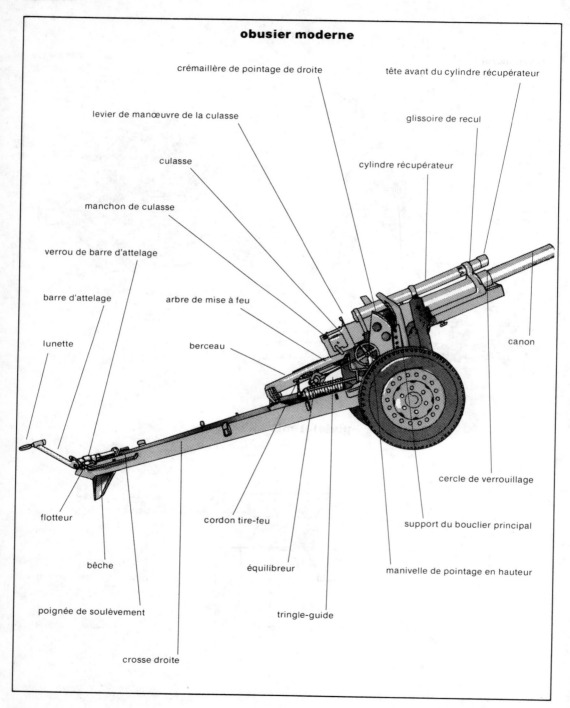

crémaillère de pointage de droite

tête avant du cylindre récupérateur

levier de manœuvre de la culasse

glissoire de recul

culasse

cylindre récupérateur

manchon de culasse

verrou de barre d'attelage

barre d'attelage

arbre de mise à feu

lunette

berceau

canon

flotteur

cordon tire-feu

cercle de verrouillage

bêche

support du bouclier principal

poignée de soulèvement

équilibreur

manivelle de pointage en hauteur

crosse droite

tringle-guide

fusil automatique

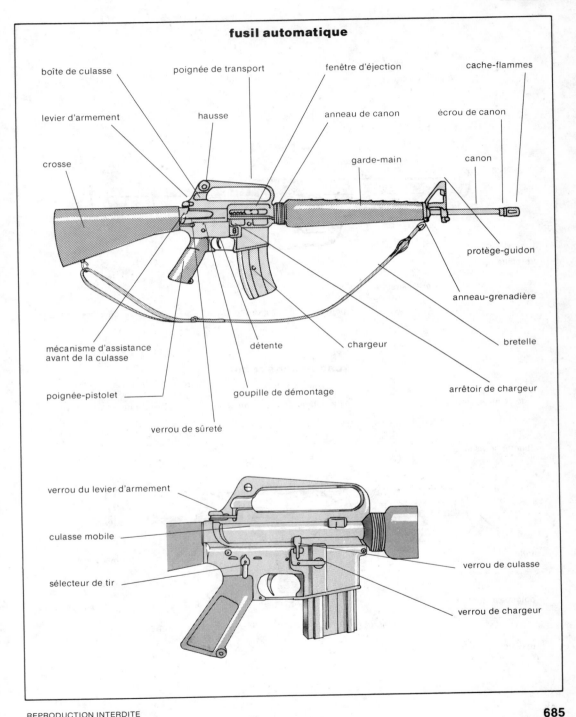

boîte de culasse

poignée de transport

fenêtre d'éjection

cache-flammes

levier d'armement

hausse

anneau de canon

écrou de canon

crosse

garde-main

canon

protège-guidon

anneau-grenadière

bretelle

mécanisme d'assistance avant de la culasse

détente

chargeur

poignée-pistolet

goupille de démontage

arrêtoir de chargeur

verrou de sûreté

verrou du levier d'armement

culasse mobile

verrou de culasse

sélecteur de tir

verrou de chargeur

ARMES

bazooka

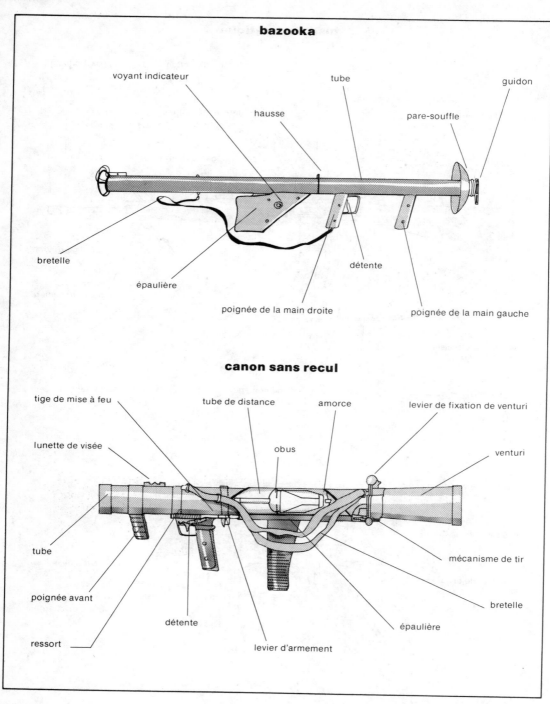

voyant indicateur

tube

guidon

hausse

pare-souffle

bretelle

détente

épaulière

poignée de la main droite

poignée de la main gauche

canon sans recul

tige de mise à feu

tube de distance

amorce

levier de fixation de venturi

lunette de visée

obus

venturi

tube

mécanisme de tir

poignée avant

bretelle

détente

épaulière

ressort

levier d'armement

mitrailleuse

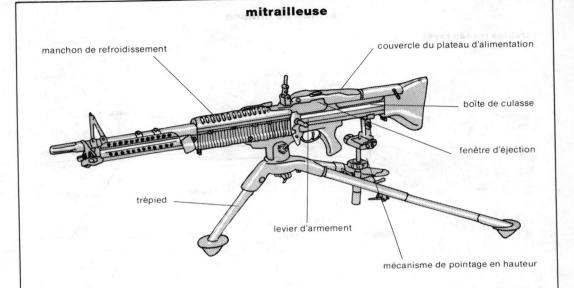

manchon de refroidissement

couvercle du plateau d'alimentation

boîte de culasse

fenêtre d'éjection

trépied

levier d'armement

mécanisme de pointage en hauteur

fusil-mitrailleur

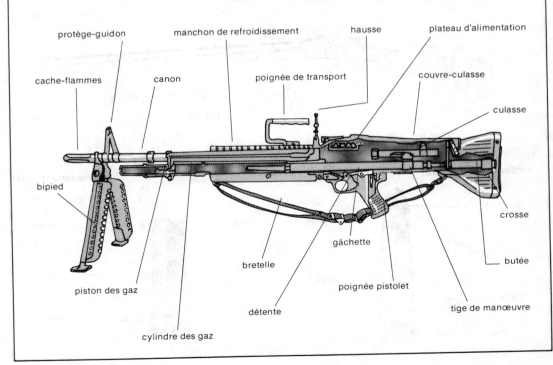

protège-guidon

manchon de refroidissement

hausse

plateau d'alimentation

cache-flammes

canon

poignée de transport

couvre-culasse

culasse

bipied

crosse

piston des gaz

gâchette

butée

bretelle

poignée pistolet

détente

tige de manœuvre

cylindre des gaz

ARMES

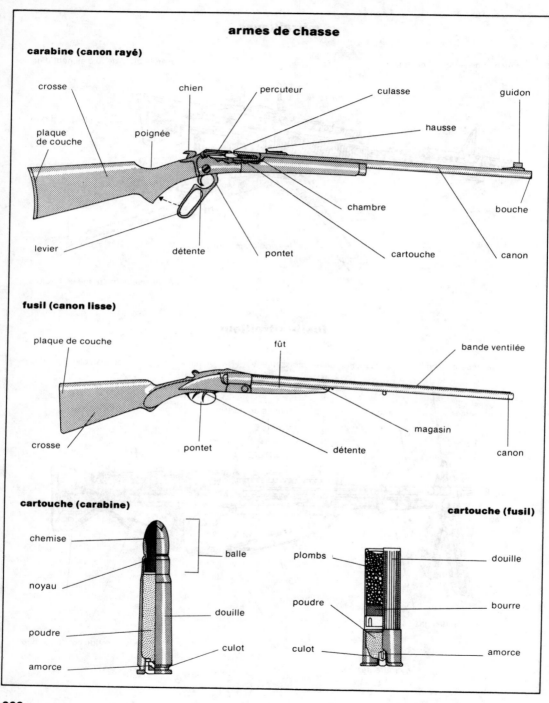

armes de chasse

carabine (canon rayé)

crosse · chien · percuteur · culasse · guidon

plaque de couche · poignée · hausse

levier · détente · pontet · chambre · cartouche · canon · bouche

fusil (canon lisse)

plaque de couche · fût · bande ventilée

crosse · pontet · détente · magasin · canon

cartouche (carabine)

chemise · balle

noyau

poudre · douille

amorce · culot

cartouche (fusil)

plombs · douille

poudre · bourre

culot · amorce

pistolet

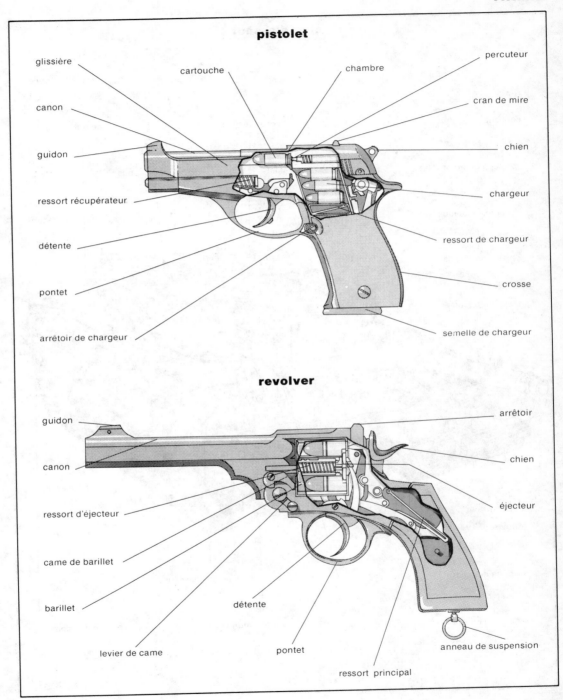

glissière

cartouche

chambre

percuteur

canon

cran de mire

guidon

chien

ressort récupérateur

chargeur

détente

ressort de chargeur

pontet

crosse

arrêtoir de chargeur

semelle de chargeur

revolver

guidon

arrêtoir

canon

chien

ressort d'éjecteur

éjecteur

came de barillet

barillet

détente

levier de came

pontet

anneau de suspension

ressort principal

char d'assaut

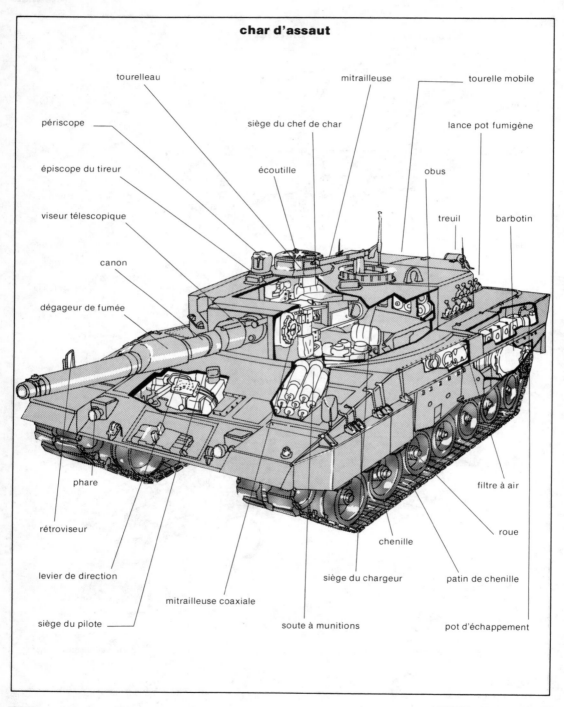

tourelleau

périscope

épiscope du tireur

viseur télescopique

canon

dégageur de fumée

mitrailleuse

siège du chef de char

écoutille

tourelle mobile

lance pot fumigène

obus

treuil

barbotin

phare

rétroviseur

levier de direction

siège du pilote

mitrailleuse coaxiale

soute à munitions

siège du chargeur

chenille

filtre à air

roue

patin de chenille

pot d'échappement

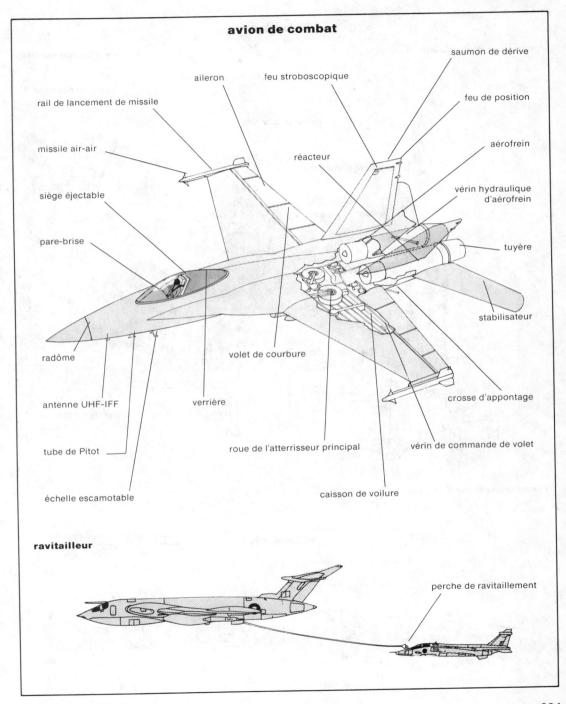

avion de combat

saumon de dérive

feu de position

aérofrein

vérin hydraulique d'aérofrein

tuyère

stabilisateur

crosse d'appontage

vérin de commande de volet

aileron

feu stroboscopique

réacteur

rail de lancement de missile

missile air-air

siège éjectable

pare-brise

radôme

antenne UHF-IFF

tube de Pitot

échelle escamotable

verrière

volet de courbure

roue de l'atterrisseur principal

caisson de voilure

ravitailleur

perche de ravitaillement

ARMES

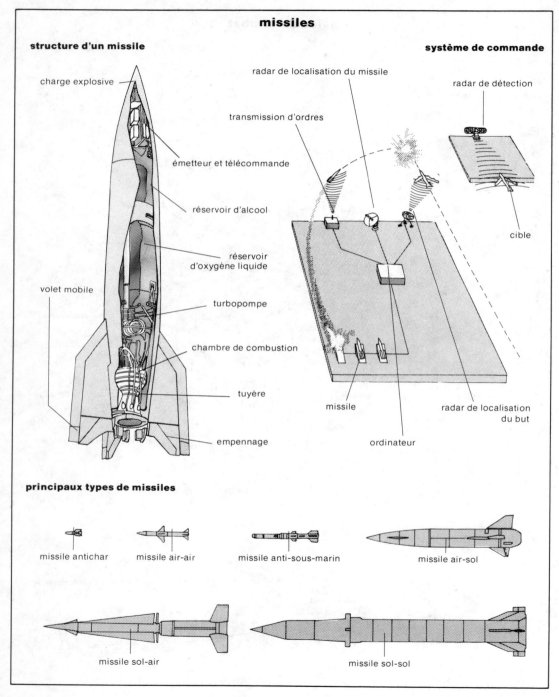

missiles

structure d'un missile

- charge explosive
- émetteur et télécommande
- réservoir d'alcool
- réservoir d'oxygène liquide
- volet mobile
- turbopompe
- chambre de combustion
- tuyère
- empennage

système de commande

- radar de localisation du missile
- transmission d'ordres
- radar de détection
- cible
- missile
- ordinateur
- radar de localisation du but

principaux types de missiles

missile antichar   missile air-air   missile anti-sous-marin   missile air-sol

missile sol-air   missile sol-sol

SYMBOLES

éléments d'un drapeau

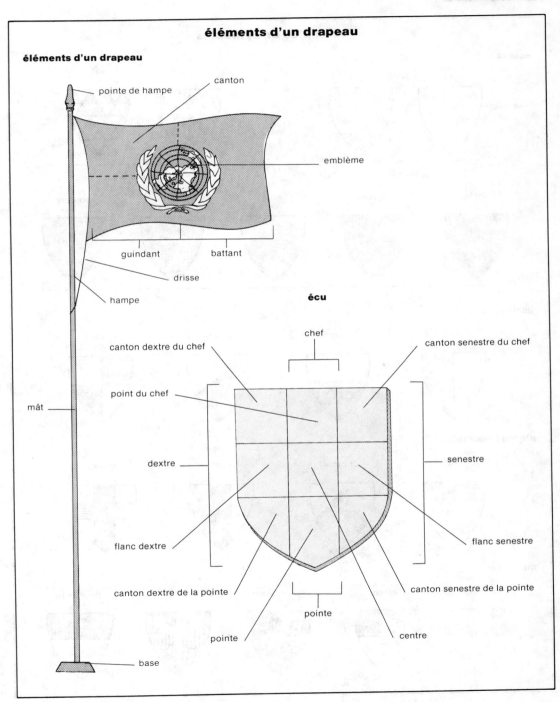

éléments d'un drapeau

pointe de hampe

canton

emblème

guindant

battant

drisse

hampe

mât

base

écu

chef

canton dextre du chef

canton senestre du chef

point du chef

dextre

senestre

flanc dextre

flanc senestre

canton dextre de la pointe

canton senestre de la pointe

pointe

centre

pointe

HÉRALDIQUE

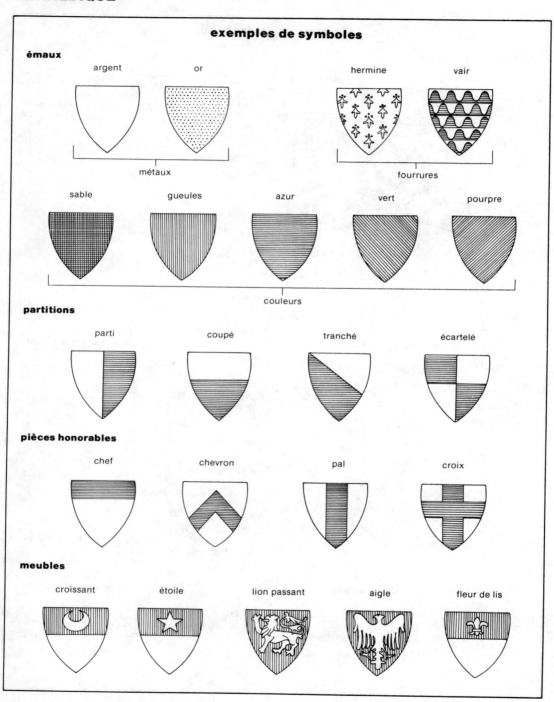

exemples de symboles

émaux

argent · or · hermine · vair

métaux · fourrures

sable · gueules · azur · vert · pourpre

couleurs

partitions

parti · coupé · tranché · écartelé

pièces honorables

chef · chevron · pal · croix

meubles

croissant · étoile · lion passant · aigle · fleur de lis

formes de drapeau

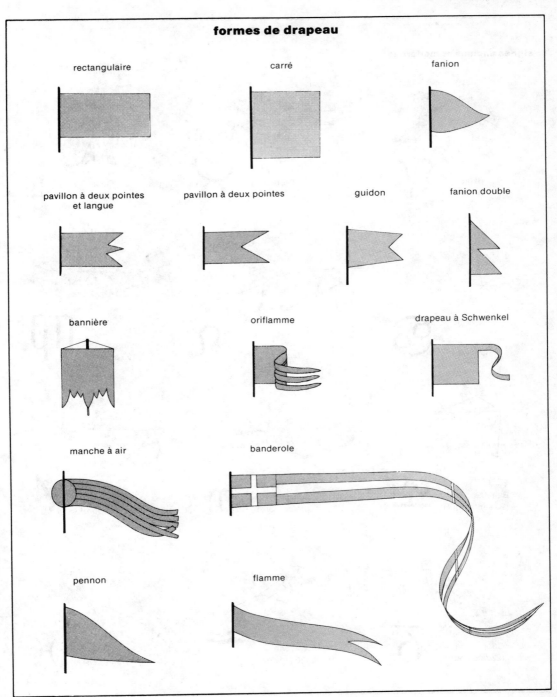

rectangulaire

carré

fanion

pavillon à deux pointes et langue

pavillon à deux pointes

guidon

fanion double

bannière

oriflamme

drapeau à Schwenkel

manche à air

banderole

pennon

flamme

SIGNES DU ZODIAQUE

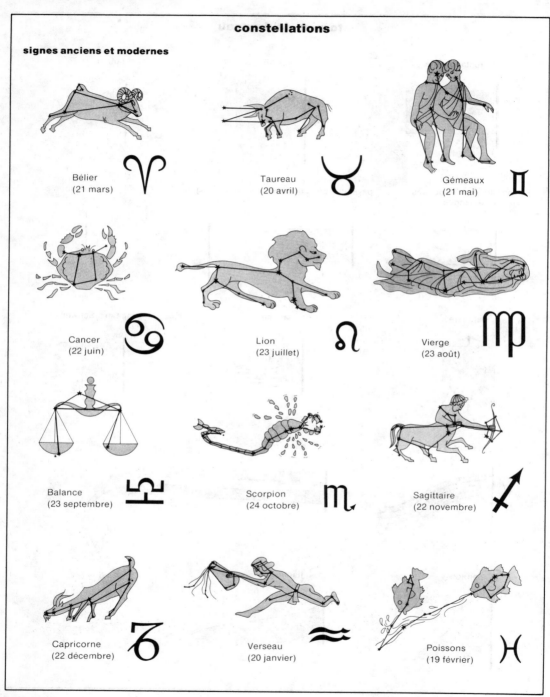

constellations

signes anciens et modernes

Bélier
(21 mars)

Taureau
(20 avril)

Gémeaux
(21 mai)

Cancer
(22 juin)

Lion
(23 juillet)

Vierge
(23 août)

Balance
(23 septembre)

Scorpion
(24 octobre)

Sagittaire
(22 novembre)

Capricorne
(22 décembre)

Verseau
(20 janvier)

Poissons
(19 février)

éléments visuels des symboles

couleurs

rouge = danger, interdiction

exemples

 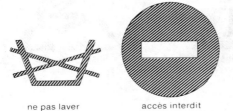

ne pas laver   accès interdit

bleu = obligation, indication

exemples

hôpital   direction obligatoire

jaune = prudence

exemples

 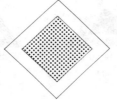

laver à la main à l'eau tiède   route à priorité

vert = permission, indication

exemple

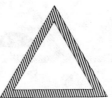

laver à la machine à l'eau chaude

formes

 ou  = interdiction

= danger, attention

exemples

ne pas nettoyer à sec   accès interdit
aux véhicules à moteur

exemples

matières inflammables   passage pour piétons

SYMBOLES D'AFFICHAGE

signaux routiers internationaux

signaux d'avertissement de danger

virage à droite

double virage

virage dangereux

descente dangereuse

pente raide

chaussée rétrécie

chaussée cahoteuse

dos d'âne

chaussée glissante

projection de gravillons

chutes de pierres

zone scolaire

passage pour piétons

signaux routiers internationaux

signaux d'avertissement de danger (suite)

débouché de cyclistes

passage de bétail

passage d'animaux sauvages

travaux

signalisation lumineuse

circulation dans les deux sens

autres dangers

intersection à sens giratoire

intersection avec priorité

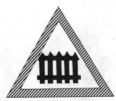
passage à niveau

signaux réglementant la priorité aux intersections

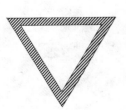
cédez le passage

arrêt à l'intersection

signal « route à priorité »

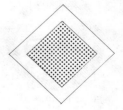
signal « fin de priorité »

SYMBOLES D'AFFICHAGE

signaux routiers internationaux

signaux d'interdiction ou de réglementation

accès interdit

accès interdit
aux cyclomoteurs

accès interdit
aux bicyclettes

accès interdit
aux motocycles

accès interdit aux camions

accès interdit aux piétons

accès interdit
aux véhicules à moteur

limitation de largeur

limitation de hauteur

limitation de poids

interdiction
de tourner à gauche

interdiction
de faire demi-tour

interdiction de dépasser

fin de l'interdiction
de dépasser

vitesse maximale limitée

interdiction de faire
usage d'avertisseurs sonores

signaux routiers internationaux

signaux d'obligation

direction obligatoire

direction obligatoire

direction obligatoire

direction obligatoire

intersection à sens
giratoire obligatoire

signaux d'indication

voie à sens unique

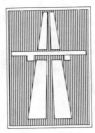

autoroute

fin d'autoroute

signaux relatifs à l'arrêt et au stationnement

stationnement interdit ou limité

arrêt et stationnement
interdits ou limités

parking

SYMBOLES D'AFFICHAGE

symboles d'usage courant

renseignements

premiers soins

hôpital

police

téléphone

entrée interdite

interdit aux chiens

tuyau d'incendie

extincteur d'incendie

attention,
passage pour piétons

attention,
plancher glissant

attention

danger,
ligne sous tension

danger, poison

danger
matières inflammables

symboles d'usage courant

accès pour
handicapés physiques

ne pas utiliser
avec une chaise roulante

permission de fumer

défense de fumer

toilettes pour hommes

toilettes pour dames

toilettes pour hommes
et dames

ascenseur

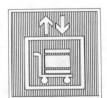
monte-charge

escalier mécanique
montant

escalier mécanique
descendant

escalier

restaurant

casse-croûte

symboles d'usage courant

articles perdus et retrouvés

bar

boutique hors taxe

bureau de poste

change

télégramme

pharmacie

coiffeur

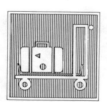

chariots à bagages

ne pas utiliser avec
un chariot à bagages

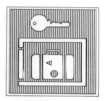

casiers à bagages

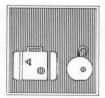

livraison des bagages

enregistrement

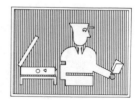

services d'inspection

symboles d'usage courant

réservation d'hôtel

location de voitures

transport par taxi

transport par autobus

transport par autobus
et par taxi

transport par avion

transport par hélicoptère

transport ferroviaire

poste de dépannage

poste d'essence

terrain de camping
et de caravaning

terrain de pique-nique

pique-nique interdit

terrain de camping

camping interdit

SYMBOLES D'AFFICHAGE

entretien des tissus

lavage

laver à la machine
à l'eau tiède
avec agitation réduite

laver à la machine
à l'eau chaude
avec agitation réduite

ne pas laver

laver à la main
à l'eau tiède

blanchiment au chlorure

laver à la machine
à l'eau chaude
avec agitation normale

laver à la machine
à l'eau très chaude
avec agitation normale

ne pas utiliser
de chlorure décolorant

utiliser un chlorure décolorant
suivant les indications

séchage

sécher à plat

sécher par culbutage
à basse température

sécher par culbutage
à moyenne ou haute
température

suspendre pour sécher

suspendre pour sécher
sans essorer

repassage

ne pas repasser

repasser à basse
température

repasser à moyenne
température

repasser à haute
température

nettoyage à sec

ne pas nettoyer à sec

nettoyer à sec

biologie

♂   mâle

♀   femelle

†   mort

✻   naissance

mathématiques

+   addition

−   soustraction

×   multiplication

÷   division

±   plus ou moins

=   égale

≠   n'égale pas

≡   est identique à

≢   n'est pas identique à

≈   égale à peu près

≻   équivaut à

>   plus grand que

≥   égal ou plus grand que

<   plus petit que

≤   égal ou plus petit que

$\sqrt[2]{}$ racine carrée de

∞   infini

%   pourcentage

∪   réunion

∩   intersection

⊂   inclusion

∈   appartenance

divers

∅   ensemble vide

℞   ordonnance

&   esperluette

©   copyright

®   marque déposée

$ dollar

¢   cent

£   livre

→   direction d'une réaction

⇄   réaction réversible

+   positif

−   négatif

INDEX GÉNÉRAL

A

à cheval sur deux colonnes. 580, 581.
à cheval sur deux douzaines. 580.
à cheval sur deux numéros. 580, 581.
abat-jour(m). 210, 211.
abat-son(m). 165.
abattant(m). 199, 259.
abattre. 537.
abdomen(m). 92, 95, 98.
abeille(f). 98, 99.
about(m). 260.
abrégé(m). 468.
abri(m). 410.
abri(m) météorologique. 55.
abricot(m). 67.
abside(f). 164.
absidiole(f). 164.
absorbeur(m). 656.
accastillage(m). 539.
accéléromètre(m). 542.
accent(m). 462.
accent(m) aigu. 347.
accent(m) circonflexe. 347.
accent(m) grave. 347.
accès(m) au réservoir d'essence. 383.
accès(m) aux quais. 412.
accès(m) étanche. 423.
accès(m) interdit. 702.
accès(m) interdit aux bicyclettes. 702.
accès(m) interdit aux camions. 702.
accès(m) interdit aux cyclomoteurs. 702.
accès(m) interdit aux motocycles. 702.
accès(m) interdit aux piétons. 702.
accès(m) interdit aux véhicules à moteur. 702.
accès(m) pour handicapés physiques. 705.
accessoires(m). 234.
accessoires(m) de coiffure. 333.
accessoires(m) de manucure. 333.
accessoiriste(m). 375.
accord(m). 462.
accord(m) précis. 377.
accordéon(m). 475.
accordoir(m). 478.
accotement(m). 399.
accotoir(m). 200.
accoudoir(m). 386, 617.
accroche-mouche(m). 566.
acier(m). 183.
acquisition(f) d'attitude. 379.
acquisition(f) du mode normal. 379.
acromion(m). 113.
acrotère(m). 161.
adaptateur(m). 365.
adaptateur(m) de fiche. 331.
adapteur(m) grand angle. 357.
adapteurs(m). 265.

addition(f). 709.
admission(f). 625.
aérateur(m). 261.
aérateur(m) à gazon. 241.
aéro-condenseur(m). 654.
aérofrein(m). 542, 658, 691.
aérogare(f) de passagers. 438.
aérogare(f) des passagers. 440.
aérogare(f) satellite. 438.
aérogare(m) de fret. 438.
aéroglisseur(m). 421.
aéroport(m). 438, 439.
affichage(m) analogique. 591.
affichage(m) de la rapidité du film. 353.
affichage(m) des données. 454.
affichage(m) numérique. 591.
affichage(m) numérique des stations. 364.
affiche(f) publicitaire. 414.
afficheur(m). 596.
afficheur(m) prix. 387.
afficheur(m) totaliseur. 387.
afficheur(m) volume. 387.
affleurement(m). 622.
affût(m). 680.
Afrique. 41.
afro(m). 321.
age(m). 153.
agenda(m). 450.
agitateur(m). 230.
agneau(m). 143.
agnolotti(m). 137.
agrafe(f). 208, 284, 352.
agrafes(f). 488.
agrafes(f). 447.
agrafeuse(f). 447.
agrandisseur(m). 361.
agrandisseur(m). 360.
agrume(m), coupe(f) d'un. 69.
agrumes(m). 69.
agrumes(m), principales variétés(f) d'. 69.
aide-arbitre(m). 521.
aides(f) à la marche. 616.
Aigle(m). 32, 33, 696.
aiguillage(m). 410.
aiguillage(m) manoeuvré à distance. 409.
aiguillage(m) manoeuvré à pied d'oeuvre. 408.
aiguille(f). 486.
aiguille(f). 43, 49, 357, 408, 485, 486, 487, 595, 596, 597, 598, 599, 615.
aiguille(f) à clapet. 492.
aiguille(f) aimantée. 611.
aiguille(f) circulaire. 490.
aiguille(f) des heures. 591, 593.
aiguille(f) des minutes. 591, 593.
aiguilles(f) à tricoter. 490.
aiguilles(f) de nettoyage. 273.
aiguillette(f) de gîte à la noix. 141.
aiguillette(f) de romsteck. 141.
aiguilleur(m). 376.
aiguillon(m). 98.

aiguisoir(m). 221.
ail(m). 75.
aile(f). 88, 435.
aile(f). 87, 100, 383, 389, 434, 443, 507, 542, 543, 567, 657, 676.
aile(f) à géométrie variable. 435.
aile(f) à ressort. 254.
aile(f) antérieure. 92, 98.
aile(f) arrière. 422.
aile(f) avant. 422.
aile(f) de quartier. 308.
aile(f) du nez. 125.
aile(f) postérieure. 92, 98.
aile(f) volante. 543.
aileron(m). 419, 434, 537, 542, 691.
aileron(m) de stabilisateur. 419.
aileron(m) stabilisateur. 423.
ailes(f) en V. 422.
ailes(f) immergées. 422.
ailette(f). 231.
ailier(m) défensif droit. 514, 515.
ailier(m) défensif gauche. 514, 515.
ailier(m) droit. 517, 518, 519, 525.
ailier(m) éloigné. 514, 515.
ailier(m) gauche. 517, 518, 519, 525.
ailier(m) rapproché. 514, 515.
aimant-frein(m). 601.
aimant(m). 487.
aimant(m). 429.
aimant(m) conique. 592.
aimant(m) de retenue. 233.
aimant(m) permanent. 372.
aine(m). 106.
air(m) calme. 53.
air(m) chaud. 655.
air(m) comprimé. 625.
air(m) de refroidissement. 444.
air(m) frais. 655.
aire(f) de repos. 443.
aire(f) de stationnement. 438.
aire(f) de trafic. 438.
airelle(f). 66.
ais(m). 500.
ais(m) ferré. 500.
aisselier(m). 180.
aisselle(f). 106.
aisselle(f) de la feuille. 61.
akène(m). 66, 70.
albumen(m). 89.
albumen(m) farineux. 71.
alcool(m) à 90°. 615.
alidade(f). 429, 600.
aligner horizontalement. 350.
aligner verticalement. 350.
alimentation(f) jackpot. 581.
alinéa(m). 350.
allée(f). 178, 237, 571.
allée(f) d'entraînement. 571.
allemand(m). 345.
alliage(m) de magnésium. 312.
allumette(f) de sûreté. 335.
allumeur(m). 391.
allures(f). 539.
aloyau(m). 140.

alphabet(m). 371.
alphabet(m). 137.
alphabet(m) Braille. 346.
alphabet(m) des sourds-muets. 347.
alphabet(m) phonétique international. 348.
alpinisme(m). 574, 575.
alpiniste(m). 575.
altérations(f). 462.
alternateur(m). 391, 404, 641, 642, 647, 650.
altimètre(m). 541, 542.
alto-cumulus(m). 44.
alto(m). 463, 476.
alto-stratus(m). 44.
altos(m). 479.
alule(f). 88.
alvéole(f) de plaque. 392.
alvéole(m). 573.
alvéole(m) à couvain. 99.
alvéole(m) à miel. 99.
alvéole(m) à pollen. 99.
alvéole(m) operculé. 99.
amande(f). 67, 70.
amanite(f) tue-mouches. 65.
amanite(f) vireuse. 65.
ambleur(m) sous harnais. 554.
âme(f). 408, 464, 507, 587, 681.
Amérique centrale. 41.
Amérique du Nord. 41.
Amérique du Sud. 41.
ameublement(m) de la maison. 197.
amorce(f). 356, 682, 686, 688.
amortisseur(m). 171, 328, 394, 596.
amortisseur(m) arrière réglable. 395.
amortisseur(m) de direction. 396.
ampèremètre(m). 396.
amplificateur(m). 364.
amplificateur(m). 374.
ampoule(f). 274, 361.
ampoule(f) de la trompe utérine. 109.
ampoule(f) de verre. 592.
amygdale(f) linguale. 126.
amygdale(f) palatine. 126.
analyseur(m) couleur. 360.
ananas(m). 72.
anche(f). 468.
anche(f) double. 469, 474.
anche(f) simple. 469.
anches(f). 469.
anconé(m). 111.
ancrage(m) des haubans. 402.
ancre(f). 433.
ancre(f). 591, 593.
ancre(f) à champignon. 433.
ancre(f) à grappin. 433.
ancre(f) à jas. 433.
ancre(f) à pattes articulées. 433.
ancre(f) charrue. 433.
ancre(f) de marine. 433.
ancre(f) flottante. 433.

Les termes en *italique* renvoient à une illustration; les termes en **caractères gras** renvoient à un chapitre.

ancre(f) sans jas. 433.
ancres(f), types(m) d'. 433.
andouiller de massacre(m). 81.
Andromède. 32.
anémomètre(m). 55, 542.
aneth(m). 135.
Anfrom(m). 144.
anglais(m). 345.
Anik. 378.
anis(m) étoilé. 71.
anneau-grenadière(m). 685.
anneau(m). 65, 208, 228, 315, 327, 328, 521, 559, 566, 574, 594, 682.
anneau(m) brisé. 567.
anneau(m) catadioptrique. 432.
anneau(m) d'étanchéité en cire. 258.
anneau(m) de canon. 685.
anneau(m) de départ. 566.
anneau(m) de réglage. 250.
anneau(m) de retenue. 384.
anneau(m) de suspension. 330, 689.
anneau(m) de tête. 566.
anneau(m) de tête amovible. 34.
anneau(m) dioptrique. 432.
anneau(m) du cliquet. 250.
anneaux(m). 559.
anneaux(m). 137.
annelet(m). 160.
anode(f). 263, 606.
anorak(m). 547.
anse(f). 226, 566, 680.
anse(f) de panier. 162.
Antarctique. 41.
antéfixe(f). 161.
antenne(f). 92, 95, 98, 383, 434, 522, 567.
antenne(f) à bande TT-C. 378.
antenne(f) d'émission. 57.
antenne(f) d'enregistrement. 57.
antenne(f) d'interrogation. 57.
antenne(f) de codage. 57.
antenne(f) de commande. 57.
antenne(f) de localisation. 57.
antenne(f) de télécommande. 378.
antenne(f) de télémesure. 378.
antenne(f) parabolique. 379.
antenne(f) radar. 424.
antenne(f) radio. 424, 444.
antenne(f) SHF. 378.
antenne(f) SHF de la balise. 378.
antenne(f) télescopique. 377.
antenne(f) UHF-IFF. 691.
antenne(f) VHF. 435.
antennule(f). 95.
anthélix(m). 124.
anthère(f). 64.
anticheminant(m). 408.
anticlinal(m). 626.
anticyclone(f). 54.
antitragus(m). 124.
antivol(m). 396.
anus(m). 91, 94, 108, 109, 119.
aorte dorsale(f). 91.
aorte(f). 118.
aorte(f) abdominale. 117, 120.
aorte(f) ascendante. 116.
aorte(f) descendante. 116.
aorte(f) ventrale. 91.
apex(m). 93, 96, 115, 126.
apophyse(f) épineuse. 113.
apophyse(f) transverse. 113.
apostrophe(f). 347, 350.
appareil-éclair(m). 357.
appareil(m) à télémètre couplé. 354.
appareil(m) à visée reflex mono-objectif. 353.
appareil(m) de Golgi. 105.
appareil(m) de pointage. 683.
appareil(m) de presse. 354.
appareil(m) digestif. 119.
appareil(m) mini-format. 354.
appareil(m) petit-format. 354.

appareil(m) pliant. 354.
appareil(m) pour photodisque. 354.
appareil(m) reflex 6 X 6 mono-objectif. 354.
appareil(m) reflex à deux objectifs. 354.
appareil(m) respiratoire. 118.
appareil(m) respiratoire. 662.
appareil(m) respiratoire à oxygène. 312.
appareil(m) stéréoscopique. 354.
appareil(m) urinaire. 120.
appareils(m) de mesure. 589.
appareils(m) de navigation. 428, 429.
appareils(m) de vision. 603.
appareils(m) électroménagers. 225, 226, 227, 228, 229, 230, 231, 232, 233, 234.
appareils(m) photographiques. 354.
appartement(m) de luxe. 419.
appartement(m) du commandant. 419.
appartenance(f). 709.
appel(m). 349.
appendice(m) nasal. 100.
appendice(m) vermiculaire. 119.
applicateur-mousse(m). 322.
applique(f). 210.
applique(f). 260.
applique(f) du robinet. 260.
applique(f) orientable. 210.
appoggiature(f). 462.
appui-feuilles(m). 371.
appui-flèche(m). 677.
appui(m). 560.
appui-pied(m). 505.
appui-pieds(m). 530.
appui-pouce(m). 233.
appui-tête(m). 386, 407.
aquastat(m). 194.
arabe(m). 345.
arachide(f). 70.
arbalète(f). 677.
arbalétrier(m). 180.
arbitre(m). 514, 517, 518, 519, 521, 522, 523, 528, 529, 531, 532, 564, 565.
arbitre(m) de champ. 525.
arbitre(m) de ligne de but. 525.
arbitre(m) en chef. 511, 514.
arborisation(f) terminale. 127.
arbre(m). 63.
arbre(m). 226, 419, 593, 597, 601, 641, 642, 643, 657.
arbre(m), structure(f) d'un. 63.
arbre(m) à cames. 391, 503.
arbre(m) à cardan. 152.
arbre(m) cannelé. 384.
arbre(m) de couche. 420.
arbre(m) de mise à feu. 684.
arbre(m) de Noël. 627.
arbre(m) de Noël. 630.
arbre(m) de rotor. 658.
arbre(m) de roue principal. 172.
arbre(m) de transmission. 441.
arbre(m) porte-hélice. 422.
arbre(m) turbine-compresseur. 436.
arbrier(m). 677.
arbuste(m). 237.
arc-boutant(m). 164, 165.
arc-doubleau(m). 165.
arc-formeret(m). 165.
arc(m). 165.
arc(m) à deux articulations. 401.
arc(m) à trois articulations. 401.
arc(m) branchial inférieur. 90.
arc(m) branchial supérieur. 90.
arc(m) de cercle. 518, 557.
arc(m) de l'aorte. 116.
arc(m) diagonal. 165.
arc(m) électrique. 271.
arc(m) en plein cintre. 162.
arc(m) encastré. 401.
arc(m) métallique à treillis. 401.
arc(m) moderne. 677.

arcade(f). 164, 553.
arcade(f) dentaire inférieure. 126.
arcade(f) dentaire supérieure. 126.
arcade(f) sourcilière. 114.
arcade(f) zygomatique. 114.
arceau(m). 237.
arche(f). 34, 401.
arche(f) naturelle. 43.
archet(m). 464.
architecture(f). 157.
architrave(f). 160.
archivolte(f). 165.
arçon(m). 559.
arcs(m). 162, 677.
arcs(m), types(m) d'. 401.
Arctique. 41.
ardillon(m). 284, 339, 488, 567.
aréole(f). 109.
arête(f). 160, 294, 550.
arête(f) d'ancrage. 664.
arête(f) neurale. 91.
arête(f) supérieure. 529.
argent(m). 696.
armature(f). 270, 303, 337, 432.
armature(f) d'interconnextion. 57.
armature(f) de la clé. 462.
arménien(m). 345.
armes(f). 673.
armes(f), escrime(f). 563.
armes(f) de chasse. 688.
armes(f) de l'âge de pierre. 675.
armet(m). 676.
armet(m). 676.
armoire(f). 205.
armoire(f) à papeterie. 451.
armoire(f) de contrôle. 171.
armoire(f) de séchage. 360.
armoire(f) de toilette. 259.
armoire(f) de traitement intérieur. 194.
armoire-penderie(f). 206.
armoire-vestiaire(f). 451.
armure(f). 676.
armures(f) de base. 497.
arpège(m). 462.
arquebuse(f). 677.
arrache-bottes(m). 310.
arraché(m) à deux bras. 561.
arrangements(m) des parquets. 186.
arrêt-court(m). 511.
arrêt(m). 366, 367, 373.
arrêt(m) à l'intersection. 701.
arrêt(m) d'autobus. 168.
arrêt(m) de curasse. 676.
arrêt(m) de plateau. 595.
arrêt(m) interdit. 703.
arrêt(m) limité. 703.
arrêtoir(m). 689.
arrêtoir(m) de chargeur. 685, 689.
arrière. 534.
arrière-champ(m). 511.
arrière-grand-mère(f). 131.
arrière-grand-père(m). 131.
arrière(m). 514, 515, 517.
arrière(m) central. 518.
arrière(m) centre. 522.
arrière(m) court. 523.
arrière(m) droit. 518, 521, 522, 525.
arrière(m) du court. 527.
arrière(m) gauche. 518, 521, 522, 525.
arrière-petite-fille(f). 131.
arrivée(f). 552.
arrivée(f) d'eau chaude. 262.
arrivée(f) d'oxygène. 444.
arrivée(f) du mazout. 195.
arrondie. 62.
arrondisseur(m). 487.
arroseur(m) oscillant. 240.
arroseur(m) rotatif. 240.
arrosoir(m). 240.
artère(f) axillaire. 117.
artère(f) brachiale. 117.
artère(f) carotide primitive. 117.

artère(f) cubitale. 117.
artère(f) fémorale. 117.
artère(f) hépatique commune. 117.
artère(f) iliaque. 116.
artère(f) iliaque commune. 117, 120.
artère(f) iliaque externe. 117.
artère(f) iliaque interne. 117, 120.
artère(f) mésentérique inférieure. 120.
artère(f) mésentérique supérieure. 117, 120.
artère(f) pulmonaire. 116, 117, 118.
artère(f) radiale. 117.
artère(f) rénale. 117, 120.
artère(f) sous-clavière. 117.
artère(f) splénique. 117.
artères(f), principales. 117.
artichaut(m). 73.
articles(m) de bureau. 447, 448, 449, 450.
articles(m) de maroquinerie. 340, 341.
articles(m) du fumeur. 334, 335.
articles(m) perdus et retrouvés. 706.
articulation(f). 384, 567.
As(m). 578.
ascenseur(m). 171.
ascenseur(m). 705.
ascension(f) droite. 27.
ascot(f). 285.
Asie. 41.
asperge(f). 77.
asphalte(m). 635.
aspirateur(m). 641, 643.
aspirateur-traîneau(m). 234.
aspirine(f). 615.
assiette(f) à pain/beurre. 213.
assiette(f) à salade. 213.
assiette(f) creuse. 213.
assiette(f) plate. 213, 585.
assistant(m) du chronométreur. 531.
astérisque(m). 347.
astéroïdes(m). 28.
asthénosphère(f). 39.
astragale(m). 113, 160.
astragale(m) de bouche. 680.
astragale(m) de volée. 680.
astragale(m) du champ de lumière. 680.
astragale(m) du premier renfort. 680.
astragale(m) du second renfort. 680.
astronomie(f). 25.
atelier(m). 179, 634.
atelier(m) de réparation. 387.
atelier(m) diesel. 410.
Atelier(m) du Sculpteur. 33.
athlétisme(m). 556, 557, 558.
atlas(m). 113.
atmosphère(f). 39.
atmosphère(f) terrestre, coupe(f) de l'. 39.
âtre(m). 190.
atrium(m). 163.
attache(f). 336, 472.
attache(f) de pavillon. 469.
attaches(f). 488.
attaches(f) parisiennes. 447.
attaquant(m). 564.
attaque(f). 514, 515.
attention. 704.
attention, passage(m) pour piétons. 704.
attention, plancher(m) glissant. 704.
atterrisseur(m) principal. 691.
attrape(f). 286.
aubage(m) directeur d'entrée. 436.
aube(f). 436, 642, 643.
aubergine(f). 73.
aubier(m). 63.

auget(m). 643.
augmenter le blanc. 350.
auriculaire(m). 87.
aurore(f) polaire. 39.
Australie. 41.
Autel. 33.
autocuiseur(m). 222.
automne(m). 27.
automobile(f). 383, 384, 385, 386.
autoréfrigération(f), système(m) d'. 630.
autoroute(f). 703.
auvent(m). 383, 573, 582, 668.
avaloir(m). 190.
avance(f) rapide. 366, 367, 373.
avançon(m). 567.
avant. 534.
avant-aile(m). 517.
avant-bras(m). 107.
avant-centre(m). 525.
avant-champ(m). 511.
avant-directrice(f). 642, 643.
avant-distributeur(m). 642, 643.
avant(m). 139, 143, 517.
avant(m) centre. 518, 522.
avant(m) court. 523.
avant(m) droit. 521, 522.
avant(m) du court. 527.
avant(m) gauche. 521, 522.
avant-scène(f). 170.
averse(f) de grêle. 52.
averse(f) de neige. 52.
averse(f) de pluie. 52.
avertisseur(m) sonore. 404.
avion(m) de combat. 691.
avion(m) long-courrier. 434.
avocat(m). 72.
axe(m). 256, 365, 487, 505.
axe(m) central. 658.
axe(m) d'articulation du godet. 665.
axe(m) d'attelage. 405.
axe(m) de déclinaison. 34.
axe(m) de lacet. 378.
axe(m) de roulis. 378.
axe(m) de tangage. 378.
axe(m) de torsion. 602.
axe(m) du moteur. 365.
axe(m) du pédalier. 398.
axe(m) est-ouest. 35.
axe(m) horaire. 34.
axe(m) optique. 35.
axis(m). 113.
axone(m). 127.
azote(m). 274.
azur(m). 696.

B
bâbord(m) amures. 539.
bac(m). 270.
bac(m) à boue. 626.
bac(m) à légumes. 229.
bac(m) à plante. 237.
bac(m) à viande. 229.
bac(m) d'appel. 556.
bac(m) de dégivrage. 229.
bâche(f) du dégazeur. 647.
bâche(f) spirale. 641, 642, 643.
badine(f). 336.
badminton(m). 528.
bagages(m). 337.
bagues(f). 334, 470, 572, 679.
bague(f) à treillis. 261.
bague(f) de blocage. 248.
bague(f) de correction dioptrique. 607.
bague(f) de fiançailles. 315.
bague(f) de finissant. 315.
bague(f) de fond. 261.
bague(f) de mise au point. 369.
bague(f) de mise au point de la lunette. 600.
bague(f) de réglage. 355.

bague(f) de réglage de mise au point. 368.
bague(f) de serrage. 359, 469.
bague(f) de serrage de la cartouche. 261.
bague(f) de siège d'obturateur. 261.
bague(f) filetée. 574.
bague(f) inférieure de blocage de la sphère. 56.
bague(f) métallique. 191.
bague(f) porte-oculaire. 609.
bague(f) supérieure de blocage de la sphère. 56.
bagues(f). 315.
bagues(f). 137.
baguette(f). 289, 464, 682.
baguette(f) d'apport. 272.
baguette(f) d'écartement. 495.
baguette(f) d'encroix. 494, 495.
baguette(f) de flanc. 383.
baguette(f) de plomb. 507.
baguette(f) épi. 138.
baguette(f) parisienne. 138.
baguettes(f). 471.
baguettes(f). 223.
bahut(m). 451.
baie. 30, 582.
baie(f), coupe(f) d'une. 66.
baie(f) de contrôle. 376.
baie(f) vitrée. 519.
baies(f), principales variétés(f) de. 66.
baignoire(f). 259, 423.
bain(m) d'arrêt. 360.
bain(m) de fixation. 360.
bain(m) de révélateur. 360.
bain-marie(m). 222.
baïonnette(f) à douille. 679.
baïonnette(f) à manche. 679.
baïonnette(f) à poignée. 679.
baïonnette(f) incorporée. 679.
baïonnettes(f). 679.
bajoue(f). 142.
bajoyer(m). 426.
baladeur(m) à roues dentées. 398.
baladeuse(f). 211.
balai(m). 191.
balai(m) à feuilles. 238.
balai(m) d'essuie-glace. 384.
balai(m) de curling. 530.
balai(m) pointe en bas. 432.
balai(m) pointe en haut. 432.
balais(m) métalliques. 471.
balalaïka(f). 473.
Balance(f). 33, 698.
balance(f) à fléau. 594.
balance(f) automatique. 596.
balance(f) de cuisine. 219.
balance(f) de précision. 595.
balance(f) de Roberval. 595.
balance(f) électronique. 596.
balance(f) romaine. 594.
balancier(m). 591, 666.
balancine(f). 416.
balayeur(m). 530.
balcon. 169, 178.
balcon(m), second. 169.
balcon(m) de veille. 431.
balconnet(m). 229.
Baleine(f). 32, 33, 303, 336.
baleine(f) de col. 285.
baleinière(f). 418.
balisage(m), système(m) cardinal. 431.
balisage(m), système(m) latéral de. 432.
ballast(m). 408.
balle(f). 512, 573.
balle(f). 529, 682, 688.
balle(f), coupe(f) d'une. 573.
balle(f) de racquetball. 527.
balle(f) de squash. 526.
balle(f) de tennis. 524.
ballerine(f). 311.
ballerine(f). 309.

ballon(m). 517.
ballon(m). 224, 531.
ballon(m) de basket. 521.
ballon(m) de football. 516, 518.
ballon(m) de hand-ball. 525.
ballon(m) de volley-ball. 522.
ballon-sonde(m). 39, 55.
baluchon(m). 339.
balustrade(f). 172, 178.
bambous(m). 579.
banane(f). 72.
banc(m). 202, 414.
banc(m) d'équipe. 531.
banc(m) de sable. 43.
banc(m) des joueurs. 511, 519, 521, 522.
banc(m) des pénalités. 519.
banc(m) des remplaçants. 525.
bandage(m). 565.
bandage(m). 572.
bandage(m) de gaze. 561.
bandage(m) de roue caoutchoutée. 670.
bande(f). 519, 569, 570.
bande(f) centrale. 580, 581.
bande(f) de filet. 523.
bande(f) de gaze. 615.
bande(f) de papier. 370.
bande(f) de ris. 417.
bande(f) de roulement. 393.
bande(f) de tissu élastique. 615.
bande(f) élastique. 284.
bande(f) horizontale. 522.
bande(f) télex. 371.
bande(f) ventilée. 688.
bande(f) verticale de côté. 522.
bandeau(m). 177, 190, 207.
bandeau(m) lumineux. 210.
bandelette(f) d'arrachage. 334.
banderole(f). 697.
bandes(f) horizontales. 430.
bandes(f) verticales. 430.
bandoulière(f). 336, 337, 339.
banjo(m). 473.
bannière(f). 697.
Banon(m). 145.
banquette(f). 202.
banquette(f) arrière. 386.
bar. 206, 419, 706.
barbacane(f). 167.
barbe(f). 77, 88.
barbette(f). 166.
barboteuse(f) de croissance. 305.
barbotin(m). 664, 690.
barbule(f). 53.
bardeau(m). 185.
bardeau(m) d'amiante. 185.
bardeau(m) d'asphalte. 185.
baren(m). 501.
barge(f). 631.
barge(f) de forage. 628.
barillet(m). 256.
barillet(m). 256, 609, 689.
barographe(m). 542.
baromètre(m) anéroïde. 598.
barrage(m). 637, 646.
barrage(m) à contreforts. 639.
barrage(m) en béton. 638.
barrage(m) en remblai. 638, 639.
barrage(m) mobile. 646.
barrage-poids(m). 639.
barrage-voûte(m). 639.
barrages(m), principaux types(m) de. 639.
barre(f). 82, 85, 208, 538, 540, 544, 552, 556, 561.
barre(f) à aiguille. 486.
barre(f) à lisse. 495.
barre(f) blindée. 641.
barre(f) cannelée. 208.
barre(f) collectrice neutre. 278.
barre(f) collectrice thermique. 278.
barre(f) d'acier. 559.
barre(f) d'attelage. 152, 684.
barre(f) d'écoute. 539.
barre(f) d'équilibre. 152.

barre(f) d'espacement. 453, 456, 617.
barre(f) d'étouffoir. 466.
barre(f) de bois. 559.
barre(f) de commande. 543.
barre(f) de contrôle de la réactivité. 648.
barre(f) de coupe. 155.
barre(f) de flèche. 538.
barre(f) de fraction. 371.
barre(f) de guidage. 415.
barre(f) de mesure. 462.
barre(f) de pied presseur. 486.
barre(f) de plongée. 424.
barre(f) de prise de courant. 415.
barre(f) de protection. 544.
barre(f) de repos des marteaux. 466.
barre(f) de reprise. 462.
barre(f) de retenue. 229.
barre(f) de saut. 557.
barre(f) de Spa. 551, 552.
barre(f) de traction. 664.
barre(f) fixe. 559.
barre(f) horizontale. 517.
barre(f) inférieure. 560.
barre(f) lisse. 208.
barre(f) oblique. 347.
barre(f) supérieure. 560.
barre(f) sur l'eau. 552.
barre(f) transversale. 531.
barreau(m). 187, 203, 405.
barres(f) asymétriques. 560.
barres(f) parallèles. 559.
barrette(f). 333, 392.
barrette(f) de liaison. 357.
barrière(f). 551, 552.
bas-cuissarde(m). 301.
bas(m). 301.
bas(m) culotte. 301.
bas(m) d'épaule. 142.
bas(m) de cuisseau. 139.
bas(m) de gigot. 143.
bas(m) de table. 569.
bas(m) relevé. 284.
bas(m) résille. 301.
bas(m) rose. 311.
bas-mât(m). 416.
base(f). 34, 56, 126, 160, 250, 330, 397, 409, 559, 611, 661, 695.
base(f) d'une colonne. 160.
base(f) de dormant. 189.
base(f) de la vague. 43.
baseball(m). 511, 512.
basilic(m). 135.
basket-ball(m). 521.
basque(f). 303.
basse lisse(f). 494.
bassin(m). 84, 237, 531, 532, 646.
bassin(m) à flot. 427.
bassin(m) à marée. 427.
bassin(m) de décantation. 624, 634.
bassin(m) de plongeon. 534.
bassin(m) de radoub. 427.
bassin(m) de stockage. 654.
bassin(m) de traitement. 634.
bassinet(m). 120, 682.
basson(m). 469, 476, 477.
bassons(m). 479.
bastion(m). 166.
bateau-porte(m). 427.
bathyscaphe(m). 423.
bâti(m). 153, 494, 503.
bâtiment(m) administratif. 624, 634, 646.
bâtiment(m) de traitement de l'eau. 647.
bâtiment(m) du réacteur. 647, 649, 651.
bâtiments(m). 151.
bâton(m). 512.
bâton(m). 512, 547.
bâton(m) de craie. 503.
bâton(m) de gardien de but. 520.

bâton(m) de joueur. 520.
bâton(m) de lumière. 330.
bâton(m) de manucure. 332.
bâton(m) de ski. 545.
bâtonnet(m) de colle. 447.
bâtons(m) de golf. 572.
bâtons(m) de golf, types(m) de. 572.
batraciens(m). 97.
battant(m). 189, 471, 494, 695.
batterie(f). 57, 477, 682.
batterie(f) d'accumulateurs. 392.
batterie(f) d'accumulateurs. 423.
batterie(f) de cuisine. 222, 223.
batteur(m). 155.
batteur(m) à main. 225.
batteur(m) sur socle. 225.
batteurs(m) à oeufs. 220.
baudrier(m). 575.
bavette(f). 141, 300, 306, 562.
bavette(f) garde-boue. 383, 388, 389.
bavoir(m). 305.
bavolet(m). 281.
bazooka(m). 686.
beau-fils(m). 131.
beau-père(m). 131.
Beaumont(m). 145.
beaux-parents(m). 131.
bec(m). 216, 260, 261, 433, 469, 490, 574.
bec(m) corné. 101.
bec(m) de bord d'attaque. 434.
bec(m) du robinet. 261.
bec(m) verseur. 233.
bec-verseur(m). 224.
bécarre(m). 462.
bêche(f). 238, 684.
bêche-tarière(f). 238.
becs(m), principaux types(m) de. 89.
beignet(m). 146.
Bélier(m). 32, 698.
belle-fille(f). 131.
belle-mère(f). 131.
bémol(m). 462.
bémol(m), double. 462.
benne(f). 668.
benne(f) basculante. 668.
benne(f) preneuse. 667.
béquille(f). 337, 388, 422.
béquille(f) canadienne. 616.
béquille(f) centrale. 395.
béquille(f) commune. 616.
béquille(f) d'avant-bras. 616.
béquille(f) latérale. 395.
béquilles(f). 616.
béquillon(m). 616.
berceau(m). 209, 372, 501, 684.
berceuse(f). 201.
béret(m). 304.
bergère(f). 200.
bergerie(f). 151.
berline(f). 384.
bermuda(m). 300.
berthe(f). 298.
bésicles(f) à pont élastique. 319.
béton(m) armé. 183.
béton(m) précontraint. 183.
bette(f). 74.
bette(f) à carde. 77.
betterave(f). 76.
beurrier(m). 213.
bezel(m). 317.
biais(m). 305, 488.
biceps(m) brachial. 110.
biceps(m) crural. 111.
bicyclette(f). 397, 398.
bidon(m). 397.
bief(m) amont. 426.
bief(m) d'amont. 637.
bief(m) d'aval. 637, 638, 641.
biellette(f) de commande de pas. 441.
bigorneau(m). 96.
bigoudi(m). 333.

bijouterie(f). 315, 316, 317.
bijoux(m). 315.
bilame(m). 597.
billard(m), matériel(m) de. 568.
billard(m), queue(f) de. 568.
billard(m) anglais. 570.
billard(m) français. 569.
billard(m) pool. 569.
bille(f). 352.
bille(f) blanche. 570.
bille(f) blanche mouchetée. 570.
bille(f) bleue. 570.
bille(f) brune. 570.
bille(f) creuse. 261.
bille(f) d'ivoire. 580.
bille(f) de choc. 569, 570.
bille(f) de visée blanche. 569.
bille(f) jaune. 570.
bille(f) noire. 570.
bille(f) rose. 570.
bille(f) rouge. 569, 570.
bille(f) verte. 570.
billes(f) numérotées. 569.
billetterie(f). 412.
binette(f). 238.
bineuse(f) rotative. 153.
binocle(m). 319.
biologie(f). 709.
bipied(m). 683, 687.
biscuit(m). 147.
biseau(m). 468.
bitte(f) d'amarrage. 426.
bitume(m). 636.
bitume(m), extraction. 636.
bitume(m), extraction. 636.
blague(m) à tabac. 335.
blaireau(m). 327.
blanc(m). 578, 579.
blanche(f). 461.
blanchiment(m). 708.
Blancs(m). 577.
blazer(m). 297.
Bleu(m) de Bresse. 144.
bleuet(m). 66.
blindage(m) à billes d'acier. 648.
blindage(m) d'aspirateur. 643.
bloc-cylindres(m). 391.
bloc-éphéméride(m). 450.
bloc-essieu(m). 548.
bloc(m) chargeur. 327.
bloc(m) d'arrêt. 247.
bloc(m) d'épaule. 140.
bloc(m) d'équipement. 442.
bloc(m) de départ. 532.
bloc(m) en béton. 183.
bloc-moteur(m). 224, 225, 226.
bloc-notes(m). 341, 450.
bloc-tension(m). 486, 491.
bloc-tension(m). 485.
blocage(m) de l'inclinaison. 253.
blocage(m) de la colonne. 359.
blocage(m) de profondeur. 251.
blocage(m) du cordon de tirage. 209.
blocage(m) du fourreau. 251.
blocage(m) du guide. 252.
blocage(m) du pivot. 249.
blocage(m) du pivotement. 600.
blocage(m) vertical. 359.
blochet(m). 180.
bloqueur(m) droit. 514, 515.
bloqueur(m) gauche. 514, 515.
blouson(m) court. 291.
blouson(m) long. 291.
boa(m). 299.
bob(m). 304.
bobine(f). 372, 485, 492, 496.
bobine(f) captrice. 592.
bobine(f) de concentration. 606.
bobine(f) de courant. 601.
bobine(f) de l'électro-aimant de la sonnerie. 372.
bobine(f) de l'objectif. 606.
bobine(f) de tension. 601.
bobine(f) débitrice. 368, 452.
bobine(f) déviatrice. 606.

bobine(f) motrice. 592.
bobine(f) réceptrice. 353, 368, 452.
bobineur(m). 485.
bobinoir(m). 496.
bobsleigh(m). 550.
bocal(m). 469, 474.
boeuf(m). 140, 141.
boggie(m). 34.
bogie(m). 415.
bogie(m). 404, 407.
bois(m). 572.
bois(m). 184, 572.
bois(m), famille(f) des. 469.
bois(m) de bout. 255.
bois(m) de cerf. 81.
boisseau(m) d'embouchure. 470.
boîte-classeur(f). 448.
boîte(f) à canette. 486.
boîte(f) à confettis. 371.
boîte(f) à courrier. 448.
boîte(f) à gants. 385.
boîte(f) à lumière. 361.
boîte(f) à mouches. 568.
boîte(f) à rideaux lumineuse. 210.
boîte(f) d'allumettes. 335.
boîte(f) d'engrenage. 658.
boîte(f) d'essieu. 404.
boîte(f) de cigares. 334.
boîte(f) de culasse. 683, 685, 687.
boîte(f) de jonction. 409.
boîte(f) de nécessaire à chaussures. 310.
boîte(f) de service. 527.
boîte(f) de vitesses. 421, 422.
boîte(f) électrique. 275.
boîte(f) jackpot. 581.
boîtier(m). 196, 251, 327, 329, 330, 331, 353, 369, 372, 428, 478, 591, 597, 599.
boîtier(m) de batterie. 388, 392.
boîtier(m) de phare. 384.
boîtier(m) du moteur. 331.
boîtier(m) du ventilateur. 330.
bol(m). 225, 226.
bol(m) à raser. 327.
bol(m) à salade. 213.
bol(m) à soupe. 213.
bol(m) verseur. 226.
boléro(m). 297.
bols(m) à mélanger. 220.
bombarde(f). 474.
bombe(f). 551.
bombe(f) glacée. 147.
bôme(f). 538.
bonbon(m). 308.
bonde(f). 260.
bonnet(m). 303, 304, 305, 547.
bonnet(m) blanc. 531.
bonnet(m) bleu. 531.
bonnet(m) rouge. 531.
bonnette(f) anti-vent. 369.
bord-côte(m). 286, 287, 291, 305, 306, 307.
bord(m). 62, 288, 304, 416.
bord(m) antérieur. 93.
bord(m) crénelé. 93.
bord(m) d'attaque. 434, 542, 543.
bord(m) de fuite. 434, 542, 543.
bord(m) de pli. 294, 296.
bord(m) du manteau. 94.
bord(m) externe. 93.
bord(m) interne. 93.
bord(m) libre. 129.
bord(m) postérieur. 93.
bord(m) tranchant. 664.
bordure(f). 537.
bordure(f) blanche. 529.
bordure(f) d'allée. 263.
bordure(f) de quai. 413, 414.
bordure(f) de trottoir. 399.
borne(f). 530.
borne(f). 228, 275, 392, 645.
borne(f) d'appel. 168.
borne(f) de gonflage. 387.
borne(f) de terre. 267.

borne(f) négative. 392.
borne(f) positive. 392.
borudalou(m). 288.
bossoir(m). 416.
botte(f). 77, 551.
botte(f) de couronne. 554.
botte(f) de genou. 554.
botte(f) de saut. 541.
botte(f) de tendon. 554.
botte(f) lunaire. 444.
bottillon(m). 536.
bottine(f). 561.
bouche(f). 126.
bouche(f). 94, 96, 97, 106, 468, 680, 683, 688.
bouche(f) à feu. 680, 681.
bouche(f) à induction. 192.
bouche(f) d'air. 385.
bouche(f) d'extraction. 192.
bouche(f) de métro. 168.
bouche(f) de soufflage. 192.
bouchon(m). 649.
bouchon(m) à évents. 392.
bouchon(m) d'air. 270.
bouchon(m) d'objectif. 355.
bouchon(m) de chargement. 682.
bouchon(m) de dégorgement. 260.
bouchon(m) de fermeture. 682.
bouchon(m) de filtre. 261.
bouchon(m) de radiateur. 392.
bouchon(m) de remplissage. 396.
bouchon(m) de remplissage d'huile. 391.
bouchon(m) de vidange. 257.
bouchon(m) de vidange d'huile. 391.
bouchon(m) du réservoir d'huile. 396.
bouchon(m) femelle. 265.
bouchon(m) femelle à visser. 265.
bouchon(m) fileté. 261.
bouchon(m) mâle sans bourrelet. 265.
bouchon-mesure(m). 225.
boucle(f). 488.
boucle(f). 281, 284, 339, 386, 488, 546.
boucle(f) d'oreille à pince. 315.
boucle(f) d'oreille à tige. 315.
boucle(f) d'oreille à vis. 315.
boucle(f) de ceinture. 284.
boucle(f) de piquet. 583.
boucle(f) de réglage. 209.
boucles(f). 137.
bouclettes(f). 137.
bouclier(m). 383, 520, 675.
bouclier(m) axial. 647, 648.
bouclier(m) principal. 443.
bouclier(m) thermique. 443.
boudin(m). 320.
bouée(f) à cloche. 430.
bouée(f) à plan focal élevé. 430.
bouée(f) à sifflet. 430.
bouée(f) conique. 430.
bouée(f) de sauvetage. 422.
bouée(f) de sécurité. 536.
bouée(f) Espar. 430.
bouée(f) tonne. 430.
bouées(f). 430.
boues(f). 267.
bougie(f) d'allumage. 392.
bougie(f) d'allumage. 243.
bouilloire(f). 233.
boule(f). 576.
boule(f) à thé. 221.
boulet(m). 83, 681.
boulets(m) enchaînés. 681.
boulets(m) ramés. 681.
boulier(m). 576.
boulon(m). 254.
boulon(m) à ailettes. 254.
boulon(m) à épaulement. 254.
boulon(m) à gaine d'expansion. 254.

boulon(m) ajusté d'accouplement. 643.
boulon(m) d'éclisse. 408.
bourdon(m). 474.
bourgeon(m). 75.
bourgeon(m) axillaire. 61, 62.
bourgeon(m) terminal. 61.
bourrache(f). 135.
bourre(f). 681, 688.
bourre-pipe(m). 335.
bourrelet(m). 85, 393, 680.
bourriquet(m). 503.
Boursault(m). 144.
bourse(f) à monnaie. 341.
boursette(f). 468.
Boussole(f). 33, 536.
boussole(f) magnétique. 611.
bout-filtre(m). 334.
bout(m). 214, 567.
bout(m) d'aile. 542, 543.
bout(m) de côtes. 140, 142.
bout(m) de poitrine. 141.
bout(m) du filet. 142.
bout(m) fleuri. 308.
boutefeu(m). 681.
bouteille(f) d'acétylène. 271.
bouteille(f) d'air comprimé. 536, 662.
bouteille(f) d'oxygène. 271.
bouteille(f) isolante. 586.
bouteur(m). 664.
bouteur(m). 621.
boutine(f). 309.
boutique(f). 163.
boutique(f) hors taxe. 440.
boutique(m) hors taxe. 706.
bouton-guide(m). 253.
bouton(m). 199, 256, 274, 285, 463, 464, 475, 563.
bouton(m) à tige. 488.
bouton(m) d'ajustage du guide. 252.
bouton(m) d'arrêt. 243, 478.
bouton(m) d'attaque. 481.
bouton(m) d'échappement. 466.
bouton(m) d'éjection. 366.
bouton(m) d'enregistrement. 368.
bouton(m) d'entraînement. 491.
bouton(m) d'interligne variable. 453.
bouton(m) de blocage. 599, 600.
bouton(m) de clé. 469.
bouton(m) de combinaisons. 467.
bouton(m) de commande. 228, 457, 506.
bouton(m) de commande de cadrage. 368.
bouton(m) de commande de la course verticale. 361.
bouton(m) de commande du chariot. 605.
bouton(m) de culasse. 680.
bouton(m) de la bobine réceptrice. 452.
bouton(m) de manoeuvre à friction. 599.
bouton(m) de mise au point. 361, 362, 368.
bouton(m) de nettoyage. 327.
bouton(m) de piston. 470.
bouton(m) de registre. 467, 468.
bouton(m) de réglage. 247, 428.
bouton(m) de réglage du micromètre optique. 600.
bouton(m) de réglage du mouvement lent. 609.
bouton(m) de remboursement. 373.
bouton(m) de remise à zéro. 366.
bouton(m) de sélection de vitesse. 491.
bouton(m) de tension. 491.
bouton(m) de vapeur. 233.
bouton(m) de vaporisation. 233.
bouton(m) de verrou. 679.
bouton(m) de verrouillage. 386.
bouton(m) déclencheur. 353, 356.

bouton(m) extérieur. 256.
bouton(m) floral. 61.
bouton(m) marche/arrêt. 377.
bouton(m) moleté. 270, 428, 492, 609.
bouton-poussoir(m). 352, 362, 457.
bouton-poussoir(m) à impulsion. 225.
bouton-pression(m). 488.
bouton-pression(m). 289, 338, 341.
boutonnage(m), double. 281, 291.
boutonnage(m) sous patte. 290.
boutonnière(f). 281, 284, 285, 286.
boutons(m) à trous. 488.
Bouvier(m). 32.
boxe(f). 565.
boxeur(m). 565.
bracelet(m). 296, 516.
bracelet(m) tubulaire. 315.
bracelets(m). 315.
brachial(m) antérieur. 110.
braconnière(f). 676.
bractée(f). 70.
brague(f) d'affût. 680.
braguette(f). 284, 287.
brancard(m). 554, 668.
branche(f). 318.
branche(f). 77, 85, 249, 328, 487, 553, 592.
branche(f) d'embouchure. 470.
branche(f) inférieure. 677.
branche(f) maîtresse. 63.
branche(f) supérieure. 677.
branche(f) télescopique. 359.
branchement(m). 262.
branchement(m) aérien. 645.
branchement(m) d'appareil. 258.
branchement(m) de l'abonné. 645.
branchement(m) du distributeur. 645.
branchement(m) pluvial. 399.
branchicténie(f). 90.
branchies(f). 90.
branchies(f). 91, 94.
branchies(f) externes. 97.
brandebourg(m). 282, 298, 311.
bras(m). 83, 107, 211, 417, 433, 485, 581, 617, 657, 665, 667.
bras(m) d'essuie-glace. 384.
bras(m) de fourche. 670.
bras(m) de lecture. 365.
bras(m) de levage. 665.
bras(m) de plaquette. 318.
bras(m) du longeron. 664.
bras(m) gicleur. 232.
bras(m) gradué. 594.
bras(m) spiraux. 31.
bras(m) télécommandé. 443.
brassard(m). 516, 520, 676.
brassard(m) pneumatique. 598.
brasse(f). 533.
brassière(f). 305.
brassière(f). 306.
break(m). 384.
brèche(f). 579.
brelan(m). 578.
breloques(f). 315.
bretèche(f). 167.
bretelle(f). 303, 410, 438, 685, 686, 687.
bretelle(f) boutonnée. 306.
bretelle(f) pour botte de genou. 554.
bretelle(f) réglable à pressions. 306.
bretelles(f). 284.
Brick(m). 144, 418.
bricolage. 245.
bride(f). 553.
bride(f). 208, 304, 341, 488, 554.
bride(f) de fixation. 608, 609.
bride(f) de raccord. 208.
bride(f) de suspension. 286.
bride(f) métallique. 258.
Brie(m). 145.
brigantin(m). 418.

brigantine(f). 417.
brioche(f). 146.
brique(f). 183.
brique(f) réfractaire. 195, 506.
briquet(m). 273.
briquet(m) à gaz. 334.
brise-chute(m). 564.
brise-lame(m). 678.
brise-lames(m). 632.
broche(f). 495.
broche(f). 274, 275, 315.
broche(f) à glace. 575.
broche(f) à vis. 574.
broche(f) porte-bobine. 485.
brocoli(m). 73.
brodequin(m). 310.
broderie(f). 493.
bronche(f) droite. 118.
bronche(f) gauche. 118.
bronchiole(f) terminale. 118.
brosse-araignée(f). 328.
brosse(f). 71, 329.
brosse(f) à dents. 329.
brosse(f) à épousseter. 234.
brosse(f) à fard-cils. 323.
brosse(f) à friser. 331.
brosse(f) à légumes. 221.
brosse(f) à ongles. 332.
brosse(f) à planchers. 234.
brosse(f) à pollen. 98.
brosse(f) anglaise. 328.
brosse(f) de nettoyage. 327.
brosse(f) de point ramassé. 492.
brosse(f) de tissage. 492.
brosse(f) pneumatique. 328.
brosse(f) ronde. 328.
brosse-peigne(f) pour cils et sourcils. 323.
brosses(f) à cheveux. 328.
brou(m). 70.
brouette(f). 241.
brouillard(m). 52.
broyeur(m) d'évier. 260.
brucelles(f). 333.
bruine(f) continue. 52.
bruine(f) intermittente. 52.
brûleur(m) à mazout. 195.
brûleur(m) bec plat. 271.
brûleur(m) flamme crayon. 271.
brume(f). 52.
brunissoir(m). 501.
buanderie(f). 179.
buccin(m). 96.
bûchette(f). 282.
buffet(m). 206.
buffet-vaisselier(m). 206.
bulbe(m). 77, 129.
bulbe(m), coupe(f) d'un. 75.
bulbe(m) d'étrave. 631.
bulbe(m) olfactif. 91, 125.
bulbe(m) rachidien. 122.
bulletin(m) de bagages. 412.
bureau(m) de change. 412.
bureau(m) de direction. 451.
bureau(m) de poste. 474.
bureau(m) de renseignements. 412.
bureau(m) de réservation de chambres d'hôtel. 440.
bureau(m) des douanes. 427.
bureau(m) du changeur. 414.
bureau(m) secrétaire. 451.
burin(m). 502.
buse(f). 191, 272, 329, 330.
buse(f) à fluide. 270.
buse(f) d'arrivée d'eau. 230.
buse(f) d'éjection. 436.
bustier(m). 303.
but(m). 531.
but(m). 511, 513, 517, 518, 519, 525, 531.
butanier(m). 631.
butée(f). 372, 401, 488, 545, 546, 687.
butée(f) de porte. 229, 405.
butée(f) talonnière. 617.

butoir(m). 208, 383, 410, 557.
butte(f). 47, 411.

C

caban(m). 291.
cabestan(m). 425.
cabine(f). 171, 420, 434, 441, 544, 664, 665, 666, 667, 668, 670.
cabine(f) classe touriste. 419.
cabine(f) de commande. 669.
cabine(f) de conduite. 404.
cabine(f) de l'opérateur. 661.
cabine(f) de pilotage. 542.
cabine(f) de pilotage. 421.
cabine(f) de projection. 35.
cabine(f) des passagers. 421, 422.
cabine(f) sphérique. 423.
cabine(f) téléphonique. 168.
cabinet(m) de toilette. 407.
cabinet(m) de travail. 179.
câble de masse. 271.
câble(m). 587.
câble(m). 251, 312, 428, 546, 558, 559, 587.
câble(m) d'acier. 574.
câble(m) d'alimentation de 240 V. 278.
câble(m) d'alimentation de l'électrode. 271.
câble(m) d'amenée du courant. 194.
câble(m) de basculement. 661.
câble(m) de bougie. 391.
câble(m) de commande. 398, 541.
câble(m) de frein. 397.
câble(m) de garde. 644.
câble(m) de haubanage. 559.
câble(m) de levage. 661, 669.
câble(m) de mise à terre. 365.
câble(m) de raccordement. 363, 365, 457.
câble(m) de synchronisation. 357.
câble(m) de téléphone. 312.
câble(m) de traction. 277, 661.
câble(m) électrique. 263, 399.
câble(m) haute tension. 606.
câble(m) porteur. 402.
câble(m) synchro. 358.
câble(m) téléphonique. 399.
câble(m) tracteur. 544.
câbles(m) de compensation. 171.
câbles(m) de suspension. 171.
câbles(m) pendentifs. 171.
cabriolet(m). 200, 384.
cacatois(m), petit. 417.
cacatois(m) avant, grand. 417.
cache-coeur(m). 295.
cache-flammes(m). 685, 687.
cache-oreille(m) abattant. 288.
cactus(m). 47.
cadenas(m). 337, 398.
cadence(f) des images. 357.
cadet(m). 571.
cadran(m). 364, 372, 591, 592, 593, 595, 597, 598, 599, 601, 611.
cadran(m) d'appel. 371.
cadran(m) de densité. 492.
cadran(m) de sélection des températures. 233.
cadran(m) des phases de la Lune. 593.
cadran(m) en éventail. 596.
cadran(m) gradué. 596, 598.
cadran(m) solaire. 592.
cadre-cache(m). 362.
cadre(m). 99, 337, 340, 395, 465, 474, 524, 526, 549, 560, 570, 657.
cadre(m) de marche. 616.
caecum pylorique(m). 91.
caecum(m). 119.
café de scène. 170.
café(m). 168.

cafetière(f). 585.
cafetière(f) à infusion. 224.
cafetière(f) à piston. 224.
cafetière(f) espresso. 224.
cafetière(f) goutte-à-goutte. 224.
cafetière(f) napolitaine. 224.
cafetières(f). 224.
cage(f). 556.
cage(f) d'escalier. 179.
cage(f) vitrée. 595.
cagoule(f). 304, 536, 575.
cahier(m). 498.
caïeu(m). 75.
caisse(f). 472, 593.
caisse(f) blindée. 581.
caisse(f) claire. 472.
caisse(f) claire. 477, 479.
caisse(f) cylindrique. 598.
caisse(f) de résonance. 464, 473.
caisse(f) du piano. 465.
caisse(f) pleine. 480.
caisse(f) roulante. 472.
caisse(f) roulante. 477.
caisse(f) triangulaire. 473.
caisson(m). 209, 541.
caisson(m) de voilure. 691.
cake(m). 147.
cal(m). 93.
calame(m). 352.
calamus(m). 88.
calandre(f). 383, 648, 649, 650.
calandre(f, tube(m) de. 648.
calcanéum(m). 84, 113.
calculateur(m). 357.
calculatrice(f). 341.
cale(f). 439, 680.
cale(f) à conteneurs. 420.
cale-pied(m). 397.
caleçon(m). 287.
caleçon(m) de bain. 531.
caleçon(m) long. 287.
calendrier-mémorandum(m). 450.
calibreur(m). 585.
calice(m). 64, 66, 68, 71, 120.
calicule(m). 66.
Callisto. 28.
caloporteur(m). 650.
calot(m). 288.
calotte(f). 87, 288, 304, 657.
calotte(f) diffusante. 357.
calotte(f) glaciaire. 51.
cambium (m). 63.
cambre(f). 318.
cambrion(m). 308.
cambrure(f). 547.
came(f). 492.
came(f) d'arrêt de fin de course.
171.
came(f) de barillet. 689.
came(f) de contact d'arrêt
extrême. 171.
Caméléon(m). 33.
Camembert(m). 145.
caméra(f). 376.
caméra(f) à découpage d'images.
57.
caméra(f) sonore. 368.
caméra(f) vidéo. 369.
caméraman(m). 375.
camion-benne(m). 668.
camion-citerne(m). 632.
camion(m) avitailleur. 439.
camion(m) commissariat. 439.
camion(m) élévateur. 439.
camion(m) vide-toilette. 439.
camisole(f). 287, 305.
camisole(f). 302.
*camping(m), matériel(m) de. 584,
585, 586.*
camping(m) interdit. 707.
canadienne(f). 282.
canal(m) à venin. 101.
canal(m) anal. 119.
canal(m) d'écoulement. 633.
canal(m) d'éjection. 436.
canal(m) d'entrée d'air. 436.

canal(m) de dérivation. 637.
canal(m) de fuite. 641, 643.
canal(m) de transfert. 651.
canal(m) déférent. 108.
canal(m) éjaculateur. 108.
canal(m) galactophore. 109.
canal(m) radiculaire. 115.
canal(m) semi-circulaire antérieur.
124.
canal(m) semi-circulaire externe.
124.
canal(m) semi-circulaire postérieur.
124.
canal(m) siphonal. 93.
canalisation (f) de retour. 193.
canalisation(f). 393.
canalisation(f) d'alimentation. 193.
canalisation(f) d'alimentation aux
radiateurs. 194.
canalisation(f) de branchement
d'eau général. 195.
canalisation(f) de carburant. 390.
canalisation(f) de pompage. 606.
canalisation(f) de refoulement. 267.
canalisation(f) de retour. 194.
canapé(m). 201.
canapé(m) capitonné. 201.
Cancer(m). 32, 698.
canetière(f). 496.
canette(f). 486, 495, 496.
canif(m). 502, 585.
canine(f). 82, 115.
caniveau(m). 399.
caniveau(m) de transmission. 409.
canne(f). 336.
canne(f) à lancer. 566.
canne(f) à mouche. 566.
canne(f) avec poignée
orthopédique. 616.
canne(f) avec quadripode. 616.
canne(f) en C. 616.
canne(f) en T. 616.
canne(f) tripode. 616.
canneberge(f). 66.
cannelloni(m). 137.
cannelure(f). 160, 392.
cannes(f). 616.
canon(m). 83, 683, 684, 685, 687,
688, 689, 690.
canon(m) à électrons. 377, 606.
canon(m) à mousse. 631.
canon(m) anti-aérien. 676.
canon(m) d'avant-bras. 676.
*canon(m) du XVII(*sup*)e(*sub*)
siècle. 680, 681.*
canon(m) sans recul. 686.
canot(m) de sauvetage. 416, 629.
canot(m) pneumatique. 425.
canot(m) pneumatique de
sauvetage. 421.
canotier(m). 304.
Cantal(m). 145.
cantaloup(m). 73.
canton(m). 695.
canton(m) dextre de la pointe. 695.
canton(m) dextre du chef. 695.
canton(m) senestre de la pointe.
695.
canton(m) senestre du chef. 695.
cantonnière(f). 207.
cantre(m). 496.
canyon(m) sous-marin. 42.
cape(f). 291.
cape(f). 311, 334.
cape(f) de bain. 305.
capeline(f). 304.
capitaine(f). 530, 550.
capitales(f), grandes. 351.
capitales(f), petites. 351.
capitales(f) en gras. 351.
capitales(f) ital. gras. 351.
capitales(f) italiques. 351.
capitule(m). 64.
caponnière(f). 166.
capot(m). 233, 234, 383, 389, 394,
453.

Caprice(m) des Dieux. 144.
Capricorne(m). 33, 698.
capsule(f). 71, 372.
capsule(f), coupe(f) d'une. 71.
capsule(f) à membrane. 391.
capsule(f) Mercury(USA). 39.
*capteur(m) à concentration
cylindro-parabolique. 656.*
*capteur(m) à concentration
parabolique. 656.*
capteur(m) solaire. 378, 655.
capteur(m) solaire plan. 656.
capteur(m) terrestre. 378.
capuche(f) coulissée. 307.
capuchon(m). 275, 282, 409, 573.
capuchon(m) de protection. 607.
capuchon(m) du levier. 261.
capucin(m). 284.
caquelon(m). 223.
carabine(f). 688.
caraco(m). 302.
caractère(m). 452.
caractères(m). 579.
carafe(f). 212.
carapace(f). 95, 101.
carburant(m). 387.
carburant(m) diesel. 635.
carburateur(m). 390, 391, 395.
carburéacteur(m). 635.
carde(f). 77.
cardigan(m). 297.
cardon(m). 77.
Carène(f). 33.
cargue(f). 417.
cargue-point(m). 417.
caribou(m). 81.
carillon(m) tubulaire. 471.
carillon(m) tubulaire. 479.
carlingue(f) centrale. 631.
carnassière(f). 82.
caroncule(f) lacrymale. 123.
carosserie(f). 230, 232, 383.
carotte(f). 76.
carpe(m). 84, 112.
carré(f). 545, 547, 548.
carré(m). 142, 578, 580, 581, 697.
carré(m) de service. 526.
carré(m) de terre. 55.
carré(m) raccourci. 139.
carreau(f). 492.
carreau(m). 185, 189, 578.
carreau(f) de mine. 624.
carreau(m) de plâtre. 183.
carrière(f) en entonnoir. 621.
*carrière(f) exploitée en chassant.
621.*
carrosserie(f). 231.
carrosseries(f), types(m) de. 384.
carrousel(m). 440.
carte(f) de ligne. 414.
carte(f) de réseau. 414, 415.
carte(f) du réseau. 412.
carte(f) isolée. 578.
carte(f) météorologique. 54.
carte(f) perforée. 458.
carte(f) perforée. 491.
carter(m). 193, 196, 362, 391, 395,
566.
carter(m) d'engrenage de frein à
main. 405.
cartes(f). 578.
cartes(f), symboles(m) des. 578.
cartilage(m) de l'aile du nez. 125.
cartilage(m) de la cloison. 125.
carton(m). 507.
cartouche(f). 334, 688.
cartouche(f). 352, 689.
*cartouche(f) de papier à cigarettes.
334.*
cartouche(f) de pellicule. 356.
cartouche(f) de ruban. 452.
cartouche(f) jetable. 271.
casaque(f). 295.
case(f). 159, 580.
case(f) blanche. 577.

case(f) d'affichage de l'heure de
départ. 413.
case(f) d'affichage de la
destination. 413.
case(f) d'affichage des retards.
413.
case(f) noire. 577.
casier(m) laitier. 229.
casiers(m) à bagages. 706.
casque(m). 273, 312, 330, 444,
516, 520, 543, 545, 575, 675.
casque(m) d'écoute. 363.
casque(m) d'écoute. 363.
casque(m) de frappeur. 512.
casque(m) de saut. 541.
casque(m) protecteur. 550.
casque(m) sèche-cheveux. 330.
casquette(f). 288.
casquette(f) norvégienne. 288.
casse-croûte(m). 705.
casse-noix(m). 218.
casserole(f). 222.
cassette(f). 356, 455.
cassette(f) annonce. 373.
cassette(f) messages. 373.
Cassiopée. 32.
cassis(m). 66.
cassure(f). 298.
castagnettes(f). 471.
castagnettes(f). 479.
castor(m). 82.
caténaire(f). 647.
cathédrale(f). 164.
cathédrale(f) gothique. 164, 165.
cathode(f). 606.
causeuse(f). 201.
cavalier(m). 166, 577.
cavité du barillet(m). 256.
cavité(f) buccale. 118, 119.
cavité(f) nasale. 118.
cavité(f) pleurale. 118.
cazette(f). 585.
cédez le passage. 701.
cédille(f). 347.
ceinture(f). 284.
ceinture(f). 199, 200, 203, 281,
311, 393, 561, 564.
ceinture(f) de bouche. 680.
ceinture(f) de maintien. 516, 520.
ceinture(f) de plomb. 536.
ceinture(f) de sécurité. 386.
ceinture(f) élastique. 287.
ceinture(f) montée. 284, 291.
ceinture(f) pelvienne. 97.
ceinture(f) réglable. 307.
céleri(m). 77.
céleri-rave(m). 76.
célesta(m). 479.
cellule(f). 92.
cellule(f) à visée reflex. 357.
cellule(f) animale. 105.
cellule(f) émission-réception. 610.
cellule(f) motrice. 127.
cellule(f) photo-électrique. 356.
cellule(f) royale. 99.
cellule(f) solaire. 378.
cellule(f) solaire de l'orbite de
transfert. 378.
cellule(f) végétale. 105.
cellules(f) indifférenciées. 129.
cément(m). 115.
cendre(f). 334.
cendrier(m). 334.
cent(m). 709.
Centaure(m). 33.
centrale(f). 637, 641.
centrale(f) électrique. 624.
centrale(f) hydroélectrique. 641.
centrale(f) nucléaire. 647, 650.
centrale(f) solaire à tour. 654.
centrale(f) thermique. 634.
centre. 350.
centre(m). 514, 515, 518, 519,
521, 530, 695.
centre(m) de gestion du réseau.
379.

centre(m) de gravité. 433.
centre(m) droit. 517.
centre(m) du court. 527.
centre(m) gauche. 517.
centre-ville(m). 168.
centrifugeuse(f). 226.
centriole(m). 105.
cèpe(m). 65.
céphalothorax(m). 95.
Céphée. 32.
cercle(m). 318, 556, 557.
cercle(m) bleu extérieur. 530.
cercle(m) central. 518, 519, 521.
cercle(m) d'attente. 511.
cercle(m) de calage horaire. 608.
cercle(m) de déclinaison. 608.
cercle(m) de la station. 53, 54.
cercle(m) de mise au jeu. 519.
cercle(m) de serrage. 472.
cercle(m) de vannage. 643.
cercle(m) de verrouillage. 684.
cercle(m) polaire antarctique. 27.
cercle(m) polaire arctique. 27.
cercle(m) porte-lame. 666.
cercle(m) restrictif. 521.
cercle(m) rouge intérieur. 530.
cercles(m). 579.
cerf(m) de Virginie. 81.
cerf(m) du Canada. 81.
cerfeuil(m). 135.
cerise(f). 67.
cerne(m). 63.
cerneau(m). 70.
cerques(m). 567.
cerveau(m). 91, 122.
cervelet(m). 122.
cervidés(m). 81.
cervidés(m), principaux. 81.
chaîne(f). 210, 397, 398, 488, 494, 495, 593, 598.
chaîne(f) à godets. 154.
chaîne(f) coupante. 243.
chaîne(f) d'ancre. 433.
chaîne(f) d'entraînement des marches. 172.
chaîne(f) de frein à main. 405.
chaîne(f) de levage. 661, 670.
chaîne(f) de marche. 172.
chaîne(f) de montagnes. 30, 40.
chaîne(f) de suspension. 644.
chaîne(f) de traction. 661.
chaîne(f) stéréo. 363, 364, 365, 366.
chaise-escabeau(f). 202.
chaise(f). 203.
chaise(f) berçante. 203.
chaise(f) d'arbitre. 528.
chaise(f) dactylo. 451.
chaise(f) longue. 203.
chaise(f) pliante. 203.
chaises(f), types(m) de. 203.
chaises(f) empilables. 203.
chalaze(f). 89.
chalet(m). 544, 571.
chalumeau(m). 271, 474.
chalumeau(m) braseur. 271.
chalumeau(m) coupeur. 272.
chalumeau(m) soudeur. 272.
chambranle(f). 188, 189.
chambre(f). 179, 407, 582, 622, 623, 688, 689.
chambre(f) à air. 89.
chambre(f) à coucher. 431.
chambre(f) à poudre. 681.
chambre(f) antérieure. 123.
chambre(f) d'émission. 606.
chambre(f) d'expansion. 597.
chambre(f) d'ionisation. 648.
chambre(f) d'observation. 606.
chambre(f) de chauffe. 425.
chambre(f) de combustion. 191, 195, 390, 436, 692.
chambre(f) de combustion annulaire. 436.
chambre(f) de mélange. 272.
chambre(f) de sédimentation. 392.

chambre(f) des cartes. 420.
chambre(f) des machines. 424, 425, 631.
chambre(f) des torpilles. 424.
chambre(f) froide. 179.
chambre(f) noire. 353.
chambre(f) photographique. 354, 606.
chambre(f) postérieure. 123.
chambre(f) principale. 179.
chambre(f) pulpaire. 115.
champ(m) centre(m). 511.
champ(m) d'épandage. 267.
champ(m) d'héliostats. 654.
champ(m) droit. 511.
champ(m) gauche. 511.
champignon(m). 408.
champignon(m), structure(f) d'un. 65.
champignon(m) de couche. 65.
champignon(m) mortel. 65.
champignon(m) vénéneux. 65.
champignons(m). 65.
champignons(m) comestibles. 65.
chandail(m). 516, 547.
chandail(m) à col roulé. 545.
chandail(m) d'équipe. 512.
chandail(m) de dessous. 512.
chanfrein(m). 83, 524.
change(m). 706.
changer un mot. 350.
changer une lettre. 350.
changeur(m) de lampe. 432.
chanterelle(f). 473.
chanterelle(f) commune. 65.
chantignole(f). 180.
chape(f). 186, 208, 468.
chape(f) de rose. 429.
chapeau(m). 65, 267, 271.
chapeau(m) d'angle. 405.
chapeau(m) de feutre. 288.
chapeau(m) de tuyau de ventilation. 265.
chapeau(m) du battant. 494.
chapeau(m) pointu. 312.
chapelle(f). 419.
chapelle(f) axiale. 164.
chapelle(f) latérale. 164.
chapiteau(m). 160.
chapska(m). 288.
char(m) d'assaut. 690.
charbon(m). 621, 622, 623, 624.
charge(f) explosive. 692.
charge(f) utile. 442.
chargement(m). 682.
chargeur(m). 683, 685, 689.
chargeuse(f) frontale. 665.
chargeuse-pelleteuse(f). 665.
chariot(m). 492.
chariot(m). 208, 271, 453, 491, 573, 605, 669.
chariot(m) à bagages. 440.
chariot(m) à plateau. 413, 671.
chariot(m) avant. 491, 492.
chariot(m) d'entraînement. 208.
chariot(m) de croisement. 208.
chariot(m) élévateur à bras. 671.
chariot(m) élévateur à fourche. 670.
chariot(m) élévateur à mât rétractable. 670.
chariot(m) motorisé. 670.
chariot(m) porte-roues. 387.
chariot(m) transbordeur. 403.
chariots(m) à bagages. 706.
Charles IX(m). 309.
charlotte(f). 146, 304.
charnière(f). 199, 227, 228, 232, 337, 339, 365, 546, 607.
charnon(m). 318.
charpente(f). 182.
charpente(f). 161, 172.
charpente(f) du toit. 180.
charpente(f) verticale. 495.
charrue(f) à soc. 153.
chas(m). 486, 487.

chasse(f). 498.
chasse-neige(m) faible basse. 52.
chasse-neige(m) faible élevée. 52.
châssis(m). 387, 471, 581, 667, 668, 670.
châssis(m) d'aiguillage. 409.
châssis(m) de bogie. 404.
châssis(m) orientable. 661.
châssis-poutre(m). 666.
châssis-presse(f). 360.
chasuble(f). 307.
chasuble(f). 292.
chat(m). 86.
châtaigne(f). 83.
château(m) fort. 167.
chatière(f). 177.
chaton(m). 315.
chaudière(f). 194.
chaudière(f). 193, 419, 424, 654.
chauffage(m). 190, 191, 192, 193, 194, 195.
chauffe-eau(m). 257.
chauffe-eau(m) électrique. 263.
chaufferette(f). 585.
chaumard(m). 539.
chausse-pied(m). 310.
chaussée(f). 399.
chaussée(f) cahoteuse. 700.
chaussée(f) glissante. 700.
chaussée(f) rétrécie. 700.
chaussette(f). 287.
chaussette(f). 287, 301, 516, 524, 547, 562.
chaussette(f) avec étrier. 512.
chausson(m). 536.
chausson(m) de danse. 311.
chausson(m) intérieur. 546.
chaussure(f). 547, 548.
chaussure(f), parties(f) d'une. 308.
chaussure(f) à crampons. 516.
chaussure(f) d'alpinisme. 575.
chaussure(f) d'entraînement. 309.
chaussure(f) d'escrime. 562.
chaussure(f) de badminton. 528.
chaussure(f) de basket. 521.
chaussure(f) de boxe. 565.
chaussure(f) de clown. 312.
chaussure(f) de golf. 573.
chaussure(f) de ski. 546.
chaussure(f) de ski. 545.
chaussure(f) de tennis. 309, 524.
chaussures(f). 308, 309, 310.
chaussures(f), principaux types(m) de. 309, 310.
chauve-souris(f). 100.
Cheddar(m) américain. 144.
Cheddar(m) canadien. 144.
chef-électricien(m). 374.
chef(m). 695, 696.
chef(m) d'émission. 376.
chemin(m). 571.
chemin(m) couvert. 166.
chemin(m) de fer métropolitain. 415.
chemin(m) de ronde. 166.
chemin(m) de ronde couvert. 167.
chemin(m) de roulement. 669.
cheminée(f). 192.
cheminée(f). 45, 117, 420, 623.
cheminée(f) à foyer ouvert. 190.
cheminée(f) à minerai. 623.
cheminée(f) d'échappement. 389.
chemise(f). 285.
chemise(f). 311, 449, 524, 688.
chemise(f) de nuit. 301.
chemise(f) du donjon. 167.
chemisier(m) classique. 295.
chemisiers(m). 295.
chéneau(m). 177.
chenêts(m). 191.
chenille(f). 92.
chenille(f). 394, 664, 690.
chercheur(m). 608, 609.
chérimole. 72.
cheval. 84.
cheval(m). 82, 83, 85.

cheval(m), morphologie(f). 83.
cheval(m), squelette(m). 84.
cheval(m) d'arçons. 559.
cheval-sautoir(m). 559, 560.
chevalement(m). 622, 624.
chevalet(m). 463, 466, 661.
chevalet(m), ensemble(m) du. 480.
chevalet(m) de câble de garde. 644.
chevalet(m) des aigus. 465.
chevalet(m) des basses. 465.
chevalière(f). 315.
chevelu(m). 63.
chevelure(f). 31.
Chevelure(f) de Bérénice. 32.
chevêtre(m). 190.
cheveux(m). 107.
cheveux(m), types(m) de. 320.
cheveux(m) frisés. 320.
cheveux(m) ondulés. 320.
cheveux(m) raides. 320.
cheville(f). 106, 205, 463, 464, 493, 496, 548.
cheville(f) d'accord. 465.
cheville(f) de chanterelle. 473.
cheville(f) élastique. 307.
chevillier(m). 463.
chevillure(f). 81.
chevreuil(m). 81.
chevron(m). 180, 182, 696.
chiasma(m) optique. 122.
chicorée(f). 74.
chien(m). 682, 688, 689.
Chiens(m) de chasse. 32.
chiffon(m). 682.
chiffonnier(m). 206.
chiffres(m). 371.
chignole(f). 250.
chignon(m). 320, 321.
chinois(m). 345.
chloroplaste(m). 105.
choeur(m). 164.
chope(f) à bière. 212.
chope(f) à café. 213.
choroïde(f). 123.
chou-fleur(m). 73.
chou(m). 147.
chou(m) de Chine. 74.
chou(m) frisé. 74.
chou(m) pommé blanc. 74.
chou(m) pommé vert. 74.
chou-rave(m). 76.
choux(m) de Bruxelles. 74.
chromatine(f). 105.
chromosphère(f). 29.
chronométrage(m). 555.
chronométreur(m). 521, 525, 531, 562, 565.
chronométreur(m) de couloir. 532.
chronométreur(m) de jeu. 519.
chronométreur(m) des pénalités. 519.
chronométreur(m) principal. 532.
chrysalide(f). 92.
chukka(m). 310.
chute(f). 46, 298, 537.
chute(f) de départ. 555.
chute(f) libre. 541.
chutes(f) de pierres. 700.
cible(f). 692.
cibles(f), escrime(f). 563.
ciboulette(f). 75.
ciel(m) à nébulosité dispersée. 53.
ciel(m) clair. 53.
ciel(m) couvert. 53.
ciel(m) noir. 53.
ciel(m) nuageux. 53.
ciel(m) peu nuageux. 53.
ciel(m) très nuageux. 53.
cigare(m). 334.
cigarette(f). 334.
cil(m). 123.
cilié. 62.
cils(m). 86.
cimaise(f). 160.
cime(f). 46, 63.

ciment(m). 184.
cimier(m) mobile. 34.
cinéma(m). 168.
cinématographie(f). 368.
cingalais(m). 345.
cintre(m). 170.
circuit(m). 278, 372.
circuit(m) d'oxygène. 312.
circuit(m) de caloportage primaire. 652.
circuit(m) de distribution électrique. 652.
circuit(m) de synchronisation. 610.
circuit(m) des générateurs de vapeur. 652.
circuit(m) électronique. 592.
circuit(m) imprimé. 356.
circulateur(m). 194.
circulation(f) dans les deux sens. 701.
circulation(f) sanguine. 116, 117.
cire(f) gaufrée. 99.
cireur(m). 310.
cirque(m). 30.
cirque(m) glaciaire. 48.
cirro-cumulus(m). 44.
cirro-stratus(m). 44.
cirrus(m). 44.
cisaille(f). 499.
cisaille(f). 360.
cisaille(f) à haies. 239.
cisaille(f) à volaille. 221.
ciseau(m). 502.
ciseaux(m). 487.
ciseaux(m). 585, 615.
ciseaux(m) à cuticules. 332.
ciseaux(m) à denteler. 487.
ciseaux(m) à effiler. 332.
ciseaux(m) à ongles. 332.
ciseaux(m) à trois lames. 507.
ciseaux(m) de coiffeur. 328.
ciseaux(m) de pédicure. 333.
ciseaux(m) de sûreté. 333.
ciseaux(m) sculpteurs. 328.
citerne(f). 632.
citerne(f) centrale. 631.
citerne(f) d'eau potable. 439.
citerne(f) de décantation. 631.
citerne(f) latérale. 631.
cithare(f). 473.
citron(m). 69.
citrouille(f). 73.
clafoutis(m). 147.
clairon(m). 470.
clapet(m). 258, 492, 625.
clapet(m) de non-retour. 272.
clapet(m) de retenue. 267.
claque(m). 308, 310.
clarinette(f). 469, 476, 477.
clarinettes(f). 479.
classeur(m) à clapets. 451.
classeur(m) à soufflets. 340.
clavecin(m). 476.
clavicule(f). 112.
clavier(m). 456.
clavier(m). 371, 373, 453, 455, 465, 481.
clavier(m) à boutons-poussoirs. 232.
clavier(m) à pédales. 467.
clavier(m) accompagnement. 475.
clavier(m) alphanumérique. 456.
clavier(m) chant. 475.
clavier(m) de grand orgue. 467.
clavier(m) de positif. 467.
clavier(m) de récit. 467.
clavier(m) manuel. 468.
clavier(m) numérique. 456.
clavier(m) numérique. 596.
claviers(m) manuels. 467.
clayette(f). 229.
clé(f) anglaise. 266.
clé(f). 256, 469.
clé(f) à chaîne. 266.
clé(f) à crémaillère. 266.
clé(f) à fourches. 248.

clé(f) à molette. 248.
clé(f) à sangle. 266.
clé(f) à tuyau. 266.
clé(f) coudée à tuyau. 266.
clé(f) d'eau. 470.
clé(f) d'ut. 461.
clé(f) de fa. 461.
clé(f) de mandrin. 251.
clé(f) de serrage. 472.
clé(f) de sol. 461.
clé(f) de voûte. 162.
clé(f) mixte. 248.
clé(f) polygonale. 248.
clé(f) polygonale 6 pans. 248.
clé(f) polygonale à têtes fendues. 248.
clef(f) de voûte. 165.
clés(f). 248, 461.
clignotant(m). 388.
clignotant(m) arrière. 395.
climatiseur(m) de fenêtre. 196.
climatisation(f). 196.
climats(m) continentaux. 51.
climats(m) de montagne. 51.
climats(m) du monde. 51.
climats(m) polaires. 51.
climats(m) subarctiques. 51.
climats(m) subtropicaux. 51.
climats(m) tempérés. 51.
climats(m) tropicaux. 51.
clin, foc(m). 417.
cliquet(m). 209, 248, 250, 494, 593.
cliquet(m) anti-retour. 566.
clitoris(m). 109.
cloche(f). 304.
clocher(m). 165.
clocheton(m). 164.
cloison(f). 69, 578, 580, 582.
cloison(f), fausse. 71.
cloison(f) amovible. 451.
cloison(f) étanche. 631.
cloison(f) inter-testiculaire. 108.
cloison(f) transversale. 631.
clôture(f) électrique. 151.
clôture(f) en lattis. 237.
clou(m). 254.
clou(m). 573.
clou(m) millésimé. 408.
clous(m). 495.
clown(m). 312.
club(m) house. 555.
coach(m). 384.
coccyx(m). 112.
Cocher(m). 32.
cocheron(m) d'allée. 572.
cocheur(m) de sable. 572.
cockpit(m). 538.
code(m) morse. 371.
codes(m) des produits. 596.
coeur(m). 116.
coeur(m). 68, 91, 94, 190, 524, 578.
coeur(m) de croisement. 408.
coffre(m). 206, 383, 475, 656.
coffre(m) latéral. 662, 663.
coffret(m). 363, 377.
coffret(m) de branchement. 645.
coffret(m) de rangement. 327.
coiffe(f). 61, 498, 567.
coiffeur(m). 706.
coiffure(f). 320, 321.
coiffure(f), éléments(m) de la. 320, 321.
coiffure(f) à la Ninon. 321.
coiffure(f) à la Pompadour. 321.
coiffure(f) bouffante. 320.
coiffures(f). 288, 304.
coiffures(f), types(m) de la. 288.
coin(m). 468, 498, 565.
coin(m) de patinoire. 519.
coinceur(m). 574.
coing(m). 68.
cokerie(f). 624.
col-de-cygne(m). 187, 668.
col(m). 298.

col(m). 46, 281, 283, 285, 377, 572.
col(m) banane. 298.
col(m) cagoule. 298.
col(m) châle. 298.
col(m) chemisier. 295, 298.
col(m) chinois. 298.
col(m) Claudine. 298.
col(m) cravate. 298.
col(m) de l'utérus. 109.
col(m) du fémur. 113.
col(m) italien. 285.
col(m) marin. 298.
col(m) officier. 298.
col(m) pointes boutonnées. 285.
col(m) polo. 298.
col(m) roulé. 297, 298.
col(m) tailleur. 291, 298.
col(m) transformable. 281.
col roulé(m). 286.
Colby(m). 144.
collant(m). 301, 311.
collant(m) fantaisie. 305.
collatéral(m). 164.
collatérale(f). 127.
colle(f). 186.
collecteur(m). 642, 647, 650.
collecteur(m) d'appareil. 257.
collecteur(m) d'échappement. 390, 391, 392.
collecteur(m) d'évacuation. 257.
collecteur(m) de graisse. 227.
collecteur(m) principal. 257.
collerette(f). 298.
collet(m). 61, 115, 139, 143, 192, 215, 216, 433, 500.
collet(m) repoussé. 264.
collier-de-chien(m). 316.
collier(m). 140, 223, 546, 554.
collier(m) coupe-feu. 192.
collier(m) de perle. 316.
collier(m) de serrage. 56, 444, 561.
collier(m) de soirée. 316.
colliers(m). 316.
colline(f). 46.
colline(f) abyssale. 42.
Colombe(f). 33.
colombin(m). 505.
côlon(m) ascendant. 119.
côlon(m) descendant. 119.
côlon(m) pelvien. 119.
côlon(m) transverse. 119.
colonne(f). 46, 49, 251, 361, 415, 464, 485, 500, 577, 608.
colonne(f) ascendante. 193.
colonne(f) avec capuchon. 49.
colonne(f) centrale. 359.
colonne(f) d'air. 257, 262.
colonne(f) de direction. 386.
colonne(f) de mercure. 597.
colonne(f) de production. 627.
colonne(f) de radiateur. 193.
colonne(f) de ventilation secondaire. 257.
colonne(f) descendante. 193.
colonne(f) montante d'eau chaude. 257.
colonne(f) montante d'eau froide. 257.
colonne(f) vertébrale. 91, 97, 112.
colonnes(f). 580, 581.
colonnette(f). 506.
cols(m), types(m) de. 298.
columelle(f). 93.
combattant(m). 564.
combinaison(f). 287.
combinaison(f) de gymnastique. 307.
combinaison(f) de ski. 545.
combinaison(f) de vol. 541.
combinaison(f) gagnante. 581.
combinaison(f) pressurisée. 444.
combinaison-jupon(f). 302.
combinaison-pantalon(f). 300.
combiné-culotte(m). 302.
combiné(m). 302, 372, 373.

combiné(m) 2 dans 1. 328.
combiné(m) bucco-dentaire. 329.
combiné(m) téléphonique. 457.
combiné-slip(m). 302.
combles(m). 177.
combustible(m). 650.
combustible(m) défectueux sous gaine. 651.
combustible(m) nucléaire, cycle(m) du. 653.
comète(f). 31.
commande(f) à distance. 362.
commande(f) amovible. 227.
commande(f) au pied. 485.
commande(f) automatique de la porte. 171.
commande(f) d'accélération. 243.
commande(f) d'aérofrein. 542.
commande(f) d'éclairage du réticule. 600.
commande(f) d'essuie-glace. 386.
commande(f) d'unité de disques. 458.
commande(f) de bande magnétique. 458.
commande(f) de barrières. 409.
commande(f) de chauffage. 385.
commande(f) de compensation. 364.
commande(f) de dossier. 386.
commande(f) de l'affichage du viseur électronique. 369.
commande(f) de la bande. 371.
commande(f) de la dérive arrière. 422.
commande(f) de la dérive avant. 422.
commande(f) de largage de câble. 542.
commande(f) de lecture VCR. 369.
commande(f) de marche avant/ arrière. 368.
commande(f) de réglage auto- manuelle du diaphragme. 369.
commande(f) de rotation du prisme inverseur. 600.
commande(f) de surimpression sonore. 368.
commande(f) de syntonisation préréglable. 367.
commande(f) de température. 229, 331.
commande(f) de tonalité. 368.
commande(f) de vitesse. 225.
commande(f) de volume. 368, 373.
commande(f) des gradateurs. 374.
commande(f) du ventilateur. 196.
commande(f) électrique de paiement. 581.
commande(f) manuelle du zoom. 368.
commande(f) motorisée du zoom. 369.
commandes(f) de transmission. 371.
commissure(f) blanche antérieure. 122.
commissure(f) blanche postérieure. 122.
commissure(f) labiale. 126.
commode(f). 206.
communications(f). 343.
commutateur(m) chaleur-vitesse. 330.
commutateur(m) d'entrée pour magnétophone. 364.
commutateur(m) de frein de secours. 415.
commutateur(m) de mise au point automatique. 369.
commutateur(m) de vitesses du zoom. 369.
commutateur(m) du vumètre. 481.
commutateur(m) haut-parleur. 364.
commutateur(m) lumière artificielle/naturelle. 368, 369.

commutateur(m) marche/arrêt. 364, 481.
commutateur(m) mono-stéréo. 364.
commutateurs(m) d'entrées. 364.
compartiment(m). 340, 573, 578.
compartiment(m) central. 339.
compartiment(m) des voitures. 421.
compartiment(m) ouvert. 339.
compas(m). 423, 542.
compas(m) d'épaisseur. 503.
compas(m) magnétique liquide. 429.
compatibilisateur(m). 481.
compensateur(m) de poussée latérale. 365.
complexe(m) hydroélectrique. 637.
compluvium(m). 163.
composantes(f) d'un système. 363.
compresse(f) stérile. 615.
compresseur(m). 194, 196, 229, 390, 450.
compresseur(m) axial. 436.
compte-pose(m). 360.
compte-tours(m). 385.
compteur(m). 366, 367.
compteur(m) d'électricité. 645.
compteur(m) de film. 368.
compteur(m) de poses. 353.
compteur(m) général. 257.
compteur(m) kilométrique. 385.
comptoir(m) d'enregistrement. 440.
comptoir(m) de change. 440.
comptoir(m) de renseignements. 440.
comptoir(m) de vente des billets. 440.
Comté(m). 145.
concombre(m). 73.
Concorde(m). 39.
concurrent(m). 532.
condensat(m). 650.
condensateur(m). 361, 362, 658.
condensateur(m) de projecteur d'étoiles. 35.
condensateur(m) interchangeable. 361.
condensation(f). 50.
condenseur(m). 194, 196, 605, 647.
conditionnement(m) d'air. 407.
conducteur(m). 554, 555, 592.
conducteur(m) de phase. 645.
conducteur(m) de terre. 645.
conducteur(m) électrique. 211.
conducteur(m) en faisceau. 644.
conducteur(m) neutre. 645.
conduit(m). 467, 625.
conduit(m), section(f) de. 191.
conduit(m), section(f) du. 192.
conduit(m) auditif externe. 114, 124.
conduit(m) d'évacuation. 231.
conduit(m) de chauffage. 231.
conduit(m) de distribution vertical. 192.
conduit(m) de fumée. 190.
conduit(m) de la glande. 101.
conduit(m) de paiement jackpot. 581.
conduit(m) de raccordement. 191.
conduit(m) excréteur. 128.
conduite(f) à la terre. 633.
conduite(f) d'admission principale. 633.
conduite(f) d'admission secondaire. 633.
conduite(f) d'alimentation. 257.
conduite(f) d'eau chaude. 262.
conduite(f) d'eau en métal. 278.
conduite(f) d'eau froide. 262.
conduite(f) de distribution d'eau. 257.
conduite(f) de distribution d'eau potable. 399.
conduite(f) de transfert d'oxygène liquide. 442.

conduite(f) de transfert de carburant. 442.
conduite(f) des pièces. 581.
conduite(f) forcée. 637, 641, 646.
conduite(f) principale. 258.
conduite(f) principale de gaz. 399.
condyle(m) de l'occipital. 114.
condyle(m) externe. 113.
condyle(m) interne. 113.
cône(m). 45, 377, 432.
cône(m) d'échappement. 436.
cône(m) d'entrée. 436.
cône(m) d'ombre. 29, 30.
cône(m) de pénombre. 29, 30.
cônes(m) accolés. 432.
cônes(m) opposés par la base. 431.
cônes(m) opposés par le sommet. 431.
cônes(m) pointe en bas. 431.
cônes(m) pointe en haut. 431.
configuration(f) d'un système. 455.
congélateur(m). 229.
conjonctive(f). 123.
connecteur(m). 278.
connecteur(m) à serrage mécanique. 645.
connecteur(m) de liaison. 278.
connexions(f) du thermostat. 194.
conque(f). 124.
consigne(f) automatique. 412.
console(f). 467.
console(f). 464, 639, 644, 666.
console(f) centrale. 385.
console(f) d'accotoir. 200.
consonnes(f) affriquées. 348.
consonnes(f) fricatives. 348.
consonnes(f) liquides. 348.
consonnes(f) occlusives. 348.
constellations(f). 698.
constellations(f) de l'hémisphère austral. 33.
constellations(f) de l'hémisphère boréal. 32.
contact-dérivation(m). 370.
contact(m). 597.
contact(m) de trop-plein. 196.
contact(m) négatif. 656.
contact(m) positif. 656.
contact-transmission(m). 370.
contacteur(m). 258.
conteneur(m). 411.
conteneur(m). 420.
continental. 51.
continental semi-aride. 51.
continents(m), configuration(f) des. 41.
contre-attrape(f). 466.
contre-batteur(m). 155.
contre-écrou(m). 548.
contre-fer(m). 247.
contre-fiche(f). 180.
contre-filet(m). 140, 141.
contre-fléau(m). 596.
contre-flèche(f). 669.
contre-garde(f). 166.
contre-plaqué(m). 184.
contre-platine(f). 365.
contre-rail(m). 408.
contre-rotation(f). 379.
contre-sanglon(m). 553.
contre-sep(m). 153.
contrebasse(f). 463, 477.
contrebasses(f). 479.
contrebasson(f). 479.
contrecoeur(m). 190.
contrefiche(f). 645.
contrefort(m). 46, 164, 165, 308, 548, 639.
contremarche(f). 187, 494.
contreparement(m). 255.
contreplaqué(m) à âme. 255.
contreplaqué(m) moulé. 255.
contreplaqué(m) multiplis. 255.
contrepoids(m). 171, 365, 403, 408, 409, 596, 608, 667, 669.

contrescarpe(f). 166.
contrevent(m). 189.
contrôle(m) automatique de fréquence. 364.
contrôle(m) d'exposition. 356.
contrôle(m) d'immigration. 440.
contrôle(m) d'usure des piles. 368.
contrôle(m) de niveau d'entrée. 481.
contrôle(m) de sécurité. 440.
contrôle(m) de tonalité des aigus. 364.
contrôle(m) de tonalité des graves. 364.
contrôle(m) des passeports. 440.
contrôle(m) douanier. 440.
contrôle(m) du générateur de bruit. 481.
contrôle(m) du séquenceur. 481.
contrôle(m) multicopies. 453.
contrôles(m) de niveau de sortie. 481.
contrôleur(m). 172.
convecteur(m). 193.
conversion(f). 653.
convertisseur(m). 358.
convoi(m) poussé. 631.
convoyeur(m). 155, 621, 624, 636.
convoyeur(m) à bagages. 439.
coordonnées(f) célestes. 27.
coordonnées(f) terrestres. 27.
copie(f) conforme. 349.
copyright(m). 349.
coque(f). 70, 94, 337.
coque(f) inférieure. 546.
coque(f) supérieure. 546.
coquille(f). 89, 94, 96, 200, 516, 520, 563.
coquille(f) bivalve. 93.
coquille(f) Saint-Jacques. 94.
coquille(f) univalve. 93.
coquilles(f). 137.
coquillettes(f). 137.
coquilleur(m) à beurre. 217.
cor(m) anglais. 469, 479.
cor(m) d'harmonie. 470, 476, 477.
Corbeau(m). 33, 167, 190.
corbeille(f). 169.
corbeille(f) à papier. 168.
corbeille(f) à pollen. 98.
corbeille(f) suspendue. 237.
cordage(m). 526, 587.
cordage(m) commis. 587.
cordage(m) tressé. 587.
corde(f). 463, 464, 465, 466, 565, 575, 577.
corde(f) arrière. 569.
corde(f) centrale. 569.
corde(f) d'accompagnement. 473.
corde(f) d'accrochage. 494.
corde(f) de couloir. 532.
corde(f) de faux départ. 532.
corde(f) de mélodie. 473.
corde(f) de prise. 558.
corde(f) de tête. 569.
corde(f) de timbre. 472.
corde(f) de tirage. 268.
corde(f) de traction. 540.
corde(f) vocale. 118.
cordeau(m). 239.
cordée. 62.
cordelette(f). 311, 574.
cordelière(f). 207, 306.
cordier(m). 463.
cordon(m). 233, 339, 369.
cordon(m) à gaine métallique flexible. 373.
cordon(m) d'alimentation. 210, 211, 327, 330, 358, 362, 363, 365.
cordon(m) d'alimentation articulé. 331.
cordon(m) d'orientation. 209.
cordon(m) de combiné. 372.
cordon(m) de dunes. 47.
cordon(m) de raccordement. 372.

cordon(m) de serrage. 282.
cordon(m) de soudure. 271, 272.
cordon(m) de tirage. 208, 209.
cordon(m) du téléphone. 373.
cordon(m) escamotable. 234.
cordon(m) spermatique. 108.
cordon(m) tire-feu. 684.
corne(f). 315, 416.
corne(f) de feu. 663.
cornée(f). 123.
cornemuse(f). 474.
cornes(f). 96.
cornet(m). 477.
cornet(m) à dés. 578.
cornet(m) à pistons. 470.
cornet(m) inférieur. 125.
cornet(m) moyen. 125.
cornet(m) supérieur. 125.
cornets(m). 479.
corniche(f). 161, 177, 188, 205, 593.
corolle(f). 64.
corps(m). 126, 153, 233, 250, 318, 330, 334, 349, 352, 430, 468, 469, 558, 560, 567, 599, 605.
corps(m) calleux. 122.
corps(m) caverneux. 108.
corps(m) cellulaire. 127.
corps(m) de chauffe. 193.
corps(m) de fonte segmenté. 682.
corps(m) de garde. 167.
corps(m) de l'ongle. 129.
corps(m) de Nissi. 127.
corps(m) de piston. 470.
corps(m) de pompe. 615.
corps(m) de ruche. 99.
corps(m) du pistolet. 270.
corps(m) du robinet. 261.
corps(m) humain, face(f) antérieure. 106.
corps(m) humain, face(f) postérieure. 106.
corps(m) spongieux de l'urètre. 108.
corps(m) vitré. 123.
corpuscule(m) de Meissner. 128.
corpuscule(m) de Pacini. 128.
correcteur(m). 363.
correcteur(m) liquide. 447.
corrections(f) d'erreurs. 350.
corrections(f) de la ponctuation. 350.
corrections(f) de signes diacritiques. 350.
corrections(f) typographiques. 350, 351.
corrections(m) de caractères. 350.
cors(m) d'harmonie. 479.
corsage-culotte(m). 295.
corsage(m). 307.
corset(m). 303, 644.
corvette(f). 282.
corymbe(f). 64.
cosse(f). 71.
costière(f). 170.
costume(m) de judo. 564.
costumes(m). 311, 312.
côte(f). 40, 43, 77, 139, 140, 143, 288, 567.
côte(f) axiale. 93.
côte(f) d'aloyau(m). 140.
cote(f) de fermeture. 555.
côte(f) de flanc. 142.
côte(f) flottante. 112.
cote(f) matinale. 555.
côte(f) spiralée. 93.
côté(m) bassin. 646.
côté(m) cour. 169.
côté(m) Dame. 577.
côté(m) femelle. 488.
côté(m) jardin. 169.
côté(m) mâle. 488.
côté(m) mer. 646.
côté(m) Roi. 577.
côtelettes(f). 143.
côtelettes(f) découvertes. 143.

Index général

côtes(f). 84, 112, 142.
côtes(f) croisées. 140.
côtes(f) découvertes. 139.
coton(m) hydrophile. 615.
coton-tige(m). 615.
cotre(m) Marconi. 418.
cotret(m). 657.
cottage(m). 173.
cotte(f) de mailles. 676.
cotylédon(m). 61, 67, 71.
cou(m). 101, 106, 108, 559.
couche(f). 305.
couche(f), mur(m) de la. 621.
couche(f), toit(m) de la. 621.
couche(f) antireflet. 656.
couche(f) basale. 128.
couche(f) claire. 128.
couche(f) conductrice extérieure. 377.
couche(f) cornée. 128.
couche(f) de base. 399.
couche(f) de fondation. 399.
couche(f) de forme. 399.
couche(f) de Malpighi. 128.
couche(f) de surface. 399.
couche(f) drainante. 638.
couche(f) fluorescente. 274.
couche(f) granuleuse. 128.
couche(f) imperméable. 626.
couchette(f). 424.
coude(m). 83, 100, 107, 191, 192, 193, 260, 265, 318.
coude(m) à 180°. 265.
coude(m) applique. 265.
coude(m) de renvoi. 257, 265.
coude(m) de trop-plein. 257.
coudes(m). 137.
coudière(f). 516.
coulant(m). 336.
coulée(f) de lave. 45.
couleur(f). 578.
couleurs(f). 696.
couleurs(f) du conducteur. 555.
coulisse(f). 284.
coulisse(f) d'accord. 470.
coulisse(f) du deuxième piston. 470.
coulisse(f) du premier piston. 470.
coulisse(f) du troisième piston. 470.
coulisseau(m) de cabine. 171.
coulisses(f). 169.
couloir(m). 179, 523, 528, 532, 557.
couloir(m) central. 407.
couloir(m) d'intercirculation. 407.
couloir(m) de lancer franc. 521.
couloir(m) de projection. 368.
couloir(m) latéral. 407.
Coulommiers(m). 145.
coup(m) de pied. 533.
coup(m) de pied de brasse. 533.
coup(m) de pied de papillon. 533.
coupe-bordures(m). 238.
coupe-circuit(m). 275.
coupe-circuit(m). 645.
coupe-circuit(m) limiteur de température. 263.
coupe-cors(m). 332.
coupe-cuticules(m). 332.
Coupe(f). 33.
coupe(f) à champagne. 212.
coupe(f) à la Beatle. 321.
coupe(f) d'une molaire. 115.
coupe(f) en brosse. 321.
coupe(f) nord-américaine. 139, 140, 142, 143.
coupe(f) parisienne. 139, 141, 142, 143.
coupe(f) transversale de la scène. 170.
coupe-feu(m). 182.
coupe-fil(m). 249, 277, 486.
coupe-flux(m). 358.
coupé(m). 384, 696.
coupe-oeuf(m). 221.

coupe-ongles(m). 333.
coupe-papier(m). 447.
coupe-tubes(m). 266.
coupe-verre(m). 507.
coupelle(f). 210.
couperet(m). 217.
coupleur(m) acoustique. 457.
coupleur(m) acoustique. 455.
coupole(f). 431.
coupole(f) rotative. 34.
cour(f). 151, 167.
courbure(f). 520, 567.
courge(f). 73.
courgette(f). 73.
couronne(f). 29, 83, 115, 591.
Couronne(f) australe. 33.
Couronne(f) Boréale. 32.
couronne(f) d'aubage. 643.
couronne(f) d'orientation. 661, 667.
couronne(f) de base. 34.
couronne(f) de table. 317.
couronnement(m). 187, 638.
courroie(f). 251, 365, 550, 658.
courroie(f) d'attache. 336.
courroie(f) d'entraînement. 230, 231.
courroie(f) de correction d'allure. 554.
courroie(f) de la pompe à huile. 390.
courroie(f) de rêne. 554.
courroie(f) de sécurité. 527.
courroie(f) de valise. 337.
courroie(f) de ventilateur. 391, 392.
course(f). 556.
course(f) sous harnais. 554, 555.
coursier(m) d'évacuateur. 637.
court de service droit. 523.
court de service gauche. 523.
court péronier(m) latéral. 111.
courtine(f). 166.
couscoussier(m). 222.
cousin(m). 130.
cousine(f). 130.
cousoir(m). 499.
coussin(m). 511, 570.
coussin(m) arrière. 569.
coussin(m) carré. 204.
coussin(m) cylindrique. 204.
coussin(m) de protection. 560.
coussin(m) de rembourrage. 565.
coussin(m) de tête. 569.
coussin(m) en caoutchouc. 328.
coussinet(m). 162, 548, 597.
coussinet(m) carpien. 86.
coussinet(m) de glissement. 408.
coussinet(m) de l'ergot. 86.
coussinet(m) digité. 86.
coussinet(m) palmaire. 86.
coussinet(m) plantaire. 86.
couteau-éplucheur(m). 217.
couteau(m). 214.
couteau(m). 94, 224, 225, 226, 536, 585, 586, 594, 595, 596.
couteau(m) à beurre. 214.
couteau(m) à bifteck. 214.
couteau(m) à découper. 217.
couteau(m) à désosser. 217.
couteau(m) à dessert. 214.
couteau(m) à filets de sole. 217.
couteau(m) à fromage. 214.
couteau(m) à huîtres. 217.
couteau(m) à jambon. 217.
couteau(m) à pain. 217.
couteau(m) à pamplemousse. 217.
couteau(m) à plomb. 507.
couteau(m) à poisson. 214.
couteau(m) à zester. 217.
couteau(m) central. 595.
couteau(m) d'électricien. 277.
couteau(m) d'office. 217.
couteau(m) de chef cuisinier. 217.
couteau(m) de combat. 678.
couteau(m) de cuisine. 217.
couteau(m) de potier. 505.
couteau(m) de table. 214.

couteau(m) en silex. 675.
couteau(m) latéral. 595.
couteaux(m), principaux types(m) de. 214.
couteaux(m) de cuisine, types(m) de. 217.
coutisse(f). 493.
coutre(m). 153.
couture(f). 485, 486, 487, 488, 489, 499.
couture(f). 308, 334, 512.
couture(f) d'assemblage. 289.
couture(f) médiane. 285.
couturier(m). 110.
couvercle(m). 222, 223, 224, 226, 227, 230, 259, 331, 335, 365, 597, 601, 611.
couvercle(m) branchial. 90.
couvercle(m) de batterie. 392.
couvercle(m) de culasse. 391.
couvercle(m) de réservoir. 259.
couvercle(m) du chargeur. 362.
couvercle(m) du répartiteur. 227.
couverture(f). 204, 656.
couverture(f) sus-alaire. 87.
couvre-bassinet(m). 682.
couvre-bornes(m). 601.
couvre-chaussure(m). 310.
couvre-culasse(m). 687.
couvre-oreiller(m). 204.
couvre-plateau(m). 365.
couvrure(f). 500.
coyau(m). 180.
crabe(m). 95.
craie(f). 568.
[crak-pain](m) de seigle. 138.
[crak-pain](m) scandinave. 138.
crampon(m). 310, 408.
crampons(m). 575.
cran(m). 283, 284, 489, 574.
cran(m) de mire. 685.
cran(m) de réglage. 249.
crâne(m). 84, 91, 106.
cratère(m). 30, 45, 621.
cravache(f). 551.
cravate(f). 285.
cravate(f) étroite. 311.
crawl(m). 533.
crayon(m). 649.
crayon(m) à sourcils. 323.
crayon(m) blanchisseur d'ongles. 333.
crayon(m) contour des lèvres. 323.
crayon(m) de pierre ponce. 503.
crayon(m) en plomb. 352.
crayon(m) khôl. 322.
crayon(m) lithographique. 503.
crayon-traceur(m). 322.
crémaillère(f). 187, 229, 432, 684.
crémaillère(f) de mise au point. 608.
crémaster(m). 92.
crème(f) dentifrice. 329.
crème(m) de Gruyère. 145.
crémier(m). 213.
créneau(m). 167.
crénelé. 62.
crêpe(f). 147.
crépine(f). 261, 627.
cresson(m) de fontaine. 74.
crête(f). 43, 46, 637, 638, 641, 676.
creux(m). 43, 216, 677.
creux(m) barométrique. 54.
crevasse(f). 48.
crevette(f). 95.
crinière(f). 83.
crispin(m). 562.
cristallin(m). 123.
cristaux(m) de neige, classification(f) des. 49.
cristaux(m) irréguliers. 49.
cristaux(m) liquides. 591.
croc(m) à défricher. 238.
croc(m) de remorque. 423.

croche(f). 461.
croche(f), double. 461.
croche(f), quadruple. 461.
croche(f), triple. 461.
crochet(m). 490.
crochet(m). 93, 211, 337, 341, 362, 486, 488, 492, 548, 594, 599, 626, 669.
crochet(m) à venin. 101.
crochet(m) commutateur. 372.
crochet(m) d'acier. 312.
crochet(m) de charge. 594.
crochet(m) de contrevent. 189.
crochet(m) de petit doigt. 470.
crochet(m) de pouce. 470.
crochet(m) de remorquage. 542.
crochet(m) de suspension. 594.
crochet(m) de traction. 152.
crochet(m) fiffi. 574.
crochet(m) griff-fiffi. 574.
crochet(m) pétrisseur. 225.
crochet(m) porte-embrasse. 207.
crochets(m). 347.
crocodile(m). 410.
croisée(f). 164.
croisée(f) du transept. 164.
croisement(m). 497.
croisillon(m). 164, 617.
croissant(m). 138, 696.
croissant(m) descendant. 30.
croissant(m) montant. 30.
croix(f). 696.
croix(f) de Saint-André. 182, 409.
Croix(f) du Sud. 33.
croix(m) de Saint-Georges. 432.
crosse(f). 139, 141, 142, 677, 683, 685, 687, 688, 689.
crosse(f) d'appontage. 691.
crosse(f) droite. 684.
croupe(f). 83, 140, 142, 559.
croupion(m). 87.
croûte(f) basaltique. 40.
croûte(f) de cuir. 284.
croûte(f) granitique. 40.
croûte(f) terrestre. 39, 45.
croûte(f) terrestre, coupe(f) de la. 40.
cruche(f). 586.
crustacé(m). 95.
crustacés(m) comestibles. 95.
cube(m) avec barrière. 552.
cubiculum(m). 163.
cubital(m) antérieur. 110, 111.
cubital(m) postérieur. 111.
cubitière(f). 676.
cubitus(m). 112.
cuiller(f). 216, 567.
cuiller(f). 585, 682.
cuiller(f) à café. 216.
cuiller(f) à crème glacée. 221.
cuiller(f) à dessert. 216.
cuiller(f) à égoutter. 219.
cuiller(f) à glace. 221.
cuiller(f) à soda. 216.
cuiller(f) à soupe. 216.
cuiller(f) à sucre. 216.
cuiller(f) à thé. 216.
cuiller(f) de table. 216.
cuilleron(m).
cuillers(f), principaux types(m) de. 216.
cuillers(f) doseuses. 219.
cuirasse(f). 675.
cuisine(f). 586.
cuisine(f). 163, 179, 407.
cuisinière(f) électrique. 228.
cuissard(m). 516, 676.
cuissardes(f). 568.
cuisse(f). 83, 87, 107, 140, 142.
cuisseau(m). 139.
cuisson(f). 506.
cuivre(m) et acier(m). 265.
cuivres(m), famille(f) des. 470.
cul-de-sac(m) de Douglas. 109.
cul-de-sac(m) dural. 122.
cul-de-sac(m) vésico-utérin. 109.

culasse(f). 317, 395, 680, 683, 684, 687, 688.
culasse(f) mobile. 685.
culée(f). 165, 400, 401, 402.
culot(m). 274, 357, 377, 392, 688.
culot(m) à broches. 274.
culot(m) Goliath. 274.
culotte(f). 141, 265, 303, 311, 520, 551, 561, 562, 565.
culotte(f) à ruchés. 305.
culotte(f) bouffante. 307.
culotte(f) plastique. 305.
cultivateur(m). 153.
cumulo-nimbus(m). 44.
cumulus(m). 44.
cupule(f). 70.
cure-ongles(m). 333.
curette(f). 335.
curleur(m). 530.
curling(m). 530.
curseur(m). 488, 594.
curseur(m) de déplacement. 457.
curseur(m) de réglage de la température. 597.
cuticule(f). 129.
cuve(f). 230, 232.
cuve(f) à mercure. 432.
cuve(f) de développement. 360.
cuvette(f). 196, 226, 228, 258, 259, 429, 464, 580.
cyclorama(m). 375.
Cygne(m). 32.
cylindre(m). 390, 395, 432, 453, 475, 504, 625.
cylindre(m) de coupe. 242.
cylindre(m) de roue. 393.
cylindre(m) des gaz. 687.
cylindre(m) enregistreur. 602.
cylindre(m) inférieur. 502, 504.
cylindre(m) récupérateur. 684.
cylindre(m) rotatif. 498.
cylindre(m) supérieur. 502, 504.
cymbales(f). 471.
cymbales(f). 477, 479.
cymbalette(f). 472.
cytoplasme(m). 105.

D

dague(f). 678.
dalle(f). 237.
dalot(m). 576.
Dame(f). 577, 578.
dames(f). 578.
damier(m). 430.
danois(m). 345.
date(f). 349, 555.
datte(f). 67.
Dauphin(m). 32.
dé(m). 487.
dé(m) à pocker. 579.
dé(m) doubleur. 578.
dé(m) régulier. 579.
déambulatoire(m). 164.
débardeur(m). 286, 297.
débouché(m) de cyclistes. 701.
débouchure(f). 278.
début(m). 587.
décapeuse(f). 668.
décapotable(f). 384.
décapsuleur(m). 219, 233.
déclencheur(m). 368.
déclencheur(m) à action différée. 353.
déclencheur(m) de paiement. 581.
déclencheur(m) pneumatique. 359.
déclencheur(m) souple. 359.
déclinaison(f). 27.
déclivité(f) du terrain. 178.
décolleté(m) carré. 299.
décolleté(m) drapé. 299.
décolleté(m) en coeur. 299.
décolleté(m) en V. 299.
décolleté(m) plongeant. 299.

décolletés(m). 299.
découpe(f) bretelle. 290.
découpe(f) princesse. 302.
défense(f). 514, 515.
défense(f) de fumer. 705.
défenseur(m) droit. 519.
défenseur(m) gauche. 519.
déflecteur(m). 196, 242, 389, 543.
déflecteur(m) acoustique. 421.
déflecteur(m) de chaleur. 274.
déflecteur(m) de fumée. 191.
déflecteur(m) de réservoir d'oxygène liquide. 442.
défonceuse(f). 666.
défonceuse(f). 664.
dégageur(m) de fumée. 690.
dégazeur(m). 647, 650.
dégorgeoir(m). 568.
dégrafeuse(f). 447.
Deimos. 28.
deltoïde(m). 110.
démarreur(m). 391, 658.
démarreur(m) électrique. 396.
démêloir(m). 328.
demi-barbule(f). 53.
demi-centre(m). 525.
demi-cercle(m). 521.
demi-clé(f) renversée. 587.
demi-court(m) de service en double. 528.
demi-court(m) de service en simple. 528.
demi-inséré(m). 515.
demi-lune(f). 166, 319.
demi(m). 515.
demi(m) d'ouverture. 517.
demi(m) de coin droit. 514, 515.
demi(m) de coin gauche. 514, 515.
demi(m) de mêlée. 517.
demi(m) de sûreté droit. 514, 515.
demi(m) de sûreté gauche. 514, 515.
demi(m) droit. 514, 518.
demi(m) en maraude. 515.
demi(m) gauche. 514, 518.
demi-manche(m). 217.
demi-membraneux(m). 111.
demi-pause(f). 461.
demi-soupir(m). 461.
demi-tasse(f). 213.
demi-tendineux(m). 111.
dendrite(f). 127.
dendrite(f) spatiale. 49.
dénoyauteur(m). 221.
dent(f). 101, 154, 215, 253, 328, 507, 548, 568, 666, 667.
dent(f) de défonceuse. 664.
dent(f) de godet. 665.
dent(f) de la charnière. 93.
denté. 62.
dentelle(f) aux fuseaux. 492.
denticule(m). 160.
dents(f). 115.
dents(f). 252, 488.
denture(f) humaine. 115.
dénude-fil(m). 277.
dénudeur(m) de fil. 277.
dépanneuse(f). 387.
déparaffinage(m) des huiles. 634.
départ(m). 552, 571.
départ(m) de dos. 553.
déploiement(m) des panneaux. 379.
déporteur(m). 434.
dépoussiéreur(m). 419.
dépression(f). 44.
dérailleur(m) arrière. 397.
dérailleur(m) avant. 397, 398.
derby(m). 310.
dérive(f). 434, 441, 537, 538, 540, 542.
dérive(f) aérienne. 421.
dériveur(m). 538.
derme(m). 127, 128, 129.
dernier droit(m). 555.
dernier quartier(m). 30.

dérouleur(m) de bande magnétique. 458.
dés(m). 579.
dés(m). 578.
désasphaltage(m) des huiles. 634.
descenderie(f). 622.
descendeur(m). 574.
descente(f). 178.
descente(f) dangereuse. 700.
descente(f) de gouttière. 177.
désert(m). 47.
désert(m). 51.
désert(m) de pierres. 47.
désert(m) de sable. 47.
déshabillé(m). 301.
déshumidificateur(m). 196.
desserte(f). 199.
desserts(m). 146, 147.
dessus(m). 524.
dessus(m) de côtes. 139, 141.
détecteur(m) d'horizon. 57.
détecteur(m) de flux horizontaux. 648.
détendeur(m). 536, 585.
détente(f). 387, 677, 682, 683, 685, 686, 687, 688, 689.
détonateur(m). 682.
deux-points(m). 347, 371.
deuxième-but(m). 511.
deuxième espace(m). 521.
deuxième joueur(m). 533.
deuxième radial(m) externe. 111.
devant(m). 283.
devant(m) de chemise. 285.
déverrouillage(m) de l'obturateur. 353.
déversoir(m). 637.
déversoir(m), seuil(m) de. 637.
dévidoir(m). 496.
dévidoir(m). 240, 663.
dévidoir(m) automatique. 234.
dévidoir(m) de ruban adhésif. 447.
dextre(m). 695.
diable(m). 413, 671.
diagonale(f). 577, 644.
diamant(m). 317, 433, 569.
diapason(m). 478.
diapason(m). 592.
diaphragme-iris(m). 605.
diaphragme(m). 118, 119, 353, 372, 607.
diapositive(f). 362.
dièse(m). 462.
dièse(m), double. 462.
diesel-navire(m). 635.
diffuseur(m). 358.
diffuseur(m) d'air. 415.
diffuseur(m) en nid d'abeilles. 358.
digue(f) morte. 646.
diphtongues(m). 348.
dipôle(m). 610.
directeur(m) technique. 376.
direction(f). 386.
direction(f) d'une réaction. 709.
direction(f) du vent. 54.
direction(f) obligatoire. 703.
directrice(f). 643.
discontinuité(f) de Gutenberg. 39.
discontinuité(f) de Mohorivicic. 39.
discontinuité(f) de Mohorovicic. 40.
disjoncteur(m). 641.
disjoncteur(m) bipolaire. 278.
disjoncteur(m) principal. 278, 658.
disjoncteur(m) unipolaire. 278.
disjoncteur(m) de fuite de terre. 278.
dispositif(m) anti-bascule. 617.
dispositif(m) antidébordement. 232.
dispositif(m) d'admission d'air. 191.
dispositif(m) de blocage. 268, 599.
dispositif(m) de commande. 57.
dispositif(m) de contrôle d'altitude. 57.
dispositif(m) de levage. 375.
dispositif(m) de poussée. 352.
dispositif(m) de régulation. 658.

disque(m). 365, 458.
disque(m). 393, 487, 503, 561, 601.
disque(m) butteur. 154.
disque(m) de papier-diagramme. 388.
disque(m) de rupture. 648.
disque(m) de tension. 486, 491.
disque(m) germinatif. 89.
disque(m) râpeur. 226.
disques(m). 558.
disques(m). 226.
disquette(f). 455.
distillation(f) sous vide. 635.
distributeur(m) d'engrais. 154.
distributeur(m) d'essence. 387.
distributeur(m) d'essence. 387.
distributeur(m) de boissons. 387.
distributeur(m) de correspondances. 414.
distributeur(m) de détergent. 232.
distributeur(m) de lames. 327.
distributeur(m) de monnaie. 412.
distributeur(m) de produit de rinçage. 232.
diviseur(m). 155.
division(f). 709.
do(m). 461.
dock(m) flottant. 427.
doigt(m). 86, 89, 97, 152, 289, 512, 574.
doigt(m) de jupe. 421.
doigt(m) externe. 87.
doigt(m) interne. 87.
doigt(m) médian. 87.
doigt(m) palmé. 97.
doigt(m) postérieur. 87.
doline(f). 46.
dollar(m). 709.
dôme(m). 632.
dôme(m) cache-poussière. 363.
dôme(m) d'avaloir. 190.
dominos(m). 579.
donjon(m). 167.
Dorade(f). 33.
dormant(m). 189, 205.
dormeuse-couverture(f). 305.
dormeuse(f). 306.
dormeuse(f) de croissance. 305.
dorsale(f). 42.
dos(m). 83, 87, 107, 214, 215, 216, 217, 252, 283, 335, 498, 677.
dos(m) d'âne. 700.
dos(m) du livre. 500.
dos(m) du nez. 125.
dosseret(m). 228, 230, 231, 670.
dossier(m). 203, 386, 394.
dossier(m) suspendu. 449.
dossière(f). 101, 554.
double-blanc(m). 579.
double(m). 579.
double(m) cube avec haie. 552.
double rideau(m). 207.
double-six(m). 579.
double toit. 583.
double vitrage(m). 655.
double zéro(m). 581.
doublement denté. 62.
doublure(f). 283, 308, 338, 340, 488, 548.
douchette(f). 259, 260.
doucine(f). 680.
douille(f). 275, 599, 688.
douille(f) de lampe. 275.
Doux(m) de Montagne. 144.
douzaine(f). 580, 581.
Dragon(m). 32.
dragon(m) blanc. 579.
dragon(m) rouge. 579.
dragon(m) vert. 579.
dragonne(f). 336, 337, 339, 340, 369, 547, 574.
draille(f). 416.
drain(m). 182, 267.
drap-housse(m). 204.

Index général

drap(m). 204.
drapeau(m). 695.
drapeau(m). 517, 571.
drapeau(m), éléments(m) d'un. 695.
drapeau(m), formes(f) de. 697.
drapeau(m) à Schwenkel. 697.
drapeau(m) blanc. 531, 564.
drapeau(m) bleu. 531.
drapeau(m) de centre. 518.
drapeau(m) de coin. 518.
drapeau(m) de secteur. 556.
drapeau(m) rouge. 531, 564.
drisse(f). 417, 695.
drisse(f) de foc. 538.
drisse(f) de grand-voile. 538.
droit fil(m). 489.
droit(m) antérieur de la cuisse. 110.
droit(m) interne. 111.
droit(m) planche. 552.
drupéole(f). 66.
dune(f). 43.
dune(f) complexe. 47.
dune(f) en croissant. 47.
dune(f) parabolique. 47.
dunes(f) longitudinales. 47.
dunes(f) transversales. 47.
dunette(f). 416.
duo(m). 476.
duodénum(m). 119.
duplex(m). 173.
dure-mère(f) spinale. 122.
durite(f) de radiateur. 392.
duse(f). 627.
dyke(m). 45.

E

eau(f), cycle de l'. 50.
eau(f), états(m) de. 49.
eau(f) d'alimentation. 650.
eau(f) de fonte. 48.
eau(f) de refroidissement. 650.
eau(f) de ville. 655.
eau(f) fortuite. 571.
eau(f) lourde. 650.
eau(f) salée. 626.
eaux(f) décantées. 636.
eaux(f) résiduaires. 636.
eaux(f) usées. 634.
ébarbage(m). 499.
ébarboir(m). 501.
ébauchoirs(m). 505.
ébrancheur(m). 239.
ébrasement(m). 165, 190.
écaille(f). 65, 75, 89, 90, 101.
écaille(f) cirière. 98.
écartelé(m). 696.
écartement(m) des électrodes. 392.
échalote(f) à maturité. 75.
échalote(f) nouvelle. 75.
échancrure(f). 463.
échancrure(f) de la conque. 124.
échangeur(m) de chaleur du modérateur. 650.
échangeur(m) extérieur. 194.
échangeur(m) intérieur à ailettes. 194.
échangeur(m) thermique. 655.
échantillon(m). 490.
échappement(m), orifice(m) d'. 625.
échappement(m), système(m) d'. 392.
échappement(m) diesel. 424.
échauguette(f). 167.
échecs(m). 577.
échelle(f). 268.
échelle(f). 611, 633.
échelle(f) à crochets. 268, 663.
échelle(f) anémométrique. 53.
échelle(f) coulissante. 268.
échelle(f) d'agrandissement. 361.

échelle(f) d'échafaudage. 269.
échelle(f) d'ouverture de diaphragme. 355.
échelle(f) d'ouverture relative. 357.
échelle(f) de bout. 405.
échelle(f) de centrage. 453.
échelle(f) de corde. 268.
échelle(f) de coupée. 420.
échelle(f) de durée d'exposition relative. 357.
échelle(f) de latitude. 56.
échelle(f) de lecture. 357.
échelle(f) de température. 597.
échelle(f) des distances. 355.
échelle(f) des indices d'exposition. 357.
échelle(f) des profondeurs de champ. 355.
échelle(f) des vitesses. 478.
échelle(f) droite. 268.
échelle(f) escamotable. 268, 691.
échelle(f) fruitière. 269.
échelle(f) latérale. 405.
échelle(f) mécanique d'incendie. 662.
échelle(f) pivotante automatique. 662.
échelle(f) roulante. 269.
échelle(f) transformable. 268.
échelles(f). 269.
échelles(f) des altitudes. 39.
échelon(m). 268.
échenilloir-élagueur(m). 239.
échine(f). 142, 160, 500.
échiquier(m) anglais. 577.
échiquiers(m). 577.
échiquiers(m) français. 577.
écho(m). 428, 610.
éclairage(m). 586.
éclairage(m) de studio. 358.
éclairage(m) inactinique. 360.
éclairagiste(m). 374.
éclipse(f) annulaire. 29.
éclipse(f) partielle. 29, 30.
éclipse(f) totale. 29, 30.
éclisse(f). 408, 463.
écluse(f). 426.
écluse(f). 427, 646.
écoinçon(m). 162.
écorce(f). 63, 69, 129.
écoulement(m) souterrain. 50.
écoute(f). 373, 417.
écoute(f) de foc. 538.
écoute(f) de grand-voile. 538.
écoutille(f). 690.
écouvillon(m). 681.
écran(m). 377, 428, 455.
écran(m) à main. 273.
écran(m) annulaire. 648.
écran(m) de précontrôle. 376.
écran(m) de projection. 362.
écran(m) de repérage. 376.
écran(m) de soudeur. 273.
écran(m) de visibilité. 409.
écran(m) diffuseur. 358.
écran(m) fluorescent. 606.
écran(m) panoramique. 610.
écran(m) protecteur. 507.
écran(m) sortie. 376.
écran(m) témoin. 376.
écran-paralume(m). 211.
écrevisse(f). 95.
écritoire(f). 340.
écritures(f) des peuples. 345.
écrou(m). 249, 254, 264, 408, 428.
écrou(m) à cabestan. 56.
écrou(m) à collet. 260.
écrou(m) à oreilles. 254.
écrou(m) à oreilles. 252.
écrou(m) à six pans. 264.
écrou(m) borgne. 254.
écrou(m) de blocage. 258, 566.
écrou(m) de bonde. 260.
écrou(m) de canon. 685.
écrou(m) de collet. 250.
écrou(m) de contrôle. 56.

écrou(m) de fixation. 260.
écrou(m) de la lame. 253.
écrou(m) de serrage. 226, 264.
écrou(m) du presse-étoupe. 261.
écrou(m) hexagonal. 392.
écu(m). 695.
Écu(m) de Sobieski. 33.
écubier(m). 419.
écume(f). 43.
écumoire(f). 219.
écurie(f). 555.
écusson(m). 93, 256.
édicule(m). 414.
édredon(m). 204.
effacement(m). 373.
égal ou plus grand que. 709.
égal ou plus petit que. 709.
égale. 709.
égale à peu près. 709.
égout(m) collecteur. 399.
éjecteur(m). 668, 689.
éjecteur(m) de fouets. 225.
éjection(f). 367.
élan(m), course d'. 560.
élan(m), course d'. 560.
élastique(m). 204.
élcetricité(f). 278.
électricité(f). 274, 275, 276, 277, 637, 638, 639, 640, 641, 642, 643, 644, 645, 646.
électro-aimant(m). 370.
électrode(f). 271, 274, 372.
électrode(f) centrale. 392.
électrode(f) d'amorçage. 274.
électrode(f) de masse. 392.
électrode(f) de Wehnelt. 606.
électrode(f) principale. 274.
électrodes(m) d'allumage. 195.
élément(m). 392, 506.
élément(m) bimétallique hélicoïdal. 597.
élément(m) chauffant. 231, 232.
élément(m) chauffant inférieur. 263.
élément(m) chauffant supérieur. 263.
élément(m) de chauffe. 195.
élément(m) de cuisson. 228.
élément(m) de dégivrage. 229.
élément(m) de grillage. 228.
élément(m) de surface. 228.
élément(m) tubulaire. 228.
éléments(m) de chauffe. 194.
élévateur(m). 35, 152, 541, 651.
élévation(f) du réseau. 378.
élevon(m). 443.
élingue(f). 680.
émail(m). 115.
émaux(m). 696.
embase(f). 35, 546, 600.
embase(f) de plat de dos. 200.
embauchoir(m). 310.
emblème(m). 383, 695.
embouchure(f). 470.
embouchure(f) de microphone. 372.
embout(m). 208, 335, 336, 362, 392, 520, 536, 566, 572.
embout(m) d'arrosage. 240.
embout(m) de baleine. 336.
embout(m) de caoutchouc. 616.
embout(m) isolant. 331.
embrasse(f). 207.
embrasse(f) postérieure. 616.
embrasure(f). 166.
émérillon(m). 567.
émetteur(m). 370.
émetteur(m). 428, 610, 692.
émetteur-récepteur(m). 379, 428, 444.
émetteur-récepteur(m) terminal. 379.
emmanchure(f). 287, 296.
emmanchure(f) américaine. 296.
emmarchement(m). 187.
émondoir(m). 239.

empattement(m). 644.
empaumure(f). 81.
empeigne(f). 308.
empennage(m). 435.
empennage(m). 434, 528, 677, 692.
empennage(m) bas. 435.
empennage(m) de stabilisation. 442.
empennage(m) en T. 435.
empennage(m) surélevé. 435.
empiècement(m). 285, 295.
emporte-pièces(m). 220.
empreinte(f) musculaire. 93.
empreinte(f) palléale. 93.
en accolade. 162.
en bas de casse. 350.
en-but(m). 517.
en capitales. 350.
en équilibre. 534.
en gras. 350.
en italique. 350.
en lancette. 162.
en léger. 350.
en ogive. 162.
en petites capitales. 350.
en prison. 580, 581.
en romain. 350.
en-tête(m). 349.
encadrement(m) de lunette. 383.
enceinte(f) acoustique. 363.
enceinte(f) acoustique. 363.
enceinte(f) de confinement. 648, 649, 652.
enclume(f). 625.
encoche(f). 233, 677.
encoche(f) de coiffe. 498.
encoignure(f). 206.
encolure(f). 83, 287.
encolure(f) bateau. 299.
encolure(f) drapée. 299.
encolure(f) en V. 283, 286.
encolure(f) ras du cou. 299, 305.
encolures(f). 299.
encre(f). 352, 502.
encre(f) lithographique. 503.
endive(f). 74.
endocarpe(m). 67, 68.
endossure(f). 500.
endroit(m). 294.
énergie(f) électrique. 640.
énergie(f) nucléaire. 647, 648, 649, 650, 651, 652, 653.
énergie(f) solaire. 654, 655, 656.
énergies(f). 619.
enfants(m). 130, 131.
enfile-aiguille(f). 487.
enfile-aiguille(m). 486.
enfourchure(f). 81, 287.
engins(m) de manutention. 671.
engins(m) féminins. 560.
engins(m) masculins. 559.
engrenage(m). 503, 658.
engrenage(m) à vis sans fin. 209.
engrenage(m) horaire. 34.
enjoliveur(m). 261, 318.
enjoliveur(m) de phare. 384.
enjoliveur(m) de roue. 383.
enregistrement(m). 366, 367, 373, 706.
enregistrement(m) de touches. 562.
enregistrement(m) des bagages. 412.
enregistrement(m) des données en mémoire vive. 454.
enregistreur(m). 532.
enregistreur(m) de pression. 423.
enrobage(m). 656.
enrouleur(m). 562.
enrouleur(m) à ressort. 544.
enseigne(f) commerciale. 168.
enseigne(f) directionnelle. 414.
enseigne(f) extérieure. 414.
enseigne(f) lumineuse. 168.
ensemble(m) vide. 709.

ensoleillement(m). 55.
ensouple(f) de chaîne. 494.
ensouple(f) de tissu. 494.
entablement(m). 160, 188.
entablure(f). 487.
entame(f) de romsteck. 141.
entier. 62.
entoilage(m). 488.
entonnoir(m). 218, 226.
entonnoir(m) collecteur. 56.
entraînement(m) de la main
   courante. 172.
entraîneur(m). 555, 565.
entrait(m). 180.
entrave(f). 554.
entre-noeuds(m). 61.
entrecôtes(f) couvertes. 141.
entrecôtes(f) découvertes. 141.
entredent(m). 215.
entredoublure(f). 488.
entrée(f). 535, 671.
entrée(f) audio. 367.
entrée(f) d'air. 404, 421, 441.
entrée(f) d'air des moteurs. 421.
entrée(f) de clé. 256.
entrée(f) de courant. 274.
entrée(f) des gaz d'échappement.
   390.
entrée(f) du modérateur. 648.
entrée(f) interdite. 704.
entrée(f) latérale. 178.
entrée(f) pieds premiers. 534.
entrée(f) principale. 178.
entrée(f) tête première. 534.
entrée(f) vidéo. 367.
entrées(f) dans l'eau. 534.
entrejambe(m). 199.
entrejambe(m) en crinoline. 203.
entrejambe(m) en H. 203.
entrejambe(m) en X. 203.
entrejambes(m). 203.
entrepôt(m). 634.
entretien(m) des tissus. 708.
entretoise(f). 269, 494, 658, 671.
enveloppe(f). 275, 512, 573.
enveloppe(f) de verre. 357.
enveloppe(f) extérieure. 34.
enveloppe(f) intérieure. 34.
envers(m). 294.
envol(m). 560.
éolienne(f). 658.
éolienne(f) à axe horizontal. 658.
éolienne(f) à axe vertical. 658.
épandeur(m). 241.
épandeur(m) de fumier. 153.
éparpilleur(m) de fumier. 154.
épaule(f). 83, 106, 139, 140, 142,
   143, 524, 567.
épaulé-jeté(m) à deux bras. 561.
épaulement(m). 217, 254.
épaulette(f). 311.
épaulière(f). 516, 520, 676, 686.
épée(f). 563.
épée(f) à deux mains. 678.
épée(f) à une main. 678.
épée(f) à une main et demie. 678.
épées(f). 678.
épées(f) à deux tranchants. 678.
épées(f) à un tranchant. 678.
épéiste(m). 563.
éperon(m). 98, 472, 551.
éperon(m) calcanéen. 100.
épi(m). 64, 77.
épi(m) de faîtage. 177.
épicarpe(m). 66, 67, 68.
épicentre(m). 45.
épicondyle(m). 113.
épiderme(m). 127, 128, 129.
épidermicule(m). 129.
épiglotte(f). 118, 126.
épinard(m). 74.
épine(f). 93.
épine(f) de l'omoplate. 113.
épingle(f). 487.
épingle(f) à cheveux. 333.
épingle(f) à cravate. 316.

épingle(f) de sûreté. 615.
épingles(f) de sûreté. 487.
épinglette(f). 315.
épiphyse(f). 122.
épiscope(m) du tireur. 690.
épissure(f) courte. 587.
épithélium(m) olfactif. 125.
épitrochlée(f). 113.
époi(m). 81.
éponge(f). 85, 507.
éponge(f) à démaquiller. 323.
éponge(f) de mer. 323.
éponge(f) en latex. 323.
éponge(f) synthétique. 323.
éponges(f) à maquiller. 323.
épontes(f). 622.
éponychion(m). 129.
épouse(f). 130.
époux(m). 130, 131.
épreuve(f). 356.
éprouvette(f) graduée. 56.
épuisette(f). 568.
équateur(m). 27.
équateur(m) céleste. 27.
équilibrage(m). 364.
équilibreur(m). 684.
équinoxe(m) d'automne. 27.
équinoxe(m) de printemps. 27.
équipe(f). 530.
équipe(f) de rugby. 517.
équipement(m) d'alpinisme. 574.
équipement(m) d'équitation. 551.
équipement(m) de bureau. 445.
équipement(m) de connexion. 379.
équipement(m) de contrôle
   biomédical. 444.
équipement(m) de multiplexage.
   379.
équipement(m) de protection. 273,
   516.
équipement(m) de vie. 444.
équipements(m) aéroportuaires.
   439.
équitation(f). 551, 552, 553.
équivaut à. 709.
ergot(m). 86.
ergot(m) d'entraînement. 457.
Éridan. 33.
éruption(f). 29.
escabeau(m) plate-forme. 269.
escabeaux(m). 268, 269.
escalier(m). 187.
escalier(m). 178, 565, 633, 657,
   705.
escalier(m) automoteur. 439.
escalier(m) d'accès. 439.
escalier(m) en spirale. 633.
escalier(m) fixe. 414.
escalier(m) mécanique. 172.
escalier(m) mécanique. 414.
escalier(m) mécanique
   descendant. 705.
escalier(m) mécanique montant.
   705.
escargot(m). 96.
escargots(m). 137.
escarpe(f). 166, 167.
escarpin(m). 309, 311.
escrime(f). 562, 563.
escrimeur(m). 562.
espace(m), conquête(f) de l'. 39.
espace(m) de rangement. 179.
espace(m) interplanétaire. 39.
espacer les mots. 350.
espadrille(f). 309.
espagnol(m). 345.
esperluette(f). 709.
esquimau(m). 307.
essence(f). 635.
essieu(m). 404, 548.
essieu(m) avant. 666.
essieu(m) directeur. 670.
essieu(m) moteur. 670.
essoreuse(f) à salade. 218.
essuie-glace(m). 384.
est identique à. 709.

est(m). 579.
estèques(f). 505.
estomac(m). 91, 94, 116, 119.
estrade(f). 555.
estrade(f). 35.
estragon(m). 135.
étable(f). 151.
étage(m). 178, 179.
étage(m). 442, 623, 657.
étage(m) d'exploitation. 646.
étai(m). 182, 416.
étai(m) avant. 538.
étamine(f). 64, 68.
étampure(f). 85.
étançon(m). 153.
étang(m) de décantation. 636.
état(m) du sol. 55.
état(m) présent du temps. 54.
étau(m). 249.
étau(m). 501.
étau(m) à endosser. 500.
étau(m) à plomb. 507.
été(m). 27.
étiquette(f). 365, 596.
étiquette(f) extérieure du paquet.
   334.
étiquettes(f) autocollantes. 448.
étoile. 49, 317, 696.
étoile(f) filante. 39.
étoile(f) Polaire. 32.
étoiles(f). 137.
Eton. 307.
étouffoir(m). 466.
étranglement(m). 592, 597, 622.
étranglement(m) annulaire de
   Ranvier. 127.
étrave. 416, 538.
être(m) humain. 103.
étrier(m). 574.
étrier(m). 267, 275, 393, 547, 553,
   595, 677.
étrier(m) d'attache. 353, 369.
étrier(m) de fixation. 428.
étrier(m) de serrage. 226.
étrier(m) du flotteur. 267.
étrivière(f). 553.
étui(m). 332.
étui(m) de cuir. 585.
étuveuse(f). 222.
Eurasie. 41.
Europa. 28.
Europe. 41.
euthynterie(f). 161.
évacuation(f) du gaz carbonique.
   444.
évaporation(f). 50.
évaseur(m). 266.
évent. 352, 506.
évent(m) latéral. 196.
évier-broyeur(m). 260.
évier(m). 360.
évier(m) double. 257.
évolution(f) de la pression. 54.
excavatrice(f) à godets. 621.
excavatrice(f) à roue. 621, 636.
exosphère(f). 39.
expiration(f). 54.
exploitation(f) minière. 622.
explosif(m). 682.
exposant(m). 350.
extenseur(m) commun des doigts.
   111.
extenseur(m) commun des orteils.
   110.
extérieur(m) d'une maison. 177.
extincteur(m). 662.
extincteur(m) d'incendie. 704.
extracteur(m) de comédons. 333.
extraction(f) du minerai. 653.
extraction(f) minière. 636.
extrados(m). 162, 542.
eyeliner(m). 322.

F

fa(m). 461.
fabrication(f) du combustible. 653.
façade(f). 165.
face-à-main(m). 319.
face(f). 166, 214, 507, 529, 572.
face(f) cachée. 30.
face(f) visible. 30.
facules(f). 29.
faible(m). 563.
faille(f). 40, 45, 622.
faille(f) transformante. 42.
faire suivre. 350.
faisceau(m) bleu. 377.
faisceau(m) d'attente. 411.
faisceau(m) d'électrons. 377.
faisceau(m) de débranchement.
   411.
faisceau(m) de réception. 411.
faisceau(m) rouge. 377.
faisceau(m) vert. 377.
faîtage(m). 180.
faîtière(f). 582.
faitout(m). 222.
faitout(m). 585.
falaise(f). 30, 40, 43.
familiale(f). 384.
familiale(f), arrière(m) d'une. 384.
fanion(m). 53, 522, 544, 697.
fanion(m) double. 697.
fanon(m). 83.
fard-cils(m). 322.
fard-cils(m) en pain. 323.
fard(m) à joues en crème. 322.
fasce(f). 160.
fauchage(m) extérieur. 564.
fauchage(m) intérieur. 564.
faucille(f). 242.
fausse côte(f). 113.
fauteuil(m). 200.
fauteuil(m). 169.
fauteuil(m) club. 201.
fauteuil(m) d'orchestre. 169.
fauteuil(m) metteur en scène. 201.
fauteuil(m) pivotant à bascule. 451.
fauteuil(m) roulant. 617.
fauteuil(m) Wassily. 200.
fauteuil-sac(m). 202.
fauteuils(m). 201.
fauteuils(m), principaux types(m)
   de. 200, 201.
faux bourdon(m). 98.
faux(f). 242.
faux filet(m). 140.
faux quartier(m). 553.
faux registre(m). 468.
faux sommier(m). 468.
fedelini(m). 136.
femelle(f). 709.
femme. 130.
fémur(m). 84, 92, 97, 98, 100, 112.
fenêtre(f). 189.
fenêtre(f). 177, 178, 289, 341, 377,
   415, 537, 644.
fenêtre(f) à guillotine. 189.
fenêtre(f) à jalousies. 189.
fenêtre(f) à la française. 189.
fenêtre(f) basculante. 189.
fenêtre(f) coulissante. 189, 407.
fenêtre(f) d'éjection. 683, 685, 687.
fenêtre(f) en accordéon. 189.
fenêtre(f) moustiquaire. 189.
fenêtre(f) ouvrant à l'anglaise. 189.
fenêtre(f) panoramique. 407.
fenêtre(f) pivotante. 189.
fenouil(m). 77.
fente(f). 227, 254, 341, 497, 499.
fente(f) à monnaie. 373, 581.
fente(f) du support. 209.
fente(f) latérale. 283.
fente(f) médiane. 283.
fer(m). 572.
fer(m). 247, 572.
fer(m) à cheval. 85.
fer(m) à cheval. 162, 315.

Index général

fer(m) à friser. 331.
fer(m) à souder. 271.
fer(m) à souder. 507.
fer(m) à vapeur. 233.
fer(m) droit. 572.
fer(m) droit. 572.
ferme(f). 149.
ferme(f). 180.
fermeture(f) à glissière. 488.
fermeture(f) à glissière. 305, 306, 307, 332, 336, 337, 338, 583.
fermeture(f) du soufflet. 475.
fermeture(f) sous patte. 307.
fermoir(m). 339, 340.
fermoir(m) à boules. 339, 341.
ferret(m). 308, 336.
ferrule(f). 487.
ferrure(f). 337.
fesse(f). 107.
feu(f) de gabarit. 383.
feu(m). 430.
feu(m) anticollision. 434.
feu(m) arrière. 395, 397.
feu(m) clignotant. 409.
feu(m) de circulation. 168.
feu(m) de gabarit. 388, 389.
feu(m) de gabarit rouge. 388.
feu(m) de lisse. 409.
feu(m) de marche arrière. 383.
feu(m) de navigation. 434.
feu(m) de position. 691.
feu(m) de tête de mât. 420.
feu(m) rouge arrière. 383, 388.
feu(m) stroboscopique. 691.
feuillage(m). 63.
feuille(f). 62.
feuille(f). 61, 77.
feuille(f), bord(m) d'une. 62.
feuille(f) d'acanthe. 160, 200.
feuille(f) de papier. 602.
feuille(f) de vigne. 74.
feuille(f) protectrice. 255.
feuilles(f), types(m) de. 62.
feuilles(f) composées. 62.
feuilles(f) simples. 62.
feuillet(m). 341, 498.
feuillet(m) intercalaire. 449.
feuilleté(f). 147.
feutre(m). 304, 466.
feux(m) d'extrémité de piste. 438.
fèves(f). 77.
fibre(f). 587.
fibre(f) collagène. 128.
fibre(f) musculaire. 127.
fibre(f) nerveuse. 127.
ficelle(f). 499.
fiche(f). 275.
fiche(f). 251, 369.
fiche(f) européenne. 275.
fiche(f) pour jack. 363.
fiches(f). 450.
fichier(m). 450.
fichier(m) rotatif. 450.
figue(f) de Barbarie. 72.
figures(f). 577.
fil(m). 255, 566, 567.
fil(m) à couper la pâte. 505.
fil(m) de caret. 587.
fil(m) de chaîne. 497.
fil(m) de connexion. 562.
fil(m) de contact. 413.
fil(m) de corps. 562.
fil(m) de liaison. 278.
fil(m) de magnésium. 357.
fil(m) de service neutre. 278.
fil(m) de terre. 278.
fil(m) de trame. 497.
fil(m) neutre. 278.
fil(m) séparateur. 452.
fil(m) thermique. 278.
filament(m). 29, 274, 357, 606.
filament(m) branchial. 90.
filet(m). 64, 140, 142, 143, 254, 463, 519, 521, 522, 523, 525, 528, 529.
filet(m) d'arrêt. 511.

filetage(m). 261.
filière(f). 266.
fille(f). 130.
film-disque(m). 356.
film-pack(m). 356.
filoir(m) d'écoute. 539.
filoir(m) de spinnaker. 538.
fils(m). 130.
filtre(m). 194, 223, 638, 655, 661.
filtre(m) à air. 195, 243, 391, 664, 690.
filtre(m) à charpie. 230, 231.
filtre(m) à huile. 391.
filtre(m) bactérien. 267.
filtre(m) de couleur. 355.
filtre(m) de polarisation. 355.
filtre(m) de sortie. 481.
filtre(m) rouge inactinique. 361.
filtre-oscillateur(m). 481.
filum(m) terminale. 122.
fin(f). 587.
fin(f) d'autoroute. 703.
fin(f) de l'interdiction de dépasser. 702.
fines herbes(f). 135.
finlandais(m). 345.
fixation(f). 540.
fixation(f), système(m) de. 625.
fixation(f) à butée avant. 547.
fixation(f) à câble. 547.
fixation(f) arrière. 540.
fixation(f) avant. 540.
fixation(f) de loquet de porte. 405.
fixation(f) de sécurité. 546.
fixation(f) de sécurité. 545.
fixations(f). 254.
fixe-majuscules(m). 453, 456.
flamme(f). 697.
flan(m). 147.
flanc(m). 83, 87, 139, 140, 142, 143, 166, 393, 500.
flanc(m) dextre. 695.
flanc(m) senestre. 695.
flanchet(m). 141.
flâneur(m). 310.
flanqueur(m). 515.
flash-cube(m). 357.
flash(m). 358.
flash(m) électronique. 357.
flashmètre(m). 358.
flasque(m). 680.
flasque(m) inférieur. 643.
fléau(m). 594, 595, 596.
flèche(f). 677.
Flèche(f). 32, 164, 568, 578, 661, 665, 667, 669.
flèche(f) de cercle. 666.
flèche(f) du vent. 53.
flèche(f) en silex, pointe de. 675.
flèche(f) littorale. 43.
flèche(f) télescopique. 669.
fleur(f). 61.
fleur(f), structure(f) d'une. 64.
fleur(f) de lis. 696.
fleuret(m). 563, 625.
fleuret(m) électrique. 562.
fleurettiste(m). 563.
fleurs(f). 579.
flexible(m). 259, 260.
flexible(m) d'air. 625.
flexible(m) d'eau. 625.
flexible(m) de distribution. 387.
flotteur(m). 567.
flotteur(m). 258, 267, 429, 537, 633, 684.
fluide(m), entrée(f) du. 656.
fluide(m), sortie(f) du. 656.
fluide(m) caloporteur. 654, 656.
flûte(f). 469, 476.
flûte(f) à champagne. 212.
flûte(f) de Pan. 474.
flûtes(f). 479.
flux(m). 507.
foc(m). 538.
foc(m), faux. 417.
foc(m), grand. 417.

foc(m), petit. 417.
focalisation(f). 654.
foie(m). 91, 116, 119.
follicule(m). 71.
follicule(m), coupe(f) d'un. 71.
follicule(m) pileux. 129.
fonctions(f) d'un système. 454.
fond(m). 359, 463, 524, 624.
fond(m) d'yeux. 215.
fond(m) de bassin. 531.
fond(m) de l'océan. 40.
fond(m) de robe. 302.
fond(m) de teint liquide. 322.
fond(m) de tour. 635.
fond(m) du bassin. 534.
fondation(f). 639.
fondation(f) de pile. 400.
fondation(f) de pylône. 402.
fondations(f). 182.
fondrière(f) de mousse. 636.
fonture(f). 491.
football(m). 513, 514, 515, 516.
football(m) américain. 513, 514.
football(m) canadien. 513, 515.
football(m) européen. 518.
forage(m), appareil(m) de. 626.
forage(m) en mer. 628.
foramen(m) apical. 115.
foramen(m) caecum. 126.
force(f) du vent. 54.
forêt(f) tropicale. 51.
foret(m). 250.
foret(m). 250.
formation(f) aquifère. 636.
fort(m). 563.
fortification(f) à la Vauban. 166.
fosse(f) abyssale. 42.
fosse(f) d'orchestre. 170.
fosse(f) de réception. 576.
fosse(f) de sable. 571.
fosse(f) nasale. 114.
fosse(f) septique. 267.
fosse(f) septique. 267.
fosse(f) temporale. 114.
fossé(m). 166, 167, 399.
fosses(f) nasales. 125.
fossette(f) de l'anthélix. 124.
Fou(m). 577.
fouet(m). 220, 225.
fouet(m) à fil. 225.
fouet(m) en spirale. 225.
fouet(m) quatre pales. 225.
fouets(m). 225.
fouillot(m). 256.
foulard(m). 545.
four(m). 228, 654.
four(m) à micro-ondes. 227.
four(m) électrique. 506.
four(m) solaire. 654.
four(m) tubulaire. 635.
fourche(f). 397, 608, 644, 670.
fourche(f) à bêcher. 238.
fourche(f) à fleurs. 238.
fourche(f) télescopique hydraulique. 395.
fourchette(f). 215.
fourchette(f). 85, 289, 547, 585, 593, 595.
fourchette(f) à découper. 217.
fourchette(f) à dessert. 215.
fourchette(f) à fondue. 215.
fourchette(f) à huîtres. 215.
fourchette(f) à poisson. 215.
fourchette(f) à salade. 215.
fourchette(f) de table. 215.
fourchettes(f), principaux types(m) de. 215.
fourgon-pompe(m). 663.
Fourneau(m). 33, 335.
fournitures(f) de bureau. 445.
fourreau(m). 336.
fourreau(m). 83, 250, 251, 537.
fourreau(m) de la langue. 101.
fourrures(f). 696.
foyer(m). 178, 654.
foyer(m) primaire. 34.

foyère(f). 190.
fraise(f). 250.
fraise(f), coupe(f) d'une. 66.
framboise, coupe(f) d'une. 66.
français(m). 345.
frange(f). 321.
frange(f) de passementerie. 207.
frappeur(m). 511.
frégate(f). 425.
frein(m). 545, 546, 566.
frein(m) à disque. 393.
frein(m) à disque. 395, 658.
frein(m) à tambour. 393.
frein(m) arrière. 397.
frein(m) avant. 397.
frein(m) de chaîne. 243.
frein(m) de pointe. 548.
freineur(m). 550.
freins(m) de voie primaires. 411.
freins(m) de voie secondaires. 411.
frère(m). 130.
frette(f). 473, 480.
frise(f). 160, 188, 205.
friteuse(f). 223.
fromages(m) français. 144, 145.
fromages(m) nord-américains. 144.
fronce(f). 295.
front(m). 87, 106, 621.
front(m) chaud en altitude. 53.
front(m) chaud en surface. 53.
front(m) de taille. 621, 623.
front(m) froid en altitude. 53.
front(m) froid en surface. 53.
front(m) occlus. 53.
front(m) stationnaire. 53.
frontal(m). 110, 112, 114, 553, 676.
fronton(m). 161.
fronts(m). 53.
frottoir(m). 335.
fruit(m) à noyau, coupe(f) d'un. 67.
fruit(m) à pépins, coupe(f) d'un. 68.
fruits(m) à noyau, principales variétés(f) de. 67.
fruits(m) à pépins, principales variétés(f) de. 68.
fruits(m) charnus. 66, 69.
fruits(m) charnus à noyau. 67.
fruits(m) charnus à pépins. 68.
fruits(m) charnus complexes. 66.
fruits(m) secs. 70.
fruits(m) secs divers. 71.
fruits(m) tropicaux. 72.
fuide(m) des températures. 233.
fume-cigarettes(m). 334.
fumée(f). 52.
fumerolle(f). 45.
funicule(m). 66, 71.
furet(m) de dégorgement. 266.
fuseau(m). 492.
fuseau(m). 300, 496.
fusée(f). 442.
fusée(f). 39, 416.
fusée(f) à propergol solide. 443.
fusée(f) à temps. 682.
fuselage(m). 434, 542.
fusible-cartouche(m). 275.
fusible-cartouche(m) à lames. 275.
fusible(m). 645.
fusible(m) à culot. 275.
fusibles(m). 275.
fusil(m). 688.
fusil(m). 217.
fusil(m) à air comprimé. 536.
fusil(m) automatique. 685.
fusil-mitrailleur(m). 687.
fût(m). 63, 160, 210, 254, 644, 677, 688.

G

gabarit(m). 507.
gâble(m). 165.
gâche(f). 256.
gâchette(f). 270, 687.

724

gâchette(f) de sécurité. 243.
gadelle(f). 66.
gaffe(f). 663.
gainage(m) du combustible
   défectueux. 651.
gaine-culotte(f). 303.
gaine(f). 62, 303, 586, 587, 649.
gaine(f) de dérivation. 192.
gaine(f) de distribution. 194.
gaine(f) de myéline. 127.
gaine(f) de rancher. 388.
gaine(f) de retour(d'air). 194.
gaine(f) de Schwann. 127.
gaine(f) épithéliale externe. 129.
gaine(f) épithéliale interne. 129.
gaine(f) isolante. 275.
gaine(f) principale. 192.
galaxie(f). 31.
galaxie(f) elliptique. 31.
galaxie(f) irrégulière. 31.
galaxie(f) lenticulaire. 31.
galaxie(f) spirale. 31.
galaxie(f) spirale barrée. 31.
galaxies(f), classification des. 31.
galerie(f). 165, 169, 657.
galerie(f), entrée(f) de. 623.
galerie(f) à flanc de coteau. 622.
galerie(f) d'accès. 646.
galerie(f) de circulation. 623.
galerie(f) de visite. 641.
galerie(f) en direction. 622, 623.
galerie(f) sèche. 46.
galet(m). 208, 231, 232, 432.
galet(m) de guide-papier. 457.
galet(m) de répartition. 664.
galet(m) de support. 664.
galet(m) de translation. 669.
galets(m) tendeur. 398.
galettage(m). 505.
galette(f). 146.
galhauban(m). 416.
gallois(m). 345.
galon(m). 288.
gamme(f). 461.
ganache(f). 83.
ganglion(m) spinal. 127.
ganse(f). 582, 585.
gant(m). 289, 512.
gant(m). 444, 520, 536, 541, 547,
   550, 551, 558, 562.
gant(m) à crispin. 273, 289.
gant(m) court. 289.
gant(m) de bâton. 520.
gant(m) de boxe. 565.
gant(m) de conduite. 289.
gant(m) de frappeur. 512.
gant(m) de receveur. 512.
gant(m) saxe. 289.
gantelet(m). 676.
gants(m), types(m) de. 289.
Ganymède. 28.
garage(m). 177, 179, 419, 420.
garant(m). 308.
garcette(f) de ris. 417.
garde-beurre(m). 229.
garde-boue(m) arrière. 397.
garde-boue(m) avant. 395.
garde-corps(m). 177, 269, 400.
garde(f). 498, 679.
garde(f) volante. 498.
garde-fou(m). 637.
garde(m) droit. 514, 515.
garde(m) gauche. 514, 515.
garde-main(m). 685.
garde-manger(m). 179.
garde-neige(m). 394.
garde-papier(m). 360.
garde-robe(f). 178, 179.
gardien(m) de but. 520.
gardien(m) de but. 518, 519, 525,
   531.
gare(f). 410.
gare(f) de marchandises. 410.
gare(f) de triage. 411.
gare(f) de voyageurs. 410.
gare(f) maritime. 427.

garniture(f). 264, 337, 339.
garniture(f) de frein. 393.
garniture(f) dossier. 617.
garniture(f) siège. 617.
garrot(m). 83.
gastéropode(m). 96.
gastéropodes(m) comestibles. 96.
gastrocnémien(m). 111.
gâteau(m). 146.
gâteau(m) aux fruits. 147.
gaufre(f). 147.
gaufrier-gril(m). 227.
gaz(m). 274, 626.
gaz(m) inerte. 274.
gazomètre(m). 624.
gazon(m). 237.
Gémeaux(m). 32, 698.
gencive(f). 115.
générateur(m) d'air chaud. 192.
générateur(m) d'air chaud
   électrique. 195.
générateur(m) de vapeur. 647,
   650, 654.
génératrice(f). 397, 658.
génératrice(f) principale. 404.
genou(m). 83, 100, 106.
genouillère(f). 512, 516, 520, 561,
   676.
géographie(f). 37.
germe(m). 71.
germes(m). 77.
geyser(m). 45.
gibbeuse(f) croissante. 30.
gibbeuse(f) décroissante. 30.
gicleur(m). 195, 633.
gigot(m). 143.
gigoteuse(f). 306.
gilet(m). 283.
gilet(m). 297, 307, 311.
gilet(m) de laine. 286.
Girafe(m). 32, 359, 375.
girelle(f). 505.
giron(m). 187.
girouette(f). 55, 177, 538.
gisement(m). 621, 622.
gîte(m) à la noix. 141.
gîte(m) de derrière. 141.
gîte(m) de devant. 141.
glace(f). 50, 383, 429.
glace(f) de custode. 383.
glace(f) latérale. 389.
glaceuse(f) à plat. 360.
glacier(m). 48.
glacier(m) de piémont. 48.
glacier(m) suspendu. 48.
glacière(f). 586.
glacis(m). 166.
glaive(m). 675.
gland(m). 108, 207.
glande(f) à venin. 101.
glande(f) bulbo-urétrale. 108.
glande(f) digestive. 94.
glande(f) mammaire. 109.
glande(f) sébacée. 128, 129.
glande(f) sudoripare apocrine. 128.
glande(f) sudoripare eccrine. 128.
glande(f) surrénale. 120.
glandes(f) salivaires. 119.
glissière(f). 199, 232, 491, 689.
glissière(f) de fixation. 607.
glissière(f) du guide. 252.
glissoir(m). 308.
glissoire(f) de recul. 684.
globe(m). 210.
globe(m) oculaire. 123.
globe(m) oculaire. 97.
glome(m). 85.
glomérule(m). 128.
godet(m). 270, 661, 665.
godet(m) chargeur. 667.
godet(m) rétro. 665.
goélette(f) franche. 418.
golf(m). 571, 572, 573.
golfeur(m). 571.
gombo(m). 73.
gomme(f). 447.

gond(m). 188, 205.
gonfleur-dégonfleur(m). 584.
gonfleur(m). 584.
gong(m). 471.
gong(m). 479.
gorge(f). 46, 87, 142, 166, 249,
   567.
gorgerin(m). 676.
gouffre(m). 46.
gouge(f). 332.
gouge(f) creuse. 502.
gouge(f) en V. 502.
goujon(m). 199, 393.
goujure(f). 250.
goulotte(f). 152, 153.
goupille(f). 256.
goupille(f) de démontage. 685.
goupille(f) de sécurité. 682.
gour(m). 46.
gourde(f). 586.
gourmette(f). 553.
gourmette(f) d'identité. 315.
Gournay(m). 145.
gousse(f), coupe(f) d'une. 71.
gousset(m) de latte. 537, 538.
goût(m). 125, 126.
goutte(f). 160.
gouttelette(f) lipidique. 105.
gouttière(f). 81, 177, 211, 383.
gouvernail(m). 419, 443, 538, 657.
gouvernail(m) avant. 420.
gouvernail(m) de direction. 424,
   434, 542.
gouvernail(m) de plongée avant.
   424.
gouvernail(m) de profondeur. 434,
   542.
gouverne(f) de direction. 421.
goyave(f). 72.
gradin(m). 621.
gradin(m), hauteur(f) du. 621.
graduation(f). 594, 595, 596, 597,
   599, 611.
grain(m). 52, 77.
grain(m) d'amidon. 105.
grain(m) de blé, coupe(f) d'un. 71.
graine(f). 66, 67, 68, 69, 70, 71.
graines(f) de soja. 77.
grains(m) de plomb. 137.
graisses(f). 635.
graisseur(m). 625.
grand adducteur(m). 111.
Grand Chien(m). 33.
grand complexus(m). 111.
grand dorsal(m). 111.
grand droit(m) de l'abdomen. 110.
grand fessier(m). 111.
grand largue(m). 539.
grand magasin(m). 168.
grand-mère(f). 131.
grand oblique(m) de l'abdomen.
   110, 111.
grand palmaire(m). 110.
grand pectoral(m). 110.
grand-père(m). 131.
grand rond(m). 111.
grand tournant(m). 555.
grand trochanter(m). 113.
grand-voile(f). 538.
grand-voile(f) arrière. 417.
grand-voile(f) avant. 417.
Grande Ourse(f). 32.
grande sus-alaire(f). 88.
grange(f). 151.
granule(f). 29.
grappe(f). 64.
grappe(f) de combustible. 649.
grappe(f) de combustible. 649.
grappe(f) de raisin. 681.
grappin(m). 667.
gras(m). 351.
grasset(m). 83.
gratte-ongles(m). 332.
grattoir(m). 270.
gravier(m). 182, 267.
gravure(f) en creux. 501.

gravure(f) en relief. 502.
gravure(f) sur bois de bout. 502.
gravure(f) sur bois de fil. 502.
grébiche(f). 341.
grec(m). 345.
grecquage(m). 499.
grecque(f). 499.
gréement(m). 416.
gréement(m). 543.
gréements(m), types(m) de. 418.
greffoir(m). 242.
grêle(f). 49.
grêlon(m). 49.
grenade(f). 72.
grenade(f) à main. 682.
grenaille(f) de charbon. 372.
grenouille(f). 97.
grenouillère(f). 306.
grès(m). 636.
grésil(m). 49, 52.
grève(f). 676.
griffe(f). 86, 87, 92, 95, 98, 100,
   101, 315.
griffe(f) à fleurs. 239.
griffe(f) abaissée. 86.
griffe(f) d'entraînement. 486.
griffe(f) rétractée. 86.
gril(m). 170.
gril(m) électrique. 227.
gril(m) pliant. 586.
grillage(m). 196.
grillage(m) de protection. 211.
grille(f). 161, 222, 228, 327, 475,
   641.
grille(f) à reine. 99.
grille(f) d'aération. 232.
grille(f) d'aspiration. 330.
grille(f) d'égout. 399.
grille(f) d'extrémité. 649.
grille(f) de sortie d'air. 330.
grille(f) inférieure. 155.
grille(f) métallique conductrice.
   656.
grille(f) stabilisatrice. 585.
grille(f) supérieure. 155.
grille-pain(m). 227.
grilles(f). 223.
groseille(f) à grappes. 66.
groseille(f) à maquereau. 66.
grosse caisse(f). 472.
grosse caisse(f). 477, 479.
grotte(f). 46.
grotte(f). 43.
groupe(m) bulbe. 646.
groupe(m) de plaques négatives.
   392.
groupe(m) de plaques positives.
   392.
groupe(m) électrogène. 439.
groupe(m) frigorifique. 388.
groupes(m) instrumentaux. 476,
   477.
grue(f). 33, 629.
Grue(f). 33, 629.
grue(f) à flèche. 427.
grue(f) à tour. 669.
grue(f) à tour. 669.
grue(f) automotrice sur chenilles.
   669.
grue(f) de prise de vues. 375.
grue(f) sur ponton. 427.
grue(f) sur porteur. 669.
grue(f) sur portique. 669.
gruppetto(m). 462.
guerrier(m) africain. 675.
guêtre(f) de ski. 545.
gueules(f). 696.
gui(m). 416.
guichet(m). 412.
guide-chaîne(m). 243, 398.
guide-fil(m). 485, 486, 491, 496.
guide-ligne(m). 566.
guide(f). 227, 371, 499.
guide(m) à onglet. 252.
guide(m) de la cabine. 171.
guide(m) de refend. 252, 253.

Index général

guide(m) du contrepoids. 171.
guide(m) papier. 453.
guide-ruban(m). 452.
guiderope(m). 423.
guides(m) de classement. 449.
guidon(m). 394, 397, 683, 686, 688, 689, 697.
guillemets(m). 347, 350, 371.
guimbarde(f). 474.
guindant(m). 537, 695.
guitare(f) électrique. 480.
guyot(m). 42.
gymnaste(f). 560.
gymnastique(f). 559, 560.
gyromitre(m) comestible. 65.
gyrophare(m). 663.

H

habitation(f). 151.
hache(f) en pierre polie. 675.
hachette(f). 586, 662.
hachoir(m). 218.
hachure(f). 497.
hackle(m). 567.
haie(f). 237, 556.
haie(f) barrée. 551, 552.
haie(f) rivière. 551, 552.
halebas(m). 538.
halefis(m) de culasse. 317.
halefis(m) de table. 317.
hall(m) de gare. 412.
hall(m) des arrivées. 440.
hall(m) des départs. 440.
hall(m) public. 440.
haltère(f). 561.
haltérophile(f). 561.
haltérophilie(f). 561.
hameçon(m). 911.
hampe(f). 53, 141, 567, 695.
hampe(f) de pavillon de beaupré. 425.
hanche(f). 92, 98, 107.
hanche(f) ailée. 564.
hanche(f) fauchée. 564.
hand-ball(m). 525.
hangar(m). 151, 438.
hangar(m) de transit. 427.
hangar(m) pour hélicoptère. 425.
haricot(m) vert. 73.
harmonica(m). 474.
harnais(m). 494, 536, 541, 543, 549, 662.
harpe(f). 464.
harpe(f). 177, 479.
hastée. 62.
hauban(m). 397, 416, 538, 543, 582, 658, 661.
haubans(m) en éventail. 402.
haubans(m) en harpe. 402.
hausse(f). 99, 464, 683, 685, 686, 687, 688.
haut-de-côtes(m). 140.
haut-de-forme(m). 288.
haut(m) de côtelettes. 143.
haut(m) de côtes. 139.
haut(m) de cuisseau. 139.
haut(m) de gigot. 143.
haut(m) de table. 569.
haut-parleur(m). 35, 368, 375, 377, 457, 663.
haut-parleur(m) d'aigus. 363.
haut-parleur(m) de contrôle. 376.
haut-parleur(m) de graves. 363.
haut-parleur(m) de médium. 363.
haut-parleur(m) de service. 376.
hautbois(m). 469, 476, 479.
haute lisse(f). 495.
hauteur(f). 534.
hauteur(f) de la vague. 43.
hauteur(f) de marche. 187.
hauteur(f) du plongeon. 535.
hayon(m). 384.
hébreu(m). 345.
hélice(f). 419, 422, 423, 424.

hélice(f) de propulsion. 421.
hélicoptère(m). 441.
hélicoptère(m) de lutte anti-sous-marine. 425.
héliographe(m). 56.
héliographe(m). 55.
héliostat(m). 654.
hélisurface(f). 629.
hélix(m). 124.
hémibranchie(f). 90.
hémisphère(m) austral. 27.
hémisphère(m) boréal. 27.
Hercule. 32.
hermine(f). 696.
herse(f). 152.
herse(f). 170.
hile(m) du rein. 120.
hindi(m). 345.
hiver(m). 27.
hockey(m) sur glace. 519, 520.
hockeyeur(m). 520.
hollandais(m). 345.
homard(m). 95.
hongrois(m). 345.
honneurs(m) simples. 579.
honneurs(m) supérieurs. 579.
honneurs(m) suprêmes. 579.
hôpital(m). 704.
horloge(f). 376, 602.
horloge(f) à poids. 593.
horloge(f) de parquet. 593.
horloge(f) numérique. 367.
horloge(f) programmatrice. 227, 228.
hors-limite(m). 571.
hotte(f). 190.
houe(f). 238.
houpette(f). 322.
houppier(m). 63.
hourd(m). 167.
housse(f) à vêtements. 337.
housse(f) d'oreiller. 204.
hublot(m). 227, 228, 312, 434.
hublot(m) d'observation. 443.
hublot(m) de chargement du combustible neuf. 651.
hublot(m) de déchargement du combustible irradié. 651.
huiles(f) lubrifiantes. 635.
huître(f). 94.
huméro-stylo-radial(m). 110.
humérus(m). 84, 100, 112.
humeur(f) aqueuse. 123.
humidificateur(m). 194.
humidité(f). 55.
hune(f). 416.
hunier(m) fixe, petit. 417.
hunier(m) fixe avant, grand. 417.
hunier(m) volant, petit. 417.
hunier(m) volant avant, grand. 417.
hutte(f). 159.
Hydre(f) femelle. 32, 33.
Hydre(f) mâle. 33.
hydroptère(m). 422.
hydroraffineur(m). 634.
hygiaphone(m). 412.
hygromètre(m) enregistreur. 55.
hygrostat(m). 196.
hypergone(m). 35, 355.
hyphe(m). 65.
hypocentre(m). 45.
hypoderme(m). 128.
hypophyse(f). 122.
hyporachis(m). 88.
hysope(f). 135.

I

identification(f) de la piste. 555.
igloo(m). 159.
île(f) de sable. 43.
île(f) volcanique. 42.
iléon(m). 119.
îlot(m) de ravitaillement. 387.
îlot(m) refuge. 168.

immeuble(m). 168.
impair(m). 580, 581.
imparipennée. 62.
imperméable(m). 281.
impluvium(m). 163.
imposte(f). 162.
impression(f). 504.
impression(f) à plat. 504.
impression(f) en creux. 504.
impression(f) en relief. 504.
imprimante(f). 455, 458.
imprimante(f) ligne par ligne. 652.
imprimante(f) matricielle. 457.
impulsion(f). 610.
incisive(f). 82.
incisive(f) centrale. 115.
incisive(f) latérale. 115.
inclinaison(f) de la lame. 253.
inclusion(f). 709.
index(m). 429, 491, 594.
indicateur(m). 428.
indicateur(m) d'inclinaison latérale. 542.
indicateur(m) de charge. 385.
indicateur(m) de fin de ruban. 452.
indicateur(m) de ligne transparent. 453.
indicateur(m) de niveau d'huile. 385.
indicateur(m) de niveau de carburant. 385.
indicateur(m) de niveau électroluminescent. 366.
indicateur(m) de rangs. 491.
indicateur(m) de réglage de libération du talon. 546.
indicateur(m) de résistance anticipatrice. 597.
indicateur(m) de température. 385.
indicateur(m) de tension. 486.
indicateur(m) de type de bande. 366.
indicateur(m) de virage. 542.
indicateur(m) de vitesse. 385, 396.
indicateur(m) lumineux. 331.
indication(f) de caractères. 351.
indice(m). 350.
indices(f) d'exposition. 357.
Indien(m). 33.
infiltration(f). 50.
infini(m). 709.
inflorescence(f), modes(m) d'. 64.
influx(m) nerveux. 127.
ingénieur(m) du son. 374.
initiales(f) d'identification. 349.
injecteur(m). 390.
injecteur(m) de carburant. 436.
injection(f) de gaz. 627.
injection(f) de vapeur. 636.
injection(f) sur orbite géostationnaire. 379.
insérer. 350.
insérer un mot. 350.
insérer une lettre. 350.
inspiration(f). 533.
installation(f) à air chaud pulsé. 192.
installation(f) à eau chaude. 193.
instrument(m) ancien. 352.
instrument(m) moderne. 352.
instruments(m). 543.
instruments(m) à clavier. 465, 466.
instruments(m) à cordes. 463, 464.
instruments(m) à percussion. 471, 472.
instruments(m) à vent. 469, 470.
instruments(m) d'écriture. 352.
instruments(m) de bord. 385.
instruments(m) de bord. 385.
instruments(m) de contrôle des moteurs. 437.
instruments(m) de mesure météorologique. 55.
instruments(m) de vol. 437.
instruments(m) électriques. 480.
instruments(m) électroniques. 481.

instruments(m) traditionnels. 473, 474, 475.
Intelsat. 378.
inter(m) droit. 518.
inter(m) gauche. 518.
interdiction(f) de dépasser. 702.
interdiction(f) de faire demi-tour. 702.
interdiction(f de tourner à gauche. 702.
interdit aux chiens. 704.
interligne(m). 461.
interosseux(m). 110.
interrupteur(m). 228, 229, 234, 250, 251, 275, 357, 368, 369, 428, 453, 457.
interrupteur(m) à gâchette. 253.
interrupteur(m) à mercure. 597.
interrupteur(m) d'accord silencieux. 366.
interrupteur(m) d'alimentation. 366, 367.
interrupteur(m) d'alimentation du magnétoscope. 367.
interrupteur(m) d'alimentation du programmeur. 367.
interrupteur(m) d'arrêt étage extrême haut. 171.
interrupteur(m) d'éclairage. 330, 396.
interrupteur(m) d'équilibre des blancs. 369.
interrupteur(m) d'urgence. 396.
interrupteur(m) de démarrage. 231.
interrupteur(m) de fin de course. 171.
interrupteur(m) de fondu. 369.
interrupteur(m) de la porte. 231.
interrupteur(m) électrique. 275.
interrupteur(m) marche-arrêt. 211, 327, 329, 331.
interrupteur(m) principal. 645.
interruption(f) marche/arrêt. 330.
intersection(f). 709.
intersection(f) à sens giratoire. 701.
intersection(f) à sens giratoire obligatoire. 703.
intersection(f) avec priorité. 701.
intervalle(m) d'air. 655.
intervalles(m). 462.
intestin(m). 91, 94, 116.
intestin(m), gros. 119.
intestin(m) grêle. 119.
intrados(m). 162, 542.
inuktitut(m). 345.
inverseur(m). 259.
inverseur(m) route-croisement. 386, 396.
Io. 28.
ionisation(f). 648.
ionosphère(f). 39.
iranien(m). 345.
iris(m). 123.
isba(f). 159.
ischion(m). 113.
isobare(f). 54.
isolant(m). 186, 263, 655, 656.
isolant(m) de ruban métallique. 185.
isolant(m) en caoutchouc-mousse. 185.
isolant(m) en coquille. 185.
isolant(m) en natte. 185.
isolant(m) en panneau rigide. 185.
isolant(m) en plastique. 278.
isolant(m) en rouleau. 185.
isolant(m) en ruban. 185.
isolant(m) en vinyle. 185.
isolant(m) en vrac. 185.
isolant(m) moussé. 185.
isolateur(m). 392, 645.
isolation(f). 630.
isthme(m) de la trompe utérine. 109.
isthme(m) du gosier. 126.

italien(m). 345.
italiques(m). 351.
ivoire(m). 115.

J

jabot(m). 298.
jachère(f). 151.
jack(m) de sortie. 480.
jacquet(m). 578.
jambage(m). 190.
jambe(f). 83, 107, 287.
jambe(f) de force. 180.
jambe(f) élastique. 287, 305, 307.
jambette(f). 180.
jambier(m) antérieur. 110.
jambière(f). 520, 575.
jambière(f) de gardien. 520.
jambon(m). 142.
jambonneau(m). 142.
jambonneau(m) arrière. 142.
jambonneau(m) avant. 142.
jan(m) extérieur. 578.
jan(m) intérieur. 578.
jante(f). 393, 395, 397, 558.
japonais(m). 345.
jaquette(f). 551.
jardin. 163, 178.
jardin(m) d'agrément. 237.
jardin(m) potager. 151, 178.
jardinage(m). 235.
jarret(m). 83, 139, 140, 142, 143.
jarret(m) arrière. 139.
jarret(m) avant. 139.
jarretelle(f). 303.
jarretière(f). 302.
jas(m). 433.
jauge(f) à aiguilles. 490.
jauge(f) d'huile. 391.
jauge(f) magnétique à lecture
   directe. 633.
jaune(m). 89.
javelot(m). 675.
javelots(m). 558.
jazz(m), formation(f) de. 477.
jean(m). 300.
jéjunum(m). 119.
jet(m) d'eau. 188, 189.
jetée(f). 628.
jeton(m). 580, 581.
jeu(m) d'ustensiles. 219.
jeu(m) de dilatation. 408.
jeu(m) de filtres colorés. 358.
jeu(m) de filtres diffusants. 358.
jeu(m) étendu de caractères. 456.
joindre. 350.
joint(m). 228, 230, 232, 352, 656.
joint(m) à coulisse. 249.
joint(m) d'étanchóité. 260, 261,
   263, 633.
joint(m) de bougie. 392.
joint(m) de rail. 408.
joint(m) mégnétique. 229.
joint(m) périmétral. 639.
joint(m) torique. 261.
joint(m) tournant. 610.
jointure(f) à soufflet. 444.
joker(m). 578.
jonc(m). 315.
jonction(f). 656.
joue(m). 106, 247, 567.
joue(f) de jante. 393.
joueur(m). 512.
joueur(m). 531.
joueurs(m) de tennis. 524.
jour(m). 624.
judo(m). 564.
juge-arbitre(m). 529.
juge(m). 562, 564, 565.
juge(m) de but. 531.
juge(m) de champ arrière. 514.
juge(m) de classement. 532.
juge(m) de départ. 532.
juge(m) de faute de pieds. 523.
juge(m) de filet. 523.

juge(m) de ligne. 514, 519, 522,
   523, 528.
juge(m) de nages. 532.
juge(m) de service. 528.
juge(m) de touche. 517, 518.
juge(m) de virages. 532.
jugulaire(f). 516.
jumeau(m). 110.
jumeaux(m). 141.
jumelles(f) à prismes. 607.
jupe-culotte(f). 293.
jupe(f) à empiècement. 293.
jupe(f) à lés. 293.
jupe(f) à volants étagés. 293.
jupe(f) droite. 293.
jupe(f) fourreau. 293.
jupe(f) froncée. 293.
jupe(f) portefeuille. 293.
jupe(f) souple. 421.
jupes(f). 293.
jupes(f) à plis. 294.
jupette(f). 524.
Jupiter. 28.
jupon(m). 303.
justifier à droite. 350.
justifier à gauche. 350.

K

kaki(m). 72.
kérosène(m). 635.
ketch(m). 418.
kilt(m). 293.
kimono(m). 301.
kiosque(m). 424.
kiwi(m). 72.
klaxon(m). 385, 396, 398.
knicker(m). 547.
knickerbockers(m). 300.
krépis(f). 161.
kumquat(m). 69.

L

la(m). 461.
laboratoire(m). 634.
laboratoire(m) des diagraphies.
   629.
laboratoire(m) photographique.
   360.
laboratoire(m) spatial. 443.
lac(m). 30.
lac(m) salé. 47.
laccolite(f). 45.
lacet(m). 308, 512, 548, 565.
lacis(m) de pied. 549.
lacis(m) de queue. 549.
lacis(m) de tête. 549.
lactaire(m) délicieux. 65.
lacune(f) latérale. 85.
lacune(f) médiane. 85.
lagune(f). 43.
laie(f). 468.
laiterie(f). 151.
laitue(f) pommée. 74.
laize(f). 538.
lambourde(f). 182, 186.
lame(f). 155, 186, 214, 217, 242,
   252, 253, 275, 277, 327, 328,
   384, 471, 474, 487, 494, 520,
   548, 563, 574, 664, 666, 679.
lame(f) à double tranchant. 327.
lame(f) amovible. 270.
lame(f) criblée de l'ethmoïde. 125.
lame(f) d'étouffoir. 466.
lame(f) de scie circulaire. 253.
lame(f) de suspension. 593.
lame(f) fixe. 499.
lame(f) mobile. 499.
lame(f) porte-objet. 605.
lame(f) racleuse. 668.
lamelle(f). 65, 186, 209.
lamelle(f) couvre-objet. 605.
lampadaire(f). 210.
lampe-éclair(f). 357.

lampe(f). 368, 605.
lampe(f) à haute intensité
   lumineuse. 35.
lampe(f) à incandescence. 274.
lampe(f) à souder. 266.
lampe(f) à vapeur de mercure.
   274.
lampe(f) au néon. 276.
lampe(f) d'architecte. 211.
lampe(f) de bureau. 211.
lampe(f) de chevet. 210.
lampe(f) de four. 227, 228.
lampe(f) de poche. 211.
lampe(f) de projection. 362.
lampe(f) de table. 210.
lampe(f) électrique à
   incandescence. 432.
lampe(f) étanche. 536.
lampe(f) frontale. 575.
lampe(f) isolée. 276.
lampe(f) liseuse. 210.
lampe-témoin(f). 562.
lampe-témoin(f) de phare. 396.
lampe-témoin(f) de pression
   d'huile. 396.
lampe-témoin(f) stéréo. 364.
lampe-tempête(f). 586.
lampisterie(f). 624.
lance-canon(m). 663.
lance(f). 272, 662, 663, 675.
lance(m) pot fumigène. 690.
lance-missiles(m). 425.
lancéolée. 62.
lancer(m) du disque. 556.
lancer(m) du javelot. 557.
lancer(m) du marteau. 556.
lancer(m) du poids. 557.
lancers(m). 558.
lanceur(m). 396, 511.
lange(m). 502, 504.
langouste(f). 95.
langoustine(f). 95.
langue(f). 91, 119, 125, 126.
langue(f), dos de la. 126.
langue(f) bifide. 101.
langue(f) glaciaire. 48.
languette(f). 256, 308, 468, 546,
   548.
lanière(f). 466, 540, 575.
lanière(f) de sécurité. 546.
lanterne(f). 237, 431, 585, 681.
lanterne(f) de phare. 432.
lanterne(f) de pied. 211.
lanterne(f) murale. 211.
lapié(m). 46.
largeur(f). 534.
largue(m). 539.
larmier(m). 177.
larve(f). 99.
larynx(m). 118.
lasagnes(f). 136.
lasagnes(f) aux épinards. 136.
lasagnes(f) frisées. 136.
latitude(f). 27.
latte(f). 209, 493, 537, 538, 543,
   657.
lattis(m) de plâtre lisse. 184.
lattis(m) de plâtre perforé. 184.
lattis(m) métallique à losanges.
   184.
laurier(m). 135.
lavabo(m). 259.
lavage(m). 708.
lavalière(f). 316.
lavallière(f). 299.
lave-auto(m). 387.
lave-linge(m). 230, 262.
lave-vaisselle. 232.
lave-vaisselle(m). 262.
laveuse(f) pour épreuves. 360.
lavoir(m). 624.
lecteur(m) de bande perforée. 371.
lecteur(m) de carte. 491.
lecteur(m) de cartes. 458.
lecteur(m) de patron. 491.
lecture(f). 366, 367.

lecture(f) de plans. 178.
légionnaire(m) romain. 675.
légumes-bulbes(m). 75.
légumes-feuilles(m). 74.
légumes-fleurs(m). 73.
légumes-fruits(m). 73.
légumes-graines(m). 77.
légumes(m). 73, 74, 75, 76, 77.
légumes-racines(m). 76.
légumes-tiges(m). 77.
légumes-tubercules(m). 76.
légumier(m). 213.
lentille(f). 335, 593, 600.
lentille(f) additionnelle. 355.
lentille(f) biconcave. 611.
lentille(f) biconvexe. 611.
lentille(f) centrale. 432.
lentille(f) concave. 611.
lentille(f) convergente. 607, 609.
lentille(f) convexe. 611.
lentille(f) de champ. 607.
lentille(f) de condenseur. 606.
lentille(f) de diffraction. 606.
lentille(f) de projecteur d'étoiles.
   35.
lentille(f) de projection. 606.
lentille(f) de redressement. 607.
lentille(f) magnétique. 606.
lentille(f) objectif. 606, 607.
lentille(f) plan-concave. 611.
lentille(f) plan-convexe. 611.
lentilles(f). 611.
lentilles(f). 611.
lentilles(f) convergentes. 611.
lentilles(f) divergentes. 611.
léopard(m). 82.
lest(m). 669.
lest(m) de sécurité. 423.
lettre(f) type. 349.
leucoplaste(m). 105.
leurres(m). 567.
lève-fil(m). 233.
lève-soupape(m). 266.
levée(f). 591.
levier du pêne(m). 256.
levier(m). 249, 260, 261, 331, 333,
   370, 457, 503, 598, 688.
levier(m) à ressort. 581.
levier(m) coudé. 665.
levier(m) d'armement. 353, 685,
   686, 687.
levier(m) d'échappement. 466.
levier(m) d'interligne. 453.
levier(m) de came. 689.
levier(m) de chargement du ruban.
   452.
levier(m) de chargement du ruban
   correcteur. 452.
levier(m) de commande. 251, 359,
   397, 398, 625.
levier(m) de commande à main.
   408.
levier(m) de côté. 492.
levier(m) de débrayage du chariot.
   453.
levier(m) de déclenchement. 258,
   389.
levier(m) de dégagement. 249.
levier(m) de dégagement de la
   sphère. 452.
levier(m) de dégagement du
   papier. 453.
levier(m) de direction. 690.
levier(m) de fixation de venturi.
   686.
levier(m) de frein à main. 385.
levier(m) de la lame. 499.
levier(m) de la levage. 405.
levier(m) de manoeuvre de la
   culasse. 684.
levier(m) de perçage. 233.
levier(m) de point. 492.
levier(m) de réglage. 478.
levier(m) de réglage latéral. 247.
levier(m) de serrage. 249.
levier(m) de vibrato. 480.

levier(m) de vitesse. 385.
levier(m) du bloc. 247.
levier(m) du protège-lame inférieur. 253.
levier(m) long. 256.
levier(m) télescopique de dételage. 405.
lèvre(f). 86, 250.
lèvre(f), grande. 109.
lèvre(f), petite. 109.
lèvre(f) inférieure. 126, 468.
lèvre(f) supérieure. 126, 468.
Lézard(m). 32.
liaison(f). 462.
liaisons(f) frigorifiques. 194.
liber(m). 63.
Licorne(f). 33.
Liederkranz(m). 144.
lien(m) de faîtage. 180.
liens(m) de parenté. 130, 131.
lieu(m). 349.
Lièvre(m). 33.
ligament(m), position du. 93.
ligament(m) alvéolo-dentaire. 115.
ligament(m) élastique. 86, 94.
ligament(m) large de l'utérus. 109.
ligament(m) rond de l'utérus. 109.
ligament(m) suspenseur. 123.
ligne blanche(f). 85.
ligne(f). 370, 461, 637.
ligne(f) arrière. 530, 537.
ligne(f) avant. 527, 537.
ligne(f) basse. 563.
ligne(f) bleue. 519.
ligne(f) centrale. 519, 522, 529.
ligne(f) d'appel. 556.
ligne(f) d'arrivée. 555, 557.
ligne(f) d'attaque. 522.
ligne(f) d'avertissement. 562.
ligne(f) d'ourlet. 489.
ligne(f) de 2 m. 531.
ligne(f) de 4 m. 531.
ligne(f) de balayage. 530.
ligne(f) de ballon mort. 517.
ligne(f) de bâti. 489.
ligne(f) de boîte de service. 527.
ligne(f) de but. 513, 517, 518, 519, 525, 531.
ligne(f) de cadre. 570.
ligne(f) de centre. 513, 530.
ligne(f) de côté. 522.
ligne(f) de côté de double. 523.
ligne(f) de côté de simple. 523.
ligne(f) de coupe. 489.
ligne(f) de croissance. 93, 96.
ligne(f) de demi-court. 526.
ligne(f) de départ. 530, 556.
ligne(f) de distribution à basse tension. 645.
ligne(f) de distribution à moyenne tension. 645.
ligne(f) de flottaison. 425.
ligne(f) de foi. 429.
ligne(f) de fond. 513, 521, 522, 523, 528, 529.
ligne(f) de jet franc. 525.
ligne(f) de jeu. 511, 530, 576.
ligne(f) de lancer franc. 521.
ligne(f) de limite arrière. 562.
ligne(f) de mêlée. 514, 515.
ligne(f) de mise en garde. 562.
ligne(f) de modification. 489.
ligne(f) de pied de mât. 537.
ligne(f) de piqûre de la fermeture. 489.
ligne(f) de pliure. 298.
ligne(f) de réception de service. 527.
ligne(f) de sécurité. 414.
ligne(f) de sept mètres. 525.
ligne(f) de service. 523, 526, 527.
ligne(f) de service court. 528.
ligne(f) de service long. 528.
ligne(f) de surface de but. 525.
ligne(f) de suture. 93.

ligne(f) de touche. 513, 517, 518, 521, 525.
ligne(f) de touche de but. 517.
ligne(f) de visée. 611.
ligne(f) des 10 mètres. 517.
ligne(f) des 15 mètres. 517.
ligne(f) des 22 mètres. 517.
ligne(f) des 5 mètres. 517.
ligne(f) des 50 mètres. 517.
ligne(f) des courtes. 526.
ligne(f) des verges. 513.
ligne(f) externe. 563.
ligne(f) haute. 563.
ligne(f) interne. 563.
ligne(f) isosiste. 45.
ligne(f) latérale. 90, 526, 529, 530.
ligne(f) latérale de double. 528.
ligne(f) latérale de simple. 528.
ligne(f) médiane. 518, 521, 525, 528, 531, 562.
ligne(f) médiane de service. 523.
ligne(f) méridienne. 611.
ligne(f) sous tension. 704.
ligne(f) supplémentaire. 461.
lignée(f) du cheval. 555.
lignes(f), grandes. 410.
limaçon(m). 124.
limbe(m). 62, 429.
lime-émeri(f). 333.
lime(f). 333, 585.
lime(f) à ongles. 332.
limitation(f) de hauteur. 702.
limitation(f) de largeur. 702.
limitation(f) de poids. 702.
limite(f) du terrain. 178.
limite(f) hors-terrain. 178.
limiteur(m) de surchauffe. 231.
limon(m). 152, 187.
limousine(f). 384.
linéaire. 62.
linteau(m). 165, 188, 190.
Lion(m). 32, 698.
lion(m) passant. 696.
liquette(f). 295.
lisière(f). 488.
lisse(f). 177, 182, 409, 494.
lisse(f) d'aile. 435.
lisse(f) d'assise. 182.
lisses(f). 495.
listel(m). 250.
lit(m). 204.
lit(m) de camp pliant. 584.
lit(m) de l'ongle. 129.
lit(m) du bas. 407.
lit(m) du haut. 407.
lit-matelas(m). 584.
litchi(m). 72.
literie(f). 204.
lithographie(f). 503.
lithosphère(f). 39.
littoral(m), configuration(f) du. 43.
livèche(f). 135.
livraison(m) des bagages. 706.
livre(f). 709.
livre(m) relié. 498.
lobé. 62.
lobe(m). 89, 109.
lobe(m) du nez. 125.
lobe(m) inférieur. 118.
lobe(m) moyen. 118.
lobe(m) supérieur. 118.
lobule(m). 124.
local(m) de service. 431.
location(f) de voitures. 707.
locaux(m) d'habitation. 631.
locaux(m) du personnel. 419.
locaux(m) pour fret. 419.
loch(m) vertical. 423.
locomotive(f) de manoeuvre. 411.
locomotive(f) diesel-électrique. 404.
lofer. 537.
loge(f). 68, 69, 169.
loge(f) de juge de but. 519.
logement(m) de cassette. 366, 367.

lointain(m). 169, 170.
loisirs(m) de création. 483.
long péronier(m) latéral. 110.
long supinateur(m). 111.
longe(f). 139, 140, 142, 143.
longe(f) complète. 139, 143.
longeron(m). 388, 389.
longeron(m) avant. 435.
longeron(m) de chenille. 664.
longeron(m) latéral inférieur. 411.
longeron(m) principal. 435.
longitude(f). 27.
longueur(f). 534.
longueur(f) de la vague. 43.
loquet(m). 227, 228, 232.
loquet(m) de porte. 405.
lore(m). 87.
lorgnette(f). 319.
louche(f). 219.
Loup(m). 33.
loupe(f) de mise au point. 355, 361.
loupe(f) de mise au point. 360.
lucarne(f). 177.
luette(f). 125, 126.
luge(f). 550.
lugeur(m). 550.
lumière(f). 468, 656, 680, 681.
luminaires(m). 210, 211.
luminophore(m). 377.
Lune(f). 30.
Lune(f). 28, 29.
Lune(f), éclipse(f) de. 30.
Lune(f), phases(f) de la. 30.
lunette(f). 684.
lunette(f) arrière. 383.
lunette(f) astronomique. 609.
lunette(f) d'approche. 429.
lunette(f) de visée. 607.
lunette(f) de visée. 686.
lunettes(f). 318, 319.
lunettes(f). 273, 319, 550.
lunettes(f) de glacier. 575.
lunettes(f) de protection. 319.
lunettes(f) de sécurité. 319.
lunettes(f) de ski. 319, 545.
lunettes(f) de soleil. 547.
lunettes(f) de vol. 541.
lunule(f). 93, 129.
lustre(m). 210.
Lynx(m). 32.
lyre(f). 473.
Lyre(f). 32.
lysosome(m). 105.

M

macaroni(m). 136, 137.
macfarlane(f). 282.
mâche(f). 74.
machette(f). 678.
mâchicoulis(m). 167.
machine(f) à coudre. 485, 486.
machine(f) à écrire. 452, 453.
machine(f) à faire les pâtes. 218.
machine(f) à sous. 581.
machine(f) à tricoter. 491, 492.
machine(f) agricole. 155.
machine(f) de chargement. 651.
machine(f) de déchargement. 651.
machine(f) de manutention. 647, 650.
machine(f) de rotation à poids. 432.
machinerie(f) agricole. 152, 153, 154.
machinerie(f) lourde. 659.
mâchoire(f). 95, 277.
mâchoire(f) d'attelage. 405.
mâchoire(f) d'herbivore. 82.
mâchoire(f) de carnivore. 82.
mâchoire(f) de rongeur. 82.
mâchoire(f) dentée. 249.
mâchoire(f) droite. 249.
mâchoire(f) fixe. 248, 249.

mâchoire(f) invurvée. 249.
mâchoire(f) mobile. 248, 249.
mâchoires(f), types(m) de. 82.
macreuse(f). 141.
mafaldes(f). 136.
magasin(m). 688.
magma. 45.
magnétophone(m) à cassette. 455.
magnétoscope(m). 367.
magnétoscope(m). 374.
mah-jong(m). 579.
maille(f). 529.
mailles(f) de montage. 490.
maillet(m). 247.
maillet(m). 502.
mailloche(f). 472.
mailloches(f). 471.
maillon-gouge(m). 243.
maillon(m) de chenille. 664.
maillot(m). 524, 565.
maillot(m) de corps à manches courtes. 561.
main(f). 107.
main(f) courante. 172, 187, 405, 617.
main(f) pleine. 578.
maïs(m). 77.
maïs(m) fourrager. 151.
maison(f). 175.
maison(f). 178, 530.
maison(f) à cour ouverte. 151.
maison(f) éclusière. 427.
maison(f) en copropriété. 173.
maison(f) en rangée. 173.
maison(f) individuelle. 173.
maison(f) individuelle jumelée. 173.
maison(f) romaine. 163.
maison(f) solaire. 772.
maisons(f) de ville. 173.
maisons(f) traditionnelles. 159.
maître-brin(m). 549.
malaire(m). 112.
mâle(m). 709.
malle(f). 337.
mallette(f) de toilette. 337.
mallette(f) porte-documents. 340.
mamelle(f). 85.
mamelon(m). 106, 109.
mamelon(m) double. 265.
manche(f). 283.
manche(f) à même. 296.
manche(f) ballon. 296.
manche(f) bouffante. 296.
manche(f) chauve-souris. 296.
manche(f) chemisier. 295, 296.
manche(f) de commande. 437.
manche(f) gigot. 296.
manche(f) kimono. 296.
manche(f) marteau. 296.
manche(f) montée. 281, 285, 286, 296.
manche(f) pagode. 296.
manche(f) raglan. 281, 296, 306.
manche(f) tailleur. 296.
manche(f) trois-quarts. 296.
manche(m). 211, 214, 215, 216, 247, 270, 272, 327, 328, 329, 336, 463, 466, 473, 480, 487, 492, 500, 507, 512, 520, 524, 526, 529, 568, 572, 574.
manche(m) à air. 697.
manche(m) à balai. 457.
manche(m) à balai. 455, 542.
manche(m) isolant. 277.
manche(m) isolé. 276.
manche(m) pilote. 441.
manche raglan. 290.
mancheron(m). 296.
manches(f). 296.
manchette(f). 520.
manchon(m). 339.
manchon(m). 195, 260, 265, 270, 561.
manchon(m) canelé. 261.
manchon(m) coudé. 609.
manchon(m) coulissant. 609.

manchon(m) de câble. 251.
manchon(m) de culasse. 684.
manchon(m) de refroidissement. 683, 687.
mandarine(f). 69.
mandibule(f). 95, 98.
mandibule(m). 90, 92.
mandibule(m) inférieure. 87.
mandibule(m) supérieure. 87.
mandoline(f). 473.
mandrin(m). 248, 250, 251.
manette(f). 227.
manette(f) de chasse. 259.
manette(f) de clignotant. 386.
manette(f) de commande. 365.
manette(f) de relèvement du plateau. 251.
manette(f) du frein. 394.
manettes(f) de commande. 437.
mangue(f). 67.
manicotti(m). 137.
manille(f). 539.
manille(f) de liaison. 541.
manipulateur(m). 370.
manipulation(f) du combustible. 651.
manivelle(f). 250, 359, 388, 398, 426, 475, 494, 566, 683.
manivelle(f) de lève-glace. 386.
manivelle(f) de relèvement de la lame. 252.
mannequin(m). 487.
manomètre(m). 194, 444, 598, 627, 633, 663.
manomètre(m) de bouteille. 272.
manomètre(m) de chalumeau. 272.
manque(m). 580, 581.
manteau(m). 96, 190.
manteau(m) inférieur. 39.
manteau(m) supérieur. 39.
manteaux(m). 290, 291.
maquette(f). 507.
maquillage(m). 322, 323.
maquillage(m), produits(m) de. 322, 323.
marais(m) salant. 43.
marbre(m). 511.
marbre(m). 502.
marchand(m) de journaux. 168.
marche(f). 172, 187, 269, 494.
marche(f) palière. 187.
marchepied(m). 389, 394, 416, 441, 663.
marchepied(m) en étrier. 405.
marge(f) continentale. 42.
margeur(f). 361.
margeur(m). 360, 453.
mari(m). 130.
marinière(f). 295.
marjolaine(f). 135.
marmite(f). 222.
marmotte(f). 304.
marquage(m), feuille(f) de. 576.
marquage(m), table(f) de. 576.
marquage(m) de la sensibilité. 357.
marque(f) centrale. 523.
marque(f) d'aire de prise de contact. 438.
marque(f) d'axe de piste. 438.
marque(f) de distance fixe. 438.
marque(f) de point d'attente. 438.
marque(f) déposée. 709.
marques(f) d'identification. 438.
marques(f) de seuil de piste. 438.
marques(f) latérales de piste. 438.
marqueur(m). 352, 519, 521, 522, 562, 576.
marquise(f). 413.
marron(m). 70.
Mars. 28.
marteau(m). 558.
marteau(m). 372, 465, 466, 575.
marteau(m) à endosser. 500.
marteau(m) à panne ronde. 247.
marteau(m) d'électricien. 277.
marteau(m) de menuisier. 247.

marteau(m) dépitonneur. 574.
marteau(m) perforateur. 625.
marteau(m) perforateur à poussoir pneumatique. 625.
marteau(m) pneumatique. 625.
marteau-piolet(m). 574.
marteline(f). 507.
martinet(m). 416.
martingale(f). 290, 416, 563.
mascara(m). 322.
masque(m). 312, 512, 516, 520, 536, 562.
masque(m) perforé. 377.
masse(f) continentale. 42.
masse(f) de réglage. 478.
masse(f) pendulaire. 478.
masse-tige(f). 626.
masséter(m). 110.
massif(m) d'ancrage des câbles. 402.
massif(m) de fleurs. 237.
mastoïde(f). 114.
mât(m). 409, 537, 538, 543, 582, 661, 670, 695.
mât(m) arrière, grand. 416.
mât(m) avant, grand. 416.
mât(m) d'artimont. 416.
mât(m) d'auvent. 582.
mât(m) de beaupré. 416.
mât(m) de cacatois. 416.
mât(m) de charge. 420.
mât(m) de hune. 416.
mât(m) de misaine. 416.
mât(m) de perroquet. 416.
mât(m) rotor. 441.
matelas(m). 204.
matelas(m) isolant. 584.
matelas(m) mousse. 584.
matelas(m) pneumatique. 584.
matelassure(f). 553.
matériaux(m) de construction. 183, 184, 185.
matériel(m). 501, 502, 503.
matériel(m) d'alpinisme. 574.
mathématiques(f). 709.
matières(f) inflammables. 704.
matrice(f). 481.
matrice(f) de l'ongle. 129.
mâture(f). 416.
maxillaire(m). 90, 125.
maxillaire(m) basculant. 101.
maxillaire(m) inférieur. 84, 112, 114, 115.
maxillaire(m) supérieur. 112, 114, 115.
mazout(m) domestique. 635.
mazout(m) léger. 635.
mazout(m) lourd. 635.
méat(m) de l'urètre. 108.
mécanique(f). 465.
mécanique(f) d'accordage. 480.
mécanique(f) du piano droit. 466.
mécanisme(m) à échappement. 478.
mécanisme(m) d'enclenchement de la carte. 491.
mécanisme(m) d'enroulement. 209.
mécanisme(m) d'inclinaison de la lame. 252.
mécanisme(m) d'octave. 469.
mécanisme(m) d'orientation de la lame. 666.
mécanisme(m) de l'orgue. 468.
mécanisme(m) de pointage en hauteur. 687.
mécanisme(m) de tension. 378.
mécanisme(m) de tir. 686.
mécanisme(m) du bras de sécurité. 378.
mécanisme(m) du pêne demi-tour. 256.
mécanisme(m) marcheur à came coulissante. 661.
mèche(f). 250.
mèche(f) de crins. 464.
mèche(f) double torsade. 250.

mèche(f) hélicoïdale. 250.
médaillon(m). 316.
médiator(m). 473.
méditerranéen. 51.
mégot(m). 334.
mélangeur(m). 225.
mélangeur(m) à main. 225.
mélangeur(m) bain-douche. 257.
mélanocyte(m). 128.
mêlée(f). 517.
mêlée(f), football(m) américain. 514.
mêlée(f), football(m) canadien. 515.
melon(m) brodé. 73.
membrane(f). 363, 369, 473.
membrane(f) alaire. 100.
membrane(f) basale. 127.
membrane(f) coquillière. 89.
membrane(f) cytoplasmique. 105.
membrane(f) du tympan. 124.
membrane(f) interfémorale. 100.
membrane(f) nucléaire. 105.
membrane(f) squelettique. 105.
membrane(f) vitelline. 89.
membre(m) inférieur. 116.
membre(m) supérieur. 116.
membrure(f) inférieure. 401.
membrure(f) principale. 644.
membrure(f) supérieure. 401.
mémoire(f) à bande magnétique. 458.
mémoire(f) à disques. 458.
mémoire(f) morte. 454.
meneur(m). 530.
ménisque(m) convergent. 611.
ménisque(m) divergent. 611.
menthe(f). 135.
menton(m). 87, 106.
mentonnière(f). 676.
menuiserie(f). 247, 248, 249, 250, 251, 252, 253, 254, 255.
méplat(m). 490, 524.
mer(f). 30.
mer(f) Caspienne. 41.
mer(f) de Béring. 41.
mer(f) de Chine. 41.
mer(f) des Antilles. 41.
mer(f) du Groenland. 41.
mer(f) du Nord. 41.
mer(f) Méditerranée. 41.
mer(f) Noire. 41.
mer(f) Rouge. 41.
Mercure. 28.
mercure(m). 274.
mère(f). 130, 131.
méridien(m). 27.
méridien(m) céleste. 27.
méridienne(f). 201.
meringue(f). 146.
merlon(m). 167.
merlon(m) de protection. 633.
merrain(m). 81.
mésa(f). 47.
mésocarpe(m). 66, 67, 68, 69.
mésosphère(f). 39.
mésothorax(m). 92.
mesure(f) à deux temps. 462.
mesure(f) à quatre temps. 462.
mesure(f) à trois temps. 462.
mesure(f) de la masse. 594, 595, 596.
mesure(f) de la pression. 598.
mesure(f) de la température. 597.
mesure(f) du temps. 591, 592, 593.
mesures(f). 462.
mesures(f). 219.
métacarpe(m). 84, 86, 112.
métacarpien(m). 100.
métal(m). 272.
métamorphose(f) de la grenouille. 97.
métatarse(m). 84, 97, 112.
métathorax(m). 92.
métaux(m). 696.
météores(m). 52.

météorologie(f). 54, 55.
méthanier(m). 631.
métier(m) à broder. 493.
métier(m) de basse lisse. 494.
métier(m) de haute lisse. 495.
métope(f). 160.
mètre(m) à ruban. 487, 599.
métronome(m). 478.
mettre sur la ligne précédente. 350.
mettre sur la ligne suivante. 350.
meubles(m). 696.
meubles(m) de rangement. 205, 206.
meule(f). 507.
meule(f). 81.
meule(f) diamantée. 507.
meurtrière(f). 167.
mezzanine(f). 169, 414.
mi-bas(m). 287, 301.
mi-chaussette(f). 287, 301.
mi(m). 461.
micro(m) de fréquences aiguës. 480.
micro(m) de fréquences graves. 480.
micro(m) de fréquences intermédiaires. 480.
micro-ordinateur(m). 454, 455, 456, 457.
micromètre(m). 599.
microphone(m). 372.
microphone(m). 363, 372, 373, 457.
microphone(m) dynamique. 369.
microphone(m) incorporé. 369.
microprocesseur(m). 455.
microscope(m) binoculaire. 605.
microscope(m) électronique. 606.
milieu(m) de cuisse. 142.
milieu(m) de longe. 142.
milieu(m) de poitrine. 141.
milieu(m) de sous-noix. 139.
Mimolette(m). 145.
minaudière(f). 339.
mine(f). 636.
mine(f) à ciel ouvert. 622.
mine(f) de charbon. 621, 622, 623, 624, 625.
mine(f) souterraine. 623.
minerai(m). 621, 622.
mini-slip(m). 287.
minuterie(f). 228, 360, 601.
minuterie(f) de dégivrage. 229.
minuteur(m). 219.
mire(f). 611, 677, 689.
mire(f) de réglage. 376.
mirette(f). 505.
miroir(m). 322, 337, 353, 611.
miroir(m), grand. 429.
miroir(m), petit. 429.
miroir(m) d'éclairage du cercle horizontal. 600.
miroir(m) d'éclairage du cercle vertical. 600.
miroir(m) de courtoisie. 385.
miroir(m) de prise de vues. 356.
miroir(m) double pivotant. 330.
miroir(m) grossissant. 330.
miroir(m) latéral. 330.
miroir(m) lumineux. 330.
miroir(m) parabolique. 654.
miroir(m) plan. 611.
miroir(m) plan rétractable. 34.
miroir(m) primaire concave. 34.
miroir(m) primaire parabolique. 608.
misaine(f). 417.
mise(f) à feu. 686.
mise(f) à feu, accessoires(m) de. 681.
mise(f) à la terre. 370.
mise(f) en marche. 373.
mise(f) en presse. 500.
mises(f), tableau(m) des. 580, 581.
missile(m). 424, 692.

missile(m), structure(f) d'un. 692.
missile(m) air-air. 691, 692.
missile(m) air-sol. 692.
missile(m) anti-sous-marin. 692.
missile(m) antichar. 692.
missile(m) sol-air. 692.
missile(m) sol-sol. 692.
missiles(m). 692.
mitaine(f). 273, 289, 307, 545, 575.
mitigeur(m). 261.
mitigeur(m) à bille creuse. 261.
mitigeur(m) d'évier. 261.
mitigeur(m) d'évier. 260.
mitochondrie(f). 105.
mitraille(f). 681.
mitrailleuse(f). 687.
mitrailleuse(f). 690.
mitrailleuse(f) coaxiale. 690.
mitre(f). 192, 214, 217.
mitron(m). 177.
mobilier(m) de bureau. 451.
mocassin(m). 309, 549.
modèle(m) canadien. 349.
modérateur(m). 648, 650, 652.
modestie(f). 298.
modillon(m). 160.
modulaire(m) d'impulsion. 610.
modulateur(m) en anneau. 481.
module(m) de commande. 442.
module(m) de communication. 454.
module(m) de service. 442.
module(m) lunaire. 442.
moelle(f). 63, 129.
moelle(f) épinière. 91, 122, 127.
moissonneuse-batteuse(f). 155.
molaire(f). 115.
molette(f). 248, 334, 453, 457.
molette(f) d'entraînement. 233.
molette(f) d'entraînement de la carte. 491.
molette(f) d'entraînement du cercle horizontal. 600.
molette(f) de mise au point. 607.
molette(f) de rebobinage. 353.
molette(f) de réglage. 277.
molette(f) de réglage de la flamme. 334.
mollet(m). 107.
mollusque(m). 94.
mollusques(m) comestibles, principaux. 94.
moniteur(m) de ski. 544.
monocle(m). 319.
mont(m) de Vénus. 109.
montage(m). 622.
montagne(f). 46.
montant(m). 203, 268, 298, 431, 473, 494, 495, 499, 548, 556, 557, 559, 560, 616.
montant(m) d'angle. 411.
montant(m) de bride. 553.
montant(m) de ferrage. 188, 205.
montant(m) de la serrure. 188.
montant(m) de rive. 189.
montant(m) du bâti. 205.
montant(m) embrevé. 189.
montant(m) latéral. 383.
montant(m) mouton. 189.
monte-charge(m). 170, 705.
montée(f) arrière. 555.
montera(m). 311.
Monterey Jack(m). 144.
monticule(m). 511.
montre(f). 385, 506.
montre(f) à diapason. 592.
montre(f) de plongée. 536.
montre(f) mécanique. 591.
monture(f). 249, 336, 474, 563.
monture(f) à pas de vis. 355.
monture(f) azimutale. 609.
monture(f) baïonnette. 353.
monture(f) d'objectif. 353.
monture(f) de tube à arc. 274.
monture(f) en fer à cheval. 34.
monture(f) réglable. 252.
moraillon(m). 337.

moraine(f) de fond. 48.
moraine(f) frontale. 48.
moraine(f) latérale. 48.
moraine(f) médiane. 48.
mordache(f). 499.
mordant(m). 462.
morille(f). 65.
mors(m). 248, 250, 251, 333, 498, 554.
mors(m) de bride. 553.
mors(m) de filet. 553.
mort(f). 709.
mort(m) terrain. 621.
mort-terrain(m). 623, 636.
mortaise(f). 85, 335, 493.
mortier(m). 683.
mortier(m). 183, 218, 425.
moteur-benne(m). 668.
moteur(m). 391.
moteur(m). 155, 171, 196, 230, 231, 234, 250, 251, 253, 362, 442, 485, 573, 608, 610, 626, 661, 664, 666, 667, 668.
moteur(m) à essence. 391.
moteur(m) à turbocompression. 390.
moteur(m) d'aiguille. 610.
moteur(m) de manoeuvre. 443.
moteur(m) de traction. 404.
moteur(m) diesel. 390.
moteur(m) diesel. 404, 422, 665.
moteur(m) du ventilateur. 196.
moteur(m) électrique. 172, 195, 267, 356, 423.
moteurs(m). 390.
moteurs(m). 443.
moteurs(m) principaux. 443.
motif(m). 306.
motif(m) au cadre. 305.
motoculteur(m). 241.
motocyclette(f). 395, 396.
motoneige(f). 394.
motrice(f). 415.
motte(f) de gazon. 571.
Mouche(f). 33, 570.
mouche(f) arrière. 569.
mouche(f) artificielle. 567.
mouche(f) centrale. 569, 570.
mouche(f) de ligne de cadre. 570.
mouche(f) de tête. 569.
mouche(f) supérieure. 570.
moufle(f). 273, 289, 307, 545, 575.
moufle(m). 506.
moufle(m) fixe. 626.
moufle(m) mobile. 626.
mouilleur(m). 448.
moule(f). 94.
moule(m) à flan. 220.
moule(m) à gâteau. 220.
moule(m) à glaçons. 229.
moule(m) à muffins. 220.
moule(m) à quiche. 220.
moule(m) à tarte. 220.
moulin(m) à café. 224.
moulin(m) à vent. 657.
moulin(m) pivot. 657.
moulin(m) tour. 657.
moulinet(m). 502.
moulinet(m) à lancer. 566.
moulinet(m) à tambour fixe. 566.
mousqueton(m). 574.
mousqueton(m). 538, 539.
mousqueton(m) à ressort. 539.
mousse(f). 147.
moustache(f). 87.
moustaches(f). 86.
moutarde(f). 71.
mouton(m). 554.
moyen adducteur(m). 110.
moyenne sus-alaire(f). 110.
moyeu(m). 397, 617, 643, 658.
moyeu(m) rotor. 441.
Mt Everest(m). 39.
multiplicateur(m) de focale. 355.
multiplication(f). 709.
Munster(m). 145.

muqueuse(f) olfactive. 125.
mur(m). 551, 552, 579, 582, 622.
mur(m) amortisseur. 576.
mur(m) arrière. 526, 527.
mur(m) avant. 526, 527.
mur(m) avec barre en oxer. 552.
mur(m) avec colonne. 552.
mur(m) bajoyer. 637.
mur(m) barré. 551, 552.
mur(m) d'extrémité. 532.
mur(m) de batillage. 638.
mur(m) de départ. 532.
mur(m) de fondation. 182.
mur(m) de retour. 533.
mur(m) en béton. 655.
mur(m) latéral. 526, 527, 532.
mur(m) Trombe. 655.
muraille(f). 579.
mûre sauvage, coupe(f) d'une. 66.
murette(f). 431.
museau(m). 86, 97.
muserolle(f). 553.
musique(f). 459.
mutule(f). 160.
mycélium(m). 65.
mye(f). 94.
myomère(m). 91.
myrtille(f). 66.

N

n'égale pas. 709.
n'est pas identique à. 709.
nacelle(f). 403, 658.
nacelle(f) d'observation. 34.
nacelle(f) élévatrice. 439.
nage(f) sur le côté. 533.
nage(f) sur le dos. 533.
nageoire(f) anale. 90.
nageoire(f) caudale. 90, 95.
nageoire(f) dorsale. 90.
nageoire(f) pectorale. 90.
nageoire(f) pelvienne. 90.
nages(f), types(m) de. 533.
nageur(m). 532.
nageur(m) de brasse. 533.
nageur(m) de crawl. 533.
nageur(m) de dos. 533.
nageur(m) de papillon. 533.
naissance(f). 709.
naos(m). 161.
nappe(f) de lave. 45.
nappe(f) phréatique. 46.
narine(f). 87, 90, 97, 101, 125.
narthex(m). 164.
nasal(m). 676.
naseau(m). 83.
natation(f). 532.
natation(f), compétition(f) de. 532.
nattes(f). 320.
navet(m). 76.
navette(f). 495.
navette(f). 486.
navette(f) spatiale. 443.
navette(f) spatiale au décollage. 443.
navette(f) spatiale en orbite. 443.
navire(m) de forage. 628.
navire(m) porte-barges LASH. 427.
navire(m) porte-conteneurs. 427.
ne pas utiliser avec un chariot à bagages. 706.
ne pas utiliser avec une chaise roulante. 705.
ne rien changer. 350.
nébulosité(f). 53.
nébulosité(f). 54.
nectarine(f). 67.

nef(f). 164.
nèfle(f) du Japon. 68.
négatif(m). 709.
négatoscope(m). 360.
neige(f). 50.
neige(f) continue. 52.
neige(f) fondante. 49.
neige(f) intermittente. 52.
neige(f) mouillée. 49.
neige(f) roulée. 49.
neige(f) sèche. 49.
Neptune. 28.
nerf(m). 129, 498.
nerf(m) circonflexe. 121.
nerf(m) coccygien. 121.
nerf(m) cochléaire. 124.
nerf(m) crural. 121.
nerf(m) cubital. 121.
nerf(m) digital. 121.
nerf(m) facial. 124.
nerf(m) fémoro-cutané. 121.
nerf(m) fessier. 121.
nerf(m) grand abdomino-génital. 121.
nerf(m) grand sciatique. 121.
nerf(m) intercostal. 121.
nerf(m) médian. 121.
nerf(m) musculo-cutané de la jambe. 121.
nerf(m) musculocutané du bras. 121.
nerf(m) obturateur. 121.
nerf(m) olfactif. 91, 125.
nerf(m) optique. 123.
nerf(m) petit abdomino-génital. 121.
nerf(m) petit sciatique. 121.
nerf(m) phrénique. 118.
nerf(m) pneumogastrique. 118.
nerf(m) rachidien. 122, 127.
nerf(m) radial. 121.
nerf(m) saphène externe. 121.
nerf(m) saphène interne. 121.
nerf(m) sciatique proplité externe. 121.
nerf(m) sciatique proplité interne. 121.
nerf(m) sus-scapulaire. 121.
nerf(m) tibial antérieur. 121.
nerf(m) vestibulaire. 124.
nerfs(m) crâniens. 121.
nerveux(m) de gîte à la noix. 141.
nerveux(m) de sous-noix. 139.
nervure(f). 92, 536, 668.
nervure(f) d'aile. 435.
nervure(f) d'emplanture. 435.
nervure(f) principale. 62, 71.
nervure(f) secondaire. 62.
nettoie-pipe(m). 335.
nettoyage(m) à sec. 708.
neurone(m). 127.
neurone(m) moteur. 127.
neurone(m) sensoriel. 127.
névé(m). 48.
neveu(m). 130.
nez-de-marche(m). 187.
nez(m). 106, 247, 434, 542, 543.
nez(m), faux. 312.
nez(m), partie externe du. 125.
nez(m) du guide. 243.
niche(f) d'urgence. 414.
niche(f) de projecteurs. 169.
nid(m) à couvain. 99.
nid(m) d'ange. 306.
nièce(f). 130.
nimbo-stratus(m). 44.
niveau(m). 623.
niveau(m) d'équilibre. 43.
niveau(m) de la mer. 40, 42.
niveleuse(f). 666.
nivelle(f) d'alidade. 600.
nivelle(f) sphérique. 600.
noeud(m). 61, 497, 644.
noeud(m) coulant. 587.
noeud(m) d'arrêt. 587.
noeud(m) d'écoute double. 587.

noeud(m) d'écoute simple. 587.
noeud(m) de cabestan. 587.
noeud(m) de chaise double. 587.
noeud(m) de chaise simple. 587.
noeud(m) de Franciscain. 587.
noeud(m) de jambe de chien. 587.
noeud(m) de pêcheur. 587.
noeud(m) de vache. 587.
noeud(m) papillon. 285.
noeud(m) papillon. 312.
noeud(m) plat. 288, 587.
noeud(m) simple. 587.
noeuds(m). 587.
noir(m). 578, 580, 581.
noire(f). 461.
Noirs(m). 577.
noisette(f). 70.
noisette(f), coupe(f) d'une. 70.
noix(f). 70.
noix(f). 70, 139, 466, 492, 677.
noix(f), coupe(f) d'une. 70.
noix(f), principales variétés(f) de. 70.
noix(f) de cajou. 70.
noix(f) de coco. 70.
noix(f) de hachage. 142.
noix(f) de pécan. 70.
noix(f) du Brésil. 70.
noix(f) pâtissière. 139.
nom(m) dactylographié. 349.
nom(m) de la station. 414.
nom(m) du cheval. 555.
nombril(m). 106.
nord(m). 579.
norvègien(m). 345.
notation(f) musicale. 461, 462.
notes(f), valeur(f) des. 461.
noue(f). 177.
nouilles(f). 136.
nouilles(f) aux épinards. 136.
nourriture(f). 133.
nouvelle Lune(f). 30.
noyau(m). 29, 31, 67, 105, 127, 468, 573, 638, 688.
noyau(m) externe. 39.
noyau(m) galactique. 31.
noyau(m) interne. 39.
nu-pied(m). 309.
nuage(m) bas. 54.
nuage(m) élevé. 54.
nuage(m) moyen. 54.
nuage(m) nacré. 39.
nuage(m) nocturne lumineux. 39.
nuages(m). 44.
nuages(m) à développement vertical. 44.
nuages(m) de basse altitude. 44.
nuages(m) de haute altitude. 44.
nuages(m) de moyenne altitude. 44.
nucléole(m). 105.
nuée(f) de cendres. 45.
nuisette(f). 301.
numéro(m). 517, 580.
numéro(m) de quai. 413.
numéro(m) de tête. 554.
numéro(m) du cheval. 555.
numéro(m) du couloir. 532.
numéro(m) du joueur. 516.
numéro(m) plein. 580, 581.
numéroteur(m). 448.
nuque(f). 87, 107.

O

oasis(f). 47.
objectif(m). 355, 606.
objectif(m). 356, 357, 362, 605, 607.
objectif(m) à focale variable. 368.
objectif(m) d'agrandissement. 361.
objectif(m) grand-angulaire. 355.
objectif(m) interchangeable. 353.
objectif(m) normal. 355.
objectif(m) super-grand angle. 355.

objectif(m) zoom. 355, 369.
objectifs(m) interchangeables. 355.
objet(m). 349.
objets(m) personnels. 325.
observatoire(m) astronomique. 34.
obstacle(m) d'eau. 571.
obstacles(m), équitation(f). 551.
obturateur(m). 353, 606.
obturateur(m) central. 356.
obturateur(m) de sécurité. 626.
obus(m). 686, 690.
obusier(m) moderne. 684.
occipital(m). 111, 113, 114.
océan(m). 30, 50.
océan(m), fond(m) de l'. 42.
océan(m) Antarctique. 41.
océan(m) Arctique. 41.
océan(m) Atlantique. 41.
océan(m) Indien. 41.
océan(m) Pacifique. 41.
Océanie. 41.
ocelle(m). 92.
Octant(m). 33.
octave(f). 462, 563.
oculaire(m). 356, 357, 605, 607, 608, 609.
oculaire(m) coudé. 609.
oculaire(m) de la lunette. 600.
oculaire(m) du microscope de lecture. 600.
odorat(m). 125.
oeil-de-boeuf(m). 177.
oeil(m). 123.
oeil(m). 96, 101, 106, 247, 495, 553, 574.
oeil(m) composé. 92, 98.
oeil(m) pédonculé. 95.
oeil(m) témoin. 409.
oeillet(m). 308, 491, 494, 548, 567, 583.
oeilleton(m). 368, 369, 574.
oeilletons(m) du viseur. 355.
oesophage(m). 91, 94, 119.
oeuf(m). 89.
oeuf(m). 99.
oeufrier(m). 229.
oeufs(m). 91, 97.
office(m). 434.
ogive(f). 643.
oignon(m) d'Espagne. 75.
oiseau(m). 87, 88, 89.
oiseau(m), morphologie(f). 87.
oiseau(m) aquatique. 89.
oiseau(m) aquatique. 89.
Oiseau(m) du Paradis. 33.
oiseau(m) échassier. 89.
oiseau(m) granivore. 89.
oiseau(m) insectivore. 89.
oiseau(m) percheur. 89.
oiseau(m) rapace. 89.
oiseau(m) rapace. 89.
olécrâne(m). 113.
olive(f). 67.
ombelle(f). 64.
ombilic(m). 48, 93.
ombilic(m) inférieur. 88.
ombilic(m) supérieur. 88.
ombre(f). 592.
ombre(f) à paupière. 322.
ombrelle(f). 358.
omoplate(f). 84, 107, 112.
oncle(m) maternel. 130.
oncle(m) paternel. 130.
onde(f) sismique. 45.
onde(f) sonore. 428.
ongle(m). 129.
onglet(m). 139, 141, 449.
onglet(m) à fenêtre. 449.
opérateur(m). 458.
opérateur(m) de l'appareil des trente secondes. 521.
opercule(m). 90, 97.
Ophiucus. 32, 33.
opisthodome(m). 161.
or(m). 696.
orage(m). 52.

orage(m) violent. 52.
orange(f). 69.
orange(f). 69.
orbiculaire(m) des paupières. 110.
orbite(f). 114.
orbite(f) de lancement. 379.
orbite(f) géostationnaire. 379.
orbite(f) lunaire. 30.
orbiteur(m). 443.
orchestre(m) symphonique. 479.
ordinateur(m). 458.
ordinateur(m). 692.
ordinateur(m) de contrôle. 422.
ordinateur(m) numérique. 652.
ordonnance(f). 709.
ordre(m) corinthien. 160.
ordre(m) d'arrivée. 555.
ordre(m) dorique. 160.
ordre(m) ionique. 160.
oreille(f). 100, 106, 107, 203, 433, 468.
oreille(f) externe. 124.
oreille(f) interne. 124.
oreille(f) moyenne. 124.
oreiller(m). 204.
oreillette(f). 363.
oreillette(f) droite. 116.
oreillette(f) gauche. 116.
organeau(m). 433.
organeau(m) de hissage. 433.
organes(m) des sens. 123, 124, 125, 126, 127.
organes(m) génitaux féminins. 109.
organes(m) génitaux masculins. 108.
orgue(m). 467, 468.
orgue(m) de Barbarie. 475.
orifice(m) d'aération. 270.
orifice(m) d'alimentation. 663.
orifice(m) de remplissage. 233, 389, 429.
orifice(m) du conduit auditif externe. 124.
orifice(m) du pied. 468.
orifice(m) génital. 96.
orifice(m) intestinal. 96.
orifice(m) respiratoire. 96.
orifice(m) uro-génital. 91.
oriflamme(f). 697.
origan(m). 135.
orignal(m). 81.
Orion. 32, 33.
ornements(m). 462.
orteil(m). 106.
os(m) alvéolaire. 115.
os(m) iliaque. 112.
os(m) malaire. 114.
os(m) propre du nez. 114, 125.
oscillateurs(m). 481.
oseille(f). 74.
ossature(f). 407.
osselets(m). 124.
ostéologie(f) du crâne. 114.
ostium(m). 129.
otolithe(f). 91.
ouest(m). 579.
ouïe(f). 124.
ouïe(f). 463.
ouragan(m). 52.
ourdissoir(m). 496.
ourlet(m). 209.
outil(m). 625.
outillage(m). 238, 239, 240, 241, 242.
outils(m). 247, 248, 249, 250, 251, 252, 253, 586.
outils(m) d'électricien. 276, 277.
outils(m) pour plomberie. 266.
ouverture(f). 93, 541, 567.
ouvre-boîtes(m). 233.
ouvre-boîtes(m). 219, 585.
ouvrière(f). 98.
ovaire(m). 64, 91, 109.
ovoïde. 62.
ovule(m). 64.
oxer(m). 551, 552.

oxer(m) avec croix. 552.
oxygène(m) de coupe. 272.
ozone(m). 39.

P

paddock(m). 555.
page(m), petit. 320.
pagne(m) de coton. 675.
pain(m). 138.
pain(m) américain. 138.
pain(m) au lait. 138.
pain(m) azyme. 138.
pain(m) bâtard. 138.
pain(m) blanc. 138.
pain(m) chapati indien. 138.
pain(m) complet. 138.
pain(m) de blé entier. 138.
pain(m) de maïs américain. 138.
pain(m) de mie. 138.
pain(m) de seigle allemand. 138.
pain(m) de seigle avec graines de carvi. 138.
pain(m) de seigle danois. 138.
pain(m) de seigle noir. 138.
pain(m) irlandais. 138.
pain(m) naan indien. 138.
pain(m) noir russe. 138.
pain(m) parisien. 138.
pain(m) pita. 138.
pain(m) pita avec graines de sésame. 138.
pain(m) pumpernickel. 138.
pain(m) rond. 138.
pain(m) tchallah juif. 138.
pair(m). 580, 581.
paire(f). 578.
pal(m). 696.
palais(m). 125.
palanque(f). 551.
pale(f). 196, 643, 646, 658.
pale(f) de rotor. 441.
paleron(m). 141.
paletot(m). 282, 290.
palette-caisse(f). 671.
palette(f). 140, 142, 226, 529, 567.
palette(f) à ailes. 671.
palette(f) à double face. 671.
palette(f) à simple face. 671.
palettes(f). 671.
palier(m). 179.
palier(m) avant. 436.
palier(m) central. 436.
palier(m) guide. 642.
palier(m) magnétique. 601.
palissade(f). 167.
palme(f). 536.
palmée. 62.
palmeraie(f). 47.
palmette(f). 200.
palmure(f). 89.
palmure(f) lobée. 89.
palonnier(m). 437, 668.
palonnier(m) de slalom. 540.
palourde(f). 94.
palpe(m) labial. 92, 94.
palpeur(m) solaire. 57.
pampille(f). 210.
pamplemousse(m). 69.
pan(m). 295.
panais(m). 76.
pancréas(m). 119.
panier-filtre(m). 224.
panier(m). 521.
panier(m). 223, 224, 230, 232, 512, 521, 568.
panier(m) à couverts. 232.
panier(m) à salade. 218.
panier(m) de projection. 362.
panne(f). 180, 271, 500, 574.
panne(f) fendue. 247.
panne(f) ronde. 247.
panneau(m). 188, 207, 521, 541, 623.
panneau(m) à âme creuse. 255.

Index général

panneau(m) à âme lamellée. 255.
panneau(m) à âme lattée. 255.
panneau(m) d'accès. 195, 263.
panneau(m) d'affichage. 168.
panneau(m) d'extrémité. 227.
panneau(m) de cale. 419.
panneau(m) de citerne. 631.
panneau(m) de commande. 457.
panneau(m) de commutation. 437.
panneau(m) de contrôle du pilotage automatique. 437.
panneau(m) de fibres dures. 184.
panneau(m) de fibres émaillées. 184.
panneau(m) de fibres lamifiées. 184.
panneau(m) de gare. 413.
panneau(m) de particules. 255.
panneau(m) de particules. 184.
panneau(m) de plâtre. 184.
panneau(m) de protection latéral. 617.
panneau(m) de séparation. 337.
panneau(m) dérivé du bois. 255.
panneau(m) du mécanicien. 437.
panneau(m) du vantail. 205.
panneau(m) dur. 255.
panneau(m) dur perforé. 184.
panneau(m) indicateur. 413.
panneau(m) inférieur. 229.
panneau(m) nombre de voies. 409.
panneau(m) solaire. 57.
panneau(m) solaire déployable. 378.
panneaux(m) de fibres. 184.
pansement(m) adhésif. 615.
pant(m) long. 289.
pantacourt(m). 300.
pantalon-jupe(m). 300.
pantalon(m). 284.
pantalon(m). 512, 516, 547, 564, 575.
pantalon(m) bouffant. 312.
pantalon(m) corsaire. 300.
pantalon(m) dorsal. 541.
pantalon(m) rayé. 307.
pantalons(m). 300.
pantin(m). 306.
pantographe(m). 413.
Paon(m). 33.
papaye(f). 72.
papier(m). 334, 504.
papier(m) carbone. 507.
papier(m) décor. 255.
papier(m) kraft. 255.
papille(f). 123, 129.
papille(f) dermique. 127, 128.
papille(f) rénale. 120.
papilles(f) linguales. 126.
papillon(m). 92, 533.
paquebot(m). 419.
paquet(m) cellophané. 334.
par(m) arrière. 285.
par(m) avant. 285.
parachute-frein(m). 542.
parachute(m). 541.
parachute(m). 171, 443, 543.
parachute(m) de secours. 541.
parachute(m) dorsal. 541.
parachute(m) extracteur. 541.
parachutisme(m). 541.
parachutiste(m). 541.
paraffines(f). 635.
parafoudre(m). 641, 645.
parafouille(m). 638.
parapet(m). 167.
parapluie-canne(m). 336.
parapluie(m). 336.
parapluie(m) télescopique. 336.
parasoleil(m). 355, 609.
paratonnerre(m). 177.
parc(m) à bois. 624.
parc(m) à échelles. 662.
parc(m) de stockage. 630, 634.
parc(m) de stockage terminal. 630.
parc(m) météorologique. 55.
parcomètre(m). 168.

parcours(m). 571.
parcours(m). 555.
parcours(m) d'obstacles. 552.
pardessus(m). 282.
pare-brise(m). 383, 389, 394, 437, 691.
pare-chocs(m). 234, 383, 388, 389, 527, 630.
pare-chocs(m) arrière. 394.
pare-soleil(m). 385.
pare-souffle(m). 686.
pare-vent(m). 585.
parement(m). 255.
parement(m) amont. 638.
parement(m) aval. 638.
parementure(f). 283.
parenthèses(f). 347, 350.
parents(m). 130, 131.
paréo(m). 293.
parfait(m). 146.
pariétal(m). 113, 114.
paripennée. 62.
parka(m). 282.
parking(m). 703.
paroi(f). 85, 671.
paroi(f) avant. 388.
paroi(f) de bout. 388.
paroi(f) de citerne. 632.
paroi(f) latérale. 388, 411.
parquet(m). 186.
parquet(m). 182, 186.
parquet(m) à bâtons rompus. 186.
parquet(m) à l'anglaise à coupe de pierre. 186.
parquet(m) à l'anglaise à coupe perdue. 186.
parquet(m) Chantilly. 186.
parquet(m) d'Arenberg. 186.
parquet(m) en chevrons. 186.
parquet(m) en vannerie. 186.
parquet(m) mosaïque. 186.
parquet(m) sur chape de ciment. 186.
parquet(m) sur ossature de bois. 186.
parquet(m) Versailles. 186.
parti(m). 696.
partie(f) femelle du raccord union. 264.
partie(f) mâle du raccord union. 264.
partitions(f). 696.
parure(f). 313.
parures(f) de fenêtre. 207, 208, 209.
passage(m) à niveau. 409.
passage(m) à niveau. 701.
passage(m) à niveau à signalisation automatique. 410.
passage(m) à niveau de quai. 413.
passage(m) d'animaux sauvages. 701.
passage(m) de bétail. 701.
passage(m) de fourche. 411.
passage(m) inférieur. 400.
passage(m) pour piétons. 168, 700.
passage(m) supérieur. 400.
passant(m). 281, 284, 285, 306, 582.
passant(m) tunnel. 284.
passavant(m). 631.
passe-bras(m). 291.
passe(f). 580, 581.
passe(f) à billes. 637.
passe-garde(m). 676.
passe-montagne(m). 304.
passe-vues(m). 362.
passerelle(f). 375, 410, 414, 420, 424, 631, 661.
passerelle(f) de navigation. 420.
passerelle(f) télescopique. 438.
passettes(f). 496.
passoire(f). 218, 226.
pastèque(f). 73.
pastille(f) de combustible. 649.

patate(f). 76.
pâte(f) d'argile. 505.
patelle(f). 96.
patère(f). 200, 451.
patère(f) à embrasse. 207.
paterre(m). 169.
pâtes(f) alimentaires. 136, 137.
patin(m). 664.
patin(m). 408, 441, 520, 550, 630, 661.
patin(m) à roulettes. 548.
patin(m) antidérapant. 268.
patin(m) arrière. 550.
patin(m) avant. 550.
patin(m) d'appui. 649.
patin(m) d'espacement. 649.
patin(m) de chenille. 690.
patin(m) de course. 548.
patin(m) de figure. 548.
patin(m) de hockey. 548.
patin(m) hydrostatique. 34.
patinage(m). 548.
patinoire(f). 519.
patins(m), types(m) de. 548.
patron(m). 489.
patron(m). 492, 507.
patte(f). 101, 208, 284, 298, 339, 340, 341, 433, 500, 512.
patte(f) abdominale. 95.
patte(f) ambulatoire. 92.
patte(f) anale. 92.
patte(f) antérieure. 86.
patte(f) antérieure. 92, 97, 98.
patte(f) boutonnée. 284.
patte(f) capucin. 285, 296.
patte(f) d'entrejambe. 295.
patte(f) d'épaule. 281.
patte(f) d'ours. 549.
patte(f) de boutonnage. 285, 291.
patte(f) de coq. 506.
patte(f) de guidage. 597.
patte(f) de sécurité. 405.
patte(f) de serrage. 281.
patte(f) médiane. 92, 98.
patte(f) polo. 295.
patte(f) postérieure. 92, 97, 98, 100.
patte(f) thoracique. 95.
patte(f) ventouse. 92.
patte-mâchoire(f). 95.
pattes(f), principaux types(m) de. 89.
pâturage(m). 151.
paturon(m). 83.
paume(f). 289, 512.
paumelle(f). 189.
paupière(f). 101.
paupière(f) inférieure. 86, 97, 123.
paupière(f) interne. 86.
paupière(f) supérieure. 86, 97, 123.
pause(f). 366, 461.
pause(f)/arrêt sur l'image. 367.
pavillon(m). 124, 317, 383, 468, 469, 470, 615.
pavillon(m) à deux pointes. 697.
pavillon(m) à deux pointes et langue. 697.
pavillon(m) d'écouteur. 372.
pavillon(m) de la trompe utérine. 109.
pavois(m). 416.
pavot(m). 71.
peau(f). 127, 128, 500.
peau(f). 66, 67, 68, 97, 127, 472.
peau(f) de batterie. 472.
peau(f) de timbre. 472.
pêche(f). 67, 566, 567, 568.
pêche(f). 67.
pêcheur(m). 491.
pédale(f). 397, 398, 464, 472.
pédale(f) d'accélérateur. 386.
pédale(f) d'expression. 467.
pédale(f) de chaussage. 546.
pédale(f) de combinaisons. 467.
pédale(f) de débrayage. 386.
pédale(f) de déchaussage. 546.

pédale(f) de frein. 386, 396, 494.
pédale(f) de palonnier. 542.
pédale(f) de prolongement. 465.
pédale(f) douce. 465.
pédale(f) forte. 465.
pédieux(m). 110.
pédoncule(m). 64, 66, 68.
Pégase(m). 32.
peigne(m). 495.
peigne(m) à crêper. 328.
peigne(m) à pollen. 98.
peigne(m) à tige. 328.
peigne(m) afro. 328.
peigne(m) de coiffeur. 328.
peigne(m) soufflant. 328.
peignes(m). 328.
peignoir(m). 301.
peinture(f) d'entretien. 268, 269, 270.
pèlerine(f). 290.
pelle(f). 191, 219, 238.
pelle(f) à benne traînante. 661.
pelle(f) à benne traînante. 636.
pelle(f) hydraulique. 667.
pelle-pioche(f) pliante. 586.
pellicules(f). 356.
pelote(f). 487.
pelouse(f). 178.
peltée. 62.
pendage(m). 622.
pendant(m) d'oreille. 315.
pendeloque(f). 210.
penderie(f). 206, 582.
pendule(m). 593.
pêne(m). 256.
pêne(m) demi-tour. 256.
pêne(m) dormant. 256.
pénis(m). 106.
penne(f). 88.
pennée. 62.
pennon(m). 538, 697.
pente(f). 654.
pente(f) raide. 700.
pépin(m). 66, 68, 69.
pépins(m). 137.
perceuse(f) à colonne. 251.
perceuse(f) à main. 250.
perceuse(f) électrique. 251.
perche(f). 556.
perche(f) de ravitaillement. 691.
perche(f) de tête. 554.
perchiste(m). 375.
percolateur(m). 224.
percuteur(m). 682, 688, 689.
père(m). 130, 131.
perforateur(m) de bande. 371.
perforateur(m) de cartes. 458.
perforation(f). 308, 356.
perforation(m). 289.
perforatrice (f). 448.
performance(f). 555.
pergola(f). 237.
péricarde(m). 118.
péricarpe(m). 69, 70.
périphériques(m). 457.
périphériques(m) d'entrée. 454.
périphériques(m) de sortie. 454.
périphériques(m) de traitement des données. 454.
périscope(m). 424, 690.
péristyle(m). 161, 163.
péritoine(m). 108.
perlure(f). 81.
permanente(f) bouclée. 321.
permanente(f) frisée. 321.
permiers soins(m). 704.
permission(f) de fumer. 705.
péroné(m). 112.
péronéo-tibia(m). 97.
peroxyde(m). 615.
perré(f). 638.
perron(m). 177.
perroquet(m) fixe, petit. 417.
perroquet(m) fixe avant, grand. 417.
perroquet(m) volant, petit. 417.

perroquet(m) volant avant, grand. 417.
perruque(f). 321.
Persée. 32.
persienne(f). 189.
persiennes(f). 209.
persil(m). 135.
personnel(m) de plateau. 375.
pèse-lettres(m). 447.
pèse-personne(m). 596.
peson(m). 594.
pétales(m). 64.
pétiole(m). 62.
petit bois(m). 189.
Petit Cheval(m). 32.
Petit Chien(m). 32.
petit-fils(m). 131.
petit largue(m). 539.
Petit Lion(m). 32.
petit montant(m). 188.
petit oignon(m). 75.
petit palmaire(m). 110.
petit quartier(m). 553.
petit rond(m). 111.
Petit-Suisse(m). 145.
Petite Ourse(f). 32.
petits chapeaux(m). 137.
petits fours(m). 146.
petits pois(m). 77.
pétoncle(m). 94.
pétrole(m). 626, 627, 628, 629, 630, 631, 632, 633, 634, 635, 636.
pétrole(m). 626.
pétrole(m) brut. 635.
pétrole(m) émulsionné. 627.
pétrolier(m). 631.
phalange(f). 84, 86, 112, 113.
phalanges(f). 97.
phalangette(f). 86, 112, 113, 129.
phalangine(f). 86, 112, 113.
phare(m). 384, 431.
phare(m). 383, 389, 394, 395, 413, 690.
phare(m) antibrouillard. 389.
phare(m) d'atterrissage. 441.
phare(m) de recul. 152.
phare(m) latéral. 413.
pharmacie(f). 706.
pharynx(m). 118, 119.
Phénix(m). 33.
Phobos. 28.
photographie(f). 353, 354, 355, 356, 357, 358, 359, 360, 361, 362.
photopile(f). 656.
photosphère(f). 29.
photostyle(m). 455.
phototype(m). 362.
piano(m). 476, 477, 479.
piano(m) droit. 465.
pic(m). 46.
piccolo(m). 469, 479.
pichet(m). 213.
picot(m). 475.
pièce(f) d'embranchement. 662.
pièce(f) de coin. 411.
pièce(f) de jonction. 663.
pièce(f) intermédiaire. 108.
pièce(f) jointe. 349.
pièce(f) polaire. 372.
pièce(f) terminale. 108.
pièces(f). 577.
pièces(f) buccales. 98.
pièces(f) de la maison. 179.
pièces(f) honorables. 696.
pied-de-biche(m). 200, 485, 486.
pied(m). 65, 77, 87, 96, 100, 107, 142, 199, 204, 205, 210, 274, 287, 305, 306, 334, 464, 468, 472, 529, 549, 560, 566, 605, 609, 644.
pied(m) amont. 638.
pied(m) antibasculement. 232.
pied(m) arrière. 203.

pied(m) aval. 638.
pied(m) avant. 203.
pied(m) cambré en S. 200.
pied(m) de col. 295.
pied(m) de lit. 204.
pied(m) de mât. 537.
pied(m) de studio. 359.
pied(m) presseur. 486.
pied(m) réglable. 195, 368.
pied-mélangeur(m). 225.
pied-sabot(m). 357.
pied-support(m). 358.
piédroit(m). 162, 165.
piège(f) à pétrole. 626.
pierre(f). 183, 273.
pierre(f) à aiguiser. 501.
pierre(f) de curling. 530.
pierre(f) lithographique. 504.
pierre(f) précieuse. 317.
piètement(m). 203, 269.
pige(f). 505.
pignon(m). 70, 250, 593.
pilastre(m) de départ. 187.
pile(f). 357.
pile(f). 356, 368, 400, 401, 629.
pilier(m). 165, 602, 623.
pilier(m) antérieur du voile. 126.
pilier(m) droit. 517.
pilier(m) gauche. 517.
pilier(m) postérieur du voile. 126.
pilon(m). 218, 219.
pilône(m). 624.
pilote(m). 466, 543.
pilote(m) d'écran-témoin. 375.
pilotes(m). 468.
piment(m). 73.
pinacle(m). 164, 165.
pince-aiguille(m). 486.
pince-étau(f). 249.
pince(f). 85, 95, 191, 208, 211, 221, 284, 331, 489.
pince(f) à billets. 341.
pince(f) à boucles de cheveux. 333.
pince(f) à cheveux. 333.
pince(f) à cravate. 316.
pince(f) à cuticules. 332.
pince(f) à dénuder. 277.
pince(f) à détacher. 507.
pince(f) à échardes. 615.
pince(f) à épiler. 332.
pince(f) à épiler automatique. 332.
pince(f) à escargots. 221.
pince(f) à étiqueter. 447.
pince(f) à long bec. 277.
pince(f) à ongles. 332.
pince(f) à spaghettis. 221.
pince(f) d'électricien. 277.
pince(f) de mise en plis. 333.
pince(f) de taille. 282.
pince(f) motoriste. 249.
pince(f) multiprise. 249.
pince(f) tibio-tarsienne. 98.
pince(f) universelle. 277.
pince-fil(m). 491.
pince-notes(m). 447.
pinceau(m). 270.
pinceau(m). 352, 501, 507.
pinceau(m) à lèvres. 323.
pinceau(m) à pâtisserie. 220.
pinceau(m) éventail. 323.
pinceau(m) pour fard à joues. 323.
pinceau(m) pour poudre libre. 322.
pincement(m). 274.
pinces(f) à fusibel. 276.
pinces(f) à rouleaux. 333.
pinçon(m). 85.
pioche(f). 238.
piolet(m). 574.
piolet(m). 575.
pion(m). 577.
pipe(f). 335.
pipe(f), coupe d'une. 335.
pipeline(m). 630.
pipeline(m). 636.
pipeline(m) enterré. 630.

pipeline(m) sous-marin. 630.
pipeline(m) surélevé. 630.
pipeline(m) surélevé, support(m) de. 630.
pique(f). 574.
pique(m). 578.
pique-nique(m) interdit. 707.
pique-notes(m). 447.
piquet(m). 544, 582, 583.
piquoir(m). 492.
piqûre(f) d'ornementation. 339.
piscine(f). 655.
piscine(f) de la première classe. 419.
piscine(f) de réception. 651.
piscine(f) de stockage du combustible irradié. 649, 651, 653.
piscine(f) du combustible défectueux. 651.
pissenlit(m). 74.
pistache(f). 70.
piste(f). 555, 562, 576.
piste(f). 458, 557.
piste(f) d'élan. 556, 557, 576.
piste(f) d'envol. 438.
piste(f) de loutre. 549.
piste(f) de roulement. 415.
piste(f) de slalom. 544.
pistil(m). 64.
pistolet(m). 689.
pistolet(m) à peinture. 270.
pistolet(m) à souder. 271.
pistolet(m) d'arrosage. 240.
pistolet(m) de distribution. 387.
pistolet-mitrailleur(m). 683.
piston(m). 391, 393, 470, 615, 625.
piston(m) à décorer. 220.
piston(m) des gaz. 687.
piton(m) à glace. 575.
piton(m) sous-marin. 42.
pitons(m). 574.
pivot(m). 81, 199, 277, 327, 328, 429, 478, 534, 548, 558, 611, 657, 683.
pivot(m) central. 404.
pivot(m) d'accouplement. 388.
pivoteur(m). 481.
placage déroulé(m). 255.
place(f) d'armes. 166.
plafond(m). 526, 527.
plafond(m) acoustique. 169.
plafonnier(m). 210.
plage(f). 40, 43.
plage(f) arrière. 419.
plage(f) de séparation. 365.
plaine(f) abyssale. 42.
plan(m). 164.
plan(m) du temple. 161.
plan(m) du terrain. 178.
planche(f). 255.
planche(f) à voile. 537.
planche(f) d'appel. 556, 557.
planche(f) d'envol. 99.
planche(f) de bois. 504.
planche(f) de cuivre. 501.
planche(f) de plasticine. 556.
plancher(m). 526, 527, 553, 565, 671.
plancher(m) de coffre. 384.
plancher(m) inférieur. 671.
plancher(m) supérieur. 671.
planchette(f). 71.
planchette(f) à arches. 450.
planchette(f) à pinces. 450.
planétaire(m). 35.
planétaire(m). 35.
planétarium(m). 35.
planètes(f), symboles(m) des. 28.
planètes(f) du système solaire. 28.
planeur(m). 542.
plantaire(m) grêle. 111.
plante(f), structure d'une. 62.
plante(f), structure(f) d'une. 61.
plante(f) grimpante. 237.

planteuse(f) de pommes de terre. 154.
plantoir(m). 239.
plantoir(m) à bulbes. 239.
plantule(f). 67.
plaque(f). 227, 318.
plaque(f) à aiguille. 485.
plaque(f) à biscuits. 220.
plaque(f) antifriction. 546.
plaque(f) chauffante. 224.
plaque(f) collectrice. 656.
plaque(f) costale. 101.
plaque(f) d'enfournement. 506.
plaque(f) d'identité. 315.
plaque(f) d'instructions. 251.
plaque(f) de base. 683.
plaque(f) de béton. 602.
plaque(f) de commutateur. 275.
plaque(f) de couche. 688.
plaque(f) de fixation. 600.
plaque(f) de métal. 504.
plaque(f) de protection. 480.
plaque(f) de rouleau. 581.
plaque(f) de rue. 168.
plaque(f) de sécurité. 172.
plaque(f) de tôle. 526.
plaque(f) du lanceur. 511.
plaque(f) marginale. 101.
plaque(f) motrice. 127.
plaque(f) négative. 392.
plaque(f) nucale. 101.
plaque(f) photographique. 606.
plaque(f) positive. 392.
plaque(f) signalétique. 251, 601.
plaque(f) supra-caudale. 101.
plaque(f) tournante. 403.
plaque(f) tubulaire. 648.
plaque(f) vertébrale. 101.
plaque-glissière(f). 485.
plaque-peigne(f). 172.
plaquette(f). 318.
plaquette(f). 49, 393, 679.
plaqueur(m) droit. 514, 515.
plaqueur(m) gauche. 514, 515.
plasmodesme(m). 105.
plastique(m) et acier(m). 265.
plastique(m) et cuivre(m). 265.
plastron(m). 101, 303, 516, 520, 676.
plastron(m) métallique. 562.
plat(m) à escargots. 221.
plat(m) à poisson. 213.
plat(m) de côte couvert. 141.
plat(m) de côte découvert. 141.
plat(m) de dos. 200.
plat(m) de service. 213.
plat(m) recto. 498.
plat(m) verso. 498.
plate-bande(f). 237.
plate-bande(f) de culasse. 680.
plate-forme(f). 269, 359, 388, 534, 548, 596, 669.
plate-forme(f) auto-élévatrice. 628.
plate-forme(f) autonome. 628.
plate-forme(f) de production. 629.
plate-forme(f) élévatrice automotrice. 439.
plate-forme(f) fixe. 628.
plate-forme(f) flottante. 628.
plate-forme(f) semi-submersible. 628.
plate-forme(f) submersible. 628.
plateau(m). 375.
plateau(m). 46, 199, 223, 251, 252, 337, 361, 365, 485, 499, 500, 561, 594, 595, 596.
plateau(m) à outils. 269.
plateau(m) continental. 40, 42.
plateau(m) d'alimentation. 687.
plateau(m) d'optique. 432.
plateau(m) de clavier. 465.
plateau(m) de sciage. 252.
plateau(m) de stockage. 651.
plateau(m) mobile. 580.
plateau(m) pour accessoires. 609.

plateau(m) réceptacle de
  paiement. 581.
plateau(m) tournant. 225.
platine(f). 500, 592, 605, 606.
platine(f) à silex. 682.
platine(f) de magnétophone. 366.
platine(f) de magnétophone. 363.
platine(f) tourne-disque. 365.
platine(f) tourne-disque. 363.
plâtre(m). 184.
pleine Lune(f). 30.
plénum(m). 192.
pleurote(m) en huître. 65.
plèvre(f) pariétale. 118.
plexus(m) brachial. 121.
plexus(m) cardiaque. 118.
plexus(m) cervical. 121.
plexus(m) lombaire. 121.
plexus(m) prébronchique. 118.
plexus(m) sacré. 121.
pli(m). 284, 393.
pli(m) central. 255.
pli(m) creux. 207, 294.
pli(m) d'aisance. 294.
pli(m) de la columelle. 93.
pli(m) extérieur. 255.
pli(m) intérieur. 255.
pli(m) pincé. 207.
pli(m) piqué. 294.
pli(m) plat. 207, 294.
pli(m) rond. 207, 294.
pli(m) surpiqué. 294.
plinthe(f) chauffante. 193.
plioir(m). 498.
plissé(m) accordéon. 294.
pliure(f). 489.
plomb(m). 567, 601.
plomb(m) optique. 600.
plomberie(f). 257, 258, 259, 260,
  261, 262, 263, 264, 265, 266,
  267.
plomberie(f) sanitaire. 257.
plombs(m). 688.
plongée(f) sous-marine. 536.
plongeoir(m). 534.
plongeon(m). 534.
plongeon(m) de départ. 532.
plongeon(m) en arrière. 535.
plongeon(m) en avant. 535.
plongeon(m) en équilibre. 535.
plongeon(m) renversé. 535.
plongeon(m) retourné. 535.
plongeons(m), groupes(m) de. 535.
plongeur(m). 536.
plongeur(m). 372, 535, 627.
plongeur(m) au tremplin. 534.
plongeur(m) de haut-vol. 534.
pluie(f). 49.
pluie(f) continue. 52.
pluie(f) intermittente. 52.
pluie(f) verglaçante. 52.
plume(f). 352.
plume(f) creuse de roseau. 352.
plume(f) d'oie. 352.
plume(f) métallique. 352.
plume(f) métallique romaine. 352.
plumes(f). 137.
plus grand que. 709.
plus ou moins. 709.
plus petit que. 709.
Pluton. 28.
pluviomètre(m). 55.
pluviomètre(m) à lecture directe.
  56.
pluviosité(f). 55.
pneu(m). 389, 397.
pneu(m) à carcasse diagonale.
  393.
pneu(m) à carcasse radiale. 393.
pneu(m) à carcasse radiale
  ceinturée. 393.
pneu(m) à neige. 393.
pneumatique(m) de guidage. 415.
pneumatique(m) porteur. 415.
pneus(m). 393.
poche(f). 338, 341, 569, 573, 576.

poche(f), fausse. 291.
poche(f) à douilles. 220.
poche(f) à fermeture à glissière.
  340, 341.
poche(f) à rabat. 282, 283, 294.
poche(f) à soufflet. 341.
poche(f) à tickets. 341.
poche(f) à timbres. 341.
poche(f) américaine. 341.
poche(f) cavalière. 300.
poche(f) centrale. 570.
poche(f) côté. 281.
poche(f) coupée. 284.
poche(f) doseuse. 623.
poche(f) extérieure. 337, 340.
poche(f) gilet. 283, 297.
poche(f) inférieure. 570.
poche(f) intérieure. 337.
poche(f) intérieure isolante. 305.
poche(f) manchon. 294.
poche(f) ministre. 341.
poche(f) passepoilée. 286, 294.
poche(f) plaquée. 290, 294, 306.
poche(f) plaquée à revers. 290.
poche(f) poitrine. 282, 285, 295.
poche(f) pour échantillons lunaires.
  444.
poche(f) prise dans une couture.
  290, 294.
poche(f) prise dans une découpe.
  294.
poche(f) raglan. 281, 290, 294.
poche(f) repose-bras. 291.
poche(f) secrète. 341.
poche(f) soufflet. 294, 297.
poche(f) supérieure. 570.
poche(f) tiroir. 283.
poche-montre(f). 283.
poche-revolver(f). 284.
poche-ticket(f). 283.
poches(f). 294.
pochette(f). 283.
pochette(f) d'allumettes. 335.
pochette(f) d'homme. 339.
pochette(f) d'information. 449.
pochette(f) de classement. 449.
pocheuse. 223.
podomètre(m). 599.
poêle(f). 585.
poêle(f) à crêpes. 223.
poêle(f) à frire. 223.
poêle(m) à bois. 191.
poids(f). 558.
poids(m). 558, 593, 594, 596.
poids(m) de lisière. 491.
poignard(m). 675.
poignards(m). 678.
poignée(f). 204, 225, 226, 227,
  228, 229, 233, 234, 242, 247,
  248, 250, 252, 253, 270, 272,
  330, 331, 336, 337, 339, 357,
  362, 368, 369, 370, 492, 503,
  524, 526, 530, 545, 547, 550,
  558, 563, 566, 572, 573, 574,
  600, 625, 677, 688.
poignée(f) amovible. 191.
poignée(f) antivibrations. 243.
poignée(f) arrière. 566.
poignée(f) auxiliaire. 251.
poignée(f) avant. 566, 686.
poignée(f) d'embrayage. 396.
poignée(f) d'ouverture. 541.
poignée(f) de conduite. 617.
poignée(f) de départ. 532.
poignée(f) de frein. 397, 617.
poignée(f) de frein avant. 396.
poignée(f) de la main droite. 686.
poignée(f) de la main gauche. 686.
poignée(f) de la manivelle. 503.
poignée(f) de la table. 503.
poignée(f) de porte. 188, 383.
poignée(f) de soulèvement. 684.
poignée(f) de transport. 685, 687.
poignée(f) des gaz. 396.
poignée(f) du démarreur. 243.
poignée(f) escamotable. 340.

poignée(f) intérieure. 386.
poignée(f) latérale. 250.
poignée(f) montoir. 389, 415.
poignée(f) pistolet. 251, 252, 687.
poignée(f) profilée. 331.
poignée(f) supérieure. 250.
poignée-pistolet(f). 683, 685.
poignet(m). 100, 107, 285.
poignet(m) droit. 296.
poignet(m) élastique. 307.
poignet(m) mousquetaire. 296.
poil(m). 129.
poil(m). 128, 328, 329, 331.
poils(m) absorbants. 61.
point(m). 347, 350, 371, 579.
point(m) d'alimentation. 645.
point(m) d'amure. 537.
point(m) d'ancrage. 543.
point(m) d'arête. 493.
point(m) d'articulation. 665.
point(m) d'attache. 62.
point(m) d'écoute. 537.
point(m) d'encochage. 677.
point(m) d'épine. 493.
point(m) d'exclamation. 347.
point(m) d'interrogation. 347, 371.
point(m) d'orgue. 462.
point(m) d'Orient. 493.
point(m) de chaînette. 493.
point(m) de chausson. 493.
point(m) de chevron. 493.
point(m) de côtes. 490.
point(m) de jersey. 490.
point(m) de mise au jeu. 519.
point(m) de noeud. 493.
point(m) de poste. 493.
point(m) de raccordement. 645.
point(m) de réparation. 518.
point(m) de repère. 489.
point(m) de torsades. 490.
point(m) du chef. 695.
point(m) indicateur de température.
  331.
point(m) mousse. 490.
point(m) passé empiétant. 493.
point(m) repère. 576.
point(m) roumain. 493.
point-virgule(m). 347, 350, 371.
pointage(m) de droite. 684.
pointage(m) en direction. 683.
pointage(m) en hauteur. 683, 684,
  687.
pointe(f). 43, 62, 77, 152, 215,
  217, 252, 253, 254, 287, 298,
  311, 333, 335, 352, 464, 466,
  486, 490, 507, 545, 548, 558,
  567, 572, 574, 575, 677, 695.
pointe(f) antérieure. 575.
pointe(f) avant. 233.
pointe(f) carrée. 248.
pointe(f) cruciforme. 248.
pointe(f) d'arrêt électrique. 562.
pointe(f) d'attache. 465.
pointe(f) de bâton. 547.
pointe(f) de centrage. 250.
pointe(f) de col. 285.
pointe(f) de dent de défonceuse.
  664.
pointe(f) de diamant. 205.
pointe(f) de hampe. 695.
pointe(f) de poitrine. 140.
pointe(f) de ski. 547.
pointe(f) de surlonge. 140.
pointe(f) plate. 248.
pointe(f) plate. 209.
pointe(f) ronde. 209.
pointe(f) sèche. 501, 503.
pointeur(m). 611.
points(m), catégories(f) de. 493.
points(m) bouclés. 493.
points(m) couchés. 493.
points(m) croisés. 493.
points(m) de suspension. 347.
points(m) noués. 493.
points(m) plats. 493.
poire(f). 68, 598.

poire(f) à jus. 221.
poire(f) à poudre. 682.
poireau(m). 75.
pois(m). 71.
pois(m). 71.
pois(m) chiches. 77.
pois(m) mange-tout. 77.
poison(m). 704.
poisson(m). 90, 91.
poisson(m), anatomie(f). 91.
poisson(m), morphologie(f). 90.
Poisson(m) austral. 33.
Poisson(m) volant. 33.
poissonnière(f). 222.
Poissons(m). 32, 698.
poitrail(m). 83.
poitrine(f). 87, 106, 139, 140, 142,
  143.
poitrine(f) complète. 140.
poitrinière(f). 494.
poivrière(f). 213.
poivron(m). 73.
poker(m), combinaison(f) au. 578.
Polaroïd(m). 356.
pôle(m) Nord. 27.
pôle(m) Nord céleste. 27.
pôle(m) saillant. 642.
pôle(m) Sud. 27.
pôle(m) Sud céleste. 27.
police(f). 704.
polissoir(m) à ongles. 332.
polo(m). 286, 295.
polojama(m). 307.
polonais(m). 345.
pomme de terre(f). 76.
pomme(f). 68.
pomme(f). 68, 250.
pomme(f) d'Adam. 106.
pomme(f) d'arrosage. 240.
pomme(f) de douche. 259.
pommeau(m). 247, 512, 553, 563,
  679.
pompage(m). 636.
pompage(m) au gaz. 627.
pompe(f). 195, 230, 232, 397, 606,
  623, 632, 654.
pompe(f) à balancier. 627.
pompe(f) à boue. 626.
pompe(f) à chaleur. 194.
pompe(f) à eau. 392.
pompe(f) à essence. 391.
pompe(f) à huile. 390.
pompe(f) de circulation. 193, 655.
pompe(f) de puisard. 267.
pompe(f) du modérateur. 650.
pompe(f) primaire. 650.
pompiste(m). 387.
pompon(m). 304, 311.
poncho(m). 291.
pongiste(m). 529.
Pont l'évêque(m). 145.
pont-levis(m). 167.
pont(m). 318, 475, 607.
pont(m) à béquilles. 401.
pont(m) à poutre. 400.
pont(m) à poutre simple. 400.
pont(m) à poutres indépendantes.
  400.
pont(m) à tablier inférieur. 401.
pont(m) à tablier intermédiaire.
  401.
pont(m) à tablier supérieur. 401.
pont(m) Bailey. 403.
pont(m) basculant à double volée.
  403.
pont(m) basculant à simple volée.
  403.
pont(m) cantilever. 400.
pont(m) de décloisonnement. 420.
pont(m) de Varole. 122.
pont(m) du réacteur. 424.
pont(m) en arc. 401.
pont(m) flottant. 403.
pont(m) inférieur. 633.
pont(m) levant. 403.
pont(m) roulant. 641, 647.

pont(m) roulant de chargement de conteneurs. 427.
pont(m) supérieur. 420, 633.
pont(m) suspendu. 402.
pont(m) suspendu à haubans. 402.
pont(m) tournant. 403.
pont(m) transbordeur. 403.
pont-promenade(m). 420.
pontet(m). 683, 688, 689.
pontet(m) de connexion. 392.
ponton(m). 403.
ponts(m) à poutre, types(m) de. 400.
ponts(m) en arc, types(m) de. 401.
ponts(m) fixes. 400, 401, 402.
ponts(m) mobiles. 403.
popote(f). 585.
porc(m). 142.
porche(m). 164, 177.
porcherie(f). 151.
pore(m). 71, 105.
pore(m) sudoripare. 128.
porque(f). 631.
port(m) maritime. 427.
Port-Salut(m). 145.
portail(m). 165.
porte-adresse(m). 337.
porte-bagages(m). 337.
porte-bagages(m). 384, 397.
porte-bidon(m). 397.
porte-bûches(m). 191.
porte-cartes(m). 341.
porte-cartes(m). 56.
porte-cendrier(m). 191.
porte-chaussures(m). 310.
porte-chéquier(m). 341.
porte-clés(m). 341.
porte-conteneurs(m). 420.
porte-coupures(m). 341.
porte-documents(m). 340.
porte-électrode(m). 271.
porte-étiquette(m). 405.
porte-étiquette(m) d'acheminement. 405.
porte(f). 188, 386.
porte(f). 177, 227, 229, 231, 383, 488, 526, 544, 549.
porte(f) à charnière. 178.
porte(f) accordéon. 178, 188.
porte(f) amont. 426.
porte(f) arrière. 420.
porte(f) automatique. 440.
porte(f) avant. 421.
porte(f) busquée. 426.
porte(f) coulissante. 188.
porte(f) coulissante escamotable. 178.
porte(f) d'accès de plate-forme. 407.
porte(f) d'extrémité. 411.
porte(f) de la soute. 443.
porte(f) étagère. 229.
porte(f) extérieure. 188.
porte(f) latérale. 411, 415.
porte(f) moustiquaire à glissière. 582.
porte(f) pliante. 188.
porte(f) tournante. 188.
porte-fenêtre(f) coulissante. 178.
porte-fils(m). 494.
porte-foyer(m). 191.
porte-fusible(m). 645.
porte-fusibles(m). 195.
porte-jarretelles(m). 303.
porte(m) tension. 491.
porte-manteau(m). 451.
porte-marteau(m). 575.
porte-mine(m). 352.
porte-monnaie(m). 341.
porte-moulinet(m). 566.
porte-négatif(m). 361.
porte-outil(m). 625.
porte-parapluie(m). 573.
porte-parapluies(m). 336.
porte-passeport(m). 341.
porte-photos(m). 341.

porte-pipes(m). 335.
porte-pitons(m). 575.
porte-râteau(m). 503.
porte-rouleau(m). 259.
porte-sac(m). 573.
porte-savon(m). 259.
porte-serviettes(m). 259.
porte-stylo(m). 341.
porte-timbres(m). 448.
porte-tube(m). 605.
porte-vent(m). 467, 468.
porte-verre(m). 259.
portée(f). 461.
portefeuille(m). 341.
portefeuille(m) chéquier. 341.
porteur(m) de bagages. 413.
portique(m). 401, 559, 637, 641.
portique(m) de signalisation. 410.
portugais(m). 345.
posemètre(m) photo-électrique. 357.
positif(m). 709.
position(f). 555.
position(f) carpée. 534.
position(f) de départ. 532.
position(f) de départ. 535.
position(f) des bras. 535.
position(f) des jambes. 535.
position(f) droite. 534.
position(f) groupée. 534.
position(f) macro du zoom. 368.
positions(f), escrime(f). 563.
positions(f) de départ. 534.
post-scriptum(m). 349.
poste(m). 646.
poste(m) à clavier. 373.
poste(m) à conteneurs. 427.
poste(m) d'aiguillage. 410, 411.
poste(m) d'essence. 707.
poste(m) de communication voyageur-opérateur. 415.
poste(m) de contrôle. 424.
poste(m) de dépannage. 707.
poste(m) de distribution. 652.
poste(m) de pilotage. 437.
poste(m) de pilotage. 434, 441, 443.
poste(m) de soudage. 271.
poste(m) de trafic. 438.
poste(m) de transformation. 641.
poste(m) émetteur. 370.
poste(m) mains libres. 373.
poste(m) récepteur. 370.
poste(m) sans cordon. 373.
poste(m) téléphonique. 373.
postes(m) téléphoniques, types(m) de. 373.
postiches(f). 321.
postillon(f). 578.
pot(m) à tabac. 335.
pot(m) d'échappement. 392, 395, 690.
pot(m) magnétique. 592.
poteau(m). 168, 182, 401, 517, 522, 528, 531, 555.
poteau(m) cornier. 182.
poteau(m) d'arrivée. 557.
poteau(m) de but. 513.
poteau(m) de double. 523.
poteau(m) de simple. 523.
poteau(m) du ring. 565.
poteau(m) mural. 182.
potence(f). 362, 397, 605, 617.
poterie(f). 505, 506.
poterne(f). 167.
poterne(f) couverte. 166.
potiron(m). 73.
pouce(m). 89, 100, 289, 512.
poudre(f). 688.
poudre(f) comprimée. 322.
poudre(f) libre. 322.
poudrerie(f) basse. 52.
poudrerie(f) élevée. 52.
pouf(m). 202.
poulailler(m). 151.
poulaine(f). 676.

poulie(f). 251, 268, 391, 596.
poulie(f) d'entraînement. 171.
poulie(f) de chariot. 669.
poulie(f) de déflexion. 171.
poulie(f) de tension de cordon. 208.
poulie(f) de tête de flèche. 661.
poulie(f) du ressort-tendeur. 231.
poumon(m) droit. 116, 118.
poumon(m) gauche. 116, 118.
poumons(m). 118.
Poupe(f). 33, 537.
poupée(f). 677.
pourcentage(m). 709.
pourpre(m). 696.
pourtour(m) de l'oeil. 87.
pousse(f). 61.
pousser à droite. 350.
pousser à gauche. 350.
pousseur(m). 631.
poussoir(m). 226, 256.
poussoir(m) à pollen. 98.
poussoir(m) d'ouverture. 336.
poussoir(m) pneumatique. 625.
poutre-châssis(f). 666.
poutre(f). 182, 560, 644.
poutre(f) cantilever. 400.
poutre(f) continue. 400.
poutre(f) d'équilibre. 560.
poutre(f) de bord de fuite. 435.
poutre(f) de queue. 441.
poutre(f) de rigidité. 402.
poutre(f) suspendue. 400.
praire(f). 94.
préamplificateur-amplificateur(m). 363.
précipice(m). 46.
précipitation(f). 50.
précipitations(f), types(m) de. 49.
prémaxillaire(m). 90.
premier-but(m). 511.
premier espace(m). 521.
premier quartier(m). 30.
premier radial(m) externe. 111.
première(f). 308.
première(f) de propreté. 308.
prémolaire(f). 82, 115.
preneur(m) de son. 374.
prépuce(m). 108.
près(m). 539.
près(m) bon plein. 539.
près(m) serré. 539.
présentateur(m). 375.
présentoir(m) à revues. 451.
président(m). 562.
presse-agrumes(m). 226.
presse-agrumes(m). 218.
presse-ail(m). 218.
presse-carte(m). 452.
presse-étoupe(m). 261.
presse à biscuits. 220.
presse(f) à percussion. 500.
presse(f) à taille-douce. 502.
presse(f) lithographique. 503.
presse-papier(m) gradué. 453.
presse-raquette(m). 524.
pression(f). 55.
pression(f) à l'entrejambe. 306.
pression(f) à la taille. 305.
pression(f) au niveau de la mer. 54.
pression(f) barométrique. 54.
pression(f) devant. 306.
pression(f) épaule. 306.
pression(f) sur les côtés. 305.
pressuriseur(m). 647, 650.
prime(f). 563.
printemps(m). 27.
priorité(f) aux intersections. 701.
prise(f). 357.
prise(f) bipolaire. 267.
prise(f) casque. 364, 366.
prise(f) chronométrée. 228.
prise(f) classique. 529.
prise(f) d'air. 190, 394, 422.
prise(f) d'air de ventilation. 34.

prise(f) d'eau. 641.
prise(f) de courant. 275.
prise(f) de force. 152.
prise(f) de la sonde thermique. 227.
prise(f) de masse. 271.
prise(f) de terre. 275.
prise(f) micro. 366.
prise(f) porte-plume. 529.
prise(f) pour écouteur. 377.
prise(f) pour flash. 353, 368.
prise(f) pour flash-bar. 356.
prise(f) pour télécommande. 368.
prises(f). 564.
prises(f), types(m) de. 529.
prisme(m). 353.
prisme(m) de Porro. 607.
prix(m) à l'unité. 596.
prix(m) à payer. 596.
procédé(m). 568.
procès(m) ciliaire. 123.
production(f) d'électricité. 653, 654.
produits(m) pétrochimiques. 635.
profileur(m) dynamique. 481.
profiterole(f). 146.
profondeur(f) du foyer. 45.
profondimètre(m). 536.
programmateur(m). 230, 231, 232, 367.
programme(m) de courses. 555.
projecteur(m). 422, 423, 662, 663.
projecteur(m) à faisceau concentré. 375.
projecteur(m) auxiliaire. 35.
projecteur(m) d'ambiance. 375.
projecteur(m) d'étoile brillante. 35.
projecteur(m) de la Voie Lactée. 35.
projecteur(m) diascope. 362.
projecteur(m) orientable. 663.
projecteur(m) portatif. 662.
projecteur(m) sonore. 368.
projectiles(m). 681.
projection(f) d'épaule par un côté. 564.
projection(f) de gravillons. 700.
projection(f) en cercle. 564.
prolongement(m) de canal. 648.
pronaos(m). 161.
propane(m), accessoires(m) au. 585.
propriétaire(m). 555.
propulseur(m) de commande d'orientation. 378.
propulsion(f), mécanisme(m) de. 398.
prostate(f). 108.
protecteur(m). 548.
protecteur(m) de poitrine. 516.
protège-côtes(m). 516.
protège-coude(m). 520, 562.
protège-coudes(m). 550.
protège-dents(m). 565.
protège-genoux(m). 550.
protège-gorge(m). 512, 520.
protège-guidon(m). 685, 687.
protège-lame(m). 548.
protège-lame(m). 522, 270.
protège-lame(m) inférieur. 253.
protège-lame(m) supérieur. 253.
protège-main(m). 516.
protège-matelas(m). 204.
protège-poignets(m). 251.
protège-tendon(m). 548.
protège-tibia(m). 512, 516.
prothorax(m). 92.
protoneurone(m) sensitif. 127.
protubérance(f). 29.
proue(f). 537.
prune(f). 67.
psychromètre(m). 55.
pubis(m). 106.
puisard(m). 267, 622.
puits(m). 151.
puits(m), orifice(m) du. 623.
puits(m) d'accès. 646.

Index général

puits(m) d'accès du matériel. 646.
puits(m) d'aérage. 624.
puits(m) de dérive. 537.
puits(m) incliné. 622.
puits(m) marin. 630.
puits(m) principal. 624.
puits(m) vertical. 622.
pull(m). 297.
pull-over(m). 547.
pulls(m). 286, 297.
pulpe(f). 66, 67, 68, 69, 115, 129.
pulvérisateur(m). 240.
pulvériseur(m) tandem. 154.
pulvino(m). 639.
pupille(f). 86, 123.
pupille(f) verticale. 101.
pupitre(m). 465, 478.
pupitre(m) à musique. 478.
pupitre(m) central. 437.
pupitre(m) de commande. 35, 458.
pupitre(m) de commande de
   manutention du combustible.
   652.
pupitre(m) de conduite. 404.
pupitre(m) de l'opérateur. 652.
pupitre(m) de son. 374.
pupitre(m) dirigeur. 373.
pupitre(m) du chef d'orchestre.
   479.
purge(f) d'eau. 633.
purgeur(m). 193.
purgeur(m) d'air automatique. 194.
pyjama(m). 301.
pylône(m). 644.
pylône(m). 402, 410, 421, 544.
pylône(m) du moteur. 435.
pylore(m). 119.
pyramide(f) de Malpighi. 120.
pyrolyse(f). 636.
pyromètre(m). 506.

Q

quadriplex(m). 173.
quadripode(m). 616.
quai(m). 410.
quai(m) d'embarquement. 438.
quai(m) de gare. 413.
quai(m) de gare. 413.
quai(m) latéral. 414.
quart-arrière(m). 514, 515.
quarte(f). 462, 563.
quartier(m). 69, 85, 308, 553.
quartier(m) arrière. 140.
quartier(m) avant. 140.
quartier(m) d'habitation. 629.
quasi(m). 139.
quatre-mâts(m) barque. 416, 417.
quatuor(m). 476.
queue(f). 66, 68, 100, 101, 108,
   250, 434, 500, 540, 542, 543,
   549, 585, 657.
queue(f), petite. 311.
queue(f) de castor. 549.
queue(f) de cheval. 320.
queue(f) de l'hélix. 124.
queue(f) de plasma. 31.
queue(f) de poussières. 31.
queusot(m). 274.
quille(f). 543, 576.
quille-reine(f). 576.
quilles(f), jeu(m) de. 576.
quilles(f), soulier(f) de. 576.
quilleur(m). 576.
quillier(m). 576.
quillon(m). 679.
quinte(f). 462, 563.
quinte(f) royale. 578.
quintette(m). 476.

R

rabat(m). 288, 339, 341.
rabat(m), grand. 335.
rabat(m), petit. 335.

rabat(m) à attaches. 582.
rabatteur(m). 155.
rabot(m). 247.
raccord(m). 264.
raccord(m) à collet repoussé. 264.
raccord(m) à compression. 264.
raccord(m) à compression. 260.
raccord(m) d'arrivée d'air. 270.
raccord(m) d'égoût. 262.
raccord(m) de réduction. 265.
raccord(m) pour conducteur de
   terre. 645.
raccord(m) té. 262.
raccord(m) union. 264.
raccordement(m) du flexible. 625.
raccords(m). 265.
raccords(m) mécaniques. 264.
rachis(m). 88.
racine(f). 61.
racine(f). 61, 75, 115, 129.
racine(f) antérieure. 122.
racine(f) carrée de. 709.
racine(f) de l'hélix. 124.
racine(f) de l'ongle. 129.
racine(f) du nez. 125.
racine(f) pivotante. 63.
racine(f) postérieure. 122.
racine(f) principale. 61.
racine(f) secondaire. 61.
racine(f) traçante. 63.
racquetball(m). 527.
racquetballeur(m). 527.
radar(m). 610.
radar(m). 421.
radar(m) de détection. 692.
radar(m) de localisation du but.
   692.
radar(m) de localisation du missile.
   692.
radar(m) de navigation. 425.
radar(m) de veille. 425.
radar(m) météorologique. 434.
radiateur(m). 392.
radiateur(m). 404.
radiateur(m) à colonnes. 193.
radiateur(m) du caloduc. 378.
radicelle(f). 61, 63.
radier(m). 415, 426.
radis(m). 76.
radius(m). 84, 100, 112.
radôme(m). 691.
raffinage(m). 653.
raffinerie(f). 634.
raffinerie(f). 630.
raffinerie(f), produits(m) de la. 635.
raglan(m). 290.
raie des fesses(f). 107.
raie(f) sourcilière. 87.
raifort(m). 76.
rail(m). 208, 408, 491.
rail(m) d'éclairage. 211.
rail(m) de guidage. 388.
rail(m) de guidage de volet. 435.
rail(m) de lancement de missile.
   691.
rail(m) de raccord. 408.
rail(m) de renvoi. 576.
rail(m) extérieur. 172.
rail(m) intérieur. 172.
rainure(f). 227, 486, 491, 507, 545,
   547, 572, 677.
rainure(f) du guide à onglet. 252.
raisin(m). 66.
raisin(m). 66.
rallonge(f). 234.
rallonge(f) de bras de fourche.
   670.
rallonge(f) du plateau. 252.
ramasseur(m). 152, 522, 523.
ramasseuse-chargeuse(f). 152.
ramasseuse-presse(f). 152.
rame(f). 410.
rame(f) de métro. 415.
rameau(m). 61, 63.
rameau(m) communicant. 122.
ramequin(m). 213.

ramille(f). 63.
rampant(m). 161.
rampe(f). 161, 170, 187, 621.
rampe(f) d'accès. 177, 402.
rampe(f) d'éclairage. 211.
rampe(f) d'attelage. 389.
rampe(f) de chargement. 634.
rampe(f) de quai. 427.
rampe(f) du cyclorama. 375.
ramure(f). 63.
rang(m). 328, 329.
rangée(f). 577.
râpe(f). 218.
rapière(f). 678.
rappel(m) arrière. 453.
rapprocher sans joindre. 350.
raquette(f). 529, 549.
raquette(f) alaska. 549.
raquette(f) algonquine. 549.
raquette(f) de badminton. 528.
raquette(f) de racquetball. 527.
raquette(f) de squash. 526.
raquette(f) de tennis. 524.
raquette(f) ojibwa. 549.
raquettes(f), types(m) de. 549.
raquetteur(m). 549.
ras-de-cou(m). 286.
ras-le-cou(m). 316.
ras(m) du cou. 297.
rasette(f). 153, 468.
rasoir(m) à double tranchant. 327.
rasoir(m) à manche. 327.
rasoir(m) effileur. 328.
rasoir(m) électrique. 327.
rasoir(m) jetable. 327.
rasoirs(m). 327.
rat(m) de cave. 501.
rate(f). 91, 116.
*râteau-faneur-adaineur(m) à
   tambour. 154.*
râteau(m). 568.
rateau(m). 234, 238, 503, 504.
ratissoire(f). 238.
ravier(m). 213.
ravioli(m). 137.
ravitailleur(m). 691.
rayon(m). 336, 397.
*rayon(m) de miel, coupe(f) d'un.
   99.*
rayon(m) épineux. 90.
rayon(m) médullaire. 63.
rayon(m) mou. 90.
rayonnement(m). 655.
rayonnement(m) solaire. 654, 655,
   656.
ré(m). 461.
réacteur(m). 648.
réacteur(m). 424, 647, 650, 651,
   653, 691.
réacteur(m) nucléaire. 649.
réaction(f) réversible. 709.
réalisateur(m). 376.
Reblochon(f). 144.
rebobinage(m). 366, 367, 373.
rebras(m). 289.
récamier(m). 201.
réceptacle(m). 64, 66, 581.
réceptacle(m) de la brosse. 329.
récepteur(m). 370, 372.
récepteur(m). 127, 155, 372, 610.
récepteur(m) sensoriel. 127.
réception(f). 560.
recette(f). 623.
receveur(m). 512.
receveur(m). 511, 526, 528, 529.
recharge(f). 352.
recharge(f) amont. 638.
recharge(f) aval. 638.
réchaud(m). 223.
réchaud(m) à trois feux. 585.
réchaud(m) à un feu. 585.
réchauffeur(m). 650.
récipient(m). 56, 225.
récipient(m) à crème. 226.
*récolteuse-hacheuse-chargeuse(f).
   153.*

recourbe-cils(m). 323.
rectangle(m) des instructeurs. 511.
rectangle(m) du frappeur. 511.
rectangle(m) du receveur. 511.
rectangulaire(m). 697.
rectrice(f). 87.
rectum(m). 108, 119, 120.
récupération(f) du solvant. 636.
redan(m). 166.
redingote(f). 290.
redistillation(f) des huiles. 634.
redoute(f). 166.
réducteur(m) d'entrée. 99.
réduction(f) mâle-femelle. 265.
réduction(f) mâle-femelle à visser.
   265.
réduire le blanc. 350.
références(f). 349.
réflecteur(m). 211, 274, 357, 359,
   388, 394, 656.
réflecteur(m) diffusant. 358.
réflecteur(m) parabolique. 358,
   610.
réformeur(m) catalytique. 634, 635.
refouloir(m). 681.
réfrigérateur(m). 229.
réfrigérateur(m) sans givre. 229.
refroidissement(m) d'urgence du
   coeur. 652.
regard(m). 506.
regard(m) de prélèvement. 267.
regard(m) de visite. 399.
régie(f) de production. 376.
régie(f) de production. 374.
régie(f) du son. 374.
régie(f) image-éclairage. 374.
régies(f). 374.
région(f) négative. 656.
région(f) positive. 656.
régisseur(m). 375.
registre(m) aigu. 475.
registre(m) basse. 475.
registre(m) coulissant. 468.
registre(m) de comptabilité. 450.
registre(m) de réglage. 192.
registre(m) de tirage. 191.
réglage(m) d'asservissement. 367.
réglage(m) de l'impression. 452.
réglage(m) de la barre de tension.
   480.
réglage(m) de la luminosité. 377.
réglage(m) de la tonalité. 480.
réglage(m) du moteur. 363.
réglage(m) de niveau
   d'enregistrement. 366.
réglage(m) des couleurs. 369.
réglage(m) du clavier. 481.
réglage(m) du contraste. 377.
réglage(m) du pas. 599.
réglage(m) du pointeau du fluide.
   270.
réglage(m) du volume. 364, 480.
réglage(m) en hauteur. 362.
réglage(m) manuel de l'ouverture
   du diaphragme. 368.
réglage(m) manuel du zoom. 369.
règle(f). 499.
règle(f) d'équerrage. 499.
règle-point(m). 485.
réglette(f). 495.
réglette(f). 457, 595.
règne(m) animal. 79.
règne végétal. 59.
régulateur(m). 171.
régulateur(m) d'aspiration. 234.
régulateur(m) de pression. 272.
régulateur(m) de pression. 222,
   271.
rein(m). 83, 91, 107, 116.
rein(m) droit. 120.
rein(m) gauche. 120.
reine(f). 98.
rejet(m). 63.
relais(m). 196.
relais(m) de protection. 195.
relais(m) de puissance. 195.

relanceur(m). 523.
relève-bras(m). 365.
relève-presseur(m). 485.
releveur(m) de fil. 485.
relief(m) lunaire. 30.
reliure(f) à anneaux. 449.
reliure(f) à glissière. 449.
reliure(f) à pince. 449.
reliure(f) à ressort. 449.
reliure(f) à vis. 449.
reliure(f) d'art. 498, 499, 500.
reliure(f) spirale. 449.
remblai(m). 399, 638.
rémige(f) primaire. 88.
rémige(f) secondaire. 88.
rémige(f) tertiaire. 88.
remise(f). 237.
remontée(f) continentale. 42.
remontoir(m). 478, 593.
remorque-épandeuse(f). 153.
remorque(f). 389, 415, 439.
rempart(m). 30, 166, 167.
remplaçant(m). 521, 522, 525, 531.
remplage(m). 165.
remplissage(m). 633.
rêne(f). 554.
rêne(f) de bride. 553.
rêne(f) de filet. 553.
renfort(m), second. 680.
renfort(m) de culasse. 680.
renfort(m) de pointe. 548.
réniforme. 62.
renne(m). 81.
renseignements(m). 704.
rentré(m). 489.
renvoi(m). 257, 262.
rep"ère(m)in de virage de dos. 532.
repassage(m). 708.
repère(m). 598.
repère(m) de ligne de marche.
   611.
repère(m) de touche. 480.
repère(m) transparent. 233.
répertoire(m) téléphonique. 450.
répondeur(m) téléphonique. 373.
report(m) de lecture. 357.
repose-bras(m). 365.
repose-pied(m). 396, 617.
repose-pied(m) du passager. 395.
repose-pied(m) du pilote. 395.
repose-pieds(m). 544.
repousse-chair(m). 332.
représentation(f) sur un plan. 188.
reprise(f) d'air. 195.
reptile(m). 101.
réseau(m) de transport. 653.
réseau(m) de transport d'énergie.
   654.
réseau(m) électrique. 658.
réseau(m) sous-papillaire. 128.
réservation(f) d'hôtel. 707.
réservoir(m). 224, 334, 395, 467,
   597, 637, 638, 641.
réservoir(m) à grain. 155.
réservoir(m) à lest. 631.
réservoir(m) à toit fixe. 633.
réservoir(m) à toit flottant. 633.
réservoir(m) auxiliaire. 388.
réservoir(m) d'air. 423.
réservoir(m) d'alcool. 692.
réservoir(m) d'eau. 407, 624.
réservoir(m) d'eau d'aspersion.
   647.
réservoir(m) d'eau potable. 629.
réservoir(m) d'essence. 243.
réservoir(m) d'essence de
   flottabilité. 423.
réservoir(m) d'huile. 243, 625.
réservoir(m) d'hydrogène liquide
   (carburant). 442.
réservoir(m) d'oxygène de secours.
   444.
réservoir(m) d'oxygène liquide.
   692.
réservoir(m) d'oxygène liquide
   (comburant). 442.

réservoir(m) de boue de réserve.
   629.
réservoir(m) de brut. 635.
réservoir(m) de carburant. 389,
   441.
réservoir(m) de chasse. 259.
réservoir(m) de fuel. 422.
réservoir(m) de gaz. 585.
réservoir(m) de kérosène. 442.
réservoir(m) de pétrole. 431.
réservoir(m) de poison. 647.
réservoir(m) de stockage. 629,
   650, 655.
réservoir(m) de suppression. 650.
réservoir(m) externe. 443.
réservoir(m) magmatique. 45.
réservoir(m) tampon. 630.
réservoirs à membrane. 631.
réservoirs(m). 443.
réservoirs(m) à semi-membrane.
   631.
réservoirs(m) indépendants. 631.
résistance(f) acoustique. 372.
résistance(f) anticipatrice. 597.
résistance(f) d'amorçage. 274.
ressort(m). 211, 249, 256, 261,
   352, 560, 598, 602, 682, 686.
ressort(m) à boudin. 594.
ressort(m) à lames. 394.
ressort(m) compensateur de fil.
   486.
ressort(m) d'échappement. 466.
ressort(m) d'éjecteur. 689.
ressort(m) de batterie. 682.
ressort(m) de chargeur. 689.
ressort(m) de rappel. 370, 393.
ressort(m) de retenue. 625.
ressort(m) de soupape. 390, 391,
   468.
ressort(m) de suspension. 404.
ressort(m) de tension. 384.
ressort(m) en spirale. 209.
ressort(m) moteur. 591.
ressort(m) principal. 689.
ressort(m) récupérateur. 689.
restaurant(m). 705.
résurgence(f). 46.
rétenteur(m). 554.
Réticule(f). 33.
réticule(m). 607.
réticulum(m) endoplasmique. 105.
rétine(f). 123.
retour(m). 451.
retour(m) de chariot. 453.
rétroviseur(m). 385, 389, 395, 690.
rétroviseur(m) extérieur. 383.
réunion(f). 709.
réverbérateur. 481.
réverbère(m). 168.
revers(m). 283, 298, 300, 308.
revers(m) à cran aigu. 282, 283.
revers(m) cranté. 281, 291, 298.
revêtement(m). 529, 633.
revêtement(m) en fibre de verre.
   444.
revolver(m). 689.
revolver(m) porte-objectifs. 605.
rez-de-chaussée(m). 178, 179.
rhéostat(m). 275.
rhinencéphale(m). 125.
rhino-pharynx(m). 125.
rhomboïde(m). 111.
rhubarbe(f). 77.
ribosome(m). 105.
rideau(m). 207.
rideau(m). 207.
rideau(m) bonne femme. 207.
rideau(m) brise-bise. 207.
rideau(m) coulissé. 207.
rideau(m) de fer. 170.
rideau(m) de scène. 170.
rideau(m) de vitrage. 207.
rideau(m) flottant. 207.
rideau(m) pare-vent. 34.
rideaux(m) croisés. 207.
ridoir(m). 539.

rift(f). 42.
rimaye(f). 48.
rinceau(m). 200.
ring(m). 565.
risberme(f). 638.
rive(f). 255, 646.
rive(f) externe. 85.
rive(f) interne. 85.
rivet(m). 217, 249, 318.
rivière(f) de steeple. 556.
rivière(f) souterraine. 46.
robe(f). 305, 633.
robe(f) bain-de-soleil. 292.
robe(f) chemisier. 292.
robe(f) de maternité. 292.
robe(f) enveloppe. 292.
robe(f) fourreau. 292.
robe(f) princesse. 292.
robe(f) T-shirt. 292.
robe(f) taille basse. 292.
robe-manteau(f). 292.
robe-tablier(f). 292.
robes(f). 292.
robinet(m). 261.
robinet(m) d'acétylène. 272.
robinet(m) d'arrêt. 258, 260, 262,
   263.
robinet(m) d'arrêt général. 257.
robinet(m) d'équilibrage. 193.
robinet(m) d'essence. 396.
robinet(m) d'oxygène. 272.
robinet(m) de vidange. 194, 263,
   633.
robinet(m) flotteur à clapet. 258.
robinet(m) relais. 585.
robot(m) de cuisine. 226.
rocaille(f). 237.
roche(f) couverture. 636.
roche(f) de base. 636.
roches(f). 639.
roches(f) d'intrusion. 40.
roches(f) ignées. 40.
roches(f) métamorphiques. 40.
roches(f) sédimentaires. 40.
rochet(m). 209, 250, 591, 593.
Roi(m). 577, 578.
romaine(f). 74.
romarin(m). 135.
romsteck(m). 141.
rond de gîte à la noix. 141.
rond pronateur(m). 110.
ronde(f). 140, 461.
rondeau(m). 505.
Rondelé(m). 144.
rondelle(f). 520.
rondelle(f). 261, 544, 545, 547,
   676.
rondelle(f) à denture extérieure.
   254.
rondelle(f) à denture intérieure.
   254.
rondelle(f) à ressort. 254.
rondelle(f) à ressort. 408.
rondelle(f) conique. 258.
rondelle(f) de poêle. 191.
rondelle(f) métallique. 260.
rondelle(f) plate. 254.
rondiste(m). 317.
Roquefort(m). 144.
ros(m). 494.
rose(f). 165.
rose(f) des vents. 429.
rosette(f). 160, 256.
rostre(m). 95.
rotation(f) des joueurs. 522.
rôtissoires(f). 222.
rotor(m). 256, 641, 642, 657, 658.
rotor(m) anticouple. 441.
rotule(f). 84, 112, 249.
rotule(f) de traction du porte-lame.
   666.
roue(f). 393.
roue(f). 383, 617, 642, 643, 680,
   690.

roue(f) à jante amovible. 389.
roue(f) à rayons. 554.
roue(f) avant. 666.
roue(f) d'échappement. 591, 593.
roue(f) d'engrenage. 250, 496.
roue(f) d'entraînement. 496.
roue(f) de centre. 591, 593.
roue(f) de champ. 591.
roue(f) de l'atterrisseur principal.
   691.
roue(f) de poulie. 208.
roue(f) de sécurité. 415.
roue(f) de support. 394.
roue(f) de turbine. 646.
roue(f) dentée. 394, 398, 494.
roue(f) folle. 664.
roue(f) motrice. 593, 666.
roue(f) petite moyenne. 591, 593.
roue(f) pivotante. 617.
rouelle(f). 139.
roues(f). 137.
rouge(m). 580, 581.
rouge(m) à lèvres. 323.
rouge(m) à lèvres en crème. 322.
rough(m). 571.
roulé(m). 147.
rouleau(m). 270.
rouleau(m). 209, 241, 331, 452,
   502, 581.
rouleau(m) à pâtisserie. 220.
rouleau(m) à vernir. 501.
rouleau(m) de papier. 371.
rouleau(m) encreur. 370.
rouleau(m) principal. 494.
rouleaux(m) presseurs. 356.
roulement(m) à billes. 548.
roulette(f). 487, 580.
roulette(f). 196, 234, 337, 472,
   501, 507, 548.
roulette(f), table(f) de. 581.
roulette(f) de coupe. 233.
roulette(f) de pâtissier. 220.
roumain(m). 345.
route(f), coupe(f) d'une. 399.
ruban(m). 209, 311, 369, 447, 452,
   453, 488, 599.
ruban(m) adhésif. 512.
ruban(m) blanc. 528.
ruban(m) correcteur. 447, 452.
ruban(m) d'acier. 566.
ruban(m) de caoutchouc. 573.
ruban(m) de cuivre. 507.
ruban(m) de tissu adhésif. 615.
ruche(f). 99.
ruche(f). 151.
ruché(m). 305.
rue(f). 170.
rue(f), coupe(f) d'une. 399.
rue(f) principale. 168.
rugby(m). 517.
ruissellement(m). 50.
russe(m). 345.
russule(f) verdoyante. 65.
rutabaga(m). 76.

S

sable(m). 592, 696.
sables(m) bitumineux. 636.
sablier(m). 592.
sablier(m). 219.
sablière(f). 180.
sablière(f) double. 182.
sabot(m). 85.
sabot(m). 83, 388, 540, 616.
sabot(m), face(f) plantaire du. 85.
sabot(m) de protection. 664.
sabre(m). 563, 678.
sabreur(m). 563.
sac(m). 475.
sac(m) à bandoulière. 339.
sac(m) à cagoule. 584.
sac(m) à dos. 547, 575.
sac(m) à herbe. 242.
sac(m) à provisions. 338.

sac(m) accordéon. 338.
sac(m) banane. 545.
sac(m) bavolet. 339.
sac(m) besace. 339.
sac(m) boîte. 338.
sac(m) cabas. 338.
sac(m) de golf. 573.
sac(m) de plage. 338.
sac(m) de vol. 337.
sac(m) fourre-tout. 338.
sac(m) pochette. 338.
sac(m) polochon. 338.
sac(m) rectangulaire. 584.
sac(m) rond. 337.
sac(m) semi-rectangulaire. 584.
sacoche(f). 339.
sacrum(m). 112.
sacs(m) à main. 338, 339.
sacs(m) de couchage. 584.
Sagittaire(m). 33, 698.
saharienne(f). 297.
saillant(m). 166.
Saint-Marcelin(m). 145.
Saint-nectaire(m). 145.
Sainte-maure(m). 144.
saisie(f) des données. 454.
saisons(f). 579.
saisons(f), cycle(m) des. 27.
saladier(m). 213.
salière(f). 213.
salle de toilette(f). 179.
salle(f). 169.
salle(f) à manger. 179, 407, 419,
    420.
salle(f) d'attente. 412.
salle(f) d'embarquement. 440.
salle(f) de bains. 259.
salle(f) de bains. 179.
salle(f) de chauffage. 179.
salle(f) de commande. 652.
salle(f) de commande. 637, 646,
    647.
salle(f) de commande du
    télescope. 34.
salle(f) de contrôle. 35, 431, 629.
salle(f) de déchargement du
    combustible irradié. 651.
salle(f) de décontamination. 647.
salle(f) de jeux. 179, 419.
salle(f) de l'appareillage électrique.
    647.
salle(f) de la machine. 622, 624.
salle(f) de projection. 35.
salle(f) de séjour. 179, 431.
salle(f) de spectacle. 169, 170.
salle(f) de stockage du
    combustible neuf. 651.
salle(f) des machines. 431, 637,
    641, 647.
salle(f) des pas perdus. 412.
salomé(m). 309.
salon(m). 419.
salopette(f). 300.
salopette(f) à bretelles croisées au
    dos. 306.
salopette(f) à dos montant. 306.
salsifis(m). 76.
salutation(f). 349.
sandale(f). 309, 675.
sandalette(f). 309.
sandow(m). 583.
sangle(f). 523, 553, 559, 573, 676.
sangle(f) de brancard. 554.
sangle(f) serre-vêtements. 337.
sangle(f) sous-ventrière. 554.
sanglon(m). 553.
sanguine(f). 503.
santé(f). 613.
sarcloir(m). 238.
sarriette(f). 135.
sas(m). 34, 426, 443, 606, 647.
sas(m) d'accès à la cabine. 423.
sas(m) d'accès arrière. 424.
sas(m) pour équipement. 651.
satellite(m), trajectoire(f) d'un. 379.
satellite(m) artificiel. 39.

satellite(m) en mode normal. 379.
satellite(m) en orbite de transfert.
    379.
satellite(m) Hermès. 378.
satellite(m) météorologique. 57.
satellite(m) Télécom 1. 379.
satellites(m), exemples(m) de. 378.
satellites(m) de
    télécommunications. 378, 379.
satin(m). 497.
Saturne. 28.
saucière(f) avec soucoupe. 213.
sauge(f). 135.
saumon(m) d'aile. 435.
saumon(m) de dérive. 691.
saupoudreuse(f). 221.
saut(m) à la perche. 556.
saut(m) en hauteur. 557.
saut(m) en longueur. 556.
sauterelle(f). 621.
sauteur(m). 541, 544.
sauteuse(f). 223.
sautoir(m). 316.
savane(f). 51.
savarin(m). 146.
saxhorn(m). 470.
saxophone(m). 469.
saxophone(m). 477.
scaphandre(m) moderne. 312.
scaphandre(m) spatial. 444.
scapulaire(m). 88.
scarificateur(m). 666.
scarole(f). 74.
scène(f). 170.
schéma(m) de fonctionnement.
    370.
schnorchel(m) hissable. 424.
scie(f). 585.
scie(f) à chaîne. 243.
scie(f) à grecquer. 499.
scie(f) à métaux. 252.
scie(f) à métaux. 266.
scie(f) circulaire. 253.
scie(f) d'élagage. 242.
scie(f) de camping. 586.
scie(f) égoïne. 252.
scion(m). 566.
sclérotique(f). 123.
Scorpion(m). 33, 698.
scorsonère(f). 76.
scotie(f). 160.
scripte(m). 376.
scrotum(m). 106, 108.
sculptures(f). 93, 393.
seau(m) isotherme. 226.
sébile(f) de remboursement. 373.
sécateur(m). 239.
séchage(m). 708.
sèche-cheveux(m). 330.
sécheuse(f). 231.
sécheuse(f) pour papier RC. 360.
séchoir(m) d'épreuves RC. 360.
seconde(f). 462, 563.
secondeur(m) au centre. 514, 515.
secondeur(m) extérieur droit. 514,
    515.
secondeur(m) extérieur gauche.
    514, 515.
secoueur(m). 155.
secrétaire(m). 206, 525, 531.
secteur(m). 429, 458.
section(f) prismatique. 432.
section(f) tubulaire. 629.
segment(m). 393.
segment(m) abdominal. 92.
segment(m) de loin. 318.
segment(m) de près. 318.
sein(m). 109.
sein(m). 106.
séisme(m). 45.
séjour(m). 582.
sélecteur(m). 196.
sélecteur(m) à curseur. 227, 233.
sélecteur(m) d'étage. 171.
sélecteur(m) de bandes. 366.
sélecteur(m) de canaux. 367.

sélecteur(m) de canaux UHF. 377.
sélecteur(m) de canaux VHF. 377.
sélecteur(m) de coupe. 327.
sélecteur(m) de micro. 480.
sélecteur(m) de points. 485.
sélecteur(m) de température. 230,
    231, 331.
sélecteur(m) de tension. 327, 330.
sélecteur(m) de tir. 685.
sélecteur(m) de vitesse. 226.
sélecteur(m) de vitesses. 365, 395,
    396.
sélecteur(m) de vitesses
    d'obturation. 353.
sélecteur(m) de vitesses de
    défilement. 367.
sélecteur(m) du degré de grillage.
    227.
sélecteur(m) du niveau d'eau. 230.
sélecteur(m) vidéo/TV. 367.
selle(f). 553.
selle(f). 143, 394, 395, 397, 559.
selle(f) de rail. 408.
sellette(f). 554.
sellette(f) d'attelage. 389.
sémaphore(m). 410.
semelle(f). 182, 233, 247, 253,
    287, 310, 311, 540, 545, 546,
    547, 548, 572.
semelle(f) antidérapante. 305, 306.
semelle(f) d'usure. 308.
semelle(f) de chargeur. 689.
semelle(f) du battant. 494.
semelle(f) intercalaire. 308.
semelle(f) pivotante. 249.
semi-remorque(f). 388.
semi-remorque(f). 389, 632.
semi-remorque(f) citerne. 632.
semi-remorque(f) plate-forme. 388.
semi-voyelles(f). 348.
semoir(m) à bras. 241.
semoir(m) à main. 239.
semoir(m) en lignes. 154.
senestre(f). 695.
sep(m). 153.
sépale(m). 66.
sépales(m). 64.
séparateur(m). 392.
séparateur(m) à graisse. 267.
séparateur(m) de gaz. 629.
séparateur(m) de vapeur. 650.
séparation-classeur(f). 340.
séparation(f) du lanceur-satellite.
    379.
septième(f). 462.
septime(f). 563.
septum interventriculaire. 116.
septum(m) lucidum. 122.
séquence(f). 578.
sérac(m). 48.
serfouette(f). 238.
sergé(m). 497.
seringue(f) de Luer Lock. 615.
seringues(f). 615.
serpe(f). 242.
Serpent(m). 32, 33.
serpentin(m) assécheur. 196.
serpentin(m) de l'évaporateur. 196,
    229.
serpentin(m) du condenseur. 196,
    229.
serpette(f). 242.
serre(f). 89, 151, 655.
serre-joint(m). 249.
serre-joint(m). 491, 496.
serre-livres(m). 448.
serre-poignet(m). 524.
serre-tête(m). 363, 524, 547.
serrure(f). 256.
serrure(f). 188, 205, 337.
serrure(f) à clés. 340.
serrure(f) à combinaison. 340.
serrure(f) à mortaiser. 256.
serrure(f) de porte. 383.
serrure(f) tubulaire. 256.
sertissage(m). 507.

sertisseur(m). 277.
sertissure(f). 315.
serveur(m). 522, 523, 526, 528,
    529.
service(m) à fondue. 223.
service(m) d'incendie. 634.
service(m) de colis. 412.
service(m) de sécurité. 634.
services(m) d'inspection. 706.
serviette(f). 340.
serviteur(m). 191.
sésamoïde(m), grand. 84.
sésamoïde(m), petit. 84.
seuil(m). 177, 188.
sextant(m). 429.
sextuor(m). 477.
short(m). 300, 524.
si(m). 461.
siège-baquet(m). 386.
siège(m). 200, 203, 258, 259, 261,
    505, 542, 544, 550, 553, 623.
siège(m) d'obturateur. 261.
siège(m) de l'observateur. 437.
siège(m) double. 415.
siège(m) du chargeur. 690.
siège(m) du chef de char. 690.
siège(m) du commandant de bord.
    437.
siège(m) du conducteur. 670.
siège(m) du copilote. 437.
siège(m) du mécanicien navigant.
    437.
siège(m) du pilote. 690.
siège(m) éjectable. 691.
siège(m) réglable. 407.
siège(m) simple. 415.
sièges(m). 202, 386.
signal(m) de départ. 413.
signal(m) de position d'aiguille.
    408.
signal(m)[fin de priorité]. 701.
signal(m) lumineux d'aiguille. 409.
signal(m)[route à priorité]. 701.
signalisation(f). 409.
signalisation(f) lumineuse. 701.
signalisation(f) maritime. 430, 431,
    432.
signature(f). 349.
signaux(m) d'avertissement de
    danger. 700, 701.
signaux(m) d'indication. 703.
signaux(m) d'interdiction. 702.
signaux(m) d'obligation. 703.
signaux(m) de réglementation. 702.
signaux(m) relatifs à l'arrêt. 703.
signaux(m) relatifs au
    stationnement. 703.
signaux(m) routiers internationaux.
    700, 701, 702, 703.
signes(m) de ponctuation. 347,
    371.
signes(m) diacritiques. 347.
signes(m) du zodiaque. 698.
silences(m), valeur(f) des. 461.
silencieux(m). 243.
silencieux(m) auxiliaire. 392.
silex(m). 682.
silique(f), coupe(f) d'une. 71.
sill(m). 45.
sillet(m). 463, 465, 480.
sillon(m). 365.
sillon(m) antérieur de l'oreille. 124.
sillon(m) concentrique. 365.
sillon(m) de départ. 365.
sillon(m) de sortie. 365.
sillon(m) médian. 126.
sillon(m) naso-labial. 125.
sillon(m) terminal. 126.
silo-couloir(m). 151.
silo(m) à lest. 423.
silo(m) de charbon. 624.
silo-tour(m). 151.
sinus(m) du rein. 120.
sinus(m) frontal. 125.
sinus(m) longitudinal supérieur.
    122.

sinus(m) palléal. 93.
sinus(m) sphénoïdal. 125.
siphon(m). 46, 257, 260, 265.
sirène(f). 422.
sismographe(m) horizontal. 602.
sismographe(m) vertical. 602.
sixain(m). 580, 581.
sixte(f). 462, 563.
ski(m). 544.
ski(m). 394, 545.
ski(m) alpin. 545, 546.
ski(m) de figure. 540.
ski(m) de fond. 547.
ski(m) de saut. 540.
ski(m) de slalom. 540.
ski(m) de tourisme. 540.
ski(m) nautique. 540.
skieur(m) alpin. 545.
skieur(m) de fond. 547.
skieur(m) de slalom. 544.
skis(m), types(m) de. 540.
slip(m). 303.
slip(m) ouvert. 287.
snooker(m). 570.
soc(m). 142, 153.
socle. 210.
socle(m). 56, 225, 232, 233, 251, 365, 387, 500, 593, 595, 597, 601.
socle(m) de caméra. 375.
socque(m). 309.
socquette(f). 301.
soeur(m). 130.
soie(f). 214, 217, 327, 566.
soie(f) dentaire. 329.
soies(f). 270.
soigneur(m). 565.
sol(m). 461, 602, 639.
sole(f). 85, 129, 506.
soléaire(m). 110.
Soleil(m). 29.
soleil(m). 27, 28, 29, 153.
Soleil(m), éclipse(f) de. 29.
Soleil(m), structure(f) interne du. 29.
soleret(m). 676.
solin(m). 192, 257.
solitaire(m). 315.
solive(f). 186.
solive(f) de plafond. 182.
solive(f) de plancher. 182.
solive(f) de rive. 182.
solstice(m) d'été. 27.
solstice(m) d'hiver. 27.
solvant(m). 636.
sommellerie(f). 419.
sommet(m). 46.
sommier(m). 465, 467.
sommier(m) tapissier. 204.
son(m), production(f) du. 467.
sonar(m) à immersion variable. 425.
sonde(f). 276.
sonde(f) de détection de hauteur des vagues. 422.
sonde(f) du thermostat. 228.
sonde(f) spatiale. 39.
sonde(f) thermique. 227, 228.
sondeur(m) à éclats. 428.
sonnerie(f) de passage à niveau. 409.
sorbet(m). 147.
sorbetière(f). 226.
sortie(f). 411.
sortie(f) audio. 367.
sortie(f) de piste à grande vitesse. 438.
sortie(f) des gaz d'échappement. 390.
sortie(f) du modérateur. 648.
sortie(f) vidéo. 367.
soubassement(m). 205.
souche(f). 63.
souche(f). 177.
souche(f) de cheminée. 190.
soucoupe(f). 213.

soudage(m). 271, 272, 273, 507.
soudage(m) à l'arc. 271.
soudage(m) bout à bout. 272.
soudage(m) oxyacétylénique. 271.
soudure(f). 273, 507.
soufflante(f). 436.
soufflé(m). 147.
soufflerie(f). 467.
soufflet(m). 361, 475.
soulier(m) à crampons. 512.
soulier(m) de tennis de table. 529.
soupape(f). 222, 468, 475, 625.
soupape(f) à air. 270.
soupape(f) à pression et dépression. 633.
soupape(f) d'admission. 390, 391.
soupape(f) d'échappement. 390.
soupape(f) de détente. 334.
soupape(f) de pression d'eau. 194.
soupape(f) de réglage du fluide. 270.
soupape(f) de sûreté. 263, 650.
soupape(f) de surpression. 444.
soupière(f). 213.
soupir(m). 461.
soupir(m), huitième de. 461.
soupir(m), quart de. 461.
soupir(m), seizième de. 461.
soupirail(m). 177.
source(f) d'énergie électrique. 370.
sourcil(m). 123.
sourdine(f). 470.
souris(f). 455.
sous-cloison(f). 125.
sous-épineux(m). 111.
sous-gorge(m). 553.
sous-main(f). 450.
sous-marin(f). 424.
sous-niveau(m). 623.
sous-pied(m). 300.
sous-plancher(m). 182.
sous-sol(m). 179.
sous-soleuse(f). 154.
sous-vêtement(m) refroidi par circulation liquide. 444.
sous-vêtements(m). 287, 302, 303.
soustraction(f). 709.
soute(f). 434.
soute(f) à bagages. 421, 441.
soute(f) à eau. 404.
soute(f) à munitions. 690.
soutien-gorge(m). 303.
soutien-gorge(m) balconnet. 303.
soutien-gorge(m) pigeonnant. 303.
soutirage(m) essence lourde. 635.
soutirage(m) gazole. 635.
soutirage(m) kérosène. 635.
spadice(m). 64.
spaghetti(m). 136.
spaghettini(f). 136.
spatule(f). 219, 502, 540, 545, 547.
spatulée. 62.
spectromètre(m) à infrarouge. 57.
spencer(m). 297, 307.
spermatozoïde(m). 108.
sphénoïde(m). 114.
sphère(f). 432.
sphère(f) céleste. 27.
sphère(f) d'hélium. 442.
sphère(f) d'impression. 452.
sphère(f) de projection d'étoiles. 35.
sphère(f) de verre. 126.
sphère(f) terrestre. 27.
sphincter(m) anal. 119.
sphygmomanomètre(m). 598.
spicule(m). 29.
spiral(m). 591.
spirale(f). 248, 360.
spirales(f). 136.
spirales(f), grosses. 137.
spire(f). 93, 96.
splénius(m) de la tête. 111.
spores(f). 65.
sports(m). 509.
spot(m). 211.

squash(m). 526.
squelette(m), vue(f) antérieure. 112.
squelette(m), vue(f) postérieure. 113.
stabilisateur(m). 429, 434, 441, 541, 542, 662, 667, 677, 691.
stabilisateur(m) à triple plan vertical. 435.
stabilisateur(m) de roulis à ailerons. 420.
stabilisateur(m) de tension. 361.
stade(m). 556, 557.
stalactite(f). 46.
stalagmite(f). 46.
standard(m) téléphonique. 379.
station(f) d'accès multiple. 379.
station(f) d'utilisateur. 379.
station(f) de métro. 414.
station(f) de pompage. 630.
station(f) de pompage intermédiaire. 630.
station(f) de pompage principale. 630.
station(f) de référence. 379.
station(f) de ski. 544.
station(f) de taxis. 168.
station(f) de transfert. 622.
station-service(f). 387.
stationata(f). 551.
stationnement(m) de l'auto. 178.
stationnement(m) interdit. 703.
stationnement(m) limité. 703.
stator(m). 256, 641, 642.
statue(f). 161.
steeple(m). 556.
steppe(f). 51.
stérile(m). 621.
sterno-cléido-mastoïdien(m). 110.
sternum(m). 84, 112.
stigmate(m). 64, 70, 92.
stimulateur(m) de gencives. 329.
stipule(f). 62.
stockage(m) de déchets radioactifs. 653.
stockage(m) des données. 454.
stockage(m) des gaz liquéfiés. 634.
stockage(m) des produits finis. 634.
stockage(m) du pétrole. 636.
stockage(m) thermique. 654.
store(m) à enroulement automatique. 209.
store(m) à enroulement manuel. 209.
store(m) vénitien. 209.
stratifié(m). 255.
strato-cumulus(m). 44.
stratosphère(f). 39.
stratus(m). 44.
strie(f). 363.
structure(f) d'une fenêtre. 189.
structure(f) d'une maison. 182.
structure(f) du toit. 180.
studio(m). 374.
studio(m). 374.
studio(m), accessoires(m) de. 359.
style(m). 64, 66, 67, 68, 71, 370, 592, 602.
styles(m) d'architecture. 160.
stylet(m). 352, 678.
stylo(m) à bille. 352.
stylo(m) à plume. 352.
stylobate(m). 161.
sublimation(f). 50.
substance(f) corticale. 120.
substance(f) médullaire. 120.
subtropical humide. 51.
subtropical sec. 51.
suceur(m) à tapis et planchers. 234.
suceur(m) plat. 234.
suceur(m) triangulaire à tissus et meubles rembourrés. 234.
sucrier(m). 213.

sud(m). 579.
suédois(m). 345.
sulky(m). 554.
super tweeter(m). 363.
superstructure(f). 399, 430.
support(m). 56, 208, 209, 223, 274, 318, 329, 331, 362, 495, 507, 529, 550, 595, 630, 637, 646, 656, 671.
support(m) d'entrave. 554.
support(m) d'extrémité. 208.
support(m) de fixation. 208, 608.
support(m) de lisse. 409.
support(m) de panneau. 521.
support(m) de phare. 384.
support(m) de pouce. 469.
support(m) de sphère. 56.
support(m) de tension. 491.
support(m) douchette. 259.
support(m) du bouclier principal. 684.
support(m) du rouleau. 494.
support(m) rigide. 35.
supprimer. 350.
surandouiller(m). 81.
surface() de frappe. 512.
surface(f). 128.
surface(f) à rebord. 228.
surface(f) absorbante. 655.
surface(f) de but. 518, 525.
surface(f) de coin. 518.
surface(f) de combat. 564.
surface(f) de cuisson. 227, 228.
surface(f) de glace. 530.
surface(f) de jeu. 529.
surface(f) de l'eau. 534.
surface(f) de la peau. 127.
surface(f) de réparation. 518.
surface(f) de sécurité. 564.
surface(f) de travail. 232.
surface(f) encrée. 504.
surface(f) gravée. 365.
surface(f) réfléchissante. 654.
surhaussé. 162.
surliure(f). 587.
surlonge(f). 140, 141.
suroît(m). 304.
surpiqûre(f). 284, 306.
suspension(f). 210.
suspension(f) à la Cardan. 429.
suspente(f). 402, 541, 544.
suture(f). 71.
suture(f) coronale. 114.
suture(f) lambdoïde. 114.
suture(f) métopique. 114.
suture(f) sagittale. 114.
suture(f) temporo-pariétale. 114.
symbole(m). 581.
symboles(m). 693.
symboles(m), éléments(m) visuels des. 699.
symboles(m), exemples(m) de. 696.
symboles(m) d'usage courant. 704, 705, 706, 707.
symboles(m) météorologiques des nuages(m). 44.
symboles(m) météorologiques internationaux. 52, 53.
Symphonie. 378.
symphyse(f) pubienne. 108, 109.
synapse(f). 127.
synchro(m). 610.
synthétiseur(m). 481.
syntoniseur(m). 363.
système(m) d'arrêt. 652.
système(m) d'élimination de l'humidité. 444.
système(m) d'élimination de l'urine. 444.
système(m) de commande. 692.
système(m) de dépotage. 632.
système(m) de liaison. 631.
système(m) de maintien de la pression. 444.

Index général

système(m) de projection de planètes. 35.
système(m) de refroidissement de l'eau. 444.
système(m) de régulation du réacteur. 652.
système(m) filtre. 335.
système(m) nerveux. 121, 122.
système(m) nerveux central. 122.
système(m) nerveux périphérique. 121.

T

tabac(m). 334.
tabatière(f). 177.
table(f). 199, 529.
table(f). 317, 468, 499, 502, 503, 504, 562.
table(f) à abattants. 199.
table(f) à rallonges. 199.
table(f) d'harmonie. 463, 464, 465.
table(f) de billard. 569, 570.
table(f) de rotation. 626.
table(f) de roulette. 580.
table(f) gigogne. 199.
table(f) repliable. 407.
tableau(m) d'affichage des vols. 440.
tableau(m) de bord. 385.
tableau(m) de bord. 437, 542.
tableau(m) de commande. 196, 227, 228, 230, 231, 232, 374, 375, 662.
tableau(m) de distribution. 278.
tableau(m) de distribution. 645.
tableau(m) des arrivées. 412.
tableau(m) des départs. 412.
tableau(m) horaire. 412.
tableau(m) indicateur. 555.
tableau(m) indicateur des retards. 412.
tables(f), principaux types(m) de. 199.
tablette(f). 190, 206, 269.
tablette(f) de verre. 229.
tablier-blouse(m). 295.
tablier(m). 400, 401, 402, 565, 571, 668, 670.
tablinum(m). 163.
tabouret-bar(m). 202.
tabouret-escabeau(m). 269.
tabouret(m). 202, 565.
tabulateur(m). 453.
tache(f). 29.
tache(f) jaune. 123.
tachymètre(m). 396.
taie(f) d'oreiller. 204.
taillant(m). 625.
taille-bordures(m). 242.
taille-crayons(m). 448.
taille(f). 107, 504.
taille(f) baguette. 317.
taille(f) brillant. 317.
taille(f) cabochon. 317.
taille(f) d'un diamant(m). 317.
taille(f) élastique. 305.
taille(f) émeraude. 317.
taille(f) en ciseaux. 317.
taille(f) en escalier. 317.
taille(f) en goutte. 317.
taille(f) en poire. 317.
taille(f) en rose. 317.
taille(f) en table. 317.
taille(f) française. 317.
taille(f) huit facettes. 317.
taille(f) marquise. 317.
taille(f) ovale. 317.
taille-haies(m). 242.
tailles(f) des pierres. 317.
tailloir(m). 160.
talon(m). 85, 107, 153, 217, 247, 252, 287, 308, 318, 335, 464, 486, 492, 512, 520, 524, 545, 547, 548, 566, 567, 568, 572.

talon(m) d'appui. 225, 233.
talon(m) de ronde. 140.
talonnette(f) du dessus. 308.
talonneur(m). 517.
talonnière(f). 540, 545, 546, 547.
talus(m). 399.
talus(m) continental. 40, 42.
tambour(m). 493.
tambour(m). 154, 160, 209, 226, 231, 393, 429, 566, 593, 599.
tambour(m) à dents. 154.
tambour(m) d'entraînement. 353.
tambour(m) de basque. 472.
tambour(m) de dispersion. 153.
tambour(m) de levage. 661.
tambour(m) de traction. 661.
tambourin(m). 304.
tamis(m) à farine. 220.
tamis(m) vibrant. 626.
tampon(m). 502.
tampon(m) de choc latéral. 404.
tampon(m) de poussée. 668.
tampon(m) encreur. 448.
tandem(m). 297.
tangon(m) de spinnaker. 538.
tante(f) maternelle. 130.
tante(f) paternelle. 130.
tapinois(m). 309.
tapis(m). 565, 569, 570.
tapis(m), judo(m). 564.
tapis(m) amont. 560.
tapis(m) de chute. 560.
tapis(m) de selle. 554.
tapis(m) de sol cousu. 582.
tapis(m) draignant. 638.
taquet(m). 538, 539.
taquet(m) coinceur. 537, 539.
taquet(m) de couvercle. 331.
tarlatane(f). 501.
tarse(m). 84, 87, 92, 97, 98, 112.
tarte(f). 146.
tartelette(f). 146.
tasse(f). 213, 585.
tasse(f) graduée. 331.
tassette(f). 676.
Taureau(m). 32, 698.
té(m). 573.
té(m). 265, 432.
té(m) de base. 192.
technicien(m) de l'image. 374.
technicien(m) du son. 374.
techniques(f) de tissage. 497.
tectrice(f) primaire. 88.
tectrice(f) primaire, moyenne. 88.
tectrice(f) sous-caudale. 87.
tectrice(f) sus-caudale. 87.
tégument(m) de la graine. 67, 71.
télécommande(f). 692.
télécommunications(f), réseau(m) de. 379.
téléconférence(f). 379.
télécopie(f). 379.
télégramme(m). 706.
télégraphe(m). 370, 371.
téléinformatique(f). 379.
Teleme(m). 144.
téléobjectif(m). 355.
téléphérique(m). 544.
téléphone(m). 704.
téléphone(m) public. 373.
télépointeur(m). 425.
télépointeur(m) de missiles. 425.
télescope(m). 608.
Télescope(m). 33.
télésenseur(m). 357.
télésiège(m) biplace. 544.
téléski(m) à archets. 544.
téléski(m) à perches. 544.
télésouffleur(m). 375.
teletex(m). 379.
téléviseur(m). 377.
télévision(f). 374, 375, 376, 377.
télévision(f) en circuit fermé. 652.
télex(m) téléimprimeur(m). 371.
telson(m). 95.
tempe(f). 106.

température(f). 555.
température(f) à la surface du sol. 55.
température(f) de l'air. 54, 55.
température(f) du point de rosée. 54.
tempéré humide, à été court. 51.
tempéré humide, à été long. 51.
tempéré océanique. 51.
tempête(f) de poussière. 52.
tempête(f) de sable. 52.
tempête(f) tropicale. 52.
temple(m) grec. 161.
templet(m). 496.
templet(m). 499.
temporal(m). 112, 114.
tenaille(f). 166.
tendance(f) barométrique. 54.
tender(m). 628.
tendeur(m). 409, 582.
tendeur(m) de timbre. 472.
tendon(m). 86.
tendron(m). 139, 141.
tennis(m). 523, 524.
tennis(m) de table. 529.
tenon(m). 335.
tenon(m) haut. 318.
tenseur(m) du fascia lata. 110.
tentacule(m) oculaire. 96.
tentacule(m) tactile. 96.
tente(f) Baker. 583.
tente(f) canadienne. 583.
tente(f) dôme. 583.
tente(f) grange. 583.
tente(f) igloo. 583.
tente(f) intérieure. 583.
tente(f) rectangulaire. 583.
tente(f) touriste. 583.
tentes(f). 582, 583.
tentes(f), principaux types(m) de. 583.
tentes(f) familiales. 582.
tentoir(m). 494.
terminaison(f) nerveuse. 127.
terminal(m). 458.
terrain(m), badminton(m). 528.
terrain(m), baseball(m). 511.
terrain(m), basket-ball(m). 521.
terrain(m), curling(m). 530.
terrain(m), football(m) américain. 513.
terrain(m), football(m) canadien. 513.
terrain(m), hand-ball(m). 525.
terrain(m), rugby(m). 517.
terrain(m), tennis(m). 523.
terrain(m), volley-ball(m). 522.
terrain(m) de camping. 707.
terrain(m) de caravaning. 707.
terrain(m) de fondation. 638.
terrain(m) de jeu, football(m) européen. 518.
terrain(m) de pique-nique. 707.
terrasse(f). 168, 177, 178, 237, 440.
terrasse(f) extérieure. 419.
Terre(f). 28, 29, 639.
Terre(f), structure(f) de la. 39.
terre-plein(m). 166.
terril(m). 621, 624.
testicule(m). 108.
tête(f). 86.
tête(f). 31, 92, 96, 98, 107, 108, 116, 254, 327, 329, 334, 335, 464, 480, 485, 490, 492, 500, 524, 528, 549, 558, 567, 568, 572, 574, 642, 614.
tête(f) à bascule. 359.
tête(f) à sens unique. 254.
tête(f) amont. 426.
tête(f) aval. 426.
tête(f) basculante. 225.
tête(f) bombée. 254.
tête(f) creuse. 254.
tête(f) cruciforme. 254.

tête(f) d'accouplement. 388.
tête(f) d'aspiration. 267.
tête(f) d'attelage. 405.
tête(f) d'enregistrement et de production. 368.
tête(f) d'impression. 457.
tête(f) d'injection. 626.
tête(f) de coupe. 272.
tête(f) de dormant. 189.
tête(f) de l'humérus. 113.
tête(f) de lecture. 365.
tête(f) de lit. 204.
tête(f) de marteau. 574.
tête(f) de mât. 537.
tête(f) de métal. 558.
tête(f) de puits. 627.
tête(f) de rotor. 441.
tête(f) de scion. 566.
tête(f) de serpent venimeux. 101.
tête(f) de trappe. 247.
tête(f) du fémur. 113.
tête(f) du vérin de levage. 670.
tête(f) flottante. 327.
tête(f) froncée. 207.
tête(f) panoramique. 359.
tête(f) plate. 254.
tête(f) plissée. 207.
tête(f) ronde. 254.
têtes(f). 247.
têtière(f). 256, 537, 553.
théâtre(m). 419.
théière(f). 213.
théodolite(m). 600.
théodolite(f). 55.
thermomètre(m). 633.
thermomètre(m) à viande. 219.
thermomètre(m) bimétallique. 597.
thermomètre(m) enregistreur. 55.
thermomètre(m) médical. 597.
thermomètres(m) à minima et à maxima. 55.
thermosphère(f). 39.
thermostat(m). 194, 195, 196.
thermostat(m) d'ambiance. 597.
thermostat(m) inférieur. 263.
thermostat(m) supérieur. 263.
thorax(m). 92, 98, 106.
thym(m). 135.
tibia(m). 84, 92, 98, 100, 112.
tierce(f). 462, 563.
tige-brosse(f). 329.
tige(f). 61.
tige(f). 61, 75, 77, 129, 196, 224, 254, 261, 335, 478, 486, 490, 492, 495, 546, 547, 548, 593, 597.
tige(f) à ressort. 389.
tige(f) carrée d'entraînement. 626.
tige(f) de forage. 626.
tige(f) de manoeuvre. 261, 687.
tige(f) de manoeuvre du cavalier. 595.
tige(f) de mise à feu. 686.
tige(f) de poignée. 340.
tige(f) de selle. 397.
tige(f) du robinet. 261.
tige(f) filetée. 254, 428.
tige(f) guide. 452.
tige(f) pour col. 316.
tige(f) verticale. 595.
tiges(f) de pompage. 627.
timbale(f). 472.
timbales(m). 479.
timbre(m). 372, 676.
timbre(m) caoutchouc. 448.
timbre(m) dateur. 448.
timonerie(f). 422.
tipi(m). 159.
tir(m). 686.
tirant(m). 686.
tirant(m) de registre. 468.
tirant(m) de réglage. 535.
tirant(m) des cordes. 565.
tire-bouchon(m). 585.
tire-bouchon(m). 585.
tire-bouchon(m) à levier. 219.

740

tire-bouchon(m) de sommelier. 219.
tire-bourre(m). 681.
tire-paille(m). 155.
tire-racines(m). 239.
tire-veille(m). 537.
tiret(m). 347.
tirette(f). 488, 493.
tiroir(m). 199, 206, 450.
tiroir(m) à filtres. 361.
tisonnier(m). 191.
tissage(m). 494, 495, 496, 497.
tissage(m), schéma(m) de principe du. 497.
tissu(m), structure(f) du. 488.
tissu(m) adipeux. 109, 128.
tissu(m) conjonctif. 127, 128.
tissu(m) du vêtement. 488.
tissus(m) de soutien. 488.
Titan. 28.
titre(m). 349.
toile(f). 209, 336, 497.
toile(f) à pourrir. 582.
toile(f) de fond. 170.
toile(f) de saut. 560.
toile(f) perlée. 362.
toilette(f). 258.
toilette(f). 259.
toilettes(f) pour dames. 705.
toilettes(f) pour hommes. 705.
toit(m). 388, 411, 582, 622.
toit(m) à l'impériale. 181.
toit(m) à la Mansard. 181.
toit(m) à pignon. 180.
toit(m) à quatre versants. 181.
toit(m) à tourelle à pans. 181.
toit(m) avec lanterneau. 181.
toit(m) de protection. 670.
toit(m) deux croupes. 180.
toit(m) en appentis. 180.
toit(m) en carène. 181.
toit(m) en coupole. 181.
toit(m) en dôme. 181.
toit(m) en flèche. 181.
toit(m) en pavillon. 180.
toit(m) en pente. 180.
toit(m) en poivrière. 181.
toit(m) en rotonde. 181.
toit(m) en Shed. 181.
toit(m) flottant. 633.
toit(m) ouvrant. 383.
toit(m) plat. 180.
toiture(f). 99.
tôle(f) pare-gouttes. 633.
tomate(f). 73.
tombant(m). 298.
tombolo(m). 43.
Tomme(m) aux raisins. 144.
ton(m) de mât. 416.
tondeuse(f). 328.
tondeuse(f). 327.
tondeuse(f) à moteur. 242.
tondeuse(f) mécanique. 242.
tondeuses(f) à gazon. 242.
tong(m). 309.
topinambour(m). 76.
toque(f). 304.
torche(f). 629, 634.
torero(m). 311.
tores(m). 160.
toron(m). 587.
torpille(f). 424.
torrent(m). 46.
torsade(f). 321.
torsade(f), simple. 250.
torsades(f). 137.
tortellini(m). 137.
tortue(f). 101.
Toucan. 33.
touche(f). 453, 463, 465, 466, 473, 475, 480.
touche(f) d'échappement. 456.
touche(f) d'envoi. 456.
touche(f) de configuration. 456.
touche(f) de déblocage du tabulateur. 453.

touche(f) de directivité. 456.
touche(f) de fonction. 456.
touche(f) de pédalier. 467.
touche(f) de position initiale. 456.
touche(f) de présélection. 364.
touche(f) de rappel arrière. 456.
touche(f) de remise à zéro. 367, 456.
touche(f) de retour. 456.
touche(f) de service. 456.
touche(f) de tabulateur. 456.
touche(f) de traitement de texte. 456.
touche(f) de verrouillage du tabulateur. 453.
touche(f) Dolby. 366.
touche(f) fixe. 599.
touche(f) majuscules. 456.
touche(f) mémoire. 364, 367.
touche(f) mobile. 599.
touche(f) programmable. 456.
touche-majuscules(f). 453.
toucher(m). 127.
touches(f) de fonctions. 596.
touches(f) de modulation. 364.
touches(f) de réglage d'accord. 364.
toundra(f). 51.
toupet(m). 83, 321.
toupie(f). 250.
toupie(f). 226.
tour(f). 164, 577, 654, 657, 658, 669.
tour(f) d'angle. 167.
tour(f) d'extraction. 624.
tour(f) d'habitation. 173.
tour(f) de contrôle. 438.
tour(f) de flanquement. 167.
tour(f) de forage. 626, 629.
tour(f) de fractionnement. 635.
tour(f) de guet. 167.
tour(f) de guidage. 403.
tour(f) de refroidissement. 634.
tour(f) de sauvetage. 442.
tour(m), dernier. 93.
tour(m) à pied. 505.
tour(m) de spire. 93.
tour(m) de tête. 93.
tour(m) embryonnaire. 93.
tourelle(f). 167, 232, 662, 667.
tourelle(f) double. 425.
tourelle(f) mobile. 690.
tourelleau(m). 690.
tourillon(m). 568, 680.
tourmaline(f). 304.
tournant(m) de club house. 555.
tournebroche(m). 228.
tournette(f). 505.
tournevis(m). 585.
tournevis(m) à spirale et à rochet. 248.
tourniquet(m). 580.
tourniquet(m) de contrôle d'accès. 414.
tourniquet(m) de sortie. 414.
tout-en-un(m). 307.
trace(f). 544.
tracé(m) de l'heure. 602.
tracé(m) des secousses. 602.
traceur(m). 455.
trachée(f). 118.
traçoir(m). 250.
tracteur(m). 152, 389.
tracteur(m). 439, 632.
tracteur(m) à chenilles. 664.
tracteur(m) à pneus. 665.
tracteur(m) de piste. 439.
tracteur-remorqueur(m). 668.
tragus(m). 100, 124.
train(m) d'atterrissage avant. 434.
train(m) d'atterrissage principal. 434.
train(m) d'engrenages. 356.
train(m) routier. 389.
trait(m). 371.
trait(m) d'union. 347, 350, 371.

trait(m) de mise en jeu. 513.
traitement(m) à l'eau chaude. 636.
traitement(m) chimique. 635.
traitement(m) des données. 454.
traitement(m) des essences. 634.
traitement(m) des gaz liquéfiés. 634.
traitement(m) des sables bitumineux. 636.
traitement(m) du bitume. 636.
traitement(m) spécifique des données. 454.
trame(f). 488, 494.
trampoline(f). 560.
tranchant(m). 214, 217, 328, 487.
tranche(f) de gouttière. 498.
tranche(f) de queue. 498.
tranche(f) de tête. 498.
tranche(f) grasse. 141.
tranché(m). 696.
tranchée(f). 621.
tranchefile(f). 498.
transbordeur(m). 420.
transbordeur(m). 427, 439, 440.
transfert(m). 379.
transformateur(m). 195, 641, 645, 654, 658.
transistor(m). 592.
transmetteur(m) infrarouge. 358.
transmission(f). 230, 668.
transmission(f) d'ordres. 692.
transmission(f) des signaux télégraphiques. 370.
transmission(f) funiculaire. 409.
transpalette(f) à bras. 671.
transpiration(f). 50.
transplantoir(m). 239.
transport(m). 381.
transport(m) ferroviaire. 707.
transport(m) par autobus. 707.
transport(m) par avion. 707.
transport(m) par hélicoptère. 707.
transport(m) par taxi. 707.
transposer deux lettres. 350.
transposer deux lignes. 350.
transposer deux mots. 350.
transversale(f) pleine. 580, 581.
trapèze(m). 540.
trapèze(m). 110, 543.
trapèze(m) de figure. 540.
trapèzes(m), types(m) de. 540.
trapillon(m). 170.
trappe(f) de fumée. 190.
trappe(f) de visite. 267.
travaux(m). 701.
travée(f) centrale. 402.
travée(f) latérale. 402.
travée(f) levante. 403.
travers-banc(m). 622, 623.
traverse(f). 152, 166, 199, 408, 473, 494, 495, 499, 616, 644, 645.
traverse(f) arrière. 549.
traverse(f) avant. 549.
traverse(f) axillaire. 616.
traverse(f) d'extrémité inférieure. 411.
traverse(f) d'extrémité supérieure. 411.
traverse(f) de chargement. 631.
traverse(f) inférieure. 188, 205.
traverse(f) intermédiaire. 188, 205.
traverse(f) médiane. 203.
traverse(f) supérieure. 188, 203, 205.
traverse(f) supérieure d'ouvrant. 189.
traversée(f). 645.
traversée(f) de transformateur. 637.
traversin(m). 204.
trèfle(m). 165, 578.
treillis(m). 237, 363, 629.
treillis(m) de contreflambage. 644.
treillis(m) de protection. 369.
tréma(m). 347.

tremie(f). 154.
tremplin(m). 534, 544, 559, 560.
trench-coat(m). 281.
trépan(m). 626.
trépied(m). 359.
trépied(m). 362, 472, 478, 608, 687.
trépointe(f). 308.
tresses(f). 320.
tréteau(m). 199.
treuil(m). 34, 171, 420, 422, 425, 626, 661, 690.
triangle(m). 471, 568.
Triangle(m). 32, 479.
Triangle(m) austral. 33.
tribord(m) amures. 539.
tribune(f) des juges. 555.
tribune(f) populaire. 555.
triceps(m) brachial. 111.
triclinium(m). 163.
tricot(m). 490.
tricot(m), points(m) de. 490.
trifoliée. 62.
triforium(m). 164, 165.
triglyphe(m). 160.
trille(m). 462.
trilobé. 162.
tringle-barre(f). 208.
tringle(f). 393.
tringle(f) à coulisse. 208.
tringle(f) chemin de fer. 208.
tringle(f) de commande. 408.
tringle(f) de connexion. 409.
tringle(f) de pédale. 465.
tringle(f) de tension. 472.
tringle(f) double. 208.
tringle(f) simple. 208.
tringle-guide(f). 684.
tringle-rail(f). 208.
trio(m). 476.
tripe(f). 334.
triple(m) mur(m). 552.
triple(m) saut. 557.
triplex(m). 173.
triplex(m) jumelé. 173.
triplure(f). 285, 488.
Triton. 28.
trochanter(m). 92, 98.
trochure(f). 81.
trois-quarts(m). 517.
troisième-but(m). 511.
troisième joueur(m). 530.
trombone(m). 470, 477.
trombones(f). 447.
trombones(f). 479.
trompe(f). 92.
trompe(f) d'Eustache. 124, 125.
trompe(f) de Fallope. 109.
trompette(f). 470.
trompette(f). 470, 477.
trompettes(f). 479.
tronc(m). 63, 107.
tronc(m), coupe(f) transversale du. 63.
tronc(m) coeliaque. 116, 120.
tronçon(m). 644.
trop-plein(m). 258, 259, 263.
tropique(m) du Cancer. 27.
tropique(m) du Capricorne. 27.
troposphère(f). 39.
trotteuse(f). 591.
trottoir(m). 399.
trou(m). 571.
trou(m). 503, 576.
trou(m) central. 365.
trou(m) d'aération. 99.
trou(m) d'homme. 632, 633.
trou(m) de conjugaison. 122.
trou(m) de vol. 99.
trou(m) du souffleur. 170.
trou(m) malaire. 114.
trou(m) mentonnier. 114.
trou(m) occipital. 114.
trou(m) ovale. 114.
trou(m) pariétal. 114.
trou(m) sous-orbitaire. 114.

trou(m) sus-orbitaire. 114.
trousse(f) à maquillage. 322.
trousse(f) d'urgence. 615.
trousse(f) de manucure. 332.
trousse(f) de mise en plis. 331.
trousse(f) de toilette. 337.
troussequin(m). 553.
trucages(m). 376.
truffe(f). 65, 86.
trumeau(m). 165.
tuba(m). 470, 479, 536.
tubage(m) cimenté. 626.
tubage(m) de surface. 627.
tubage(m) intermédiaire. 627.
tube à arc(m). 274.
tube-image(m). 377.
tube(m). 681.
tube(m). 264, 274, 331, 598, 607, 608, 609, 680, 683, 686.
tube(m) à ailettes. 193.
tube(m) absorbeur. 656.
tube(m) capillaire. 597.
tube(m) d'alimentation. 352.
tube(m) d'arrivée. 260.
tube(m) d'eau chaude. 263.
tube(m) d'eau froide. 263.
tube(m) d'orientation des lames. 209.
tube(m) de bord d'attaque. 543.
tube(m) de cuivre. 264.
tube(m) de détente. 648.
tube(m) de direction. 397.
tube(m) de distance. 686.
tube(m) de force. 649.
tube(m) de liaison. 648.
tube(m) de Pitot. 691.
tube(m) de poussée. 352.
tube(m) de remplissage de la cuvette. 258.
tube(m) de remplissage du réservoir. 258.
tube(m) de réseau. 648.
tube(m) de résonance. 471.
tube(m) de selle. 397.
tube(m) droit. 234.
tube(m) fluorescent. 274.
tube(m) focaliseur conique. 358.
tube(m) focaliseur cylindrique. 358.
tube(m) horizontal. 397.
tube(m) lance-missiles. 424.
tube(m) métallique. 656.
tube(m) oblique. 397.
tube(m) porte-oculaire. 605, 609.
tube(m) transversal. 543.
tubulure(f) d'injection de poison. 648.
Tudor. 162.
tufoli(m). 137.
tuile(f). 161, 185.
tuiles(f) ordinaires. 579.
tulipe(f). 224.
tunique(f). 292, 295.
tunique(f) en cuir. 675.
tuque(f). 304, 547.
turban(m). 304.
turbine(f). 232, 424, 436, 641, 652.
turbine(f) à gaz. 421, 629.
turbine(f) basse pression. 650.
turbine(f) d'entraînement. 390.
turbine(f) du compresseur. 390.
turbine(f) Francis. 643.
turbine(f) haute pression. 650.
turbine(f) hydraulique. 643.
turbine(f) Kaplan. 643.
turbine(f) Pelton. 643.
turbines(f), principaux types(m) de. 643.
turbines(f) à vapeur. 420.
turbo-alternateur(m). 642.
turbo-alternateur(m). 652, 654.
turbo-soufflante(f). 404.
turbopompe(f). 692.
turboréacteur(m). 436.
turboréacteur(m). 434.
turboréacteur(m) à double flux. 436.

turion(m). 77.
tuteur(m). 237.
tutu(m). 311.
tuyau(m). 271, 335, 468, 475.
tuyau(m) à anche. 468.
tuyau(m) à bouche. 468.
tuyau(m) arrière. 392.
tuyau(m) avant. 392.
tuyau(m) d'air. 536.
tuyau(m) d'arrivée d'eau. 230, 232.
tuyau(m) d'arrosage. 240.
tuyau(m) d'aspiration. 663.
tuyau(m) d'échappement. 390, 392, 664.
tuyau(m) d'évacuation. 230, 231, 262.
tuyau(m) d'incendie. 704.
tuyau(m) d'insufflation. 474.
tuyau(m) de chute. 258, 262.
tuyau(m) de chute unique. 257.
tuyau(m) de montre. 467.
tuyau(m) de refoulement. 662.
tuyau(m) de vidange. 232, 262.
tuyau(m) flexible. 234, 625.
tuyau(m) perforé. 240.
tuyau(m) souple d'arrivée. 262.
tuyauterie(f). 467.
tuyauterie(f) de refroidissement. 648.
tuyauterie(f) de vapeur. 647, 650.
tuyauterie(f) de vapeur basse pression. 647.
tuyauterie(f) de vidange. 194.
tuyaux(m) d'orgue. 468.
tuyère(f). 436, 441, 442, 691, 692.
tuyère(f) de contrôle de roulis. 57.
tuyère(f) de contrôle de tangage. 57.
tuyère(f) de contrôle du mouvement en lacet. 57.
tympan(m). 97, 101, 161, 165, 504.
type(m) de la masse d'air. 54.
types(m) d'arcs. 162.
types(m) de fenêtres. 189.
types(m) de lunettes. 319.
types(m) de portes. 188.
types(m) de toits. 180, 181.

U

ukrainien(m). 345.
uniforme(m), football(m). 516.
union(f). 264.
unisson(f). 462.
unité(f) centrale. 454, 455, 458.
unité(f) d'alkylation. 634.
unité(f) d'extraction par solvant. 635.
unité(f) de cokéfaction fluide. 634.
unité(f) de contrôle de l'équipement de vie. 444.
unité(f) de disques. 458.
unité(f) de disquette. 455.
unité(f) de polymérisation. 634.
unité(f) de soufflage des bitumes. 634.
Uranus. 28.
uretère(m). 120.
urètre(m). 109, 120.
urètre(m) pénien. 108.
uropode(m). 95.
urostyle(m). 97.
usine(f) à asphalte. 635.
usine(f) des lubrifiants. 635.
usine(f) des utilités. 636.
usine(f) marémotrice. 646.
usine(f) pétrochimique. 635.
ustensiles(m) de campeur. 585.
ustensiles(m) de cuisine. 217, 218, 219, 220, 221.
ustensiles(m) divers. 221.
ustensiles(m) pour broyer et râper. 218.
ustensiles(m) pour la pâtisserie. 220.

ustensiles(m) pour mesurer. 219.
ustensiles(m) pour ouvrir. 219.
ustensiles(m) pour passer et égoutter. 218.
utérus(m). 109.

V

V lingual(m). 126.
vacherin(m). 146.
vacuole(f). 105.
vagin(m). 109.
vague(f). 43.
vague(f) d'oscillation. 43.
vague(f) de translation. 43.
vague(f) déferlante. 43.
vagues(f). 320.
vair(m). 696.
vaisseau(m) sanguin. 115, 128, 129.
vaisseaux(m) sanguins. 100.
vaisselle(f). 213.
Valençay(m). 144.
Valet(m). 578, 605.
valise(f) fin de semaine. 337.
valise(f) pullman. 337.
vallée(f). 46.
valve(f). 71, 93.
valve(f) d'admission. 627.
valvule(f) mitrale. 116.
valvule(f) tricuspide. 116.
vanne(f). 637, 641, 646.
vanne(f) amont. 426.
vanne(f) de sortie. 426.
vanne(f) maîtresse. 627.
vannelle(f). 426.
vantail(m). 205.
vantail(m) de porte. 426.
vapeur(f). 662.
vapocraqueur(m). 634.
vaporisateur(m). 233, 240.
variomètre(m). 542.
varistance(f). 372.
vase(f) d'expansion. 193, 194.
vasque(f). 415.
vaste externe(m) du membre inférieur. 110, 111.
vaste interne(m) du membre inférieur. 110.
veau(m). 139.
vedette(f). 349, 425.
veine(f). 650.
veine(f) axillaire. 117.
veine(f) basilique. 117.
veine(f) cave inférieure. 116, 117, 120.
veine(f) cave supérieure. 116, 117.
veine(f) céphalique. 117.
veine(f) cubitale superficielle. 117.
veine(f) fémorale. 117.
veine(f) iliaque. 116.
veine(f) iliaque commune. 120.
veine(f) jugulaire interne. 117.
veine(f) médiane de l'avant-bras. 117.
veine(f) porte. 116, 117.
veine(f) pulmonaire. 116, 117.
veine(f) radiale. 117.
veine(f) rénale. 117, 120.
veine(f) saphène interne. 117.
veine(f) sous-clavière. 117.
veine(f) splénique. 117.
veine(f) sus-hépatique. 116, 117.
veines(f), principales. 117.
vélivole(m). 542.
vent(m). 53.
vent(m). 539.
vent(m) arrière. 539.
vent(m) de travers. 539.
vent(m) debout. 539.
ventail(m). 676.
ventcuse(f). 266.
ventilateur(m). 155, 195, 196, 229, 231, 390, 391, 392, 624.
ventilateur(m) centrifuge. 194.

ventilateur(m) d'extraction. 415.
ventilateur(m) de l'évaporateur. 196.
ventilateur(m) de moteur de traction. 404.
ventilateur(m) de plafond. 196.
ventilateur(m) de refroidissement. 362.
ventilateur(m) de sustentation. 421.
ventilateur(m) des radiateurs. 404.
ventilateur(m) du condenseur. 196.
ventilateur(m) extérieur. 360.
ventilateur(m) hélicoïde. 194.
ventilation(f) primaire. 257.
ventilation(f) secondaire. 257.
ventre(m). 83, 87, 106.
ventricule(m) droit. 116.
ventricule(m) gauche. 116.
vents(m) d'est. 579.
vents(m) du nord. 579.
vents(m) du sud. 579.
vents(m) ouest. 579.
venturi(m). 686.
Vénus. 28.
verge(f). 108, 433.
verger(m). 151.
vergette(f). 468, 475.
verglas(m). 49.
vergue(f). 416.
vérificateur(m) de circuit. 276.
vérificateur(m) de continuité. 276.
vérificateur(m) de haure tension. 276.
vérificateur(m) de prise de courant. 276.
vérificateur(m) de tension. 276.
vérin(m). 666, 667.
vérin(m) de commande de volet. 691.
vérin(m) de défonceuse. 664.
vérin(m) de direction. 668.
vérin(m) de levage. 665, 670.
vérin(m) de levage de la benne. 668.
vérin(m) de manoeuvre du godet. 665.
vérin(m) hydraulique. 664, 665, 668.
vérin(m) hydraulique d'aérofrein. 691.
vermicelles(m). 136.
vermicelles(m) flottés. 136.
verre(f), coupe(f) du. 507.
verre(m) à bordeaux. 212.
verre(m) à bourgogne. 212.
verre(m) à cocktail. 212.
verre(m) à cognac. 212.
verre(m) à eau. 212.
verre(m) à gin. 212.
verre(m) à liqueur. 212.
verre(m) à porto. 212.
verre(m) à vin blanc. 212.
verre(m) à vin d'Alsace. 212.
verre(m) à whisky. 212.
verre(m) bifocal. 318.
verre(m) coloré. 429.
verres(m). 212.
verrière(f). 434, 542, 691.
verrou(m). 486.
verrou(m) à ressort. 679.
verrou(m) d'aiguille. 409.
verrou(m) de barre d'attelage. 684.
verrou(m) de chargeur. 683, 685.
verrou(m) de culasse. 685.
verrou(m) de sûreté. 683, 685.
verrou(m) du levier d'armement. 685.
verrou(m) glaciaire. 48.
verrouillage(m) de rotation de tête d'agrandisseur. 361.
versant(m). 46.
Verseau(m). 33, 698.
verseuse(f). 224.
versoir(m). 153.
vert(m). 571, 696.
vertèbre(f) cervicale. 113.

vertèbre(f) dorsale. 113.
vertèbre(f) lombaire. 122.
vertèbre(f) lombaire. 113.
vertèbres(f) cervicales. 84.
vertèbres(f) coccygiennes. 84.
vertèbres(f) dorsales. 84.
vertèbres(f) lombaires. 84.
vertèbres(f) sacrées. 84.
vésicule biliaire(f). 91.
vésicule(f) biliaire. 119.
vésicule(f) de pinocytose. 105.
vésicule(f) séminale. 108.
vessie(f). 91, 108, 109, 120.
vessie(f) natatoire. 91.
veste(f). 311, 562, 564.
veste(f) cardigan. 286.
veste(f) de laine. 297.
veste(f) de pêche. 568.
veste(f) droite. 283.
veste(f) en duvet. 575.
vestes(f). 297.
vestiaire(m). 451.
vestibule(m). 124, 163, 179, 407.
veston(m) croisé. 283.
vêtement(m) isothermique. 536.
vêtements(m). 279.
vêtements(m) d'enfants. 305, 306, 307.
vêtements(m) d'équitation. 551.
vêtements(m) d'hommes. 281, 282, 283, 284, 285, 286, 287, 288.
vêtements(m) de femmes. 290, 291, 292, 293, 294, 295, 296, 297, 298, 299, 300, 301, 302, 303, 304.
vêtements(m) de nuit. 301.
vexille(m). 88.
viaduc(m). 400.
vidange(f). 633.
vide(m). 34.
vide-pomme(m). 221.
Vierge(f). 32, 33, 698.
vietnamien(m). 345.
vigie(f). 438.
vilbrequin(m). 250.
villa(f). 173.
violon(m). 463, 464.
violon(m). 463, 476.
violon(m) famille(f) du. 463.
violoncelle(m). 463, 476.
violoncelles(m). 479.
violons(m), premiers. 479.
violons(m), seconds. 479.
virage-culbute(m). 533.
virage(m). 533.
virage(m), double. 700.
virage(m) à droite. 700.
virage(m) dangereux. 700.
virage(m) de brasse. 533.
virgule(f). 347, 350, 371.
virole(f). 214, 568.
virole(f) femelle. 566.
virole(f) mâle. 566.
virole(f). 270.
vis(f). 254.
vis(f). 256, 548.
vis(f) à grain. 155.
vis(f) à otons. 155.
vis(f) calante. 595, 600.
vis(f) centrale. 500.
vis(f) d'accouplement. 485.
vis(f) d'alimentation. 155.
vis(f) de blocage du mouvement approximatif de latitude. 609.
vis(f) de blocage du mouvement en site. 600.
vis(f) de blocage du réglage approximatif d'azimut. 609.
vis(f) de fixation. 258, 357, 359.
vis(f) de montage. 597.
vis(f) de nivellement. 56.
vis(f) de pince-aiguille. 486.
vis(f) de pression. 502, 503.
vis(f) de rappel du mouvement en azimut. 600.

vis(f) de rappel du mouvement en site. 600.
vis(f) de réglage. 249, 272, 598, 599.
vis(f) de réglage de grand débit. 601.
vis(f) de réglage de hausse. 607.
vis(f) de réglage de hauteur. 546.
vis(f) de réglage de libération. 546.
vis(f) de réglage de petit débit. 601.
vis(f) de réglage du condensateur. 605.
vis(f) de réglage du niveau. 56.
vis(f) de réglage latéral. 607.
vis(f) de serrage. 249.
vis(f) de support inférieure. 56.
vis(f) de support supérieure. 56.
vis(f) de tension. 472.
vis(f) macrométrique. 605.
vis(f) micrométrique. 429, 599, 605.
vis(f) sans fin. 475, 496.
vis(f) sans fin de déchargement. 155.
visage(m). 106.
visage(m) blanc. 312.
visère(f). 288.
viseur(m). 353, 368, 600.
viseur(m) d'angle. 355.
viseur(m) électronique. 369.
viseur(m) télescopique. 690.
visière(f). 409, 444, 676.
vitesse(f) du vent. 55.
vitesse(f) maximale limitée. 702.
vitrage(m). 431.
vitrail(m). 507.
vitre(f). 526.
vitre(f) d'observation. 606.
vitre(f) protectrice. 377.
vitrine(f). 168, 206.
voie(f). 415.
voie(f). 414.
voie(f) à sens unique. 703.
voie(f) de banlieue. 410.
voie(f) de circulation. 411, 438.
voie(f) de circulation principale. 411.
voie(f) de fond. 623.
voie(f) de retour de courant. 415.
voie(f) de service. 410.
voie(f) de tête. 623.
voie(f) de transport. 621.
voie(f) ferrée. 408, 409.
voie(f) ferrée. 413, 624.
voie(f) ferrée bord à quai. 427.
voie(f) normale. 415.
Voie Lactée(f). 32.
voilage(m). 207.
voile(f). 537, 657.
voile(f) aurique. 418.
voile(f) carrée. 418.
voile(f) d'étai. 417.
voile(f) de flèche. 417.
voile(f) latine. 418.
voile(m). 393, 567.
voile(m) du palais. 126.
Voiles(f). 33.
voiles(f), types(m) de. 418.
voilette(f). 304.
voilure(f). 417, 435.
voilure(f). 536, 541, 543.
voilure(f) delta. 435.
voilure(f) droite. 435.
voilure(f) en flèche. 435.
voilure(f) trapézoïdale. 435.
voir copie. 350.
voiture-coach(f). 407.
voiture(f), intérieur(m) d'une. 415.
voiture(f) de course. 524.
voiture(f) de pompiers. 662, 663.
voiture-lit(f). 407.
voiture-restaurant(f). 407.
voitures(f), types(m) de. 407.
voiturette(f) de golf. 573.
vol(m). 535.

vol(m) à voile. 542.
vol(m) libre. 543.
volant(m). 528.
volant(m). 204, 207, 385, 386, 390, 391, 485, 500, 505, 670.
volant(m) de direction. 155.
volant(m) de manoeuvre. 663.
volant(m) de frein à main. 405.
volcan(m). 45.
volcan(m). 40.
volcan(m) en éruption. 45.
volcan(m) en repos. 45.
volée(f). 165, 187, 680.
volet(m). 655.
volet(m) d'air. 388.
volet(m) de bord de fuite. 434.
volet(m) de contrôle thermique. 57.
volet(m) de courbure. 691.
volet(m) mobile. 692.
volley-ball(f). 522.
vols(m). 534.
voltigeur(m) de centre. 511.
voltigeur(m) droit. 511.
voltigeur(m) gauche. 511.
voltmètre(m). 276.
volute(f). 160, 200, 463.
volve(f). 65.
voussoir(m). 162.
voussure(f). 165.
voûte(f). 165.
voûte(f). 165.
voûte(f) du palais. 126.
voûte(f) hémisphérique de projection. 35.
voûte(f) palatine. 114.
voyant(m). 228, 232, 430, 457, 481, 506.
voyant(m) composé. 432.
voyant(m) de charge. 327.
voyant(m) de contrôle. 364.
voyant(m) de marche. 331.
voyant(m) de réception de messages. 373.
voyant(m) de réponse automatique. 373.
voyant(m) des éléments de chauffe. 194.
voyant(m) indicateur. 686.
voyant(m) lumineux. 331.
voyants(m) simples. 432.
voyelles(f) nasales. 348.
voyelles(f) orales. 348.
vraquier(m). 427.
vue(f). 123.
vue(f). 341.
vulve(f). 109.
vumètre(m). 481.

W

w.c.(m). 258.
w.c.(m). 179, 259.
wagon-citerne(m). 632.
wagon-citerne(m). 406.
wagon(m). 411.
wagon(m) à bestiaux. 406.
wagon(m) à copeaux. 406.
wagon(m) couvert. 405.
wagon(m) de queue. 406.
wagon(m) plat. 406.
wagon(m) plat à parois de bout. 406.
wagon(m) plat surbaissé. 406.
wagon(m) porte-automobiles. 406.
wagon(m) porte-conteneurs. 406.
wagon(m) rail-route. 406.
wagon(m) réfrigérant. 406.
wagon-tombereau(m). 406.
wagon-tombereau(m) bâché. 406.
wagon-trémie(m). 406.
wagon-trémie(m) à minerai. 406.
wagons(m), types(m) de. 406.
wapiti(m). 81.
water-polo(m). 531.
wattheuremètre(m). 601.

wigwam(m). 159.
winch(m). 539.
wishbone(m). 537.
wok(m). 223.

X

X-15 (USA)(m). 39.
xylophone(m). 471.
xylophone(m). 479.

Y

yourte(f). 159.

Z

zénith(m). 35.
zéro(m). 580, 581.
zeste(m). 69, 70.
zone(f) d'attaque. 519, 522.
zone(f) de but. 513, 519.
zone(f) de chargement du combustible neuf. 651.
zone(f) de chute. 556, 557.
zone(f) de convection. 29.
zone(f) de danger. 564.
zone(f) de défense. 519, 522.
zone(f) de formation. 411.
zone(f) de manoeuvre. 35.
zone(f) de précipitation. 54.
zone(f) de retrait des bagages. 440.
zone(f) de service. 522, 527.
zone(f) de service droite. 526.
zone(f) de service gauche. 526.
zone(f) libre. 522.
zone(f) neutre. 514, 515, 519.
zone(f) radiative. 29.
zone(f) réservée. 521.
zone(f) scolaire. 700.

INDEX THÉMATIQUES

AMEUBLEMENT DE LA MAISON

abat-jour(m). 210.
abattant(m). 199.
accessoires(m). 234.
accotoir(m). 200.
agitateur(m). 230.
agrafe(f). 208.
aiguisoir(m). 221.
ailette(f). 231.
aimant(m) de retenue. 233.
ameublement(m) de la maison. 197.
anneau(m). 208, 228.
anse(f). 226.
appareils(m) électroménagers. 225, 226, 227, 228, 229, 230, 231, 232, 233, 234.
applique(f). 210.
applique(f) orientable. 210.
appui-pouce(m). 233.
arbre(m). 226.
armoire(f). 205.
armoire-penderie(f). 206.
assiette(f) à pain/beurre. 213.
assiette(f) à salade. 213.
assiette(f) creuse. 213.
assiette(f) plate. 213.
autocuiseur(m). 222.
bac(m) à légumes. 229.
bac(m) à viande. 229.
bac(m) de dégivrage. 229.
baguettes(f). 223.
bain-marie(m). 222.
balance(f) de cuisine. 219.
balconnet(m). 229.
ballon(m). 224.
banc(m). 202.
bandeau(m). 207.
bandeau(m) lumineux. 210.
banquette(f). 202.
bar(m). 206.
barre(f). 208.
barre(f) cannelée. 208.
barre(f) de retenue. 229.
barre(f) lisse. 208.
barreau(m). 203.
batterie(f) de cuisine. 222, 223.
batteur(m) à main. 225.
batteur(m) sur socle. 225.
batteurs(m) à oeufs. 220.
bec(m) verseur. 233.
bec-verseur(m). 224.
berceau(m). 209.
berceuse(f). 201.
bergère(f). 200.
beurrier(m). 213.
bloc-moteur(m). 224, 225, 226.
blocage(m) du cordon de tirage. 209.
boîte(f) à rideaux lumineuse. 210.
bol(m). 225, 226.
bol(m) à salade. 213.

bol(m) à soupe. 213.
bol(m) verseur. 226.
bols(m) à mélanger. 220.
borne(f). 228.
bouchon-mesure(m). 225.
boucle(f) de réglage. 209.
bouilloire(f). 233.
boule(f) à thé. 221.
bout(m). 214.
bouton(m). 199.
bouton(m) de commande. 228.
bouton(m) de vapeur. 233.
bouton(m) de vaporisation. 233.
bouton-poussoir(m) à impulsion. 225.
bras(m) gicleur. 232.
bride(f). 208.
bride(f) de raccord. 208.
brosse(f) à épousseter. 234.
brosse(f) à légumes. 234.
brosse(f) à planchers. 234.
buffet(m). 206.
buffet-vaisselier(m). 206.
buse(f) d'arrivée d'eau. 230.
butée(f) de porte. 229.
butoir(m). 208.
cabriolet(m). 200.
cadran(m) de sélection des températures. 233.
cafetière(f) à infusion. 224.
cafetière(f) à piston. 224.
cafetière(f) espresso. 224.
cafetière(f) goutte-à-goutte. 224.
cafetière(f) napolitaine. 224.
cafetières(f). 224.
caisson(m). 209.
canapé(m). 201.
canapé(m) capitonné. 201.
cantonnière(f). 207.
capot(m). 233, 234.
caquelon(m). 223.
carafe(f). 212.
carosserie(f). 230, 232.
carrosserie(f). 231.
casier(m) laitier. 229.
casse-noix(m). 218.
casserole(f). 222.
causeuse(f). 201.
ceinture(f). 199, 200, 203.
centrifugeuse(f). 226.
chaîne(f). 210.
chaise-escabeau(f). 202.
chaise(f). 203.
chaise(f) berçante. 203.
chaise(f) longue. 203.
chaise(f) pliante. 203.
chaises(f), types(m) de. 203.
chaises(f) empilables. 203.
chape(f). 208.
chariot(m). 208.
chariot(m) d'entraînement. 208.
chariot(m) de croisement. 208.
charnière(f). 199, 227, 228, 232.
cheville(f). 205.
chiffonnier(m). 206.
chope(f) à bière. 212.

chope(f) à café. 213.
cisaille(f) à volaille. 221.
clavier(m) à boutons-poussoirs. 232.
clayette(f). 229.
cliquet(m). 209.
coffre(m). 206.
collecteur(m) de graisse. 227.
collet(m). 215.
collier(m). 223.
commande(f) amovible. 227.
commande(f) de température. 229.
commande(f) de vitesse. 225.
commode(f). 206.
compresseur(m). 229.
conduit(m) d'évacuation. 231.
conduit(m) de chauffage. 231.
congélateur(m). 229.
console(f) d'accotoir. 200.
coquille(f). 226.
coquilleur(m) à beurre. 217.
cordelière(f). 207.
cordon(m). 233.
cordon(m) d'alimentation. 210.
cordon(m) d'orientation. 209.
cordon(m) de tirage. 208, 209.
cordon(m) escamotable. 234.
corniche(f). 205.
corps(m). 233.
coupe(f) à champagne. 212.
coupe-oeuf(m). 221.
coupelle(f). 210.
couperet(m). 217.
courroie(f) d'entraînement. 230, 231.
couscoussier(m). 222.
coussin(m) carré. 204.
coussin(m) cylindrique. 204.
couteau-éplucheur(m). 217.
couteau(m). 214.
couteau(m). 224, 225, 226.
couteau(m) à beurre. 214.
couteau(m) à bifteck. 214.
couteau(m) à découper. 217.
couteau(m) à désosser. 217.
couteau(m) à dessert. 214.
couteau(m) à filets de sole. 217.
couteau(m) à fromage. 214.
couteau(m) à huîtres. 217.
couteau(m) à jambon. 217.
couteau(m) à pain. 217.
couteau(m) à pamplemousse. 217.
couteau(m) à poisson. 214.
couteau(m) à zester. 217.
couteau(m) d'office. 217.
couteau(m) de chef cuisinier. 217.
couteau(m) de cuisine. 217.
couteau(m) de table. 214.
couteaux(m), principaux types(m) de. 214.
couteaux(m) de cuisine, types(m) de. 217.
couvercle(m). 222, 223, 224, 226, 227, 230.
couvercle(m) du répartiteur. 227.
couvert(m). 214, 215.

couverture(f). 204.
couvre-oreiller(m). 204.
crémaillère(f). 229.
crémier(m). 213.
crochet(m) pétrisseur. 225.
crochet(m) porte-embrasse. 207.
cuiller(f) à crème glacée. 221.
cuiller(f) à égoutter. 219.
cuiller(f) à glace. 221.
cuillers(f) doseuses. 219.
cuisinière(f) électrique. 228.
cuve(f). 230, 232.
cuvette(f). 226, 228.
décapsuleur(m). 219, 233.
demi-manche(m). 217.
demi-tasse(f). 213.
dénoyauteur(m). 221.
dent(f). 215.
desserte(f). 199.
dévidoir(m) automatique. 234.
disque(m) râpeur. 226.
disques(m). 226.
distributeur(m) de détergent. 232.
distributeur(m) de produit de rinçage. 232.
dormant(m). 205.
dos(m). 214, 215, 217.
dosseret(m). 228, 230, 231.
dossier(m). 203.
double rideau(m). 207.
drap-housse(m). 204.
drap(m). 204.
écrou(m) de serrage. 226.
écumoire(f). 219.
édredon(m). 204.
éjecteur(m) de fouets. 225.
élastique(m). 204.
élément(m) chauffant. 231, 232.
élément(m) de cuisson. 228.
élément(m) de dégivrage. 229.
élément(m) de grillage. 228.
élément(m) de surface. 228.
élément(m) tubulaire. 228.
embase(f) de plat de dos. 200.
embout(m). 208.
embrasse(f). 207.
emporte-pièces(m). 220.
encoche(f). 233.
encoignure(f). 206.
engrenage(m) à vis sans fin. 209.
entonnoir(m). 218, 226.
entredent(m). 215.
entrejambe(m). 199.
entrejambe(m) en crinoline. 203.
entrejambe(m) en H. 203.
entrejambe(m) en X. 203.
entrejambes(m). 203.
épaulement(m). 217.
essoreuse(f) à salade. 218.
étrier(m) de serrage. 226.
étuveuse(f). 222.
face(f). 214.
faitout(m). 222.
fauteuil(m). 200.
fauteuil(m) club. 201.

Les termes en *italique* renvoient à une illustration; les termes en **caractères gras** renvoient à un chapitre.

Index thématiques

fauteuil(m) metteur en scène. 201.
fauteuil(m) Wassily. 200.
fauteuil-sac(m). 202.
fauteuils(f). 201.
fauteuils(m), principaux types(m) de. 200, 201.
fente(f). 227.
fente(f) du support. 209.
fer(m) à vapeur. 233.
feuille(f) d'acanthe. 200.
filtre(m). 223.
filtre(m) à charpie. 230, 231.
flûte(f) à champagne. 212.
fond(m) d'yeux. 215.
fouet(m). 225.
fouet(m) à fil. 225.
fouet(m) en spirale. 225.
fouet(m) quatre pales. 225.
fouets(m). 225.
four(m). 228.
four(m) à micro-ondes. 227.
fourchette(f). 215.
fourchette(f) à découper. 217.
fourchette(f) à dessert. 215.
fourchette(f) à fondue. 215.
fourchette(f) à huîtres. 215.
fourchette(f) à poisson. 215.
fourchette(f) à salade. 215.
fourchette(f) de table. 215.
fourchettes(f), principaux types(m) de. 215.
frange(f) de passementerie. 207.
frise(f). 205.
friteuse(f). 223.
fuide(m) des températures. 233.
fusil(m). 217.
fût(m). 210.
galet(m). 208, 231, 232.
garde-beurre(m). 229.
gaufrier-gril(m). 227.
gland(m). 207.
glissière(f). 199, 232.
globe(m). 210.
gond(m). 205.
goujon(m). 199.
gril(m) électrique. 227.
grille(f). 222, 228.
grille(f) d'aération. 232.
grille-pain(m). 227.
grilles(f). 223.
guide(m). 227.
hachoir(m). 218.
horloge(f) programmatrice. 227, 228.
housse(f) d'oreiller. 204.
hublot(m). 227, 228.
interrupteur(m). 228, 229, 234.
interrupteur(m) de démarrage. 231.
interrupteur(m) de la porte. 231.
jeu(m) d'ustensiles. 219.
joint(m). 228, 230, 232.
joint(m) mégnétique. 229.
lame(f). 214, 217.
lamelle(f). 209.
lampadaire(m). 210.
lampe(f) de chevet. 210.
lampe(f) de four. 227, 228.
lampe(f) de table. 210.
lampe(f) liseuse. 210.
latte(f). 209.
lave-linge(m). 230.
lave-vaisselle. 232.
légumier(m). 213.
lève-fil(m). 233.
levier(m) de perçage. 233.
limiteur(m) de surchauffe. 231.
lit(m). 204.
literie(f). 204.
loquet(m). 227, 228, 232.
louche(f). 219.
luminaires(m). 210.
lustre(m). 210.
machine(f) à faire les pâtes. 218.
manche(m). 214, 215.
manette(f). 227.
marmite(f). 222.

matelas(m). 204.
mécanisme(m) d'enroulement. 209.
mélangeur(m). 225.
mélangeur(m) à main. 225.
méridienne(f). 201.
mesures(f). 219.
meubles(m) de rangement. 205, 206.
minuterie(f). 228.
minuterie(f) de dégivrage. 229.
minuteur(m). 219.
mitre(f). 214, 217.
molette(f) d'entraînement. 233.
montant(m). 203.
montant(m) de ferrage. 205.
montant(m) du bâti. 205.
mortier(m). 218.
moteur(m). 230, 231, 234.
moule(m) à flan. 220.
moule(m) à gâteau. 220.
moule(m) à glaçons. 229.
moule(m) à muffins. 220.
moule(m) à quiche. 220.
moule(m) à tarte. 220.
moulin(m) à café. 224.
oeufrier(m). 229.
oreille(f). 203.
oreiller(m). 204.
orifice(m) de remplissage. 233.
ourlet(m). 209.
ouvre-boîtes(m). 233.
ouvre-boîtes(m). 219.
palette(f). 226.
palmette(f). 200.
pampille(f). 210.
panier-filtre(m). 224.
panier(m). 223, 224, 230, 232.
panier(m) à couverts. 232.
panier(m) à salade. 218.
panneau(m). 207.
panneau(m) d'extrémité. 227.
panneau(m) du vantail. 205.
panneau(m) inférieur. 229.
pare-chocs(m). 234.
parures(f) de fenêtre. 207, 208, 209.
passoire(f). 218, 226.
patère(f). 200.
patère(f) à embrasse. 207.
patte(f). 208.
pelle(f). 219.
pendeloque(f). 210.
penderie(f). 206.
percolateur(m). 224.
persiennes(f). 209.
pichet(m). 213.
pied-de-biche(m). 200.
pied(m). 199, 204, 205, 210.
pied(m) antibasculement. 232.
pied(m) arrière. 203.
pied(m) avant. 203.
pied(m) cambré en S. 200.
pied(m) de lit. 204.
pied-mélangeur(m). 225.
piètement(m). 203.
pilon(m). 218, 219.
pince(f). 208, 221.
pince(f) à escargots. 221.
pince(f) à spaghettis. 221.
pinceau(m) à pâtisserie. 220.
piston(m) à décorer. 220.
pivot(m). 199.
plafonnier(m). 210.
plaque(f). 227.
plaque(f) à biscuits. 220.
plaque(f) chauffante. 224.
plat(m) à escargots. 221.
plat(m) à poisson. 213.
plat(m) de dos. 200.
plat(m) de service. 213.
plateau(m). 199, 223.
plateau(m) tournant. 225.
pli(m) creux. 207.
pli(m) pincé. 207.
pli(m) plat. 207.
pli(m) rond. 207.

poche(f) à douilles. 220.
pocheuse. 223.
poêle(f) à crêpes. 223.
poêle(f) à frire. 223.
poignée(f). 204, 225, 226, 227, 228, 229, 233, 234.
pointe(f). 215, 217.
pointe(f) avant. 233.
pointe(f) de diamant. 205.
pointe(f) plate. 209.
pointe(f) ronde. 209.
poire(f) à jus. 221.
poissonnière(f). 222.
poivrière(f). 213.
pompe(f). 230, 232.
porte(f). 227, 229, 231.
porte(f) étagère. 229.
pouf(m). 202.
poulie(f) de tension de cordon. 208.
poulie(f) du ressort-tendeur. 231.
poussoir(m). 226.
presse-agrumes(m). 226.
presse-agrumes(m). 218.
presse-ail(m). 218.
presse(f) à biscuits. 220.
prise(f) chronométrée. 228.
prise(f) de la sonde thermique. 227.
programmateur(m). 230, 231, 232.
protège-matelas(m). 204.
rail(m). 208.
rainure(f). 227.
rallonge(f). 234.
ramequin(m). 213.
râpe(f). 218.
rateau(m). 234.
ravier(m). 213.
récamier(m). 201.
réchaud(m). 223.
récipient(m). 225.
récipient(m) à crème. 226.
réfrigérateur(m). 229.
réfrigérateur(m) sans givre. 229.
régulateur(m) d'aspiration. 234.
régulateur(m) de pression. 222.
repère(m) transparent. 233.
réservoir(m). 224.
ressort(m) en spirale. 209.
rideau(m). 207.
rideau(m). 207.
rideau(m) bonne femme. 207.
rideau(m) brise-bise. 207.
rideau(m) coulissé. 207.
rideau(m) de vitrage. 207.
rideau(m) flottant. 207.
rideaux(m) croisés. 207.
rinceau(m). 200.
rivet(m). 217.
robot(m) de cuisine. 226.
rochet(m). 209.
rôtissoires(f). 222.
roue(f) de poulie. 208.
rouleau(m). 209.
rouleau(m) à pâtisserie. 220.
roulette(f). 234.
roulette(f) de coupe. 233.
roulette(f) de pâtissier. 220.
ruban(m). 209.
sablier(m). 219.
saladier(m). 213.
salière(f). 213.
saucière(f) avec soucoupe. 213.
saupoudreuse(f). 221.
sauteuse(f). 223.
seau(m) isotherme. 226.
sécheuse(f). 231.
secrétaire(m). 206.
sélecteur(m) à curseur. 227, 233.
sélecteur(m) de température. 230, 231.
sélecteur(m) de vitesse. 226.
sélecteur(m) du degré de grillage. 227.
sélecteur(m) du niveau d'eau. 230.
semelle(f). 233.

serpentin(m) de l'évaporateur. 229.
serpentin(m) du condenseur. 229.
serrure(f). 205.
service(m) à fondue. 223.
siège(m). 200, 203.
sièges(m). 202.
socle. 210.
socle(m). 225, 232, 233.
soie(f). 214, 217.
sommier(m) tapissier. 204.
sonde(f) du thermostat. 228.
sonde(f) thermique. 227, 228.
sorbetière(f). 226.
soubassement(m). 205.
soucoupe(f). 213.
soupape(f). 222.
soupière(f). 213.
spatule(f). 219.
store(f) à enroulement automatique. 209.
store(f) à enroulement manuel. 209.
store(m) vénitien. 209.
suceur(m) à tapis et planchers. 234.
suceur(m) plat. 234.
suceur(m) triangulaire à tissus et meubles rembourrés. 234.
sucrier(m). 213.
support(m). 208, 209, 223.
support(m) d'extrémité. 208.
support(m) de fixation. 208.
surface(f) à rebord. 228.
surface(f) de cuisson. 227, 228.
surface(f) de travail. 232.
suspension(f). 210.
table(f). 199.
table(f) à abattants. 199.
table(f) à rallonges. 199.
table(f) gigogne. 199.
tableau(m) de commande. 227, 228, 230, 231, 232.
tables(f), principaux types(m) de. 199.
tablette(f). 206.
tablette(f) de verre. 229.
tabouret-bar(m). 202.
tabouret(m). 202.
taie(f) d'oreiller. 204.
talon(m). 217.
talon(m) d'appui. 225, 233.
tambour(m). 209, 226, 231.
tamis(m) à farine. 220.
tasse(f). 213.
tête(f) basculante. 225.
tête(f) de lit. 204.
tête(f) froncée. 207.
tête(f) plissée. 207.
théière(f). 213.
thermomètre(m) à viande. 219.
tige(f). 224.
tire-bouchon(m) à levier. 219.
tire-bouchon(m) de sommelier. 219.
tiroir(m). 199, 206.
toile(f). 209.
toupie(f). 226.
tourelle(f). 232.
tournebroche(m). 228.
tranchant(m). 214, 217.
transmission(f). 230.
traverse(f). 199.
traverse(f) inférieure. 205.
traverse(f) intermédiaire. 205.
traverse(f) médiane. 203.
traverse(f) supérieure. 203, 205.
traversin(m). 204.
tréteau(m). 199.
tringle-barre(f). 208.
tringle(f) à coulisse. 208.
tringle(f) chemin de fer. 208.
tringle(f) double. 208.
tringle(f) simple. 208.
tringle-rail(m). 208.
tube(m) d'orientation des lames. 209.

tube(m) droit. 234.
tulipe(f). 224.
turbine(f). 232.
tuyau(m) d'arrivée d'eau. 230, 232.
tuyau(m) d'évacuation. 230, 231.
tuyau(m) de vidange. 232.
tuyau(m) flexible. 234.
ustensiles(m) de cuisine. 217, 218, 219, 220, 221.
ustensiles(m) divers. 221.
ustensiles(m) pour broyer et râper. 218.
ustensiles(m) pour la pâtisserie. 220.
ustensiles(m) pour mesurer. 219.
ustensiles(m) pour ouvrir. 219.
ustensiles(m) pour passer et égoutter. 218.
vaisselle(f). 213.
vantail(m). 205.
vaporisateur(m). 233.
ventilateur(m). 229, 231.
verre(m) à bordeaux. 212.
verre(m) à bourgogne. 212.
verre(m) à cocktail. 212.
verre(m) à cognac. 212.
verre(m) à eau. 212.
verre(m) à gin. 212.
verre(m) à liqueur. 212.
verre(m) à porto. 212.
verre(m) à vin blanc. 212.
verre(m) à vin d'Alsace. 212.
verre(m) à whisky. 212.
verres(m). 212.
verseuse(f). 224.
vide-pomme(m). 221.
virole(f). 214.
vitrine(f). 206.
voilage(m). 207.
volant(m). 204, 207.
volute(f). 200.
voyant(m). 228, 232.
wok(m). 223.

APPAREILS DE MESURE

affichage(m) analogique. 591.
affichage(m) numérique. 591.
afficheur(m). 596.
aiguille(f). 595, 596, 597, 598, 599.
aiguille(f) des heures. 591, 593.
aiguille(f) des minutes. 591, 593.
aimant-frein(m). 601.
aimant(m) conique. 592.
alidade(f). 600.
amortisseur(m). 596.
ampoule(f) de verre. 592.
ancre(f). 591, 593.
anneau(m). 594.
appareils(m) de mesure. 589.
arbre(m). 593, 597, 601.
arrêt(m) de plateau. 595.
axe(m) de torsion. 602.
bague(f) de mise au point de la lunette. 600.
balance(f) à fléau. 594.
balance(f) automatique. 596.
balance(f) de précision. 595.
balance(f) de Roberval. 595.
balance(f) électronique. 596.
balance(f) romaine. 594.
balancier(m). 591.
baromètre(m) anéroïde. 598.
bilame(f). 597.
blocage(m) du pivotement. 600.
bobine(f) captrice. 592.
bobine(f) de courant. 601.
bobine(f) de tension. 601.
bobine(f) motrice. 592.
boîtier(m). 591, 597, 599.
bouton(m) de blocage. 599, 600.
bouton(m) de manoeuvre à friction. 599.
bouton(m) de réglage du micromètre optique. 600.

branche(f). 592.
bras(m) gradué. 594.
brassard(m) pneumatique. 598.
cadran(m). 591, 592, 593, 595, 597, 598, 599, 601.
cadran(m) des phases de la Lune. 593.
cadran(m) en éventail. 596.
cadran(m) gradué. 596, 598.
cadran(m) solaire. 592.
cage(f) vitrée. 595.
caisse(f). 593.
caisse(f) cylindrique. 598.
chaîne(f). 593, 598.
chambre(f) d'expansion. 597.
circuit(m) électronique. 592.
clavier(m) numérique. 596.
cliquet(m). 593.
codes(m) des produits. 596.
colonne(f) de mercure. 597.
commande(f) d'éclairage du réticule. 600.
commande(f) de rotation du prisme inverseur. 600.
conducteur(m). 592.
contact(m). 597.
contre-fléau(m). 596.
contrepoids(m). 596.
corniche(f). 593.
corps(m). 599.
couronne(f). 591.
coussinet(m). 597.
couteau(m). 594, 595, 596.
couteau(m) central. 595.
couteau(m) latéral. 595.
couvercle(m). 597, 601.
couvre-bornes(m). 601.
cristaux(m) liquides. 591.
crochet(m). 594, 599.
crochet(m) de charge. 594.
crochet(m) de suspension. 594.
curseur(m). 594.
curseur(m) de réglage de la température. 597.
cylindre(m) enregistreur. 602.
diapason(m). 592.
dispositif(m) de blocage. 599.
disque(m). 601.
douille(f). 599.
échelle(f) de température. 597.
élément(m) bimétallique hélicoïdal. 597.
embase(f). 600.
étiquette(f). 596.
étranglement(m). 592, 597.
étrier(m). 595.
feuille(f) de papier. 602.
fléau(m). 594, 595, 596.
fourchette(f). 593, 595.
graduation(f). 594, 595, 596, 597, 599.
horloge(f). 602.
horloge(f) à poids. 593.
horloge(f) de parquet. 593.
index(m). 594.
indicateur(m) de résistance anticipatrice. 597.
interrupteur(m) à mercure. 597.
lame(f) de suspension. 593.
lentille(f). 593, 600.
levée(f). 591.
levier(m). 591.
manomètre(m). 598.
mesure(f) de la masse. 594, 595, 596.
mesure(f) de la pression. 598.
mesure(f) de la température. 597.
mesure(f) du temps. 591, 592, 593.
mètre(m) à ruban. 599.
micromètre(m). 599.
minuterie(f). 601.
miroir(m) d'éclairage du cercle horizontal. 600.
miroir(m) d'éclairage du cercle vertical. 600.

molette(f) d'entraînement du cercle horizontal. 600.
montre(f) à diapason. 592.
montre(f) mécanique. 591.
nivelle(f) d'alidade. 600.
nivelle(f) sphérique. 600.
oculaire(f) de la lunette. 600.
oculaire(f) du microscope de lecture. 600.
ombre(f). 592.
palier(m) magnétique. 601.
patte(f) de guidage. 597.
pendule(m). 593.
pèse-personne(m). 596.
peson(m). 594.
pignon(m). 593.
pilier(m). 602.
plaque(f) de béton. 602.
plaque(f) de fixation. 600.
plaque(f) signalétique. 601.
plate-forme(f). 596.
plateau(m). 594, 595, 596.
platine(f). 592.
plomb(m). 601.
plomb(m) optique. 600.
podomètre(m). 599.
poids(m). 593, 594, 596.
poignée(f). 600.
poire(f). 598.
pot(m) magnétique. 592.
poulie(f). 596.
prix(m) à l'unité. 596.
prix(m) à payer. 596.
réglage(m) du pas. 599.
réglette(f). 595.
remontoir(m). 593.
repère(m). 598.
réservoir(m). 597.
résistance(f) anticipatrice. 597.
ressort(m). 598, 602.
ressort(m) à boudin. 594.
ressort(m) moteur. 591.
rochet(m). 591, 593.
roue(f) d'échappement. 591, 593.
roue(f) de centre. 591, 593.
roue(f) de champ. 591.
roue(f) motrice. 593.
roue(f) petite moyenne. 591, 593.
ruban(m). 599.
ruban(m) d'acier. 596.
sable(m). 592.
sablier(m). 592.
sismographe(m) horizontal. 602.
sismographe(m) vertical. 602.
socle(m). 593, 595, 597, 601.
sol(m). 602.
sphygmomanomètre(m). 598.
spiral(m). 591.
style(m). 592, 602.
support(m). 595.
tambour(m). 593, 599.
théodolite(m). 600.
thermomètre(m) bimétallique. 597.
thermomètre(m) médical. 597.
thermostat(m) d'ambiance. 597.
tige(f). 593, 597.
tige(f) de manoeuvre du cavalier. 595.
tige(f) verticale. 595.
touche(f) fixe. 599.
touche(f) mobile. 599.
touches(f) de fonctions. 596.
tracé(m) de l'heure. 602.
tracé(m) des secousses. 602.
transistor(m). 592.
trotteuse(f). 591.
tube(m). 598.
tube(m) capillaire. 597.
vis(f) calante. 595, 600.
vis(f) de blocage du mouvement en site. 600.
vis(f) de montage. 597.
vis(f) de rappel du mouvement en azimut. 600.
vis(f) de rappel du mouvement en site. 600.

vis(f) de réglage. 598, 599.
vis(f) de réglage de grand débit. 601.
vis(f) de réglage de petit débit. 601.
vis(f) micrométrique. 599.
viseur(m). 600.
wattheuremètre(m). 601.

APPAREILS DE VISION

aiguille(f) aimantée. 611.
anode(f). 606.
appareils(m) de vision. 603.
bague(f) de correction dioptrique. 607.
bague(f) porte-oculaire. 609.
barillet(m). 609.
base(f). 611.
bobine(f) de concentration. 606.
bobine(f) de l'objectif. 606.
bobine(f) déviatrice. 606.
boussole(f) magnétique. 611.
bouton(m) de commande du chariot. 605.
bouton(m) de réglage du mouvement lent. 609.
bouton(m) moleté. 609.
bride(f) de fixation. 608, 609.
câble(m) haute tension. 606.
cadran(m). 611.
canalisation(f) de pompage. 606.
canon(m) à électrons. 606.
capuchon(m) de protection. 607.
cathode(f). 606.
cellule(f) émission-réception. 610.
cercle(m) de calage horaire. 608.
cercle(m) de déclinaison. 608.
chambre(f) d'émission. 606.
chambre(f) d'observation. 606.
chambre(f) photographique. 606.
chariot(m). 605.
charnière(f). 607.
chercheur(m). 608, 609.
circuit(m) de synchronisation. 610.
colonne(f). 608.
condenseur(m). 605.
contrepoids(m). 608.
corps(m). 605.
couvercle(m). 611.
crémaillère(f) de mise au point. 608.
diaphragme-iris(m). 605.
diaphragme(m). 607.
dipôle(m). 610.
échelle(f). 611.
écho(m). 610.
écran(m) fluorescent. 606.
écran(m) panoramique. 610.
électrode(f) de Wehnelt. 606.
émetteur(m). 610.
filament(m). 606.
fourche(f). 608.
glissière(f) de fixation. 607.
graduation(f). 611.
impulsion(f). 610.
joint(m) tournant. 610.
jumelles(f) à prismes. 607.
lame(f) porte-objet. 605.
lamelle(f) couvre-objet. 605.
lampe(f). 605.
lentille(f) biconcave. 611.
lentille(f) biconvexe. 611.
lentille(f) concave. 611.
lentille(f) convergente. 607, 609.
lentille(f) convexe. 611.
lentille(f) de champ. 607.
lentille(f) de condenseur. 606.
lentille(f) de diffraction. 606.
lentille(f) de projection. 606.
lentille(f) de redressement. 607.
lentille(f) magnétique. 606.
lentille(f) objectif. 606, 607.
lentille(f) plan-concave. 611.
lentille(f) plan-convexe. 611.

lentilles(f). 611.
lentilles(f) convergentes. 611.
lentilles(f) divergentes. 611.
ligne(f) de visée. 611.
ligne(f) méridienne. 611.
lunette(f) astronomique. 609.
lunette(f) de visée. 607.
manchon(m) coudé. 609.
manchon(m) coulissant. 609.
ménisque(m) convergent. 611.
ménisque(m) divergent. 611.
microscope(m) binoculaire. 605.
microscope(m) électronique. 606.
mire(f). 611.
miroir(m). 611.
miroir(m) plan. 608.
miroir(m) primaire parabolique.
  608.
modulaire(m) d'impulsion. 610.
molette(f) de mise au point. 607.
monture(f) azimutale. 609.
moteur(m). 608, 610.
objectif(m). 606.
objectif(m). 605, 607.
obturateur(m). 606.
oculaire(m). 605, 607, 608, 609.
oculaire(m) coudé. 609.
parasoleil(m). 609.
pied(m). 605, 609.
pivot(m). 611.
plaque(f) photographique. 606.
plateau(m) pour accessoires. 609.
platine(f). 605, 606.
pointeur(m). 611.
pompe(f). 606.
pont(m). 607.
porte-tube(m). 605.
potence(f). 605.
prisme(m) de Porro. 607.
radar(m). 610.
récepteur(m). 610.
réflecteur(m) parabolique. 610.
repère(m) de ligne de marche.
  611.
réticule(m). 607.
revolver(m) porte-objectifs. 605.
sas(m). 606.
support(m) de fixation. 608.
synchro(m). 610.
télescope(m). 608.
trépied(m). 609.
tube(m). 607, 608, 609.
tube(m) porte-oculaire. 605, 609.
valet(m). 605.
vis(f) de blocage du mouvement
  approximatif de latitude. 609.
vis(f) de blocage du réglage
  approximatif d'azimut. 609.
vis(f) de réglage de hausse. 607.
vis(f) de réglage du condensateur.
  605.
vis(f) de réglage latéral. 607.
vis(f) macrométrique. 605.
vis(f) micrométrique. 605.
vitre(f) d'observation. 606.

ARCHITECTURE

abat-son(m). 165.
abside(f). 164.
absidiole(f). 164.
acrotère(m). 161.
amortisseur(m). 171.
annelet(m). 160.
anse(f) de panier. 162.
antéfixe(f). 161.
arbre(m) de roue principal. 172.
arc-boutant(m). 164, 165.
arc-doubleau(m). 165.
arc-formeret(m). 165.
arc(m). 165.
arc(m) diagonal. 165.
arc(m) en plein cintre. 162.
arcade(f). 164.
architecture(f). 157.

architrave(f). 160.
archivolte(f). 165.
arcs(m). 162.
arête(f). 160.
armoire(f) de contrôle. 171.
arrêt(m) d'autobus. 168.
ascenseur(m). 171.
astragale(m). 160.
atrium(m). 163.
avant-scène(f). 170.
balcon(m). 169.
balcon(m), second. 169.
balustrade(f). 172.
barbacane(f). 167.
barbette(f). 166.
base(f). 160.
base(f) d'une colonne. 160.
bastion(m). 166.
borne(f) d'appel. 168.
bouche(f) de métro. 168.
boutique(f). 163.
bretèche(f). 167.
cabine(f). 171.
cabine(f) téléphonique. 168.
câbles(m) de compensation. 171.
câbles(m) de suspension. 171.
câbles(m) pendentifs. 171.
cafe(f) de scène. 170.
café(m). 168.
came(f) d'arrêt de fin de course.
  171.
came(f) de contact d'arrêt
  extrême. 171.
cannelure(f). 160.
caponnière(f). 166.
case(f). 159.
cathédrale(f). 164.
cathédrale(f) gothique. 164, 165.
cavalier(m). 166.
centre-ville(m). 168.
chaîne(f) d'entraînement des
  marches. 172.
chaîne(f) de marche. 172.
chapelle(f) axiale. 164.
chapelle(f) latérale. 164.
chapiteau(m). 160.
charpente(f). 161, 172.
château(m) fort. 167.
chemin(m) couvert. 166.
chemin(m) de ronde. 166.
chemin(m) de ronde couvert. 167.
chemise(f) du donjon. 167.
choeur(m). 164.
cimaise(f). 160.
cinéma(m). 168.
cintre(m). 170.
clé(f) de voûte. 162.
clef(f) de voûte. 165.
clocher(m). 165.
clocheton(m). 164.
collatéral(m). 164.
commande(f) automatique de la
  porte. 171.
compluvium(m). 163.
contre-garde(f). 166.
contrefort(m). 164, 165.
contrepoids(m). 171.
contrescarpe(f). 166.
contrôleur(m). 172.
corbeau(m). 167.
corbeille(f). 169.
corbeille(f) à papier. 168.
corniche(f). 161.
corps(m) de garde. 167.
costière(f). 170.
côté(m) cour. 169.
côté(m) jardin. 169.
cottage(m). 173.
coulisseau(m) de cabine. 171.
coulisses(f). 169.
coupe(f) transversale de la scène.
  170.
cour(f). 167.
courtine(f). 166.
coussinet(m). 162.
créneau(m). 167.

croisée(f). 164.
croisée(f) du transept. 164.
croisillon(m). 164.
cubiculum(m). 163.
cuisine(f). 163.
culée(f). 165.
déambulatoire(m). 164.
demi-lune(f). 166.
denticule(m). 160.
donjon(m). 167.
duplex(m). 173.
ébrasement(m). 165.
échauguette(f). 167.
échine(f). 160.
écoinçon(m). 162.
embrasure(f). 166.
en accolade. 162.
en lancette. 162.
en ogive. 162.
enseigne(f) commerciale. 168.
enseigne(f) lumineuse. 168.
entablement(m). 160.
entraînement(m) de la main
  courante. 171.
escalier(m) mécanique. 172.
escarpe(f). 166, 167.
euthynterie(f). 161.
extrados(m). 162.
façade(f). 165.
face(f). 166.
fasce(f). 160.
fauteuil(m). 169.
fauteuil(m) d'orchestre. 169.
fer(m) à cheval. 162.
feu(m) de circulation. 168.
feuille(f) d'acanthe. 160.
flanc(m). 166.
flèche(f). 164.
fortification(f) à la Vauban. 166.
fosse(f) d'orchestre. 170.
fossé(m). 166, 167.
frise(f). 160.
fronton(m). 161.
fût(m). 160.
gâble(m). 165.
galerie(f). 165, 169.
glacis(m). 166.
gorge(f). 166.
goutte(f). 160.
grand magasin(m). 168.
gril(m). 170.
grille(f). 161.
guide(m) de la cabine. 171.
guide(m) du contrepoids. 171.
herse(f). 167.
hourd(m). 167.
hutte(f). 159.
igloo(m). 159.
îlot(m) refuge. 168.
immeuble(m). 168.
impluvium(m). 163.
imposte(f). 162.
interrupteur(m) d'arrêt étage
  extrême haut. 171.
interrupteur(m) de fin de course.
  171.
intrados(m). 162.
isba(f). 159.
jardin(m). 163.
krépis(f). 161.
linteau(m). 165.
loge(f). 169.
lointain(m). 169, 170.
mâchicoulis(m). 167.
main(f) courante. 171.
maison(f) en copropriété. 173.
maison(f) en rangée. 173.
maison(f) individuelle. 173.
maison(f) individuelle jumelée. 173.
maison(f) romaine. 163.
maisons(f) de ville. 173.
maisons(f) traditionnelles. 159.
marchand(m) de journaux. 168.
marche(f). 172.
merlon(m). 167.
métope(f). 160.

meurtrière(f). 167.
mezzanine(f). 169.
modillon(m). 160.
monte-charge(m). 170.
moteur(m). 171.
moteur(m) électrique. 172.
mutule(f). 160.
naos(m). 161.
narthex(m). 164.
nef(f). 164.
niche(f) de projecteurs. 169.
opisthodome(m). 161.
ordre(m) corinthien. 160.
ordre(m) dorique. 160.
ordre(m) ionique. 160.
palissade(f). 167.
panneau(m) d'affichage. 168.
parachute(m). 171.
parapet(m). 167.
parcomètre(m). 168.
passage(m) pour piétons. 168.
paterre(m). 169.
péristyle(m). 161, 163.
piédroit(m). 162, 165.
pilier(m). 165.
pinacle(m). 164, 165.
place(f) d'armes. 166.
plafond(m) acoustique. 169.
plan(m). 164.
plan(m) du temple. 161.
plaque(f) de rue. 168.
plaque(f) de sécurité. 172.
plaque-peigne(f). 172.
pont-levis(m). 167.
porche(m). 164.
portail(m). 165.
poteau(m). 168.
poterne(f). 167.
poterne(f) couverte. 166.
poulie(f) d'entraînement. 171.
poulie(f) de déflexion. 171.
pronaos(m). 161.
quadriplex(m). 173.
rail(m) extérieur. 172.
rail(m) intérieur. 172.
rampant(m). 161.
rampe(f). 161, 170.
redan(m). 166.
redoute(f). 166.
régulateur(m). 171.
rempart(m). 166, 167.
remplage(m). 165.
réverbère(m). 168.
rideau(m) de fer. 170.
rideau(m) de scène. 170.
rose(f). 165.
rosette(f). 160.
rue(f). 170.
rue(f) principale. 168.
saillant(m). 166.
salle(f). 169.
salle(f) de spectacle. 169, 170.
scène(f). 170.
scotie(f). 160.
sélecteur(m) d'étage. 171.
station(f) de taxis. 168.
statue(f). 161.
styles(m) d'architecture. 160.
stylobate(m). 161.
surhaussé. 162.
tablinum(m). 163.
tailloir(m). 160.
tambour(m). 160.
temple(m) grec. 161.
tenaille(f). 166.
terrasse(f). 168.
terre-plein(m). 166.
tipi(m). 159.
toile(f) de fond. 170.
tores(m). 160.
tour(f). 164.
tour(f) d'angle. 167.
tour(f) d'habitation. 173.
tour(f) de flanquement. 167.
tour(f) de guet. 167.
tourelle(f). 167.

trapillon(m). 170.
traverse(f). 166.
trèfle(m). 165.
treuil(m). 171.
triclinium(m). 163.
triforium(m). 164, 165.
triglyphe(m). 160.
trilobé. 162.
triplex(m). 173.
triplex(m) jumelé. 173.
trou(m) du souffleur. 170.
trumeau(m). 165.
Tudor. 162.
tuile(f). 161.
tympan(m). 161, 165.
types(m) d'arcs. 162.
vestibule(m). 163.
villa(f). 173.
vitrine(f). 168.
volée(f). 165.
volute(f). 160.
voussoir(m). 162.
voussure(f). 165.
voûte(f). 165.
wigwam(m). 159.
yourte(f). 159.

ARMES

aérofrein(m). 691.
affût(m). 680.
aile(f). 676.
aileron(m). 691.
âme(f). 681.
amorce(f). 682, 686, 688.
anneau-grenadière(m). 685.
anneau(m). 682.
anneau(m) de canon. 685.
anneau(m) de suspension. 689.
anse(f). 680.
antenne(f) UHF-IFF. 691.
appareil(m) de pointage. 683.
appui-flèche(m). 677.
arbalète(f). 677.
arbre(m) de mise à feu. 684.
arbrier(m). 677.
arc(m) moderne. 677.
arcs(m). 677.
armes(f). 673.
armes(f) de chasse. 688.
armes(f) de l'âge de pierre. 675.
armet(m). 676.
armet(m). 676.
armure(f). 676.
arquebuse(f). 682.
arrêt(m) de curasse. 676.
arrêtoir(m). 689.
arrêtoir(m) de chargeur. 685, 689.
astragale(m) de bouche. 680.
astragale(m) de volée. 680.
astragale(m) du champ de lumière. 680.
astragale(m) du premier renfort. 680.
astragale(m) du second renfort. 680.
atterrisseur(m) principal. 691.
avion(m) de combat. 691.
bague(f). 679.
baguette(f). 682.
baïonnette(f) à douille. 679.
baïonnette(f) à manche. 679.
baïonnette(f) à poignée. 679.
baïonnette(f) incorporée. 679.
baïonnettes(f). 679.
balle(f). 682, 688.
bande(f) ventilée. 688.
barbotin(m). 690.
barillet(m). 689.
barre(f) d'attelage. 684.
bassinet(m). 682.
batterie(f). 682.
bazooka(m). 686.
bêche(f). 684.
berceau(m). 684.

bipied(m). 683, 687.
boîte(f) de culasse. 683.
bouche(f). 680, 683, 688.
bouche(f) à feu. 680, 681.
bouchon(m) de chargement. 682.
bouchon(m) de fermeture. 682.
bouclier(m). 675.
bouclier(m) principal. 684.
boulet(m). 681.
boulets(m) enchaînés. 681.
boulets(m) ramés. 681.
bourre(f). 681, 688.
bourrelet(m). 680.
boutefeu(m). 681.
bouton(m) de culasse. 680.
bouton(m) de verrou. 679.
braconnière(f). 676.
brague(f) d'affût. 680.
branche(f) inférieure. 677.
branche(f) supérieure. 677.
brassard(m). 676.
bretelle(f). 685, 686, 687.
brise-lame(m). 678.
butée(f). 687.
cache-flammes(m). 685, 687.
caisson(m) de voilure. 691.
cale(f). 680.
came(f) de barillet. 689.
canon(m). 683, 684, 685, 687, 688, 689, 690.
canon(m) d'avant-bras. 676.
*canon(m) du XVII(*sup*)e(*sub*) siècle*. 680, 681.
canon(m) sans recul. 686.
carabine(f). 688.
cartouche(f). 688.
cartouche(f). 689.
casque(m). 675.
ceinture(f) de bouche. 680.
cercle(m) de verrouillage. 684.
chambre(f). 688, 689.
chambre(f) à poudre. 681.
chambre(f) de combustion. 692.
char(m) d'assaut. 690.
charge(f) explosive. 692.
chargement(m). 682.
chargeur(m). 683, 685, 689.
chemise(f). 688.
chenille(f). 690.
chien(m). 682, 688, 689.
chiffon(m). 682.
cible(f). 692.
corde(f). 677.
cordon(m) tire-feu. 684.
corps(m) de fonte segmenté. 682.
cotte(f) de mailles. 676.
couteau(m) de combat. 678.
couteau(m) en silex. 675.
couvre-bassinet(m). 682.
couvre-culasse(m). 687.
cran(m) de mire. 689.
crémaillère(f). 684.
crête(f). 676.
creux(m). 677.
crosse(f). 677, 683, 685, 687, 688, 689.
crosse(f) d'appontage. 691.
crosse(f) droite. 684.
cubitière(f). 676.
cuiller(f). 682.
cuirasse(f). 675.
cuissard(m). 676.
culasse(f). 680, 683, 684, 687, 688.
culasse(f) mobile. 680.
culot(m). 688.
cylindre(m) des gaz. 687.
cylindre(m) récupérateur. 684.
dague(f). 678.
dégagement(m) de fumée. 690.
détente(f). 677, 682, 683, 685, 686, 687, 688, 689.
détonateur(m). 682.
dos(m). 677.
doucine(f). 680.
douille(f). 688.

échelle(f) escamotable. 691.
écoutille(f). 690.
écouvillon(m). 681.
écrou(m) de canon. 685.
éjecteur(m). 689.
élingue(f). 680.
émetteur(m). 692.
empennage(m). 677, 692.
encoche(f). 677.
épaulière(f). 676, 686.
épée(f) à deux mains. 678.
épée(f) à une main et demie. 678.
épée(f) à une main. 678.
épées(f). 678.
épées(f) à deux tranchants. 678.
épées(f) à un tranchant. 678.
épiscope(m) du tireur. 690.
équilibreur(m). 684.
étrier(m). 677.
explosif(m). 682.
fenêtre(f) d'éjection. 683, 685, 687.
feu(m) de position. 691.
feu(m) stroboscopique. 691.
filtre(m) à air. 690.
flasque(m). 680.
flèche(f). 677.
flèche(f) en silex, pointe de. 675.
flotteur(m). 684.
frontal(m). 676.
fusée(f) à temps. 682.
fusil(m). 688.
fusil(m) automatique. 685.
fusil-mitrailleur(m). 687.
fût(m). 677, 688.
gâchette(f). 687.
gantelet(m). 676.
garde(f). 679.
garde-main(m). 685.
genouillère(f). 676.
glaive(m). 675.
glissière(f). 689.
glissoire(f) de recul. 684.
gorgerin(m). 676.
goupille(f) de démontage. 685.
goupille(f) de sécurité. 682.
grappe(f) de raisin. 681.
grenade(f) à main. 682.
grève(f). 676.
guerrier(m) africain. 675.
guidon(m). 683, 686, 688, 689.
hache(f) en pierre polie. 675.
hausse(f). 683, 685, 686, 687, 688.
javelot(m). 675.
lame(f). 679.
lance(f). 675.
lance(m) pot fumigène. 690.
lanterne(f). 681.
légionnaire(m) romain. 675.
levier(m). 681.
levier(m) d'armement. 685, 686, 687.
levier(m) de came. 689.
levier(m) de direction. 690.
levier(m) de fixation de venturi. 686.
levier(m) de manoeuvre de la culasse. 684.
lumière(f). 680, 681.
lunette(f). 684.
lunette(f) de visée. 686.
machette(f). 678.
magasin(m). 688.
manchon(m) de culasse. 684.
manchon(m) de refroidissement. 683, 687.
manivelle(f). 683.
mécanisme(m) de pointage en hauteur. 687.
mécanisme(m) de tir. 686.
mentonnière(f). 676.
mire(f). 677, 689.
mise(f) à feu. 686.
mise(f) à feu, accessoires(m) de. 681.
missile(m). 692.
missile(m), structure(f) d'un. 692.

missile(m) air-air. 691, 692.
missile(m) air-sol. 692.
missile(m) anti-sous-marin. 692.
missile(m) antichar. 692.
missile(m) sol-air. 692.
missile(m) sol-sol. 692.
missiles(m). 692.
mitraille(f). 681.
mitrailleuse(f). 687.
mitrailleuse(f). 690.
mitrailleuse(f) coaxiale. 690.
mortier(m). 683.
nasal(m). 676.
noix(f). 677.
noyau(m). 688.
obus(m). 686, 690.
obusier(m) moderne. 684.
ordinateur(m). 692.
pagne(m) de coton. 675.
pare-brise(m). 691.
pare-souffle(m). 686.
passe-garde(m). 676.
patin(m) de chenille. 690.
percuteur(m). 682, 688, 689.
perche(f) de ravitaillement. 691.
périscope(m). 690.
phare(m). 690.
pistolet(m). 689.
pistolet-mitrailleur(m). 683.
piston(m) des gaz. 687.
pivot(m). 683.
plaque(f) de base. 683.
plaque(f) de couche. 688.
plaquette(f). 679.
plastron(m). 676.
plate-bande(f) de culasse. 680.
plateau(m) d'alimentation. 687.
platine(f) à silex. 682.
plombs(m). 688.
poignard(m). 675.
poignards(m). 678.
poignée(f). 677, 688.
poignée(f) avant. 688.
poignée(f) de la main droite. 686.
poignée(f) de la main gauche. 686.
poignée(f) de soulèvement. 684.
poignée(f) de transport. 685, 687.
poignée(f) pistolet. 687.
poignée-pistolet(m). 683, 685.
point(m) d'encochage. 677.
pointage(m) de droite. 684.
pointage(m) en direction. 683.
pointage(m) en hauteur. 683, 684, 687.
pointe(f). 677.
poire(f) à poudre. 682.
pommeau(m). 679.
pontet(m). 683, 688, 689.
pot(m) d'échappement. 690.
poudre(f). 681.
poulaine(f). 676.
poupée(f). 677.
projectiles(m). 681.
protège-guidon(m). 685, 687.
quillon(m). 679.
radar(m) de détection. 692.
radar(m) de localisation du but. 692.
radar(m) de localisation du missile. 692.
radôme(m). 691.
rail(m) de lancement de missile. 691.
rainure(f). 677.
rapière(f). 678.
ravitailleur(m). 691.
réacteur(m). 691.
refouloir(m). 681.
renfort(m), second. 680.
renfort(m) de culasse. 680.
réservoir(m) d'alcool. 692.
réservoir(m) d'oxygène liquide. 692.
ressort(m). 682, 686.
ressort(m) d'éjecteur. 689.
ressort(m) de batterie. 682.

Index thématiques

ressort(m) de chargeur. 689.
ressort(m) principal. 689.
ressort(m) récupérateur. 689.
rétroviseur(m). 690.
revolver(m). 689.
rondelle(f). 676.
roue(f). 680, 690.
roue(f) de l'atterrisseur principal.
691.
sabre(m). 678.
sandale(f). 675.
sangle(f). 676.
saumon(m) de dérive. 691.
sélecteur(m) de tir. 685.
semelle(f) de chargeur. 689.
siège(m) du chargeur. 690.
siège(m) du chef de char. 690.
siège(m) du pilote. 690.
siège(m) éjectable. 691.
silex(m). 682.
soleret(m). 676.
soute(f) à munitions. 690.
stabilisateur(m). 677, 691.
stylet(m). 678.
support(m) du bouclier principal.
684.
système(m) de commande. 692.
tassette(f). 676.
télécommande(f). 692.
tige(f) de manoeuvre. 687.
tige(f) de mise à feu. 686.
timbre(m). 676.
tir(m). 686.
tire-bourre(m). 681.
tourelle(f) mobile. 690.
tourelleau(m). 690.
tourillon(m). 680.
transmission(f) d'ordres. 692.
trépied(m). 687.
treuil(m). 690.
tringle-guide(f). 684.
tube(m). 681.
tube(m). 680, 683, 686.
tube(m) de distance. 686.
tube(m) de Pitot. 691.
tunique(f) en cuir. 675.
turbopompe(f). 692.
tuyère(f). 691, 692.
ventail(m). 676.
venturi(m). 686.
vérin(m) de commande de volet.
691.
vérin(m) hydraulique d'aérofrein.
691.
verrière(f). 691.
verrou(m) à ressort. 679.
verrou(m) de barre d'attelage. 684.
verrou(m) de chargeur. 683, 685.
verrou(m) de culasse. 685.
verrou(m) de sûreté. 683, 685.
verrou(m) du levier d'armement.
685.
viseur(m) télescopique. 690.
visière(f). 676.
volée(f). 680.
volet(m) de courbure. 691.
volet(m) mobile. 692.
voyant(m) indicateur. 686.

ASTRONOMIE

Aigle(m). 32, 33.
Andromède. 32.
anneau(m) de tête amovible. 34.
arche(f). 34.
ascension(f) droite. 27.
astéroïdes(m). 28.
astronomie(f). 25.
Atelier(m) du Sculpteur. 33.
Autel. 33.
automne(m). 27.
axe(m) de déclinaison. 34.
axe(m) est-ouest. 35.
axe(m) horaire. 34.
axe(m) optique. 35.

baie(f). 30.
Balance(f). 33.
Baleine(f). 32, 33.
base(f). 34.
Bélier(m). 32.
boggie(m). 34.
Boussole(f). 33.
Bouvier(m). 32.
bras(m) spiraux. 31.
cabine(f) de projection. 35.
Callisto. 28.
Caméléon(m). 33.
Cancer(m). 32.
Capricorne(m). 33.
Carène(f). 33.
Cassiopée. 32.
Centaure(m). 33.
Céphée. 32.
cercle(m) polaire antarctique. 27.
cercle(m) polaire arctique. 27.
chaîne(f) de montagnes. 30.
chevelure(f). 31.
Chevelure(f) de Bérénice. 32.
Chiens(m) de chasse. 32.
chromosphère(f). 29.
cimier(m) mobile. 34.
cirque(m). 30.
Cocher(m). 32.
Colombe(f). 33.
comète(f). 31.
condensateur(m) de projecteur
d'étoiles. 35.
cône(m) d'ombre. 29, 30.
cône(m) de pénombre. 29, 30.
constellations(f) de l'hémisphère
austral. 33.
constellations(f) de l'hémisphère
boréal. 32.
coordonnées(f) célestes. 27.
coordonnées(f) terrestres. 27.
Corbeau(m). 33.
Coupe(f). 33.
coupole(f) rotative. 34.
couronne(f). 29.
Couronne(f) australe. 33.
Couronne(f) Boréale. 32.
couronne(f) de base. 34.
cratère(m). 30.
croissant(m) descendant. 30.
croissant(m) montant. 30.
Croix(f) du Sud. 33.
Cygne(m). 32.
Dauphin(m). 32.
déclinaison(f). 27.
Deimos. 28.
dernier quartier(m). 30.
Dorade(f). 33.
Dragon(m). 32.
éclipse(f) annulaire. 29.
éclipse(f) partielle. 29, 30.
éclipse(f) totale. 29, 30.
Écu(m) de Sobieski. 33.
élévateur(m). 35.
embase(f). 35.
engrenage(m) horaire. 34.
enveloppe(f) extérieure. 34.
enveloppe(f) intérieure. 34.
équateur(m). 27.
équateur(m) céleste. 27.
équinoxe(m) d'automne. 27.
équinoxe(m) de printemps. 27.
Éridan. 33.
éruption(f). 29.
estrade(f). 35.
été(m). 27.
étoile(f) Polaire. 32.
Europa. 28.
face(f) cachée. 30.
face(f) visible. 30.
facules(f). 29.
falaise(f). 30.
filament(m). 29.
Flèche(f). 32.
Fourneau(m). 33.
foyer(m) primaire. 34.
galaxie(f). 31.

galaxie(f) elliptique. 31.
galaxie(f) irrégulière. 31.
galaxie(f) lenticulaire. 31.
galaxie(f) spirale. 31.
galaxie(f) spirale barrée. 31.
galaxies(f), classification des. 31.
Ganymède. 28.
Gémeaux(m). 32.
gibbeuse(f) croissante. 30.
gibbeuse(f) décroissante. 30.
Girafe(f). 32.
Grand Chien(m). 33.
Grande Ourse(f). 32.
granule(f). 29.
Grue(f). 33.
haut-parleur(m). 35.
hémisphère(m) austral. 27.
hémisphère(m) boréal. 27.
Hercule. 32.
hiver(m). 27.
Hydre(f) femelle. 32, 33.
Hydre(f) mâle. 33.
hypergone(m). 35.
Indien(m). 33.
Io. 28.
Jupiter. 28.
lac(m). 30.
lampe(f) à haute intensité
lumineuse. 35.
latitude(f). 27.
lentille(f) de projecteur d'étoiles.
35.
Lézard(m). 32.
Licorne(f). 33.
Lièvre(f). 33.
Lion(m). 32.
longitude(f). 27.
Loup(m). 33.
Lune(f). 30.
Lune(f). 28, 29.
Lune(f), éclipse(f) de. 30.
Lune(f), phases(f) de la. 30.
Lynx(m). 32.
Lyre(f). 32.
Mars. 28.
mer(f). 30.
Mercure. 28.
méridien(m). 27.
méridien(m) céleste. 27.
miroir(m) plan rétractable. 34.
miroir(m) primaire concave. 34.
monture(f) en fer à cheval. 34.
Mouche(f). 33.
nacelle(f) d'observation. 34.
Neptune. 28.
nouvelle Lune(f). 30.
noyau(m). 29, 31.
noyau(m) galactique. 31.
observatoire(m) astronomique. 34.
océan(m). 30.
Octant(m). 33.
Oiseau(m) du Paradis. 33.
Ophiucus. 32, 33.
orbite(f) lunaire. 30.
Orion. 32, 33.
Paon(m). 33.
patin(m) hydrostatique. 34.
Pégase(m). 32.
Persée. 32.
Petit Cheval(m). 32.
Petit Chien(m). 32.
Petit Lion(m). 32.
Petite Ourse(f). 32.
Phénix(m). 33.
Phobos. 28.
photosphère(f). 29.
planétaire(m). 35.
planétaire(m). 35.
planétarium(m). 35.
planètes(f), symboles(m) des. 28.
planètes(f) du système solaire. 28.
pleine Lune(f). 30.
Pluton. 28.
Poisson(m) austral. 33.
Poisson(m) volant. 33.
Poissons(m). 32.

pôle(m) Nord. 27.
pôle(m) Nord céleste. 27.
pôle(m) Sud. 27.
pôle(m) Sud céleste. 27.
Poupe(f). 33.
premier quartier(m). 30.
printemps(m). 27.
prise(f) d'air de ventilation. 34.
projecteur(m) auxiliaire. 35.
projecteur(m) d'étoile brillante. 35.
projecteur(m) de la Voie Lactée.
35.
protubérance(f). 29.
pupitre(m) de commande. 35.
queue(f) de plasma. 31.
queue(f) de poussières. 31.
relief(m) lunaire. 30.
rempart(m). 30.
Réticule(f). 33.
rideau(m) pare-vent. 34.
Sagittaire(m). 33.
saisons(f), cycle(m) des. 27.
salle(f) de commande du
télescope. 34.
salle(f) de contrôle. 35.
salle(f) de projection. 35.
sas(m). 34.
Saturne. 28.
Scorpion(m). 33.
Serpent(m). 32, 33.
Soleil(m). 29.
soleil(m). 27, 28, 29.
Soleil(m), éclipse(f) de. 29.
Soleil(m), structure(f) interne du.
29.
solstice(m) d'été. 27.
solstice(m) d'hiver. 27.
sphère(f) céleste. 27.
sphère(f) de projection d'étoiles.
35.
sphère(f) terrestre. 27.
spicule(m). 29.
support(m) rigide. 35.
système(m) de projection de
planètes. 35.
tache(f). 29.
Taureau(m). 32.
Télescope(m). 33.
Terre. 28, 29.
tête(f). 31.
Titan. 28.
Toucan(m). 33.
treuil(m). 34.
Triangle(m). 32.
Triangle(m) austral. 33.
Triton. 28.
tropique(m) du Cancer. 27.
tropique(m) du Capricorne. 27.
Uranus. 28.
Vénus. 28.
Verseau(m). 33.
vide(m). 34.
Vierge(m). 32, 33.
Voie Lactée(f). 32.
Voiles(f). 33.
voûte(f) hémisphérique de
projection. 35.
zénith(m). 35.
zone(f) de convection. 29.
zone(f) de manoeuvre. 29.
zone(f) radiative. 29.

BRICOLAGE

abattant(m). 259.
about(m). 260.
adapteurs(m). 265.
aérateur(m). 261.
aiguilles(f) de nettoyage. 273.
aile(f) à ressort. 254.
ampoule(f). 274.
anneau(m) d'étanchéité en cire.
258.
anneau(m) de réglage. 250.
anneau(m) du cliquet. 250.

anode(f). 263.
applique(f). 260.
applique(f) du robinet. 260.
arc(m) électrique. 271.
armature(f). 270.
armoire(f) de toilette. 259.
arrivée(f) d'eau chaude. 262.
axe(m). 256.
azote(m). 274.
bac(m). 270.
bague(f) à treillis. 261.
bague(f) de blocage. 248.
bague(f) de fond. 261.
bague(f) de serrage de la
    cartouche. 261.
bague(f) de siège d'obturateur.
    261.
baguette(f) d'apport. 272.
baignoire(f). 259.
barillet(m). 256.
barillet(m). 256.
barre(f) collectrice neutre. 278.
barre(f) collectrice thermique. 278.
base(f). 250.
bec(m). 260, 261.
bec(m) du robinet. 261.
bille(f) creuse. 261.
bloc(m) d'arrêt. 247.
blocage(m) de l'inclinaison. 253.
blocage(m) de profondeur. 251.
blocage(m) du fourreau. 251.
blocage(m) du guide. 252.
blocage(m) du pivot. 249.
bois(m) de bout. 255.
boîte(f) électrique. 275.
boîtier(m). 251.
bonde(f). 260.
borne(f). 275.
borne(f) de terre. 267.
bouchon(m) d'air. 270.
bouchon(m) de dégorgement. 260.
bouchon(m) de filtre. 261.
bouchon(m) de vidange. 257.
bouchon(m) femelle. 265.
bouchon(m) femelle à visser. 265.
bouchon(m) fileté. 261.
bouchon(m) mâle sans bourrelet.
    265.
boues(f). 267.
boulon(m). 254.
boulon(m). 249.
boulon(m) à ailettes. 254.
boulon(m) à épaulement. 254.
boulon(m) à gaine d'expansion.
    254.
bouteille(f) d'acétylène. 271.
bouteille(f) d'oxygène. 271.
bouton-guide(m). 253.
bouton(m). 256, 274.
bouton(m) d'ajustage du guide.
    252.
bouton(m) de réglage. 247.
bouton(m) extérieur. 260.
bouton(m) moleté. 270.
branche(f). 249.
branchement(m). 262.
branchement(m) d'appareil. 258.
bricolage. 245.
bride(f) métallique. 258.
briquet(m). 273.
broche(f). 274, 275.
broyeur(m) d'évier. 260.
brûleur(m) bec plat. 271.
brûleur(m) flamme crayon. 271.
buse(f). 272.
buse(f) à fluide. 270.
câble de masse. 271.
câble(m). 251.
câble(m) d'alimentation de 240 V.
    278.
câble(m) d'alimentation de
    l'électrode. 271.
câble(m) de traction. 277.
câble(m) électrique. 263.
canalisation(f) de branchement
    d'eau général. 257.

canalisation(f) de refoulement. 267.
capuchon(m). 275.
capuchon(m) du levier. 261.
cartouche(f) jetable. 271.
casque(m). 273.
cavité du barillet(m). 256.
chalumeau(m). 271.
chalumeau(m) braseur. 271.
chalumeau(m) coupeur. 272.
chalumeau(m) soudeur. 272.
chambre(f) de mélange. 272.
champ(m) d'épandage. 267.
chapeau(m). 267, 271.
chapeau(m) de tuyau de
    ventilation. 265.
chariot(m). 271.
chauffe-eau(m). 257.
chauffe-eau(m) électrique. 263.
chignole(f). 250.
circuit(m). 278.
clapet(m). 258.
clapet(m) de non-retour. 272.
clapet(m) de retenue. 267.
clé anglaise. 266.
clé(f). 256.
clé(f) à chaîne. 266.
clé(f) à crémaillère. 266.
clé(f) à fourches. 248.
clé(f) à molette. 248.
clé(f) à sangle. 266.
clé(f) à tuyau. 266.
clé(f) coudée à tuyau. 266.
clé(f) de mandrin. 251.
clé(f) mixte. 248.
clé(f) polygonale. 248.
clé(f) polygonale 6 pans. 248.
clé(f) polygonale à têtes fendues.
    248.
clés(f). 248.
cliquet(m). 248, 250.
clou(m). 254.
collecteur(m) d'appareil. 257.
collecteur(m) d'évacuation. 257.
collecteur(m) principal. 257.
collet(m) repoussé. 264.
colonne(f). 251.
colonne(f) d'air. 257, 262.
colonne(f) de ventilation
    secondaire. 257.
colonne(f) montante d'eau chaude.
    257.
colonne(f) montante d'eau froide.
    257.
compteur(m) général. 257.
conduite(f) d'alimentation. 257.
conduite(f) d'eau chaude. 262.
conduite(f) d'eau en métal. 278.
conduite(f) d'eau froide. 262.
conduite(f) de distribution d'eau.
    257.
conduite(f) principale. 258.
connecteur(m). 278.
connecteur(m) de liaison. 278.
contacteur(m). 267.
contre-fer(m). 247.
contreparement(m). 255.
contreplaqué(m) à âme. 255.
contreplaqué(m) moulé. 255.
contreplaqué(m) multiplis. 255.
corde(f) de tirage. 268.
cordon(m) de soudure. 271, 272.
corps(m). 250.
corps(m) du pistolet. 270.
corps(m) du robinet. 261.
couche(f) fluorescente. 274.
coude(m). 260, 265.
coude(m) à 180°. 265.
coude(m) applique. 265.
coude(m) de renvoi. 257, 265.
coude(m) de trop-plein. 257.
coupe-circuit(m). 275.
coupe-circuit(m) limiteur de
    température. 275.
coupe-fil(m). 249, 277.
coupe-tubes(m). 266.
courroie(f). 251.

couteau(m) d'électricien. 277.
couvercle(m). 259.
couvercle(m) de réservoir. 259.
cran(m) de réglage. 249.
crépine(f). 261.
cuivre(m) et acier(m). 265.
culot(m). 274.
culot(m) à broches. 274.
culot(m) Goliath. 274.
culotte(f). 265.
cuvette(f). 258, 259.
débouchure(f). 278.
déflecteur(m) de chaleur. 274.
dent(f). 253.
dents(f). 252.
dénude-fil(m). 277.
dénudeur(m) de fil. 277.
disjoncteur(m) bipolaire. 278.
disjoncteur(m) principal. 278.
disjoncteur(m) unipolaire. 278.
disjonteur(m) de fuite de terre.
    278.
dispositif(m) de blocage. 268.
dos(m). 253.
douchette(f). 259, 260.
douille(f). 275.
douille(f) de lampe. 275.
drain(m). 267.
échelle(f). 268.
échelle(f) à crochets. 268.
échelle(f) coulissante. 268.
échelle(f) d'échafaudage. 269.
échelle(f) de corde. 268.
échelle(f) droite. 268.
échelle(f) escamotable. 268.
échelle(f) fruitière. 269.
échelle(f) roulante. 269.
échelle(f) transformable. 268.
échelles(f). 269.
échelon(m). 268.
écran(m) à main. 273.
écran(m) de soudeur. 273.
écrou(m). 249, 254, 264.
écrou(m) à collet. 260.
écrou(m) à oreilles. 254.
écrou(m) à oreilles. 252.
écrou(m) à six pans. 264.
écrou(m) borgne. 254.
écrou(m) de blocage. 258.
écrou(m) de bonde. 260.
écrou(m) de collet. 260.
écrou(m) de fixation. 260.
écrou(m) de la lame. 253.
écrou(m) de serrage. 264.
écrou(m) du presse-étoupe. 261.
écusson(m). 256.
élcetricité(f). 274, 275, 276, 277.
électricité(f). 274, 275, 276, 277.
électrode(f). 271, 274.
électrode(f) d'amorçage. 274.
électrode(f) principale. 274.
élément(m) chauffant inférieur.
    263.
élément(m) chauffant supérieur.
    263.
enjoliveur(m). 261.
entrée(f) de clé. 256.
entrée(f) de courant. 274.
entretoise(f). 269.
enveloppe(f). 275.
épaulement(m). 254.
équipement(m) de protection. 273.
escabeau(m) plate-forme. 269.
escabeaux(m). 268, 269.
étau(m). 249.
étrier(m). 267, 275.
étrier(m) du flotteur. 267.
évaseur(m). 266.
évier-broyeur(m). 260.
évier(m). 260.
évier(m) double. 257.
fente(f). 253.
fer(m). 247.
fer(m) à souder. 271.
feuille(f) protectrice. 255.
fiche(f). 275.

fiche(f). 251.
fiche(f) européenne. 275.
fil(m). 255.
fil(m) de liaison. 278.
fil(m) de service neutre. 278.
fil(m) de terre. 278.
fil(m) neutre. 278.
fil(m) thermique. 278.
filament(m). 274.
filet(m). 261.
filetage(m). 261.
filière(f). 266.
filtre(m) bactérien. 267.
fixations(f). 254.
flexible(m). 259, 260.
flotteur(m). 258, 267.
foret(m). 250.
foret(m). 250.
fosse(f) septique. 267.
fosse(f) septique. 267.
fouillot(m). 256.
fourreau(m). 250, 251.
fraise(f). 250.
furet(m) de dégorgement. 266.
fusible-cartouche(m). 275.
fusible-cartouche(m) à lames. 275.
fusible(m) à culot. 275.
fusibles(m). 275.
fût(m). 254.
gâche(f). 256.
gâchette(f). 270.
gaine(f) isolante. 275.
gant(m) à crispin. 273.
garde-corps(m). 269.
garniture(f). 256.
gaz(m). 274.
gaz(m) inerte. 274.
glissière(f) du guide. 252.
godet(m). 270.
gorge(f). 249.
goujure(f). 250.
goupille(f). 256.
grattoir(m). 270.
gravier(m). 267.
guide(m) à onglet. 252.
guide(m) de refend. 252, 253.
inclinaison(f) de la lame. 253.
interrupteur(m). 250, 251, 275.
interrupteur(m) à gâchette. 253.
interrupteur(m) électrique. 275.
inverseur(m). 259.
isolant(m). 255.
isolant(m) en plastique. 278.
joint(m) à coulisse. 249.
joint(m) d'étanchéité. 260, 261,
    263.
joint(m) torique. 261.
joue(f). 247.
lame(f). 252, 253, 275, 277.
lame(f) amovible. 270.
lame(f) de scie circulaire. 253.
lampe(f) à incandescence. 274.
lampe(f) à souder. 266.
lampe(f) à vapeur de mercure.
    274.
lampe(f) au néon. 276.
lampe(f) isolée. 276.
lance(f). 272.
languette(f). 256.
lavabo(m). 259.
lave-linge(m). 262.
lave-vaisselle(m). 262.
lève-soupape(m). 256.
levier du pêne(m). 256.
levier(m). 249, 260, 261.
levier(m) de commande. 251.
levier(m) de déclenchement. 258.
levier(m) de dégagement. 249.
levier(m) de réglage latéral. 247.
levier(m) de serrage. 247.
levier(m) du bloc. 247.
levier(m) du protège-lame inférieur.
    253.
levier(m) long. 256.
lèvre(f). 250.
listel(m). 250.

lunettes(f). 273.
mâchoire(f). 277.
mâchoire(f) dentée. 249.
mâchoire(f) droite. 249.
mâchoire(f) fixe. 248, 249.
mâchoire(f) invurvée. 249.
mâchoire(f) mobile. 248, 249.
maillet(m). 247.
mamelon(m) double. 265.
manche(m). 247, 270, 272.
manche(m) isolant. 277.
manche(m) isolé. 276.
manchon(m). 260, 265, 270.
manchon(m) canelé. 261.
manchon(m) de câble. 251.
mandrin(m). 248, 250, 251.
manette(f) de chasse. 259.
manette(f) de relèvement du plateau. 251.
manivelle(f). 250.
manivelle(f) de relèvement de la lame. 252.
manomètre(m) de bouteille. 272.
manomètre(m) de chalumeau. 272.
marche(f). 269.
marteau(m) à panne ronde. 247.
marteau(m) d'électricien. 277.
marteau(m) de menuisier. 247.
mécanisme(m) d'inclinaison de la lame. 252.
mécanisme(m) du pêne demi-tour. 256.
mèche(f). 250.
mèche(f) double torsade. 250.
mèche(f) hélicoïdale. 250.
mélangeur(m) bain-douche. 257.
menuiserie(f). 247, 248, 249, 250, 251, 252, 253, 254, 255.
mercure(m). 274.
métal(m). 272.
mitaine(f). 273.
mitigeur(m). 261.
mitigeur(m) à bille creuse. 261.
mitigeur(m) d'évier. 261.
mitigeur(m) d'évier. 260.
molette(f). 250.
molette(f) de réglage. 277.
montant(m). 268.
monture(f). 249.
monture(f) de tube à arc. 274.
monture(f) réglable. 252.
mors(m). 248, 250, 251.
moteur(m). 250, 251, 253.
moteur(m) électrique. 267.
moufle(m). 273.
nez(m). 247.
oeil(m). 247.
orifice(m) d'aération. 270.
outils(m). 247, 248, 249, 250, 251, 252, 253.
outils(m) d'électricien. 276, 277.
outils(m) pour plomberie. 266.
oxygène(m) de coupe. 272.
panne(f). 271.
panne(f) fendue. 247.
panne(f) ronde. 247.
panneau(m) à âme creuse. 255.
panneau(m) à âme lamelleé. 255.
panneau(m) à âme lattée. 255.
panneau(m) d'accès. 263.
panneau(m) de particules. 255.
panneau(m) dérivé du bois. 255.
panneau(m) dur. 255.
papier(m) décor. 255.
papier(m) kraft. 255.
parement(m). 255.
partie(f) femelle du raccord union. 264.
partie(f) mâle du raccord union. 264.
patin(m) antidérapant. 268.
peinture(f) d'entretien. 268, 269, 270.
pêne(m). 256.
pêne(m) demi-tour. 256.
pêne(m) dormant. 256.

perceuse(f) à colonne. 251.
perceuse(f) à main. 250.
perceuse(f) électrique. 251.
pied(m). 274.
pierre(f). 273.
piètement(m). 269.
pignon(m). 250.
pince-étau(f). 249.
pince(f) à dénuder. 277.
pince(f) à long bec. 277.
pince(f) d'électricien. 277.
pince(f) motoriste. 249.
pince(f) multiprise. 249.
pince(f) universelle. 277.
pinceau(m). 270.
pincement(m). 274.
pinces(f) à fusibel. 276.
pistolet(m) à peinture. 270.
pistolet(m) à souder. 271.
pivot(m). 277.
placage déroulé(m). 255.
planche(f). 255.
plaque(f) d'instructions. 251.
plaque(f) de commutateur. 275.
plaque(f) signalétique. 251.
plastique(m) et acier(m). 265.
plastique(m) et cuivre(m). 265.
plate-forme(f). 269.
plateau(m). 251, 252.
plateau(m) à outils. 269.
plateau(m) de sciage. 252.
pli(m) central. 255.
pli(m) extérieur. 255.
pli(m) intérieur. 255.
plomberie(f). 257, 258, 259, 260, 261, 262, 263, 264, 265, 266, 267.
plomberie(f) sanitaire. 257.
poignée(f). 247, 248, 250, 252, 253, 270, 272.
poignée(f) auxiliaire. 251.
poignée(f) latérale. 251.
poignée(f) pistolet. 251, 252.
poignée(f) supérieure. 250.
pointe(f). 252, 253, 254.
pointe(f) carrée. 248.
pointe(f) cruciforme. 248.
pointe(f) de centrage. 250.
pointe(f) plate. 248.
pomme(f). 250.
pomme(f) de douche. 259.
pommeau(m). 247.
pompe(f) de puisard. 267.
porte-électrode(m). 271.
porte-rouleau(m). 259.
porte-savon(m). 259.
porte-serviettes(m). 259.
porte-verre(m). 259.
poste(m) de soudage. 271.
poulie(f). 251, 268.
poussoir(m). 256.
presse-étoupe(m). 261.
prise(f) bipolaire. 267.
prise(f) de courant. 275.
prise(f) de masse. 271.
prise(f) de terre. 275.
protège-lame(m). 252, 270.
protège-lame(m) inférieur. 253.
protège-lame(m) supérieur. 253.
protège-poulie(m). 251.
puisard(m). 267.
queue(f). 250.
queusot(m). 274.
rabot(m). 247.
raccord(m). 264.
raccord(m) à collet repoussé. 264.
raccord(m) à compression. 264.
raccord(m) à compression. 260.
raccord(m) d'arrivée d'air. 270.
raccord(m) d'égoût. 262.
raccord(m) de réduction. 265.
raccord(m) de té. 262.
raccord(m) union. 264.
raccords(m). 265.
raccords(m) mécaniques. 264.
rainure(f) du guide à onglet. 252.

rallonge(f) du plateau. 252.
réduction(f) mâle-femelle. 265.
réduction(f) mâle-femelle à visser. 265.
réflecteur(m). 274.
regard(m) de prélèvement. 267.
réglage(m) du pointeau du fluide. 270.
régulateur(m) de pression. 272.
régulateur(m) de pression. 271.
renvoi(m). 257, 262.
réservoir(m) de chasse. 259.
résistance(f) d'amorçage. 274.
ressort(m). 249, 256, 261.
rhéostat(m). 275.
rive(f). 255.
rivet(m). 249.
robinet(m). 261.
robinet(m) d'acétylène. 272.
robinet(m) d'arrêt. 258, 260, 262, 263.
robinet(m) d'arrêt général. 257.
robinet(m) d'oxygène. 272.
robinet(m) de puisage. 257.
robinet(m) de vidange. 263.
robinet(m) flotteur à clapet. 258.
rochet(m). 250.
rondelle(f). 261.
rondelle(f) à denture extérieure. 254.
rondelle(f) à denture intérieure. 254.
rondelle(f) à ressort. 254.
rondelle(f) conique. 258.
rondelle(f) de fibre. 264.
rondelle(f) métallique. 260.
rondelle(f) plate. 254.
rosette(f). 261.
rotor(m). 256.
rotule(f). 249.
roue(f) d'engrenage. 250.
rouleau(m). 270.
salle(f) de bains. 259.
scie(f) à métaux. 252.
scie(f) à métaux. 266.
scie(f) circulaire. 253.
scie(f) égoïne. 252.
semelle(f). 247, 253.
semelle(f) pivotante. 249.
séparateur(m) à graisse. 267.
serre-joint(m). 249.
serrure(f). 256.
serrure(f) à mortaiser. 256.
serrure(f) tubulaire. 256.
sertisseur(m). 277.
siège(m). 258, 259, 261.
siège(m) d'obturateur. 261.
siphon(m). 257, 260, 265.
socle(m). 251.
soies(f). 270.
solin(m). 257.
sonde(f). 274.
soudage(m). 271, 272, 273.
soudage(m) à l'arc. 271.
soudage(m) bout à bout. 272.
soudage(m) oxyacétylénique. 271.
soudure(f). 273.
soupape(f) à air. 270.
soupape(f) de réglage du fluide. 270.
soupape(f) de sûreté. 263.
spirale(f). 248.
stator(m). 256.
stratifié(m). 255.
support(m). 274.
support(m) douchette. 259.
tableau(m) de distribution. 278.
tablette(f). 269.
tabouret-escabeau(m). 269.
talon(m). 247, 252.
té(m). 265.
tête(f). 254.
tête(f) à sens unique. 254.
tête(f) bombée. 254.
tête(f) creuse. 254.
tête(f) cruciforme. 254.

tête(f) d'aspiration. 267.
tête(f) de coupe. 272.
tête(f) de trappe. 247.
tête(f) plate. 254.
tête(f) ronde. 254.
têtes(f). 247.
tétière(f). 256.
thermostat(m) inférieur. 263.
thermostat(m) supérieur. 263.
tige(f). 254, 261.
tige(f) de manoeuvre. 261.
tige(f) du robinet. 261.
tige(f) filetée. 254.
toilette(f). 258.
toilette(f). 259.
torsade(f), simple. 250.
toupie(f). 250.
tournevis(m) à spirale et à rochet. 248.
traçoir(m). 250.
trappe(f) de visite. 267.
trop-plein(m). 258, 259, 263.
tube à arc(m). 274.
tube(m). 264, 274.
tube(m) d'arrivée. 260.
tube(m) d'eau chaude. 263.
tube(m) d'eau froide. 263.
tube(m) de cuivre. 263.
tube(m) de remplissage de la cuvette. 258.
tube(m) de remplissage du réservoir. 258.
tube(m) fluorescent. 274.
tuyau(m). 250.
tuyau(m) d'évacuation. 262.
tuyau(m) de chute. 258, 262.
tuyau(m) de chute unique. 257.
tuyau(m) de vidange. 262.
tuyau(m) souple d'arrivée. 262.
union(m). 264.
ventcuse(f). 258.
ventilation(f) primaire. 257.
ventilation(f) secondaire. 257.
vérificateur(m) de circuit. 276.
vérificateur(m) de continuité. 276.
vérificateur(m) de haure tension. 276.
vérificateur(m) de prise de courant. 276.
vérificateur(m) de tension. 276.
vilbrequin(m). 250.
virole(m). 270.
vis(f). 254.
vis(f). 256.
vis(f) de fixation. 258.
vis(f) de réglage. 249, 272.
vis(f) de serrage. 249.
voltmètre(m). 276.
w.c.(m). 258.
w.c.(m). 259.

COMMUNICATIONS

accent(m) aigu. 347.
accent(m) circonflexe. 347.
accent(m) grave. 347.
accessoiriste(m). 375.
accord(m) précis. 377.
acquisition(f) d'attitude. 379.
acquisition(f) du mode normal. 379.
adaptateur(m). 365.
adapteur(m) grand angle. 357.
affichage(m) de la rapidité du film. 353.
affichage(m) numérique des stations. 364.
agrafe(f). 352.
agrandisseur(m). 361.
agrandisseur(m). 360.
aiguille(f). 357.
aiguilleur(m). 376.
aimant(m) permanent. 372.
aligner horizontalement. 350.
aligner verticalement. 350.
alinéa(m). 350.

allemand(m). 345.
alphabet(m). 371.
alphabet(m) Braille. 346.
alphabet(m) des sourds-muets.
347.
alphabet(m) phonétique
international. 348.
amorce(f). 356.
amplificateur(m). 364.
amplificateur(m). 374.
ampoule(f). 361.
analyseur(m) couleur. 360.
anglais(m). 345.
Anik. 378.
antenne(f) à bande TT-C. 378.
antenne(f) de télécommande. 378.
antenne(f) de télémesure. 378.
antenne(f) parabolique. 379.
antenne(f) SHF. 378.
antenne(f) SHF de la balise. 378.
antenne(f) télescopique. 377.
apostrophe(f). 347, 350.
appareil-éclair(m). 357.
appareil(m) à télémètre couplé.
354.
appareil(m) à visée reflex mono-
objectif. 353.
appareil(m) de presse. 354.
appareil(m) mini-format. 354.
appareil(m) petit-format. 354.
appareil(m) pliant. 354.
appareil(m) pour photodisque. 354.
appareil(m) reflex 6 X 6 mono-
objectif. 354.
appareil(m) reflex à deux objectifs.
354.
appareil(m) stéréoscopique. 354.
appareils(m) photographiques. 354.
appel(m). 349.
appui-feuilles(m). 371.
arabe(m). 345.
arménien(m). 345.
armoire(f) de séchage. 360.
arrêt(m). 366, 367, 373.
astérisque(m). 347.
augmenter le blanc. 350.
avance(f) rapide. 366, 367, 373.
axe(m). 365.
axe(m) de lacet. 378.
axe(m) de roulis. 378.
axe(m) de tangage. 378.
axe(m) du moteur. 365.
bague(f) de mise au point. 369.
bague(f) de réglage. 355.
bague(f) de réglage de mise au
point. 368.
bague(f) de serrage. 359.
baie(f) de contrôle. 376.
bain(m) d'arrêt. 360.
bain(m) de fixation. 360.
bain(m) de révélateur. 360.
bande(f) de papier. 370.
bande(f) télex. 371.
barre(f) de fraction. 371.
barre(f) oblique. 347.
barrette(f) de liaison. 357.
berceau(m). 372.
bille(f). 352.
blocage(m) de la colonne. 359.
blocage(m) vertical. 359.
bobine(f). 372.
bobine(f) de l'électro-aimant de la
sonnerie. 372.
bobine(f) débitrice. 368.
bobine(f) réceptrice. 353, 368.
boîte(f) à confettis. 371.
boîte(f) à lumière. 361.
boîtier(m). 353, 369, 372.
bonnette(f) anti-vent. 369.
bouchon(m) d'objectif. 355.
bouton(m) d'éjection. 368.
bouton(m) d'enregistrement. 368.
bouton(m) de commande de
cadrage. 368.
bouton(m) de commande de la
course verticale. 361.

bouton(m) de mise au point. 361,
362, 368.
bouton(m) de remboursement. 373.
bouton(m) de remise à zéro. 366.
bouton(m) déclencheur. 353, 356.
bouton(m) marche/arrêt. 377.
bouton-poussoir(m). 352, 362.
branche(f) télescopique. 359.
bras(m) de lecture. 365.
butée(f). 372.
câble(m) de mise à terre. 365.
câble(m) de raccordement. 363,
365.
câble(m) de synchronisation. 357.
câble(m) synchro. 358.
cadence(f) des images. 357.
cadran(m). 364, 372.
cadran(m) d'appel. 371.
cadre-cache(m). 362.
calame(m). 352.
calculateur(m). 357.
calotte(f) diffusante. 357.
caméra(f). 376.
caméra(f) sonore. 368.
caméra(f) vidéo. 369.
caméraman(m). 375.
canon(m) à électrons. 377.
capitales(f), grandes. 351.
capitales(f), petites. 351.
capitales(f) en gras. 351.
capitales(f) ital. gras. 351.
capitales(f) italiques. 351.
capsule(f). 372.
capteur(m) solaire. 378.
capteur(m) terrestre. 378.
carter(m). 362.
cartouche(m). 352.
cartouche(f) de pellicule. 356.
casque(m) d'écoute. 363.
casque(m) d'écoute. 363.
cassette(f). 356.
cassette(f) annonce. 373.
cassette(f) messages. 373.
cédille(f). 347.
cellule(f) à visée reflex. 357.
cellule(f) photo-électrique. 356.
cellule(f) solaire. 378.
cellule(f) solaire de l'orbite de
transfert. 378.
centre. 350.
centre(m) de gestion du réseau.
379.
chaîne(f) stéréo. 363, 364, 365,
366.
chambre(f) noire. 353.
chambre(f) photographique. 354.
changer un mot. 350.
changer une lettre. 350.
charnière(f). 365.
châssis-presse(m). 360.
chef-électricien(m). 374.
chef(m) d'émission. 376.
chiffres(m). 371.
chinois(m). 345.
cinématographie(f). 368.
cingalais(m). 345.
circuit(m). 372.
circuit(m) imprimé. 356.
cisaille(f). 360.
clavier(m). 371, 373.
code(m) morse. 371.
coffret(m). 363, 377.
col(m). 377.
colonne(f). 361.
colonne(f) centrale. 359.
combiné(m). 372, 373.
commande(f) à distance. 362.
commande(f) de compensation.
364.
commande(f) de l'affichage du
viseur électronique. 369.
commande(f) de la bande. 371.
commande(f) de lecture VCR. 369.
commande(f) de marche avant/
arrière. 368.

commande(f) de réglage auto-
manuelle du diaphragme. 369.
commande(f) de surimpression
sonore. 368.
commande(f) de syntonisation
préréglable. 367.
commande(f) de tonalité. 368.
commande(f) de volume. 368, 373.
commande(f) des gradateurs. 374.
commande(f) manuelle du zoom.
368.
commande(f) motorisée du zoom.
369.
commandes(f) de transmission.
371.
communications(f). 343.
commutateur(m) d'entrée pour
magnétophone. 364.
commutateur(m) de mise au point
automatique. 369.
commutateur(m) de vitesses du
zoom. 369.
commutateur(m) haut-parleur. 364.
commutateur(m) lumière
artificielle/naturelle. 368, 369.
commutateur(m) marche/arrêt.
364.
commutateur(m) mono-stéréo. 364.
commutateurs(m) d'entrées. 364.
compensateur(m) de poussée
latérale. 365.
composantes(f) d'un système. 363.
compte-pose(m). 360.
compteur(m). 366, 367.
compteur(m) de film. 368.
compteur(m) de poses. 353.
condensateur(m). 361, 362.
condensateur(m) interchangeable.
361.
cône(m). 377.
consonnes(f) affriquées. 348.
consonnes(f) fricatives. 348.
consonnes(f) liquides. 348.
consonnes(f) occlusives. 348.
contact-dérivation(m). 370.
contact-transmission(m). 370.
contre-platine(f). 365.
contre-rotation(f). 379.
contrepoids(m). 365.
contrôle(m) automatique de
fréquence. 364.
contrôle(m) d'exposition. 356.
contrôle(m) d'usure des piles. 368.
contrôle(m) de tonalité des aigus.
364.
contrôle(m) de tonalité des graves.
364.
convertisseur(m). 358.
copie(f) conforme. 349.
cordon(m). 369.
cordon(m) à gaine métallique
flexible. 373.
cordon(m) d'alimentation. 358,
362, 363, 365.
cordon(m) de combiné. 372.
cordon(m) de raccordement. 372.
cordon(m) du téléphone. 373.
corps(m). 349, 352.
correcteur(m). 350.
corrections(f) d'erreurs. 350.
corrections(f) de la ponctuation.
350.
corrections(f) de signes
diacritiques. 350.
corrections(f) typographiques. 350,
351.
corrections(m) de caractères. 350.
couche(f) conductrice extérieure.
377.
couloir(m) de projection. 368.
coupe-flux(m). 358.
courroie(f). 365.
couvercle(m). 365.
couvercle(m) du chargeur. 362.
couvre-plateau(m). 365.
crayon(m) en plomb. 352.

crochet(m). 362.
crochet(m) commutateur. 372.
crochets(m). 347.
culot(m). 357, 377.
cuve(f) de développement. 360.
cyclorama(m). 375.
danois(m). 345.
date(f). 349.
déclencheur(m). 368.
déclencheur(m) à action différée.
353.
déclencheur(m) pneumatique. 359.
déclencheur(m) souple. 359.
déploiement(m) des panneaux.
379.
deux-points(m). 347, 371.
déverrouillage(m) de l'obturateur.
353.
diaphragme(m). 353, 372.
diapositive(f). 362.
diffuseur(m). 358.
diffuseur(m) en nid d'abeilles. 358.
diphtongues(m). 348.
directeur(m) technique. 376.
dispositif(m) de levage. 375.
dispositif(m) de poussée. 352.
disque(m). 365.
dôme(m) cache-poussière. 363.
dragonne(f). 369.
échelle(f) d'agrandissement. 361.
échelle(f) d'ouverture de
diaphragme. 355.
échelle(f) d'ouverture relative. 357.
échelle(f) de durée d'exposition
relative. 357.
échelle(f) de lecture. 357.
échelle(f) des distances. 355.
échelle(f) des indices d'exposition.
357.
échelle(f) des profondeurs de
champ. 355.
éclairage(m) de studio. 358.
éclairage(m) inactinique. 360.
éclairagiste(m). 374.
écoute(f). 373.
écran(m). 377.
écran(m) de précontrôle. 376.
écran(m) de projection. 362.
écran(m) de repérage. 376.
écran(m) diffuseur. 358.
écran(m) sortie. 376.
écran(m) témoin. 376.
écritures(f) des peuples. 345.
effacement(m). 373.
éjection(f). 367.
électro-aimant(m). 370.
électrode(f). 372.
élévation(f) du réseau. 378.
embouchure(f) de microphone.
372.
embout(m). 362.
émetteur(m). 370.
émetteur-récepteur(m). 379.
émetteur-récepteur(m) terminal.
379.
en bas de casse. 350.
en capitales. 350.
en gras. 350.
en italique. 350.
en petites capitales. 350.
en romain. 350.
en-tête(m). 349.
enceinte(f) acoustique. 363.
enceinte(f) acoustique. 363.
encre(f). 352.
enregistrement(m). 366, 367, 373.
entrée(f) audio. 367.
entrée(f) vidéo. 367.
enveloppe(f) de verre. 357.
épreuve(f). 356.
équilibrage(f). 364.
équipement(m) de connexion. 379.
équipement(m) de multiplexage.
379.
espacer les mots. 350.

Index thématiques

espagnol(m). 345.
étiquette(f). 365.
étrier(m) d'attache. 353, 369.
évent(m). 352.
évier(m). 360.
exposant(m). 350.
faire suivre. 350.
faisceau(m) bleu. 377.
faisceau(m) d'électrons. 377.
faisceau(m) rouge. 377.
faisceau(m) vert. 377.
fenêtre(f). 377.
fente(f) à monnaie. 373.
fiche(f). 369.
fiche(f) pour jack. 363.
fil(m) de magnésium. 357.
filament(m). 357.
film-disque(m). 356.
film-pack(m). 356.
filtre(m) de couleur. 355.
filtre(m) de polarisation. 355.
filtre(m) rouge inactinique. 361.
finlandais(m). 345.
flash-cube(m). 357.
flash(m). 358.
flash(m) électronique. 357.
flashmètre(m). 358.
fond(m). 359.
français(m). 345.
gallois(m). 345.
garde-papier(m). 360.
girafe(f). 359, 375.
glaceuse(f) à plat. 360.
gras(m). 351.
grec(m). 345.
grenaille(f) de charbon. 372.
grue(f) de prise de vues. 375.
guide(m). 371.
guillemets(m). 347, 350, 371.
haut-parleur(m). 368, 375, 377.
haut-parleur(m) d'aigus. 363.
haut-parleur(m) de contrôle. 376.
haut-parleur(m) de graves. 363.
haut-parleur(m) de médium. 363.
haut-parleur(m) de service. 376.
hébreu(m). 345.
hindi(m). 345.
hollandais(m). 345.
hongrois(m). 345.
horloge(f). 376.
horloge(f) numérique. 367.
hypergone(f). 355.
indicateur(m) de niveau
    électroluminescent. 366.
indicateur(m) de type de bande.
    366.
indication(f) de caractères. 351.
indice(m). 350.
indices(f) d'exposition. 357.
ingénieur(m) du son. 374.
initiales(f) d'identification. 349.
injection(f) sur orbite
    géostationnaire. 379.
insérer. 350.
insérer un mot. 350.
insérer une lettre. 350.
instrument(m) ancien. 352.
instrument(m) moderne. 352.
instruments(m) d'écriture. 352.
Intelsat. 378.
interrupteur(m). 357, 368, 369.
interrupteur(m) d'accord silencieux.
    366.
interrupteur(m) d'alimentation. 366,
    367.
interrupteur(m) d'alimentation du
    magnétoscope. 367.
interrupteur(m) d'alimentation du
    programmeur. 367.
interrupteur(m) d'équilibre des
    blancs. 369.
interrupteur(m) de fondu. 369.
inuktitut(m). 345.
iranien(m). 345.
italien(m). 345.
italiques(m). 351.

japonais(m). 345.
jeu(m) de filtres colorés. 358.
jeu(m) de filtres diffusants. 358.
joindre. 350.
joint(m). 352.
justifier à droite. 350.
justifier à gauche. 350.
laboratoire(m) photographique.
    360.
lampe-éclair(f). 357.
lampe(f). 368.
lampe(f) de projection. 362.
lampe-témoin(f) stéréo. 364.
laveuse(f) pour épreuves. 360.
lecteur(m) de bande perforée. 371.
lecture(f). 366, 367.
lentille(f) additionnelle. 355.
lettre(f) type. 349.
levier(m). 370.
levier(m) d'armement. 353.
levier(m) de commande. 359.
lieu(m). 349.
ligne(f). 370.
logement(m) de cassette. 366,
    367.
loupe(f) de mise au point. 355,
    361.
loupe(f) de mise au point. 360.
luminophore(m). 377.
magnétoscope(m). 367.
magnétoscope(m). 374.
manette(f) de commande. 365.
manipulateur(m). 370.
manivelle(f). 359.
margeur(m). 361.
margeur(m). 360.
marquage(m) de la sensibilité. 357.
marqueur(f). 352.
marteau(m). 372.
masque(m) perforé. 377.
mécanisme(m) de tension. 378.
mécanisme(m) du bras de sécurité.
    378.
membrane(f). 363, 369.
mettre sur la ligne précédente.
    350.
mettre sur la ligne suivante. 350.
microphone(m). 372.
microphone(m). 363, 372, 373.
microphone(m) dynamique. 369.
microphone(m) incorporé. 369.
minuterie(f). 360.
mire(f) de réglage. 376.
miroir(m). 353.
miroir(m) de prise de vues. 356.
mise(f) à la terre. 370.
mise(f) en marche. 373.
modèle(m) canadien. 349.
molette(f) de rebobinage. 353.
monture(f) à pas de vis. 355.
monture(f) baïonnette. 353.
monture(f) d'objectif. 353.
moteur(m). 362.
moteur(m) électrique. 362.
multiplicateur(m) de focale. 355.
ne rien changer. 350.
négatoscope(m). 360.
nom(m) dactylographié. 349.
norvégien(m). 345.
objectif(m). 355.
objectif(m). 356, 357, 362.
objectif(m) à focale variable. 368.
objectif(m) d'agrandissement. 361.
objectif(m) grand-angulaire. 355.
objectif(m) interchangeable. 353.
objectif(m) normal. 355.
objectif(m) super-grand angle. 355.
objectif(m) zoom. 355.
objectifs(m) interchangeables. 355.
objet(m). 349.
obturateur(m). 353.
obturateur(m) central. 356.
oculaire(m). 356, 357.
oeilleton(m). 368, 369.
oeilletons(m) du viseur. 355.
ombrelle(f). 358.

orbite(f) de lancement. 379.
orbite(f) géostationnaire. 379.
oreillette(f). 363.
panier(m) de projection. 362.
panneau(m) solaire déployable.
    378.
parasoleil(m). 355.
parenthèses(f). 347, 350.
passe-vues(m). 362.
passerelle(f). 375.
pause(f). 366.
pause(f)/arrêt sur l'image. 367.
pavillon(m) d'écouteur. 372.
pellicules(f). 356.
perchiste(m). 375.
perforateur(m) de bande. 371.
perforation(f). 356.
personnel(m) de plateau. 375.
photographie(f). 353, 354, 355,
    356, 357, 358, 359, 360, 361,
    362.
phototype(m). 362.
pièce(f) jointe. 349.
pièce(f) polaire. 372.
pied(m) de studio. 359.
pied(m) réglable. 368.
pied-sabot(m). 357.
pied-support(m). 358.
pile(f). 357.
pile(f). 356, 368.
pilote(m) d'écran-témoin. 375.
pinceau(m). 352.
plage(f) de séparation. 365.
plate-forme(f). 359.
plateau(m). 375.
plateau(m). 361, 365.
platine(f) de magnétophone. 366.
platine(f) de magnétophone. 363.
platine(f) tourne-disque. 365.
platine(f) tourne-disque. 363.
plongeur(m). 372.
plume(f). 352.
plume(f) creuse de roseau. 352.
plume(f) d'oie. 352.
plume(f) métallique. 352.
plume(f) métallique romaine. 352.
poignée(f). 357, 362, 368, 369,
    370.
point(m). 347, 350, 371.
point(m) d'exclamation. 347.
point(m) d'interrogation. 347, 371.
point-virgule(m). 347, 350, 371.
pointe(f). 352.
points(m) de suspension. 347.
Polaroïd(m). 356.
polonais(m). 345.
porte-mine(m). 352.
porte-négatif(m). 361.
portugais(m). 345.
posemètre(m) photo-électrique.
    357.
position(f) macro du zoom. 368.
post-scriptum(m). 349.
poste(m) à clavier. 373.
poste(m) émetteur. 370.
poste(m) mains libres. 373.
poste(m) récepteur. 370.
poste(m) sans cordon. 373.
poste(m) téléphonique. 372.
postes(m) téléphoniques, types(m)
    de. 373.
potence(f). 362.
pousser à droite. 350.
pousser à gauche. 350.
préamplificateur-amplificateur(m).
    363.
preneur(m) de son. 374.
présentateur(m). 375.
prise(f). 357.
prise(f) casque. 364, 366.
prise(f) micro. 366.
prise(f) pour écouteur. 377.
prise(f) pour flash. 353, 368.
prise(f) pour flash-bar. 356.
prise(f) pour télécommande. 368.
prisme(m). 353.

programmateur(m). 367.
projecteur(m) à faisceau
    concentré. 375.
projecteur(m) d'ambiance. 375.
projecteur(m) diascope. 362.
projecteur(m) sonore. 368.
propulseur(m) de commande
    d'orientation. 378.
pupitre(m) de son. 374.
pupitre(m) dirigeur. 373.
radiateur(m) du caloduc. 378.
rampe(f) du cyclorama. 375.
rapprocher sans joindre. 350.
réalisateur(m). 376.
rebobinage(m). 366, 367, 373.
récepteur(m). 370, 372.
récepteur(m). 372.
recharge(f). 352.
réduire le blanc. 350.
références(f). 349.
réflecteur(m). 357, 359.
réflecteur(m) diffusant. 358.
réflecteur(m) parabolique. 358.
régie(f) de production. 376.
régie(f) de production. 374.
régie(f) du son. 374.
régie(f) image-éclairage. 374.
régies(f). 374.
régisseur(m). 375.
réglage(m) d'asservissement. 367.
réglage(m) de la luminosité. 377.
réglage(m) de niveau. 363.
réglage(m) de niveau
    d'enregistrement. 366.
réglage(m) des couleurs. 369.
réglage(m) du contraste. 377.
réglage(m) du volume. 364.
réglage(m) en hauteur. 362.
réglage(m) manuel de l'ouverture
    du diaphragme. 368.
réglage(m) manuel du zoom. 369.
relève-bras(m). 365.
répondeur(m) téléphonique. 373.
report(m) de lecture. 357.
repose-bras(m). 365.
résistance(f) acoustique. 372.
ressort(m). 352.
ressort(m) de rappel. 370.
rouleau(m) de papier. 371.
rouleau(m) encreur. 372.
rouleaux(m) presseurs. 356.
roumain(m). 345.
ruban(m). 369.
russe(m). 345.
salutation(f). 349.
satellite(m), trajectoire(f) d'un. 379.
satellite(m) en mode normal. 379.
satellite(m) en orbite de transfert.
    379.
satellite(m) Hermès. 378.
satellite(m) Télécom 1. 379.
satellites(m), exemples(m) de. 378.
satellites(m) de
    télécommunications. 378, 379.
schéma(m) de fonctionnement.
    370.
scripte(f). 376.
sébile(f) de remboursement. 373.
sécheuse(f) pour papier RC. 360.
séchoir(m) d'épreuves RC. 360.
sélecteur(m) de bandes. 366.
sélecteur(m) de canaux. 367.
sélecteur(m) de canaux UHF. 377.
sélecteur(m) de canaux VHF. 377.
sélecteur(m) de vitesses. 365.
sélecteur(m) de vitesses
    d'obturation. 353.
sélecteur(m) de vitesses de
    défilement. 367.
sélecteur(m) vidéo/TV. 367.
semi-voyelles(f). 348.
séparation(f) du lanceur-satellite.
    379.
serre-tête(m). 363.
signature(f). 349.

signes(m) de ponctuation. 347, 371.
signes(m) diacritiques. 347.
sillon(m). 365.
sillon(m) concentrique. 365.
sillon(m) de départ. 365.
sillon(m) de sortie. 365.
socle(m). 365.
socle(m) de caméra. 375.
sortie(f) audio. 367.
sortie(f) vidéo. 367.
soufflet(m). 361.
source(f) d'énergie électrique. 370.
spirale(f). 360.
stabilisateur(m) de tension. 361.
standard(m) téléphonique. 379.
station(f) d'accès multiple. 379.
station(f) d'utilisateur. 379.
station(f) de référence. 379.
strie(f). 363.
studio(m). 374.
studio(m). 374.
studio(m), accessoires(m) de. 359.
style(m). 370.
stylet(m). 352.
stylo(m) à bille. 352.
stylo(m) à plume. 352.
suédois(m). 345.
super tweeter(m). 363.
support(m). 362.
supprimer. 350.
surface(f) gravée. 365.
Symphonie. 378.
syntonisateur(m). 363.
tableau(m) de commande. 374, 375.
tambour(m) d'entraînement. 353.
technicien(m) de l'image. 374.
technicien(m) du son. 374.
télécommunications(f), réseau(m) de. 379.
téléconférence(f). 379.
télécopie(f). 379.
télégraphe(m). 370, 371.
téléinformatique(f). 379.
téléobjectif(m). 355.
téléphone(m) public. 373.
télésenseur(m). 357.
télésouffleur(m). 375.
telétex(m). 379.
téléviseur(m). 377.
télévision(f). 374, 375, 376, 377.
télex(m) téléimprimeur(m). 371.
tête(f) à bascule. 359.
tête(f) d'enregistrement et de production. 368.
tête(f) de lecture. 365.
tête(f) panoramique. 359.
timbre(m). 372.
tiret(m). 347.
tiroir(m) à filtres. 361.
titre(m). 349.
toile(f) perlée. 362.
touche(f) de présélection. 364.
touche(f) de remise à zéro. 367.
touche(f) Dolby. 366.
touche(f) mémoire. 364, 367.
touches(f) de modulation. 364.
touches(f) de réglage d'accord. 364.
train(m) d'engrenages. 356.
trait(m). 371.
trait(m) d'union. 347, 350, 371.
transfert(m). 379.
transmetteur(m) infrarouge. 358.
transmission(f) des signaux télégraphiques. 370.
transposer deux lettres. 350.
transposer deux lignes. 350.
transposer deux mots. 350.
treillis(m). 363.
treillis(m) de protection. 369.
tréma(m). 347.
trépied(m). 359.
trépied(m). 362.
trou(m) central. 365.

trucages(m). 376.
tube-image(m). 377.
tube(m) d'alimentation. 352.
tube(m) de poussée. 352.
tube(m) focaliseur conique. 358.
tube(m) focaliseur cylindrique. 358.
ukrainien(m). 345.
varistance(f). 372.
vedette(f). 349.
ventilateur(m) de refroidissement. 362.
ventilateur(m) extérieur. 360.
verrouillage(m) de rotation de tête d'agrandisseur. 361.
vietnamien(m). 345.
virgule(f). 347, 350, 371.
vis(f) de fixation. 357, 359.
viseur(m). 353, 368.
viseur(m) d'angle. 355.
viseur(m) électronique. 369.
vitre(f) protectrice. 377.
voir copie. 350.
voyant(m) de contrôle. 364.
voyant(m) de réception de messages. 373.
voyant(m) de réponse automatique. 373.
voyelles(f) nasales. 348.
voyelles(f) orales. 348.

ÉNERGIES

absorbeur(m). 656.
admission(f). 625.
aéro-condenseur(m). 654.
aérofrein(m). 658.
affleurement(m). 622.
aile(f). 657.
air(m) chaud. 655.
air(m) comprimé. 625.
air(m) frais. 655.
alternateur(m). 641, 642, 647, 650.
anticlinal(m). 626.
arbre(m). 641, 642, 643, 657.
arbre(m) de Noël. 627.
arbre(m) de Noël. 630.
arbre(m) de rotor. 658.
asphalte(m). 635.
aspirateur(m). 641, 643.
atelier(m). 634.
aube(f). 642, 643.
auget(m). 643.
autoréfrigération(f), système(m) d'. 630.
avant-directrice(f). 642, 643.
avant-distributeur(m). 642, 643.
axe(m) central. 658.
bac(m) à boue. 626.
bâche(f) du dégazeur. 647.
bâche(f) spirale. 641, 642, 643.
barge(f). 631.
barge(m) de forage. 628.
barrage(m). 637, 646.
barrage(m) à contreforts. 639.
barrage(m) en béton. 638.
barrage(m) en remblai. 638, 639.
barrage(m) mobile. 646.
barrage-poids(f). 639.
barrage-voûte(m). 639.
barrages(m), principaux types(m) de. 639.
barre(f) blindée. 648.
barre(f) de contrôle de la réactivité. 648.
bassin(m). 646.
bassin(m) de décantation. 624, 634.
bassin(m) de stockage. 654.
bassin(m) de traitement. 634.
bâtiment(m) administratif. 624, 634, 646.
bâtiment(m) de traitement de l'eau. 647.
bâtiment(m) du réacteur. 647, 649, 651.

bief(m) d'amont. 637.
bief(m) d'aval. 637, 638, 641.
bitume(m). 636.
bitume(m), extraction. 636.
bitume(m) extraction. 636.
blindage(m) à billes d'acier. 648.
blindage(m) d'aspirateur. 643.
boîte(f) d'engrenage. 658.
borne(f). 645.
bouchon(m). 649.
bouclier(m) axial. 647, 648.
boulon(m) ajusté d'accouplement. 643.
bouteur(m). 621.
branchement(m) aérien. 645.
branchement(m) de l'abonné. 645.
branchement(m) du distributeur. 645.
bras(m). 657.
brise-lames(m). 632.
bulbe(m) d'étrave. 631.
butanier(m). 631.
câble(m) de garde. 644.
cadre(m). 657.
calandre(f). 648, 649, 650.
calandre(f), tube(m) de. 648.
caloporteur(m). 650.
calotte(f). 657.
camion-citerne(m). 632.
canal(m) d'écoulement. 633.
canal(m) de dérivation. 637.
canal(m) de fuite. 641, 643.
canal(m) de transfert. 651.
canon(m) à mousse. 631.
canot(m) de sauvetage. 629.
capteur(m) à concentration cylindro-parabolique. 656.
capteur(m) à concentration parabolique. 656.
capteur(m) solaire. 655.
capteur(m) solaire plan. 656.
carburant(m) diesel. 635.
carburéacteur(m). 635.
carlingue(f) centrale. 631.
carreau(m) de mine. 624.
carrière(f) en entonnoir. 621.
carrière(f) exploitée en chassant. 621.
caténaire(f). 647.
centrale(f). 637, 641.
centrale(f) électrique. 624.
centrale(f) hydroélectrique. 641.
centrale(f) nucléaire. 647, 650.
centrale(f) solaire à tour. 654.
centrale(f) thermique. 650.
cercle(m) de vannage. 643.
chaîne(f) de suspension. 644.
chambre(f). 622, 623.
chambre(f) d'ionisation. 648.
chambre(f) des machines. 631.
champ(m) d'héliostats. 654.
charbon(m). 621, 622, 623, 624.
chaudière(f). 654.
cheminée(f). 623.
cheminée(f) à minerai. 623.
chevalement(m). 622, 624.
chevalet(m) de câble de garde. 644.
circuit(m) de caloportage primaire. 652.
circuit(m) de distribution électrique. 652.
circuit(m) des générateurs de vapeur. 652.
citerne(f). 632.
citerne(f) centrale. 631.
citerne(f) de décantation. 631.
citerne(f) latérale. 631.
clapet(m). 625.
cloison(f) étanche. 631.
cloison(f) transversale. 631.
coffre(m). 656.
coffret(m) de branchement. 645.
cokerie(f). 624.
collecteur(m). 642, 647, 650.
colonne(f) de production. 627.

combustible(m). 650.
combustible(m) défectueux sous gaine. 651.
combustible(m) nucléaire, cycle(m) du. 653.
complexe(m) hydroélectrique. 637.
compteur(m) d'électricité. 645.
condensat(m). 650.
condensateur(m). 658.
condenseur(m). 647.
conducteur(m) de phase. 645.
conducteur(m) de terre. 645.
conducteur(m) en faisceau. 644.
conducteur(m) neutre. 645.
conduit(m). 625.
conduite(f) à la terre. 633.
conduite(f) d'admission principale. 633.
conduite(f) d'admission secondaire. 633.
conduite(f) forcée. 637, 641, 646.
connecteur(m) à serrage mécanique. 645.
console(f). 639, 644.
contact(m) négatif. 656.
contact(m) positif. 656.
contrefiche(f). 645.
contrefort(m). 639.
conversion(f). 653.
convoi(m) poussé. 631.
convoyeur(m). 621, 624, 636.
corset(m). 644.
côté(m) bassin. 646.
côté(m) mer. 646.
cotret(m). 657.
couche(f), mur(m) de la. 621.
couche(f), toit(m) de la. 621.
couche(f) antireflet. 656.
couche(f) drainante. 638.
couche(f) imperméable. 626.
coupe-circuit(m). 645.
couronne(f) d'aubage. 643.
couronnement(m). 638.
courroie(f). 658.
coursier(m) d'évacuateur. 637.
couverture(f). 656.
cratère(m). 621.
crayon(m). 649.
crépine(f). 627.
crête(f). 637, 638, 641.
crochet(m). 656.
cylindre(m). 625.
dégazeur(m). 647, 650.
démarreur(m). 658.
déparaffinage(m) des huiles. 634.
désasphaltage(m) des huiles. 634.
descenderie(f). 622.
détecteur(m) de flux horizontaux. 648.
déversoir(m). 637.
déversoir(m), seuil(m) de. 637.
diagonale(f). 644.
diesel-navire(m). 635.
digue(f) morte. 646.
directrice(f). 643.
disjoncteur(m). 641.
disjoncteur(m) principal. 658.
dispositif(m) de commande. 658.
dispositif(m) de régulation. 658.
disque(m) de rupture. 648.
distillation(f) sous vide. 635.
dôme(m). 632.
double vitrage(m). 655.
duse(f). 627.
eau(f) d'alimentation. 650.
eau(f) de refroidissement. 650.
eau(f) de ville. 655.
eau(f) lourde. 650.
eau(f) salée. 626.
eaux(f) décantées. 636.
eaux(f) résiduaires. 636.
eaux(f) usées. 634.
échangeur(m) de chaleur du modérateur. 650.
échangeur(m) thermique. 655.

échappement(m), orifice(m) d'. 625.
échelle(f). 633.
écluse(f). 646.
écran(m) annulaire. 648.
électricité(f). 637, 638, 639, 640, 641, 642, 643, 644, 645, 646.
élévateur(m). 651.
empattement(m). 644.
enceinte(f) de confinement. 648, 649, 652.
enclume(f). 625.
énergie(f) électrique. 640.
énergie(f) nucléaire. 647, 648, 649, 650, 651, 652, 653.
énergie(f) solaire. 654, 655, 656.
énergies(f). 619.
engrenage(m). 658.
enrobage(m). 638.
entrée(f) du modérateur. 648.
entrepôt(m). 634.
entretoise(f). 658.
éolienne(f). 658.
éolienne(f) à axe horizontal. 658.
éolienne(f) à axe vertical. 658.
épontes(f). 622.
escalier(m). 633, 657.
escalier(m) en spirale. 633.
essence(f). 635.
étage(m). 623, 657.
étage(m) d'exploitation. 646.
étang(m) de décantation. 635.
étapes(f) de production. 640.
étranglement(m). 622.
excavatrice(f) à godets. 621.
excavatrice(f) à roue. 621, 636.
exploitation(f) minière. 622.
extraction(f) du minerai. 653.
extraction(f) minière. 636.
fabrication(f) du combustible. 653.
faille(f). 622.
fenêtre(f). 644.
filtre(m). 638, 655.
fixation(f), système(m) de. 625.
flasque(m) inférieur. 643.
fleuret(m). 625.
flexible(m) d'air. 625.
flexible(m) d'eau. 625.
flotteur(m). 633.
fluide(m), entrée(f) du. 656.
fluide(m), sortie(f) du. 656.
fluide(m) caloporteur. 654, 656.
focalisation(f). 654.
fond(m). 654.
fond(m) de tour. 635.
fondation(f). 629.
fondrière(f) de mousse. 636.
forage(m), appareil(m) de. 626.
forage(m) en mer. 628.
formation(f) aquifère. 636.
four(m). 654.
four(m) solaire. 654.
four(m) tubulaire. 635.
fourche(f). 644.
foyer(m). 654.
frein(m) à disque. 658.
front(m). 621.
front(m) de taille. 621, 623.
fusible(m). 645.
fût(m). 644.
gainage(m) du combustible défectueux. 651.
gaine(f). 649.
galerie(f). 657.
galerie(f), entrée(f) de. 623.
galerie(f) à flanc de coteau. 622.
galerie(f) d'accès. 646.
galerie(f) de circulation. 623.
galerie(f) de visite. 641.
galerie(f) en direction. 622, 623.
garde-fou(m). 637.
gaz(m). 626.
gazomètre(m). 624.
générateur(m) de vapeur. 647, 650, 654.
génératrice(f). 658.

gicleur(m). 633.
gisement(m). 621, 622.
gouvernail(m). 657.
gradin(m). 621.
gradin(m), hauteur(f) du. 621.
graisses(f). 635.
graisseur(m). 625.
grappe(f) de combustible. 649.
grappe(f) de combustible. 649.
grès(m). 636.
grille(f). 641.
grille(f) d'extrémité. 649.
grille(f) métallique conductrice. 656.
groupe(m) bulbe. 646.
grue(f). 629.
hauban(m). 658.
héliostat(m). 654.
hélisurface(f). 629.
hublot(m) de chargement du combustible neuf. 651.
hublot(m) de déchargement du combustible irradié. 651.
huiles(f) lubrifiantes. 635.
hydroraffineur(m). 634.
imprimante(f) ligne par ligne. 652.
injection(f) de gaz. 627.
injection(f) de vapeur. 636.
interrupteur(m) principal. 645.
intervalle(m) d'air. 655.
ionisation(f). 648.
isolant(m). 655, 656.
isolateur(m). 645.
isolation(f). 630.
jauge(f) magnétique à lecture directe. 633.
jetée(f). 628.
joint(m). 656.
joint(m) d'étanchéité. 633.
joint(m) périmétral. 639.
jonction(f). 656.
jour(m). 624.
kérosène(m). 635.
laboratoire(m). 634.
laboratoire(m) des diagraphies. 629.
lampisterie(f). 624.
latte(f). 657.
lavoir(m). 624.
levier(m) de commande. 625.
ligne(f). 637.
ligne(f) de distribution à basse tension. 645.
ligne(f) de distribution à moyenne tension. 645.
locaux(m) d'habitation. 631.
lumière(f). 656.
machine(f) de chargement. 651.
machine(f) de déchargement. 651.
machine(f) de manutention. 647, 650.
maison(f) solaire. 655.
manipulation(f) du combustible. 651.
manomètre(m). 627, 633.
marteau(m) perforateur. 625.
marteau(m) perforateur à poussoir pneumatique. 625.
marteau(m) pneumatique. 625.
masse-tige(f). 626.
mazout(m) domestique. 635.
mazout(m) léger. 635.
mazout(m) lourd. 635.
membrure(f) principale. 644.
merlon(m) de protection. 633.
méthanier(m). 631.
mine(f). 654.
mine(f) à ciel ouvert. 622.
mine(f) de charbon. 621, 622, 623, 624, 625.
mine(f) souterraine. 623.
minerai(m). 621, 622.
miroir(m) parabolique. 654.
modérateur(m). 648, 650, 652.
montage(m). 622.
mort(m) terrain. 621.

mort-terrain(m). 623, 636.
moteur(m). 626.
moufle(m) fixe. 626.
moufle(m) mobile. 626.
moulin(m) à vent. 657.
moulin(m) pivot. 657.
moulin(m) tour. 657.
moyeu(m). 643, 658.
mur(m). 622.
mur(m) bajoyer. 637.
mur(m) de batillage. 638.
mur(m) en béton. 655.
mur(m) Trombe. 655.
nacelle(f). 658.
navire(m) de forage. 628.
niveau(m). 623.
noeud(m). 644.
noyau(m). 638.
obturateur(m) de sécurité. 626.
ogive(f). 643.
ordinateur(m) numérique. 652.
outil(m). 625.
pale(f). 643, 646, 658.
palier(m) guide. 642.
panneau(m). 623.
panneau(m) de citerne. 631.
paraffines(f). 635.
parafoudre(m). 641, 645.
parafoudre(m). 638.
parc(m) à bois. 624.
parc(m) de stockage. 630, 634.
parc(m) de stockage terminal. 630.
pare-chocs(m). 630.
parement(m) amont. 638.
parement(m) aval. 638.
paroi(f) de citerne. 632.
passavant(m). 631.
passe(f) à billes. 637.
passerelle(f). 631.
pastille(f) de combustible. 649.
patin(m). 630.
patin(m) d'appui. 649.
patin(m) d'espacement. 649.
pelle(f) à benne traînante. 636.
pendage(m). 622.
pente(f). 654.
perré(m). 638.
pétrole(m). 626, 627, 628, 629, 630, 631, 632, 633, 634, 635, 636.
pétrole(m). 626.
pétrole(m) brut. 635.
pétrole(m) émulsionné. 627.
pétrolier(m). 631.
photopile(f). 656.
pied(m). 644.
pied(m) amont. 638.
pied(m) aval. 638.
piège(m) à pétrole. 626.
pile(f). 629.
pilier(m). 623.
pilône(m). 624.
pipeline(m). 630.
pipeline(m). 636.
pipeline(m) enterré. 630.
pipeline(m) sous-marin. 630.
pipeline(m) surélevé. 630.
pipeline(m) surélevé, support(m) de. 630.
piscine(f). 655.
piscine(f) de réception. 651.
piscine(f) de stockage du combustible irradié. 649, 651, 653.
piscine(f) du combustible défectueux. 651.
piston(m). 625.
pivot(m). 657.
plaque(f) collectrice. 656.
plaque(f) tubulaire. 648.
plate-forme(f) auto-élévatrice. 628.
plate-forme(f) autonome. 628.
plate-forme(f) de production. 629.
plate-forme(f) fixe. 628.
plate-forme(f) flottante. 628.

plate-forme(f) semi-submersible. 628.
plate-forme(f) submersible. 628.
plateau(m) de stockage. 651.
plongeur(m). 627.
poche(f) doseuse. 623.
poignée(f). 625.
point(m) d'alimentation. 645.
point(m) de raccordement. 645.
pôle(m) saillant. 642.
pompage(m). 636.
pompage(m) au gaz. 627.
pompe(f). 623, 632, 654.
pompe(f) à balancier. 627.
pompe(f) à boue. 626.
pompe(f) de circulation. 655.
pompe(f) du modérateur. 650.
pompe(f) primaire. 650.
pont(m) inférieur. 633.
pont(m) roulant. 641, 647.
pont(m) supérieur. 633.
porque(f). 631.
porte-fusible(m). 645.
porte-outil(m). 625.
portique(m). 637, 641.
poste(f). 646.
poste(m) de distribution. 652.
poste(m) de transformation. 641.
pousseur(m). 631.
poussoir(m) pneumatique. 625.
poutre(f). 644.
pressuriseur(m). 647, 650.
prise(f) d'eau. 641.
production(f) d'électricité. 653, 654.
produits(m) pétrochimiques. 635.
prolongement(m) de canal. 648.
puisard(m). 622.
puits(m), orifice(m) du. 623.
puits(m) d'accès. 646.
puits(m) d'accès du matériel. 646.
puits(m) d'aérage. 624.
puits(m) incliné. 622.
puits(m) marin. 630.
puits(m) principal. 624.
puits(m) vertical. 622.
pulvino(m). 639.
pupitre(m) de commande de manutention du combustible. 652.
pupitre(m) de l'opérateur. 652.
purge(f) d'eau. 633.
pylône(m). 644.
pyrolyse(f). 636.
quartier(m) d'habitation. 629.
queue(f). 657.
raccord(m) pour conducteur de terre. 645.
raccordement(m) du flexible. 625.
raffinage(m). 653.
raffinerie(f). 634.
raffinerie(f). 634.
raffinerie(f), produits(m) de la. 635.
rampe(f). 621.
rampe(f) de chargement. 634.
rayonnement(m). 655.
rayonnement(m) solaire. 654, 655, 656.
réacteur(m). 648.
réacteur(m). 647, 650, 651, 653.
réacteur(m) nucléaire. 649.
recette(f). 623.
recharge(f) amont. 638.
recharge(f) aval. 638.
réchauffeur(m). 650.
récupération(f) du solvant. 636.
redistillation(f) des huiles. 634.
réflecteur(m). 656.
réformeur(m) catalytique. 634, 635.
refroidissement(m) d'urgence du coeur. 652.
région(f) négative. 656.
région(f) positive. 656.
remblai(m). 638.
remplissage(m). 633.
réseau(m) de transport. 653.

réseau(m) de transport d'énergie. 654.
réseau(m) électrique. 658.
réservoir(m). 637, 638, 641.
réservoir(m) à lest. 631.
réservoir(m) à toit fixe. 633.
réservoir(m) à toit flottant. 633.
réservoir(m) d'eau. 624.
réservoir(m) d'eau d'aspersion. 647.
réservoir(m) d'eau potable. 629.
réservoir(m) d'huile. 625.
réservoir(m) de boue de réserve. 629.
réservoir(m) de brut. 635.
réservoir(m) de poison. 647.
réservoir(m) de stockage. 629, 650, 655.
réservoir(m) de suppression. 650.
réservoir(m) tampon. 630.
réservoirs à membrane. 631.
réservoirs(m) à semi-membrane. 631.
réservoirs(m) indépendants. 631.
ressort(m) de retenue. 625.
revêtement(m). 633.
risberme(f). 638.
rive(f). 646.
robe(f). 633.
robinet(m) de vidange. 633.
roche(f) couverture. 636.
roche(f) de base. 636.
roches(f). 639.
rotor(m). 641, 642, 657, 658.
roue(f). 642, 643.
roue(f) de turbine. 646.
sables(m) bitumineux. 636.
salle(f) de commande. 652.
salle(f) de commande. 637, 646, 647.
salle(f) de contrôle. 629.
salle(f) de déchargement du combustible irradié. 651.
salle(f) de décontamination. 647.
salle(f) de l'appareillage électrique. 647.
salle(f) de la machine. 622, 624.
salle(f) de stockage du combustible neuf. 651.
salle(f) des machines. 637, 641, 647.
sas(m). 647.
sas(m) pour équipement. 651.
sauterelle(f). 621.
section(f) tubulaire. 629.
semi-remorque(f). 632.
semi-remorque(f) citerne. 632.
séparateur(m) de gaz. 629.
séparateur(m) de vapeur. 650.
serre(f). 655.
service(m) d'incendie. 634.
service(m) de sécurité. 634.
siège(m). 623.
silo(m) de charbon. 624.
sol(m). 639.
solvant(m). 636.
sortie(f) du modérateur. 648.
soupape(f). 625.
soupape(f) à pression et dépression. 650.
soupape(f) de sûreté. 650.
sous-niveau(m). 622.
soutirage(m) essence lourde. 635.
soutirage(m) gazole. 635.
soutirage(m) kérosène. 635.
station(f) de pompage. 630.
station(f) de pompage intermédiaire. 630.
station(f) de pompage principale. 630.
station(f) de transfert. 622.
stator(m). 641, 642.
stérile(m). 621.
stockage(m) de déchets radioactifs. 653.

stockage(m) des gaz liquéfiés. 634.
stockage(m) des produits finis. 634.
stockage(m) du pétrole. 636.
stockage(m) thermique. 654.
support(m). 630, 637, 646, 656.
surface(f) absorbante. 655.
surface(f) réfléchissante. 654.
système(m) d'arrêt. 652.
système(m) de dépotage. 632.
système(m) de liaison. 631.
système(m) de régulation du réacteur. 652.
table(f) de rotation. 626.
tableau(m) de distribution. 645.
taillant(m). 625.
tamis(m) vibrant. 626.
tapis(m) amont. 638.
tapis(m) drainant. 638.
télévision(f) en circuit fermé. 652.
tender(m). 623.
terrain(m) de fondation. 638.
terre(f). 639.
terril(m). 621, 624.
tête(f). 622, 644.
tête(f) d'injection. 626.
tête(f) de puits. 627.
thermomètre(m). 633.
tige(f) carrée d'entraînement. 626.
tige(f) de forage. 626.
tiges(f) de pompage. 627.
toit(m). 622.
toit(m) flottant. 633.
tôle(f) pare-gouttes. 633.
torche(f). 629, 634.
tour(f). 654, 657, 658.
tour(f) d'extraction. 624.
tour(f) de forage. 626, 629.
tour(f) de fractionnement. 635.
tour(f) de refroidissement. 634.
tracteur(m). 632.
traitement(m) à l'eau chaude. 636.
traitement(m) chimique. 635.
traitement(m) des essences. 634.
traitement(m) des gaz liquéfiés. 634.
traitement(m) des sables bitumineux. 636.
traitement(m) du bitume. 636.
tranchée(f). 621.
transformateur(m). 641, 645, 654, 658.
travers-banc(m). 622, 623.
traverse(f). 644, 645.
traverse(f) de chargement. 631.
traversée(f). 645.
traversée(f) de transformateur. 637.
treillis(m). 629.
treillis(m) de contreflambage. 644.
trépan(m). 626.
treuil(m). 626.
tronçon(m). 626.
trou(m) d'homme. 632, 633.
tubage(m) de ciment. 626.
tubage(m) de surface. 627.
tubage(m) intermédiaire. 627.
tube(m) absorbeur. 656.
tube(m) de détente. 648.
tube(m) de force. 649.
tube(m) de liaison. 648.
tube(m) de réseau. 648.
tube(m) métallique. 656.
tubulure(f) d'injection de poison. 648.
turbine(f). 641, 652.
turbine(f) à gaz. 629.
turbine(f) basse pression. 650.
turbine(f) Francis. 643.
turbine(f) haute pression. 650.
turbine(f) hydraulique. 643.
turbine(f) Kaplan. 643.
turbine(f) Pelton. 643.
turbines(f), principaux types(m) de. 643.

turbo-alternateur(m). 642.
turbo-alternateur(m). 652, 654.
tuyau(m) flexible. 625.
tuyauterie(f) de refroidissement. 648.
tuyauterie(f) de vapeur. 647, 650.
tuyauterie(f) de vapeur basse pression. 647.
unité(f) d'alkylation. 634.
unité(f) d'extraction par solvant. 635.
unité(f) de cokéfaction fluide. 634.
unité(f) de polymérisation. 634.
unité(f) de soufflage des bitumes. 634.
usine(f) à asphalte. 635.
usine(f) des lubrifiants. 635.
usine(f) des utilités. 636.
usine(f) marémotrice. 646.
usine(f) pétrochimique. 635.
valve(f) d'admission. 627.
vanne(f). 637, 641, 646.
vanne(f) maîtresse. 627.
vapeur(f). 650.
vapocraqueur(m). 634.
veine(f). 622.
ventilateur(m). 624.
vidange(f). 633.
voie(f) de fond. 623.
voie(f) de tête. 623.
voie(f) de transport. 621.
voie(f) ferrée. 624.
voile(f). 657.
volet(m). 655.
wagon-citerne(m). 632.
zone(f) de chargement du combustible neuf. 651.

ÊTRE HUMAIN

acromion(m). 113.
aile(f) du nez. 125.
aine(f). 106.
aisselle(f). 106.
ampoule(f) de la trompe utérine. 109.
amygdale(f) linguale. 126.
amygdale(f) palatine. 126.
anconé(m). 111.
anthélix(m). 124.
antitragus(m). 124.
anus(m). 108, 109, 119.
aorte(f). 118.
aorte(f) abdominale. 117, 120.
aorte(f) ascendante. 116.
aorte(f) descendante. 116.
apex(m). 115, 126.
apophyse(f) épineuse. 113.
apophyse(f) transverse. 113.
appareil(m) digestif. 119.
appareil(m) respiratoire. 118.
appareil(m) urinaire. 120.
appendice(m) vermiculaire. 119.
arborisation(f) terminale. 127.
arc(m) de l'aorte. 116.
arcade(f) dentaire inférieure. 126.
arcade(f) dentaire supérieure. 126.
arcade(f) sourcilière. 114.
arcade(f) zygomatique. 114.
aréole(f). 109.
artère(f) axillaire. 117.
artère(f) brachiale. 117.
artère(f) carotide primitive. 117.
artère(f) cubitale. 117.
artère(f) fémorale. 117.
artère(f) hépatique commune. 117.
artère(f) iliaque. 116.
artère(f) iliaque commune. 117, 120.
artère(f) iliaque externe. 117.
artère(f) iliaque interne. 117, 120.
artère(f) mésentérique inférieure. 120.
artère(f) mésentérique supérieure. 117, 120.

artère(f) pulmonaire. 116, 117, 118.
artère(f) radiale. 117.
artère(f) rénale. 117, 120.
artère(f) sous-clavière. 117.
artère(f) splénique. 117.
artères(f), principales. 117.
astragale(m). 113.
atlas(m). 113.
avant-bras(m). 107.
axis(m). 113.
axone(m). 127.
base(f). 115.
bassinet(m). 120.
biceps(m) brachial. 110.
biceps(m) crural. 111.
bord(m) libre. 129.
bouche(f). 126.
bouche(f). 106.
brachial(m) antérieur. 110.
bras(m). 107.
bronche(f) droite. 118.
bronche(f) gauche. 118.
bronchiole(f) terminale. 118.
bulbe(m). 129.
bulbe(m) olfactif. 125.
bulbe(m) rachidien. 122.
caecum(m). 119.
calcanéum(m). 113.
calice(m). 120.
canal(m) anal. 119.
canal(m) déférent. 108.
canal(m) éjaculateur. 108.
canal(m) galactophore. 109.
canal(m) radiculaire. 115.
canal(m) semi-circulaire antérieur. 124.
canal(m) semi-circulaire externe. 124.
canal(m) semi-circulaire postérieur. 124.
canine(f). 115.
caroncule(f) lacrymale. 123.
carpe(m). 112.
cartilage(m) de l'aile du nez. 125.
cartilage(m) de la cloison. 125.
cavité(f) buccale. 118, 119.
cavité(f) nasale. 118.
cavité(f) pleurale. 118.
cellule(f) motrice. 127.
cellules(f) indifférenciées. 129.
cément(m). 115.
cerveau(m). 122.
cervelet(m). 122.
chambre(f) antérieure. 123.
chambre(f) postérieure. 123.
chambre(f) pulpaire. 115.
cheveux(m). 107.
cheville(f). 106.
chiasma(m) optique. 122.
choroïde(f). 123.
cil(m). 123.
circulation(f) sanguine. 116, 117.
clavicule(f). 112.
clitoris(m). 109.
cloison(f) inter-testiculaire. 108.
coccyx(m). 112.
coeur(m). 116.
col(m) de l'utérus. 109.
col(m) du fémur. 113.
collatérale(f). 127.
collet(m). 115.
côlon(m) ascendant. 119.
côlon(m) descendant. 119.
côlon(m) pelvien. 119.
côlon(m) transverse. 119.
colonne(f) vertébrale. 112.
commissure(f) blanche antérieure. 122.
commissure(f) blanche postérieure. 122.
commissure(f) labiale. 126.
conduit(m) auditif externe. 114, 124.
conduit(m) excréteur. 128.
condyle(m) de l'occipital. 114.

Index thématiques

condyle(m) externe. 113.
condyle(m) interne. 113.
conjonctive(f). 123.
conque(f). 124.
corde(f) vocale. 118.
cordon(m) spermatique. 108.
cornée(f). 123.
cornet(m) inférieur. 125.
cornet(m) moyen. 125.
cornet(m) supérieur. 125.
corps(m). 126.
corps(m) calleux. 122.
corps(m) caverneux. 108.
corps(m) cellulaire. 127.
corps(m) de l'ongle. 129.
corps(m) de Nissi. 127.
corps(m) humain, face(f)
antérieure. 106.
corps(m) humain, face(f)
postérieure. 107.
corps(m) spongieux de l'urètre.
108.
corps(m) vitré. 123.
corpuscule(m) de Meissner. 128.
corpuscule(m) de Pacini. 128.
côte(f) flottante. 112.
côtes(f). 112.
cou(m). 106, 108.
couche(f) basale. 128.
couche(f) claire. 128.
couche(f) cornée. 128.
couche(f) de Malpighi. 128.
couche(f) granuleuse. 128.
coude(m). 107.
coupe(f) d'une molaire. 115.
couronne(f). 115.
court péronier(m) latéral. 111.
couturier(m). 110.
crâne(m). 106.
cristallin(m). 123.
cubital(m) antérieur. 110, 111.
cubital(m) postérieur. 111.
cubitus(m). 112.
cuisse(f). 107.
cul-de-sac(m) de Douglas. 109.
cul-de-sac(m) dural. 122.
cul-de-sac(m) vésico-utérin. 109.
cuticule(f). 129.
deltoïde(m). 110.
demi-membraneux(m). 111.
demi-tendineux(m). 111.
dendrite(f). 127.
dents(f). 115.
denture(f) humaine. 115.
derme(m). 127, 128, 129.
deuxième radial(m) externe. 111.
diaphragme(m). 118, 119.
dos(m). 107.
dos(m) du nez. 125.
droit(m) antérieur de la cuisse.
110.
droit(m) interne. 111.
duodénum(m). 119.
dure-mère(f) spinale. 122.
échancrure(f) de la conque. 124.
écorce(f). 129.
émail(m). 115.
épaule(f). 106.
épicondyle(m). 113.
épiderme(m). 127, 128, 129.
épidermicule(m). 129.
épiglotte(f). 118, 126.
épine(f) de l'omoplate. 113.
épiphyse(f). 122.
épithélium(m) olfactif. 125.
épitrochlée(f). 113.
éponychion(m). 129.
estomac(m). 116, 119.
étranglement(m) annulaire de
Ranvier. 127.
être(m) humain. 103.
extenseur(m) commun des doigts.
111.
extenseur(m) commun des orteils.
110.
fausse côte(f). 113.

fémur(m). 112.
fesse(f). 107.
fibre(f) collagène. 128.
fibre(f) musculaire. 127.
fibre(f) nerveuse. 127.
filum(m) terminale. 122.
foie(m). 116, 119.
follicule(m) pileux. 129.
foramen(m) apical. 115.
foramen(m) caecum. 126.
fosse(f) nasale. 114.
fosse(f) temporale. 114.
fosses(f) nasales. 125.
fossette(f) de l'anthélix. 124.
front(m). 106.
frontal(m). 110, 112, 114.
gaine(f) de myéline. 127.
gaine(f) de Schwann. 127.
gaine(f) épithéliale externe. 129.
gaine(f) épithéliale interne. 129.
ganglion(m) spinal. 127.
gastrocnémien(m). 111.
gencive(f). 115.
genou(m). 106.
gland(m). 108.
glande(f) bulbo-urétrale. 108.
glande(f) mammaire. 109.
glande(f) sébacée. 128, 129.
glande(f) sudoripare apocrine. 128.
glande(f) sudoripare eccrine. 128.
glande(f) surrénale. 120.
glandes(f) salivaires. 119.
globe(m) oculaire. 123.
glomérule(m). 128.
goût(m). 125, 126.
grand adducteur(m). 111.
grand complexus(m). 111.
grand dorsal(m). 111.
grand droit(m) de l'abdomen. 110.
grand fessier(m). 111.
grand oblique(m) de l'abdomen.
110, 111.
grand palmaire(m). 110.
grand pectoral(m). 110.
grand rond(m). 111.
grand trochanter(m). 113.
hanche(f). 107.
hélix(m). 124.
hile(m) du rein. 120.
huméro-stylo-radial(m). 110.
humérus(m). 112.
humeur(f) aqueuse. 123.
hypoderme(m). 128.
hypophyse(f). 122.
iléon(m). 119.
incisive(f) centrale. 115.
incisive(f) latérale. 115.
influx(m) nerveux. 127.
interosseux(m). 110.
intestin(m). 116.
intestin(m), gros. 119.
intestin(m) grêle. 119.
iris(m). 123.
ischion(m). 113.
isthme(m) de la trompe utérine.
109.
isthme(m) du gosier. 126.
ivoire(m). 115.
jambe(f). 107.
jambier(m) antérieur. 110.
jéjunum(m). 119.
joue(f). 106.
jumeau(m). 110.
lame(f) criblée de l'ethmoïde. 125.
langue(f). 119, 125, 126.
langue(f), dos de la. 126.
larynx(m). 118.
lèvre(f), grande. 109.
lèvre(f), petite. 109.
lèvre(f) inférieure. 126.
lèvre(f) supérieure. 126.
ligament(m) alvéolo-dentaire. 115.
ligament(m) large de l'utérus. 109.
ligament(m) rond de l'utérus. 109.
ligament(m) suspenseur. 123.
limaçon(m). 124.

lit(m) de l'ongle. 129.
lobe(m). 109.
lobe(m) du nez. 125.
lobe(m) inférieur. 118.
lobe(m) moyen. 118.
lobe(m) supérieur. 118.
lobule(m). 124.
long péronier(m) latéral. 110.
long supinateur(m). 111.
luette(f). 125, 126.
lunule(f). 129.
main(f). 107.
malaire(m). 112.
mamelon(m). 106, 109.
masséter(m). 110.
mastoïde(f). 114.
matrice(f) de l'ongle. 129.
maxillaire(m). 112.
maxillaire(m) inférieur. 112, 114,
115.
maxillaire(m) supérieur. 112, 114,
115.
méat(m) de l'urètre. 108.
mélanocyte(m). 128.
membrane(f) basale. 127.
membrane(f) du tympan. 124.
membre(m) inférieur. 116.
membre(m) supérieur. 116.
menton(m). 106.
métacarpe(m). 112.
métatarse(m). 112.
moelle(f). 129.
moelle(f) épinière. 122, 127.
molaire(f). 115.
mollet(m). 107.
mont(m) de Vénus. 109.
moyen adducteur(m). 110.
muqueuse(f) olfactive. 125.
muscle(m) arrecteur. 128, 129.
muscle(m) papillaire. 116.
muscles(m), face(f) antérieure.
110.
muscles(m), face(f) postérieure.
111.
narine(f). 125.
nerf(m). 127.
nerf(m) circonflexe. 121.
nerf(m) coccygien. 121.
nerf(m) cochléaire. 124.
nerf(m) crural. 121.
nerf(m) cubital. 121.
nerf(m) digital. 121.
nerf(m) facial. 124.
nerf(m) fémoro-cutané. 121.
nerf(m) fessier. 121.
nerf(m) grand abdomino-génital.
121.
nerf(m) grand sciatique. 121.
nerf(m) intercostal. 121.
nerf(m) médian. 121.
nerf(m) musculo-cutané de la
jambe. 121.
nerf(m) musculocutané du bras.
121.
nerf(m) obturateur. 121.
nerf(m) olfactif. 125.
nerf(m) optique. 123.
nerf(m) petit abdomino-génital.
121.
nerf(m) petit sciatique. 121.
nerf(m) phrénique. 121.
nerf(m) pneumogastrique. 118.
nerf(m) rachidien. 122, 127.
nerf(m) radial. 121.
nerf(m) saphène externe. 121.
nerf(m) saphène interne. 121.
nerf(m) sciatique proplité externe.
121.
nerf(m) sciatique proplité interne.
121.
nerf(m) sus-scapulaire. 121.
nerf(m) tibial antérieur. 121.
nerf(m) vestibulaire. 124.
nerfs(m) crâniens. 121.
neurone(m). 127.
neurone(m) moteur. 127.

neurone(m) sensoriel. 127.
nez(m). 106.
nez(m), partie externe du. 125.
nombril(m). 106.
noyau(m). 127.
nuque(f). 107.
occipital(m). 111, 113, 114.
odorat(m). 125.
oeil(m). 123.
oeil(m). 106.
oesophage(m). 119.
olécrâne(m). 113.
omoplate(f). 107, 112.
ongle(m). 129.
orbiculaire(m) des paupières. 110.
orbite(f). 114.
oreille(f). 106, 107.
oreille(f) externe. 124.
oreille(f) interne. 124.
oreille(f) moyenne. 124.
oreillette(f) droite. 116.
oreillette(f) gauche. 116.
*organes(m) des sens. 123, 124,
125, 126, 127.*
organes(m) génitaux féminins. 109.
*organes(m) génitaux masculins.
108.*
orifice(m) du conduit auditif
externe. 124.
orteil(m). 106.
os(m) alvéolaire. 115.
os(m) iliaque. 112.
os(m) malaire. 114.
os(m) propre du nez. 114, 125.
osselets(m). 124.
ostéologie(f) du crâne. 114.
ostium(m). 109.
ovaire(m). 109.
ouïe(f). 124.
ovaire(m). 109.
palais(m). 125.
pancréas(m). 119.
papille(f). 123, 129.
papille(f) dermique. 127, 128.
papille(f) rénale. 120.
papilles(f) linguales. 126.
pariétal(m). 113, 114.
paupière(f) inférieure. 123.
paupière(f) supérieure. 123.
pavillon(m). 124.
pavillon(m) de la trompe utérine.
109.
peau(f). 127, 128.
peau(f). 127.
pédieux(m). 110.
pénis(m). 106.
péricarde(m). 118.
péritoine(m). 108.
péroné(m). 112.
petit palmaire(m). 110.
petit rond(m). 111.
phalange(f). 112, 113.
phalangette(f). 112, 113, 129.
phalangine(f). 112, 113.
pharynx(m). 118.
pièce(f) intermédiaire. 108.
pièce(f) terminale. 108.
pied(m). 107.
pilier(m) antérieur du voile. 126.
pilier(m) postérieur du voile. 126.
plantaire(m) grêle. 111.
plaque(f) motrice. 127.
plèvre(f) pariétale. 118.
plexus(m) brachial. 121.
plexus(m) cardiaque. 118.
plexus(m) cervical. 121.
plexus(m) lombaire. 121.
plexus(m) prébronchique. 118.
plexus(m) sacré. 121.
poignet(m). 107.
poil(m). 129.
poil(f). 128.
poitrine(f). 106.
pomme(f) d'Adam. 106.
pont(m) de Varole. 122.
pore(m) sudoripare. 128.
poumon(m) droit. 116, 118.

poumon(m) gauche. 116, 118.
poumons(m). 118.
premier radial(m) externe. 111.
prémolaire(f). 115.
prépuce(m). 108.
procès(m) ciliaire. 123.
prostate(f). 108.
protoneurone(m) sensitif. 127.
pubis(m). 106.
pulpe(f). 115, 129.
pupille(f). 123.
pylore(m). 119.
pyramide(f) de Malpighi. 120.
queue(f). 108.
queue(f) de l'hélix. 124.
racine(f). 115, 129.
racine(f) antérieure. 122.
racine(f) de l'hélix. 124.
racine(f) de l'ongle. 129.
racine(f) du nez. 125.
racine(f) postérieure. 122.
radius(m). 112.
raie des fesses(f). 107.
rameau(m) communicant. 122.
rate(f). 116.
récepteur(m). 127.
récepteur(m) sensoriel. 127.
rectum(m). 108, 119, 120.
rein(m). 107, 116.
rein(m) droit. 120.
rein(m) gauche. 120.
réseau(m) sous-papillaire. 128.
rétine(f). 123.
rhinencéphale(m). 125.
rhino-pharynx(m). 125.
rhomboïde(m). 111.
rond pronateur(m). 110.
rotule(f). 112.
sacrum(m). 112.
sclérotique(f). 123.
scrotum(m). 106, 108.
sein(m). 109.
sein(m). 106.
septum interventriculaire. 116.
septum(m) lucidum. 122.
sillon(m) antérieur de l'oreille. 124.
sillon(m) médian. 126.
sillon(m) naso-labial. 125.
sillon(m) terminal. 126.
sinus(m) du rein. 120.
sinus(m) frontal. 125.
sinus(m) longitudinal supérieur. 122.
sinus(m) sphénoïdal. 125.
sole(f). 129.
soléaire(m). 110.
sourcil(m). 123.
sous-cloison(f). 125.
sous-épineux(m). 111.
spermatozoïde(m). 108.
sphénoïde(m). 114.
sphincter(m) anal. 119.
splénius(m) de la tête. 111.
squelette(m), vue(f) antérieure. 112.
squelette(m), vue(f) postérieure. 113.
sterno-cléido-mastoïdien(m). 110.
sternum(m). 112.
substance(f) corticale. 120.
substance(f) médullaire. 120.
surface(f). 128.
surface(f) de la peau. 127.
suture(f) coronale. 114.
suture(f) lambdoïde. 114.
suture(f) métopique. 114.
suture(f) sagittale. 114.
suture(f) temporo-pariétale. 114.
symphyse(f) pubienne. 108, 109.
synapse(f). 127.
système(m) nerveux. 121, 122.
système(m) nerveux central. 122.
système(m) nerveux périphérique. 121.
tache(f) jaune. 123.
taille(f). 107.

talon(m). 107.
tarse(m). 112.
tempe(f). 106.
temporal(m). 112, 114.
tenseur(m) du fascia lata. 110.
terminaison(f) nerveuse. 127.
testicule(m). 108.
tête(f). 107, 108, 116.
tête(f) de l'humérus. 113.
tête(f) du fémur. 113.
thorax(m). 106.
tibia(m). 112.
tige(f). 129.
tissu(m) adipeux. 109, 128.
tissu(m) conjonctif. 127, 128.
toucher(m). 127.
trachée(f). 118.
tragus(m). 124.
trapèze(m). 110.
triceps(m) brachial. 111.
trompe(f) d'Eustache. 124, 125.
trompe(f) de Fallope. 109.
tronc(m). 107.
tronc(m) coeliaque. 116, 120.
trou(m) de conjugaison. 122.
trou(m) malaire. 114.
trou(m) mentonnier. 114.
trou(m) occipital. 114.
trou(m) ovale. 114.
trou(m) pariétal. 114.
trou(m) sous-orbitaire. 114.
trou(m) sus-orbitaire. 114.
uretère(m). 120.
urètre(m). 109, 120.
urètre(m) pénien. 108.
utérus(m). 109.
V lingual(m). 126.
vagin(m). 109.
vaisseau(m) sanguin. 115, 128, 129.
valvule(f) mitrale. 116.
valvule(f) tricuspide. 116.
vaste externe(m) du membre inférieur. 110, 111.
vaste interne(m) du membre inférieur. 110.
veine(f) axillaire. 117.
veine(f) basilique. 117.
veine(f) cave inférieure. 116, 117, 120.
veine(f) cave supérieure. 116, 117.
veine(f) céphalique. 117.
veine(f) cubitale superficielle. 117.
veine(f) fémorale. 117.
veine(f) iliaque. 116.
veine(f) iliaque commune. 120.
veine(f) jugulaire interne. 117.
veine(f) médiane de l'avant-bras. 117.
veine(f) porte. 117.
veine(f) pulmonaire. 116, 117.
veine(f) radiale. 117.
veine(f) rénale. 117, 120.
veine(f) saphène interne. 117.
veine(f) sous-clavière. 117.
veine(f) splénique. 117.
veine(f) sus-hépatique. 116, 117.
veines(f), principales. 117.
ventre(m). 106.
ventricule(m) droit. 116.
ventricule(m) gauche. 116.
verge(f). 108.
vertèbre(f) cervicale. 113.
vertèbre(f) dorsale. 113.
vertèbre(f) lombaire. 122.
vertèbre(f) lombaire. 113.
vésicule(f) biliaire. 119.
vésicule(f) séminale. 108.
vessie(f). 108, 109, 120.
vestibule(m). 124.
visage(m). 106.
voile(m) du palais. 126.
voûte(f) du palais. 126.
voûte(f) palatine. 114.
vue(f). 123.
vulve(f). 109.

FERME

age(m). 153.
arbre(m) à cardan. 152.
barre(f) d'attelage. 152.
barre(f) d'équilibre. 152.
barre(f) de coupe. 155.
base(f). 661.
bâti(m). 153.
bâtiments(m). 151.
batteur(m). 153.
bergerie(f). 151.
bineuse(f) rotative. 153.
cabine(f) de l'opérateur. 661.
câble(m) de basculement. 661.
câble(m) de levage. 661.
câble(m) de traction. 661.
chaîne(f) à godets. 154.
chaîne(f) de levage. 661.
chaîne(f) de traction. 661.
charrue(f) à soc. 153.
châssis(m) orientable. 661.
chevalet(m). 661.
clôture(f) électrique. 151.
contre-batteur(m). 155.
contre-sep(m). 153.
convoyeur(m). 155.
corps(m). 153.
cour(f). 151.
couronne(f) d'orientation. 661.
coutre(m). 153.
crochet(m) de traction. 152.
cultivateur(m). 153.
dent(f). 154.
disque(m) butteur. 154.
distributeur(m) d'engrais. 154.
diviseur(m). 155.
doigt(m). 152.
élévateur(m). 152.
épandeur(m) de fumier. 153.
éparpilleur(m) de fumier. 154.
étable(f). 151.
étançon(m). 153.
ferme(f). 149.
filtre(m). 661.
flèche(f). 661.
godet(m). 661.
goulotte(f). 152, 153.
grange(f). 151.
grille(f) inférieure. 155.
grille(f) supérieure. 155.
habitation(f). 151.
hangar(m). 151.
hauban(m). 661.
herse(f). 152.
jachère(f). 151.
jardin(m) potager. 151.
laiterie(f). 151.
lame(f). 155.
limon(m). 152.
machine(f) agricole. 155.
machinerie(f) agricole. 152, 153, 154.
maïs(m) fourrager. 155.
maison(f) à cour ouverte. 151.
mât(m). 661.
mécanisme(m) marcheur à came coulissante. 661.
moissonneuse-batteuse(f). 155.
moteur(m). 155, 661.
passerelle(f). 661.
patin(m). 661.
pâturage(m). 151.
pelle(f) à benne traînante. 661.
phare(m) de recul. 152.
planteuse(f) de pommes de terre. 154.
pointe(f). 152.
porcherie(f). 151.
poulailler(m). 151.
poulie(f) de tête de flèche. 661.
prise(f) de force. 152.
puits(m). 151.
pulvériseur(m) tandem. 154.
rabatteur(m). 155.
ramasseur(m). 152.

ramasseuse-chargeuse(f). 152.
ramasseuse-presse(f). 152.
rasette(f). 153.
râteau-faneur-adaineur(m) à tambour. 154.
récepteur(m). 155.
récolteuse-hacheuse-chargeuse(f). 153.
remorque-épandeuse(f). 153.
réservoir(m) à grain. 155.
ruche(f). 151.
secoueur(m). 155.
semoir(m) en lignes. 154.
sep(m). 153.
serre(f). 151.
silo-couloir(m). 151.
silo-tour(m). 151.
soc(m). 153.
soleil(m). 153.
sous-soleuse(f). 154.
talon(m). 153.
tambour(m). 154.
tambour(m) à dents. 154.
tambour(m) de dispersion. 153.
tambour(m) de levage. 661.
tambour(m) de traction. 661.
tire-paille(m). 155.
tracteur(m). 152.
traverse(f). 152.
trémie(f). 154.
treuil(m). 661.
ventilateur(m). 155.
verger(m). 151.
versoir(m). 153.
vis(f) à grain. 155.
vis(f) à otons. 155.
vis(f) d'alimentation. 155.
vis(f) sans fin de déchargement. 155.
volant(m) de direction. 155.

FOURNITURES DE BUREAU

agenda(m). 450.
agrafes(f). 447.
agrafeuse(f). 447.
armoire(f) à papeterie. 451.
armoire-vestiaire(f). 451.
articles(m) de bureau. 447, 448, 449, 450.
attaches(f) parisiennes. 447.
bahut(m). 451.
barre(f) d'espacement. 453.
bâtonnet(m) de colle. 447.
bloc-éphéméride(m). 450.
bloc-notes(m). 450.
bobine(f) débitrice. 452.
bobine(f) réceptrice. 452.
boîte-classeur(f). 448.
boîte(f) à courrier. 448.
bouton(m) d'interligne variable. 453.
bouton(m) de la bobine réceptrice. 452.
bureau(m) de direction. 451.
bureau(m) secrétaire. 451.
calendrier-mémorandum(m). 450.
capot(m). 453.
caractère(m). 452.
cartouche(f) de ruban. 452.
chaise(f) dactylo. 451.
chariot(m). 453.
chemise(f). 449.
classeur(m) à clapets. 451.
clavier(m). 453.
cloison(f) amovible. 451.
compresseur(m). 453.
contrôle(m) multicopies. 453.
correcteur(m) liquide. 447.
coupe-papier(m). 447.
cylindre(m). 453.
dégrafeuse(f). 447.
dévidoir(m) de ruban adhésif. 447.
dossier(m) suspendu. 449.

Index thématiques

échelle(f) de centrage. 453.
équipement(m) de bureau. 445.
étiquettes(f) autocollantes. 448.
fauteuil(m) pivotant à bascule. 451.
feuillet(m) intercalaire. 449.
fiches(f). 450.
fichier(m). 450.
fichier(m) rotatif. 450.
fil(m) séparateur. 452.
fixe-majuscules(m). 453.
fournitures(f) de bureau. 445.
gomme(f). 447.
guide(m) papier. 453.
guide-ruban(m). 452.
guides(m) de classement. 449.
indicateur(m) de fin de ruban. 452.
indicateur(m) de ligne transparent. 453.
interrupteur(m). 453.
levier(m) d'interligne. 453.
levier(m) de chargement du ruban. 452.
levier(m) de chargement du ruban correcteur. 452.
levier(m) de débrayage du chariot. 453.
levier(m) de dégagement de la sphère. 452.
levier(m) de dégagement du papier. 453.
machine(f) à écrire. 452, 453.
margeur(m). 453.
mobilier(m) de bureau. 451.
molette(f). 453.
mouilleur(m). 448.
numéroteur(m). 448.
onglet(m). 449.
onglet(m) à fenêtre. 449.
patère(f). 451.
perforatrice(f). 448.
pèse-lettres(m). 447.
pince(f) à étiqueter. 447.
pince-notes(f). 447.
pique-notes(m). 447.
planchette(f) à arches. 450.
planchette(f) à pinces. 450.
pochette(f) d'information. 449.
pochette(f) de classement. 449.
porte-manteau(m). 451.
porte-timbres(m). 448.
présentoir(m) à revues. 451.
presse-carte(f). 452.
presse-papier(m) gradué. 453.
rappel(m) arrière. 453.
registre(m) de comptabilité. 450.
réglage(m) de l'impression. 452.
reliure(f) à anneaux. 449.
reliure(f) à glissière. 449.
reliure(f) à pince. 449.
reliure(f) à ressort. 449.
reliure(f) à vis. 449.
reliure(f) spirale. 449.
répertoire(m) téléphonique. 450.
retour(m). 451.
retour(m) de chariot. 453.
rouleau(m). 453.
ruban(m). 447, 452, 453.
ruban(m) correcteur. 447, 452.
serre-livres(m). 448.
sous-main(m). 450.
sphère(f) d'impression. 452.
tabulateur(m). 453.
taille-crayons(m). 448.
tampon(m) encreur. 448.
tige(f) guide. 452.
timbre(m) caoutchouc. 448.
timbre(m) dateur. 448.
tiroir(m). 450.
touche(f). 453.
touche(f) de déblocage du tabulateur. 453.
touche(f) de verrouillage du tabulateur. 453.
touche-majuscules(m). 453.
trombones(f). 447.
vestiaire(m). 451.

GÉOGRAPHIE

abri(m) météorologique. 55.
Afrique. 41.
aiguille(f). 43, 49.
air(m) calme. 53.
alto-cumulus(m). 44.
alto-stratus(m). 44.
Amérique centrale. 41.
Amérique du Nord. 41.
Amérique du Sud. 41.
anémomètre(m). 55.
Antarctique. 41.
antenne(f) d'émission. 57.
antenne(f) d'enregistrement. 57.
antenne(f) d'interrogation. 57.
antenne(f) de codage. 57.
antenne(f) de commande. 57.
antenne(f) de localisation. 57.
anticyclone(m). 54.
arche(f) naturelle. 43.
Arctique. 41.
armature(f) d'interconnexion. 57.
Asie. 41.
asthénosphère(f). 39.
atmosphère(f). 39.
atmosphère(f) terrestre, coupe(f) de l'. 39.
aurore(f) polaire. 39.
Australie. 41.
averse(f) de grêle. 52.
averse(f) de neige. 52.
averse(f) de pluie. 52.
bague(f) inférieure de blocage de la sphère. 56.
bague(f) supérieure de blocage de la sphère. 56.
ballon-sonde(m). 39, 55.
banc(m) de sable. 43.
barbule(f). 53.
base(f). 56.
base(f) de la vague. 43.
batterie(f). 57.
brouillard(m). 52.
bruine(f) continue. 52.
bruine(f) intermittente. 52.
brume(f). 52.
butte(f). 47.
cactus(m). 47.
calotte(f) glaciaire. 51.
caméra(f) à découpage d'images. 57.
canyon(m) sous-marin. 42.
capsule(f) Mercury(USA). 39.
carré(m) de terre. 55.
carte(f) météorologique. 54.
cercle(m) de la station. 53, 54.
chaîne(f) de montagnes. 40.
chasse-neige(m) faible basse. 52.
chasse-neige(m) faible élevée. 52.
cheminée(f). 45.
chute(f). 46.
ciel(m) à nébulosité dispersée. 53.
ciel(m) clair. 53.
ciel(m) couvert. 53.
ciel(m) noir. 53.
ciel(m) nuageux. 53.
ciel(m) peu nuageux. 53.
ciel(m) très nuageux. 53.
cime(f). 46.
cirque(m) glaciaire. 48.
cirro-cumulus(m). 44.
cirro-stratus(m). 44.
cirrus(m). 44.
climats(m) continentaux. 51.
climats(m) de montagne. 51.
climats(m) du monde. 51.
climats(m) polaires. 51.
climats(m) subarctiques. 51.
climats(m) subtropicaux. 51.
climats(m) tempérés. 51.
climats(m) tropicaux. 51.
col(m). 46.
collier(m) de serrage. 56.
colline(f). 46.
colline(f) abyssale. 42.

colonne(f). 46, 49.
colonne(f) avec capuchon. 49.
Concorde(f). 39.
condensation(f). 50.
cône(m). 45.
continental aride. 51.
continental semi-aride. 51.
continents(m), configuration(f) des. 41.
contrefort(m). 46.
cordon(m) de dunes. 47.
côte(f). 40, 43.
coulée(f) de lave. 45.
cratère(m). 45.
crête(f). 43, 46.
creux(m). 43.
creux(m) barométrique. 54.
crevasse(f). 48.
cristaux(m) de neige, classification(f) des. 49.
cristaux(m) irréguliers. 49.
croûte(f) basaltique. 40.
croûte(f) granitique. 40.
croûte(f) terrestre. 39, 45.
croûte(f) terrestre, coupe(f) de la. 40.
cumulo-nimbus(m). 44.
cumulus(m). 44.
demi-barbule(f). 53.
dendrite(f) spatiale. 49.
dépression(f). 54.
désert(m). 47.
désert(m). 51.
désert(m) de pierres. 47.
désert(m) de sable. 47.
détecteur(m) d'horizon. 57.
direction(f) du vent. 54.
discontinuité(f) de Gutenberg. 39.
discontinuité(f) de Mohorovicic. 39.
discontinuité(f) de Mohorovicic. 40.
dispositif(m) de contrôle d'altitude. 57.
doline(f). 46.
dorsale(f). 42.
dune(f). 47.
dune(f) complexe. 47.
dune(f) en croissant. 47.
dune(f) parabolique. 47.
dunes(f) longitudinales. 47.
dunes(f) transversales. 47.
dyke(m). 45.
eau(f), cycle de l'. 50.
eau(f), états(m) de. 49.
eau(f) de fonte. 48.
échelle(f) anémométrique. 53.
échelle(f) de latitude. 56.
échelles(f) des altitudes. 39.
écoulement(m) souterrain. 50.
écrou(m) à cabestan. 56.
écrou(m) de contrôle. 56.
écume(f). 43.
ensoleillement(m). 55.
entonnoir(m) collecteur. 56.
épicentre(m). 45.
éprouvette(f) graduée. 56.
espace(m), conquête(f) de l'. 39.
espace(m) interplanétaire. 39.
état(m) du sol. 55.
état(m) présent du temps. 54.
étoile(f) filante. 39.
étoile(f) filante. 39.
Eurasie. 41.
Europe. 41.
évaporation(f). 50.
évolution(f) de la pression. 54.
exosphère(f). 39.
faille(f). 40, 45.
faille(f) transformante. 42.
falaise(f). 40, 43.
fanion(m). 53.
flèche(f) du vent. 53.
flèche(f) littorale. 43.
fond(m) de l'océan. 42.
force(f) du vent. 54.
forêt(f) tropicale. 51.
fosse(f) abyssale. 42.

front(m) chaud en altitude. 53.
front(m) chaud en surface. 53.
front(m) froid en altitude. 53.
front(m) froid en surface. 53.
front(m) occlus. 53.
front(m) stationnaire. 53.
fronts(m). 53.
fumée(f). 52.
fumerolle(f). 45.
fusée(f). 39.
galerie(f) sèche. 46.
géographie(f). 37.
geyser(m). 45.
girouette(f). 55.
glace(f). 50.
glacier(m). 48.
glacier(m) de piémont. 48.
glacier(m) suspendu. 48.
gorge(f). 46.
gouffre(m). 46.
gour(m). 46.
grain(f). 52.
grêle(f). 49.
grêlon(m). 49.
grésil(m). 49, 52.
grotte(f). 46.
grotte(f). 46.
guyot(m). 42.
hampe(f). 53.
hauteur(f) de la vague. 43.
héliographe(m). 56.
héliographe(m). 55.
humidité(f). 55.
hygromètre(m) enregistreur. 55.
hypocentre(m). 45.
île(f) de sable. 43.
île(f) volcanique. 42.
infiltration(f). 50.
instruments(m) de mesure météorologique. 56.
ionosphère(f). 39.
isobare(f). 54.
lac(m) salé. 43.
laccolite(f). 45.
lagune(f). 43.
langue(f) glaciaire. 48.
lapié(m). 46.
ligne(f) isosiste. 45.
lithosphère(f). 39.
littoral(m), configuration(f) du. 43.
longueur(f) de la vague. 43.
magma. 45.
manteau(m) inférieur. 39.
manteau(m) supérieur. 39.
marais(m) salant. 43.
marge(f) continentale. 42.
masse(f) continentale. 42.
méditerranéen. 51.
mer(f) Caspienne. 41.
mer(f) de Béring. 41.
mer(f) de Chine. 41.
mer(f) des Antilles. 41.
mer(f) du Groenland. 41.
mer(f) du Nord. 41.
mer(f) Méditerranée. 41.
mer(f) Noire. 41.
mer(f) Rouge. 41.
mésa(f). 47.
mésosphère(f). 39.
météores(m). 52.
météorologie(f). 54, 55.
montagne(f). 46.
moraine(f) de fond. 48.
moraine(f) frontale. 48.
moraine(f) latérale. 48.
moraine(f) médiane. 48.
Mt Everest. 39.
nappe(f) de lave. 45.
nappe(f) phréatique. 46.
nébulosité(f). 53.
nébulosité(f). 53.
neige(f). 50.
neige(f) continue. 52.
neige(f) fondante. 49.
neige(f) intermittente. 52.
neige(f) mouillée. 49.

neige(f) roulée. 49.
neige(f) sèche. 49.
névé(m). 48.
nimbo-stratus(m). 44.
niveau(m) d'équilibre. 43.
niveau(m) de la mer. 40, 42.
noyau(m) externe. 39.
noyau(m) interne. 39.
nuage(m) bas. 54.
nuage(m) élevé. 54.
nuage(m) moyen. 54.
nuage(m) nacré. 39.
nuage(m) nocturne lumineux. 39.
nuages(m). 44.
nuages(m) à développement
    vertical. 44.
nuages(m) de basse altitude. 44.
nuages(m) de haute altitude. 44.
nuages(m) de moyenne altitude.
    44.
nuée(f) de cendres. 45.
oasis(f). 47.
océan(m). 50.
océan(m), fond(m) de l'. 42.
océan(m) Antarctique. 41.
océan(m) Arctique. 41.
océan(m) Atlantique. 41.
océan(m) Indien. 41.
océan(m) Pacifique. 41.
Océanie. 41.
ombilic(m). 48.
onde(f) sismique. 45.
orage(m). 52.
orage(m) violent. 52.
ouragan(m). 52.
ozone(m). 39.
palmeraie(f). 47.
palpeur(m) solaire. 57.
panneau(m) solaire. 57.
parc(m) météorologique. 55.
pic(m). 46.
piton(m) sous-marin. 42.
plage(f). 40, 43.
plaine(f) abyssale. 42.
plaquette(f). 49.
plateau(m). 46.
plateau(m) continental. 40, 42.
pluie(f). 49.
pluie(f) continue. 52.
pluie(f) intermittente. 52.
pluie(f) verglaçante. 52.
pluviomètre(m). 55.
pluviomètre(m) à lecture directe.
    56.
pluviosité(f). 55.
pointe(f). 43.
porte-cartes(m). 56.
poudrerie(f) basse. 52.
poudrerie(f) élevée. 52.
précipice(m). 46.
précipitation(f). 50.
précipitations(f), types(m) de. 49.
pression(f). 55.
pression(f) au niveau de la mer.
    54.
pression(f) barométrique. 54.
profondeur(f) du foyer. 45.
psychromètre(m). 55.
récipient(m). 56.
remontée(f) continentale. 42.
réservoir(m) magmatique. 45.
résurgence(f). 46.
rift(f). 42.
rimaye(f). 48.
rivière(f) souterraine. 46.
roches(f) d'intrusion. 46.
roches(f) ignées. 40.
roches(f) métamorphiques. 40.
roches(f) sédimentaires. 40.
ruissellement(m). 50.
satellite(m) artificiel. 39.
satellite(m) météorologique. 57.
savane(f). 51.
séisme(m). 45.
sérac(m). 48.
sill(m). 45.

siphon(m). 46.
socle(m). 56.
sommet(m). 46.
sonde(f) spatiale. 39.
spectromètre(m) à infrarouge. 57.
sphère(f) de verre. 56.
stalactite(f). 46.
stalagmite(f). 46.
steppe(f). 51.
strato-cumulus(m). 44.
stratosphère(f). 39.
stratus(m). 44.
sublimation(f). 50.
subtropical humide. 51.
subtropical sec. 51.
support(m). 56.
support(m) de sphère. 56.
symboles(m) météorologiques des
    nuages(m). 44.
symboles(m) météorologiques
    internationaux. 52, 53.
talus(m) continental. 40, 42.
température(f) à la surface du sol.
    55.
température(f) de l'air. 54, 55.
température(f) du point de rosée.
    54.
tempéré humide, à été court. 51.
tempéré humide, à été long. 51.
tempéré océanique. 51.
tempête(f) de poussière. 52.
tempête(f) de sable. 52.
tempête(f) tropicale. 52.
tendance(f) barométrique. 54.
Terre(f), structure(f) de la. 39.
théodolite(m). 55.
thermomètre(m) enregistreur. 55.
thermomètres(m) à minima et à
    maxima. 55.
thermosphère(f). 39.
tombolo(m). 43.
torrent(m). 46.
toundra(f). 51.
transpiration(f). 50.
troposphère(f). 39.
tuyère(f) de contrôle de roulis. 57.
tuyère(f) de contrôle de tangage.
    57.
tuyère(f) de contrôle du
    mouvement en lacet. 57.
type(m) de la masse d'air. 54.
vague(f). 43.
vague(f) d'oscillation. 43.
vague(f) de translation. 43.
vague(f) déferlante. 43.
vallée(f). 46.
vent(m). 53.
verglas(m). 49.
verrou(m) glaciaire. 48.
versant(m). 46.
vis(f) de nivellement. 56.
vis(f) de réglage du niveau. 56.
vis(f) de support inférieur. 56.
vis(f) de support supérieure. 56.
vitesse(f) du vent. 55.
volcan(m). 45.
volcan(m). 40.
volcan(m) en éruption. 45.
volcan(m) en repos. 45.
volet(m) de contrôle thermique. 57.
X-15 (USA)(m). 39.
zone(f) de précipitation. 54.

JARDINAGE

aérateur(m) à gazon. 241.
allée(f). 237.
arbuste(m). 237.
arceau(m). 237.
arroseur(m) oscillant. 240.
arroseur(m) rotatif. 240.
arrosoir(m). 240.
bac(m) à plante. 237.
balai(m) à feuilles. 238.
bassin(m). 237.

bêche(f). 238.
bêche-tarière(f). 238.
binette(f). 238.
boîtier(m) du moteur. 243.
bordure(f) d'allée. 237.
bougie(f) d'allumage. 243.
bouton(m) d'arrêt. 243.
brouette(f). 241.
chaîne(f) coupante. 243.
cisaille(f) à haies. 239.
clôture(f) en lattis. 237.
commande(f) d'accélération. 243.
corbeille(f) suspendue. 237.
cordeau(m). 239.
coupe-bordures(m). 238.
croc(m) à défricher. 238.
cylindre(m) de coupe. 242.
dalle(f). 237.
déflecteur(m). 242.
dévidoir(m). 240.
ébrancheur(m). 239.
échenilloir-élagueur(m). 239.
embout(m) d'arrosage. 240.
émondoir(m). 239.
épandeur(m). 241.
faucille(f). 242.
faux(f). 242.
filtre(m) à air. 243.
fourche(f) à bêcher. 238.
fourche(f) à fleurs. 239.
frein(m) de chaîne. 243.
gâchette(f) de sécurité. 243.
gazon(m). 237.
greffoir(m). 242.
griffe(f) à fleurs. 239.
guide-chaîne(m). 243.
haie(f). 237.
houe(f). 238.
jardin(m) d'agrément. 237.
jardinage(m). 235.
lame(f). 242.
lanterne(f). 237.
maillon-gouge(m). 243.
massif(m) de fleurs. 237.
motoculteur(m). 241.
nez(m) du guide. 243.
pelle(f). 238.
pergola(f). 237.
pioche(f). 238.
pistolet(m) d'arrosage. 240.
plante(f) grimpante. 237.
plantoir(m). 239.
plantoir(m) à bulbes. 239.
plate-bande(f). 237.
poignée(f). 243.
poignée(f) antivibrations. 243.
poignée(f) du démarreur. 243.
pomme(f) d'arrosage. 240.
pulvérisateur(m). 240.
râteau(m). 238.
ratissoire(f). 238.
remise(f). 237.
réservoir(m) d'essence. 243.
réservoir(m) d'huile. 243.
rocaille(f). 237.
rouleau(m). 241.
sac(m) à herbe. 242.
sarcloir(m). 239.
scie(f) à chaîne. 243.
scie(f) d'élagage. 242.
sécateur(m). 239.
semoir(m) à bras. 241.
semoir(m) à main. 239.
serfouette(f). 238.
serpe(f). 242.
serpette(f). 242.
silencieux(m). 243.
taille-bordures(f). 242.
taille-haies(f). 242.
terrasse(f). 237.
tire-racines(f). 239.
tondeuse(f) à moteur. 242.
tondeuse(f) mécanique. 242.
tondeuses(f) à gazon. 242.

transplantoir(m). 239.
treillis(m). 237.
tuteur(m). 237.
tuyau(m) d'arrosage. 240.
tuyau(m) perforé. 240.
vaporisateur(m). 240.

LOISIRS DE CRÉATION

agrafes(f). 488.
aiguille(f). 486.
aiguille(f). 485, 486, 487.
aiguille(f) à clapet. 492.
aiguille(f) circulaire. 490.
aiguilles(f) à tricoter. 490.
aile(f). 507.
aimant(m). 487.
ais(m). 500.
ais(m) ferré. 500.
âme(f). 507.
appui-pied(m). 505.
arbre(m) à cames. 503.
ardillon(m). 488.
armures(f) de base. 497.
arrondisseur(m). 487.
attaches(f). 488.
axe(m). 487, 505.
baguette(f) d'écartement. 495.
baguette(f) d'encroix. 494, 495.
baguette(f) de plomb. 507.
baren(m). 501.
barre(f) à aiguille. 486.
barre(f) à lisse. 495.
barre(f) de pied presseur. 486.
basse lisse(f). 494.
bâti(m). 494, 503.
bâton(m) de craie. 503.
battant(m). 494.
bec(m). 490.
berceau(m). 501.
biais(m). 488.
bloc-tension(m). 486, 491.
bloc-tension(m). 485.
bobine(f). 485, 492, 496.
bobineur(m). 485.
bobinoir(m). 496.
boîte(f) à canette. 486.
boucle(f). 488.
boucle(f). 488.
bourriquet(m). 503.
bouton(m) à tige. 488.
bouton(m) d'entraînement. 491.
bouton(m) de commande. 506.
bouton(m) de sélection de vitesse.
    491.
bouton(m) de tension. 491.
bouton(m) moleté. 492.
bouton-pression(m). 488.
boutons(m) à trous. 488.
branche(f). 487.
bras(m). 485.
bride(f). 488.
brique(f) réfractaire. 506.
broche(f). 492.
broche(f) porte-bobine. 485.
broderie(f). 493.
brosse(f) de point ramassé. 492.
brosse(f) de tissage. 492.
brunissoir(m). 501.
burin(m). 502.
butée(f). 488.
cadran(m) de densité. 492.
cahier(m). 498.
came(f). 492.
canetière(f). 496.
canette(f). 486, 495, 496.
canif(m). 502.
cantre(m). 496.
carreau(m). 492.
carte(f) perforée. 491.
carton(m). 507.
cazette(f). 506.
chaîne(f). 488, 494, 495.
chapeau(m) du battant. 494.
chariot(m). 492.

Index thématiques

chariot(m). 491.
chariot(m) avant. 491, 492.
charpente(f) verticale. 495.
chas(m). 486, 487.
chasse(f). 498.
cheville(f). 493, 496.
cisaille(f). 499.
ciseau(m). 502.
ciseaux(m). 487.
ciseaux(m) à denteler. 487.
ciseaux(m) à trois lames. 507.
clapet(m). 492.
cliquet(m). 494.
clous(m). 495.
coiffe(f). 498.
coin(m). 498.
collet(m). 500.
colombin(m). 505.
colonne(f). 485, 500.
colonnette(f). 506.
commande(f) au pied. 485.
compas(m) d'épaisseur. 503.
contremarche(f). 494.
corde(f) d'accrochage. 494.
côté(m) femelle. 488.
côté(m) mâle. 488.
coupe-fil(m). 486.
coupe-verre(m). 507.
cousoir(m). 499.
couteau(m) à plomb. 507.
couteau(m) de potier. 505.
coutisse(f). 493.
couture(f). 485, 486, 487, 488, 489, 499.
couvrure(f). 500.
cran(m). 489.
crayon(m) de pierre ponce. 503.
crayon(m) lithographique. 503.
crochet(m). 490.
crochet(m). 486, 488, 492.
croisement(f). 497.
cuisson(f). 506.
curseur(m). 488.
cylindre(m). 504.
cylindre(m) inférieur. 502, 504.
cylindre(m) rotatif. 492.
cylindre(m) supérieur. 502, 504.
dé(m). 487.
dent(f). 507.
dentelle(f) aux fuseaux. 492.
dents(f). 488.
dévidoir(m). 496.
disque(m). 487, 503.
disque(m) de tension. 486, 491.
dos(m). 498.
dos(m) du livre. 500.
doublure(f). 488.
droit fil(m). 488.
ébarbage(m). 499.
ébarboir(m). 501.
ébauchoirs(m). 505.
échantillon(m). 490.
échine(f). 500.
écran(m) protecteur. 507.
élément(m). 506.
encoche(f) de coiffe. 498.
encre(f). 502.
encre(f) lithographique. 503.
endossure(f). 500.
enfile-aiguille(m). 487.
enfile-aiguille(m). 486.
engrenage(m). 503.
ensouple(f) de chaîne. 494.
ensouple(f) de tissu. 494.
entablure(f). 487.
entoilage(f). 488.
entredoublure(f). 488.
entretoise(f). 494.
épingle(f). 487.
épingles(f) de sûreté. 487.
éponge(f). 507.
estèques(f). 505.
étau(m). 501.
étau(m) à endosser. 500.
étau(m) à plomb. 507.
évent(m). 506.

face(f). 507.
fente(f). 497, 499.
fer(m) à souder. 507.
fermeture(f) à glissière. 488.
ferrule(f). 487.
feuillet(m). 507.
ficelle(f). 499.
fil(m) à couper la pâte. 505.
fil(m) de chaîne. 497.
fil(m) de trame. 497.
flanc(m). 500.
flux(m). 507.
fonture(f). 491.
four(m) électrique. 506.
fuseau(m). 492.
fuseau(m). 496.
gabarit(m). 507.
galettage(m). 505.
garde(f). 498.
garde(f) volante. 498.
girelle(f). 505.
glissière(f). 491.
gouge(f) creuse. 502.
gouge(f) en V. 502.
gravure(f) en creux. 501.
gravure(f) en relief. 502.
gravure(f) sur bois de bout. 502.
gravure(f) sur bois de fil. 502.
grecquage(m). 499.
grecque(f). 499.
griffe(f) d'entraînement. 486.
guide-fil(m). 485, 486, 491, 496.
guide(m). 499.
hachure(f). 497.
harnais(m). 494.
haute lisse(f). 495.
impression(f). 504.
impression(f) à plat. 504.
impression(f) en creux. 504.
impression(f) en relief. 504.
index(m). 491.
indicateur(m) de rangs. 491.
indicateur(m) de tension. 486.
jauge(f) à aiguilles. 490.
lame(f). 487, 494.
lame(f) fixe. 499.
lame(f) mobile. 499.
lange(m). 502, 504.
latte(f). 493.
lecteur(m) de carte. 491.
lecteur(m) de patron. 491.
levier(m). 503.
levier(m) de côté. 492.
levier(m) de la lame. 499.
levier(m) de point. 492.
ligne(f) d'ourlet. 489.
ligne(f) de bâti. 489.
ligne(f) de coupe. 489.
ligne(f) de modification. 489.
ligne(f) de piqûre de la fermeture. 489.
lisière(f). 488.
lisse(f). 494.
lisses(f). 495.
lithographie(f). 503.
livre(m) relié. 498.
loisirs(m) de création. 483.
machine(f) à coudre. 485, 486.
machine(f) à tricoter. 491, 492.
mailles(f) de montage. 490.
maillet(m). 502.
manche(m). 487, 492, 500, 507.
manivelle(f). 494.
mannequin(m). 487.
maquette(f). 507.
marbre(m). 502.
marche(f). 494.
marteau(m) à endosser. 500.
marteline(f). 507.
matériel(m). 501, 502, 503.
mécanisme(m) d'enclenchement de la carte. 491.
méplat(m). 490.
métier(m) à broder. 493.
métier(m) de basse lisse. 494.
métier(m) de haute lisse. 495.

mètre(m) à ruban. 487.
meule(f). 507.
meule(f) diamantée. 507.
mirette(f). 505.
mise(f) en presse. 500.
molette(f) d'entraînement de la carte. 491.
montant(m). 494, 495, 499.
montre(f). 506.
mordache(f). 499.
mors(m). 498.
mortaise(f). 493.
moteur(m). 485.
moufle(m). 506.
moulinet(m). 502.
navette(f). 495.
navette(f). 486.
nerf(m). 498.
noeud(m). 497.
noix(f). 492.
oeil(m). 495.
oeillet(m). 491, 494.
ourdissoir(m). 496.
panne(f). 500.
papier(m). 504.
papier(m) carbone. 507.
passettes(f). 499.
pâte(f) d'argile. 505.
patron(f). 489.
patron(m). 492, 507.
patte(f). 500.
patte(f) de coq. 506.
peau(f). 500.
pêcheur(m). 491.
pédale(f) de frein. 494.
peigne(m). 495.
pelote(f). 487.
pied-de-biche(m). 485, 486.
pied(m) presseur. 486.
pierre(f) à aiguiser. 501.
pierre(f) lithographique. 504.
pige(f). 505.
pince-aiguille(m). 486.
pince(f). 489.
pince(f) à détacher. 507.
pince-fil(m). 491.
pinceau(m). 501, 507.
piquoir(m). 492.
plaçure(f). 498.
planche(f) de bois. 504.
planche(f) de cuivre. 501.
plaque(f) à aiguille. 485.
plaque(f) d'enfournement. 506.
plaque(f) de métal. 504.
plaque-glissière(f). 485.
plat(m) recto. 498.
plat(m) verso. 498.
plateau(m). 485, 499, 500.
platine(f). 500.
plioir(m). 498.
pliure(f). 489.
poids(m) de lisière. 491.
poignée(f). 492, 503.
poignée(f) de la manivelle. 503.
poignée(f) de la table. 503.
point(m) d'arête. 493.
point(m) d'épine. 493.
point(m) d'Orient. 493.
point(m) de chaînette. 493.
point(m) de chausson. 493.
point(m) de chevron. 493.
point(m) de côtes. 490.
point(m) de jersey. 490.
point(m) de noeud. 493.
point(m) de poste. 493.
point(m) de repère. 489.
point(m) de torsades. 490.
point(m) mousse. 490.
point(m) passé empiétant. 493.
point(m) roumain. 493.
pointe(f). 486, 490, 507.
pointe(f) sèche. 501, 503.
points(m), catégories(f) de. 493.
points(m) bouclés. 493.
points(m) couchés. 493.
points(m) croisés. 493.

points(m) noués. 493.
points(m) plats. 493.
poitrinière(f). 494.
porte(f). 488.
porte-fils(m). 494.
porte(m) tension. 491.
porte-râteau(m). 503.
poterie(f). 505, 506.
presse(f) à percussion. 500.
presse(f) à taille-douce. 502.
presse(f) lithographique. 503.
pyromètre(m). 506.
queue(f). 500.
rail(m). 491.
rainure(f). 486, 491, 507.
rat(m) de cave. 501.
râteau(m). 503, 504.
regard(m). 506.
règle(f). 499.
règle(f) d'équerrage. 499.
règle-point(m). 485.
réglette(f). 495.
relève-presseur(m). 485.
releveur(m) de fil. 485.
reliure(f) d'art. 498, 499, 500.
rentré(m). 489.
ressort(m) compensateur de fil. 486.
rondeau(m). 505.
ros(m). 494.
roue(f) d'engrenage. 496.
roue(f) d'entraînement. 496.
roue(f) dentée. 494.
rouleau(m). 502.
rouleau(m) à vernir. 501.
rouleau(m) principal. 494.
roulette(f). 487.
roulette(f). 501, 507.
ruban(m). 488.
ruban(m) de cuivre. 507.
sanguine(f). 503.
satin(m). 497.
scie(f) à grecquer. 499.
sélecteur(m) de points. 485.
semelle(f) du battant. 494.
sergé(m). 497.
serre-joint(m). 491, 496.
sertissage(m). 507.
siège(m). 505.
socle(m). 500.
sole(f). 506.
soudage(m). 507.
soudure(f). 507.
spatule(f). 502.
support(m). 495, 507.
support(m) de tension. 491.
support(m) du rouleau. 494.
surface(f) encrée. 504.
table(f). 499, 502, 503, 504.
taille(f). 504.
talon(m). 486, 492.
tambour(m). 493.
tampon(m). 502.
tarlatane(f). 501.
techniques(f) de tissage. 497.
templet(m). 496.
templet(m). 499.
tentoir(m). 494.
tige(f). 485, 490, 492, 500.
tige(f). 486, 490, 492, 495.
tirette(f). 488, 493.
tissage(m). 494, 495, 496, 497.
tissage(m), schéma(m) de principe du. 497.
tissu(m), structure(f) du. 488.
tissu(m) du vêtement. 488.
tissus(m) de soutien. 488.
toile(f). 497.
tour(m) à pied. 505.
tournette(f). 505.
trame(f). 488, 494.
tranchant(m). 487.
tranche(f) de gouttière. 498.
tranche(f) de queue. 498.
tranche(f) de tête. 498.
tranchefile(f). 498.

traverse(f). 494, 495, 499.
tricot(m). 490.
tricot(m), points(m) de. 490.
triplure(f). 488.
trou(m). 503.
tympan(m). 504.
verre(m), coupe(f) du. 507.
verrou(m). 486.
vis(f) centrale. 500.
vis(f) d'accouplement. 485.
vis(f) de pince-aiguille. 486.
vis(f) de pression. 502, 503.
vis(f) sans fin. 496.
vitrail(m). 507.
volant(m). 485, 500, 505.
voûte(f). 506.
voyant(m). 506.

MACHINERIE LOURDE

age(m). 153.
appareil(m) respiratoire. 662.
arbre(m) à cardan. 152.
arête(f) d'ancrage. 664.
auvent(m). 668.
axe(m) d'articulation du godet.
   665.
balancier(m). 666.
bandage(m) de roue caoutchoutée.
   670.
barbotin(m). 664.
barre(f) d'attelage. 152.
barre(f) d'équilibre. 152.
barre(f) de coupe. 155.
barre(f) de traction. 664.
base(f). 661.
bâti(m). 153.
bâtiments(m). 151.
batteur(m). 155.
benne(f). 668.
benne(f) basculante. 668.
benne(f) preneuse. 667.
bergerie(f). 151.
bineuse(f) rotative. 153.
bord(m) tranchant. 664.
bouteille(f) d'air comprimé. 662.
bouteur(m). 664.
brancard(m). 668.
bras(m). 665, 667.
bras(m) de fourche. 670.
bras(m) de levage. 665.
bras(m) du longeron. 663.
cabine(f). 664, 665, 666, 667, 668,
   670.
cabine(f) de commande. 669.
cabine(f) de l'opérateur. 661.
câble(m) de basculement. 661.
câble(m) de levage. 661, 669.
câble(m) de traction. 661.
camion-benne(m). 668.
cercle(m) porte-lame. 666.
chaîne(f) à godets. 154.
chaîne(f) de levage. 661, 670.
chaîne(f) de traction. 661.
chargeuse(f) frontale. 665.
chargeuse-pelleteuse(f). 665.
chariot(m). 669.
chariot(m) à plateau. 671.
chariot(m) élévateur à bras. 671.
chariot(m) élévateur à fourche.
   670.
chariot(m) élévateur à mât
   rétractable. 670.
chariot(m) motorisé. 670.
charrue(f) à soc. 153.
châssis(m). 667, 668, 670.
châssis(m) orientable. 661.
châssis-poutre(m). 666.
chemin(m) de roulement. 669.
chenille(f). 664.
chevalet(m). 661.
clôture(f) électrique. 151.
coffre(m) latéral. 662, 663.
col-de-cygne(m). 668.
console(f). 666.

contre-batteur(m). 155.
contre-flèche(f). 669.
contre-sep(m). 153.
contrepoids(m). 667, 669.
convoyeur(m). 155.
corne(f) de feu. 663.
corps(m). 153.
cour(f). 151.
couronne(f) d'orientation. 661, 667.
coutre(m). 153.
crochet(m). 669.
crochet(m) de traction. 152.
cultivateur(m). 153.
décapeuse(f). 668.
défonceuse(f). 666.
défonceuse(f). 664.
dent(f). 154, 666, 667.
dent(f) de défonceuse. 664.
dent(f) de godet. 665.
dévidoir(m). 663.
diable(m). 671.
disque(m) butteur. 154.
distributeur(m) d'engrais. 154.
diviseur(m). 155.
doigt(m). 152.
dosseret(f). 670.
échelle(f) à crochets. 663.
échelle(f) mécanique d'incendie.
   662.
échelle(f) pivotante automatique.
   662.
éjecteur(m). 668.
élévateur(m). 152.
engins(m) de manutention. 671.
entrée(f). 671.
entretoise(f). 671.
épandeur(m) de fumier. 153.
éparpilleur(m) de fumier. 154.
essieu(m) avant. 666.
essieu(m) directeur. 670.
essieu(m) moteur. 670.
étable(f). 151.
étançon(m). 153.
extincteur(m). 662.
ferme(f). 149.
filtre(m). 661.
filtre(m) à air. 664.
flèche(f). 661, 665, 667, 669.
flèche(f) de cercle. 666.
flèche(f) télescopique. 669.
fourche(f). 670.
fourgon-pompe(m). 663.
gaffe(f). 663.
galet(m) de répartition. 664.
galet(m) de support. 664.
galet(m) de translation. 669.
godet(m). 661, 665.
godet(m) chargeur. 667.
godet(m) rétro. 665.
goulotte(f). 152, 153.
grange(f). 151.
grappin(m). 667.
grille(f) inférieure. 155.
grille(f) supérieure. 155.
grue(f). 669.
grue(f) à tour. 669.
grue(f) automotrice sur chenilles.
   669.
grue(f) sur porteur. 669.
grue(f) sur portique. 669.
gyrophare(m). 663.
habitation(f). 151.
hachette(f). 662.
hangar(m). 151.
harnais(m). 662.
hauban(m). 661.
haut-parleur(m). 663.
herse(f). 152.
jachère(f). 151.
jardin(m) potager. 151.
laiterie(f). 151.
lame(f). 155, 664, 666.
lame(f) racleuse. 668.
lance-canon(m). 663.
lance(f). 662, 663.
lest(m). 669.

levier(m) coudé. 665.
limon(m). 152.
longeron(m) de chenille. 664.
machine(f) agricole. 155.
machinerie(f) agricole. 152, 153,
   154.
machinerie(f) lourde. 659.
maillon(m) de chenille. 664.
maïs(m) fourrager. 151.
maison(f) à cour ouverte. 151.
manomètre(m). 663.
marchepied(m). 663.
mât(m). 661, 670.
mécanisme(m) d'orientation de la
   lame. 666.
mécanisme(m) marcheur à came
   coulissante. 661.
moissonneuse-batteuse(f). 155.
moteur-benne(m). 668.
moteur(m). 155, 661, 664, 666,
   667, 668.
moteur(m) diesel. 665.
nervure(f). 668.
niveleuse(f). 666.
orifice(m) d'alimentation. 663.
palette-caisse(f). 671.
palette(f) à ailes. 671.
palette(f) à double face. 671.
palette(f) à simple face. 671.
palettes(f). 671.
palonnier(m). 668.
parc(m) à échelles. 662.
paroi(f). 671.
passerelle(f). 661.
patin(m). 664.
patin(m). 661.
pâturage(m). 151.
pelle(f) à benne traînante. 661.
pelle(f) hydraulique. 667.
phare(m) de recul. 664.
pièce(f) d'embranchement. 662.
pièce(f) de jonction. 663.
plancher(m). 671.
plancher(m) inférieur. 671.
plancher(m) supérieur. 671.
planteuse(f) de pommes de terre.
   154.
plate-forme(f). 669.
point(m) d'articulation. 665.
pointe(f). 152.
pointe(f) de dent de défonceuse.
   664.
porcherie(f). 151.
poulailler(m). 151.
poulie(f) de chariot. 669.
poulie(f) de tête de flèche. 661.
poutre-châssis(f). 666.
prise(f) de force. 152.
projecteur(m). 662, 663.
projecteur(m) orientable. 663.
projecteur(m) portatif. 662.
puits(m). 151.
pulvériseur(m) tandem. 154.
rabatteur(m). 155.
rallonge(f) de bras de fourche.
   670.
ramasseur(m). 152.
ramasseuse-chargeuse(f). 152.
ramasseuse-presse(f). 152.
rasette(f). 153.
râteau-faneur-adaineur(m) à
   tambour. 154.
récepteur(m). 155.
récolteuse-hacheuse-chargeuse(f).
   153.
remorque-épandeuse(f). 153.
réservoir(m) à grain. 155.
rotule(f) de traction du porte-lame.
   666.
roue(f) avant. 666.
roue(f) folle. 664.
roue(f) motrice. 666.
ruche(f). 151.
sabot(m) de protection. 664.
scarificateur(m). 666.
secoueur(m). 155.

semoir(m) en lignes. 154.
sep(m). 153.
serre(f). 151.
siège(m) du conducteur. 670.
silo-couloir(m). 151.
silo-tour(m). 151.
soc(m). 153.
soleil(m). 153.
sous-soleuse(f). 154.
stabilisateur(m). 662, 667.
support(m). 671.
tableau(m) de commande. 662.
tablier(m). 668, 670.
talon(m). 153.
tambour(m). 154.
tambour(m) à dents. 154.
tambour(m) de dispersion. 153.
tambour(m) de levage. 661.
tambour(m) de traction. 661.
tampon(m) de poussée. 668.
tête(f) du vérin de levage. 670.
tirant(m). 669.
tire-paille(m). 155.
toit(m) de protection. 670.
tour(f). 669.
tourelle(f). 662, 667.
tracteur(m). 152.
tracteur(m) à chenilles. 664.
tracteur(m) à pneus. 665.
tracteur-remorqueur(m). 668.
transmission(f). 668.
transpalette(f) à bras. 671.
traverse(f). 152.
trémie(f). 154.
treuil(m). 661.
tuyau(m) d'aspiration. 663.
tuyau(m) d'échappement. 664.
tuyau(m) de refoulement. 662.
ventilateur(m). 155.
verger(m). 151.
vérin(m). 666, 667.
vérin(m) de défonceuse. 664.
vérin(m) de direction. 666.
vérin(m) de levage. 665, 670.
vérin(m) de levage de la benne.
   668.
vérin(m) de manoeuvre du godet.
   665.
vérin(m) hydraulique. 664, 665,
   668.
versoir(m). 153.
vis(f) à grain. 155.
vis(f) à otons. 155.
vis(f) d'alimentation. 155.
vis(f) sans fin de déchargement.
   155.
voiture(f) de pompiers. 662, 663.
volant(m). 155.
volant(m) de direction. 155.
volant(m) de manoeuvre. 663.

MAISON

acier(m). 183.
aisselier(m). 180.
allée(f). 180.
aquastat(m). 194.
arbalétrier(m). 180.
armoire(f) de traitement intérieur.
   194.
arrangements(m) des parquets.
   186.
arrivée(f) du mazout. 195.
atelier(m). 179.
âtre(m). 190.
avaloir(m). 190.
bague(f) métallique. 191.
balai(m). 191.
balcon(m). 178.
balustrade(f). 178.
bandeau(m). 177, 190.
bardeau(m). 185.
bardeau(m) d'amiante. 185.
bardeau(m) d'asphalte. 185.
barreau(m). 187.

Index thématiques

base(f) de dormant. 189.
battant(m). 189.
béton(m) armé. 183.
béton(m) précontraint. 183.
bloc(m) en béton. 183.
blochet(m). 180.
bois(m). 184.
boîtier(m). 196.
bouche(f) à induction. 192.
bouche(f) d'extraction. 192.
bouche(f) de soufflage. 192.
brique(f). 183.
brique(f) réfractaire. 195.
brûleur(m) à mazout. 195.
buanderie(f). 179.
buse(f). 191.
cabinet(m) de travail. 179.
câble(m) d'amenée du courant. 194.
cage(f) d'escalier. 179.
canalisation (f) de retour. 193.
canalisation(f) d'alimentation. 193.
canalisation(f) d'alimentation aux radiateurs. 194.
canalisation(f) de retour. 194.
carreau(m). 185, 189.
carreau(m) de plâtre. 183.
carter(m). 193, 196.
chambranle(m). 188, 189.
chambre(f). 179.
chambre(f) de combustion. 191, 195.
chambre(f) froide. 179.
chambre(f) principale. 179.
chantignole(f). 180.
chape(f). 186.
charpente(f). 182.
charpente(f) du toit. 180.
chatière(f). 177.
chaudière(f). 194.
chaudière(f). 193.
chauffage(m). 190, 191, 192, 193, 194, 195.
cheminée(f). 192.
cheminée(f). 192.
cheminée(f) à foyer ouvert. 190.
chéneau(m). 177.
chenêts(m). 191.
chevêtre(m). 180.
chevron(m). 180, 182.
ciment(m). 184.
circulateur(m). 194.
climatiseur(m) de fenêtre. 196.
climatisation(f). 196.
coeur(m). 190.
col-de-cygne(m). 187.
colle(f). 186.
collet(m). 192.
collier(m) coupe-feu. 192.
colonne(f) ascendante. 193.
colonne(f) de radiateur. 193.
colonne(f) descendante. 193.
combles(m). 177.
commande(f) du ventilateur. 196.
compresseur(m). 194, 196.
condenseur(m). 194, 196.
conduit(m), section(f) de. 191.
conduit(m), section(f) du. 192.
conduit(m) de distribution vertical. 192.
conduit(m) de fumée. 192.
conduit(m) de raccordement. 191.
connexions(f) du thermostat. 194.
contact(m) de trop-plein. 196.
contre-fiche(f). 180.
contre-plaqué(m). 184.
contrecoeur(m). 190.
contremarche(f). 187.
contrevent(m). 189.
convecteur(m). 193.
corbeau(m). 190.
corniche(f). 177, 188.
corps(m) de chauffe. 193.
coude(m). 191, 192, 193.
couloir(m). 179.
coupe-feu(m). 182.

couronnement(m). 187.
coyau(m). 180.
crémaillère(f). 187.
crochet(m) de contrevent. 189.
croix(f) de Saint-André. 182.
cuisine(f). 179.
cuvette(f). 196.
déclivité(f) du terrain. 178.
déflecteur(m). 196.
déflecteur(m) de fumée. 191.
descente(f). 178.
descente(f) de gouttière. 177.
déshumidificateur(m). 196.
dispositif(m) d'admission d'air. 191.
dôme(m) d'avaloir. 190.
dormant(m). 189.
drain(m). 182.
ébrasement(m). 190.
échangeur(m) extérieur. 194.
échangeur(m) intérieur à ailettes. 194.
électrodes(m) d'allumage. 195.
élément(m) de chauffe. 195.
éléments(m) de chauffe. 194.
emmarchement(m). 187.
entablement(m). 188.
entrait(m). 180.
entrée(f) latérale. 178.
entrée(f) principale. 178.
épi(m) de faîtage. 177.
escalier(m). 187.
escalier(m). 178.
espace(m) de rangement. 179.
étage(m). 178, 179.
étai(m). 182.
évent(m) latéral. 196.
extérieur(m) d'une maison. 177.
faîtage(m). 177.
fenêtre(f). 189.
fenêtre(f). 177, 178.
fenêtre(f) à guillotine. 189.
fenêtre(f) à jalousies. 189.
fenêtre(f) à la française. 189.
fenêtre(f) basculante. 189.
fenêtre(f) coulissante. 189.
fenêtre(f) en accordéon. 189.
fenêtre(f) ouvrant à l'anglaise. 189.
fenêtre(f) pivotante. 189.
ferme(f). 180.
filtre(m). 194.
filtre(m) à air. 195.
fondations(f). 182.
foyer(m). 178.
foyère(f). 190.
frise(f). 188.
gaine(f) de dérivation. 192.
gaine(f) de distribution. 194.
gaine(f) de retour(d'air). 194.
gaine(f) principale. 192.
garage(m). 177, 179.
garde-corps(m). 177.
garde-manger(m). 179.
garde-robe(f). 178, 179.
générateur(m) d'air chaud. 192.
générateur(m) d'air chaud électrique. 195.
gicleur(m). 195.
giron(m). 187.
girouette(f). 177.
gond(m). 188.
gouttière(f). 177.
gravier(m). 182.
grillage(m). 196.
harpe(f). 177.
hauteur(f) de marche. 187.
hotte(f). 190.
humidificateur(m). 194.
hygrostat(m). 196.
installation(f) à air chaud pulsé. 192.
installation(f) à eau chaude. 193.
isolant(m). 184.
isolant(m) de ruban métallique. 185.
isolant(m) en caoutchouc-mousse. 185.

isolant(m) en coquille. 185.
isolant(m) en natte. 185.
isolant(m) en panneau rigide. 185.
isolant(m) en rouleau. 185.
isolant(m) en ruban. 185.
isolant(m) en vinyle. 185.
isolant(m) en vrac. 185.
isolant(m) moussé. 185.
jambage(m). 190.
jambe(f) de force. 180.
jambette(f). 180.
jardin(m). 178.
jardin(m) potager. 178.
jet(m) d'eau. 188, 189.
lambourde(f). 182, 186.
lame(f). 186.
lamelle(f). 186.
larmier(m). 177.
lattis(m) de plâtre lisse. 184.
lattis(m) de plâtre perforé. 184.
lattis(m) métallique à losanges. 184.
lecture(f) de plans. 178.
liaisons(f) frigorifiques. 194.
lien(m) de faîtage. 180.
limite(f) du terrain. 178.
limon(m). 187.
linteau(m). 188, 190.
lisse(f). 177, 182.
lisse(f) d'assise. 182.
lucarne(f). 177.
main(f) courante. 187.
maison(f). 175.
maison(f). 178.
manchon(m). 195.
manomètre(m). 194.
manteau(m). 190.
marche(f). 187.
marche(f) palière. 187.
matériaux(m) de construction. 183, 184, 185.
mitre(f). 192.
mitron(m). 177.
montant(m) de ferrage. 188.
montant(m) de la serrure. 188.
montant(m) de rive. 189.
montant(m) embrevé. 189.
montant(m) mouton. 189.
mortier(m). 183.
moteur(m). 194.
moteur(m) du ventilateur. 196.
moteur(m) électrique. 195.
mur(m) de fondation. 182.
nez-de-marche(m). 187.
noue(f). 177.
oeil-de-boeuf(m). 177.
pale(f). 196.
palier(m). 179.
panne(f). 180.
panneau(m). 188.
panneau(m) d'accès. 195.
panneau(m) de fibres dures. 184.
panneau(m) de fibres émaillées. 184.
panneau(m) de fibres lamifiées. 184.
panneau(m) de particules. 184.
panneau(m) de plâtre. 184.
panneau(m) dur perforé. 184.
panneaux(m) de fibres. 184.
paratonnerre(m). 177.
parquet(m). 186.
parquet(m). 182, 186.
parquet(m) à bâtons rompus. 186.
parquet(m) à l'anglaise à coupe de pierre. 186.
parquet(m) à l'anglaise à coupe perdue. 186.
parquet(m) Chantilly. 186.
parquet(m) d'Arenberg. 186.
parquet(m) en chevrons. 186.
parquet(m) en vannerie. 186.
parquet(m) mosaïque. 186.
parquet(m) sur chape de ciment. 186.

parquet(m) sur ossature de bois. 186.
parquet(m) Versailles. 186.
paumelle(f). 189.
pelle(f). 191.
pelouse(f). 178.
perron(m). 177.
persienne(f). 189.
petit bois(m). 189.
petit montant(m). 188.
pièces(f) de la maison. 179.
pied(m) réglable. 195.
pierre(f). 183.
pilastre(m) de départ. 187.
pince(f). 191.
plan(m) du terrain. 178.
plâtre(m). 184.
plénum(m). 192.
plinthe(f) chauffante. 193.
poêle(m) à bois. 191.
poignée(f) amovible. 191.
poignée(f) de porte. 188.
pompe(f). 195.
pompe(f) à chaleur. 194.
pompe(f) de circulation. 193.
porche(m). 177.
porte-bûches(m). 191.
porte-cendrier(m). 191.
porte(f). 188.
porte(f). 177.
porte(f) à charnière. 178.
porte(f) accordéon. 178, 188.
porte(f) coulissante. 188.
porte(f) coulissante escamotable. 178.
porte(f) extérieure. 188.
porte(f) pliante. 188.
porte(f) tournante. 188.
porte-fenêtre(f) coulissante. 178.
porte-foyer(m). 191.
porte-fusibles(m). 195.
poteau(m). 182.
poteau(m) cornier. 182.
poteau(m) mural. 182.
poutre(f). 182.
prise(f) d'air. 190.
purgeur(m). 193.
purgeur(m) d'air automatique. 194.
radiateur(m) à colonnes. 193.
rampe(f). 187.
rampe(f) d'accès. 177.
registre(m) de réglage. 192.
registre(m) de tirage. 191.
relais(m). 194.
relais(m) de protection. 195.
relais(m) de puissance. 195.
représentation(f) sur un plan. 188.
reprise(f) d'air. 195.
rez-de-chaussée(m). 178, 179.
robinet(m) d'équilibrage. 193.
robinet(m) de vidange. 194.
rondelle(f) de poêle. 191.
roulette(f). 196.
sablière(f). 180.
sablière(f) double. 182.
salle de toilette(f). 179.
salle(f) à manger. 179.
salle(f) de bains. 179.
salle(f) de chauffage. 179.
salle(f) de jeux. 179.
salle(f) de séjour. 179.
sélecteur(m). 196.
semelle(f). 182.
serpentin(m) assécheur. 196.
serpentin(m) de l'évaporateur. 196.
serpentin(m) du condenseur. 196.
serrure(f). 188.
serviteur(m). 191.
seuil(m). 177, 188.
solin(m). 192.
solive(f). 186.
solive(f) de plafond. 182.
solive(f) de plancher. 182.
solive(f) de rive. 182.
souche(f). 177.
souche(f) de cheminée. 190.

soupape(f) de pression d'eau. 194.
soupirail(m). 177.
sous-plancher(m). 182.
sous-sol(m). 179.
stationnement(m) de l'auto. 178.
structure(f) d'une fenêtre. 189.
structure(f) d'une maison. 182.
structure(f) du toit. 180.
tabatière(f). 177.
tableau(m) de commande. 196.
tablette(f). 190.
té(m) de base. 192.
terrasse(f). 177, 178.
tête(f) de dormant. 189.
thermostat(m). 194, 195, 196.
tige(f). 196.
tisonnier(m). 191.
toit(m) à l'impériale. 181.
toit(m) à la Mansard. 181.
toit(m) à pignon. 180.
toit(m) à quatre versants. 181.
toit(m) à tourelle à pans. 181.
toit(m) avec lanterneau. 181.
toit(m) deux croupes. 180.
toit(m) en appentis. 180.
toit(m) en carène. 181.
toit(m) en coupole. 181.
toit(m) en dôme. 181.
toit(m) en flèche. 181.
toit(m) en pavillon. 180.
toit(m) en pente. 180.
toit(m) en poivrière. 181.
toit(m) en rotonde. 181.
toit(m) en Shed. 181.
toit(m) plat. 180.
transformateur(m). 195.
trappe(f) de fumée. 190.
traverse(f) inférieure. 188.
traverse(f) intermédiaire. 188.
traverse(f) supérieure. 188.
traverse(f) supérieure d'ouvrant. 189.
tube(m) à ailettes. 193.
tuile(f). 185.
tuyauterie(f) de vidange. 194.
types(m) de fenêtres. 189.
types(m) de portes. 188.
types(m) de toits. 180, 181.
vase(m) d'expansion. 193, 194.
ventilateur(m). 195, 196.
ventilateur(m) centrifuge. 194.
ventilateur(m) de l'évaporateur. 196.
ventilateur(m) de plafond. 196.
ventilateur(m) du condenseur. 196.
ventilateur(m) hélicoïde. 194.
vestibule(m). 179.
volée(f). 187.
voyant(m) des éléments de chauffe. 194.
w.c.(m). 179.

MUSIQUE

abrégé(m). 468.
accent(m). 462.
accord(m). 462.
accordéon(m). 475.
accordoir(m). 478.
altérations(f). 462.
alto(m). 463, 476.
altos(m). 479.
âme(f). 464.
anche(f). 468.
anche(f) double. 469, 474.
anche(f) simple. 469.
anches(f). 469.
appoggiature(f). 462.
archet(m). 464.
armature(f) de la clé. 462.
arpège(m). 462.
attache(f). 466.
attache(f) de pavillon. 469.
attrape(f). 466.
bague(f). 470.

bague(f) de serrage. 469.
baguette(f). 464.
baguettes(f). 471.
balais(m) métalliques. 471.
balalaïka(f). 473.
banjo(m). 473.
barre(f) d'étouffoir. 466.
barre(f) de mesure. 462.
barre(f) de repos des marteaux. 466.
barre(f) de reprise. 462.
basson(m). 469, 476, 477.
bassons(m). 479.
battant(m). 471.
batterie(f). 477.
bec(m). 469.
bécarre(f). 462.
bémol(m). 462.
bémol(m), double. 462.
biseau(m). 468.
blanche(f). 461.
bocal(m). 469, 474.
bois(m), famille(f) des. 469.
boisseau(m) d'embouchure. 470.
boîtier(m). 478.
bombarde(f). 474.
bouche(f). 468.
bourdon(m). 464.
boursette(f). 468.
bouton(m). 463, 464, 475.
bouton(m) d'arrêt. 468.
bouton(m) d'attaque. 481.
bouton(m) d'échappement. 466.
bouton(m) de clé. 469.
bouton(m) de combinaisons. 467.
bouton(m) de piston. 470.
bouton(m) de registre. 467, 468.
branche(f) d'embouchure. 470.
cadre(m). 465, 474.
caisse(f). 472.
caisse(f) claire. 472.
caisse(f) claire. 477, 479.
caisse(f) de résonance. 464, 473.
caisse(f) du piano. 465.
caisse(f) pleine. 480.
caisse(f) roulante. 472.
caisse(f) roulante. 477.
caisse(f) triangulaire. 473.
carillon(m) tubulaire. 471.
carillon(m) tubulaire. 479.
castagnettes(f). 471.
castagnettes(f). 479.
célesta(m). 479.
cercle(m) de serrage. 472.
chalumeau(m). 474.
chanterelle(f). 473.
chape(f). 468.
châssis(m). 471.
chevalet(m). 463, 466.
chevalet(m), ensemble(m) du. 480.
chevalet(m) des aigus. 465.
chevalet(m) des basses. 465.
cheville(f). 463, 464.
cheville(f) d'accord. 465.
cheville(f) de chanterelle. 473.
chevillier(m). 463.
cithare(f). 473.
clairon(m). 470.
clarinette(f). 469, 476, 477.
clarinettes(f). 479.
clavecin(m). 476.
clavier(m). 465, 481.
clavier(m) à pédales. 467.
clavier(m) accompagnement. 475.
clavier(m) chant. 475.
clavier(m) de grand orgue. 467.
clavier(m) de positif. 467.
clavier(m) de récit. 467.
clavier(m) manuel. 468.
claviers(m) manuels. 467.
clé(f). 469.
clé(f) d'eau. 470.
clé(f) d'ut. 461.
clé(f) de fa. 461.
clé(f) de serrage. 472.
clé(f) de sol. 461.

clés(f). 461.
coffre(m). 475.
coin(m). 468.
colonne(f). 464.
commutateur(m) du vumètre. 481.
commutateur(m) marche/arrêt. 481.
compatibilisateur(m). 481.
conduit(m). 467.
console(f). 467.
console(f). 464.
contre-attrape(f). 466.
contrebasse(f). 463, 477.
contrebasses(f). 479.
contrebasson(m). 479.
contrôle(m) de niveau d'entrée. 481.
contrôle(m) du générateur de bruit. 481.
contrôle(m) du séquenceur. 481.
contrôles(m) de niveau de sortie. 481.
cor(m) anglais. 469, 479.
cor(m) d'harmonie. 470, 476, 477.
corde(f). 463, 464, 465, 466.
corde(f) d'accompagnement. 473.
corde(f) de mélodie. 473.
corde(f) de timbre. 472.
cordier(m). 463.
cornemuse(f). 474.
cornet(m). 477.
cornet(m) à pistons. 470.
cornets(m). 479.
corps(m). 468, 469.
corps(m) de piston. 470.
cors(m) d'harmonie. 479.
coulisse(f) d'accord. 470.
coulisse(f) du deuxième piston. 470.
coulisse(f) du premier piston. 470.
coulisse(f) du troisième piston. 470.
croche(f). 461.
croche(f), double. 461.
croche(f), quadruple. 461.
croche(f), triple. 461.
crochet(m) de petit doigt. 470.
crochet(m) de pouce. 470.
cuivres(m), famille(f) des. 470.
cuvette(f). 464.
cylindre(m). 475.
cymbales(f). 471.
cymbales(f). 477, 479.
cymbalette(f). 472.
demi-pause(f). 461.
demi-soupir(m). 461.
diapason(m). 478.
dièse(m). 462.
dièse(m), double. 462.
do(m). 461.
duo(m). 476.
échancrure(f). 463.
échelle(f) des vitesses. 478.
éclisse(f). 463.
embouchure(f). 470.
éperon(m). 475.
étouffoir(m). 466.
fa(m). 461.
faux registre(m). 468.
faux sommier(m). 468.
fermeture(f) du soufflet. 475.
feutre(m). 466.
filet(m). 463.
filtre(m) de sortie. 481.
filtre-oscillateur(m). 481.
flûte(f). 469, 476.
flûte(f) de Pan. 474.
flûtes(f). 479.
fond(m). 463.
frette(f). 473, 480.
gamme(f). 461.
gong(m). 471.
gong(m). 479.
grille(f). 481.
grosse caisse(f). 472.
grosse caisse(f). 477, 479.

groupes(m) instrumentaux. 476, 477.
gruppetto(m). 462.
guimbarde(f). 474.
guitare(f) électrique. 480.
harmonica(m). 474.
harpe(f). 464.
harpe(f). 479.
hausse(f). 464.
hautbois(m). 469, 476, 479.
instruments(m) à clavier. 465, 466.
instruments(m) à cordes. 463, 464.
instruments(m) à percussion. 471, 472.
instruments(m) à vent. 469, 470.
instruments(m) électriques. 480.
instruments(m) électroniques. 481.
instruments(m) traditionnels. 473, 474, 475.
interligne(m). 461.
intervalles(m). 462.
jack(m) de sortie. 480.
jazz(m), formation(f) de. 477.
la(m). 461.
laie(f). 468.
lame(f). 471, 474.
lame(f) d'étouffoir. 466.
languette(f). 468.
lanière(f). 466.
levier(m) d'échappement. 466.
levier(m) de réglage. 478.
levier(m) de vibrato. 480.
lèvre(f) inférieure. 468.
lèvre(f) supérieure. 468.
liaison(f). 462.
ligne(f). 461.
ligne(f) supplémentaire. 461.
lumière(f). 468.
lyre(f). 473.
mailloche(f). 472.
mailloches(f). 471.
manche(m). 463, 466, 473, 480.
mandoline(f). 473.
manivelle(f). 475.
marteau(m). 465, 466.
masse(f) de réglage. 478.
masse(f) pendulaire. 478.
matrice(f). 481.
mécanique(f). 465.
mécanique(f) d'accordage. 480.
mécanique(f) du piano droit. 466.
mécanisme(m) à échappement. 478.
mécanisme(m) d'octave. 469.
mécanisme(m) de l'orgue. 468.
mèche(f) de crins. 464.
médiator(m). 473.
membrane(f). 473.
mesure(f) à deux temps. 462.
mesure(f) à quatre temps. 462.
mesure(f) à trois temps. 462.
mesures(f). 462.
métronome(m). 478.
mi(m). 461.
micro(m) de fréquences aiguës. 480.
micro(m) de fréquences graves. 480.
micro(m) de fréquences intermédiaires. 480.
modulateur(m) en anneau. 481.
montant(m). 473.
monture(f). 474.
mordant(m). 462.
musique(f). 459.
noire(f). 461.
noix(f). 461.
notation(f) musicale. 461, 462.
notes(f), valeur(f) des. 461.
noyau(m). 481.
octave(f). 462.
orchestre(m) symphonique. 479.
oreille(f). 468.
orgue(m). 467, 468.
orgue(m) de Barbarie. 475.
orifice(m) du pied. 468.

ornements(m). 462.
oscillateurs(m). 481.
ouïe(f). 463.
pause(f). 461.
pavillon(m). 468, 469, 470.
peau(f). 472.
peau(f) de batterie. 472.
peau(f) de timbre. 472.
pédale(f). 464, 472.
pédale(f) d'expression. 467.
pédale(f) de combinaisons. 467.
pédale(f) de prolongement. 465.
pédale(f) douce. 465.
pédale(f) forte. 465.
piano(m). 476, 477, 479.
piano(m) droit. 465.
piccolo(m). 469, 479.
picot(m). 475.
pied(m). 464, 468, 472.
pilote(m). 466.
pilotes(m). 468.
piston(m). 470.
pivot(m). 478.
pivoteur(m). 481.
plaque(f) de protection. 480.
plateau(m) de clavier. 465.
point(m) d'orgue. 462.
pointe(f). 464, 466.
pointe(f) d'attache. 465.
pont(m). 475.
porte-vent(m). 467, 468.
portée(f). 461.
profileur(m) dynamique. 481.
pupitre(m). 465, 478.
pupitre(m) à musique. 478.
pupitre(m) du chef d'orchestre. 479.
quarte(f). 462.
quatuor(m). 476.
quinte(f). 462.
quintette(m). 476.
rasette(f). 468.
ré(m). 461.
registre(m) aigu. 475.
registre(m) basse. 475.
registre(m) coulissant. 468.
réglage(m) de la barre de tension. 480.
réglage(m) de la tonalité. 480.
réglage(m) du clavier. 481.
réglage(m) du volume. 480.
remontoir(m). 478.
repère(m) de touche. 480.
réservoir(m). 467.
ressort(m) d'échappement. 466.
ressort(m) de soupape. 468.
réverbérateur. 481.
ronde(f). 461.
roulette(f). 472.
sac(m). 474.
saxhorn(m). 470.
saxophone(m). 469.
saxophone(m). 477.
seconde(f). 462.
sélecteur(m) de micro. 480.
septième(f). 462.
sextuor(m). 477.
si(m). 461.
silences(m), valeur(f) des. 461.
sillet(m). 463, 465, 480.
sixte(f). 462.
sol(m). 461.
sommier(m). 465, 467.
son(m), production(f) du. 467.
soufflerie(f). 467.
soufflet(m). 475.
soupape(f). 468, 475.
soupir(m). 461.
soupir(m), huitième de. 461.
soupir(m), quart de. 461.
soupir(m), seizième de. 461.
sourdine(f). 472.
support(m) de pouce. 469.
synthétiseur(m). 481.
table(f). 468.
table(f) d'harmonie. 463, 464, 465.

talon(m). 464.
tambour(m) de basque. 472.
tendeur(m) de timbre. 472.
tête(f). 464, 480.
tierce(f). 462.
tige(f). 478.
timbale(f). 472.
timbales(m). 479.
tirant(m) de registre. 468.
touche(f). 463, 465, 466, 473, 475, 480.
touche(f) de pédalier. 467.
traverse(f). 473.
trépied(m). 472, 478.
triangle(f). 471.
triangle(m). 479.
trille(m). 462.
tringle(f) de pédale. 465.
tringle(f) de tension. 472.
trio(m). 476.
trombone(m). 470, 477.
trombones(m). 479.
trompette(f). 470.
trompette(f). 470, 477.
trompettes(f). 479.
tuba(m). 470, 479.
tube(m) de résonance. 471.
tuyau(m). 468, 475.
tuyau(m) à anche. 468.
tuyau(m) à bouche. 468.
tuyau(m) d'insufflation. 474.
tuyau(m) de montre. 467.
tuyauterie(f). 467.
tuyaux(m) d'orgue. 468.
unisson(m). 462.
vergette(f). 468, 475.
violon(m). 463, 464.
violon(m). 463, 476.
violon(m) famille(f) du. 463.
violoncelle(m). 463, 476.
violoncelles(m). 479.
violons(m), premiers. 479.
violons(m), seconds. 479.
vis(f) de tension. 472.
vis(f) sans fin. 475.
volute(f). 463.
voyant(m). 481.
vumètre(m). 481.
xylophone(m). 471.
xylophone(m). 479.

NOURRITURE

agneau(m). 143.
agnolotti(m). 137.
aiguillette(f) de gîte à la noix. 141.
aiguillette(f) de romsteck. 141.
aloyau(m). 140.
alphabet(m). 137.
aneth(m). 135.
Anfrom(m). 144.
anneaux(m). 137.
avant(m). 139, 143.
bagues(f). 137.
baguette(f) épi. 138.
baguette(f) parisienne. 138.
bajoue(f). 142.
Banon(m). 145.
bas(m) d'épaule. 142.
bas(m) de cuisseau. 139.
bas(m) de gigot. 143.
basilic(m). 135.
bavette(f). 141.
Beaumont(m). 145.
beignet(m). 146.
biscuit(m). 147.
Bleu(m) de Bresse. 144.
bloc(m) d'épaule. 140.
boeuf(m). 140, 141.
bombe(f) glacée. 147.
boucles(f). 141.
bouclettes(f). 137.
bourrache(f). 135.
Boursault(m). 144.
bout(m) de côtes. 140, 142.

bout(m) de poitrine. 141.
bout(m) du filet. 142.
Brick(m). 144.
Brie(m). 145.
brioche(f). 146.
cake(m). 147.
Camembert(m). 145.
cannelloni(m). 137.
Cantal(m). 145.
Caprice(m) des Dieux. 144.
carré(m). 142.
carré(m) raccourci. 139.
cerfeuil(m). 135.
charlotte(f). 146.
Cheddar(m) américain. 144.
Cheddar(m) canadien. 144.
chou(m). 147.
clafoutis(m). 147.
Colby(m). 144.
collet(m). 139, 143.
collier(m). 140.
Comté(m). 145.
contre-filet(m). 140, 141.
coquilles(f). 137.
coquillettes(f). 137.
côte(f). 139, 140, 143.
côte(f) d'aloyau. 140.
côte(f) de flanc. 142.
côtelettes(f). 143.
côtelettes(f) découvertes. 143.
côtes(f). 142.
côtes(f) croisées. 140.
côtes(f) découvertes. 139.
coudes(m). 137.
Coulommiers(m). 145.
coupe(f) nord-américaine. 139, 140, 142, 143.
coupe(f) parisienne. 139, 141, 142, 143.
[crak-pain](m) de seigle. 138.
[crak-pain](m) scandinave. 138.
crème(f) de Gruyère. 145.
crêpe(f). 147.
croissant(m). 138.
crosse(f). 139, 141, 142.
croupe(m). 140, 142.
cuisse(f). 140, 142.
cuisseau(m). 139.
culotte(f). 141.
desserts(m). 146, 147.
dessus(m) de côtes. 139, 141.
Doux(m) de Montagne. 144.
échine(f). 142.
entame(f) de romsteck. 141.
entrecôtes(f) couvertes. 141.
entrecôtes(f) découvertes. 141.
épaule(f). 139, 140, 142, 143.
escargots(m). 137.
estragon(m). 135.
étoiles(f). 137.
faux filet(m). 140.
fedelini(m). 136.
feuilleté(m). 147.
filet(m). 140, 142, 143.
fines herbes(f). 135.
flan(m). 147.
flanc(m). 139, 140, 142, 143.
flanchet(m). 141.
fromages(m) français. 144, 145.
fromages(m) nord-américains. 144.
galette(f). 146.
gâteau(m). 146.
gâteau(m) aux fruits. 147.
gaufre(f). 147.
gigot(m). 143.
gîte(m) à la noix. 141.
gîte(m) de derrière. 141.
gîte(m) de devant. 141.
gorge(f). 142.
Gournay(m). 145.
grains(m) de plomb. 137.
hampe(f). 141.
haut-de-côtes(m). 140.
haut(m) de côtelettes. 143.
haut(m) de côtes. 139.
haut(m) de cuisseau. 139.

haut(m) de gigot. 143.
hysope(f). 135.
jambon(m). 142.
jambonneau(m). 142.
jambonneau(m) arrière. 142.
jambonneau(m) avant. 142.
jarret(m). 139, 140, 142, 143.
jarret(m) arrière. 139.
jarret(m) avant. 139.
jumeaux(m). 141.
lasagnes(f). 136.
lasagnes(f) aux épinards. 136.
lasagnes(f) frisées. 136.
laurier(m). 135.
Liederkranz(m). 144.
livèche(f). 135.
longe(f). 139, 140, 142, 143.
longe(f) complète. 139, 143.
macaroni(m). 136, 137.
macreuse(f). 141.
mafaldes(f). 136.
manicotti(m). 137.
marjolaine(f). 135.
menthe(f). 135.
meringue(f). 146.
milieu(m) de cuisse. 142.
milieu(m) de longe. 142.
milieu(m) de poitrine. 141.
milieu(m) de sous-noix. 139.
Mimolette(f). 145.
Monterey Jack(m). 144.
mousse(f). 147.
Munster(m). 145.
nerveux(m) de gîte à la noix. 141.
nerveux(m) de sous-noix. 139.
noix(f). 139.
noix(f) de hachage. 142.
noix(f) pâtissière. 139.
nouilles(f). 136.
nouilles(f) aux épinards. 136.
nourriture(f). 133.
onglet(m). 139, 141.
origan(m). 135.
pain(m). 138.
pain(m) américain. 138.
pain(m) au lait. 138.
pain(m) azyme. 138.
pain(m) bâtard. 138.
pain(m) blanc. 138.
pain(m) chapati indien. 138.
pain(m) complet. 138.
pain(m) de blé entier. 138.
pain(m) de maïs américain. 138.
pain(m) de mie. 138.
pain(m) de seigle allemand. 138.
pain(m) de seigle avec graines de carvi. 138.
pain(m) de seigle danois. 138.
pain(m) de seigle noir. 138.
pain(m) irlandais. 138.
pain(m) naan indien. 138.
pain(m) noir russe. 138.
pain(m) parisien. 138.
pain(m) pita. 138.
pain(m) pita avec graines de sésame. 138.
pain(m) pumpernickel. 138.
pain(m) rond. 138.
pain(m) tchallah juif. 138.
paleron(m). 141.
palette(f). 140, 142.
parfait(m). 146.
pâtes(f) alimentaires. 136, 137.
pépins(m). 137.
persil(m). 135.
Petit-Suisse(m). 145.
petits chapeaux(m). 137.
petits fours(m). 146.
pied(m). 142.
plat(m) de côte couvert. 141.
plat(m) de côte découvert. 141.
plumes(f). 137.
pointe(f) de poitrine. 140.
pointe(f) de surlonge. 140.
poitrine(f). 139, 140, 142, 143.
poitrine(f) complète. 140.

Pont l'évêque(m). 145.
porc(m). 142.
Port-Salut(m). 145.
profiterole(f). 146.
quartier(m) arrière. 140.
quartier(m) avant. 140.
quasi(m). 139.
ravioli(m). 137.
Reblochon(m). 144.
romarin(m). 135.
romsteck(m). 141.
rond(m) de gîte à la noix. 141.
ronde(f). 140.
Rondelé(m). 144.
Roquefort(m). 144.
rouelle(f). 139.
roues(f). 137.
roulé(m). 147.
Saint-Marcelin(m). 145.
Saint-nectaire(m). 145.
Sainte-maure(m). 144.
sarriette(f). 135.
sauge(f). 135.
savarin(m). 146.
selle(f). 143.
soc(m). 142.
sorbet(m). 147.
soufflé(m). 147.
spaghetti(m). 136.
spathettini(m). 136.
spirales(f). 136.
spirales(f), grosses. 137.
surlonge(f). 140, 141.
talon(m) de ronde. 140.
tarte(f). 146.
tartelette(f). 146.
Teleme(m). 144.
tendron(m). 139, 141.
thym(m). 135.
Tomme(m) aux raisins. 144.
torsades(f). 137.
tortellini(m). 137.
tranche(f) grasse. 141.
tufoli(m). 137.
vacherin(m). 146.
Valençay(m). 144.
veau(m). 139.
vermicelles(m). 136.
vermicelles(m) flottés. 136.

OBJETS PERSONNELS

accessoires(m) de coiffure. 333.
accessoires(m) de manucure. 333.
adaptateur(m) de fiche. 331.
allumette(f) de sûreté. 335.
amortisseur(m). 328.
anneau(m). 327, 328.
anneau(m) de suspension. 330.
ardillon(m). 339.
armature(f). 337.
articles(m) de maroquinerie. 340, 341.
articles(m) du fumeur. 334, 335.
attache(f). 336.
badine(f). 336.
bagages(m). 337.
bague(f). 334.
baleine(f). 336.
baluchon(m). 339.
bandelette(f) d'arrachage. 334.
bandoulière(f). 336, 337, 339.
barrette(f). 333.
base(f). 330.
bâton(m) de lumière. 330.
bâton(m) de manucure. 332.
béquille(f). 337.
bigoudi(m). 333.
blague(f) à tabac. 335.
blaireau(m). 327.
bloc(m) chargeur. 327.
bloc-notes(m). 341.
boîte(f) d'allumettes. 335.
boîte(f) de cigares. 334.
boîtier(m). 327, 329, 330, 331.

boîtier(m) du ventilateur. 330.
bol(m) à raser. 327.
boucle(f). 339.
bourre-pipe(m). 335.
bourse(f) à monnaie. 341.
bout-filtre(m). 334.
bouton(m) de nettoyage. 327.
bouton-pression(m). 338, 341.
branche(f). 328.
bride(f). 341.
briquet(m) à gaz. 334.
brosse-araignée(f). 328.
brosse(f). 329.
brosse(f) à dents. 329.
brosse(f) à friser. 331.
brosse(f) à ongles. 332.
brosse(f) anglaise. 328.
brosse(f) de nettoyage. 327.
brosse(f) pneumatique. 328.
brosse(f) ronde. 328.
brosses(f) à cheveux. 328.
brucelles(f). 333.
buse(f). 329, 330.
cadenas(m). 337.
cadre(m). 337, 340.
calculatrice(f). 341.
canne(f). 336.
cape(f). 334.
cartouche(f). 334.
cartouche(f) de papier à cigarettes. 334.
casque(m). 330.
casque(m) sèche-cheveux. 330.
cendre(f). 334.
cendrier(m). 334.
charnière(f). 337, 339.
cigare(m). 334.
cigarette(f). 334.
ciseaux(m) à cuticules. 332.
ciseaux(m) à effiler. 328.
ciseaux(m) à ongles. 332.
ciseaux(m) de coiffeur. 328.
ciseaux(m) de pédicure. 333.
ciseaux(m) de sûreté. 333.
ciseaux(m) sculpteurs. 328.
classeur(m) à soufflets. 340.
coffret(m) de rangement. 327.
combiné(m) 2 dans 1. 328.
combiné(m) bucco-dentaire. 329.
commande(f) de température. 331.
commutateur(m) chaleur-vitesse. 330.
compartiment(m). 340.
compartiment(m) central. 339.
compartiment(m) ouvert. 339.
coque(f). 337.
cordon(m). 339.
cordon(m) d'alimentation. 327, 330.
cordon(m) d'alimentation articulé. 331.
corps(m). 330, 334.
coulant(m). 336.
coupe-cors(m). 332.
coupe-cuticules(m). 332.
coupe-ongles(m). 333.
courroie(f) d'attache. 336.
courroie(f) de valise. 337.
coussin(m) en caoutchouc. 328.
couture(f). 334.
couvercle(m). 331, 335.
crayon(m) blanchisseur d'ongles. 333.
crème(f) dentifrice. 329.
crochet(m). 337, 341.
cure-ongles(m). 333.
curette(f). 335.
démêloir(m). 328.
dent(f). 328.
distributeur(m) de lames. 327.
dos(m). 335.
doublure(f). 338, 340.
dragonne(f). 336, 337, 339, 340.
écritoire(f). 340.
embout(m). 335, 336.
embout(m) de baleine. 336.

embout(m) isolant. 331.
épingle(f) à cheveux. 333.
étiquette(f) extérieure du paquet. 334.
étui(m). 332.
extracteur(m) de comédons. 333.
fenêtre(f). 341.
fente(f). 341.
fer(m) à friser. 331.
fermeture(f) à glissière. 332, 336, 337, 338.
fermoir(m). 339, 340.
fermoir(m) à boules. 339, 341.
ferret(m). 336.
ferrure(f). 337.
feuillet(m). 341.
fourneau(m). 335.
fourreau(m). 336.
frottoir(m). 335.
fume-cigarettes(m). 334.
garniture(f). 337, 339.
gouge(f). 332.
gratte-ongles(m). 332.
grébiche(f). 341.
grille(f). 327.
grille(f) d'aspiration. 330.
grille(f) de sortie d'air. 330.
housse(f) à vêtements. 337.
indicateur(m) lumineux. 331.
interrupteur(m) d'éclairage. 330.
interrupteur(m) marche/arrêt. 327, 329, 331.
interruption(f) marche/arrêt. 330.
lame(f). 327, 328.
lame(f) à double tranchant. 327.
lentille(f). 335.
levier(m). 331, 333.
lime(f). 333.
lime(f) à ongles. 332.
lime-émeri(f). 333.
malle(f). 337.
mallette(f) de toilette. 337.
mallette(f) porte-documents. 340.
manche(m). 327, 328, 329, 336.
manchon(m). 339.
mégot(m). 334.
minaudière(f). 339.
miroir(m). 337.
miroir(m) double pivotant. 330.
miroir(m) grossissant. 330.
miroir(m) latéral. 330.
miroir(m) lumineux. 330.
molette(f). 334.
molette(f) de réglage de la flamme. 334.
monture(f). 336.
moraillon(m). 337.
mors(m). 333.
mortaise(f). 335.
nettoie-pipe(m). 335.
objets(m) personnels. 325.
panneau(m) de séparation. 337.
papier(m). 334.
paquet(m) cellophané. 334.
parapluie-canne(m). 336.
parapluie(m). 336.
parapluie(m) télescopique. 336.
patte(f). 339, 340, 341.
peigne(m) à crêper. 328.
peigne(m) à tige. 328.
peigne(m) afro. 328.
peigne(m) de coiffeur. 328.
peigne(m) soufflant. 328.
peignes(m). 328.
pied(m). 334.
pince(f). 331.
pince(f) à billets. 341.
pince(f) à boucles de cheveux. 333.
pince(f) à cheveux. 333.
pince(f) à cuticules. 332.
pince(f) à épiler. 332.
pince(f) à épiler automatique. 332.
pince(f) à ongles. 332.
pince(f) de mise en plis. 333.
pinces(f) à rouleaux. 333.

pipe(f). 335.
pipe(f), coupe d'une. 335.
piqûre(f) d'ornementation. 339.
pivot(m). 327, 328.
plateau(m). 337.
poche(f). 338, 341.
poche(f) à fermeture à glissière. 340, 341.
poche(f) à soufflet. 341.
poche(f) à tickets. 341.
poche(f) à timbres. 341.
poche(f) américaine. 341.
poche(f) extérieure. 337, 340.
poche(f) intérieure. 337.
poche(f) ministre. 341.
poche(f) secrète. 341.
pochette(f) d'allumettes. 335.
pochette(f) d'homme. 339.
poignée(f). 330, 331, 336, 337, 339.
poignée(f) escamotable. 340.
poignée(f) profilée. 337.
poil(m). 328, 329, 331.
point(m) indicateur de température. 331.
pointe(f). 333, 335.
polissoir(m) à ongles. 332.
porte-adresse(m). 337.
porte-bagages(m). 337.
porte-cartes(m). 341.
porte-chéquier(m). 341.
porte-clés(m). 341.
porte-coupures(m). 341.
porte-documents(m). 340.
porte-monnaie(m). 341.
porte-parapluies(m). 336.
porte-passeport(m). 341.
porte-photos(m). 341.
porte-pipes(m). 335.
porte-stylo(m). 341.
portefeuille(m). 341.
portefeuille(m) chéquier. 341.
pot(m) à tabac. 335.
poussoir(m) d'ouverture. 336.
rabat(m). 339, 341.
rabat(m), grand. 335.
rabat(m), petit. 335.
rang(m). 328, 329.
rasoir(m) à double tranchant. 327.
rasoir(m) à manche. 327.
rasoir(m) effileur. 328.
rasoir(m) électrique. 327.
rasoir(m) jetable. 327.
rasoirs(m). 327.
rayon(m). 335.
réceptacle(m) de la brosse. 329.
repousse-chair(m). 332.
réservoir(m). 334.
rouleau(m). 331.
roulette(f). 333.
sac(m) à bandoulière. 339.
sac(m) à provisions. 338.
sac(m) accordéon. 338.
sac(m) bavolet. 339.
sac(m) besace. 339.
sac(m) boîte. 338.
sac(m) cabas. 338.
sac(m) de plage. 338.
sac(m) de vol. 337.
sac(m) fourre-tout. 338.
sac(m) pochette. 338.
sac(m) polochon. 338.
sac(m) rond. 337.
sacoche(f). 339.
sacs(m) à main. 338, 339.
sangle(f) serre-vêtements. 337.
sèche-cheveux(m). 330.
sélecteur(m) de coupe. 327.
sélecteur(m) de température. 331.
sélecteur(m) de tension. 327, 330.
séparation-classeur(f). 340.
serrure(f). 337.
serrure(f) à clés. 340.
serrure(f) à combinaison. 340.
serviette(f). 340.
soie(f). 327.

Index thématiques

soie(f) dentaire. 329.
soupape(f) de détente. 334.
stimulateur(m) de gencives. 329.
support(m). 329, 331.
système(m) filtre. 335.
tabac(m). 334.
talon(m). 335.
taquet(m) de couvercle. 331.
tasse(f) graduée. 331.
tenon(m). 335.
tête(f). 327, 329, 334, 335.
tête(f) flottante. 327.
tige-brosse(f). 329.
tige(f). 335.
tige(f) de poignée. 340.
toile(f). 336.
tondeuse(f). 328.
tondeuse(f). 327.
tranchant(m). 328.
tripe(f). 334.
trousse(f) de manucure. 332.
trousse(f) de mise en plis. 331.
trousse(f) de toilette. 337.
tube(m). 331.
tuyau(m). 335.
valise(f) fin de semaine. 337.
valise(f) pullman. 337.
voyant(m) de charge. 327.
voyant(m) de marche. 331.
voyant(m) lumineux. 331.
vue(f). 341.

PARURE

afro(f). 321.
anneau(m). 315.
applicateur-mousse(m). 322.
bague(f) de fiançailles. 315.
bague(f) de finissant. 315.
bagues(f). 315.
bésicles(f) à pont élastique. 319.
bezel(m). 317.
bijouterie(f). 315, 316, 317.
bijoux(m). 315.
binocle(m). 319.
boucle(f) d'oreille à pince. 315.
boucle(f) d'oreille à tige. 315.
boucle(f) d'oreille à vis. 315.
boudin(m). 320.
bracelet(m) tubulaire. 315.
bracelets(m). 315.
branche(f). 318.
bras(m) de plaquette. 318.
breloques(f). 315.
broche(f). 315.
brosse(f) à fard-cils. 323.
brosse-peigne(f) pour cils et
  sourcils. 323.
cambre(f). 318.
cercle(m). 318.
charnon(m). 318.
chaton(m). 315.
chevalière(f). 315.
cheveux(m), types(m) de. 320.
cheveux(m) frisés. 320.
cheveux(m) ondulés. 320.
cheveux(m) raides. 320.
chignon(m). 320, 321.
coiffure(f). 320, 321.
coiffure(f), éléments(m) de la. 320,
  321.
coiffure(f) à la Ninon. 321.
coiffure(f) à la Pompadour. 321.
coiffure(f) bouffante. 321.
collier-de-chien(m). 316.
collier(m) de perle. 316.
collier(m) de soirée. 316.
colliers(m). 316.
corne(f). 315.
corps(m). 318.
coude(m). 318.
coupe(f) à la Beatle. 321.
coupe(f) en brosse. 321.
couronne(f) de table. 317.
crayon(m) à sourcils. 323.

crayon(m) contour des lèvres. 323.
crayon(m) khôl. 322.
crayon-traceur(m). 322.
culasse(f). 317.
demi-lune(f). 319.
diamant(m). 317.
enjoliveur(m). 318.
épingle(f) à cravate. 316.
épinglette(f). 315.
éponge(f) à démaquiller. 323.
éponge(f) de mer. 323.
éponge(f) en latex. 323.
éponge(f) synthétique. 323.
éponges(f) à maquiller. 323.
étoile(f). 317.
eyeliner(m). 322.
face-à-main(m). 319.
fard-cils(m). 322.
fard-cils(m) en pain. 323.
fard(m) à joues en crème. 322.
fer(m) à cheval. 315.
fond(m) de teint liquide. 322.
frange(f). 321.
gourmette(f) d'identité. 315.
griffe(f). 315.
halefis(m) de culasse. 317.
halefis(m) de table. 317.
houpette(f). 322.
jonc(m). 315.
lavalière(f). 316.
lorgnette(f). 319.
lunettes(f). 318, 319.
lunettes(f). 319.
lunettes(f) de protection. 319.
lunettes(f) de sécurité. 319.
lunettes(f) de ski. 319.
maquillage(m). 322, 323.
maquillage(m), produits(m) de. 322,
  323.
mascara(m). 322.
médaillon(m). 316.
miroir(m). 322.
monocle(m). 319.
nattes(f). 320.
ombre(f) à paupière. 322.
page(m), petit. 320.
parure(f). 313.
pavillon(m). 317.
pendant(m) d'oreille. 315.
permanente(f) bouclée. 321.
permanente(f) frisée. 321.
perruque(f). 321.
pierre(f) précieuse. 317.
pince(f) à cravate. 316.
pinceau(m) à lèvres. 323.
pinceau(m) éventail. 323.
pinceau(m) pour fard à joues. 322.
pinceau(m) pour poudre libre. 322.
plaque(f). 318.
plaque(f) d'identité. 315.
plaquette(f). 318.
pont(m). 318.
postiches(f). 321.
poudre(f) comprimée. 322.
poudre(f) libre. 322.
queue(f) de cheval. 320.
ras-le-cou(m). 316.
recourbe-cils(m). 323.
rivet(m). 318.
rondiste(m). 317.
rouge(m) à lèvres. 323.
rouge(m) à lèvres en crème. 322.
sautoir(m). 316.
segment(m) de loin. 318.
segment(m) de près. 318.
sertissure(f). 315.
solitaire(m). 315.
support(m). 318.
table(f). 317.
taille(f) baguette. 317.
taille(f) brillant. 317.
taille(f) cabochon. 317.
taille(f) d'un diamant(m). 317.
taille(f) émeraude. 317.
taille(f) en ciseaux. 317.
taille(f) en escalier. 317.

taille(f) en goutte. 317.
taille(f) en poire. 317.
taille(f) en rose. 317.
taille(f) en table. 317.
taille(f) française. 317.
taille(f) huit facettes. 317.
taille(f) marquise. 317.
taille(f) ovale. 317.
tailles(f) des pierres. 317.
talon(m). 318.
tenon(m) haut. 318.
tige(f) pour col. 316.
torsade(f). 321.
toupet(m). 321.
tresses(f). 320.
trousse(f) à maquillage. 322.
types(m) de lunettes. 319.
vagues(f). 320.
verre(m) bifocal. 318.

RÈGNE ANIMAL

abdomen(m). 92, 95, 98.
abeille(f). 98, 99.
aiguillon(m). 98.
aile(f). 88.
aile(f). 87, 100.
aile(f) antérieure. 92, 98.
aile(f) postérieure. 92, 98.
albumen(m). 89.
alule(f). 88.
alvéole(m) à couvain. 99.
alvéole(m) à miel. 99.
alvéole(m) à pollen. 99.
alvéole(m) operculé. 99.
andouiller de massacre(m). 81.
antenne(f). 92, 95, 98.
antennule(f). 95.
anus(m). 91, 94.
aorte dorsale(f). 91.
aorte(f) ventrale. 91.
apex(m). 93, 96.
appendice(m) nasal. 100.
arc(m) branchial inférieur. 90.
arc(m) branchial supérieur. 90.
arête(f) neurale. 91.
auriculaire(m). 87.
barbe(f). 88.
barre(f). 82, 85.
bassin(m). 84.
batraciens(m). 97.
bec(m) corné. 101.
becs(m), principaux types(m) de.
  89.
bigorneau(m). 96.
bois(m) de cerf. 81.
bord(m) antérieur. 93.
bord(m) crénelé. 93.
bord(m) du manteau. 94.
bord(m) externe. 93.
bord(m) interne. 93.
bord(m) postérieur. 93.
bouche(f). 94, 96, 97.
boulet(m). 83.
bourrelet(m). 85.
branche(f). 85.
branchictènie(f). 90.
branchies(f). 90.
branchies(f). 91, 94.
branchies(f) externes. 97.
bras(m). 83.
brosse(f) à pollen. 98.
buccin(m). 96.
bulbe(m) olfactif. 91.
cadre(m). 99.
caecum pylorique(m). 91.
cal(m). 93.
calamus(m). 88.
calcanéum(m). 84.
calotte(f). 87.
canal(m) à venin. 101.
canal(m) siphonal. 93.
canine(f). 82.
canon(m). 83.
carapace(f). 95, 101.

caribou(m). 81.
carnassière(f). 82.
carpe(m). 84.
castor(m). 82.
ceinture(f) pelvienne. 97.
cellule(f). 92.
cellule(f) royale. 99.
céphalothorax(m). 95.
cerf(m) de Virginie. 81.
cerf(m) du Canada. 81.
cerveau(m). 91.
cervidés(m). 81.
cervidés(m), principaux. 81.
chalaze(f). 89.
chambre(f) à air. 89.
chanfrein(m). 83.
chat(m). 86.
châtaigne(f). 83.
chauve-souris(f). 100.
chenille(f). 92.
cheval. 84.
cheval(m). 82, 83, 85.
cheval(m), morphologie(f). 83.
cheval(m), squelette(m). 84.
chevillure(f). 81.
chevreuil(m). 81.
chrysalide(f). 92.
cils(m). 86.
cire(f) gaufrée. 99.
coeur(m). 91, 94.
colonne(f) vertébrale. 91, 97.
columelle(f). 93.
conduit(m) de la glande. 101.
coque(f). 94.
coquille(f). 89, 94, 96.
coquille(f) bivalve. 93.
coquille(f) Saint-Jacques. 94.
coquille(f) univalve. 93.
corbeille(f) à pollen. 98.
cornes(f). 96.
corps(m) de ruche. 99.
côte(f) axiale. 93.
côte(f) spiralée. 93.
côtes(f). 84.
cou(m). 101.
coude(m). 83, 100.
couronne(f). 83.
coussinet(m) carpien. 86.
coussinet(m) de l'ergot. 86.
coussinet(m) digité. 86.
coussinet(m) palmaire. 86.
coussinet(m) plantaire. 86.
couteau(m). 94.
couvercle(m) branchial. 90.
couverture(f) sus-alaire. 87.
crabe(m). 95.
crâne(m). 84, 91.
crémaster(m). 92.
crevette(f). 95.
crinière(f). 83.
crochet(m). 93.
crochet(m) à venin. 101.
croupe(f). 83.
croupion(m). 87.
crustacé(m). 95.
crustacés(m) comestibles. 95.
cuisse(f). 83, 87.
dent(f). 101.
dent(f) de la charnière. 93.
disque(m) germinatif. 89.
doigt(m). 86, 89, 97.
doigt(m) externe. 87.
doigt(m) interne. 87.
doigt(m) médian. 87.
doigt(m) palmé. 97.
doigt(m) postérieur. 87.
dos(m). 83, 87.
dossière(f). 101.
écaille(f). 89, 90, 101.
écaille(f) cirière. 98.
écrevisse(f). 95.
écusson(m). 93.
élan(m). 81.
empaumure(f). 81.
empreinte(f) musculaire. 93.
empreinte(f) palléale. 93.

encolure(f). 83.
enfourchure(f). 81.
épaule(f). 83.
éperon(m). 98.
éperon(m) calcanéen. 100.
épine(f). 93.
époi(m). 81.
éponge(f). 85.
ergot(m). 86.
escargot(m). 96.
estomac(m). 91, 94.
étampure(f). 85.
fanon(m). 83.
faux bourdon(m). 98.
fémur(m). 84, 92, 97, 98, 100.
fer(m) à cheval. 85.
filament(m) branchial. 90.
flanc(m). 83, 87.
foie(m). 91.
fourchette(f). 85.
fourreau(m). 83.
fourreau(m) de la langue. 101.
front(m). 87.
ganache(f). 83.
garrot(m). 83.
gastéropode(m). 96.
gastéropodes(m) comestibles. 96.
genou(m). 83, 100.
glande(f) à venin. 101.
glande(f) digestive. 94.
globe(m) oculaire. 97.
glome(m). 85.
gorge(f). 87.
gouttière(f). 81.
grande sus-alaire(f). 88.
grasset(m). 83.
grenouille(f). 97.
griffe(f). 86, 87, 92, 95, 98, 100, 101.
griffe(f) abaissée. 86.
griffe(f) rétractée. 86.
grille(f) à reine. 99.
hanche(f). 92, 98.
hausse(f). 99.
hémibranchie(f). 90.
homard(m). 95.
huître(f). 94.
humérus(m). 84, 100.
hyporachis(m). 88.
incisive(f). 82.
intestin(m). 91, 94.
jambe(f). 83.
jarret(m). 83.
jaune(m). 89.
lacune(f) latérale. 85.
lacune(f) médiane. 85.
langouste(f). 95.
langoustine(f). 95.
langue(f). 91.
langue(f) bifide. 101.
larve(f). 99.
léopard(m). 82.
lèvre(f). 86.
ligament(m), position du. 93.
ligament(m) élastique. 86, 94.
ligne blanche(f). 85.
ligne(f) de croissance. 93, 96.
ligne(f) de suture. 93.
ligne(f) latérale. 90.
lobe(m). 89.
lore(m). 87.
lunule(f). 93.
mâchoire(f). 95.
mâchoire(f) d'herbivore. 82.
mâchoire(f) de carnivore. 82.
mâchoire(f) de rongeur. 82.
mâchoires(f), types(m) de. 82.
mamelle(f). 85.
mandibule(f). 95, 98.
mandibule(m). 90, 92.
mandibule(m) inférieur. 87.
mandibule(m) supérieur. 87.
manteau(m). 96.
maxillaire(m). 90.
maxillaire(m) basculant. 101.
maxillaire(m) inférieur. 84.

membrane(f) alaire. 100.
membrane(f) coquillière. 89.
membrane(f) interfémorale. 100.
membrane(f) vitelline. 89.
menton(m). 87.
merrain(m). 81.
mésothorax(m). 92.
métacarpe(m). 84, 86.
métacarpien(m). 100.
métamorphose(f) de la grenouille. 97.
métatarse(m). 84, 97.
métathorax(m). 92.
meule(f). 81.
moelle(f) épinière. 91.
mollusque(m). 94.
mollusques(m) comestibles, principaux. 94.
mortaise(f). 85.
moule(f). 94.
moustache(f). 87.
moustaches(f). 86.
moyenne sus-alaire(f). 88.
muscle(m) adducteur. 94.
museau(m). 86, 97.
mye(f). 94.
myomère(m). 91.
nageoire(f) anale. 90.
nageoire(f) caudale. 90, 95.
nageoire(f) dorsale. 90.
nageoire(f) pectorale. 90.
nageoire(f) pelvienne. 90.
narine(f). 87, 90, 97, 101.
naseau(m). 83.
nerf(m) olfactif. 91.
nervure(f). 92.
nid(m) à couvain. 99.
nuque(f). 87.
ocelle(f). 92.
oeil(m). 96, 101.
oeil(m) composé. 92, 98.
oeil(m) pédonculé. 95.
oesophage(m). 91, 94.
oeuf(m). 89.
oeuf(m). 99.
oeufs(m). 91, 97.
oiseau(m). 87, 88, 89.
oiseau(m), morphologie(f). 87.
oiseau(m) aquatique. 89.
oiseau(m) aquatique. 89.
oiseau(m) échassier. 89.
oiseau(m) granivore. 89.
oiseau(m) insectivore. 89.
oiseau(m) percheur. 89.
oiseau(m) rapace. 89.
oiseau(m) rapace. 89.
ombilic(m). 93.
ombilic(m) inférieur. 88.
ombilic(m) supérieur. 88.
omoplate(f). 84.
opercule(m). 90, 97.
oreille(f). 100.
orifice(m) génital. 96.
orifice(m) intestinal. 96.
orifice(m) respiratoire. 96.
orifice(m) uro-génital. 91.
orignal(m). 81.
otolithe(f). 91.
ouverture(f). 93.
ouvrière(f). 98.
ovaire(m). 91.
palmure(f). 89.
palmure(f) lobée. 89.
palourde(f). 94.
palpe(m) labial. 92, 94.
papillon(m). 92.
paroi(m). 85.
patelle(f). 96.
patte(f). 101.
patte(f) abdominale. 95.
patte(f) ambulatoire. 92.
patte(f) anale. 92.
patte(f) antérieure. 86.
patte(f) antérieure. 92, 97, 98.
patte(f) médiane. 92, 98.

patte(f) postérieure. 92, 97, 98, 100.
patte(f) thoracique. 95.
patte(f) ventouse. 92.
patte-mâchoire(f). 95.
pattes(f), principaux types(m) de. 89.
paturon(m). 83.
paupière(f). 101.
paupière(f) inférieure. 86, 97.
paupière(f) interne. 86.
paupière(f) supérieure. 86, 97.
peau(f). 97.
peigne(m) à pollen. 98.
penne(f). 88.
perlure(f). 81.
péronéo-tibia(m). 97.
petite sus-alaire(f). 88.
pétoncle(m). 94.
phalange(f). 84, 86.
phalanges(f). 97.
phalangette(f). 86.
phalangine(f). 86.
pièces(f) buccales. 98.
pied(m). 87, 96, 100.
pince(f). 85, 95.
pince(f) tibio-tarsienne. 98.
pinçon(m). 85.
pivot(m). 81.
planche(f) d'envol. 99.
plaque(f) costale. 101.
plaque(f) marginale. 101.
plaque(f) nucale. 101.
plaque(f) supra-caudale. 101.
plaque(f) vertébrale. 101.
plastron(m). 101.
pli(m) de la columelle. 93.
poignet(m). 100.
poisson(m). 90, 91.
poisson(m), anatomie(f). 91.
poisson(m), morphologie(f). 90.
poitrail(m). 83.
poitrine(f). 87.
pouce(m). 89, 100.
pourtour(m) de l'oeil. 87.
poussoir(m) à pollen. 98.
praire(f). 94.
prémaxillaire(m). 90.
prémolaire(f). 82.
prothorax(m). 92.
pupille(f). 86.
pupille(f) verticale. 101.
quartier(m). 85.
queue(f). 100, 101.
rachis(m). 88.
radius(m). 84, 100.
raie(f) sourcilière. 87.
rate(f). 91.
rayon(m) de miel, coupe(f) d'un. 99.
rayon(m) épineux. 90.
rayon(m) mou. 90.
rectrice(f). 87.
réducteur(m) d'entrée. 99.
règne(m) animal. 79.
rein(m). 83, 91.
reine(f). 98.
rémige(f) primaire. 88.
rémige(f) secondaire. 88.
rémige(f) tertiaire. 88.
renne(m). 81.
reptile(m). 101.
rive(f) externe. 85.
rive(f) interne. 85.
rostre(m). 95.
rotule(f). 84.
ruche(f). 99.
sabot(m). 85.
sabot(m). 83.
sabot(m), face(f) plantaire du. 85.
salière(f). 83.
scapulaire(f). 88.
sculptures(f). 93.
segment(m) abdominal. 92.
serre(f). 89.
sésamoïde(m), grand. 84.

sésamoïde(m), petit. 84.
sinus(m) palléal. 93.
sole(f). 85.
spire(f). 93, 96.
sternum(m). 84.
stigmate(m). 92.
surandouiller(m). 81.
talon(m). 85.
tarse(m). 84, 87, 92, 97, 98.
tectrice(f) primaire. 88.
tectrice(f) primaire, moyenne. 88.
tectrice(f) sous-caudale. 87.
tectrice(f) sus-caudale. 87.
telson(m). 95.
tendon(m). 86.
tentacule(m) oculaire. 96.
tentacule(m) tactile. 96.
tête(f). 86.
tête(f). 92, 96, 98.
tête(f) de serpent venimeux. 101.
thorax(m). 92, 98.
tibia(m). 84, 92, 98, 100.
toiture(f). 99.
tortue(f). 101.
toupet(m). 83.
tour(m), dernier. 93.
tour(m) de spire. 93.
tour(m) embryonnaire. 93.
tragus(m). 100.
trochanter(m). 92, 98.
trochure(f). 81.
trompe(f). 92.
trou(m) d'aération. 99.
trou(m) de vol. 99.
truffe(f). 86.
tympan(m). 97, 101.
uropode(m). 95.
urostyle(m). 97.
vaisseaux(m) sanguins. 100.
valve(f). 93.
ventre(m). 83, 87.
vertèbres(f) cervicales. 84.
vertèbres(f) coccygiennes. 84.
vertèbres(f) dorsales. 84.
vertèbres(f) lombaires. 84.
vertèbres(f) sacrées. 84.
vésicule biliaire(f). 91.
vessie(f). 91.
vessie(f) natatoire. 91.
vexille(m). 88.
wapiti(m). 81.

RÈGNE VÉGÉTAL

abricot(m). 67.
agrume(m), coupe(f) d'un. 69.
agrumes(m). 69.
agrumes(m), principales variétés(f) d'. 69.
ail(m). 75.
airelle(f). 66.
aisselle(f) de la feuille. 61.
akène(m). 66, 70.
albumen(m) farineux. 71.
amande(f). 67, 70.
amanite(f) tue-mouches. 65.
amanite(f) vireuse. 65.
ananas(m). 72.
anis(m) étoilé. 71.
anneau(m). 65.
anthère(f). 64.
appareil(m) de Golgi. 105.
arachide(f). 70.
arbre(m). 63.
arbre(m), structure(f) d'un. 63.
arrondie. 62.
artichaut(m). 73.
asperge(f). 77.
aubergine(f). 73.
aubier(m). 63.
avocat(m). 72.
baie(f), coupe(f) d'une. 66.
baies(f), principales variétés(f) de. 66.
banane(f). 72.

Index thématiques

barbe(f). 77.
bette(f). 74.
bette(f) à carde. 77.
betterave(f). 76.
bleuet(m). 66.
bois(m) de coeur. 63.
bord(m). 62.
botte(f). 77.
bourgeon(m). 75.
bourgeon(m) axillaire. 61, 62.
bourgeon(m) terminal. 61.
bouton(m) floral. 61.
bractée(f). 70.
branche(f). 77.
branche(f) maîtresse. 63.
brocoli(m). 73.
brosse(f). 71.
brou(m). 70.
bulbe(m). 77.
bulbe(m), coupe(f) d'un. 75.
caïeu(m). 75.
calice(m). 64, 66, 68, 71.
calicule(m). 66.
cambium(m). 63.
canneberge(f). 66.
cantaloup(m). 73.
capitule(m). 64.
capsule(f). 71.
capsule(f), coupe(f) d'une. 71.
carde(f). 77.
cardon(m). 77.
carotte(f). 76.
cassis(m). 66.
céleri(m). 77.
céleri-rave(m). 76.
cellule(f) animale. 105.
cellule(f) végétale. 105.
centriole(m). 105.
cèpe(m). 65.
cerise(f). 67.
cerne(m). 63.
cerneau(m). 70.
champignon(m), structure(f) d'un. 65.
champignon(m) de couche. 65.
champignon(m) mortel. 65.
champignon(m) vénéneux. 65.
champignons(m). 65.
champignons(m) comestibles. 65.
chanterelle(f) commune. 65.
chapeau(m). 65.
chérimole(m). 72.
chevelu(m). 63.
chicorée(f). 74.
chloroplaste(m). 105.
chou-fleur(m). 73.
chou(m) de Chine. 74.
chou(m) frisé. 74.
chou(m) pommé blanc. 74.
chou(m) pommé vert. 74.
chou-rave(m). 76.
choux(m) de Bruxelles. 74.
chromatine(f). 105.
ciboulette(f). 75.
cilié. 62.
cime(f). 63.
citron(m). 69.
citrouille(f). 73.
cloison(f). 69.
cloison(f), fausse. 71.
coeur(m). 68.
coiffe(f). 61.
coing(m). 68.
collet(m). 61.
concombre(m). 73.
coque(f). 70.
cordée. 62.
corolle(f). 64.
corymbe(m). 64.
cosse(f). 71.
côte(f). 77.
cotylédon(m). 61, 67, 71.
courge(f). 73.
courgette(f). 73.
crénelé. 62.
cresson(m) de fontaine. 74.

cupule(f). 70.
cytoplasme(m). 105.
datte(f). 67.
denté. 62.
doublement denté. 62.
drupéole(f). 66.
écaille(f). 65, 75.
échalote(f) à maturité. 75.
échalote(f) nouvelle. 75.
écorce(f). 63, 69.
endive(f). 74.
endocarpe(m). 67, 68.
entier. 62.
entre-noeuds(m). 61.
épi(m). 64, 77.
épicarpe(m). 66, 67, 68.
épinard(m). 74.
étamine(f). 64, 68.
fenouil(m). 77.
feuillage(m). 63.
feuille(f). 62.
feuille(f). 61, 77.
feuille(f), bord(m) d'une. 62.
feuille(f) de vigne. 74.
feuilles(f), types(m) de. 62.
feuilles(f) composées. 62.
feuilles(f) simples. 62.
fèves(m). 77.
figue(f) de Barbarie. 72.
filet(m). 64.
fleur(f). 61.
fleur(f), structure(f) d'une. 64.
follicule(m). 71.
follicule(m), coupe(f) d'un. 71.
fraise(f), coupe(f) d'une. 66.
framboise, coupe(f) d'une. 66.
fruit(m) à noyau, coupe(f) d'un. 67.
fruit(m) à pépins, coupe(f) d'un. 68.
fruits(m) à noyau, principales variétés(f) de. 67.
fruits(m) à pépins, principales variétés(f) de. 68.
fruits(m) charnus. 66, 69.
fruits(m) charnus à noyau. 67.
fruits(m) charnus à pépins. 68.
fruits(m) charnus complexes. 66.
fruits(m) secs. 70.
fruits(m) secs divers. 71.
fruits(m) tropicaux. 72.
funicule(m). 66, 71.
fût(m). 63.
gadelle(f). 66.
gaine(f). 62.
germe(m). 71.
germes(m). 77.
gombo(m). 73.
gousse(f), coupe(f) d'une. 71.
gouttelette(f) lipidique. 105.
goyave(f). 72.
grain(m). 77.
grain(m) d'amidon. 105.
grain(m) de blé, coupe(f) d'un. 71.
graine(f). 66, 67, 68, 69, 70, 71.
graines(f) de soja. 77.
grappe(f). 64.
grenade(f). 72.
groseille(f) à grappes. 66.
groseille(f) à maquereau. 66.
gyromitre(m) comestible. 65.
haricot(m) vert. 73.
hastée. 62.
houppier(m). 63.
hyphe(m). 65.
imparipennée. 62.
inflorescence(f), modes(m) d'. 64.
kaki(m). 72.
kiwi(m). 72.
kumquat(m). 69.
lactaire(m) délicieux. 65.
laitue(f) pommée. 74.
lamelle(f). 65.
lancéolée. 62.
légumes-bulbes(m). 75.
légumes-feuilles(m). 74.
légumes-fleurs(m). 73.
légumes-fruits(m). 73.

légumes-graines(m). 77.
légumes(m). 73, 74, 75, 76, 77.
légumes-racines(m). 76.
légumes-tiges(m). 77.
légumes-tubercules(m). 76.
lentilles(f). 77.
leucoplaste(m). 105.
liber(m). 63.
limbe(m). 62.
linéaire. 62.
litchi(m). 72.
lobé. 62.
loge(f). 68, 69.
lysosome(m). 105.
mâche(f). 74.
maïs(m). 77.
mandarine(f). 69.
mangue(f). 67.
marron(m). 70.
melon(m) brodé. 73.
membrane(f) cytoplasmique. 105.
membrane(f) nucléaire. 105.
membrane(f) squelettique. 105.
mésocarpe(m). 66, 67, 68, 69.
mitochondrie(f). 105.
moelle(f). 63.
morille(f). 65.
moutarde(f). 71.
mûre sauvage, coupe(f) d'une. 66.
mycélium(m). 65.
myrtille(f). 66.
navet(m). 76.
nectarine(f). 67.
nèfle(f) du Japon. 68.
nervure(f) principale. 62, 71.
nervure(f) secondaire. 62.
noeud(m). 61.
noisette(f). 70.
noisette(f), coupe(f) d'une. 70.
noix(f). 70.
noix(f). 70.
noix(f), coupe(f) d'une. 70.
noix(f), principales variétés(f) de. 70.
noix(f) de cajou. 70.
noix(f) de coco. 70.
noix(f) de pécan. 70.
noix(f) du Brésil. 70.
noyau(m). 67, 105.
nucléole(m). 105.
oignon(m) d'Espagne. 75.
olive(f). 67.
ombelle(f). 64.
orange(f). 69.
orange(f). 69.
oseille(f). 74.
ovaire(m). 64.
ovoïde. 62.
ovule(m). 64.
palmée. 62.
pamplemousse(m). 69.
panais(m). 76.
papaye(f). 72.
paripennée. 62.
pastèque(f). 73.
patate(f). 76.
pavot(m). 71.
peau(f). 66, 67, 68.
pêche(f). 67.
pêche(f). 67.
pédoncule(m). 64, 66, 68.
peltée. 62.
pennée. 62.
pépin(m). 66, 68, 69.
péricarpe(m). 69, 70.
pétales(m). 64.
pétiole(m). 62.
petit oignon(m). 75.
petits pois(m). 77.
pied(m). 65, 77.
pignon(m). 70.
piment(m). 73.
pissenlit(m). 74.
pistache(f). 70.
pistil(m). 64.
plante(f), structure d'une. 62.

plante(f), structure(f) d'une. 61.
plantule(f). 67.
plasmodesme(m). 105.
pleurote(m) en huître. 65.
poils(m) absorbants. 61.
point(m) d'attache. 62.
pointe(f). 62, 77.
poire(f). 68.
poireau(m). 75.
pois(m). 71.
pois(m). 71.
pois(m) chiches. 77.
pois(m) mange-tout. 77.
poivron(m). 73.
pomme de terre(f). 76.
pomme(f). 68.
pomme(f). 68.
pore(m). 71, 105.
potiron(m). 73.
pousse(f). 61.
prune(f). 67.
pulpe(f). 66, 67, 68, 69.
quartier(m). 69.
queue(f). 66, 68.
racine(f). 61.
racine(f). 61, 75.
racine(f) pivotante. 63.
racine(f) principale. 61.
racine(f) secondaire. 61.
racine(f) traçante. 63.
radicelle(f). 61, 63.
radis(m). 76.
raifort(m). 76.
raisin(m). 66.
raisin(m). 66.
rameau(m). 61, 63.
ramille(f). 63.
ramure(f). 63.
rayon(m) médullaire. 63.
réceptacle(m). 64, 66.
règne végétal. 59.
rejet(m). 62.
réniforme. 62.
réticulum(m) endoplasmique. 105.
rhubarbe(f). 77.
ribosome(m). 105.
romaine(f). 74.
russule(f) verdoyante. 65.
rutabaga(m). 76.
salsifis(m). 76.
scarole(f). 74.
scorsonère(f). 76.
sépale(m). 66.
sépales(m). 64.
silique(f), coupe(f) d'une. 71.
souche(f). 63.
spadice(m). 64.
spatulée. 62.
spores(m). 65.
stigmate(m). 64, 70.
stipule(f). 62.
style(m). 64, 66, 67, 68, 71.
suture(f). 71.
tégument(m) de la graine. 67, 71.
tige(f). 61.
tige(f). 61, 75, 77.
tomate(f). 73.
topinambour(m). 76.
trifoliée. 62.
tronc(m). 63.
tronc(m), coupe(f) transversale du. 63.
truffe(f). 65.
turion(m). 77.
vacuole(f). 105.
valve(f). 71.
vésicule(f) de pinocytose. 105.
volve(f). 65.
zeste(m). 69, 70.

SANTÉ

accoudoir(m). 617.
aides(f) à la marche. 616.
aiguille(f). 615.

alcool(m) à 90°. 615.
aspirine(f). 615.
bande(f) de gaze. 615.
bande(f) de tissu élastique. 615.
barre(f) d'espacement. 617.
béquille(f) canadienne. 616.
béquille(f) commune. 616.
béquille(f) d'avant-bras. 616.
béquilles(f). 616.
béquillon(m). 616.
bras(m). 617.
butée(f) talonnière. 617.
cadre(m) de marche. 616.
canne(f) avec poignée orthopédique. 616.
canne(f) avec quadripode. 616.
canne(f) en C. 616.
canne(f) en T. 616.
canne(f) tripode. 616.
cannes(f). 616.
ciseaux(m). 615.
compresse(f) stérile. 615.
corps(m) de pompe. 615.
coton(m) hydrophile. 615.
coton-tige(m). 615.
croisillon(m). 617.
dispositif(m) anti-bascule. 617.
embout(m) de caoutchouc. 616.
embrasse(f) postérieure. 616.
épingle(f) de sûreté. 615.
fauteuil(m) roulant. 617.
garniture(f) dossier. 617.
garniture(f) siège. 617.
main(f) courante. 617.
montant(m). 616.
moyeu(m). 617.
panneau(m) de protection latéral. 617.
pansement(m) adhésif. 615.
pavillon(m). 615.
peroxyde(m). 615.
pince(f) à échardes. 615.
piston(m). 615.
poignée(f) de conduite. 617.
poignée(f) de frein. 617.
potence(f). 617.
quadripode(m). 616.
repose-pied(m). 617.
roue(f). 617.
roue(f) pivotante. 617.
ruban(m) de tissu adhésif. 615.
sabot(m). 616.
santé(f). 613.
seringue(f) de Luer Lock. 615.
seringues(f). 615.
traverse(f). 616.
traverse(f) axillaire. 616.
trousse(f) d'urgence. 615.

SPORTS

à cheval sur deux colonnes. 580, 581.
à cheval sur deux douzaines. 580.
à cheval sur deux numéros. 580, 581.
abattre. 537.
accastillage(m). 539.
accéléromètre(m). 542.
accroche-mouche(m). 566.
aérofrein(m). 542.
aide-arbitre(m). 521.
aile(f). 542, 543, 567.
aile(f) volante. 542.
aileron(m). 537, 542.
ailier(m) défensif droit. 514, 515.
ailier(m) défensif gauche. 514, 515.
ailier(m) droit. 517, 518, 519, 525.
ailier(m) éloigné. 514, 515.
ailier(m) gauche. 517, 518, 519, 525.
ailier(m) rapproché. 514, 515.
alimentation(f) jackpot. 581.
allée(f). 571.
allée(f) d'entraînement. 571.

allures(f). 539.
alpinisme(m). 574, 575.
alpiniste(m). 575.
altimètre(m). 541, 542.
alvéole(m). 573.
ambleur(m) sous harnais. 554.
âme(f). 587.
anémomètre(m). 542.
anneau(m). 521, 559, 566, 574.
anneau(m) brisé. 567.
anneau(m) de départ. 566.
anneau(m) de tête. 566.
anneaux(m). 559.
anorak(m). 547.
anse(f). 566.
antenne(f). 522, 567.
appui(m). 560.
appui-pieds(m). 530.
arbitre(m). 514, 517, 518, 519, 521, 522, 523, 528, 529, 531, 532, 564, 565.
arbitre(m) de champ. 525.
arbitre(m) de ligne de but. 525.
arbitre(m) en chef. 511, 514.
arc(m) de cercle. 518, 557.
arcade(f). 553.
arçon(m). 559.
ardillon(m). 567.
arête(f). 550.
arête(f) supérieure. 529.
armes(f), escrime(f). 563.
arraché(m) à deux bras. 561.
arrêt-court(m). 511.
arrière. 534.
arrière-champ(m). 511.
arrière(m). 514, 515, 517.
arrière(m) central. 518.
arrière(m) centre. 522.
arrière(m) court. 523.
arrière(m) droit. 518, 521, 522, 525.
arrière(m) du court. 527.
arrière(m) gauche. 518, 521, 522, 525.
arrivée(f). 552.
articulation(f). 567.
As(m). 578.
assiette(f) plate. 585.
assistant(m) du chronométreur. 531.
athlétisme(m). 556, 557, 558.
attaquant(m). 564.
attaque(f). 514, 515.
auvent(m). 573, 582.
avançon(m). 567.
avant. 534.
avant-aile(m). 517.
avant-centre(m). 525.
avant-champ(m). 511.
avant(m). 517.
avant(m) centre. 518, 522.
avant(m) court. 523.
avant(m) droit. 521, 522.
avant(m) du court. 527.
avant(m) gauche. 521, 522.
bâbord(m) amures. 539.
bac(m) d'appel. 556.
badminton(m). 528.
bague(f). 572.
bague(f) filetée. 574.
baie(f). 582.
baie(f) vitrée. 519.
balai(m) de curling. 530.
balayeur(m). 530.
balle(f). 512, 573.
balle(f). 529.
balle(f), coupe(f) d'une. 573.
balle(f) de racquetball. 527.
balle(f) de squash. 526.
balle(f) de tennis. 524.
ballon(m). 517.
ballon(m). 531.
ballon(m) de basket. 521.
ballon(m) de football. 516, 518.
ballon(m) de hand-ball. 525.
ballon(m) de volley-ball. 522.

bambous(m). 579.
banc(m) d'équipe. 531.
banc(m) des joueurs. 511, 519, 521, 522.
banc(m) des pénalités. 519.
banc(m) des remplaçants. 525.
bandage(m). 565.
bandage(m). 572.
bandage(m) de gaze. 561.
bande(f). 519, 569, 570.
bande(f) centrale. 580, 581.
bande(f) de filet. 523.
bande(f) horizontale. 522.
bande(f) verticale de côté. 522.
barographe(m). 542.
barre(f). 538, 540, 544, 552, 556, 561.
barre(f) d'acier. 559.
barre(f) d'écoute. 539.
barre(f) de bois. 559.
barre(f) de commande. 543.
barre(f) de flèche. 538.
barre(f) de protection. 544.
barre(f) de saut. 557.
barre(f) de Spa. 551, 552.
barre(f) fixe. 559.
barre(f) horizontale. 517.
barre(f) inférieure. 560.
barre(f) supérieure. 560.
barre(f) sur l'eau. 552.
barre(f) transversale. 531.
barres(f) asymétriques. 560.
barres(f) parallèles. 559.
barrière(f). 551, 552.
bas(m) de table. 569.
base(f). 559.
baseball(m). 511, 512.
basket-ball(m). 521.
bassin(m). 531, 532.
bassin(m) de plongeon. 534.
bâton(m). 512.
bâton(m). 512, 547.
bâton(m) de gardien de but. 520.
bâton(m) de joueur. 520.
bâton(m) de ski. 546.
bâtons(m) de golf. 572.
bâtons(m) de golf, types(m) de. 572.
baudrier(m). 575.
bavette(f). 562.
bec(m). 574.
billard(m), matériel(m) de. 568.
billard(m), queue(f) de. 568.
billard(m) anglais. 570.
billard(m) français. 569.
billard(m) pool. 569.
bille(f) blanche. 570.
bille(f) blanche mouchetée. 570.
bille(f) bleue. 570.
bille(f) brune. 570.
bille(f) d'ivoire. 580.
bille(f) de choc. 569, 570.
bille(f) de visée blanche. 569.
bille(f) jaune. 570.
bille(f) noire. 570.
bille(f) rose. 570.
bille(f) rouge. 569, 570.
bille(f) verte. 570.
billes(f) numérotées. 569.
blanc(m). 578, 579.
Blancs(m). 577.
bloc-essieu(m). 548.
bloc(m) de départ. 532.
bloqueur(m) droit. 514, 515.
bloqueur(m) gauche. 514, 515.
bobsleigh(m). 550.
bois(m). 572.
bois(m). 572.
boîte(f) à mouches. 568.
boîte(f) de service. 527.
boîte(f) jackpot. 581.
bombe(f). 551.
bôme(f). 538.
bonnet(m). 547.
bonnet(m) blanc. 531.
bonnet(m) bleu. 531.

bonnet(m) rouge. 531.
bord(m) d'attaque. 542, 543.
bord(m) de fuite. 542, 543.
bordure(f). 537.
bordure(f) blanche. 529.
borne(f). 530.
botte(f). 551.
botte(f) de couronne. 554.
botte(f) de genou. 554.
botte(f) de saut. 541.
botte(f) de tendon. 554.
bottillon(m). 536.
bottine(f). 561.
boucle(f). 546.
boucle(f) de piquet. 583.
bouclier(m). 520.
bouée(f) de sécurité. 536.
boule(f). 576.
boulier(m). 576.
boulon(m). 530.
boussole(f). 541.
bout(m). 567.
bout(m) d'aile. 542, 543.
bouteille(f) d'air comprimé. 536.
bouteille(f) isolante. 586.
bouton(m). 563.
boxe(f). 565.
boxeur(m). 565.
bracelet(m). 516.
brancard(m). 554.
branche(f). 553.
bras(m). 581.
brassard(m). 516, 520.
brasse(f). 533.
brèche(f). 579.
brelan(m). 578.
bretelle(f) pour botte de genou. 554.
bride(f). 553.
bride(f). 554.
brise-chute(m). 564.
broche(f) à glace. 575.
broche(f) à vis. 574.
but(f). 531.
but(m). 511, 513, 517, 518, 519, 525, 531.
butée(f). 545, 546.
butoir(m). 530.
cabine(f). 544.
cabine(f) de pilotage. 542.
câble(m). 587.
câble(m). 546, 558, 559, 587.
câble(m) d'acier. 574.
câble(m) de commande. 541.
câble(m) de haubanage. 559.
câble(m) tracteur. 544.
cadet(m). 571.
cadre(m). 524, 526, 549, 560, 570.
cafetière(f). 585.
cage(f). 556.
cagoule(f). 536, 575.
caisse(f) blindée. 581.
caisson(m). 541.
caleçon(m) de bain. 531.
calibreur(m). 585.
cambrure(f). 547.
camping(m), matériel(m) de. 584, 585, 586.
canif(m). 585.
canne(f) à lancer. 566.
canne(f) à mouche. 566.
capitaine(m). 530, 550.
capuchon(m). 573.
caractères(m). 579.
carre(f). 545, 547, 548.
carré(m). 578, 580, 581.
carré(m) de service. 526.
carreau(m). 578.
carte(f) isolée. 578.
carter(m). 566.
cartes(f). 578.
cartes(f), symboles(m) des. 578.
case(f). 580.
case(f) blanche. 577.
case(f) noire. 577.

Index thématiques

casque(m). 516, 520, 543, 545, 575.
casque(m) de frappeur. 512.
casque(m) de saut. 541.
casque(m) protecteur. 550.
Cavalier(m). 577.
ceinture(f). 561, 564.
ceinture(f) de maintien. 516, 520.
ceinture(f) de plomb. 536.
centre(m). 514, 515, 518, 519, 521, 530.
centre(m) droit. 517.
centre(m) du court. 527.
centre(m) gauche. 517.
cercle(m). 556, 557.
cercle(m) bleu extérieur. 530.
cercle(m) central. 518, 519, 521.
cercle(m) d'attente. 511.
cercle(m) de mise au jeu. 519.
cercle(m) restrictif. 521.
cercle(m) rouge intérieur. 530.
cercles(m). 579.
cerques(m). 567.
chaise(f) d'arbitre. 528.
chalet(m). 544, 571.
chambre(f). 582.
champ(m) centre(m). 511.
champ(m) droit. 511.
champ(m) gauche. 511.
chandail(m). 516, 547.
chandail(m) à col roulé. 545.
chandail(m) d'équipe. 512.
chandail(m) de dessous. 512.
chanfrein(m). 524.
chariot(m). 573.
charnière(f). 546.
châssis(m). 581.
chaufferette(f). 585.
chaumard(m). 539.
chaussette(f). 516, 524, 547, 562.
chaussette(f) avec étrier. 512.
chausson(m). 536.
chausson(m) intérieur. 546.
chaussure(f). 547, 548.
chaussure(f) à crampons. 516.
chaussure(f) d'alpinisme. 575.
chaussure(f) d'escrime. 562.
chaussure(f) de badminton. 528.
chaussure(f) de basket. 521.
chaussure(f) de boxe. 565.
chaussure(f) de golf. 573.
chaussure(f) de ski. 546.
chaussure(f) de ski. 545.
chaussure(f) de tennis. 524.
chemin(m). 571.
chemise(f). 524.
cheval(m) d'arçons. 559.
cheval-sautoir(m). 559, 560.
cheville(f). 548.
chronométrage(m). 555.
chronométreur(m). 521, 525, 531, 562, 565.
chronométreur(m) de couloir. 532.
chronométreur(m) de jeu. 519.
chronométreur(m) des pénalités. 519.
chronométreur(m) principal. 532.
chute(f). 537.
chute(f) de départ. 555.
chute(f) libre. 541.
cibles(f), escrime(f). 563.
ciseaux(m). 565.
cliquet(m) anti-retour. 566.
cloison(f). 578, 580, 582.
clou(m). 573.
club(m) house. 571.
cocheur(m) d'allée. 572.
cocheur(m) de sable. 572.
cockpit(m). 538.
coeur(m). 524, 578.
coiffe(f). 567.
coin(m). 565.
coin(m) de patinoire. 519.
coinceur(m). 574.
col(m). 572.
collier(m). 546, 554.

collier(m) de serrage. 561.
colonne(f). 577.
colonnes(f). 580, 581.
combattant(m). 564.
combinaison(f) de ski. 545.
combinaison(f) de vol. 541.
combinaison(f) gagnante. 581.
commande(f) d'aérofrein. 542.
commande(f) de largage de câble. 542.
commande(f) électrique de paiement. 581.
compartiment(m). 573, 578.
compas(m). 542.
concurrent(m). 532.
conducteur(m). 554, 555.
conduit(m) de paiement jackpot. 581.
conduite(f) des pièces. 581.
contre-écrou(m). 548.
contre-sanglon(m). 553.
contrefort(m). 548.
coque(f) inférieure. 546.
coque(f) supérieure. 546.
coquille(f). 516, 520, 563.
cordage(m). 526, 587.
cordage(m) commis. 587.
cordage(m) tressé. 587.
corde(f). 565, 575.
corde(f) arrière. 569.
corde(f) centrale. 569.
corde(f) de couloir. 532.
corde(f) de faux départ. 532.
corde(f) de prise. 558.
corde(f) de tête. 569.
corde(f) de traction. 540.
cordelette(f). 574.
cornet(m) à dés. 578.
corps(m). 558, 560, 567.
costume(m) de judo. 564.
côte(f). 567.
cote(f) de fermeture. 555.
cote(f) matinale. 555.
côté(m) Dame. 577.
côté(m) Roi. 577.
cou(m). 559.
coudière(f). 516.
couleur(f). 578.
couleurs(f) du conducteur. 555.
couloir(m). 523, 528, 532, 567.
couloir(m) de lancer franc. 521.
coup(m) de pied. 533.
coup(m) de pied de brasse. 533.
coup(m) de pied de papillon. 533.
courbure(f). 520, 562.
courroie(f). 554.
courroie(f) de correction d'allure. 554.
courroie(f) de rêne. 554.
courroie(f) de sécurité. 527.
course(f). 556.
course(f) sous harnais. 554, 555.
court(m) de service droit. 523.
court(m) de service gauche. 523.
coussin(m). 511, 570.
coussin(m) arrière. 569.
coussin(m) de protection. 560.
coussin(m) de rembourrage. 565.
coussin(m) de tête. 569.
coussinet(m). 548.
couteau(m). 536, 585, 586.
couture(f). 512.
craie(f). 568.
crampons(m). 575.
cran(m). 574.
cravache(f). 551.
crawl(m). 533.
crispin(m). 562.
crochet(m). 548.
crochet(m) de remorquage. 542.
crochet(m) fiffi. 574.
crochet(m) griff-fiffi. 574.
croupe(f). 559.
cruche(f). 586.
cube(m) avec barrière. 552.
cuiller(f). 567.

cuiller(f). 585.
cuisine(f). 586.
cuissard(m). 516.
cuissardes(f). 568.
culotte(f). 520, 551, 561, 562, 565.
curleur(m). 530.
curling(m). 530.
cuvette(f). 580.
dalot(m). 576.
Dame(f). 577, 578.
dames(f). 578.
date(f). 555.
dé(m) à pocker. 579.
dé(m) doubleur. 578.
dé(m) régulier. 579.
début(m). 587.
déclencheur(m) de paiement. 581.
défense(f). 514, 515.
défenseur(m) droit. 519.
défenseur(m) gauche. 519.
déflecteur(m). 543.
dégorgeoir(m). 568.
demi-centre(m). 525.
demi-cercle(m). 521.
demi-clé(f) renversée. 587.
demi-court(m) de service en double. 528.
demi-court(m) de service en simple. 528.
demi-inséré(m). 515.
demi(m). 515.
demi(m) d'ouverture. 517.
demi(m) de coin droit. 514, 515.
demi(m) de coin gauche. 514, 515.
demi(m) de mêlée. 517.
demi(m) de sûreté droit. 514, 515.
demi(m) de sûreté gauche. 514, 515.
demi(m) droit. 514, 518.
demi(m) en maraude. 515.
demi(m) gauche. 514, 518.
dent(f). 548, 568.
départ(m). 552, 571.
départ(m) de dos. 533.
dérive(f). 537, 538, 540, 542.
dériveur(m). 538.
dernier droit(m). 555.
dés(m). 579.
dés(m). 578.
descendeur(m). 574.
dessus(m). 524.
détendeur(m). 536, 585.
deuxième-but(m). 511.
deuxième espace(m). 521.
deuxième joueur(m). 530.
diagonale(f). 577.
diamant(m). 577.
disque(m). 561.
disques(m). 558.
doigt(m). 512, 574.
dominos(m). 579.
dossière(f). 554.
double-blanc(m). 579.
double(m). 579.
double(m) cube(m) avec haie. 552.
double-six(m). 579.
double toit. 583.
double zéro(m). 581.
doublure(f). 548.
douzaine(f). 580, 581.
dragon(m) blanc. 579.
dragon(m) rouge. 579.
dragon(m) vert. 579.
dragonne(f). 547, 574.
drapeau(m). 517, 571.
drapeau(m) blanc. 531, 564.
drapeau(m) bleu. 531.
drapeau(m) de centre. 518.
drapeau(m) de coin. 518.
drapeau(m) de secteur. 556.
drapeau(m) rouge. 531, 564.
drisse(f) de foc. 538.
drisse(f) de grand-voile. 538.
droit(m) planche. 552.
eau(f) fortuite. 571.
échecs(m). 577.

échiquier(m) anglais. 577.
échiquiers(m). 577.
échiquiers(m) français. 577.
éclairage(m). 586.
écoute(f) de foc. 538.
écoute(f) de grand-voile. 538.
écrou(m) de blocage. 566.
écurie(f). 555.
élan(m), course d'. 560.
élévateur(m). 541.
embase(f). 546.
embout(m). 520, 536, 566, 572.
émerillon(m). 567.
empennage(m). 528.
en-but(m). 517.
en équilibre. 534.
en prison. 580, 581.
engins(m) féminins. 560.
engins(m) masculins. 559.
enregistrement(m) de touches. 562.
enregistreur(m). 532.
enrouleur(m). 562.
enrouleur(m) à ressort. 544.
entraîneur(m). 555, 565.
entrave(f). 554.
entrée(f). 535.
entrée(f) pieds premiers. 534.
entrée(f) tête première. 534.
entrées(f) dans l'eau. 534.
enveloppe(f). 512, 573.
envol(m). 560.
épaule(f). 524, 567.
épaulé-jeté(m) à deux bras. 561.
épaulière(f). 516, 520.
épée(f). 563.
épéiste(m). 563.
éperon(m). 551.
épissure(f) courte. 587.
épuisette(f). 568.
équipe(f). 530.
équipe(f) de rugby. 517.
équipement(m) d'alpinisme. 574.
équipement(m) d'équitation. 551.
équipement(m) de protection. 516.
équitation(f). 551, 552, 553.
escalier(m). 565.
escrime(f). 562, 563.
escrimeur(m). 562.
essieu(m). 548.
est(m). 579.
estrade(f). 555.
étai(m) avant. 538.
étrave(f). 538.
étrier(m). 547, 553.
étrivière(f). 553.
étui(m) de cuir. 585.
expiration(f). 533.
extrados(m). 542.
face(f). 529, 572.
faible(f). 563.
faîtière(f). 582.
faitout(m). 585.
fanion(m). 522, 544.
fauchage(m) extérieur. 564.
fauchage(m) intérieur. 564.
faux quartier(m). 553.
fenêtre(f). 537.
fenêtre(f) moustiquaire. 582.
fente(f) à monnaie. 581.
fer(m). 572.
fer(m). 572.
fer(m) droit. 572.
fer(m) droit. 572.
fermeture(f) à glissière. 583.
fibre(f). 587.
figures(f). 577.
fil(m). 566, 585.
fil(m) de caret. 587.
fil(m) de connexion. 562.
fil(m) de corps. 562.
filet(m). 519, 521, 522, 523, 525, 528, 529.
filet(m) d'arrêt. 511.
filoir(m) d'écoute. 539.

filoir(m) de spinnaker. 538.
fin(f). 587.
fixation(f). 540.
fixation(f) à butée avant. 547.
fixation(f) à câble. 547.
fixation(f) arrière. 540.
fixation(f) avant. 540.
fixation(f) de sécurité. 546.
fixation(f) de sécurité. 545.
flanqueur(m). 515.
flèche(f). 568, 578.
fleuret(m). 563.
fleuret(m) électrique. 562.
fleurettiste(m). 563.
fleurs(f). 579.
flotteur(m). 567.
flotteur(m). 537.
foc(m). 538.
fond(m). 524.
fond(m) de bassin. 531.
fond(m) du bassin. 534.
football(m). 513, 514, 515, 516.
football(m) américain. 513, 514.
football(m) canadien. 513, 515.
football(m) européen. 518.
fort(m). 563.
fosse(f) de réception. 576.
fosse(f) de sable. 571.
Fou(m). 577.
foulard(m). 545.
fourchette(f). 547, 585.
fourreau(m). 537.
frappeur(m). 511.
frein(m). 545, 546, 566.
frein(m) de pointe. 548.
freineur(m). 550.
frontal(m). 553.
fuselage(m). 542.
fusil(m) à air comprimé. 536.
gaine(f). 586, 587.
ganse(f). 582, 585.
gant(f). 512.
gant(m). 520, 536, 541, 547, 550, 551, 558, 562.
gant(m) de bâton. 520.
gant(m) de boxe. 512.
gant(m) de frappeur. 512.
gant(m) de receveur. 512.
garde(m) droit. 514, 515.
garde(m) gauche. 514, 515.
gardien(m) de but. 520.
gardien(m) de but. 518, 519, 525, 531.
genouillère(f). 512, 516, 520, 561.
girouette(f). 538.
glacière(f). 586.
golf(m). 571, 572, 573.
golfeur(m). 571.
gonfleur-dégonfleur(m). 584.
gonfleur(m). 584.
gorge(f). 567.
gourde(f). 586.
gourmette(f). 553.
gousset(m) de latte. 537, 538.
gouvernail(m). 538.
gouvernail(m) de direction. 542.
gouvernail(m) de profondeur. 542.
grand largue(m). 539.
grand tournant(m). 555.
grand-voile(f). 538.
gréement(m). 543.
gril(m) pliant.
grille(f) stabilisatrice. 585.
guêtre(f) de ski. 545.
guide-ligne(m). 566.
guindant(m). 537.
gymnaste(f). 560.
gymnastique(f). 559, 560.
hachette(f). 586.
hackle(m). 567.
haie(f). 556.
haie(f) barrée. 551, 552.
haie(f) rivière. 551, 552.
halebas(m). 538.
haltère(m). 561.
haltérophile(m). 561.

haltérophilie(f). 561.
hameçon(m). 567.
hampe(f). 567.
hanche(f) ailée. 564.
hanche(f) fauchée. 564.
hand-ball(m). 525.
harnais(m). 536, 541, 543, 549.
hauban(m). 538, 543, 582.
haut(m) de table. 569.
hauteur(f). 534.
hauteur(f) du plongeon. 535.
hockey(m) sur glace. 519, 520.
hockeyeur(m). 520.
honneurs(m) simples. 579.
honneurs(m) supérieurs. 579.
honneurs(m) suprêmes. 579.
hors-limite(m). 571.
identification(f) de la piste. 555.
impair(m). 580, 581.
indicateur(m) d'inclinaison latérale. 542.
indicateur(m) de réglage de libération du talon. 546.
indicateur(m) de virage. 542.
inspiration(f). 533.
instruments(m). 543.
inter(m) droit. 518.
inter(m) gauche. 518.
intrados(m). 542.
jacquet(m). 578.
jambière(f). 520, 575.
jambière(f) de gardien. 520.
jan(m) extérieur. 578.
jan(m) intérieur. 578.
jante(f). 558.
jaquette(f). 551.
javelots(m). 558.
jeton(m). 580, 581.
joker(m). 578.
joue(f). 567.
joueur(m). 512.
joueur(m). 531.
joueurs(m) de tennis. 524.
judo(m). 564.
juge-arbitre(m). 529.
juge(m). 562, 564, 565.
juge(m) de but. 531.
juge(m) de champ arrière. 514.
juge(m) de classement. 532.
juge(m) de départ. 532.
juge(m) de faute de pieds. 523.
juge(m) de filet. 523.
juge(m) de ligne. 514, 519, 522, 523, 528.
juge(m) de nages. 532.
juge(m) de service. 528.
juge(m) de touche. 517, 518.
juge(m) de virages. 532.
jugulaire(f). 516.
jupette(f). 524.
knicker(m). 547.
lacet(m). 512, 548, 565.
lacis(m) de pied. 549.
lacis(m) de queue. 549.
lacis(m) de tête. 549.
laize(f). 538.
lame(f). 520, 548, 563, 574.
lampe(f) étanche. 536.
lampe(f) frontale. 575.
lampe-témoin(f). 562.
lampe-tempête(f). 586.
lancer(m) du disque. 556.
lancer(m) du javelot. 557.
lancer(m) du marteau. 556.
lancer(m) du poids. 557.
lancers(m). 558.
lanceur(m). 511.
languette(f). 546, 548.
lanière(f). 540, 575.
lanière(f) de sécurité. 546.
lanterne(f). 585.
largeur(f). 534.
largue(f). 539.
latte(f). 537, 538, 543.
leurres(m). 567.
levier(m) à ressort. 581.

ligne(f) arrière. 530, 537.
ligne(f) avant. 527, 537.
ligne(f) basse. 563.
ligne(f) bleue. 519.
ligne(f) centrale. 519, 522, 529.
ligne(f) d'appel. 556.
ligne(f) d'arrivée. 555, 557.
ligne(f) d'attaque. 522.
ligne(f) d'avertissement. 562.
ligne(f) de 2 m. 531.
ligne(f) de 4 m. 531.
ligne(f) de balayage. 530.
ligne(f) de ballon mort. 517.
ligne(f) de boîte de service. 527.
ligne(f) de but. 513, 517, 518, 519, 525, 531.
ligne(f) de cadre. 570.
ligne(f) de centre. 513, 530.
ligne(f) de côté. 580.
ligne(f) de côté de double. 523.
ligne(f) de côté de simple. 523.
ligne(f) de demi-court. 526.
ligne(f) de départ. 530, 556.
ligne(f) de fond. 513, 521, 522, 523, 528, 529.
ligne(f) de jet franc. 525.
ligne(f) de jeu. 511, 530, 576.
ligne(f) de lancer franc. 521.
ligne(f) de limite arrière. 562.
ligne(f) de mêlée. 514, 515.
ligne(f) de mise en garde. 562.
ligne(f) de pied de mât. 537.
ligne(f) de réception de service. 527.
ligne(f) de sept mètres. 525.
ligne(f) de service. 523, 526, 527.
ligne(f) de service court. 528.
ligne(f) de service long. 528.
ligne(f) de surface de but. 525.
ligne(f) de touche. 513, 517, 518, 521, 525.
ligne(f) de touche de but. 517.
ligne(f) des 10 mètres. 517.
ligne(f) des 15 mètres. 517.
ligne(f) des 22 mètres. 517.
ligne(f) des 5 mètres. 517.
ligne(f) des 50 mètres. 517.
ligne(f) des courtes. 526.
ligne(f) des verges. 513.
ligne(f) externe. 563.
ligne(f) haute. 563.
ligne(f) interne. 563.
ligne(f) latérale. 526, 529, 530.
ligne(f) latérale de double. 528.
ligne(f) latérale de simple. 528.
ligne(f) médiane. 518, 521, 525, 528, 531, 562.
ligne(f) médiane de service. 523.
lignée(f) du cheval. 555.
lime(f). 585.
limite(f) hors-terrain. 526.
lit(m) de camp pliant. 584.
lit-matelas(m). 584.
lofer. 537.
loge(f) de juge de but. 519.
longueur(f). 534.
luge(f). 550.
lugeur(m). 550.
lunettes(f). 550.
lunettes(f) de glacier. 575.
lunettes(f) de ski. 545.
lunettes(f) de soleil. 547.
lunettes(f) de vol. 541.
machine(f) à sous. 581.
mah-jong(m). 579.
maille(f). 529.
maillot(m). 524, 565.
maillot(m) de corps à manches courtes. 561.
main(f) pleine. 578.
maison(f). 530.
maître-brin(m). 549.
manche(m). 512, 520, 524, 526, 529, 568, 572, 574.
manche(m) à balai. 542.
manchette(f). 520.

manchon(m). 561.
manille(f). 539.
manille(f) de liaison. 541.
manivelle(f). 566.
manque(m). 580, 581.
marbre(m). 511.
marquage(m, feuille(f) de. 576.
marquage(m), table(f) de. 576.
marque(f) centrale. 523.
marqueur(m). 519, 521, 522, 562, 576.
marteau(m). 558.
marteau(m). 575.
marteau(m) dépitonneur. 574.
marteau-piolet(m). 574.
martingale(f). 563.
masque(m). 512, 516, 520, 536, 562.
mât(m). 537, 538, 543, 582.
mât(m) d'auvent. 582.
matelas(m) isolant. 584.
matelas(m) mousse. 584.
matelas(m) pneumatique. 584.
matelassure(f). 553.
matériel(m) d'alpinisme. 574.
mêlée(f). 517.
mêlée(f), football(m) américain. 514.
mêlée(f), football(m) canadien. 515.
meneur(m). 530.
méplat(m). 524.
mises(f), tableau(m) des. 580, 581.
mitaine(f). 545, 575.
mocassin(m). 549.
moniteur(m) de ski. 544.
montant(m). 548, 556, 557, 559, 560.
montant(m) de bride. 553.
montée(f) arrière. 555.
monticule(m). 511.
montre(f) de plongée. 536.
monture(f). 563.
mors(m). 554.
mors(m) de bride. 553.
mors(m) de filet. 553.
moteur(m). 573.
motte(f) de gazon. 571.
mouche(f). 570.
mouche(f) arrière. 569.
mouche(f) artificielle. 567.
mouche(f) centrale. 569, 570.
mouche(f) de ligne de cadre. 570.
mouche(f) de tête. 569.
mouche(f) supérieure. 570.
moufle(f). 545, 575.
moulinet(m) à lancer. 566.
moulinet(m) à tambour fixe. 566.
mousqueton(m). 574.
mousqueton(m). 538, 539.
mousqueton(m) à ressort. 539.
mouton(m). 554.
mur(m). 551, 552, 579, 582.
mur(m) amortisseur. 576.
mur(m) arrière. 526, 527.
mur(m) avant. 526, 527.
mur(m) avec barre en oxer. 552.
mur(m) avec colonne. 552.
mur(m) barré. 551, 552.
mur(m) d'extrémité. 532.
mur(m) de départ. 532.
mur(m) de retour. 532.
mur(m) latéral. 526, 527, 532.
muraille(f). 579.
muserolle(f). 553.
nage(f) sur le côté. 533.
nage(f) sur le dos. 533.
nages(f), types(m) de. 533.
nageur(m). 532.
nageur(m) de brasse. 533.
nageur(m) de crawl. 533.
nageur(m) de dos. 533.
nageur(m) de papillon. 533.
natation(f). 532.
natation(f), compétition(f) de. 532.
nervure(f). 536.

Index thématiques

nez(m). 542, 543.
noeud(m) coulant. 587.
noeud(m) d'arrêt. 587.
noeud(m) d'écoute double. 587.
noeud(m) d'écoute simple. 587.
noeud(m) de cabestan. 587.
noeud(m) de chaise double. 587.
noeud(m) de chaise simple. 587.
noeud(m) de Franciscain. 587.
noeud(m) de jambe de chien. 587.
noeud(m) de pêcheur. 587.
noeud(m) de vache. 587.
noeud(m) plat. 587.
noeud(m) simple. 587.
noeuds(m). 587.
noir(m). 578, 580, 581.
Noirs(m). 577.
nom(m) du cheval. 555.
nord(m). 579.
noyau(m). 573.
numéro(m). 517, 580.
numéro(m) de tête. 554.
numéro(m) du cheval. 555.
numéro(m) du couloir. 532.
numéro(m) du joueur. 516.
numéro(m) plein. 580, 581.
obstacle(m) d'eau. 571.
obstacles(m), équitation(f). 551.
octave(f). 563.
oeil(m). 553, 574.
oeillet(m). 548, 567, 583.
oeilleton(m). 574.
opérateur(m) de l'appareil des
    trente secondes. 521.
ordre(m) d'arrivée. 555.
ouest(m). 579.
outils(m). 586.
ouverture(f). 541, 567.
ouvre-boîtes(m). 585.
oxer(m). 551, 552.
oxer(m) avec croix. 552.
paddock(m). 555.
pair(m). 580, 581.
paire(f). 578.
palanque(f). 551.
palette(f). 529, 567.
palme(f). 536.
palonnier(m) de slalom. 540.
panier(m). 521.
panier(m). 512, 521, 568.
panne(f). 574.
panneau(m). 521, 541.
pantalon(m). 512, 516, 547, 564,
    575.
papillon(m). 533.
parachute-frein(m). 542.
parachute(m). 541.
parachute(m). 543.
parachute(m) de secours. 541.
parachute(m) dorsal. 541.
parachute(m) extracteur. 541.
parachutisme(m). 541.
parachutiste(m). 541.
parcours(m). 571.
parcours(m). 555.
parcours(m) d'obstacles. 552.
pare-chocs(m). 527.
pare-vent(m). 585.
passant(m). 582.
passe(f). 580, 581.
patin(m). 520, 550.
patin(m) à roulettes. 548.
patin(m) arrière. 550.
patin(m) avant. 550.
patin(m) de course. 548.
patin(m) de figure. 548.
patin(m) de hockey. 548.
patinage(m). 548.
patinoire(f). 519.
patins(m), types(m) de. 548.
patte(f). 512.
patte(f) d'ours. 549.
paume(f). 512.
pêche(f). 566, 567, 568.
pédale(f) de chaussage. 546.
pédale(f) de déchaussage. 546.

pédale(f) de palonnier. 542.
pelle-pioche(f) pliante. 586.
penderie(f). 582.
pennon(m). 538.
perche(f). 556.
perche(f) de tête. 554.
performance(f). 555.
petit largue(m). 539.
petit quartier(m). 553.
pièces(f). 577.
pied(m). 529, 549, 560, 566.
pied(m) de mât. 537.
pierre(f) de curling. 530.
pilier(m) droit. 517.
pilier(m) gauche. 517.
pilote(m). 543.
piolet(m). 574.
piolet(m). 575.
Pion(m). 577.
pique(f). 574.
pique(m). 578.
piquet(m). 544, 582, 583.
piste(f). 555, 562, 576.
piste(f). 557.
piste(f) d'élan. 556, 557, 576.
piste(f) de loutre. 557.
piste(f) de slalom. 544.
piton(m) à glace. 575.
pitons(m). 574.
pivot(m). 534, 548, 558.
plafond(m). 526, 527.
planche(f) à voile. 537.
planche(f) d'appel. 556, 557.
planche(f) de plasticine. 556.
plancher(m). 526, 527, 553, 565.
planchette(f). 574.
planeur(m). 542.
plaque(f) antifriction. 546.
plaque(f) de rouleau. 581.
plaque(f) de tôle. 526.
plaque(f) du lanceur. 511.
plaqueur(m) droit. 514, 515.
plaqueur(m) gauche. 514, 515.
plastron(m). 516, 520.
plastron(m) métallique. 562.
plate-forme(f). 534, 548.
plateau(m). 561.
plateau(m) mobile. 580.
plateau(m) réceptacle de
    paiement. 581.
plomb(m). 567.
plongée(f) sous-marine. 536.
plongeoir(m). 534.
plongeon(m). 534.
plongeon(m) de départ. 532.
plongeon(m) en arrière. 535.
plongeon(m) en avant. 535.
plongeon(m) en équilibre. 535.
plongeon(m) renversé. 535.
plongeon(m) retourné. 535.
plongeons(m), groupes(m) de. 535.
plongeur(m). 536.
plongeur(m). 535.
plongeur(m) au tremplin. 534.
plongeur(m) de haut-vol. 534.
poche(f). 569, 573, 576.
poche(f) centrale. 570.
poche(f) inférieure. 570.
poche(f) supérieure. 570.
poêle(f). 585.
poids(f). 558.
poids(m). 558.
poignée(f). 524, 526, 530, 545,
    547, 550, 558, 563, 566, 572,
    573, 574.
poignée(f) arrière. 566.
poignée(f) avant. 566.
poignée(f) d'ouverture. 541.
poignée(f) de départ. 532.
point(m). 579.
point(m) d'amure. 537.
point(m) d'ancrage. 543.
point(m) d'écoute. 537.
point(m) de mise au jeu. 519.
point(m) de réparation. 518.
point(m) repère. 576.

pointe(f). 545, 548, 558, 567, 572,
    574, 575.
pointe(f) antérieure. 575.
pointe(f) d'arrêt électrique. 562.
pointe(f) de bâton. 547.
pointe(f) de ski. 547.
poker(m), combinaison(f) au. 578.
pommeau(m). 512, 553, 563.
pongiste(m). 529.
popote(f). 585.
porte(f). 526, 544, 549.
porte(f) moustiquaire à glissière.
    582.
porte-marteau(m). 575.
porte-moulinet(m). 566.
porte-parapluie(m). 573.
porte-pitons(m). 575.
porte-sac(m). 573.
portique(m). 559.
position(f). 555.
position(f) carpée. 534.
position(f) de départ. 532.
position(f) de départ. 535.
position(f) des bras. 535.
position(f) des jambes. 535.
position(f) droite. 534.
position(f) groupée. 534.
positions(f), escrime(f). 563.
positions(f) de départ. 534.
postillon(m). 578.
poteau(m). 517, 522, 528, 531,
    555.
poteau(m) d'arrivée. 557.
poteau(m) de but. 513.
poteau(m) de double. 523.
poteau(m) de simple. 523.
poteau(m) du ring. 565.
pouce(m). 512.
poupée(f). 537.
poutre(f). 560.
poutre(f) d'équilibre. 560.
premier-but(m). 511.
premier espace(m). 521.
près(f). 539.
près(m) bon plein. 539.
près(m) serré. 539.
président(m). 562.
presse-raquette(m). 524.
prime(f). 563.
prise(f) classique. 529.
prise(f) porte-plume. 529.
prises(f). 564.
prises(f), types(m) de. 529.
procédé(m). 568.
profondimètre(m). 536.
programme(m) de courses. 555.
projection(f) d'épaule par un côté.
    564.
projection(f) en cercle. 564.
propane(m), accessoires(m) au.
    585.
propriétaire(m). 555.
protecteur(m). 548.
protecteur(m) de poitrine. 512.
protège-côtes(m). 516.
protège-coude(m). 520, 562.
protège-coudes(m). 550.
protège-dents(m). 565.
protège-genoux(m). 550.
protège-gorge(m). 512, 520.
protège-lame(m). 548.
protège-main(m). 516.
protège-tendon(m). 548.
protège-tibia(m). 512, 516.
proue(f). 537.
puits(m) de dérive. 537.
pull-over(m). 547.
pylône(m). 544.
quart-arrière(m). 514, 515.
quarte(f). 563.
quartier(m). 553.
queue(f). 540, 542, 543, 549, 585.
queue(f) de castor. 549.
quille(f). 543, 576.
quille-reine(f). 576.
quilles(f), jeu(m) de. 576.

quilles(f), soulier(f) de. 576.
quilleur(m). 576.
quillier(m). 576.
quinte(f). 563.
quinte(f) royale. 578.
rabat(m) à attaches. 582.
racquetball(m). 527.
racquetballeur(m). 527.
rail(m) de renvoi. 576.
rainure(f). 545, 547, 572.
ramasseur(m). 522, 523.
rangée(f). 577.
raquette(f). 529, 549.
raquette(f) alaska. 549.
raquette(f) algonquine. 549.
raquette(f) de badminton. 528.
raquette(f) de racquetball. 527.
raquette(f) de squash. 526.
raquette(f) de tennis. 524.
raquette(f) ojibwa. 549.
raquettes(f), types(m) de. 549.
raquetteur(m). 549.
râteau(m). 568.
réceptacle(m). 581.
réception(f). 560.
receveur(m). 512.
receveur(m). 511, 526, 528, 529.
réchaud(m) à trois feux. 585.
réchaud(m) à un feu. 585.
rectangle(m) des instructeurs. 511.
rectangle(m) du frappeur. 511.
rectangle(m) du receveur. 511.
relanceur(m). 523.
remplaçant(m). 521, 522, 525, 531.
rêne(f). 554.
rêne(f) de bride. 553.
rêne(f) de filet. 553.
renfort(m) de pointe. 548.
rep'ère(m) de virage de dos. 532.
repose-pieds(m). 544.
réservoir(m) de gaz. 585.
ressort(m). 560.
rétenteur(m). 554.
revêtement(m). 529.
ridoir(m). 539.
ring(m). 565.
rivière(f) de steeple. 556.
robinet(m) relais. 585.
Roi(m). 577, 578.
rondelle(f). 520.
rondelle(f). 544, 545, 547.
rotation(f) des joueurs. 522.
roue(f) à rayons. 554.
rouge(m). 580, 581.
rough(m). 571.
rouleau(m). 581.
roulement(m) à billes. 548.
roulette(f). 580.
roulette(f). 548.
roulette(f), table(f) de. 581.
ruban(m) adhésif. 512.
ruban(m) blanc. 528.
ruban(m) de caoutchouc. 573.
rugby(m). 517.
sabot(m). 540.
sabre(m). 563.
sabreur(m). 563.
sac(m). 551.
sac(m) à cagoule. 584.
sac(m) à dos. 547, 575.
sac(m) banane. 545.
sac(m) de golf. 573.
sac(m) rectangulaire. 584.
sac(m) semi-rectangulaire. 584.
sacs(m) de couchage. 584.
saisons(f). 579.
sandow(m). 583.
sangle(f). 523, 553, 559, 573.
sangle(f) de brancard. 554.
sangle(f) sous-ventrière. 554.
sanglon(m). 553.
saut(m) à la perche. 556.
saut(m) en hauteur. 557.
saut(m) en longueur. 556.
sauteur(m). 541, 544.
scie(f). 585.

scie(f) de camping. 586.
scion(m). 566.
seconde(f). 563.
secondeur(m) au centre. 514, 515.
secondeur(m) extérieur droit. 514, 515.
secondeur(m) extérieur gauche. 514, 515.
secrétaire(m). 525, 531.
séjour(m). 582.
selle(f). 553.
selle(f). 559.
sellette(f). 554.
semelle(f). 540, 545, 546, 547, 548, 572.
septime(f). 563.
séquence(f). 578.
serre-poignet(m). 524.
serre-tête(m). 524, 547.
serveur(m). 522, 523, 526, 528, 529.
short(m). 524.
siège(m). 542, 544, 550, 553.
sixain(m). 580, 581.
sixte(f). 563.
ski(m). 544.
ski(m). 545.
ski(m) alpin. 545, 546.
ski(m) de figure. 540.
ski(m) de fond. 547.
ski(m) de saut. 540.
ski(m) de slalom. 540.
ski(m) de tourisme. 540.
ski(m) nautique. 540.
skieur(m) alpin. 545.
skieur(m) de fond. 547.
skieur(m) de slalom. 544.
skis(m), types(m) de. 540.
snooker(m). 570.
soie(f). 566.
soigneur(m). 565.
soulier(m) à crampons. 512.
soulier(m) de tennis de table. 529.
sous-gorge(m). 553.
spatule(f). 540, 545, 547.
sports(m). 509.
squash(m). 526.
stabilisateur(m). 541, 542.
stade(m). 556, 557.
station(f) de ski. 544.
stationata(f). 551.
steeple(m). 556.
sud(m). 579.
sulky(m). 554.
support(m). 529, 550.
support(m) d'entrave. 554.
support(m) de panneau. 521.
surface(f) de frappe. 522.
surface(f) de but. 518, 525.
surface(f) de coin. 518.
surface(f) de combat. 564.
surface(f) de glace. 530.
surface(f) de jeu. 529.
surface(f) de l'eau. 534.
surface(f) de réparation. 518.
surface(f) de sécurité. 564.
surliure(f). 587.
suspente(f). 541, 544.
symbole(m). 581.
table(f). 529.
table(f). 562.
table(f) de billard. 569, 570.
table(f) de roulette. 580.
tableau(m) de bord. 542.
tableau(m) indicateur. 555.
tablier(m). 565, 571.
tabouret(m). 565.
talon(m). 512, 520, 524, 545, 547, 548, 566, 567, 568, 572.
talonneur(m). 517.
talonnière(f). 540, 545, 546, 547.
tambour(m). 566.
tangon(m) de spinnaker. 538.
tapis(m). 565, 569, 570.
tapis(m), judo(m). 564.
tapis(m) de chute. 560.

tapis(m) de selle. 554.
tapis(m) de sol cousu. 582.
taquet(m). 538, 539.
taquet(m) coinceur. 537, 539.
tasse(f). 585.
té(f). 573.
téléphérique(m). 544.
télésiège(m) biplace. 544.
téléski(m) à archets. 544.
téléski(m) à perches. 544.
température(f). 555.
tendeur(m). 582.
tennis(m). 523, 524.
tennis(m) de table. 529.
tente(f) Baker. 583.
tente(f) canadienne. 583.
tente(f) dôme. 583.
tente(f) grange. 583.
tente(f) igloo. 583.
tente(f) intérieure. 583.
tente(f) rectangulaire. 583.
tente(f) touriste. 583.
tentes(f). 582, 583.
tentes(f), principaux types(m) de. 583.
tentes(f) familiales. 582.
terrain(m), badminton(m). 528.
terrain(m), baseball(m). 511.
terrain(m), basket-ball(m). 521.
terrain(m), curling(m). 530.
terrain(m), football(m) américain. 513.
terrain(m), football(m) canadien. 513.
terrain(m), hand-ball(m). 525.
terrain(m), rugby(m). 517.
terrain(m), tennis(m). 523.
terrain(m), volley-ball(m). 522.
terrain(m) de jeu, football(m) européen. 518.
tête(f). 524, 528, 549, 558, 567, 568, 572, 574.
tête(f) de marteau. 574.
tête(f) de mât. 537.
tête(f) de métal. 558.
tête(f) de scion. 566.
têtière(f). 537, 553.
tierce(f). 563.
tige(f). 546, 547, 548.
tirant(m) des cordes. 565.
tire-bouchon(m). 535.
tire-bouchon(m). 585.
tire-veille(m). 537.
toile(f) à pourrir. 582.
toile(f) de saut. 560.
toit(m). 582.
toron(m). 587.
Tour(f). 577.
tourillon(m). 568.
tournant(m) de club house. 555.
tournevis(m). 585.
tourniquet(m). 580.
trace(f). 544.
trait(m) de mise en jeu. 513.
trampoline(f). 560.
transversale(f) pleine. 580, 581.
trapèze(f). 540.
trapèze(m). 543.
trapèze(m) de figure. 540.
trapèzes(m), types(m) de. 540.
traverse(f) arrière. 549.
traverse(f) avant. 549.
trèfle(m). 578.
tremplin(m). 534, 544, 559, 560.
triangle(m). 568.
tribord(m) amures. 539.
tribune(f) des juges. 555.
tribune(f) populaire. 555.
triple(m) mur). 552.
triple(m) saut. 557.
trois-quarts(m). 517.
troisième-but(m). 511.
troisième joueur(m). 530.
trou(m). 571.
trou(m). 576.
troussequin(m). 553.

tuba(m). 536.
tube(m) de bord d'attaque. 543.
tube(m) transversal. 543.
tuiles(f) ordinaires. 579.
tuque(f). 547.
tuyau(m) d'air. 536.
uniforme(m), football(m). 516.
ustensiles(m) de campeur. 585.
Valet(m). 578.
variomètre(m). 542.
vélivole(m). 542.
vent(m). 539.
vent(m) arrière. 539.
vent(m) de travers. 539.
vent(m) debout. 539.
vents(m) d'est. 579.
vents(m) du nord. 579.
vents(m) du sud. 579.
vents(m) ouest. 579.
verrière(f). 542.
vert(m). 571.
veste(f). 562, 564.
veste(f) de pêche. 568.
veste(f) en duvet. 575.
vêtement(m) isothermique. 536.
vêtements(m) d'équitation. 551.
virage-culbute(m). 533.
virage(m). 533.
virage(m) de brasse. 533.
virole(f). 568.
virole(f) femelle. 566.
virole(f) mâle. 566.
vis(f). 548.
vis(f) de réglage de hauteur. 546.
vis(f) de réglage de libération. 546.
vitre(f). 526.
voile(f). 537.
voile(m). 567.
voilure(f). 536, 541, 543.
voiturette(f) de golf. 573.
vol(m). 535.
vol(m) à voile. 542.
vol(m) libre. 543.
volant(m). 528.
volley-ball(m). 522.
vols(m). 534.
voltigeur(m) de centre. 511.
voltigeur(m) droit. 511.
voltigeur(m) gauche. 511.
water-polo(m). 531.
winch(m). 539.
wishbone(m). 537.
zéro(m). 580, 581.
zone(f) d'attaque. 519, 522.
zone(f) de but. 513, 519.
zone(f) de chute. 556, 557.
zone(f) de danger. 564.
zone(f) de défense. 519, 522.
zone(f) de service. 522, 527.
zone(f) de service droite. 526.
zone(f) de service gauche. 526.
zone(f) libre. 522.
zone(f) neutre. 514, 515, 519.
zone(f) réservée. 521.

SYMBOLES

accès(m) interdit. 702.
accès(m) interdit aux bicyclettes. 702.
accès(m) interdit aux camions. 702.
accès(m) interdit aux cyclomoteurs. 702.
accès(m) interdit aux motocycles. 702.
accès(m) interdit aux piétons. 702.
accès(m) interdit aux véhicules à moteur. 702.
accès(m) pour handicapés physiques. 705.
addition(f). 709.
aigle(m). 696.
appartenance(f). 709.
argent(m). 696.

arrêt(m) à l'intersection. 701.
arrêt(m) interdit. 703.
arrêt(m) limité. 703.
articles(m) perdus et retrouvés. 706.
ascenseur(m). 705.
attention. 704.
attention, passage(m) pour piétons. 704.
attention, plancher(m) glissant. 704.
autoroute(f). 703.
azur(m). 696.
Balance(f). 698.
bandereole(f). 697.
bannière(f). 697.
bar(m). 706.
base(f). 695.
battant(m). 695.
Bélier(m). 698.
biologie(f). 695.
blanchiment(m). 708.
boutique(m) hors taxe. 706.
bureau(m) de poste. 706.
camping(m) interdit. 707.
Cancer(m). 698.
canton(m). 695.
canton(m) dextre de la pointe. 695.
canton(m) dextre du chef. 695.
canton(m) senestre de la pointe. 695.
canton(m) senestre du chef. 695.
Capricorne(m). 698.
carré(m). 697.
casiers(m) à bagages. 706.
casse-croûte(m). 705.
cédez le passage. 701.
cent(m). 709.
centre(m). 695.
change(m). 706.
chariots(m) à bagages. 706.
chaussée(f) cahoteuse. 700.
chaussée(f) glissante. 700.
chaussée(f) rétrécie. 700.
chef(m). 695, 696.
chevron(m). 696.
chutes(f) de pierres. 700.
circulation(f) dans les deux sens. 701.
coiffeur(m). 706.
constellations(f). 698.
copyright(m). 709.
couleurs(f). 696.
coupé(m). 696.
croissant(m). 696.
croix(f). 696.
dangers(m), autres. 701.
débouché(m) de cyclistes. 701.
défense(f) de fumer. 705.
descente(f) dangereuse. 700.
dextre(m). 695.
direction(f) d'une réaction. 709.
direction(f) obligatoire. 703.
division(f). 709.
dollar(m). 709.
dos(m) d'âne. 700.
drapeau(m). 695.
drapeau(m), éléments(m) d'un. 695.
drapeau(m), formes(f) de. 697.
drapeau(m) à Schwenkel. 697.
drisse(f). 695.
écartelé(m). 696.
écu(m). 695.
égal ou plus grand que. 709.
égal ou plus petit que. 709.
égale. 709.
égale à peu près. 709.
émaux(m). 696.
emblème(m). 695.
enregistrement(m). 706.
ensemble(m) vide. 709.
entrée(f) interdite. 704.
entretien(m) des tissus. 708.
équivaut à. 709.
escalier(m). 705.

Index thématiques

escalier(m) mécanique descendant. 705.
escalier(m) mécanique montant. 705.
esperluette(f). 709.
est identique à. 709.
étoile(f). 696.
extincteur(m) d'incendie. 704.
fanion(m). 697.
fanion(m) double. 697.
femelle(f). 709.
fin(f) d'autoroute. 703.
fin(f) de l'interdiction de dépasser. 702.
flamme(f). 697.
flanc(m) dextre. 695.
flanc(m) senestre. 695.
fleur(f) de lis. 696.
fourrures(f). 696.
Gémeaux(m). 698.
gueules(f). 696.
guidon(m). 697.
guindant(m). 695.
hampe(f). 695.
hermine(f). 696.
hôpital(m). 704.
inclusion(f). 709.
infini(m). 709.
interdiction(f) de dépasser. 702.
interdiction(f) de faire demi-tour. 702.
interdiction(f de tourner à gauche. 702.
interdit aux chiens. 704.
intersection(f). 709.
intersection(f) à sens giratoire. 701.
intersection(f) à sens giratoire obligatoire. 703.
intersection(f) avec priorité. 701.
lavage(m). 708.
ligne(f) sous tension. 704.
limitation(f) de hauteur. 702.
limitation(f) de largeur. 702.
limitation(f) de poids. 702.
Lion(m). 698.
lion(m) passant. 696.
livraison(m) des bagages. 706.
livre(f). 709.
location(f) de voitures. 707.
mâle(m). 709.
manche(m) à air. 697.
marque(f) déposée. 709.
mât(m). 695.
mathématiques(f). 709.
matières(f) inflammables. 704.
métaux(m). 696.
meubles(m). 696.
monte-charge(m). 705.
mort(f). 709.
multiplication(f). 709.
n'égale pas. 709.
n'est pas identique à. 709.
naissance(f). 709.
ne pas utiliser avec un chariot à bagages. 706.
ne pas utiliser avec une chaise roulante. 705.
négatif(m). 709.
nettoyage(m) à sec. 708.
or(m). 696.
ordonnance(f). 709.
oriflamme(f). 697.
pal(m). 696.
parking(m). 703.
parti(m). 696.
partitions(f). 696.
passage(m) à niveau. 701.
passage(m) d'animaux sauvages. 701.
passage(m) de bétail. 701.
passage(m) pour piétons. 700.
pavillon(m) à deux pointes. 697.
pavillon(m) à deux pointes et langue. 697.
pennon(m). 697.

pente(f) raide. 700.
permiers soins(m). 704.
permission(f) de fumer. 705.
pharmacie(f). 706.
pièces(f) honorables. 696.
pique-nique(m) interdit. 707.
plus grand que. 709.
plus ou moins. 709.
plus petit que. 709.
point(m) du chef. 695.
pointe(f). 695.
pointe(f) de hampe. 695.
poison(f). 704.
Poissons(m). 698.
police(f). 704.
positif(m). 709.
poste(m) d'essence. 707.
poste(m) de dépannage. 707.
pourcentage(m). 709.
pourpre(f). 696.
priorité(f) aux intersections. 701.
projection(f) de gravillons. 700.
racine(f) carrée de. 709.
réaction(f) réversible. 709.
rectangulaire(m). 697.
renseignements(m). 704.
repassage(m). 708.
réservation(f) d'hôtel. 707.
restaurant(m). 705.
réunion(f). 709.
sable(m). 696.
Sagittaire(m). 698.
Scorpion(m). 698.
séchage(m). 708.
senestre(m). 695.
services(m) d'inspection. 706.
signal(m)[fin de priorité]. 701.
signal(m)[route à priorité]. 701.
signalisation(f) lumineuse. 701.
signaux(m) d'avertissement de danger. 700, 701.
signaux(m) d'indication. 703.
signaux(m) d'interdiction. 702.
signaux(m) d'obligation. 703.
signaux(m) de réglementation. 702.
signaux(m) relatifs à l'arrêt. 703.
signaux(m) relatifs au stationnement. 703.
signaux(m) routiers internationaux. 700, 701, 702, 703.
signes(m) du zodiaque. 698.
soustraction(f). 709.
stationnement(m) interdit. 703.
stationnement(m) limité. 703.
symboles(m). 693.
symboles(m), éléments(m) visuels des. 699.
symboles(m), exemples(m) de. 696.
symboles(m) d'usage courant. 704, 705, 706, 707.
Taureau(m). 698.
télégramme(m). 706.
téléphone(m). 704.
terrain(m) de camping. 707.
terrain(m) de caravaning. 707.
terrain(m) de pique-nique. 707.
toilettes(f) pour dames. 705.
toilettes(f) pour hommes. 705.
tranché(m). 696.
transport(m) ferroviaire. 707.
transport(m) par autobus. 707.
transport(m) par avion. 707.
transport(m) par hélicoptère. 707.
transport(m) par taxi. 707.
travaux(m). 701.
tuyau(m) d'incendie. 704.
vair(m). 696.
Verseau(m). 698.
vert(m). 696.
Vierge(f). 698.
virage(m) double. 700.
virage(m) à droite. 700.
virage(m) dangereux. 700.
vitesse(f) maximale limitée. 702.
voie(f) à sens unique. 703.

zone(f) scolaire. 700.

TRANSPORT

abri(m). 410.
accès(m) au réservoir d'essence. 383.
accès(m) aux quais. 412.
accès(m) étanche. 423.
accotement(m). 399.
accoudoir(m). 386.
aérogare(f) de passagers. 438.
aérogare(f) des passagers. 440.
aérogare(f) satellite. 438.
aérogare(m) de fret. 438.
aéroglisseur(m). 421.
aéroport(m). 438, 439.
affiche(f) publicitaire. 414.
afficheur(f) prix. 387.
afficheur(m) totaliseur. 387.
afficheur(m) volume. 387.
aiguillage(m). 410.
aiguillage(m) manoeuvré à distance. 409.
aiguillage(m) manoeuvré à pied d'oeuvre. 408.
aiguille(f). 408.
aile(f). 435.
aile(f). 383, 389, 434, 443.
aile(f) à géométrie variable. 435.
aile(f) arrière. 422.
aile(f) avant. 422.
aileron(m). 419, 434.
aileron(m) de stabilisateur. 419.
aileron(m) stabilisateur. 423.
ailes(m) en V. 422.
ailes(f) immergées. 422.
aimant(m). 429.
air(m) de refroidissement. 444.
aire(f) de repos. 443.
aire(f) de stationnement. 438.
aire(f) de trafic. 438.
alidade(f). 429.
allumeur(m). 391.
alternateur(m). 391, 404.
alvéole(f) de plaque. 392.
âme(f). 408.
amortisseur(m). 394.
amortisseur(m) arrière réglable. 395.
amortisseur(m) de direction. 396.
ampèremètre(m). 396.
ancrage(m) des haubans. 402.
ancre(f). 433.
ancre(f) à champignon. 433.
ancre(f) à grappin. 433.
ancre(f) à jas. 433.
ancre(f) à pattes articulées. 433.
ancre(f) charrue. 433.
ancre(f) de marine. 433.
ancre(f) flottante. 433.
ancre(f) sans jas. 433.
ancres(f), types(m) d'. 433.
anneau(m) catadioptrique. 432.
anneau(m) de retenue. 384.
anneau(m) dioptrique. 432.
antenne(f). 383, 434.
antenne(f) radar. 424.
antenne(f) radio. 424, 444.
antenne(f) VHF. 435.
anticheminant(m). 408.
antivol(m). 396.
appareils(m) de navigation. 428, 429.
appartement(m) de luxe. 419.
appartement(m) du commandant. 419.
appui-tête(m). 386, 407.
arbre(m). 419.
arbre(m) à cames. 391.
arbre(m) cannelé. 384.
arbre(m) de couche. 420.
arbre(m) de transmission. 441.
arbre(m) porte-hélice. 436.
arbre(m) turbine-compresseur. 436.

arc(m) à deux articulations. 401.
arc(m) à trois articulations. 401.
arc(m) encastré. 401.
arc(m) métallique à treillis. 401.
arche(f). 401.
arcs(m), types(m) d'. 401.
armature(f). 432.
arrivée(f) d'oxygène. 444.
articulation(f). 384.
atelier(m) de réparation. 387.
atelier(m) diesel. 410.
aubage(m) directeur d'entrée. 436.
aube(f). 436.
automobile(f). 383, 384, 385, 386.
auvent(m). 383.
avertisseur(m) sonore. 404.
avion(m) long-courrier. 434.
axe(m) d'attelage. 405.
axe(m) du pédalier. 398.
baguette(f) de flanc. 383.
baignoire(f). 423.
bajoyer(m). 426.
baladeur(m) à roues dentées. 398.
balai(m) d'essuie-glace. 384.
balai(m) pointe en bas. 432.
balai(m) pointe en haut. 432.
balancine(f). 416.
balcon(m) de veille. 431.
baleinière(f). 418.
balisage(m), système(m) cardinal. 431.
balisage(m), système(m) latéral de. 432.
ballast(m). 408.
banc(m). 414.
bande(f) de ris. 417.
bande(f) de roulement. 393.
bandes(f) horizontales. 430.
bandes(f) verticales. 430.
banquette(f) arrière. 386.
bar(m). 419.
barre(f) de guidage. 415.
barre(f) de plongée. 424.
barre(f) de prise de courant. 415.
barreau(m). 405.
barrette(f). 392.
bas-mât(m). 416.
base(f). 397, 409.
bassin(m) à flot. 427.
bassin(m) à marée. 427.
bassin(m) de radoub. 427.
bateau-porte(m). 427.
bathyscaphe(m). 423.
batterie(f) d'accumulateurs. 392.
batterie(f) d'accumulateurs. 423.
bavette(f) garde-boue. 383, 388, 389.
bec(m). 433.
bec(m) de bord d'attaque. 434.
béquille(f). 388, 422.
béquille(f) centrale. 395.
béquille(f) latérale. 395.
berline(f). 384.
bicyclette(f). 397, 398.
bidon(m). 397.
bief(m) amont. 426.
biellette(f) de commande de pas. 441.
billetterie(f). 412.
bitte(f) d'amarrage. 426.
bloc-cylindres(m). 391.
bloc(m) d'équipement. 442.
bogie(m). 415.
bogie(m). 404, 407.
boîte(f) à gants. 385.
boîte(f) d'essieu. 404.
boîte(f) de jonction. 409.
boîte(f) de vitesses. 421, 422.
boîtier(m). 428.
boîtier(m) de batterie. 388, 392.
boîtier(m) de phare. 416.
bord(m). 416.
bord(m) d'attaque. 434.
bord(m) de fuite. 434.
bordure(f) de quai. 413, 414.
bordure(f) de trottoir. 399.

borne(f). 392.
borne(f) de gonflage. 387.
borne(f) négative. 392.
borne(f) positive. 392.
bossoir(m). 416.
botte(f) lunaire. 444.
bouche(f) d'air. 385.
bouchon(m) à évents. 392.
bouchon(m) de radiateur. 392.
bouchon(m) de remplissage. 396.
bouchon(m) de remplissage d'huile. 391.
bouchon(m) de vidange d'huile. 391.
bouchon(m) du réservoir d'huile. 396.
boucle(f). 386.
bouclier(m). 383.
bouclier(m) thermique. 443.
bouée(f) à cloche. 430.
bouée(f) à plan focal élevé. 430.
bouée(f) à sifflet. 430.
bouée(f) conique. 430.
bouée(f) de sauvetage. 422.
bouée(f) Espar. 430.
bouée(f) tonne. 430.
bouées(f). 430.
bougie(f) d'allumage. 392.
boulon(m) d'éclisse. 408.
bourrelet(m). 393.
boutique(f) hors taxe. 440.
bouton(m) de réglage. 428.
bouton(m) de verrouillage. 386.
bouton(m) moleté. 428.
branchement(m) pluvial. 399.
bras(m). 417, 433.
bras(m) d'essuie-glace. 384.
bras(m) télécommandé. 443.
break(m). 384.
bretelle(f). 410, 438.
brick(m). 418.
brigantin(m). 418.
brigantine(f). 417.
bulletin(m) de bagages. 412.
bureau(m) de change. 412.
bureau(m) de renseignements. 412.
bureau(m) de réservation de chambres d'hôtel. 440.
bureau(m) des douanes. 427.
bureau(m) du changeur. 414.
buse(f) d'éjection. 436.
butée(f). 401.
butée(f) de porte. 405.
butoir(m). 383, 410.
butte(f). 411.
cabestan(m). 425.
cabine(f). 420, 434, 441.
cabine(f) classe touriste. 419.
cabine(f) de conduite. 404.
cabine(f) de pilotage. 421.
cabine(f) des passagers. 421, 422.
cabine(f) sphérique. 423.
cabinet(m) de toilette. 407.
câble(m). 428.
câble(m) de bougie. 391.
câble(m) de commande. 398.
câble(m) de frein. 397.
câble(m) électrique. 399.
câble(m) porteur. 402.
câble(m) téléphonique. 399.
cabriolet(m). 384.
cacatois(m), petit. 417.
cacatois(m) avant, grand. 417.
cadenas(m). 398.
cadre(m). 395.
calandre(f). 383.
cale(f). 439.
cale(f) à conteneurs. 420.
cale-pied(m). 397.
camion(m) avitailleur. 439.
camion(m) commissariat. 439.
camion(m) élévateur. 439.
camion(m) vide-toilette. 439.
canal(m) d'éjection. 436.
canal(m) d'entrée d'air. 436.

canalisation(f). 393.
canalisation(f) de carburant. 390.
caniveau(m). 399.
caniveau(m) de transmission. 409.
cannelure(f). 392.
canon(m) anti-aérien. 425.
canot(m) de sauvetage. 416.
canot(m) pneumatique. 425.
canot(m) pneumatique de sauvetage. 421.
capot(m). 383, 389, 394.
capsule(f) à membrane. 391.
capuchon(m). 409.
carburant(m). 387.
carburateur(m). 390, 391, 395.
cargue(f). 417.
cargue-point(m). 417.
carrosserie(f). 383.
carrosseries(f), types(m) de. 384.
carrousel(m). 440.
carte(f) de ligne. 414.
carte(f) de réseau. 414, 415.
carte(f) du réseau. 412.
carter(m). 391, 395.
carter(m) d'engrenage de frein à main. 405.
case(f) d'affichage de l'heure de départ. 413.
case(f) d'affichage de la destination. 413.
case(f) d'affichage des retards. 413.
casque(m). 444.
ceinture(f). 393.
ceinture(f) de sécurité. 386.
centre(m) de gravité. 433.
chaîne(f). 397, 398.
chaîne(f) d'ancre. 433.
chaîne(f) de frein à main. 405.
chambre(f). 407.
chambre(f) à coucher. 431.
chambre(f) de chauffe. 425.
chambre(f) de combustion. 390, 436.
chambre(f) de combustion annulaire. 436.
chambre(f) de sédimentation. 392.
chambre(f) des cartes. 420.
chambre(f) des machines. 424, 425.
chambre(f) des torpilles. 424.
champignon(m). 408.
changeur(m) de lampe. 432.
chape(f) de rose. 429.
chapeau(m) d'angle. 405.
chapelle(f). 419.
charge(f) utile. 442.
chariot(m) à bagages. 440.
chariot(m) à plateau. 413.
chariot(m) porte-roues. 387.
chariot(m) transbordeur. 403.
châssis(m). 387.
châssis(m) d'aiguillage. 409.
châssis(m) de bogie. 404.
chaudière(f). 419, 424.
chaussée(f). 399.
chemin(m) de fer métropolitain. 415.
cheminée(f). 407.
cheminée(f) d'échappement. 389.
chenille(f). 394.
citerne(f) d'eau potable. 439.
clignotant(m). 388.
clignotant(m) arrière. 395.
clin, foc(m). 417.
clou(m) millésimé. 408.
coach(m). 384.
coeur(m) de croisement. 408.
coffre(m). 383.
collecteur(m) d'échappement. 390, 391, 392.
collet(m). 433.
collier(m) de serrage. 444.
colonne(f). 415.
colonne(f) de direction. 386.
combinaison(f) pressurisée. 444.

commande(f) d'essuie-glace. 386.
commande(f) de barrières. 409.
commande(f) de chauffage. 385.
commande(f) de dossier. 386.
commande(f) de la dérive arrière. 422.
commande(f) de la dérive avant. 422.
commutateur(m) de frein de secours. 415.
compartiment(m) des voitures. 421.
compas(m). 423.
compas(m) magnétique liquide. 429.
compresseur(m). 390.
compresseur(m) axial. 436.
compte-tours(m). 385.
compteur(m) kilométrique. 385.
comptoir(m) d'enregistrement. 440.
comptoir(m) de change. 440.
comptoir(m) de renseignements. 440.
comptoir(m) de vente des billets. 440.
conditionnement(m) d'air. 407.
conduite(f) de distribution d'eau potable. 399.
conduite(f) de transfert d'oxygène liquide. 442.
conduite(f) de transfert de carburant. 442.
conduite(f) principale de gaz. 399.
cône(m). 432.
cône(m) d'échappement. 436.
cône(m) d'entrée. 436.
cônes(m) accolés. 432.
cônes(m) opposés par la base. 431.
cônes(m) opposés par le sommet. 431.
cônes(m) pointe en bas. 431.
cônes(m) pointe en haut. 431.
consigne(f) automatique. 412.
console(f) centrale. 385.
conteneur(m). 411.
conteneur(m). 411.
contre-rail(m). 408.
contrepoids(m). 403, 408, 409.
contrôle(m) d'immigration. 440.
contrôle(m) de sécurité. 440.
contrôle(m) des passeports. 440.
contrôle(m) douanier. 440.
convoyeur(m) à bagages. 439.
corne(f). 416.
corps(m). 392.
cotre(m) Marconi. 418.
couche(f) de base. 399.
couche(f) de fondation. 399.
couche(f) de forme. 399.
couche(f) de surface. 399.
couchette(f). 424.
couloir(m) central. 407.
couloir(m) d'intercirculation. 407.
couloir(m) latéral. 407.
coupé(m). 384.
coupole(f). 431.
courroie(f) de la pompe à huile. 390.
courroie(f) de ventilateur. 391, 392.
coussinet(m) de glissement. 408.
couvercle(m) de batterie. 392.
couvercle(m) de culasse. 391.
crampon(m). 408.
crémaillère(f). 432.
croc(m) de remorque. 423.
crocodile(m). 410.
croix(f) de Saint-André. 409.
croix(f) de Saint-Georges. 432.
cuisine(f). 407.
culasse(f). 395.
culée(f). 400, 401, 402.
culot(m). 392.
cuve(f) à mercure. 432.
cuvette(f). 429.
cylindre(m). 390, 395, 432.
cylindre(m) de roue. 393.

damier(m). 430.
décapotable(f). 384.
déflecteur(m). 389.
déflecteur(m) acoustique. 421.
déflecteur(m) de réservoir d'oxygène liquide. 442.
démarreur(m). 391.
démarreur(m) électrique. 396.
dépanneuse(f). 387.
déporteur(m). 434.
dépoussiéreur(m). 419.
dérailleur(m) arrière. 397.
dérailleur(m) avant. 397, 398.
dérive(f). 434, 441.
dérive(f) aérienne. 421.
détente(f). 387.
diable(m). 413.
diamant(m). 433.
diffuseur(m) d'air. 415.
direction(f). 386.
disque(m). 393.
disque(m) de papier-diagramme. 388.
distributeur(m) d'essence. 387.
distributeur(m) d'essence. 387.
distributeur(m) de boissons. 387.
distributeur(m) de correspondances. 414.
distributeur(m) de monnaie. 412.
dock(m) flottant. 420.
doigt(m) de jupe. 421.
dossier(m). 386, 394.
draille(f). 416.
drisse(f). 417.
dunette(f). 416.
durite(f) de radiateur. 392.
écartement(m) des électrodes. 392.
échappement(m), système(m) d'. 392.
échappement(m) diesel. 424.
échelle(f) de bout. 405.
échelle(f) de coupée. 420.
échelle(f) latérale. 405.
écho(m). 428.
éclisse(f). 408.
écluse(f). 426.
écluse(f). 427.
écoute(f). 417.
écran(m). 418.
écran(m) de visibilité. 409.
écrou(m). 408, 428.
écrou(m) hexagonal. 392.
écubier(m). 419.
édicule(m). 414.
égout(m) collecteur. 399.
électrode(f) centrale. 392.
électrode(f) de masse. 392.
élément(m). 392.
élevon(m). 443.
emblème(m). 383.
embout(m). 392.
émetteur(m). 428.
émetteur-récepteur(m). 428, 444.
empennage(m). 435.
empennage(m). 434.
empennage(m) bas. 435.
empennage(m) de stabilisation. 442.
empennage(m) en T. 435.
empennage(m) surélevé. 435.
encadrement(m) de lunette. 383.
enjoliveur(m) de phare. 384.
enjoliveur(m) de roue. 383.
enregistrement(m) des bagages. 412.
enregistreur(m) de pression. 423.
enseigne(f) directionnelle. 414.
enseigne(f) extérieure. 414.
entrée(f) d'air. 404, 421, 441.
entrée(f) d'air des moteurs. 421.
entrée(f) des gaz d'échappement. 390.
équipement(m) de contrôle biomédical. 444.
équipement(m) de vie. 444.

équipements(m) aéroportuaires. 439.
escalier(m) automoteur. 439.
escalier(m) d'accès. 439.
escalier(m) fixe. 414.
escalier(m) mécanique. 414.
essieu(m). 404.
essuie-glace(m). 384.
étage(m). 442.
étai(m). 416.
étrave(f). 416.
étrier(m). 393.
étrier(m) de fixation. 428.
évacuation(f) du gaz carbonique. 444.
faisceau(m) d'attente. 411.
faisceau(m) de débranchement. 411.
faisceau(m) de réception. 411.
familiale(f). 384.
familiale(f), arrière(m) d'une. 384.
fenêtre(f). 415.
fenêtre(f) coulissante. 407.
fenêtre(f) panoramique. 407.
feu(m) de gabarit. 383.
feu(m). 430.
feu(m) anticollision. 434.
feu(m) arrière. 395, 397.
feu(m) clignotant. 409.
feu(m) de gabarit. 388, 389.
feu(m) de gabarit rouge. 388.
feu(m) de lisse. 409.
feu(m) de marche arrière. 383.
feu(m) de navigation. 434.
feu(m) de tête de mât. 420.
feu(m) rouge arrière. 388, 388.
feux(m) d'extrémité de piste. 438.
fil(m) de contact. 413.
filtre(m) à air. 391.
filtre(m) à huile. 391.
fixation(f) de loquet de porte. 405.
flanc(m). 393.
flexible(m) de distribution. 387.
flotteur(m). 429.
foc(m), faux. 417.
foc(m), grand. 417.
foc(m), petit. 417.
fondation(f) de pile. 400.
fondation(f) de pylône. 402.
fossé(m). 399.
fourche(f). 397.
fourche(f) télescopique hydraulique. 395.
frégate(m). 425.
frein(m) à disque. 393.
frein(m) à disque. 395.
frein(m) à tambour. 393.
frein(m) arrière. 397.
frein(m) avant. 397.
freins(m) de voie primaires. 411.
freins(m) de voie secondaires. 411.
fusée(f). 442.
fusée(f). 416.
fusée(f) à propergol solide. 443.
fuselage(m). 434.
gaine(f) de rancher. 388.
galet(m). 432.
galets(m) tendeur. 398.
galhauban(m). 416.
gant(m). 444.
garage(m). 419, 420.
garcette(f) de ris. 417.
garde-boue(m) arrière. 397.
garde-boue(m) avant. 395.
garde-corps(m). 400.
garde-neige(m). 394.
gare(f). 410.
gare(f) de marchandises. 410.
gare(f) de triage. 411.
gare(f) de voyageurs. 410.
gare(f) maritime. 427.
garniture(f) de frein. 393.
génératrice(f). 404.
génératrice(f) principale. 404.
glace(f). 383, 429.
glace(f) de custode. 383.

glace(f) latérale. 389.
goélette(f) franche. 418.
goujon(m). 393.
gouttière(f). 383.
gouvernail(m). 419, 443.
gouvernail(m) avant. 420.
gouvernail(m) de direction. 424, 434.
gouvernail(m) de plongée avant. 424.
gouvernail(m) de profondeur. 434.
gouverne(f) de direction. 421.
grand-voile(f) arrière. 417.
grand-voile(f) avant. 417.
gréement(m). 416.
gréements(m), types(m) de. 418.
grille(f) d'égout. 399.
groupe(m) de plaques négatives. 392.
groupe(m) de plaques positives. 392.
groupe(m) électrogène. 439.
groupe(m) frigorifique. 388.
grue(f) à flèche. 427.
grue(f) à tour. 427.
grue(f) sur ponton. 427.
gui(m). 416.
guichet(m). 412.
guide-chaîne(m). 398.
guiderope(m). 423.
guidon(m). 394, 397.
hall(m) de gare. 412.
hall(m) des arrivées. 440.
hall(m) des départs. 440.
hall(m) public. 440.
hampe(f) de pavillon de beaupré. 425.
hangar(m). 438.
hangar(m) de transit. 427.
hangar(m) pour hélicoptère. 425.
hauban(m). 397, 416.
haubans(m) en éventail. 402.
haubans(m) en harpe. 402.
hayon(m). 384.
hélice(f). 419, 422, 423, 424.
hélice(f) de propulsion. 421.
hélicoptère(m). 441.
hélicoptère(m) de lutte anti-sous-marine. 425.
hublot(m). 434.
hublot(m) d'observation. 443.
hune(f). 416.
hunier(m) fixe, petit. 417.
hunier(m) fixe avant, grand. 417.
hunier(m) volant, petit. 417.
hunier(m) volant avant, grand. 417.
hydroptère(m). 422.
hygiaphone(m). 412.
îlot(m) de ravitaillement. 387.
index(m). 429.
indicateur(m). 428.
indicateur(m) de charge. 385.
indicateur(m) de niveau d'huile. 385.
indicateur(m) de niveau de carburant. 385.
indicateur(m) de température. 385.
indicateur(m) de vitesse. 385, 396.
injecteur(m). 390.
injecteur(m) de carburant. 436.
instruments(m) de bord. 385.
instruments(m) de bord. 385.
instruments(m) de contrôle des moteurs. 437.
instruments(m) de vol. 437.
interrupteur(m). 428.
interrupteur(m) d'éclairage. 396.
interrupteur(m) d'urgence. 396.
inverseur(m) route-croisement. 386, 396.
isolateur(m). 392.
jante(f). 393, 395, 397.
jas(m). 433.
jauge(f) d'huile. 391.
jeu(m) de dilatation. 408.
joint(m) de bougie. 392.

joint(m) de rail. 408.
jointure(f) à soufflet. 444.
joue(f) de jante. 393.
jupe(f) souple. 421.
ketch(m). 418.
kiosque(m). 424.
klaxon(m). 385, 396, 398.
laboratoire(m) spatial. 443.
lame(f). 384.
lampe(f) électrique à incandescence. 432.
lampe-témoin(f) de phare. 396.
lampe-témoin(f) de pression d'huile. 396.
lance-missiles(m). 425.
lanceur(m). 396.
lanterne(f). 431.
lanterne(f) de phare. 432.
lave-auto(m). 387.
lentille(f) centrale. 432.
lest(m) de sécurité. 423.
levier(m) de commande. 397, 398.
levier(m) de commande à main. 408.
lévier(m) de déclenchement. 389.
levier(m) de frein à main. 385.
levier(m) de levage. 405.
levier(m) de vitesse. 385.
levier(m) télescopique de dételage. 405.
ligne(f) de flottaison. 425.
ligne(f) de foi. 429.
ligne(f) de sécurité. 414.
lignes(f), grandes. 410.
limbe(m). 429.
lisse(f). 409.
lisse(f) d'aile. 435.
lit(m) du bas. 407.
lit(m) du haut. 407.
local(m) de service. 431.
locaux(m) du personnel. 419.
locaux(m) pour fret. 419.
loch(m) vertical. 423.
locomotive(f) de manoeuvre. 411.
locomotive(f) diesel-électrique. 404.
longeron(m). 388, 389.
longeron(m) avant. 435.
longeron(m) latéral inférieur. 411.
longeron(m) principal. 435.
loquet(m) de porte. 405.
lunette(f) arrière. 383.
lunette(f) d'approche. 429.
machine(f) de rotation à poids. 432.
mâchoire(f) d'attelage. 405.
main(f) courante. 407.
maison(f) éclusière. 427.
manche(m) de commande. 437.
manche(m) pilote. 441.
manette(f) de clignotant. 386.
manette(f) du frein. 394.
manettes(f) de commande. 437.
manivelle(f). 388, 398, 426.
manivelle(f) de lève-glace. 386.
manomètre(f). 444.
marchepied(m). 389, 394, 416, 441.
marchepied(m) en étrier. 405.
marque(f) d'aire de prise de contact. 438.
marque(f) d'axe de piste. 438.
marque(f) de distance fixe. 438.
marque(f) de point d'attente. 438.
marques(f) d'identification. 438.
marques(f) de seuil de piste. 438.
marques(f) latérales de piste. 438.
marquise(f). 413.
martinet(m). 413.
martingale(f). 416.
massif(m) d'ancrage des câbles. 402.
mât(m). 409.
mât(m) arrière, grand. 416.
mât(m) avant, grand. 416.

mât(m) d'artimont. 416.
mât(m) de beaupré. 416.
mât(m) de cacatois. 416.
mât(m) de charge. 420.
mât(m) de hune. 416.
mât(m) de misaine. 416.
mât(m) de perroquet. 416.
mât(m) rotor. 441.
mâture(f). 416.
membrure(f) inférieure. 401.
membrure(f) supérieure. 401.
mezzanine(f). 414.
miroir(m), grand. 429.
miroir(m), petit. 429.
miroir(m) de courtoisie. 385.
misaine(f). 417.
missile(m). 424.
module(m) de commande. 442.
module(m) de service. 442.
module(m) lunaire. 442.
montant(m). 431.
montant(m) d'angle. 411.
montant(m) latéral. 383.
montre(f). 385.
mortier(m). 385.
moteur(m). 391.
moteur(m). 442.
moteur(m) à essence. 391.
moteur(m) à turbocompression. 390.
moteur(m) d'aiguille. 409.
moteur(m) de manoeuvre. 443.
moteur(m) de traction. 404.
moteur(m) diesel. 390.
moteur(m) diesel. 404, 422.
moteur(m) électrique. 423.
moteurs(m). 443.
moteurs(m). 390.
moteurs(m) principaux. 443.
motocyclette(f). 395, 396.
motoneige(f). 394.
motrice(f). 415.
moyeu(m). 397.
moyeu(m) rotor. 441.
murette(f). 431.
nacelle(f). 403.
nacelle(f) élévatrice. 439.
navette(f) spatiale. 443.
navette(f) spatiale au décollage. 443.
navette(f) spatiale en orbite. 443.
navire(m) porte-barges LASH. 427.
navire(m) porte-conteneurs. 427.
nervure(f) d'aile. 435.
nervure(f) d'emplanture. 435.
nez(m). 434.
niche(f) d'urgence. 414.
nom(m) de la station. 414.
numéro(m) de quai. 413.
oeil(m) témoin. 409.
office(m). 434.
onde(f) sonore. 428.
orbiteur(m). 443.
ordinateur(m) de contrôle. 422.
oreille(f). 433.
organeau(m). 433.
organeau(m) de hissage. 433.
orifice(m) de remplissage. 389, 429.
ossature(f). 407.
pale(f) de rotor. 441.
palier(m) avant. 436.
palier(m) central. 436.
palonnier(m). 417.
panneau(m) de cale. 419.
panneau(m) de commutation. 437.
panneau(m) de contrôle du pilotage automatique. 437.
panneau(m) de gare. 413.
panneau(m) du mécanicien. 437.
panneau(m) indicateur. 413.
panneau(m) nombre de voies. 409.
pantographe(m). 413.
paquebot(m). 419.
parachute(m). 443.
pare-brise(m). 383, 389, 394, 437.

pare-chocs(m). 383, 388, 389.
pare-chocs(m) arrière. 394.
pare-soleil(m). 385.
paroi(f) avant. 388.
paroi(f) de bout. 388.
paroi(f) latérale. 388, 411.
passage(m) à niveau. 409.
passage(m) à niveau à
  signalisation automatique. 410.
passage(m) à niveau de quai. 413.
passage(m) de fourche. 411.
passage(m) inférieur. 400.
passage(m) supérieur. 400.
passerelle(f). 410, 414, 420, 424.
passerelle(f) de navigation. 420.
passerelle(f) télescopique. 438.
patin(m). 408, 441.
patte(f). 433.
patte(f) de sécurité. 405.
pavillon(m). 383.
pavois(m). 416.
pédale(f). 397, 398.
pédale(f) d'accélérateur. 386.
pédale(f) de débrayage. 386.
pédale(f) de frein. 386, 396.
périscope(m). 424.
perroquet(m) fixe, petit. 417.
perroquet(m) fixe avant, grand.
  417.
perroquet(m) volant, petit. 417.
perroquet(m) volant avant, grand.
  417.
phare(m). 384, 431.
phare(m). 383, 389, 394, 395, 413.
phare(m) antibrouillard. 389.
phare(m) d'atterrissage. 441.
phare(m) latéral. 413.
pièce(f) de coin. 411.
pile(f). 400, 401.
piscine(f) de la première classe.
  419.
piste(f) d'envol. 438.
piste(f) de roulement. 415.
pistolet(m) de distribution. 387.
piston(m). 391, 393.
pivot(m). 429.
pivot(m) central. 404.
pivot(m) d'accouplement. 388.
plage(f) arrière. 419.
plancher(m) de coffre. 384.
plaque(f) négative. 392.
plaque(f) positive. 392.
plaque(f) tournante. 403.
plaquette(f). 393.
plate-forme(f). 388.
plate-forme(f) élévatrice
  automotrice. 439.
plateau(m) d'optique. 432.
pli(m). 393.
pneu(m). 389, 397.
pneu(m) à carcasse diagonale.
  393.
pneu(m) à carcasse radiale. 393.
pneu(m) à carcasse radiale
  ceinturée. 393.
pneu(m) à neige. 393.
pneumatique(m) de guidage. 415.
pneumatique(m) porteur. 415.
pneus(m). 393.
poche(f) pour échantillons lunaires.
  444.
poignée(f) d'embrayage. 396.
poignée(f) de frein. 397.
poignée(f) de frein avant. 396.
poignée(f) de porte. 383.
poignée(f) des gaz. 396.
poignée(f) intérieure. 386.
poignée(f) montoir. 389, 415.
pompe(f). 397.
pompe(f) à eau. 392.
pompe(f) à essence. 391.
pompe(f) à huile. 390.
pompiste(m). 387.
pont(m) à béquilles. 401.
pont(m) à poutre. 400.
pont(m) à poutre simple. 400.

pont(m) à poutres indépendantes.
  400.
pont(m) à tablier inférieur. 401.
pont(m) à tablier intermédiaire.
  401.
pont(m) à tablier supérieur. 401.
pont(m) Bailey. 403.
pont(m) basculant à double volée.
  403.
pont(m) basculant à simple volée.
  403.
pont(m) cantilever. 400.
pont(m) de décloisonnement. 420.
pont(m) du réacteur. 424.
pont(m) en arc. 401.
pont(m) flottant. 403.
pont(m) levant. 403.
pont(m) roulant de chargement de
  conteneurs. 427.
pont(m) supérieur. 420.
pont(m) suspendu. 402.
pont(m) suspendu à haubans. 402.
pont(m) tournant. 403.
pont(m) transbordeur. 403.
pont-promenade(m). 420.
pontet(m) de connexion. 392.
ponton(m). 403.
ponts(m) à poutre, types(m) de.
  400.
ponts(m) en arc, types(m) de. 401.
ponts(m) fixes. 400, 401, 402.
ponts(m) mobiles. 403.
port(m) maritime. 427.
porte-bagages(m). 384, 397.
porte-bidon(m). 397.
porte-conteneurs(m). 420.
porte-étiquette(m). 405.
porte-étiquette(m)
  d'acheminement. 405.
porte(f). 386.
porte(f). 383.
porte(f) amont. 426.
porte(f) arrière. 420.
porte(f) automatique. 440.
porte(f) avant. 421.
porte(f) busquée. 426.
porte(f) d'accès de plate-forme.
  407.
porte(f) d'extrémité. 411.
porte(f) de la soute. 443.
porte(f) latérale. 411, 415.
porteur(m) de bagages. 413.
portique(m). 401.
portique(m) de signalisation. 410.
poste(m) à conteneurs. 427.
poste(m) d'aiguillage. 410, 411.
poste(m) de communication
  voyageur-opérateur. 415.
poste(m) de contrôle. 424.
poste(m) de pilotage. 437.
poste(m) de pilotage. 434, 441,
  443.
poste(m) de trafic. 438.
pot(m) d'échappement. 392, 395.
poteau(m). 401.
potence(f). 397.
poulie(f). 391.
poutre(f) cantilever. 400.
poutre(f) continue. 400.
poutre(f) de bord de fuite. 435.
poutre(f) de queue. 441.
poutre(f) de rigidité. 402.
poutre(f) suspendue. 400.
prise(f) d'air. 394, 422.
projecteur(m). 422, 423.
propulsion(f), mécanisme(m) de.
  398.
pupitre(m) central. 437.
pupitre(m) de conduite. 404.
pylône(m). 402, 410, 421.
pylône(m) du moteur. 435.
quai(m). 410.
quai(m) d'embarquement. 438.
quai(m) de gare. 413.
quai(m) de gare. 413.
quai(m) latéral. 414.

quatre-mâts(m) barque. 416, 417.
queue(f). 434.
radar(m). 421.
radar(m) de navigation. 425.
radar(m) de veille. 425.
radar(m) météorologique. 434.
radiateur(m). 392.
radiateur(m). 404.
radier(m). 415, 426.
rail(m). 408.
rail(m) de guidage. 388.
rail(m) de guidage de volet. 435.
rail(m) de raccord. 408.
rame(f). 410.
rame(f) de métro. 415.
rampe(f) d'accès. 402.
rampe(f) d'attelage. 389.
rampe(f) de quai. 427.
rayon(m). 397.
réacteur(m). 424.
réflecteur(m). 388, 394.
regard(m) de visite. 399.
remblai(m). 399.
remorque(f). 389, 415, 439.
repose-pied(m). 396.
repose-pied(m) du passager. 395.
repose-pied(m) du pilote. 395.
réservoir(m). 395.
réservoir(m) auxiliaire. 388.
réservoir(m) d'air. 423.
réservoir(m) d'eau. 407.
réservoir(m) d'essence de
  flottabilité. 423.
réservoir(m) d'hydrogène liquide
  (carburant). 442.
réservoir(m) d'oxygène de secours.
  444.
réservoir(m) d'oxygène liquide
  (comburant). 442.
réservoir(m) de carburant. 389,
  441.
réservoir(m) de fuel. 422.
réservoir(m) de kérosène. 442.
réservoir(m) de pétrole. 431.
réservoir(m) externe. 443.
réservoir(s)(m). 443.
ressort(m) à lames. 394.
ressort(m) de rappel. 393.
ressort(m) de soupape. 390, 391.
ressort(m) de suspension. 404.
ressort(m) de tension. 384.
rétroviseur(m). 385, 389, 395.
rétroviseur(m) extérieur. 383.
revêtement(m) en fibre de verre.
  444.
robinet(m) d'essence. 396.
rondelle(f) à ressort. 408.
rose(f) des vents. 429.
rotor(m) anticouple. 441.
roue(f). 393.
roue(f). 383.
roue(f) à jante amovible. 389.
roue(f) de sécurité. 415.
roue(f) de support. 388.
roue(f) dentée. 394, 398.
route(f), coupe(f) d'une. 399.
rue(f), coupe(f) d'une. 399.
sabot(m). 388.
salle(f) à manger. 407, 419, 420.
salle(f) d'attente. 412.
salle(f) d'embarquement. 440.
salle(f) de contrôle. 431.
salle(f) de jeux. 419.
salle(f) de séjour. 431.
salle(f) des machines. 431.
salle(f) des pas perdus. 412.
salon(m). 419.
sas(m). 426, 443.
sas(m) d'accès à la cabine. 423.
sas(m) d'accès arrière. 435.
saumon(m) d'aile. 435.
scaphandre(m) spatial. 444.
schnorchel(m) hissable. 424.
sculptures(f). 393.
secteur(m). 429.
section(f) prismatique. 432.

segment(m). 393.
sélecteur(m) de vitesses. 395, 396.
selle(f). 394, 395, 397.
selle(f) de rail. 408.
sellette(f) d'attelage. 389.
sémaphore(m). 410.
semi-remorque(f). 388.
semi-remorque(f). 389.
semi-remorque(f) plate-forme. 388.
séparateur(m). 392.
serrure(f) de porte. 383.
service(m) de colis. 412.
sextant(m). 429.
siège-baquet(m). 386.
siège(m) de l'observateur. 437.
siège(m) double. 415.
siège(m) du commandant de bord.
  437.
siège(m) du copilote. 437.
siège(m) du mécanicien navigant.
  437.
siège(m) réglable. 407.
siège(m) simple. 415.
sièges(m). 386.
signal(m) de départ. 413.
signal(m) de position d'aiguille.
  408.
signal(m) lumineux d'aiguille. 409.
signalisation(f). 409.
signalisation(f) maritime. 430, 431,
  432.
silencieux(m) auxiliaire. 392.
silo(m) à lest. 423.
sirène(f). 422.
ski(m). 394.
socle(m). 387.
sommellerie(f). 419.
sonar(m) à immersion variable.
  425.
sonde(f) de détection de hauteur
  des vagues. 422.
sondeur(m) à éclats. 428.
sonnerie(f) de passage à niveau.
  409.
sortie(f). 411.
sortie(f) de piste à grande vitesse.
  438.
sortie(f) des gaz d'échappement.
  390.
soufflante(f). 436.
soupape(f) d'admission. 390, 391.
soupape(f) d'échappement. 390.
soupape(f) de surpression. 444.
sous-marin(m). 424.
sous-vêtement(m) refroidi par
  circulation liquide. 444.
soute(f). 441.
soute(f) à bagages. 421, 441.
soute(f) à eau. 404.
sphère(f). 432.
sphère(f) d'hélium. 442.
stabilisateur(m). 429, 434, 441.
stabilisateur(m) à triple plan
  vertical. 435.
stabilisateur(m) de roulis à
  ailerons. 435.
station(f) de métro. 414.
station-service(f). 387.
superstructure(f). 399, 430.
support(m) de lisse. 409.
support(m) de phare. 384.
suspension(f) à la Cardan. 429.
suspente(f). 402.
système(m) d'élimination de
  l'humidité. 444.
système(m) d'élimination de l'urine.
  444.
système(m) de maintien de la
  pression. 444.
système(m) de refroidissement de
  l'eau. 444.
table(m) repliable. 407.
tableau(m) d'affichage des vols.
  440.
tableau(m) de bord. 385.
tableau(m) de bord. 437.

tableau(m) des arrivées. 412.
tableau(m) des départs. 412.
tableau(m) horaire. 412.
tableau(m) indicateur des retards. 412.
tablier(m). 400, 401, 402.
tachymètre(m). 396.
talus(m). 399.
tambour(m). 393, 429.
tampon(m) de choc latéral. 404.
té(m). 432.
télépointeur(m). 425.
télépointeur(m) de missiles. 425.
tendeur(m). 409.
terrasse(f). 440.
terrasse(f) extérieure. 419.
tête(f) amont. 426.
tête(f) aval. 426.
tête(f) d'accouplement. 388.
tête(f) d'attelage. 405.
tête(f) de rotor. 441.
théâtre(m). 419.
tige(f) à ressort. 389.
tige(f) de selle. 397.
tige(f) filetée. 428.
timonerie(f). 422.
toit(m). 388, 411.
toit(m) ouvrant. 383.
ton(m) de mât. 416.
torpille(f). 424.
tour(f) de contrôle. 438.
tour(f) de guidage. 403.
tour(f) de sauvetage. 442.
tourelle(f) double. 425.
tourniquet(m) de contrôle d'accès. 414.
tourniquet(m) de sortie. 414.
tracteur(m). 389.
tracteur(m). 439.
tracteur(m) de piste. 439.
train(m) d'atterrissage avant. 434.
train(m) d'atterrissage principal. 434.
train(m) routier. 389.
transbordeur(m). 420.
transbordeur(m). 427, 439, 440.
transmission(f) funiculaire. 409.
transport(m). 381.
travée(f) centrale. 402.
travée(f) latérale. 402.
travée(f) levante. 403.
traverse(f). 408.
traverse(f) d'extrémité inférieure. 411.
traverse(f) d'extrémité supérieure. 411.
treuil(m). 420, 422, 425.
tringle(f). 393.
tringle(f) de commande. 408.
tringle(f) de connexion. 409.
trottoir(m). 399.
tube(m) de direction. 397.
tube(m) de selle. 397.
tube(m) horizontal. 397.
tube(m) lance-missiles. 424.
tube(m) oblique. 397.
turbine(f). 424, 436.
turbine(f) à gaz. 436.
turbine(f) d'entraînement. 390.
turbine(f) du compresseur. 390.
turbines(f) à vapeur. 420.
turbo-soufflante(f). 404.
turboréacteur(m). 436.
turboréacteur(m). 434.
turboréacteur(m) à double flux. 436.
tuyau(m) arrière. 392.
tuyau(m) avant. 392.
tuyau(m) d'échappement. 390, 392.
tuyère(f). 436, 441, 442.
unité(f) de contrôle de l'équipement de vie. 444.
vanne(f) amont. 426.
vanne(f) de sortie. 426.
vannelle(f). 426.

vantail(m) de porte. 426.
vasque(f). 415.
vedette(f). 425.
ventilateur(m). 390, 391, 392.
ventilateur(m) d'extraction. 415.
ventilateur(m) de moteur de traction. 404.
ventilateur(m) de sustentation. 421.
ventilateur(m) des radiateurs. 404.
verge(f). 433.
vergue(f). 416.
verre(m) coloré. 429.
verrière(f). 434.
verrou(m) d'aiguille. 409.
vestibule(m). 407.
viaduc(m). 400.
vigie(f). 438.
vis(f) micrométrique. 429.
visière(f). 409, 444.
vitrage(m). 431.
voie(f). 415.
voie(f). 414.
voie(f) de banlieue. 410.
voie(f) de circulation. 411, 438.
voie(f) de circulation principale. 411.
voie(f) de retour de courant. 415.
voie(f) de service. 410.
voie(f) ferrée. 408, 409.
voie(f) ferrée. 413.
voie(f) ferrée bord à quai. 427.
voie(f) normale. 415.
voile(f) aurique. 418.
voile(f) carrée. 418.
voile(f) d'étai. 417.
voile(f) de flèche. 417.
voile(f) latine. 418.
voile(m). 393.
voiles(f), types(m) de. 418.
voilure(f). 417, 435.
voilure(f) delta. 435.
voilure(f) droite. 435.
voilure(f) en flèche. 435.
voilure(f) trapézoïdale. 435.
voiture-coach(f). 407.
voiture(f), intérieur(m) d'une. 415.
voiture(f) de course. 384.
voiture-lit(f). 407.
voiture-restaurant(f). 407.
voitures(f), types(m) de. 407.
volant(m). 385, 386, 390, 391.
volant(m) de frein à main. 405.
volet(m) d'air. 388.
volet(m) de bord de fuite. 434.
voyant(m). 430.
voyant(m) composé. 432.
voyants(m) simples. 432.
vraquier(m). 427.
wagon-citerne(m). 406.
wagon(m). 411.
wagon(m) à bestiaux. 406.
wagon(m) à copeaux. 406.
wagon(m) couvert. 405.
wagon(m) de queue. 406.
wagon(m) plat. 406.
wagon(m) plat à parois de bout. 406.
wagon(m) plat surbaissé. 406.
wagon(m) porte-automobiles. 406.
wagon(m) porte-conteneurs. 406.
wagon(m) rail-route. 406.
wagon(m) réfrigérant. 406.
wagon-tombereau(m). 406.
wagon-tombereau(m) bâché. 406.
wagon-trémie(m). 406.
wagon-trémie(m) à minerai. 406.
wagons(m), types(m) de. 406.
zone(f) de formation. 411.
zone(f) de retrait des bagages. 440.

VÊTEMENTS

agrafe(f). 284.
aile(f) de quartier. 308.

alliage(m) de magnésium. 312.
appareil(m) respiratoire à oxygène. 312.
ardillon(m). 284.
arête(f). 294.
armature(f). 303.
arrache-bottes(m). 310.
ascot(f). 285.
baguette(f). 289.
baleine(f). 303.
baleine(f) de col. 285.
ballerine(f). 311.
ballerine(f). 309.
bande(f) élastique. 284.
barboteuse(f) de croissance. 305.
bas-cuissarde(m). 301.
bas(m). 301.
bas(m) culotte. 301.
bas(m) relevé. 284.
bas(m) résille. 301.
bas(m) rose. 311.
basque(f). 301.
bavette(f). 300, 306.
bavoir(m). 305.
bavolet(m). 281.
béret(m). 304.
bermuda(m). 300.
berthe(f). 298.
biais(m). 305.
blazer(m). 297.
blouson(m) court. 291.
blouson(m) long. 291.
boa(m). 299.
bob(m). 304.
boîte(f) de nécessaire à chaussures. 310.
boléro(m). 297.
bonbout(m). 308.
bonnet(m). 303, 304, 305.
bord-côte(m). 286, 287, 291, 305, 306, 307.
bord(m). 288, 304.
bord(m) de pli. 294, 298.
boradalou(m). 288.
boucle(f). 281, 284.
boucle(f) de ceinture. 284.
bout(m) fleuri. 308.
boutine(f). 309.
bouton(m). 285.
bouton-pression(m). 289.
boutonnage(m), double. 281, 291.
boutonnage(m) sous patte. 290.
boutonnière(f). 281, 284, 285, 286.
bracelet(m). 296.
braguette(f). 284, 287.
brandebourg(m). 282, 298, 311.
brassière(f). 305.
brassière(f). 306.
bretelle(f). 303.
bretelle(f) boutonnée. 306.
bretelle(f) réglable à pressions. 306.
bretelles(f). 284.
bride(f). 304.
bride(f) de suspension. 286.
brodequin(m). 310.
bûchette(f). 282.
bustier(m). 303.
caban(m). 291.
câble(m). 312.
câble(m) de téléphone. 312.
cache-coeur(m). 295.
cache-oreille(m) abattant. 288.
cagoule(m). 304.
caleçon(m). 287.
caleçon(m) long. 287.
calot(m). 288.
calotte(f). 288, 304.
cambrion(m). 308.
camisole(f). 287, 305.
camisole(f). 302.
canadienne(f). 282.
canotier(m). 304.
cape(f). 291.
cape(f). 311.
cape(f) de bain. 305.

capeline(f). 304.
capuche(f) coulissée. 307.
capuchon(m). 282.
capucin(m). 284.
caraco(m). 302.
cardigan(m). 297.
casaque(f). 295.
casque(m). 312.
casquette(f). 288.
casquette(f) norvégienne. 288.
cassure(f). 284.
ceinture(f). 284.
ceinture(f). 281, 311.
ceinture(f) élastique. 287.
ceinture(f) montée. 284, 291.
ceinture(f) réglable. 307.
chapeau(m) de feutre. 288.
chapeau(m) pointu. 312.
chapska(m). 288.
Charles IX(m). 309.
charlotte(f). 304.
chasuble(f). 307.
chasuble(f). 292.
chausse-pied(m). 310.
chaussette(f). 287.
chaussette(f). 287, 301.
chausson(m) de danse. 311.
chaussure(f), parties(f) d'une. 308.
chaussure(f) d'entraînement. 309.
chaussure(f) de clown. 312.
chaussure(f) de tennis. 309.
chaussures(f). 308, 309, 310.
chaussures(f), principaux types(m) de. 309, 310.
chemise(f). 285.
chemise(f). 311.
chemise(f) de nuit. 301.
chemisier(m) classique. 295.
chemisiers(m). 295.
cheville(f) élastique. 307.
chukka(m). 310.
chute(f). 288.
circuit(m) d'oxygène. 312.
cireur(m). 310.
claque(m). 308, 310.
cloche(f). 304.
clown(m). 312.
coiffures(f). 288, 304.
coiffures(f), types(m) de. 288.
col(m). 298.
col(m). 281, 283, 285.
col(m) banane. 298.
col(m) cagoule. 298.
col(m) châle. 298.
col(m) chemisier. 295, 298.
col(m) chinois. 298.
col(m) Claudine. 298.
col(m) cravate. 298.
col(m) italien. 285.
col(m) marin. 298.
col(m) officier. 298.
col(m) pointes boutonnées. 285.
col(m) polo. 298.
col(m) roulé. 297, 298.
col(m) tailleur. 291, 298.
col(m) transformable. 281.
col roulé(m). 286.
collant(m). 301, 311.
collant(m) fantaisie. 305.
collerette(f). 298.
cols(m), types(m) de. 298.
combinaison(f). 287.
combinaison(f) de gymnastique. 307.
combinaison-jupon(f). 302.
combinaison-pantalon(f). 300.
combiné-culotte(f). 302.
combiné(m). 302.
combiné-slip(m). 302.
contrefort(m). 308.
cordelette(f). 311.
cordelière(f). 311.
cordon(m) de serrage. 282.
corsage-culotte(m). 295.
corsage(m). 307.
corset(m). 303.

corvette(f). 282.
costumes(m). 311, 312.
côte(f). 288.
couche(f). 305.
coulisse(f). 284.
couture(f). 308.
couture(f) d'assemblage. 289.
couture(f) médiane. 285.
couvre-chaussure(m). 310.
crampon(m). 310.
cran(m). 283, 284.
cravate(f). 285.
cravate(f) étroite. 311.
crochet(m) d'acier. 312.
croûte(f) de cuir. 284.
culotte(f). 303, 311.
culotte(f) à ruchés. 305.
culotte(f) bouffante. 307.
culotte(f) plastique. 305.
débardeur(m). 286, 297.
décolleté(m) carré. 299.
décolleté(m) drapé. 299.
décolleté(m) en coeur. 299.
décolleté(m) en V. 299.
décolleté(m) plongeant. 299.
décolletés(m). 299.
découpe(f) bretelle. 290.
découpe(f) princesse. 302.
derby(m). 310.
déshabillé(m). 301.
devant(m). 283.
devant(m) de chemise. 285.
doigt(m). 289.
dormeuse-couverture(f). 305.
dormeuse(f). 306.
dormeuse(f) de croissance. 305.
dos(m). 283.
doublure(f). 283, 308.
embauchoir(m). 310.
emmanchure(f). 287, 296.
emmanchure(f) américaine. 296.
empeigne(f). 308.
empiècement(m). 285, 295.
encolure(f). 287.
encolure(f) bateau. 299.
encolure(f) drapée. 299.
encolure(f) en V. 283, 286.
encolure(f) ras du cou. 299, 305.
encolures(f). 299.
endroit(m). 294.
enfourchure(f). 287.
envers(m). 294.
épaulette(f). 311.
escarpin(m). 309, 311.
espadrille(f). 309.
esquimau(m). 307.
Eton(m). 307.
fenêtre(f). 289.
fente(f) latérale. 283.
fente(f) médiane. 283.
fermeture(f) à glissière. 305, 306, 307.
fermeture(f) sous patte. 307.
ferret(m). 308.
feutre(m). 304.
flâneur(m). 310.
fond(m) de robe. 302.
fourchette(f). 289.
fronce(f). 295.
fuseau(m). 300.
gaine-culotte(f). 303.
gaine(f). 303.
galon(m). 288.
gant(m). 289.
gant(m) à crispin. 289.
gant(m) court. 289.
gant(m) de conduite. 289.
gant(m) saxe. 289.
gants(m), types(m) de. 289.
garant(m). 308.
gigoteuse(f). 306.
gilet(m). 283.
gilet(m). 297, 307, 311.
gilet(m) de laine. 286.
glissoir(m). 308.
grenouillère(f). 306.

haut-de-forme(m). 288.
hublot(m). 312.
imperméable(m). 281.
jabot(m). 298.
jambe(f). 287.
jambe(f) élastique. 287, 305, 307.
jarretelle(f). 303.
jarretière(f). 302.
jean(m). 300.
jupe-culotte(f). 293.
jupe(f) à empiècement. 293.
jupe(f) à lés. 293.
jupe(f) à volants étagés. 293.
jupe(f) droite. 293.
jupe(f) fourreau. 293.
jupe(f) froncée. 293.
jupe(f) portefeuille. 293.
jupes(f). 293.
jupes(f) à plis. 294.
jupon(m). 303.
kilt(m). 293.
kimono(m). 301.
knickerbockers(m). 300.
lacet(m). 308.
languette(f). 308.
lavallière(f). 299.
ligne(f) de pliure. 298.
liquette(f). 295.
macfarlane(f). 282.
manche(f). 283.
manche(f) à même. 296.
manche(f) ballon. 296.
manche(f) bouffante. 296.
manche(f) chauve-souris. 296.
manche(f) chemisier. 295, 296.
manche(f) gigot. 296.
manche(f) kimono. 296.
manche(f) marteau. 296.
manche(f) montée. 281, 285, 286, 296.
manche(f) pagode. 296.
manche(f) raglan. 281, 296, 306.
manche(f) tailleur. 296.
manche(f) trois-quarts. 296.
manche raglan. 290.
mancheron(m). 296.
manches(f). 296.
manteaux(m). 290, 291.
marinière(f). 295.
marmotte(f). 304.
martingale(f). 290.
masque(m). 312.
mi-bas(m). 287, 301.
mi-chaussette(f). 287, 301.
mini-slip(m). 287.
mitaine(f). 289, 307.
mocassin(m). 309.
modestie(f). 298.
montant(m). 298.
montera(m). 311.
motif(m). 306.
motif(m) au cadre. 305.
moufle(f). 289, 307.
nez(m), faux. 312.
nid(m) d'ange. 306.
noeud(m) papillon. 285.
noeud(m) papillon. 312.
noeud(m) plat. 288.
nu-pied(m). 309.
nuisette(f). 301.
oeillet(m). 308.
paletot(m). 282, 290.
pan(m). 295.
pant(m) long. 289.
pantacourt(m). 300.
pantalon-jupe(m). 300.
pantalon(m). 284.
pantalon(m) bouffant. 312.
pantalon(m) corsaire. 300.
pantalon(m) rayé. 307.
pantalons(m). 300.
pantin(m). 306.
par(m) arrière. 285.
par(m) avant. 285.
pardessus(m). 282.
parementure(f). 283.

paréo(m). 293.
parka(m). 282.
passant(m). 281, 284, 285, 306.
passant(m) tunnel. 284.
passe-bras(m). 291.
passe-montagne(m). 304.
patte(f). 284, 298.
patte(f) boutonnée. 284.
patte(f) capucin. 285, 296.
patte(f) d'entrejambe. 295.
patte(f) d'épaule. 281.
patte(f) de boutonnage. 285, 291.
patte(f) de serrage. 281.
patte(f) polo. 295.
paume(f). 289.
peignoir(m). 301.
pèlerine(f). 290.
perforation(f). 308.
perforation(m). 289.
pied(m). 287, 305, 306.
pied(m) de col. 295.
pince(f). 284.
pince(f) de taille. 282.
plastron(m). 303.
pli(m). 284.
pli(m) creux. 294.
pli(m) d'aisance. 294.
pli(m) piqué. 294.
pli(m) plat. 294.
pli(m) rond. 294.
pli(m) surpiqué. 294.
plissé(m) accordéon. 294.
poche(f), fausse. 291.
poche(f) à rabat. 282, 283, 294.
poche(f) cavalière. 300.
poche(f) côté. 281.
poche(f) coupée. 294.
poche(f) gilet. 283, 297.
poche(f) intérieure isolante. 305.
poche(f) manchon. 296.
poche(f) passepoilée. 286, 294.
poche(f) plaquée. 290, 294, 306.
poche(f) plaquée à revers. 290.
poche(f) poitrine. 282, 285, 295.
poche(f) prise dans une couture. 290, 294.
poche(f) prise dans une découpe. 294.
poche(f) raglan. 281, 290, 294.
poche(f) repose-bras. 291.
poche(f) soufflet. 294, 297.
poche(f) tiroir. 283.
poche-montre(f). 283.
poche-revolver(f). 284.
poche-ticket(f). 283.
poches(f). 294.
pochette(f). 283.
poignet(m). 285.
poignet(m) droit. 296.
poignet(m) élastique. 307.
poignet(m) mousquetaire. 296.
pointe(f). 287, 298, 311.
pointe(f) de col. 285.
polo(m). 295.
pojama(m). 307.
pompon(m). 304, 311.
poncho(m). 291.
porte-chaussures(m). 310.
porte-jarretelles(m). 303.
pouce(m). 289.
première(f). 308.
première(f) de propreté. 308.
pression(f) à l'entrejambe. 306.
pression(f) à la taille. 305.
pression(f) devant. 306.
pression(f) épaule. 306.
pression(f) sur les côtés. 305.
pull(m). 297.
pulls(m). 286, 297.
pyjama(m). 301.
quartier(m). 308.
queue(f), petite. 311.
rabat(m). 288.
raglan(m). 290.
ras-de-cou(m). 286.
ras(m) du cou. 297.

rebras(m). 289.
redingote(f). 290.
revers(m). 283, 298, 300, 308.
revers(m) à cran aigu. 282, 283.
revers(m) cranté. 281, 291, 298.
robe(f). 305.
robe(f) bain-de-soleil. 292.
robe(f) chemisier. 292.
robe(f) de maternité. 292.
robe(f) enveloppe. 292.
robe(f) fourreau. 292.
robe(f) princesse. 292.
robe(f) T-shirt. 292.
robe(f) taille basse. 292.
robe-manteau(f). 292.
robe-tablier(f). 292.
robes(f). 292.
ruban(m). 311.
ruché(m). 305.
saharienne(f). 297.
salomé(m). 309.
salopette(f). 300.
salopette(f) à bretelles croisées au dos. 306.
salopette(f) à dos montant. 306.
sandale(f). 309.
sandalette(f). 309.
scaphandre(m) moderne. 312.
semelle(f). 287, 310, 311.
semelle(f) antidérapante. 305, 306.
semelle(f) d'usure. 308.
semelle(f) intercalaire. 308.
short(m). 300.
slip(m). 303.
slip(m) ouvert. 287.
socque(m). 309.
socquette(f). 301.
sous-pied(m). 300.
sous-vêtements(m). 287, 302, 303.
soutien-gorge(m). 303.
soutien-gorge(m) balconnet. 303.
soutien-gorge(m) pigeonnant. 303.
spencer(m). 297, 307.
suroît(m). 304.
surpiqûre(f). 284, 306.
tablier-blouse(m). 295.
taille(f) élastique. 305.
talon(m). 287, 308.
talonnette(f) du dessus. 308.
tambourin(m). 304.
tandem(m). 297.
tapinois(m). 309.
tenue(f) de baptême. 305.
tirant(m) de réglage. 283.
tombant(m). 298.
tong(m). 309.
toque(f). 304.
torero(m). 311.
tour(m) de tête. 304.
tourmaline(f). 304.
tout-en-un(m). 307.
trench-coat(m). 281.
trépointe(f). 308.
triplure(f). 285.
tunique(f). 292, 295.
tuque(f). 304.
turban(m). 304.
tutu(m). 311.
veste(f). 311.
veste(f) cardigan. 286.
veste(f) de laine. 297.
veste(f) droite. 283.
vestes(f). 297.
veston(m) croisé. 283.
vêtements(m). 279.
vêtements(m) d'enfants. 305, 306, 307.
vêtements(m) d'hommes. 281, 282, 283, 284, 285, 286, 287, 288.
vêtements(m) de femmes. 290, 291, 292, 293, 294, 295, 296, 297, 298, 299, 300, 301, 302, 303, 304.
vêtements(m) de nuit. 301.
visage(m) blanc. 312.

Index thématiques

INDEX SPÉCIALISÉS

APPAREILS ÉLECTROMÉNAGERS

accessoires(m). 234.
agitateur(m). 230.
ailette(f). 231.
aimant(m) de retenue. 233.
anneau(m). 228.
anse(f). 226.
appareils(m) électroménagers. 225, 226, 227, 228, 229, 230, 231, 232, 233, 234.
appui-pouce(m). 233.
arbre(m). 226.
aspirateur-traîneau(m). 234.
bac(m) à légumes. 229.
bac(m) à viande. 229.
bac(m) de dégivrage. 229.
balconnet(m). 229.
ballon(m). 224.
barre(f) de retenue. 229.
batteur(m) à main. 225.
batteur(m) sur socle. 225.
bec(m) verseur. 233.
bec-verseur(m). 224.
bloc-moteur(m). 224, 225, 226.
bol(m). 225, 226.
bol(m) verseur. 226.
borne(f). 228.
bouchon-mesure(m). 225.
bouilloire(f). 233.
bouton(m) de commande. 228.
bouton(m) de vapeur. 233.
bouton(m) de vaporisation. 233.
bouton-poussoir(m) à impulsion. 225.
bras(m) gicleur. 232.
brosse(f) à épousseter. 234.
brosse(f) à planchers. 234.
buse(f) d'arrivée d'eau. 230.
butée(f) de porte. 229.
cadran(m) de sélection des températures. 233.
cafetière(f) à infusion. 224.
cafetière(f) à piston. 224.
cafetière(f) espresso. 224.
cafetière(f) goutte-à-goutte. 224.
cafetière(f) napolitaine. 224.
cafetières(f). 224.
capot(m). 233, 234.
carosserie(f). 230, 232.
carrosserie(f). 231.
casier(m) laitier. 229.
centrifugeuse(f). 226.
charnière(f). 227, 228, 232.
clavier(m) à boutons-poussoirs. 232.
clayette(f). 229.
collecteur(m) de graisse. 227.
commande(f) amovible. 227.
commande(f) de température. 229.
commande(f) de vitesse. 225.
compresseur(m). 229.
conduit(m) d'évacuation. 231.
conduit(m) de chauffage. 231.

congélateur(m). 229.
cordon(m). 233.
cordon(m) escamotable. 234.
corps(m). 233.
courroie(f) d'entraînement. 230, 231.
couteau(m). 224, 225, 226.
couvercle(m). 224, 226, 227, 230.
couvercle(m) du répartiteur. 227.
crémaillère(f). 229.
crochet(m) pétrisseur. 225.
cuisinière(f) électrique. 228.
cuve(f). 230, 232.
cuvette(f). 226, 228.
décapsuleur(m). 233.
dévidoir(m) automatique. 234.
dispositif(m) antidébordement. 232.
disque(m) râpeur. 226.
disques(m). 226.
distributeur(m) de détergent. 232.
distributeur(m) de produit de rinçage. 232.
dosseret(m). 228, 230, 231.
écrou(m) de serrage. 226.
éjecteur(m) de fouets. 225.
élément(m) chauffant. 231, 232.
élément(m) de cuisson. 228.
élément(m) de dégivrage. 229.
élément(m) de grillage. 228.
élément(m) de surface. 228.
élément(m) tubulaire. 228.
encoche(f). 233.
entonnoir(m). 226.
étrier(m) de serrage. 226.
fente(f). 227.
fer(m) à vapeur. 233.
filtre(m) à charpie. 230, 231.
fouet(m). 225.
fouet(m) à fil. 225.
fouet(m) en spirale. 225.
fouet(m) quatre pales. 225.
fouets(m). 225.
four(m). 228.
four(m) à micro-ondes. 227.
fuide(m) des températures. 233.
galet(m). 231, 232.
garde-beurre(m). 229.
gaufrier-gril(m). 227.
glissière(f). 232.
gril(m) électrique. 227.
grille(f). 228.
grille(f) d'aération. 232.
grille-pain(m). 227.
guide(m). 227.
horloge(f) programmatrice. 227, 228.
hublot(m). 227, 228, 229, 234.
interrupteur(m). 228, 229, 234.
interrupteur(m) de démarrage. 231.
interrupteur(m) de la porte. 231.
joint(m). 228, 230, 232.
joint(m) mégnétique. 229.
lampe(f) de four. 227, 228.
lave-linge(m). 231.
lave-vaisselle. 232.
lève-fil(m). 233.

levier(m) de perçage. 233.
limiteur(m) de surchauffe. 231.
loquet(m). 227, 228, 232.
manette(f). 227.
mélangeur(m). 225.
mélangeur(m) à main. 225.
minuterie(f). 228.
minuterie(f) de dégivrage. 229.
molette(f) d'entraînement. 233.
moteur(m). 230, 231, 234.
moule(m) à glaçons. 229.
moulin(m) à café. 224.
oeufrier(m). 229.
orifice(m) de remplissage. 233.
ouvre-boîtes(m). 233.
palette(f). 226.
panier-filtre(m). 224.
panier(m). 224, 230, 232.
panier(m) à couverts. 232.
panneau(m) d'extrémité. 227.
panneau(m) inférieur. 229.
pare-chocs(m). 234.
passoire(f). 226.
percolateur(m). 224.
pied(m) antibasculement. 232.
pied-mélangeur(m). 225.
plaque(f). 227.
plaque(f) chauffante. 224.
plateau(m) tournant. 225.
poignée(f). 225, 226, 227, 228, 229, 233, 234.
pointe(f) avant. 233.
pompe(f). 230, 232.
porte(f). 227, 229, 231.
porte(f) étagère. 229.
poulie(f) du ressort-tendeur. 231.
poussoir(m). 226.
presse-agrumes(m). 226.
prise(f) chronométrée. 228.
prise(f) de la sonde thermique. 227.
programmateur(m). 230, 231, 232.
rainure(f). 227.
rallonge(f). 234.
rateau(m). 234.
récipient(m). 225.
récipient(m) à crème. 226.
réfrigérateur(m). 229.
réfrigérateur(m) sans givre. 229.
régulateur(m) d'aspiration. 234.
repère(m) transparent. 233.
réservoir(m). 224.
robot(m) de cuisine. 226.
roulette(f). 234.
roulette(f) de coupe. 233.
seau(m) isotherme. 226.
sécheuse(f). 231.
sélecteur(m) à curseur. 227, 233.
sélecteur(m) de température. 230, 231.
sélecteur(m) de vitesse. 226.
sélecteur(m) du degré de grillage. 227.
sélecteur(m) du niveau d'eau. 230.
semelle(f). 233.
serpentin(m) de l'évaporateur. 229.

serpentin(m) du condenseur. 229.
socle(m). 225, 232, 233.
sonde(f) du thermostat. 228.
sonde(f) thermique. 227, 228.
sorbetière(f). 226.
suceur(m) à tapis et planchers. 234.
suceur(m) plat. 234.
suceur(m) triangulaire à tissus et meubles rembourrés. 234.
surface(f) à rebord. 228.
surface(f) de cuisson. 227, 228.
surface(f) de travail. 232.
tableau(m) de commande. 227, 228, 230, 231, 232.
tablette(f) de verre. 229.
talon(m) d'appui. 225, 233.
tambour(m). 226, 231.
tête(f) basculante. 225.
tige(f). 224.
toupie(f). 226.
tourelle(f). 232.
tournebroche(m). 228.
transmission(f). 230.
tube(m) droit. 234.
tulipe(f). 224.
turbine(f). 232.
tuyau(m) d'arrivée d'eau. 230, 232.
tuyau(m) d'évacuation. 230, 231.
tuyau(m) de vidange. 232.
tuyau(m) flexible. 234.
vaporisateur(m). 233.
ventilateur(m). 229, 231.
verseuse(f). 224.
voyant(m). 228, 232.

ATHLÉTISME

anneau(m). 559.
anneaux(m). 559.
appui. 560.
arc(m) de cercle. 557.
arçon(m). 559.
arraché(m) à deux bras. 561.
athlétisme(m). 556, 557, 558.
bac(m) d'appel. 556.
bandage(m) de gaze. 561.
barre(f). 556, 561.
barre(f) d'acier. 559.
barre(f) de bois. 559.
barre(f) de saut. 557.
barre(f) fixe. 559.
barre(f) inférieure. 560.
barre(f) supérieure. 560.
barres(f) asymétriques. 560.
barres(f) parallèles. 559.
base(f). 559.
bottine(f). 561.
butoir(m). 557.
câble(m). 558, 559.
câble(m) de haubanage. 559.
cadre(m). 560.
cage(f). 556.
ceinture(f). 561.
cercle(m). 556, 557.

Les termes en *italique* renvoient à une illustration; les termes en **caractères gras** renvoient à un chapitre.

cheval(m) d'arçons. 559.
cheval-sautoir(m). 559, 560.
collier(m) de serrage. 561.
corde(f) de prise. 558.
corps(m). 558, 560.
cou(m). 559.
couloir(m). 557.
course(f). 556.
coussin(m) de protection. 560.
croupe(f). 559.
culotte(f). 561.
disque(m). 561.
disques(m). 558.
drapeau(m) de secteur. 556.
élan(m), course d'. 560.
engins(m) féminins. 560.
engins(m) masculins. 559.
envol(m). 560.
épaulé-jeté(m) à deux bras. 561.
gant(m). 558.
genouillère(f). 561.
gymnaste(f). 560.
gymnastique(f). 559, 560.
haie(f). 556.
haltère(f). 561.
haltérophile(f). 561.
haltérophilie(f). 561.
jante(f). 558.
javelots(m). 558.
lancer(m) du disque. 556.
lancer(m) du javelot. 557.
lancer(m) du marteau. 556.
lancer(m) du poids. 557.
lancers(m). 558.
ligne(f) d'appel. 556.
ligne(f) d'arrivée. 557.
ligne(f) de départ. 556.
maillot(m) de corps à manches
courtes. 561.
manchon(m). 561.
marteau(m). 558.
montant(m). 556, 557, 559, 560.
perche(f). 556.
pied(m). 560.
piste(f). 557.
piste(f) d'élan. 556, 557.
pivot(m). 558.
planche(f) d'appel. 556, 557.
planche(f) de plasticine. 556.
plateau(m). 561.
poids(m). 558.
poids(m). 558.
poignée(f). 558.
pointe(f). 558.
portique(m). 559.
poteau(m) d'arrivée. 557.
poutre(f). 560.
poutre(f) d'équilibre. 560.
réception(f). 560.
ressort(m). 560.
rivière(f) de steeple. 556.
sangle(f). 559.
saut(m) à la perche. 556.
saut(m) en hauteur. 557.
saut(m) en longueur. 556.
selle(f). 559.
stade(m). 556, 557.
steeple(m). 556.
tapis(m) de chute. 560.
tête(f). 561.
tête(f) de métal. 558.
toile(f) de saut. 560.
trampoline(f). 560.
tremplin(m). 559, 560.
triple(m) saut. 557.
zone(f) de chute. 556, 557.

AUTOMOBILE

accès(m) au réservoir d'essence.
383.
accotement(m). 399.
accoudoir(m). 386.
afficheur(m) prix. 387.
afficheur(m) totaliseur. 387.

afficheur(m) volume. 387.
aile(f). 383.
allumeur(m). 391.
alternateur(m). 391.
alvéole(f) de plaque. 392.
ancrage(m) des haubans. 402.
anneau(m) de retenue. 384.
antenne(f). 383.
appui-tête(m). 386.
arbre(m) à cames. 391.
arbre(m) cannelé. 384.
arc(m) à deux articulations. 401.
arc(m) à trois articulations. 401.
arc(m) encastré. 401.
arc(m) métallique à treillis. 401.
arche(f). 401.
arcs(m), types(m) d'. 401.
articulation(f). 384.
atelier(m) de réparation. 387.
automobile(f). 383, 384, 385, 386.
auvent(m). 383.
baguette(f) de flanc. 383.
balai(m) d'essuie-glace. 384.
bande(f) de roulement. 393.
banquette(f) arrière. 386.
barrette(f). 392.
batterie(f) d'accumulateurs. 392.
bavette(f) garde-boue. 383.
berline(f). 384.
bloc-cylindres(m). 391.
boîte(f) à gants. 385.
boîtier(m) de batterie. 392.
boîtier(m) de phare. 384.
bordure(f) de trottoir. 399.
borne(f). 392.
borne(f) de gonflage. 387.
borne(f) négative. 392.
borne(f) positive. 392.
bouche(f) d'air. 385.
bouchon(m) à évents. 392.
bouchon(m) de radiateur. 392.
bouchon(m) de remplissage
d'huile. 391.
bouchon(m) de vidange d'huile.
391.
boucle(f). 386.
bouclier(m). 383.
bougie(f) d'allumage. 392.
bourrelet(m). 393.
bouton(m) de verrouillage. 386.
branchement(m) pluvial. 399.
bras(m) d'essuie-glace. 384.
break(m). 384.
butée(f). 401.
butoir(m). 383.
câble(m) de bougie. 391.
câble(m) électrique. 391.
câble(m) porteur. 402.
câble(m) téléphonique. 399.
cabriolet(m). 384.
calandre(f). 383.
canalisation(f). 393.
canalisation(f) de carburant. 390.
caniveau(m). 399.
cannelure(f). 392.
capot(m). 383.
capsule(f) à membrane. 391.
carburant(m). 387.
carburateur(m). 390, 391.
carosserie(f). 400.
carrosseries(f), types(m) de. 384.
carter(m). 391.
ceinture(f). 393.
ceinture(f) de sécurité. 386.
chambre(f) de combustion. 390.
chambre(f) de sédimentation. 392.
chariot(m) porte-roues. 387.
chariot(m) transbordeur. 403.
châssis(m). 387.
chaussée(f). 399.
coach(m). 384.
coffre(m). 383.
collecteur(m) d'échappement. 390,
391, 392.
colonne(f) de direction. 386.
commande(f) d'essuie-glace. 386.

commande(f) de chauffage. 385.
commande(f) de dossier. 386.
compresseur(m). 390.
compte-tours(m). 385.
compteur(m) kilométrique. 385.
conduite(f) de distribution d'eau
potable. 399.
conduite(f) principale de gaz. 399.
console(f) centrale. 385.
contrepoids(m). 403.
couche(f) de base. 399.
couche(f) de fondation. 399.
couche(f) de forme. 399.
couche(f) de surface. 399.
coupé(m). 384.
courroie(f) de la pompe à huile.
390.
courroie(f) de ventilateur. 391, 392.
couvercle(m) de batterie. 392.
couvercle(m) de culasse. 391.
culée(f). 400, 401, 402.
culot(m). 392.
cylindre(m). 390.
cylindre(m) de roue. 393.
décapotable(f). 384.
démarreur(m). 391.
dépanneuse(f). 387.
détente(f). 387.
direction(f). 386.
disque(m). 393.
distributeur(m) d'essence. 387.
distributeur(m) d'essence. 387.
distributeur(m) de boissons. 387.
dossier(m). 386.
durite(f) de radiateur. 392.
écartement(m) des électrodes.
392.
échappement(m), système(m) d'.
392.
écrou(m) hexagonal. 392.
égout(m) collecteur. 399.
électrode(f) centrale. 392.
électrode(f) de masse. 392.
élément(m). 392.
emblème(m). 383.
embout(m). 392.
encadrement(m) de lunette. 383.
enjoliveur(m) de phare. 384.
enjoliveur(m) de roue. 383.
entrée(f) des gaz d'échappement.
390.
essuie-glace(m). 384.
étrier(m). 393.
familiale(f). 384.
familiale(f), arrière(m) d'une. 384.
feu(m) de gabarit. 383.
feu(m) de marche arrière. 383.
feu(m) rouge arrière. 383.
filtre(m) à air. 391.
filtre(m) à huile. 391.
flanc(m). 393.
flexible(m) de distribution. 387.
fondation(f) de pile. 400.
fondation(f) de pylône. 402.
fossé(m). 399.
frein(m) à disque. 393.
frein(m) à tambour. 393.
garde-corps(m). 400.
garniture(f) de frein. 393.
glace(f). 383.
glace(f) de custode. 383.
goujon(m). 393.
gouttière(f). 383.
grille(f) d'égout. 399.
groupe(m) de plaques négatives.
392.
groupe(m) de plaques positives.
392.
haubans(m) en éventail. 402.
haubans(m) en harpe. 402.
hayon(m). 384.
îlot(m) de ravitaillement. 387.
indicateur(m) de charge. 385.
indicateur(m) de niveau d'huile.
385.

indicateur(m) de niveau de
carburant. 385.
indicateur(m) de température. 385.
indicateur(m) de vitesse. 385.
injecteur(m). 390.
instruments(m) de bord. 385.
instruments(m) de bord. 385.
inverseur(m) route-croisement.
386.
isolateur(m). 392.
jante(f). 393.
jauge(f) d'huile. 391.
joint(m) de bougie. 392.
joue(f) de jante. 393.
klaxon(m). 385.
lame(f). 384.
lave-auto(m). 387.
levier(m) de frein à main. 385.
levier(m) de vitesse. 385.
limousine(f). 384.
lunette(f) arrière. 383.
manette(f) de clignotant. 386.
manivelle(f) de lève-glace. 386.
massif(m) d'ancrage des câbles.
402.
membrure(f) inférieure. 401.
membrure(f) supérieure. 401.
miroir(m) de courtoisie. 385.
montant(m) latéral. 383.
montre(f). 385.
moteur(m). 391.
moteur(m) à essence. 391.
moteur(m) à turbocompression.
390.
moteur(m) diesel. 390.
moteurs(m). 390.
nacelle(f). 403.
pare-brise(m). 383.
pare-chocs(m). 383.
pare-soleil(m). 385.
passage(m) inférieur. 400.
passage(m) supérieur. 400.
pavillon(m). 383.
pédale(f) d'accélérateur. 386.
pédale(f) de débrayage. 386.
pédale(f) de frein. 386.
phare(m). 384.
phare(m). 383.
pile(f). 400, 401.
pistolet(m) de distribution. 387.
piston(m). 391, 393.
plancher(m) de coffre. 384.
plaque(f) négative. 392.
plaque(f) positive. 392.
plaque(f) tournante. 403.
plaquette(f). 393.
pli(m). 393.
pneu(m) à carcasse diagonale.
393.
pneu(m) à carcasse radiale. 393.
pneu(m) à carcasse radiale
ceinturée. 393.
pneu(m) à neige. 393.
pneus(m). 393.
poignée(f) de porte. 383.
poignée(f) intérieure. 386.
pompe(f) à eau. 392.
pompe(f) à essence. 391.
pompe(f) à huile. 390.
pompiste(m). 387.
pont(m) à béquilles. 401.
pont(m) à poutre. 400.
pont(m) à poutre simple. 400.
pont(m) à poutres indépendantes.
400.
pont(m) à tablier inférieur. 401.
pont(m) à tablier intermédiaire.
401.
pont(m) à tablier supérieur. 401.
pont(m) Bailey. 403.
pont(m) basculant à double volée.
403.
pont(m) basculant à simple volée.
403.
pont(m) cantilever. 400.
pont(m) en arc. 401.

pont(m) flottant. 403.
pont(m) levant. 403.
pont(m) suspendu. 402.
pont(m) suspendu à haubans. 402.
pont(m) tournant. 403.
pont(m) transbordeur. 403.
pontet(m) de connexion. 392.
ponton(m). 403.
ponts(m) à poutre, types(m) de. 400.
ponts(m) en arc, types(m) de. 401.
ponts(m) fixes. 400, 401, 402.
ponts(m) mobiles. 403.
porte-bagages(m). 384.
porte(f). 386.
porte(f). 383.
portique(m). 401.
pot(m) d'échappement. 392.
poteau(m). 401.
poulie(f). 391.
poutre(f) cantilever. 400.
poutre(f) continue. 400.
poutre(f) de rigidité. 402.
poutre(f) suspendue. 400.
pylône(m). 402.
radiateur(m). 392.
rampe(f) d'accès. 402.
regard(m) de visite. 399.
remblai(m). 399.
ressort(m) de rappel. 393.
ressort(m) de soupape. 390, 391.
ressort(m) de tension. 384.
rétroviseur(m). 385.
rétroviseur(m) extérieur. 383.
roue(f). 393.
roue(f). 383.
route(f), coupe(f) d'une. 399.
rue(f), coupe(f) d'une. 399.
sculptures(f). 393.
segment(m). 393.
séparateur(m). 392.
serrure(f) de porte. 383.
siège-baquet(m). 386.
sièges(m). 386.
silencieux(m) auxiliaire. 392.
socle(m). 387.
sortie(f) des gaz d'échappement. 390.
soupape(f) d'admission. 390, 391.
soupape(f) d'échappement. 390.
station-service(f). 387.
superstructure(f). 399.
support(m) de phare. 384.
suspente(f). 402.
tableau(m) de bord. 385.
tablier(m). 400, 401, 402.
talus(m). 399.
tambour(m). 393.
toit(m) ouvrant. 383.
tour(f) de guidage. 403.
travée(f) centrale. 402.
travée(f) latérale. 402.
travée(f) levante. 403.
tringle(f). 393.
trottoir(m). 399.
turbine(f) d'entraînement. 390.
turbine(f) du compresseur. 390.
tuyau(m) arrière. 392.
tuyau(m) avant. 392.
tuyau(m) d'échappement. 390, 392.
ventilateur(m). 390, 391, 392.
viaduc(m). 400.
voile(m). 393.
voiture(f) de course. 384.
volant(m). 385, 386, 390, 391.

AVION ET HÉLICOPTÈRE

aérogare(f) de passagers. 438.
aérogare(f) des passagers. 440.
aérogare(f) satellite. 438.
aérogare(m) de fret. 438.
aéroport(m). 438, 439.

aile(f). 435.
aile(f). 434.
aile(f) à géométrie variable. 435.
aileron(m). 434.
aire(f) de stationnement. 438.
aire(f) de trafic. 438.
antenne(f). 434.
antenne(f) VHF. 435.
arbre(m) de transmission. 441.
arbre(m) turbine-compresseur. 436.
aubage(m) directeur d'entrée. 436.
aube(f). 436.
avion(m) long-courrier. 434.
bec(m) de bord d'attaque. 434.
biellette(f) de commande de pas. 441.
bord(m) d'attaque. 434.
bord(m) de fuite. 434.
boutique(f) hors taxe. 440.
bretelle(f). 438.
bureau(m) de réservation de chambres d'hôtel. 440.
buse(f) d'éjection. 436.
cabine(f). 434, 441.
cale(f). 439.
camion(m) avitailleur. 439.
camion(m) commissariat. 439.
camion(m) élévateur. 439.
camion(m) vide-toilette. 439.
canal(m) d'éjection. 436.
canal(m) d'entrée d'air. 436.
carrousel(m). 440.
chambre(f) de combustion. 436.
chambre(f) de combustion annulaire. 436.
chariot(m) à bagages. 440.
citerne(f) d'eau potable. 439.
compresseur(m) axial. 436.
comptoir(m) d'enregistrement. 440.
comptoir(m) de change. 440.
comptoir(m) de renseignements. 440.
comptoir(m) de vente des billets. 440.
cône(m) d'échappement. 436.
cône(m) d'entrée. 436.
contrôle(m) d'immigration. 440.
contrôle(m) de sécurité. 440.
contrôle(m) des passeports. 440.
contrôle(m) douanier. 440.
convoyeur(m) à bagages. 439.
déporteur(m). 434.
dérive(f). 434, 441.
empennage(m). 435.
empennage(m). 434.
empennage(m) bas. 435.
empennage(m) en T. 435.
empennage(m) surélevé. 435.
entrée(f) d'air. 441.
équipements(m) aéroportuaires. 439.
escalier(m) automoteur. 439.
escalier(m) d'accès. 439.
feu(m) anticollision. 434.
feu(m) de navigation. 434.
feux(m) d'extrémité de piste. 438.
fuselage(m). 434.
gouvernail(m) de direction. 434.
gouvernail(m) de profondeur. 434.
groupe(m) électrogène. 439.
hall(m) des arrivées. 440.
hall(m) des départs. 440.
hall(m) public. 440.
hangar(m). 438.
hélicoptère(m). 441.
hublot(m). 434.
injecteur(m) de carburant. 436.
instruments(m) de contrôle des moteurs. 437.
instruments(m) de vol. 437.
lisse(f) d'aile. 435.
longeron(m) avant. 435.
longeron(m) principal. 435.
manche(f) de commande. 437.
manche(m) pilote. 441.
manettes(f) de commande. 437.

marchepied(m). 441.
marque(f) d'aire de prise de contact. 438.
marque(f) d'axe de piste. 438.
marque(f) de distance fixe. 438.
marque(f) de point d'attente. 438.
marques(f) d'identification. 438.
marques(f) de seuil de piste. 438.
marques(f) latérales de piste. 438.
mât(m) rotor. 441.
moyeu(m) rotor. 441.
nacelle(f) élévatrice. 439.
nervure(f) d'aile. 435.
nervure(f) d'emplanture. 435.
nez(m). 434.
office(m). 434.
pale(f) de rotor. 441.
palier(m) avant. 436.
palier(m) central. 436.
palonnier(m). 437.
panneau(m) de commutation. 437.
panneau(m) de contrôle du pilotage automatique. 437.
panneau(m) du mécanicien. 437.
pare-brise(m). 437.
passerelle(f) télescopique. 438.
patin(m). 441.
phare(m) d'atterrissage. 441.
piste(f) d'envol. 438.
plate-forme(f) élévatrice automotrice. 439.
porte(f) automatique. 440.
poste(f) de pilotage. 437.
poste(f) de pilotage. 434, 441.
poste(m) de trafic. 439.
poutre(f) de bord de fuite. 435.
poutre(f) de queue. 441.
pupitre(m) central. 437.
pylône(m) du moteur. 435.
quai(m) d'embarquement. 438.
queue(f). 434.
radar(m) météorologique. 434.
rail(m) de guidage de volet. 435.
remorque(f). 439.
réservoir(m) de carburant. 441.
rotor(m) anticouple. 441.
salle(f) d'embarquement. 440.
saumon(m) d'aile. 435.
siège(m) de l'observateur. 437.
siège(m) du commandant de bord. 437.
siège(m) du copilote. 437.
siège(m) du mécanicien navigant. 437.
sortie(f) de piste à grande vitesse. 438.
soufflante(f). 436.
soute(f). 434.
soute(f) à bagages. 441.
stabilisateur(m). 434, 441.
stabilisateur(m) à triple plan vertical. 435.
tableau(m) d'affichage des vols. 440.
tableau(m) de bord. 437.
terrasse(f). 440.
tête(f) de rotor. 441.
tour(f) de contrôle. 438.
tracteur(m). 439.
tracteur(m) de piste. 439.
train(m) d'atterrissage avant. 434.
train(m) d'atterrissage principal. 434.
transbordeur(m). 439, 440.
turbine(f). 436.
turboréacteur(m). 436.
turboréacteur(m). 434.
turboréacteur(m) à double flux. 436.
tuyère(f). 436, 441.
verrière(f). 434.
vigie(f). 438.
voie(f) de circulation. 438.
voilure(f). 435.
voilure(f) delta. 435.
voilure(f) droite. 435.

voilure(f) en flèche. 435.
voilure(f) trapézoïdale. 435.
volet(m) de bord de fuite. 434.
zone(f) de retrait des bagages. 440.

BASEBALL

arbitre(m) en chef. 511.
arrêt-court(m). 511.
arrière-champ(m). 511.
avant-champ(m). 511.
balle(f). 512.
banc(m) des joueurs. 511.
baseball(m). 511, 512.
bâton(m). 512.
bâton(m). 512.
but(m). 511.
casque(m) de frappeur. 512.
cercle(m) d'attente. 511.
champ(m) centre(m). 511.
champ(m) droit. 511.
champ(m) gauche. 511.
chandail(m) d'équipe. 512.
chandail(m) de dessous. 512.
chaussette(f) avec étrier. 512.
coussin(m). 511.
couture(f). 512.
deuxième-but(m). 511.
doigt(m). 512.
enveloppe(f). 512.
filet(m) d'arrêt. 511.
frappeur(m). 511.
gant(m). 512.
gant(m) de frappeur. 512.
gant(m) de receveur. 512.
genouillère(f). 512.
joueur(m). 512.
lacet(m). 512.
lanceur(m). 511.
ligne(f) de jeu. 511.
manche(m). 512.
marbre(m). 511.
masque(m). 512.
monticule(m). 511.
panier(m). 512.
pantalon(m). 512.
patte(f). 512.
paume(f). 512.
plaque(f) du lanceur. 511.
pommeau(m). 512.
pouce(m). 512.
premier-but(m). 511.
protecteur(m) de poitrine. 512.
protège-gorge(m). 512.
protège-tibia(m). 512.
receveur(m). 512.
receveur(m). 511.
rectangle(m) des instructeurs. 511.
rectangle(m) du frappeur. 511.
rectangle(m) du receveur. 511.
ruban(m) adhésif. 512.
soulier(m) à crampons. 512.
surface(f) de frappe. 512.
talon(m). 512.
terrain(m), baseball(m). 511.
troisième-but(m). 511.
voltigeur(m) de centre. 511.
voltigeur(m) droit. 511.
voltigeur(m) gauche. 511.

BICYCLETTE

axe(m) du pédalier. 398.
baladeur(m) à roues dentées. 398.
base(f). 397.
bicyclette(f). 397, 398.
bidon(m). 397.
câble(m) de commande. 398.
câble(m) de frein. 397.
cadenas(m). 398.
cale-pied(m). 397.
chaîne(f). 397, 398.
dérailleur(m) arrière. 397.
dérailleur(m) avant. 397, 398.

Index spécialisés

feu(m) arrière. 397.
fourche(f). 397.
frein(m) arrière. 397.
frein(m) avant. 397.
galets(m) tendeur. 398.
garde-boue(m) arrière. 397.
génératrice(f). 397.
guide-chaîne(m). 398.
guidon(m). 397.
hauban(m). 397.
jante(f). 397.
klaxon(m). 398.
levier(m) de commande. 397, 398.
manivelle(f). 398.
moyeu(m). 397.
pédale(f). 397, 398.
pneu(m). 397.
poignée(f) de frein. 397.
pompe(f). 397.
porte-bagages(m). 397.
porte-bidon(m). 397.
potence(f). 397.
propulsion(f), mécanisme(m) de.
398.
rayon(m). 397.
roue(f) dentée. 398.
selle(f). 397.
tige(f) de selle. 397.
tube(m) de direction. 397.
tube(m) de selle. 397.
tube(m) horizontal. 397.
tube(m) oblique. 397.

CAMPING

assiette(f) plate. 585.
auvent(m). 582.
baie(f). 582.
boucle(f) de piquet. 583.
bouteille(f) isolante. 586.
cafetière(f). 585.
calibreur(m). 585.
camping(m), matériel(m) de. 584,
585, 586.
canif(m). 585.
chambre(f). 582.
chaufferette(f). 585.
ciseaux(m). 585.
cloison(f). 582.
couteau(m). 585, 586.
cruche(f). 586.
cuiller(f). 585.
cuisine(f). 586.
détendeur(m). 585.
double toit. 583.
éclairage(m). 586.
étui(m) de cuir. 585.
faîtière(f). 582.
faitout(m). 585.
fenêtre(f) moustiquaire. 582.
fermeture(f) à glissière. 583.
fourchette(f). 585.
gaine(f). 585.
ganse(f). 582, 585.
glacière(f). 586.
gonfleur-dégonfleur(m). 584.
gonfleur(m). 584.
gourde(f). 586.
gril(m) pliant. 586.
grille(f) stabilisatrice. 585.
hachette(f). 586.
hauban(m). 585.
lampe-tempête(f). 586.
lanterne(f). 585.
lime(f). 585.
lit(m) de camp pliant. 584.
lit-matelas(m). 584.
mât(m). 582.
mât(m) d'auvent. 582.
matelas(m) isolant. 584.
matelas(m) mousse. 584.
matelas(m) pneumatique. 584.
mur(m). 582.
oeillet(m). 583.
outils(m). 586.

ouvre-boîtes(m). 585.
pare-vent(m). 585.
passant(m). 582.
pelle-pioche(f) pliante. 586.
penderie(f). 582.
piquet(m). 582, 583.
poêle(f). 585.
popote(f). 585.
porte(f) moustiquaire à glissière.
582.
propane(m), accessoires(m) au.
585.
queue(f). 585.
rabat(m) à attaches. 582.
réchaud(m) à trois feux. 585.
réchaud(m) à un feu. 585.
réservoir(m) de gaz. 585.
robinet(m) relais. 585.
sac(m) à cagoule. 584.
sac(m) rectangulaire. 584.
sac(m) semi-rectangulaire. 584.
sacs(m) de couchage. 584.
sandow(m). 583.
scie(f). 585.
scie(f) de camping. 586.
séjour(m). 582.
tapis(m) de sol cousu. 582.
tasse(f). 585.
tendeur(m). 582.
tente(f) Baker. 583.
tente(f) canadienne. 583.
tente(f) dôme. 583.
tente(f) grange. 583.
tente(f) igloo. 583.
tente(f) intérieure. 583.
tente(f) rectangulaire. 583.
tente(f) touriste. 583.
tentes(f). 582, 583.
tentes(f), principaux types(m) de.
583.
tentes(f) familiales. 582.
tire-bouchon(m). 585.
toile(f) à pourrir. 582.
toit(m). 582.
tournevis(m). 585.
ustensiles(m) de campeur. 585.

CHAÎNE STÉRÉO

adaptateur(m). 365.
affichage(m) numérique des
stations. 364.
amplificateur(m). 364.
arrêt(m). 366.
avance(f) rapide. 366.
axe(m). 365.
axe(m) du moteur. 365.
bouton(m) d'éjection. 366.
bouton(m) de remise à zéro. 366.
bras(m) de lecture. 365.
câble(m) de mise à terre. 365.
câble(m) de raccordement. 363,
365.
cadran(m). 364.
casque(m) d'écoute. 363.
casque(m) d'écoute. 363.
chaîne(f) stéréo. 363, 364, 365,
366.
charnière(f). 365.
coffret(m). 365.
commande(f) de compensation.
364.
commutateur(m) d'entrée pour
magnétophone. 364.
commutateur(m) haut-parleur. 364.
commutateur(m) marche/arrêt.
364.
commutateur(m) mono-stéréo. 364.
commutateur(m) d'entrées. 364.
compensateur(m) de poussée
latérale.
composantes(f) d'un système. 363.
compteur(m). 366.
contre-platine(f). 365.
contrepoids(m). 365.

contrôle(m) automatique de
fréquence. 364.
contrôle(m) de tonalité des aigus.
364.
contrôle(m) de tonalité des graves.
364.
cordon(m) d'alimentation. 363,
365.
correcteur(m). 363.
courroie(f). 365.
couvercle(m). 365.
couvre-plateau(m). 365.
disque(m). 365.
dôme(m) cache-poussière. 363.
enceinte(f) acoustique. 363.
enceinte(f) acoustique. 363.
enregistrement(m). 366.
équilibrage(m). 364.
étiquette(f). 365.
fiche(f) pour jack. 363.
haut-parleur(m) d'aigus. 363.
haut-parleur(m) de graves. 363.
haut-parleur(m) de médium. 363.
indicateur(m) de niveau
électroluminescent. 366.
indicateur(m) de type de bande.
366.
interrupteur(m) d'accord silencieux.
366.
interrupteur(m) d'alimentation. 366.
lampe-témoin(f) stéréo. 364.
lecture(f). 366.
logement(m) de cassette. 366.
manette(f) de commande. 365.
membrane(f). 363.
microphone(m). 363.
oreillette(f). 363.
pause(f). 366.
plage(f) de séparation. 365.
plateau(m). 365.
platine(f) de magnétophone. 366.
platine(f) de magnétophone. 363.
platine(f) tourne-disque. 365.
platine(f) tourne-disque. 363.
préamplificateur-amplificateur(m).
363.
prise(f) casque. 364, 366.
prise(f) micro. 366.
rebobinage(m). 366.
réglage(m) de niveau. 363.
réglage(m) de niveau
d'enregistrement. 366.
réglage(m) du volume. 364.
relève-bras(m). 365.
repose-bras(m). 365.
sélecteur(m) de bandes. 366.
sélecteur(m) de vitesses. 365.
serre-tête(m). 363.
sillon(m). 365.
sillon(m) concentrique. 365.
sillon(m) de départ. 365.
sillon(m) de sortie. 365.
socle(m). 365.
strie(f). 363.
super tweeter(m). 363.
surface(f) gravée. 365.
syntonisateur(m). 363.
tête(f) de lecture. 365.
touche(f) de présélection. 364.
touche(f) Dolby. 366.
touche(f) mémoire. 364.
touches(f) de modulation. 366.
touches(f) de réglage d'accord.
364.
treillis(m). 363.
trou(m) central. 365.
voyant(m) de contrôle. 364.

CHEMIN DE FER

abri(m). 410.
accès(m) aux quais. 412.
aiguillage(m). 410.
aiguillage(m) manoeuvré à
distance. 409.

aiguillage(m) manoeuvré à pied
d'oeuvre. 408.
aiguille(f). 408.
alternateur(m). 404.
âme(f). 408.
anticheminant(m). 408.
appui-tête(m). 407.
atelier(m) diesel. 410.
avertisseur(m) sonore. 404.
axe(m) d'attelage. 405.
ballast(m). 408.
barreau(m). 405.
base(f). 409.
billetterie(f). 412.
bogie(m). 404, 407.
boîte(f) d'essieu. 404.
boîte(f) de jonction. 409.
bordure(f) de quai. 413.
boulon(m) d'éclisse. 408.
bretelle(f). 410.
bulletin(m) de bagages. 412.
bureau(m) de change. 412.
bureau(m) de renseignements.
412.
butée(f) de porte. 405.
butoir(m). 410.
butte(f). 411.
cabine(f) de conduite. 404.
cabinet(m) de toilette. 407.
caniveau(m) de transmission. 409.
capuchon(m). 409.
carte(f) du réseau. 412.
carter(m) d'engrenage de frein à
main. 405.
case(f) d'affichage de l'heure de
départ. 413.
case(f) d'affichage de la
destination. 413.
case(f) d'affichage des retards.
413.
chaîne(f) de frein à main. 405.
chambre(f). 407.
champignon(m). 408.
chapeau(m) d'angle. 405.
chariot(m) à plateau. 413.
châssis(m) d'aiguillage. 409.
châssis(m) de bogie. 404.
clou(m) millésimé. 408.
coeur(m) de croisement. 408.
commande(f) de barrières. 409.
conditionnement(m) d'air. 407.
consigne(f) automatique. 412.
conteneur(m). 411.
contre-rail(m). 408.
contrepoids(m). 408, 409.
couloir(m) central. 407.
couloir(m) d'intercirculation. 407.
couloir(m) latéral. 407.
coussinet(m) de glissement. 408.
crampon(m). 408.
crocodile(m). 410.
croix(f) de Saint-André. 409.
cuisine(f). 413.
diable(m). 413.
distributeur(m) de monnaie. 412.
échelle(f) de bout. 405.
échelle(f) latérale. 405.
éclisse(f). 408.
écran(m) de visibilité. 409.
écrou(m). 408.
enregistrement(m) des bagages.
412.
entrée(f) d'air. 404.
essieu(m). 404.
faisceau(m) d'attente. 411.
faisceau(m) de débranchement.
411.
faisceau(m) de réception. 411.
fenêtre(f) coulissante. 407.
fenêtre(f) panoramique. 407.
feu(m) clignotant. 409.
feu(m) de lisse. 409.
fil(m) de contact. 413.
fixation(f) de loquet de porte. 405.
freins(m) de voie primaires. 411.
freins(m) de voie secondaires. 411.

gare(f). 410.
gare(f) de marchandises. 410.
gare(f) de triage. 411.
gare(f) de voyageurs. 410.
génératrice(f) principale. 404.
guichet(m). 412.
hall(m) de gare. 412.
hygiaphone(m). 412.
jeu(m) de dilatation. 408.
joint(m) de rail. 408.
levier(m) de commande à main. 408.
levier(m) de levage. 405.
levier(m) télescopique de dételage. 405.
lignes(f), grandes. 410.
lisse(f). 409.
lit(m) du bas. 407.
lit(m) du haut. 407.
locomotive(f) de manoeuvre. 411.
locomotive(f) diesel-électrique. 404.
longeron(m) latéral inférieur. 411.
loquet(m) de porte. 405.
mâchoire(f) d'attelage. 405.
main(f) courante. 405.
marchepied(m) en étrier. 405.
marquise(f). 413.
mât(m). 409.
montant(m) d'angle. 411.
moteur(m) d'aiguille. 409.
moteur(m) de traction. 404.
moteur(m) diesel. 404.
numéro(m) de quai. 413.
oeil(m) témoin. 409.
ossature(f). 407.
panneau(m) de gare. 413.
panneau(m) indicateur. 413.
panneau(m) nombre de voies. 409.
pantographe(m). 413.
paroi(f) latérale. 411.
passage(m) à niveau. 409.
passage(m) à niveau à signalisation automatique. 410.
passage(m) à niveau de quai. 413.
passage(m) de fourche. 411.
passerelle(f). 410.
patin(m). 408.
patte(f) de sécurité. 405.
phare(m). 413.
phare(m) latéral. 413.
pièce(f) de coin. 411.
pivot(m) central. 404.
porte-étiquette(m). 405.
porte-étiquette(m) d'acheminement. 405.
porte(f) d'accès de plate-forme. 407.
porte(f) d'extrémité. 411.
porte(f) latérale. 411.
porteur(m) de bagages. 413.
portique(m) de signalisation. 410.
poste(m) d'aiguillage. 410, 411.
pupitre(m) de conduite. 404.
pylône(m). 410.
quai(m). 410.
quai(m) de gare. 413.
quai(m) de gare. 413.
radiateur(m). 404.
rail(m). 408.
rail(m) de raccord. 408.
rame(f). 410.
réservoir(m) d'eau. 407.
ressort(m) de suspension. 404.
rondelle(f) à ressort. 408.
salle(f) à manger. 407.
salle(f) d'attente. 412.
salle(f) des pas perdus. 412.
selle(f) de rail. 408.
sémaphore(m). 413.
service(m) de colis. 412.
siège(m) réglable. 407.
signal(m) de départ. 413.
signal(m) de position d'aiguille. 408.
signal(m) lumineux d'aiguille. 409.

signalisation(f). 409.
sonnerie(f) de passage à niveau. 409.
sortie(f). 411.
soute(f) à eau. 404.
support(m) de lisse. 409.
table(f) repliable. 407.
tableau(m) des arrivées. 412.
tableau(m) des départs. 412.
tableau(m) horaire. 412.
tableau(m) indicateur des retards. 412.
tampon(m) de choc latéral. 404.
tendeur(m). 409.
tête(f) d'attelage. 405.
toit(m). 411.
transmission(f) funiculaire. 409.
traverse(f). 408.
traverse(f) d'extrémité inférieure. 411.
traverse(f) d'extrémité supérieure. 411.
tringle(f) de commande. 408.
tringle(f) de connexion. 409.
turbo-soufflante(f). 404.
ventilateur(m) de moteur de traction. 404.
ventilateur(m) des radiateurs. 404.
verrou(m) d'aiguille. 409.
vestibule(m). 407.
visière(f). 409.
voie(f) de banlieue. 410.
voie(f) de circulation. 411.
voie(f) de circulation principale. 411.
voie(f) de service. 410.
voie(f) ferrée. 408, 409.
voie(f) ferrée. 413.
voiture-coach(f). 407.
voiture-lit(f). 407.
voiture-restaurant(f). 407.
voitures(f), types(m) de. 407.
volant(m) de frein à main. 405.
wagon-citerne(m). 406.
wagon(m). 411.
wagon(m) à bestiaux. 406.
wagon(m) à copeaux. 406.
wagon(m) couvert. 405.
wagon(m) de queue. 406.
wagon(m) plat. 406.
wagon(m) plat à parois de bout. 406.
wagon(m) plat surbaissé. 406.
wagon(m) porte-automobiles. 406.
wagon(m) porte-conteneurs. 406.
wagon(m) rail-route. 406.
wagon(m) réfrigérant. 406.
wagon-tombereau(m). 406.
wagon-tombereau(m) bâché. 406.
wagon-trémie(m). 406.
wagon-trémie(m) à minerai. 406.
wagons(m), types(m) de. 406.
zone(f) de formation. 411.

COUTURE

agrafes(f). 488.
aiguille(f). 486.
aiguille(f). 485, 486, 487.
aimant(m). 487.
ardillon(m). 488.
arrondisseur(m). 487.
attaches(f). 488.
axe(m). 487.
barre(f) à aiguille. 486.
barre(f) de pied presseur. 486.
biais(m). 488.
bloc-tension(m). 486.
bloc-tension(m). 486.
bobine(f). 485.
bobineur(m). 485.
boîte(f) à canette. 486.
boucle(f). 488.
boucle(f). 488.
bouton(m) à tige. 488.

bouton-pression(m). 488.
boutons(m) à trous. 488.
branche(f). 487.
bras(m). 485.
bride(f). 488.
broche(f) porte-bobine. 485.
butée(f). 488.
canette(f). 486.
chaîne(f). 488.
chas(m). 486, 487.
ciseaux(m). 487.
ciseaux(m) à denteler. 487.
colonne(f). 485.
commande(f) au pied. 485.
côté(m) femelle. 488.
côté(m) mâle. 488.
coupe-fil(m). 486.
couture(f). 485, 486, 487, 488, 489.
cran(m). 489.
crochet(m). 486, 488.
curseur(m). 488.
dé(m). 487.
dents(f). 488.
disque(m). 487.
disque(m) de tension. 486.
doublure(f). 488.
droit fil(m). 489.
enfile-aiguille(m). 487.
enfile-aiguille(m). 486.
entablure(f). 487.
entoilage(m). 488.
entredoublure(f). 488.
épingle(f). 487.
épingles(f) de sûreté. 487.
fermeture(f) à glissière. 488.
ferrule(f). 487.
griffe(f) d'entraînement. 486.
guide-fil(m). 485, 486.
indicateur(m) de tension. 486.
lame(f). 487.
ligne(f) d'ourlet. 489.
ligne(f) de bâti. 489.
ligne(f) de coupe. 489.
ligne(f) de modification. 489.
ligne(f) de piqûre de la fermeture. 489.
lisière(f). 489.
machine(f) à coudre. 485, 486.
manche(f). 487.
mannequin(m). 487.
mètre(m) à ruban. 487.
moteur(m). 485.
navette(f). 486.
patron(m). 489.
pelote(f). 487.
pied-de-biche(m). 485, 486.
pied(m) presseur. 486.
pince-aiguille(m). 486.
pince(f). 489.
plaque(f) à aiguille. 485.
plaque-glissière(f). 485.
plateau(m). 485.
pliure(f). 489.
point(m) de repère. 489.
pointe(f). 488.
porte(f). 488.
rainure(f). 486.
règle-point(f). 485.
relève-presseur(m). 485.
releveur(m) de fil. 485.
rentré(m). 489.
ressort(m) compensateur de fil. 486.
roulette(f). 488.
ruban(m). 488.
sélecteur(m) de points. 485.
talon(m). 486.
tête(m). 485.
tige(f). 486.
tirette(f). 488.
tissu(m), structure(f) du. 488.
tissu(m) du vêtement. 488.
tissus(m) de soutien. 488.
trame(f). 488.
tranchant(m). 487.

triplure(f). 488.
verrou(m). 486.
vis(f) d'accouplement. 485.
vis(f) de pince-aiguille. 486.
volant(m). 485.

ÉLECTRICITÉ

alternateur(m). 641, 642.
arbre(m). 641, 642, 643.
aspirateur(m). 641, 643.
aube(f). 642, 643.
auget(m). 643.
avant-directrice(f). 642, 643.
avant-distributeur(m). 642, 643.
bâche(f) spirale. 641, 642, 643.
barrage(m). 637, 646.
barrage(m) à contreforts. 639.
barrage(m) en béton. 638.
barrage(m) en remblai. 638, 639.
barrage(m) mobile. 646.
barrage-poids(m). 639.
barrage-voûte(m). 639.
barrages(m), principaux types(m) de. 639.
barre(f) blindée. 641.
bassin(m). 646.
bâtiment(m) administratif. 646.
bief(m) d'amont. 637.
bief(m) d'aval. 637, 638, 641.
blindage(m) d'aspirateur. 643.
borne(f). 645.
boulon(m) ajusté d'accouplement. 643.
branchement(m) aérien. 645.
branchement(m) de l'abonné. 645.
branchement(m) du distributeur. 645.
câble(m) de garde. 644.
canal(m) de dérivation. 637.
canal(m) de fuite. 641, 643.
centrale(f). 637, 641.
centrale(f) hydroélectrique. 641.
cercle(m) de vannage. 643.
chaîne(f) de suspension. 644.
chevalet(m) de câble de garde. 644.
coffret(m) de branchement. 645.
collecteur(m). 642.
complexe(m) hydroélectrique. 637.
compteur(m) d'électricité. 645.
conducteur(m) de phase. 645.
conducteur(m) de terre. 645.
conducteur(m) en faisceau. 644.
conducteur(m) neutre. 645.
conduite(f) forcée. 637, 641, 646.
connecteur(m) à serrage mécanique. 645.
console(f). 639, 644.
contrefiche(f). 645.
contrefort(m). 639.
corset(m). 644.
côté(m) bassin. 646.
côté(m) mer. 646.
couche(f) drainante. 638.
coupe-circuit(m). 645.
couronne(f) d'aubage. 643.
couronnement(m). 638.
coursier(m) d'évacuateur. 637.
crête(f). 637, 638, 641.
déversoir(m). 637.
déversoir(m), seuil(m) de. 637.
diagonale(f). 644.
digue(f) morte. 646.
directrice(f). 643.
disjoncteur(m). 641.
écluse(f). 646.
électricité(f). 637, 638, 639, 640, 641, 642, 643, 644, 645, 646.
empattement(m). 644.
énergie(f) électrique. 640.
étage(m) d'exploitation. 646.
étapes(f) de production. 640.
fenêtre(f). 644.
filtre(f). 638.

flasque(m) inférieur. 643.
fondation(f). 639.
fourche(f). 644.
fusible(m). 645.
fût(m). 644.
galerie(f) d'accès. 646.
galerie(f) de visite. 641.
garde-fou(m). 637.
grille(f). 641.
groupe(m) bulbe. 646.
interrupteur(m) principal. 645.
isolateur(m). 645.
joint(m) périmétral. 639.
ligne(f). 637.
ligne(f) de distribution à basse
    tension. 645.
ligne(f) de distribution à moyenne
    tension. 645.
membrure(f) principale. 644.
moyeu(m). 643.
mur(m) bajoyer. 637.
mur(m) de batillage. 638.
noeud(m). 644.
noyau(m). 638.
ogive(f). 643.
pale(f). 643, 646.
palier(m) guide. 642.
parafoudre(m). 641, 645.
parafouille(m). 638.
parement(m) amont. 638.
parement(m) aval. 638.
passe(f) à billes. 637.
perré(m). 638.
pied(m). 644.
pied(m) amont. 638.
pied(m) aval. 638.
point(m) d'alimentation. 645.
point(m) de raccordement. 645.
pôle(m) saillant. 642.
pont(m) roulant. 641.
porte-fusible(m). 645.
portique(m). 637, 641.
poste(m). 646.
poste(m) de transformation. 641.
poutre(f). 644.
prise(f) d'eau. 641.
puits(m) d'accès. 646.
puits(m) d'accès du matériel. 646.
pulvino(m). 639.
pylône(m). 644.
raccord(m) pour conducteur de
    terre. 645.
recharge(f) amont. 638.
recharge(f) aval. 638.
remblai(m). 638.
réservoir(m). 637, 638, 641.
risberme(f). 638.
rive(f). 646.
roches(f). 639.
rotor(m). 641, 642.
roue(f). 642, 643.
roue(f) de turbine. 646.
salle(f) de commande. 637, 646.
salle(f) des machines. 637, 641.
sol(m). 639.
stator(m). 641, 642.
support(m). 637, 646.
tableau(m) de distribution. 645.
tapis(m) amont. 638.
tapis(m) drainant. 638.
terrain(m) de fondation. 638.
terre(f). 639.
tête(f). 644.
transformateur(m). 641, 645.
traverse(f). 644, 645.
traversée(f). 645.
traversée(f) de transformateur.
    637.
treillis(m) de contreflambage. 644.
tronçon(m). 644.
turbine(f). 641.
turbine(f) Francis. 643.
turbine(f) hydraulique. 643.
turbine(f) Kaplan. 643.
turbine(f) Pelton. 643.

turbines(f), principaux types(m) de.
    643.
turbo-alternateur(m). 642.
usine(f) marémotrice. 646.
vanne(f). 637, 641, 646.

ÉLECTRICITÉ
(BRICOLAGE)

ampoule(f). 274.
azote(m). 274.
barre(f) collectrice neutre. 278.
barre(f) collectrice thermique. 278.
boîte(f) électrique. 275.
borne(f). 275.
bouton(m). 274.
broche(f). 274, 275.
câble(m) d'alimentation de 240 V.
    278.
câble(m) de traction. 277.
capuchon(m). 275.
circuit(m). 278.
conduite(f) d'eau en métal. 278.
connecteur(m). 278.
connecteur(m) de liaison. 278.
couche(f) fluorescente. 274.
coupe-circuit(m). 275.
coupe-fil(m). 277.
couteau(m) d'électricien. 277.
culot(m). 274.
culot(m) à broches. 274.
culot(m) Goliath. 274.
débouchure(f). 278.
déflecteur(m) de chaleur. 274.
dénude-fil(m). 277.
dénudeur(m) de fil. 277.
disjoncteur(m) bipolaire. 278.
disjoncteur(m) principal. 278.
disjoncteur(m) unipolaire. 278.
disjonteur(m) de fuite de terre.
    278.
douille(f). 275.
douille(f) de lampe. 275.
électricité(f). 278.
électricité(f). 274, 275, 276, 277.
électrode(f). 274.
électrode(f) d'amorçage. 274.
électrode(f) principale. 274.
entrée(f) de courant. 274.
enveloppe(f). 274.
étrier(m). 275.
fiche(f). 275.
fiche(f) européenne. 275.
fil(m) de liaison. 278.
fil(m) de service neutre. 278.
fil(m) de terre. 278.
fil(m) neutre. 278.
fil(m) thermique. 278.
filament(m). 274.
fusible-cartouche(m). 275.
fusible-cartouche(m) à lames. 275.
fusible(m) à culot. 275.
fusibles(m). 275.
gaine(f) isolante. 275.
gaz(m). 274.
gaz(m) inerte. 274.
interrupteur(m). 275.
interrupteur(m) électrique. 275.
isolant(m) en plastique. 278.
lame(f). 275, 277.
lampe(f) à incandescence. 274.
lampe(f) à vapeur de mercure.
    274.
lampe(f) au néon. 276.
lampe(f) isolée. 276.
mâchoire(f). 277.
manche(m) isolant. 277.
manche(m) isolé. 276.
marteau(m) d'électricien. 277.
mercure(m). 274.
molette(f) de réglage. 277.
monture(f) de tube à arc. 274.
outils(m) d'électricien. 276, 277.
pied(m). 274.
pince(f) à dénuder. 277.

pince(f) à long bec. 277.
pince(f) d'électricien. 277.
pince(f) universelle. 277.
pincement(m). 274.
pinces(f) à fusibel. 276.
pivot(m). 277.
plaque(f) de commutateur. 275.
prise(f) de courant. 275.
prise(f) de terre. 275.
queusot(m). 274.
réflecteur(m). 274.
résistance(f) d'amorçage. 274.
rhéostat(m). 275.
sertisseur(m). 277.
sonde(f). 276.
support(m). 274.
tableau(m) de distribution. 278.
tube à arc(m). 274.
tube(m). 274.
tube(m) fluorescent. 274.
vérificateur(m) de circuit. 276.
vérificateur(m) de continuité. 276.
verificateur(m) de haure tension.
    276.
vérificateur(m) de prise de courant.
    276.
vérificateur(m) de tension. 276.
voltmètre(m). 276.

FOOTBALL

ailier(m) défensif droit. 514, 515.
ailier(m) défensif gauche. 514, 515.
ailier(m) éloigné. 514, 515.
ailier(m) rapproché. 514, 515.
arbitre(m). 514.
arbitre(m) en chef. 514.
arrière(m). 514, 515.
attaque(f). 514, 515.
ballon(m) de football. 516.
bloqueur(m) droit. 514, 515.
bloqueur(m) gauche. 514, 515.
bracelet(m). 516.
brassard(m). 516.
but(m). 513.
casque(m). 516.
ceinture(f) de maintien. 516.
centre(m). 514, 515.
chandail(m). 516.
chaussette(f). 516.
chaussure(f) à crampons. 516.
coquille(f). 516.
coudière(f). 516.
cuissard(m). 516.
défense(f). 514, 515.
demi-inséré(m). 515.
demi(m). 515.
demi(m) de coin droit. 514, 515.
demi(m) de coin gauche. 514, 515.
demi(m) de sûreté droit. 514, 515.
demi(m) de sûreté gauche. 514,
    515.
demi(m) droit. 514.
demi(m) en maraude. 515.
demi(m) gauche. 514.
épaulière(f). 516.
équipement(m) de protection. 516.
flanqueur(m). 515.
football(m). 513, 514, 515, 516.
football(m) américain. 513, 514.
football(m) canadien. 513, 515.
garde(m) droit. 514, 515.
garde(m) gauche. 514, 515.
genouillère(f). 516.
juge(m) de champ arrière. 514.
juge(m) de ligne. 514.
jugulaire(f). 516.
ligne(f) de but. 513.
ligne(f) de centre. 513.
ligne(f) de fond. 513.
ligne(f) de mêlée. 514, 515.
ligne(f) de touche. 513.
ligne(f) des verges. 513.
masque(m). 516.

mêlée(f), football(m) américain.
    514.
mêlée(f), football(m) canadien.
    515.
numéro(m) du joueur. 516.
pantalon(m). 516.
plaqueur(m) droit. 514, 515.
plaqueur(m) gauche. 514, 515.
plastron(m). 516.
poteau(m) de but. 513.
protège-côtes(m). 516.
protège-main(m). 516.
protège-tibia(m). 516.
quart-arrière(m). 514, 515.
secondeur(m) au centre. 514, 515.
secondeur(m) extérieur droit. 514,
    515.
secondeur(m) extérieur gauche.
    514, 515.
terrain(m), football(m) américain.
    513.
terrain(m), football(m) canadien.
    513.
trait(m) de mise en jeu. 513.
uniforme(m), football(m). 516.
zone(f) de but. 513.
zone(f) neutre. 514, 515.

FRUITS

abricot(m). 67.
agrume(m), coupe(f) d'un. 69.
agrumes(m). 69.
agrumes(m), principales variétés(f)
    d'. 69.
airelle(f). 66.
akène(m). 66, 70.
albumen(m) farineux. 71.
amande(f). 67, 70.
ananas(m). 72.
anis(m) étoilé. 71.
arachide(f). 70.
avocat(m). 72.
baie(f), coupe(f) d'une. 66.
baies(f), principales variétés(f) de.
    66.
banane(f). 72.
bleuet(m). 66.
bractée(f). 70.
brosse(f). 71.
brou(m). 70.
calice(m). 66, 68, 71.
calicule(m). 66.
canneberge(f). 66.
capsule(f). 71.
capsule(f), coupe(f) d'une. 71.
cassis(m). 66.
cerise(f). 67.
cerneau(m). 70.
chérimole(m). 72.
citron(m). 69.
cloison(f). 69.
cloison(f), fausse. 71.
coeur(m). 68.
coing(m). 68.
coque(f). 70.
coque(f). 70.
cosse(f). 71.
cotylédon(m). 67, 71.
cupule(f). 70.
datte(f). 67.
drupéole(m). 66.
écorce(f). 69.
endocarpe(m). 67, 68.
épicarpe(m). 66, 67, 68.
étamine(f). 68.
figue(f) de Barbarie. 72.
follicule(m). 71.
follicule(m), coupe(f) d'un. 71.
fraise(f), coupe(f) d'une. 66.
framboise, coupe(f) d'une. 66.
fruit(m) à noyau, coupe(f) d'un. 67.
fruit(m) à pépins, coupe(f) d'un. 68.
fruits(m) à noyau, principales
    variétés(f) de. 67.

fruits(m) à pépins, principales
variétés(f) de. 68.
fruits(m) charnus. 66, 69.
fruits(m) charnus à noyau. 67.
fruits(m) charnus à pépins. 68.
fruits(m) charnus complexes. 66.
fruits(m) secs. 70.
fruits(m) secs divers. 71.
fruits(m) tropicaux. 72.
funicule(m). 66, 71.
gadelle(f). 66.
germe(m). 71.
gousse(f), coupe(f) d'une. 71.
goyave(f). 72.
grain(m) de blé, coupe(f) d'un. 71.
graine(f). 66, 67, 68, 69, 70, 71.
grenade(f). 72.
groseille(f) à grappes. 66.
groseille(f) à maquereau. 66.
kaki(m). 72.
kiwi(m). 72.
kumquat(m). 69.
litchi(m). 72.
loge(f). 68, 69.
mandarine(f). 69.
mangue(f). 67.
marron(m). 70.
mésocarpe(m). 66, 67, 68, 69.
moutarde(f). 71.
mûre sauvage, coupe(f) d'une. 66.
myrtille(f). 66.
nectarine(f). 67.
nèfle(f) du Japon. 68.
nervure(f) principale. 71.
noisette(f). 70.
noisette(f), coupe(f) d'une. 70.
noix(f). 70.
noix(f). 70.
noix(f), coupe(f) d'une. 70.
noix(f), principales variétés(f) de.
70.
noix(f) de cajou. 70.
noix(f) de coco. 70.
noix(f) de pécan. 70.
noix(f) du Brésil. 70.
noyau(m). 67.
olive(f). 67.
orange(f). 69.
orange(f). 69.
pamplemousse(m). 69.
papaye(f). 72.
pavot(m). 71.
peau(f). 66, 67, 68.
pêche(f). 67.
pêche(f). 67.
pédoncule(m). 66, 68.
pépin(m). 66, 68, 69.
péricarpe(m). 69, 71.
pignon(m). 70.
pistache(f). 70.
plantule(f). 67.
poire(f). 68.
pois(m). 71.
pois(m). 71.
pomme(f). 68.
pomme(f). 68.
pore(m). 71.
prune(f). 67.
pulpe(f). 66, 67, 68, 69.
quartier(m). 69.
queue(f). 66, 68.
raisin(m). 66.
raisin(m). 66.
réceptacle(m). 66.
sépale(m). 66.
silique(f), coupe(f) d'une. 71.
stigmate(m). 70.
style(m). 66, 67, 68, 71.
suture(f). 71.
tégument(m) de la graine. 67, 71.
valve(f). 71.
zeste(m). 69, 70.

GOLF

allée(f). 571.
allée(f) d'entraînement. 571.
alvéole(m). 573.
auvent(m). 573.
bague(f). 572.
balle(f). 573.
balle(f), coupe(f) d'une. 573.
bandage(m). 572.
bâtons(m) de golf. 572.
bâtons(m) de golf, types(m) de.
572.
bois(m). 572.
bois(m). 572.
cadet(m). 571.
capuchon(m). 573.
chalet(m). 571.
chariot(m). 573.
chaussure(f) de golf. 573.
chemin(m). 571.
clou(m). 573.
cocheur(m) d'allée. 572.
cocheur(m) de sable. 572.
col(m). 572.
compartiment(m). 573.
départ(m). 571.
drapeau(m). 571.
eau(f) fortuite. 571.
embout(m). 572.
enveloppe(f). 573.
face(f). 572.
fer(m). 572.
fer(m). 572.
fer(m) droit. 572.
fer(m) droit. 572.
fosse(f) de sable. 571.
golf(m). 571, 572, 573.
golfeur(m). 571.
hors-limite(m). 571.
manche(m). 572.
moteur(m). 573.
motte(f) de gazon. 571.
noyau(m). 573.
obstacle(m) d'eau. 571.
parcours(m). 571.
poche(f). 573.
poignée(f). 572, 573.
pointe(f). 572.
porte-parapluie(m). 573.
porte-sac(m). 573.
rainure(f). 572.
rough(m). 571.
ruban(m) de caoutchouc. 573.
sac(m) de golf. 573.
sangle(f). 573.
semelle(f). 572.
tablier(m). 571.
talon(m). 572.
té(m). 573.
tête(f). 572.
trou(m). 571.
vert(m). 571.
voiturette(f) de golf. 573.

HOCKEY

ailier(m) droit. 519.
ailier(m) gauche. 519.
arbitre(m). 519.
baie(f) vitrée. 519.
banc(m) des joueurs. 519.
banc(m) des pénalités. 519.
bande(f). 519.
bâton(m) de gardien de but. 520.
bâton(m) de joueur. 520.
bouclier(m). 520.
brassard(m). 520.
but(m). 519.
casque(m). 520.
ceinture(f) de maintien. 520.
centre(m). 519.
cercle(m) central. 519.
cercle(m) de mise au jeu. 519.
chronométreur(m) de jeu. 519.

chronométreur(m) des pénalités.
519.
coin(m) de patinoire. 519.
coquille(f). 520.
courbure(f). 520.
culotte(f). 520.
défenseur(m) droit. 519.
défenseur(m) gauche. 519.
embout(m). 520.
épaulière(f). 520.
filet(m). 519.
gant(m). 520.
gant(m) de bâton. 520.
gardien(m) de but. 520.
gardien(m) de but. 519.
genouillère(f). 520.
hockey(m) sur glace. 519, 520.
hockeyeur(m). 520.
jambière(f). 520.
jambière(f) de gardien. 520.
juge(m) de ligne. 519.
lame(f). 520.
ligne(f) bleue. 519.
ligne(f) centrale. 519.
ligne(f) de but. 519.
loge(f) de juge de but. 519.
manche(m). 520.
manchette(f). 520.
marqueur(m). 519.
masque(m). 520.
patin(m). 520.
patinoire(f). 519.
plastron(m). 520.
point(m) de mise au jeu. 519.
protège-coude(m). 520.
protège-gorge(m). 520.
rondelle(f). 520.
talon(m). 520.
zone(f) d'attaque. 519.
zone(f) de but. 519.
zone(f) de défense. 519.
zone(f) neutre. 519.

LÉGUMES

ail(m). 75.
artichaut(m). 73.
asperge(f). 77.
aubergine(f). 73.
barbe(f). 77.
bette(f). 74.
bette(f) à carde. 77.
betterave(f). 76.
botte(f). 77.
bourgeon(m). 75.
branche(f). 77.
brocoli(m). 73.
bulbe(m). 77.
bulbe(m), coupe(f) d'un. 75.
caïeu(m). 75.
cantaloup(m). 73.
carde(f). 77.
cardon(m). 77.
carotte(f). 76.
céleri(m). 77.
céleri-rave(m). 76.
chicorée(f). 74.
chou-fleur(m). 73.
chou(m) de Chine. 74.
chou(m) frisé. 74.
chou(m) pommé blanc. 74.
chou(m) pommé vert. 74.
chou-rave(m). 76.
choux(m) de Bruxelles. 74.
ciboulette(f). 75.
citrouille(f). 73.
concombre(m). 73.
côte(f). 77.
courge(f). 73.
courgette(f). 73.
cresson(m) de fontaine. 74.
écaille(f). 75.
échalote(f) à maturité. 75.
échalote(f) nouvelle. 75.
endive(f). 74.

épi(m). 77.
épinard(m). 74.
fenouil(m). 77.
feuille(f). 77.
feuille(f) de vigne. 74.
fèves(m). 77.
germes(m). 77.
gombo(m). 73.
grain(m). 77.
graines(f) de soja. 77.
haricot(m) vert. 73.
laitue(f) pommée. 74.
légumes-bulbes(m). 75.
légumes-feuilles(m). 74.
légumes-fleurs(m). 73.
légumes-fruits(m). 73.
légumes-graines(m). 77.
légumes(m). 73, 74, 75, 76, 77.
légumes-racines(m). 76.
légumes-tiges(m). 77.
légumes-tubercules(m). 76.
lentilles(f). 77.
mâche(f). 74.
maïs(m). 77.
melon(m) brodé. 73.
navet(m). 76.
oignon(m) d'Espagne. 75.
oseille(f). 74.
panais(m). 76.
pastèque(f). 73.
patate(f). 76.
petit oignon(m). 75.
petits pois(m). 77.
pied(m). 77.
piment(m). 73.
pissenlit(m). 74.
pointe(f). 77.
poireau(m). 75.
pois(m) chiches. 77.
pois(m) mange-tout. 77.
poivron(m). 73.
pomme de terre(f). 76.
potiron(m). 73.
racine(f). 76.
radis(m). 76.
raifort(m). 76.
rhubarbe(f). 77.
romaine(f). 74.
rutabaga(m). 76.
salsifis(m). 76.
scarole(f). 74.
scorsonère(f). 76.
tige(f). 75, 77.
tomate(f). 73.
topinambour(m). 76.
turion(m). 77.

MENUISERIE

aile(f) à ressort. 254.
anneau(m) de réglage. 250.
anneau(m) du cliquet. 250.
bague(f) de blocage. 248.
base(f). 250.
bloc(m) d'arrêt. 247.
blocage(m) de l'inclinaison. 253.
blocage(m) de profondeur. 251.
blocage(m) du fourreau. 251.
blocage(m) du guide. 252.
blocage(m) du pivot. 249.
bois(m) de bout. 255.
boîtier(m). 251.
boulon(m). 254.
boulon(m). 249.
boulon(m) à ailettes. 254.
boulon(m) à épaulement. 254.
boulon(m) à gaine d'expansion.
254.
bouton-guide(m). 253.
bouton(m) d'ajustage du guide.
252.
bouton(m) de réglage. 247.
branche(f). 249.
câble(m). 251.
chignole(f). 250.

Index spécialisés

clé(f) à fourches. 248.
clé(f) à molette. 248.
clé(f) de mandrin. 251.
clé(f) mixte. 248.
clé(f) polygonale. 248.
clé(f) polygonale 6 pans. 248.
clé(f) polygonale à têtes fendues. 248.
clés(f). 248.
cliquet(m). 248, 250.
clou(m). 254.
colonne(f). 251.
contre-fer(m). 247.
contreparement(m). 255.
contreplaqué(m) à âme. 255.
contreplaqué(m) moulé. 255.
contreplaqué(m) multiplis. 255.
corps(m). 250.
coupe-fil(m). 249.
courroie(f). 251.
cran(m) de réglage. 249.
dent(f). 253.
dents(f). 252.
dos(m). 252.
écrou(m). 249, 254.
écrou(m) à oreilles. 254.
écrou(m) à oreilles. 252.
écrou(m) borgne. 254.
écrou(m) de collet. 250.
écrou(m) de la lame. 253.
épaulement(m). 254.
étau(m). 249.
fente(f). 254.
fer(m). 247.
feuille(f) protectrice. 255.
fiche(f). 251.
fil(m). 255.
filet(m). 254.
fixations(f). 254.
foret(m). 250.
foret(m). 250.
fourreau(m). 250, 251.
fraise(f). 250.
fût(m). 254.
glissière(f) du guide. 252.
gorge(f). 249.
goujure(f). 250.
guide(m) à onglet. 252.
guide(m) de refend. 252, 253.
inclinaison(f) de la lame. 253.
interrupteur(m). 250, 251.
interrupteur(m) à gâchette. 253.
joint(m) à coulisse. 249.
joue(f). 247.
lame(f). 252, 253.
lame(f) de scie circulaire. 253.
levier(m). 250.
levier(m) de commande. 251.
levier(m) de dégagement. 249.
levier(m) de réglage latéral. 247.
levier(m) de serrage. 249.
levier(m) du bloc. 247.
levier(m) du protège-lame inférieur. 253.
lèvre(f). 250.
listel(m). 250.
mâchoire(f) dentée. 249.
mâchoire(f) droite. 249.
mâchoire(f) fixe. 248, 249.
mâchoire(f) invurvée. 249.
mâchoire(f) mobile. 248, 249.
maillet(m). 247.
manche(m). 247.
manchon(m) de câble. 251.
mandrin(m). 248, 250, 251.
manette(f) de relèvement du plateau. 251.
manivelle(f). 250.
manivelle(f) de relèvement de la lame. 252.
marteau(m) à panne ronde. 247.
marteau(m) de menuisier. 247.
mécanisme(m) d'inclinaison de la lame. 252.
mèche(f). 250.
mèche(f) double torsade. 250.

mèche(f) hélicoïdale. 250.
menuiserie(f). 247, 248, 249, 250, 251, 252, 253, 254, 255.
molette(f). 248.
monture(f). 249.
monture(f) réglable. 252.
mors(m). 248, 250, 251.
moteur(m). 250, 251, 253.
nez(m). 247.
oeil(m). 247.
outils(m). 247, 248, 249, 250, 251, 252, 253.
panne(f) fendue. 247.
panne(f) ronde. 247.
panneau(m) à âme creuse. 255.
panneau(m) à âme lamellée. 255.
panneau(m) à âme lattée. 255.
panneau(m) de particules. 255.
panneau(m) dérivé du bois. 255.
panneau(m) dur. 255.
papier(m) décor. 255.
papier(m) kraft. 255.
parement(m). 255.
perceuse(f) à colonne. 251.
perceuse(f) à main. 250.
perceuse(f) électrique. 251.
pignon(m). 250.
pince-étau(f). 249.
pince(f) motoriste. 249
pince(f) multiprise. 249.
placage déroulé(m). 255.
planche(f). 255.
plaque(f) d'instructions. 251.
plaque(f) signalétique. 251.
plateau(m). 251, 252.
plateau(m) de sciage. 252.
pli(m) central. 255.
pli(m) extérieur. 255.
pli(m) intérieur. 255.
poignée(f). 247, 248, 250, 252, 253.
poignée(f) auxiliaire. 251.
poignée(f) latérale. 250.
poignée(f) pistolet. 251, 252.
poignée(f) supérieure. 250.
pointe(f). 252, 253, 254.
pointe(f) carrée. 248.
pointe(f) cruciforme. 248.
pointe(f) de centrage. 250.
pointe(f) plate. 248.
pomme(f). 250.
pommeau(m). 247.
poulie(f). 251.
protège-lame(m). 252.
protège-lame(m) inférieur. 253.
protège-lame(m) supérieur. 253.
protège-poulie(m). 251.
queue(f). 247.
rabot(m). 247.
rainure(f) du guide à onglet. 252.
rallonge(f) du plateau. 252.
ressort(m). 249.
rive(f). 255.
rivet(m). 249.
rochet(m). 250.
rondelle(f) à denture extérieure. 254.
rondelle(f) à denture intérieure. 254.
rondelle(f) à ressort. 254.
rondelle(f) plate. 254.
rotule(f). 249.
roue(f) d'engrenage. 250.
scie(f) à métaux. 252.
scie(f) circulaire. 253.
scie(f) égoïne. 252.
semelle(f). 247, 253.
semelle(f) pivotante. 249.
serre-joint(m). 249.
socle(m). 251.
spirale(f). 248.
stratifié(m). 255.
talon(m). 247, 252.
tête(f). 247.
tête(f) à sens unique. 254.
tête(f) bombée. 254.

tête(f) creuse. 254.
tête(f) cruciforme. 254.
tête(f) de trappe. 247.
tête(f) plate. 254.
tête(f) ronde. 254.
têtes(f). 247.
tige(f). 254.
tige(f) filetée. 254.
torsade(f), simple. 250.
toupie(f). 250.
tournevis(m) à spirale et à rochet. 248.
traçoir(m). 250.
vilbrequin(m). 250.
vis(f). 254.
vis(f) de réglage. 249.
vis(f) de serrage. 249.

MICRO-ORDINATEUR

affichage(m) des données. 454.
barre(f) d'espacement. 456.
bouton(m) de commande. 457.
bouton-poussoir(m). 457.
câble(m) de raccordement. 457.
carte(f) perforée. 458.
cassette(f). 455.
clavier(f). 456.
clavier(m). 455.
clavier(m) alphanumérique. 456.
clavier(m) numérique. 456.
combiné(m) téléphonique. 457.
commande(f) d'unité de disques. 458.
commande(f) de bande magnétique. 458.
configuration(f) d'un système. 455.
coupleur(m) acoustique. 457.
coupleur(m) acoustique. 455.
curseur(m) de déplacement. 457.
dérouleur(m) de bande magnétique. 458.
disque(m). 458.
disquette(f). 455.
écran(m). 455.
enregistrement(m) des données en mémoire vive. 454.
ergot(m) d'entraînement. 457.
fixe-majuscules(m). 456.
fonctions(f) d'un système. 454.
galet(m) de guide-papier. 457.
haut-parleur(m). 457.
imprimante(f). 455, 458.
imprimante(f) matricielle. 457.
interrupteur(m). 457.
jeu(m) étendu de caractères. 456.
lecteur(m) de cartes. 458.
levier(m). 457.
magnétophone(m) à cassette. 455.
manche(m) à balai. 456.
manche(m) à balai. 455.
mémoire(f) à bande magnétique. 458.
mémoire(f) à disques. 458.
mémoire(f) morte. 454.
micro-ordinateur(m). 454, 455, 456, 457.
microphone(m). 457.
microprocesseur(m). 455.
module(m) de communication. 454.
molette(f). 457.
opérateur(m). 458.
ordinateur(m). 458.
panneau(m) de commande. 457.
perforateur(m) de cartes. 458.
périphériques(m). 457.
périphériques(m) d'entrée. 454.
périphériques(m) de sortie. 454.
périphériques(m) de traitement des données. 454.
photostyle(m). 455.
piste(f). 458.
pupitre(m) de commande. 458.
réglette(f). 457.
saisie(f) des données. 454.

secteur(m). 458.
souris(f). 455.
stockage(m) des données. 454.
terminal(m). 458.
tête(f) d'impression. 457.
touche(f) d'échappement. 456.
touche(f) d'envoi. 456.
touche(f) de configuration. 456.
touche(f) de directivité. 456.
touche(f) de fonction. 456.
touche(f) de position initiale. 456.
touche(f) de rappel arrière. 456.
touche(f) de remise à zéro. 456.
touche(f) de retour. 456.
touche(f) de service. 456.
touche(f) de tabulateur. 456.
touche(f) de traitement de texte. 456.
touche(f) majuscules. 456.
touche(f) programmable. 456.
traceur(m). 455.
traitement(m) des données. 454.
traitement(m) spécifique des données. 454.
unité(f) centrale. 454, 455, 458.
unité(f) de disques. 458.
unité(f) de disquette. 455.
voyant(m). 457.

MOTOCYCLETTE

amortisseur(m) arrière réglable. 395.
amortisseur(m) de direction. 396.
ampèremètre(m). 396.
antivol(m). 396.
béquille(f) centrale. 395.
béquille(f) latérale. 395.
bouchon(m) de remplissage. 396.
bouchon(m) du réservoir d'huile. 396.
cadre(m). 395.
carburateur(m). 395.
carter(m). 395.
clignotant(m) arrière. 395.
culasse(f). 395.
cylindre(m). 395.
démarreur(m) électrique. 396.
feu(m) arrière. 395.
fourche(f) télescopique hydraulique. 395.
frein(m) à disque. 395.
garde-boue(m) avant. 395.
indicateur(m) de vitesse. 396.
interrupteur(m) d'éclairage. 396.
interrupteur(m) d'urgence. 396.
inverseur(m) route-croisement. 396.
jante(m). 395.
klaxon(m). 396.
lampe-témoin(f) de phare. 396.
lampe-témoin(f) de pression d'huile. 396.
lanceur(m). 396.
motocyclette(f). 395, 396.
pédale(f) de frein. 395.
phare(m). 395.
poignée(f) d'embrayage. 396.
poignée(f) de frein avant. 396.
poignée(f) des gaz. 396.
pot(m) d'échappement. 395.
repose-pied(m). 396.
repose-pied(m) du passager. 395.
repose-pied(m) du pilote. 395.
réservoir(m). 395.
rétroviseur(m). 395.
robinet(m) d'essence. 396.
sélecteur(m) de vitesses. 395, 396.
selle(f). 395.
tachymètre(m). 396.

NUCLÉAIRE

alternateur(m). 647, 650.
bâche(f) du dégazeur. 647.

barre(f) de contrôle de la réactivité. 648.
bâtiment(m) de traitement de l'eau. 647.
bâtiment(m) du réacteur. 647, 649, 651.
blindage(m) à billes d'acier. 648.
bouchon(m). 649.
bouclier(m) axial. 647, 648.
calandre(f). 648, 649, 650.
calandre(f), tube(m) de. 648.
caloporteur(m). 650.
canal(m) de transfert. 651.
caténaire(f). 647.
centrale(f) nucléaire. 647, 650.
chambre(f) d'ionisation. 648.
circuit(m) de caloportage primaire. 652.
circuit(m) de distribution électrique. 652.
circuit(m) des générateurs de vapeur. 652.
collecteur(m). 647, 650.
combustible(m). 650.
combustible(m) défectueux sous gaine. 651.
combustible(m) nucléaire, cycle(m) du. 653.
condensat(m). 650.
condenseur(m). 647.
conversion(f). 653.
crayon(m). 649.
dégazeur(m). 647, 650.
détecteur(m) de flux horizontaux. 648.
disque(m) de rupture. 648.
eau(f) d'alimentation. 650.
eau(f) de refroidissement. 650.
eau(f) lourde. 650.
échangeur(m) de chaleur du modérateur. 650.
écran(m) annulaire. 648.
élévateur(m). 651.
enceinte(f) de confinement. 648, 649, 652.
énergie(f) nucléaire. 647, 648, 649, 650, 651, 652, 653.
entrée(f) du modérateur. 648.
extraction(f) du minerai. 653.
fabrication(f) du combustible. 653.
gainage(m) du combustible défectueux. 651.
gaine(f). 649.
générateur(m) de vapeur. 647, 650.
grappe(f) de combustible. 649.
grappe(f) de combustible. 649.
grille(f) d'extrémité. 649.
hublot(m) de chargement du combustible neuf. 651.
hublot(m) de déchargement du combustible irradié. 651.
imprimante(f) ligne par ligne. 652.
ionisation(f). 648.
machine(f) de chargement. 651.
machine(f) de déchargement. 651.
machine(f) de manutention. 647, 650.
manipulation(f) du combustible. 651.
modérateur(m). 648, 650, 652.
ordinateur(m) numérique. 652.
pastille(f) de combustible. 649.
patin(m) d'appui. 649.
patin(m) d'espacement. 649.
piscine(f) de réception. 651.
piscine(f) de stockage du combustible irradié. 649, 651, 653.
piscine(f) du combustible défectueux. 651.
plaque(f) tubulaire. 648.
plateau(m) de stockage. 651.
pompe(f) du modérateur. 650.
pompe(f) primaire. 650.
pont(m) roulant. 647.

poste(m) de distribution. 652.
pressuriseur(m). 647, 650.
production(f) d'électricité. 653.
prolongement(m) de canal. 648.
pupitre(m) de commande de manutention du combustible. 652.
pupitre(m) de l'opérateur. 652.
raffinage(f). 653.
réacteur(m). 648.
réacteur(m). 647, 650, 651, 653.
réacteur(m) nucléaire. 649.
réchauffeur(m). 650.
refroidissement(m) d'urgence du coeur. 652.
réseau(m) de transport. 653.
réservoir(m) d'eau d'aspersion. 647.
réservoir(m) de poison. 647.
réservoir(m) de stockage. 650.
réservoir(m) de suppression. 650.
salle(f) de commande. 652.
salle(f) de commande. 647.
salle(f) de déchargement du combustible irradié. 651.
salle(f) de décontamination. 647.
salle(f) de l'appareillage électrique. 647.
salle(f) de stockage du combustible neuf. 651.
salle(f) des machines. 647.
sas(m). 647.
sas(m) pour équipement. 651.
séparateur(m) de vapeur. 650.
sortie(f) du modérateur. 648.
soupape(f) de sûreté. 650.
stockage(m) de déchets radioactifs. 653.
système(m) d'arrêt. 652.
système(m) de régulation du réacteur. 652.
télévision(f) en circuit fermé. 652.
tube(m) de détente. 648.
tube(m) de force. 649.
tube(m) de liaison. 648.
tube(m) de réseau. 648.
tubulure(f) d'injection de poison. 648.
turbine(f). 652.
turbine(f) basse pression. 650.
turbine(f) haute pression. 650.
turbo-alternateur(m). 652.
tuyauterie(f) de refroidissement. 648.
tuyauterie(f) de vapeur. 647, 650.
tuyauterie(f) de vapeur basse pression. 647.
vapeur(f). 650.
zone(f) de chargement du combustible neuf. 651.

PÊCHE

accroche-mouche(m). 566.
aile(f). 567.
anneau(m). 566.
anneau(m) brisé. 567.
anneau(m) de départ. 566.
anneau(m) de tête. 566.
anse(f). 566.
antenne(f). 567.
ardillon(m). 567.
articulation(f). 567.
avançon(m). 567.
bout(m). 567.
canne(f) à lancer. 566.
canne(f) à mouche. 566.
carter(m). 566.
cerques(f). 567.
cliquet(m) anti-retour. 566.
coiffe(f). 567.
corps(m). 567.
côte(f). 567.
courbure(f). 567.
cuiller(f). 567.

écrou(m) de blocage. 566.
embout(m). 566.
émérillon(m). 567.
épaule(f). 567.
fil(m). 566, 567.
flotteur(m). 567.
frein(m). 566.
gorge(f). 567.
guide-ligne(m). 566.
hackle(f). 567.
hameçon(m). 567.
hampe(f). 567.
joue(f). 567.
leurres(m). 567.
manivelle(f). 566.
mouche(f) artificielle. 567.
moulinet(m) à lancer. 566.
moulinet(m) à tambour fixe. 566.
oeillet(m). 567.
ouverture(f). 567.
palette(f). 567.
pêche(f). 566, 567.
pied(m). 566.
plomb(m). 567.
poignée(f). 566.
poignée(f) arrière. 566.
poignée(f) avant. 566.
pointe(f). 567.
porte-moulinet(m). 566.
scion(m). 566.
soie(f). 566.
talon(m). 566, 567.
tambour(m). 566.
tête(f). 567.
tête(f) de scion. 566.
virole(f) femelle. 566.
virole(f) mâle. 566.
voile(m). 567.

PEINTURE

armature(f). 270.
bac(m). 270.
bouchon(m) d'air. 270.
bouton(m) moleté. 270.
buse(f) à fluide. 270.
corde(f) de tirage. 268.
corps(m) du pistolet. 270.
dispositif(m) de blocage. 268.
échelle(f). 268.
échelle(f) à crochets. 268.
échelle(f) coulissante. 268.
échelle(f) d'échafaudage. 269.
échelle(f) de corde. 268.
échelle(f) droite. 268.
échelle(f) escamotable. 268.
échelle(f) fruitière. 269.
échelle(f) roulante. 269.
échelle(f) transformable. 268.
échelles(f). 269.
échelon(m). 269.
entretoise(f). 269.
escabeau(m) plate-forme. 269.
escabeaux(m). 268, 269.
gâchette(f). 270.
garde-corps(m). 269.
godet(m). 270.
grattoir(m). 270.
lame(f) amovible. 270.
manche(m). 270.
manchon(m). 270.
marche(f). 269.
montant(m). 268.
orifice(m) d'aération. 270.
patin(m) antidérapant. 269.
peinture(f) d'entretien. 268, 269, 270.
piétement(m). 269.
pinceau(m). 270.
pistolet(m) à peinture. 270.
plate-forme(f). 269.
plateau(m) à outils. 269.
poignée(f). 270.
poulie(f). 268.
protège-lame(m). 270.

raccord(m) d'arrivée d'air. 270.
réglage(m) du pointeau du fluide. 270.
rouleau(m). 270.
soies(f). 270.
soupape(f) à air. 270.
soupape(f) de réglage du fluide. 270.
tablette(f). 269.
tabouret-escabeau(m). 269.
virole(m). 270.

PHOTOGRAPHIE

adapteur(m) grand angle. 357.
affichage(m) de la rapidité du film. 353.
agrandisseur(m). 361.
agrandisseur(m). 360.
aiguille(f). 357.
amorce(f). 356.
ampoule(f). 361.
analyseur(m) couleur. 360.
appareil-éclair(m). 357.
appareil(m) à télémètre couplé. 354.
appareil(m) à visée reflex mono-objectif. 353.
appareil(m) de presse. 354.
appareil(m) mini-format. 354.
appareil(m) petit-format. 354.
appareil(m) pliant. 354.
appareil(m) pour photodisque. 354.
appareil(m) reflex 6 X 6 mono-objectif. 354.
appareil(m) reflex à deux objectifs. 354.
appareil(m) stéréoscopique. 354.
appareils(m) photographiques. 354.
armoire(f) de séchage. 360.
bague(f) de réglage. 355.
bague(f) de réglage de mise au point. 368.
bague(f) de serrage. 359.
bain(m) d'arrêt. 360.
bain(m) de fixation. 360.
bain(m) de révélateur. 360.
barrette(f) de liaison. 357.
blocage(m) de la colonne. 359.
blocage(m) vertical. 359.
bobine(f) débitrice. 368.
bobine(f) réceptrice. 353, 368.
boîte(f) à lumière. 361.
boîtier(m). 353.
bouchon(m) d'objectif. 355.
bouton(m) d'enregistrement. 368.
bouton(m) de commande de cadrage. 368.
bouton(m) de commande de la course verticale. 361.
bouton(m) de mise au point. 361, 362, 368.
bouton(m) déclencheur. 353, 356.
bouton-poussoir(m). 362.
branche(f) télescopique. 359.
câble(m) de synchronisation. 357.
câble(m) synchro. 358.
cadence(f) des images. 357.
cadre-cache(m). 362.
calculateur(m). 357.
calotte(f) diffusante. 357.
caméra(f) sonore. 368.
carter(m). 362.
cartouche(f) de pellicule. 356.
cassette(f). 356.
cellule(f) à visée reflex. 357.
cellule(f) photo-électrique. 356.
chambre(f) noire. 353.
chambre(f) photographique. 354.
châssis-presse(f). 360.
cinématographie(f). 368.
circuit(m) imprimé. 356.
cisaille(f). 360.
colonne(f). 361.
colonne(f) centrale. 359.

commande(f) à distance. 362.
commande(f) de marche avant/
 arrière. 368.
commande(f) de surimpression
 sonore. 368.
commande(f) de tonalité. 368.
commande(f) de volume. 368.
commande(f) manuelle du zoom.
 368.
commutateur(m) lumière
 artificielle/naturelle. 368.
compte-pose(f). 360.
compteur(m) de film. 368.
compteur(m) de poses. 353.
condensateur(m). 361, 362.
condensateur(m) interchangeable.
 361.
contrôle(m) d'exposition. 356.
contrôle(m) d'usure des piles. 368.
convertisseur(m). 358.
cordon(m) d'alimentation. 358,
 362.
couloir(m) de projection. 368.
coupe-flux(m). 358.
couvercle(m) du chargeur. 362.
crochet(m). 362.
culot(m). 357.
cuve(f) de développement. 360.
déclencheur(m). 368.
déclencheur(m) à action différée.
 353.
déclencheur(m) pneumatique. 359.
déclencheur(m) souple. 353.
déverrouillage(m) de l'obturateur.
 353.
diaphragme(m). 353.
diapositive(f). 362.
diffuseur(m). 358.
diffuseur(m) en nid d'abeilles. 358.
échelle(f) d'agrandissement. 361.
échelle(f) d'ouverture de
 diaphragme. 357.
échelle(f) d'ouverture relative. 357.
échelle(f) de durée d'exposition
 relative. 357.
échelle(f) de lecture. 357.
échelle(f) des distances. 355.
échelle(f) des indices d'exposition.
 357.
échelle(f) des profondeurs de
 champ. 355.
éclairage(m) de studio. 358.
éclairage(m) inactinique. 360.
écran(m) de projection. 362.
écran(m) diffuseur. 358.
embout(m). 362.
enveloppe(f) de verre. 357.
épreuve(f). 360.
étrier(m) d'attache. 353.
évier(m). 360.
fil(m) de magnésium. 357.
filament(m). 357.
film-disque(m). 356.
film-pack(m). 356.
filtre(m) de couleur. 355.
filtre(m) de polarisation. 355.
filtre(m) rouge inactinique. 361.
flash-cube(m). 357.
flash(m). 358.
flash(m) électronique. 357.
flashmètre(m). 357.
fond(m). 359.
garde-papier(m). 360.
girafe(f). 359.
glaceuse(f) à plat. 360.
haut-parleur(m). 368.
hypergone(m). 355.
indices(m) d'exposition. 357.
interrupteur(m). 357, 368.
jeu(m) de filtres colorés. 358.
jeu(m) de filtres diffusants. 358.
laboratoire(m) photographique.
 360.
lampe-éclair(f). 357.
lampe(f). 357.
lampe(f) de projection. 362.

laveuse(f) pour épreuves. 360.
lentille(f) additionnelle. 355.
levier(m) d'armement. 353.
levier(m) de commande. 359.
loupe(f) de mise au point. 355,
 361.
loupe(f) de mise au point. 360.
manivelle(f). 359.
margeur(m). 361.
margeur(m). 360.
marquage(m) de la sensibilité. 357.
minuterie(f). 360.
miroir(m). 353.
miroir(m) de prise de vues. 356.
molette(f) de rebobinage. 353.
monture(f) à pas de vis. 355.
monture(f) baïonnette. 353.
monture(f) d'objectif. 353.
moteur(m). 362.
moteur(m) électrique. 362.
multiplicateur(m) de focale. 355.
négatoscope(m). 360.
objectif(m). 355.
objectif(m). 356, 357, 362.
objectif(m) à focale variable. 368.
objectif(m) d'agrandissement. 361.
objectif(m) grand-angulaire. 355.
objectif(m) interchangeable. 353.
objectif(m) normal. 355.
objectif(m) super-grand angle. 355.
objectif(m) zoom. 355.
objectifs(m) interchangeables. 355.
obturateur(m). 353.
obturateur(m) central. 356.
oculaire(m). 356, 357.
oeilleton(m). 368.
oeilletons(m) du viseur. 355.
ombrelle(f). 358.
panier(m) de projection. 362.
parasoleil(m). 355.
passe-vues(f). 362.
pellicules(f). 356.
perforation(f). 356.
photographie(f). 353, 354, 355,
 356, 357, 358, 359, 360, 361,
 362.
phototype(m). 362.
pied(m) de studio. 359.
pied(m) réglable. 368.
pied-sabot(m). 357.
pied-support(m). 358.
pile(f). 357.
pile(f). 356, 368.
plate-forme(f). 359.
plateau(f). 361.
poignée(f). 357, 362, 368.
Polaroïd(m). 356.
porte-négatif(m). 361.
posemètre(m) photo-électrique.
 357.
position(f) macro du zoom. 368.
potence(f). 362.
prise(f). 357.
prise(f) pour flash. 353, 368.
prise(f) pour flash-bar. 356.
prise(f) pour télécommande. 368.
prisme(m). 353.
projecteur(m) diascope. 362.
projecteur(m) sonore. 368.
réflecteur(m). 357, 359.
réflecteur(m) diffusant. 358.
réflecteur(m) parabolique. 358.
réglage(m) en hauteur. 362.
réglage(m) manuel de l'ouverture
 du diaphragme. 368.
report(m) de lecture. 357.
rouleaux(m) presseurs. 356.
sécheuse(f) pour papier RC. 360.
séchoir(m) d'épreuves RC. 360.
sélecteur(m) de vitesses
 d'obturation. 357.
soufflet(m). 361.
spirale(f). 360.
stabilisateur(m) de tension. 361.
studio(m), accessoires(m) de. 359.
support(m). 362.

tambour(m) d'entraînement. 353.
téléobjectif(m). 355.
télésenseur(m). 357.
tête(f) à bascule. 359.
tête(f) d'enregistrement et de
 production. 368.
tête(f) panoramique. 359.
tiroir(m) à filtres. 361.
toile(f) perlée. 362.
train(m) d'engrenages. 356.
transmetteur(m) infrarouge. 358.
trépied(m). 359.
trépied(m). 362.
tube(m) focaliseur conique. 358.
tube(m) focaliseur cylindrique. 358.
ventilateur(m) de refroidissement.
 362.
ventilateur(m) extérieur. 360.
verrouillage(m) de rotation de tête
 d'agrandisseur. 361.
vis(f) de fixation. 357, 359.
viseur(m). 353, 368.
viseur(m) d'angle. 355.

PLOMBERIE

abattant(m). 259.
about(m). 260.
adapteurs(m). 265.
aérateur(m). 261.
anneau(m) d'étanchéité en cire.
 258.
anode(f). 263.
applique(f). 260.
applique(f) du robinet. 260.
armoire(f) de toilette. 259.
arrivée(f) d'eau chaude. 262.
bague(f) à treillis. 261.
bague(f) de fond. 261.
bague(f) de serrage de la
 cartouche. 261.
bague(f) de siège d'obturateur.
 261.
baignoire(f). 259.
bec(m). 260, 261.
bec(m) du robinet. 261.
bille(f) creuse. 261.
bonde(f). 260.
borne(f) de terre. 267.
bouchon(m) de dégorgement. 260.
bouchon(m) de filtre. 261.
bouchon(m) de vidange. 257.
bouchon(m) femelle. 265.
bouchon(m) femelle à visser. 265.
bouchon(m) fileté. 265.
bouchon(m) mâle sans bourrelet.
 265.
boues(f). 267.
branchement(m). 262.
branchement(m) d'appareil. 258.
bride(f) métallique. 258.
broyeur(m) d'évier. 260.
câble(m) électrique. 263.
canalisation(f) de branchement
 d'eau général. 257.
canalisation(f) de refoulement. 267.
capuchon(m) du levier. 261.
champ(m) d'épandage. 267.
chapeau(m). 262.
chapeau(m) de tuyau de
 ventilation. 265.
chauffe-eau(m). 257.
chauffe-eau(m) électrique. 263.
clapet(m). 258.
clapet(m) de retenue. 267.
clé anglaise. 266.
clé(f) à chaîne. 266.
clé(f) à crémaillère. 266.
clé(f) à sangle. 266.
clé(f) à tuyau. 266.
clé(f) coudée à tuyau. 266.
collecteur(m) d'appareil. 257.
collecteur(m) d'évacuation. 257.
collecteur(m) principal. 257.
collet(m) repoussé. 264.

colonne(f) d'air. 257, 262.
colonne(f) de ventilation
 secondaire. 257.
colonne(f) montante d'eau chaude.
 257.
colonne(f) montante d'eau froide.
 257.
compteur(m) général. 257.
conduite(f) d'alimentation. 257.
conduite(f) d'eau chaude. 262.
conduite(f) d'eau froide. 262.
conduite(f) de distribution d'eau.
 257.
conduite(f) principale. 258.
contacteur(m). 267.
corps(m) du robinet. 261.
coude(m). 260, 265.
coude(m) à 180°. 265.
coude(m) applique. 265.
coude(m) de renvoi. 257, 265.
coude(m) de trop-plein. 257.
coupe-circuit(m) limiteur de
 température. 263.
coupe-tubes(m). 266.
couvercle(f). 259.
couvercle(m) de réservoir. 259.
crépine(f). 261.
cuivre(m) et acier(m). 265.
culotte(f). 265.
cuvette(f). 258, 259.
douchette(f). 259, 260.
drain(m). 267.
écrou(m). 263.
écrou(m) à collet. 260.
écrou(m) à six pans. 264.
écrou(m) de blocage. 258.
écrou(m) de bonde. 260.
écrou(m) de fixation. 260.
écrou(m) de serrage. 264.
écrou(m) du presse-étoupe. 261.
élément(m) chauffant inférieur.
 263.
élément(m) chauffant supérieur.
 263.
enjoliveur(m). 261.
étrier(m). 260.
étrier(m) du flotteur. 267.
évaseur(m). 266.
évier-broyeur(m). 260.
évier(m). 260.
évier(m) double. 257.
filetage(m). 261.
filière(f). 266.
filtre(m) bactérien. 267.
flexible(m). 259, 260.
flotteur(m). 258, 267.
fosse(f) septique. 267.
fosse(f) septique. 267.
furet(m) de dégorgement. 266.
garniture(f). 264.
gravier(m). 267.
inverseur(m). 259.
isolant(m). 263.
joint(m) d'étanchéité. 260, 261,
 263.
joint(m) torique. 261.
lampe(f) à souder. 266.
lavabo(m). 259.
lave-linge(m). 262.
lave-vaisselle(m). 262.
lève-soupape(m). 260.
levier(m). 260, 261.
levier(m) de déclenchement. 258.
mamelon(m). 265.
manchon(m). 260, 265.
manchon(m) canelé. 261.
manette(f) de chasse. 259.
mélangeur(m) bain-douche. 257.
mitigeur(m). 261.
mitigeur(m) à bille creuse. 261.
mitigeur(m) d'évier. 261.
mitigeur(m) d'évier. 261.
moteur(m) électrique. 267.
outils(m) pour plomberie. 266.
panneau(m) d'accès. 263.

partie(f) femelle du raccord union. 264.
partie(f) mâle du raccord union. 264.
plastique(m) et acier(m). 265.
plastique(m) et cuivre(m). 265.
plomberie(f). 257, 258, 259, 260, 261, 262, 263, 264, 265, 266, 267.
plomberie(f) sanitaire. 257.
pomme(f) de douche. 259.
pompe(f) de puisard. 267.
porte-rouleau(m). 259.
porte-savon(m). 259.
porte-serviettes(m). 259.
porte-verre(m). 259.
presse-étoupe(m). 261.
prise(f) bipolaire. 267.
puisard(m). 267.
raccord(m). 264.
raccord(m) à collet repoussé. 264.
raccord(m) à compression. 264.
raccord(m) à compression. 260.
raccord(m) d'égoût. 262.
raccord(m) de réduction. 265.
raccord(m) té. 262.
raccord(m) union. 264.
raccords(m). 265.
raccords(m) mécaniques. 264.
réduction(f) mâle-femelle. 265.
réduction(f) mâle-femelle à visser. 265.
regard(m) de prélèvement. 267.
renvoi(m). 257, 262.
réservoir(m) de chasse. 259.
ressort(m). 261.
robinet(m). 261.
robinet(m) d'arrêt. 258, 260, 262, 263.
robinet(m) d'arrêt général. 257.
robinet(m) de puisage. 257.
robinet(m) de vidange. 263.
robinet(m) flotteur à clapet. 258.
rondelle(f). 261.
rondelle(f) conique. 258.
rondelle(f) de fibre. 264.
rondelle(f) métallique. 260.
salle(f) de bains. 259.
scie(f) à métaux. 266.
séparateur(m) à graisse. 267.
siège(m). 258, 259, 261.
siège(m) d'obturateur. 261.
siphon(m). 257, 260, 265.
solin(m). 257.
soupape(f) de sûreté. 263.
support(m) douchette. 259.
té(m). 265.
tête(f) d'aspiration. 267.
thermostat(m) inférieur. 263.
thermostat(m) supérieur. 263.
tige(f). 261.
tige(f) de manoeuvre. 261.
tige(f) du robinet. 261.
toilette(f). 258.
toilette(f). 259.
trappe(f) de visite. 267.
trop-plein(m). 258, 259, 263.
tube(m). 264.
tube(m) d'arrivée. 260.
tube(m) d'eau chaude. 263.
tube(m) d'eau froide. 263.
tube(m) de cuivre. 264.
tube(m) de remplissage de la cuvette. 258.
tube(m) de remplissage du réservoir. 258.
tuyau(m) d'évacuation. 262.
tuyau(m) de chute. 258, 262.
tuyau(m) de chute unique. 257.
tuyau(m) de vidange. 262.
tuyau(m) souple d'arrivée. 262.
union(f). 264.
ventcuse(f). 266.
ventilation(f) primaire. 257.
ventilation(f) secondaire. 257.
vis(f) de fixation. 258.

w.c.(m). 258.
w.c.(m). 259.

PÉTROLE

anticlinal(m). 626.
arbre(m) de Noël. 627.
arbre(m) de Noël. 630.
asphalte(m). 635.
atelier(m). 634.
autoréfrigération(f), système(m) d'. 630.
bac(m) à boue. 626.
barge(f). 631.
barge(f) de forage. 628.
bassin(m) de décantation. 634.
bassin(m) de traitement. 634.
bâtiment(m) administratif. 634.
bitume(m). 636.
bitume(m), extraction. 636.
bitume(m) extraction. 636.
brise-lames(m). 632.
bulbe(m) d'étrave. 631.
butanier(m). 631.
camion-citerne(m). 632.
canal(m) d'écoulement. 633.
canon(m) à mousse. 631.
canot(m) de sauvetage. 629.
carburant(m) diesel. 635.
carburéacteur(m). 635.
carlingue(f) centrale. 631.
centrale(f) thermique. 634.
chambre(f) des machines. 631.
citerne(f). 632.
citerne(f) centrale. 631.
citerne(f) de décantation. 631.
citerne(f) latérale. 631.
cloison(f) étanche. 631.
cloison(f) transversale. 631.
colonne(f) de production. 627.
conduite(f) à la terre. 633.
conduite(f) d'admission principale. 633.
conduite(f) d'admission secondaire. 633.
convoi(m) poussé. 631.
convoyeur(m). 636.
couche(f) imperméable. 626.
crépine(f). 627.
crochet(m). 626.
déparaffinage(m) des huiles. 634.
désasphaltage(m) des huiles. 634.
diesel-navire(m). 635.
distillation(f) sous vide. 635.
dôme(m). 632.
duse(f). 627.
eau(f) salée. 626.
eaux(f) décantées. 636.
eaux(f) résiduaires. 636.
eaux(f) usées. 634.
échelle(f). 633.
entrepôt(m). 634.
escalier(m). 633.
escalier(m) en spirale. 633.
essence(f). 635.
étang(m) de décantation. 636.
excavatrice(f) à roue. 636.
extraction(f) minière. 636.
flotteur(m). 633.
fond(m) de tour. 636.
fondrière(f) de mousse. 636.
forage(m), appareil(m) de. 626.
forage(m) en mer. 628.
formation(f) aquifère. 636.
four(m) tubulaire. 635.
gaz(m). 626.
gicleur(m). 631.
graisses(f). 635.
grès(m). 636.
grue(f). 629.
hélisurface(f). 629.
huiles(f) lubrifiantes. 635.
hydroraffineur(m). 634.
injection(f) de gaz. 627.
injection(f) de vapeur. 636.

isolation(f). 630.
jauge(f) magnétique à lecture directe. 633.
jetée(f). 628.
joint(m) d'étanchéité. 633.
kérosène(m). 635.
laboratoire(m). 634.
laboratoire(m) des diagraphies. 629.
locaux(m) d'habitation. 631.
manomètre(m). 627, 633.
masse-tige(f). 626.
mazout(m) domestique. 635.
mazout(m) léger. 635.
mazout(m) lourd. 635.
merlon(m) de protection. 633.
méthanier(m). 631.
mine(f). 636.
mort terrain(m). 636.
moteur(m). 626.
moufle(m) fixe. 626.
moufle(m) mobile. 626.
navire(m) de forage. 628.
obturateur(m) de sécurité. 626.
panneau(m) de citerne. 631.
paraffines(f). 635.
parc(m) de stockage. 630, 634.
parc(m) de stockage terminal. 630.
pare-chocs(m). 630.
paroi(f) de citerne. 632.
passavant(m). 631.
passerelle(f). 631.
patin(m). 630.
pelle(f) à benne traînante. 636.
pétrole(m). 626, 627, 628, 629, 630, 631, 632, 633, 634, 635, 636.
pétrole(m). 626.
pétrole(m) brut. 635.
pétrole(m) émulsionné. 627.
pétrolier(m). 631.
piège(m) à pétrole. 626.
pile(f). 629.
pipeline(m). 630.
pipeline(m). 636.
pipeline(m) enterré. 630.
pipeline(m) sous-marin. 630.
pipeline(m) surélevé. 630.
pipeline(m) surélevé, support(m) de. 630.
plate-forme(f) auto-élévatrice. 628.
plate-forme(f) autonome. 628.
plate-forme(f) de production. 629.
plate-forme(f) fixe. 628.
plate-forme(f) flottante. 628.
plate-forme(f) semi-submersible. 628.
plate-forme(f) submersible. 628.
plongeur(m). 627.
pompage(m). 636.
pompage(m) au gaz. 627.
pompe(f). 632.
pompe(f) à balancier. 627.
pompe(f) à boue. 626.
pont(m) inférieur. 633.
pont(m) supérieur. 633.
porque(f). 631.
pousseur(m). 631.
produits(m) pétrochimiques. 635.
puits(m) marin. 630.
purge(f) d'eau. 633.
pyrolyse(f). 636.
quartier(m) d'habitation. 629.
raffinerie(f). 634.
raffinerie(f). 630.
raffinerie(f), produits(m) de la. 635.
rampe(f) de chargement. 634.
récupération(f) du solvant. 636.
redistillation(f) des huiles. 634.
réformeur(m) catalytique. 634, 635.
remplissage(m). 633.
réservoir(m) à lest. 631.
réservoir(m) à toit fixe. 633.
réservoir(m) à toit flottant. 633.
réservoir(m) d'eau potable. 629.

réservoir(m) de boue de réserve. 629.
réservoir(m) de brut. 635.
réservoir(m) de stockage. 629.
réservoir(m) tampon. 630.
réservoirs à membrane. 631.
réservoirs(m) à semi-membrane. 631.
réservoirs(m) indépendants. 631.
revêtement(m). 633.
robe(f). 633.
robinet(m) de vidange. 633.
roche(f) couverture. 636.
roche(f) de base. 636.
sables(m) bitumineux. 636.
salle(f) de contrôle. 629.
section(f) tubulaire. 629.
semi-remorque(f). 632.
semi-remorque(f) citerne. 632.
séparateur(m) de gaz. 629.
service(m) d'incendie. 634.
service(m) de sécurité. 634.
solvant(m). 636.
soupape(f) à pression et dépression. 633.
soutirage(m) essence lourde. 635.
soutirage(m) gazole. 635.
soutirage(m) kérosène. 635.
station(f) de pompage. 630.
station(f) de pompage intermédiaire. 630.
station(f) de pompage principale. 630.
stockage(m) des gaz liquéfiés. 634.
stockage(m) des produits finis. 634.
stockage(m) du pétrole. 636.
support(m). 630.
système(m) de dépotage. 632.
système(m) de liaison. 631.
table(f) de rotation. 626.
tamis(m) vibrant. 626.
tender(m). 628.
tête(f) d'injection. 626.
tête(f) de puits. 627.
thermomètre(m). 633.
tige(f) carrée d'entraînement. 626.
tige(f) de forage. 626.
tiges(f) de pompage. 627.
toit(m) flottant. 633.
tôle(f) pare-gouttes. 633.
torche(f). 629, 634.
tour(f) de forage. 626, 629.
tour(f) de fractionnement. 635.
tour(f) de refroidissement. 634.
tracteur(m). 632.
traitement(m) à l'eau chaude. 636.
traitement(m) chimique. 635.
traitement(m) des essences. 634.
traitement(m) des gaz liquéfiés. 634.
traitement(m) des sables bitumineux. 636.
traitement(m) du bitume. 636.
traverse(f) de chargement. 631.
treillis(m). 629.
trépan(m). 626.
treuil(m). 626.
trou(m) d'homme. 632, 633.
tubage(m) ciment. 626.
tubage(m) de surface. 627.
tubage(m) intermédiaire. 627.
turbine(f) à gaz. 629.
unité(f) d'alkylation. 634.
unité(f) d'extraction par solvant. 635.
unité(f) de cokéfaction fluide. 634.
unité(f) de polymérisation. 634.
unité(f) de soufflage des bitumes. 634.
usine(f) à asphalte. 635.
usine(f) des lubrifiants. 635.
usine(f) des utilités. 636.
usine(f) pétrochimique. 635.
valve(f) d'admission. 627.

Index spécialisés

vanne(f) maîtresse. 627.
vapocraqueur(m). 634.
vidange(f). 633.
wagon-citerne(m). 632.

SKI

anorak(m). 547.
arête(f). 550.
barre(f). 544.
barre(f) de protection. 544.
bâton(m). 547.
bâton(m) de ski. 545.
bloc-essieu(m). 548.
bobsleigh(m). 550.
bonnet(m). 547.
boucle(f). 546.
butée(f). 545, 546.
cabine(f). 544.
câble(m). 546.
câble(m) tracteur. 544.
cadre(m). 546.
cambrure(f). 547.
capitaine(m). 550.
carre(f). 545, 547, 548.
casque(m). 546.
casque(m) protecteur. 550.
chalet(m). 544.
chandail(m). 547.
chandail(m) à col roulé. 545.
charnière(f). 546.
chaussette(f). 547.
chausson(m) intérieur. 546.
chaussure(f). 547, 548.
chaussure(f) de ski. 546.
chaussure(f) de ski. 545.
cheville(f). 546.
collier(m). 546.
combinaison(f) de ski. 545.
contre-écrou(m). 548.
contrefort(m). 548.
coque(f) inférieure. 546.
coque(f) supérieure. 546.
courroie(f). 550.
coussinet(f). 548.
crochet(m). 548.
dent(f). 548.
doublure(f). 548.
dragonne(f). 547.
embase(f). 546.
enrouleur(m) à ressort. 544.
essieu(m). 548.
étrier(m). 547.
fanion(m). 544.
fixation(f) à butée avant. 547.
fixation(f) à câble. 547.
fixation(f) de sécurité. 546.
fixation(f) de sécurité. 545.
foulard(m). 545.
fourchette(f). 547.
frein(m). 545, 546.
frein(m) de pointe. 548.
freineur(m). 550.
gant(m). 547, 550.
guêtre(f) de ski. 545.
harnais(m). 550.
indicateur(m) de réglage de
    libération du talon. 546.
knicker(m). 547.
lacet(m). 548.
lacis(m) de pied. 549.
lacis(m) de queue. 549.
lacis(m) de tête. 549.
lame(f). 548.
languette(f). 546, 548.
lanière(f) de sécurité. 546.
luge(f). 550.
lugeur(m). 550.
lunettes(f). 547.
lunettes(f) de ski. 545.
lunettes(f) de soleil. 547.
maître-brin(m). 549.
mitaine(f). 545.
mocassin(m). 549.
moniteur(m) de ski. 544.

montant(m). 548.
moufle(f). 545.
oeillet(m). 548.
pantalon(m). 547.
patin(m). 550.
patin(m) à roulettes. 548.
patin(m) arrière. 550.
patin(m) avant. 550.
patin(m) de course. 548.
patin(m) de figure. 548.
patin(m) de hockey. 548.
patinage(m). 548.
patins(m), types(m) de. 548.
patte(f) d'ours. 549.
pédale(f) de chaussage. 546.
pédale(f) de déchaussage. 546.
pied(m). 549.
piquet(m). 544.
piste(f) de loutre. 549.
piste(f) de slalom. 544.
pivot(m). 548.
plaque(f) antifriction. 546.
plate-forme(f). 548.
poignée(f). 545, 547, 550.
pointe(f). 545, 548.
pointe(f) de bâton. 547.
pointe(f) de ski. 547.
porte(f). 544, 549.
protecteur(m). 548.
protège-coudes(m). 550.
protège-genoux(m). 550.
protège-lame(m). 548.
protège-tendon(m). 548.
pull-over(m). 547.
pylône(m). 544.
queue(f). 549.
queue(f) de castor. 549.
rainure(f). 545, 547.
raquette(f). 549.
raquette(f) alaska. 549.
raquette(f) algonquine. 549.
raquette(f) ojibwa. 549.
raquettes(f), types(m) de. 549.
raquetteur(m). 549.
renfort(m) de pointe. 548.
repose-pieds(m). 544.
rondelle(f). 544, 545, 547.
roulement(m) à billes. 548.
roulette(f). 548.
sac(m) à dos. 547.
sac(m) banane. 545.
sauteur(m). 544.
semelle(f). 545, 546, 547, 548.
serre-tête(f). 547.
siège(m). 544, 550.
ski(m). 544.
ski(m). 545.
ski(m) alpin. 545, 546.
ski(m) de fond. 547.
skieur(m) alpin. 545.
skieur(m) de fond. 547.
skieur(m) de slalom. 544.
spatule(f). 545, 547.
station(f) de ski. 544.
support(m). 550.
suspente(f). 544.
talon(m). 545, 547, 548.
talonnière(f). 545, 546, 547.
téléphérique(m). 544.
télésiège(m) biplace. 544.
téléski(m) à archets. 544.
téléski(m) à perches. 544.
tête(f). 549.
tige(f). 546, 547, 548.
trace(f). 544.
traverse(f) arrière. 549.
traverse(f) avant. 549.
tremplin(m). 544.
tuque(f). 547.
vis(f). 548.
vis(f) de réglage de hauteur. 546.
vis(f) de réglage de libération. 546.

SPORTS NAUTIQUES

abattre. 537.
accastillage(m). 539.
aileron(m). 537.
allures(f). 539.
arbitre(m). 531, 532.
arrière. 534.
assistant(m) du chronométreur.
    531.
avant. 534.
bâbord(m) amures. 539.
ballon(m). 531.
banc(m) d'équipe. 531.
barre(f). 538, 540.
barre(f) d'écoute. 539.
barre(f) de flèche. 538.
barre(f) transversale. 531.
bassin(m). 531, 532.
bassin(m) de plongeon. 534.
bloc(m) de départ. 532.
bôme(f). 538.
bonnet(m) blanc. 531.
bonnet(m) bleu. 531.
bonnet(m) rouge. 531.
bordure(f). 537.
bottillon(m). 536.
bouée(f) de sécurité. 536.
boussole(f). 536.
bouteille(f) d'air comprimé. 536.
brasse(f). 533.
but(m). 531.
but(m). 531.
cagoule(f). 536.
caleçon(m) de bain. 531.
ceinture(f) de plomb. 536.
chaumard(m). 539.
chausson(m). 536.
chronométreur(m). 531.
chronométreur(m) de couloir. 532.
chronométreur(m) principal. 532.
chute(f). 537.
cockpit(m). 538.
concurrent(m). 532.
corde(f) de couloir. 532.
corde(f) de faux départ. 532.
corde(f) de traction. 540.
couloir(m). 532.
coup(m) de pied. 533.
coup(m) de pied de brasse. 533.
coup(m) de pied de papillon. 533.
couteau(m). 536.
crawl(m). 533.
départ(m) de dos. 533.
dérive(f). 537, 538, 540.
dérive(f). 538.
détendeur(m). 536.
drapeau(m) blanc. 531.
drapeau(m) bleu. 531.
drapeau(m) rouge. 531.
drisse(f) de foc. 538.
drisse(f) de grand-voile. 538.
écoute(f) de foc. 538.
écoute(f) de grand-voile. 538.
embout(m). 536.
en équilibre. 534.
enregistreur(m). 532.
entrée(f). 535.
entrée(f) pieds premiers. 534.
entrée(f) tête première. 534.
entrées(f) dans l'eau. 534.
étai(m) avant. 538.
étrave(f). 538.
expiration(f). 533.
fenêtre(f). 537.
filoir(m) d'écoute. 539.
filoir(m) de spinnaker. 538.
fixation(f). 540.
fixation(f) arrière. 540.
fixation(f) avant. 540.
flotteur(m). 537.
foc(m). 538.
fond(m) de bassin. 531.
fond(m) du bassin. 534.
fourreau(m). 537.
fusil(m) à air comprimé. 536.

gant(m). 536.
gardien(m) de but. 531.
girouette(f). 538.
gousset(m) de latte. 537, 538.
gouvernail(m). 538.
grand largue(m). 539.
grand-voile(f). 538.
guindant(m). 537.
halebas(m). 538.
harnais(m). 536.
hauban(m). 538.
hauteur(f). 534.
hauteur(f) du plongeon. 535.
inspiration(f). 533.
joueur(m). 531.
juge(m) de classement. 532.
juge(m) de départ. 532.
juge(m) de nages. 532.
juge(m) de virages. 532.
laize(f). 538.
lampe(f) étanche. 536.
lanière(f). 540.
largeur(f). 534.
largue(m). 539.
latte(f). 537, 538.
ligne(f) arrière. 537.
ligne(f) avant. 537.
ligne(f) de 2 m. 531.
ligne(f) de 4 m. 531.
ligne(f) de but. 531.
ligne(f) de pied de mât. 537.
ligne(f) médiane. 531.
lofer. 537.
longueur(f). 534.
manille(f). 539.
masque(m). 536.
mât(m). 537, 538.
montre(f) de plongée. 536.
mousqueton(m). 538, 539.
mousqueton(m) à ressort. 539.
mur(m) d'extrémité. 532.
mur(m) de départ. 532.
mur(m) de retour. 533.
mur(m) latéral. 532.
nage(f) sur le côté. 533.
nage(f) sur le dos. 533.
nages(f), types(m) de. 533.
nageur(m). 531.
nageur(m) de brasse. 533.
nageur(m) de crawl. 533.
nageur(m) de dos. 533.
nageur(m) de papillon. 533.
natation(f). 532.
natation(f), compétition(f) de. 532.
nervure(f). 536.
numéro(m) du couloir. 532.
palme(f). 536.
palonnier(m) de slalom. 540.
papillon(m). 533.
pennon(m). 538.
petit largue(m). 539.
pied(m) de mât. 537.
pivot(m). 534.
planche(f) à voile. 537.
plate-forme(f). 534.
plongée(f) sous-marine. 536.
plongeoir(m). 534.
plongeon(m). 534.
plongeon(m) de départ. 532.
plongeon(m) en arrière. 535.
plongeon(m) en avant. 535.
plongeon(m) en équilibre. 535.
plongeon(m) renversé. 535.
plongeon(m) retourné. 535.
plongeons(m), groupes(m) de. 535.
plongeur(m). 536.
plongeur(m). 531.
plongeur(m) au tremplin. 534.
plongeur(m) de haut-vol. 534.
poignée(f) de départ. 532.
point(m) d'amure. 537.
point(m) d'écoute. 537.
position(f) carpée. 534.
position(f) de départ. 532.
position(f) de départ. 535.

position(f) des bras. 535.
position(f) des jambes. 535.
position(f) droite. 534.
position(f) groupée. 534.
positions(f) de départ. 534.
poteau(m). 531.
poupe(f). 537.
près(f). 539.
près(m) bon plein. 539.
près(m) serré. 539.
profondimètre(m). 536.
proue(f). 537.
puits(m) de dérive. 537.
queue(f). 540.
remplaçant(m). 531.
rep"ère(m) de virage de dos. 532.
ridoir(m). 539.
sabot(m). 540.
secrétaire(m). 531.
semelle(f). 540.
ski(m) de figure. 540.
ski(m) de saut. 540.
ski(m) de slalom. 540.
ski(m) de tourisme. 540.
ski(m) nautique. 540.
skis(m), types(m) de. 540.
spatule(f). 540.
surface(f) de l'eau. 534.
talonnière(f). 540.
tangon(m) de spinnaker. 538.
taquet(m). 538, 539.
taquet(m) coinceur. 537, 539.
tête(f) de mât. 537.
têtière(f). 537.
tire-bouchon(m). 535.
tire-veille(m). 540.
trapèze(m). 540.
trapèze(m) de figure. 540.
trapèzes(m), types(m) de. 540.
tremplin(m). 534.
tribord(m) amures. 539.
tuba(m). 536.
tuyau(m) d'air. 536.
vent(m). 539.
vent(m) arrière. 539.
vent(m) de travers. 539.
vent(m) debout. 539.
vêtement(m) isothermique. 536.
virage-culbute(m). 533.
virage(m). 533.
virage(m) de brasse. 533.
voile(f). 537.
voilure(f). 536.
vol(m). 535.
vols(m). 534.
water-polo(m). 531.
winch(m). 539.
wishbone(m). 537.

TISSAGE

armures(f) de base. 497.
baguette(f) d'écartement. 495.
baguette(f) d'encroix. 494, 495.
barre(f) à lisse. 495.
basse lisse(f). 494.
bâti(m). 494.
battant(m). 494.
bobine(f). 496.
bobinoir(m). 496.
broche(f). 495.
canetière(f). 496.
canette(f). 495, 496.
cantre(m). 496.
chaîne(f). 494, 495.
chapeau(m) du battant. 494.
charpente(f) verticale. 495.
cheville(f). 496.
cliquet(m). 494.
clous(m). 495.
contremarche(f). 494.
corde(f) d'accrochage. 494.
croisement(f). 497.
dévidoir(m). 494.
ensouple(f) de chaîne. 494.

ensouple(f) de tissu. 494.
entretoise(f). 494.
fente(f). 497.
fil(m) de chaîne. 497.
fil(m) de trame. 497.
fuseau(m). 496.
guide-fil(m). 496.
hachure(f). 497.
harnais(m). 494.
haute lisse(f). 495.
lame(f). 494.
lisse(f). 494.
lisses(f). 495.
manivelle(f). 494.
marche(f). 494.
métier(m) de basse lisse. 494.
métier(m) de haute lisse. 495.
montant(m). 494, 495.
navette(f). 495.
noeud(m). 497.
oeil(m). 495.
oeillet(m). 495.
ourdissoir(m). 496.
passettes(f). 496.
pédale(f) de frein. 494.
peigne(m). 495.
poitrinière(f). 494.
porte-fils(m). 494.
réglette(f). 495.
ros(m). 494.
roue(f) d'engrenage. 496.
roue(f) d'entraînement. 496.
roue(f) dentée. 494.
rouleau(m) principal. 494.
satin(m). 497.
semelle(f) du battant. 494.
sergé(m). 497.
serre-joint(m). 496.
support(m). 495.
support(m) du rouleau. 494.
techniques(f) de tissage. 497.
templet(m). 496.
tentoir(m). 494.
tige(f). 495.
tissage(m). 494, 495, 496, 497.
tissage(m), schéma(m) de principe du. 497.
toile(f). 497.
trame(f). 497.
traverse(f). 494, 495.
vis(f) sans fin. 496.

TÉLÉPHONE

aimant(m) permanent. 372.
arrêt(m). 373.
avance(f) rapide. 373.
berceau(m). 372.
bobine(f). 372.
bobine(f) de l'électro-aimant de la sonnerie. 372.
boîtier(m). 372.
bouton(m) de remboursement. 373.
butée(f). 372.
cadran(m). 372.
capsule(f). 372.
cassette(f) annonce. 373.
cassette(f) messages. 373.
circuit(m). 372.
clavier(m). 373.
combiné(m). 372, 373.
commande(f) de volume. 373.
cordon(m) à gaine métallique flexible. 373.
cordon(m) de combiné. 372.
cordon(m) de raccordement. 372.
cordon(m) du téléphone. 373.
crochet(m) commutateur. 372.
diaphragme(m). 372.
écoute(f). 373.
effacement(m). 373.
électrode(f). 372.
embouchure(f) de microphone. 372.
enregistrement(m). 373.

fente(f) à monnaie. 373.
grenaille(f) de charbon. 372.
marteau(m). 372.
microphone(m). 372.
microphone(m). 372, 373.
mise(f) en marche. 373.
pavillon(m) d'écouteur. 372.
pièce(f) polaire. 372.
plongeur(m). 372.
poste(m) à clavier. 373.
poste(m) mains libres. 373.
poste(m) sans cordon. 373.
poste(m) téléphonique. 372.
postes(m) téléphoniques, types(m) de. 373.
pupitre(m) dirigeur. 373.
rebobinage(m). 373.
récepteur(m). 372.
récepteur(m). 372.
répondeur(m) téléphonique. 373.
résistance(f) acoustique. 372.
sébile(f) de remboursement. 373.
téléphone(m) public. 373.
timbre(m). 372.
varistance(f). 372.
voyant(m) de réception de messages. 373.
voyant(m) de réponse automatique. 373.

TÉLÉVISION

accessoiriste(m). 375.
accord(m) précis. 377.
aiguilleur(m). 376.
amplificateur(m). 377.
antenne(f) télescopique. 377.
baie(f) de contrôle. 376.
bouton(m) marche/arrêt. 377.
caméra(f). 376.
caméraman(m). 375.
canon(m) à électrons. 377.
chef-électricien(m). 374.
chef(m) d'émission. 376.
coffret(m). 377.
col(m). 377.
commande(f) des gradateurs. 374.
cône(m). 377.
couche(f) conductrice extérieure. 377.
culot(m). 377.
cyclorama(m). 375.
directeur(m) technique. 376.
dispositif(m) de levage. 375.
éclairagiste(m). 374.
écran(m). 377.
écran(m) de précontrôle. 376.
écran(m) de repérage. 376.
écran(m) sortie. 376.
écran(m) témoin. 376.
faisceau(m) bleu. 377.
faisceau(m) d'électrons. 377.
faisceau(m) rouge. 377.
faisceau(m) vert. 377.
fenêtre(f). 377.
girafe(f). 375.
grue(f) de prise de vues. 375.
haut-parleur(m). 375, 377.
haut-parleur(m) de contrôle. 376.
haut-parleur(m) de service. 376.
horloge(f). 376.
ingénieur(m) du son. 374.
luminophore(m). 377.
magnétoscope(m). 374.
masque(m) perforé. 377.
mire(f) de réglage. 376.
passerelle(f). 375.
perchiste(m). 375.
personnel(m) de plateau. 375.
pilote(m) d'écran-témoin. 376.
plateau(m). 375.
preneur(m) de son. 374.
présentateur(m). 375.
prise(f) pour écouteur. 377.

projecteur(m) à faisceau concentré. 375.
projecteur(m) d'ambiance. 375.
pupitre(m) de son. 374.
rampe(f) du cyclorama. 375.
réalisateur(m). 376.
régie(f) de production. 376.
régie(f) de production. 374.
régie(f) du son. 374.
régie(f) image-éclairage. 374.
régies(f). 374.
régisseur(m). 375.
réglage(m) de la luminosité. 377.
réglage(m) du contraste. 377.
scripte(f). 376.
sélecteur(m) de canaux UHF. 377.
sélecteur(m) de canaux VHF. 377.
socle(m) de caméra. 375.
studio(m). 374.
studio(m). 374.
tableau(m) de commande. 374, 375.
technicien(m) de l'image. 374.
technicien(m) du son. 374.
télésouffleur(m). 375.
téléviseur(m). 377.
télévision(f). 374, 375, 376, 377.
trucages(m). 375.
tube-image(m). 377.
vitre(f) protectrice. 377.

USTENSILES DE CUISINE

aiguisoir(m). 221.
balance(f) de cuisine. 219.
batteurs(m) à oeufs. 220.
bols(m) à mélanger. 220.
boule(f) à thé. 221.
brosse(f) à légumes. 221.
casse-noix(m). 218.
cisaille(f) à volaille. 221.
coupe-oeuf(m). 221.
cuiller(f) à crème glacée. 221.
cuiller(f) à égoutter. 219.
cuiller(f) à glace. 221.
cuillers(f) doseuses. 219.
décapsuleur(m). 219.
dénoyauteur(m). 221.
écumoire(f). 219.
emporte-pièces(m). 220.
entonnoir(m). 218.
essoreuse(f) à salade. 218.
fouet(m). 220.
hachoir(m). 218.
jeu(m) d'ustensiles. 219.
louche(f). 219.
machine(f) à faire les pâtes. 218.
mesures(f). 219.
minuteur(m). 219.
mortier(m). 218.
moule(m) à flan. 220.
moule(m) à gâteau. 220.
moule(m) à muffins. 220.
moule(m) à quiche. 220.
moule(m) à tarte. 220.
ouvre-boîtes(m). 219.
panier(m) à salade. 218.
passoire(f). 218.
pelle(f). 219.
pilon(m). 218, 219.
pince(f). 221.
pince(f) à escargots. 221.
pince(f) à spaghettis. 221.
pinceau(m) à pâtisserie. 220.
piston(m) à décorer. 220.
plaque(f) à biscuits. 220.
plat(m) à escargots. 221.
poche(f) à douilles. 220.
poire(f) à jus. 221.
presse-agrumes(m). 218.
presse-ail(m). 218.
presse(f) à biscuits. 220.
râpe(f). 218.
rouleau(m) à pâtisserie. 220.

roulette(f) de pâtissier. 220.
sablier(m). 219.
saupoudreuse(f). 221.
spatule(f). 219.
tamis(m) à farine. 220.
thermomètre(m) à viande. 219.
tire-bouchon(m) à levier. 219.
tire-bouchon(m) de sommelier. 219.
ustensiles(m) de cuisine. 218, 219, 220, 221.
ustensiles(m) divers. 221.
ustensiles(m) pour broyer et râper. 218.
ustensiles(m) pour la pâtisserie. 220.
ustensiles(m) pour mesurer. 219.
ustensiles(m) pour ouvrir. 219.
ustensiles(m) pour passer et égoutter. 218.
vide-pomme(m). 221.

VÊTEMENTS D'HOMMES

agrafe(f). 284.
ardillon(m). 284.
ascot(f). 285.
baguette(f). 289.
baleine(f) de col. 285.
bande(f) élastique. 284.
bas(m) relevé. 284.
bavolet(m). 281.
bord-côte(m). 286, 287.
bord(m). 288.
borudalou(m). 288.
boucle(f). 281, 284.
boucle(f) de ceinture. 284.
bouton(m). 285.
bouton-pression(m). 289.
boutonnage(m), double. 281.
boutonnière(f). 281, 284, 285, 286.
braguette(f). 284, 287.
brandebourg(m). 282.
bretelles(f). 284.
bride(f) de suspension. 286.
bûchette(f). 282.
cache-oreille(m) abattant. 288.
caleçon(m). 287.
caleçon(m) long. 287.
calot(m). 288.
calotte(f). 288.
camisole(f). 287.
canadienne(f). 282.
capuchon(m). 282.
capucin(m). 284.
casquette(f). 288.
casquette(f) norvégienne. 288.
ceinture(f). 284.
ceinture(f). 281.
ceinture(f) élastique. 287.
ceinture(f) montée. 284.
chapeau(m) de feutre. 288.
chapska(m). 288.
chaussette(f). 287.
chaussette(f). 287.
chemise(f). 285.
coiffures(f). 288.
coiffures(f), types(m) de. 288.
col(m). 281, 283, 285.
col(m) italien. 285.
col(m) pointes boutonnées. 285.
col(m) transformable. 281.
col roulé(m). 286.
combinaison(f). 287.
cordon(m) de serrage. 282.
corvette(f). 282.
côte(f). 288.
coulisse(f). 284.
couture(f) d'assemblage. 289.
couture(f) médiane. 285.
cran(m). 283, 284.
cravate(f). 285.
croûte(f) de cuir. 284.
débardeur(m). 286.
devant(m). 283.

devant(m) de chemise. 285.
doigt(m). 289.
dos(m). 283.
doublure(f). 283.
emmanchure(f). 287.
empiècement(m). 285.
encolure(f). 287.
encolure(f) en V. 283, 286.
enfourchure(f). 287.
fenêtre(f). 289.
fente(f) latérale. 283.
fente(f) médiane. 283.
fourchette(f). 289.
galon(m). 288.
gant(m). 289.
gant(m) à crispin. 289.
gant(m) court. 289.
gant(m) de conduite. 289.
gant(m) saxe. 289.
gants(m), types(m) de. 289.
gilet(m). 283.
gilet(m) de laine. 286.
haut-de-forme(m). 288.
imperméable(m). 281.
jambe(f). 287.
jambe(f) élastique. 287.
macfarlane(f). 282.
manche(f). 283.
manche(f) montée. 281, 285, 286.
manche(f) raglan. 281.
mi-bas(m). 287.
mi-chaussette(f). 287.
mini-slip(m). 287.
mitaine(f). 289.
moufle(f). 289.
noeud(m) papillon. 285.
noeud(m) plat. 288.
paletot(m). 282.
pant(m) long. 289.
pantalon(m). 284.
par(m) arrière. 285.
par(m) avant. 285.
pardessus(m). 282.
parementure(f). 283.
parka(m). 282.
passant(m). 281, 284, 285.
passant(m) tunnel. 284.
patte(f). 284.
patte(f) boutonnée. 284.
patte(f) capucin. 285.
patte(f) d'épaule. 281.
patte(f) de boutonnage. 285.
patte(f) de serrage. 281.
paume(f). 289.
perforation(m). 289.
pied(m). 287.
pince(f). 284.
pince(f) de taille. 282.
pli(m). 284.
poche(f) à rabat. 282, 283.
poche(f) côté. 281.
poche(f) coupée. 284.
poche(f) gilet. 283.
poche(f) passepoilée. 286.
poche(f) poitrine. 282, 285.
poche(f) raglan. 281.
poche(f) tiroir. 285.
poche-montre(f). 283.
poche-revolver(f). 284.
poche-ticket(f). 283.
pochette(f). 283.
poignet(m). 285.
pointe(f). 287.
pointe(f) de col. 285.
polo(m). 286.
pouce(m). 289.
pulls(m). 286.
rabat(m). 288.
ras-de-cou(m). 286.
rebras(m). 289.
revers(m). 283.
revers(m) à cran aigu. 282, 283.
revers(m) cranté. 281.
semelle(f). 287.
slip(m) ouvert. 287.
sous-vêtements(m). 287.

surpiqûre(f). 284.
talon(m). 287.
tirant(m) de réglage. 283.
trench-coat(m). 281.
triplure(f). 285.
veste(f) cardigan. 286.
veste(f) droite. 283.
veston(m) croisé. 283.
vêtements(m) d'hommes. 281, 282, 283, 284, 285, 286, 287, 288.
visère(f). 288.

VÊTEMENTS DE FEMMES

arête(f). 294.
armature(f). 303.
baleine(f). 303.
bas-cuissarde(m). 301.
bas(m). 301.
bas(m) culotte. 301.
bas(m) résille. 301.
basque(f). 303.
bavette(f). 300.
béret(m). 304.
bermuda(m). 300.
berthe(f). 298.
blazer(m). 297.
blouson(m) court. 291.
blouson(m) long. 291.
boa(m). 299.
bob(m). 304.
boléro(m). 297.
bonnet(m). 303, 304.
bord-côte(m). 291.
bord(m). 304.
bord(m) de pli. 294, 298.
boutonnage(m), double. 291.
boutonnage(m) sous patte. 290.
bracelet(m). 296.
brandebourg(m). 298.
bretelle(f). 303.
bride(f). 304.
bustier(m). 303.
caban(m). 291.
cache-coeur(m). 295.
cagoule(f). 304.
calotte(f). 304.
camisole(f). 302.
canotier(m). 304.
cape(f). 291.
capeline(f). 304.
caraco(m). 302.
cardigan(m). 297.
casaque(f). 295.
cassure(f). 298.
ceinture(f) montée. 291.
charlotte(f). 304.
chasuble(f). 292.
chaussette(f). 301.
chemise(f) de nuit. 301.
chemisier(m) classique. 295.
chemisiers(m). 295.
chute(f). 298.
cloche(f). 304.
coiffures(f). 304.
col(m). 298.
col(m) banane. 298.
col(m) cagoule. 298.
col(m) châle. 298.
col(m) chemisier. 295, 298.
col(m) chinois. 298.
col(m) Claudine. 298.
col(m) cravate. 298.
col(m) marin. 298.
col(m) officier. 298.
col(m) polo. 298.
col(m) roulé. 297, 298.
col(m) tailleur. 291, 298.
collant(m). 301.
collerette(f). 298.
cols(m), types(m) de. 298.
combinaison-jupon(f). 302.
combinaison-pantalon(f). 300.

combiné-culotte(m). 302.
combiné(m). 302.
combiné-slip(m). 302.
corsage-culotte(m). 295.
corset(m). 303.
culotte(f). 303.
débardeur(m). 297.
décolleté(m) carré. 299.
décolleté(m) drapé. 299.
décolleté(m) en coeur. 299.
décolleté(m) en V. 299.
décolleté(m) plongeant. 299.
décolletés(m). 299.
découpe(f) bretelle. 290.
découpe(f) princesse. 302.
déshabillé(m). 301.
emmanchure(f). 296.
emmanchure(f) américaine. 296.
empiècement(m). 295.
encolure(f) bateau. 299.
encolure(f) drapée. 299.
encolure(f) ras du cou. 299.
encolures(f). 299.
endroit(m). 294.
envers(m). 294.
feutre(m). 304.
fond(m) de robe. 302.
fronce(f). 295.
fuseau(m). 300.
gaine-culotte(f). 303.
gaine(f). 303.
gilet(m). 297.
jabot(m). 298.
jarretelle(f). 303.
jarretière(f). 302.
jean(m). 300.
jupe-culotte(f). 293.
jupe(f) à empiècement. 293.
jupe(f) à lés. 293.
jupe(f) à volants étagés. 293.
jupe(f) droite. 293.
jupe(f) fourreau. 293.
jupe(f) froncée. 293.
jupe(f) portefeuille. 293.
jupes(f). 293.
jupes(f) à plis. 294.
jupon(m). 303.
kilt(m). 293.
kimono(m). 301.
knickerbockers(m). 300.
lavallière(f). 299.
ligne(f) de pliure. 298.
liquette(f). 295.
manche(f) à même. 296.
manche(f) ballon. 296.
manche(f) bouffante. 296.
manche(f) chauve-souris. 296.
manche(f) chemisier. 295, 296.
manche(f) gigot. 296.
manche(f) kimono. 296.
manche(f) marteau. 296.
manche(f) montée. 296.
manche(f) pagode. 296.
manche(f) raglan. 296.
manche(f) tailleur. 296.
manche(f) trois-quarts. 296.
manche raglan. 290.
mancheron(m). 296.
manches(f). 296.
manteaux(m). 290, 291.
marinière(f). 295.
marmotte(f). 304.
martingale(f). 290.
mi-bas(m). 301.
mi-chaussette(f). 301.
modestie(m). 298.
montant(m). 298.
nuisette(f). 301.
paletot(m). 290.
pan(m). 295.
pantacourt(m). 300.
pantalon-jupe(m). 300.
pantalon(m) corsaire. 300.
pantalon(m). 300.
paréo(m). 293.
passe-bras(m). 291.

passe-montagne(m). 304.
patte(f). 298.
patte(f) capucin. 296.
patte(f) d'entrejambe. 295.
patte(f) de boutonnage. 291.
patte(f) polo. 295.
peignoir(m). 301.
pélerine(f). 290.
pied(m) de col. 295.
plastron(m). 303.
pli(m) creux. 294.
pli(m) d'aisance. 294.
pli(m) piqué. 294.
pli(m) plat. 294.
pli(m) rond. 294.
pli(m) surpiqué. 294.
plissé(m) accordéon. 294.
poche(f), fausse. 291.
poche(f) à rabat. 294.
poche(f) cavalière. 300.
poche(f) gilet. 297.
poche(f) manchon. 294.
poche(f) passepoilée. 294.
poche(f) plaquée. 290, 294.
poche(f) plaquée à revers. 290.
poche(f) poitrine. 295.
poche(f) prise dans une couture.
  290, 294.
poche(f) prise dans une découpe.
  294.
poche(f) raglan. 290, 294.
poche(f) repose-bras. 291.
poche(f) soufflet. 294, 297.
poches(f). 294.
poignet(m) droit. 296.
poignet(m) mousquetaire. 296.
pointe(f). 298.
polo(m). 295.
pompon(m). 304.
poncho(m). 291.
porte-jarretelles(m). 303.
pull(m). 297.
pulls(m). 297.
pyjama(m). 301.
raglan(m). 290.
ras(m) du cou. 297.
redingote(f). 290.
revers(m). 298, 300.
revers(m) cranté. 291, 298.
robe(f) bain-de-soleil. 292.
robe(f) chemisier. 292.
robe(f) de maternité. 292.
robe(f) enveloppe. 292.
robe(f) fourreau. 292.
robe(f) princesse. 292.
robe(f) T-shirt. 292.
robe(f) taille basse. 292.
robe-manteau(f). 292.
robe-tablier(f). 292.
robes(f). 292.
saharienne(f). 297.
salopette(f). 300.
short(m). 300.
slip(m). 303.
socquette(f). 301.
sous-pied(m). 300.
sous-vêtements(m). 302, 303.
soutien-gorge(m). 303.
soutien-gorge(m) balconnet. 303.
soutien-gorge(m) pigeonnant. 303.
spencer(m). 297.
suroît(m). 304.
tablier-blouse(m). 295.
tambourin(m). 304.
tandem(m). 297.
tombant(m). 298.
toque(f). 304.
tour(m) de tête. 304.
tourmaline(f). 304.
tunique(f). 292, 295.
tuque(f). 304.
turban(m). 304.
veste(f) de laine. 297.
vestes(f). 297.
*vêtements(m) de femmes. 290,
  291, 292, 293, 294, 295, 296,
  297, 298, 299, 300, 301, 302,
  303, 304.*
vêtements(m) de nuit. 301.
voilette(f). 304.

BIBLIOGRAPHIE SÉLECTIVE

Dictionnaires :

Dictionnaire CEC jeunesse, Montréal, Centre Éducatif et Culturel, 1982, 1115 p.

Dictionnaire du français contemporain, Paris, Larousse, 1966.

Grand Larousse de la langue française, sous la direction de Louis Guilbert, et al., Paris, Larousse, 1971–1978, 7 vol.

Le Grand Robert de la langue française, Paris, Dictionnaires Le Robert, 1985, 9 vol.

Le Petit Robert, dictionnaire alphabétique et analogique de la langue française. Paris, Dictionnaires Le Robert, 1985, 2172 p.

Lexis, dictionnaire de la langue française, Paris, Larousse, 1975, 1946 p.

Petit Larousse en couleurs, dictionnaire encyclopédique pour tous, Paris, Larousse, éd. 1985, 1665 p.

Petit Larousse illustré, Paris, Larousse, 1983.

Encyclopédies :

Caratini, Roger. *Bordas Encyclopédie*, Paris, Bordas, 1974, 22 vol.

Comment ça marche — Encyclopédie pratique des inventions et des techniques, Paris, Atlas, 1980.

Dictionnaire des techniques, Focus international, Paris, Bordas, 1971.

Encyclopædia Universalis, Paris, Encyclopædia Universalis, France, 1968–1975, 20 vol.

Encyclopédie Alpha, Paris, Grange-Batelière S.A., 1968, 17 vol.

Encyclopédie AZ, Paris, Atlas, 1978–1983, 15 vol.

Encyclopédie de la jeunesse, Montréal, Grolier, 1979, 20 vol.

Encyclopédie des sciences industrielles Quillet, — Électricité, Électronique —, Paris, Quillet, 1973, vol. 1 et 2.

Encyclopédie des techniques de pointe, Paris, Alpha, 1982–1984, 8 vol.

Encyclopédie générale Hachette, Paris, Hachette, 1975.

Encyclopédie générale Larousse en 3 volumes, Paris, Larousse, 1968.

Encyclopédie Grolier (L'), Montréal, Grolier, 1976, 10 vol.

Encyclopédie internationale des sciences et des techniques, Paris, Presses de la cité, 1975.

Encyclopédie scientifique et technique, Paris, Lidès, 1973–1975, 5 vol.

Encyclopédie thématique Weber, sous la direction de Serge Mahé et José Gallach, Paris, Weber, 1968–1975, 18 vol.

Encyclopédie universelle illustrée, Paris, Bordas, Ottawa, Éd. Maisonneuve, 1968, 12 vol.

La Grande Encyclopédie, Paris, Larousse, 1971 à 1976, 60 vol.

L'univers en couleurs, Paris, Larousse, 1977.

Dictionnaires encyclopédiques :

Dictionnaire encyclopédique Alpha, Paris, Alpha éditions, 1983, 6 vol.

Dictionnaire encyclopédique Larousse, Paris, Larousse, 1979.

Dictionnaire encyclopédique Quillet, Paris, Quillet, 1979.

Grand dictionnaire encyclopédique Larousse, Paris, Larousse, 1982, 12 tomes.

Grand Larousse encyclopédique, Paris, Larousse, 1960–1968, 1 vol. et un supplément.

Grand quid illustré, Paris, Robert Laffont, 1979, 19 vol.

Le livre des connaissances, Montréal, Grolier, 1973–1974, 15 vol.

Dictionnaires français/anglais :

Belles-Isle, J.-Gérald. *Dictionnaire technique général anglais-français*, Paris, Dunod, Montréal, Beauchemin, 2e édition, 1977, 553 p.

Robert-Collins. *Dictionnaire français-anglais, anglais-français*, Paris, Société du Nouveau Littré, 1978, 781 p.

Dubois, Marguerite-Marie. *Dictionnaire moderne français-anglais*. Paris, Larousse, 1960.

Harrap's *New Standard French and English Dictionary*, part one, French-English, London, 1977, 2 vol., part two, English-French, London, 1983, 2 vol.

Harrap's *Shorter French and English Dictionary*, London, Toronto, Willington, Sydney, George G. Harrap and Company, 1953, 940 p.

SOMMAIRE

Table des matières   7
Préface   15
Introduction   17
Mode de consultation   23

THÈMES

ASTRONOMIE   25
GÉOGRAPHIE   37
RÈGNE VÉGÉTAL   59
RÈGNE ANIMAL   79
ÊTRE HUMAIN 103
NOURRITURE 133
FERME 149
ARCHITECTURE 157
MAISON 175
AMEUBLEMENT DE LA MAISON 197
JARDINAGE 235
BRICOLAGE 245
VÊTEMENTS 279
PARURE 313
OBJETS PERSONNELS 325
COMMUNICATIONS 343
TRANSPORT 381
**FOURNITURES ET ÉQUIPEMENT
DE BUREAU** 445
MUSIQUE 459
LOISIRS DE CRÉATION 483
SPORTS 509
APPAREILS DE MESURE 589
APPAREILS DE VISION 603
SANTÉ 613
ÉNERGIES 619
MACHINERIE LOURDE 659
ARMES 673
SYMBOLES 693

Index général 711
Index thématiques 745
Index spécialisés 783
Bibliographie sélective 798

INTERGLOBE

COMPOSÉ AUX ATELIERS
GRAPHITI BARBEAU, TREMBLAY INC.
À SAINT-GEORGES-DE-BEAUCE